中国中医药年鉴

周谷城题

国家中医药管理局　主办
上海中医药大学　承办
《中国中医药年鉴》编辑委员会　编审

中国中医药出版社
一九九五年·北京

“纪念傅连暲诞辰100周年学术研讨会”于1994年10月5日在傅连暲的家乡福建省长汀县召开。[参见医史文物栏傅连暲推动中西医结合工作事略条]

（傅维康供稿）

中国中医药学会文献分会于1994年10月24日在北京召开成立大会，同时召开第二届（文献分会成立后为第一届）全国中医药文献学术研讨会。

（中国中医药学会文献分会供稿）

浙江省第二次振兴中医中药大会于 1994 年 12 月 16 日在杭州召开。

（国家中医药管理局供稿）

第二届中医与针灸走向世界国际学术研讨会于 1994 年 7 月 18 日在甘肃省兰州市召开。

（甘肃省卫生厅供稿）

上海市首届中医护理理论知识技术操作竞赛于 1994 年 4 月底开始，至 11 月 3 日落下帷幕。

（上海市卫生局中医处供稿）

清代新安医家、曲艺家方成培研制喉科药的**乳钵**，现藏安徽郑日新家。[参见医史文物栏方成培与郑氏喉科世家的**交往条**]

（郑日新供稿）

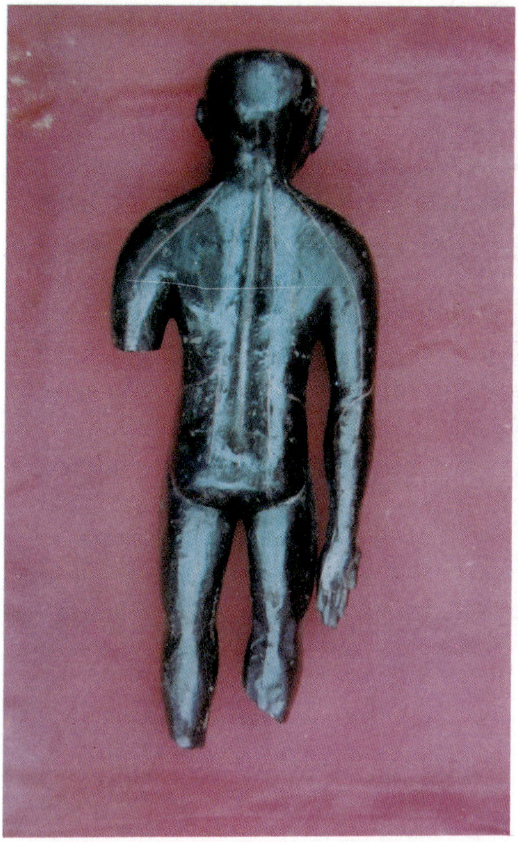

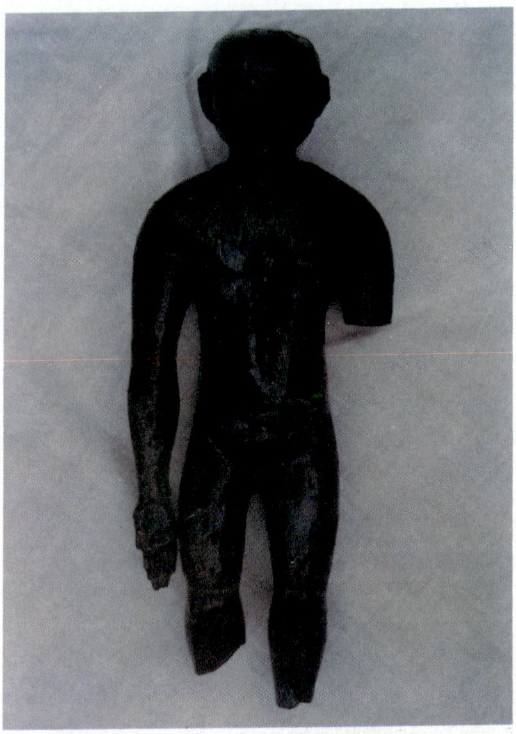

西汉人体经脉漆雕模型，现藏四川绵阳博物馆。[参见医史文物栏四川绵阳发现最早的人体经脉漆雕条]

（何志国供稿）

《中国中医药年鉴》编辑委员会

目　　录

特载

为中日友好医院开院十周年题词

加强中日医学交流　促进人民身体健康

李　鹏

为《中药事业报》创刊十周年题词

弘扬祖国医药瑰宝　服务人民身体健康

邹家华
一九九四年十一月

同庆十周年　再创新局面

孙起孟

办好中药事业报　弘扬祖国医药学

彭珮云
一九九四年十一月

中药喉舌　信息阵地

万国权
一九九四年八月

传播医药市场信息　促进中药事业发展

张文康
一九九四年十二月

为广东省佛山市中医院建院三十八周年题词

发展中医中药

叶选平

继承发扬传统医学优势　建设全面发展的综合医院为人民健康服务

孙隆椿
一九九四年九月

保持特色　发展优势　建设第一流中医院

张文康
一九九四年八月

弘扬民族优秀文化　繁荣祖国医药事业

李　瑞　环

一年多以前，天津市几位老同志发大宏愿，要把天津中医中药界的名家名品名厂搜集整理，编辑成书，以荟精集粹，树立风范，播扬先进，激励后来。及后，许多省市也闻风而动，竞相响应，正陆续着手编纂本地区的名医名药名厂专册，这样合起来便构成了中国名医名药名厂的系列丛书。编者嘱我为这套丛书写个序言。我以为这是件大好事，乐于应命。

我历来主张大力弘扬中华民族的优秀文化，这是建设有中国特色的社会主义新文化的需要。中华民族是一个拥有五千年文明史的伟大民族。在人类历史发展演进的漫长岁月中，中国人民曾经以辛勤的劳动和卓绝的智慧创造了举世无双的科学文化，为人类奉献了光辉灿烂的文明瑰宝，同时也涌现出一大批饮誉世界的文化大师和科学巨星。中国的医药学，作为中华民族优秀文化宝库的重要组成部分，同样具有源远流长、博大精深、影响深远的光荣传统。据史料佐证，我国自有文字时起就有了关于医学的记载，它的起源可以追溯到远古时代。中国的医药学经历了几千年的发展，逐步形成了完整的医学理论，具有丰富的临床经验，精湛的医疗技术，科学的医疗思想，神奇的医疗效果，其辉煌成就，在世界医学科学有了飞跃发展的今天，依然熠熠生辉，璀灿夺目，保持着强大的生命力。

我国古代医学医术曾长时期在多方面属于世界首创和领先地位。早在公元前6世纪春秋时代，当世界上绝大多数人还把疾病的发生归诸鬼神祟蛊的时候，中国的医学已经认识到人体的疾患与饮食起居、喜怒哀乐有关。秦景公时，著名的医生医和已经用大自然的阴、阳、风、雨、晦、明“六气”失和来解释病因，在世界医学史上曾是最先进的病因观。其后经过历代名医修订增益，到公元610年，隋朝太医博士巢元方等总结编著成《诸病源候论》50卷，成为世界医药史上第一部内容最丰富的探讨病因病理的专著。就医学各科的发展讲，早在公元前5世纪，我国的名医秦越人（扁鹊）就掌握了内、妇、儿、五官科等多科疾病的诊疗技术，达到了当时的医学巅峰。公元2世纪，杰出的医学家华佗又在外科方面有了突破，他发明了中药麻醉剂——“麻沸散”，施行腹部手术，在外科史上写下光辉的一页。公元4世纪，化学家、医学家葛洪在炼丹中观察到一些物质变化的现象，进行了初步的化学试验，被称为制药化学的先驱。7世纪，唐王朝颁行的《新修本草》，是世界上最早由国家颁布的药典。早在上古时期，我国就发明了针灸术，在长沙马王堆汉墓中出土的帛书中，就有先秦的《脉灸经》。在11世纪，宋代针灸专家王惟一与能工巧匠一起设计铸造的针灸铜人，是当时最先进的教具模型。其他如12世纪法医学家宋慈所著《洗冤录》一书，是世界上第一部法医学专著；14世纪骨伤科专家危亦林发明用悬吊复位法治疗脊柱骨折，成为骨科史上的创举；16世纪，我国已经开始应用人痘接种法预防天花，直到18世纪贞纳发明牛痘接种后才逐步被代替，被称为免疫学的先声，等等，无一不说明中国医药学的显赫成就和在世界医学史上的重要地位。至于明代伟大的药学家、医学家李时珍的巨著《本草纲目》，更是我国古代科学宝库中的珍贵遗产，这部传世之作于1590年刊行问世后，不仅在全国不胫而走，而且很快被译成多国文字，在世界各地广为流传。

中国医药学的发展经久不衰，一方面得力于历代官方的倡导。早在《周礼》一书中就有设置各类医官的记载。至公元6世纪，隋王朝首次创设“太医署”，兼司治疗与医学教育，是世界上最早由国家开办的医学院。唐沿隋制，其“太医署”多达340人，包括医学与药学两大部，教育规模与内容均名列世界前茅。另一方面，更由于大量以医术济世的民间医生的不懈努力。多少有志之士，毕生潜心研究，深有造诣；或口传心授，或著书立说，使医学医术代代相传。经过数千年的积累，尽管其间多有散佚，至今仍保存下来大量的医学文献。据统计，现在中医中药图书达一万余种、数十万册，数量之大，门类之多，浩如烟海，为世界各国所罕见。至于散在民间的著作、医案以及验方、单方、秘方，其数量更难以胜数。中国历代著名医药学家，仅见诸正史及其他文字记载的就有4500多位，岐黄巨擘如群星灿烂，他们中有的名字已被列入世界科学史册。还必须提到的是，中国是50多个民族的国家，各兄弟民族都有着各具特色的本民族医学知识和医疗方法，它们共同构成了中国医药学的博大体系，其贡献是不可磨灭的。

中国医药学的辉煌成就，生动地体现了中华民族的崇高智慧和创造精神。它不仅造福古人，在历史上为中华民族的繁衍昌盛作出了重大贡献，而且惠及今人，迄今还是我国人民防病治病、保护健康的重要力量。它不仅是中国人民的宝贵遗产，也是世界人民的共同财富。中国的医药学与世界许多国家有着广泛的交流，中国医药学曾流传到日本、朝鲜、越南、阿拉伯、波斯、印度、罗马、希腊等地，既吸收了这些国家的医学成果，也对这些国家民族医学的形成，乃至整个世界医学的发展产生过深远的影响。当然，中国医药学的发展并不是一帆风顺的，特别是北洋政府和民国政府都曾推行过限制乃至废止中医的政策，使祖国医学发展遭受挫折。新中国成立后，在国家的关怀和倡导下，遵照毛主席关于“努力发掘，加以提高”的指示，中医中药事业枯木逢春，重放光彩，走上健康蓬勃发展的道路。在改革开放的新的历史时期，中医中药更进一步走向世界，日益为世界各国人民所认识，已经并继续在为世界人民医治疾患、康复保健中显示出重要的作用。祖国的医药科学研究和中医中药事业面临一个前所未有的大发展形势。

中国名医名药名厂丛书的编辑出版，是我国医药界和出版界的一个盛举，是弘扬中华民族优秀文化的一个有力措施。这套丛书编辑入册的人物、企业和产品，反映了在吸收、借鉴前人智慧的同时不断进行新的探索和创造的成果。勿庸讳言，作为中国传统文化重要组成部分的祖国医学，是在漫长的封建社会形成和发展起来的，囿于当时的历史条件，不可避免地具有时代局限性，甚至羼杂某些封建主义或唯心论形而上学的糟粕。运用马克思主义的科学理论和科学方法，借鉴和吸收世界现代医学科学成果，对传统医药学吸取精华，剔除糟粕，这是我们应有的态度，也是应尽的责任。对祖国医学的继承和发展，首先是继承，必须先把已有的成果搜集起来，继承下来，才能谈得上开拓和创新。丛书正是在这方面做了有益的工作。在掌握全国各地名医名药名厂情况的基础上，加以分析、比较、研究，就有可能站在前人的肩上，也立于今人的前列，不断地有所发现、有所发明、有所创造、有所前进。

这套丛书命名为“名医名药名厂”，特点在一个“名”字。“山到成名毕竟高”。这意味着收进书里的都是具有一定功力、一定造诣、达到一定水准并为社会所公认的知名度很高的专家、企业和产品。医药科学是救死扶伤的科学，首先注重的是社会效益。当然，某些成药、秘方在商品竞争的条件下完全公开要考虑时机，但出于人道主义精神还是应该以普济众生为怀，尽可能地广为传播；特别是一些医学理论研究成果，更应该广泛交流，或者在一定范围内互相切磋，切忌抱门户之见，墨守成规，越是名家，越应该有这样的博大胸怀。唯物辩证法告诉我们，先进和后进，高和低，优和劣，有名和无名，都是相比较而言的。事物都是发展变化的。任何单位、任何个人、任何产品，每攀登上一个台阶，都应当看作是向一个更高的台阶前进的起点。互相学习，你追我赶，后来居上，这就是现实生活的辩证法。老的名家，总要不断奋斗，不断创新，才能做到不负盛名。也应该看到，还有一大批名不见经传、不为人所知，但已经很有成就、很有发展前途的后起之秀在崛起、在成长。“芳林新叶催陈叶”。我们应该把眼光更多地向着他们，给他们以更多的关心、鼓励、支持和提携，培养和造就更多的名家。这样，我们的事业就会如同大江东去，后浪推前浪，浩浩荡荡，永远奔腾向前。当然这就不单是医务界的事，也不单是编辑出版工作者的事，首先是各级党委和政府及有关部门领导者的神圣责任。我讲以上这些话，作为对丛书出版的祝贺，也表达我对弘扬中华民族优秀文化，繁荣祖国医药事业的一点倡导之意和关注之情。是为序。

（转自《中国中医药报》1994 年 4 月 25 日，本文是李瑞环同志为《中国名医名药名厂丛书所撰写的序言）

专 论

总结成绩　交流经验
让中医中药更好地为八亿农民的健康服务

张　文　康

一、农村中医工作的回顾

我国农村中医医疗事业自 1986 年全国县级中医医院工作会议以来，机构和队伍有了较大发展。有 23 个省（市）基本实现了县县有中医医院的目标。95%的县人民医院设置了中医科或中西医结合科。县级中医医院从硬件到软件都得到了很大的加强。一部分县级中医医院的门诊量和经济效益已超过同级综合医院。乡村中医工作得到了重视。一些省（市）先后做出加强乡村中医工作的决定。农村中医药人才培养逐步加强。高等中医院校保证一定数量的学生毕业后回到农村基层，同时增加专科招生。以中专为骨干的中等中医药职业教育是目前我国农村中医药人才培养的主渠道。我局与国家教委联合在河南、黑龙江、安徽、甘肃、北京五省市进行招收农村青年中医药不包分配班的试点。通过中医药成人教育和在职培训，使部分乡村医生能以中医为主，或掌握中西两法。目前已初步形成了学历教育与非学历教育相结合，多层次、多形式为农村培养人才的格局。

科技成果推广初见成效。近几年来，我局分别在洛阳、烟台、文登、北京、天津等地举办了全国骨伤、针灸、中西医结合治疗重症感染合并多脏器功能衰竭等各种成果推广班，推广项目 50 项。1992 年，我局在四川、湖南、辽宁、山东、北京五省市召开了中医药科技成果推广供需洽谈会。共推出 414 项成果，其中有 30 项获奖成果在县级中医医院得到较大范围的推广。

农村中医试点县（市）工作取得重要成绩。从 90 年代起至今，我们先后在全国建立了33个试点县（市）。山东、江苏、浙江、安徽、广东、湖南、云南、河南等省在本省又各建立了10余个中医工作重点县。多数试点县（市）基本完善和健全了县、乡、村三级中医服务网络，县（市）中医医院发挥了“龙头”的作用，对乡、村的业务联系与技术指导大大加强。

回顾农村中医事业前进的历程，全国各地都积累了不少很好的经验。各级党委、政府及主管部门的重视、支持与正确领导，是农村中医事业发展的关键；县级中医医院的普遍建立和农村中医药队伍的培养是发展农村中医药事业的重要组织保证。

二、农村中医工作面临的形势与存在的问题

农村中医工作同样面临着严峻的挑战。

中医在农村能否保持与拓展自己的阵地，是摆在我们面前的一个严重问题。

当前农村中医工作还存在着部分地区卫生行政部门和中医管理部门对农村中医工作的重要性认识不够，没有提到应有的位置，农村中医医疗保健服务网络不健全，功能难以发挥，农村中医药队伍数量不足，质量较低等主要问题。

三、今后工作的意见

（一）明确农村中医工作的指导思想

“九五”期间农村中医工作的指导思想是：一网多用，健全功能，承担初保，提高质量，加强人才培养，推广适宜技术，为广大农民的健康服务。

我们要主动适应农村社会主义市场经济体制，而不是去要求农村市场经济服从或服务于我们。各级政府要进一步加强对农村中医工作的领导、支持与投入；卫生行政部门要贯彻中西并重的卫生工作方针，正确处理农村卫生工作与中医工作的辩证统一关系。加快改革，完善管理，多渠道增加中医投入。主要依靠科技进步和人才培养，推动服务能力的提高和事业的发展。

（二）继续建设发展农村中医工作试点县（市）

1. 在现有33个试点县（市）的基础上，数量上要有所增加，到“九五”期末，总共建设100个。2. 为了全面加强农村中医工作，我局已制定了8万名中医乡村医生培训计划和50项科技成果推广计划，我们决定将试点县（市）列为首批施行单位。3. 组织“全国农村中医工作先进县（市）”的评审验收工作，同时评选全国农村中医工作先进个人。4. 江苏、浙江、安徽、云南、广东、湖南、河南等省均建立了一批本省农村中医工作重点建设县（市），很有成效，值得推广。5. 农村中医工作涉及到方方面面，各试点县（市）关于政府成立振兴中医领导小组、卫生局设立中医股、中医院建基层指导科、乡卫生院成立中医管理科、村卫生室推行中西两法等经验，值得在其它县（市）分批推广。

（三）加速农村中医药人才培养

继续坚持多层次、多形式、多渠道的培养方针，采取院校教育与就地培养、脱产培训和不脱产培训相结合的方式，重点发展中等层次职业教育和成人教育。力争在3至5年内使农村中医药队伍数量有所增加，素质有所提高，基本适应农村中医药事业的需要。

各级政府、主管部门要把农村中医药人才培养纳入农村卫生和中医药工作计划中去，加强领导，统筹规划，增加投入。充分发挥高等中医药院校的作用。采取定向招生、定向培养、定向分配或招自费生、委培生等办法，确保一定数量的本专科人才毕业后到农村工作。中等中医药学校要进一步改善办学条件，扩大招生规模。要继续执行“先培训、后上岗”的就业政策。近期要重点发展中等层次中医药职业教育和成人教育。

1. 在总结五省市试点经验的基础上，明年将中医药学校招收农村青年中医药不包分配班，向全国推广，力争在今后几年内培养一批下得去、留得住、用得上的农村中医药人员。2. 就地培养乡、村两级中医药人才。采取建立县中医药职业学校，在县职业教育中心、卫生学校举办中医班等多种形式，积极发展中医药职业教育。3. 积极发展中等层次中医药成人教育，重点面向乡、村，拟在2至3年内培训8万名乡、村两级中医药人员。高、中等中医药学校要大力发展中等中医药函授教育，要通过在职培训使那些未经培训或培训不足的中医药人员达到中专水平。

（四）大力推广科技成果和适宜技术

中医药科技成果向农村推广，是我局的重点工作之一，是加强农村三级中医医疗服务网的有效手段。在“九五”期间，向全国推广50个项目，分期分批分不同层次进行，逐年普及。省（市）中医药管理部门也要推荐一部分确有疗效、技术成熟、适合基层应用的适宜技术。各地要制定中医药科技成果向农村推广工作方案，有计划、有组织地开展推广工作。

（五）加强县级中医医院的建设

今后几年，县级中医医院的主要任务是改革开放、巩固充实、加强管理、坚持特色、培养人才、提高技术。

1. 有条件的地方，应当建但尚未建中医医院的县（市），应将中医医院纳入区域卫生规划，争取早日建成。缺乏条件的边远地区和人口稀少的县（市）可先建门诊部。要稳定巩固现有的县级中医医院。各地对中医医院应增加投入，在分配公费劳保医疗定点时，对中西医院要一视同仁。2. 提高临床疗效是中医医院发展的核心问题。要加强中医基本功的训练，抓紧培养学科带头人，大力引进新技术、新成果。要狠抓病床使用率的提高。 3. 体现中医特色是中医医院的办院宗旨。中医特色体现在医院的技术、管理、设施等各个方面，我们已提出了有关标准和指标。当前，县级中医医院要重点抓好院级领导班子建设，特别要配备事业心强、懂业务、有管理能力、具有奉献精神的中医药人员进入领导班子。对中医药人员占医药人员的比例、门诊中医药治疗率、病房中医药治疗率、单病种中医药治疗率、重点专科、急危重症疑难病中医参与治疗率、辨证施护病种、传统技术操作、中药品种制剂及应用等特色监控指标，必须坚持，保证落实与达标。同时应积极利用现代先进科学技术和仪器设备为我所用。县级中医院必须深化改革，开放搞活，主动灵活地进入市场经济大社会。大力发展卫生产业，完善自我补偿机制，继续坚持以工助医，“以副补主”的卫生改革思路。大胆进行改革，但不能改变中医医疗的属性和宗旨。

（六）加强医药结合，抓好农村中药工作

中药生产、经营单位要努力为农村医疗保健服务提供必不可少的药物，保证供应。中医医疗单位也应把自己各种需求通告给中药生产、经营单位，坚持从主渠道进货，支持国有中药企业发展。中药生产、经营企业要努力生产农村中医医疗需要的各种药品、器械，要特别注意加强中医急症用药的供应，要切实加强对农村中药商品的质量管理与监督，把过期、甚至伪劣药品销售到农村是一种严重的坑农犯罪行为，必须坚决予以打击。

（转自《中国中医药报》1994年11月21日，本文是卫生部副部长、国家中医药管理局局长张文康同志在全国农村中医工作经验交流会上的讲话〈摘要〉）

贯彻《紧急通知》 加强药品管理

《中国中医药报》社论

药品是关系人民群众生命健康的特殊商品。为了加强药品的管理，国家制定了《中华人民共和国药品管理法》及一系列行政法规和法规性文件。但长期以来，很多不法分子置国家的法律和人民群众的生命健康于不顾，随意制造假劣伪药，有的犯罪分子甚至到了丧心病狂的程度。当前，中药行业存在的主要问题，一是部分地区和单位盲目开办中药生产企业，造成低水平重复；二是流通秩序混乱，突出表现在把药材市场简单地等同于一般农副产品市场，盲目兴办药材市场，并擅自允许按规定不准进场交易的中成药、中药饮片等医药商品进入市场；三是缺乏严格的规定和强有力的管理措施，对假劣伪药打击不力。《国务院关于进一步加强药品管理的紧急通知》把加强药品管理提到了能否保持社会稳定，保证改革开放和经济建设顺利进行的高度，充分说明了加强药品管理的紧迫性和重要性。

加强药品管理，首先必须提高各级人民政府和有关部门的认识。一些地方政府和部门错误地认为建立社会主义市场经济体制就可以放松对药品生产经营的管理；有的为了局部利益，甚至庇护制售假劣药品的违法犯罪行为。《紧急通知》要求各级人民政府要建立政府领导任期内药品管理状况的目标考核制度，各级人民政府主要负责人要切实担负起本地区药品管理的领导责任。

加强药品管理必须增强执法力度，对制售假劣药品的犯罪分子要坚决惩治，对药品购销中的行贿、索贿、回扣等不正之风要严加禁止，对违法、失实的广告宣传必须杜绝，对生产经营药品的企业要严格审核批准程序，对未达到开办条件或者不符合审核批准程序的不得批准开办，对已开办又未达到审查条件的，要坚决依法取缔。药品生产和批发企业不得承包给个人经营。

加强药品管理，各级人民政府有关部门要按职责分工，各负其责，互相支持，通力协作。对于在工作上互相扯皮、推诿、甚至互相拆台，造成药品管理工作混乱的，要依法追究有关行政部门领导人员的责任。国务院的《紧急通知》要求把依法查处制售假劣药品等违法违纪案件作为反腐败斗争的重点来抓。全国和地方各级"打假"协调机构要组织卫生、医药、工商、技术监督、公安等有关部门把严厉查处制售假劣药品的违法犯罪行为列为"打假"的重点来抓。

加强药品管理，新闻单位要搞好宣传工作，配合有关部门，选择有影响的典型案例公开曝光，使制售假劣药品的犯罪行为和犯罪分子无地自容，象老鼠过街一样，人人喊打。

认真贯彻落实国务院的《紧急通知》，进一步加强药品管理刻不容缓。全国中医药行业各部门、各单位和广大干部、职工要立即行动起来，把贯彻落实《紧急通知》作为头等大事来抓，在各级政府领导下，同有关部门密切配合，坚决打击制售假劣药品的违法犯罪行为，把治理整顿中药材市场和流通秩序混乱作为突出重点，切实把中药生产、流通新秩序建立起来，为保障人民群众用药安全有效做出新贡献。

（转自《中国中医药报》1994 年 11 月 4 日）

新时期医德医风的典范

《中国中医药报》评论员

本报今天发表了国家中医药管理局《关于授予广州中医学院第一附属医院"精神文明建设先进集体"称号的决定》和《关于学习广州中医学院第一附属医院救治军人妻子韩素云事迹的通知》。在今后一段时期内，全国中医药行业将掀起一个学习"决定"的热潮，推动医、药、教、研各条战线积极发扬救死扶伤、无私奉献、团结协作的行业精神，把医德医风建设提高到一个新的水平。

广州中医学院第一附属医院救治军嫂的事迹是新时期医德医风的典范。它之所以值得学习和表彰，首先是军嫂韩素云刻苦耐劳、忍痛负重、深明大义的思想风格及其丈夫倪效武的模范事迹感动了医务人员，激发了医务人员救死扶伤的责任感和主动性。其次是广州中医学院第一附属医院的领导、专家、群众无私奉献、全心全意为病人着想的事迹感人至深。当一位青年医生在羊城晚报上看到军嫂因病而陷入困境的时候，马上把这份报纸转给了科主任袁浩教授。袁教授夜不成寐，连夜写信向院领导请战："军嫂爱心献国防，我为军嫂献爱心。"院长刘震东接到报告，批了六个字："无偿接来治疗"。全院上下一齐行动，腾出了专门病房，配备了必要的用具，制定了治疗方案，掀起了募捐活动，甚至把军嫂的5岁女儿接来免费进了院办幼儿园，临床科室、医技科室、后勤服务一条心，一股劲，一齐上。表现了一个"示范中医院"应有的精神风貌。第三是以袁浩教授为首的医务人员在技术上精益求精，硬是用中医和西医相结合的办法攻克了双侧股骨头坏死这样一个难治之症，使瘫痪了的韩素云站了起来，丢掉拐杖，恢复了健康和青春。这是一个非常重要的科研成果，这个成果的取得，使救治军嫂的行动取得了圆满的结局。

加强医德医风建设，是近几年来中医药工作的重点之一，也是整个社会主义精神文明建设的重要组成部分。在建设社会主义市场经济的进程中，一些地方放松了精神文明教育，拜金主义和庸俗的市侩思想如翳障尘扬，污染着当代的社会风气。广州中医学院第一附属医院不愧为社会主义精神文明建设的先进集体，为新时期的医德医风建设树立了典范，值得全国中医药战线的广大干部职工认真学习，发扬光大。

（转自《中国中医药报》1994年11月18日）

中医基本理论体系的形成和发展刍议

黄 星 垣

中医基本理论体系的形成和发展，是随着社会文化科技的发展，通过历代医家和人民群众在长期与疾病斗争的实践中，运用其相应历史时期的先进文化技术成就，发展中医药学术的具体体现。因此，在当前中医药领域的深化改革过程中，也必须把保持发扬中医基本理论体系的特色和反映时代的文化科技水平结合起来，进一步扩大中医药的服务范围，提高中医药的医疗效用，把振兴中医药的学术理论，推向一个新的进程。

中医基本理论体系的确立，是在《内经》、《难经》、《伤寒论》和《神农本草经》等古代医籍的基础上，逐渐充实发展形成的。它包括脏腑、经络、气血、气化等特有功能系统的生理学；以证候为病证名，反映人体脏腑制约、气血运行、邪正相争、阴阳调节异常变化的病理学；以"四诊"、"八纲"等宏观辨证为主要内容的诊断学；以"四气"、"五味"概药性，寒热补泻论药理，"君臣佐使"定方型，"七情"和合议配伍的药物方剂学；以温热邪毒为病原，以卫气营血和三焦分证来概括急性热病病证的温病学；以"六经"、脏腑、气血和痰湿等各种病机学说及辨证论治等学术内容，揭示证治规律的各科临床学。这套中医基本理论体系的确立和形成，提示历代中医药学术理论的成就，都是以临床为基础，从探讨某一理论范围较多病种的证治规律着手，把医理和药理的研究结合起来，运用整体和辨证的思路和方法，论述生理病理现象，印证药理作用，将临床所见的感性认识，上升为理论，总结整理成理论性的专论和专著，再回到临床实践去验证补充和完善，这是历代发展中医理论的成功经验。虽然这些成功经验，今天看来还有其时代的局限性，但从学术思路和研究方法的角度来看，仍有重要的借鉴价值。

这些成功的经验中，有几点特别值得注意：第一，中医理论的发展，来源于临床实践又指导实践，没有这样的实践，中医理论的发展就失去了基础。第二，中医理论的发展，是选用相应较多的病种，在某一理论研究范围内，进行提高疗效证治规律的探讨，从中吸取正反两方面的教益。假若忽视吸取失败的教益，就失去了发展中医药理论的起步，再想要跨出一步是非常困难的。第三，没有一代能掌握和运用其相应历史时代文化科技成就和方法的中医学术带头人，欲图中医药学术理论的发展，出现高的水平，那是很不现实的。

回顾当前中医理论研究工作，对照历史的成功经验，确有一些值得考虑和改进之处。首先要尽快纠正理论与实践脱节的现象，解决好从事中医基础理论研究的专业骨干，既不接触临床，也不参与实验的现状；其次，应重视开发和引进能反映中医理论特色的实验方法和临床方法，重点探讨创新辨证论治体系的思路方法，满足临床的需求。此外，要尽量防止那种既不借鉴历史成功的传统好经验和好方法，也不采用现代行之有效的新经验、新方法，只是凭空想象创造一套新的理论体系的作法，因为这样的作法没有实践基础，是难于实现的。

今后发展中医基本理论体系，必须从实际出发，深入调查研究，根据需要和可能，收集各方面不同意见，充分论证，权衡缓急，合理布局。现仅就个人局限工作的实践感触，提几点不成熟的意见。

建议国家中医药管理局，象编撰《中华本草》那样，突出重点，有的放矢，集中力量，深入研究整理出以下大型中医基本理论专著：

（一）把中医脏腑、经络、气血、气化这一独特的生理系统确立起来，系统起来，并用新的生理代谢过程联系起来，力争在2000年以前，撰写出一部大型现代中医生理学专著。

（二）把反映人体脏腑制约，经络、气血运行、邪正相争和阴阳调节异常病变的证候病理理论，进行系统地整理提高，为在2000年前撰写出一部现代中医证候病理学而努力。

（三）以中医的脏腑、经络、气血和气化为系统，以中医较规范的病证命名，对其病因、病理、辨证、论治等进行必要的发展和提高，为在2000年以前编撰出一部体例创新，反映古今成就的现代临床辨证论治的大型专著而努力，把中医的基本理论和临床证治的特色，继承发扬出来。

组织上述中医基本理论的继承研究工作，主要把中医的独特理论，按新的医学分科，使之更加系统化、理论化、规范化，更有利于指导临床实践和广泛交流。完成这样的任务是较为艰巨的，但只要领导决心大，组织有方，争取在近几年内先搞个"试产品"出来，是完全可能的。

（转自《中国中医药报》1994年8月22日）

发展中医理论之我见

肖 德 馨

中医理论体系的内涵

科学是关于客体系统化了的知识，它是以理论的形式出现的。医学的科学性主要体现在基础医学上。中医学所以成为一门科学，主要在于它有完整的理论体系。它包括三部分：一是属认识论的，如阴阳、五行学说为代表的哲学思想或核心观念，即它的世界观或自然观。二是本体论部分，如阐述人体和疾病的脏象、经络学说和精（广义的，包括津、血液）、气、神的范畴以及病因、病机的理论。三是方法论部分，以辨证论治为代表的临床思维方法，即标准的诊疗方法。这三部分的知识，通过一定的框架结构，串联起来，成为一个相互联系的逻辑系统，就是中医学的理论体系，也就是中医学中的基础医学。辨证论治是基础理论与临床医学之间的桥梁，相当于临床基础。

按着当代著名的科学哲学家库恩的理论，科学与非科学的划界标准，是有一个能够使科学家共同遵循的"规范"的存在。"有了一种规范，有了规范所容许的那种更深奥的研究，这是任何一个科学部门达到成熟的标志。"规范包括三部分：① 基本假定、基本理论和定律；② 把理论和定律应用到各种情况中的标准方法；③ 必要的仪器和技术。在教科书流行之前，规范的作用由经典著作承担。规范最明显、最重要的部分，是"结构性"部分，或称"结构性规范"，即科学理论体系。以此衡量，中医学从有了"四部经典"著作起就有了共同遵循的规范，历代中医称其为典范、圭臬、规范或准绳等等。四部经典奠定了三部分规范：① 以《内经》、《难经》所阐述概括的基本概念、范畴、原理、假设和定律等；② 以《伤寒杂病论》所演示的诊疗疾病的标准方法，即辨证论治的方法论模式；③ 以《内经》、《难经》和《神农本草经》为代表的诊察疾病的方法，和针灸、中药等治疗疾病的技术手段。当然，规范并不代表一劳永逸的工作。相反，却留下许多有待解决的问题。常规科学就是：① 扩大规范与事实的接触点；② 加强理论与事实的相配；③ 说明理论，进一步详细表达规范本身。中医学始自四部经典，就建立了自己的理论体系，有了结构性规范。其后的发展，主要是从事常规科学的上述活动，用其理论指导医疗实践，在实践中充实发展理论，结合实践中的新问题，运用当时的各种学科知识方法，阐释表达理论，从事规范所容许的更深奥的研究。

中医理论体系的特色

整体观念与辨证论治是中医学的特色，这是一致公认的，其实这正是中医理论的特色。整体观代表了认识论的哲学思想或观念；辨证论治代表了方法论的临床思想方法。我想进一步从以下"三性"，阐述一下中医理论体系的特色和优势。

1．哲理性。规范的最高层次是哲学部分，作为医学主要是它的自然观或天人观。世界观都是作为一种观念形态的东西而存在的。中医学中以阴阳、五行学说代表的哲学思想，也是以各种观念形态，贯穿放射到它的天人观、生命观、人体观、疾病观、治疗观、养生观等各个方面。所以还是把这种哲学思想归纳概括为几种观念为好。我同意以唯物观、辩证观、系统观、天人相应观来概括。(详见《中国医药学报》1994年6期)。这是中医学哲学思想的核心观念。这样不必随着哲学的发展，不断更换它的归属如“朴素的唯物论，自发的辩证法，古朴的系统论等”，不一而足。

2. 系统性。主要表现在两方面：一是现代系统中的许多具体思想原则，诸如整体性、相关性、有序性、动态性、目的性、自组织性、综合性等，几乎都可以在中医理论和方法中，找到各种原始思想，堪称为系统论的“原型”。中医基本理论和方法，用“牛顿模式”或一般物理、化学、生理、解剖学的观点和方法来解释，往往成为不可思议的东西，常被怀疑或贬低。但从系统论的观点来看，它正反映和把握了人体作为功能系统最本质的东西，与现代系统论在本质上是一致的。不仅医学，而且包括人体科学和系统科学在内，都可以在那里得到重要启示。这是发展我国医学的巨大优势，它的价值，将在系统时代充分显示出来。二是中医理论体系，是以“系统”概念做框架，来构造其体系的。如“六经”、“五脏”、“十二经”或“十四经”等，都是典型的“系统”概念。我在许多文章和《中医方法论》一书中，曾做过详细阐述。如“六经”就是三阳三阴与经络脏腑等相合，形成的系统概念，用来反映六淫之邪所致的外感病(广义的伤寒)演变规律和辨证论治的模型。“五脏”是五行与脏象配属，形成的系统概念，反映五志、五味所致的内伤病的演变规律及证治模型。由于在辩证观和系统观的指导下，又运用了“系统”概念做辨证论治各种体系的框架，所以使这些辨证论治的方法或纲领，不仅具有辩证思维的特点，而且具有系统方法或系统思维的特点。

3. 先进性。上述两性的分析，说明中医理论体系，不仅汲取了古代先进的哲学、逻辑学的思维方法，而且运用了古朴的“三论”思想方法，今天仍体现了医学发展的方向。如钱学森说，人体科学一定要有系统观，这就是中医的观点，所以医学的方向是中医。特别是在系统观指导下，以“系统”概念为框架，所构造的“天地人相参”的整体系统模式，也就是自然——社会——生物——心理医学模式，正是现代医学模式要转化的趋向。

发展中医理论的战略思想

1986年末，国家中医管理局委托中医学会，在成都召开的全国中医药学术发展战略研讨会，制定的三个战略思想，我认为是适合中医理论的发展战略。

(1) 主体战略。中医理论体系既然在二千多年前，已形成结构性规范，历代不断汲取多学科的先进方法和技术，不断充实完善，迄今仍有效地指导广大中医群体的实践，尚没有一种学科的理论能取代它。按库恩科学史的观点，仍处于常规科学时期，还没有危机到要进行科学革命，进入新常规科学的阶段。所以，“要坚持中医药学理论体系，遵循自身的规律，实行自主的发展。”这里我想借用“中医研究”和“研究中医”的提法。“中医研究”，就是在中医理论指导下，研究中医学的对象——人体和疾病的防治，或者是健康与疾病的转化过程，通过这种研究继续提高其理论和防治水平。“研究中医”，是把中医学作为研究对象，运用其它学科的理论和方法，来研究阐述中医学，包括它的理论。近代的研究，多属后者，包括中西医结合的研究，多为验证中医的“科学性”，用其它学科的理论阐述中医理论和治疗机理，或将它的长处吸收充实到其它学科中去。我认为主体战略的思想，除了要坚持上述所谓的“中医研究”含义外，还要强调，积极主动地汲取其它学科“研究中医”的成果，经过消化吸收，使其纳入、融汇到中医理论体系之中，深化自己的内涵，发展自己的理论，进一步提高指导实践的能力；同时也促使自身的现代化。也就是要“以我为主”、“为我所用”的思想。

(2) 优势战略。首先要充分发挥发展中医理论在认识论和方法论中的先进性方面的优势。如在哲学思想方面，钱学森主张，中医现代化的第一步，应该用当代全部马克思主义哲学的结构体系，一个核心、八个基础，去总结阐述传统的中医理论；不能只阐述，还要把中医理论加以总结或整理。这里说直接用马克思主义哲学去总结阐述中医理论，而不是去指导中医理论的总结阐述。作为建立人体科学基础理论的第一步，为下一步更深入的机理性人体科学基础理论做准备。对发挥系统性的优势，他也强调：更重要的是，中医理论包含了许多系统论思想，这正是西医的严重缺点。所以中医现代化是医学发展的正道，最终会引起科学技术体系的改革——科学革命。基于这种认识，有人做了专著论述，提出建立中医系统论和中医系统工程，以促进整个医学系统论和医学系统工程的建立。

(3) 协调战略，这里有三种含义：一是指在学术发展上要认识“大协同”的思想。认识到现代科学发展的鲜明特点是既高度分化，又高度综合。对自然界各种现象的认识，越来越多地采用多学科方法的综合认识。各门自然科学、技术科学和社会科学的密切合作，乃是科学进步的必要前提之一。这就是“大协同”的思想。中医理论的发展，无论是扬长还是补短，都要提倡多学科、多侧面、多层次、多途径的整理研究、总结提高。二是要协调好中医学与外环境及社会需要的关系，对其自身的内容与形式、继承与发扬、普及与提高、自主与开放、吸收与扬弃、长短线的比例，以及教育、科研、临床、管理之间的诸种关系，都要通过协调使其和谐，促进发展。三是要协调好各种队伍人员的关系，如中西医之间、医药之间、新老之间的关系，团结各方面人员，为促进传统医药学的发展，为人类的保健事业做出更大贡献。总之，这三种战略思想，充分体现了中华传统文化的总体精神：“天行健，君子以自强不息；地势坤，君子以厚德载物”。

（转自《中国中医药报》1994年11月21日）

发展中西医结合学科建设

陈士奎

当前，如何促进中西医结合学科形成、建设与发展，已成为中西医结合界在跨世纪的年代里共同关心的问题。

20世纪50年代以来，人类科学技术出现了科学知识和工程技术的加速发展，新学说、新观点、新学科不断涌现，特别是交叉学科发展，已成为21世纪一个重要趋势，至今学科总数已达6000多门。学科知识的相互借鉴、渗透已成为学科建设不可缺少的措施和至关重要的因素。

从现在起，到21世纪中叶，是中华民族兴旺发达的伟大历史时期，也是学科发展和科技进步的关键时刻。时代向我们中西医结合界提出了挑战，也赋予我们机遇和历史使命。

中西医结合医学及其研究是我国独特的医学科学，因此，中西医结合各学科的建设，必须由我国医学科学家率先提出并完成，我国政府在科技发展决策中，应给予珍惜、重视和支持。

新学科建设基本标志：必须有学科的定义和明确的研究对象、研究目的；有独立的研究方法、研究体系及合理的科研布局；有本学科的学术理论及理论体系；有较成熟的相应代表著作；有足够的专门学者及研究队伍；有公认的在学科建设和探索过程中形成的学科带头人；有基本的教学或培养人才的机构和相应的学科系统教材。

中西医结合医学定义为："综合运用中医药学和现代医药学的理论与方法，以及在中西医结合研究中，不断创造的中西医结合理论与方法，研究人体结构与功能、人体与环境（自然与社会）关系等，探索并解决人类健康、疾病及生命问题的一门医学。"

建议：1. 组织专家讨论与论证中西医结合学科发展与科技进步问题，形成建议方案，为国家制定学科发展与科技进步战略规划和决策提供科学依据；力争在我国"九五"计划及15年规划中，进一步确立与发展中西医结合学科。2. 把中西医结合方针和中西医结合工作落实到国家政策、法令及政府决策之中。3. 科研上，国家科委、中国科协、国家自然科学基金会，以及卫生部、国家中医药管理局的科研资助，应对中西医结合研究有政策导向，予以重点支持。4. 国家教委应在中西医结合人才培养上，采取"超常规措施"，创办中西医结合系及中西医结合学院。5. 建议政府制定发展市、县级中西医结合医院的方针政策，适应我国中西医结合事业发展的需要；实现对"示范"中西医结合医院的扶持，予以重点投资（6～7所），在全国形成各有特色的中西医结合医疗中心。6. 注重理论研究，发展中西医结合学科理论。7. 努力研究并形成中西医结合方法论。8. 加强国内外学术交流，进一步取得学术界及社会的共识。

（转自《健康报》1994年10月21日）

对中药经济信息工作的思索

张宗项　廖明超

一

从计划经济转向市场经济，信息越来越受到中药同仁的重视。普遍认为，信息既关系到中药经济的发展，也关系到中药企业的兴衰。

80年代初，全国中药经济信息工作在艰难中起步。以中国药材公司为首的各省、市、县药材公司从抓市场调研入手，逐步发展成为信息开发和运用的信息网络；华东（六省一市）中药信息协作网的相继建立，成为推动全国中药经济信息工作的一支主要力量；总公司与省级药材公司传真信息网陆续接通；《中药事业报》、《中国中医药报》、《中药经济与信息》、《上海中药信息》、《羊城药讯》、《四川中药价格信息》等报刊的出版，以及《成都荷花池药材行情》等十大药材集贸市场定期行情的沟通，促进了中药经济信息的广泛传播和辐射；广东、广西定期信息研讨发布会的建立，使中药经济信息的开发和运用上升到一个更高层次，为中药产业思想观念的转换，企业产品结构的调整，新产品的开发，市场的开拓，企业的科学管理、效益水平的提高……发挥了积极作用。

二

但是，按发展市场经济的要求，却存在着不容忽视的隐忧，较为明显的是：中药信息工作还不适应中药经济发展的需要。

从开发角度看——

开拓面狭小、单一、力度不够。目前，中药经济信息工作的重心，往往偏向于十大药材贸易市场行情的收集、跟踪，而整体、纵向、横向、具有高度和深度的全局性宏观信息的开掘研究则重视不够；大量的精力集中于中药材，面对日益增长、已在国内中药消费中占据主导地位的中成药的研制、生产、营销、趋势等信息表现淡漠；对国家宏观政策，农、工、商、科、医、企业管理、竞争态度、市场开拓、国内外需求等全方位信息的深入研究分析不够充分，有份量、有力度的信息较为少见。

从质量角度看——

由于信息开发指向的严重倾斜，致使大量的中药经济信息滞留于浅、散、层次较低的水平上；虚假、失真，以偏概全、任意夸大，出于推销目的违背真实，纯属造舆论的信息噪音，随时可闻，奖钱、奖物、回扣污浊信息，竟然也能招摇过市。

从网络建设角度看——

规范程度差，传输手段落后，上下左右联系松散，至今尚没有形成一个收集、加工、整理、研究分析、贮存、反馈的有权威的信息中心，自然也就很难产生战略导向性信息。

从队伍素质角度看——

大量的信息人员，属于对一时一地的市场价格、商品畅滞信号的收集、加工的浅层次水平；能够对初级信息进行综合性深入研究分析的、中间层次信息研究人才相对不足；高层次的、具有战略眼光的专业信息研究人才则严重缺乏。

存在这些问题的原因，除客观因素之外，较为明显的是：

在"放开搞活"背景下，主要依靠行政力量来驱动的全国中药经济信息工作，却遇到了归属多变、主渠道功能衰减、系统内上下隶属关系淡化，所有制结构的三分天下等问题，使得原来驱动的这种行政力量权威变得十分脆弱，无力进行信息网络的进一步充实完善。

市场发育不全、竞争变态、回扣盛行，对中药经济信息工作的正常开展，产生阻碍作用。

一些企业对信息的重视程度极为有限，很多企业没有人专事收集、整理、分析信息，尚停留在"上半年看百泉，下半年看樟树"的赶场跑会水平……。总起来看，中药经济信息工作还处于发育期，还处于一种依附状态，还没有走上实现信息交换、使用价值的产业化发展轨道。

三

面对复关的逼近，世界中药热的兴起，中药需要走向世界的形势，要使中药信息工作适应发展的需要，我们认为应着重从以下两个方面来加以考虑：

（一）努力提高质量

1. 拓宽信息面。改变重集贸市场行情，轻全国产销动态；重中药材，轻中成药；重流通轻生产；重微观轻宏观；重商品畅滞价格涨落，轻政策变化、科技进步、企业管理的收集、反馈，努力使信息能够反映方方面面、国内国外、医和药、科工贸、微观和宏观的信息。

2. 提高信息的准确性、时效性、指导性。这就需要对大量的初级市场信息，进行深入的加工、整理、筛选，剔除虚假信息，认真研究分析，提高信息的可靠性、适应性；运用电子计算机、现代化设备管理、处理、传输反馈信息，提高时效；专业信息机构、人员，以及信息专业刊物，都应把认真分析研究提供更加准确、可靠、及时，具有较高使用价值的信息作为工作重点，认真抓出成效。

3. 重视战略性信息的研究。信息的真正价值除本身具有的准确性、适用性外，一个重要方面，就在于信息的导向性。也就是说，我们除注意一些微观信息的收集、反馈外，还必须十分注意对具有战略指导意义信息的研究，如中药产业的发展方向、品种开发、市场趋势和走向、国际市场的拓展等等。这些信息的产生，应该在初级信息的基础上，综合各方面的信息，进行第三、第四次深层次开发，旨在为宏观决策提供依据，制定发展战略服务。这就要求面和点的结合、纵和横的结合、下和上的结合、医和药的结合、国内和国际的结合、深度和高度的结合、经济和信息的结合，只有这样，才能保证战略性信息的导向性。

（二）加大投入

1. 人、财、物力的投入。包括配备精干的信息人员，配备必要的现代化处理、传输设备，以及资金的支持和保证，这是搞好信息工作的基础。真正干事业的企业家，对信息工作的重视，首先应体现在这种实实在在的投入。

2. 完善网络建设。从企业来讲，应把信息工作放在同业务经营同等重要的地位，建立信息机构，进行信息的收集、加工、整理、分析、贮存和反馈，并与全国网络联网，建立更广泛的联系。从全国来看，应进一步充实和完善网络建设。郑州、天津高级中药批发市场的建立，将成为实现国内联网，运用现代化管理反馈信息的中心。这对全国中药经济网络的巩固和发展将起积极作用。

3．人才培养。信息网络的建设与人才的培养，是搞好中药经济信息工作的两个重要方面。只有把网络建设好，才能保证信息的畅通，提高时效。而网络中有高素质的信息人才，也才能保证信息的准确、可靠和高质量。目前要特别注意中、高层信息研究人才的培养，一方面要注意从实际工作中发现培养人才，或对现有信息人员通过短期培训，努力提高其专业水平，也可以从大专院校进行培养。应坚持从多途径、多渠道培养信息人才。对现在从事信息工作的人员，则要充分重视、支持、关心他们的工作，充分发挥他们的积极性和创造性。

（转自《中药事业报》1994年11月5日）

中医科研应采用病、证、药三结合的研究模式

张 建 华

中医药的研究工作近年来得到很大发展，中医研究人员数量增加了，研究单位数量增加了，投入研究的资金增加了，学术刊物、学术会议增加了，发表文章和获得成果的数量也增加了，等等。但是中医药学术发展相对缓慢，没有突破性进展，学术发展和中医药事业发展之间存在明显的不协调和不适应。

与此相对照的是同一时期内国际国内生命科学的突飞猛进的发展和随之而来的现代医学日新月异的进步，高科技对临床医学和基础医学无孔不入地渗透，现代医学基于现代科技发展了从纯生物学模式向生物——心理——社会医学模式的革命性转变。以上发展为中医药发展创造了机遇，也对中医药的生存提出了挑战。中医药的科研工作应采用新的模式，以迎接挑战。

加快学术发展的有效途径——病、证、药三结合

病、证、药三结合的研究模式之设想不是来自凭空想象，而是基于中医学术发展缓慢的现状，分析临床、基础、中药研究存在的困难和要求之后得出来的。现实是：临床研究渴望基础研究的支持、期待中药研究的支持；基础研究和中药研究又都离不开临床这块土壤。这后一条又是中医学不同于现代医学的特性所决定的。

实际上，中医研究和中药研究的结合、中医临床研究和基础研究的结合也不是今天才有的，在过去的研究中彼此都有过不同程度的相互依靠、相互支持的合作。但是，这种结合和合作不那么自觉，没能集中三部分学术上和人力上的精华。有的课题是以临床为主，基础部分显得薄弱，支持不够有力；有的课题是以基础为主，临床部分不过是点缀。在医、药的关系上也是类似情况。病、证、药三结合的模式是要集中临床、基础、中药研究的最高成果，在相互支持、相互促进的过程中把中医学术水平推到一个三部分力量分开干所不能达到的高度。

病、证、药三结合是有机的结合，是相互渗透的水乳交融的结合而不是不同的“板块”生硬地碰撞、拚凑，要求三部分在学术上有融汇贯通的基础，要求三部分的专家除了对自己的专业，也对其它两方面的专业有较系统深入的理解。

病、证、药结合的研究，是以病为中心的，因为中医的生存在于临床疗效，中医的发展也以临床疗效的提高为重要内容和标志。证、药的研究是围绕临床研究的。但这并不是说基础研究和中药研究不重要，更不是说基础研究无事可做。相反，在病的研究中，基础（包括证）和中药（包括复方）的研究总是起着不可缺少、不可替代的关键作用。对一个病的新疗法的提出、原有疗法的改进和提高，不仅仅是治愈率、有效率的提高，它包括了对病的新的、进一步的理解，对于所用中药、方剂的新的、进一步的理解。疾病的动物模型的病理及在模型上所做的药理、药物学研究以及病人身上的病理、药理研究往往是不可少的，而这些本身

就是高水平、深层次的研究。这仅仅是基础研究、中药研究和临床研究关系的一例，实际上可做的和该做的工作范围很广，是广阔天地大有可为。

证、药研究和临床密切结合、和提高疗效密切结合，还可以避免基础研究中脱离实际和泛泛空谈的倾向。某些脱离临床、脱离实际的空泛议论，从百家争鸣的角度看，议一下、启发一下思考也无害。但不去验证而无休止地论来论去则肯定是无益的。最典型的例子是中医的阴、阳是 cAMP、cGMP 的议论，说了几十年了，现在还有人在说。其实，现代生物学发展过程中发现的许多相互对立又相互统一、相互依存又相互斗争的现象和物质，都先后被外国科学家比做中国传统医学的阴和阳，多数只是取其哲学含义，并不是说中医阴和阳的物质基础就是某某。如果是那样，就太简单化了。临床上谁见过阴和阳?只见过肾阴、肾阳、心阴、心阳等等，临床工作者恐怕不认为肾阳的阳和心阳的阳具有同一种物质基础。至于八纲辨证的阴证和阳证，则是一种高度概括的总结，绝不会从那么多属阴的病（证）的病人体内都能提出一种"阴素"，从那么多属阳的病（证）的病人体内都能提出一种"阳素"吧?!

病、证、药三结合的研究模式并不排斥基础研究、中药研究的独立发展。作为某一学科，总有独特的规律，特别是基础学科，总有比较"纯粹"的一面。但是中医的基础和临床的关系和现代医学的基础和临床的关系不同。所谓中医基础理论是临床经验的规律的总结，是基于临床经验又反过来指导临床实践的理论。而现代医学的基础学科是独立发展的实验研究的学科。在采用现代科学方法对中医基础包括证型进行研究的时候，不应忘记中医基础这种与临床关系密切的性质。中药研究也有类似情况，特别是复方研究。

病、证、药三结合的研究模式是高水准的研究模式，其实施要有一定条件：要有临床上成功的经验，要有相应水平的研究人员，要有相应的实验条件。现有的省、市级以上的中医研究院、研究所和某些省市级中医院都有这样的条件。具体研究单位在采用这种研究模式时应根据现有学术水平、发展方向、人员结构等因素，选择临床上已有基础、在中医药治疗上确有特色和专长、已经积累了相当经验而有突破可能的病种。

关键在人才

上面已经提到病、证、药三结合的研究特点是临床和基础互相渗透、紧密结合，也提到基础研究人员对中医、中医临床知之不多和临床研究人员对现代基础医学知之不多的现状。这中间存在着旧的研究人员和新的研究模式之间的矛盾和不相适应。

其实这种不相适应在过去的研究工作中已经表现出来了，甚至可以说中医学术发展缓慢、研究没有重大突破的重要原因之一就是研究人员知识结构、能力结构上的缺陷造成的临床、基础研究的脱节。

临床研究者不懂基础造成机理研究的简单化、表面化和"指标"化。由于不能真正理解所研究疾病的病因、发病机理、病理生理等现代基础医学知识，临床研究者不知道自己的课题如何去阐明机理而只能看着别人做什么自己就做什么，整个研究领域就刮起一阵阵的"指标风"。先后有过"cAMP、cGMP 风"、"微循环和血液流变风"、"自由基风"和长刮不断、风向常变的"免疫风"等等。这种不管各自的课题是什么，在一个时期统统都做一个或一批"指标"的现象反映了整个研究界的幼稚。

基础工作者不懂中医造成基础研究的被动和"盲动"。所谓被动是不知该怎么做，不知该做什么，没有自己的方向、目标和阶段计划，或是临床要做什么就做什么，成了"化验室"。

所谓“盲动”，是指没学懂中医而凭想象“硬干”。如把培养的细胞放在冰箱和烤箱里制造“寒证”和“热证”的模型等等。cAMP、cGMP、“第二信使”和阴阳本质的研究也是一例。

早期的幼稚是可以理解可以原谅的，但不能永远幼稚下去。中医学术发展和突破性成果的出现要求有既懂临床又懂基础的人才。这样的人才现在虽然不多，但是已经有了。

一些中医院校的毕业生，他们在校期间既学到了中医药系统知识，又学到了现代医学包括基础医学的知识和实验技能，又在毕业后的工作实践中或研究生的进一步学习中发展了临床和基础两方面的知识和能力。他们又能看病，又能做实验、搞研究，在临床方面、或基础方面有较深的造诣，是一专多能的研究型人才。有的中医院校的毕业生还考上现代基础医学的研究生，具备了基础研究的较深功底。这样的人才如果再多些、成长再快些，中医的学术发展和高水平、突破性成果是大有希望的。

但是和其它学科、其它学术领域比较，中医界年青一代成长缓慢。我们还没有一批30岁以下的教授、副教授，我们还没有一批40多岁的学科带头人，我们的学术界不像其它学术领域那样朝气蓬勃、欣欣向荣。

事在人为。没有人才，病、证、药三结合的研究模式无法实施，任何模式也无法实施，中医的学术也不会得到发展。

（转自《中国中医药报》1994年3月21日）

开发前景广阔的民族医药

钟孟良　周　蕾

民族药是祖国传统医学宝库中的重要组成部分。在数千年与疾病作斗争的历程中，各个民族都积累了许多医药保健知识，有的自成体系，各具特色，如藏医药学、蒙医药学、维医药学、壮医药学、苗医药学、傣医药学、朝医药学等。目前已知有藏药2200余种，蒙药1342种，彝药1198种，维药600余种，苗药1000余种。有关人员仅在广西某大队所属9个壮村普查，就已收集到高等植物135科，368属，壮药约90种，并且有些是在医药典籍上没有记载过的新种。民族药资源丰富，如果都开发出来，将是个不小的数目。我国少数民族居住区面积占国土总面积的64%，植物、动物、矿物药分布十分广泛，品种丰富。加强民族药物资源的开发利用，不仅有利于民族地区经济和卫生保健事业的发展，而且有利于丰富祖国医药宝库，也是增加新药资源的重要渠道。

由于民族地区底子薄、经济文化落后等因素，目前民族药大部分停留在自采、自种、自制、自用的原始状态。资源普查工作尚属空白；品种的鉴别、规范化、标准化工作亦只在局部进行；药理、药化、临床方面的研究更是凤毛鳞角，远未形成规模。就目前掌握的资料看，民族药临床疗效确切，且具有简、便、效、廉的特点，有广阔的开发利用前景。如藏茵陈退黄疸、治肝炎；水母雪莲花祛风湿；红景天抗缺氧；彝药象眼草治小儿疳积；蒙药广枣治心悸不安、心区刺痛、疯狂昏厥等症，疗效可靠。蒙药沙棘含黄酮及萜类化合物，维生素E的含量居植物之首，维生素C含量是许多果实及蔬菜之冠，还含其它多种维生素、氨基酸、有机酸、醣类及微量元素、不饱和脂肪酸。药理实验证明沙棘子油有抗菌消炎、降胆固醇、抗衰老作用。藏药五味甘露汤药浴治疗风湿、类风湿、多种皮肤病、偏瘫等有良好疗效。在民族药的开发方面，还有许多未知领域有待于我们去探索。

开发我国的民族药，基础研究与开发研究应同时进行。建议国家卫生行政部门牵头，组织有关省、区的民族药基础研究大协作：有计划地组织专业队伍进行民族药的资源调查；进行民族药的标本鉴别，有选择地开展植化、药理、临床研究；组织人力对民族药古籍进行系统整理；搜集民族医的用药经验及民间单验方，并重视民族药物资料的出版工作。在民族药的开发研究方面：有计划地开发利用民族药资源，动员药检、商业、药厂等多方面配合，解决民族医疗机构中用药的原始状态，逐步做到民族药供应商品化、标准化、系列化；组织中医药人员研究民族药，选择性地引进到中药中来，扩大民族药的用途；在药理、药化研究的基础上，开发民族药中的特效成分，研制新药。我国民族药有着广阔的开发前景，转变观念，投入力量，切实做出成效，这是历史赋予我们的使命。

（转自《健康报》1994年5月13日）

行政管理

一、工 作 概 况

（一）1994年全国中医药工作概况

1994年，各级中医药管理部门在中共中央、国务院提出的“抓住机遇、深化改革、扩大开放、促进发展、保持稳定”方针的指引下，根据国家中医药管理局制定的“一条主线，三个加强”的任务和要求，经过全国中医药行业广大职工的共同努力，在深化改革，加强中医药机构与队伍的内涵建设，加强农村中医药工作，加强精神文明建设等方面取得了一定进展。

中医药行业改革进一步深化

1．积极进行机构改革，努力转变政府职能。根据国务院机构改革方案，国家中医药管理局和一些地方中医药管理部门调整了内设机构，加强了领导班子建设，强化了宏观管理职能，弱化了辅助性、技术性工作，增强了凝聚力，提高了工作效率。

2．一批大中型中药骨干企业在组织形式上进行了改革尝试，组成了以中药生产经营为主，多方位发展的企业集团，利用集团的雄厚资金，促进中药企业上规模、上水平。同时，企业转机建设工作有所推进，经营自主权进一步落实，市场竞争主体地位得到加强。

3．中医药机构内部运行机制的改革进一步深化。大部分单位实行了综合目标管理责任制，大胆改革人事制度，对中层领导干部实行公开招聘制，对技术人员根据“德、能、勤、绩”实行聘任制，极大地调动了职工的积极性。中药企业继续完善生产工人计件工资制，对营销人员实行定额承包，超额有奖，拉开了分配挡次，体现了多劳多得的分配原则。

4．认真贯彻国务院《中国教育改革和发展纲要》，加快了中医药教育改革步伐。上海中医药大学从去年开始对本科各专业一、二年级的学生试行学分制；浙江、福建、广西等中医学院为适应社会对多向性人才的需要，及时调整专业结构，受到了社会欢迎。

5．一些中医药机构积极拓宽筹资渠道，实行内引外联，兴办医院，改造药厂，增添装备，引进新疗法、新技术，促进了医疗水平和产品质量的提高，在一定程度上缓解了国家投入不足、医院和中药企业缺乏发展能力的困难，增强了中医药机构的活力。

6．不少中医药单位在保证完成基本医疗保健任务的前提下，开拓思路，扩大服务范围，满足人民群众多层次的医疗保健需要，同时在一定程度上为单位发展积累了资金。

农村中医药工作取得了新的进展

1．为了加强农村中医药工作，国家中医药管理局在湖南省慈利县召开了“全国农村中医药工作经验交流会议”。农村中医药工作进一步引起了各级领导和卫生行政部门的重视，如江苏等地省政府召开的中医药工作会议，重点研究和部署了加强农村中医药工作；山东省政府也在《关于加强中医工作的决定》中，要求乡镇卫生院设立中医科，具备条件的可办成中医特色的卫生院。

2．农村中医药人才培养逐步落到实处，高等中医药院校继续通过改革招生分配制度，采取定向招生，定向培养，保证一定数量的学生毕业后回到农村。有些省还通过中医药函授教育、师带徒和组织全面考核等方法，使部分乡村医生能以中医为主或掌握中西医两法。

3．科技成果正在向农村推广，一些科技成果和适宜技术在县中医院和乡卫生院得到了应用，有力地促进了医疗技术水平的提高，取得了较好的社会效益和经济效益。

4. 城市农村对口支援，北京等地选择一些较好的城市中医医院与一些县中医医院和乡卫生院确定对口支援关系，使这些农村中医医疗机构的医疗技术水平、人员素质及医院管理水平得到了普遍提高。

5. 农村中医试点县工作继续深入，各地狠抓了试点县中医机构与网络的建设，基本完善和健全了县、乡、村三级中医服务网，部分省还确定了一些农村中医工作重点县，使农村中医工作全面展开。

中医药机构内涵建设进一步加强，医院的服务功能得到完善，提高了适应市场经济的能力

1. 中医医院分级管理试点范围进一步扩大，全国已有30个省(区、市)212所中医医院分别通过了评审，126所示范中医医院基本上完成了建设任务，已有54所通过国家级验收，中医医院普遍注意了拓宽服务领域，完善服务功能，加强了专科、专病建设和学科带头人的培养。国家中医药管理局正式颁布了《全国中西医结合医院分级管理办法》及《中西医结合病案书写规范》等，为中西医结合医院内涵建设建立了现阶段的模式和标准。一批医疗技术标准和规范正式颁发，促进了医院管理水平和学术水平的提高。

2. 中医药教育在继续完善评估工作的基础上，完成了普通高等教育中医药类规划教材中29门课程教材的定稿工作，修订制定了中等中医药11个专业的教学计划。各地还加强了在职人员的培养，全国名老中医药专家学术经验继承工作的出师考评基本完成。

3. 全国重点科研机构和重点实验室的建设进一步加强，科研条件得到了改善，科研能力逐步提高。"八五"国家攻关项目、国家攀登计划等国家级项目取得了一定进展，一批民族医药科研课题被选入部（局）级科研计划。1994年，共有59项科研成果获国家中医药管理局中医药科技进步奖，70多个中药新药获得了新药证书，20项中医药新技术、新成果得到了推广。

中药生产流通稳步增长，中药质量进一步提高

1. 中药生产经营企业在改革的推动下，转变内部运行机制，继续保持了稳定增长的势头。据不完全统计，1994年中药材生产种植面积预计完成500万亩。中成药生产工业总产值预计完成146亿元，比1993年增加5.8%。中药商业市场活跃，供应稳定，短缺品种日趋减少，总购进预计完成105亿元，比1993年增加4.0%；总销售150亿元，比1993年增加8.3%。中药出口创汇额为4亿多美元。去年安排中药技术改造项目57个，总投资4亿多元。

2. 一大批国有大中型企业，及时调整产品结构，参与市场竞争，以其雄厚的资金优势、产品优势、规模经济，仍保持了快速增长的势头，已有19家工业企业销售收入和销售总额分别超亿元。

3. 根据《国务院关于进一步加强药品管理工作的紧急通知》的精神，在全国掀起了以政府牵头，有关部门配合，群众参与的清查、整顿中药生产经营秩序的活动，取缔了一批"三证"不全的企业，打击了制售假药的不法分子，净化了中药市场。禁止犀角、虎骨贸易工作也取得了预期的效果，并赢得了国际组织的赞誉。

4. 中药生产企业综合规范化管理水平有了较大的提高，全面质量管理工作进一步加强，47个QC小组被评为部局级优秀小组，并有17名同志得到了全国优秀质量工作管理者的称号；推行GMP的工作进一步落实，换发中药生产企业合格证的工作正在有序地进行。

对外交流与合作进一步扩大

中医药对外交流与合作，出现了由民间交往逐步向政府间合作转变，由低层次向高层次发展，由东南亚向欧美国家拓展的新格局。中药出口的渠道进一步拓宽，出口品种和贸易额逐步增加，合作方式趋于多样化。与国外联合开发研究、联合办医、联合办厂日趋活跃。中医药在国际上的影响越来越大。

中医药法制建设进一步加强

各地积极贯彻《医疗机构管理条例》，制定配套文件，开展医疗机构重新登记工作，取得了一定成效。行业标准《中医病症诊断疗效标准》正式颁布，《中医药发展条例》起草工作基本完成，23 项中医药部门规章的制定正在抓紧进行。地方政府的中医药法规建设也取得了一定进展。“二五”普法工作正在按计划广泛开展。

中医药行业精神文明建设取得可喜成绩

各级中医药管理部门加强了对精神文明建设工作的领导，开展了中医药行业服务宗旨教育，建立健全了有关规章制度。特别是广州中医学院第一附属医院无偿救治“军嫂”的典型事迹，成为新时期医德医风的典范，受到了社会各界人士和中央领导的高度赞誉。

中医药行业当前和今后一段时间内还存在许多困难和问题，如中医药行业在重大的改革理论和实践问题上没有取得突破性进展；中医药行业法制建设亟待加强；农村中医药工作依然薄弱；中医药机构内涵建设和资源利用还需要进一步加强；中药生产企业产品低水平重复的现象比较严重，中药饮片企业普遍亏损，中药材种植宏观调控乏力等。由于中医药事业发展较快，相当一部分中医医院和中药生产企业基础设施不配套，人员素质不高；有些中成药疗效不确切；不少中医医院床位使用率低，资源利用不充分。不坚决改变这种状况，就难以提高中医药的服务水平和效益，势必影响中医药行业持续、健康、稳定地发展。我们要认真分析产生这些困难和问题的原因，进一步解放思想，坚持实事求是的思想路线，深入调查研究，用改革的精神研究解决前进道路上出现的新情况、新问题。

（朱　桂）

（二）1994年各省、市、自治区中医药工作概况

1994年天津市中医工作概况

1994 年，天津市中医工作取得新进展。召开了区县卫生局长工作会议，制定了“天津市中医工作要点”，并对全市中医工作作了部署。经过三年努力，全市 17 名首批名老中医药专家学术继承人分别通过市级及国家中医药管理局的验收，合格出师。受国家中医药管理局委托，由天津市第一中心医院急救医学研究所承办了“全国第三期中医急症培训班”，有 220 人参加了培训，并取得了结业证书。通过市分级管理评审委员会评审，天津中医学院第一、二附院达到“三甲”标准，和平、北辰中医院达到“二甲”标准。天津中医学院第一附属医院、和平、北辰中医院同时还通过国家中医药管理局组织的专家验收，成为全国示范中医医院。1994 年，全市中医药科研工作取得了可喜的成绩，获国家中医药管理局科技进步奖二等奖 1 项，三等奖 3 项。在津召开了“第三届国际针灸临床学术会议”，来自十多个国家的 300 余名代表出席了会议，收到论文 104 篇，大会交流 37 篇。

（天津市卫生局中医处）

1994年河北省中医工作概况

1994年，河北省中医工作有了新进展。加强了中医医院分级管理。在1993年确定的22所医院作为第二批试点基础上又扩大了41所，使全省近半数中医院实施了分级管理。对新实施的中医院有关人员举办了分级管理培训班。对国家中医药管理局确定的我省“全国示范中医医院”进行了督导检查。几所医院所在地政府对此项工作高度重视和支持，经过近3年的建设，从医院规模、办院方向、设备、科室设置、人员结构等方面取得了显著成效，基本达到国家中医药管理局示范中医医院建设标准。1994年底前，我省先行验收，为1995年第二季度国家验收做准备。对全省县级中医院进行分类指导。5月份在唐县召开了现场会，唐县中医院介绍了经验，对全省后进中医院起到了很好的促进作用。6月份在天津召开了“中西医结合医院工作会”，研究部署了全省中西医结合工作，并对开展中西医结合医院分级管理工作提出了要求。为使中医较多的参与“初级卫生保健”，5月份配合国家中医药管理局对我省农村中医工作进行抽样调查。开展了中医中专自学考试，重点为农村培养中医人才。邯郸市中医院的新型中药颗粒饮片改革被作为国家中医药管理局重点研究项目，目前正在作技术准备工作。

加强了中医教育和科研工作。重点抓了21世纪培训工程，通过考试招收了40名学员参加第一期“21世纪名医培训班”。还连续举办了“中医病案书写”、“中医护理”、“九针”、“中医病证编码”、“九曲全息诊断”等学习班，有近300名人员参加了学习。抓了名老中医学术经验继承的出徒工作，20名高徒通过考核答辩顺利出徒。在中医大专自学考试基础上，省教委已批准开展中医本科、中医中专自考，1995年开考。进行了1993年度卫生厅中医、中西医结合科技进步奖的评审工作，评出了28项获奖成果。1994年度中医、中西医结合科研课题评审，有40个课题被列入卫生厅的中医、中西医结合科研计划课题。

(河北省卫生厅)

1994年上海市中医工作概况

1994年上海市的中医工作又取得新发展。为贯彻《杏林计划》，曙光医院、龙华医院、浦东新区和嘉定区中医医院进行了各项建设工作。与1990年相比，至1993年底，4所医院的建筑面积总和及床位总数分别增长36.7%和37.9%，固定资产总值增长222.1%，万元以上设备增长195.7%，门诊和住院中医药治疗率分别增长6.4%和8.2%，甲级病史合格率由建设初期的87.2%上升到91%。在1994年，4所中医医院已先后通过了国家中医药管理局组织的全国示范中医医院验收，授予了证书和铜牌。在1993年完成11所中医医院等级评审工作基础上，1994年又对7所中医院进行了评审。全市第一周期中医医院等级评审工作已全部完成。1994年又组建了11个中医专科专病医疗协作中心，使全市共有中医专科专病中心40个，基本上覆盖了具有中医特色的临床主要学科。上海市名中医诊疗所一年来接待了国内外3万多人次的各科门诊，取得了良好的社会效益。经过9年中西医结合试点医院的建设，于1994年3月原上海市虹口区中心医院正式更名为上海市中西医结合医院。市卫生局中医处组织了全市21所中医院和门诊部进行病史质量检查评比，促进了病史质量的提高。同时，又组织了全市中医护士进行理论知识和技术操作竞赛。23所中医、中西医结合医院2000余名护士参训参赛，历时半年，普训率达96.2%，经过预、初、决赛，评出了获奖团体和个人。中医护理工作得到了加强。

全市34名全国继承班学术继承人已全部通过国家级出师验收。1993年底启动的市继承班35名指导老师、61名学术继承人，坚持"统一管理、集中上课、分散带教、定期考核"的方针，已完成了第一年的教学计划。上海中医药大学在1994年培养毕业了近300名学生，其中本科生192名，研究生55名，其余为大专生。

1994年先后组织了中医专家分三路到郊区5所中医院进行教学查房、业务讲座和专科预约门诊，收到较好的效果。同时，组织编写了《乡村医生中医读本》，将付梓出版，对提高农村中医工作水平具有积极意义。

在全市卫生系统实施《总量控制、结构调整》的改革方案中，为保障中医医院的业务发展，在调查研究和多次组织专题研讨会的基础上，积极争取有关政策。

（戴宝冬）

1994年安徽省中医工作概况

1994年，安徽省中医工作从加强医院内涵建设和加强农村中医工作入手，有了新进展。太和县中医医院通过省级"二甲"评审和国家中医药管理局组织的全国示范中医医院验收。对15所办得好的县（区）级中医医院按照《安徽省县（区）级中医医院建设标准》进行了检查评估，授予怀远县中医院、濉溪县中医院等10所县（区）级中医医院首批合格中医医院称号。召开全省中医医院工作会议暨中医医院管理工作研讨会，总结了全省中医医院建设和发展的经验，分析了困难和问题，提出了发展的思路和对策，部署了今后的任务。举办了全省中医护理学习班暨中医护理学术交流会，共有72人参加，评选优秀论文10余篇。

加强了农村中医工作。制订了《安徽省农村中医事业发展规划（1994～1998）》和《关于县（市）中医医院指导基层中医工作意见》。经省卫生厅决定，霍山县、界首市、泗县等10个县(市)为全省农村中医工作试点县(市)，怀宁县中医骨伤医院，宁国县中医院等10个中医院为全省示范中医医院建设单位。同时，又分别制订了《安徽省农村中医工作试点县实施办法（试行)》和《安徽省县级示范中医医院创建工作实施办法（试点)》印发各试点单位实施，还分别在庐江县、霍山县召开会议，积极稳妥地实施二个办法。解决了400名初等中医药学徒的集体招工指标，稳定了全省农村中医药队伍。

完成了1993年下达的35项中医药科研课题招标任务；争取省编委批准成立了《安徽中医临床杂志社》；积极开展了扶持贫困县工作，对卫生厅扶贫联系点霍山县给予了工作上和经济上的支持，受到该县好评。

（徐经凤）

1994年河南省中医工作概况

1994年河南省中医工作取得显著成绩。全省中医药人员32964人，中医医疗机构150个，科研院所4个，中医药院校4所，中医病床15095张。获3项国家中医药管理局科学技术进步三等奖；共评出河南省中医药科技成果奖33项，其中一等奖3项，二等奖14项，三等奖

16项。省洛阳正骨医院门诊病房教学大楼、河南中医学院第一附属医院医技楼等一批大中型基建项目建成使用；河南中医学院第一附属医院、安阳市中医院顺利通过国家中医药管理局组织的全国示范中医医院验收；河南中医学院第一附属医院被国家中医药管理局确定为中药剂改基地，省中医高血压病治疗中心、省中医药信息研究检索中心、省中医药培训中心已挂牌或开始筹建；全省1991年被人事部、国家中医药管理局确定的28名老中医药专家学术经验继承人，顺利通过全国中医药专家学术经验继承工作检查验收委员会的验收，同意出师。

由河南省承办、国家中医药管理局主办的'94洛阳中医骨伤国际培训暨学术研讨会获得圆满成功，来自16个国家和地区的439名中外专家、学者参加了会议。卫生部副部长兼国家中医药管理局局长张文康、河南省副省长李志斌出席会议并作重要讲话。

（河南省卫生厅）

1994年广西壮族自治区中医工作概况

1994年，全区各级中医医院均实行院长负责制，部分中医医院实行了全员聘任，并在分配上实行"科室核算、比例提成、量化计酬、综合奖励"的管理办法，把职工的奖金与其技术水平、实际贡献、工作质量紧密结合起来，合理拉开收入差距，体现多劳多得、高效多得、优质多得的原则，调动了职工的积极性。各级中医医院按照分级管理标准，注意加快医院内涵建设。为配合分级管理，分别举办了分级管理、中医病历书写、中医病证分类编码、中医护理学习班，培训骨干200多人。同时各医院加强岗位培训，提高中医药人员业务水平，并多途径筹集资金，引进新技术、新设备。桂林、柳州市中医医院通过了三级甲等医院评审，并挂上"全国示范中医医院"牌子。防城港市防城区中医医院也通过了二级甲等医院评审。自治区批建的5个专科（专病）医疗中心和中药剂型改革基地也正在抓紧建设。

（广西壮族自治区卫生厅）

1994年陕西省中医工作概况

1994年，陕西省按照国家中医药管理局提出的围绕"一条主线，三个加强"的发展战略，采取了有效的措施，使全省中医工作取得了明显成效。全省至1994年底共有中医机构147个，中医药人员21304人，中医病床9057张，各中医院在全面推行以质量、效益为中心的目标责任制的基础上，进一步深化了医院内部管理，加强了内涵建设，提高了医院的社会效益和经济效益。同时强化了专科专病建设，进一步加强了中医院的分级管理，建立了医院的质量管理指标和医护工作程序，使医院工作逐步走向规范化。在此基础上，重点抓了中医院分级管理试点、示范中医院的建设和全省重点中医院的建设工作，集中抓了17所县中医院的建设，省、地、县共落实资金180万元，新建和改建医疗用房12000平方米。通过分级管理试点，评审二级甲等中医院4所。切实贯彻《医疗广告管理办法》，建立了全省医疗广告审批监督制度，加强了医疗广告的管理；同时加强了在岗人员培训和继续教育工作，举办中医肝病、心脑血管病、中医护理学习班，为基层中医单位培养了100名专科专病人才；陕西中医学院和渭南、宝鸡两所中医学校今年毕业本、专科生584人，乡医80人；在稳定本、专科教育规模的基础上，扩大了定向生、委培生的招生比例；在办好现有专业的基础上，开办了农村青年不包分配班，委托陕西中医学院等单位试办中医大专班，今年培养学员500人，大力加强了乡、村两级中医人才的培养；组织专家对全省继承名老中医经验学徒进行了考核，11名继承人全部合格；组织同行专家评出省中医药科技成果11项，二等奖4项，三等奖7项。

（陕西省卫生厅）

1994年哈尔滨市中医工作概况

截止1994年底，全市共有中医医疗机构18所，中医机构固定资产总额1501.98万元，其中万元以上大型医疗设备560.98万元。中医床位1696张，每千人口中医床位0.76张；中医药人员2959人，每千人口中医药人员0.95人。1994年诊疗人数192.26万人次，承担社区服务19.81万人次。全市各级中医机构有中药制剂室7个，生产62个药物品种，产值86万元，其中自制药品双黄连冲剂、双解降糖胶囊等10余种中成药荣获市级科研成果奖。

确立市级重点专科10个，同时对消渴、按摩、疮疡、剂型改革等科研工作进行了重点扶植，进一步发挥了中医专科和治疗专病的优势。全市共承担国家、省、市中医药课题19项，现已完成9项。正式出版中医专著2部，举办大型中医药学术交流12次，在国家级学术会议上发表论文56篇。举办科研成果推广班、中医医院分级管理班、护理提高班、西医学习中医班，共培训360人。4人通过国家名老中医药专家师带徒出徒考核。有11名中医药人员被省政府授予名中医称号，同时培养地方名中医50名。

（哈尔滨市卫生局中医处）

1994年南京市中医工作概况

按照国家中医药管理局对中医院分级管理的统一要求，在1994年初对全市为期三年的中医医院分级管理试评工作进行了全面总结，有3所区县级中医院达到二级乙等中医院水平，南京市中医院通过了三级甲等中医院的自查。在1994年底的评审中，又有二所区县级中医院达到了二级乙等中医院的标准，其他中医院也在原有基础上前进了一大步。南京市中医院肛肠科是国家中医药管理局“八五”期间的重点专科建设单位，该院经三年多的建设在医疗、科研、教学方面已初具规模，6月18日通过了国家中医药管理局组织的专家评审，被正式确立为“全国中医肛肠专科医疗中心”。完成了为期三年的“南京市老中医学术经验继承工作”的考核工作。为中医医院分级管理培训骨干力量，先后举办了“第三期中医护理学习班”和“中医医院分级管理专题学习班”，共有110名同志参加学习，收到较好的效果。注重调查研究，完成1986～1993年全市中医、中西医结合科研课题及成果的调研，八年间全市共有37个中医药科研课题立项，获科研经费29.6万元，获各级成果奖19项。完成全市21所区、县级以上综合专科医院中医药队伍及工作情况的调研，结果表明：1993年底为止，被调查的21所医院共有中医药人员281人，占卫技人员总数的4.09%，年门诊量35.54万人次，占被调查医院的9.83%，中药房药品毛收入3130.45万元，占被调查医院药品总收入的23.78%。同时，还完成了五县四郊123个乡镇卫生院中医药队伍及工作情况的调查和1993年全市中医专款及配套基金使用情况的调研。以上调研为领导决策提供了科学依据。

（南京市卫生局）

1994年武汉市中医工作概况

黄陂县中医医院经过三年艰苦创业，已初具规模。新建门诊楼、病房楼，面积达6240平方米，年门诊人次15万，医疗设备170万元，年业务收入550万元。1994年该院通过湖北省卫生厅二级甲等中医院验收和国家中医药管理局“全国示范中医院”验收，授予“全国示范中医院”称号。完成名老中医药专家学术经验继承工作。由5名国家级、9名市级名老中医药专家所带的20名学术继承人三年共撰写论文187篇，出版专著11本，完成科研成果四项，1994年7月全部通过省卫生厅代表国家中医药管理局组织的结业论文答辩，考核验收合格。加强新洲县农村中医工作试点县工作，完成中期评估。新洲县中医医院按“二甲”标准努力建设，力争达标。武汉市政府正式确立武汉市中医医院新病房大楼基建项目，并投资三千万元基建费用于大楼建设。加强了武汉市中西医结合医院肾病中心建设工作和中西医结合分级医院管理工作。

(武汉市卫生局中医处)

1994年广州市中医工作概况

1994年召开了中医工作会议，制定了《广州市1994年中医工作要点》。加强了中医处建设，修订了中医处职责，对全市中医医疗、科研和人才培训实行统一管理。全面实施中医医院分级管理第一周期评审工作，开展了中医医院中药工作、中医病案书写质量和重点专科建设单项检查。开展了培养广州市“百名跨世纪中青年中医骨干”工作，105名中青年中医被评选为培养对象，其中30名被列入重点培养对象。加强了中医急症和中医专科建设，修订了《广州市中医专科（专病）中心和中医急症医疗中心的建设方案（初稿）》、《广州市开展中医新技术的奖励办法（初稿）》。中医在职教育取得较好成绩，举办了中医医院分级管理学习班、首届中青年中医骨干培训班、经方运用学习班、中药鉴定班、中医及护理大专自学考试辅导班等，共培训学员723人。中医科研工作取得可喜的成绩，获国家中医药管理局1994年度中医药科技进步奖二等奖1项；1994年省、市中医科研课题中标各1项。开展了纪念“世界传统医药日”'94系列活动，包括在《广州卫生报》开辟“纪念世界传统医药日'94专稿”栏目，向社会宣传广州中医工作的成就；召开座谈会，有关市领导到会作重要讲话；举行广州市中青年中医代表学术经验交流会及中医专家义诊咨询活动。中医处被评为广东省中医药1993～1994年度宣传、发行先进集体。中国中医药学会广州分会进行了会员换证工作，加强了学术交流活动和对外合作，被市科协评为1994年度先进集体。

(广州市卫生局中医处)

1994年重庆市中医工作概况

1994年，重庆市中医事业在过去基础上继续保持协调发展的良好势头。改革中医医疗单位内部管理体制，完善多种形式的综合目标管理责任制，逐步扩大单位的管理自主权，大多数单位将竞争机制引入管理，从分配制度入手，实行经济技术承包、分科核算计奖等多种形式的责任制，调动了职工的主观能动性，取得了较好的社会效益和经济效益。制定《重庆市中医院重点专科建设意见和重点专科评审标准》，确定重庆市中西医结合医院等六所医院为市级重点专科建设单位，年底全部通过评审。邀请市政府和有关部门、专家对合川市全国农村中医工作试点县建设情况进行中期评审，对北碚区、江北区两所全国示范中医院进行模拟验收，及时发现和解决存在的不足和困难，大大加快了示范中医院和农村试点县建设的步伐。确定了铜梁县中医院等五所县级中医院为全市二级甲等中医院建设单位，以龙头建设促进农村中医工作的发展。

全市中医药人才培养得到加强，技术队伍进一步壮大。通过深化中医教育体制改革，重点抓了农村基层适用人才和高层次人才的培养，并着力进行了中医药专家学术经验的继承工作和验收考评工作及继续教育工作。中医药科技工作取得了新进展，学术水平进一步提高。全市共承担科研项目15项，获得各级各类纵向课题经费30万元，组织申报各级各类课题10项，通过国家、省、市成果鉴定8项。经国家新药办公室批准的"冻干参麦粉针"项目获得国家总理基金启动资金30万元。"参麦针注射液新工艺"、"妇科制剂"等科研成果得以广泛推广应用，获技术转让费近100万元。

中医基础建设工作与上一年相比取得了长足的进步。编制了中医事业"九五"计划和2010年规划，1994年市级在建项目4个，施工面积10110平方米，总投资590万元，完成投资490万元，占计划的83%。

（宋世伦　蒋冬云）

1994年辽宁省中药工作概况

1994年辽宁省中药经济有较快发展，现有中药生产企业43家，工业总产值15.1亿元，职工1.24万人，固定资产原值2.36亿元。全省现有中药材1600多种，中药材种植面积达10万余亩。人参、鹿茸、细辛、五味子等是辽宁地道药材，名喻全国。全省现生产中成药420个品种，其中省以上新产品40种，已有45个品种实行了保护，占全国中药保护品种的20%。200多种中成药被国家列为国家基本药物中药制剂品种目录。1994年省以上新产品产值达4亿元，占中药工业总产值26.6%。近年来，辽宁中药发展受到国家重视，通过技术改造，相继建成了本溪中药三厂的国家系列中成药基地，鞍山第一制药厂的气雾剂基地，进入了"国家队"。涌现出一批产值超亿元的企业和新品种。如沈阳飞龙医药保健品公司的延生护宝液、沈阳第一制药厂的马家军一号等。一批化学药制剂企业进入中成药生产行列，极大地推动了全省中药经济的发展，为中药经济发展拓宽了领域，注入了生机和活力。

（辽宁省医药管理局）

1994年黑龙江省中药工作概况

1994年全省种植药材完成36500亩，为年度计划的101.3%，比去年同期下降7.2%；收购药材完成715.8万公斤，为年度计划的84.2%，比去年同期下降4.2%。中成药工业总产值完成3亿元，为年度计划的78%，比去年同期下降22.7%；总产量完成2800吨，为年度计划的70.9%，比去年同期下降30.3%。商业总购进40,209万元，为年度计划的82.9%；比去年同期下降20%；总销售额完成55258万元，为年度计划的85%，比去年同期下降18.1%。

中药材生产稳定发展，科研水平不断提高。初步摸索出黄柏、刺五加育苗移栽、速成栽培技术措施，人参无公害栽培技术和红皮病防治技术研究有了新进展；龙胆草、防风优质、高产、高效栽培技术研究有所提高。加强了野生药材资源保护管理工作，进一步加大普法知识宣传力度，配合有关部门对违法案件进行查处，促进了保护区建设。

各中药工业企业注重产品结构调整，以市场为导向，积极开发新产品。1994年刺五加制剂、消咳喘、护肝片、骨折挫伤散、脑得生片（丸）等重点品种实现产值4000多万元，占工业产值的13.7%；双黄连制剂、花茸雌雄胶囊、麝香接骨丹、清带散等18种新产品，实现产值9000万元，占工业总产值的30%。

认真贯彻国务院有关文件精神，对全省犀牛角、虎骨及含有这两种药材的中成药进行了登记、查封上报工作。由省政府组织检查组深入黑河、齐齐哈尔市进行检查，对违反国家规定的单位给予查封处理。配合工商、卫生、公安等部门整顿中药市场，加强了市场管理和价格改革力度，调整了部分产品价格，中药市场供应充足，价格平稳。

（黑龙江省医药管理局）

1994年上海市中药工作概况

1994年，上海市药材公司坚持“以市场为导向，以销售为龙头，以效益为核心”的指导思想，在发展规模生产，形成整体优势方面下功夫，取得了可喜的成绩，实现工业总产值5.112亿元，比去年增长16.7%；实现商业总销售11.29亿元，比去年增长15.7%。

在工业生产方面主要是采取了三项措施：调整产品结构，培育了麝香保心丸、胆宁片、西洋参系列制品等25种主要产品，1994年这些产品的产值已达2.3亿元，占中成药总产值的56%；坚持科技兴企，致力开发新药，1994年获得批文有冠心苏合胶囊等26项，投产应市的有斯泰龙等36种，产值为0.95亿元，新产品产值率21%；加强了企业管理，促进了转机建制。

在商业工作中，主要落实了三项措施：体制随着市场变，成立了市外成药分公司和零售分公司，对市内和工厂的新品销售体制进行了理顺；调研盯着市场干，通过市场调研和开发，选出了国内重点销售地区和重点品种；营销围着市场转，完善了经营策略和改善了销售手段。

（王继荣）

1994年江苏省中药工作概况

1994年江苏省中药行业在振奋精神、克服困难、改革、调整中稳步发展。全年经济形势比预料的要好，但仍十分严峻。中药工业生产产值略有增加，经济效益普遍滑坡。生产品种300多个，产值2.65亿元，比上年增长3.1%。实现利税474.3万元，比上年下降75.9%。雷允上制药厂产值超亿元。中药材生产面积6.2万亩，完成年计划的85.5%，比上年下降12.2%。收购总金额1.1亿元，比上年增长10%。收购总数量4507.4吨，比上年下降40.2%。中药商业在货源宽松、竞争激烈、资金紧缺、费用增加、“三角债”仍然困扰的情况下，基本保证了市场需要和旱灾地区用药。购进13.46亿元，比上年减少6%。销售17.7亿元，比上年增长3.2%。出口285.4万元，比上年下降38.1%。实现利税7037万元,比上年下降18.7%。

全省11个经营中药的二级站，已有南京、南通、常州、徐州实行股份有限公司制；镇江、扬州改建为医药、药材（总）公司。64个县（市）医药公司中已有江阴、扬中、江宁、武进等县（市）分别成立了药业股份公司、集团公司、医药总公司。实行了企业机制的转换。

中药材科研，对昆山市的白花蛇舌草和南通市的蜣螂虫野生转家种家养试验工作，经四年的实验，都已取得成效，由专家进行了鉴定，填补了中药材生产领域空白，并已向省科委申报科技成果奖。

（江苏省医药管理局）

1994年江西省中药工作概况

1994年江西中药工作克服重重困难，有所发展。全省有中成药企业78家，从业职工1.3万人，其中：工程技术人员1432人，固定资产原值2.28亿元。中成药工业总产值57354万元，比上年下降14.7%；实现利税1.6亿元，比上年下降13.5%。其中：预算内企业实现利润下降65%。中成药销售总额39353万元，比上年增长2%，其中纯销额20860万元，比上年增长2.35%；中药材销售总额17224万元，比上年下降20%，其中纯销额9497万元，比上年下降12%。全省药材在地面积16万亩，比上年有所增长；现有千亩以上规模的大型药材基地13个；收购药材4万公担，收购金额2500万元，收购品种410个。

第25届樟树全国药材交流会于10月下旬召开，1万余名药界同仁云集樟树。会上情况表明，药市略现复苏，药材价格普升，成药交易活跃。但由于受资金等因素影响，到会人数、交易额均比上年有所下降。省政府对整顿中药材市场工作十分重视，于年底下发了《江西省人民政府贯彻〈国务院关于进一步加强药品管理工作的紧急通知〉的通知》，成立了由省政府领导牵头的领导小组，对南昌市洛阳路中药材市场和樟树、泰和等中药市场进行了重点整顿，收到了初步成效。

（江西省医药管理局）

1994年四川省中药工作概况

1994年，是四川省中药工业发展较快的一年，中药企业由1993年的43个发展为53个，其中恩威制药公司已跻身大型企业行列。全省中药产值由1993年的9.46亿元上升为12.39亿元，增长30.9%，较全省医药工业平均增长速度高15.6个百分点，占全省医药工业产值的比重由23.7%上升为26.54%。中药工业中产值(按当年价计)达1000万元的25户，其中产值5千～1亿元以上的3户，1亿元以上的3户中药工业经济效益虽有所下滑，但实现利税仍达2.1亿元，占全省医药工业利税总额的39%(中药企业数、中药职工数及中药产值分别只占全省总数的25%、19.3%和26.5%)，中药工业企业人均实现利税16075元，较全省医药平均水平高8309元/人。商业方面，由于资金紧，“三角债”拖欠以及市场竞争的日益加剧，1994年四川省中药商业出现销售下降，费用上升，利润大幅下滑的局面。全省预算内中药商业实现商品销售收入81760万元，扣除折扣及折让的净收入为80960万元，较1993年下降40.8%。

为振兴四川中药工业，四川省医药管理局向四川省人民政府呈送了“关于振兴四川中药工业的意见”。四川省计委受省政府委托，对“意见”作了批示，认为四川省医药管理局关于振兴四川中药工业思路是积极的。

（周亚莉）

1994年甘肃省中药工作概况

1994年，全省中药工作紧紧围绕改革和发展，以贯彻落实国务院《紧急通知》为契机，经过全行业广大职工的努力，各项工作进展顺利，取得了一定成绩。一是工业生产稳中有升。全年完成工业总产值(90年不变价) 40115万元，增长14.43%；工业销售产值36169万元，增长4.99%；产销率达到91.9%；实现利税3141万元。其中中成药工业完成工业总产值8642万元，比上年增长13.95%；完成出口交货值141 6万元，销售收入797 6万元，实现利税1555万元。二是新产品开发和技术改造有新进展。完成新产品试制计划40项，其中兰州、定西制药厂的贞芪扶正胶囊、河西制药厂的福寿康胶囊、天水制药厂的洗乐康洗液获中药新药证书。兰州中药厂的舒肝消积丸、省药研所的清咽蜜浆和元胡止痛丸、河西制药厂的前列泰片已申报国家新药证书。在技改方面，兰州中药厂和河西制药厂的综合制剂楼均已进入收尾阶段。全行业评出14个优秀QC小组，其中有7个优秀QC小组受到国家中医药管理局等部门的表彰。三是认真清理整顿中药材市场。在省政府的统一领导下，我们会同工商、公安、卫生、质量等有关部门对全省范围内的8个中药材市场进行了调查，摸清了市场状况，从调查情况看，这些市场设置均不规范，市场秩序和管理混乱，个别中药材市场严重违反药品管理法和国务院《紧急通知》精神，亟待整治。此项问题已引起省人大及政府有关部门的高度重视，正采取有效措施加以解决，力争关闭一批、规范一批，使中药市场的管理及营运步入法制的轨道。

（甘肃省医药管理局办公室）

二、重要会议

1994年全国卫生工作会议

1994年全国卫生工作会议于1月25日至27日在天津市召开。陈敏章部长在大会上作工作报告，孙隆椿副部长作会议总结。国务委员彭珮云到会作了重要讲话。

陈部长在工作报告中着重讲了以下四个方面的问题。

1993年卫生工作回顾

1．去年我们积极探索社会主义市场经济体制下卫生事业发展的政策思路，抓住有利时机，加快卫生改革的步伐。如，医疗卫生单位进一步改革内部管理体制。许多省市在人事与分配制度方面采取了一些新办法，更好地体现按劳分配原则。医疗价格体制改革取得新的进展。一些省市不失时机地对长期偏低的、体现技术劳务价值的挂号费、住院费和手术费等进行了适当的调整；同时，有10多个省市实行了按医院等级收费，向医疗服务按成本收费前进了一步。根据社会医疗卫生服务需求变化的新趋势，许多医疗卫生机构主动拓宽服务领域，提供多层次医疗卫生服务，因地制宜地开展了一些特殊医疗服务，既满足了社会多层次需求，又部分改善了医疗单位的补偿困境。医院分级管理正从试点阶段向实施阶段过渡，并在全国范围组织了卫生服务总调查，加强了卫生信息管理。公费医疗制度改革纳入社会保障制度总体改革规划，普遍推行医疗费用与个人适当挂钩的办法。"以工助医，以副补主"政策进一步实施，各地医疗卫生机构开发利用现有的各种资源，积极发展产业实体，卫生系统的工副业在部分省市已初具规模。

2．在新形势下确保卫生工作的战略重点，农村卫生和预防保健工作进一步加强，全国认真贯彻中共中央、国务院关于减轻农民负担的指示精神，统一认识，顾全大局，因地制宜地抓好"初保"工作，继续推进我国农村"2000年人人享有卫生保健"规划目标的实施。去年中央、省、市(地)、县、乡各级政府和社会有关单位和个人共同筹集资金16.8亿元，完成改造项目4096个。许多地市从农民人均年收入5%的乡统筹、村提留经费中安排一定的比例用于卫生工作。多种急、慢性传染病、地方病和非传染性疾病的防治工作取得新的成效。计划免疫工作的成果进一步巩固和扩大，全国3/5左右的乡镇达到计划免疫覆盖率85%的目标。"十年百项"重大科技成果向农村、向基层推广计划正在落实，又有"新生儿缺氧缺血性脑病的诊断与治疗"等10项科技成果向农村和基层推广。

3．卫生法制建设和精神文明建设进一步加强。去年《红十字会法》正式颁布实施；《优生保健法》草案已提交全国人大常委会审议。各地人大、政府制定发布的有关公共卫生领域的地方性法规和规章已有170余件。根据中央关于反腐倡廉的精神，从卫生行业的实际出发，加强对医疗卫生人员的职业道德教育，认真解决群众意见较大的"红包"、回扣和乱收费等问题，取得了阶段性成果。同时，中医药和中西医结合工作也取得很大成绩，在明确政府机构领导新体制后，部党组加强了对振兴中医药这一卫生发展战略重点的领导。

当前工作中还存在不少不容忽视的困难与问题，主要是：作为卫生发展两大重点的农村卫生和预防保健工作还存在许多薄弱环节，特别是投入不足。在减轻农民负担的前提下，如何拓宽农村卫生投资渠道，还缺少便于操作和普遍推行的政策和办法；在“三保三放”过程中，对医疗服务的特殊性研究不够，基本服务与特殊服务未能进一步规范化；在处理两个文明一起抓的关系上，还存在不同程度的一手硬一手软的现象。

面对新情况，研究新问题，切实加强农村卫生工作

农村卫生是加强农业和农村工作的重要组成部分，是卫生工作的三个战略重点之一。最近，李鹏总理指示说，农民的医疗卫生问题要引起我们极大的重视。在新的一年里应当抓好以下几方面工作：

第一、继续加深对农村卫生工作重要性的认识，各级卫生部门要主动向政府和有关部门宣传农村卫生对社会经济发展的意义与作用。国务院领导同志明确指示：“减轻农民负担，决不是要减少政府对卫生、防疫保健工作的投入，更不是要削弱这些工作，而是相反，应该根据财政承受能力，在少花钱多办事的原则下，增加投入，加强农村初级卫生保健和疾病预防、社会卫生及妇幼保健工作。”中医中药深受广大农民欢迎，广大农村是振兴中医药的用武之地。各级卫生部门要广泛宣传国务院领导同志指示的精神，主动争取计划、财政、农业等有关部门的理解、支持和配合，增加对农村卫生的资金投入和政策扶持，为农村卫生发展创造更好的大环境。

第二、要坚持实施《我国农村实现“2000年人人享有卫生保健”的规划目标》。去年国务院作出减轻农民负担的重大举措，我们要正确理解和宣传领导同志的重要指示，取消那些增加农民负担的达标活动，绝不是放弃推动农村卫生事业发展的综合目标管理的内容和要求。对于某些不切合当地实际的具体指标和工作进度可以适当调整，工作方法也可以通过改革不断改进，使农村“初保”工作更具实效。

第三、总结经验，因势利导，发展和完善多种形式的农村合作医疗制度。要根据农村市场经济体制改革带来的新情况，对合作医疗在筹资、管理、运行机制等方面改革、创新，进行多种形式的探索，使之能适应农村经济改革和发展的新形势，更好地为保障农民基本医疗需要、为实现农民共同富裕服务。

第四、进一步动员全社会参与，实行国家、集体、个人多渠道筹措农村卫生资源，还可以争取国内外贷款等。今后中央专项经费对发达地区主要实行以奖代补，对同等条件下搞得好的给予奖励性资金；对经济尚不发达的老、少、边、山、穷地区，主要采取奖、补结合的形式，加以重点扶持。

第五、深化农村卫生管理体制改革，以适应社会主义市场经济体制。建设农村三级医疗预防保健网应当重点加强综合功能，优化结构，卫生机构布局和资源配置不应局限于行政区划，尤其是新建的行政体制，要从实际出发，适当调整结构。乡镇卫生院继续实行乡政府直接管理或县、乡分级管理的体制。有些乡镇卫生院试行股份合作制。要正确引导乡镇卫生院转换运行机制，改变坐等病人的作风，实行多种形式的管理责任制，增强乡镇卫生院的活力。

三、深化卫生改革，努力适应社会主义市场经济体制，更好地为经济建设和人民健康服务

首先，医疗服务作为医疗保障制度中的重要内容，如何实现保证基本医疗和控制医疗费用不合理增长，需要医疗服务机构深化改革，以配合医疗保险制度改革，顺应建立社会保障体系的需要。其次，卫生部门负有对全社会实施卫生监督执法的职责，因此，加强卫生法制建设，发展和完善卫生监督包括食品、药品等，以保证社会主义市场经济健康发展。再次，医疗卫生服务机构本身处在市场经济的大环境中，也需要主动地、经常地分析社会医疗需求变化趋势，拓宽便民服务领域，理顺医疗服务价格体系，保证基本医疗服务，逐步开展特需服务。因此，对于医疗卫生服务适应市场经济的问题，我们要全面理解、把握住医疗卫生事业自身的特点和规律，对医疗卫生事业各个子系统的不同性质特征进行具体分析，研究提出具体政策措施，决不能简单化或一刀切。当前，要着重抓好以下几个方面：

第一、继续深化医疗卫生机构内部管理体制和人事、分配制度改革，完善微观运行机制。在劳动人事制度上，要逐步形成医疗卫生单位与医疗卫生劳动者之间双向选择、优化组合的机制；在分配制度上要贯彻效率优先、兼顾公平原则，进一步克服平均主义，充分体现医疗卫生服务作为高技术劳动的价值，按贡献大小合理拉开分配差距，建立一种能有效稳定卫生队伍、调动卫生技术人才积极性和创造精神的分配制度。

第二、坚持"预防为主"方针，进一步落实加强预防保健的改革政策。当前应当加快改革投入机制，调整资源结构，向预防保健倾斜。预防保健工作面向社会群体，更为集中地体现卫生事业的公益性和福利性，防保机构还承担着卫生监督执法的任务，各级政府的投入应是防保投入的主渠道，防保经费的增长速度，应当高于卫生事业的增长比例。

预防保健领域已经出台的一些改革政策应当继续实施，不断完善。防保机构开展部分有偿服务，是行之有效的举措，有偿服务收入只是对防保机构预算投入不足的一种必要补充，不应冲抵财政拨款。承担卫生监督执法任务的预防机构要逐步实现收、支分开。儿童计划免疫和妇幼保健保偿制也是一项成功的改革措施，有利于保障妇女儿童的健康，要坚持群众自愿的原则；保偿收费是合理的技术劳务收入，绝不是加重农民负担的乱摊派行为。

第三、改革医疗卫生服务价格体系，完善医疗卫生机构的补偿机制。解决多年来医疗服务补偿不足的问题，首先要改革医疗服务价格体系，逐步实现按成本收费。预防保健领域一部分有偿服务项目的收费标准偏低，也应当争取及时调整。

要积极调整医院的服务收入结构，提高业务收入的比重。要在重点调整技术性服务收费标准的基础上，努力提高技术劳务收入在业务总收入中的比重。同时，积极执行国家基本药物目录，控制不合理用药，减轻国家、单位和患者个人不合理的医药费用负担。

第四、推进医院分级管理，搞好分层次服务，促进质量、效益全面提高。医院分级管理要按照"积极稳妥、因地制宜、循序渐进、由点到面"的原则，以提高医疗质量和技术水平、强化科学管理和医德医风建设为重点，切实处理好"硬件"与"软件"的关系，抓好"软件"建设，走内涵发展之路。坚决杜绝等级评审中的弄虚作假现象和形式主义做法。

医院开展多层次服务，是适应社会不同层次的医疗需求，是分步实施医疗服务价格体系改革，承认和尊重技术劳务价值的一项具体措施。所谓特殊服务，前提是患者有特殊需求，主要是指由医疗消费者自愿选择的医疗保健项目，为便于患者接受和社会理解，今后可以统一称为"特需服务"。在开展多层次服务过程中，必须把握好几个环节：一是基本服务与特需服务的内容要规范，不能把基本服务项目随意转换为特需服务，特需服务项目要经卫生行政部门确认；二是要在保证基本医疗服务的前提下开设特需服务，"基本"与"特需"的比例要适度；三是特需服务的价格应当逐步放开，但同样不能乱提价、乱收费；四是不论基本服务还是特需服务，服务质量和服务态度应当一视同仁，服务要到位，要保质保量，坚决防止"特需服务热情温暖，基本服务生冷僵硬"的现象；五是加强法制化管理，各地可以出台一些地方性行政规章和严格的技术规范，进行宏观调控。

第五、改革和健全卫生监督体制，进一步转变卫生行政管理职能，在理顺卫生监督体制方面取得实质性进展，提高卫生监督力度和执法水平。各地在机构改革过程中，可以通过内部调整编制，充实卫生行政执法队伍，强化卫生行政部门对社会公共卫生的监督管理职能。卫生监督执法是政府管理社会公共卫生的具体行政行为，对卫生监督工作应当实行全额预算拨款，专项列支，并根据卫生监督任务日益加重而逐年增拨经费。争取三、五年内改变卫生监督执法基本装备的落后面貌。要大力提高卫生监督员的素质和业务水平，加强法律知识培训，提高卫生执法水平和行政诉讼应诉能力，加强廉政、勤政教育，建立卫生监督员稽查制度以及对执法违法的追究制度。

第六、积极推进公费医疗制度改革，抓好社会医疗保险制度的改革试点。我国医疗保障制度改革的方向和目标，是建立适合我国国情的、多形式、多层次的医疗保障制度，逐步扩大医疗保险的覆盖面，使人民群众都能获得基本医疗保健，提高健康水平。对城乡居民要按照不同对象的具体情况，确定其医疗保险经费的来源和保障方式。城镇职工的医疗保险基金由单位和个人共同筹集，实行社会统筹和个人帐户相结合的原则，通过试点，稳步过渡。医院改革要配合医疗保险制度改革同步进行。

坚持“两手抓，两手都要硬”的方针，进一步搞好卫生系统精神文明建设。

（罗益勤摘）

1994年全国中医药工作厅局长会议

由国家中医药管理局组织召开的1994年全国中医药工作厅局长会议于1月28日至29日在天津举行。各省、自治区、直辖市及计划单列市卫生厅（局）长、中医（药）管理局局长、医药管理局局长（总公司经理）及有关部委的同志参加会议。这次会议突出认真学习《邓小平文选》第三卷，全面贯彻党的十四届三中全会精神，深化改革主题，实事求是地总结了1993年的中医药工作，部署了1994年的任务，进一步明确了1994年和今后一个时期中医药工作“一条主线，三个加强”的总体思路，即解放思想，实事求是，深化改革；加强农村中医药工作；加强中医药队伍和机构内涵建设；加强医德医风教育和社会主义精神文明建设。

卫生部部长陈敏章出席会议并发表了讲话，再次强调“中西医并重”是我国卫生工作五大方针之一，振兴中医药事业在整个卫生工作中有着重要的战略意义，并提出了关于中医药工作的四点意见和要求，团结一致，促进中医药事业持续、稳定、健康发展；加强内涵建设，提高中医药服务水平；抓住机遇，促进中医药全面走向世界；深化改革，适应社会主义市场经济的需要。

卫生部副部长兼国家中医药管理局局长张文康在会上作了题为《解放思想、深化改革、努力开创中医药工作新局面》的报告，并对会议进行了总结。他对当前中医药工作“一条主线，三个加强”提出的根据、意义和目的进行了详细的阐述，提出了贯彻措施和要求。张文康副部长兼局长还与国家中医药管理局其他领导就当前中药经济工作，中医、中药结合和注意保持中医药特色，发挥中医药优势等重要问题，广泛听取了各地同志的意见，进行了深入的讨论。

与会代表结合当前中医药工作实际，学习和讨论了陈敏章部长的讲话、张文康副部长兼局长的工作报告和《一九九四年中医药工作要点》。代表们完全同意陈部长对中医药工作的指示，认为陈部长在加强中医药工作的观点和提法上坚持贯彻我国卫生工作的方针和党的中医药政策，体现了卫生部领导对中医药工作的支持和正确的指导。代表们认为，张副部长兼局长在报告中提出的今后中医药工作“一条主线，三个加强”的总体思路是可行的，既看到中医药工作已取得的成绩，也分析了困难和问题，对中医药发展趋势作出了分析和判断，明确了重点，抓的也是关键性问题，工作中操作性较强。会议认为，大政方针、工作总体思路定下后，关键是抓具体化，抓落实，抓责任制，抓目标管理。为此要集中精力，全神贯注抓好中医药发展的中心工作。对不同的意见，通过实践来总结经验，来形成共同的认识。代表们表示，会议结束后，要做好会议精神贯彻工作，进一步做好调查研究，结合各地实际情况，制定有力措施，真正组织落实好会议提出的各项工作任务。

（查德忠）

卫生部部长陈敏章在1994年全国中医药工作厅局长会议上的讲话（摘要）

（1994年1月28日）

一、团结一致，促进中医药事业持续稳定健康发展

中医药学是我国优秀民族文化的重要组成部分，也是我国人民几千年来同疾病作斗争的智慧结晶。

发展我国传统医药事业不仅具备了法律和政策保证，而且也具备了专门管理中医药工作的组织条件。在这样的形势下，我们要认真探索发展中医药事业的改革新路子，解放思想，更新观念，不要坐失良机。要尽快适应社会主义市场经济新体制的变革。当然，提倡解放思想，大胆开拓，并不是主观随意，一哄而起，而是要从本行业的实际出发，认真研究新情况、新问题，抓住机遇，既要认清经济体制改革的共同趋势，又要很好地把握住中医药工作改革的特殊规律，否则，中医药事业将难以同国民经济和社会发展相协调，也不能适应人民群众对中医药事业的需求。根据党中央、国务院对卫生工作的要求，卫生部把加强农村卫生工作、预防保健和继续振兴中医药作为整个90年代以至更长时期的卫生工作战略重点，它关系到我国卫生事业的重点发展方向，关系到中医药事业的发展和实现“2000年人人享有卫生保健”的战略目标。为此各地政府和卫生行政部门一定要集中力量切实抓紧抓好，充分认识到振兴中医药事业在整个卫生工作中的战略意义。同时，我们也多次强调要建设具有中国特色社会主义医疗卫生事业，中医中药工作是其中很重要的特色。

二、加强内涵建设，提高中医药服务水平

中医药事业建设的根本问题是学术的继承发展问题，是防治疾病能力与水平的提高问题。因此，加强中医药机构的内涵建设是中医药工作一项长期的中心任务。加强内涵建设，对中医医疗、教育、科研等各类机构来说，既有共性的要求，又有各自不同的特点，我们必须从实际出发，重点放在加强内涵建设上，对于外延主要是在拾遗补缺、填平补齐、调整结构上加以考虑。要分别把这几个方面的内涵建设抓好，提高各项业务工作和学术水平。中医药工作在医疗、科研、教育方面都有很好的示范规划，要把握住这些示范重点，推广示范经验，充分发挥示范的效益。

在加强中医药内涵建设和整体服务功能的同时，还要狠抓人才培养，人才是关键。在中

医药人才培养方面，大家比较重视学科带头人。培养学科带头人是个实际问题，没有好的学科带头人，我们中医药的专科经验、高深的学科理论，就无法继承，也很难进一步发展。总的来说，大家还是比较重视培养学科带头人的。我这里还想强调一点，除中医药学科带头人人才外，在中医药界还有两方面人才也要下功夫培养。一是管理人才。二是经济管理方面的人才，特别是中药方面。中药事业无论在国内国外都有很好的发展前景。对这两方面的人才培养，我们往往不象对学术带头人培养那么重视。在这方面我希望大家眼界放宽一点，放远一些，要面向世界考虑问题。

三、抓住机遇，促进中医药全面走向世界

目前，国际上对中医中药的认识和需求逐步上升。发展中国家注意学习中国开发利用传统医药的经验，一些发达的资本主义国家通过民间或政府渠道，设立了“中医学院”或“中医系”，建立了“中医药研究机构”。中医药诊治简便、用药灵活、成本低廉的特点受到许多国家人民的欢迎，中医药的国际声誉正日益提高，给中医药扩大对外贸易提供了良好的机遇。我们要充分利用现代科学技术成果，如电子、生物技术等和先进的科学管理方法，为我们发展中医药事业服务。要坚持主体发展与开放兼容相结合，能够把握住中医中药的特色不变，使先进的科学技术为发展中医药事业服务。在科研上一定要抓重点，抓重点项目，不能什么都搞，要向国际推出几项真正能打响世界的中医药科技成果。要加强中药制剂改革，如颗粒、粉针、袋泡等，节约资源，适应国际市场的需求。同时，要注意开发适宜剂型，不能丧失有效成份和内容，不能为了商品化而舍本求末。今后，在这方面要多进行宏观调查，了解中医药在世界的发展潜力，不能满足于一般的“热”和“潮”。要花大力气进行中药企业的技术改造，要组建一批能代表国家级水平的中药企业和中医药专家队，参加国际贸易竞争和国际会议交流，执行保健任务。同时多培养一些既懂中医药又懂外语的中医药工作者。

四、深化改革，使中医药工作主动适应社会主义市场经济的需要

中医药事业是卫生事业的重要组成部分，如何顺应新形势要求，创造性地充分发挥中医药潜力，已是摆在我们从事中医药管理工作的各级领导同志面前亟待研究的问题。因此，要求各类中医医疗卫生机构都应当主动调查和掌握社会对医疗卫生各类服务的需求信息，主动拓宽服务领域，在保证基本医疗卫生服务的同时，开展多层次服务，以满足社会多层次的医疗消费需求。这里要指出两点，一是基本服务和特需服务二者的关系要摆正，颠倒关系会引起人民群众的不满。基本医疗是为大多数人服务的，特需服务的对象在当前还只是部分人群，因此前提应是首先满足基本服务的对象，同时开展特需服务和多层次服务。二是基本服务和特需服务的内涵要界定，不能任意把医疗服务划为特需服务。基本服务和特需服务在质量和态度上都要得到基本保证，这是卫生工作的根本方针问题。特需服务在医疗设备条件和选择性方面可以多一点照顾，但基本医疗质量都必须保证。中药是特殊商品，是治病救人的，要考虑社会效益的首要原则，但作为商品，也必然存在着竞争和经济利益问题。要继续深化中药流通体制的改革，坚决打破一些保护落后的行政保护和地区封锁，改革不适应社会主义市场经济发展的一些规定，创造公平竞争、公平交易的良好环境。同时，还要严格管理，依法经营，特别是对中药批发企业更要加强管理，切实贯彻《药品管理法》，坚决打击非法经营行为。对于制造和销售伪劣中药产品，要群起而攻之，这是维护中医药声誉和生存的大问题。

要改善政府对中医药工作的领导，切实转变职能。江泽民同志在党的十四大指出：“要下决心进行行政管理体制和机构的改革，切实做到转变职能，理顺关系，精兵简政，提高效率。"这个原则对我们中医药部门同样是适用的。多年来，中医药行业同卫生行业一样，存在着条块分割，资源分散等现象。一方面许多不必管的，往往管的很死，束缚了中医药单位自主管理的积极性，另一方面有些该管的却没有精力管好。各级中医药行政部门要努力转变职能，把主要精力放在制定政策、策略，做好宏观规划、协调、监督和服务工作。改革的实践证明，只有观念更新了，才能有开拓精神，只有把中医药改革同国情紧密结合起来，才能加快中医药事业的发展。

（沙凤桐　查德忠摘）

卫生部副部长兼国家中医药管理局局长张文康在1994年全国中医药工作厅局长会议上的报告(摘要)

（1994年1月28日）

一、1993年中医药工作的主要进展

1993年中医药行业认真贯彻党的十四大精神，紧紧围绕加快经济建设和社会发展，解放思想，更新观念，通过扎扎实实的工作，促进了各项改革不断深化；中医药机构的内涵建设进一步加强；中药生产经营保持了持续稳定发展的势头。

（一）中医药行业的改革不断深化，取得了可喜进展

中医医院的改革，始终坚持以社会效益为中心，社会效益和经济效益一起抓，全面推行了以目标管理责任制为中心的管理模式，建立了责、权、利相结合的管理机制；完善了以职工收入与所创社会效益和经济效益相挂钩的分配制度；大胆进行了全员劳动合同制、干部和专业技术人员聘任制的改革；积极扩大服务功能和服务范围，最大限度地满足广大人民群众的需求；多方面开展以副补主、以工助医，外引内联，兴办第三产业，广开财源，筹措资金，不断完善中医医疗机构补偿机制，促进了中医医院的发展。

中药企业进一步转换经营机制。去年，国家中医药管理局提出了中药行业贯彻《全民所有制工业企业转换经营机制条例》实施意见，取消了部分品种的指令性计划和局管产品定价权。各地中药行政部门和中药工商企业把贯彻条例、转换机制与建立社会主义市场经济体制紧密结合起来，不断改革企业内部的管理制度和运行机制。中药企业"嫁接"外资和股份制改组有所突破，一批股份有限公司应运而生，据不完全统计，仅河北、浙江、山东、湖北、广东、四川等省就有上百家企业完成了股份制改组，有的企业还完成了与外资"嫁接"改造。中药企业集团化、集约化进程明显加快，以实力雄厚的大中型工商企业为龙头组建的企业集团，已打破了地区和行业的界限，正在向着规模经济发展。中药流通体制改革步伐加快，多渠道、少环节的流通体制已初步形成，在中药市场从初级形态走向有序而规范的高级形态方面进行了必要的探索。

中医药科技和教育改革进一步深化。国家中医药管理局通过科研课题招标，科技成果推广，以及科研、生产中重要课题的协作攻关等形式，有力促进了科工贸的密切结合。许多地方、单位通过组织科研成果供需洽谈会等方式，使一大批科研成果向现实生产力转化，取得了明显的效益。许多企业与科研单位合作进行课题研究，不但给科研工作增添了活力，而且促进了企业的新产品开发和技术进步。中医药教育进一步调整和完善结构，通过开办第二学士学位班、成人本科学历教育及调整专科招生比例，加强了高层次人才的培养，使教育层次

更加合理。不少中医药学校与大学联合开办大专层次的中医药班，一些地方进行了招收农村青年不包分配班的改革试点，有13个省开展了中医药成人教育和高等教育入学考试改革。通过这些措施，促进了中医药成人教育和农村实用型人才的培养。

（二）中医医疗机构继续稳步发展，内涵建设进一步加强

截止1993年底，全国中医医院达2457所；中医床位达22.2万张。"八五"以来，我们从实际情况出发，及时将工作重点转移到中医医疗机构的内涵建设上来，提出了以中医医院分级管理为基础，以示范中医医院建设为龙头，以急症防治和专科（专病）建设为学术发展突破口，旨在全面推进中医医院工作的总体思路。至1993年底，全国有14个省市进行了中医医院分级管理试点。在全国初步建立了一批具有中医药特色和优势、学术水平处于领先地位的中医专科（专病）医疗中心。中医急症工作作为中医医院加强内涵建设的一项重要内容，已在全国范围内广泛开展起来。示范中医医院建设在各级卫生、中医行政部门的重视下健康发展，科学管理水平和医疗服务质量明显提高。农村中医试点县工作取得了一定进展，31个试点县因地制宜，在农村中医事业的发展方向、网络模式、人才培养、管理体制等诸多方面探索了很多好的经验，提高了中医药在初级卫生保健中全面参与程度。

（三）中药生产经营在调整中进一步发展

在国家加强宏观调控、紧缩信贷的情况下，中药生产经营重在调整产品结构，保证市场供应。据不完全统计，1993年中药材生产种植面积预计完成522.12万亩，比1992年实际减少10.21%；由于适时调整产品结构，中药材种植面积和产量虽相对减少，但并没有影响市场供应。中成药生产水平得到较大提高，工业总产值预计完成133.38亿元，比1992年增长14.81%。中药流通随着市场经济发展更加活跃，总购进预计完成91.7亿元，比1992年减少6.5%，总销售130亿元，比1992年增长3.8%，实际执行下来可能突破140亿元。在过去的一年里，中药生产经营在动态调整中，保持了总供给与总需求的基本平衡。北京中国同仁堂集团、天津市药材集团公司、上海、大连、哈尔滨市药材公司等一批骨干企业在市场竞争中脱颖而出，全行业已有17家工商企业销售收入、销售额分别超亿元，并有9家企业率先跨入全国大型企业行列。

在中药生产经营发展的同时，中药质量管理得到进一步加强，产品质量逐步提高。全行业认真贯彻《质量法》和《药品管理法》，配合国家有关部门，开展扶优和打击假冒伪劣药品活动，积极整顿中药市场，取得了良好的效果。河北、山西、辽宁、山东、甘肃等省开展了药品质量大检查。许多地方加强了质量意识教育，提高了职工抓好质量工作的自觉性，认真把好质量关，扩大了名优产品市场占有率。武汉健民制药厂等4家中药企业被评为全国质量效益型企业。

（四）中医药科技、教育进一步加强，取得了新的进展

1993年，中医药教育加强宏观管理，注重办学效益，初步建立了各层次、各类型的中医药教育质量评估指标体系，开展了全国中医药研究生教育与学位授予质量评估以及高等中医药函授夜大和中等中医药学校办学水平评估工作，促进了学校办学条件的改善和教学质量的提高。经国家教委批准，北京、上海两所中医学院更名为中医药大学，标志着我国中医药教育事业有了新的发展。同时，加强中医药教育法规建设，促进了中医药教育管理的科学化和规范化。高等中医药教育除原有国家级重点学科外，又评定了一批国家中医药管理局局级重点学科，逐步形成了我国中医药重点学科群。通过教学大纲的制定和组织规划教材的编写，

促进了中医药院校专业办学方向和教学内容体系的调整，使培养出的人才的知识技能和结构更加合理。中等中医药教育通过建设达标计划的实施，调动了各地办学的积极性，使80%的中医药学校通过了地方教委的评估，达到国家教委制定的合格或基本合格标准。中医药成人教育将学历教育与非学历教育相结合，由过去单一的函授、夜大发展为继续教育、岗位培训、自学考试、师承教育等多种形式相结合的成人教育体系。全国名老中医药专家学术经验继承工作，即将期满结业，现已进入出师考评阶段。

去年，中医药科技工作根据“经济建设和社会发展依靠科学技术，科学技术工作面向经济建设和社会发展”的基本方针，稳住一头，放开一片，抓攻关，促转化，有力推动了中医药临床学术水平的提高，加速了中医药科技进步。列入国家“攀登计划”的“经络研究”课题正式启动，一些中医药研究项目被列入国家自然科研基金计划、国家“八五”科技攻关计划、国家“火炬计划”、国家工程技术研究中心计划等国家级科技计划，240项被列入部（局）级的科研课题，目前正在实施之中。去年共有51项科研成果获国家中医药管理局中医药科技进步奖。80多个中药新药获得了新药证书。全国中药材种质资源库及华东药材生产实验基地项目已通过国家验收。一批高水平的中医药科技成果和一批先进适宜技术得到较好推广和应用，取得了良好的综合效益。

（五）中医药对外合作与交流进一步扩大，国际贸易活动取得新进展

通过加强宏观管理和积极引导，拓宽了中医药对外合作与交流领域，在巩固发展民间合作的同时，积极发展了政府间的双边合作以及与国际组织的多边合作。中医药留学生培养效果明显，北京、上海中医药大学以及南京、成都中医学院在校留学生人数在所在市的高等院校中均名列第二。据不完全统计，去年全国高等中医药院校为国外培训中医药人员达2500余人。国际贸易活动取得新进展，中药出口创汇额为4亿多美元。1993年中医药对外工作的特点：一是对外交流与合作从过去的民间逐步转向政府，二是学习中医药的留学生从过去来自第三世界转向来自发达国家，三是中医药对外贸易从过去的少数企业逐步转向较大规模的群体化。这些转变说明中医药对外交流与合作正在向更高的层次迈进。

通过1993年的工作，我们更加体会到：

1．发展中医药学术是发展中医药事业的根本。中医药事业发展的根本问题，是中医药防病治病能力和学术水平提高的问题。而要提高中医药学术水平，就必须在切实继承前人一切有益经验的基础上，积极吸收当代先进的科技成果，促进自身的不断发展。

2．充分发挥中医中药结合优势，是促进中医药事业更快发展的必要条件。实践证明，中医中药统一管理形成的人才优势、科技优势和组织协调优势，对于中医药事业发展具有极大的推动作用，有力促进了科、医、工、贸的相互结合，促进了科研成果向现实生产力转化，加速了科研工作的进展和企业新产品开发，推动了整个行业的技术进步。坚持中医中药相互结合的体制，必将进一步加速中医中药的同步发展和全面振兴。

3．加强团结是中医药事业发展的重要保证。要完成我们肩负的继承发展中医药的历史任务，不加强全行业的内外部团结是根本不可能的。在行业内部，摒弃一切门户之见，为了共同的目标努力奋斗；在行业外部，理顺与各有关部门之间的关系，取得有关部门与全社会的理解和支持；中医药工作是我国卫生工作重要的、不可分割的一部分，中医药事业的发展离不开全国卫生事业的发展，各级卫生行政部门都要重视和支持中医药工作，努力把中医药工作做好，促进我国整个卫生事业的发展。

4. 解放思想，勇于实践，牢牢掌握改革的主动权，是中医药行业适应建立社会主义市场经济体制和社会发展的关键。

一年来，中医药工作虽然取得了一定的成绩，但我们还应看到，中医药事业在发展进程中，还存在着许多困难和问题。中医药行业改革总体上讲步子还不够快，思想还不够解放，在某些问题上，固有的传统观念还束缚着我们；中药材生产、收购面临着许多新问题，中药产品结构不尽合理，经济效益不够理想，市场发育不完善；中医药学术发展比较缓慢，有影响的科研成果不多；有的中医医院中医特色不浓，病床使用率下降，医疗效果不尽满意；中医药人员输往农村的渠道不通畅，部分地区出现找不到中医和吃中药难的状况；中医药法规不健全，无法可依的现象较为严重；对外交流与合作还处于一般化的被动局面，与发达国家的科技交流和合作尚待进一步开发；中医药事业整体上资金投入不足，自我发展能力弱，基础差、底子薄的状况还没有根本改变。这些问题，都需要我们在今后的工作中认真研究解决。

二、1994年中医药工作的主要任务

1994年的中医药工作要以邓小平同志建设有中国特色社会主义的理论为指导，认真贯彻党的十四届三中全会精神，适应社会主义市场经济体制的建立，坚持解放思想、实事求是的思想路线，全面推进与重点突破相结合，把中医药行业的各项改革继续引向深入；大力加强农村中医药工作，提高广大农民的医疗保健水平；继续加强内涵建设，提高中医药防治疾病的能力和服务水平，以发展药材生产为基础，促进中药生产经营较快增长；坚决贯彻党中央关于“两手抓，两手都要硬”的方针，加强社会主义精神文明建设，推动中医药事业持续、稳定、健康的发展。在会议印发的《一九九四年中医药工作要点》中已对今年的工作作了具体部署，希望大家进一步讨论补充，认真贯彻落实。这里我再强调几点。

（一）进一步加强农村中医药工作，更好地为广大农民服务

要抓好农村中医药工作，各级政府和主管部门必须提高认识，统一思想，要从战略高度认识其重要意义，要有责任感和紧迫感，把农村中医药事业的发展列入重要议事日程，切实加强领导和支持。要把农村中医工作纳入到农村初级卫生保健中统一规划、统一部署。农村中医工作的总体思路是：参与“初保”，“一网多用”，以县（市）中医医院为龙头，乡（镇）卫生院中医科为枢纽，村卫生室为基础，逐步达到三级有机结合、层层有医有药、医疗与预防保健相配套的目标。

加速农村中医药人才的培养，是加强农村中医药工作的一个战略重点，一定要认真抓好。一方面要通过院校教育，扩大定向招生、定向分配，确保培养的人才流向农村。另一方面，要重点加强对现有农村中医药人员的培训和提高。这是一项十分紧迫的任务，国家和地方都应对这项工作统筹规划，增加投入，分级管理，各负其责。

（二）加强中医药队伍和机构内涵建设，推动和保证中医药事业持续、稳定、健康发展

1. 加强中医医疗机构内涵建设，提高中医服务能力与水平。全面加强中医医疗机构的内涵建设，是提高中医服务能力与水平的根本途径。中医医疗单位要在坚持中医特色基础上，以提高业务水平和临床疗效为中心，以专科（专病）建设和急症攻关为突破口，以人才培养为重点，以科学管理为基础，全面加强中医医疗机构的内涵建设。加强中医专科建设，是提高临床水平的重要措施，专科（专病）建设要坚持临床与科研相结合，在提高临床疗效的基础上，及时总结有规律的东西，带动中医药学术的发展。加强中医急症研究和协作攻关，国家已把这项工作作为重点，各地也应重视和加强领导，力争在近几年内有所突破。全面加强

中医医疗机构的内涵建设，科学管理是基础，是保证。我们要狠抓中医医疗机构的科学管理。目前，在全国开展的中医医院分级管理工作和建设示范中医医院的工作，是加强中医医疗机构管理的基础工作，各地应切实抓实抓好。

2. 继续深化改革，进一步抓好中药生产经营。中药材生产是农村中医药工作的重要组成部分，是既有自然风险又有市场风险的弱质产业，又是本身经济效益小而社会效益大、直接制约着中药事业发展的基础产业。在社会主义市场经济新形势下，各级中药行政部门对药材生产要给予高度重视。首先，要按照党的十四届三中全会和中央农村工作会议精神，全面加强指导，不断完善统分结合的双层经营体制，积极探索基层药材公司向综合服务组织发展的新路子，从市场信息、技术指导等方面，加强产前、产中、产后的多种服务，帮助农民更好发展药材生产。第二，药材生产总体上已进入了调整结构、提高效益的新阶段，要按照党中央、国务院提出的"高产、优质、高效"发展农业的要求，适应市场的变化，优化品种结构，稳定大宗品种生产，重点扶持市场紧缺品种和野生变家种家养品种的生产。要进一步抓好野生药材的资源保护工作，打击破坏野生药材资源的不法行为。第三，要逐步建立起社会主义市场经济运行机制下，依靠政策和科技，不断增加投入与产出的发展药材生产的新体制。

今年中成药工业的工作重点是抓"一个特色，四个水平"。即抓重点药厂的特色与优势，认真贯彻国务院颁布的《中药品种保护条例》，防止盲目仿制与低水平重复生产，抓全面提高工艺技术装备水平、制剂水平、新产品研制开发和产品系列化水平以及企业管理现代化水平，以内涵发展为主，扩大再生产能力。中成药生产要注意处理好拳头产品与小品种、经济效益与社会效益的关系，对医疗需要的小品种要实行价格放开，设专厂或专门车间生产。今年技术改造要真正向技术含量高的项目与企业倾斜，形成改造后技术先进性的明显优势，促进其他企业向技术进步的企业学习，从而推动中成药工业在一个更高的水平上向前发展。"八五"末期要力争有一批企业达到GMP标准，力争实现卫生部提出的2000年有80%制药企业实现GMP管理这一目标。

中药饮片是中药工业的薄弱环节，但集中反映了中医药的特色，抓好饮片生产是发展中药工业的一个重要方面。今年首先要适应社会主义市场经济体制的建立，对中药饮片产业发展政策进行研究，实施正确的指导，提高饮片生产企业自我积累、自我改造、自我发展的能力。当前要进一步抓好重点骨干饮片企业的技术改造，不断提高质量，增加品种，扩大产量，改进包装，改善经营。

根据党的十四届三中全会提出的《关于建立社会主义市场经济体制若干问题的决定》精神，今年中药企业深化改革的重点是，有步骤调整企业结构，推行股份制，进行建立现代企业制度的综合试点。中药行业组建各类中外合资企业必须坚持下列原则：第一有利于保护和发挥中医药所特有的优势；第二，有利于中医药更好地走向世界，产品主要外销；第三，要坚持把引进先进技术和工艺设备放在首位，推动行业的技术进步，而不是简单的资金输入。

要深化流通体制改革，培育市场体系，发挥市场机制在资源配置中的基础性作用，推进全国统一中药大市场的发展。要规范市场行为，认真贯彻《反不正当竞争法》，坚决制止各种不正当竞争。要进一步推进中药价格改革，今年将出台新的价格管理办法，主要是除极少数需要保护资源的品种外，其余品种取消全国统一差率控制，全部放开，加大市场调节的力度。今年中药流通领域里的一项重点工作，是继续整顿药材市场，严厉打击制售假劣药品的犯罪行为，不能上市的品种要坚决禁住，取缔非法经营，加强市场法制建设。

要全面提高中药企业管理水平，加强中药质量管理。从全国中药工业企业去年的经济效益看，亏损面在扩大，亏损额在增加，这说明中药企业转换经营机制、适应市场变化的差距。中药企业要发展，就必须眼睛向内、苦练内功、强化管理。今年要在全行业开展“转机制、抓管理、练内功、增效益”活动。当前要重点抓好降低成本，提高质量，落实技改项目和固定资产的保值增值，引导企业采用现代化的管理方法和手段，改善和加强企业的各项专业管理和综合管理，提高自身投入产出水平，使中药企业真正走上“效益型”轨道。要积极开展研究，逐步健全中药质量标准体系，一方面要建立适应国际市场的质量标准，一方面也要用经过长期临床验证的合理指标影响国际市场，增强中药在国内外市场的竞争能力。

3．进一步深化科技、教育改革，加速科技进步与人才培养。当前中医药科技工作的总体思路是，突出重点，改革运行机制。突出重点，即中医药科研要紧紧围绕提高中医药学术水平这个中心，抓紧解决影响行业发展的重大理论问题和关键技术问题。在基础理论研究方面围绕经络、脏腑、证开展；在医疗临床方面围绕死亡率高的常见病、多发病及急症开展；中药方面围绕速效高效的新药开发、中药资源再生技术、新饮片技术、中药质量及先进的专用工艺和装备的研究与开发。要通过各种形式的组织协调，改变低水平重复的状态，把有限的人、财、物力充分利用好，使突出科研重点和形成行业“国家队”结合起来，取得科研上的突破。要继续执行“金桥计划”，大力推广新技术、新成果，开拓中医药国内外技术市场。要进一步密切与各有关部委、地方政府的联系，争取国家和本部门加大对科技的支持力度，逐步形成一靠政府二靠民间，既靠国内又靠国外的立体投资体系。

高等中医药教育要在稳定本、专科教育的基础上，重点抓好高层次人才培养，并要协调好各类人才培养的比例。加强骨干院校和重点学科的建设，配合有关方面做好部分院校更名“中医药大学”的规划工作，争取再有一至两所中医药院校和部分重点学科进入国家“211工程”建设，统一管理和建设国家级与局级重点学科，充分发挥其示范和辐射作用，以推动高等中医药院校的建设和发展。中等中医药教育要认真组织中医药学校建设达标验收工作，继续抓好5省市农村青年不包分配班的办学试点。积极开办高等中医药职业技术教育试点，以逐步形成中医药职业技术教育体系。中医药成人教育主要是贯彻落实我局下发的《关于改革和发展中医药成人教育的意见》，在继续办好成人学历教育的同时，重点开展农村中医药人员培训和中药工人培训及中医药专业技术人员的继续教育。同时，要调整和建设好全国性中医药进修教育基地，组织好首批全国继承名老中医药专家学术经验出师考评工作。

4．加强中西医结合和民族医药工作。中西医结合的关键是人才，当前，中西医结合高层次骨干队伍面临着青黄不接的危机，这个问题应引起我们足够的重视。要继续组织西医离职学习中医班，国家中医药管理局及地方中医药行政部门要给予各种支持。要充分利用现有的中西医结合博士点、硕士点及双学位班、大专班等教育形式，培养更多的中西医结合人才。要积极与国家教委联系，试办中西医结合本科班和本科专业。要对现有的中西医结合机构加以充实和提高，对中西医结合医院逐步实行分级管理。我们准备在全国选择五至六所办的较好的中西医结合医院给予重点扶持，使其在全国起示范作用。

在新的历史时期，民族医药的发展要同加快民族地区的经济和社会发展紧密结合起来，采取区别情况、分类指导的方针。今年，我们要做好民族医药工作的调整研究，认真总结民族医药工作的经验，制定出切实可行的发展民族医药的政策和措施。要继续抓好现有民族医药院校的建设，充实师资力量，改善办学条件。对名老民族医药专家的学术经验和民族医药的古籍文献，要进行认真的继承、挖掘和整理，并注意收集散在民间临床上卓有成效的验方、疗法。要积极利用现代化科学技术和方法，研究和发展民族医药，提高民族医药学术水平。对全国民族药剂中心要进一步总结经验，更好地发挥两个效益。民族医医院要建立健全各种规章制度，逐步达到建设标准。

5. 发挥中医中药统一管理优势，促进中医药行业更快发展。中医、中药统一管理是我国近年来机构改革的一项重大举措。几年来，中医中药相互结合，相互促进，同步发展，显示出了巨大的优势。实践证明：中医中药统一管理有利于加快中医中药发展步伐；有利于做到中医、中药人才和技术上的互补；有利于科工贸紧密结合，促进科研成果转化为现实的生产力；有利于中药企业及时生产医疗急需用药，促进中医药治疗水平的提高；有利于增强企业科研力量，调整产品结构，开发新剂型，促进整体效益的提高；有利于遵循中医药的内在发展规律，按照中医药的特点管理中医药；有利于在激烈的国际竞争中保持我国中医药的世界领先地位。

要继续抓好科研成果向现实生产力的转化，通过供需洽谈会等形式，促进成果转让，使更多的科研成果在中药企业得到推广。在中医药教育方面，要充分发挥中医药院校的人才优势，通过调整课程设置的办法，积极开办中药生产经营方面的专业及各种类型的培训班、进修班，为企业培养人才。在医疗工作与中药生产的相互配合上，要加强信息沟通，使企业逐步做到以需定产，产销适路，形成中药生产与使用的紧密结合，提高企业效益，保证医疗用药需求。在中医药对外交流、合作与贸易方面，中医、中药要相互配合，相互支持，相互促进，要有计划地在国外开办一些既有医又有药的中医药医疗网点，以推动中医药更快地走向世界。

（三）发扬优良传统，加强医德、医风教育

全行业在新的历史时期，要认真学习和发扬中医药先辈们高尚良好医德的光荣传统，树立全心全意为人民服务的思想，廉洁行医，廉洁行药，坚决纠正各种不正之风，大力促进全行业的社会主义精神文明建设。

加强社会主义精神文明建设，首先，必须继续贯彻党的十四大精神，坚持用邓小平同志建设有中国特色社会主义的理论武装头脑，加强行业各级党组织建设，充分发挥思想政治工作的优势，把廉政建设、纠正行业不正之风当作一件大事来抓。要深入进行廉洁奉公、艰苦奋斗和职业道德教育，坚决反对拜金主义和极端个人主义，自觉遵守国家的法律法令，模范遵守《医务人员道德规范》。第二，要树立先进，弘扬正气，大力宣扬中医药行业重视医德的优良传统，开展表彰精神文明建设先进集体和先进个人的活动，形成行业的精神力量。第三，要认真总结正反两方面的经验，逐步建立和完善监督与制约机制，对行业的各种不正之风，要认真查处，对违法乱纪的腐败现象要坚决抵制和打击。第四，各级领导要以身作则，身体力行，带头反对各种不正之风和腐败现象，以实际行动促进中医药行业的社会主义精神文明建设。

要继续巩固和发展全方位对外开放的格局，以东方国家为重点，逐步向欧美等经济发达国家拓展。要实行官民并举、讲求实效的做法，选择一批适宜项目，在医疗、科研及人才培养等方面进一步扩大对外合作。要进一步抓好中药的对外贸易与经济、技术合作，选择一批受国际欢迎的中药名优产品，创造条件，促使其尽快打入国际市场。

要进一步加强法规建设，完善适应社会主义市场经济体制的中医药法规体系，促使中医药事业尽快走上法制化、规范化的发展轨道。今年要抓紧工作，使《中医药发展条例》尽快上报，协同卫生部加快制定《医师法》，并做好即将出台的《医疗机构管理条例》的实施工作。

要进一步加强各级中医中药行政部门的自身建设。国务院在机构改革中决定，继续保留国家中医药管理局作为部委管理的国家局，仍然实行中医中药统一的行业管理。我们将根据党中央、国务院的要求，认真转变职能，加强机关建设，改进工作作风，加强宏观管理，努力为基层服务，继续更好地支持各地中医中药行政部门的工作，加强中央和地方的联系和团结，同心协力把中医药工作搞上去。各地中医中药行政管理机构无论隶属关系、组织形式怎样变化，但这项工作得有部门管，有人抓，中医中药工作的领导和管理一定要加强，而不能削弱。

江泽民同志一再告诫我们，希望大家多挤点时间学习，少搞一点应酬；多做些调查研究，少一点主观主义；多干些实事，少说些空话。我们希望大家做学习的模范，除了学好理论和政策，还要努力学习现代经济、科技、法律、社会等方面的知识和中医药知识。我们希望大家做调查研究的模范，从理论、政策、战略上研究探讨中医药发展的重大问题，提高决策民主化、科学化水平。我们希望大家做多干实事的模范，少说空话，少搞空洞的争论。

在新的一年里，只要我们坚持解放思想，实事求是，坚持深化改革，坚持党的中医药政策，坚持团结奋斗，我们就一定能开创中医药工作的新局面！

（沙凤桐　查德忠摘）

三、行政文件

关于全国中药行业进行评选优秀企业、优秀企业家的请示

国中医药报（1994）11号

卫生部：

为了表彰先进，推动中药事业的发展，提高企业管理水平，增加企业效益，中国中药企业管理协会在1990年首届评选了全国中药行业优秀企业20家，优秀企业家11名，并在1990年全国中药工作会议上以国家中医药管理局、中国中药企业管理协会名义予以表彰，颁发了证书和奖杯。

中国企业管理协会、中国企业家协会在今年一季度评选全国优秀企业（金马奖）30家，优秀企业家（金球奖）60名。其中，天津中药集团股份有限公司乐鹤祺总经理被评为优秀企业家。

根据中国企业管理协会、中国企业家协会今年一季度评选全国优秀企业、优秀企业家的精神，经与国家医药管理局的中国医药企业管理协会协调，中国中药企业管理协会召开在京正副会长、正副秘书长及全国中药行业思想政治研究会负责人会议，专题研究了拟在全国中药行业开展评选优秀企业家、优秀企业活动的问题，结合中药行业的具体情况，考虑评选优秀企业家60名，优秀企业30家，具体评选工作由中国中药企业管理协会负责。评选结束后，在适当时间由国家中医药管理局和中国中药企业管理协会进行表彰。

当否，请批示。

附件：关于推荐评选全国中药行业优秀企业、优秀企业家办法

国家中医药管理局

1994年6月17日

关于推荐评选全国中药行业优秀企业、优秀企业家办法

为了表彰全国中药企业在贯彻落实党的十四届三中全会《决定》中，对中药经济事业发展和建立中药社会主义市场经济体制，促进中药企业深化改革，推进企业现代化管理，为提高中药企业整体素质，提高企业规模经济效益做出突出贡献的企业、企业经理、厂长。结合中国企业管理协会、中国企业家协会推荐评选全国优秀企业、优秀企业家的精神，经在京的会长、副会长、秘书长、副秘书长会议研究，为推动全国中药经济持续、快速发展，决定在全国中药行业推荐评选第二届全国中药行业优秀企业、优秀企业家。特制定本推荐评选办法。

一、推荐评选范围和名额

（一）全国中药行业优秀企业，优秀企业家在全国中药行业县（含县）以上生产经营中药

材、中成药、中药饮片、中药机械和以中药为原料保健品的国有、集体、中外合资的工商企业和经理、厂长(合资企业中方经理、厂长)范围内推荐候选优秀企业和候选优秀企业家。

(二)评选名额:优秀企业30名,优秀企业家60名。由各省、自治区、直辖市医药协会根据本《办法》规定条件推荐全国中药行业优秀企业、优秀企业家候选名单,并经省、自治区、直辖市企协、医药局(总公司、行业办)签署意见后上报。

(三)军队、农垦系统中药企业的候选优秀企业、优秀企业家名单,由全军、农垦医药协会推荐,并经企业所在地省企协、医药局(总公司、行业办)签署意见。

(四)已经获得全国首届中药行业优秀企业和优秀企业家,(如附件5)按本《办法》规定填报,并经省(区、市)企协、医药企协和医药局(总公司、行业办)审核、签署意见,凡是未有特殊情况,经评审委员会审核符合条件规定,荣获的称号均有效,此次评选不参加,优秀企业家因工作等调动,不在本企业,不再上报。

二、推荐条件

(一)全国中药行业优秀企业

1. 坚持贯彻执行党的十一届三中全会以来的各项方针、政策和国家的法律法规,坚持四项基本原则,在深化企业改革,解放思想,更新观念转换企业经营机制,改革企业内部人事劳动和分配制度,在适应市场经济发展要求的过程中成绩突出。

2. 企业经济效益显著,产品质量好,依靠技术进步开发新产品成果突出,企业生产经营的主要经济指标(物耗、能耗、利润率,全员劳动生产率、产品销售率、资金利税率、资金周转天数,费用率及安全生产)连续三年居全国同行业领先水平,规模经济发展突出,社会效益受到公众的肯定。

3. 积极推行企业现代化管理工作,企业基础管理扎实,建立健全管理规范体系,专业管理和综合素质高,计算机在生产、经营上应用与发展上均取得突出成绩。

4. 企业物质文明和精神文明建设好,生产经营作风端正,思想政治工作和职工队伍建设成绩突出。

5. 企业党政班子建设好,得到企业职工和主管上级共识和肯定。

(二)全国中药行业优秀企业家

1. 具有三年以上经理、厂长职务(由本企业副职提为正职不足三年者,正职必须一年以上,包括副职共四年)。

2. 所领导的企业在生产、经营中的主要经济技术指标(质量、成本、全员劳动生产率人均创利、产品销售率、销售增长率、资金利税率、商业企业费用率,库存周转天数)居全国先进水平。

3. 在管理企业中善于经营、勇于开拓、有创新生产经营之道。积极推广采用现代化企业管理方法和手段,不断推动企业技术进步,经济效益增长显著,出口创汇好,企业经验对全国同行业或在省(市、区)有积极影响。

4. 善于坚持企业物质文明和精神文明建设"两手抓",在清政廉洁,艰苦奋斗,忘我工作方面表现突出,依靠党组织和广大职工办好企业,积极发挥共青团和工会组织作用,建设"四有"职工队伍,使企业有较强的约束力和凝聚力。

三、评选要求和方法

(一)推荐评选工作要坚持高标准,严要求,充分发扬民主,走群众路线,被推荐的优秀企业和优秀企业家所在单位的党委、工会签署推荐意见，各省、自治区、直辖市企业管理协会、医药局（总公司、行业办）签署意见。

（二）本次表彰的重点为1993年度，同时参考1991年、1992年两年的各项经济指标和成绩。

（三）推荐优秀企业，优秀企业家候选的材料，务请于6月30日前报中国中药企业管理协会。

（四）填报下列材料

1.《全国中药行业优秀企业、优秀企业家被推荐工业企业主要经济指标表》、《全国中药行业优秀企业、优秀企业家被推荐商业企业主要经济指标表》、《全国中药行业优秀企业家候选人推荐表》各一式16份。

2. 被推荐的优秀企业要形成2000字左右的业绩材料；被推荐的优秀企业家的所在企业撰写1000字左右的业绩材料。要用16开纸打印各16份。

3. 每位优秀企业家候选人交近照免冠二寸照片3张。

（五）希望各省、自治区、直辖市医药企协、医药局（总公司、行业办）积极认真组织评选推荐工作。

四、表彰形式

对受表彰的优秀企业颁发《全国中药行业优秀企业》奖状、奖杯，优秀企业家颁发《全国中药行业优秀企业家》证书和奖章。

五、评选工作组织领导

由在京的中国中药企业管理协会会长、副会长、秘书长、副秘书长、全国中药行业思想政治工作研究会负责人和国家中医药管理局有关司长参加组成评审委员会。

六、经评审委员会评定后报国家中医药管理局审批

七、联系地点和人员

1. 中国中药企业管理协会秘书处

2. 地址：北京市朝阳区东兴路7号

3. 邮政编码：100027

4. 联系电话：4662229—505

5. 联系人：阎洪礼、文兰

印发《国家中医药管理局关于对仪器设备更新和危房修缮专项资金实行项目管理的暂行规定》的通知

国中医药计(1994)58号

局各直属单位：

为逐步改善局直属教育、科研、医疗单位的工作条件，加强仪器设备更新和危房修缮专项资金的管理和监督，提高资金使用效益，现将《国家中医药管理局关于对仪器设备更新和危房修缮专项资金实行项目管理的暂行规定》印发给你们，请遵照执行。

国家中医药管理局

1994年7月12日

国家中医药管理局关于对仪器设备更新和危房修缮专项资金实行项目管理的暂行规定

为认真贯彻财政部颁发的《关于社会文教行政专项资金实行追踪反馈责任制的暂行规定》和国家科委颁发的《关于加强仪器设备更新和危房修缮专项资金管理的暂行规定》，逐步改善教育、科研、医疗单位的工作条件，加强仪器设备更新和危房修缮专项资金的管理和使用（以下简称专项资金），严肃财经纪律，提高资金使用效益，促进中医药事业发展，从今年起对专项资金实行项目管理。

一、专项资金的来源

专项资金来源主要包括：国家财政专项拨款（含年度预算安排和临时追加），上级主管部门专项补贴，单位从收入、折旧基金（修购基金）中应安排的资金。

二、专项资金的管理原则

1．专项资金的使用要符合党的有关方针政策，结合事业发展的重点任务，经费投入后能产生较好的社会效益和经济效益。

2．专项资金实行项目管理，各项目单位应当积极配合，做好项目实施保证条件，并按项目合同，落实自筹资金，结合国家拨款统筹安排，保证项目按期完成，并达到预期的目的和效果。

3．专项资金要用于指定的项目，妥善安排，专款专用，不得擅自挪用。

4．专项资金由国家中医药管理局计财司会同主管单位财务部门共同掌握，切实负起责任。

三、专项资金的使用范围

1．专项资金的使用范围包括：部分重点项目的必要装备；危房的修缮；基础设施的维修和必要的设备购置，正常维修和一般购置费用由各单位在年度预算和修购基金中安排，国家不予另行拨款，也不立项。

2．专项资金属一次性补助，不做基数，只能用于指定的项目，要独立核算。因特殊情况要改变资金用途，应事先书面报请我局，经批准后方可使用。

四、专项资金的申报

1．专项资金的申报、使用要本着勤俭办一切事业的原则，精打细算，力求节约，充分利用现有仪器设备等工作条件和可以利用的协作条件，讲求资金的使用效益。

2．在编制年度预算时一并报送申请专项资金的报告及申请表。报告一般应包括下列内容：

〈1〉本年度项目安排计划。主要说明本年度要重点解决的问题、目的、效益。

〈2〉项目所需经费由国家有关部委、国家中医药管理局和各单位共同安排，在申报前单位要落实相应配套资金。凡单位配套资金不落实的，国家不予安排。

〈3〉 购买大型仪器设备要有有关专家论证意见和财务、设备部门及上级单位意见。

五、专项资金的审批

根据中医事业发展的需要和国家财力可能统筹安排，在审批时，将根据申请单位的仪器设备、房屋及基础设施的现状，对申请项目进行重点考察，按照集中财力、保证重点的原则，经综合平衡后分配下达。

六、专项资金的执行与监督

1. 为管好用好专项资金，各单位应设立"专项资金管理台帐"进行日常管理，对项目实施进度和资金使用情况进行检查和监督。用款单位领导和财务、设备人员要担负项目管理的责任，健全财务和设备管理制度，对于弄虚作假，截留、挪用或挤占经费等违反财经纪律的行为，财务部门有权抵制和越级反映。

2. 项目完成后，用款单位及时向我局报送专项资金支出决算和使用效果的文字报告，我局会同国家科委、财政部对已完成的项目进行重点验收和检查。用款单位应积极配合，如实反映情况。

3. 为加强国有资产的管理，使国有资产能够保值和增值，经我局批准，用专项资金形成的固定资产投资进行开发经营活动，主管单位应按固定资产所占份额，参与收益分配，其收益单独核算全部用于仪器设备的更新购置和危房修缮。

4. 为防止国有资产的流失，凡用国家各部门拨付的专项资金购置的设备均应挂上"国家专项资金购置设备"的标牌。

5. 专项资金的使用情况应接受所在单位审计部门的定期审计或专项审计。编报"专项资金支出决算表"应经审计部门签注审计意见。

七、奖惩

1. 项目完成后的专项资金结余，属客观原因形成的，应予收回；属用款单位挖掘潜力、加强管理、节约支出等原因形成的，可由主管部门或用款单位安排其他项目使用。

2. 对努力做好项目管理工作，按计划完成项目、投资效益好的单位给予表彰，并优先安排专项资金。对项目管理不善，造成项目超支，一律不予弥补。对虚报冒领、挪用专项资金的和达不到预期效益的要给予必要的经济制裁，包括收回专项资金，在一定时期暂停核批专项资金以及相应扣减正常事业费预算等。

八、本规定自一九九四年度起实行

关于印发《中成药产品剂型通则标准(试行)》的通知

国中医药质（1994）3号

各省、自治区、直辖市及计划单列市医药管理局（总公司）：

根据国家技术监督局《关于编制"八五"后两年和"九五"期间采用国际标准计划的通知》（技监局标函〔1994〕081号）和《关于发送"第四次全国采用国际标准工作会议"有关文件的通知》（技监局标函〔1994〕108号）的精神，我局决定下发《中成药产品剂型通则标准（试行）》，供各地考核采标时作为中药行业标准参照执行。

该标准是我局根据近年来国际市场对传统药的要求以及中成药的自身特点，组织部分省市医药局、药材公司及重点企业的专家在原《中成药产品分等质量标准》基础上进行修改和补充，剂型从9个增至15个；品种原计划从60个增至100个，但因近年中药市场发生了变化，产品结构有所调整等原因未能完成增加品种的标准制定工作，除含犀角、虎骨等成分的品种停止生产以外，其它生产品种仍可按原品种标准执行。

该标准已经征求过各地意见，请各地注意收集在执行过程中的问题和意见，及时告知我局质量司，以利于该标准的逐步完善。

国家中医药管理局

1994年8月10日

关于开展全国中药行业质量大检查的通知

国中医药质(1994)4号

各省、自治区、直辖市及计划单列市医药管理局（总公司）：

1984年以来，中药行业曾先后八次在全国范围开展了中药质量大检查，这对查处假冒伪劣药品，促进企业全面提高质量管理水平，确保药品质量起到了积极作用。为贯彻落实国务院《关于进一步加强药品管理工作的紧急通知》（国发〔1994〕53号）精神，加强对中药质量的管理，确保人民群众用药安全、有效，我局决定在全国中药行业开展质量大检查。现将有关事项通知如下：

一、指导思想

本次大检查要紧紧围绕国务院《关于进一步加强药品管理工作的紧急通知》精神，增强质量意识，加强法制教育，强化质量管理，完善制度建设，严格工艺管理，并同打击制售假劣药品违法犯罪活动紧密结合起来，力争使中药行业的质量管理水平和产品质量有较大的提高。

二、组织领导

为使中药质量大检查工作有领导、有组织、有计划、有步骤地深入展开，我局决定成立全国中药行业质量大检查办公室，在局贯彻国务院《紧急通知》领导小组的领导下，负责本次质量大检查的具体组织、领导工作；各地中药生产经营行业主管部门具体负责组织、协调本地区的大检查工作，并指定1名领导同志负责。

三、检查时间

这次大检查从今年11月开始到年底前结束。

四、检查范围与方式

包括所有生产、经营、供应和使用中药的单位（不论其所有制形式和隶属关系如何，都列入检查范围，国家另有规定的除外），涉及医院使用中药的质量问题，可联合当地卫生厅(局)进行检查。

检查采取自查与重点检查相结合，所有生产、经营、供应、使用中药的单位都要认真开展自查，对发现的问题要主动检查纠正，自查面必须达到100%。在普遍自查的基础上，各地要抽调一批业务骨干组成检查组进行重点检查，重点检查面不低于40%，重点检查单位包括：1. 管理比较混乱，产品质量差、群众反映强烈的企业；2. 系统外的生产、经营、供应和使用中药的单位；3. 私营企业和个体工商户。国家中医药管理局将在适当时机组织力量在全国范围内进行抽查，适时发布中药行业质量信息。

五、检查内容与依据

此次大检查主要依据《药品管理法》，按照《中成药工业质量管理检查细则》、《中药商业质量管理检查细则》、《中药饮片生产企业质量管理检查细则（试行）》等文件要求进行检查。

六、处理原则

对检查中发现的质量问题，要提出限期整改的要求与措施，问题严重者应对其单位负责人和直接责任人按有关规定提出必要的处理意见；触犯刑律的应移交司法机关依法惩处。同时对质量存在严重问题的典型案例，要及时上报，必要时可通过新闻界曝光。对质量好的单位给予表彰。

七、总结整改

各地医药生产经营主管部门要针对大检查中发现的问题，本着检查与服务相结合的原则，帮助企业整改，并提出完善和改进中药质量管理的措施和建议，巩固和提高大检查的效果。

各省、自治区、直辖市和计划单列市医药管理局（总公司）要按照本通知的要求，认真对本地区中药质量进行全面检查，并将检查情况于今年年底前报我局中药质量司。

全国中药行业质量大检查办公室设在我局中药质量司。

联系人：付晶莹、陈皎、张海燕。

联系电话：5063322转6702。

国家中医药管理局

1994年11月2日

关于1993年度国家中医药管理局中医药科技进步奖奖励工作的通知

国中医药科(1994)17号

各省、自治区、直辖市卫生厅（局）、中医（药）管理局、医药管理局（医药总公司），本局各直属单位：

现将1993年度国家中医药管理局中医药科技进步奖奖励工作的有关事宜通知如下：

一、1993年度上报申请奖励的各类成果共256项，经我局科技进步奖评审委员会评审，共评出获奖项目50项，其中一等奖5项，二等奖17项，三等奖28项。

二、每项获奖项目除授予主要完成单位荣誉证书外，并发给奖金，各获奖项目的奖金是：一等奖5000元，二等奖3000元，三等奖1500元。

三、为鼓励科研人员，奖金按获奖等级全额拨付，不再扣除曾获有关部门奖励奖金数。

四、获奖项目的奖金下发后，连同荣誉证书，由申报单位负责分配和转发。

五、对获奖人员的奖金分配要防止平均主义的做法，主要完成者所得奖金应占奖金总额的50%～70%。

六、获奖项目的申报单位及完成单位，应积极组织对该项成果的推广应用，发挥效益。

七、三等奖项目“石蓝草煎剂治疗急性皮炎、湿疹的临床与实验研究”因争议问题未按规定处理完毕，决定取消该项目获奖资格。

附件：1. 1993年度国家中医药管理局中医药科技进步奖奖励项目及奖金表（略）

2. 奖金划拨表（略）

国家中医药管理局

1994年11月5日

关于授予广州中医学院第一附属医院"精神文明建设先进集体"称号的决定

国中医药人（1994）45号

各省、自治区、直辖市及计划单列市卫生厅（局）、中医（药）管理局、医药管理局（总公司），本局各直属单位：

广州中医学院第一附属医院在救治军人妻子韩素云同志的过程中，充分发扬了救死扶伤、无私奉献和团结协作的精神，表现了优良的医德医风和精湛的医疗技术，展示了中医药工作者良好的精神风貌，为全国中医药行业树立了典范。

为此，国家中医药管理局决定，授予广州中医学院第一附属医院"精神文明建设先进集体"的称号。

国家中医药管理局

1994年11月8日

关于学习广州中医学院第一附属医院救治军人妻子韩素云事迹的通知

国中医药人（1994）46号

各省、自治区、直辖市及计划单列市卫生厅（局）、中医（药）管理局、医药管理局（总公司），本局各直属单位：

今年1月，广州中医学院第一附属医院主动收治了身患双侧股骨头坏死的广西边防军人的妻子韩素云。经过8个月的精心治疗，病人已基本痊愈。这一事迹引起了社会各界的广泛关注，取得了良好的社会影响，谱写了一曲新时期拥军爱民的颂歌。

这件事的出现不是偶然的，是广州中医学院第一附属医院加强精神文明建设的结果，是他们优良的医德医风和精湛的医疗技术相结合的结果。充分展示了社会主义市场经济条件下中医药工作者良好的精神风貌，塑造了白衣战士救死扶伤的光辉形象，为全国中医药行业树立了典范。为此，国家中医药管理局要求全国中医药行业向广州中医学院第一附属医院学习。

首先，要学习他们高尚的医德医风。在发展物质文明的同时注重精神文明建设，在社会主义市场经济中坚持正确的价值观、人生观，倡导无私奉献，关心人民疾苦，提高医院职工的职业道德水准。紧密联系工作实际开展生动活泼的思想政治工作，寓德于医，寓教于行，培养一支积极向上、全心全意为人民服务的职工队伍。

第二，要学习他们精益求精、刻苦钻研和不断提高医疗技术的精神。在医疗实践中坚持中医特色，积极采用现代科学技术，调动中医和中西医结合各方面的力量，加强内涵建设，全面提高学术水平和医疗质量。

第三，要学习他们协调配合、团结协作的精神。在救治韩素云的过程中，全院掀起学习捐助韩素云的活动，医疗、护理、医技科室、后勤服务等部门紧密配合，团结协作，表现出很强的战斗力和凝聚力，这是救治工作取得圆满成功的重要保证。

在学习广州中医学院第一附属医院先进事迹的过程中，要进一步组织学好邓小平同志建设有中国特色的社会主义理论和党的十四届四中全会精神，加强思想政治教育，加强精神文明建设，促进中医药事业的振兴和发展。

国家中医药管理局

1994年11月8日

关于向我局报送文件有关要求的通知

国中医药办秘（1994）34号

各省、自治区、直辖市及计划单列市卫生厅（局）、中医（药）管理局、医药管理局（总公司），局各直属单位：

为使我局机关公文处理工作规范化、制度化、科学化，提高办文、办事效率和质量，根据国务院办公厅颁布的《国家行政机关公文处理办法》及《国家中医药管理局机关工作制度》的有关规定，结合当前在报送文件中存在的问题，现就各地、各单位向我局报送文件的有关要求通知如下：

1. 报送我局的请示、报告类文件均需打印、标清文号、标注签发人姓名。

2. 报送我局的请示、报告类文件，原则上均应送办公室，由办公室秘书处登记后送领导批示或转经有关部门阅处。除我局领导直接交办的事项外，不得直接送领导者个人。

3. "请示"、"报告"是两种不同的文种，应严格区分，不得在文件标题中同时使用。"请示"应一文一事；"报告"中不得夹带请示事项。

4. 凡涉及其他单位或地区的问题，主办单位应主动与有关单位或地区协商、会签。如意见不一致，应如实反映。

5. 报送文件的份数，"请示"类仅报1份，"报告"类不少于6份；"信息"类20份。

国家中医药管理局办公室

1994年12月1日

四、医政管理

全国农村中医工作经验交流会议

为了加强农村中医工作，提高广大农村的医疗保健水平，根据1994年全国中医药工作厅局长会议精神，国家中医药管理局于1994年10月25日至28日在湖南省慈利县召开了全国农村中医工作经验交流会议。各省、自治区、直辖市及计划单列市卫生厅（局）、中医（药）管理局的厅、局长、中医处处长，部分农村中医工作试点县（市）的县（市）长，农村中医工作试点县（市）卫生局局长、药材公司经理，部分示范中医医院院长共160多位代表参加了会议。

会上，卫生部副部长兼国家中医药管理局局长张文康同志做了《总结成绩，交流经验，让中医中药更好地为八亿农民的健康服务》的书面讲话。会议听取了江苏、浙江、云南、山东、河南、安徽、北京等省、市的卫生厅厅长、中医管理局局长和慈利、清丰、望奎、高安、射洪、霞浦、公安、天门等县（市）代表的大会发言，交流了加强农村中医工作、培养农村中医人才、抓好农村中医工作试点县、加强中医医院建设、健全和完善农村三级医疗保健网以及保障农村中药供应方面的经验。会议还组织参观了慈利县县、乡、村三级卫生机构的中医药工作。国家中医药管理局诸国本副局长做了会议总结讲话。

与会代表一致认为，在当前新形势下召开这样一个农村中医工作经验交流会议是十分必要的，非常及时的，必将对今后的农村中医工作和三级医疗保健网的建设，起到有力的推动作用。

（刘成起）

印发《全国农村中医工作先进县（市）建设检查标准》

为了促进农村中医事业的发展，全面检查、评估农村中医工作，国家中医药管理局于1994年6月份印发了《全国农村中医工作先进县（市）建设检查标准》。此标准分五项45条，对县政府、县卫生局、县、乡、村三级医疗卫生机构的中医工作均做了要求，并具体明确了工作指标、评审标准及评分办法。该标准共1000分，达到900分者，可达到先进县（市）标准。要求凡是全国农村中医工作试点县（市），到试点工作的第四年，均要由省级中医管理部门按此标准组织省级检查评估。达标者，由省级中医管理部门向国家中医药管理局申请评审验收，经国家中医药管理局评审验收合格者，授予“全国农村中医工作先进县（市）”荣誉称号。不是全国农村中医工作试点县（市）的县（市），达到此标准的，亦可按以上程序申请评审验收。

（刘成起）

全国医政工作会议在京结束

由卫生部和国家中医药管理局共同筹备召开的"全国医政工作会议"于1994年6月28日至7月1日在北京召开。这次会议的主要议题是学习、领会国务院颁布的《医疗机构管理条例》（以下简称《条例》），论证、修改国家中医药管理局与卫生部共同起草的《医疗机构管理条例实施细则》、《医疗机构基本标准》等七个配套文件，对全国各级各类医疗机构如何贯彻《条例》，做出具体安排和部署。卫生部副部长兼国家中医药管理局局长张文康同志到会讲了话，诸国本同志代表国家中医药管理局作了题为"认真贯彻《医疗机构管理条例》，加强中医、中西医结合、民族医医疗机构的管理"的工作报告。

（郑耀先）

中华人民共和国中医药行业标准

——《中医病证诊断疗效标准》发布实施

1994年10月11日，国家中医药管理局在北京召开新闻发布会，发布实施中华人民共和国中医药行业第一个行业标准—《中医病证诊断疗效标准》。

为加强中医医疗机构的内涵建设和中医医政的标准化、规范化管理，提高中医临床疗效和中医学术水平，加强中医、中西医结合、西医之间的团结合作，扩大中医药的对外交流，在国家技术监督局的帮助指导下，国家中医药管理局医政司组织中国中医药学会有关专业委员会的专家、学者、部分中西医结合专家及医政管理人员200余人，经3年多的辛勤工作，在原有工作的基础上，编制了包括中医内、外、妇、儿、眼、耳鼻喉、肛肠、皮肤、骨伤等9科406个病证的《中医病证诊断疗效标准》，并附有中医病证名的英文翻译与国际疾病分类编码（ICD—9）。这是中医药行业的第一个行业标准，已经国家技术监督局备案，备案登记号为94—0080，于1995年1月1日起在全国实施。

《中医病证诊断疗效标准》的发布，是中医学发展史上的一件大事，必将对中医学术的进步起到积极的推动作用。

（吴厚新）

《医疗机构管理条例》配套文件正式下发

由国家中医药管理局与卫生部共同起草的《医疗机构管理条例实施细则》、《医疗机构基本标准》等配套文件已于1994年8月起陆续下发。配套文件中有关中医条款及《医疗机构基本标准》中各级中医机构的基本标准系由国家中医药管理局组织制定。《医疗机构管理条例》及其配套文件的颁布与实施，是我国医疗机构管理走上法制化的重要标志。

（郑耀先）

全国部分示范中医医院建设单位评审验收

为加快我国中医医院的建设与发展，八五时期，国家中医药管理局在全国实施"杏林计划”，即在全国建设100所中医特色突出、临床疗效显著、队伍结构合理、医院功能健全、管理水平高、医德医风好的示范中医医院，为全国中医医院提供模式与经验，带动全国中医医院的建设与提高。

1994年是示范中医医院建设单位第一个评审周期，国家中医药管理局医政司组织全国示范中医医院评审验收委员会的专家对北京、上海、天津、辽宁、吉林、江苏、浙江、安徽、河南、湖北、湖南、广东、广西、云南等14个省、市、自治区的示范中医医院建设单位进行了评审验收，通过达标验收的示范中医医院共有51所，其中地(市)级以上的有30所，县级有21所。

第一评审周期的建设验收标准要求示范中医医院建设单位必须达到《中医医院分级管理标准》的有关等级标准，并对中医药人员占医药人员总数、重点中医专科、医疗设备、门诊中医药治疗率、病房中医药治疗率等5项关键指标进行综合评估，每一项为20分，共计100分，总分未达到93分者，不得通过达标验收。

(吴厚新)

《中医急症诊疗规范》在全国实施

为了增强中医医院的应急、应变能力，充分发挥中医急症作为中医学术发展突破口的作用，国家中医药管理局医政司组织全国9个中医急症协作组对1990年7月1日起在全国试行的《中医内科急症诊疗规范（第一辑)》进行了修订和补充，并于1994年3月1日起在全国各类中医医院正式实施。

此次修订和补充工作吸收了近年来中医急症学术的新进展，采纳了各地的良好意见和建议，对原有的中风、外感高热证、心痛、血证、厥脱、胃痛等6个病证的诊疗方案作了更为合理的调整，增加了中医急救用药的比重，如将全国中医医院急诊科（室）首批必备中成药列入其中；同时补充了头风、痫证、风温肺热、多脏器衰竭等5个急症的诊疗规范，形成了内容更为丰富、实用性更强的《中医内科急症诊疗规范》，为继承和发展中医急症学术，提高中医临床疗效作出了积极的贡献。

(吴厚新)

《中医护理常规、技术操作规程、文件书写规范》在全国实施

为加强对中医护理常规、技术操作规程以及护理文件书写的质量管理，提高中医护理学术水平，进一步完善中医医院管理中护理工作的技术标准，国家中医药管理局医政司组织有关中医护理专家对原卫生部中医司1984年8月定稿的《中医护理常规和技术操作规程》进行了修订，在修订过程中，曾广泛征求全国各地的意见和建议，并数次邀请部分省、市中医护理工作者进行论证。

新版《中医护理常规、技术操作规程、文件书写规范》分四大部分编写。第一部分介绍了中医内、外、妇、儿、肛肠、皮肤、针灸、肿瘤、眼科、耳鼻喉口腔科的护理常规，并增补了急症的一般护理常规。第二部分介绍了中医护理文件书写的一般规则、各种护理文件书写规格、内容、要求及考核标准。有关的考核评分标准与《中医医院分级管理标准》保持一致。第

三部分介绍了20余种中医护理技术操作规程。附录部分以流程图形式予以说明，并拟定了评分标准，从而增加了可操作性。

（吴厚新）

首次全国优秀中医病案评选圆满结束

为了检查全国各级各类中医医院对《中医病案书写规范》的执行情况，国家中医药管理局医政司组织了首次全国优秀中医病案评选。此次评选工作本着质量第一，公正评审，宁缺勿滥，不搞地区和科别照顾的原则，要求各地报送的病案符合《中医病案书写规范》的格式要求，诊断与辨证论治、理法方药准确，字迹工整，语句流畅。全国26个省、自治区、直辖市共报送了1994年4月1日至30日内出院病人的住院病案531份，包括中医内、外、妇、儿、针灸、肛肠、皮肤、骨伤、推拿、眼科、耳鼻喉科。由临床各学科专家组成的评审组经过认真的初审、复审和终审，共评出77份病案为全国优秀中医病案。评选出的优秀中医病案将汇编成册，供临床医师参考学习。

通过此次评选活动可以看出，全国各级中医医院对病案的建设和管理普遍比较重视，病案书写的质量和水平较《中医病案书写规范》实施以前有了很大的提高，但也不同程度地存在着一些问题，如：部分病案中西医诊断混淆，辨证分析条理不清，专科病案中的专科检查不规范，部分单位对《中医病案首页》重要性认识不足，在自行印制时，将首页中一些重要项目漏印；在首页填报时，项目漏填。有鉴于此，国家中医药管理局医政司提出要求：要进一步强化病案的质量意识，加强中医医院病案管理组织和制度的落实，提高病案管理人员素质，并把它作为一项长期的任务来抓。

（吴厚新）

全国中医医院分级管理师资培训班结束

为了使全国各地能统一对《中医医院分级管理办法与标准》内容的理解，统一检查评审方法和步骤，统一评分原则与尺度，以推动全国中医医院分级管理工作的健康开展，国家中医药管理局于1994年3月27日至4月7日在北京举办了两期全国中医医院分级管理师资培训班，为各地培养了管理、医疗、护理、药剂、设备管理和计算机应用一整套师资力量，不仅为各地二次培训奠定了必要的基础，同时也对正确认识医院评审的意义、作用，推动医院评审制度的建立，更好地开展中医医院分级管理工作起到了重要作用。

（郑耀先）

中国农村中医事业现状与发展调查研究

为了贯彻1994年全国中医药工作厅局长会议的精神，加速农村中医药事业的发展，了解当前农村中医工作的现状与存在的问题，准确评价中医药在农村的地位与作用，为研究制定今后农村中医事业发展的方针、政策及具体措施提供依据，国家中医药管理局在1994年组织了“中国农村中医事业现状与发展调查研究”。

此次调查的主要内容是：中医药在农村的需求、资源、服务、作用及存在的问题。根据

“国家卫生服务总调查”的原则，采取多阶段分层，整群随机抽样方法抽取“样本地区”和“样本个体”。调查的一部分数据从《国家卫生服务总调查》及《全国农村卫生技术人力调查》数据库中取得；一部分上述调查中没有的数据，由国家中医药管理局医政司同计划财务司制定了《县级医院调查表》、《乡级卫生院调查表》、《村卫生室月门诊医疗工作量调查表》、《乡一日门诊调查临床科室工作量登记表》、《县、乡一日门诊调查门诊费用登记表》等6套表格进行统计汇总。这次调查的样本以“国家卫生服务总调查”样本中的全部63个县作为调查样本地区，在样本县中每县抽取二个乡，每个样本乡中抽取二个村。此次调查在各省、市、县卫生及中医主管部门的支持下，于1994年5月完成第一手资料的填写和各省的汇总。6月底召开了各有关省参加的数据汇总会议，得出大量的数据，为研究、分析全国农村中医工作现状提供了依据。

（刘文武）

开展中医病种质量控制标准预调查

为了提高中医医院的医疗质量管理水平，促进中医学术的发展，增强中医医院在医疗市场上的综合竞争能力，并为决策部门加强宏观管理和制定医疗保健制度的改革方案、推行社会医疗保险制度提供客观依据，国家中医药管理局医政司制定了《中医病种质量管理现状调研与〈中医病种质量控制标准〉制度工作方案》，并首先在上海地区进行了预调查。由上海市卫生局中医处具体组织协调，在上海中医药大学附属曙光医院成立了《中医病种质量控制标准》项目办公室，选择曙光医院、龙华医院、香山中医医院、嘉定中医医院作为调研对象，自1994年10月20日至12月7日共完成了12023份1993年住院病史的信息采集工作，在全国中医医院信息管理中心、湖北中医学院附属医院的配合下，对调查结果进行初步的统计分析，从而为全国范围的调研工作打下了良好的基础。

目前，全国中医医院单病种抽样调查工作的抽样方案、工作计划正在贯彻落实之中，预计全部调查、统计分析工作将于1995年底结束。

（吴厚新）

完成《中医医院建设标准》编写工作

为加强对中医医院建设的宏观调控与指导，加速中医医院建设的标准化、规范化和现代化进程，国家中医药管理局计财司组织人员编制了《中医医院建设标准》。该《标准》自1992年经国家计委、建设部列入国家编制计划以来，进行了广泛深入的调查研究，总结了建国以来中医医院建设、使用的经验教训，分析论证了大量的有关资料，广泛征求了国家有关部门、部分医院及建筑与管理方面专家的意见，最后召开了全国审查会议。已报送有关部门审查定稿，待最后批复。

《中医医院建设标准》是为中医医院建设项目决策服务和控制项目建设水平的全国统一标准，是编制、评估和审批中医医院建设项目可行性研究报告的重要依据，也是有关部门审查中医医院建设项目初步设计和监督检查整个建设过程建设标准的尺度。全文共分总则、建筑规模与项目构成、总体规划与建设用地、医院装备、建筑标准及附录、附加说明和条文说明等附件。

《中医医院建设标准》颁布实施后，将会进一步提高全国中医医院项目决策和建设水平。

（杨德昌）

最新版《中国中医、中西医结合、民族医医疗机构大全》问世

随着中医医疗机构内涵建设的不断深化，中医医政管理工作的逐步加强，中医学术对外交流的扩大，为促进中医、中西医结合、民族医医疗机构的建设发展与信息交流，国家中医药管理局医政司和计划财务司组织编写了《中国中医、中西医结合、民族医医疗机构大全》。在全国各省、自治区、直辖市及计划单列市中医（药）管理局、卫生厅（局）中医处和本局各有关直属单位的大力支持下，全书于1994年10月由北京科学技术出版社正式出版发行。

《中国中医、中西医结合、民族医医疗机构大全》较为全面、系统地介绍了我国各级各类中医、中西医结合、民族医医疗机构在医院规模、人员结构、科室设置、重点中医专科、有特色、有影响的院内制剂、有独特疗效的专病以及1985年至1994年获省、市级以上科研成果等方面的基本情况。

该书为各级各类中医、中西医结合、民族医医疗机构之间和行业内外互相学习与借鉴提供参考，为广大患病者寻医问药提供方便，同时，也为医药、医疗设备、卫生材料生产厂家及经销单位同医疗机构之间架起了一座桥梁。

（吴厚新）

参加国务院六部委组织的公费医疗改革试点工作

1994年4月9日至15日，国务委员彭珮云率领国务院办公厅、国家体改委、卫生部、劳动部、财政部、国家计委、国家医药管理局、国家中医药管理局等部门的有关负责同志，先后在江西省九江市与江苏省镇江市召开现场办公会议，研究部署职工医疗制度改革试点工作。会上，有关部门的负责同志就国家体改委等四部委制定的《关于职工医疗制度改革的试点意见》做了说明；分别听取了江西省九江市和江苏省镇江市关于公费医疗和劳保医疗制度改革情况的汇报；讨论了试点工作的有关政策问题和试点工作安排。

5月上旬国家中医药管理局政策法规司和医政司两同志作为国务院职工医疗制度改革联络小组成员分别进驻江苏省镇江市和江西省九江市。联络组听取了当地有关领导就医疗制度改革试点工作准备等情况的汇报，共同研究了改革实施方案的框架和一些难点问题，并深入到县、乡有关单位召开座谈会，进行现场调查。国家中医药管理局两同志还分别到二市中医医院了解情况，并就如何抓住医疗制度改革的契机，搞好中医医院建设与医院领导进行了探讨。联络组回京后向彭珮云同志和有关领导作了汇报。

通过近半年的准备，镇江市和九江市的职工医疗制度改革的试点工作分别于1994年12月前后开始全面实施。

（王明来）

沈阳市中西医结合事业在发展

1978年以来，随着改革开放的深入，沈阳市中西医结合事业在发展和完善。1986年，沈阳市中西医结合治疗中心挂牌，1990年，沈阳市中西医结合医院正式成立。目前，专科建设已形成了特色，皮肤科在省内外享有声誉，此外，中西医结合治疗血液病、胆石症、骨伤病等也初具规模。

与此同时，沈阳市还加快了二级中西医结合医院的建设，近几年来，在全国率先成立了县级中西医结合医院三所，即辽中县中西医结合医院、康平县中西医结合医院、于洪区中西医结合医院，在县区形成了中医、西医、中西医结合医院三个系列并存和并重。在这个系列中开展中西医结合治病，很受广大群众欢迎。康平县中西医结合医院自成立以来，门诊量增加了20%；辽中县中西医结合医院经济效益每年以25%递增，社会效益也得到提高。

沈阳市在注意三级和二级中西医结合医院建设的同时，也注意抓了乡、村中西医结合工作的建设，他们制定了标准，要求乡(镇)级卫生院中医工作达标，凡达到要求的，则加挂乡(镇)中医院的牌子，目前已有三所乡（镇）卫生院加挂了乡（镇）中医院的牌子。对村医士们采取函授、短期培训等方式，进行在职教育，目前60%以上的村卫生室已有一名能用中西医两法治病的医生。

（肖振祥）

五、中药管理

中药生产流通工作概述

1994年，生产流通工作围绕着如何从宏观上加强管理，规范竞争机制，搞活经济，增强企业活力，提高经济效益这个中心开展，取得了较好成绩。1994年，中药行业实现工业产值177.6亿元，比1993年增长23.8%，实现利润12.8亿，利润率为7.2%；中药材生产基地600多个，种植面积1200万亩，比1993年同期增长近18%，出口创汇4亿元，超额完成了年初提出的目标。1994年重点抓了以下几项工作：

1. 贯彻国务院53号文件精神，整顿中药流通秩序　国家中医药管理局成立了领导小组，组织了对安徽亳州、四川成都荷花池、五块石，云南昆明、广西、广东、湖北等地药材市场情况调研，并相继参与了与国家医药管理局合发贯彻意见，起草了与卫生部、国家工商管理局联合制定药材市场整顿标准；筹建了中药价格信息网，并于年底前向全国公布了中药主要品种价格行情；组织召开了全国中药价格信息会，座谈了各地价格管理工作情况，研究新税制实行后对价格工作带来的影响，并会同国家计委价格管理局共同协商修改了中成药作价办法，现初稿已定，待国家计委价格管理局同意后共同签发。

2. 加强中药生产管理，规范行业行为　对山东人工种植甘草项目组织经贸部、中国医药保健品进出口总公司进行了调研，并向国家中医药管理局、国家计委、经贸部写出专题报告，安排了山东甘草出口；召开了人工养麝工作座谈会，探讨人工养麝目前发展途径，并提出了初步意见；组织落实了国际保护濒危物种公约关于犀角、虎骨禁贸方面的工作，对国务院有关这方面文件和规定组织了具体落实，并对留存的问题积极商同有关部门加以解决；针对中药饮片生产、经营存在的困难，组织对部分饮片厂进行了专题调研，并提出了解决中药饮片困境的初步对策，同时，对全国中药饮片厂的调研工作进行了全面部署；参与起草了中药“九五”至2000年技改规划，提出了对中成药工业发展的意见；参与完成了中药基本药物目录及公费医疗中药报销范围的制定工作；完成了大量的对含濒危药材的成药进出口审查工作；提出了与中国药材公司职能交接方案，对交接工作做了必要的准备。

3. 加强了中药机械、设备、能源管理工作　完成了国家中医药管理局成立以来，第一个国家级中药机械的标准编制；完成了全国中药工业企业设备管理现状的普查；编制了国家中医药管理局中药专用机械推荐产品目录初稿；完成了中药机械分类编码工作；完成了中药工业进口设备普查的函调工作和国家级星火计划项目的报竣验收工作；召开了春秋二届中医药设备展销订货会，并第一次组织了国外制药包装机械公司来华展览；安排了中药行业1995年资源节约、综合利用技改项目计划，布置了中药节能宣传周工作。

4. 加强了企业管理工作　开展了换发中药生产经营企业合格证工作；研究制定了全国中药企业管理现代化创新成果的通知；完成了全国中药工业1993年度五项主要经济效益指标前20名最佳企业的分析、排序工作，并已通报全国中药行业。

（于海滨）

向国家计委提出了对股份制试点工作中有关中药产业政策问题的意见

股份制企业试点工作对于实施国家产业政策，调整产业结构和企业组织结构，实现资源合理配置，发挥规模经济的优势和转换企业经营机制可以起到积极的促进作用。为了推动股份制企业试点工作的健康发展，国家计委办公厅起草了《关于在股份制企业试点工作中贯彻国家产业政策若干问题的规定（征求意见稿)》。国家中医药管理局根据（征求意见稿）提出了三条具体修改意见。

1．对重点支持设立股份有限公司的领域中应加入"中药制剂制造工业"。

2．对设立股份有限公司时禁止外资参股的领域中应增加"中药商业企业"(包括批发和零售)。

3．对国有企业改建为股份有限公司时国有股控股的领域中的"中药制造企业"改为"中药制剂制造企业、中药材加工业"。

（国家中医药管理局生产流通司企管处）

开展换发中药生产经营企业合格证工作

国家中医药管理局生产流通司与国家医药管理局于1994年1月7日至13日在南京联合召开了全国换发药品生产经营企业合格证工作座谈会。会上部署了1994年全国中药工商企业换发合格证工作，确定了《国家中医药管理局1994年换发药品生产经营企业合格证工作安排意见》。提出了加强换证工作领导，健全组织，成立各省换证工作领导小组的要求；统一了验收、换发合格证标准；明确了换证工作程序和时间；对新建中药生产经营及三资、股份制企业明确了审批和开办条件。

为严格《合格证》自身规范化工作，经与国家医药局多次进行讨论，使新版《合格证》增印了国徽，加印了副本，完善了编号，从而增加了《合格证》的严肃性和权威性，同时，也为两局划清管辖范围，各自搞好工商企业统计奠定了基础。

国家中医药管理局与国家医药局还联合下发了《关于全国药品生产经营企业合格证换发证工作有关事项的通知》，国家中医药管理局生产流通司下发了《关于新版合格证填写说明的函》、《关于药品生产经营企业合格证换发工作程序》。为实现合格证工作的闭环管理.开展了国家级、省级合格证审查员聘任工作，下发了关于印发《中药生产经营企业合格证审查员管理办法》的通知,印制下发了"省级审查员"证书,为今后做到有章可循,持证检查提供了依据和保障。

（于海滨）

全国人工养麝座谈会在成都召开

1994年10月14日至16日，国家中医药管理局生产流通司在成都召开了全国人工养麝座谈会，张洪魁副局长出席了座谈会并作了讲话。参加会议的有国家濒管办、濒科委、有关省、市医药局、药材公司、养麝科研单位、养殖场、中药企业以及四川省林业厅、四川省科委的代表共30多人。

在座谈会上代表们回顾了人工养麝所走过的历程，交流了在保护麝香资源和发展人工养麝工作所取得的成绩，指出了目前人工养麝在政策、资金等面临的许多问题，探讨了发展人工养麝事业的政策措施。国家濒管办、濒科委的代表介绍了目前我国野生资源遭受破坏和保护工作情况，介绍了国际组织对我国利用麝香制药及麝香制品国际贸易所持的态度。会议代表还就成立药用动物科研开发民间组织事宜进行了探讨，对加强人工养麝工作提出了很好的建议。

（一）我国人工养麝发展概况　我国自1958年起开展人工养麝工作，历经30多年在人工驯化、繁殖后代、活体取香等科研生产方面取得了很好的成果，目前有记载的谱系已有7代以上。国家在人工养麝方面给予了大量的资金扶持，70、80年代四川马尔康、都江堰、陕西镇坪、安徽佛子岭等几个养麝场形成了相当的规模，同时，一些地方还开展了家庭养麝。但是，近几年内由于资金紧张、生产成本高再加上科研工作在一些环节没有根本的突破，人工养麝日趋萎缩，许多地方已经或者濒临倒闭，目前仅有少数几个单位在依靠财政拨款或其他渠道资金勉强维持，总圈存数约1000头左右。

（二）人工养麝存在的问题和主要原因

1. 人工养麝没有能够实现科研成果向生产力转化。原因是多方面的，有技术没有突破、产香量低的原因，但根本的问题是人工养殖麝香的市场难入问题没有解决。国内市场受价格管理的限制，企业难以自负盈亏、自我发展；进入国际市场受到国家宏观政策和濒危物种进出口管理的限制。

2. 资金投入逐年减少，养麝企业濒临倒闭。30多年来，国家在人工养麝事业上投入了大量的资金。但近几年由于财政资金紧张，投入逐年减少，再加上国家规定的麝香价格倒挂，国家牌价与市场价格相差太大，养麝企业不能做到扩大再生产，经营状况每况愈下，一些养麝场相继倒闭，仅存的几个养麝场（所）也难以继续维持。

（三）解决的办法和建议　会议一致认为，麝香是我国中医临床常用的名贵中药材，直接关系到中医用药，关系到中成药工业的发展和中成药的出口创汇。因此，解决好麝香问题直接关系到中医药事业的发展。发展人工养麝是保护麝香野生资源，满足中医药对天然麝香需求的极其有效的途径。

要解决目前人工养麝存在的问题，摆脱困境，首先国家对野生麝香与人工养殖麝香应有不同的政策，管理上要有所区别，要在政策上扶持人工养麝，使养麝企业逐步走上自我积累、自我发展的道路。另外，对含有麝香制品（包括中成药）的出口，国家应该鼓励采用人工养殖麝香。其次，养麝单位必须增强商品意识，加强经营管理，要在提高养殖技术的前提下，形成规模经济，降低生产成本，提高产香量，真正能为国内外市场提供商品麝香。第三，在资金投入上，除了国家扶持外，应该吸收多种渠道投入，引导和鼓励社会各方面（尤其是中药生产企业）与养麝单位加强合作，在人才、技术、资金等方面相互支持，促进发展。

（吕志坤）

中药机械及设备管理

《中药专用机械产品分类与代码》经过两次专家会议研讨、审定，已下发各省(市)、自治区医药管理局并请转发各中药生产企业参照执行。

《外加热式中药三效蒸发器》国家标准经过两次专家会议讨论、审定，已报国家技术监督局审批、编号、发布，从而结束了中药机械行业没有基础标准的历史。

华东中药工程（集团）公司承担的国家星火计划项目《中药水提取生产线成套装置》通过了局的项目验收和技术鉴定。

重庆中药研究所《中药复方有效部分提取新工艺》由国家中医药管理局三司（科技司、质量司、经济协调司）联合发文推广。1994年9月在重庆召开了推广会议，全国120余家中药生产企业派员到会，代表们对“新工艺”生产的药品不吸潮、剂量小、节省包装材料显著等特点给予了高度评价。

（李彤练）

中药质量工作概述

1994年国家中医药管理局中药质量司加强了对中药行业生产、经营、供用、使用的质量管理和监督检查，进一步贯彻《药品管理法》、《产品质量法》等国务院一系列法规政策，积极推行《药品生产质量管理规范》，强化全行业的质量意识，提高产品质量，实行中药质量管理的现代化。

1．开展中药现代化研究。“中药现代化”是局下达质量司的软科学课题，为期一年，共有10个单位参加了该课题的研究。重点以国内外市场反映较强烈的中药重金属限量、中药有效期、中西药复方制剂等为选题进行研究。通过各课题组调查、研究、实验、测试，对目前中药现状、存在问题和今后发展趋势提出了很好建议，写出了论文报告，并通过了专家评议。

2．积极采用国际先进标准。根据第四次全国采用国际标准工作会议精神，部署各地制定中成药“八五”后两年和“九五”期间采用国际先进标准计划，根据要求，各地进行具体落实，并分别提出了落实的企业和产品。为了更好的在行业实施采标计划，我司起草了“鼓励中成药采用国外先进标准的意见”和“关于中成药采用国外先进标准的意见”，在全国中药行业质量管理工作会议和其他一些全国会议上征求意见修改后，准备印发各地试行。

3．开展全面质量管理活动、表彰质量管理先进个人。1994年，国家中医药管理局评出47个局级优秀QC小组，18个先进QC小组，推荐3个QC小组参加国家级质量管理QC小组成果发表会。中药行业有17位同志被评为“全国优秀质量管理工作者”。

4．开展中药质量标准化工作。在1988年《中成药产品分等质量标准（试行）》的基础上进行修改补充，印发了《中成药产品剂型通则标准（试行）》供各生产企业参照执行。完成了《人参加工产品分等质量标准》的制定工作，国家技术监督局审批后，将作为推荐性国家标准执行。

5．开展中药行业质量大检查。为贯彻国务院《关于进一步加强药品管理工作的紧急通知》文件精神，我司向全国发文布置，要求各地组成检查组，结合换证工作，对中药工商企业进行质量检查。我司也会同局内有关司、中国中医药报社等单位组成检查组，先后到西安、咸阳、广州、顺德、中山、佛山、珠海、深圳、石家庄、保定、安国等地对部分中药企业、中药保健品厂、中药材市场、中医院制剂室进行了抽查，组织召开了部分中药企业厂长、经理座谈会。对于在检查中出现的问题，与当地医药、工商部门共同进行研究，提出具体整改措施和意见，对于问题较多的市场进行新闻曝光。为加强质量监督和管理的力度，提高中成药产品的质量，我司委托局质量监测站对北京市场上销售的10个厂家的10个中成药产品进行了质量抽查，抽查合格率为70%。对于产品抽查不合格的企业，我们专门组织其企业负责人开会，找问题、查原因，限期进行整改。

（国家中医药管理局中药质量司）

印发《中成药产品剂型通则标准(试行)》

《中成药产品剂型通则标准（试行)》是国家中医药管理局根据近年来国际市场对传统药的要求以及中成药的自身特点，组织部分省、市医药局、药材公司及重点企业的专家在原《中成药产品分等质量标准》基础上进行修改和补充的。共有15个剂型（丸剂、散剂、煎膏剂、酒剂、胶剂、冲剂、片剂、酊剂、膏剂、糖浆剂、合剂、胶囊剂、橡胶膏剂、注射剂、栓剂)，每个剂型中又分为合格品标准、一等品标准、优等品标准。该标准中没有产品标准，具体产品分等标准，除含犀角、虎骨等成分的品种停止生产以外，其他生产品种仍可按原品种标准执行。

（张　晶）

制定《人参加工产品分等质量标准》

我国人参产量占全世界的70%，在国际市场上的流通量占65%，然而在国际市场的售价却比韩国高丽参低几倍，其主要原因是我国人参没有一个适应国际市场需要的完整的质量标准和统一的检测方法。为了统一全国人参加工产品的质量标准，提高我国人参在国际市场上的地位，保证质量，扩大销售量，经国家中医药管理局向国家技术监督局申报，国家技术监督局以技监局标发（1992）023号《关于发送1992年制、修订国家标准项目计划的通知》下发了项目计划。国家中医药管理局组织有关专家和东三省中药质量监测站、吉林农业大学、沈阳药科大学，制订了《人参加工产品分等质量标准》。该标准共包括模压红参等六个人参加工产品（共计14项测定方法）分等质量标准。测试手段比较先进，在实际工作中操作性强。质量标准中除有常规检查项目外，对产品外观检查有较详细的质量要求。另外还增加了重金属限量、农药残留量、人参总皂甙含量测定标准，较国内过去同类相应标准有较大提高，具有国际先进水平。目前，该标准的工作已全部完成，待国家技术监督局审批后，将作为推荐性国家标准执行。今后凡生产人参加工产品的企业，按该标准将划分等级和进行质量检测。它将有利于人参加工产品的出口管理，以优质的产品占领国际市场。

（张　晶）

中国药材公司全面向企业经营转化

1994年，根据国家中医药管理局“三定”方案精神，中国药材公司全面向企业经营转化。公司改革的指导思想是：以社会主义市场经济理论为指导，以经济效益为中心，以“开发一实业一贸易”为格局，逐步建设成为高科技、综合性、国际化的实业集团公司。为此，公司首先转变观念，将公司全体员工的思想统一到企业经营上来；对公司二级机构和人员作了相应的调整，确立了“一业为主，多种经营，以工带商，以商促工”的经营原则；改革财务管理体制，实行一级核算，二级管理的方法，并制定了一系列规章制度及管理办法；加强了公司直属、联营企业的管理；积极开展中药对外交流与经济合作，为今后开辟国际市场奠定了基础。

（张晓阳）

贯彻落实国务院《关于禁止犀牛角和虎骨贸易损失处理问题的通知》

经国务院同意，国家经贸委以国经贸经〔1994〕586 号下发了《关于禁止犀牛角和虎骨贸易损失处理问题的通知》，国家中医药管理局就有关问题商卫生部、林业部、财政部并下发了国中医药生〔1995〕2 号《关于落实禁止犀牛角和虎骨贸易损失处理中有关问题的通知》，对下列几个问题作出了规定，提出了解决的办法：

1. 封存的犀牛角和虎骨登记注册，原料用于科学研究的审批办法。
2. 封存的犀牛角和虎骨的损失处理；因"禁贸"而报废的包装材料的损失处理。
3. 对 1993 年 5 月 29 日以前生产的含犀牛角、虎骨成分中成药的处理。

（吕志坤）

人工麝香研制成功

1994 年 10 月 5 日，国家卫生部向新闻界通报了祖国医药学的一项新的重大成果：人工麝香研制成功。20 多年前，卫生部药政管理局和中国药材公司联合组织了人工麝香的论证，下达了人工麝香的科研课题。由中国医学科学院药物研究所牵头，济南中药厂、上海市药材公司中药研究所等单位协同攻关。1993 年，卫生部按中药一类新药批准试生产。为加强这一特殊药物的管理，卫生部已向全国发出通知：人工麝香的生产、收购、销售统一由中国药材公司负责，其他单位和个人不得擅自购销。

（郭　径）

山东甘草人工种植基本成功

甘草是重要的中药材，在中医中药临床上用量最大，素有"十方九草"称，在食品、轻工等方面用途也十分广泛。在我国甘草主要分布于内蒙、新疆、宁夏等西北部地区，由于甘草需求不断增加，资源日趋减少，资源破坏严重。因此，加强资源保护，发展人工种植甘草极为重要。

山东省药材公司在各级政府的领导和支持下，利用黄河三角洲及沿黄地带盐碱荒地，发挥土质与陕、甘、宁等甘草主产地相同的优势，从 1991 年起开始进行人工种植甘草。到 1994 年底，已累计播种 6 万亩。计划投资 1000 万元使种植面积至"八五"末达到 10 万亩，"九五"末累计达到 50 万亩。

山东省人工种植的甘草长势良好，三年生甘草经药检部门检验达到药典标准。1994年秋冬可产甘草 30～40 万公斤。

（吕志坤）

《中国中药资源丛书》首次出版发行

由中国药材公司编著、科学出版社出版的《中国中药资源丛书》，自 1994 年 10 月起陆续在全国发行。这一大型丛书的面世，标志着从80年代初开始的全国中药资源普查工作已经全部完成。

这套丛书包括《中国中药资源》、《中国中药资源志要》、《中国中药区划》、《中国常用中药材》、《中国药材资源地图集》和《中国民间单验方》六部专著。它在全国中药资源普查资料汇总的基础上，全面反映了我国中药资源现状，总结了开发利用的历史经验，提出了中药资源开发的战略，是一套系统的中药资源专著。全书对中药生产、经营、科研、教学、资源保护及各级有关领导决策等，都具有较高的实用和参考价值。

《中国中药资源》从总揽全局的角度，概要介绍了我国中药资源的种类、分布、蕴藏量和产量，开发利用的历史和现状，资源保护管理和发展战略研究等；《中国中药资源志要》收载了12000多种药用植物、动物、矿物的基源、分布和用途等；《中国中药区划》首次以我国的自然条件、社会经济技术条件以及中药生产的特点为依据，在研究总结中药资源分布规律、区域优势和发展潜力的基础上，将我国划分为九大类型区，并提出了各区中药资源保护、开发的方向、途径和措施；《中国常用中药材》系统地介绍了137种常用中药材的来源、分布、栽培（饲养）技术、药材性状及规格标准、商品产销情况等；《中国药材资源地图集》以地图的形式，反映了全国和各省、市、自治区的主要药材分布，全国126种常用药材的数量分布；《中国民间单验方》选编出2万个民间单、验方，反映了我国劳动人民丰富的用药经验。

《中国中药资源志要》、《中国民间单验方》已于1994年10月正式出版，其他各书也将陆续出版发行。其中《中国药材资源地图集》于1994年11月通过了国家中医药管理局和国家测绘局联合组织的局级鉴定。鉴定结果认为，该图集的研制成功，填补了国内空白，达到国际先进水平。

（中国药材公司）

产业科研计划(1992～1994)基本完成

中国药材公司1992年至1994年按国家中医药管理局科技产业计划要求，积极落实各合同项目。其中，在中成药项目中，已有2个中药三类新药通过了省、市卫生局初审；3个二类新药，完善了工业化生产工艺，进行了部分药效学试验；中药材科研项目，按合同要求顺利地开展了工作，并取得了部分成果。

（谈钰元）

赴荷兰考察传统医药

经国家科委推荐，国家中医药管理局组织，委托广州中医学院和军事医学科学院组成联合考察团，于1994年9月8日至19日赴荷考察。了解荷兰及欧共体传统医药市场，有关法律制度和医药保健品进出口标准，讨论双方合作共同建立“中国—荷兰医药发展中心”等事宜，以促使中医药在荷兰及欧共体健康发展，并促进中荷双方政府部门的接触。

考察团受到格罗宁根省总督冯豪夫先生、格罗宁根市市长敖文凯先生以及我驻荷使馆有关人员的接见。考察团参观了格罗宁根大学和该大学与政府合办的以促进科技成果转化为目的的泽尼克科学院，还参观了华佗中心、鹿特丹预防医学中心及药品零售店等。荷兰卫生部门将医学分为正规医学和补充医学两类，中医药和按摩、心理暗示、瑜珈等归为补充医学之列，荷政府对补充医学尚无立法管理，对中医人员行医亦无相应管理部门，对中药销售也无严格限制措施，只要符合荷兰及欧共体的蔬菜卫生学标准(重点是农药残留量、重金属含量)，并达到生产过程的 GMP 标准，可按草药添加剂或食品添加剂经营，但不可作为药品销售。随着荷兰卫生费用开支日益增大，荷政府欲从补充医学中寻找经济实用的医疗保健手段，以达到减轻卫生费用负担过重的目的。我方将充分利用这个机遇，促使中医药打入荷兰并争取在荷兰和欧洲取得合法地位。

（黄志高）

六、科研管理

中医药科研工作概述

根据我国经济建设和科学技术发展面临的新形势、新要求，中医药科技将1994年的工作重点放在科技下农村、中药新药开发、新型中药饮片和濒危野生药用动物研究、改革科研机构运行机制和加强宏观管理等方面。

1994年，通过调查研究，修订了《国家中医药管理局科研基金管理办法》，对科技装备经费作了重点投入，使全国重点科研机构和中国中医药信息文献检索中心、P_3病毒实验室、经络实验室及国家中药制药工程技术中心等重点实验室的建立进一步得到了加强，从而改善了科研条件，逐步提高了科研能力；“八五”科技攻关、攀登计划“经络的研究”等国家级项目取得了一定的进展；《中华本草》的编撰、中药新型饮片技术研究、艾滋病防治、中药的农药残留标准研究等重点项目也得到了发展；民族医药科研工作得到了必要的扶持，一批民族医药科研课题被选入部（局）级科研计划；检查并加强了文献检索和行业实验动物工作。向火炬计划、新产品试制计划推荐了科研项目，使国家自然科学基金会增加了对中医药基础研究项目的资助，制定了局科研基金1995～1996年重点课题及青年课题的招标方案。

1994年，共有59项科研成果获国家中医药管理局中医药科技进步奖，70多个中药新药获得了新药证书，20项中医药新技术、新成果得到了保护。制定了科技成果向农村的推广计划，进行了实地调查和项目遴选，大力促进科技成果的转化和推广。

1994年举办了实验动物技术人员培训班、专利代理人培训班、科技方法培训班、中医骨伤科新技术新成就学习班、中西医结合治疗多脏器衰竭研修班、中成药中重金属限量标准及检测方法研讨班。组织了中医药科技的国际考察，加强了国际合作，促进了中医药的传播。推荐了与WHO的科研合作项目，加强了出国留学与归国留学人员的管理和经费资助。组织了中国工程院医药与卫生工程学部首批院士候选人的遴选及申报和《中国技术出口控制目录》中医药部分的编写、紫杉醇的新药开发等工作。编写了《中医药专利知识指南》，为中医药行业的科技人员、医教研单位、企业合法保护其发明创造提供了必要的法律知识，发挥了知识产权对中医药科技进步的保护和推动作用。

为了迎接1995年9月在北京召开的第四届世界妇女大会，向国家科委推荐了11名杰出女科技工作者，5项重大科技成果和6项妇幼用高新技术产品。开始编制《中医药科技“九五”计划和2010年规划》，为1995年的重点工作奠定了基础。

（何惠宇　巢志茂）

1994年国家中医药管理局中医药科技进步奖评奖揭晓

1994年国家中医药管理局科教司共收到申请奖励项目250项。经形式审查、各专业组初审，国家中医药管理局中医药科技进步奖评委会评审，无记名投票表决，评出奖励项目59项。其中一等奖3项，二等奖17项，三等奖39项，缓评5项。

本年度授奖项目有以下特点：中药鉴定方法、栽培技术、质量标准研究取得新进展；中医治疗常见病疗效显著；针刺镇痛机理、基础研究有创新；文献整理研究有特色；中青年科技人员脱颖而出。

（洪　净）

攀登计划“经络的研究”项目1994年度课题执行情况

国家攀登计划“经络的研究”项目 1994 年度课题执行情况汇报会于 1994 年 11 月 18 日至 22 日在长沙召开。会议由首席科学家程莘农、胡翔龙主持，国家中医药管理局科教司何惠宇副司长等参加了会议。在汇报会上，各课题组长分别介绍了本课题的进展情况，并进行了分组讨论；专家委员会对各课题组的进展情况进行了综合评估，认为项目计划六个主要方面均在不同程度上取得了进展：在经脉循行路线的相关物质基础研究中，从组织细胞水平、亚微观、微观层次到分子生物学水平，从经脉线血气运行的研究到应用核磁共振成像方法、用归经药物作造影剂去寻求显示经穴的确切位置的可能性，从细胞、细胞间质及其胶元到经脉线上钙离子的活性等各项研究均有了一定程度的进展。在经脉循行路线客观检测和显示方面，声、光、电、热、磁等特性的检测工作都按计划进行，在进一步完善各种检测方法和手段的基础上，又取得了一些新的发展。在与循经感传现象相关的外周过程和中枢机理研究中，从神经系统的不同水平入手，在大脑皮层、脑干、脊髓、外周传入神经以及肌肉和神经的兴奋耦联关系等方面进行了大量的工作。在经脉脏腑相关联系规律的联系途径的研究中，主要从心与心经、心包经相关，胃与胃经相关以及脏腑与相应的五官之间的联系等方面进行了大量研究工作。在古典经络文献和经络自组织结构的研究中，也有了一些明显的进展。

会议期间，除了在会上进行广泛学术交流和讨论以外，会下各课题组之间还进行了更加广泛而深入的探讨和切磋，出现了不同课题、不同专业、不同单位之间横向联合的趋势。专家委员们对本项目各课题的实施情况基本满意，对一些课题取得的重大进展给予了肯定，一致认为应给予重点支持；对项目中期评估工作大家都很重视，提出了一些有益的建议；对于联系课题的问题，大家一致认为由于项目经费有限，目前无力给与资助，建议他们从国家自然基金等其他途径争取经费，继续进行研究。

（李瑞午　胡卫国）

全国中医药行业实验动物工作调查

为贯彻国家科委《实验动物管理条例》和卫生部《医学实验动物管理实施细则》，进一步了解全国中医药行业实验动物工作现状，国家中医药管理局、卫生部医学实验动物管理委员会联合组织对全国省级以上部分中医药单位的实验动物工作进行了调查。参加调查工作的有卫生部医学实验动物管理委员会的专家及来自各地的实验动物工作者和科研管理人员。调查分 5 个调查组，对 24 个省、市、自治区 62 个单位进行了实地调查。

实验动物工作，在中医药行业起步较晚，基础较差。近几年在各级领导的重视和支持及从事实验动物工作人员的努力下，已逐步走上标准化、法制化轨道，取得了较大的成绩。如：在实地调查的 62 个单位中，已有 52 个单位成立了以主管领导负责的实验动物管理机构，三级管理的基层组织得到了落实。实施实验动物合格证制度极大的促进了实验动物工作的发展，动物质量和动物实验设施建设有了明显进步，到目前为止，在调查的24个生产单位中，获一级动物质量合格证9个，二级动物质量合格证1个；一级设施合格证15个，二级设施合格证8个。近年来，一批80年代毕业的研究生、大学生陆续加入到这支队伍中来，科技人员的比例有所提高，其中具有高级职称的占从事实验动物工作人员总数的5.5%，中级职称的占14.0%。一支具有一定水平的实验动物技术队伍正在形成。部分院校对研究生开设了实验动物课，这对提高实验动物工作水平起到了积极的作用。

尽管中医药行业实验动物工作近几年有了一些进步，但仍存在一些问题。首先是对实验动物工作的重要性认识不足，管理滞后现象严重；实验动物设施仍十分简陋，有的尚停留在50～60年代水平；专业技术队伍还不够稳定，从业人员素质偏低，全国发展不平衡。总之，目前中医药行业的实验动物工作总体情况距卫生部医学实验动物工作计划要求还有一定的距离。

（徐金香）

《中医药专利大全》编写出版

为了适应修改后的专利法，扩大对药品的专利保护，满足广大中医药领域的发明人、专利代理人以及中医药系统企业、科技、专利方面人员的需要，使之系统了解专利知识，熟悉中药专利申请的必要过程及做法，有效地申请中药专利，中国专利局和国家中医药管理局共同编写了《中医药专利大全》一书。

本书结构完整，内容系统、全面，可读性、实用性强。全书分三篇。第一篇“专利基本知识概论”，以六章二十五节分别阐述了专利的发展、基本概念及种类、权限；专理的代理、申请和审查流程；专利费用；专利权人义务、权利及专利权的保护、专利纠纷、调处、法律诉讼等问题。第二篇“中医药专利保护”分六章十九节阐述了中医药不同专利申请的程序、文件撰写及实质审查；分析了中医药专利的现状及发展趋势。第三篇“中医药专利文献汇编”，汇集了中医内、外、妇、儿、皮肤、眼、耳鼻喉、口腔、肿瘤、动物疾病十大方面疾病及保健品的专利文献资料。

《中医药专利大全》一书，由卫生部副部长、国家中医药管理局局长张文康题词，中国专利局马连元副局长、姜颖副局长分别题写书名、作序。

（刘春香）

七、教育管理

全国高等中医药院校教学工作评价全面铺开

评价高等院校教学工作是评价高等学校的重要内容，也是政府教育主管部门宏观管理的重要手段。为此，国家教委高教司和国家中医药管理局科教司联合开展了在全国高等中医药院校进行教学工作的评价，其主要目的是推动学校重视和加强教学管理的规范化、科学化和现代化，推动学校教学基本建设和教学改革的进程，提高教学质量。此项工作采取了专家研讨论证评价方案、试评和全面铺开自评几个步骤。年初，国家教委高教司与国家中医药管理局科教司（原人事教育司）组织专家进行了反复研讨论证，形成了评价方案，然后分别在北京、天津、河南、湖南和云南等五所高等中医药院校试评。经试评后，组织专家进一步修改完善，使评价指标体系更具科学性、可操作性和较强的导向性的特点，并对试点工作进行了小结。下半年，在全国各高等中医药院校全面铺开自评工作。

经试评和学校自评，认为开展教学工作评价对学校通过评价过程，寻找存在差距，不断改进和规范教学工作，提高教育质量具有积极意义，达到了评价工作的目的。

（于永杰）

本科新版规划教材定稿

按普通高等教育中医药类规划教材编写出版工作计划，全国普通高等教育中医药类规划教材审定稿工作基本完成。本套教材包括中医类专业的主要课程及主要专业课程教材，计有《医古文》、《中医基础理论》、《中医诊断学》、《中药学》、《方剂学》、《中医内科学》、《中医外科学》、《中医妇科学》、《中医儿科学》、《中医急诊学》、《内经选读》、《伤寒论选读》、《金匮要略选读》、《温病学》、《正常人体解剖学》、《生理学》、《病理学》、《生物化学》、《诊断学基础》、《内科学》、《针灸学》、《经络学》、《腧穴学》、《刺法灸法学》、《针灸治疗学》、《中医骨伤科学基础》、《中医正骨学》、《中医骨病学》、《中医筋伤学》、《中医学基础》、《药用植物学》、《中药化学》、《中药药理学》、《中药鉴定学》、《中药炮制学》、《中药药剂学》、《中药制剂分析》、《中药制药工程原理与设备》等38门课程教材及其相关实践教学环节教材。

本套教材在前版统编教材的基础上，在符合本科专业培养目标的实际需要方面，在理论联系实际，保持中医理论的系统性和完整性，反映中医药学术发展的成熟内容和教育改革新成果方面，在明确各门教材的教学目的、确定教材内容的深度广度、促进教材体系整体优化等方面有了较大的提高，使本套规划教材内容能具体体现专业业务培养的基本要求和教学质量测试的基本标准。对少数教材根据课程设置的需要，进行了较大幅度的改革，使之更符合教学的需要。

（陈梦生）

颁发《关于改革和发展中医药成人教育的意见》

党的十一届三中全会以来，中医药成人教育有了很大发展，初步形成了多形式、多层次、多渠道办学的体系，出现了学历教育与非学历教育共同发展的格局。中医药成人教育为社会培养了相当数量的中医药专门人才，提高了中医药队伍的整体素质，对于促进中医药事业的发展起到了重要作用。但是，中医药成人教育的基础仍然比较薄弱，办学的体系和机制还不能适应中医药事业发展对人才培养的需求，教育质量和办学效益也有待提高。这些都需要在进一步改革中认真加以解决。为此，国家中医药管理局1994年1月颁发了《关于改革和发展中医药成人教育的意见》(以下简称《意见》)。

《意见》提出的中医药成人教育改革和发展的总体目标是：

一、主要依靠行业、企事业单位办学和社会各方面联合办学，建立起为中医药事业发展提供更加广泛服务的、面向21世纪的中医药成人教育体系。

二、以岗位培训和继续教育为重点，学历教育与非学历教育协调发展，形成主动适应不断变化的社会需求和各级各类中医药人员的实际需要的新的办学机制。

三、努力办出中医药成人教育特色，把教育质量和办学效益提高到一个新的水平。

《意见》提出的中医药成人教育改革和发展的主要任务是：

一、建立和完善中医药岗位培训制度。

二、全面推进中医药继续教育。

三、积极发展中医药成人学历教育。

四、重点加强农村中医药人员的培训。

五、大力开展中药工人培训工作。

六、积极稳妥地开展中医药师承教育。

《意见》提出的中医药成人教育改革和发展的几项政策措施是：

一、加强领导和宏观管理，理顺管理体系。

二、各类中医药成人教育要合理分工，发挥优势，协调发展。

三、贯彻学用结合、按需施教、注重实效的原则，积极推进教学领域的改革。

四、逐步建立职业资格培训证书与学历文凭并存、并用的制度，建立培训与考核、使用相结合的制度，完善发展中医药成人教育的激励机制。

五、落实经费，保证投入，充实和改善中医药成人教育的办学条件。

六、加强中医药成人教育的对外交流与合作，有组织地开展同有关国际组织、国家和地区的机构、团体、人士的友好交往与交流合作。

（张维佳）

全国试行中医药类成人高等教育考试科目改革

继1993年在13个省市进行中医药类成人高等教育招生考试科目改革取得经验后，按照国家教委教成〔1993〕16号文件规定，1994年在全国范围内试行这项改革(以下简称“3＋2”试点)。国家中医药管理局也发出通知，做了部署和要求。

所谓“3＋2”试点，即指在中医药类成人高等教育招生考试中，将原规定必须考的语文、政治、数学、物理、化学改为语文、政治、数学、中医基础学、中药学。以有利于具有一定实践经验的在职、从业中医药人员接受成人高等学历教育，加速提高中医药队伍整体素质，更好适应经济建设和社会发展需要。其招生对象主要面向基层和农村地区，招收在中医药专业技术第一线工作，具有一定实践经验的在职从业中医药人员（含乡村医生）。

参加“3＋2”试点的高校，既包括各省、自治区、直辖市所在地的中医药院校，也包括部分具有中医系（或中医专业）的西医院校及卫生职工医学院。

国家中医药管理局文件强调，“3＋2”试点工作政策性强，涉及面广，需要各方面的通力合作与支持：① 要运用多种形式，广泛宣传中医药类成人高等教育招生考试科目改革的意义，组织生源及资格审查是各地中医中药行政部门的重要任务，应抓紧抓好。② 整个考务工作由各地成人招生办公室负责，中医中药行政部门做好协调配合工作。③有关单位可采用多种方式，做好考前辅导工作，学员所在单位应予支持。招生院校负责辅导资料的发行及招生录取工作。

（赵来玺）

部署国家试题库（中医部分）工作

为加强高等中医药教育的宏观管理，促进教学质量提高，国家中医药管理局科教司和国家教委高教司决定联合建设国家试题库（中医部分），建库范围将根据对高等中医药教育主要课程进行教学质量测试的实际需要确定，分期分批组织建设，并于 1994 年 5 月 10 日至 14 日，在桂林召开了建设国家试题库（中医部分）工作会议，部署了建设《中医基础理论》、《中医诊断学》、《中药学》、《方剂学》和《中医内科学》等五门课程试题库建库工作，同时进行了命题人员的业务及管理培训，讨论研究并下发了国家试题库（中医部分）建库组织管理办法、命题的基本原则与要求、各门课程建库命题方案、题型规则等文件，为建设质量高、题量大、科学性强、计算机智能化的国家试题库（中医部分）奠定了良好基础。

（于永杰）

北京中医药大学等五校联合办学

为加快高等教育改革步伐，主动适应社会主义市场经济发展的需要，北京中医药大学与对外经济贸易大学、北京化工学院、北京服装学院、中国金融学院开展了地域性与专业性相结合的联合办学。

北京中医药大学等五校在联合办学的过程中，对当前高校体制改革、联合办学的总体思路、组织机构与办法及具体举措等方面进行了有益探讨。五校联合办学得到了北京市委、市政府和各主管部门的支持，获国务院有关领导同志首肯。这种自愿联合办学，走优势互补，协同发展的道路，对于提高办学水平和效益，建立和完善具有中国特色的高等教育体制，使高教体制改革朝着服务和服从于社会主义市场经济的方向迈出了可喜的步伐，并将为探索高等教育体制改革的成功之路作出有益贡献。

（于永杰）

国家中医药管理局与广东省人民政府签署共建广州中医学院的协议书

为了深入贯彻党的十四大精神和全面落实 1994 年全国教育工作会议精神，加快我国高等教育改革与发展步伐，国家中医药管理局和广东省人民政府于 11 月 2 日签署了共同建设广州中医学院协议书。

共建后，该学院的国家预算内教育事业经费及基建投资仍由国家中医药管理局拨款，广东省人民政府将视省财力给该院适当投入，并在改善教师待遇、科研和学科建设等方面给予支持。广东省还将对该学院的专业设置、招生、毕业生就业、科研方向等方面予以支持和指导，使之满足广东及有关省、市、区的经济建设、社会和卫生事业发展的需要，并在广东省20年基本实现现代化的整体规划中发挥应有的重要作用。

（陈梦生）

中医药学校建设达标进入验收阶段

自1992年国家中医药管理局在全国中等中医药学校实施建设达标计划以来，加速了中医药学校的发展，经过三年建设，19所建设达标学校的办学条件有了较大改善，办学效益明显提高。

1994年国家中医药管理局人事教育司印发了《关于组织中等中医学校建设达标验收工作的通知》，确定自1994年6月起，组织对建设达标的中医药学校分期分批进行验收。并于8月18日～21日在山东省青岛市召开了中医药学校建设达标工作交流会，认真总结交流了实施学校达标计划以来的进展情况和经验，研究讨论了存在的主要问题，部署了达标验收工作。会议要求各建设达标学校的地方政府和主管部门要继续加强对学校建设达标工作的领导、督促和检查，认真履行《达标协议》，尽快落实经费，增加对学校的投入，确保学校能按期达标。各学校要以建设达标工作为契机，在办学条件改善的同时，深化学校内部管理体制改革，逐步建立以校长负责制、教学目标责任制、岗位聘任制和结构工资制为主要内容的科学管理体系。不断进行教学改革，充分利用学校的办学条件和优势，发挥各自的特色和骨干示范作用，努力提高教学质量和办学效益，为农村基层培养合格中医药人才。会议还要求各校认真做好达标申报验收工作，严格按照《中等中医药学校建设达标验收标准(试行)》，认真进行自查、自评，并按验收的申报条件、程序和有关要求进行申报。国家中医药管理局将成立中医药学校建设达标验收专家组，在学校申报验收后1个月内对学校进行复查验收。中医药学校建设达标工作将于1995年底全部完成。

（濮传文）

全国老中医药专家学术经验继承出师考评工作基本结束

根据人事部、卫生部、国家中医药管理局《关于采取紧急措施做好老中医药专家学术经验继承工作的决定》及《关于全国老中医药专家学术经验继承出师有关问题的通知》精神要求，在1994年11月至12月，由人事部、卫生部和国家中医药管理局及有关方面专家组成的全国老中医药专家学术经验继承工作检查验收委员会经过两次会议，对27个省、自治区、直辖市及有关单位报来的601名学术继承人考评材料进行严格的评审验收，有581人获准出师，这标志着为期四年的全国老中医药专家学术经验继承出师考评工作将基本结束。

四年来，具有继承任务的28个省、自治区、直辖市、军队系统，卫生部和国家中医药管理局直属单位普遍重视这项工作，组织比较得力，基本上能按照文件要求，对继承工作教学和临床实践各环节进行有效管理。被验收的大多数单位的情况说明，尽管指导老师年事已高，但能各尽职守，把自己的宝贵经验无保留地传授给其学术继承人；而继承人大多数能克服各种困难，孜孜不倦，力求比较全面、完整、系统地继承导师学术经验，一部分人已经成为或者正在成为各学科的业务骨干或学科带头人。少数人还有所发展和创新。

按照文件要求，出师验收工作在各地考评基础上进行。总体上看，各地考评过程比较认真。对一些没有完成三年继承期及受过行政处分的继承人不予考评。考评程序严格，均有同行专家组成的考评委员会负责把关，考评结果比较可信。

虽然中医带徒作为培养中医人才的一种形式由来已久，但这次高层次的继承工作与任何以往的情况均有不同。至少有三个鲜明特点：其一，指导老师学术水平高，知名度高；其二，学术继承人起点较高，一般都接受过高等医药学教育，且取得中级职称多年；其三，首次由国家人事部门拨给职位指数，不占继承人单位指标。待考评验收工作全部完成后，国家中医药管理局将召开出师大会，总结工作，颁发证书。

（赵来玺）

军队中医师承制首批继承人培训

受到国家重视的继承名老中医药专家学术经验的师承制度从 1991 年起在军队实行，同年 5 月 17 日拜师仪式在解放军总医院隆重举行。总政干部部、总后卫生部和国家中医药管理局的主要领导出席了会议并讲了话。在京的指导老师和继承人全部与会。

根据国家人事部、卫生部、中医药管理局的统一部署，在全军中医学会和各单位推荐的基础上，经总政干部部和总后卫生部审核，报国家中医药管理局批准的全军首批 6 名指导老师，是我军中医界的元老和名医。他们在长期的医、教、研实践中形成了自己特有的学术思想和经验，在国内有较高的知名度。经过严格挑选的 17 名继承人均系主治医师职务，其中有 5 名是取得硕士学位的研究生，有较扎实的中西医基础知识和一定的临床经验。三年学习期间进行阶段考核、年终考核、结业考评共计 8 次，有 15 名继承人顺利通过。12 人成绩在 90 分以上，占 80%，与全国 462 个带教点近 780 名参加考核的继承人成绩相比，占中等偏上。继承人普遍反映，通过三年学习，医教研能力明显提高，而且学到了老师高尚的医德风范。指导老师对这批继承人比较满意。有的老师说，在晚年时间能再有机会为振兴军队中医培养人才感到十分高兴。并表示愿为发展军队的中医工作，继续当好人梯和伯乐。

（中国人民解放军总后勤部卫生部医疗管理局）

八、思 想 工 作

国家中医药管理局直属机关党委表彰先进

国家中医药管理局直属机关党委在中国共产党建党73周年前夕，召开第三次表彰大会，表彰局直属机关先进基层党组织、优秀共产党员和优秀党务工作者。局直属机关党委副书记李俊德同志主持会议，局直属机关党委委员、人事教育司司长李满海同志宣读了《国家中医药管理局直属机关党委关于表彰优秀党员、优秀党务工作者和先进基层党支部的决定》(以下简称《决定》)，卫生部副部长兼国家中医药管理局局长张文康同志到会并做了重要的讲话，国家中医药管理局局机关以及中国中医研究院、中国药材公司、中国中医药报社、中国中医药学会、中国中医药出版社等局直属单位的党员、党务工作者、先进基层党组织代表200余人参加了会议。

《决定》中指出：二年来，国家中医药管理局直属机关的各级党组织和全体共产党员深入贯彻党的十四大和十四届三中全会精神，以建设有中国特色的社会主义理论为指导，坚持党的基本路线，紧紧围绕经济建设这个中心，在党的思想建设、组织建设、作风建设和廉政建设中发挥了党组织的政治核心作用和共产党员的先锋模范作用。他们立足本职、建功立业，推动了中医药事业的发展。

张文康说：今天表彰的这些党员和党支部是新的历史时期中医药战线上的模范党员、模范党务工作者和模范党支部，是我们学习的榜样。他们有坚定的共产主义信念，坚持用邓小平同志建设有中国特色的社会主义的理论武装头脑，认真学习马克思主义的基本理论，贯彻党的十四大精神，执行党的路线、方针、政策，在社会主义市场经济条件下，解放思想，实事求是，在中医药的生产、流通、医疗、教学、科研、管理等领域中不计名利，乐于奉献。他希望全体党员和各级党组织向这些同志和党支部学习，在今后的工作中继续贯彻党的十四大精神，认真学习《邓小平文选》，切实加强党的思想建设、组织建设、作风建设和制度建设，充分发挥各级党组织的政治核心作用和战斗保垒作用，充分发挥党员在中医药各个领域中的先锋模范作用，认真学习和贯彻党的中医药政策，继承和发扬中医药学，加强社会主义精神文明建设，加强廉政建设，纠正行业不正之风。他要求各级党组织和党务干部要认真学习理论，深入调查研究，探索新形势下党的工作的特点，围绕建设中国特色的社会主义、围绕发展党的中医药事业的中心开展党的工作。

会上，优秀共产党员代表、优秀党务工作者代表以及先进基层党组织代表分别讲了话。

(赵　明)

九、其他管理

国务院办公厅批准国家中医药管理局“三定”方案

1994年3月31日国务院办公厅印发了经国务院批准的国家中医药管理局职能配置、内设机构和人员编制方案。

国家中医药管理局为卫生部管理的国家局(副部级)，是国家中医中药工作的行政管理机关。主要任务是：负责全国中医中药工作的行业管理，继承与发扬中医药学，促进中医药事业发展。

其主要职责是：制订中医药行业的具体方针、政策和法规，制定部门规章，并组织贯彻实施；负责对中医、中西医结合、民族医的医疗护理、康复保健工作实行业务指导；负责对中药生产流通领域包括中药材、中药饮片、中医药保健品、中药包装材料、中医医用材料等工作实行行业管理，对中药机械、中医医疗器械等工作实行业务指导；组织制订和实施中医药行业各类技术标准及专业人员职务任职标准；组织与指导中药全面质量管理、依据药品管理法对药品生产经营企业进行审查、监督和综合管理；规划与指导中医药行业的人才培养、科学研究、技术开发和知识产权保护等工作，对中医药社会团体进行归口管理；归口管理中医药行业的对外交流、合作以及中药进出口计划工作；组织管理中医药行业的信息和统计工作等。

国家中医药管理局设办公室、人事劳动与政策法规司、计划财务司、医政司、生产流通司、中药质量司、科技教育司、外事司8个职能司室和机关党委。

国家中医药管理局机关行政编制为143名，其中，局长1名，副局长4名；正副司长25名。

(崔丽君)

关于落实国家中医药管理局“三定”方案工作

1994年3月，经国务院批准，国务院办公厅以国办发〔1994〕49号文件印发了国家中医药管理局的职能配置、内设机构和人员编制方案（即“三定”方案)。该局在卫生部党组的领导下，认真进行了“三定”方案的落实工作。

政府职能转变是这次机构改革的重点。国家中医药管理局在职能转变方面重点加强了以下职能：

一、加强了中医药行业的发展战略和有关政策的研究。对总体战略、产业政策、技术政策、以及中西医结合、民族医学发展等有关政策的研究落实予以加强，以政策为导向，保证中医药事业稳步、协调、健康发展。

二、加强中医药行业法规建设和专业技术标准化建设。通过逐步建立以《中医药发展条例》为龙头、专业法规为骨干、部门规章相配套的中医药法规体系，来规范中医药的行业行为，实现对中医药行业的宏观管理。同时，加强中药质量控制标准、教学评估标准、成人教育质量检测标准、科研成果评估标准、中药工艺技术标准、中药行业工人技术等级标准等一系列专业技术的标准制定和管理工作。

三、加强中医药事业发展的统筹规划和年度计划工作。在组织制订中医药行业"九五"发展计划和2010年规划设想时，以全行业的总体发展为重点，注意中医中药工作中的结合点，做到医药并重，医药结合，相互促进，同步发展。

四、加强中药产供销的综合平衡和中药市场的管理工作。通过这次机构改革，要以市场为导向，解决中药结构调整、生产力布局、中药材生产等重大问题，并加强中药生产经营管理和中药市场管理工作。

五、加强行业信息、情报和统计工作。

为了保证局机关把主要精力用于行业宏观管理上，在职能转变过程中，对一些属于辅助性、技术性、服务性、事务性等的过程管理内容，转交事业单位或社会团体承担。

"三定"过程中，国家中医药管理局在内部机构设置上也作了适当调整。将人事劳动管理和政策法规管理合并成立了人事劳动与政策法规司，科技管理和教育管理合并成了科技教育司，将原来的经济协调司改为生产流通司。处室机构设置也根据机构改革和行业管理的需要作了一些调整。

根据机构变化情况，在落实"三定"方案和职能分解的基础上，国家中医药管理局对各部门的职责进行了较明确的划分，使调整后的司与司之间、处与处之间的工作关系基本上得到理顺，对一些交叉职能也作了新的分工。

"三定"方案确定国家中医药管理局设立8个职能司室和机关党委，机关行政编制为143名（比原来的176名减少33名），下设30个职能处室（比原来的35个处机构减少了5个）。

结合落实"三定"方案的工作，对部分司级干部进行了交流，同时，调整、提拔了一批年轻干部。调整前该局正副司长的平均年龄为54岁，调整后为50岁；正副处长的平均年龄也从调整前的48岁下降到调整后的41岁。

按照国家中医药管理局确定的机构和职责，各部门都进行了职能分解，将司的职责分解到处，处的职责分解到岗位，在此基础上确定了每个职位的职责和任职条件，并填写了《职位说明书》。

通过落实"三定"方案，将会进一步加强机关工作的规范化、制度化建设，提高干部素质，提高管理水平，提高工作效率，从而使中医药行业的宏观管理工作不断得到增强。

（吴　刚）

中医药发展成就展览获得圆满成功

为了庆祝我国建国45周年，配合社会发展问题世界首脑会议的召开，国家计委和中国筹委会于1994年国庆前夕举办了"中国社会发展成就展览"，这是我国建国以来的第一次综合性的社会发展大型展览会，其目的是总结、宣传建国以来特别是改革开放15年来，我国在社会发展领域所取得的巨大成就和经验，进一步强调坚持经济建设与社会发展并举，物质文明与精神文明一起抓的方针，推动我国社会发展工作上一个新台阶；同时大力宣传我国社会主义制度优越性，反映党和政府为提高人民群众的生活水平和生活质量所作的不懈努力，向广大群众进行一次具体生动的社会主义和爱国主义教育。

根据展览会组委会的统一部署，国家中医药管理局成立了由张文康局长为组长的筹备工作领导小组，由局计划财务司牵头，与各有关司及直属单位紧密配合，在各省、市中医药主管部门、企事业单位的大力支持下，圆满完成了"中国社会发展成就展览"中医药展厅的筹备和展出工作。李鹏、乔石、刘华清、胡锦涛等党中央、国务院领导同志参观中医药展厅。20多个国家和地区驻华使节和国际组织的代表50多人及国内各界观众约3万人也参观了中医药展厅。

此次展览受到了国内外观众的好评，为宣传中医事业的发展成就，扩大中医药在国内外的影响起到了积极的推动作用。由于国家中医药管理局的高度重视和精心组织，中医药展厅获得了组委会颁发的两项最佳奖（"最佳组织奖"和"最佳设计奖"），宋文义等6位同志获得了"最佳组织（个人）奖"。

（杨德昌）

中医药外事工作概述

1994年中医药对外交往在大量民间往来的基础上，扩大了高层次官方的来访，接待官方电视台的采访等。1994年接待的官方团有：印尼、菲律宾、缅甸、新加坡、北朝鲜卫生部官方代表团、澳大利亚皇家理工学院、WHO总部及西太区传统医学项目官员，台湾地区卫生署中医药委员会主任、爱尔兰国家电视台、美国WCT电视台。

为中医药更好的走向世界，组织了包括官方、中医专家团组、中药企业代表团20个，分别出访了15个国家和地区，其中国家中医药管理局局领导带队的有3个团，代表团向所在国家介绍了我国中医药发展成就，引起了所到国家的浓厚兴趣，促进各国政府和医疗机构对发展传统医药的重视和支持。

1994年在国内组织了许多专业的国际学术会议并派代表团出席在国外举行的国际学术会议，全面向国外学术界介绍我国中医药科技学术水平。

为加强与国外合作促进中医药发展，1994年国家中医药管理局外事司与英国、澳大利亚、西班牙、瑞士、法国、德国等国家签约合作在国外筹建中医药教学、服务中心。

（陈　洁）

张文康副部长出访韩国

1994年11月15日卫生部副部长张文康在汉城同韩国保健社会部朱京植次官就传统医学和保健医疗方面的合作进行了工作会谈。双方同意以东方传统医学原理基础研究为重点，研究方向放在探讨老年病等慢性病和疑难病症的治疗方法上；并准备成立由有关专家组成的中韩东方传统医学合作协调委员会；互派专家进行交流；召开学术研讨会。双方就以上内容签定了会谈纪要。

（徐　俊）

张洪魁赴美出席“濒危野生动植物种国际贸易公约”第九届大会

1994年11月4日至22日国家中医药管理局张洪魁副局长随林业部代表团赴美出席了《濒危野生动植物种国际贸易公约》第九届缔约国大会。

我国政府于1993年5月29日发布了《关于禁止犀牛角和虎骨贸易的通知》，并通过执法大检查加强了这方面的工作。但个别国家和国际组织仍利用各种借口攻击我国。为维护我国权益，扩大国际影响，我代表团在此届缔约国大会上做了报告，重申了我国对禁止犀牛角和虎骨贸易的态度并报告了所做的工作。

(朱海东)

国家中医药管理局代表团赴美访问

由国家中医药管理局副局长诸国本为团长、外事司司长沈志祥等5人参加的代表团，于1994年12月12日至1994年12月16日应美国国立卫生研究院邀请，参加了由该院替代医学办公室召开的植物药研讨会。该会由美国食品管理局协助召开，主题是“植物药在美国保健中的作用”，会议在华盛顿举行，有美、中、日、英、德、法、加等国的400多人参加。美国药典执行主任，美国食品药品管理局政策办公室，药物评审和研究中心，食品安全和应用营养剂中心，生物品评审和研究中心，美国专利和贸易办公室，联邦农业部等有关负责官员出席会议并参与讨论。这是我局组团首次参加美国官方的有关植物药专业会议，这次会议对今后美国植物药品发展将产生重要影响，为我国中医药进入美国，并以此为契机进一步扩展到世界各地是有意义的。

会议中，代表团还与美国国立卫生研究院、替代医学办公室就合作意向达成一致意见。

(沈志祥)

’94中国洛阳中医骨伤国际培训暨学术研讨会

由中国传统医药国际交流中心主办，河南省中医管理局承办，中国中医药学会和中国中西医结合学会协办的’94中国洛阳中医骨伤国际培训暨学术研讨会于1994年10月13日至17日在河南洛阳召开。大会收到中外论文1269篇，共有400多位中外来宾和专家、学者参加了大会，其中包括来自德国、比利时、朝鲜、俄罗斯、新加坡、马来西亚、印度尼西亚、越南、澳大利亚、乍得、墨西哥、科特迪瓦、保加利亚、香港及中国台北共15个国家和地区的33位代表。卫生部副部长兼国家中医药管理局局长张文康、副局长于生龙，河南省副省长李志斌、洛阳市市长张世军、副市长查敏，河南省中医管理局局长庞春生等出席了会议开幕式，张文康、李志斌、查敏等在会上讲了话。

(沈毓龙)

国家中医药管理局1994年政府特殊津贴工作

国家中医药管理局1994年政府特殊津贴工作，首先遵照中发〔1991〕10号通知精神，本着“严格掌握条件，确保选拔质量”的原则，通过自下而上的推荐，认真选拔和综合平衡后，经国家人事部审核批准了 1994 年度享受政府特殊津贴的人员是傅世垣、薛伯寿、李秀琴、张玉珍、刘国普五位同志。

其次，建立了完整的考核工作。国务院决定政府特殊津贴工作要继续开展下去，要延续到“八五”末期或更长时间。为使政府特殊津贴起到应有的作用，激励享受政府特殊津贴的专家特别是中青年专家更加勤奋地努力工作，继续为国家做出新的贡献，我们对享受政府特殊津贴的专家、学者、技术人员两年进行一次考核，主要是考核他们的现实表现和业绩，对他们做出的重大贡献和取得的新成就，及时掌握，充分肯定，并通过各种渠道进行宣传报导和表彰。

第三，建立了专家数据库。为了使政府特殊津贴工作进一步规范化，并逐步走向制度化，适应建立社会主义市场经济体制对专家选拔、管理、服务的新要求，提高专家工作科学化管理水平，按照人事部的要求，建立了局专家数据库。专家数据库的建立，不仅能保证政府特殊津贴工作顺利进行，还可以为国家的各项事业的发展提供必要的人才信息服务。

（张印生）

国家中医药管理局开展机关、事业单位工资制度改革工作

根据《国务院关于机关和事业单位工作人员工资制度改革问题的通知》（国发〔1993〕79号）和《国务院办公厅关于印发机关、事业单位工资制度改革三个实施办法的通知》（国办发〔1993〕85 号）精神，在人事部统一部署下，国家中医药管理局 1994 年顺利完成了机关、事业单位工资制度改革实施工作。

一、这次工资制度改革我们掌握的原则是：适应建立社会主义市场经济体制的需要，转换机关、事业单位的工资分配机制，贯彻按劳分配原则，克服平均主义，使工作人员的报酬与实际贡献相一致，在适当提高工资水平的情况下，主要使机关、事业单位的工资制度和管理体制进入新制度的轨道。

（一）机关实行职级工资制。其工资按不同职能，分为职务工资、级别工资、基础工资和工龄工资四个部分。其中，职务工资和级别工资是职级工资构成的主体。

（二）事业单位实行职务工资为主的结构工资制。根据事业单位特点和经费来源不同，实行不同的管理办法。全额拨款单位，在工资构成中，固定部分为 70%，活的部分 30%；差额拨款和自收自支单位，在工资构成中，固定部分为 60%，活的部分 40%。固定部分主要体现工作人员的水平高低，责任和贡献大小；活的部分主要体现工作人员的实际工作量的多少。

（三）机关工人实行岗位技术等级工资制，事业单位工人实行技术等级工资制。

二、在这次工资制度改革过程中，首先摸清底数，做好测算，加强领导，做好这次工改的思想政治工作；第二严明改革纪律，严格掌握政策；第三充分发挥人事部门的职能作用。

三、在制定工资制度改革实施方案时，注意结合机关、事业单位的工资现状，在理顺各类人员的工资关系的基础上，反复调查研究，慎重、全盘考虑地修订实施方案，周到细致地制定了实施新工资的具体办法和兑现新增工资的具体步骤，并在具体执行中，统一口径，顾全大局，严格控制工改增资总额。

1994年2月局机关工改工作结束，5月份直属事业单位工改工作结束；7月份直属事业单位工改津贴部分实施工作完成；离退休人员增加离退休费工作，暂按局下达的在职人员的平均数额发放，待国家下达文件后，再进行调整。

（国家中医药管理局人事劳动与政策法规司劳动工资处）

国家中医药管理局开展工人培训考核工作

1994年，根据劳动部、人事部有关工人培训考核的精神，为充分调动工人自身的积极性，鼓励工人立足本职，岗位成材，在局机关及直属单位开展了工人技术培训考核工作。

首先，召开职工大会进行动员，讲明培训考核的意义、目的以及与工资待遇相结合的有关政策，使广大工人积极学习政治、业务技术，努力工作为四化做贡献。第二，加大了工人培训考核的力度，严格按照报考条件，进行资格审查，分出初、中、高三个等级的人数。第三，制定了培训考核的时间、内容等计划，外聘了业务课讲师，通过理论课的培训学习，理论课的考试和技能的考核，不仅工人的自身素质得到提高，技术水平也得到提高。

各专业工种的工人培训考核工作在保质保量的前提下，全面完成，并颁发了工人技术等级证书。目前，我局机关、直属单位现有技术工人1343人，其中：技师2人，高级工52人，中级工395人，初级工894人。

（国家中医药管理局人事劳动与政策法规司劳动工资处）

1994年国家中医药管理局清产核资工作

根据1994年全国清产核资工作会议精神，1994年国家中医药管理局对直属企业和经费自理的事业单位进行了清产核资工作，并成立了清产核资领导小组，制定了清产核资工作方案，举办了清产核资业务培训班。各企业、单位在资产清查过程中，对固定资产、流动资产、无形资产、长期投资、负债和所有者权益等进行了全面清查，已完成了固定资产价值重估、产权界定、资金核实、国有资产产权登记、验收总结等各阶段工作。根据财政部《一九九四年清产核资工作方案》的通知要求，国家中医药管理局基本完成了直属企业、单位的清产核资工作任务。

根据各清产核资单位清查结果汇总，清查前资产帐面值为66401万元，清查后为66553万元，净增152万元，资产增幅1%；负债总额帐面值为59565万元（主要是国家拨入的中药储备资金），清查值为59332万元，净损失233万元，负债损失率为1%；所有者权益帐面值为6836万元，清查值为7221万元，净增385万元，增幅1.1%。这次清产核资还对企业主要固定资产进行了价值重估工作，重估后固定资产原值上升了1.6%。

通过清产核资，解决了国有资产状况不清、管理混乱、资产闲置浪费和被侵占流失等问题，为改革国有资产产权管理体制，建立与社会主义市场经济相适应的现代企业制度和国有资产管理的体制和方法奠定了基础。

（杨德昌）

国家中医药管理局召开暑期办公会议

1994年8月25日至30日，国家中医药管理局在北京市怀柔县召开暑期办公会议。会议的主要议题是：1. 总结局机关上半年的工作情况，研究部署下半年的主要工作。2. 研究落实局机关“三定”方案的有关问题，进一步确定了各部门的职责，并对有关交叉、重叠的工作明确了各部门之间的分工。3. 讨论确定了1995年中医药工作的重点是抓好中药工作和制定好中医药行业“九五”计划及2010年规划设想。4. 讨论研究了加强局机关工作制度建设的有关问题。

（查德忠）

国家医药管理局、国家中医药管理局、人民日报社联合举办“华药杯”全国药品知识大赛

为配合首次全国药品市场调查活动，宣传国家药品管理政策法规，普及药品管理知识和使用常识，增强人民自我保健意识，引导健康消费，打击假冒伪劣药品，国家医药管理局、国家中医药管理局、人民日报社于1994年初联合筹办“华药杯”全国药品知识大赛。本次大赛试题涉及到药品管理政策法规、用药知识及改革开放以来医药企业取得的成就等内容，是经过大赛组委会聘请有关专家多次研究、筛选、审定的。竞赛试题自1994年5月15日在《人民日报》上刊出后，共收到十万份答卷，其中有十几岁的少年，也有八十多岁的老人，甚至还有在监狱服刑的犯人参加。经过大赛组委会的严格评审，共评出1034份答卷参加抽奖。1994年9月20日在人民大会堂隆重举行了“华药杯”全国药品知识大赛抽奖大会，全国人大常委会副委员长程思远、卫生部副部长兼国家中医药管理局局长张文康、国家医药管理局局长郑晓黄、人民日报副总编保育均等有关领导参加了大会，经过抽奖和公证共评出一等奖3名、二等奖10名、三等奖20名、纪念奖1000名。此项活动得到国家级大型骨干企业华北制药有限公司的大力支持和赞助。

（谢晓余）

浙江省召开第二次振兴中医中药大会

浙江省第二次振兴中医中药大会1994年12月16日至18日在杭州隆重召开。出席会议的有各地市县分管中医工作的市长、县长，市县卫生局长，医药管理局局长及中医中药界特邀代表共500余人。国家中医药管理局、省政府、省人大、省政协领导到会并作了重要讲话。徐志纯副省长在讲话中强调，振兴中医药事业，必须要进一步加强对中医事业发展的规划和领导；必须坚定不移地贯彻党的中医药政策，促进中医药学的继承和发展；必须依靠科技进步，振兴中医中药，坚持走中西医结合，科、医、药结合的道路；必须把中医中药工作的重点放到农村去，加强农村中医中药工作；必须深化改革，提高质量，促进中医药学走向世界。会议制定了《浙江省中医中药事业发展“九五”计划及至2010年规划》和《加快我省中医中药事业发展的意见》，出台了一系列有利于中医药事业发展的政策；逐步健全中医药预防、医疗、

科研、教育、生产体系；增加中医事业的专项经费；重点建设中医专科基地；分年度评选150名新一代名中医；加强科技下农村推广活动；定期组织中医药优秀学术论文的评选活动等。会议向省政府评定的25位名老中医、363位老药工授予荣誉证，表彰了先进。会议期间还举办了“前进中的浙江中医药事业”展览。

（浙江省中医管理局）

学术进展

一、中　医

（一）基础理论

【概述】

据31种公开发行的中医药期刊统计，1994年关于中医基础理论方面的论文约700余篇，主要集中于理论阐述和实验研究两大门类。理论阐述仍以《内经》研究为重点，提出一些新的见解，使中医学理论体系更加丰富和完善；实验研究以建立动物模型为主，验证理论的正确性或从微观层次探索理论概念的内涵，改变了以往靠总结临床经验来发展理论的动力机制。

（一）《内经》理论研究　有关论文共97篇，其中从学术思想上作整体性探讨的共有15篇，包括论述五脏规律、脏腑与神形关系、气化生理等，论述《内经》哲学思想的共有8篇，包括《内经》与先秦气论、与《周易》三才观、肾与八卦等论文，讨论《内经》治法治则及养生者共16篇，其余皆为对《内经》中诸如厥证、血证、痛证、胃风等病证研究和对经文阐释发挥。王庆其在对《素问》七篇大论学术思想的研究中，提出了《内经》气候、物候、病候一体观思想。张庆文等研究女体"月亏"、"月满"的血气状况，对44个月经周期血液流变资料作了分析；区永欣等通过实验和临床研究，提出"卫气是在中枢神经调控下，将各大生理系统功能整合，以构成人体对外界环境适应能力的表现"的观点。王宏图指出，《内经》之研究，并非仅仅是一部书的问题，它不仅有深厚的历史渊源，而且还有自己的研究领域和方法，以及大批专门论著成果和专业研究队伍，因此把《内经》作为一门独立学科提出来是完全必要的，并认为可称为"内经学"。这是继1959年任应秋先生提出建立"内经学"以来，当代学者的响应和呼吁，将有助于《内经》理论研究的升华。

（二）五行学说的研究　五脏配五行及其之间的生克乘侮关系仍是研究者们致力探讨的课题，对于五季和人体生理的关系，不仅限于理论阐述，也有研究者通过搜集当地气象资料来验证和探索理论渊源者。研究者们仍然运用系统论或耗散结构理论的思想来探索五行理论和生克机制。详见专条。

（三）经络研究　研究者们利用文献学结合古代脉诊，探讨经络学说的起源和演变，通过脉和经脉的关系，对"是动病"和"所生病"提出了新的解释，以此认为经络导源于经脉。并根据诊脉和刺法的文献源流，指出《灵枢·经脉》所言的寒、热、盛、虚是用三部九候诊脉的表征而非病证特征，其陷下乃是刺络法而非中气下陷证。在对循经感传的研究中，以皮肤微循环的某些指标，用激光多普勒血流仪等从穴位入手，分别从正常人或患者的检测，用穴位间比较各有关指标的差异性来说明循经感传的客观存在。详见专条。

（四）证的研究　从临床和实验研究两方面展开。临床研究者们重视某些具体证的规范化和微观检测指标。基础研究者们通过建立动物模型方法探索证的发生机理和内涵，对生物化学、免疫学等指标尤为重视。本年度发表论文较多的是心阴虚证、脾气虚证、肾虚证和血瘀证。详见专条。

（五）痰病研究　近年来，随着临床对杂病、急症和肿瘤等病的深入研究，引起学者们对痰病概念的重视。就脏腑与痰的关系、痰和水液代谢的关系、痰瘀同源等问题进行了探讨。已建立了热证、痰瘀证等动物模型，并以细胞学、血液流变学、植物神经功能检测、脑电图等检测手段和指标来探索痰病特征。上述基础研究已经用于临床对中风、老年性痴呆、肿瘤、癫痫、糖尿病、老年病的辨证论治。痰病已有独立成学的趋势。详见专条。

（六）气象医学的研究 “天人相应”是中医学的一个重要论述，此观念指出人体与自然环境的对立统一。《内经》的四时五脏阴阳的理论，在当代被发展为气象医学的专题，其内容包括病因病机、诊断治疗、服食养生、预后判定等。近年来，研究者们从气温、气压、湿度、晴雨、风力等综合指标，论述了四季气候特征与疾病发病及治疗的关系，以及气象与中风、儿科呼吸道感染、消化性溃疡、骨折愈合等关系。详见专条。

（孟庆云）

【五行学说的研究】

胡化凯等用数学方法证明，中医选择五脏作为人体五个最基本的要素，用五行配属的模式推演其对应人体表象，本着以象见藏的原则，以四诊取材，用五行生克乘侮的变化推断病情，实施治疗，这套体系符合现代科学思维经济性原则。

刘可勋将五行藏象系统中各要素代入贝塔朗菲的“一般系统论”中的联立方程。推算结果看出：中医五行藏象体系是一个贝塔朗菲所说的“组合性复合体”，以五行理论辨证论治，是一种典型的整体性控制方法的具体应用。由于人体功能变化的连续性质和高度复杂，有关中医“藏”的功能状态定量问题和测量问题均未得到解决，给予赋值计算也存在困难。因此，目前只能把它作为人体生命系统随时间变化的一种“内部描述形式”来看待。李军等从耗散结构理论出发，认为中医五行学说的“相生”，相当于负熵流入，“相克”相当于非平衡态，相乘与相侮相当于涨落机制，而耗散结构理论中的协同作用原则弥补了五行规律运用之不足。

王鼎等以1986～1991年呼和浩特气象学资料剖析四时五行，证明：春主风、夏主暑、长夏主湿、冬主寒是有科学依据的。高思华认为五行学说是在总结自然万物的生化和气候变化的相互关联的规律基础上抽象形成的。五行学说运用于中医学中所揭示的人体是一个各脏腑组织器官相互关联的系统，人体小系统与天地大系统服从于同一规律，如此从天地人一体的角度出发来研究人体生命现象的基本观点的科学性已逐渐被证实，因时、因地、因人而辨证论治方法在临床上也愈来愈显示出明显的优越性。但五行学说运用于医学中还过于笼统，难以深入阐释人体生命现象和病理变化，尚需加以补充。杨春成认为在正常情况下，五行之间包涵着单向的、交叉的、循环的生克关系，这是主要的。当某行逐渐或突然极度过盛或过衰时，可出现“一行称霸，诸行俯首”的一行同时克制四行；或出现“一行将亡，诸行相助”的四行同时生一行的特殊关系。

（陈兆英）

【经络学说由来和演变】

近年来，黄龙祥、彭坚等提出，经络学说的由来和演变与古代的脉诊有关，并对“经脉穴”的源流、腧穴归经的源流、针灸治疗原则的形成进行了探讨。

彭坚在翻译和研究了长沙马王堆医书《脉法·相脉之道》后认为：该文记载了一种最古老的诊脉方法，对于研究脉的起源、脉和经脉的关系有极高价值。“是动则病”并不是笼统地指经脉变动所产生的疾病，而是指每条脉搏动异常所主病候。黄龙祥对此有相似看法，并指出《素问·厥论》所载两种脉厥病候也是不同医家对相应脉诊病候的总结。“所生病”则是古人对经脉体表循行部位病变及其相关内脏病症的归纳。随着经脉体表循行路线及其所属络脏腑关系的改变，

“所生”病也发生相应变动。

黄氏认为，古人通过诊疗实践，发现人体腕踝附近诊脉处与头面躯干部诊脉处存在某种内在联系，从而形成“标”、“本”脉概念。连接上下相应的标本脉，形成最初的经脉循行线。随着阴阳学说的广泛运用，腕踝部的脉诊之脉——脉口、刺灸之穴——“经脉穴”以及经脉的名称，先后以三阴三阳相同的名称命名。脉口所诊断和“经脉穴”所主治的病证，自然成为经脉病候。至此，最初的经脉学说基本形成。黄氏认为，古人通过对自然现象的观察，推测出人体气血的运行是循环的，为了使经脉流注如环无端，原先的自下而上向心性流注的经脉，必须有一半是离心性的流注。同时，基于“外有源泉而内有所禀”的认识，古人又将每一经脉都与特定的脏腑相联系，最终形成一个内外相连、上下相贯的复杂的经络系统。阴经由四肢内侧顺势入行胸腹内，逐渐与五脏相联系，而阳经与六腑的联系则出现较晚。黄氏认为，十二经脉在腕踝附近的诊脉部位——“经脉穴”，首见于《灵枢·九针》，也见于一些早期的脉、穴图中。但今人多将“经脉穴”误解为经脉，因此，“古人先发现经脉，后发现腧穴”的论点是欠妥的。黄氏认为穴位归经的源流有一个漫长而复杂的演变过程。《黄帝内经》记有十一经脉肘膝以下的五腧穴和九脉脉气所发的部分腧穴；《黄帝明堂经》将肘膝以下腧穴归入相应经脉；《产经》始将四肢部所有腧穴归入相应经脉；隋唐时期穴位归经有了突破性进展，杨上善将《黄帝明堂经》所载 349 穴全部归入相应经脉；北宋《铜人》一书中腧穴的归经及其脉气所发内容都发生了较大变化，其中有些变化令人费解。因此，有必要对现行十四经穴的归经进行再考察。黄氏还认为《灵枢·经脉》中“盛则泻之，虚则补之，热则疾之，寒则留之，陷下则灸之，不盛不虚，以经取之”之“盛”、“虚”、“寒”、“热”、“陷下”，是针对三部九候脉法而言的，并不是指病症的虚实寒热及中气下陷。“盛虚”即脉之“大小”，“寒热”即脉口处的寒热，“陷下”是指一种刺络法。十五络病的“虚实”也是指脉之虚实，而不是病证的虚实。

（刘立公）

【循经感传和疾病状态下经络穴位微循环的观察】

经络系统与微循环有密切关系。循经感传时可出现皮肤微循环状态的变化，疾病状态下相应穴位皮肤微循环会呈现异常，针灸治疗对体表微循环和肠系膜、软脑膜等脏器微循环均有改善作用。

（一）循经感传时皮肤微循环的观察

为了客观检测循经感传现象，探讨其形成机理，原存信等对30例正常人循经感传皮肤微循环的有关指标，进行了 360 经次的对照观察。结果显示在循心包经感传出现之前，心包经上两穴点的皮肤微循环管袢清晰度、管袢数、正常管袢数、管袢颜色、流态及皮肤温度各项指标，分别与肺经、心经 4 个对照点相比，均无显著性差异（$P>0.05$）。当刺激内关穴，循经感传达肘关节以上20分钟后，心包经上两个穴点的皮肤微循环管袢清晰度、管袢数、正常管袢数、管袢颜色、皮肤温度各项指标，分别与肺经、心经 4 个对照点相比，其差异均有显著意义（$P<0.05$，$P<0.01$）。心包经感传前后，同经同穴点上皮肤微循环各项指标（除流态外）及皮肤温度进行对比，则心包经郄门穴、曲泽穴有显著性和非常显著性的差异（$P<0.05$，$P<0.01$），而肺经和心经 4 个对照点则无明显差异（$P>0.05$）。上述结果说明，循经感传的出现使皮肤微循环微血管形态和功能改变，血流灌注量增加，并具有循经趋势。提示循经感传现象的形成有外周实质性生理活动的存在。认为刺激穴位可改变神经、神经一体液对微血管调节的生理过程，对微血管自律运动产生影响，出现伴随循经感传而出现的皮肤微循环变化。这一因果关系，对循经感传时皮肤温度升高、热感、皮肤电阻抗、红外辐射、血流图及可见的经络现象等观察研究结果提供了实验依据。表明用观察微循环的方法检测循经感传现象是可行的，随着这一工作的不断深入，可为循经感传的客观检测提供新方法。

（二）穴位微循环灌注定量动态研究　袁申元等应用激光多普勒血流仪测定穴位表面皮肤血流量，结果显示55例急性心肌梗塞患者在发病、治疗以及好转过程中，与心脏相关的经络穴位上存在着与病情、治疗密切相关的血流量变化。其中尤以膻中、耳心、舌体的反应较为灵敏，可作为观察急性心肌梗塞病情的首选穴位。在外伤截瘫的病人中，观察到其上下肢穴位（三阴交、足三里、太溪、行间等）的平均穴位血流量仅为正常人的55.9%；臀腰部的穴位血流量也明显低于正常对照组。胸椎损伤者双上肢的穴位血流量明显低于腰椎损伤者；下肢三阴交穴位血流量两组之间相比无差异。

（赵善祥）

【心阴虚证研究】

1986年5月在郑州召开的全国中西医结合虚证与老年病研究专业委员会会议上对心阴虚证的诊断标准作了规定。近年来，国内学者从心功能、血液流变学、微循环、植物神经、内分泌学等方面进行了研究。

（一）心功能检测　张晓星采用阻抗法对心阴虚证患者进行观察，结果心功能指标中的心搏量（SV）、心输出量（CO）、心脏指数（CI）、心搏功（SW）、心搏功指数（SWI）、Heather 指数（HI）等属正常范围，与健康组比较，普遍降低（$P<0.05$），外周血管阻力高于正常值，也明显高于健康组，说明心阴虚证有较轻程度的心功能受损。杨振平等研究结果表明心阴虚证存在左心功能低下和心血管植物神经功能紊乱，多与高血压、心功能不全及交感肾上腺素能神经偏亢有关。心功能不全，激活了肾素-血管紧张素-醛固酮系统（RAAS），从而增加了外周阻力。

（二）血液流变学指标检测　王心文等报道心阴虚证血沉和血沉方程K值明显高于正常人，阴虚冠心病人血球压积明显高于正常人，认为血液粘度难以反映心气虚与心阴虚证的特征，而血球压积增高可能是冠心病阴虚型的一个特征性变化。周英也认为心阴虚证患者的血流动力学异常变化较气阴两虚、心阳虚及心气虚为轻，多数指标接近正常。张道亮实验结果发现：心阴虚证全血比粘度、全血还原粘度、血沉、血沉方程K值均明显升高。郑日清等发现本证患者红细胞电泳时间明显缩短，服用养阴益气药能改善上述指标。

（三）甲皱微循环检测　郑日清报道本证病人甲皱微循环管袢多表现为纤细，微血流流态多表现为线流，血流不正常，强调以滋阴、解痉为主要治法。

（四）内分泌功能检测　郑日清报道本证患者血浆雌二醇（E_3）、睾酮（T）含量低于正常人。屈松柏报道本证 RAAS 活性增高，三种激素水平均增高。

（五）血液变化检测　刘元章等实验结果发现：本证患者血浆心钠素和血浆血管紧张素Ⅱ升高（$P<0.05$）。郑日清发现本证患者血糖含量较正常组高，糖耐量降低，血糖水平偏高；血色素、白细胞总数降低；血清丙种球蛋白升高；舌面 pH 值偏酸性，舌尖温度偏高。

（六）心阴虚证的治法研究　陈美华用养阴心痛口服液（麦冬、沙参等）治疗心阴虚证 15 例，缓解心绞痛有效率 80%，改善心电图有效率60%。马寿思用生脉散合六味地黄汤加减治疗缺血性心脑血管病心阴虚患者，结合西药及体外反搏等法，治疗冠心病心绞痛和脑梗塞有效率分别为95.7%和100%。蒋红心用生地、麦冬、天门冬、枸杞、阿胶、二至丸、酸枣仁、丹参等药治疗病毒性心肌炎属心阴虚证患者，有效率90%左右。

此外，孙国平实验结果表明：噪音环境对人体心、肝、肾三脏呈现阴虚特征有一定影响。

（胡冬裴）

【脾气虚证研究】

一、脾气虚证动物造模方法的研究

脾虚证造模是近10年来研究脾虚证的热点之一，对造模的评估主要观察体重、体温、大便性状及运动状态。造模方法已达10余种，使用频率最高的是以大黄等苦寒泻下药灌胃法及利血平注射法。唐铁军等认为大黄、利血平均能显著降低肠液中淀粉酶活性，大黄致泄主要使水分的吸收率减低，而利血平致泄则是在上述基础上，使肠液分泌量增多。

二、脾气虚证实验指标检测

1. 血液检测　王晓明等认为运动后血乳酸值明显升高，补气健脾药可以降低运动后的血乳酸值。戴小华等发现血清游离氨基酸（FAA）、必需氨基酸、支链氨基酸明显降低；缬、甘、苏、色、异亮、丝、丙、组等8种氨基酸含量也明显降低；FAA总量、必需氨基酸、支链氨基酸含量与木糖吸收率之间，FAA总量与血清总蛋白、白蛋白、淋转率、补体C_3之间，支链氨基酸与白蛋白之间均呈显著正相关。提示脾气虚患者血清FAA含量降低与肠道吸收不良、血清蛋白浓度及免疫功能低下有关。陈达理等实验证明脾气虚证患者血清丙二醛（MDA）含量升高，其中以脾肾两虚型的MDA含量为最高。孟静岩等认为该证患者血浆环核苷酸（cAMP）含量明显降低，交感神经系统功能低下，副交感神经系统功能相对亢进，服健脾益气药，血浆cAMP明显改善。聂丹丽认为脾气虚证患者血清中胃泌素水平降低，胃排空时间延迟，健脾益气药能增加胃泌素的分泌。

2. 发锌检测　杜银梅认为脾虚患者因摄入不足，或因腹泻而吸收障碍，所以发锌含量低于正常人（$P<0.01$）。

3. 胃电、胃运动功能观察　张兵发现，脾虚证患者胃电节律紊乱程度和电-机械脱偶率均显著高于正常人；腔内压力波各项指标均较正常人低；血浆胃泌素水平呈增高趋势，并与胃电节律紊乱呈正相关关系。该结果有助于揭示胃电活动与机械运动间的内在联系。

4. 其他指标的观察　王晓明等认为脾虚证动物模型脂质过氧化（LPO）的升高，可能因抗氧化酶下降所致，特别是与SeGSH-Px下降有关，补气健脾药可以提高抗氧化酶的活性和/或含量。孙弼纲等采用多指标定量诊断法对该证90例患者多系统多病种的分析研究后认为：随着木糖吸收率的降低，该证各种症状的出现率不断提高；除周围血管阻力渐上升外，唾液淀粉酶活性、血液流变学指标、心功能、血红细胞、血红蛋白、淋转率均逐渐下降，并与木糖吸收呈正相关，有显著意义。

三、脾虚证分度

孙弼纲等将脾虚证分为Ⅰ、Ⅱ、Ⅲ度，列出各度的症状出现率及检测结果，初步提出脾虚证分度定量诊断法。

（胡冬裴）

【肾虚与骨质疏松症】

肾主骨，藏精生髓，肾充则骨强，临床上从调理肾着手治疗某些骨的病证常得到满意效果。近年来肾与骨质疏松之关系受人关注，骨质疏松症是绝经后妇女严重并发症之一，发生率可达25%，并往往因而引起骨折。补充雌激素虽可以预防骨质疏松，但长期服用有致癌的潜在危险性，且有诸多的禁忌症。探讨从中医补肾来防治绝经期妇女的骨质疏松是一条很有希望的途径。

迟焕海等用γ线吸收法测量了189例绝经期妇女的骨密度，其中47例为45岁以前绝经肾虚证，142例为45岁以后绝经期的肾虚证者。结果表明，患有肾虚证妇女的骨密度明显低于无肾虚证同龄健康妇女（$P<0.001$）；45岁以前绝经妇女的骨密度低于45岁以后绝经妇女（$P<0.05$）。蔡新吉等对104例肾虚证与80例非肾虚证患者和对照组150例健康人，用国产SD200型骨矿物仪检测骨矿物含量，结果发现肾虚证各年龄组骨矿物含量均低于非肾虚组与对照组，且同病种中肾虚证与非肾虚证也显著差异，说明肾虚证患者骨矿物含量有特征性改变。沈霖等用10月龄的雌雄大鼠，分别手术摘除双侧卵巢或睾丸，复制出一种较符合绝经后或老年性肾虚骨质疏松症临床特征的动物模型，并进行骨代谢生物化学指标、性激素雌二醇和睾酮测定、骨质无机元素测定。结果大鼠去性腺三月后，骨矿含量迅速下降，明显低于正常鼠，表明模鼠已出现肾虚骨衰的征象。模鼠组骨的钙、镁、锰、铜含量均显著减少，反映了骨胶原稳定性下降，骨盐矿化和沉积受限，骨质疏松脱钙。模鼠组Ca/Cr，HOP/Cr水平升高，提示骨吸收率增加。性激素大幅度下降，影响了骨基质的钙化，使骨小梁的再建呈负平衡。破骨细胞指数是正常组的3倍（$P<0.01$），使成骨细胞功能相对变弱。这与中医“肾虚则骨衰”的理论一致，说明肾虚是骨质疏松症的重要病理基础，为用补肾药防治骨质疏松提供了理论依据。沈氏等用由淫羊藿、杜仲、胡桃肉、干地黄、天花粉、淮牛膝各10克组成的补肾密骨液，治疗年龄47～55岁平均绝经年限2.26年的妇女，服药5个月，观察骨代谢生物化学指标以及血清雌二醇、前臂骨密度等指标，结果显示：服药者骨吸收生物化学指标u-Ca/Cr，HOP/Cr测值明显下降（$P<0.05$），而骨形成生化指标AKP含量无明显变化，骨密度显示用药后骨矿物含量持续上升，表明该方一定程度上可抑制骨代谢性吸收，而不干扰骨形成活动，在阻止骨质丢失的同时，还能促进骨形成。杨艳萍等用补肾密骨液对切除卵巢大鼠实验性骨质疏松症骨质无机元素的影响进行研究，用药3个月后处死，测定胫骨骨质中的Ca、Na、Ka、Mg、Mn、Zn、Cu诸元素的含量，结果显示中药组Ca、Mg、Mn、Cu含量明显高于对照组（$P<0.05$），表明实验性骨质疏松症在病理发展和逆转过程中Ca、Mg、Mn、Cu等元素的代谢十分活跃。黄艳红等用茯苓、熟地、山药、肉桂、泽泻等组成的补肾中药片治疗48例绝经期妇女，作骨质疏松代谢影响的研究，结果表明，绝经期后血清雌酮（E_0）、雌二醇（E_2）及桡骨骨质密度（BMD）值显著降低，血清Ca、ALP及空腹尿Ca/Cr比值升高。补肾中药片治疗组E_0下降，E_2升高，桡骨BMD较治疗前增加（$P<0.05$），血磷增多。黄氏认为，绝经期妇女骨代谢活跃，骨的吸收大于骨的形成，出现负钙平衡，致骨质丢失，是由于雌激素撤走引起。补肾中药片以通过增加雌酮向雌二醇的转化，使内源性雌二醇升高而发挥作用，具有调节性腺轴的作用，从而加强成骨作用，故具有延缓和治疗骨质疏松作用。刘如娣等用补肾方（熟地、山药、仙灵脾等）对地塞米松诱发的骨质疏松大鼠体内雌激素和1,25羟维生素D_3的影响研究中发现，该方能改善大鼠骨质疏松状态，使骨小梁增多、粗大，且使大鼠体内雌二醇和1,25羟维生素D_3的水平增高，成正相关。提示补肾法通过对体内激素的调整，使雌激素水平增加，刺激Ia羟化酶的活性，使1,25羟维生素D_3增高，促使钙结合蛋白合成，利于吸收，改善骨骼状况。

（丁钰熊）

【肾虚血瘀相关性及补肾活血法的研究】

近年来，对肾虚血瘀相关性认识逐步深入，补肾活血法显示了在老年病、慢性病治疗中的价值，并在防治衰老方面也显示了较好的前景。

（一）肾虚血瘀相关的中医认识　苗香圃、蒲正国、陈学忠等认为肾藏精，精化血。肾阳的温煦、肾阴的化生是各脏腑经络功能、血液化生运行、津液输布的动力之源，肾亦有藏血、运血的生理功能。若肾精不足，化气无源，则无力温煦、激发、推动脏气，阳虚阴寒则血行不畅；精亏无以化血，则阴血、精髓、津液不充，诸脏四肢百骸失其濡养，气机出入失常，脏腑功能失调，血失流畅，脉道涩滞，不能载血循经畅行，乃至血瘀。苗香圃等分析1978～1989年有关论文后认为肾虚血瘀相并存，肾虚必兼血瘀，血瘀加重肾虚。

（二）肾虚血瘀是老年病等共同病理基础　丁爱国等认为老年病是在组织器官的退行性病变的基础上逐渐形成的，这些退行性病变本身就是瘀血。丁爱国、陈学忠、陶春祥、苗香圃、张小勤等研究发现，老年病及多种慢性病所表现出的症状都显示出有不同程度肾虚血瘀并存的现象，诸如全血粘度增高、微循环血流减慢、免疫功能低下，超氧化物歧化酶活力显著降低等，反映了不同类型老年病、慢性病在其发生发展过程中有其共同的生理、病理变化规律，表明肾虚血瘀是多种老年病、衰老及多种慢性病的主要病理基础。

（三）补肾活血法的应用及研究　丁爱国、张小勤、陶春祥等认为补肾活血法为抗衰老、防治老年病和多种慢性病提供了一个高层次的基本原则。疗效优于单纯的补肾或活血，它可用于治疗高脂蛋白血症、脑动脉硬化症、中风、老年冠心病、心衰、肺心病、骨质增生、慢性胃炎、老年性痴呆、糖尿病、更年期综合征、过敏性紫癜、再生障碍性贫血、慢性肾病、慢性前列腺炎、性功能减退、子宫内膜异位症等。李顺成发现补肾化瘀法在增加 IL-2 生成，降低心肝因 DNA 减少而致损伤及促进 DNA 修复等方面均优于单纯补肾或化瘀，且显示补肾与化瘀配伍可在多环节上发挥调整作用。廖军鲜等发现补肾活血方对骨髓造血有促进功用，并促进骨髓造血微循环。刘应柯等发现补肾活血方具有降低血液流变学各项指标，改善微循环、降低血小板凝集、缩短体外血栓形成长度，对防治血液“浓、粘、凝、聚”而致许多老年病、慢性病及衰老，有重要意义。

（沈施德）

【血瘀证的研究】

血瘀证（或称瘀血证）是中医临床基础证型之一。脏腑气虚、气滞，邪气侵扰，各种创伤等气机不利因素和血行受阻均可导致血瘀证。血瘀证每与足厥阴经脉和肝脏密切相关。近年来研究提示：本证与微循环障碍、纤维母细胞合成胶原的活跃程度、血液理化性质之改变、易凝性和血栓容易形成有关。

王世琪等观察了82例血瘀证患者的血液流变学变化，与同龄健康人比较，血粘度高切、血粘度低切、血浆粘度、红细胞压积有极显著性差异（$P<0.05$）；红细胞电泳时间男性有极显著差异（$P<0.01$）；女性无显著性差异（$P>0.05$）。

徐西等对10余种血瘀证共 310 例进行血小板功能检测，与35名健康者对照。以血小板计数、体积和血小板粘附、聚集功能及血浆 TXB_2、6-Keto-PGF1α 含量为观察指标，探讨血小板功能与血瘀证的关系。结果表明，血瘀证患者血小板聚集亢进（$P<0.001$）；不同病因所致的血瘀证，以心气虚血瘀证血小板聚集功能明显增强，且血浆 TXB_2 含量明显增高，与健康对照组比较，有显著性差异（$P<0.05$）。

叶向荣等对47例血瘀证患者进行红细胞膜流动性变化的临床观察，以 DPH 标记血红细胞脂膜，用 RH-540 荧光分光光度计测定红细胞膜的荧光偏振度，数值增大表示膜的流动性降低，反之升高。47 例中，气虚血瘀型 17 例、痰热血瘀型 9 例，气阴两虚型血瘀、气滞血瘀、痰浊血瘀型各 7 例，健康对照青年组 17 例、老年组 14 例。结果表明：青年对照组与痰热血瘀组的红细胞膜流动性显著高于老年对照组；气虚血瘀、气阴两虚血瘀、气滞血瘀和痰浊血瘀四组与老年对照组比较无明显差异；四组与痰热血瘀组比较红细胞膜流动性较低，差别显著。经辨证治疗30日后，气虚血瘀和气阴两虚血瘀组较治疗前红细胞膜流动性显著提高，痰热血瘀组则显著降低，气滞血瘀组则无明显差别，痰浊血瘀组虽有提高，但无显著差别。健康青年组与其他各组比较，红细胞膜流动性明显高于各组。红细胞膜流动性在老年前期最低，到老年期有所升高。

（孟庆云）

【痰病研究】

中医痰病学术，萌芽于秦汉，发端于晋唐，兴盛于宋元，深化于明清，在近代、现代的中医理论和临床学术领域，仍占有极其重要的地位。自80年代初期以来，对痰病研究的论文约发表了300余篇。

（一）痰病学术源流研究

朱曾柏自80年代初期以来，综合介绍了痰病学术的起源及其在历代的发展。近年来，潘桂娟等就中医痰病学说进行了考述。

（二）痰病学术理论研究

1. 痰病的名义和实质　学者们普遍认为，痰是津液结聚而生成的有形之病理产物。王鸿儒认为痰的概念有狭义和广义两种，狭义之痰仅指呼吸道分泌的病理产物，为有形之痰，咳吐可见，称作外痰；广义之痰，指仅能从症状和体征测知，不能直观其形的痰，又称作内痰。痰既是病理产物，又是致病因素。

2. 痰病的病因病机　医家们普遍认为，六淫之感、七情之伤、饮食劳倦、外伤跌仆等，均可引起脏腑气血失和，津液运化失常而生痰。其中，尤为注重五脏生痰和痰瘀同源的研究。徐宝圻认为痰与肺、脾、肾三脏功能失调有关。马庆余认为，肝为五脏之首，体阴而用阳，藏泄并主，能斡旋一身之阴阳气血，与人之精神活动、水谷运化、气血输布、三焦气化、水液代谢密切相关。若肝失条达，疏泄失职，气机郁滞，升降无度，出入无节，气化失司，津液潴留，则凝聚生痰。气滞则津停生痰，血凝为瘀，导致痰瘀同病。另一方面，痰瘀亦能互为因果而同病。或痰湿留滞不去，气机受阻，血行不畅而生瘀；或瘀血阻滞脉络，津液不得渗还其内外，聚而变生痰浊。二者可互为因果而相兼致病。痰瘀互结的临床表现较为复杂，主要是肢体沉重麻木，胸脘痞闷，呕恶纳呆，痰涎壅盛，疼痛不移，唇甲青紫，癥瘕积聚，舌质青紫或有瘀斑（点），苔厚腻，脉涩滞不利等。张文安观察化痰和消瘀两法对家兔动脉粥样硬化（As）的作用，结果表明，化痰法对家兔As模型的抑制作用优于消瘀法，化痰法不仅具有降脂、抗自由基的作用，而且能有效地调节PGI_2-TXA_2的平衡。认为家兔As初期病机可能是以痰浊内阻为主。温化冰等通过119例痰热证、瘀血证和痰瘀证的对比研究提示：气虚是导致上述三证的最主要病因，而气阴两虚和气虚为痰瘀证和瘀血证并重的两个重要病因。测定血液流变学结果提示：痰热证主要表现为血液“凝”（纤维蛋白原增加为主）、“聚”（红细胞聚集增高为主）的异常现象，痰瘀证和瘀血证均表现为“粘”（全血和血浆比粘度增高为主）、“浓”（血球压积增加为主）、“凝”、“聚”的异常，而痰瘀证的变化程度甚于单纯的瘀血证，说明“痰可致瘀”。痰瘀证和瘀血证具有共同的病理。

3. 痰病的辨证　周仲瑛从面色、形体、神态、脉象、舌苔、痰的色质气味指出了痰病的辨证要点。于俊生认为痰瘀同病的临床特征有：(1) 心悸、胸痹、心痛；(2) 喘咳不已；(3) 中风、偏瘫；(4) 肌肤麻木；(5) 精神、神志改变；(6) 癥瘕、肿块；(7) 水肿癃闭；(8) 经候不调；(9) 舌质多见暗红、青紫、红绛，舌苔多见白腻、黄腻、白滑，舌下络脉多见迂曲、粗大；(10) 脉象多见滑、弦、沉、迟、涩，可单独出现，也可兼见。方永奇等为了探讨痰证的病理生理学基础，并为痰证诊断及疗效观察提供客观化指标，测定了78例心血管病痰证患者血液流变学及植物神经功能的变化，以非痰证患者和正常人为对照，结果表明：痰证患者的全血比粘度（10.381±1.897）和红细胞聚集指数（1.599±0.173）明显高于非痰证患者（8.976±1.788；1.481±0.116）和正常人（9.129±1.405；1.482±0.125），P均<0.001。而非痰证患者则与正常人无显著差异。痰证患者的Y值（0.387±0.865）显著高于非痰证患者（-0.026±0.725）及正常人（-0.031±0.433），P均<0.05。而非痰证患者与正常人之间则无明显差别。

4. 痰病的治则治法　王永钦根据痰的产生、致病、消长、流行特性，提出痰病治则应由澄本、直捣、兼疏三部分组成。澄本目的在于消除生痰之因，阻断生痰之源，使痰无滋生之地。具体治法如宣肺、健脾、温肾、理肝、泄火（热）、除湿、清燥等。直捣即直接捣除痰浊以愈痰病，属治标之法。具体治法如逐痰、豁痰、涤痰、祛痰、化痰等。兼疏即在治痰时配合疏通痰行之道，从而达到导痰外出或消散的目的。具体治法如理气、通络、散结、利便等。

（三）痰病临床研究

痰病的治疗报告，始见于80年代初，近几年呈逐年增加趋势。内科方面有冠心病、高血压病、高脂血症、中风预兆、脑血管意外、癫痫、癔病、精神分裂症、慢性复发性头痛、肺原性心脏病、室性早搏、急慢性支气管炎、哮喘、肺气肿、慢性呼吸衰竭、糖尿病、甲状腺病，以及梅核气、闭证、眩晕等；外科方面有乳腺病、脑外伤性癫痫；妇科方面有卵巢囊肿、多囊卵巢综合征；儿科方面有喘息性支气管炎、惊厥、精神运动性癫痫；五官科方面有美尼尔氏综合征、声带水肿型息肉样变等。如王永炎用化痰通腑饮（全瓜蒌、胆星、生大黄、芒硝）治疗中风；赵承来用化痰活血汤（由《千金》温胆汤合桃红四物汤，加水蛭）治疗中风预测异常者；巫绍中用调补胆气、化痰开窍法及泻胆清火化痰法治疗老年性痴呆；宣明盛等用祛痰利湿法（三仁导痰汤、三仁三子二陈汤、消痰涤痰汤、阳和二陈汤、三仁二陈五子衍宗汤）治疗良性和恶性肿瘤；胡建华等用定痫熄风、豁痰宣窍法，以《医学心悟》的生铁落饮作辨证加减治疗癫痫；乔玉秋等以祛痰益气、涤痰开窍、祛瘀逐痰通络法治疗糖尿病。

（四）痰病学术研究思路探讨

潘桂娟认为，中医痰病学术研究应列入重点发展领域，可以从下列方面深入：

1. 全面发掘，整理提高　使中医痰病的学术源流、基本理论、临床辨证施治规律，以及历代治疗痰病的经验，得到充分的发掘和整理，创立中医痰病学，为提高痰病的预防和治疗水平，以及中西医结合临床研究和现代多学科的基础实验研究奠定基础。

2. 病证结合，重点突破　在现代医学明确诊断的前提下，开展中西医病证结合的临床研究，寻找辨证施治的规律及有效的方药。重点应放在经古今临床实践证明，确实与痰有密切关系、从痰论治有一定优势，属于常见多发的疑难病症及现代社会普遍关注的老年病。

3. 融会贯通，阐明本质　应围绕痰病所包含的不同的证和治疗所用方药而展开。从多方面、多层次上阐明痰、痰证的本质及有效方药的现代药学作用机制。在具体选题上，诸如"细胞结构功能异常与痰浊的关系"、"细胞膜疾病与痰浊的关系"、以及"血小板功能异常与痰浊"、"红细胞功能异常与痰浊"、"高脂蛋白血症与痰浊"、"免疫应答活动异常中可能形成的痰浊"、"内分泌疾病与痰浊"、"脑病与痰浊"、"衰老与痰浊"等，皆是具有重要科学价值和广阔应用前景的研究领域。

（潘桂娟　金香兰　杨　威）

【脾胃病的舌象研究】

（一）舌苔与病原学关系　倪宗珈等应用电镜技术，对35例慢性胃病患者的不同证候、舌苔形成与病原学关系进行了探讨。发现各种舌苔均存有大量杆菌、球菌，其中以薄黄苔、薄白苔检出幽门螺旋菌比率较高，黄腻苔及白腻苔检出率较低。李志淳等发现胃病患者中薄黄苔、黄腻苔、白腻苔的幽门螺旋菌呈阳性者比率较高。

（二）舌象与胃粘膜相的关系　李志淳对502例胃病患者进行观察分析发现：舌苔黄腻或白腻者其胃粘膜充血、水肿、糜烂、溃疡等比薄白苔多见。张爱萍等观察212例消化道溃疡患者发现：凡上腹部反复发作有节律性疼痛，或脘腹部胀满、嗳气吞酸，兼见到舌淡白胖大、苔淡黄或薄白或厚腻者，胃、十二指肠多有圆形或椭圆形溃疡。

（三）舌象与消化道疾病的关系　欧阳坤根在512例胃、十二指肠疾病患者的内窥镜和舌象的观察中发现，胃内炎症性改变与黄苔有关，而在溃疡病静止期中，以薄白苔多见，占94%。若患者苔白腻或厚腻兼见舌质紫暗者，多为胃癌。李乃民等观察22例确诊为胰腺炎患者的舌象，多为薄瘦，运动欠灵活，舌面两侧常有紫蓝色或蓝紫色条带。戴维正对205例下消化道疾病进行纤维肠镜观察发现：晚期胃癌约⅓的病人可见到剥苔；下消化道炎症、息肉及恶性肿瘤可见到暗红舌。王淑英等观察200例胃、十二指肠穿孔患者舌象后提出：胃、十二指肠穿孔患者舌象主要表现为舌尖部红绛，或兼见光滑明亮，舌乳头萎缩、消失，而健康人和相关疾病组均未见此现象，提示舌象能协助推测穿孔的部位和性质，如胃穿孔见舌尖红绛光亮区范围大，十二指肠穿孔舌尖红绛光亮区范围小；单纯性胃、十二指肠穿孔舌色多见淡红，或红或绛，病程长者可见绛紫；而胃癌穿孔或伴消化道出血者则舌质多青紫或淡白；舌质淡红者穿孔度多小于0.5厘米，腹腔渗液多少于300毫升，而红绛舌者穿孔多大于0.5厘米，腹腔渗液多大于300毫升。

（李果刚　费兆馥）

【气象医学研究】

“天人相应”等观点阐述了人与自然的对立统一和变化规律，疾病的发生、发展与环境、气象等因素有关，“天人相应”观的先进性及其对医学发展的推动作用，正逐步被人们重视。

（一）“天人相应”、“四时五行”的基础研究

张金玺等认为“天人相应”观涉及面广泛，可包括时间医学和气象医学，应明确其各自的内涵与外延，进行多学科综合研究。廖子君、李应存等介绍了《金匮要略》中运用气象医学理论阐发病理、诊断、治疗、服食、预后等，诚为后世“因时制宜”、因季治病的典范。刘玉书从天文历法角度，探讨了节气的来由及在中医学中的应用。

近20年来，用现代气象资料印证“四时五行”的学者不乏其人。王鼎等以呼和浩特市1986～1991年间的气象资料，按该市气候特点划分季节，以风速验证“春主风”在该地区是正确的，有统计学意义；以气温验证“夏主热”、“冬主寒”有统计学意义；用日平均水气压、相对湿度、月平均降水量3项指标证实“长夏主湿”的论点也基本符合该地区。

（二）气象与疾病的关系

1．气象与中风　张钦鹏等采用偏相关、复相关的统计方法进行分析，结果显示：完全性卒中与年最低气温和年平均相对湿度呈负相关，与一月份平均气温、年平均气压、年平均降水量呈正相关。陈观进等以湛江地区中风病死亡率与气象因素的关系进行单相关分析，认为死亡率以冬季为最高，与气温呈显著负相关，与气压呈显著相关，提示该病在冬季月平均温度15～18℃、月平均气压1014～1020毫巴的条件下，死亡率明显升高。韩纯庆等用圆形统计法对301例中风发病与时辰、月份的关系进行分析，结果表明

与时辰有非常显著相关，与月份关系差异无显著性；发病最高为丑时，中风者多为高血压、阳亢之体，遇少阳升发之丑时，故易发病，与统计学处理的发病高峰时间一致。

2. 气象与儿科呼吸道感染（ARI） 郑锦银报道气象因素对ARI影响较大，与最高气温呈非常显著相关，与平均气温、最低气温、最大风速、平均风速呈显著相关，与气压呈非常显著负相关。提示气压低、风速大时ARI发病多，3月份为ARI发病高峰期。钱宜士就广州地区资料统计表明，气温15～25℃、气压1010～1020毫巴，绝对湿度15～25克/米^3、相对湿度大于85%时，婴幼儿肺炎的发病率最高，故广州的春季婴幼儿肺炎发病率较高。

3. 气象与消化性溃疡（Pu） 通常认为Pu在8月份发病低，7月份和秋季为两个高峰，巴善铎等报道秋末冬初是Pu发病的高峰季节，十二指肠溃疡在5月份出现高峰，与兰州地区报告吻合，并指出女性Pu发病高峰较男性晚1个月，且峰期短；维吾尔族比汉族晚1～2月，峰期亦短；Pu发病与寒冷、气温骤变、大气压急骤增高、空气湿度增加、日照时数减少、多雾、大量降水等综合因素有关。

4. 气象与骨折愈合 林贵德就海拔高度、气温、应力等因素对骨折愈合的影响作了探讨。鉴于高压氧可增加血氧含量、张力和弥散能力，能促进成纤维细胞的增生和转化，能促进骨折的愈合。因此，海拔愈高，氧分压低下，对骨折修复不利。低温刺激先引起血管收缩，继之短暂扩张，最后造成持续收缩，促使骨折局部缺血、缺氧，加剧低氧环境下氧张力进一步下降，不利于骨折愈合。骨折愈合是骨吸收与骨形成间的一种动态平衡，应力是影响平衡的因素之一，高原地区骨折后局部生理应力比平原地区相应降低，不利于骨折愈合中的骨形成。

（胡冬裴）

参 考 文 献

B

巴善铎。消化性溃疡与气象关系的研究。中华消化杂志，1992；(5)：299

C

蔡新吉，等。肾虚证患者骨矿的含量改变的初步探讨。中国中西医结合杂志，1994；(3)：54

陈爱萍．纤维胃镜诊断消化道溃疡与舌象特征的观察探讨。黑龙江中医药，1994；(1)：5

陈达理，等。147例脾虚患者血清丙二醛含量变化。中国中西医结合杂志，1994；(5)：315

陈观进。湛江市脑血管病死亡率与气象关系的探讨。中华流行病学杂志，1993；(4)：234

陈美华。心痛口服液治疗冠心病心绞痛34例疗效观察。福建中医药，1990；(2)：9

陈学忠。老年肾虚与血瘀。四川中医，1994；(4)：12

迟焕海，等。绝经早晚对骨密度的影响。中国中西医结合杂志，1993；(3)：160

D

戴豪良，等。中医舌诊与肠镜对照在下消化道疾病诊断中的意义。中医杂志，1994；(1)：43

戴维正，等．中医舌诊对下消化道疾病诊断意义——205例纤维肠镜资料分析．上海中医药杂志，1993；(10)：32

戴小华，等。脾虚患者血清游离氨基酸的变化。中国中西医结合杂志，1994；(7)：403

丁爱国，等。补肾活血法在老年病治疗中的地位和作用。山东中医杂志，1993；(6)：9

补肾活血法的临床应用及实验研究概述。山东中医杂志，1994；(8)：382

杜银梅，等。脾虚证与发锌含量关系探讨。山西中医，1994；(3)：41

F

方永奇，等。心血管病痰证患者血液流变学及植物神经功能的变化。中西医结合杂志，1989；(9)：536

G

高思华。五行学说之我见。中医杂志，1994；(8)：

493
关　敏，等．瘀血证中医基本理论研究探析．云南中医杂志，1994；(1):3
H
韩纯庆．301例中风患者发病与时辰．月份关系的分析．陕西中医，1994；(3):112
韩　文．"痰瘀同源"学说应增补到中基教材中．甘肃中医学院学报，1992；(3):41
胡化凯，等．从五行唯一性看中医理论的合理性．中医研究，1994；(1):3
胡建华，等．熄风豁痰法治疗痫证148例临床分析与药理实验，天津中医，1985；(6):14
黄龙祥．针灸治疗原则的形成及其内涵的演变．针灸临床杂志，1994；(1):1
经络学说的演变．中国针灸，1994；(3):43
经络学说的由来．中国针灸，1993；(5):47
经脉病候考源．中华医史杂志，1994；(4):219
从《五十二病方》"灸其泰明、泰阳"谈起．中医杂志，1994；(3):152
腧穴归经源流初探．针灸临床杂志，1994；(5):1
黄艳红，等．补肾中药片对绝经期妇女骨质疏松代谢的影响．中国中西医结合杂志，1993；(4):522
J
蒋红心．辨证治疗38例病毒性心肌炎早搏的体会．实用中西医内科杂志，1991；(4):39
L
李　军，等．中医五行学说的耗散原理．中医研究，1992；(3):5
李顺成．衰老实质及中医药延缓衰老机理研究的思路．中国中西医结合杂志，1992；(6):371
李应存．《金匮要略》运气学说初探．甘肃中医学院学报，1994；(2):6
李志淳．中医舌诊与胃粘膜相及幽门螺旋菌关系的临床观察．四川中医，1994；(8):7
廖军鲜，等．补肾活血方对骨髓造血作用的病理及电镜观察．实用中西医结合杂志，1991；(12):731
廖子君．仲景对《内经》气象医学的继承与发扬．中医函授通讯，1992；(3):10
林贵德．131例不同海拔高度骨折愈合的X线分析．第三军医大学学报，1993；(2):167
刘可勋．从数学模型看中医五行脏象的学说特征．中医研究，1993；(1):3
刘如娣，等．补肾方药对地塞米松诱发的骨质疏松大鼠体内雌激素和1,25羟维生素D_3的影响．中国中西医结合杂志，1993；(4):544
刘应柯，等．益气补肾活血方对冠心病患者血液流变学的影响．天津中医，1992；(4):23
刘玉书．节气溯源及其在中医学的应用．内蒙古中医药，1994；(1):2
刘元章，等．充血性心力衰竭患者证候的临床研究．中西医结合杂志，1991；(7):405
M
马庆余．论顽痰怪症多起于肝．辽宁中医杂志，1993；(1):11
马寿思．中西医结合治疗缺血性心脑血管病212例．浙江中医杂志，1990；(12):542
孟静岩，等．脾虚型慢性胃炎动物模型环核苷酸含量变化的观察．辽宁中医杂志，1994；(3):99
苗香圃，等．肾虚血瘀的相关性及其临床意义．山东中医杂志，1992；(5):3
N
聂丹丽，等．慢性胃病脾虚者血清胃泌素与胃排空的关系研究．浙江中医杂志，1994；(1):34
倪宗珈，等．35例慢性胃病患者舌苔脱落细胞超微结构观察．云南中医杂志，1994；(5):1
O
欧阳坤根．512例胃、十二指肠病变内镜象及舌象观察．河北中医，1994；(3):19
P
潘桂娟，等．中医痰病学术的现代研究及其发展方向．中国医药学报，1994；(5):38
潘桂娟．论尤在泾治痰七法．中医杂志，1994；(9):520
彭　坚．帛书《脉法·相脉之道》初探．中华医史杂志，1993；(2):102
蒲正国．肾虚必血瘀．浙江中医杂志，1993；(10):471
Q
钱宜士．气象因素与婴幼儿肺炎．广东医学，1993；(3):145
乔玉秋，等．论糖尿病与痰的关系．实用中医内科杂志，1993；(2):44

区永欣，等．卫气生理病理的研究．中医杂志，1994；(8):490

屈松柏．心阴虚患者肾素-血管紧张素-醛固酮系统的观察．中医杂志，1994；(6):366

S

沈　霖，等．肾虚骨质疏松症动物模型的复制及相关指标测定．中国中医骨伤科，1994；(1):1

补肾密骨液防治绝经后妇女代谢性骨质丢失的初步临床研究．中国中医骨伤科，1994；(4):13

补肾法预防绝经后妇女骨质丢失的临床研究．中国中西医结合杂志，1994；(9):515

孙弼纲，等．脾虚证分度定量诊断研究．中国中西医结合杂志，1994；(3):135

孙国平．稳态噪音环境与体质阴虚．浙江中医杂志，1991；(5):214

T

唐铁军，等．两种不同脾虚造模方法对小鼠肠液分泌及淀粉酶活性的影响．中医药学报，1994；(3):40

陶春祥．补肾活血法在老年病中的应用．黑龙江中医药，1994；(4):4

W

王传家．胃、十二指肠疾病．甘肃人民出版社．第一版，1975；221

王　鼎．从呼和浩特气候变化论"四时五行"．内蒙古中医药，1994；(2):34

王鸿儒．略论痰与痰致病．云南中医学院学报，1985；(3):14

王洪图，等．"内经学"论．实用中西医结合杂志，1994；(1):7

王庆其．气候、物候、病候——体观——《素问》运气七篇学术思想探讨．上海中医药杂志，1994；(12):37

王淑英，等．辨舌在胃、十二指肠穿孔诊断中的价值．浙江中医杂志，1993；(5):235

王淑英．213例老年人急腹症舌象观察体会．天津中医，1994；(1):14

王世琪，等．82例血瘀证患者血液流变学变化临床观察．天津中医学院学报，1993；(3):13

王心文．心气虚证、心阴虚证的血液流变学研究．云南中医杂志，1991；(6):8

王晓明，等．"脾为后天之本"的分子生物学基础—脾气虚证大白鼠模型LPO及其抗氧化酶变化的实验研究．辽宁中医杂志，1994；(3):139

王永钦．痰病治则治法刍议．陕西中医学院学报，1993；(1):5

王永炎，等．化痰通腑法治疗中风病158例观察．中国医药学报，1986；(2):22

巫绍中．老年性痴呆从"胆"从"痰"论治初探．湖南中医杂志，1992；(4):3

温化冰，等．痰热证、瘀血证和痰瘀证的血液流变学对比观察．北京中医学院学报，1992；(6):21

X

徐　西，等．310例血瘀证患者血小板功能与中医辨证关系的临床研究．中国中西医结合杂志，1993；(12):718

宣明盛，等．祛痰利湿法治疗肿瘤的体会．云南中医学院学报，1981；(3):11

徐宝圻．痰病初探．河南中医．1981；(6):13

Y

杨春成．五行学说还有新的互相关系——一行对四行可以同时相生相克．四川中医，1992；(5):4

杨艳萍，等．补肾密骨液对切除卵巢大鼠实验性骨质疏松症骨质无机元素的影响．中国中医骨伤科，1994；(5):10

杨振平，等．心虚证左心功能及心血管植物神经功能的研究．中国医药学报，1990；(2):12

叶向荣，等．血瘀证红细胞膜流动性变化的临床观察．中国医药学报，1994；(1):48

于俊生．略论痰瘀同病的病证特点．辽宁中医杂志，1993；(9):13

袁申元，等．穴位微循环灌注定量动态研究．北京中医，1994；(5):40

原存信，等．循经感传时皮肤微循环的观察．中国针灸，1994；(2):40

Z

张　兵，等．脾虚患者胃运动功能的研究．中国中西医结合杂志，1994；(6):346

张道亮．心脏病心阴虚心气虚证血液流变学研究．湖北中医杂志，1994；(1):39

张金玺．天人相应观研究发展述评．自然疗法，1993；(1):11

张钦鹏．老年完全性卒中与气象因素的相关分析，老年学杂志，1993；(4):249

张庆文，等。女体"月亏"、"月满"血气状况的初步研究——附44个月经周期血流变资料分析。天津中医，1994；(2)：31

张文安，等。化痰、消瘀两法对家兔动脉硬化作用之比较观察。湖南中医学院学报，1992；(1)：33

张晓星。心阴虚心气虚证患者心功能及周围血管阻力研究。湖北中医杂志，1994；(3)：35

张小勤，等。补肾活血法的临床应用概况。中国中西医结合杂志，1994；(6)：376

赵承来，等。化痰活血汤治疗中风预测异常的疗效观察。浙江中医杂志，1991；(3)：110

郑锦银。气象因素对小儿急性呼吸道感染影响因素探讨。实用儿科临床杂志，1992；(4)：198

郑日清。心阴虚证研究近况。中医药研究，1991；(3)：58

周　英。心虚患者心脏血流动力学变化初步研究。中西医结合杂志，1991；(5)：268

周仲瑛。痰病证治。广西中医药，1981；(6)：36

朱曾柏。痰病学史话。江苏中医杂志，1984；(6)：46

朱曾柏。广义痰病学的源流。中医药学报，1987；(2)：14

（二）诊法与疗法

【概述】

1994年在中医诊法领域内无突出的进展，而疗法方面的发掘较为丰实，但对其机理的研究有待于深入。1994年4月，在广东韶关举行了"全国第二届中国民间疗法学术研讨会"，并由中国中医药出版社出版《中国民间疗法精要》论文集，收录论文384篇，计30万字，多为临床实践的总结或体会。该社还出版了由中国民间疗法研究会选编的《中国民间疗法丛书》，包括《刮痧疗法》、《火罐疗法》、《刺血疗法》、《敷脐疗法》等10种。

诊法

郭教礼等从源流、概念、方法、内容及意义等方面探讨了手纹诊病，并认为该诊法对肠胃道疾患的确诊率较高。高全英等按胸部叩诊所得的声音来判断因气而致的病症，还可推测病程的长短，该诊法有待进一步开发。韦湘林发现油性皮肤和油性耵聍与冠心病的发生率有显著的统计学意义，提示预防冠心病可提前到幼儿期。

疗法

刮痧疗法为民间广泛流传的一种简便而有效的疗法，近年来，日趋为医者所重视，杜蓁荣等报道本疗法可应用于治疗感受暑湿、发热吐泻、偏头痛、高血压、软组织损伤、关节炎、神经痛等，并对本疗法的机理、方法和注意点作了探讨。

顾维明认为动物的脏器具有良好的营养价值，或有激素、酶等生物活性物质，或含各种微量元素。针对性地服食动物的有关脏器，能改善人体内脏和全身营养状况，调整机体活动，提高人体抗病能力。

静蔼晨根据足部是多种经脉的出入处，用中药和脉冲电流，作药导足浴，达到加快血液循环，调节新陈代谢，补虚祛寒壮阳的功效。

五色配五脏的理论一直指导着中医的辨证论治，单文龙等对此作了探讨，认为应研制出产生色素电磁波的仪器，直接射入有关部位的皮肤或穴位，以达到治疗的目的。

薛朝霞等对磁疗法的应用作了概括，认为磁圆梅针、磁锓针主要用于治疗下肢静脉曲张；贴磁疗法应用广泛，可用于治疗急性腰扭伤、消化性溃疡、小儿哮喘、风湿性关节炎，可防治"放疗"引起的呕恶、腰腿痛，亦可提高膀胱镜检和胃镜检查的准确率；而磁疗机则可用于治疗胆结石、骨质增生、痫症、三叉神经痛、阵发性室上性心动过速、肱骨外上髁炎、带状疱疹等。

对脐疗的应用及机理研究的论文仍有发

表，高澍中认为肚脐恰是人体太极和命门所在之处，运用《周易》中的太极和中医的命门、元气、气化学说，与脐疗的关系作了探讨，以求得深层次的发现。

（沈施德）

【手纹诊】

70年代以来，相继出版《手纹与健康》、《手的密码》、《观手知百病》、《手诊与医学》等专著。郭教礼等从源流、概念、方法、内容及意义等方面探讨了手纹诊病法的有关问题。认为手纹诊法主要观察手形、手色、手纹、手态、掌丘、流年，观察伸手姿势、生命线、心脏线、玉柱线、健康线的岛纹、星纹、多角纹、方形纹及各丘的特性变化。手诊可反映心血管、脑血管、脑神经、肠胃、肝胆、肺脏、肾脏等系统的不同疾病，对肠胃道疾患的确诊率甚高。手纹诊可以发挥辅助诊断作用，预测疾病发生的大概年段及发展趋势，也可作为自我健康检查的手段。

（沈施德）

【胸部叩诊诊气病】

人体在气的升降出入运动中保持协调和平衡，气机不畅则可影响到气血、津液、脏腑的功能。高全英等通过胸部叩诊得到的不同声音来判断肝气郁滞、肺部受阻等因气而引起的病症，并依此推测病程长短。方法是：医者左手掌心平展于病人胸部，右手中指微屈叩在左手中指上，从胸部左右锁骨下叩至肋缘下，再从胸骨上缘叩至剑突下。叩诊时若得清音为正常，鼓音或空音表明有病气存在，或曾有情志内伤，形成气滞。将胸骨分成8份，从下往上叩诊，音变平胸骨4/8处者为1年，在6/8处为二年，在7/8处为三年，在8/8处以上为三年以上。共观察200人，判断符合者150人（75%），基本符合40人（20%），不符合10人（5%）。

（沈施德）

【油性皮肤和油性耵聍与冠心病的相关性】

韦湘林将117例冠心病和105例非冠心病患者随机抽样分组，把面部皮肤和耳内耵聍分为干、油两种类型进行对照分析。结果发现冠心病患者面部皮肤属油性者占67.5%，耵聍属油性者占50.4%；非冠心病患者分别为18.1%和22.9%。两组油性皮肤和油性耵聍的发生率，经统计学处理，差别有显著意义（$P<0.01$，$P<0.05$）。与冠心病呈正相关性。本研究结果可作为早期诊断冠心病的依据之一，亦提示预防冠心病可提前到幼儿期。

（沈施德）

【刮痧疗法】

刮痧是以经络理论为基础，刮拭有关的经络或穴位，扩张皮肤毛细血管，促进血液循环，达到舒筋活血、补虚泻实、祛风散邪功效的一种疗法。所蘸用的介质有生姜水、温热水、香油、白酒、按摩乳等。操作时刮匙以45度角括拭，按由上向下、由内向外的顺序进行，治实证时手法宜重、速度快，治虚证时手法宜轻、速度慢，以刮至所刮部位皮肤红紫、发热为度。刮时须避风。有血小板减少、皮肤感染等症者不宜应用。本疗法简便有效，已受到重视。

杜蓁荣认为刮痧疗法具有疏通经脉、解表退热、活血化瘀、调和脾胃等功能，用于治疗中暑、高热、吐泻、高血压、颈椎病、肩周炎、腰椎病、神经痛等。

张正艺用银簪蘸温热水刮胸前、背心，或刮手心、内关、肘窝、腹股沟、脚心等处，治疗感受暑湿之症，收效良好。李文俊治疗16例偏头痛，以陶匙或铜钱蘸香油，从前发际开始，向后刮至后发际风池穴，从太阳穴沿悬厘、率谷向后刮，从百会穴向下刮至悬厘、率谷、完谷、大椎、肩井、陶道穴处向外刮，华佗夹脊穴先由上往下，再由内向外刮，曲池、列缺、合谷沿经线向下刮。每组约刮3分钟，每3天刮1次，7次为1疗程。经1～2疗程，痊愈10例，显效5例，无效1例。邵小伟等治股外侧皮神经炎30例，以陶匙蘸白酒在股外侧麻木疼痛区和足少阳、足阳明经所过之处来回刮，2日刮1次，5次为1疗程，每疗程间隔3天。经5个疗程，痊愈12例，显效11例，有效6例，无效1例。归予恒等治疗软组织损伤52例，先在患处周围组织由上而下、由内向外地顺次刮拭，后循经就近取穴刮拭，再循本经远端取2～3穴刮拭，可配第二掌骨侧全息生物疗法的相应穴及手针特定穴位进行点刮。隔日或隔2日刮1次。经3次治疗，痊愈13例，显效20例，改善18例，无效1例。牛春裕等治疗肩周炎13例，刮拭穴位：天柱至胸椎，颈侧到肩井、肩贞、中府、肩髃、魄户、膏肓、天髎、天宗、膈关，曲池至外关。外贴黑膏药（乳香、没药、血竭、梅片）。3天为1疗程。1疗程治愈8例，2疗程治愈5例。李连琴认为刮痧疗法的应用日趋广泛，在治疗咽喉肿痛、呕恶等症时，可用钳痧，即是用中、食指中节，沾冷水或白酒，反复钳扯喉部皮肤。

王才提出，除了刮痧、钳（捏）痧两种形式，还有放痧法，即以止血带扎紧患者的肘、腘窝处，使其痧点、痧筋显现，用三棱针点刺放血。

霍振业认为颈椎部系督脉、膀胱经之所在，因此，治疗任何疾病都宜先刮颈椎部位。霍氏对刮痧中的消毒以及预防交叉感染等问题作了探讨。

（沈施德）

【药导足浴疗法】

静蔼晨根据足部是人体足三阴经、足三阳经、阳跷、阴跷以及阳维等多种经脉出入之处，足底陷处又有涌泉穴，采用药导足浴疗法治疗骨质疏松症、椎管狭窄症、风湿性关节炎共46例，经1～2疗程，有效率达97.8%。方法是将患者双足浸泡在药液中，药液由电极板加热，另一极放在四肢或胸背的相应穴位上，每次浸泡、通电30分钟，15次为1疗程。药液由骨碎补、补骨脂、首乌、鹿角胶、枸杞子、牛膝、续断、巴戟等补肾壮阳药和当归、赤芍、红花、乳香、没药、麻黄、透骨草、路路通、刘寄奴、威灵仙等活血通络、祛风止痛药制成，有促进经脉流通、调节气血运行的功效。患者双足浸泡在温热的药液中，药物作用从足底流向全身，沟通阴阳；外加脉冲电流经人体经络传导到相应脏腑，产生热、磁、生物效应和机械性蠕动，使人体肠胃、血管、肌肤等按一定节律收缩与松弛，达到疏通经络、加快血液循环、调节新陈代谢、补虚祛寒壮阳的功效。

（沈施德）

参考文献

D

杜蓁荣。刮痧疗法的应用。中国民间疗法精要，中国中医药出版社，1994，P345

G

高全英，等。论胸部叩诊诊断气病。中国民间疗法，1994；(2):1

高尌中。脐疗与太极-命(门)-元(气)-气(化)学说。甘肃中医，1994；(4):30

郭教礼，等。手纹诊病法初探。陕西中医，1994；(4):162

归予恒，等。刮痧疗法在治疗软组织损伤中的应用。中国运动医学杂志，1994；(2):124

H

韦湘林。油性皮肤和油性耵聍与冠心病相关性的观察报告。广西中医药，1994，(2):1

霍振业。有关刮痧术几个问题的探讨。中国民间疗法精要，中国中医药出版社，1994，P129

J

静蔼晨。药导足浴治疗46例临床观察。天津中医，1994；(6):28

L

李连琴。刮痧疗法临床应用体会。中国民间疗法精要，中国中医药出版社，1994，P93

李文浚，等。刮痧治疗顽固性偏头痛16例疗效观察。

中国民间疗法，1994；(4):31

N

牛春裕，等。刮痧治疗肩周炎13例，中国民间疗法精要，中国中医药出版社，1994，P48

S

邵小伟，等。刮痧法治疗股外侧皮神经炎30例。中国民间疗法，1994；(1):16

W

王才。放痧疗法配合中药治疗痧症50例。中国民间疗法精要，中国中医药出版社，1994，P375

X

薛朝霞，等。磁疗法的临床应用，云南中医杂志，1994；(4):44

Z

张正艺。银簪刮痧的应用。中国民间疗法，1994；(3):19

(三) 临 床 各 科

(1) 传 染 病

【概述】

1994年传染病范畴（国家法定须作传染报告的35种）发表的论文约500余篇，其中病毒性肝炎的治疗与实验研究约占70%；其次分别为流行性腮腺炎、肺结核、流行性出血热、淋病、细菌性痢疾及百日咳等病的防治研究。另外，流行性乙型脑炎、麻疹及登革热等病的论文也较集中。

（一）病毒性肝炎　急性病毒性肝炎的临床报道，以清热利湿、活血化瘀为主。黄炳全以消瘀退黄汤（茵陈、栀子、大黄、赤芍、党参、白术、茯苓、甘草、柴胡、王不留行、路路通、蒲公英、败酱草）煎服治疗260例，总有效率97.3%（255/260）。其中治愈（经治2周内症状消失，黄疸在3周内复常，肝脾缩小或正常者）224例，占86.5%。金志春以茵陈硝矾胶囊（茵陈、栀子、大黄、金钱草、硝石、矾石）口服治疗253例，总有效率98.1%(248/253)。其中痊愈(症状、体征消失，肝脾回缩，血清总胆红质及ALT降至正常）238例，占94.2%。重症肝炎，报道均以中西医结合治疗，死亡率明显降低(详见专条)。慢性病毒性肝炎，报道多以基本方为主，随证加减治疗，王伟尧用参苓白术散加减治疗乙型慢性病毒性肝炎148例，总有效率94.6%（141/148)。朱士伏用强活清乙肝汤（女贞子、赤芍、枸杞子、丹皮、虎杖、茯苓、白术、苡仁、土茯苓、黄芪、白花蛇舌草、蜀羊泉）加减治疗慢性乙型病毒性肝炎300例，总有效率89%(267/300)。李厚根等用清退方（黄芪、丹参、连翘、赤芍、生首乌、山楂、丹皮、栀子、蒲公英、柴胡）加减治疗慢性丙型肝炎128例，总有效率92.9%（详见专条)。以协定处方治疗病毒性肝炎的报道，王育群等用茵胆平肝胶囊（由茵陈、龙胆草、黄芩、猪胆膏、枸杞、当归、白芍、甘草等组成）治疗190例，总有效率88.42%(168/190)；杨锡标、张玮等分别用猪苓多糖、云芝多糖治疗的临床研究；陈焕兰等以清利湿热与活血化瘀药并用治疗瘀胆型肝炎65例，总有效率93.8%(62/65)；吴嘉庚等以及金树根等对慢性肝炎肝纤维化的辨治与病理生化指标的关系，均已立专条介绍。

（二）细菌性痢疾　温宝林等报道96例，以黄连、黄芩、葛根、甘草、马齿苋为基本方，随证加减煎液直肠滴注，每日1次，经治1～5天，痊愈率（症状消失，大便常规阴性）为96.9%（93/96)。张骠报道75例，辨证分为大肠湿热、湿热积滞、疫毒热滞、脾虚湿热5个证型分别施药，痊愈率(症状消失，大便常规及培养均正常)85.4%(64/75)。

平均住院时间12.46天。

(三)性病　俞秀廉等报道急性淋病138例，服用淋病丸(木通、泽泻、木香、大黄、海金砂、猪脊髓、人参等组成)，10天1疗程。结果均获痊愈(症状及体征均消失，镜检和菌培养均为阴性)。黄显勋等报道慢性淋菌性前列腺炎41例，以西药常规治疗，同时服用二至丸合知柏地黄丸加减煎服，总有效率97.6%。其中痊愈率(症状消失，2次以上前列腺液常规正常，淋球菌培养阴性)73.2%(30/41)。赵晓香报道梅毒40例，以黄升丹丸(黄升丹、雄黄、白矾、大米)口服，经治30天，总有效率97.5%。其中治愈率(症状消失，血清反应3次以上呈阴性，随访10年未复发者)37.5%(15/40)。

(四)麻疹　杨季国报道36例，以银翘柴葛汤加减煎服治疗，均获痊愈。余立芝报道36例，以透疹解毒汤加减煎服治疗，痊愈35例。(详见专条)

(五)流行性出血热(EHF)李永泰报道38例，以常规西药治疗并用加味黄连解毒汤随证加减煎服。结果均获痊愈。平均退热时间1.9天，血压复常时间1.2天，尿素氮复常时间1.4天，尿蛋白复常时间9.7天。(详见专条)

(六)流行性乙型脑炎　潘传芝报道32例，在综合治疗基础上使用穿琥宁(含穿心莲内脂)静脉滴注治疗，同时设30例对照组仅用综合治疗。结果穿琥宁组在病人退热、意识障碍改善及抽搐停止天数方面均明显优于对照组($P<0.01$)。张竟臻等报道180例，分为治疗组100例与对照组80例，均用常规西药治疗，前者加用中药(石膏、知母、苡仁、生地、玄参、川连、板蓝根、僵蚕、银花为基本方，随证加减)煎剂鼻饲。结果治疗组的病死率、并发症与后遗症发生率及治愈天数均低于对照组($P<0.05$)。

(七)肺结核　杨光等对257例难治性肺结核，以中药回生灵制剂治疗。用药2个月，总有效率97.3%，其疗效明显优于对照组($P<0.01$)。李守信等报道1108例，服用抗痨散与三味汤，总有效率98.1%。(详见专条)

(八)流行性腮腺炎　报道以外治法较多。陶美娣等治疗408例，以仙人掌捣烂加鸭蛋清调匀后贴敷患侧，每日换药1次。经治1～3次即愈。李子真治疗68例，用灯心草蘸油点燃后灼患侧角孙及耳门穴，每天1次。经治1～4次均愈。李岭森等报道本病并发脑膜炎31例，以强力宁注射液静脉滴注，复方大青叶注射液肌肉注射治疗。并设对照组34例按常规综合性治疗。结果治疗组与对照组的平均退热时间分别为2.13±1.41天和3.29±1.63天；头痛缓解时间分别为1.92±0.99天和3.54±1.76天；呕吐消失时间分别为1.17±0.74天和2.06±1.23天；脑膜刺激征消失时间分别为2.74±1.01天和4.16±2.33天。两组间疗效有显著性差异($P<0.01$或$P<0.05$)。

此外，王福权报道68例百日咳，用八宝惊风散(天麻、麝香、冰片、沉香、川贝等)配合复方鸡蛋汁穴位注射(肺俞配中府、或天突配列缺，两组穴位交替使用)治疗，治愈64例，显效4例。文明峰报道13例白喉，以复方巴豆丸(巴豆肉2份，乌梅肉、朱砂各1份)外敷印堂穴，经治3～4天均愈。高健等报道61例病毒性脑膜炎，用八角莲注射液静脉滴注治疗，并与对照组(用病毒唑治疗18例)作疗效比较。结果两组病例的头痛、呕吐症状均在入院24小时左右基本消失。但八角莲组的平均退热时间较对照组明显缩短(分别为36和59.17小时，$P<0.05$)。候翊生报道220例钩端螺旋体病，按卫气营血辨证施治，同时用西药青霉素及对症疗法等治疗，治愈率为97.5%(214/220)。李振伟报道50例疟疾，以截疟方(马鞭草、常山、青蒿、槟榔)煎服，外以截疟散(白芥子、雄黄、白矾、大蒜)贴敷内关穴。经治

6天，总有效率94%，其中治愈率（血检疟原虫连续3次阴转者）84%（42/50）。杨华等报道102例登革热，按卫气营血辨证论治，总有效率为94.1%。与对照组比较有非常显著性差异（详见专条）。陈文祥报道623例急性出血性结膜炎，分成治疗组287例用双解散（荆芥、防风、薄荷、银花、连翘、桑叶、菊花、赤芍、丹皮、桔芩）煎服，外用愈红水（荸荠粉、梅片、麝香、牛黄）滴眼；西药对照组336例用氯霉素、病毒灵及可的松眼水滴眼治疗。结果两组病例均在4天内治愈。但治疗组的疗程较对照组平均减少2.113天（P＜0.001）。

（王育群）

【重症肝炎的治疗】

中西医结合治疗重症肝炎，可明显提高存活率，降低死亡率。邬道响等报道54例，以金茵汤（金钱草50克、茵陈30克、黄芪20克）为主方，分为湿热和气滞血瘀两型随证加减，兼用能量合剂等西药治疗，存活率为70.37%(38/54)。与对照组52例（只用西药治疗，存活率为50.5%）比较，有显著性差异（P＜0.05）。作者认为金茵汤为主的中西医结合治疗，可促使重肝早期病情稳定和促使高胆红质血症的排泄。陈秀钰报道52例，分为治疗组与对照组各26例，均采用支持疗法，控制酸碱平衡，纠正电解质紊乱，及止血、抗休克、抗昏迷、抗感染等对症治疗。治疗组加用中药（以土鳖虫、九香虫、穿山甲、赤芍、桃仁、地龙、川军、水蛭、蜈蚣为基本方）煎服或鼻饲。结果治疗组存活14例，对照组存活6例。黎义锦报道69例，分为治疗组44例与对照组25例，均用护肝、对症、支持疗法等治疗。治疗组加服熊黄汤（以牛黄、熊胆为主随证加减，每日1剂）。7天为1疗程。结果治疗组存活率为63.6%(28/44)，对照组存活率为20%(5/25)。两组间有非常显著性差异（P＜0.01）。毛德成等将本病24例分为治疗组与对照组各12例，均用血制品、饮食及支持疗法。前者加用牛黄醒脑静注射液40毫升于5%葡萄糖500毫升中静脉滴注，每日2次。后者加用654-Ⅱ 30毫升于5%葡萄糖500毫升中静脉滴注，每日2次。结果治疗组存活7例，对照组存活4例。张俊富等报道20例，以解毒益肝汤（茵陈、栀子、生地、大黄、黄柏、黄芩、丹参、郁金、升麻、大青叶等）为主，随证加减煎服，每日1帖；并用皮质激素或肝炎灵注射液及血制品。结果存活13例。诸伯星等以大黄解毒汤（大黄、黄连、黄柏、黄芩、山栀、赤芍、郁金、茵陈）随证加减煎服治疗10例，临床治愈6例，转变为坏死性肝硬化2例，死亡2例。张万增等对本病55例分为治疗组30例与对照组25例，均用胸腺肽、新鲜血浆、六合氨基酸等常规疗法。治疗组加用丹参注射液20毫升于10%葡萄糖200毫升中静脉滴注，每日1次，共4周；对照组每日静脉滴注10%葡萄糖200毫升。观察患者治疗前后血清补体活化水平。结果发现加用丹参治疗后的血清补体C_3活化水平明显低于对照组(P＜0.01)。提示丹参对重肝补体活化具有明显抑制作用。

（王文娣）

【云芝多糖治疗病毒性肝炎的临床研究】

云芝多糖为野生云芝子实体中提取制剂，属纯天然生物类药物。张玮等报道治疗60例病毒性肝炎，随机分为治疗组和对照组各30例。前者用云芝多糖胶囊4粒口服，每日3次，配合中西药物；对照组单用中西药物治疗。疗程均为3个月。用药1疗程后，治疗组乏力、纳差、胁痛、黄疸、肝肿大等主症的好转率分别为80.76%、89.65%、96.15%、91.67%、86.67%；对照组的好转率分别为58.33%、71.43%、91.67%、84.62%、36%。治疗组患者的血清ALT由586±78.64m/L降至36±4.81m/L、SB由126±11.26μmol/L降至16±1.86μmol/L；对照组则分别由573±76.26m/L降至

38±4.32m/L、124±10.26μmol/L降至17±1.98μmol/L。两组间有显著性差异（P<0.01）。同时对12例乙型肝炎患者的病毒指标进行观察，治疗前9例HBeAg阳性者，治疗后5例转阴；12例HBsAg阳性者，3例转阴。提示云芝多糖对乙型病毒性肝炎病毒的转阴可能有一定作用。徐天雄等对30例高复制型慢性乙型肝炎以云芝多糖胶囊治疗，观察其对血清HBV部分复制指标的影响。并设25例对照组用乙型肝炎免疫核糖核酸治疗。经治3个月后，治疗组HBeAg阴转率为40.0%（12/30），抗-HBc-IgM阴转率为46.7%(14/30)，HBV-DNA阴转率为33.3%(10/30)；对照组的三项复制指标的阴转率分别为44.0%(11/25)、52.0%(13/25)、36.0%(9/25)。两组效果相近(P均>0.05)。治疗组1年后随访发现HBeAg、抗HBc-IgM及HBV-DNA的阴转率分别提高到53.3%（16/30）、60.0%(18/30)、36.7%(11/30)，有2例HBsAg转阴。作者认为该制剂对HBV的复制有抑制作用，但限于病例尚少，有待进一步探索。

（邢练军　王育群）

【猪苓多糖治疗乙型病毒性肝炎的临床研究】

猪苓多糖为中药猪苓的有效成份，具有抗肿瘤、增强免疫功能、保护肝脏和促进乙肝抗体形成等作用。1988年严述常等曾报道单用猪苓多糖注射液40毫克肌肉注射，每日1次，连续20天，休息10天，连用3个月，治疗279例慢性乙型肝炎。血清ALT复常的总有效率77.4%，而按常规用药的对照组总有效率为58.6%。两组间差异非常显著(P<0.01)。加用大剂量乙肝疫苗后，HBeAg阴转率达60%，HBV-DNA阴转率达67.5%，较单用猪苓多糖疗效更优（P<0.05)。其原因可能在于打破了慢性乙型肝炎患者存在的机体免疫耐受或低下状态。杨锡标等报道对110例慢性乙型肝炎（血清学检测HBeAg均为阳性者）分为治疗组58例和对照组52例。前者用猪苓多糖40毫克肌肉注射，每日1次，20天后休息10天；乙肝疫苗30微克皮下注射，每隔2周1次；除用维生素B、C外，停用其他药物。后者使用常规治肝炎药物。疗程均为3个月。结果治疗组对乏力、纳差、腹胀、肝区疼痛和肝脾肿大等主症的有效率分别为72.4%、84.5%、54.6%、62.5%和12.5%，与对照组无显著性差异(P>0.05)。治疗组和对照组的血清ALT复常有效率分别为94.2%(49/52)、78%(39/50)，差异显著（P<0.05)；HBeAg的阴转率分别为62.1%(36/58)，21.2%(11/52)，差异非常显著(P<0.001)；HBV-DNA的阴转率分别为68.2%(15/22)、36.9%(7/19)，也有显著性差异（P<0.05)。任泽久等用猪苓多糖联合乙肝疫苗治疗本病23例，同时设对照组23例，用聚肌胞注射液4毫克肌肉注射，每周2次。疗程均为3个月。结果治疗组与对照组HBsAg的阴转率无显著性差异(P>0.05)。但HBeAg的阴转率（分别为52.17%、21.73%）有显著性差异(P<0.05)。王嘉会等报道对本病120例肝功能基本正常者，随机分为猪苓多糖组、中药组（以党参、黄芪、枸杞子、黄芩、银花、板蓝根、野菊花、白花蛇舌草等煎服，每日1剂)、联合组（中药加猪苓多糖)、对照组（仅服用肌苷及维生素C）各30例。以3个月为1疗程。结果HBeAg的阴转率猪苓多糖组为36.6%(11/30)、中药组为13%(4/30)、联合组为63%(19/30)、对照组为6.6%(2/30)。联合组的疗效明显优于其他三组（P均<0.05)。此外HBV-DNA的阴转率亦以联合组的疗效为优（P均<0.05)。王百龄等报道对本病300例（HBsAg、HBeAg、HBV-DNA均为阳性者）分为A（90例)、B（90例)、C（120例）3组。A组肌肉注射聚肌胞6毫克，隔日1次；B组用强力宁80毫克加入10%葡萄糖500毫升中静脉滴注，每日1次；C组用猪苓多糖40毫克肌肉

注射，每日1次。3组均加用乙肝疫苗30微克皮下注射，每2周1次，连续6次。以3个月为1疗程。结果HBsAg、HBeAg与HBV-DNA均转阴者，A、B、C三组分别为25.56%(23/90)、22.22%(20/90)、60.83%(73/120)。C组与A、B组相比均有非常显著的差异（P均<0.01）。

（王　奕　王育群）

【丙型病毒性肝炎的治疗】

近年对丙型病毒性肝炎的临床报道渐多。伍春镕等报道33例，在按辨证分为肝郁脾虚、肝肾阴虚、脾肾阳虚、肝胆湿热、脉络瘀阻5个证型选方的基础上，选加清热解毒、活血化瘀、补益肝肾的土茯苓、半枝莲、白鲜皮、丹参、仙灵脾、桑寄生、杞子等煎服，每日1剂。经治后，抗-HCV阴转率占60.61%(20/33)，总有效率为84.85%(28/33)。李厚根等报道慢性丙型肝炎128例，以清退方（生黄芪、丹参、连翘、赤芍各30克，生首乌、生山楂、丹皮、炒栀子、蒲公英各15克，柴胡10克）为主，随证加减煎服，每日1剂。3个月为1疗程。经治后随访3～6个月，抗-HCV阴转率为53.9%(71/128)，总有效率为92.9%(119/128)。邢练军等报道丙型病毒性肝炎20例，治以活血解毒（苦参、丹参、赤芍各30克，炙鳖甲、穿山甲、茯苓各15克，制大黄、白花蛇舌草、蒲公英、苡仁各30克，生甘草6克，随证加减煎服）为主。治疗3～6个月，抗-HCV转阴者3例，转为弱阳性者3例。吴圣明报道慢性丙型肝炎56例，以柴胡、黄芩、制半夏、党参、紫草、生姜、冬虫夏草、红枣、蚤休为基本方，随证加减煎服，每日1剂。经治2个月后，总有效率为82.1%(46/56)，其中基本治愈34例。刘立昌等报道30例丙型肝炎，分为小柴胡汤组10例，用小柴胡汤煎服，每日1剂；干扰素组10例，用人血细胞干扰素200万单位肌肉注射，每周3次，干扰素联合小柴胡汤组10例（前二组药合用）。均以3个月为1疗程。结果三组抗-HCV阴转者分别为0例、3例、5例。刘树嘉等报道55例急性丙型肝炎，其中21例以国产基因工程干扰素α-2a 3×10^6单位，隔日肌肉注射1次，猪苓多糖40毫克，每日肌肉注射1次，3个月为1疗程；同时辅以维生素类、肌苷、复方益肝灵等保肝药物。34例为对照组仅用以上保肝药物。结果治疗组17例有效，对照组仅3例有效。

（张　玮　王育群）

【慢性肝炎肝纤维化的辨治与病理生化指标的关系】

肝纤维化是造成肝功能异常和影响肝病预后的重要因素之一，也是发展至肝硬化的必经阶段。报道以中医药抗肝纤维化的治疗研究屡有，但对本病的辨治与生化指标及病理学等改变之关系的实验研究不多。吴嘉庚等对78例乙型肝炎肝纤维化患者，辨证分为肝郁脾虚、气滞血瘀、热郁血瘀等3个证型。治以疏肝健脾为主（用柴胡、白芍、枳壳、黄芪、白术、甘草为基本方），随证加减煎服，每日1剂。3个月为1疗程。同时观察治疗前后透明质酸（HA）、腺苷脱氨酶(A-DA)、谷光甘酞-S-转移酶(GST)、N-乙酰B-D氨基葡萄糖苷酶（NAG）、羟脯氨酸（HYP）等生化指标的变化，并与60名健康人作对照。结果显示本病患者的HA、ADA、GST均显著高于健康人（P<0.01），并按肝郁脾虚型、气滞血瘀型、热郁血瘀型依次递增，各证型间差异非常显著。但NAG、HYP与健康人无明显差异。经治疗，随着证型的由重转轻，患者的HA、ADA、ALT、ZnTT、γ-球蛋白等生化指标也随之明显下降（P均<0.01）。其中HA由252.21±33.31ng/ml降至157.86±18.31ng/ml，ADA由22.02±1.65u/ml降至16.98±1.45u/ml。提示HA及ADA等生化指标可作为辨证分型、判断病情和指导治疗的客观指标之一。金树根等对辨证为气阴两虚、瘀血内

阻的45例早期肝硬化稳定型和8例活动性慢性肝病患者，以益气养阴、活血化瘀两法组成柔肝抗纤方（太子参、玄参、黄芪、石斛、枸杞子、鳖甲、丹参、白术、白芍、泽兰、郁金、桃仁、红花、佛手等随证加减煎服，每日1剂）进行治疗，并做动物实验研究。经治3个月后，发现稳定型早期肝硬化病人的临床症状、肝功能以及蛋白代谢等均有改善，HA水平下降（由288.2±129.76μg/L降至123±52.873μg/L，P＜0.01）；活动性慢性肝病（慢活肝和晚期失代偿期肝硬化）病人未见上述改变。采用柔肝抗纤方水醇提取物灌服活动性肝纤维化大鼠，发现该方有降低大鼠的体重、改善肝功能、纠正蛋白代谢、降低HA和HYP水平（P均＜0.01），以及减轻肝脏病理改变尤其纤维化等作用。路福兴等对96例慢性乙型肝炎分成治疗组与对照组各48例，均使用常规护肝药。治疗组加用抗纤灵冲剂（银杏仁、川芎各2克，丹参3克，虎杖、黄芪、赤芍各1.5克，冬虫夏草0.5克，加工成冲剂，每袋含生药13克和12克蔗糖淀粉。每次服1袋，每日3次），对照组加用胸腺肽或其他免疫调节剂。3个月为1疗程。同时对患者进行肝活检电镜观察，并检测血清Ⅲ型前胶原肽 type Ⅲ procollagen peptide(PⅢP) 和板层素 laminipl（称 Lmpl）等指标。结果全部病例的肝活检电镜观察均有不同程度的肝窦腔内皮细胞窗孔减少或消失形成毛细血管化，窦周隙和肝细胞之间有胶原纤维束堆积，贮脂细胞体积增加；PⅢP和Lmpl明显高于正常人（P＜0.001）。经治后，治疗组肝窦腔显著充盈，每例皆有不同程度的肝细胞新生，而对照组无变化；治疗组的PⅢP从25.928±4.826降至12.936±4.656，Lmpl由24.732±7.404降至12.564±1.812（P均＜0.001）；而对照组均无变化（P＞0.05）。因此认为该冲剂有抗纤维作用。杨大国等对10例慢性肝炎辨证为瘀血内阻者，重用赤芍60克，丹参、葛根各30克为基本方，随证加减煎服。并于治疗前后作肝穿组织学比较。经治3个月，TTT、ALT、γ-球蛋白分别下降37.0%、60.0%和18.9%。肝穿组织学对比显示，中药促进肝纤维化重吸收的有7例。表明大剂量赤芍加丹参、葛根的治疗，能减轻肝脏炎性细胞浸润，减少肝细胞坏死，抑制肝纤维化的启动因素，促进肝纤维组织的重吸收。

（邢练军　王育群）

【麻疹及其并发症的治疗】

麻疹是一种急性发疹性传染病，由于广泛进行了麻疹减毒活疫苗的预防接种，使本病发病率、病死率显著下降。但近年来取而代之的不典型或亚临床症状的异性麻疹综合征时有发生。杨季国报道36例麻疹，均单用银翘柴葛汤（银花、连翘、柴胡、葛根、黄芩、蝉衣、薄荷、牛蒡子、芦根、甘草等）随证加减，每日1剂，水煎2次，合计约250毫升，分5次频服。结果均获痊愈。疹点出齐时间平均为2～3天；体温恢复正常时间为2～7天。余立芝报道36例异性麻疹综合征患者，治以透疹解毒汤（银花、板蓝根、桑白皮、连翘、炒牛蒡、蝉衣、薄荷）随证加减，每日1剂，水煎分2次温服。结果35例痊愈，另1例合并腺病毒肺炎转用抗生素及对症治疗后好转。汪恩诙报道303例麻疹合并肺炎者，随机分为中西医结合治疗组188例，用中药清热解毒、宣肺开闭（生石膏、炙甘草、麻黄、银花、连翘、杏仁、蒲公英、大青叶、鱼腥草煎服，每日1剂），同时常规选用青霉素、氨苄青霉素等抗生素及其他对症治疗；对照组115例不用中药，仅用常规西药。结果治疗组痊愈（临床症状及阳性体征完全消失者）186例，占98.9%。体温恢复正常平均时间为2.11±1.17天，肺部体征消失时间为4.08±1.29天，平均住院天数为7.01±1.65天。而对照组痊愈率为86.1%(99/115)，体温恢复平均时间为8.00

±5.96天，肺部体征消失时间为10.06±9.80天，平均住院天数为13.09±7.88天。两组间的疗效有非常显著性差异（$P<0.01$）。崔魏等报道60例麻疹合并喉炎者，随机分为治疗组与对照组各30例，对激素、抗生素及超声雾化等治疗均等机会选用。治疗组加用牛膝甘草汤（牛膝20克，甘草10克，加水煎至50毫升备用）2～6毫升口服，30分钟1次，3天为1疗程。结果治疗组的总有效率为96.67%，其中显效（用药2天，声嘶哑消失，声音较前响亮，吠样咳嗽与吸气性呼吸困难均消失）6例，有效（用药3天，吠样咳嗽、吸气性呼吸困难、声嘶哑均明显减轻）23例。对照组的总有效率为63.3%，其中显效3例，有效16例。两组间疗效差异非常显著（$P<0.01$）。任宝书报道33例麻疹并发急性尿潴留者，取生大黄5～15克，以沸水100～200毫升浸泡20分钟顿服，每日1～2次。结果均在解大便的同时排尿，皆为1次排尿成功。其中服药20～30分钟排尿者6例，30～40分钟排尿者12例，40～60分钟排尿者11例，1～2小时排尿者4例。

（张应文　谈国平）

【流行性出血热的治疗研究】

李永泰报道对流行性出血热（EHF）56例分为中西医结合治疗组38例与单用西药对照组18例，均使用扩充血容量、纠正酸中毒、抗感染、物理降温、补给维生素、防止出血等措施。前者加用加味黄连解毒汤（黄连、黄芩、黄柏、栀子、银花、连翘、生地、丹参、丹皮、生大黄、黄精、白茅根）随证加减煎服，每日1剂。结果中西医结合组与对照组的治愈率分别为100%和88.88%。两组平均退热时间分别为1.9和5.1天，血压复常分别为1.2和1.5天；血尿素氮复常分别为1.4和9.6天，尿蛋白复常分别为9.7和14.8天。两组间疗效有显著性差异（$P<0.05$）。刘泽富等报道对本病79例分为治疗组47例和对照组32例，均以常规综合治疗。治疗组加用双毒清（虎杖、大黄、黄芩）注射液40毫升加入葡萄糖中静脉滴注，每日1次。5天1疗程。结果治疗组与对照组的平均退热时间分别为2.37±0.81和4.35±1.32天（$P<0.01$），尿蛋白转阴时间分别为6.19±1.72和7.30±2.13天（$P<0.05$），血尿素氮复常时间分别为5.32±2.02和8.21±2.31天（$P<0.01$），肌肝复常时间分别为6.82±2.13和10.37±3.11天（$P<0.01$）。曾宪武等报道EHF急性肾功能衰竭25例，以生大黄、芒硝、丹参、白茅根、生地、玄参水煎后高位保留灌肠；同时用酚妥拉明、心得安加入10%葡萄糖中静脉滴注。均每日2次。3天1疗程。结果24例有效。尿量增加（24小时500毫升以上）平均时间3.5天，血尿素氮降至正常平均时间8.1天，二氧化碳结合力恢复正常平均时间6.5天。杨宁等报道EHF休克32例，以辨证论治为依据，采用逐瘀泄热开闭合剂，配合参麦针固脱，并与西药对照组22例进行对比观察；同时对其中48例患者治疗前后血浆β-内啡呔（β-EP）的含量变化进行了检测。结果治疗组总有效率96.88%，对照组总有效率95.45%，差异不显著。但治疗组较对照组的休克纠正时间明显缩短（$P<0.01$），血浆β-EP含量复常亦快（$P<0.05$），病情缓解明显。观察辨证论治对血浆β-EP含量变化的影响，治疗前两组中闭证型与脱证型的血浆β-EP比较，有非常显著性差异（$P<0.01$）；当休克纠正后治疗组闭证型与脱证型比较，差异缩小（$P<0.05$），而对照组闭、脱证两型比较，差异仍非常显著（$P<0.01$）；直至恢复期，两组闭、脱证型间的差异才逐渐消失（$P<0.05$）。提示血浆β-EP可作为EHF休克中医辨证分型的一项客观指标。

（茅翠芳　王文娣）

【登革热的治疗】

登革热按其流行病学情况及临床表现，

归属"瘟疫"范畴。杨华等报道102例，按温病的卫气营血辨证，分为卫气同病（用柴葛解肌汤合银翘散加减）、邪伏膜原（用达原饮加减）、气营（血）两燔（用清瘟败毒饮加减）、瘀热相搏（用犀角地黄汤合桃红四物汤加减）、亡阳外脱（用参附汤合生脉散加味）等五型论治，总有效率为94.1%（96/102）。与对照组107例（按单纯西医常规处理，总有效率为40.2%）比较，有非常显著性差异（P＜0.01）。且治疗组在截断其疾病的传变途径、减少出血的发生、减少并发症及尽快恢复血小板的正常等方面均优于对照组（P＜0.01或P＜0.05）。周德芳报道1029例，以协定方登革汤（银花、连翘、牛蒡子、板蓝根、葛根、赤芍、白茅根、甘草）为主，随证加减煎服，每日1剂，至退热后1～2天停药，疗程7～10天。同时配以西药对症治疗。治愈率为98.45%（1013/1029）。

（张应文）

【肺结核的治疗】

李守信等报道1108例肺结核，服用抗痨散（蜈蚣、冬虫夏草、紫河车、菌灵芝、牡蛎、丹参等组成，水煎3次，合并煎液，浓缩、烘干、碾细，装入1号胶囊内，密封保存。每天2次，每次4粒，饭后1小时吞服，儿童酌减）和三味汤（桃仁、三棱、夏枯草为基本方，随证加减，每日1剂，早晚分服），总有效率为98.1%（1086/1108），其中痊愈率（症状消失，痰结核菌持续阴性达1年以上，肺部X线表现为非活动性病灶，随访观察1年以上仍无活动者）91.97%（1019/1108）。杨光等报道对257例难治性肺结核，以中药回生灵（由猫眼草、蟾蜍皮、守宫、木鳖子、独角莲等制成膏剂，在与肺内病灶处的胸背体表相应处各贴1张，每5天更换1次；由鳖甲、地骨皮、牡蛎、龙骨、生地、百部、山萸肉等制成蜜丸，每服2丸，每日2～3次）制剂治疗。同时设对照组260例，采用常规抗结核药合并抗生素治疗。2个月为1疗程。结果治疗组的总有效率为97.3%（250/257），其中显效（用药2个疗程内，症状基本消失；痰菌检查阴性，空洞缩小或消失；病灶吸收或空洞缩小达50%以上者）88例，占34.2%。对照组的总有效率为84.2%（219/260），其中显效率为13.5%（35/260）。两组的疗效有非常显著性差异（P＜0.01）。中西医结合治疗的报道较多。陈硕林等对36例肺结核，以复方蜈蚣散（蜈蚣600条，参三七100克，白及、紫河车各200克，百部、猫爪草各2000克为100天1个疗程量。其中前四味研粉制成胶囊服用，后二味水煎服用）配合异烟肼、乙胺丁醇等化疗。总有效率为80.54%，其中显效率（症状明显好转或消失，胸片示病灶吸收⅓以上，空洞明显缩小者）为34.9%（14/36）。王爱兰等对156例浸润型肺结核辨证分为肺燥血热、阴虚肺燥两型，分别以润肺祛痰、凉血止血，滋阴清热、祛痰止咳施治，西药用链霉素、雷米封、利福平、吡嗪酰等治疗。同时设对照组157例以单纯西药治疗。结果治疗组的总有效率为97.44%，显效率（服药12天症状消失者）为81.41%（127/156）；对照组则分别为59.87%、38.22%（60/157）。王亚等对100例肺结核，以百合抗痨方（百合、黄芪各30克，生地、党参各20克，熟地、麦冬、地骨皮、煅牡蛎各15克，玄参、川贝、当归、白芍、百部、阿胶各10克，桔梗8克，甘草3克）煎服，每日1剂。20天为1疗程。同时以常规抗结核西药治疗。总有效率为98%，其中显效（病灶全部吸收或吸收⅔以上，空洞完全消失，痰菌阴性，血沉正常，症状消失者）70例。曹剑昆对52例老年不典型肺结核，以常规抗结核西药治疗，同时辨证分为肺阴虚、脾肺气虚、气阴两虚及阳虚等4个证型，分别以养阴清热、健脾益气、益气养阴及温阳利水等法施药，总有效率为78.85%。其中治愈和好转（病灶钙化、纤维化或明显吸收好转者）32例，占

61.54%。 （张应文 谈国平）

参考文献

C

曹剑昆。中西医结合治疗老年不典型肺结核52例临床观察。云南中医学院学报，1994；(3):27

陈硕林，等。复方蜈蚣散为主治疗肺结核36例初步观察。上海中医药杂志，1994；(8):24

陈焕兰，等。瘀胆型肝炎65例的中医治疗观察。陕西中医，1994；(1):11

陈文祥，等。治疗天行赤眼623例临床报告。福建中医药，1994；(6):9

陈秀钰。重用虫类药治疗重型病毒性肝炎的疗效观察。中西医结合肝病杂志，1994；(4):33

崔 魏，等。牛膝甘草汤辅助治疗小儿麻疹并发喉炎30例。陕西中医，1994；(8):345

G

高 健，等。八角莲注射液治疗病毒性脑炎临床分析。上海中医药杂志，1994；(9):4

H

侯翊生。钩端螺旋体病综述，附中西医结合治疗220例临床分析。实用中西医结合杂志，1994；(4):212

黄炳全，等。消瘀退黄汤治疗急性黄疸型肝炎260例。辽宁中医杂志，1994；(4):174

黄显勋，等。中西医结合治疗慢性淋球菌性前列腺炎41例。辽宁中医杂志，1994；(2):78

J

金树根，等。柔肝抗纤方治疗慢性肝病和实验研究。中国医药学报，1994；(4):12

金志春，等。茵陈硝矾胶囊治疗急性黄疸型病毒性肝炎的疗效观察。福建中医药，1994；(2):9

L

黎义锦。牛黄、熊胆为主治疗亚急性重症肝炎44例。中西医结合肝病杂志，1994；(4):37

李厚根，等。清退方治疗慢性丙型肝炎128例。中西医结合肝病杂志，1994；(2):40

李岭森，等。强力宁配合复方大青叶合剂治疗流行性腮腺炎并发脑膜炎31例。中国中西医结合杂志，1994；(1):58

李守信，等。以抗痨散为主治疗结核病2139例疗效观察。中医杂志，1994；(10):606

李永泰。中西医结合治疗流行性出血热38例。吉林中医药，1994；(1):20

李振伟。中药截疟50例临床疗效观察。中国乡村医生，1994；(9):31

李子真。“放炮法”治疗流行性腮腺炎68例。江苏中医，1994；(11):34

刘立昌，等。小柴胡汤治疗丙型肝炎的临床分析。长春中医学院学报，1994；(2):16

刘树嘉，等。国产基因工程干扰素α-2a联合猪苓多糖治疗急性丙型肝炎。中国中西医结合杂志，1994；(4):240

刘泽富，等。双毒清治疗流行性出血热47例。实用中西医结合杂志，1995；(9):528

路福兴，等。抗纤灵冲剂治疗慢性乙型肝炎及抗肝纤维化的研究。天津中医，1994；(6):3

M

毛德成，等。大剂量牛黄醒脑静治疗重症肝炎11例疗效观察。江西中医药，1994；(4):13

P

潘传芝。穿琥宁治疗流行性乙型脑炎32例疗效观察。中成药，1994；(11):27

R

任宝书。生大黄泡服治疗小儿麻疹急性尿潴留33例。中医杂志，1994；(12):721

任泽久，等。猪苓多糖合乙肝疫苗治疗慢性乙型肝炎23例。中西医结合肝病杂志，1994；(3):37

T

陶美娣，等。仙人膏治疗流行性腮腺炎408例。上海中医药杂志，1994；(4):25

W

汪恩诚。中西医结合治疗麻疹合并肺炎188例。中国中西医结合杂志，1994；(4):236

王 亚，等。中西医结合治疗肺结核100例。实用中西医结合杂志，1994；(5):309

王爱兰，等。中西医结合治疗浸润型肺结核156例。山西中医，1994；(5):29

王百龄，等。猪苓多糖合并乙肝疫苗治疗慢性乙型肝炎120例。中西医结合肝病杂志，1994；(4):30

王福权。八宝惊风散配合穴位注射治疗百日咳68例。陕西中医，1994；(4):149

王嘉会，等。猪苓多糖与补气解毒汤治疗慢性乙型

肝炎疗效观察。中西医结合肝病杂志，1994；(2):35
王伟尧。健脾渗湿法治疗慢性肝炎148例报告。新中医，1994；(2):48
王育群，等。茵胆平肝胶囊治疗病毒性肝炎的临床观察。上海中医药杂志，1994；(5):29
温宝林，等。中药煎液直肠滴注治疗小儿菌痢96例。吉林中医药，1994；(1):25
文明峰。复方巴豆丸外敷治疗白喉13例。湖北中医杂志，1994；(6):43
邬道响，等。金茵汤等综合治疗重症肝炎54例分析。中药新药与临床药理。1993；(4):24
吴嘉庚，等。乙型肝炎肝纤维化的辨证施治及与生化指标改变的关系。中医杂志，1994；(7):416
吴圣明。中药治疗慢性丙型肝炎56例。陕西中医，1993；(7):316
伍春镕，等。中医辨证治疗丙型肝炎33例。中西医结合肝病杂志，1994；(1):44

X

邢练军，等。活血解毒为主治疗丙型病毒性肝炎20例。中医杂志，1994；(5):286
徐天雄，等。东方云芝对高复制型慢性乙型肝炎血清HBV部分复制指标影响的初步观察。上海中医药杂志，1994；(5):30

Y

严述常，等。猪苓多糖治疗慢性病毒性肝炎的临床和实验研究。中西医结合杂志，1988；(3):141
杨　光，等。中药回生灵治疗难治性肺结核257例临床观察。山西中医，1994；(5):14
杨　华，等。中医药辨治登革热与登革出血热临床观察。中国中医急症，1994；(3):110
杨　宁，等。逐瘀泄热开闭合剂治疗流行性出血热休克32例疗效及血浆β-内啡呔含量的观察。中国中医急症，1994；(5):202
杨大国，等。重用赤芍治疗慢性肝炎肝纤维化前后肝穿组织学的比较。中国中西医结合杂志，1994；(4):207
杨季国。银翘柴葛汤治疗麻疹36例。浙江中医学院学报，1994；(3):25
杨锡标，等。猪苓多糖和乙肝疫苗联用治疗慢性乙型肝炎58例。中西医结合肝病杂志，1994；(1):42
余立芝。自拟透疹解毒汤治疗异性麻疹综合征36例。内蒙古中医药，1994；(1):11
俞秀廉，等。淋病丸治疗急性淋病的临床疗效及实验研究。中药药理与临床，1994；(2):44

Z

曾宪武，等。中西医结合治疗流行性出血热急性肾衰。实用中西医结合杂志，1994；(5):271
张　骠。中医为主治疗小儿菌痢75例。上海中医药杂志，1994；(9):15
张　玮，等。东方云芝治疗病毒性肝炎的临床观察。上海中医药杂志，1994；(9):35
张竟臻，等。中西医抢救重型乙脑180例。中医研究，1994；(3):28
张俊富，等。解毒益肝汤为主治疗重症肝炎20例疗效分析。天津中医，1994；(5):4
张万增，等。丹参对重型肝炎补体活化的抑制作用。中国中西医结合杂志，1994；(7):445
赵晓香。黄升丹丸治疗梅毒40例疗效观察。浙江中医学院学报，1994；(3):27
周德芳。登革热1029例临床治疗小结。新中医，1994；(6):37
朱士伏。强活清乙肝汤治疗慢性乙型肝炎300例。湖北中医杂志，1994；(3):29
诸伯星，等。大黄解毒汤治疗重症肝炎10例。新中医，1994；(8):50

(2) 肿　瘤

【概述】

1994年中医中药和中西医结合治疗恶性肿瘤的论文约70余篇，在临床治疗方面有一定进展。

(一) 肺癌治疗　郭岳峰等报告用蚝蝓胶囊治疗晚期非小细胞肺癌32例，治后中数生存期为180天，优于单纯化疗组35例治后中数生存期115天。王晓用益气养阴汤加减治疗18例气阴两虚证的晚期非小细胞肺癌患者，结果部分缓解5例，稳定7例，进展5例。中数生存期为7.6月。刘鲁明等用参麦注射液伍用化疗治疗肺癌72例，有增效和解毒作用。参麦液伍用化疗组有效率为67.6%，单纯化疗组为42.1%，两组差异显著。倪锋等将手术切除小细胞肺癌37例，随机分为手术切除肺加扶正培本中药治疗组（20例）与单纯手术切除肺组（17例），进行生存期观察。结果：中西结合组平均生存期为38.3个月，手术组为7.8个月，两组有显著差异。中西结合组1、3、5年生存率分别为95%、45%、25%，手术组1、3、5年生存率分别为17.6%、5.9%、5.9%。两组有非常显著差异。

（二）胃癌治疗　蒋益兰用健脾消癌饮治疗晚期胃癌52例，并设化疗对照组30例。结果：中药组有效率（缓解和部分缓解）为40.4%(21/52例)，化疗组为53.3%(16/30例)。中药组明显优于化疗组。治后1、3、5年生存率中药组为84.6%、53.1%、34%，化疗组分别为80%、42.5%、15.7%。

（三）肝癌治疗　邱佳信等对220例肝癌随访观察，其中123例以健脾方剂治疗，另97例为对照组。1年生存率：健脾组32.5%，化疗对照组13.4%，两组有显著差异（$P<0.05$）。龚惠民等以健脾软坚丸（人参、三七、蜈蚣、蟾蜍等）治疗原发性肝癌74例，近期有效率为75.67%，1年生存率为42.96%，3例癌灶消失，4例AFP转阴。余新富等以丹芪抗癌散（丹参、黄芪、白花蛇舌草、蛇莓、龙葵等）治疗原发性肝癌62例。结果表明：本治疗法在肝细胞功能(ALT、AST、血中总蛋白、白球蛋白比值）恢复、AKP复常和提高中位生存期均有重要作用。其有效率为87.5%，明显优于26例化疗对照组。

（四）白血病治疗　满新英等分析244例急性白血病治疗与巨核细胞的关系，以中药辨证分型配合化疗治疗，结果完全缓解171例，总缓解率88%，生存5年以上15例。易永林等用人参茎叶总皂甙（GSL）对58例急性非淋巴细胞性白血病细胞的诱导分化作用进行研究，发现本品对急性非淋巴细胞有不同程度的诱导分化作用。

（五）其他　齐聪等应用流式细胞仪和单克隆抗体技术测定了73例卵巢肿瘤患者外周血T淋巴细胞亚群，试图阐明卵巢肿瘤患者各证型之间的免疫状况。结果显示：卵巢肿瘤患者外周血T细胞亚群变化与辨证分型有关，可作为临床判断虚证、实证及其免疫状况的敏感指标，为中医治疗卵巢肿瘤提供了客观依据。张青等对216例首次的鼻咽癌患者行治疗前自选分组，作放疗配合中医药治疗（144例）与单纯放疗（72例）临床疗效前瞻性研究。对两组从急性放疗反应，远期后遗症、生存质量、3年和5年生存率等方面进行分层比较，差异均有显著性。表明放疗配合中医药治疗鼻咽癌有十分积极的意义。程剑华等用健脾益气利水汤治疗和预防化疗肾毒性的疗效观察，95例使用高剂量顺铂（PDD）治疗的肿瘤患者，随机分为中药预防组和水化对照组，用多项指标观察不同药物对肾功能的影响。结果表明，中药组治疗后，血BUN、血Cr、血β_2-M、尿NAG下降，两组治疗后的BUN、Cr差异显著，表明中药预防高剂量顺铂肾毒性疗效优于水化预防组。用中药治疗化疗性肾衰40例（44例次），总有效率为93.18%，治疗前后BUN、Cr有非常显著性差异。

（刘嘉湘）

【肺癌的治疗】

郭岳峰等报告用蛞蝓胶囊（每粒胶囊含生药0.5克）治疗晚期非小细胞肺癌32例，60天为1疗程，治后中数生存期为180天；蛞蝓加化疗组30例，治后中数生存期为178.4天；化疗组35例治后中数生存期为115天。治后的胃肠道反应，蛞蝓胶囊组有2例，明显低于蛞蝓胶囊加化疗组15例及单用化疗组18例。王晓报告用益气养阴汤治疗晚期非小细胞肺癌气阴两虚证患者 18 例，其中腺癌 11 例，鳞癌 7 例。基本方为太子参、黄芪、淮山药、南沙参、北沙参、天冬、麦冬、百合、女贞子、生地、熟地、枸杞子、天花粉等加减。有 8 例在服中药同时加用了化疗。服中药达 30 剂以上者进行统计，最多的为 333 剂，平均 113 剂。结果：部分缓解 5 例，稳定 7 例，进展 5 例；服中药后胸片好转或稳定至复发或恶化时间最短为 1 个月，最长为 13 个月，平均 4 个月。治后咳嗽、胸痛、痰血、胸闷气短等症状改善或缓解的总有效率为 77.2%，中数生存期为 7.6 个月。采用益气固本、滋阴润燥类中药治疗失去手术、放、化疗机会的晚期非小细胞肺癌，可使病人的临床症状和体征得到不同程度缓解，不失为临床治疗晚期肺癌的一种方法。刘鲁明等报告，用参麦注射液对肺癌化疗有增效减毒作用。在收治经病理确诊为肺癌而行化疗者 72 例中，腺癌 42 例，鳞癌 30 例；Ⅲ期 29 例，Ⅳ期 43 例。将 72 例病人分为化疗结合参麦液治疗组（简称参麦组）34 例，化疗未结合参麦液治疗组（简称对照组）38 例。两组化疗方案基本类似，参麦组在化疗开始前 3 天或化疗开始之日同时应用参麦液20～60 毫升，加入 10%葡萄糖液 250 毫升中静脉滴注，每日 1 次，连续 10 天以上。结果：参麦组有效率为 67.6%（CR2例，PR21例），对照组为 42.1%（CR1例，PR15例），两组差异显著（$P<0.05$）。认为参麦注射液有气阴两补的功用，并用于化疗有一定阻抑白细胞和血小板降低的作用，并可提高T细胞功能，对化疗引起呕吐和心律异常等毒副作用有一定预防保护作用。

（刘嘉湘）

【食管癌的辨证和治疗】

姜平等对 38 例食道癌手术治疗后的观察，从X线表现的四个方面（食道粘膜改变，食道管腔轮廓变化，病变长度，病变转移状况）及病理分型（即髓质、蕈伞、溃疡和狭窄四型）与中医分型对比分析。认为食道癌的中医分型与病变发展程度相一致，食道癌早期多为痰气交阻型，中期多为津亏瘀结型，晚期多为气虚阳微型。

赵友洲等用中药结合喃氟啶治疗食管癌 10 例，其中痰气交阻型 5 例、津亏热结型 2 例、气虚阳微型 2 例、痰瘀内结型 1 例。治后生存 3 年 2 例，4 年 3 例，5 年 4 例，6 年 1 例。田逸之用大半夏汤加味治疗晚期食管贲门癌梗阻，其中半夏用量为 60～120 克，配合人参、白蜜、威灵仙、代赭石、昆布、海藻、瓜蒌皮、丹参、当归、薏苡仁、三棱、莪术、僵蚕、郁金、象贝、白药。多数患者服 1 剂后，痰涎减少，梗阻减轻。吴清都等用启膈汤（䗪虫、蜈蚣、山慈菇、半边莲、半夏、党参）治疗食道癌咽下困难症 36 例，其中症状消失者 20 例，好转者 1 例，无效3 例。刘亚娴等用麦冬、南沙参、半夏、山药、鸡内金、丹参、甘草等治疗食管癌、贲门癌术后厌食 31 例，其中获效最短 4 剂，最长 15 剂，平均 9.5 剂。

（汤新民）

【胃癌的舌诊和治疗】

周阿高等探讨胃癌患者紫暗舌与 3 项血凝指标抗凝血酶（AT-Ⅲ）、纤溶总活力（Fa）、因子Ⅷ相关抗原（ⅧR：Ag）的关系，结果显示紫暗舌质比非紫暗舌者处于更明显的血凝状态，胃癌患者舌质紫暗存在与否同血凝指标检测值有着密切的相关性。上官钧等用胃癓散（黄芪、水蛭、三七、明矾、人中白、珍珠粉、巴豆霜、甘草）治疗胃癌72例，其中 7 年生存率为 26.8%，且多种体征改善和副毒反应均优于手术化疗组。蒋益兰用健脾消癌饮（党参、茯苓、白术、黄芪、莪术、丹参、香附、半夏、半枝莲、白花蛇舌草、七叶一支花、石见穿、甘草）治疗晚期胃癌 52 例，根据实体瘤的疗效标准，结果有效率中药组为 84.5%，化疗组 30 例，有效率为 70.0%；1、3、5 年生存率中药组为

86.6%、53.1%、34.0%，化疗组为80.0%、42.5%、15.7%。林宝福用六味地黄汤加减（熟地、萸肉、山药、泽泻、丹皮、茯苓、川芎、莪术、鸡血藤、天冬）治疗Ⅳ期胃癌35例，结果一年生存率85.7%，二年生存率48.6%，三年生存率22.8%。王榕平等用联合化疗配合健脾减毒汤（党参、黄芪、白术、茯苓、陈皮、半夏、鸡血藤、杞子、女贞、白芍、麦冬、白花蛇舌草）治疗进展期胃癌60例，其中FEP组（30例）总有效率56.7%，显著高于FM组(30例)的20%。王晓用中药辨证施治配合UFTM方案治疗晚期胃癌20例，其近期疗效50%，治后中位数生存期达18个月，最长生存57个月。饶燮卿等用升血汤（黄芪、太子参、鸡血藤、白术、茯苓、杞子、女贞子、菟丝子）配合化疗治疗中晚期胃癌64例，结果总有效率为95.3%，平均生存期3.188年，5年生存率34.4%；单纯化疗组17例则分别为76.4%、1.12年及5.9%。凌百斌用白及、乌贼骨、三七共研粉治疗胃癌出血32例，其中呕血合用大半夏汤，便血合用补中益气汤，结果控制胃癌出血总有效率为93.8%。范忠泽等观察99例胃癌手术后患者，中药治疗组（49例）用枸橘李、八月札、青皮、生白术、石打穿、白花蛇舌草、菝葜、生米仁，每日1剂。化疗组（50例）用MF或FAM方案。结果1年、5年生存率，中药组和化疗组分别为65.31%、10.20%和60.00%、10.00%。潘明继等探讨胃癌中西医结合治疗规律，对103例患者分别于手术前后、化疗期间及化疗后给予中药扶正和调理，用扶正健脾汤（党参、白术、茯苓、甘草、黄芪、麦冬、木香、沙参、陈皮、瓜蒌仁、莲肉、鸡内金、麦芽、神曲、黄连），并与单纯手术及化疗作对照，结果表明，中西医结合治疗组疗效明显优于单纯西医疗法的对照组。实验结果表明扶正健脾汤具有扶正和抑瘤双重作用。

（汤新民）

【肝癌疼痛的治疗】

（一）中药预防　李佩文认为维持机体的气血阴阳平衡是预防癌性疼痛的根本。肝癌是发生癌痛较早且较重的疾病，B超常提示肝门静脉及肝动脉血栓形成，应早用活血化瘀法。关于中医药治疗癌痛的认识：中药如乌药、玄胡、乳香、没药、冰片等能升高痛阈，减轻机体对不良刺激反应的程度；中药可以改变内环境以延缓及减轻疼痛的发生；中药预防癌痛与改善组织缺氧等有关。徐振晔、刘嘉湘主张肝癌疼痛宜应用理气散结法治之，常用八月札、绿萼梅、玄胡索、川楝子、莪术、郁金、木香、合欢皮等，适当施用活血化瘀药，或与止血药同用，或选用活血化瘀、凉血止血中药，如赤芍、丹皮等，否则有增加肝癌破裂出血、出现血性腹水的可能性。

（二）中药内服　欧阳俊等单用消炎止痛、清热解毒、散瘀消肿的新癀片（三七、牛黄、肿节风等）治疗中晚期肝癌疼痛22例，其中重度疼痛9例、中度疼痛9例、轻度疼痛4例，获完全缓解16例，中度缓解5例，无效1例，总有效率95.5%。平均获效时间15～30分钟，维持时间6～8小时。黄火文等用柴胡疏肝散加味方（柴胡、芍药、陈皮、枳壳、郁金、甘草、香附、莪术、蚤休、半枝莲、干蟾皮等）治疗肝郁气滞型肝癌引起的胁肋胀痛，取得较好的止痛效果。

（三）中药外敷　于秀琴等用肝癌止痛膏（柴胡、白芍、鳖甲、干蟾皮、川芎、三棱、莪术、青皮、炙山甲、光慈菇、半枝莲、白花蛇舌草，经麻油浸泡熬滤，加樟丹成膏，用时化开加乳香、没药、麝香、白芷粉拌匀）贴敷，每7天换药1次，治疗11例晚期肝癌疼痛难忍患者，结果疼痛基本消失。李智等用神效止痛膏（甘遂、乳香、没药、丹参、鳖甲、姜黄、马钱子、郁金、白芍、独角莲、蝎子、苏木、蜈蚣、麝香、冰片，将上药研末，以松节油调敷）每3天换贴1次，敷贴期门穴或剧痛处，治疗肝癌疼痛68例，获显效41例，好转19例，无效8例。本法不仅能改善疼痛症状，且对瘤体亦有缩小作用。陈庆仁等以砂冰莪术酊（朱砂、乳香、没药、当归、地龙、桃仁、红花、木香、丹参、玄胡、冰片、莪术、米酒）蘸敷疼痛处，治疗36例晚期原发性肝癌疼痛，获完全缓解21例，明显缓解12例，中度缓解3例。与对照杜冷丁组比较，两者差异非常显著，P<0.01。李佩文等用去痛灵（玄胡、丹参、乌药、蚤休、地鳖虫、血竭、冰片，酒浸）蘸搽144例癌痛，包括肝癌15例，总缓解率为79.2%。

（四）内服加外敷　梁超严等以鼠妇酊剂蘸擦与鼠妇煎剂口服治疗32例中重度癌痛（包括肝癌10例），总有效率为87.5%。杨俊文等以冰星液（冰片、胆南星、川草乌、莪术，酒浸）外搽加新癀片内服治疗癌性疼痛51例（包括肝癌10例），总有效率为92%，显效率78%。

（五）针刺　徐淑英以针刺双侧足三里，用虚者补之、实者泻之、得气为宜手法，留针15分钟，每日1次，2周为1疗程，治疗原发性肝癌疼痛43例。结果：治愈12例，好转25例，无效6例。本法缓解疼痛持续时间长，并能改善症状，增强机体免疫功能和延长生命。

（王義明）

【白血病的证治与研究】

唐由君等对38例急性白血病中医分型与骨髓细胞增殖动力学相关性分析表明，气阴两虚型G_0/G_1期细胞百分比<气血双亏型<痰瘀互结型<热毒炽盛型；气阴两虚型S期细胞百分比>气血双亏型>痰瘀互结型>热毒炽盛型。气阴两虚型、热毒炽盛型S期细胞百分比差异显著（P<0.01）。完全缓解者以气阴两虚型多见。长期存活着（>5年）7例以气阴两虚型辨治，G_0/G_1期、S期细胞百分比分别与正常对照组相比无显著差异（P>0.05）。复发4例均为热毒炽盛型，S期细胞百分比显著偏低，G_0/G_1期、S期细胞百分比分别与正常对照组相比有显著差异（P<0.01）。指出气阴两虚型S期细胞百分比较高，疗效、预后较好；热毒炽盛型、痰瘀互结型S期细胞百分比低，疗效、预后较差。满新英等分析244例急性白血病治疗与巨核细胞的关系，气阴两虚型用益气养阴解毒方（黄芪、人参、当归、白术、茯苓、砂仁、生地、麦冬、黄精、丹皮、小蓟、白花蛇舌草、半枝莲、甘草、芍药）；气血双亏型用补气养血方（黄芪、当归、熟地、生地、白芍、枸杞、阿胶、党参、砂仁、甘草）；热毒炽盛型用清热解毒凉血方（水牛角粉、生地、丹皮、石膏、茜草根、连翘、小蓟、金银花、白茅根、陈皮、甘草）。均配合化疗。结果完全缓解171例，总缓解率88%，生存5年以上15例，最长1例已生存17年。白血病骨髓巨核细胞缺如者易发生出血，缓解率亦较低，生存时间短；巨核细胞正常者易于缓解亦较少复发。王天恩治疗慢性淋巴细胞性白血病13例，气郁痰结型用柴胡疏肝散合消瘰丸加减；痰瘀互结型用和荣散坚丸合失笑散、消瘰丸加减；气阴两虚、痰瘀停滞型药用黄芪、元参、天冬、女贞子、旱莲草、牡蛎、丹参、鸡血藤、当归、三棱、莪术、川贝、黄精；痰瘀湿热型用茵陈四苓散加味。各型均加用小金丹、犀黄丸，西药用瘤可宁或联合化疗。结果完全缓解2例、部分缓解8例，白细胞数、血小板、成熟淋巴细胞、IgM、IgG、淋巴细胞转化率、E-玫瑰花结形成试验治疗前后比较均有显著性差异（P<0.01）。

谭道华等治疗12例急性白血病，初起邪实，以祛邪为主，药用银花、连翘、大青叶、白花蛇舌草、七叶一枝花、半枝莲、山豆根、水牛角、石膏、知母、玄参、首乌、黄芪、白术、茯苓等；化疗后以扶正固本、补肾填髓为主，药用党参、黄芪、白术、补骨脂、菟丝子、鹿角胶、枸杞子、女贞子、旱莲草、龟板胶、阿胶、熟地、当归、陈皮。配合联合化疗。结果完全缓解7例，部分缓解2例，总有效率75%。朱海洪将21例复发性难治性急性白血病随机分二组，均用联合化疗及服益气养阴方（太子参、黄芪、白花蛇舌草、半枝莲、小蓟、生地、麦冬、天冬、茯苓、枸杞、甘草），治疗组9例化疗前1天至化疗结束每天用复方丹参注射液20毫升静滴。结果完全缓解5例，部分缓解3例，总有效率88.8%；对照组完全缓解2例，部分缓解3例，总有效率41.6%。两组比较有显著性差异（$P<0.05$）。徐瑞荣等用补气养血方（黄芪、党参、白术、茯苓、当归、补骨脂、枸杞子、何首乌、阿胶、白花蛇舌草、半枝莲、小蓟、甘草）结合化疗治疗急性白血病60例；对照组36例仅用化疗。结果结合组缓解58例（83.82%）、对照组缓解22例（61.11%），两组缓解例数比较差异显著（$P<0.05$）。刘峰、王忠芬等分别用益气养阴法治疗复发性急性淋巴细胞性白血病11例次、慢粒急性变30例，均以黄芪、党参、黄精、枸杞子、玄参、当归等为主药，总有效率分别为72.7%、50%。

易永林等用人参茎叶总皂甙（GSL）对58例急性非淋巴细胞性白血病（急非淋）细胞的诱导分化作用进行研究，结果表明本品对各型原代培养的急性非淋巴细胞均有不同程度的诱导分化作用，对急粒单及急单白血病细胞的诱导分化作用较强，除8例外，50例诱导后的细胞均表现出程度不同的形态、功能及细胞化学方面的改变。提示GSL可能成为治疗本病有效的分化诱导剂。陈志伟等单用青黄散（青黛、雄黄）治疗18例慢粒，完全缓解11例，总缓解率94.44%，对其中10例初治者治疗前、中、后骨髓细胞超微结构观察，发现在白细胞骤降时期幼稚细胞发生的大量变性坏死是以核溶解、固缩、破碎或混合性为特征，表明青黄散治慢粒的疗效与其能使慢粒白血病细胞核变性的药理作用有关。

（黄振翘　黄松玲）

【中医药对抗肿瘤放化疗毒副反应的观察】

金达芳、程剑华等分别报导以健脾补肾和健脾益气利水汤防治顺铂为主化疗所致肾功能损害。分别设治疗组77例，对照组90例和治疗组49例、对照组46例，结果治疗组肾功能损害的发生例数均低于对照组，两组对比尿素氮、肌酐均有明显差异或非常显著差异。李尚文等用加味吴茱萸汤治疗顺铂所致消化道反应，以31例作自身对照试验。发现治疗前后有显著统计学意义，且对年龄较小的患者效果更为显著。欧阳汝忠应用中西医结合治疗化疗毒副反应51例，主要症状如眩晕、乏力、纳差、恶心等症缓解率分别在80～94%间，血色素、血小板、白血球等回升总有效率为90.2%，无效者为9.8%。李钟瑞采用长白安冲剂（黄芪、白术、穿山甲、紫河车、枸杞子）治疗47例化疗所致白细胞减少症，结果有效率为93.6%，与对照组（47例）的72.3%相比有显著差异。同时也有提升血红蛋白、血小板和增强免疫功能的作用。罗珊等以生血宝颗粒剂治疗放疗、化疗所致白细胞减少症51例，并以贞芪扶正冲剂为对照组，两组治疗后提升白细胞数和血红蛋白量，前者优于后者，分别有非常显著差异和显著差异。汪晓明报导，按辨证治疗、顾护胃气原则，治疗化疗毒副反应108例，痊愈（症状消失，能坚持化疗）68例，占61.1%；好转（症状基本消失，但不能坚持化疗）38例，占35.2%，无效7例，占3.7%。蔡莉芬等对25例恶性淋巴瘤分别以福乃康合化疗“CHOP”（15例）与单纯化疗“CHOP”（10例）治疗，结果显示联合用药组中临床副作用症状发生率比单纯药组少，两组治疗前后血红蛋白、白细胞、血小板、NK细胞活性变化，前者无明显变化，后者均有不同程度的下降，差异显著。顾德媛以中药配服胃复安、维生素C、利血生治疗化疗毒副反应，经治16例中，显效10例，有效5例，无效1例。张志芳等以扶正膏与鲨肝醇、利血生、维生素等分两组对照，观察60例放疗后减轻毒副反应效果，结果两组总有效率、放疗完成率、放疗后毒副反应，前者优于后者，均有非常显著差异。两组放疗前后白细胞计数进行自身t检验，对照组放疗后白细胞下降明显，而扶正膏组略有上升，说明扶正膏能较好地阻止放疗引起白细胞下降。韩元龙应用青蛤散外用治疗肿瘤术后早期切口不愈合及化疗药物外漏引起局部组织坏死或溃疡34例，33例均获痊愈。治疗时间最短为10天，最长为53天。

吴亚滨总结了益血宁对抗动物化疗（环磷酰胺）毒副反应的观察，证明益血宁可提高机体免疫功能，又可减轻环磷酰胺所致的骨髓抑制，并且有较明显的量效关系。

（茅翠芳）

参考文献

C

蔡莉芬，等。福乃康防治化疗副作用的临床观察。中医杂志，1994；(11)：670。

陈庆仁，等。砂冰莪术酊治疗晚期原发性肝癌疼痛36例。中西医结合肝病杂志，1994；(2)：43。

陈志伟，等。青黄散治疗慢性粒细胞性白血病的临床和超微结构研究。中国中西医结合杂志，1994；(增刊)：56。

程剑华，等。健脾益气利水汤预防和治疗化疗肾毒性的临床研究。中国中西医结合杂志，1994；(6)：331。

F

范忠泽，等。中医药在胃癌术后治疗中的作用——附99例临床分析。上海中医药杂志，1994；(5)：16。

G

顾德媛。中西医结合防治化疗毒副反应16例。安徽中医学院学报，1994；(3)：3。

郭岳峰，等。蛞蝓胶囊治疗晚期非小细胞肺癌32例疗效观察。中医研究，1994；(3)：24。

H

韩元龙。青蛤散外用治疗化疗后溃疡。浙江中医杂志，1994；(1)：18。

黄火文，等。辨虚实治疗癌性疼痛。中医杂志，1994；(10)：623。

J

姜　平，等。食道癌中医分型与X线征象及病理分型对照分析。辽宁中医杂志，1994；(4)：145。

蒋益兰。健脾消癌饮治疗晚期胃癌52例临床观察。湖南中医杂志，1994；(4)：3。

金达芳，等。健脾补肾法防治顺铂为主化疗药所致肾功能损害的临床观察。广西中医药，1994；(5)：1。

L

李　智，等。神效止痛膏治疗肝癌疼痛68例。中国中西医结合杂志，1994；(2)：76。

李佩文，等。中药去痛灵外用治疗癌痛144例。中国中西医结合杂志，1994；(10)：616。

李尚文，等。加味吴茱萸治疗顺铂所致消化道毒性反应。山西中医，1994；(1)：20。

李钟瑞。长安升白冲剂治疗肿瘤化疗致白细胞减少症47例。陕西中医，1994；(2)：51。

梁超严，等。鼠妇制剂对中重度癌痛的镇痛效果观察。山东中医杂志，1994；(4)：159。

林宝福。六味地黄汤加减治疗Ⅳ期胃癌35例。浙江中医学院学报，1993；(6)：13。

凌百斌。中药为主治疗胃癌出血32例临床观察。江苏中医，1994；(3)：8。

刘　锋，等。化疗联合益气养阴法治疗复发性急性淋巴细胞性白血病。中国中西医结合杂志，1994；(增刊)：157。

刘鲁明，等。参麦注射液对肺癌化疗增效减毒作用的临床观察。中医杂志，1994；(5)：280。

刘亚娴，等。食管癌贲门癌术后厌食的中医治疗初探。河北中医，1994；(3)：33。

罗　珊，等。生血宝颗粒剂治疗放疗、化疗所致白细胞减少症51例。湖南中医杂志，1994；(4)：31。

吕亚滨，等。益血宁协同肿瘤化疗作用的实验研究。中国中医药科技，1994；(5)：20。

M

满新英，等。244例急性白血病的临床与巨核细胞。山东中医学院学报，1994；(4):244。

O

欧阳俊，等。新癀片治疗中晚期肝癌疼痛疗效观察。中成药，1994；(8):26。

欧阳汝忠。中西医结合治疗化疗药物毒性反应的临床观察。江西中医药，1994；(3):41。

P

潘明继，等。胃癌中西医结合治疗规律的探讨。中医杂志，1994；(3):159。

R

饶燮卿，等。升血汤配合化疗治疗中晚期胃癌的远期疗效观察。中国中西医结合杂志，1994；(6):366。

S

上官钧，等。胃瘊散治疗胃癌72例疗效观察。辽宁中医杂志，1994；(8):354。

T

谭道华，等。中西医结合治疗急性白血病12例。实用中西医结合杂志，1994；(3):146。

唐由君，等。38例急性白血病中医分型与骨髓细胞增殖动力学相关性研究。上海中医药杂志，1994；(10):19。

田逸之。大半夏汤加味治疗晚期食道贲门癌梗阻。浙江中医杂志，1994；(3):128。

W

汪晓明。辨证治疗肿瘤化疗近期毒副反应108例。辽宁中医杂志，1994；(3):3。

中药与UFTM方案联合治疗晚期胃癌20例。江西中医药，1993；(6):37。

王　晓。益气养阴治疗晚期非小细胞肺癌18例，江西中医药，1994；(1):35。

王榕平，等。联合化疗配合健脾减毒汤治疗进展期胃癌60例近期疗效的评价。福建中医药，1993；(5):23。

王天恩，等。中西医结合治疗慢性淋巴细胞性白血病13例临床观察。河南中医，1994；(2):93。

王忠芬，等。中西医结合治疗慢性粒细胞性白血病急性变30例。中国中西医结合杂志，1994；(增刊):160。

吴清都，等。启膈汤治疗食道癌咽下困难症36例。福建中医药，1993；(6):32。

X

徐瑞荣，等。补气养血方配合化疗治疗急性白血病临床研究。中国中西医结合杂志，1994；(增刊):156。

徐淑英。癌性腹痛应用针刺足三里穴镇痛临床观察。实用中西医结合杂志，1994；7(1):22。

徐振晔，等。癌性疼痛的中医急诊治疗。上海中医药杂志，1994；(12):6。

Y

杨俊义，等。自拟冰星液加新癀片治疗癌性疼痛51例。上海中医药杂志，1994；(7):13。

易永林，等。人参茎叶总皂甙对58例急性非淋巴细胞白血病的诱导分化作用。中国中西医结合杂志，1993；(12):722。

于秀琴，等。肝癌止痛膏治肝癌疼痛。山东中医杂志，1994；(1):43。

Z

张志芳，等。扶正膏减轻肿瘤放疗毒副反应的初步观察。湖南中医学院学报，1994；(2):2。

赵友洲，等。中西医结合治疗食管癌10例。安徽中医学院学报，1994；(3):8。

周阿高，等。胃癌患者紫暗舌与血凝指标检测的相关性研究。上海中医药杂志，1993；(12):6。

朱海洪。复方丹参注射液配合化疗治疗复发性难治性白血病。中国中西医结合杂志，1994；(8):502。

（3）内　　科

【概述】

本年度国内中医药期刊上有关内科病证的报道约3000余篇，其内容比较集中在临床研究、基础研究和理论探讨等方面，同时也反映了中医辨证治疗急性病、难治病、少见病的疗效和方法。

在临床研究方面，运用自拟复方及自制制剂（口服液、胶囊、针剂等）前瞻性地、系统地开展临床疗效观察，仍占主导地位。如林兰报道用化痰软坚、消肿散结中药为主，佐以益气养阴之品组成基本方（半夏、土茯苓、土贝母、昆布、山慈菇、柴胡、枳实、丹参、黄芪、白芍、枸杞子、夏枯草）治疗放射性甲状腺疾病212例，对其中甲状腺炎、结节性甲状腺炎，用基本方治疗，而甲亢则以基本方去黄芪、枸杞子、昆布，加生龙骨、生牡蛎、黄药子；甲减用基本方去柴胡、枳实，加菟丝子、肉桂；甲状腺癌用基本方去柴胡、枳实，加党参、白术。4～6周为1疗程。经1～2疗程治疗，总有效者154例，占72.64%。不仅改善了临床症状和甲状腺功能，而且使甲状腺组织结构、肿大的甲状腺体积得到改善，甲状腺结节缩小或消失，还使机体的免疫功能得到提高。特别对儿童甲状腺癌患者的效果更为显著，并可使肿大的淋巴结缩小，甚至消失。展昭民等以玳瑁紫癜宁治疗原发性血小板减少性紫癜40例，疗效确切，总有效率为87.5%。临床研究发现，该方药对患者血中的抗血小板抗体有显著抑制作用，其作用部位在造血干细胞水平上。张清贤等按益气活血、清热消积法自制参芪降糖片治疗Ⅱ型糖尿病373例，总有效率为83.16%。研究证明该方药对胰岛素受体机能有调节作用。近年来，中医药治疗急性心肌梗塞的临床研究不断深入，陈立新对此作了概述。

在基础研究方面，深入开展的实验研究，为阐明临床机制提供了客观依据。如蔡定芳等对治疗病毒性高热的有效方剂抗戾散进行了实验研究。结果表明，抗戾散能有效地抑制实验家兔的发热效应，并能降低其脑脊液前列素E_2和环核苷酸等发热介质，提示该方是通过多种途径作用在体温调节中枢发生退热降温效应的。吴伟康从自由基角度出发，通过动物实验证实，四逆汤可降低缺血心肌的氧自由基（OFR）浓度和丙二醛(MDA）含量，增加营养血流量（NBF）和超氧化物歧化酶（SOD）活性，从而提示四逆汤保护缺血心肌是通过改善缺血心肌的灌流，减轻自由基损伤反应等多种机制实现的，这对临床应用具有指导意义。

在理论探讨方面，结合临床实践，从宏观上深化对疾病的认识，是提高整体学科水平不可缺少的一个部分。期刊中有关论文对某些难治性疾病的研究现状作了归纳、分析，提出了方向，有一定指导意义。如李军祥等对近10年中医药治疗萎缩性胃炎癌前病变的思路与对策作了探讨，并对临床研究现状、中医药治疗本病的优势、存在的问题和焦点作了具体的分析，然后提出了治疗相关疾病；祛除病因，开展一级预防；调整脏腑整体功能；明确疗效标准；加强机理研究等五条思路与对策。肖相如在《慢性肾功能衰竭的治疗思路研究》一文中提出，如将慢性肾功能衰竭（CRF）时肾脏自身的代偿扩展至脏腑间的整体功能代偿，并采用化毒疗法促进CRF时代谢废物的排泄，则有可能带来治疗上的突破。类似这样的论文，对拓宽思路，提高疗效，显然是很有裨益的。

随着科学的飞速发展，借助现代化仪器设备为中医药临床诊治服务，已愈来愈普遍。本卷专门选列的条目《头颅CT检查分析与中风辨治》，就是其中的一例。如曹晓岚等应用颅脑CT扫描对清开灵注射液治疗脑出血进行了治疗前后对比观察，发现其液化吸收率达96.7%，血肿完全消失76.92%，表明该药能促进颅内血肿液化吸收，减轻脑水肿。颅脑CT扫描对脑出血进行治疗前后动态观察，是判定疗效最佳客观指标之一，对进一步探讨疾病实质，深入研究药物作用机理，有积极作用。徐培宗等对18例慢性肺心病患者用右心导管监测，观察赤芍注射液降低肺动脉高压的作用，发现机理之一可能为通过抑制TXA_2(血栓素A_2)合成酶的活力而抑制TXA_2的合成，使比例失调的TXA_2/PGI_2趋于正常。

此外，应用多途径给药方法治疗内科疾病，对提高疗效起了一定的作用。如中药灌肠法治疗溃疡性结肠炎、直肠炎，已被临床广泛采用。其它如刘曦明、赵戬谷、孔昭民、李廷荃、王保平等报道的灌肠治疗高热；直肠滴点治疗昏迷抽搐，浮肿，呕吐；自制冠心膏外治心绞痛；胃镜下局部喷撒中药末，治疗消化性溃疡和上消化道出血等，均取得较为满意的疗效。

（张镜人　张存钧）

【慢性支气管炎的辨治与研究】

近年来，有关报道对慢性支气管炎（简称“慢支”）在理论探讨、辨证分型研究、剂型改革等方面有一定进展，简介于下。

（一）理论探讨　升降出入学说，是中医学理论体系的重要组成部分。吴放等报道运用升降出入学说治疗慢支 184 例。诊断和疗效均参照 1981 年《江苏省疾病临床诊断、治愈、好转标准》评定。治疗分三期：(1)急性发作期。风寒证用麻黄汤、杏苏二陈汤加减；风热证用桑菊饮加减。在风寒证中可见有外寒内热证和风寒兼湿证；风热证中可有兼湿、挟暑等证，当随证治之。(2)慢支迁延期。痰浊内蕴证用杏苏二陈汤加减；痰热犯肺证用麻杏石甘汤加味；寒饮伏肺证用小青龙汤加减。(3)慢支缓解期。肺阴不足证用生脉饮加味；肺气不足证用玉屏风散加味；肝旺肺虚证用泻白散与黛蛤散加减；脾肾阳虚证用金匮肾气丸加味。本期主要巩固疗效，预防复发。结果：急性发作期 123 例，临床控制 86 例（占 69%）；好转 37 例（占 31%）。迁延期 52 例，临床控制 31 例（占 59.6%）；显效 15 例（占 28.8%）；好转 6 例（占 11.6%）。并认为，慢支急性发作期，不仅要重用宣透药以驱邪外出，还要配用肃降肺气药。慢支缓解期和迁延期，肺脾肾三脏大多气衰，升降失调，除重用补益药以调养正气，也要配伍收敛药以收敛耗散之气血阴阳。以上所云宣透、收敛为横治，主调肺气之出入；肃降、升提、补益为竖治，主理内气之升降。升降出入，交相为用，互为其枢，用之合度则可获得更好的疗效。毛新宽根据痰瘀相关理论，自拟除痰化瘀汤（杏仁、甘草、白芥子、射干、桃仁、细辛、当归、赤芍）并随症加减治疗慢支急性发作 100 例，咳嗽、咳痰、喘息、哮鸣音四项主要观察指标总有效率分别为 93%、89%、84%、73%。并认为，慢支既有痰浊内生，又有瘀血形成，且痰浊滞经，易成瘀血；瘀血阻络，聚为痰浊。故痰瘀互结、痰瘀同病是本病的病理特点。自拟方突出了痰瘀同治的原则，痰瘀除，咳喘愈。

（二）辨证分型研究　宋卫东等报道了慢支皮质醇局部作用与辨证分型的关系。共观察 105 例患者。中医辨证与分型按中国中西医结合研究会 1986 年郑州会议制定的诊断标准予以确认，分为肺气虚证组（40 例）、肺阴虚证组（26 例）及隐性病证组（39 例，即无证可辨的慢支患者）。经检测 105 例患者及 36 例健康人血、支气管肺灌洗液（BALF）中皮质醇，并对皮质激素抑制肺泡巨噬细胞（AM）、分泌血栓素B_2（TXB_2）及其与中医辨证分型的关系进行探讨。结果表明：(1)慢支各证型血中皮质醇含量与健康组比较无明显差异，但肺气虚证、肺阴虚证组BALF中皮质醇含量明显低于健康人（$P<0.05$；$P<0.01$）。(2)皮质激素对慢支各证型AM、分泌TXB_2抑制作用远低于健康人，提示不同证型慢支BALF中皮质醇含量及其对AM的抑制作用有明显差别。在隐性病证组，虽然血及BALF中皮质醇含量未见明显低下，但糖皮质激素抑制率明显减少，反映隐性病证组AM功能缺陷。总之，本研究从一个侧面反映AM功能在慢支辨证分型中的重要作用。魏秀元亦报道慢支辨证分型与血浆皮质醇水平的关系。其中 110 例慢支患者作为观察组，71 例健康人作为对照组。观察组再按中医辨证分为虚寒证组（40 例）、虚热证组（36 例）和痰湿（痰热）证组（34 例）。魏氏对观察组与对照组血浆皮

醇水平进行观察对比，并应用方差分析法。结果：虚寒证组、痰热（痰湿）证组与对照组之间无显著性差异（P＞0.05），虚热证组显著高于对照组（P＜0.01）。提示皮质醇升高是形成虚热证的病理基础。该证型有五心烦热、口干咽燥等症状，可用肾上腺皮质功能亢进来解释，两者存在着较密切的关系。

（三）剂型改革　肖冰等应用中药制成的颗粒剂速咳宁（含麻黄、杏仁、甘草、半夏、陈皮、鱼腥草、银花、桔梗、浙贝母等）治疗慢支发作患者72例，每次服8克，每日2次。对照组36例，口服蛇胆川贝液，每次20毫升，每日2次。观察6天为1个疗程。结果：治疗组临床控制9例，显效18例，好转6例，总有效率91.66%，显著优于对照组（总有效率75%），P＜0.01。在观察研究中，发现速咳宁能显著降低痰液中去氧核糖核酸（DNA）含量和提高分泌性免疫球蛋白（SIgA）的含量，对以细菌、病毒等感染和局部免疫功能低下为主要病变的慢支发作期的治疗具有较强的针对性。并认为，本方集清、宣、化、通、行、降于一炉，又以清宣为主，化痰为先，表里兼顾，与慢支发作期的病理机制互相吻合，故疗效较著。

（陆鸿元）

【慢阻肺继发霉菌感染的辨证分型与治疗】

慢性阻塞性肺病（简称“慢阻肺”）包括慢性支气管炎、支气管哮喘、肺气肿、肺心病等。患者常因反复发作，长期使用多种抗生素，剂量大，疗程长，或更换频繁，致使体内菌群失调，容易继发霉菌感染，临床用药相当棘手。孙洁民报道慢阻肺继发霉菌感染的辨证分型及治疗。在住院398例慢阻肺患者中，有85例经常规治疗后，咳嗽反而加剧，痰量增多，胸部摄片发现新的渗出病灶。痰液反复进行霉菌培养和涂片检查，均发现白色念珠菌和其它少数霉菌而确诊。中医辨证分型：(1) 阴虚型21例，临床表现有：五心烦热，盗汗，多饮，痰粘稠带胶冻状。脉象细数。舌质红，舌少苔或无苔，少津有裂纹。(2) 气阴两虚型58例，临床表现有：气促胸闷，自汗伴有盗汗，食欲不振，痰粘稠不易咳出。脉细无力。舌红光剥，舌胖嫩，边缘有齿痕。治疗方法及疗效观察：停止原用的抗生素，服用西药酮康唑或静滴达克宁，必要时口腔涂擦制霉菌素甘油。同时口服蛇胆川贝枇杷膏。经1周治疗后，阴虚型患者症状减轻或消失，痰中未见霉菌。气阴两虚型中，31例临床症状改善不明显，加用贞芪扶正冲剂5天后，25例症状明显好转，有效率达83.2%。继服一周，28例症状消失，舌苔基本恢复正常，有效率上升至91%，3例无效占9%。以上提示扶助正气中药有助于提高治疗效果。

单方结合辨证治疗本病有助于提高疗效。李汝安等报道熊胆粉治疗肺心病并霉菌感染10例，全部经口腔涂片查出霉菌。6例为中医肺胀之痰热郁肺型，症见面色晦黯，胸满，咳逆，喘息，痰黄难咯，便干溲黄，舌尖红，苔黄厚腻，脉滑数。4例为肺胀中之阳虚水泛型，症见咳喘频作，心悸，咯白色泡沫痰，面浮肢肿，尿少，唇甲青紫，怕冷，舌质黯，舌体胖，苔白厚腻，脉沉细。治疗方法：熊胆粉0.2克，口服，每日3次。结果：10例在服药3天后，厚腻舌苔由舌尖开始减退，10天后逐渐转为薄白苔，15天后口腔涂片复查未发现霉菌。李氏等认为，熊胆粉治疗肺心病并霉菌二重感染，疗程短，疗效快，除脾胃虚寒者慎用外，未发现明显毒副作用。

（陆鸿元　李　欣）

【肺心病心力衰竭的治疗】

楼献奎认为，肺心病合并心衰，属中医学饮证、痰证、心悸、喘证、水肿等范畴。临床表现为本虚标实之证，而以心阳虚、肺气虚、肾气虚为本，血瘀、痰阻、水泛为标。其治疗总则为扶正祛邪。李宪章等则认为，肺心病心衰为肺心病的主要致死原因之一，纠正肺心病心衰在肺心病治疗中占有重要地位。单纯西药治疗肺心病心衰，往往因药物用量及用法失当，造成电解质紊乱及酸碱失衡，加重心衰，导致肺性脑病的形成。

近年来，许多学者通过临床实践进一步认识到，在治疗肺心病心力衰竭的过程中，中西药联合应用较之单纯应用西药具有明显的优越性。朱佳、蔡忠生、李宪章、肖天祥等分别报道采用中西医结合方法治疗肺心病心衰，其中中医药多采用益气温阳、培补脾肾、活血化瘀、利水祛湿等标本并治的原则，取得良好效果。朱氏等报道慢性肺心病顽固性心衰的中医药治疗，并设对照组。其中治疗组22例，在原用西医药治疗的基础上(即用抗生素，化痰解痉药，吸氧及输液；狄戈辛0.125毫克，双氢克尿塞25毫克，氨苯喋啶50毫克，每日均2次；消心痛10毫克，每日3次)，加用中药益气温阳、活血利水剂。基本方为生黄芪、太子参各15克，制附片10克，葶苈子、丹参各15克，赤芍、益母草、泽泻、泽兰、车前子各10克，北五加皮3克。并随症加味。每日1剂。疗程10天。对照组15例，单纯使用西药，除中药外，余均同治疗组。疗效评定：(1)显效：心功能改善1级，水肿消失，尿量增加，每日＞1000毫升，颈静脉怒张减轻，肝脏缩小2厘米以上，心室率＜100次/分。(2)有效：心功能改善1级，水肿减轻，尿量增加，每日＞700毫升，肝脏缩小，心室率下降10次/分。(3)无效：心功能改善不明显或加重。结果：治疗组14例显效，7例有效，1例无效，对照组5例显效，6例有效，4例无效。其有效以上病例治疗组优于对照组，差异显著($P<0.05$)。

蔡氏等报道中西医结合治疗重症肺心病心衰31例，病程8～40年，原发病均为慢性支气管炎并发阻塞性肺气肿，均有不同程度的咳、痰、喘症状及右心衰竭与肺动脉高压体征。本组均为西药常规抗感染、强心、利尿、纠正水电酸碱失衡及对症处理效果欠佳的病人。蔡氏等在西药治疗基础上加用温补脾肾、活血利水为主的中药。方用真武汤合五苓散加减。每日1剂，分2～5次口服。按1977年全国第二次肺心病专业会议制订的疗效标准判定疗效。结果显效19例，占61.3%，有效9例，总有效率90.3%。3例无效中2例死于肺性脑病，1例死于严重水电酸碱失衡。并指出，在应用温阳利水法的同时，要注意选用地龙、当归、川芎、丹参、红花等活血化瘀药，其作用：(1)可缓解气管痉挛，改善肺的呼吸功能；(2)具有扩血管作用，减轻心脏负荷，减低肺动脉高压；(3)改善循环，降低血粘度，可改善心脏供血供氧。通过改善循环，又能更好地发挥利尿药的作用。

李氏等报道慢性肺心病心衰85例，全部病例符合全国第二次肺心病专业会议制订的慢性肺心病诊断标准，其中病情轻型18例，中型46例，重型21例。治疗方法：中药用熟附片12克(先煎)，茯苓30克，桂枝、白术各10克，甘草6克，红花15克，赤芍、桃仁各12克，并随症加味。每日1剂，水煎，分2～3次服用，7天为1疗程。西药以抗菌消炎为主，配合低流量持续吸氧或加用可拉明等。疗效判断标准同前。结果显效21例(占24.7%)，好转56例(占65.9%)，总有效率为90.6%；无效8例(包括死亡4例)。

至于结合辨证分型运用古方化裁治疗肺心病心衰方面，也取得一定进展。逯建存报道肺心病心衰45例(其中Ⅰ度心衰22例，Ⅱ度心衰17例，均未用过强心甙；Ⅲ度心衰6例中有3例用过强心甙，但未取得明显疗效)加用中药扶正为主，分型治疗：(1)气阴两虚型(35例)，方用生脉散加味：人参(白人参或西洋参)、麦冬各10～30克，五味子6～15克，制附子3～10克(先煎)。(2)阳气虚脱型(10例)，方用参附汤：红参10～30克，制附子3～10克（先煎）。以服扶正药3剂症状开始减轻者为有效，服6剂未见症状减轻者为无效。结果心衰纠正者35例，无效者10例，总有效率77.8%。楼氏采用木防己汤为主治疗肺心病心衰38例，均据临床表现及X线胸片而确诊。38例中合并肺栓塞8例，冠心病2例，房颤3例。治疗主方：木防己12克，桂枝30～60克，生石膏30～50克，人参5克。随证加味。水煎服，每日1剂。心衰较重紫绀明显者，给予持续低流量吸氧，保持呼吸道通畅。38例经12～63天治疗，按1977年全国第二次肺心病专业会议制定的慢性肺心病疗效判断标准。结果：显效27例（占71%），好转9例（占23.7%），总有效率为94.7%。白永贵等报道辨证治疗慢性肺心病心衰121例，用中西两法而以中药为主治疗。其中：(1)寒痰蓄肺证（24例)治以宣肺定喘，散寒解表，多用温肺化饮汤加减。(2)痰热蕴肺证（28例）治以清热化痰，宣肺平喘为主，多用银翘散与麻杏石甘汤加减。(3)水泛凌心证（31例）治以温阳利水，益气宁心，多用真武汤、五皮饮或五苓散加减。(4)心脉瘀阻证（12例）治以活血化瘀，清肺化痰，多用桃红四物汤加减。(4)痰迷心窍证（21例）治以清热豁痰，开窍醒神，通里攻下，多用涤痰汤、大承气汤加减。(5)元阳欲绝证（2例）治以回阳救逆，益气复脉，多用参附汤。疗效评定标准亦与上述楼氏报道同。结果：显效78例占65%，好转28例占23%，无效3例均为自动出院占2.5%；死亡3例占7%，总有效率88%。并认为，在辨证论治方剂中酌加活血化瘀药，不仅能使病人血瘀明显减轻，而且可使肺功能获得改善。

（陆鸿元　李欣）

【肺性脑病的救治】

肺性脑病是肺原性心脏病的严重并发症。罗本清等报道指出，鉴于肺性脑病（简称肺脑）90%以上的病例在临床上出现痰瘀互结、阻蔽心窍的异常神志表现，应以豁痰化瘀开窍针剂为主治疗肺脑。共治102例均系住院患者，60岁以上约占91%。诊断根据1980年全国第三次肺心病专业会议修订的临床诊断和临床分级标准。按2:1比例随机分为中西医结合研究组(简称研究组)68例，单纯西药治疗组(简称对照组）34例。对照组本着迅速有效控制呼吸道感染，保持呼吸道通畅，及时纠正缺氧及二氧化碳潴留，纠正酸碱失衡及电解质紊乱，控制心衰等原则给予呼吸兴奋剂、肾上腺皮质激素等综合疗法。研究组为在对照组治疗的基础上，针对肺脑的不同证型选用以下针剂。(1)寒痰闭窍型。用复方三生针(生附子、生南星等，重庆市中医研究所自制)，每次30毫升加入10%葡萄糖液100毫升中静脉点滴，每日1次；复方丹参针（四川雅安制药厂生产）每次10～20毫升加入10%葡萄糖液100～200毫升静脉点滴，每日1次。(2)热痰闭窍型。复方三生针、复方丹参针用法同上。加醒脑静注射液（无锡中药厂生产)10～20毫升加入10%葡萄糖液100～200毫升静脉点滴，或2～4毫升肌肉注射。兼证：风动闭窍加复方麝香针，每次2～4毫升，肌肉注射，每日1～3次。内闭外脱用参麦针，每次30～100毫升，加入10%葡萄糖液100～200毫升中静滴，每日1～2次。疗效标准是显效：无意识障碍、精神症状及神经系统异常体征，低氧血症和高碳酸血症明显好转。有效：意识清楚，精神症状及神经系统体征基本消失，低氧血症和高碳酸血症好转。结果：研究组显效18例(26.47%)，有效30例(44.12%)，总有效率为70.59%。与对照组总有效率35.29%比较，差异非常显著（$P<0.01$）。神志恢复正常时间，研究组平均为53.687小时，对照组平均为71.167小时，差异显著($P<0.05$)。治后PaO_2和SaO_2，$P<0.05$，有显著性差异。$PaCO_2$两组均有下降，但差异不明显。以上表明“豁痰通瘀、醒脑开窍”法能畅通气

道，改善通气、换气功能，从而取得提高SaO_2、PaO_2，降低$PaCO_2$的治疗效果。

郝笑青等报道治疗肺脑50例，分型治疗：(1)躁狂型（18例）治以羚羊钩藤汤为基础方（生地、茯苓、白芍、川芎、川贝母、钩藤、全蝎、甘草、菖蒲、远志、郁金、天竺黄、胆星），每日加用羚羊角粉0.6克、合成牛黄3克、朱砂0.5克等冲服。(2)抑郁型（32例）治以涤痰汤为主加减（半夏、枳实、胆星、陈皮、竹茹、菖蒲、郁金、远志、川芎、赤芍、冬瓜子、茯苓、甘草、朱砂)。结合西药治疗：两型均用鼻导管持续吸氧，1～4立升/每分钟，10%葡萄糖250毫升加入氨茶碱0.25克、可拉明0.75～1.875克、氟美松5毫克，静脉滴注，心衰加用酚妥拉明，适当应用利尿剂，选用2种以上抗生素。结果：治疗3天后，症状及体征明显好转，神志转清，气喘呼吸困难等症减轻，心肺功能明显改善为有效，共41例(82%)；无效9例（18%），无效组中死亡6例(12%)，另3例分别于第3、7天恶化出院。治疗前后检查对比：心率下降16.1±7.5%，收缩压下降12.6%，舒张压下降12.2%，均优于对照组，差异显著（$P<0.05$)。血气监测：$PaCO_2$下降23.6±12.4%，PaO_2升高23.8±12.1%，差异均极显著（$P<0.01$)。

王伟等报道以中西医结合治疗肺性脑病47例，均采用西药常规治疗，必要时应用人工呼吸器或气管插管、气管切开等综合抢救措施；中医辨证分型施治。(1)痰瘀闭窍型27例，方药用半夏、橘红、胆南星、枳实、川贝母、郁金、天竺黄、茯苓与复方丹参注射液，或加黄芩、鱼腥草等。(2)痰火扰心型16例，方药用水牛角、生地、连翘、竹茹、元参、菖蒲、麦冬、银花、丹参、黄连、郁金与安宫牛黄丸，或便秘加生大黄、元明粉，热甚动血加三七粉、白及等，肝风内动加钩藤、僵蚕、全蝎等。(3)痰盛阳衰型4例，方药用人参、黄芪、附片、五味子、郁金、丹参、煅龙骨、煅牡蛎、菖蒲、麦冬等，并用清开灵注射液静滴。结果：显效26例，占55%(轻度19例，中度4例，重度3例)；好转4例，占9%（轻、中度各2例)；无效17例，占36%，其中死亡16例，占34%(中度3例，重度13例)，自动出院1例。

通腑降浊法是中医学救治肺性脑病的重要治则之一。如王洋认为，肺与大肠相表里，痰浊阻肺，肺失宣降，则腑气不畅，大便不通，邪浊之气不能从下排出，反会上扰神明，引起或加重躁动、谵妄等神志障碍，而运用通腑降浊法可促使神志转清。宋康根据中医学理论也认为，肺性脑病多为痰浊（热)壅肺，肺气郁滞，腑气不通，心血瘀阻，浊邪蒙窍所致，治疗主张采用涤痰通腑祛瘀法。药物组成：石菖蒲、广郁金、胆南星、陈皮、茯苓、枳壳、瓜蒌仁各10克，黄芩30克，七叶一枝花15克，猴枣散2支，生大黄6～12克(便溏者不用)。阳虚欲脱者去大黄加别直参6～10克。水煎，每日1剂，口服或胃管饲入；另每日用丹参注射液16毫升(每毫升含生药1.5克)加入250毫升葡萄糖盐水中静滴。疗程5～7天。随机设对照组单纯采用西医药治疗，包括抗感染、化痰平喘、纠正酸碱平衡及电解质紊乱、应用呼吸兴奋剂及机械通气等。治疗组除同对照组应用西药治疗外，采用中医涤痰通腑祛瘀方药治疗。疗效评定标准：治疗后3天内神志转清，或肺性脑病程度改善二级以上者为显效，5天内病情改善同上者为有效。结果：治疗组35例中，显效13例，有效17例，总有效率为85.7%。对照组35例中，显效10例，有效13例，总有效率为65.7%。两组疗效差异显著（$P<0.05$)。实验室检查：治疗组于治后，$PaCO_2$显著降低（$P<0.01$)，PaO_2显著上升（$P<0.01$)，对照组于治后，$PaCO_2$下降（$P<0.05$)，PaO_2上升（$P<0.05$)，其升降幅度均逊于治疗组。

近来采用中医药救治肺性脑病的另一

特点是寓益气扶正药于涤痰祛瘀解毒之品中，标本兼顾。如刘家磊报道中西医结合治疗肺性脑病53例，均有肺部感染、心功能衰竭及神经、精神异常表现。中药采用芪胆郁石汤（黄芪、蒲公英、金银花、白参、太子参、胆南星、姜半夏、郁金、石菖蒲、远志、赤芍、白桔梗），每日1剂；另根据病情，用安宫牛黄丸或至宝丹，每次1粒，早晚各1次，研末冲服，如昏迷者，鼻饲灌入。西医药均应用2种抗生素、持续低流量吸氧、呼吸兴奋剂，其中26例应用利尿剂，8例应用西地兰，19例应用激素。治疗结果：有效（1～3天神志转清，治疗后出院者）49例，无效（治疗后不见好转或死亡者）4例。

此外，王琦等报道在西医常规治疗基础上加用中成药清开灵治疗肺性脑病76例次，结果显效39例次，总有效率76.32%，其中以痰热型疗效为最好，与同期42例纯西药治疗对比，疗效明显优于后者，有显著性差异。

（陆鸿元　李　欣）

【病毒性心肌炎的治疗与研究】

顾双林认为病毒性心肌炎不同的病期各具特定的症状体征及相应的预后，中医药治疗应结合其不同阶段进行辨证施治。急性期、中医称之为外邪入侵为患，常见有三个证型：（1）外感风热犯肺侵心，方用银翘散加减；（2）邪湿侵内损及胃肠，用藿香正气散加减；（3）邪毒舍心伤阴耗气，方用竹叶石膏汤加味。病毒性心肌炎急性期有较长的病理过程，通常半年左右，顾氏认为在这期间不论其临床外邪去除与否，仍应在辨证基础上选用蒲公英、大青叶、板蓝根、苦参、黄芩、银花、连翘、马勃之类清热药，这是彻底清除病毒或预防再感染的有效措施。恢复期，常见营卫之气不足和气阴两虚两型，前者用补中益气汤加味，后者用炙甘草汤加减，这一阶段重点调整机体免疫功能，保护心肌，防止病毒反复感染，促进炎症消退，阻止病情演变至慢性期。慢性期，病程在1年以上，病势缠绵，病人正气虚而兼见气滞、血瘀、水饮、痰湿等。常见三种证型：（1）气阳不足，用桂枝甘草龙骨牡蛎汤加味；（2）痰浊内阻，用温胆汤加减；（3）气滞血瘀，用桃仁红花煎加味（桃仁、红花、丹参、当归、赤芍、川芎、延胡索、香附、青皮、生地、黄芪、甘草、郁金）。后遗症期，常有固定的心电图异常，而症状并不明显，常采用王清任祛瘀疗法，药用丹参、三七、琥珀、石菖蒲、血竭等，并酌情加益气、通阳、豁痰等中药，观察到部分顽固性心律失常者经治获效。巩辉等将38例病毒性心肌炎患者分成五型进行治疗。（1）邪毒内蕴型（18例）方用银翘散合炙甘草汤加减；（2）气阴两虚型（12例）方用生脉散合甘麦百合大枣汤加减；（3）痰湿内阻型（3例）方用二陈汤合瓜蒌薤白汤加减；（4）气滞血瘀型（3例）方用血府逐瘀汤加减；（5）阳气亏虚型（2例）方用真武汤加减。结果显效（症状体征消失，心电图恢复正常）12例，总有效率90%。

孙玉芝将42例住院患者随机分为黄芪组和复方丹参组各21例。在给予常规治疗的基础上，前组配服黄芪饮片，每日30克，水煎至200毫升，口服；后组配服复方丹参片，每次5片，每日3次。均治疗3个月。结果：胸闷、气短、心悸、乏力等主要症状的改善，黄芪组显效12例，总有效率达90.47%；复方丹参组显效6例，总有效率为57.14%，两组比较 $P<0.001$。心音、心脏杂音和心律失常等体征的改善，黄芪组显效12例，总有效率95.24%；复方丹参组显效10例，总有效率为66.67%，两组比较，$P<0.05$。黄芪组心电图转为正常3例，总有效率为52.38%；复方丹参组心电图转为正常1例，总有效率为28.57%。随访5个月，远期疗效亦以黄芪组为优。体会到黄芪对病毒性心肌炎具有增强免疫、预防感冒，防止复发，保护心肌的明显作用。

在自拟专方治疗方面，沈博生等应用老

中医张镜人的经验方——复方四参饮冲剂（丹参12克，孩儿参12克，南沙参9克，苦参9克，水炙甘草3克、广郁金9克，炒枣仁9克，莲子心2克）治疗39例，疗程20天以内3例，20～30天15例，30～40天10例，40～50天6例，50～60天3例，60天以上2例。结果患者心悸、胸闷、胸痛、乏力等自觉症状均有不同程度改善，35例有早搏的病例中显效（减少90%以上）15例，总有效率为80%。对25例室性早搏患者作治疗前后Holtor心律监护，治疗前早搏数均值为5284.48±1016.88，治疗1月后，早搏数减为2109.48±405.16，治疗前后有显著差异（$P<0.05$）。另在治疗前后对部分患者外周血中自然杀伤细胞活力作了观察，结果发现，治疗后有明显提高，与治疗前比较，有显著差别。牛振华等自拟五参汤（太子参、大青叶、沙参、苦参、玄参、丹参、炙甘草、桂枝、黄芪、五味子）加减治疗病毒性心肌炎70例，1日1剂，10天为一疗程，连续治疗4个疗程。结果临床治愈（症状、体征消失，心电图恢复正常）26例，总有效率87.57%。刘健民等自拟通心宁（黄芪、苦参、丹参、桂枝、当归、赤芍、沉香、五味子、酸枣仁、柏子仁、川芎、制香附）加减治疗病毒性心肌炎90例，其中黄芪用至60克，每日1剂，30天为1疗程。服药时间最短30天，最长90天，结果治愈（主症消失，心电图、心功能及心肌酶学检查等恢复正常）16例，总有效率为90%。

（郭天玲）

【冠心病的治疗与研究】

近年来以自拟专方治疗冠心病的临床观察报道较为多见。孔繁立等应用心痛舒宁（附片、薏苡仁、淫羊藿、黄芪、降香等）治疗不稳定型心绞痛132例，属初发型劳累性43例，恶化型劳累性32例，自发性39例，变异性14例，心梗后性14例。随机分为中药组47例，予心痛舒宁口服液每次10毫升，每天3～4次；西药组36例，予硫氮䓬酮60毫克，每天3次；中西药组49例，同时使用上述两组药物。疗程均为4周。结果显示：心绞痛疗效，各组的显效，改善及无效率，无显著差异，$P>0.05$。总有效率比较，$P>0.05$。心电图变化，中药组与西药组的总有效率比较，$P>0.05$，而中药组或西药组与中西药组比较，P均<0.05，提示心痛舒宁与硫氮䓬酮有协同作用。硝酸甘油停减情况，各组平均每周消耗量治疗前后有显著差异，$P<0.001$，而中药组与西药组间$P>0.05$，但两组分别与中西药组比较，分别为$P<0.005$和$P<0.001$。中药组超氧化物歧化酶（SOD）、过氧化脂质（LPO）和氧自由基治疗前后$P<0.001$，红细胞、血浆O_2^-治疗前后$P<0.005$，aPOA-I、aPOB及其比值治疗前后P均<0.01。祝厚刚等应用心可宁（由人参、丹参、三七、红花、水牛角、牛黄、冰片、蟾酥组成）治疗冠心病无症状心肌缺血31例，采用随机交叉自身对照的方法，治疗期予心可宁3片，每日3次；对照期予潘生丁50毫克，每日3次，加肠溶阿斯匹林100毫克，每晚1次。每组药物用3周后停7天，依此互换，中西药各用3周后作疗效对比。结果显示：治疗期及对照期心电图ST段压低次数和压低持续总时间均明显减少，期间疗效比较尤以心可宁为显著（$P<0.01$）。心可宁治疗后心率、收缩压及双乘积虽有所下降，但无统计学意义。治疗期24小时室性早搏明显减少，与治疗前对比，$P<0.01$，与对照期比较$P<0.05$。哈孝周等应用舒心饮（丹参、香附、苏梗、天仙藤、降香、菖蒲）治疗冠心病心绞痛60例，胸闷痛甚加姜黄、川芎或七厘散；胸痛彻背或背部沉重加威灵仙、郁金；气短心悸加远志、党参或西洋参；寐差加首乌藤或琥珀粉。每日1剂，水煎服。疗效评定按1989年6月中医急症心痛协作组修订的心痛诊疗规范。结果显示：症状显效44例，总有效率93.3%；心电图显效33

例，总有效率75%。

在冠心病临床研究方面，向从贵探讨过氧化脂质及其清除剂与冠心病及中医证型的关系，选择健康组40例，冠心病组（CHD）30例，冠心病心衰组（CHD心衰）30例，60例患者中医辨证属血瘀证33例，心阳虚证27例。结果显示：CHD组、CHD心衰组的血LPO显著高于健康组，P分别<0.05和0.01。CHD组与健康组的血浆及红细胞SOD活性比较，P>0.05；CHD心衰组显著低于健康组，P<0.05，血浆SOD/LPO比值，CHD组、CHD心衰组均明显低于健康组，P分别<0.05和0.01，表明血LPO与SOD动态变化在一定程度上客观地反映了心肌组织所处的生理、病理状态，血瘀证组、心阳虚证组血浆LPO均显著高于健康组，P分别<0.05和0.01，红细胞及血浆SOD活力血瘀证组与健康组的红细胞及血浆SOD活力比较，P>0.05，心阳虚证组显著低于健康组，P<0.05，血浆SOD/LPO比值，血瘀证及心阳虚证组均显著低于健康组，P分别<0.05和0.01。提示血LPO、SOD的变化水平，可作为区别CHD虚实不同证型及病情轻重的参考指标。

程小曲等探讨痰浊型冠心病与血脂、脂蛋白、载脂蛋白的关系及痰浊形成机理，设正常对照组34例，冠心病组68例，辨证分型以“冠心病中医辨证试行标准”（1980年制订，1990年修订）为据。结果表明：冠心病痰浊型血清TC、FC含量明显高于非痰浊型（P<0.05）和正常人（P<0.05和0.001），HDL-C、HDL_2-C也明显高于非痰浊型（P<0.05），但与正常人无差异（P>0.05），TG、HDL_3-C、LDL-C、APOB、APOA、APOA/APOB、TC/HDL-C，LDL-C/HDL-C，AI指标与非痰浊型比较均无显著差异（P>0.05）、提示血清TC、FC、HDL-C、HDL_2-C可作为鉴别冠心病痰浊与非痰浊型的客观指标。

尼淑琴等观察益肾健脾、涤痰散结法对冠心病心功能的改善情况。选择冠心病患者30例，属气阴两虚型22例，阴虚阳亢型5例，气滞血瘀型3例。另设26例健康者为对照组。结果显示：对照组与冠心病组主动脉内径、左心室舒张末期内径、左心室收缩末期内径、舒张末期与收缩末期内径差对比均P<0.05，经上法治疗冠心病患者3个月以上后，上述指标治疗前后比较P<0.05。对照组与冠心病组心功能比较，每搏输出量、射血分数、心输出量L/分.心脏指数、左室周径缩短率均有显著差异，P<0.05，经上法治疗3个月以上，冠心病组上述指标治疗前后比较有显著差异，P<0.05。

（柳　文　马贵同）

【非溃疡性消化不良的治疗与研究】

非溃疡性消化不良（NUD)是指非器质性病变引起的一种消化不良症候群，发病率较高。近年来中医辨证分型或专方治疗均取得了较好疗效。

余莉芳等对NUD以清润通降、疏肝解郁为主，分五型辨证治疗。肝郁气滞型以四逆散合小承气汤加味，肝郁胃热型以小陷胸汤合小承气汤加味，肝郁湿阻型以四逆散合平胃散加减，肝郁脾虚型以六君子汤合四逆散加减，肝郁阴虚型以金铃子散合沙参麦冬汤加减。共治62例，均每日1剂，2个月为1个疗程。结果痊愈（症状消失、饮食大便如常）12例，总有效率为95.2%。各型疗效基本相似。认为肝郁犯胃是非溃疡性消化不良的病理基础，病变早期以肝郁气滞为主，继则以肝郁胃热或肝郁湿阻为多，均属实证；病久耗伤气阴，出现肝郁脾虚、肝郁阴虚等，属虚实夹杂、寒热错杂之证。治疗以通降、疏解、清润为大法。强调阴虚者固然需养阴润燥，即使无明显阴伤之象，亦应配伍沙参、麦冬、天花粉、玉竹等柔润之品，既可防止理气止痛之剂辛燥伤津之弊，患者服后又较舒服，有助于提高疗效。

在自拟专方治疗方面，洪哲民等以运脾动胃汤（苍术、枳壳、厚朴、木香、陈皮、姜半夏、姜竹茹、丁香、莱菔子、白芍、甘草）为主，辨证加味，每日1剂，治疗本病66例。另设对照组62例，服吗丁啉片，常规服法。两组均以4周为1疗程，一般治疗1～2个疗程。结果治疗组治愈率（症状全部消失，停药半年无复发）为60%，有效率为92.4%；对照组分别为61.3%、75.8%。两组治愈率无显著差异，而有效率治疗组显著优于对照组（P<0.01）。魏玮等将张仲景半夏泻心汤化裁制成胃康宁（黄芩、干姜、党参、醋延胡、郁金、厚朴、白芍、大黄、姜半夏、黄连、砂仁）胶囊，治疗NUD 100例。2周为1个疗程。并与服吗丁啉的30例作对照。结果胃康宁组治愈(症状全部消失，胃镜示胃蠕动功能良好，幽门开合良好）25例，显效30例，显效以上率为55%，总有效率95%，均显著优于对照组，P<0.05。并观察到胃康宁胶囊可以明显改善胃粘膜色泽、粘膜糊、幽门功能及pH值等的异常。

陈震等对100例NUD患者随机分为两组。治疗组50例，服用参夏和胃宁胶囊（人参、半夏、黄连、干姜、甘草，其剂量按3∶9∶3∶3∶3比例配制，其中部分煎提，部分为细粉，制成胶囊，0.42克/粒）；对照组50例，服用外观、重量相同的安慰剂胶囊。两组均每日3次，每次5粒，饭前半小时服，20天为1疗程。结果治疗组显效27例，总有效率为92.0%，显著优于对照组(显效0例，总有效率20%），P<0.01。此外，观察到治疗组中的胃半排空量增多，胃全排空、达回盲部及小肠排空时间提前的例数明显增多，与对照组相比，差异亦非常显著(P<0.01)。动物实验证实参夏和胃宁可促进离体大鼠胃电频率增快，波幅增高，并能诱发胃峰电活动，可使胃电节律趋于正常，胃机械运动增强。（姚 勇）

【上消化道出血的治疗与研究】

近年来对上消化道出血大多采用自拟专方治疗。如赵钦波等应用上消止血汤（田三七粉、白及、煅海螵蛸、黑侧柏、党参或吉林参、炙甘草）治疗上消化道出血100例，其中轻度出血20例，中度54例，重度26例。不同证型均在基本方基础上酌情加味；对伴有呕吐、呕血者，给予暂时禁食，中药则多次分服，余者均予流质饮食；依据病情适当补液或输血；不用西药止血剂和组织胺H_2受体阻滞剂。疗效评定按全国血证急症协作组和全国中医内科学会血证学组制定的标准，结果显示：临床痊愈87例，显效5例，总有效率96%。平均止血天数4.3天。邱菊英应用参芪黄白汤（党参、黄芪、大黄炭、白及粉、生地、丹皮、旱莲草、阿胶、地榆炭）治疗上消化道出血60例，大便隐血卌～卌47例，卄13例，伴呕血者5例。血色素60g/L以下者给予补血共3例。上方每日1剂，分两次于饭前1小时凉服，连服5天为1疗程。结果显示：显效（用药48～72小时，呕血、便血停止，大便隐血转阴，观察72小时无再排黑便）28例，有效32例。止血时间最短2天，最长5天。朱广华等应用化瘀止血剂（制大黄、茜草炭、地榆炭等）治疗上消化道出血210例，其中轻度出血73例，中度109例，重度28例。上方每日1剂，分2次服，若为中、重度出血、每日2剂，分4次服。大便隐血转阴后继服一周巩固疗效。疗效标准按1988年11月青岛会议制定的《中医血证急诊诊疗规范》评定。结果显示：临床治愈161例，显效23例，总有效率96.67%。大便隐血转阴时间平均4.44±1.72天。

肖芳等应用止血粉（大黄粉1份、三七粉2份、白及粉3份）等治疗上消化道出血52例。治疗中随机分为两组，中药组37例，用中药煎剂送服止血粉。脾胃虚弱，脾不统血处方：黄芪、白芍、党参、白术、茯苓、血竭、五灵脂、甘草；肝胃郁热，热伤胃络处方：丹皮、栀子、柴胡、白芍、五灵脂、血竭、半夏、陈皮、黄连、蒲公英。中西医结合组15例，除上述中药外，配合西药止血剂。两组中凡重度出血均配合输血、输液等。结果显示：中药组临床治愈（1周内吐血或黑便停止，大便隐血阴性，出血伴随症状明显改善）35例，显效（1周内吐血或黑便停止，大便颜色转黄，大便隐血(+)，出血伴随症状有所改善)1例，有效1例；中西医结合组临床治愈13例，显效1例，无效1例。止血时间：中药组1天内止血8例，3天内19例，5天内27例，7天内35例；中西医结合组1天内止血2例，3天内5例，5天内8例，7天内13例。两组疗效和止血时间比较均无明显差异（P均＞0.05)。

符为民等应用胃血宁合剂（制大黄、地榆炭、乌贼骨、黄连、茜草炭等）治疗消化性溃疡出血128例，大便隐血连续3次转阴后停药。另设对照组50例，予去甲肾上腺素40毫克加入生理盐水500毫升中，摇匀口服，每次50毫升，每4～6小时1次，血止后停服；止血芳酸0.4克加入输液中静滴，或配合甲氰咪呱0.8克静滴，每日1次。两组患者均按病情需要予以适量补液，血色素＜60 g/L，配合输血等支持疗法。疗效标准按1988年11月青岛会议制定的《中医血证急症诊疗规范》评定。结果显示：治疗组痊愈106例，总有效率96.1%；对照组痊愈22例，总有效率94%，两组比较，P＜0.01。治疗组中辨证属胃中积热型者59例，痊愈53例，总有效率96.6%；肝火犯胃型者30例，痊愈25例，总有效率96.7%；气不摄血型者29例，痊愈22例，总有效率96.6%；气衰血脱型者10例，痊愈6例，总有效率90.0%。治疗组治疗前后血液流变学各项指标比较，均有显著差异，P＜0.05～0.01。

时永华等对消化性溃疡出血瘀血病理进行了临床分析及实验研究。临床分析共选择患者178例，其中辨证属胃中积热证85例，肝火犯胃证39例，气不摄血证41例，气衰血脱证13例。瘀血诊断及辨证标准按1986年11月修订的《血瘀证诊断标准》，其中舌质紫瘀81例，疼痛123例，涩脉74例，所有病人均有不同程度的瘀血见证。时氏等分析了瘀血与火热的关系，胃中积热与肝火犯胃证中有瘀血见证者分别为61和26例；瘀血与脾虚的关系，气不摄血和气衰血脱证中有瘀血见证者分别为28和8例；瘀血与血液流变学的关系，本证患者与正常人比较，各项指标均有显著差异，P＜0.05～0.01。由此分析本症瘀血病因病机为：出血为因，瘀血为果，血热妄行或脾不统血可致瘀血，也可由邪热煎熬血液在脉管内积为瘀血；瘀血为因，出血为果，即瘀血化果为因。出血之后，离经之血，未离经已动之血不能加入好血，反阻新血之化和，使新血不能安行无恙，造成再次出血。本症瘀血的病理特点为：瘀血与火热同见，既可火热煎熬血液为瘀，又可瘀血化热迫血妄行；瘀血与脾虚同见，既可脾不统血，气不运血为瘀，又可因瘀而耗夺气血。为此提出瘀血既是消化性溃疡出血的病理结果，又是加重出血的诱因。实验研究采用SD大鼠制造胃粘膜损伤出血模型，随机分为治疗组，予胃血宁合剂（制大黄、地榆炭、茜草炭、乌贼骨、川连等）；阳性对照组，予血宁冲剂；阴性对照组，予生理盐水。给药途径：灌胃。30天后观察显示：胃血宁合剂与血宁冲剂均有明显的止血、消炎、促进损伤粘膜组织修复的作用，两者比较，胃血宁合剂优于血宁冲剂。胃血宁的作用机制体现了凉血化瘀止血的法则，比较该组治疗前后血液流变学的各项指标，发现均有显著差异，P＜0.05～0.001。其中尤能显著提高血液粘度和红细胞压积，降低血细胞沉降率及血沉K值，显示出活血化瘀药在治疗不同疾病时的双相调节作用。认为胃血宁合剂是通过改善瘀血病理而发挥良好的治疗消化性溃疡出血的作用。

（柳　文）

【萎缩性胃炎辨治】

(一)分型治疗 徐辉应用胃复康冲剂治疗萎缩性胃炎60例,治疗期间停用其它中西药。治后3～6个月复查胃镜。辨证属脾胃虚寒型37例,方用胃复康Ⅱ号冲剂(生黄芪、桂枝、白术、白芍、炙甘草、米仁、山药、红藤、千里光、木香、丹参);肝气犯胃型23例,方用胃复康Ⅰ号冲剂(柴胡、白芍、枳壳、炙甘草、半夏、川连、山茱萸、红藤、八月札、地鳖虫)。结果:临床疗效,显效(主症消失)36例,总有效率96.66%。胃镜病理疗效,37例脾胃虚寒型中,显效(萎缩性胃炎转变为浅表性胃炎,病理活检胃粘膜萎缩消失)22例,总有效率89.19%;23例肝气犯胃型中,显效11例,总有效率78.27%。

(二)专方治疗 邱根全等应用戊己胶囊(由白术、党参、白芍、鸡内金、柴胡等组成)治疗萎缩性胃炎93例,疗程最短1个月,最长10个月,平均4个月。治疗期间停用它药。结果:显效(临床症状消失,胃粘膜病理检查有逆转改变)78例(83.8%),总有效率96.8%。

(三)专方与分型结合治疗 梁成等应用胃炎方(肿节风、丹参、徐长卿、片姜黄、银花)治疗慢性萎缩性胃炎94例,脾胃虚弱型加党参、白术、黄芪、茯苓、甘草;气滞型加枳壳、乌药、白芍、柴胡、佛手、甘草;胃寒型加桂枝、高良姜、吴茱萸;胃阴不足型加沙参、麦冬、玉竹、玄参。如同时出现两型以上症状,可将相应证型的方药加减治疗。疗程为3～6个月。诊断和疗效标准根据《慢性胃炎中西医结合诊断辨证和疗效标准试行方案》判定。结果显示:临床症状显效(临床症状消失,饮食正常,体重增加)30例,总有效率95.7%。胃镜检查:胃粘膜活检病理检查显效(粘膜急性炎症基本消失,慢性炎症好转,腺体萎缩、肠上皮化生和异型增生恢复或减轻两个级度以上,含两个级度)42例,总有效率87.2%。治疗前胃粘膜轻度萎缩26例,中度54例,重度14例,治疗后痊愈24例,轻度萎缩54例,中度10例,重度6例。治疗前胃粘膜无肠上皮化生10例,轻度6例,中度50例,重度28例,治疗后无肠上皮化生38例,轻度22例,中度26例,重度6例。治疗前胃粘膜无异型增生48例,轻度30例,中度16例,治疗后无异型增生86例,轻度8例,治疗前后对比,$P<0.005$。又对其中64例胃粘膜活检病理切片进行了HID-AB pH2.5染色检查,有48例HID染色呈阳性,治疗后40例转阴,占83.3%。

(四)中西药及内外合治 赵志义应用中西医结合方法治疗慢性萎缩性胃炎,设治疗组83例,其中伴肠上皮化生27例,不典型增生17例。对照组71例,伴肠上皮化生24例,不典型增生11例。两组治疗前1周停用其它胃药,疗程均为2月,治疗组用化瘀清热通降汤(人参、丹参、半夏、黄连、厚朴、佛手),随症加味,如肠上皮化生与不典型增生者加用白花蛇舌草。水煎服,每日1剂,并加甲硝唑0.2克,每日3次。对照组服维酶素加甲硝唑,均为常规用量与用法。疗效评定参照中国中西医结合研究会1989年第二次全国消化系统疾病学术交流会拟定的慢性胃病疗效标准草案。结果治疗组中,症状及胃镜病理疗效分别是显效为42例、19例,有效为37例、46例,无效为4例、18例,总有效率为95%、79%。对照组症状与胃镜病理疗效分别是,显效为16例、10例,有效为20例、13例,无效为35例、48例,总有效率为51%、33%。两组对比,$P<0.01$。治疗组中27例肠上皮化生者,消失5例,减轻10例,总有效率54.6%;17例不典型增生者,消失10例,减轻1例,总有效率65%。对照组中24例肠上皮化生者,消失1例,减轻4例,总有效率20%;11例不典型增生者,消失4例,减轻0例,总有效率35%。两组对比,$P<0.01$。卢书山应用中药(姜黄、九香虫、刺猬皮、虻虫、香附、穿山甲、乳

香，其剂量按 3:2:5:1:3:3:4 比例配制研粉，凡士林调膏制成）贴脐及西药治疗萎缩性胃炎 316 例，随机分为中药贴脐组 100 例，每次 2 克填脐，每天换药 1 次；西药组 70 例，予五肽胃泌素 100 微克，每日早餐前 30 分钟肌肉注射，第 1～2 周每天 1 次，第 3 周隔天 1 次，第 4 周每周 2 次，第 5～13 周每周 1 次，连续 2 个疗程；中西医结合组 146 例，将上述两组药物联合应用。3 组均饮红参汤作茶水，病情特殊者随证处理。结果显示：中药贴脐组显效（萎缩性胃炎变为浅表萎缩性胃炎，或浅表萎缩性胃炎变为浅表性胃炎）73例，总有效率84%；西药组显效 13 例，总有效率40%；中西医结合组显效 134 例，总有效率97.9%。其中中西医结合组总有效率明显高于中药贴脐组，P＜0.01；中药贴脐组明显优于西药组，P＜0.01。

（柳　文）

【胃癌前病变的治疗】

（一）专方治疗　程勇和陈磐华认为本病的病因病机是以气滞、气虚为主，夹杂湿热、瘀血、阴虚。其根据“治中焦如衡，非平不安”的中医理论，以健脾益气、养阴清热、理气化湿、活血化瘀为治法，用乐胃煎（党参、白术、茯苓、甘草、半夏、陈皮、川连、连翘、蒲公英、白芍、蛇舌草、莪术等）治疗中、重度肠上皮化生和异型增生，并以得诺为对照组。疗程为 3～6 个月。结果中药组肠上皮化生和异型增生的病理有效率（肠上皮化生和异型增生由重→中→轻）分别为72.2%和75%，对照组分别为25%和21.4%，P＜0.01。杨炳初和郭喜军也认为本病与气虚、阴亏、湿热、瘀血、气滞等有关。杨氏以益气活血、清热消积为治法，用平萎消异汤（黄芪、当归、川芎、白芍、丹参、银花、黄连、莪术、徐长卿、肿节风片等）加减治疗本病。疗程 3～6 个月。结果肠上皮化生和异型增生的病理有效率分别为 76.71%和 88.88%，幽门螺旋菌(HP)清除率为 58.3%。郭氏则以凉润通降为主，用摩罗丹（茵陈、鸡内金等 18 味中药组成）治疗，2～3粒/次，3 次/日，3 个月为 1 个疗程。结果肠上皮化生和异型增生的病理有效率分别为 82%和 43.5%。郭氏发现疗效与患者年龄及疗程有关，20～49岁组综合有效率（临床症状、胃镜和病理）为76.0%，50～70岁组为52.9%，P＜0.01；1个疗程治愈率为10%，2个疗程为 19.5%，3个疗程为 29%，遂提出早治及坚持治疗的原则。王文仲等认为本病是由于脾胃失调或肝胃不和导致痰湿内蕴或气机壅滞，痰气交阻于胃络，使血液运行不畅，聚结日久所致。在治疗上以软坚散结、活血化瘀为主。王氏用软坚散结方（三棱、莪术、山慈菇、九香虫、皂角刺、天花粉、生麦芽、鸡内金）治疗本病，用维酶素为对照组，治疗 3～6 个月。结果中药组胃镜病理有效率为73%，对照组为43.5%，P＜0.01。

（二）分型治疗　陈瑜等将本病分为脾胃虚弱（22例）、肝胃不和（13例）、脾胃湿热（6例）、胃络瘀血（3例）和胃阴不足（1例）五型，分别用香砂六君子汤、柴胡疏肝散、藿朴夏苓汤、丹参饮和一贯煎为主方治疗，疗程 3～5 个月。结果病理有效率为 77.8%，其中脾胃虚弱型疗效最高（95.45%），肝胃不和型疗效最低（61.53%），但各型间疗效差异并无显著性。本组病例以脾胃虚弱型最多，占48.89%，其他各型如脾胃湿热、胃阴不足等也直接或间接与脾虚有关，故陈氏认为健脾法及健脾方药适用于本病各型的治疗。张子理将本病分为脾胃虚寒、肝胃不和与脾虚气滞三型，分别治以黄芪建中汤、四逆散和香橼枳术丸，同时加活血化瘀、抗癌解毒药，如丹参、莪术、蛇舌草、半枝莲、白屈菜、龙葵等；如 HP 阳性则加蒲公英和虎杖。3 个月为 1 个疗程。结果肠上皮化生病理有效率为64%，异型增生病理有效率为 58.14%，HP 清除率为 88.37%。田养年将本病分为痰瘀气滞和血瘀脾虚两型。痰瘀气滞型用瓜蒌、甘松、香附、枳实、半夏、木瓜、当归、柴胡、白芍等疏肝理气、化痰散瘀。血瘀脾虚型用黄芪、桃仁、没药、甘草、吴萸、白术、升麻、莪术、白及等益气健脾、活血化瘀。30天为1个疗程，结果综合有效率为93.5%。张融碧将本病分为阴虚肝郁型和脾虚气滞型。阴虚肝郁型（42例）以胃型（17例）和小肠型（24例）化生为主，脾虚气滞型（45例）以结肠型化生（38例）为主。对前者治以柔肝养阴、清热和中，用白芍、乌梅、木瓜、太子参、蒲公英、蛇舌草、藤梨根、绿萼梅、米仁等；后者治以健脾理气化滞，药用黄芪、太子参、淮山药、鸡血藤、白术、香附、米仁、蛇舌草、枳壳等。疗程3～9个月，综合有效率为98.8%。

（三）专方与分型结合治疗　梁成等采用胃炎方（徐长卿、丹参、片姜黄、银花、肿节风）为基本方治疗本病。脾胃虚弱型加党参、白术、茯苓、黄芪等；胃阴不足型加沙参、麦冬、玉竹、玄参等；气滞型加枳壳、乌药、佛手、柴胡等；胃寒型加桂枝、高良姜、吴萸等。治疗3～6个月后，胃镜病理有效率为87.2%。徐千里以柴平汤（小柴胡汤合平胃散）为基本方治疗本病，肝胃阴虚加黄芪、麦冬；肝胃不和加川楝子、玄胡；脾虚气滞加乌梅、吴萸；肝胃湿热加蒲公英、黄连；血瘀加丹参、红藤，治疗2～5个月，其综合有效率为85.2%。

（林　江　蔡　淦）

【肝硬化腹水的治疗】

（一）辨证分型论治　蒋本龙认为，本病病位在肝，渐及脾肾，病因是湿热疫毒为患，致气、血、水、毒胶固郁结，肝郁血瘀，主张以肝郁为核心论治，并列疏肝行气利水、疏肝健脾化湿、疏肝化瘀行水、温脾补肾化水、柔肝滋肾行水五法。樊文有等认为，湿热是肝硬化腹水的主要病因，脾虚是肝硬化腹水之本，而治疗时单纯活血化瘀不可取，应遵循“养正积自除”的古训，采用当归补血汤加鸡内金、穿山甲、牡蛎、龟版、鳖甲、丹参等寓消于补方药。认为消腹水不可求之过急，宜在益气健脾、补肾舒肝的基础上利水。赵有爱先确立基本方（黄芪、当归、赤芍、白芍、白术、茯苓、丹参、香附、木瓜、泽兰、车前子、莱菔子、参三七、牵牛子末），再结合辨证：湿热壅盛型去黄芪、当归加金钱草、生大黄、茵陈；肝郁脾虚型去木瓜加柴胡、厚朴；肝肾阴虚型加女贞子、生地、枸杞子；瘀血阻络型加桃仁、红花。治疗本病52例。结果：腹水消失，肝功能恢复正常者30例；腹水基本消失，肝功能改善者16例；无效6例。黄丽娟等对湿热蕴结型选用龙胆泻肝汤、茵陈五苓散、甘露消毒丹加减；气虚湿阻型选用参苓白术散、六君子汤加减；肝肾阴虚型选用左归丸、一贯煎加减；脾肾阳虚型选用右归丸、金匮肾气丸加减。各证型患者均佐以丹参注射液静滴。治疗30例，结果显效11例，有效16例，无效3例。季泉盛等对37例患者进行分型论治，其中脾虚血瘀型24例，用党参、丹参、牛膝、鸡内金、白术、黄芪、三七、全蝎、当归、泽兰、五加皮、大腹皮；热毒瘀络型11例，用栀子、大黄、黄连、丹皮、赤芍、茵陈、丹参、虎杖、海藻、马鞭草、楮实子、泽泻；肝肾阴虚型2例，用脾虚血瘀型的基本方酌加乌梅、木瓜、沙参、麦冬、生地、天花粉、女贞子、枳椇子等。平均疗程5个月。结果：显效27例，好转6例，无效4例。陈尚莲等报道53例患者，其中肝郁脾虚者17例，用柴胡疏肝散合四君子汤加减；肝肾阴虚者11例，用一贯煎合六味地黄丸加减；脾肾阳虚者25例，用真武汤合实脾饮加减；并以西药辅助治疗，结果：40例腹水消失，肝功能恢复正常；10例症状、体征改善，肝功能指标改善；3例无效。

（二）自拟方治疗　姚传瑜自拟“龙虎消膨散”（由石龙子、壁虎、蝼蛄、茯苓组成），每次10克，日服3次，半个月为1疗程。同时根据辨证佐以汤药，治疗18例，结果：显效5例，好转7例，有效5例，无效1例。徐伯伦制“化瘀软肝胶囊”（由鳖甲、地鳖虫、山甲、当归、白术、丹皮、赤芍、平地木、蟾蜍皮、琥珀、三七、川芎、白参、青皮、泽兰、水蛭、鸡内金、鸡血藤组成），每粒0.5克，每次10粒，日服2次，3个月为1疗程，一般续服2至3个疗程。治疗31例，结果：22例显效，5例好转，4例无效。王京奇用生大黄10～30克沏开水顿服或灌肠；鲤鱼1条(约250克)，与赤小豆30～60克合煮汤，饮服。二法交替使用，1个月1疗程；恢复期用中成药回春丹调理。治疗53例，结果：20例症状消失，肝脾大小形态正常，肝功能恢复正常，一年未复发；21例症状、体征、化验明显改善；7例无效。闵大炳自拟“皂矾甲归丸”（由皂矾、鳖甲、当归、丹参、地鳖虫、大黄、鸡内金等组成），每次6克，日服3次，2个月为1疗程，2个疗程评定疗效。治疗22例，结果：显效17例，好转3例，无效2例。托雅等用具有益气健脾、化瘀行气利水作用的“消瘀利水煎”（由红参、白术、茯苓、鳖甲、牡蛎、红花、三棱、莪术、山甲、泽泻、车前子、大腹皮等组成），治疗本病36例，结果明显好转26例，好转7例，无效3例。雷经玲等用水蛭研细末冲服，每次3克，每日3次。同时伴服黄芪、虎杖、枸杞子、白术、山甲、鳖甲、鸡内金、西洋参、三七水煎汤剂。2至3个月为1疗程，1～2个疗程后评定效果。治疗102例，结果：近期痊愈(临床症状消失，肝功能正常，B超提示腹水消失，脾大缩小或回缩至正常，停药1年以上未复发）者56例，显效(临床症状基本消失，肝脾肿大改善）者38例，有效（症状体征明显减轻）者5例，无效者3例。雷氏认为，水蛭不仅有散瘀消癥之功，且有利尿作用，可有效地降低门静脉高压。

（三）中西医结合治疗　伏新顺等用验方“三络青皮汤”（由瓜蒌、丝瓜络、橘络、酒丹参、土炒白术、青皮、车前子、鸡内金、地鳖虫、郁金、酒赤芍组成）加减，再配合保肝、利尿等西药治疗50例。结果：症状体征消失者32例，减轻者11例，无效者6例。华伟等用生大黄50克，加水100毫升煎5～10分钟，顿服，每日1次。再用前列腺素E_1，加入10%葡萄糖250毫升中静滴。连续用药15天。治疗15例，结果：腹水消失，肝肾功能基本正常者8例，腹水减轻，肝肾功能好转者5例，无效者2例。并认为中西药联用，肠道导泻和肾脏利尿作用互补，对降低门静脉高压效佳，且无副作用。赵和平等自拟“慢肝福”（由丹参、当归、郁金、桃仁、地鳖虫、青皮、枳实、沉香、木香、藿香、鳖甲、龟版、牡蛎、三棱、车前子、茯苓、泽泻、生军、黄芪、沙参、麦冬、三七、乌贼骨、白术、生地组成），每丸9克，每次2丸，日服2次，以食醋为引，3个月为1疗程。同时采用腹水浓缩回输术：以北京302医院研制的腹水浓缩回输仪，将患者腹水经治疗仪超滤，浓缩5～10倍后通过静脉回输体内。7～10天1次，每次放腹水3000～7000毫升，浓缩到350～600毫升。用上方治疗本病57例，结果：显效（症状消失，腹水退尽，肝功能明显改善，观察3个月未复发）者37例，有效者18例，无效者2例。腹水浓缩回输对提高循环血容量及肾有效灌注，缓解症状，有明显效果。结合中药疏肝理气、活血化瘀、补脾益肾、软坚散结、消肿利水，可获标本兼治之良效。

（王庆其）

【慢性肾炎的治疗与研究】

吕仁和对慢性肾炎进行分期治疗。患者的血肌酐（Scr)未达到177μmol/L为前期，按“三型”（肾气阴虚型、肾气阳虚型、肾阴阳气虚型）“五候”（肝郁气滞、血脉瘀阻、湿热阻滞、痰湿不化、外感热毒）辨治；超过177μmol/L为后期，即肾功能衰竭期，按“三型”（气血阴虚、浊毒内停型；气血阳虚、浊毒内停型；气血阴阳俱虚，浊毒内停型)"九候"（胃肠结滞、浊毒伤血、水凌心肺、肝风内动、毒犯心包，以及前期的气滞、血瘀、痰湿、热毒四种证候）辨治。吕氏认为，前期当始终以益气补肾为主，兼顾标实证候。后期病情发展以气血与肾俱虚为主，多涉及脾、心、肺诸脏，浊毒内停导致诸多证候为标，此时应宗"急则治标，缓则治本"的原则。如气滞、血瘀、痰湿、浊毒不除，则病情会加速发展。至于出血不止，水凌心肺不消，肝风内动不息，毒入心包不清，则危及生命，需作透析或肾脏移植，方可生存较长时间。

段志生、张莉等人均从健脾补肾入手治疗本病。段氏自拟健脾补肾汤（黄芪、芡实、黄精、益母草、菟丝子、党参、白术、淮山药）随症加味治疗68例，每日1剂，3个月为1疗程。疗效根据国家中医管理局1987年制定的《中药治疗慢性肾炎的临床研究指导原则》中的标准判定。结果完全缓解31例，总有效率为91.2%。对26例完全缓解者，每月化验尿常规1次，追踪半年以上，未复发者19例，占73%。张氏等治疗64例均以健脾补肾为法。基本方：党参、黄芪、山药、白术、芡实、薏苡仁、巴戟天、肉苁蓉、龟版胶、鹿角胶。结合证型或化验指标加味，并给予低盐高蛋白饮食。经60～380天治疗，完全缓解（症状、体征消失，肾功能正常，尿蛋白阴性或24小时定量<0.2克，尿沉渣计数接近正常）22例，总有效率为84.4%。本组有3例患者，在服药1个月后，与化验室共同观察服药前后蛋白尿改善情况，发现服药后1～2小时蛋白由卄→微量或阴性，反复观察均出现类似结果。在患者要求下，改为每日服药2剂，每6小时服1次，又治疗2个月，均达到完全缓解标准。

朱道范、涂钟馨等治疗本病，分别采用《金匮要略》中的已椒苈黄丸、薯蓣丸为基本方。朱氏等治疗73例，药用防己、椒目、葶苈子、大黄、黄芪、桂枝、白术、茯苓、泽泻、甘草。随证加减，每日1剂。另设对照组30例，服用潘生丁、雷公藤多甙，必要时应用激素及免疫抑制剂。两组均以1个月为1疗程，3个疗程后统计疗效。结果治疗组完全缓解（症状、体征消失，各项检查恢复正常）18例，总有效率91.8%，明显优于对照组（完全缓解5例，总有效率为73.3%），P<0.01。涂氏等治疗24例，方药组成：山药600克，当归、桂枝、神曲、生地、扁豆各200克，炙甘草560克，异种参(或新开河参)、阿胶各140克，川芎、白芍、白术、麦冬、杏仁、防风各120克，柴胡、桔梗、茯苓各100克，干姜60克，白蔹40克，黄芪400克，蝉蜕300克。共为细末，大枣200枚去核为膏，炼蜜和丸。上一料分300丸，为1疗程。每日3次，每次1丸，空腹温水送服，并饮黄酒一茶匙以助药力尤佳，但忌酒者勿勉强。服药期间停用其它中西药物。治疗结果：治愈（尿蛋白每2个月查1次，均为阴性，一年以上未复发）8例，显效12例，无效4例。

曹让奇将75例慢性肾炎蛋白尿患者随机分为两组。治疗组40例用自拟益肾汤治疗。处方：党参、黄芪、丹参、生地、山萸肉、丹皮、茯苓、苡仁、泽泻、雷公藤片（兑服）。每日1剂。对照组35例给予肾炎四味片，每次6片，每日3次。两组均连续用药2～3个月。结果治疗组完全缓解(尿蛋白持续阴性，肾功能恢复正常）19例，总有效率93.5%，尿蛋白全消率37.5%，明显优于对照组（完全缓解7例，总有效率68.56%，尿蛋白全消率17.4%），P<0.05。

叶景华等以益肾清利、活血祛风为主组成慢肾方，治疗慢性肾炎110例，并进行了实验观察。慢肾方由鹿含草、怀牛膝、楮实子、金雀根、黄柏、半枝莲、菝葜、白茅根、益母草等组成。随症加味。1个月为1疗程。经治疗，完全缓解（临床症状消失，尿常规正常，24小时尿蛋白定量<0.2克，肾功能正

常）17例，基本缓解20例，好转59例，无效14例。对有效的病例进行随访，随访到75例。其中完全缓解的17例，有1例复发，其余16例皆良好；基本缓解14例，继续在门诊治疗进步至完全缓解的有12例，其余2例仍维持在基本缓解状态；好转的44例，继续治疗进步至完全缓解的有13例，进步至基本缓解的有9例，维持在好转状态的有16例，发展成慢性肾衰的有3例。随访到的75例计完全缓解41例，基本缓解12例，完全缓解率为37.3%。随访时间最短的1年，最长的9年，远期疗效比较巩固。叶氏等在临床观察的同时，还制成系膜增殖型肾炎动物模型进行实验观察，并设置了3个对照组。实验结果表明：慢肾方组与对照组比较，肾小球炎症明显为轻；肾组织免疫荧光检查和电镜观察提示，慢肾方能调整机体免疫功能和吞噬消除系膜区沉积物，促使肾小球病变改善。

（朱慧华　陶明龙）

【慢性肾功能衰竭的治疗与研究】

近年对慢性肾功能衰竭（CRF）的治疗，较多采用中西药结合的方法；也有基本以中医药治疗的；在内服药的同时，往往配合保留灌肠、饮食疗法或血液透析疗法；临床研究有新的进展。

沈壮雷等采用保元大黄汤（红参5克，黄芪20克，肉桂2克，甘草3克，制大黄20克）治疗慢性肾功能衰竭36例，每日1剂，并与服用包醛氧化淀粉（每日20克，分2次冲服）为主的对照组20例比较。两组均采用低蛋白饮食，并用复方氨基酸和苯丙酸诺龙，酌情抗炎、利尿、降压，纠正水、电解质平衡失调等。疗程为60天。治疗结果：两组血肌酐、尿素氮指标均有降低，但治疗组血红蛋白明显提高，疲劳乏力、腰膝痠软、纳差、性功能障碍和精神抑郁症状显著改善（$P<0.01$），雌二醇、孕酮、睾酮、肌酸磷酸激酶（CPK）比治疗前有明显调整（$P<0.01$）。对照组症状改善不明显，血红蛋白、性激素水平和CPK治疗前后变化不大。认为保元大黄汤能改善CRF患者的生活质量和生活能力，其作用机理与纠正贫血、调整膜功能有关。体会到本方对血尿素氮<21.42mmol/L，血肌酐<442μmol/L的各期患者比较合适；进入尿毒症晚期的患者，也可减轻部分症状；但对于有严重胃肠道症状的患者，不论尿素氮、肌酐的水平如何，疗效均不满意。余仁欢等以益气养阴、活血祛浊方（党参或太子参、生黄芪、生地、山萸肉、山药或白术、茯苓、陈皮、丹皮、丹参、当归、制大黄）每日1剂，随证加减，治疗CRF52例。并配用西药降压、抗感染、纠正酸中毒等措施。平均治疗时间为121.5天。治疗结果：各种症状改善率为69.2%～100%，其中乏力、纳差、瘙痒等症状改善尤为明显。血尿素氮平均下降20.2%，血肌酐平均下降19.6%，P均<0.05。血红蛋白上升9.7%，$P>0.05$。又对本组原发病为慢性肾炎的24例患者运用血肌酐倒数法进行了治疗前后的对照观察，观察时间均超过6个月以上。结果其中的10例的斜率（b）为正值，7例斜率虽为负值，但较治疗前的绝对值减小，总有效率为70.9%（17/24例）。血肌酐倒数法被国内外公认为慢性肾功能衰竭的疗效标准，上述24例患者治疗后的平均斜率有显著升高（$P<0.01$），表明本方药对CRF有较好的远期疗效。应耀虎等以益肾活血泄浊法为主治疗CRF32例。基本方：生黄芪、仙灵脾、车前子、益母草、土茯苓、制半夏、淡吴萸、黄连。辨证加味，每日1剂。配合高位保留灌肠：用泽兰、生大黄、煅龙骨、煅牡蛎、六月雪，浓煎取液100毫升，加入氢化考的松注射液25毫克，每日1次，2周为1疗程。另配西药对症处理和纠正水、电解质平衡失调。治疗结果：9例显效（体征消失，血色素上升3克，尿素氮下降50%以上，酸中毒得到纠正），17例好转，6例无效。另血尿素氮、血肌酐、血红蛋白指标治疗前后相比均有显著改善（$P<0.05$～0.01）。

李毓英等将189例 CRF随机分为治疗组和对照组。治疗组99例，除进行血液透析治疗外，配合口服延肾汤（大黄、丹参、金银花、鱼腥草、车前草、鲜白茅根、川萆薢、甘草。随气血阴阳虚亏情况加味，每日1剂）。对照组90例单纯作血液透析治疗。两组均以半个月为1疗程，连续治疗2个疗程后休息3～5天，共治疗6～10个疗程不等。结果治疗组显效（症状消失或显著减轻，生化检查正常或基本正常，酸中毒纠正，并发症好转或消失）55例，好转37例，无效7例；对照组显效23例，好转31例，无效36例。治疗组疗效明显优于对照组（P＜0.01）。经3年随访，治疗组99例中无效的7例，有4例死亡，死亡率4.0%；对照组90例中无效的36例，有28例死亡，死亡率31.1%。治疗组死亡率亦明显低于对照组（P＜0.01）。同时发现治疗组患者在长期服药过程中，其一般状况及生活质量均明显优于对照组病人。

任江平等观察了饮食疗法对慢性肾衰疗效及进程的影响。所治58例随机分为治疗组34例和对照组24例。两组均采用相同的中药保留灌肠和西药支持对症疗法。但治疗组严格配合饮食疗法：主食选麦淀粉、玉米淀粉或富强粉面条；副食选新鲜蔬菜和鸡肉、鱼肉及瘦猪肉等。禁食各种豆类、豆制品及动物内脏。早餐加服牛奶一杯，糖适量；晚餐加服鸡蛋一只。每餐以八成饱为限。对照组原则上要求优质低蛋白饮食。治疗40天后，治疗组显效（血肌酐下降176.8μmol/L以上）21例（61.8%），总有效88.2%；对照组显效5例（20.8%），总有效率58.3%。两组疗效差异显著（P＜0.05）。另肌酐倒数法测定，治疗组b值为正值（0.014±0.022），表明治疗后能制止肾功能恶化，整体肾功能平稳且趋向好转；对照组b值为负值（－0.022±0.012）表明整体肾功能趋向恶化。两组比较，差异显著（P＜0.05），与临床观察一致。

慢性肾功能衰竭时可产生高磷血症及低钙血症，从而导致继发性甲状旁腺机能亢进和肾性骨病。临床通常使用铝结合剂进行治疗，但久服可致高铝血症。程晓霞等则以中药海螵蛸散作为磷酸盐的结合剂，共治疗30例，并与同期不用海螵蛸散的30例患者进行对照。两组均对症采用降压、抗感染、纠正水、电解质及酸碱紊乱等措施，配合优质低蛋白、高热量食物，不用其它影响钙磷代谢的特异性药物。治疗组加服海螵蛸散（即乌贼鱼骨粉），每次服3克，每日3次，1个月为1疗程）。结果治疗后两组的血肌酐指标未见明显改变，而在一般症状的改善、血磷下降、血钙上升几项中，治疗组治疗前后有显著性差异（P＜0.05），对照组治疗前后无明显改变（P＞0.05）。认为用海螵蛸散治疗CRF高磷血症，可收到降磷和适当提高血钙的效果，除与其温肾、化饮、行瘀作用有关外，还与其所富含的80%～85%的碳酸钙有一定关系。

（朱慧华　陶明龙）

【肾病综合征的治疗】

激素治疗为主，分阶段配合中医辨证施治。武志宏治疗难治性肾病综合征24例，在激素冲击顶峰阶段，辨证多为阴虚火旺，治以知柏地黄汤加减；激素减量阶段，辨证多为精气亏虚，治以河车大造丸加减；激素维持量阶段，辨证多为脾肾阳虚，治以右归饮合四君子汤加减。结果：完全缓解（症状、体征消失，多次尿蛋白阴性，24小时尿蛋白定量＜0.2克，血浆白蛋白正常或接近正常）11例，总有效率83.3%。张雪梅等在激素用量大，持续时间长，出现阴虚火旺时，用滋阴降火的知柏地黄汤加女贞子、旱莲草、地骨皮、龟版；激素减量出现脾肾不足、阴阳两虚时，酌加补阳益气之品如仙灵脾、补骨脂、仙茅、巴戟天、菟丝子、黄芪、党参等，有利于巩固激素疗效，减少激素依赖。刘灿康认为在激素开始大剂量应用1～2周内，出现水钠潴留，辨证为脾气或脾阳虚，水湿内停，治以健脾温阳利水，常用黄芪、党参、苍术、白术、防己、带皮茯苓、车前子、泽泻、益母草、附片、桂枝、仙灵脾等；2周后皮质功能亢进，出现肾阴亏虚、阴虚火旺之证，当治以滋阴降火，佐以清热利湿，方如知柏地黄汤加五味消毒饮；激素撤减早、中期，多为气阴两虚，当治以益气养阴，用太子参、黄芪、山药、山萸肉、生地、麦冬、杜仲、五味子；随撤减量增加，出现激素撤减综合征，多属脾肾阳虚，当治以温补脾肾之法，用黄芪、党参、苍术、白术、山药、生苡仁、仙灵脾、巴戟天、补骨脂、菟丝子、肉桂、制附片等。徐景芳认为补阳药仙灵脾、仙茅、补骨脂、巴戟天、肉苁蓉有类激素作用，能使激素顺利撤减；活血化瘀药当归、川芎、赤芍、桃仁、红花、益母草、丹参可改善使用激素后更为严重的高凝状态；而干姜、附子、白术、茯苓、甘草、大枣、厚朴、木香、大腹皮等温阳健脾行气药，可改善激素造成的严重低蛋白血症，使尿量增加，浮肿消退。认为在激素使用过程中，配合中医辨证用药，能减轻激素副作用，提高治愈率，减少复发率。

中医辨证分型论治为主。顾左宁等治疗老年肾病综合征52例，分为脾肾气虚、水湿逗留；脾肾阳虚、水湿泛滥；肝肾阴虚、湿瘀内阻和脾肾气阴两虚、水湿内停四型。分别治以防己黄芪汤合参苓白术散；真武汤、济生肾气丸；地黄饮子、猪苓汤；参芪地黄汤、左归饮、大补阴丸。疗程2～3个月。结果按全国中医肾病统一疗效标准评定，完全缓解10例，总有效率82%。尿蛋白定量明显下降（$P<0.001$），血肌酐、尿素氮亦明显下降（P均<0.05），血浆白蛋白上升（$P<0.01$）。郭志伟在基本方（蝉蜕、泽泻、茯苓、地肤子、石韦、益母草、丹参、玉米须）的基础上，辨证加味：脾肾气虚加黄芪、太子参、白术、金樱子，脾肾阳虚加熟附子、干姜、桂枝、生姜皮，肝肾阴虚、湿热留恋加生地、山萸肉、黄柏、绵茵陈。配服雷公藤多甙片60毫克/天，尿蛋白转阴后减量。疗程4～8周。结果：24小时尿蛋白定量<0.2克，水肿消失，血浆白蛋白、总胆固醇正常，肾功能正常者9例，总有效率76%。

中药专方治疗为主。孙焕明用补元固肾五虫汤治疗肾病综合征60例。药用黄芪、芡实、金樱子、乌蛇、蝉衣、白术、泽泻、车前子、党参、炙甘草、水蛭、地龙、僵蚕。脾肾阳虚者加制附子。每日1剂，连服1～3个月。症状控制后，隔日1剂，再服1～2个月。结果临床症状消失，尿蛋白阴性连续12周以上，24小时尿蛋白定量<0.1克，血浆白蛋白>40克/升之完全缓解者37例（62%），基本缓解12例（20%），总有效率93%。对照组20例用激素或环磷酰胺或两药合用治疗4～10周不等，维持量时间6个月～1年。结果完全缓解8例（40%），基本缓解3例（15%），总有效率65%。1年后随访，治疗组完全缓解和基本缓解的49例中，仅3例复发，46例保持持续缓解；对照组11例中4例复发，7例保持持续缓解。治疗组明显优于对照组。孙继明自拟安肾汤（生黄芪、苡仁、金钱草、金银花、白术、菟丝子、蝉蜕、鸡血藤、枸杞子、茯苓、麻黄、防风、生甘草）为主，配服雷公藤多甙片、藻酸双酯钠、潘生丁等治疗41例。疗程3～6个月。结果完全缓解（症状、体征消失，肾功能正常，24小时尿蛋白定量<0.2克，尿沉渣计数正常）27例，总有效率95.5%。

（马宇䆩　陶明龙）

【慢性前列腺炎的治疗】

李惠义等运用清利化瘀益肾法治疗慢性前列腺炎。基本方：黄柏、野菊花、生地、熟地、益智仁、丹参、大黄。随证加味：湿热下注证明显，酌加龙胆草、木通、紫花地丁；肾虚证明显，酌加菟丝子、沙苑子、枸杞子、覆盆子、乌药；瘀血证明显，酌加泽兰、丹参、王不留行、马鞭草、赤芍。每日1剂，煎饮或灌肠。共治312例。治愈（自觉症状消失，肛门指诊前列腺恢复正常，前列腺液镜检连续2次符合正常标准，前列腺液细菌培养阴性）162例，94例显效，27例有效，29例无效。总有效率90.7%。洪广槐等自拟升清降浊汤（前列灵）治疗本病。处方：柴胡、升麻、桔梗、木通、泽泻、车前子、猪苓、茯苓、白花蛇舌草、菊花、蚕沙、王不留行、丹参、生甘草、川楝子、黄柏。1个月为1疗程。共治200例（另设31例服前列康为对照组）。痊愈（症状、体征消失，前列腺液中卵磷脂小体达70%以上，白细胞低于每高倍视野10个）121例，显效36例，好转31例，无效12例。总有效率94%，高于对照组的71%。曲振强自拟葛根连翘当归汤治疗本病。基本方：葛根、连翘、当归、丹参、紫参、乳香、没药、穿山甲、皂角刺、车前子、怀牛膝、生甘草。并随证加味，用药1个月。共治120例。治愈（症状、体征缓解，前列腺液常规检查正常）72例，有效20例。总有效率76.6%。

石志超等采用通精化瘀、活血行络的前列安丸，治疗非细菌性前列腺炎。处方：当归、酒白芍各15克，山药30克，柴胡、红花、牛膝各10克，益母草50克，白花蛇舌草30克，蜈蚣3条，炙水蛭5克，生甘草、鸡内金各10克。用法：将益母草、白花蛇舌草水煎，浓缩至半稠膏状，余药共研细末，掺入药液中，烘干研末，水蜜丸如梧桐子大，每服9克，日2～3次，30天为1疗程，共治疗60例（另设30例服前列康配合热水坐浴为对照组）。治愈（临床症状完全消失，两次前列腺液检查均正常）41例，有效15例，无效4例。总有效率93.33%，高于对照组的63.33%。

赫锋报道采用清热利湿、活血化瘀、软坚散结的中药灌肠治疗本病。处方：地榆25克，白花蛇舌草50克，败酱50克，夏枯草25克，王不留行25克，官桂15克，乌药20克，三棱15克，莪术15克，橘核50克，川楝子15克，穿山甲15克，蜈蚣4条，甘草10克。每天煎汤药1剂，水煎3次，取汁300毫升，每次150毫升，日2次保留灌肠。1个月为1疗程。共治62例。治愈（临床症状消失，前列腺液常规WBC＜10个/HP，卵磷脂小体＋＋＋，触诊腺体恢复正常或改善），占56.4%；有效（临床症状基本消失或减轻，前列腺液WBC≤10个/HP，卵磷脂小体增加或正常，腺体恢复正常）59例，占95.1%；无效3例，占4.9%。

（邓嘉成）

【前列腺增生的治疗】

崔学教运用补气益肾祛瘀法治疗前列腺增生。内服方：黄芪、党参、肉苁蓉、山萸肉、王不留行、路路通、桃仁、赤芍、三七。并随症加味，如伴尿痛，加灯蕊花、茺蔚子；前列腺质地较硬，加鳖甲、浙贝母等。2个月为1疗程。共治58例。痊愈（夜尿次数＜2次，排尿顺畅，膀胱残留尿＜60毫升）39例，好转17例，无效2例。柯国华自拟三莪豆根汤治疗本病。基本方：三棱、莪术、王不留行、山豆根、车前子、牛膝、肉桂。随证型加减：肾气亏虚，加淫羊藿、菟丝子、巴戟天、淡苁蓉；肾阴亏虚，加生地、玄参、知母；脾气虚弱，加黄芪、党参、白术；湿热下注，加黄柏、土茯苓、滑石、蒲公英、白茅根；气机郁滞，加制香附、郁金、陈皮。共治50例。痊愈（尿流通畅，症状消失，直肠指诊示前列腺恢复正常或明显缩小者）34例，有效13例，无效3例。认为方中山豆根能散郁热，消瘀滞，通窍利咽，用于方中可加强泄浊通窍功用，特别是急性期患者，加入后效果大增。李绍轩以补肾化瘀法为主治疗本病。基本方：淫羊藿、仙茅、菟丝子、王不留行、丹皮、肉苁蓉、怀牛膝、巴戟天、土鳖虫、大黄、泽泻、车前子、穿山甲、川红花、桃仁。并随证加减。2个月为1疗程。共治30例。显效（临床症状完全消失，前列腺缩小、变软）19例，好转9例，无效2例。总有效率93.3%。章关根自拟化痰软坚汤治疗本病。处方：海藻、昆布、泽泻、半夏、象贝母、海蛤壳、茯苓、荔枝核、留行子、陈皮。随证加味：前列腺质地硬，脉涩，舌紫，加丹参、炮山甲、莪术；痰湿较盛，形胖，便溏，苔厚腻，加川朴、米仁、苍术；形寒肢冷，腰膝痠软，加仙茅、肉桂、益智仁；潮热心烦，小便赤热，舌红、脉细数，加生地、知母、黄柏。共治34例。8例痊愈（症状消失，B超及肛检前列腺缩小，尿检正常），有效21例，无效5例。总有效率85%。

谢嘉文等报道70例前列腺肥大症患者分别接受补肾益元法（34例）、化瘀散结法(36例)治疗。补肾益元组基本方：肉苁蓉、锁阳、仙灵脾或菟丝子、党参、黄芪、枳壳、益母草、炮山甲、王不留行。服2～3个月为1疗程。化瘀散结组用药：小金丹(丸剂)，每日2次，每次0.3克；知柏地黄丸或金匮肾气丸，每日2～3次，每次3克，补中益气合剂，每日3次，每次15毫升。连续服药3～4个月为1疗程。治疗结果：显效者（B型超声波检查示前列腺体积缩小，膀胱残留尿量减少或消失，排尿困难症状改善）补肾益元组11例，化瘀散结组29例；有效者19例、4例，总有效率分别为88.24%、91.67%，两组合计总有效率为90%。两组疗效对比分析表明，显效率、总有效率，尤其是前列腺体积缩小率，都以化瘀散结组为佳，认为可能与该组重用活血化瘀药有关。本虚标实是前列腺肥大的特点，在补肾治本同时，对活血化瘀、消癥散结法应予足够重视。

陈功辉等采用消坚通窍、内外并治法治疗本病。内服方：黄芪50克，海蛤壳25克，皂角刺10克，川牛膝10克，海藻15克，木通9克，马鞭草30克，炮山甲25克，水蛭6克，王不留行15克。并随证加减。熏洗方：芒硝、大黄、桂枝、虎杖、归尾、路路通、地龙各等分。熏蒸坐浴，1日2次。共治60例。治愈（临床症状消失，排尿通畅）22例，减轻30例，无效8例。总有效率86.6%。

（邓嘉成）

【精液异常不育的治疗】

樊莹霞等报道特发性少精症，分四型治疗。(1) 肾阳虚衰，用生精Ⅰ号方：巴戟天，仙茅、仙灵脾、露蜂房、首乌、韭子、覆盆子、杞子、菟丝子、五味子、制附子、肉桂、紫河车、黄狗肾、野兔肾、羊睾丸、鹿茸。(2) 阴虚火旺，用生精Ⅱ号方：生地、熟地、丹皮、女贞子、旱莲草、知母、黄柏、地骨皮、鳖甲、龟版、首乌、鹿角胶、仙灵脾、甘杞子、五味子、沙苑子、紫河车、黄狗肾。(3) 肾虚肝郁，用生精Ⅲ号方：柴胡、郁金、枳壳、香附、青皮、菟丝子、首乌、金樱子、杞子、五味子、沙苑子、当归、熟地、覆盆子、仙灵脾、狗肾、紫河车、白芍。(4) 瘀血内阻，用生精Ⅳ号方：丹参、赤芍、桃仁、红花、泽兰、玄胡、牛膝、菟丝子、首乌、杞子、五味子、沙苑子、当归、覆盆子、仙灵脾、仙茅、大黄、三七、狗肾、紫河车。各研末，分装胶囊，日服2次，3个月为一疗程。共治157例，结果治愈（配偶怀孕，精子密度大于6000万/毫升，活动率65%以上，活动力Ⅲ级以上，畸形精子低于20%）108例，有效30例，无效19例。欧春等治疗74例少精症，方用滋阴汤（熟地、杞子、山茱萸、菟丝子、首乌、仙灵脾、黄芪、当归、炒谷芽）结合随症加减。结果治愈（临床阳性症状、体征全部消失，精液检查正常，女方受孕）15例，总有效率为82.4%。疗程最长3个月，最短21天，平均47天。张朔杰等用中西药配制的生育灵（杞子、菟丝子、覆盆子、五味子、紫河车、硫酸锌、碘等，研末，加工装入胶囊，每日3次，每次5粒，3个月一疗程）治疗494例少精、精子活动力低下的男性不育者，结果治愈（一至三个疗程女方受孕，或精子数恢复到2000万/毫升以上，活动力良好，活动率达65%以上）427例，总有效率为90.88%，受孕率为45.34%。张越林采用冬虫夏草、白芍、白芥子等补肾益精、活血通络药物制成药物内痔治疗不育症21例，其中少精组5例，穿着药裤30天后，女方受孕者2例，占40%，总有效率为80%。治疗前后的放免血清激素FSH、LH、PRL和精子密度测定比较，均有显著差异（P<0.01）。

王广见等自拟兴阳生精丹治疗无精子症。25例患者的诊断，均在精液常规化验的基础上，进行精浆果糖实验。对其中5例阴性者进行输精管造影，排除了阻塞性无精子症；对20例阳性者，于性交后查尿液中精子，排除了逆行射精。处方：淫羊藿、菟丝子、甘杞子、巴戟肉、鱼膘胶、山羊睾丸、雄蚕蛾、胎盘、肉苁蓉、韭子各占6%药量，红参、熟首乌、熟地、仙茅各占5%药量，鹿茸、补骨脂各占4%药量，油肉桂、熟附子、当归、丹参各占3%药量。上药以粥饮和丸如梧子大。每服10克，早晚各1次，淡盐汤送服。3个月为一疗程，忌烟、酒、棉籽油。治疗结果：痊愈（精子密度>20×10⁹/L，精子总数>60×10⁹/L，活动力良好，女方受孕）7例，好转（精液化验出现精子，但数值未达标）13例，无效5例。睾丸活检表明，痊愈和好转的病例，均系生精细胞存在者，生精细胞正常者效果尤佳。认为无精子症的治疗勿受阴虚、阳虚之约束，皆当以壮阳为主，此乃王冰“强肾之阴，热之犹可”之意。

汤清明与周洪等分别报导了精子密度过高不育症及精子畸形症的治疗。汤氏用六味地黄汤为主，精子活动率低加桂枝、黄芪、仙灵脾，畸形精子多加仙灵脾、杞子、蛇床子，精液粘稠加车前子、败酱草、蒲公英、地骨皮，治疗精子密度过高不育12例，结果服药一个月以上，全部有效，其中7例女方受孕。周氏等以菟丝子汤（菟丝子、苁蓉、杞子、首乌、熟地、五味子、山茱萸、人参、泽泻）加减，治疗精子畸形症105例，服药90天后痊愈（精子畸形数在20%以下，精子成活率在70%以上，且女方受孕）31例，有效率为91.1%。

李钦等报道男性不育症60例分3型治疗：（1）肾阳虚型用补肾助阳冲剂（杞子、覆盆子、菟丝子、熟地、淮山药、苁蓉、肉桂、仙灵脾）。（2）肾阴虚型用滋肾冲剂（女贞子、旱莲草、首乌、桑椹子、生地、山茱萸、沙苑子、杞子）。（3）阴阳两虚型投温肾益精冲剂（杞子、覆盆子、菟丝子、金樱子、山萸肉、白芍、熟地、苁蓉、益智仁、淮山药、党参）。并随证加减。治疗3个月后，本组患者的精子存活率由42.3%增至67.7%，精子运动速度由33.1μm/秒提高到43.4μm/秒，宫颈粘液穿透率平均从26.7%提高到56.6%，P值均<0.01。女方受孕率为38.3%。上述指标均优于克罗米芬及维生素C两个对照组。陈光家报导366例精液异常不育，以生育汤（仙灵脾、杞子、菟丝子、覆盆子、车前子、黄精、锁阳、苁蓉、泽泻、当归、五味子、山茱萸）为主，随症加减，每日一剂，1个月为1疗程，3个疗程后评定疗效。结果：治愈率为55.46%（治愈标准：女方受孕或精液化验正常），总有效率达95.33%。其中精子存活率低下者153例，治愈88例，显效44例，好转13例，无效8例；精子活动力不良者109例全部有效，其中治愈为63例。此外，周惠耕等用良种蚂蚁粉制剂治疗男性不育症62例，日服15克，一次或分次口服，30天为1疗程。治疗后，原存活率<50%者45例，≥50%者17例，分别变为28例，34例；活动力（WHO标准）原Ⅰ级33例，Ⅱ级26例，Ⅲ级3例，治疗后变为18例、31例、13例。女方受孕者10例。

欧春、徐泽杰等还分别报道治疗精液液化不良所致的不育症。欧氏治疗分四型：气血瘀滞型以桃红四物汤加减，湿热下注型龙胆泻肝汤合萆薢分清丸加减，阴虚火旺型用知柏地黄汤加减，痰浊内蕴型用温胆汤加减，治疗不液化症389例，结果有效（女方妊娠，或精液常规化验报告液化，各项指标上升，自觉症状消失）308例，无效81例。治疗时间最长3个月，最短14天，平均49天。徐氏以解凝饮

（生地、玄参、麦冬、花粉、赤芍、丹参、土鳖虫、水蛭、川蜈蚣、炮山甲、浙贝母、白花蛇舌草、甘草）结合辨证，加味治疗精液不液化98例，每日1剂，21天为1疗程。结果痊愈（女方受孕，或精液排出后30分钟内液化）83例，其中受孕者35例，总有效率达93.9%。

（董其圣）

【再生障碍性贫血的证治与研究】

（一）中西医分型或分期治疗　王丽治疗慢性再生障碍性贫血（慢性再障）38例，阴虚型用苍玉潜龙汤、犀角地黄汤、归芍地黄汤加减；阴阳两虚型用左归饮、归脾汤加减；阳虚型用人参养荣汤或人参鹿茸丸加减。配用康力龙、大剂量丙睾。结果基本治愈11例，缓解17例，治愈缓解率73.68%，总有效率94%。徐瑞荣治疗慢性再障35例，阴虚型左归丸加减，阳虚型右归丸加减，阴阳两虚型金匮肾气丸加减，并配合西药。结果基本治愈7例，缓解9例，总有效率82.86%。郭德玉治再障32例，温毒侵袭，急劳髓枯型用自拟凉血解毒汤（板蓝根、大青叶、紫草、金银花、生地、生龙骨、丹皮、栀子、贯众、茜草、羚羊角粉、三七、琥珀）；气血双亏，心脾两虚型用归脾汤加减；脾肾阳虚型四君子汤合右归丸加减；肝肾阴虚型大补元煎合二至丸加减；阴阳两虚型右归丸加减；气虚外感，阴虚内热型补中益气汤合青蒿鳖甲汤加减。各型均配服鼬鼠散（活鼬鼠1只，杀后去皮焙研为末，以不同的药引煎汤送服）3克，日3次。结果治疗半年痊愈（临床症状消失，血象及骨髓象正常）9例，1年内痊愈13例，治愈率68.75%；1年半内获显效5例，总有效率93.75%。虞荣喜采用西医分型治疗69例再障（其中56例曾作中医辨证分型，即阴虚型24例，阳虚型17例，阴阳两虚型15例）。干细胞缺乏型10例用左归饮或归脾汤加锁阳、巴戟肉、鹿角胶等，免疫介导型30例用左归饮、归芍地黄汤、犀角地黄汤等，雄激素反应型29例用右归饮、人参养荣汤等。各型同时配服相应西药。治疗达3个月以上列入统计。结果三型有效率分别为42.9%、70.6%、92.3%。并观察到阳虚型骨髓粒单祖细胞、红系祖细胞值均显著高于其他两型（P＜0.01）；阳虚型组甲睾反应型占76.47%，显著高于其他两组（P＜0.005）；阴虚型组免疫介导型占83.33%，与其他两组比较有显著差异（P＜0.005）。王志顺用杏林春生血灵系列方治疗300例再障，阴虚型221例用1号方（生地、熟地、丹参、麦冬、五味子、三七、菟丝子、阿胶、白茅根、甘草、浮萍、丹皮）加减；阳虚型41例用2号方（炙黄芪、人参、白术、炙甘草、麦冬、五味子、当归、熟地、菟丝子、枸杞子、阿胶、白及、鹿角胶、丹参）；阴阳两虚型25例用3号方（生地、熟地、当归、白术、人参、蜜煮黄豆、菟丝子、五味子、丹参、山药、炙黄芪、枸杞子、阿胶、鹿角胶、炙甘草、大枣）；阴虚阳亢型13例用4号方（银柴胡、胡黄连、丹皮、地骨皮、青蒿、生地、乌梅、生鳖甲、知母、甘草、三七粉、白茅根、生龟版、阿胶、麦冬），劳热控制后改服1号方。3个月为一疗程。结果四型有效率分别为96.8%、97.4%、100%及77%。苏尔云报道用中西医结合方法治疗30例重型再障，危重期方用羚羊乙癸汤（羚羊角、黄连、盐黄柏、焦栀子、生地、白茅根、丹皮、阿胶、炙甘草、红枣）与二至补髓汤（女贞子、旱莲草、枸杞子、制首乌、生地、生黄芪、当归、生甘草、阿胶、金银花、莲子心）交替服用，同时配用丙睾或康力龙；好转期以填精生髓、补肾生血配合雄激素、鹿茸精治疗；恢复期注重补肾生血。结果经24天～36个月治疗，基本治愈4例，缓解9例，总有效率53.3%。

（二）证治机理研究　曲佳丽等研究慢性再障患者中医分型与骨髓祖细胞培养、免疫、内分泌有关指标的关系，结果表明肾阳虚、肾阴虚两型的GM—CFU、CFU—E、CD_4、CD_8、CD_4/CD_8、T_3、T_4、男性E_2、T有显著性差异（$P<0.05\sim0.01$），似可视为中医分型的客观指标；而肾阴虚病人，GM—CFU、CFU—E、CD_4、CD_8、CD_4/CD_8、IL-2、NK细胞活性、T_3、男性E_2、T、女性T等多项指标，与正常人比较有显著性差异（$P<0.05\sim0.01$），这为中医的"阳虚易治、阴虚难调"提供了实验依据。杨文华等人的实验亦表明补肾阳组对GM—CFU生长的作用较滋肾阴组为强。胡致平等观察了36例再障患者甲状腺激素（TH）含量变化，指出患者T_3、T_4含量明显低于健康人（$P<0.01$；$P<0.05$），而阴虚型和阳虚型间T_3含量无明显差异（$P>0.05$）、T_4含量阴虚型显著高于阳虚型（$P<0.01$）。史剑慧等提出再障除存在脾肾亏损、阴阳失调的病机外，还常见到肝火伏热、耗精动血，故在补肾健脾法的同时，均重用了泻肝凉血、清热解毒的药物。其治疗慢性再障36例，脾肾阳虚型19例予补肾1号（菟丝子、巴戟肉、生地、熟地、当归、党参、丹皮、大青叶、水牛角等）、脾虚阴亏型17例予补肾2号（旱莲草、女贞子、生地、熟地、当归、党参、丹皮、大青叶、水牛角等），6个月为1疗程，观察1～2疗程。结果有效率分别为42.1%、70.6%。实验证明补肾泻肝法具有降低患者抑制性T细胞数量，增加T_4/T_8比值，降低免疫球蛋白M和免疫复合物水平，减少白细胞介素一2产量等作用。认为调节患者细胞和体液免疫功能，消除骨髓免疫抑制，恢复造血功能可能是补肾泻肝法治疗慢性再障的主要机理。谢仁敷等治疗再障及难治性贫血73例，其中50例应用补肾活血药物（制首乌、熟地、女贞子、补骨脂、丹参、黄芪）治疗，部分患者加用康力龙；另23例单用康力龙。结果前者有效41例（82%），后者为13例，（56.5%），经比较有显著差异（$P<0.05$），实验结果提示补肾活血药物作用于造血细胞、造血微环境而促进造血，能修复因环磷酰胺所致的骨髓损伤；尚有增强机体免疫，提高体内活性氧清除能力等作用。

（黄振翘　黄松玲）

【血小板减少性紫癜的治疗与研究】

（一）辨证分型治疗　唐由君等辨证论治血小板减少性紫癜62例，结果显效8例，总有效率为91.94%。认为在辨证化裁古方基础上，热毒迫血型重用连翘、赤芍、白茅根；脾不摄血型重用人参、黄芪、升麻、阿胶；阴虚血热型重用生地、栀子、茜草根；血虚血瘀型重用大黄、丹参、赤芍、三七粉，有较好疗效。赵达安等治疗原发性血小板减少性紫癜（ITP）56例，血热毒蕴型用生地、紫草、赤芍、丹皮、大青叶、知母、黄柏、地榆、仙鹤草、卷柏炭、党参、黄芪；阴虚胃热型用生地、知母、丹参、丹皮、黄柏、生石膏、黄连、紫草、地榆、茜草、太子参；脾虚气弱型用党参、黄芪、白术、当归、生地、熟地、丹皮、木香、茯苓、丹参、紫草、仙鹤草、炙甘草，结合随证加减，同时常规服用维生素C、脱氧核苷酸、路丁，血小板$<20\times10^9/L$和出血严重者加用糖皮质激素并适当输血。结果获完全缓解12例，基本缓解14例，总有效率96.4%。

（二）专方治疗　展昭民等以清热凉血，益气活血的玳瑁紫癜宁治疗ITP40例，取黄药子、山豆根、玳瑁、土大黄、紫草、茜草根、赤芍、三七制成蜜丸，每服1丸（15克），日服3次。上方亦可适当调整剂量水煎服用。平均治疗79天，获显效13例，良效16例，进步6例，无效5例。血小板由$25.5\pm11.7\times10^9/L$上升至$93.8\pm54.9\times10^9/L$（$P<0.01$），PAIgG$52.9\pm22.1ng/10^7PL$下降至$40.5\pm21.1ng/10^7PL$（$P<0.05$），骨髓象产血小板巨核细胞数由1.58 ± 2.60增加至7.25 ± 9.05（$P<0.05$）。刘广程等将90例ITP患者随机分为治疗组60例和对照组30例。治疗组用止血升板Ⅰ号（由黄芪、龙眼肉、元参、山药、

太子参、生地、黄柏、旱莲草、女贞子、蚕蛹等组成，共研细末，装入胶囊服），对照组口服强的松。结果治疗组显效（出血症状消失，血小板恢复正常，停药后至少维持3个月无复发）41例，总有效率为96.7%，对照组显效11例，总有效率66.7%，两组比较，有显著差异（$P<0.01$）。王淑贤等用益气补血片（人参、当归、黄芪、何首乌、陈皮、大枣）治疗303例，1个月为1个疗程，结果显效88例，总有效率88.1%，明显优于服再障生血片的对照组（71.0%）$P<0.01$。其中血小板的均值，治疗组由$41.48\pm11.79\times10^9/L$上升至$98.13\pm9.80\times10^9/L$，亦明显优于对照组，$P<0.01$。王绍云以生地、白芍、丹皮、女贞子、旱莲草、知母、黄柏、仙鹤草、大蓟、小蓟、藕节、阿胶、黄精、寄生、川断为基本方加减治疗ITP40例，结果痊愈（血小板上升至$100\times10^9/L$以上，出血时间正常，停药半年未复发）25例，好转14例，无效1例，疗程平均68天。吴源生用丹栀地枣汤治ITP68例，药用生山栀15～30克，配丹皮、生地、赤芍、小蓟、麦冬、当归、川牛膝、红大枣。每日1剂，病重者每日2剂，10天为1个疗程。结果所有病例的出血症状多在服药后3～7天开始消失至完全消失，疗程结束后血小板均回升至$100\sim200\times10^9/L$，半年至一年后复查血小板，仍属正常。陆维宏以黄芪、党参、白术、炙甘草、茯苓、水牛角、生地、熟地、山萸肉、川断为主组成消癜方治疗51例，随证加味，服药期间停用其它中西药。经2个月治疗，显效17例，有效率为92%。周秀文等用紫癜消（仙鹤草，炙黄芪、当归、熟地、甘草、连翘等）治疗血小板减少性紫癜68例，临床治愈14例，显效37例，有效17例。治后血小板、血红蛋白均明显升高（$P<0.01$），骨髓巨核细胞成熟亦有改善。

（三）临床研究　刘丽波等将ITP分为Ⅰ型（血热妄行）、Ⅱ型（气不摄血）、Ⅲ型（阴虚火旺）和Ⅳ型（瘀血内阻），分别测定了血清微量元素，发现ITP患者血清锌（Zn）、锰（Mn）、硒（Se）含量均显著降低（$P<0.01$）；铜(Cu)含量几乎无变化($P>0.05$)；Zn含量Ⅱ型与Ⅲ型间无显著差异($P>0.05$)，Ⅰ型与Ⅲ型、Ⅳ型有显著差异（$P<0.01$）；Cu含量各型之间均无统计学意义($P>0.05$)；Mn和Se含量在Ⅰ型与Ⅱ型、Ⅱ型与Ⅲ型、Ⅲ型与Ⅳ型比较中均有显著差异（$P<0.01$），而Ⅱ型与Ⅳ型相比，Mn和Se含量均无统计学意义($P>0.05$)。周永明等采用甲基纤维素法体外培养技术，对20例ITP患者的骨髓进行巨核系祖细胞（CFU-Meg）培养，并与红细胞生成素（EPO）和白细胞介素—3(IL_3)作比较，观察了由黄芪、党参、当归、生地、熟地、旱莲草、丹皮、大青叶、仙鹤草、甘草等组成的中药制剂生血灵(SXL)对ITP患者骨髓CFU-Meg生长的调节作用。结果表明：SXL组CFU-Meg平均产率显著高于对照组（$P<0.01$）和EPO组（$P<0.05$），与IL_3无显著差异（$P>0.05$）；半剂量SXL分别与EPO、IL_3共培养后其产率均显著高于EPO组和IL_3组和IL_3组($P<0.01$)，说明SXL治疗ITP能作用于造血组细胞水平，直接刺激CFU-Meg的生长，具有类似活性因子的作用，且能调节EPD、IL_3等造血刺激因子。促进CFU-Meg的增殖与分化，直至巨核细胞的成熟和血小板的释放。展昭民等也通过细胞培养表明：清热凉血、益气活血、清热凉血并益气活血这3组中药，对ITP患者和正常人骨髓CFU-Meg的增殖分化均有良好的刺激作用，其中清热凉血和益气活血并用作用最佳，益气活血方次之，清热凉血方再次之。另3组中药均具有明显抑制ITP血清抗体活性效应的作用，益气活血方作用优于清热凉血方，两组药合用作用更佳。

（周永明　黄振翘）

【过敏性紫癜辨治】

董廷瑶认为过敏性紫癜发病虽与血分有关，但属表邪引发为多，与血小板减少性紫癜不同，前者属外因，后者属内因，治法各异。焦平介绍马新云从整体观念出发，辨证论治本病，取得良好疗效。其经验为祛风清热须配解毒凉血，补气养血须配健脾摄血，滋阴降火须配凉血止血，活血行瘀须配益气止血。王家福等用宁络消癜方（勒薄、些咩和、细样买马藤、陶拍申则、此豪松罗则、色子片、甘草）为基本方辨证治疗36例，并分风热伤络、阴虚内热、气不摄血三型加减，结果痊愈25例，总有效率94.4%，平均疗程19.5天。李炳绪自拟抗敏汤：丹参、茜草、紫草、鸡血藤各30克，大枣6枚。单纯皮肤型加荆芥、银花、防风、蝉衣，皮肤关节型加防已、威灵仙、秦艽、忍冬藤；腹型加生白芍、生甘草、山楂炭、大黄炭，肾型加旱莲草、车前子、白茅根。共治疗38例，显效24例，好转12例，无效2例。

顾梯成等将68例随机分为三组：中药组服柴芩蝉衣煎加味为主：柴胡、黄芩、乌梅、防风、蝉衣、甘草、当归、丹参、紫花地丁；激素组用强的松；中西医结合组合用上述中西药物。结果中药组18例均获临床治愈，疗程6.18±2.6天；中西医结合组34例，临床治愈29例，好转4例，无效1例，疗程9.12±4.18天；激素组16例，临床治愈11例，好转1例，无效4例，疗程18.5±14.5天。表明中药组疗效较好，疗程最短。吕自翠等治疗30例用五根汤加减（白茅根、天花粉、板蓝根、茜草根、紫草根、生地、玄参、石斛、生槐花、丹皮、地榆），对照组30例用赛庚啶、维生素C治疗。结果中药组治愈26例，治愈率为86.7%，治愈时间平均7.93天；对照组治愈21例，治愈率为70%，治愈时间平均16.07天。两组比较，治愈率无显著差异($P>0.05$)，治愈时间有显著差异($P<0.01$)。贾正生用僵蚕防风汤：僵蚕、防风、连翘、地肤子、苦参、紫草、丹皮、赤芍为主治疗48例，获痊愈43例，总有效率95.8%。其中13例紫癜性肾炎痊愈9例，好转3例，无效1例，平均服药16天。金超用桂枝汤加丹参治疗35例，结果痊愈33例；好转2例，均系成年紫癜性肾炎。赵文群等以玉屏风散加丹参、紫草、赤芍、蝉蜕为基本方，结合随证加味治疗26例，结果治愈22例，有效4例。大部分病例服药3剂后紫癜明显减少，6～12剂获愈。郑强重用连翘30～60克，配紫草、生地、乌梅、白芍、防风、甘草、陈皮，随症加减治疗30例，结果痊愈24例，总有效率96.67%。认为连翘既能清血热，又能散结退热消斑，对毛细血管破裂出血，皮下出血之过敏性紫癜有防治作用。

（周永明　黄振翘）

【血友病辨治】

血友病是一组遗传性凝血活酶生成障碍，由单个凝血因子缺乏所致的出血性疾病。先天性因子Ⅷ、Ⅸ缺乏，分别被称为血友病甲、乙。以往西医多单纯依靠补充凝血因子治疗，尚无法根治。50年代开始，陆续有中医治疗本病的病例报道。近年来，应用中医辨证治疗本病的病例数有所增多。有些学者将本病归属血证及诸衄（鼻衄、齿衄）的范畴，对本病出血的发病机理，有的提出胃火上逆动血，也有认为出血乃气血逆乱，络脉损伤所致，且离经之血成瘀，似难修复，故出血反复不止。治疗上大多采用清热凉血佐以活血止血法，也有根据脏腑亏虚辨证，采取调补脏腑、标本兼顾的治法而收效。

黄问歧治1例患儿因跌跤舌头跌破，血流不止，经输血3次及各种止血药无效，确诊为血友病。方选五汁饮，用鲜藕、生梨各1000克、生甘蔗、生荸荠各500克，均去皮切碎，加鲜生地120克，洗净切碎，共榨汁，日服5～6次，每次1小杯，服1日血流渐减，服2日血止而愈。杨文华报道用鲜鳖治疗本病2例。取大鳖一只，重1000～1500克，加生地9克，土茯苓4.5克，银花3克，清水炖服。2例分别服用10余次或数次，反复鼻衄从此消失。冯朝政等报道1例成人男性，患血友病甲，抗血友病球蛋白(AHG)活力为2.5%。患者因拔牙后出血不止，西药止血剂及局部处理均无效。诊见脉滑数，舌红，苔黄，龈红，证属胃火上炎，血随火动。治以清泄胃热、凉血止血为主，方用泻心汤合石膏知母汤加减：黄连、黄芩、生石膏、茅根、知母、仙鹤草、石斛、茜草炭、生甘草。服1剂后，出血明显好转；加大黄、焦栀子、党参、生地、枳壳、山豆根，共服6剂，出血控制。孙清廉等报道1例男性患儿，因外伤后右肩、臀部及肘关节内大量出血。辨为气血虚极，治以大补元气，固脱摄血，佐以清热和胃，降逆止呕。先用朝鲜红参、砂仁、半夏、淡竹茹、生姜、炙枇杷叶、黄连；后用益气养阴、化瘀止血之剂，药用朝鲜红参、生黄芪、当归、鹿胶、炙鳖甲、荆芥炭、升麻、白茅根、仙鹤草，并加减用药。治后背部瘀血肿胀及出血症状控制。常世平等应用口服药结合外敷法治疗1例成人血友病性关节炎。患者诉左髋关节部位疼痛难忍，左腹股沟及左髋肿物触痛，局部略见红肿，证属肝旺血热，热伤血络。认为本病系遗传性疾病，责之于肾，而从肝治，以子救母，故用柔肝清热，凉血止血，活血化瘀法。药用白芍、生牡蛎、生薏苡仁、丹皮、白薇、白茅根、小蓟草、荷叶，煎汤内服。另用乳香10克，没药10克，泽兰10克，水红花子30克，芒硝30克，置布袋中蒸30分钟，待药温降至接近皮肤温度时，加冰片4克混匀，敷局部20分钟，日2～3次，1日换药1次。按法施治，症情得以控制。

甘欣锦等报道治疗2例血友病患者。1例男性19岁，自幼躯体轻微外伤后出血不止，牙龈反复出血，经实验室检查提示，血浆Ⅷ因子缺乏；测Ⅷ：C6%。辨证系血热炽盛，迫血妄行，血出瘀留，瘀血内停。治以清热凉血为主，佐以化瘀止血之品，方选犀角地黄汤合十灰散化裁，药用水牛角、生地、黑山栀、丹皮、赤芍、玄参、白茅根、藕节炭、茜草、大黄炭。10剂后出血控制。1例男性17岁，从幼儿时起反复发生四肢及臀部等处瘀斑及血肿，肘、膝关节肿痛，牙龈渗血，确诊为血友病甲。证属血热妄行，外溢络脉，留着关节，血脉不通。治用清热凉血，和络止血，方选犀角地黄汤加山栀、丹参、茜草、三七、大蓟、小蓟、牛膝。5剂后血渐止，痛渐缓，而能步履。郭昆等治疗本病26例，均为男性，年龄2～33岁，平均14.4岁；甲型14例，乙型12例，均经检验确诊。中医辨证属脾肾阳虚者16例，脾肾阴虚8例，肝肾两虚2例。治用血友汤，药选太子参、潞党参、炙黄芪、当归、首乌、鸡血藤、附片、紫草、茜草、大黄、乌梅、甘草。出血在胸腹加川芎，出血在五官重用牛膝，出血在关节且见畸形加龟版、鳖甲。治疗结果：26例全部有效，最快者服1剂出血即止，一般服用3～5剂，青紫肿胀包块亦渐消失。甲型14例，查Ⅷ：C%，治前4.2～0.2，平均1.91，治后24.0～1.2，平均8.53，治疗前后比较，$P<0.001$。1月后有10例复查Ⅷ，为22.6～4.0，平均8.26，治疗观察时间平均6.92年又4.35日。乙型12例，查Ⅸ：C%，治前3.1～0.2，平均1.98；治后10～3.4，平均6.56，治疗前后比较，$P<0.001$。1月后有7例复查Ⅸ，为8.7～3.5，平均6.02，治疗观察时间平均6.33年又18.83日。

（黄振翘　黄　韬）

【骨髓异常增生综合征辨治】

苏伟等对49例骨髓异常增生综合征(MDS)患者进行中医基本病机分析。按1982年FAB协作组分型（期）标准：难治性贫血（RA）31例，环形铁粒幼细胞难治性贫血（RAS）1例，伴有原始细胞增多的难治性贫血（RAEB）16例，正在转变中的难治性贫血（伴有原始细胞增多，RAEB-T）1例。根据四诊所得的舌、脉、症状及体征分析表明，MDS无论哪种类型（期），在其生存期内，发病重者，初起即见气阴两虚，血瘀内阻；病起较轻者，初见气血两虚，兼有血瘀，日久遂见气阴两伤，血瘀内阻。因此认为气阴两伤、血瘀内阻为MDS之基本病机，当以益气养阴活血为大法，兼证酌情加减用药。胡凯文等采用益气养阴活血法治疗MDS 50例，所有病例诊断根据1986年全国第一次血细胞学术交流会拟订的诊断标准及FAB分型。中医辨证则根据全国中西医结合研究会1986年修订的《各种虚证辨证标准》和《血瘀证诊断标准》，并结合MDS临床证候学调查。胡氏等将60例患者随机分为治疗组50例，对照组10例。两组均符合中医气阴两虚、血瘀内阻证候。治疗组用由炙黄芪、熟地、丹参、当归等药组成的冲剂，每袋9克，每日3袋，早中晚分服。部分患者酌情采用过抗感染、止血等措施。对照组采用对症支持疗法，其中对RAEB及RAEB—T患者用小剂量阿糖胞苷治疗。两组均以3个月为一疗程。结果：治疗组基本缓解（主症、出血倾向均消失；血红蛋白达100g/L，白细胞达4×10^9/L，血小板达80×10^9/L；骨髓病态造血现象显著减轻；骨髓原、幼细胞<5%，维持至少半年）12例（RA11例，RAEB1例），占24%，而有3例（RAEB1例、RAEB—T2例）转化为急性白血病（AML），总有效率为86%。对照组基本缓解2例（RA），占20%，总有效率为60%。治疗组中20例经5年以上随访，白血病转化率为15%，明显低于对照组，表明该治法能明显降低白血病转化率，延长生存期。观察到益气养阴活血中药对骨髓粒系、红系、巨核系造血具有明显的影响；认为该组中药对造血祖细胞的增殖和分化多表现为直接或间接的促进作用；同时还发现骨髓造血灶中巨噬细胞明显增多，从而影响血细胞的生长和发育。

（黄振翘）

【亚急性甲状腺炎的治疗】

亚急性甲状腺炎属于中医"瘿病"等范畴。一般认为与病毒感染和自身免疫反应相关。多数病人患病前有上呼吸道感染或咽痛病史。典型的表现为甲状腺剧痛，常常伴有发热、肌肉疼痛、全身不适等症状，血沉明显增快，甲状腺吸^{131}碘率降低。近年来，采用中医辨证论治、中西药合治、内外合治等方法治疗本病，取得较好疗效。

（一）辨证分期论治　伍锐敏等根据中医辨证原则，将本病分为初期、中期、恢复期三个阶段。初期以发病急骤、发热畏寒、全身不适、咽喉疼痛、甲状腺肿疼明显等为主，属外感风热、肝郁胃热。治以散风透邪、疏肝清胃，常用药物为连翘、薄荷、黄连、板蓝根、夏枯草、生石膏、菊花、藿梗、苏梗、柴胡、桔梗等。中期以精神不振、乏力、嗜睡、畏寒、食欲不振、腹胀便秘、周身浮肿、甲状腺肿痛减轻等为主，属脾阳不振，气不化水。治以温运脾阳，行气利水，常用药物为附子、桂枝、干姜、大腹皮、白术、茯苓、猪苓等。恢复期全部症状消失，有的患者颈前仅遗留小结节，属气郁痰凝。治以理气化痰、软坚散结，常用药物为柴胡、郁金、夏枯草、半夏、陈皮、贝母、生牡蛎、玄参、茯苓等。共治疗75例，初期者27例，中期者43例，恢复期5例，均按上述原则用中药治疗，疗程为1个月。结果痊愈（症状、体征消失，T_3、T_4、TSH、ESR、甲状腺吸^{131}碘率，甲状腺扫描均恢复正常）35例，占46.7%，显效37例，占49.3%，总有效率为96%。

（二）中西药合治　林思慈等自拟养阴散结汤（生地、麦冬、玄参、柴胡、黄芩、薄荷、桔梗、丹皮、赤芍、浙贝母、鳖甲、海藻、昆布、甘草）治疗本病30例，每日1剂，水煎400毫升，分早晚2次服完，9剂为1疗程，同时辅以强的松5毫克，1天3次，连服3天，然后逐日减量至2.5毫克，至第9天停服。治疗结果：所有病例均在2～3天发热消退，咽痛及项痛消失，甲状腺恢复正常，1疗程后查血沉恢复正常，随访3月至2年共11例，无1例复发，痊愈率100%。傅敏端等治疗26例，采用六神丸每次10粒，日服3次，局部症状明显者，另取六神丸20粒，开水溶化后局部涂敷，并配合甲状腺片每天20毫克及小剂量强的松内服；体温恢复正常，硬结缩小，疼痛显著减轻，则将以上药量减半，继续治疗，疗程8～10周。治疗结果：原先经强的松和甲状腺片治疗效果均不明显的26例患者，显效（体温恢复正常，硬结和疼痛消失，血沉恢复正常，停药1年以上未见复发）24例，总有效率为96.15%。

（三）内外合治　林祖贤等以清热消肿，理气化痰方（银花、野菊花、蒲公英、紫花地丁、海藻、玄参、牡蛎、浙贝母、陈皮、丹皮、连翘）水煎内服，外用片仔癀切成薄片，每次1克左右，用冷开水调敷患处，每日1～2次，连用7天左右。经治21例，治愈12例，总有效率为85.7%。王炜以黄石市制药厂生产的雷公藤片内服，每次2片（每片雷公藤甲素标示量33微克），1日3次，痊愈后可继续服用10～30天以巩固疗效，同时用芙蓉膏（芙蓉叶、藤黄、天南星粉，冬绿油、薄荷油、麝香草脑等组成，凡士林适量调制成膏）外敷患处，每日或隔日换药，至局部无压痛时停用。经治24例均痊愈，疗程最短12天，最长48天。全部病例经6个月～5年随访，未见停药后复发。

（刘道清）

【糖尿病的治疗与临床研究】

近年来对糖尿病的治疗较多采用自拟专方为主，随证加减的方法；但也有坚持辨证分型治疗为主的；还有的采用中西药结合治疗，在临床研究方面亦有新的进展。现分述如下。

杨亚平等以经过动物实验证实有显著降糖作用的降糖清（党参、白术、山萸肉、麦冬、葛根等）片剂治疗Ⅱ型糖尿病120例，每次服10～15片（含生药3.5～5.3克），1日3次，于饭前半小时服。原服用降糖西药者逐渐减量至停用。经平均3个月（最短15天，最长12个月）的治疗，显效（症状基本消失，空腹血糖＜7.2mmol/L，餐后2小时血糖＜8.3mmol/L，或血糖较治疗前下降30%以上）70例，有效25例，总有效率为79.17%。95例显效或有效患者治疗前后的空腹血糖、餐后2小时血糖指标比较，均有显著差异（$P<0.01$）。观察到能长期坚持服药，检查值正常后逐渐减少药量或服维持量者效果较好，而短期（不足3个月）治疗疗效不够巩固。张清贤等观察了参芪降糖片（广东省汕头制药厂生产）对Ⅱ型糖尿病的治疗作用。该药系纯中药制剂，主要成分为人参总皂甙、黄芪、天花粉、生地、枸杞子等11味中药。张氏等将病例随机分为两组，治疗组373例，对照组108例。两组治疗前包括血糖值在内的一般资料相似，具有可比性。所有病例在观察前均经过3个月系统治疗（饮食控制，口服降糖西药），但空腹血糖持续＞17mmol/L。治疗组在原治疗基础上（正规西药治疗，饮食控制）加用参芪降糖片（每片0.35克），每日3次，每次3片，饭前30分钟口服。服后疗效显著者，渐减西药用量，1个月后停用西药。对照组口服西药降糖灵50毫克，每日3次。两组均观察2个月。结果治疗组显效（空腹血糖下降至正常或下降幅度＞3mmol/L，且症状明显改善）115例，总有效率为83.16%。对照组显效4例，总有效率为41.70%。两组差异显著（$P<0.01$）。吴勇等用降糖1号（川芎15克，当归20克，酒炒白芍30克，丹参45克，益母草30克，葛根25克，玉竹15克，沙参30克，石斛15克，荔枝核25克）治疗84例Ⅱ型糖尿病（空腹血糖在7.8～8.3mmol/L间48例，8.4～13.9mmol/L间21例，＞14.0mmol/L者15例），3个月为1疗程。结果显效（症状基本消失，空腹血糖＜6.1mmol/L，餐后2小时血糖＜7.2mmol/L，24小时尿糖总量＜5克）57例，有效21例，无效6例。治疗前后空腹血糖均值比较，差异显著

(P<0.01)。体会到荔枝核一药有显著降糖作用，且无毒副作用，方中用不用此药，疗效差异显著（P<0.01）。张文龙报道采用双补降糖胶囊治疗Ⅱ型糖尿病52例。药物组成：黄芪、党参、茯苓、生地、枸杞子、熟地、山萸肉、山药各4份，泽泻、石斛、玄参、丹参、知母、黄柏、丹皮各3份，黄芩、黄连、苍术、附子、肉桂各2份。按比例烘干研末，装入0号胶囊。每日3次，每次6～10粒，饭前服用。3个月为1个疗程。治疗结果，各种症状明显改善，有效率达100%。空腹血糖、果糖胺、血脂及血液流变学各项指标治疗前后的均值比较，皆有明显改善（P<0.05～0.001）。认为指导患者注意饮食、适当活动是必要的，但对饮食的控制不必过分严格。因Ⅱ型糖尿病患者处于高代谢状态，抵抗力低下，过于严格限制饮食会影响营养物质的补充，于治疗不利。

在辨证分型治疗方面，王学信等介绍了用系列消渴降糖丹治疗本病100例的经验。气阴两虚型49例用1号方：黄芪、丹参、淮山药各24克，石斛、沙参、茯苓各12克，高丽参8克，苦参18克，黄精、五味子、酸枣仁、龙眼肉各10克。燥热内盛型14例用2号方：黄柏、山栀各10克，青黛12克，石斛4克、知母、熟地、丹皮各15克，乌梅、生地、草决明各24克，黄连、酒大黄各8克。肾虚血瘀型37例用3号方：水蛭6克，蜈蚣4克，淮山药30克，枸杞子15克，泽兰18克，鸡内金、龟版、木香各10克，肉桂5克，巴戟天、桑螵蛸各12克，山茱萸24克。以上3方均按比例研末混匀，装入0号胶囊，每粒0.5克。根据分型，或单用，或合用。单用者量大，合用者量小。一般每次4粒，每日4次。前3次饭前半小时服，第4次服药在23时至次日凌晨2时间服。服降糖丹期间，停用原服用的降糖西药（个别病人先减50%药量，15天后全停）；应用胰岛素者，逐步递减用量。1个月为1个疗程，2个疗程后参照全国糖尿病会议的有关标准统计疗效。结果显效4例，总有效率为82%。观察到1日4次服药的合理性和有效性。建议经过治疗，空腹血糖控制在6.7mmol/L左右，可将药量减半续服，以巩固疗效。

张崇鄙、倪艳霞等分别观察了中西药结合治疗糖尿病的作用，并与单纯服用西药或中药组作了比较。张氏等将100例Ⅱ型糖尿病患者随机分为三组，病例分布具有可比性。中药组10例服渴益散胶囊（由红参、黄芪、玄参、生地、杞子、菟丝子、黄连、益母草组成）；西药组20例服优降糖或降糖灵，常规剂量；中西药联合组同时服用上述两组药物。经3个月治疗，观察血糖、尿糖、C肽胰岛素、糖化血红蛋白等指标，发现中药组与西药组疗效无显著差异（P>0.05），而中西药联合组的显效率明显优于中药组和西药组（P均<0.01）。对症状的缓解率和对并发症的控制率，中西药联合组亦优于中药组（P<0.05）和西药组（P<0.01）。提示中西药综合疗法较之单纯用中药或单纯用西药有明显的临床优势。倪氏等在既往通过临床观察及动物实验证实黄连素具有促进胰岛B细胞的再生及功能恢复作用的基础上，将黄连素与4味中药合理相配，制成降糖散（黄连素0.5克，人参0.5克，枸杞子5克，黄精4克，黄芪5克，为每次量，每日3次）治疗Ⅱ型糖尿病（空腹血糖均在11.1～13.8mmol/L间）30例，并设30例单纯服黄连素（每次0.5克，每日3次）作为对照。对照组患者治疗前的空腹血糖指标范围，同治疗组有可比性。经3个月的治疗，发现降糖散有明显降血糖、降血脂及降血压作用。治疗组总有效率为86.7%，明显优于对照组（P<0.01）。并观察到降糖散对其它降糖药继发失效者及病情反复者再次应用均有疗效，血糖下降较快，还能促进餐后1小时血清胰岛素水平升高，这对胰岛素释放高峰延迟的Ⅱ型糖尿病有良好的恢复作用。另接受

降糖散治疗的患者自觉症状好转及体质增强明显，且无明显毒、副作用。

在糖尿病临床研究方面，梁晓春、熊曼琪、刘德山等人还分别从不同的侧面报道了各自的研究成果。梁氏等选择气阴两虚型Ⅱ型糖尿病患者共90例进行观察。随机分为两组。治疗组60例给予降糖中药片（由生黄芪、太子参、知母、草决明、黄连、川芎等组成），对照组给予玉泉片（含人参、天花粉、葛根、黄芪，为传统玉泉丸的改革剂型）。疗程2个月。治疗期间原口服降糖药及胰岛素的用法、用量不变。结果发现降糖中药片在降糖同时，还可提高红细胞超氧化物歧化酶（RBC—SOD）含量，抑制血清丙二醛（MDA）生成，降低红细胞乙酰胆碱酯酶（AchE）水平，和玉泉片组相比有显著差异（$P<0.05 \sim 0.01$）。对血清胰岛素水平（InS）无明显影响。提示降糖中药片既可改善糖代谢，还可影响自由基及乙酰胆碱酯酶的代谢。熊氏等探讨了80例Ⅱ型糖尿病患者（NIDDM）衰老规律和心血管功能障碍的特点及其与辨证分型的关系。结果表明：NIDDM患者机体衰老进程加快，有微血管病变者衰老总积分升高更显著，提示气阴两虚（包括阳虚）、痰瘀阻滞是NIDDM患者衰老的基本病机；NIDDM患者心血管功能障碍表现为心率加快，心脏指数明显减低，心肌耗氧量和外周阻力显著增加，提示无器质性心脏病的NIDDM患者左心舒缩功能、大小血管功能及植物神经功能均有不同程度的减退，而气阴两虚（包括阳虚）、痰瘀阻滞与心血管功能障碍密切相关。刘氏将51例Ⅱ型糖尿病患者辨证分为阴虚热盛、气阴两虚和阴阳两虚3型；对照组为年龄、性别和文化程度与之相匹配的30例健康人。每例均作记忆、思维、运动、情绪和脑诱发电位等脑功能测定。结果显示：阴虚热盛型患者脑功能尚接近正常，另两型患者脑功能均明显减退。提示糖尿病不同证型有其不同的病理生理基础，各证型间的脑功能变化有一定的规律。

（姚克裘　陶御风）

【糖尿病治疗的实验研究】

近年来不少单位在专方治疗糖尿病取得疗效的基础上，开展了实验研究。如郝一彬等应用山西老中医刘绍武治疗糖尿病经验方血糖平（黄芪30克，天花粉30克，山萸肉15克，山药30克，丹参30克）对四氧嘧啶制备实验性糖尿病大鼠模型进行了血糖水平和肝糖原含量影响的观察。实验性糖尿病模型鼠随机分为血糖平组、降糖灵组和糖尿病模型对照组，另设正常空白对照组，分别以血糖平1.5克/公斤，降糖灵0.1克/公斤及等容量自来水灌胃。每日1次，连续14日。于给药7日及14日时测定各组动物空腹血糖，在第14日时测定肝糖原含量。结果7日后血糖平、降糖灵西药对病鼠的血糖水平都有明显的降低作用，与糖尿病模型对照组比较差异有显著性意义（$P<0.01$）；至14日时两药都使血糖水平接近正常，与正常鼠对照组比较无显著性差异（$P>0.05$）；血糖平组与降糖灵组比较无显著性差异（$P>0.05$），说明两药的降糖作用都有时间依赖性。第14日时对肝糖原含量血糖平组也较模型对照组显著增加（$P<0.01$），与正常对照组比较也有显著性差异（$P<0.01$）。观察到模型对照组、血糖平组、降糖灵组大鼠在第14日时的死亡率分别为67%、33%、47%；血糖平组与模型对照组比较，有显著差别（$P<0.01$）；同时提示血糖平对糖尿病模型的保护作用可能优于降糖灵。另观察到，经血糖平0.75克/公斤灌胃，每日1次，连续7日处理过的大鼠，对四氧嘧啶诱发的血糖升高有显著的预防性对抗作用，与等容量自来水灌胃的对照组相比，有显著性差异（$P<0.01$）。但其血糖水平仍明显高于正常水平，可能与血糖平预先服用的剂量疗程不足有关。

韩宏妮等在应用纯中药制剂消渴灵（生

地、知母、黄芪、山药、鸡内金、三棱、莪术、肉桂、红花、黄连）治疗Ⅱ型糖尿病取得较好临床疗效的基础上，对人工四氧嘧啶高血糖大鼠进行了实验研究。并设生理盐水及玉泉丸二个对照组。实验结果表明，消渴灵对实验性高血糖大鼠有降糖作用，且对降低血浆比粘度及全血比粘度均有意义。梁晓春等观察了金芪降糖片（由金银花、生黄芪、黄连等组成）对实验性高血糖小鼠的影响。实验结果表明金芪片组降糖作用，与玉泉片组、喂水对照组比较，差别显著（P＜0.05，P＜0.01），与降糖灵组比较差别不显著（P＞0.05）。在金芪片对高脂血症实验大鼠血清甘油三脂(TG)、胆固醇(TC)和胰岛素(InS)水平的影响方面，TG与对照组比，差别非常显著（P＜0.01）；TC、InS与对照组比，无显著差别（P＞0.05）。在金芪片对高血糖小鼠机体抗氧化作用影响的实验中，观察到该药能使实验小鼠肝匀浆MDA水平下降，SOD/MDA比值升高，提示该药可提高机体消除自由基的能力，抑制脂质过氧化作用。程益春等观察到健脾降糖饮（黄芪、白术、山药、黄精、葛根、山萸肉、杞子、丹参）对实验性糖尿病小鼠及家兔有显著降低血糖作用，还能明显降低鹌鹑的血清甘油三脂和胆固醇，升高高密度脂蛋白和β脂蛋白，提示该方能提高预防动脉硬化的能力。此外，该方对缺氧和寒冷状态下小鼠能明显延长其存活时间或减少死亡数，并有明显的抗疲劳作用，提示该方有较好的增强机体体质的作用。张春红等应用降糖饮（山药、杞子、芡实、山楂等）对四氧嘧啶糖尿病大鼠进行实验研究。结果表明本方能显著降低模型大鼠高血糖、高尿素氮水平，提高血清胰岛素浓度，改善血脂和血液流变状态。其中降低甘油三脂作用更为突出，显著优于优降糖组(P＜0.01)。在改善血液流变学各项指标方面，除降低全血粘度，降糖饮和优降糖组无明显区别（P＞0.05）外，其余指标，降糖饮组均明显优于优降糖组（P＜0.05～0.01）和玉泉丸组（P＜0.01）。张庚良报道，将消渴宁（玉竹、葛根、益母草、麦冬、炒麦芽、杞子、桑叶、丹皮、桔梗、泽泻、丹参）用于四氧嘧啶性糖尿病大鼠，能促进模型大鼠的胰岛素分泌，降低其血糖，调整其脂代谢紊乱，改善其血液粘滞性和红细胞聚集性。发现消渴宁对防治糖尿病及其血管并发症有一定作用，且疗效优于玉泉丸。

（郭天玲）

【糖尿病并发症的治疗】

（一）糖尿病肾病（DN） 近年来报道大多采用基本方加减的治疗方法，在治则上以益气补阴、补肾活血为主。如姜平等以黄芪、太子参、麦冬、五味子、茯苓、猪苓、枸杞子、山药、生地、山萸肉、泽泻、丹参、益母草为基本方，随证加减治疗22例Ⅱ型糖尿病肾病患者，并配合低热量、低蛋白饮食和西药降糖、降压措施。1个月为1疗程。结果显效（临床症状基本消失，尿蛋白阴性，肾功能正常；肾功能不全者，尿蛋白减少½以上，血肌酐、尿素氮下降值为升高部分的⅓以上）12例，总有效率达90.9%。周跃华等用生黄芪、桃仁、生大黄、生地、女贞子、山药、淫羊藿、桑螵蛸、丹参、泽泻等为主，随证加减治疗显性DN 45例，控制饮食总热量为30卡/公斤/日，蛋白＜0.8克/公斤。结果显效（临床症状、体征基本消失，血肌酐、尿素氮降至正常，尿蛋白阴性，24小时尿蛋白定量＜0.2克，血脂下降）21例，总有效率为86.6%。马茂芝治疗22例中医辨证属脾气肾阴两虚挟瘀的DN患者，在口服降糖西药的基础上，配服由生黄芪、太子参、熟地、山药、山萸肉、泽泻、茯苓、黄精、五味子、丹参、川芎、益母草、泽兰、白茅根等组成的汤药，随证加减，1个月为1疗程，一般治疗2～3个月。结果显效（临床症状及体征基本缓解，24小时尿蛋白定量正常）8例，总有效率86.28%。罗苏生等则用生地、枸杞子、山萸肉、太子参、玄参、葛根、花粉、赤芍、丹参等为基本方，并控制饮食，配合西药降糖措施，治疗早期糖尿病肾病（常规尿蛋白阴性，24小时尿白蛋白排泄率＞30毫克）35例，经至少治疗2个月，显效14例（尿白蛋白排泄率＜25毫克/日），总有效率91.4%。张琪等将80例确诊为糖尿病且在病程中出现持续性蛋白尿和肾功能不全的DN患者，随机分为治疗组和对照组各40例，均控制饮食并给予西药降糖等治疗。治疗组加服消渴益肾汤（熟附子、淫羊藿、山药、白术、黄芪、丹参、川芎、赤芍、益母草、生地、熟地、山茱萸、枸杞子、芡实、大腹皮、猪苓），随证加减，每日1剂。治疗观察3个月。结果治疗组显效（浮肿消退，24小时尿蛋白定量较治疗前减少50%以上，肾功能有改善者）14例，总有效率达75%；对照组显效3例，总有效率为35%，两组比较，$P<0.005$。除了传统口服给药措施外，宋怀方对血糖控制在5.7～8.8mmol/L范围内的23例DN患者，采用复方丹参注射液（每毫升含丹参2克、降香2克）每次10～16毫升，加入100～250毫升生理盐水中静滴的方法，每日1次，15天为1疗程，停2天再治疗1个疗程。治疗期间避免使用利尿剂、血浆制品，不予输血，减少或不用降血压药。结果治疗后本组患者的血压、尿蛋白、血肌酐、尿素氮等指标均较治疗前明显下降（$P<0.01$或$P<0.05$）。

（二）糖尿病性周围神经病变　崔学锋以益气通络汤（黄芪、生地、丹参、当归、牛膝、鸡血藤、木瓜、穿山甲、地龙、蜈蚣、路路通）随证加减治疗糖尿病性周围神经病变30例，其中丹参、鸡血藤各用至30克，黄芪量最大可用至60克。肢端症状较重或伴心脑缺血性疾病者，选用复方丹参液或脉络宁液20毫升静滴，日1次，1个疗程10～14天。结果痊愈（肢端症状、体征完全消失，肌电图恢复正常）13例，总有效率93%。刘从明在以益气养阴、通络祛风的中药（黄芪、桂枝、当归、白芍、生地、麦冬、玄参、黄连、花粉、丹参、泽兰、红花、僵蚕、全蝎）内服的基础上，配用以威灵仙、豨莶草、桂枝、姜黄、刘寄奴、制川乌、鸡血藤组成的外洗方外洗，乘药液温热时洗浴患肢，每次15～30分钟，每日1次，隔日1剂。15天为1疗程，连用3个疗程。结果症状和体征均有不同程度的减轻，并有一定的辅助降血糖作用。

（三）糖尿病性脑血管病变　廖金标对23例发病前查明有糖尿病病史，经CT证实为缺血性或出血性中风的患者，用自拟清化复阴汤（麦冬、石斛、花粉、贝母、胆星、竹沥、远志、菖蒲、僵蚕、地龙、牛膝、羚羊角）治疗。每日1剂，疗程为21～186天。结果基本治愈（上肢运动及言语功能、精神意识恢复正常）9例，显效7例，好转7例，无效2例。杨建屏选择12例发病在3个月以内的糖尿病脑梗塞患者（经CT扫描确诊），用补阳还五汤合自拟双效降糖汤加减治疗。方药组成：黄芪、天花粉、赤芍、淫羊藿、地龙、土鳖虫、桃仁、红花、苍术、水蛭。并以1986年全国第二次脑血管病学术会议制定的《脑卒中患者神经功能缺损程度评分标准》和《临床疗效评定标准》作为疗效评定的依据，结果基本痊愈6例，显著进步4例，进步2例。

（四）糖尿病性视网膜病变　崔凡明用中西药结合方法治疗早期糖尿病视网膜病变62例124只眼。中药处方以桃仁承气汤加减：桃仁、桂枝、大黄、生地、熟地、玄参、泽泻、丹参、黄芪、甘草，每日1剂。西药用降糖药严格控制血糖，并配用降压、降脂药物和维生素C（每次0.3克，每日3次）。2个月为1个疗程。同时为患者进行心理咨询。结果显效（眼底出血、渗出吸收，微血管瘤减少，荧光素渗漏消失，视力提高2行以上）60只眼，占48.39%，总有效率为88.71%。李建生等将52例老年本病患者分为两组：对照组22例43只眼，治疗组30例58只眼。两组均根据血糖水平调整降糖西药剂量。治疗组加服补肾活血方（何首乌、黄精、石斛、淫羊藿、葛根、赤芍、牛膝、三七粉），每日1剂，1个月为1疗程。结果治疗组显效（眼底微血管瘤、出血及渗出全部或大部分消失，视力提高2行以上，视野扩大10～15°）26只眼，好转24只眼，无效8只眼；对照组分别为8、14、21只眼。两组疗效比较，$P<0.01$。观察到疗效单纯型优于增殖型。

（五）糖尿病性阳痿　段尚勤用糖萎灵（熟地、枸杞子、巴戟天、菟丝子、当归、白芍、牡蛎、黄芪、白术）治疗20例糖尿病性阳痿，并随证型加减。每日1剂，14天为1疗程。结果患者血糖均得到良好控制，阳痿显效（阴茎勃起坚而有力，同房时间恢复到发病前）15例，有效4例，无效1例。服药最少20剂，最多80剂。杜俊声则将18例糖尿病性阳痿患者辨证分为肾阳虚、气虚热郁、痰瘀交阻三型。肾阳型用金匮肾气丸加味，气虚热郁型用人参白虎汤加味，痰瘀交阻型用《证治准绳》健脾丸加味。在中药内服的基础上配合针灸治疗，肾阳虚型取足三里、三阴交、关元、命门、肾俞，每日针三穴、灸两穴，交替进行；气虚热郁型取合谷、大椎、关元、三阴交，合谷、大椎用泻法，关元、三阴交用平补平泻；痰瘀交阻型取足三里、内关、三阴交、气海、关元，每日针三穴、灸两穴，交替进行。结果取得了较好的疗效。

（六）糖尿病性腹泻　杨德明用真人养脏汤治疗糖尿病顽固性腹泻患者78例，方用人参5克（或党参30克），配白术、肉桂、白芍、肉豆蔻、诃子、罂粟壳、广木香、炙甘草，随证加减。每日1剂，两煎混合，分3次温服，5天为1疗程。腹泻控制后可用参苓白术散内服，以进一步巩固，并用西药治疗原发病（糖尿病）。结果61例完全控制（腹泻停止，大便成形，自觉症状消失，停药后1年以上不复发），总有效率96.2%。

（陆　灏　蔡　淦）

【痛风的治疗】

（一）专方治疗　彭介寿等以自拟痛风Ⅰ号合剂（苍术、苡仁、姜黄、陈皮等）治疗痛风性关节炎。在所治70例患者中，每年急性发作1次者12例（17.14%），2～3次者37例（52.85%），4～5次者14例（20%），6～7次者3例（4.28%），10次以上者4例（5.71%）。服药方法：每次30毫升，每日3次，饭前空腹服，连服2周，停用其它治疗痛风的西药。结果显效（关节红肿热痛5天内消失，短期内未复发）61例，占87.14%，有效9例。杨玲自拟痛风饮（虎杖、灯笼草、掉毛草、九子、苍术、牛膝各15克，土茯苓、萆薢各20克，苡仁30克，甘草6克），随证加量或加味，治疗痛风40例。每日1剂，10天为1疗程。服药时忌饮茶。结果痊愈（症状消除，关节活动灵活，血尿酸正常）30例，显效7例，总有效率为92.2%。陈剑平等用祛风定痛汤（秦艽、威灵仙、五加皮、防己、独活、怀牛膝、当归、车前子、生甘草）加味治疗32例，每日2剂，水煎分服。结果治愈（关节红肿热痛消失，血尿酸恢复正常）8例，总有效率为93.75%。治愈者服药均在2周以上。孙咸茂等报道应用自制秦黄丹片（秦艽、黄精、丹参、萆薢、苍术，按3:3:3:3:1比例制成，每片重0.3克，每次5～10片，每日3次，连服1个月为1疗程）治疗痛风37例。在急性发作期，湿盛用土茯苓30克，热甚用忍冬藤30克，痛甚用络石藤20克、威灵仙20克，水煎送服秦黄丹片。另有8例在病初起疼痛剧烈时，曾一度加服吲哚美辛片等西药。治疗结果：痊愈（症状消失，关节活动正常，血尿酸降至正常，肾功能正常，随访1年以上无复发）29例，占78.37%；好转8例，占21.63%。

（二）中西药结合治疗　孙玉秋治疗痛

风，中药采用四妙汤加味以清热除湿，祛风和络，蠲痹止痛。方药为：苍术、牛膝、晚蚕砂、赤芍、白芍、苡仁、知母、虎杖各12克，黄柏6克。兼燥热伤阴，少佐生地；疼痛较重加徐长卿、秦艽、元胡。西药选用别嘌呤醇0.1～0.2克，每日2次口服；或用痛风利仙50毫克，每日1次口服；疼痛不减加服消炎痛25毫克，每日2次口服。治疗11例，均获显效，关节红肿疼痛缓解，血尿酸不正常的10例均降至正常。刘艳红等对痛风的中西医结合治疗经验分别如次。急性发作期：秋水仙碱先给顿挫量1毫克，继之每隔2小时给0.5毫克，每日总量3.5～4毫克，限量不超过4毫克。疼痛控制或毒副作用出现则停药。一般在8小时可使疼痛缓解，24～48小时疼痛基本控制。用罂粟壳30克（或加五味子、乌梅）水煎服，可治秋水仙碱致泻；同时伴腹胀痛、呕吐恶心等，则用参苓白术散加减处理。稳定期的治疗：肾性痛风，肾功能正常者，丙磺舒先给小剂量，125毫克/次，2次/天，2周内逐渐加到500毫克/次，3～4次/天，最大不超过2000毫克/天；并服碳酸氢钠3～6克/天。代谢性痛风，肾结石，肾功能不全，用别嘌呤醇小剂量递增给药法：先用100毫克/次/天，经2～3周递增到200～300毫克/次/天；待血尿酸降至357μmol/L以下后用滋肾柔肝，祛风除湿，活血化瘀方（秦艽、独活、防风、络石藤、当归、川芎、赤芍、白芍、生地、枸杞、黄芪、苡仁等）。尿酸性肾结石的治疗：属下焦湿热者，排石通淋，八正散加减；肝肾阴亏，宜滋养肝肾，兼以排石，一贯煎加减。鸡内金、金钱草、海金砂为排石要药；缓急止痛用白芍、甘草；活血化瘀可以配伍乳香、没药。

（三）内外合治　夏金华、潘卫平、段和平分别采用内外并治法治疗本病。夏氏以自拟痛风灵合剂为内服基本方，药用牛膝、海桐皮、片姜黄、光慈菇片、莪术、苏木、大腹皮、黑牵牛子、白牵牛子、甘草。反复发作者加黄芪、桂枝。外治用镇江膏药加药粉敷贴。药粉采用《医宗金鉴》四虎散加玄明粉、樟脑、白胡椒配制而成。共治疗100例。结果显效（治疗48小时后症状消失，血尿酸较治疗前下降50umol/L，半年内无发作）28例，总有效率为100%。潘氏治疗39例，内治用四妙散加味，外治自拟痛风膏（生大黄、生山栀、炮山甲片各30克，生乳香、生没药、制马钱子各20克，冰片10克，共研细末，凡士林调）敷患处。依据1984年宁波会议制定的痛风疗效标准，评为治愈者25例，显效9例，有效3例，总有效率为94.7%。段氏等从湿热瘀毒论治32例。内服用自拟的金龙汤（苍术、黄柏、防己各15克，金钱草60克，地龙10克，薏苡仁20克，丹参、槟榔片各12克，乳香、没药各8克），每日1剂，连服3～9剂；外治用放血疗法：于局部肿痛最甚处，经碘酒或酒精消毒后用三棱针或7号注射针针头深刺1～3针，放血数滴。结果显效（症状、体征消失，伴发病减轻，血尿酸降至正常范围）19例，有效13例，总有效率为100%。

（王锦鸿）

【头颅CT检查分析与中风辨治】

吴声海等分析了78例脑血管意外患者的颅脑CT扫描与中医辨证分型的关系。(1) CT扫描呈低密度改变的33例，中经络占24例（72.7%），其中中络8例均为低密度改变，中脏则无1例呈低密度改变。呈高密度改变的45例，以中脏腑为主，占33例（73.3%），而中脏的10例全为高密度改变。(2) 小片状病灶（≤2厘米×2厘米）共37例，以中经络为主，占25例（67.5%），其中中络的8例均为小病灶。大病灶（>2厘米×2厘米）41例，以中脏腑为主，占30例（73.1%），其中中脏的10例均为大病灶。(3) 病灶出现部位依次为基底节区39例，脑叶22例，丘脑8例，脑干9例。无论是中经络还是中脏腑，病灶部位均以基底节区为主，分别为18例、21例。中络病灶主要在基底节区、脑叶；中脏主要在基底节区、脑干。(4)病灶周围病理改变：边缘水肿27例中，中脏腑占21例（77.7%）；脑室受压30例中，中脏腑23例(76.6%)；破入脑室26例中，中脏腑21例（80.76%）；中线位移20例中，中脏腑18例（90.0%）。说明中脏腑以边缘水肿、脑室受压、破入脑室、中线位移为主。中经络则以脑室扩大（78.2%)、沟回深宽（77.2%）为主。中医临证将有无神志改变作为区分中经络、中脏腑的主要依据，而头颅CT检测在缺血性和出血性中风的鉴别上有重要作用。中经络为急性脑卒中轻症，多为脑梗塞，但有经CT扫描发现高密度影即诊断为脑出血者。反之，中脏腑为急性脑卒中的重症，多为脑出血，但有经CT扫描未见高密度影而诊断为脑梗塞者。可见重症缺血性卒中类似脑出血，轻症出血性卒中有同脑梗塞，故临床上不能简单地用西医病名诊断套用中医分型。

徐会吾对经CT确诊为急性脑出血的104例患者进行了回顾性分析，认为自从CT应用于临床以来，不但极大地提高了急性脑出血病的诊断准确率，而且丰富了中医辨证分型内容。对此，徐氏分三方面作了阐述。(1)出血量与中医辨证分型的关系。出血量较多者，多属风中脏腑；出血量较少者，部分为风中脏腑，部分为风中经络。但急性脑出血的风中经络者，常伴有头昏头痛、恶心呕吐等症状，这与缺血性脑血管病不同。(2)出血部位与中医辨证分型的关系。脑干出血者，多属风中脏腑，提示病情深重，预后较差；大脑额顶叶出血者，多属风中经络，一般病情较轻，预后良好。(3)急性脑出血破入脑室系统与中医辨证分型的关系。在12例急性脑出血破入脑室系统的患者中，有8例(66.7%)被辨为中风闭证，症见神昏鼻鼾、躁扰不宁、肢体拘急、频繁抽搐等，提示预后较差；2例(16.7%)被辨为中风脱证，症见深度昏迷、肢体瘫软、二便自遗等，提示预后极差。总之，急性脑出血的中医辨证分型，与CT所示的出血部位深浅、出血量大小有密切关系。李洪哲等也对200例脑卒中患者作了头颅CT分析。发现病灶位于小脑部的患者，临床多伴有眩晕、恶心、呕吐等痰浊壅盛、上蒙清阳、痞阻中焦之症，同时200例中122例有痰湿之象，占61%，其中31例多发性脑梗塞全部表现有痰湿之象，且病灶越多，病灶范围越广泛，痰湿之象越明显。

曹晓岚等在脑CT动态观察下运用清开灵注射液治疗脑出血患者26例。方法是将清开灵注射液60毫升加入5%葡萄糖盐水500毫升中静脉滴注，每日1次。另设16例脑出血者为对照组，用20%甘露醇250毫升快速静滴，每6～12小时1次。上述患者均于治疗前后作CT扫描，观察颅内血肿大小及其液化情况。结果显示，两组治疗前后自身血肿大小比较均有显著性差异，清开灵组$P<0.001$，对照组$P<0.01$，但清开灵组血肿液化吸收率明显高于对照组（$P<0.01$）。另高密度出血灶完全消失者26例，其中清开灵组占20例（76.92%），亦显著多于对照组（$P<0.05$）。

（王锦鸿）

【癫痫的治疗】

近年对癫痫的治疗大多采用辨病论治，涌现了不少自拟经验方。如史学义自拟“定痫止抽丸”（由黑丑、白丑、蜈蚣、全蝎、钩藤、地龙、沉香、胆南星、甘遂、青礞石、海浮石、远志、菖蒲、皂角、当归、丹参、赤芍、川芎、甘草、珍珠、羚羊角组成)，每丸9克，早晚各1次，3个月为1疗程。治疗癫痫87例。结果：停止发作6个月以上者47例，发作次数明显减少，症状减轻者31例，无效9例。何秀荣制“抗痫宁”（由全蝎、麻黄、钩藤、苍术、牛膝、乳香、没药、僵蚕、甘草、马钱子组成），每丸1.5克，日服2丸，1个月为1疗程。治疗癫痫23例，16例未再发作，7例无效。黄吉文用“癫痫散”（由丹参、当归、白花蛇、蜈蚣、竹茹、半夏、枳实、僵蚕、茯苓、皂角、琥珀等组成）制成胶囊，每粒0.5克，每次8至10粒，日服2次，3个月1疗程。治疗本病300例，疗效按1985年青岛会议标准，结果显效140例（46%），好转98例（32.7%），有效42例（14%），无效20例（6.7%），总有效率93.3%。李善举等自拟“导痰散”（由苍术、胆南星、银花、生巴豆各等分组成），每日1次，每次1.5克，晨起空腹时服用，一般可连续服3至5次，并以温茶水冲服催吐。继用“癫痫胶囊”（由石菖蒲、钩藤、僵蚕、人参、橘红、茯苓、竹茹、白术、皂角、地龙组成），每粒0.3克，每次3粒，日服3次，1个半月为1疗程，疗程中每3个月加服1次“导痰散”。治疗106例癫痫，结果2年以上未发作，脑电图恢复正常者27例(26.3%)，症情明显减轻，脑电图改善者25例(23.6%)，症状减轻但仍须服药方能控制者28例(26.5%)，无效26例(23.6%)。秦智中用“三石丸”（由青礞石、磁石、石决明、羚羊角、地龙、全蝎、胆南星、鲜菖蒲、竹沥、琥珀、猪胆汁组成），每日2次，每次4粒，3个月为1疗程，一般服用2至4个疗程。治疗本病100例，结果5至10年未发者78例，10至20年未发者16例，6例未及随访。林包志自拟“天蝎汤”（由天麻、全蝎、僵蚕、牛膝、枳壳、胆南星组成），水煎服，连服7剂后改用“调肝健脾汤（天麻、白芍、当归、川芎、牛膝、枳壳、白术、陈皮、茯苓组成）煎服，治疗6例肢痛性癫痫，结果半个月肢痛停止发作，1周后复查脑电图，除1例轻度异常外，5例恢复正常，其中2例停药3周后复发，再用药后症状控制，其余4例随访半年未复发。刘松香等自制“夏星磁颗粒剂”（由姜半夏、胆南星、竹茹、地龙、磁石、茯苓等组成），4周为1疗程，2个疗程之间休息1周，所有病例均观察3个疗程。治疗本病20例，近期痊愈（1年以上未发）1例，显效3例，有效14例，无效2例，脑电图改善率15%。对照组（服苯妥英钠）20例，近期痊愈1例，显效2例，有效15例，无效2例，脑电图改善率10%。两组经统计学处理，无显著差异。

靳彩娣辨证治疗癫痫也取得了较好的疗效。其中风痰内扰型35例，方选《医学心悟》定痫丸加减治疗，结果显效20例，有效11例，无效4例；神不守舍型6例，方选养心汤加减治疗，结果显效4例，有效2例；胆火生风型4例，方选消风散加减治疗，结果显效2例，有效1例，无效1例；痰火上扰型1例，方选龙胆泻肝汤加减治疗，结果获显效；瘀血内阻型14例，方选血府逐瘀汤加减治疗，结果显效8例，有效2例，无效4例。总有效率85%。疗效判定时间为3个月以上。发作频率减少75%以上为显效，50～75%为有效，25%以下为无效。

用中药提取液治疗癫痫的报道尚不多见。刘玉玺等以狼毒大戟碱性提取液(每1毫升相当于生药1克)，成人每天口服20毫升，1至3个月为1疗程，治疗本病72例，结果显效30例，有效26例，效差及无效16例，总有效率78%。56例有效者复查脑电图，好转48例。服药过程中有4例曾短时间出现轻度腹泻，2例见头晕和思睡，1例烦躁，但很快消失。动物实验发现本品明显延长印防己毒素所致小鼠惊厥的潜伏期和死亡时间，对最大电休克小鼠的抗惊厥率为69%，用Voskuyl的最新刺激皮层惊厥阈值测定法测定，发现本品可提高惊厥阈值110μA，有效时间持续1周，且无明显毒副反应。

李英才自拟“大黄丹参汤”（由大黄、丹参、红花、赤芍、石菖蒲、党参、青皮、香附、竹茹、丝瓜络组成）配合针刺（取穴：百会透前顶，风池透风府、神门、命门等），治疗103例，4个月内发作者观察1个月，

5～9个月发作者观察2个月，结果不发作或频率减少75%以上者65例，发作频率减少25～75% 32例，无效6例。

（王庆其）

【三叉神经痛的治疗与研究】

（一）专方内服　李雷军等用赵锡武经验方（生石膏24克，葛根18克，黄芩9克，薄荷12克，赤芍12克，荆芥穗9克，钩藤12克，甘草9克，苍耳子12克，全蝎6克，蜈蚣3条，柴胡12克，蔓荆子12克。目痛甚者加桑叶9克，菊花9克；牙痛甚者加细辛3克，生地12克，牛膝12克）治疗原发性三叉神经痛35例，取得满意疗效，连服药痛止后，未见复发者23例；偶有复发，病情减轻者11例。牛永琴等采用柔肝息风通络汤治疗本病86例。基本方为白芍、全蝎、川芎、蜈蚣、细辛、穿山甲、桃仁、甘草。其中川芎用30克，白芍用至30～60克，并随证加味。久痛甚重另加制马钱子粉0.3克。每日1剂，连服10日为1个疗程，疗程间停药2～3日。经治疗1～2个疗程，临床治愈（疼痛停止，其他伴随症状消失或大部分好转，随访1年未再复发）59例，显效23例，有效2例，无效2例。李青等用川芎煎（川芎、菊花、钩藤、白芍、生地黄、川牛膝、炙甘草）治疗本病22例，川芎用至30克，并随证加味。每日1剂。服药最少6剂，最多35剂，平均12剂。治疗结果：疼痛消失，随访半年未发10例；疼痛消失或明显减轻，但时有轻微疼痛12例。

（二）搐鼻外治　李澎涛等采用中药复方克面痛散于患侧鼻孔搐鼻，治疗本病62例，并随机设42例作对照观察。克面痛散由荜茇、木鳖子、藿香、冰片，按5:5:3:1的比例组成。方中荜茇、藿香漂洗烘干(80℃)，木鳖子去壳存仁。四药混合精研约1小时，过180目筛，贮瓶备用。应用时，将火柴头大体积（约0.05克）的克面痛散置纸折中，痛时将鼻孔对准药散，利用鼻孔吸气的力量将药粉吸入。首次应用在痛时吸入，隔10分钟再吸，以后隔3小时1次，每日4次。在应用时，吸力不可太大，以免吸至咽喉部而影响疗效。对照组以双料喉风散为安慰剂，牙痛侧鼻孔吸入，应用方法同试验组。搐药期间，停用其它治疗措施。两组均用药4天，然后停药观察疗效。同时以WQ—9E痛阈测量仪（北京海淀电子医疗仪器厂出品），应用K^+致痛法于给药前和给药后10、20、30、60、120、180、240分钟测定三叉神经分布区域的皮肤痛阈。完全缓解（疼痛未再发作或无其他不适感，停药后30日无复作者）44例，显效8例，有效5例，无效5例，总有效率为91.9%；对照组完全缓解1例，显效4例，有效6例，无效31例，总有效率为26.2%。两组比较，有显著差异，$P<0.01$。观察发现，试验组中，第Ⅰ支疼痛的总有效率为77.8%，而第Ⅱ、Ⅲ支为100%，两组比较有显著差异（$P<0.01$）。完全缓解率在不同分支间亦有同样的规律（$P<0.01$）。另外，试验组治疗后痛阈提高例次占该组测试例次的93.2%，显著高于对照组的11.9%（$P<0.01$），表明克面痛散搐鼻可显著提高三叉神经的镇痛作用，且并非麻醉作用，而是通过从根本上影响三叉神经痛的病理过程发挥疗效的。

（三）临床研究　戚清权等以祛风活血法为主治疗本病41例，并于治疗前后作甲皱微循环测定。基本方：天麻10克，羚羊角粉0.6克，钩藤10克，地龙10克，僵蚕10克，白附子10克，蜈蚣2条，全蝎10克，丹参30克，川芎30克，赤芍15克，甘草10克。阳气亢盛者（25例）加生石膏30克，知母、生大黄各10克；寒凝经脉者（11例）加制川草乌各15克，白芷30克，细辛5克；气血虚弱者（5例）加党参15克，黄芪30克，当归12克。治疗结果：显效（疼痛消失半年或半年以上者）14例，总有效率为85.4%。并观察到患者微循环中的血液流速与流量均有明显改善，治疗前后有显著性差异（$P<0.05$）。

（周英豪）

【腔隙性脑梗塞的治疗】

腔隙性脑梗塞，是指脑深穿支动脉分支闭塞引起的深部供血区缺血、软化，形成无栓塞的软化或囊样腔，属于缺血性脑血管病的一种。临床表现以眩晕、半身不遂或麻木、语言謇涩、口舌歪斜为主。

刘冬立报道103例皆经颅CT确诊，单发性腔隙37例，多发性腔隙66例；最大的腔隙直径1.9厘米，最多的1例检出腔隙6个，5个腔隙以上的患者有3例；有高血压病史者92例，符合Fisher提出的合并高血压者占90%左右的观点。辨证分五型治疗：（1）肝火上亢型32例，方选天麻钩藤饮加减（天麻、钩藤、生石决明、栀子、黄芩、地龙、川牛膝、桑寄生、生大黄、鸡血藤、益母草）；（2）阴虚风动型24例，方选镇肝息风汤加减（怀牛膝、代赭石、生龙骨、生牡蛎、茵陈、川楝子、生麦芽、白芍、天冬、玄参、郁金）；（3）痰湿瘀血型18例，方选温胆汤加味（茯苓、制半夏、陈皮、枳实、竹茹、石菖蒲、郁金、远志、泽兰、丹参、生甘草）；（4）痰热阻络型17例，方选清气化痰丸加减（黄芩、制半夏、瓜蒌仁、枳实、茯苓、杏仁、胆南星、陈皮、桃仁、天竺黄、郁李仁、石菖蒲）；（5）气虚血瘀型12例，方选补阳还五汤加味（生黄芪30～120克、当归、川芎、赤芍、鸡血藤、红花、桃仁、地龙、丹参）。以上各方为水煎剂，每剂煎两次，共400毫升，每服200毫升，日服2次。治疗结果：根据1986年6月在泰安市制定的《中风病中医诊断疗效评定标准》，基本痊愈48例（46.6%），显效30例（29.1%），有效19例（18.4%），无效6例（5.82%），其中2例病死，1例合并脑出血，1例合并冠心病心力衰竭。

李新武等用益气活血方（黄芪50克，丹参50克，红花、焦山楂、川芎、赤芍各25克。共为细末，每次服10克，1日3次，4周为1疗程，连用1～2疗程，未配服其它药物）治疗本病100例，总有效率为82%。其中主要症状半身不遂、语言不利、口眼㖞斜的有效率分别为80%、80%、85%，对血压、胆固醇超过正常者亦有较好的治疗作用。疗效是按1986年11月国家中医管理局修定的内科常见病的疗效标准来判定。刘清林等用中西医结合方法治疗30例。西医采用静脉点滴5%葡萄糖500毫升，加入维脑路通1克，1日1次，10～14天为1疗程；病重、梗塞灶多者，加用胞二磷胆硷、乙酰谷酰胺各0.5克，静脉滴注。中医采用辨证与辨病相结合的方法。肝阳上亢型药用怀牛膝、代赭石、石决明、青蒿、川楝子、白芍、丹参、桃仁、红花、全蝎、菖蒲、水蛭、郁金、鸡血藤；痰瘀互阻型药用茯苓、制半夏、陈皮、黄芩、菖蒲、郁金、水蛭、全蝎、生地、桃仁、赤芍、枳壳、天竺黄、鸡血藤；气虚血瘀型药用黄芪、当归、川芎、赤芍、红花、地龙、全蝎、水蛭、菖蒲、郁金、鸡血藤、太子参。治疗结果：除1例病重死亡外，其余29例效果均显著，疗程最短者14天，最长40天，除记忆力稍差外，临床症状基本消失。

（陶御风）

【老年性和脑血管性痴呆的治疗】

洪淑云认为老年性痴呆的病本为虚，其标是痰滞血瘀、闭塞清窍，故从补肾，活血化瘀，开窍益智立论。洪氏观察21例，均服用益智活血汤（黄芪、丹参、党参、益智仁、石菖蒲、枸杞子、何首乌、远志、赤芍、川芎），30天为1疗程。按1990年5月全国老年痴呆专题学术会上修订的疗效标准进行评定。结果显效4例，总有效率为66.7%。脑血流图、脑电图、脑部CT复查表明：脑部血液流量明显增加；脑电图枕部α指数增加，异常慢波减少；脑萎缩灶范围有所缩小。李维华用自拟益肾化瘀降浊汤治疗老年性痴呆48例，药用山萸肉、菟丝子、益智仁、郁金、胆南星、远志、石菖蒲、紫河车、水蛭、生山楂，并随证加味。30天为1疗程，服药1～3个疗程。结果21例显效（主要症状基本消失，神志清醒，定向健全，回答问题正确，反应灵敏，生活自理，能进行一般社会活动），总有效率达91.6%。蔡春华报道用加味左归丸（熟地、龟版、山萸肉、枸杞子、首乌、山药、牛膝、菟丝子、鹿角胶、赤芍、丹参、菖蒲）治疗老年性痴呆31例，结合辨证加味，50天为1疗程。结果显效16例，总有效率为83.9%。

脑血管性痴呆常发生于脑卒中等脑血管疾病之后。陈宁以补肾通络为基本方治疗脑血管性痴呆11例，药用熟地、枸杞子、淫羊藿、肉苁蓉、五味子、益智仁、当归、生龙骨、生牡蛎、黄芪、川芎、丹参、全蝎末、鹿角霜，并随证加减，1个月为1疗程。经治1～3个疗程，痊愈（痴呆症状消失，神志清醒，回答问题正确，反应灵敏）18例，有效9例，无效1例。郭伟聪将血管性痴呆11例，辨证分为阴虚阳亢、痰浊瘀阻、气滞血瘀三型，分别治以大定风珠、涤痰汤、通窍活血汤为主方。结果神情淡漠、近期记忆障碍等主要症状缓解者5例，改善者4例，死亡2例。认为辨证要点在于脾、肾、痰、瘀。观察到阴虚阳亢患者经滋阴潜阳后，舌质由红绛转为淡薄；痰浊壅阻患者经涤痰宣窍后，舌苔由厚腻转为薄白后，症状均可获得改善。杨文金等用《医学心悟》解语丹为基本方治疗脑血管性痴呆31例，药用天麻、石菖蒲、白附子、胆南星、远志、全蝎、羌活、木香、甘草、泽泻、蜈蚣、水蛭、牛膝、丹参，并随证加味。另设西药组（主要用脑复康、都可喜、胞二磷胆碱）作对照。两组均用药3个月后评定疗效。结果中药组治愈（标准同前）18例，总有效率为93.55%；对照组治愈9例，总有效率67.74%。两组相比，治愈率、有效率均有显著差异（$P<0.05$）。

刘华等采用补肾活血化痰法治疗辨证属肾虚痰瘀型脑血管性痴呆30例。基本方：生黄芪、制黄精、五味子、地龙、当归、川芎、生山楂、枸杞子、赤芍、绞股蓝、红花、石菖蒲，随证加味，并根据兼夹病酌情应用有关西药，治疗2个月后统计疗效。结果痊愈（标准同前）11例，总有效率为86.67%。并观察到经上方药治疗后，患者的超氧化物歧化酶活性明显升高（$P<0.05$），血浆过氧化脂质明显降低（$P<0.05$），血液流变学诸指标亦有明显改善（$P<0.05\sim0.01$）。说明本法有抗自由基损伤及改善异常血液流变性的作用，有助于脑血管性痴呆患者智能的恢复。

（姚克裘）

【抑郁症的辨治】

抑郁症是以情绪低落甚则消极厌世，或思维迟钝、言语动作减少为主要表现的情感性精神障碍，属中医郁证等范畴，常与精神因素等有关。中医一般认为肝失疏达，气血不和，肝郁血虚或肾精不足，心失所养，髓海空虚等为主要病机。雍履平强调病机与元神虚或五脏神虚有关。

（一）分型治疗　张惠和等用疏肝解郁、养心安神、滋水养肝三法辨治老年性抑郁症。陈洪祥等分两型治疗10例抑郁性神经症。肝气郁结型8例用疏肝解郁汤（柴胡、郁金、香附、白芍、青皮、枳壳、珍珠母、茯神、炒枣仁）；气郁化火型2例用泻火宁心汤（龙胆草、柴胡、白芍、大黄、生山栀、丹皮、木通、琥珀、砂仁、黄连、生地、粉甘草）。结果：基本痊愈（症状消失）3例，总有效率90%，显效时间20～40天。韩钟博从“解㑊”（中医古病名，以肢倦与懈怠、情绪障碍、不可名状不适为主症）的角度论治抑郁症20例、抑郁性神经症38例。其中肝肾不足型17例主用二仙汤，脾虚肝郁型22例主用逍遥散，阴虚内燥型10例主用生脉散。三型均合用甘麦大枣汤、酸枣仁汤，其中甘草用量以20～50克为宜，并酌情化裁。另气滞血瘀型9例用达营汤（三棱、莪术、赤芍、生大黄、玄胡、甘草）加减，其中生大黄不后下，量可用至30克。每日1剂，8周为1个疗程。结果痊愈或显效21例，总有效率84%。

（二）专方治疗　丁文娟等以甘麦大枣汤加味，辅以心理疏导治疗抑郁症40例，结果痊愈（抑郁症状消失，完全恢复正常生活，随访2年未复发）27例，总有效率89.5%。有效者服药3～5天症状开始缓解，半个月基本缓解。但症状缓解后宜继续服药调补，以巩固疗效。郭志峰用老中医验方五花芍草汤（玫瑰花、佛手花、绿萼梅、白扁豆花、厚朴花、白芍、炙甘草）加减辨治虚体郁证84例、实体郁证52例，显效（症状全部消失）32例，总有效率88.97%。董俊峰自拟消郁神安汤（柴胡、白芍、枣仁、茯苓、五味子、知母、当归、夜交藤）治郁证50例，治愈（临床症状全部消失，随访半年未见复发）39例，好转9例，总有效率96%。强调药治同时宜配合精神治疗。李建生等以补肾益神方治疗老年期抑郁症26例，药用熟地、枸杞子、山萸肉、楮实、巴戟天、杜仲、肉苁蓉、远志、菖蒲等，并设对照组24例，服用阿米替林。结果治疗组痊愈12例，总有效率96%，且无任何副作用；对照组总有效率75%，副作用明显。

（黄松玲）

【戒断鸦片成瘾的探讨】

刘东亮等自拟戒毒灵对20例鸦片成瘾患者进行治疗，同时用放射免疫法对治疗前后患者血清可卡因、吗啡、烟碱含量进行测定，并以健康者作对照。治疗组20例吸毒时间4个月～4年，平均2.2年；吸毒量0.5～3克/天，平均1.67克/天；吸毒种类以海洛因为主14例，以鸦片为主者6例。对照组20例为体检健康，从未接触过鸦片类药物者。治疗方法：治疗组患者每天服戒毒灵（大黄10克，柴胡30克，鱼腥草30克，枳实15克，黄连10克，黄芩10克，白芍30克，半夏15克，栀子15克，豆豉20克，山楂25克，玄胡15克，大枣5枚，生姜6克，甘草15克）1剂，每剂煎汤450毫升，分3次服，21天为1个疗程。服药期间均断绝毒品及麻醉品。标本采集：两组均于就诊或体检当日取肘静脉血2毫升，治疗组于服药21天后再次采肘静脉血2毫升，将标本置于低温冰箱内，保存期不超过2个月，然后同时同人用同一药盒进行放射免疫测定。治疗结果：20例患者治愈17例（85%），好转3例（15%），总有效率为100%。疗效标准：依据戒断症状评分来判定疗效。总分共50分，其中打哈欠3分，流泪涕3分，出汗3分，寒战3分，竖毛肌收缩4分，厌食4分，大便秘结5分，烦躁5分，身疼骨痛5分，呕吐5分，体重下降5分，人格异常5分。治愈：评分＜5分；好转：评分为6～26分；无效＞27分。放射免疫检查结果：治疗组治疗前与对照组比较，血清可卡因、吗啡、烟碱含量明显高于对照组（$P<0.001$）；治疗后上述三项指标明显低于治疗前，有显著性差异（$P<0.001$）。戒毒灵在组方时吸取了清代林则徐戒毒方法之精华，解毒排毒双管齐下，使毒浊之气能从便、溺而出。刘氏等还撰文对毒品成瘾戒断症候群的中医证治进行了探讨，认为毒品成瘾患者以实证为主，主要病机是毒结脏腑，心脑郁闭，可用戒毒灵主治，随症加味；若辨证为脾肾两虚、心肾不交之虚证，多为久毒甚者，此时除了通腑排毒外，还要配服填精固髓、培补脾胃之剂。

霍正中等以中医药为主治疗阿片成瘾7例（成瘾不到半年1例，半年至1年4例，超过1年2例；吸毒种类嗜阿片者2例，嗜吗啡者3例，嗜海洛因者2例），给予自拟方（生地30克，五味子12克，栀子15克，黄芩15克，黄连12克，金银花17克，连翘15克，甘草12克，太子参10克，半夏10克，石菖蒲15克，枣仁12克，玄胡10克等），每日1剂，水煎服。瘾重者清热药剂量加倍，并配服适量利眠宁或舒乐安定。疗程：2～4周。治疗结果：7例均痊愈（阿片瘾症状完全控制，停药观察3个月无复发，恢复正常工作生活），其中4例随访2年3个月，均康复如初。此外，李凌鸿也报道用香砂六君子汤配用适量安定，治疗1例吸海洛因成瘾患者有效。

此外，张之道报道了运用彝族药"四步"戒毒的临床经验。第一步：控制和消除戒断症状。处方：崖豆根100克，干药50克，九股牛30克，棵棵香20克，长藤子50克，天河水药30克，定风草20克，流水石50克，生铁落50克。服法：常水煎煮1小时，在戒断期初，每隔2小时服药汤1次，每次200毫升。此方约服10天。第二步：排毒活血，促进机体代谢。处方：毒刀诺期10克，大百解30克，牛虱子30克。此方约服5天。第三步：滋肾健脾，养心安神。处方：还阳参50克，地米参50克，地草果30克，地檀香20克，松寄生30克，镇心丹30克。此方约服15天。第四步：固本培元，消除嗜欲，巩固疗效。处方：崖豆根50克，牛尾参50克，还阳参50克。另三步跳2克，为末，早晚各送吞1克。此方约服2个月。张氏强调，坚持服用上药并与心理治疗相结合，戒毒就会成功。

（陶御风）

参考文献

b

白永贵，等。辨证治疗慢性肺心病心衰121例临床体会。中医药学报，1994；(6):23

C

蔡春华。加味左归丸治疗肝肾阴虚型老年性痴呆31例。江苏中医，1994；(11):9

蔡定芳，等。抗戾散治疗病毒性发热的实验研究。中国中西医结合杂志，1994；(9):543

蔡忠生，等。中西医结合治疗重症肺心病心衰31例。实用中西医结合杂志，1994；(11):685

曹让奇。益肾汤治慢性肾炎蛋白尿75例临床观察。中医杂志，1994；(7):444

曹晓岚，等。脑CT动态观察下运用清开灵注射液治疗脑出血的临床研究。北京中医药大学学报，1994；(1):27

常世平，等。血友病性关节炎治验1例。吉林中医药，1994；(2):13

陈　宁。补肾通络法治疗脑血管性痴呆的临床观察。河南中医，1994；(2):88

陈　瑜，等。辨证治疗慢性胃炎癌前病变45例疗效分析。中医杂志，1994；(7):418

陈　震，等。参夏和胃宁治疗非溃疡性消化不良的临床与实验研究。中国中西医结合杂志，1994；(2):83

陈功辉，等。消坚通窍法治疗老年前列腺增生60例。实用中医药杂志，1994；(5):12

陈光家，等。生育汤治疗精液异常不育症366例。新中医，1994；(10):38

陈洪祥，等。抑郁性神经症中医药治疗10例。福建中医药，1994；(6):27

陈剑平，等。祛风定痛汤治疗痛风性关节炎32例。江苏中医，1994；(9):14

陈立新，等。中医药治疗急性心梗的临床研究概况。中国中医药学报，1993；(6):46

陈磐华，等。胃癌前病变中药治疗观察。上海中医药杂志，1993；(11):8

陈尚莲，等。中西医结合治疗肝硬化腹水53例疗效观察。陕西中医学院学报，1994；(1):8

程　勇，等。348例慢性胃炎、胃癌前病变的中医辨证分析。全国中医内科学会第六届脾胃病学术会议论文汇编，第63页，1994

程益春，等。益气健脾法治疗糖尿病的临床与实验研究。山东中医学院学报，1994；(1):21

程小曲。痰浊型冠心病与血脂、脂蛋白、载脂蛋白的关系及痰浊形成机理的探讨。新中医，1994；(3):7

程晓霞，等。海螵蛸散治疗慢性肾衰高磷血症30例报告。中医杂志，1994；(3):139

崔凡明，等。中西医结合治疗早期糖尿病视网膜病变临床观察。中国中医眼科杂志，1994；(2):

71
崔学锋。益气通络汤治疗糖尿病性周围神经病变30例。山东中医杂志，1994；(8):341
崔学教。补气益肾祛瘀法治疗前列腺增生58例。中医杂志，1994；(4):224
D
丁文娟，等。中医治疗抑郁症40例临床分析。江苏中医，1994；(4):18
董俊峰。消郁神安汤治疗郁证50例临床观察。甘肃中医学院学报，1994；(3):24
董廷瑶。血小板减少性紫癜与过敏性紫癜不同辨证施治。吉林中医药，1994；(3):1
杜俊声。18例消渴病继发阳痿治验。中医研究，1994；(3):35
段和平，等。湿热瘀毒论治痛风性关节炎体会。中国中西医结合杂志，1993；(11):693
段尚勤。糖痿灵治疗糖尿病性阳痿20例。山西中医，1994；(5):45
段志生。健脾补肾汤治疗慢性肾炎68例疗效观察。湖南中医杂志，1994；(1):11
F
樊文有，等。浅谈肝硬化腹水的临床体会。河南中医，1994；(3):37
樊莹霞，等。生精系列胶囊治疗特发性少精症157例。浙江中医杂志，1994；(8):343
冯朝政，等。中药治疗血友病拔牙后出血。中医杂志，1980；(4):9
符为民，等。胃血宁合剂治疗消化性溃疡出血128例。南京中医学院学报，1994；(5):4
伏新顺，等。中西医结合治疗肝硬化腹水50例近期疗效观察。甘肃中医学院学报，1994；(2):15
傅敏端，等。中西药合用治疗顽固性亚急性甲状腺炎26例。中国中西医结合杂志，1992；(4):249
G
甘欣锦，等。血友病出血的辨治体会。江苏中医，1992；(2):13
巩　辉，等。辨证治疗病毒性心肌炎38例临床观察。安徽中医学院学报，1994；(2):23
顾双林。病毒性心肌炎分期辨证治疗规律研讨。上海中医药杂志，1993；(12):19
顾梯成，等。柴芩蝉衣煎加味治疗过敏性紫癜68例分析。中医杂志，1994；(6):349
顾左宁，等。辨证论治为主治疗老年人肾病综合征52例。南京中医学院学报，1994；(6):13
郭　昆，等。"血友汤"治疗血友病的临床研究。江苏中医，1994；(3):41
郭德玉。中医辨证治疗再生障碍性贫血32例临床观察。国医论坛，1994；(5):25
郭伟聪。血管性痴呆中医辨证论治的体会。福建中医药，1994；(1)
郭志峰。五花芍草汤治疗郁证136例观察。浙江中医学院学报，1993；(6):20
郭志伟。雷公藤多甙片结合辨证治疗21例肾病综合征。新中医，1994；(9):31
郭喜军，等。摩罗丹治疗慢性萎缩性胃炎肠上皮化生200例疗效观察。北京中医药大学学报，1994；17(1):33
H
哈孝周，等。舒心饮治疗冠心病心绞痛60例临床总结。天津中医，1994；(3):18
韩宏妮，等。消渴灵治疗Ⅱ型糖尿病的临床观察和实验研究。新中医，1994；(1):26
韩钟博。解㑊与抑郁性精神障碍的关系浅探——附58例临床报道。上海中医药杂志，1994；(2):15
郝笑春。中西医结合治疗肺性脑病50例。辽宁中医杂志，1994；(8):356
郝一彬，等。血糖平对大鼠降糖作用研究。中国中西医结合杂志，1994；(10):612
何秀荣。"抗痫宁"治疗癫痫病。北京中医药大学学报，1994；(3):69
赫　锋。中药灌肠治疗慢性前列腺炎62例。实用中医内科杂志，1994；(1):43
洪广槐，等。升清降浊汤（前列灵）治疗慢性前列腺炎的临床研究（附231例临床资料分析）。江西中医药，1994；(1):11
洪淑云。益智活血汤治疗老年性痴呆21例。浙江中医杂志，1993；(12):550
洪哲民，等。运脾动胃汤治疗非溃疡性消化不良66例。吉林中医药，1994；(4):19
胡凯文，等。益气养阴活血治疗骨髓增生异常综合征临床研究。北京中医药大学学报，1994；(2):39
胡致平，等。再生障碍性贫血患者血甲状腺激素变化及其意义。中国中西医结合杂志，1994；(4):222

华　伟，等。前列腺素E_1和大黄治疗失代偿期肝硬化15例。中西医结合肝病杂志，1994；(3):31
黄吉文。癫痫散治疗癫痫300例临床观察。甘肃中医学院学报，1994；(1):23
黄丽娟，等。中西医结合治疗肝硬化腹水30例。中西医结合肝病杂志，1994，(3):43
黄问歧。血友病验方——五汁饮。中医杂志，1958；(9):618
霍正中，等。以中医药为主治疗阿片成瘾7例。中国中西医结合杂志，1994；(6):365

J

季泉盛，等。辨证治疗肝硬化腹水37例。浙江中医杂志，1994；(4):148
贾正生。僵蚕防风汤治疗过敏性紫癜48例疗效观察。甘肃中医学院学报，1994；(3):29
姜　平，等。益气补阴、补肾活血为主治疗糖尿病肾病22例。北京中医学院学报，1993；(6):59
蒋本龙。以肝郁为核心论治肝硬化腹水五法。北京中医，1994；(2):24
焦　平。马新云教授治疗紫癜经验拾零。吉林中医药，1994；(3):3
金　超。桂枝汤加味治疗过敏性紫癜35例。浙江中医杂志，1994；(5):211
靳彩娣。辨证治疗癫痫60例疗效观察。中医药研究，1994；(2):33

K

柯国华。三莪豆根汤治疗前列腺肥大50例。湖北中医杂志，1994；(2):17
孔繁立，等。心痛舒宁治疗不稳定型心绞痛临床疗效观察。中国中医急症，1994；(3):106
孔昭民，等。自制冠心病膏外治心绞痛。中国中西医结合杂志，1994；(6):339

L

雷经玲，等。水蛭治疗肝硬化腹水的探讨。中西医结合肝病杂志，1994；(3):40
李　青，等。川芎散治疗原发性三叉神经痛22例。安徽中医学院学报，1994；(3):35
李　钦，等。男性不育症中医药治疗探讨。新中医，1993；(1):12
李炳绪。抗敏汤治疗过敏性紫癜38例。实用中西医结合杂志，1994；(6):334
李洪哲，等。脑卒中的中医辨证分型与头颅CT定性定位关系浅析——附200例分析。河北中医，1993；(2):15
李惠义，等。清利化瘀益肾法治疗慢性前列腺炎临床观察。中医杂志，1994；(11):679
李建生，等。补肾活血方治疗老年人糖尿病视网膜病变临床观察。实用中医药杂志，1994；(3):19
补肾益神方治疗老年期抑郁症临床观察。河南中医药学刊，1994；(1):41
李军祥，等。中医药治疗萎缩性胃炎癌前病变的思路与对策。中医杂志，1994；(9):555
李雷军，等。治疗三叉神经痛35例临床观察。中医药研究，1994；(3):59
李凌鸿。健脾益气为主治疗海洛因戒断现象1例。中国中西医结合杂志，1994；(5):295
李澎涛，等。克面痛散搐鼻治疗三叉神经痛临床观察。中医杂志，1994；(1):35
李汝安，等。熊胆粉治疗肺心病并发霉菌感染10例。云南中医学院学报，1994；(1):47
李善举，等。吐泻导痰法为主治疗癫痫106例。辽宁中医杂志，1994；(5):223
李绍轩。补肾化瘀法为主治疗老年慢性前列腺增生症30例。新中医，1994；(2):63
李廷荃，等。胃镜下局部敷撒中药末治疗消化性溃疡的临床观察。中国中西医结合杂志，1994；(11):679
李维华。自拟益肾化瘀降浊汤治老年性痴呆48例。浙江中医杂志，1993；(12):549
李宪章，等。中西医结合治疗慢性肺心病心衰85例临床观察。河南中医药学刊，1994；(6):27
李新武，等。益气活血方治疗腔隙性脑梗塞。中医药学报，1994；(6):30
李英才。自拟大黄丹参汤配合针刺治疗癫痫103例。浙江中医杂志，1994；(12):533
李毓英，等。血液透析配合延肾汤治疗慢性肾功能衰竭189例。中医杂志，1994；(8):483
梁　成，等。胃炎方为主治疗慢性萎缩性胃炎94例疗效分析，新中医，1994；(2):43
梁晓春，等。金芪降糖片治疗气阴两虚火旺型糖尿病的临床及实验研究。中国中西医结合杂志，1993；(10):587
降糖中药片对气阴两虚型糖尿病患者RBC—SOD、MDA、InS、AchE的影响。中医杂志，1994；(7):414
廖金标。自拟清化复阴汤治疗糖尿病并发脑血管病

23例报告。光明中医，1993；(5):27
林　兰。中医药治疗放射性甲状腺疾病212例临床报告。中医杂志，1994；(1):411
林包志。中医治疗肢痛性癫痫6例。中医药学报，1994；(5):17
林思慈，等。中西医结合治疗亚急性甲状腺炎30例。陕西中医，1993；(10):439
林祖贤，等。中药内外合治亚急性非化脓性甲状腺炎21例。福建中医药，1994；(4):9
刘　华，等。补肾活血化痰法治疗脑血管性痴呆的临床研究。浙江中医杂志，1994；(12):530
刘灿康。肾病综合征应用激素后中医药治疗探析。辽宁中医杂志，1994；(10):455
刘从明，等。治疗糖尿病性周围神经病变31例。内蒙古中医药，1994；(1):5
刘东亮，等。戒毒灵对阿片成瘾患者血清可卡因、吗啡、烟碱含量的研究。中国中西医结合杂志，1994；(2):92
毒品成瘾戒断症候群的中医证治。实用中医药杂志，1994；(4):31
刘德山，等。Ⅱ型糖尿病患者中医辨证分型与脑功能关系的研究。中国中西医结合杂志，1994；(8):454
刘冬立。腔隙性脑梗塞103例疗效小结。中国医药学报，1994；(4):29
刘广程，等。止血升板Ⅰ号治疗原发性血小板减少性紫癜的临床研究。河北中医，1994；(6):34
刘家磊。中西医结合治疗肺性脑病53例的体会。实用中西医结合杂志，1993:(1):23
刘健民，等。通心宁治疗病毒性心肌炎90例疗效观察。云南中医学院学报，1994；(1):11
刘丽波，等。原发性血小板减少性紫癜中医分型与微量元素的变化。中医药学报，1994；(3):18
刘清林，等。中西医结合治疗腔隙性脑梗塞30例临床观察。实用中西医结合杂志，1994；(6):33
刘松香，等。夏星磁颗粒剂治疗原发性癫痫大发作型的临床观察。湖南中医学院学报，1994；(4):33
刘曦明。中药灌肠治疗高热68例。中国中医急症，1994；(1):44
刘艳红，等。原发性痛风的中西医结合治疗。贵阳中医学院学报，1994；(4):20
刘玉玺，等。狼毒大戟碱性提取液治疗癫痫72例临床分析，中国中西医结合杂志，1994；(5):282
楼献奎。木防己汤加味治疗肺心病心衰38例。安徽中医学院学报，1994；(4):17
卢书山。中药贴脐加西药治疗萎缩性胃炎316例。中国中西医结合杂志，1994；(2):88
陆维宏。消癜方治疗原发性血小板减少性紫癜51例。浙江中医学院学报，1994；(3):19
逯建存。扶正治疗肺心病心衰45例。新疆中医药，1993；(2):26
吕仁和。慢性肾炎分期辨治。河南中医药学刊，1994；(2):11
吕自翠，等。五根汤治疗过敏性紫癜30例。山东中医杂志，1994；(5):203
罗本清，等。豁痰化瘀开窍针剂为主治疗肺性脑病的临床研究。中国中医急症，1994；(6):244
罗苏生，等。补肾活血法治疗糖尿病早期肾病。浙江中医学院学报，1993；(6):12

M

马茂芝。益气滋肾化瘀汤治疗糖尿病肾病22例。时珍国药研究，1994；(2):11
毛新宽。痰瘀同治法治疗慢性支气管炎急性发作期100例。新中医，1994；(8):54
闵大炳。自拟皂矾甲归丸治疗肝硬化腹水22例。四川中医，1994；(9):20

N

尼淑琴，等。益肾健脾、涤痰散结法对冠心病心功能改善的临床观察。天津中医，1994；(3):19
倪艳霞，等。黄连素治疗Ⅱ型糖尿病60例疗效观察及实验研究。中西医结合杂志，1988；(12):711
降糖散治疗Ⅱ型糖尿病临床研究。中国中西医结合杂志，1994；(11):650
牛永琴，等。柔肝熄风通络汤治疗三叉神经痛86例。河南中医，1994；(1):27
牛振华，等。五参汤治疗病毒性心肌炎70例。实用中医药杂志，1994；(3):18

O

欧　春，等。辨证论治精液不液化症389例。云南中医杂志，1993；(3):27
少精子症74例临床分析。浙江中医学院学报，1993；(6):16

P

潘卫平。中药内外合治痛风性关节炎39例。南京中医学院学报，1994；(2):42

彭介寿，等。痛风Ⅰ号合剂治疗痛风性关节炎70例。成都中医学院学报，1994；(2):28

Q

戚清权，等。祛风活血法治疗三叉神经痛的甲皱微循环观察。上海中医药杂志，1994；(6):44

秦智中。三石丸治疗癫痫100例临床观察。实用中医内科杂志，1994 (1):11

邱根全，等。戊己胶囊治疗慢性萎缩性胃炎93例。陕西中医，1994；(7):291

邱菊英。参芪黄白汤治疗上消化道出血60例。福建中医药，1994；(3):封4

曲佳丽，等。慢性再障有关指标与中医分型的关系。黑龙江中医药，1994；(4):8

曲振强。中药治疗慢性前列腺炎120例疗效分析。天津中医，1994；(6):37

R

任江平，等。饮食疗法对慢性肾衰疗效及进程的影响。中医药研究，1994；(5):39

S

沈博生，等。益气养阴扶正治本 活血清热祛邪治标——张镜人复方四参饮治疗病毒性心肌炎。上海中医药杂志，1994；(6):1

沈壮雷，等。保元大黄汤治疗慢性肾功能衰竭的临床研究。中国中西医结合杂志，1994；(5):268

石志超，等。前列安丸治疗非细菌性前列腺炎60例。北京中医药大学学报，1994；(1):44

时永华，等。消化性溃疡出血瘀血病理的临床分析与实验研究。中国中医急症，1994；(2):55。

史剑慧，等。补肾泻肝法治疗慢性再生障碍性贫血的临床研究。中国中西医结合杂志，1994；(增刊):62

史学义。定痫止抽丸治疗癫痫87例疗效观察。山西中医，1994；(2):10

宋 康。涤痰通腑法治疗肺性脑病35例观察。中医杂志，1994；(6):347

宋怀方。复方丹参治疗23例糖尿病肾病的临床观察。南京中医学院学报，1994；(2):14

宋卫东，等。慢性支气管炎皮质醇局部作用与辨证分型关系。中国中西医结合杂志，1994；(10):592

苏 伟，等。骨髓增生异常综合征中医基本病机分析。中国中医药科技，1994；(6):21

苏尔云。中西医结合分期论治30例重型再生障碍性贫血。中国中西医结合杂志，1994；(增刊):59

孙焕明。补元固肾五虫汤治疗肾病综合征60例。浙江中医杂志，1994；(11):507

孙继明。中西医结合治疗原发性肾病综合征41例。新中医，1994；(12):19

孙洁民。慢阻肺继发霉菌感染的辨证分型及治疗。湖北中医杂志，1993；(3):11

孙培宗，等。赤芍注射液治疗慢性肺心病肺A高压观察。中国中西医结合杂志，1994；(3):164

孙清廉，等。血友病出血不止治验。四川中医，1987；(2):33

孙咸茂，等。秦黄丹片治疗痛风及高尿酸血症临床观察。黑龙江中医药，1993；(6):14

孙玉秋。中西医结合治疗痛风11例。浙江中医杂志，1994；(5):209

孙玉芝，等。黄芪治疗病毒性心肌炎疗效观察。中国中医急症，1994；(2):63

T

汤清明。六味地黄汤治疗精子密度过高不育症。辽宁中医杂志，1991；(2):22

唐由君，等。62例血小板减少性紫癜辨证施治体会。山东中医杂志，1993；(6):14

田养年。防变灵治疗胃癌前期病变200例。陕西中医，1994；(7):297

涂钟馨。薯蓣丸加味治疗慢性肾炎24例。北京中医，1994；(1):35

托 雅，等。消瘀利水煎治疗肝硬化腹水36例。黑龙江中医药，1994；(1):35

W

王 丽。中西医结合治疗慢性再生障碍性贫血38例。北京中医，1994；(1):38

王 琦，等。清开灵治疗肺性脑病的疗效观察。中医杂志，1994；(12):728

王 炜。内外合治亚急性甲状腺炎24例。辽宁中医杂志，1994；(10):461

王 伟，等。中西医结合治疗肺性脑病35例观察。中国中西医结合杂志，1994；(2):118

王 洋。中西医结合治疗肺心病呼吸衰竭21例小结。山西中医，1994；(2):23

王保平。甲氰咪胍加局部喷洒云南白药治疗急性上

消化道出血23例。中国中西医结合杂志，1994；(10):633

王广见，等。从"强肾之阴，热之犹可"谈无精子症的治疗。新中医，1994；(7):44

王家福，等。宁络消癜方治疗过敏性紫癜36例报告。中国民族民间医药杂志，1994；(4):34

王京奇。川军鲤鱼赤小豆汤治疗肝硬化腹水52例。北京中医，1994；(6):25

王绍云。中医药治疗原发性血小板减少性紫癜40例观察报告。天津中医，1994；(5):9

王淑贤，等。益气补血片治疗原发性血小板减少性紫癜的研究。长白山中医药研究与开发，1994；(3):6

王文仲，等。软坚散结法治疗慢性萎缩性胃炎伴胃粘膜异型增生及肠化的对比观察。中医杂志，1994；35(8):477

王学信，等。消渴降糖丹治疗糖尿病100例临床观察。新中医，1994；(2):21

王志顺。再生障碍性贫血300例治疗小结。山东中医杂志，1994；(10):442

魏　玮，等。胃康宁治疗非溃疡性消化不良症的临床研究。中医药研究，1994；(2):12

魏秀元。慢性支气管炎辨证分型与血浆皮质醇水平的关系。山东中医杂志，1994；(6):251

吴　放，等。运用升降出入学说治疗"慢支"184例。江苏中医，1994；(2):8

吴　勇，等。降糖1号治疗成人非胰岛素依赖型糖尿病84例。云南中医杂志，1994；(6):4

吴声海，等。脑血管意外的中医辨证与CT表现的关系。福建中医药，1993；(5):33

吴伟康，等。四逆汤保护缺血心肌作用的实验研究。中国中西医结合杂志，1994；(9):549

吴源。生丹栀地枣汤治疗原发性血小板减少性紫癜68例小结。江西中医药，1994；(6):22

伍锐敏，等。亚急性甲状腺炎的新疗法。北京中医，1992；(1):37

中医辨证治疗亚急性甲状腺炎75例。中国中西医结合杂志，1994；(2):111

武志宏。激素冲击加中药治疗难治性肾病综合征24例。山东中医杂志，1994；(2):71

X

夏金华。内外并治痛风100例。江苏中医，1994；(12):13

向从贵。过氧化脂质及其清除剂与冠心病及中医证型关系的探讨。湖北中医杂志，1994；(4):48

肖　冰，等。速效宁治疗慢性支气管炎的临床研究。湖南中医杂志，1994；(4):5

肖　芳，等。止血粉治疗上消化道出血疗效观察。山西中医，1994；(3):14

肖天祥，等。四三二二汤合西药对症治疗肺心病中度和重度心衰30例。湖北中医杂志，1994；(4):31

肖相如。慢性肾功能衰竭的治疗思路研究。中医杂志，1994；(12):746

谢嘉文，等。补肾益元法与化瘀散结法治疗前列腺肥大症的临床研究。中国中西医结合杂志，1994；(9):519

谢仁敷，等。中医补肾活血促进造血机理研究，中国中西医结合杂志，1994；(增刊):65

熊曼琪，等。非胰岛素依赖型糖尿病辨证分型与老化度关系探讨。中国医药学报，1994；(3):11

徐　辉。"胃复康"冲剂治疗萎缩性胃炎60例临床观察。上海中医药杂志，1994；(6):13

徐伯伦。化瘀软肝胶囊治疗肝硬化腹水31例。浙江中医杂志，1994；(1):493

徐会吾。急性脑出血CT表现与中医辨证分型之间的关系初探。陕西中医学院学报，1994；(1):13

徐景芳。难治性肾病综合征治疗的若干问题。甘肃中医学院学报，1994；(3):16

徐千里。柴平汤加味治疗慢性萎缩性胃炎伴肠上皮化生临床研究。实用中西医结合杂志，1993；(10):607

徐泽杰。解凝饮治疗精液不液化98例观察。甘肃中医，1994；(5):26

Y

杨　玲。痛风饮治疗痛风40例。云南中医杂志，1994；(6):8

杨炳初，等。平萎消异汤治疗79例胃癌前病变的疗效分析。北京中医，1994；(1):28

杨德明。真人养脏汤治疗糖尿病顽固性腹泻78例。浙江中医杂志，1993；(9):395

杨建屏。补阳还五汤合双效降糖汤治疗12例糖尿病脑梗塞临床观察。中医药研究，1993；(6):25

杨文华。鲜鳖治疗血友病二例。福建中医药，1960：(7):43

杨文华，等。就再生障碍性贫血治疗效果谈阳虚易治阴虚难调。天津中医，1994；(5):10

杨文金，等。解语丹治疗脑血管性痴呆31例。山东中医杂志，1994；(11):493

姚传瑜。龙虎消臌散治疗肝硬化腹水18例。山东中医杂志，1993；(6):25

叶景华，等。益肾清利、活血祛风为主治疗慢性肾炎的临床和实验观察。上海中医药杂志，1994；(3):15

应耀虎，等。益肾活血泄浊法为主治疗慢性肾衰32例。浙江中医杂志。1994；(4):155

雍履平。忧郁证从神虚论治。中医杂志，1994；(4):246

余莉芳，等。中医辨证论治非溃疡性消化不良的探讨。中医杂志，1994；(2):89

余仁欢，等。益气养阴法治疗慢性肾功能衰竭52例观察。中国中西医结合杂志，1994；(3):169

虞荣喜。69例再生障碍性贫血分型和中西医结合治疗的研究。中国中西医结合杂志，1994；(1):14

Z

展昭民，等。玳瑁紫癜宁治疗原发性血小板减少性紫癜的研究。中医杂志，1994；(9):541

张　莉，等。64例慢性肾炎疗效分析。中医研究，1994；(3):47

张　琪，等。消渴益肾汤治疗糖尿病肾病疗效观察。河北中医；1994；(5):8

张碧融。中药治疗慢性萎缩性胃炎伴肠上皮化生及不典型增生87例。浙江中医杂志，1994；(9):397

张崇鄯，等。治疗Ⅱ型糖尿病100例临床疗效观察。河北中医，1994；(6):48

张春红，等。"降糖饮"治疗糖尿病的动物实验研究。辽宁中医杂志，1993；(3):40

张庚良。消渴宁治疗糖尿病的实验研究。陕西中医，1994；(7):327

张惠和，等。老年性抑郁症辨治三法。陕西中医，1994；(4):192

张清贤，等。参芪降糖片对Ⅱ型糖尿病的治疗作用。中国中西医结合杂志，1994；(8):504

张朔杰，等。生育灵治疗男性不育494例疗效观察。实用中西医结合杂志，1993；(12):759

张文龙。双补降糖胶囊治疗Ⅱ型糖尿病52例疗效观察。江西中医药，1994；(6):18

张雪梅，等。中西医结合治疗肾病综合征的体会。中国农村医学，1994；(7):51

张越林。药物内裤治疗不育症的观察。新中医，1993；(6):37

张之道。彝族药戒毒初探。全国首届民族民间医药学术交流会论文专集，第160页，1992

张子理。中医药辨证治疗胃癌前病变临床研究。甘肃中医，1994；7(4):50

章关根。化痰软坚汤治疗前列腺增生症34例。浙江中医杂志，1994；(5):214

赵达安，等。中西医治疗原发性血小板减少性紫癜56例。江苏中医，1994；(7):20

赵和平，等。慢肝福加腹水浓缩回输治疗肝硬化顽固性腹水57例。中国中西医结合杂志，1994；(12):753

赵戬谷。中药直肠滴点救治危重病举隅。中医杂志，1994；(7):402

赵钦波，等。上消止血汤治疗上消化道出血100例临床小结。新中医，1994；(2):38

赵有爱。辨证治疗肝硬化腹水52例临床小结。湖南中医杂志，1994；(6):7

赵文群，等。加味玉屏风散治疗过敏性紫癜26例。浙江中医杂志，1994；(5):212

赵志义。中西医结合治疗慢性萎缩性胃炎83例疗效观察。实用中西医结合杂志，1994；(7):393

郑　强。重用连翘治疗过敏性紫癜30例。陕西中医，1994；(6):250

周　洪，等。菟丝子汤治疗精子畸形症105例疗效观察。1992；(5):10

周惠耕，等。蚂蚁治疗男性不育症62例临床观察。浙江中医杂志，1993；(9):401

周秀文，等。紫癜消治疗血小板减少性紫癜68例临床观察。北京中医，1994；(4):54

周永明，等。生血灵对原发性血小板减少性紫癜患者骨髓巨核系祖细胞生长的调节作用。中国中医药科技，1994；(6):23

周跃华，等。糖肾益汤对显性糖尿病肾病的临床疗效观察。四川中医，1994；(10):27

朱　佳，等。中西医结合治疗慢性肺心病顽固性心衰22例。南京中医学院学报，1994；(5):42

朱道范，等。中药治疗慢性肾炎73例经验介绍。河南中医药学刊，1994；(5):62

朱广华，等。中医治疗上消化道出血临床观察。中国中医急症。1994；(1):12
朱景贵。亚急性甲状腺炎。山东中医杂志，1994；(9):421
祝厚刚，等。心可宁治疗冠心病无症状心肌缺血疗效观察。中国中西医结合杂志，1994；(4):213

(4) 妇　科

【概述】

1994年中医妇科范畴发表的论文800余篇。其中月经病160余篇，占19.6%；生殖器炎症50余篇，占6.5%；胎产疾病230余篇，占29.3%；其他方面论文360余篇，占44.6%。

(一) 月经病　在月经病的治疗中，注重理论与治则的研究。许多医家强调“肝主疏泄”及妇人情志变化与妇产科疾病的关系，故治疗时不但注重药物的治疗，亦重视情志的疏导和心理调治。活血化瘀法被重视，并进行了实验研究。如朱南孙等以加味没竭汤治疗原发性痛经63例，结果近期治愈率为41.3%，与消炎痛组(32例) 15.6%有显著差异 ($P<0.05$)。并明显降低经血中 $PGF_{2\alpha}$、PGE_2的含量及比值，显著降低外周血黄体中期E_2的含量，显著升高黄体末期孕酮含量。分析33例经血 $PGF_{2\alpha}$、PGE_2 含量与疼痛程度呈正相关。肖琪薇以活血调经汤治疗置宫内节育器后月经过多102例，总有效率91.2%。闭经的治疗多以虚实辨证治疗，详见专条。唐永淑等将164例功血患者随机按2:1分组，对照观察了益宫止血口服液与6-氨基己酸对受试患者近期止血效果，结果二组有效率分别为92.58%和87.93%。沈霖等发现补肾中药可以预防绝经后妇女骨质丢失，使骨矿脯氨酸与肌酐比值下降。同时，陈友香等对女性更年期进行微量元素的检测发现，肝虚阳亢证血 Zn^{2+}明显降低，Cu^{2+}、Mg^{2+}增高；肝郁气滞证，Mg^{2+}、Mn^{2+}降低，Zn^{2+}、Fe^{2+}、Cu^{2+}增高。提示微量元素变化可能是女性更年期病理生理基础之一。

(二) 生殖器炎症　对常见的阴道炎、宫颈糜烂、盆腔炎的治疗和中药药理进行了观察和研究。张迎春等以疏肝化瘀基本方（当归、赤芍、白芍、香附、川楝子、路路通等）治疗慢性盆腔炎取得显著疗效，进行药理实验显示有抗炎镇痛，提高机体免疫功能及降低血粘度的作用。阴道炎和宫颈糜烂的治疗多以内外合治的方法。

(三) 胎产疾病　妊娠病中以保胎的报道最多，并对不同原因所致流产的治疗方法进行了探讨。赵松泉治ABO溶血性滑胎，总结出气血俱虚、脾肾虚弱、肝郁气滞、阴虚血热、肝热脾湿五种证型。李友蕊用泽兰消瘀汤治疗ABO血型不合67例，足月分娩58例。王莉娜用血府逐瘀汤治疗染色体异常滑胎获得成功。王宁等以温肾化瘀中药治疗抗子宫内膜抗体阳性所致流产获得显效。异位妊娠的治疗见专条。对于高危妊娠产妇，姜萍等采用怀牛膝进行引产，122例中引产成功100例（其中一次引产成功93例，二次引产成功7例），认为怀牛膝对已孕子宫有强烈的收缩作用，并有降压和利尿作用。产后出血、缺乳、尿潴留也受到更多重视。张玉芬等发现益母康冲剂可以减少产后出血，缩短恶露持续时间，同时也使产后病发生率下降，第三产程和产后2小时的出血量，益母康组(200例)最少为35毫升，最多400毫升(3例)；而赋形剂对照组（120例）最少为100毫升，最多为800毫升，有9例在400毫升以上。同时可以促进乳汁分泌，增加乳汁中氨基酸及锌的含量。产后尿潴留的治疗，除了内服中药外，穴位艾灸、穴位注射、激光照射、中药外敷等方法也被广泛采用，详见专条。

（四）妇科杂病　由各种原因所致不孕报道很多，如排卵功能障碍、输卵管阻塞、免疫不孕、子宫内膜异位所致不孕等。姚永琴等以调补肾中阴阳为主治疗236例排卵功能障碍患者，经治疗后基础体温均出现了典型或不典型双相，妊娠率达65.2％。黄邱朝等对65例抗子宫内膜抗体（EMAb）阳性的不育妇女采用抑抗灵治疗，结果有61例EMAb转阴。对于妇科杂病的治疗，方法灵活多样，提高了疗效。如对于外阴白色病损，赵玉英等以阴损膏（苦参、蛇床子、补骨脂、防风等）外涂阴部治疗258例，结果治愈109例，占41.6％。而夏玉卿以电热针治疗444例，治愈388例，占87.4％。车胜男等以行气活血、除湿祛痰的肌瘤丸治疗129例子宫肌瘤，发现病程在2年以内，瘤体大小两径之和在12.5厘米以内效果明显，其缩瘤率达86.75％，并观察了血雌二醇（E_2）和睾酮（T）的变化，治疗后患者的E_2值下降，T/E_2比值明显上升，肌瘤的缩小与其变化有一定关联。王自平等以内服活血化瘀、软坚散结中药，再将其药渣布包热敷患处，治疗卵巢囊肿120例，有效率94.2％。女性早熟患者，胡之景以滋阴清肝中药治疗45例，经连服3个疗程后，恢复正常26例。在计划生育中，中药治疗药流、人流手术后的出血效果好，专条叙述。避孕药酒的避孕、抗着床及毒性实验的成功，将为中医药避孕开拓新路。

（五）实验研究　妇产科的实验研究受到注重，观察了很多客观指标，为中医中药治疗提供了科学依据。王秀霞等动态观察了正常孕妇和胎动不安孕妇不同孕期的孕酮、雌激素、胎盘泌乳素、甲状腺功能的变化，为滑胎的传统论治提供了依据。不少医家对中药的药理作用和毒性进行了实验观察。如王钦茂等发现孕康口服液对针刺和缩宫素所致的大鼠和小鼠实验性流产模型有明显的保胎作用，其疗效与黄体酮无差异。毒性实验结果：小鼠和大鼠灌胃的最大耐受量分别大于240g/kg和96g/kg；大鼠长期毒性试验未见明显毒性；致突变试验阴性；孕鼠服用后未见仔鼠畸形。沈霖等对大鼠卵巢切除诱导的实验性骨质疏松症以青娥丸治疗，结果提示该药不仅能抑制破骨细胞的骨吸收活动，还能增生成骨细胞，产生较多的骨基质，使模型鼠的骨代谢恢复正态平衡。

今年妇产科发展的特点是：（1）注重中医理论的研究，开拓思路，更好地指导临床实践。如郭蕾探讨了肝主疏泄与妇人情志病的关系。（2）治疗方法灵活多样，尤其是对慢性病、难治之症，多采用综合治疗方法，增加给药途径，从而缩短治疗时间，提高疗效。如代桂满用敷脐法治疗妇产科多种疾病，朱良玉用中药灌肠配合局部封闭、激光治疗子宫内膜异位症等。（3）注重了实验研究，进一步阐述中医中药的科学依据，提出客观指标，因此许多难治之症均获良效。如马裕袖对中药避孕药酒的避孕、抗着床及毒性进行了实验研究。

（李光荣）

【闭经的治疗】

印苏昆以益气补肾活血法（黄芪、党参、仙灵脾、鹿角胶、当归、香附等）治疗流产后闭经33例，其中痊愈（药后经行，且按期而至）24例，有效（药后经行，但先后无定期或停药则不按期而行）6例，无效（药后仍不行经）3例。奚嘉治疗人流手术后闭经以自拟方“益通饮”（熟地、紫河车、川断、牛膝、白芍、柏子仁、卷柏、泽兰）辨证加减，治疗32例，同时设对照组31例，采用雌、孕激素序贯法。结果分别痊愈（经行正常，停药后仍正常3个月以上）20例、11例，好转（月经虽潮，但周期不准，经量少，疗效不能保持3个月）7例、8例，无效（治疗3个月以上，仍不行经）5例、12例，总有效率分别为84.4％、61.2％。经统计学处理显示中药组总有效率优于对照组（$P<0.05$）。对于闭经伴泌乳者，毛凤仙等以车前

麦芽汤引血下行，治疗31例，结果痊愈（症状消失，PRL正常）25例，显效（症状基本消失，PRL接近正常）3例，好转（症状缓解，PRL下降）1例，无效（用药半年，症状不消失，PRL仍高）1例。其中1～2月痊愈20例，超过3个月痊愈5例。姬云海以四五通经汤（四物汤合五子汤）治肾亏血虚闭经60例，结果治愈(月经来潮，症状消失或已妊娠，随访1年无复发）21例，好转（月经来潮，症状基本消失，停药后复发）32例，无效（用药1～2疗程月经仍不行，症状无改善）7例，总有效率88%。疗程最短26天，最长3个月，平均40天。汤昆华以瓜石六味汤（全瓜蒌、石斛、益母草、丹皮、丹参、牛膝）治阴亏血热闭经者65例，药后月经均恢复正常，并保持3个月以上。对虚实共见者，杨云霞以补通结合治疗，用当归四逆汤，治疗48例，有效47例，行经最早为服药5天，最晚为服药30天。

（孔斌　李祥云）

【人工流产及药物流产后子宫出血的治疗】

刘建英用佛手散合失笑散加味治疗人流术后阴道出血。药用当归、川芎、炒蒲黄、五灵脂、丹参、益母草、黄柏、白花蛇舌草，共治100例，服药后出血停止时间最短者1天，最长者6天，其中94例痊愈，6例无效，有效率为94%。孟香莲用八珍益母丸治疗人工流产出血32例，总治愈率为96.9%。李鲁炎用复宫汤治疗人工流产后恶露不绝94例，临床药物采用炒当归、炒白芍、桃仁、炒山楂、益母草、丹皮、鹿含草、炒地榆、潞党参、炮姜炭、炒柴胡、生甘草，并随证加减，总有效率88%；对照组用益母草膏治疗56例，总有效率72%。治疗组疗效优于对照组，$P<0.05$。李氏还研究人工流产后恶露不绝的中医分型治疗与疗效关系，发现气虚型、血热型、血瘀型其总有效率分别为96%，81%、69%，气虚型与后两型分别比较，均有显著差异，$P<0.05$。郭小叶等拟断红汤加减治疗人流术后出血42例，药用党参、炒白术、生黄芪、当归、生地、阿胶、贯众炭、白及、桃仁、川断、益母草，随证加减。结果显效20例，有效21例，无效1例。

刘凤英用芪蒲坤舌汤治疗药物流产后子宫出血不止，药用黄芪、蒲黄炭、益母草、白花蛇舌草，随证加减。共治31例，29例6天内止血，2例无效刮宫。张翠萍等报道固冲清宫汤治疗药物流产后出血过多，药用当归、炒芍药、阿胶(另炖)、艾叶炭、川芎、桃仁、炙甘草、益母草，每日1剂，5剂为1疗程。设西药对照组流产后即肌肉注射催产素10单位，凝血酸0.25克/次，每日3次，连用5天。两组显效率分别为75%、25%，总有效率分别为91.7%、70.0%。两组比较，显效率中药治疗组明显高于对照组。梁占光认为药物流产后加用活血化瘀中药，能有效地增强子宫的收缩，排出宫内残留组织而达到良好的止血效果。邢兰英等用生化汤治疗药物流产后出血，药用当归、川芎、炮姜、桃仁、甘草，并随证加减。共治68例，痊愈65例，占95.5%。

（张婷婷　戴德英）

【更年期综合征的治疗与实验研究】

1994年，更年期综合征的研究更加深入全面。赵华等认为本病的病机为肝郁肾衰，心理因素是导致发病的重要原因。故诸家治疗上多从肝肾论治，并配合西药激素及心理疗法，取得了较好疗效，同时在实验方面进行了探讨。

（一）中药治疗　(1)从肝论治：王桂生治疗本病106例，肝肾不足型以二至丸合左归饮加减；肝气郁滞型用逍遥散加减；肝脾不和型以逍遥散合举元煎加减；肝阳上亢型以羚羊钩藤汤加减；肝郁化火型以丹栀逍遥散合二至丸加减。总有效率为97.2%。武大勇以和肝丸化裁，用生白芍、木瓜、连翘、生麦芽、茵陈、薄荷、川朴、木香、枳壳、生甘草，配六味地黄丸善后，共治疗52例，均获显效。史淑英用逍遥散加减治疗54例，治愈42例，好转12例。(2) 从肾论治：马刚认为肾亏致心肾失济是本病病机关键，自拟甘地汤（熟地、小麦、茯神、百合、龙骨、淫羊藿、肉苁蓉、远志、甘草、大枣)，共治疗256例，总有效率为98%。李建生等用补阴更年方（何首乌、石斛、淫羊藿、菟丝子、知母、黄柏、白芍、珍珠母、百合、酸枣仁、香附等）治疗35例，总有效率为97.4%。李氏认为着眼于肾阴虚的防治可获事半功倍之效。此外，石秀花等以耳穴压丸法治疗本病68例，有效率为91.18%。

（二）中西医结合治疗　张大英等用中西医结合及心理疗法治疗本病557例，阴虚阳亢型用更年安，气滞血瘀型用血府逐瘀汤，痰湿内阻型用温胆汤加味，均配合小剂量镇静剂，同时进行心理治疗，有效率达97.5%。王大增等应用更年舒治疗本病243例，有效率为85.5%。实验研究提示：更年期综合征发病机理在于患者神经内分泌系统整体性的失调，尤以下丘脑植物神经调节中枢功能紊乱为主。更年舒通过降低下丘脑中NE等神经递质含量、血中ACTH含量、血清FT_3及FT_4的含量，起到了多方面的整体性调整作用而获效。

（蒋　俭）

【老年性阴道炎的治疗】

（一）外治法　龚玲等用妇安栓（由熟地、仙灵脾、白花蛇舌草、桃仁、白鲜皮等中药配制成），睡前塞入阴道，每日一粒，一周为一疗程，治疗123例。结果治愈58例，显效52例，有效13例。张爱萍用中药（蒲公英、土茯苓、黄柏、苦参、白鲜皮）煎水，先熏后洗，每日二次，连续用药直至痊愈，治疗老年性阴道炎100例，结果全部治愈。郭蕾用中药膜剂（生蛤粉、樟脑、雄黄、冰片、没药、儿茶、硼砂、硇砂、乳香，混匀为末装入空心胶囊而成）阴道上药，隔日1次，每次2粒，5次为1疗程，治疗老年性阴道炎24例，有效23例。

（二）内外合治法　徐晓采用中药内外合治法治疗本病。内服基本方（山茱萸、生地、淮山药、泽泻、丹皮、茯苓、蒲公英、银花）每日1剂，兼肝肾阴虚证加知母、黄柏、枸杞子、女贞子，兼湿热下注证加鱼腥草、车前子、玄参。外用土茯苓、野菊花、苦参、败酱草、紫花地丁煎汤熏洗。内服、外洗，10天为1疗程，可连用2～3疗程。治疗30例，结果痊愈20例，显效8例，好转2例。傅珍珠用内服药（生熟地、山萸肉、女贞子、白芍、枸杞子、淮山药、苍术、白术、椿根皮、山栀子、土茯苓、黄柏、旱莲草、大蓟、小蓟、地肤子)，配合局部用蛤蟆草水煎浓缩过滤后每日涂洗阴道1次，7天为1疗程。治疗老年性阴道炎40例，结果痊愈32例，好转5例，无效3例，总有效率92.5%。

（傅金荣　李祥云）

【宫颈糜烂的治疗】

宫颈糜烂目前以局部外用给药为主。王秀芳等以中西药合制成消糜散（石榴皮、代赭石、密陀僧、硼砂、海螵蛸、青黛、黄柏、复方新诺明、维生素B_2、制霉菌素、灭滴灵、扑尔敏）敷于糜烂处，隔日一次，7次为一疗程，治疗126例。结果治愈100例，显效20例，好转3例，无效3例，总有效率97.62%。孙桂莲报道用自制宫颈丸（天花粉、穿心莲、苦参、血竭）放入阴道深处，7天为一疗程。327例中治愈221例，好转88例，无效18例，总有效率为94.5%。曹洪洲等自制糜烂粉（黄柏、黄连、蛇床子、枯矾、青黛、儿茶、薄荷、冰片、硼砂、蛤粉、苦参、乳香、没药、五倍子）用注射器将药粉均匀喷涂患处，共治疗550例，痊愈530例，无效20例。吴秀英等以地榆、百部、桔梗各30克加水1000毫升，浓煎至200毫升左右，滤渣后加90%酒精5毫升

(防腐)，将蘸有此药液之棉球塞入宫颈糜烂处，24小时后取出，10天为1疗程。治疗274例，结果2疗程治愈225例，有效25例，无效24例，总有效率91.2%。李鲁炎等报道用热流喷灸治疗，将自制药饼（艾叶、黄芪、党参、当归、连翘、黄芩、大黄、丹皮、丹参、苦参、儿茶、五倍子、珍珠粉、沉香、冰片）放入仪器中，选择温度100℃，预热20分钟，选择适当风量，将暴露的宫颈消毒，手持喷枪，将枪口喷射出的热药流射向患部，持续10分钟，至患部湿润并略呈黄褐色，每日1次，6天为一疗程。结果128例患者痊愈67例，有效56例，无效5例，总有效率为96%。

以物理疗法结合内服中药治疗宫颈糜烂临床屡见报道。许刚菊以冷冻方法接触糜烂面。术后内服止带汤（党参、苍术、白术、薏苡仁、芡实、山萸肉、黄芪、茯苓、车前子、升麻、金樱子），4～6剂为1疗程。结果1疗程后208例患者痊愈159例，好转49例。张筱萍等用KS治疗仪对准宫颈糜烂处照射，使糜烂组织变白，时间1～2分钟，照射后20天，用锡类散、云南白药局部上药，3～5天一次，20天后只用云南白药，另结合内服药清震汤（苍术、荷叶、升麻）合三物黄芩汤（黄芩、苦参、生地）加茜草、海螵蛸、白及、地榆，控制出血用牛角地黄汤，末以六味地黄汤扶正气以收全功，治疗50例中，一次治愈率98%，二次治愈率100%。

（李　路　李祥云）

【宫外孕的治疗】

一、中医治疗

1．活血化瘀消癥法　王莉莉等报道用丹参、赤芍、三棱、莪术、桃仁、角刺、夏枯草活血化瘀药，治疗53例血HCG均升高伴有包块3.5～10.5厘米大小的宫外孕患者，服药后血HCG均恢复正常，其恢复正常的时间与治疗前血HCG水平呈正相关。袁巍等用活血效灵丹加花粉、蜈蚣治疗50例患者，结果总有效率92%。患者症状消失、尿HCG转阴性、B超显示包块吸收。吴连珍治疗40例，药用丹参、赤芍、三棱、莪术、桃仁、乳香、没药，服药10～30剂后，痊愈36例，无效4例。冯雪莹等以当归、赤芍、丹参、三棱、莪术、牛膝、僵蚕、土鳖虫为基本方，若胚胎存活者加蜈蚣，若腹部胀痛拒按者加香附、乳香、没药，共治30例，痊愈23例。刘菊兰等报道采用单味水蛭治疗陈旧性宫外孕和宫外孕术后盆腔器官组织粘连水肿形成包块30例。其方法是水蛭研粉0.5克/粒装，每天2～3克或5～6克，分2次服，结果30天、60天、90天分别治愈2例、18例、27例，分别显效25例、12例、3例，分别有效3例、0例、0例。

2．中药综合疗法　梅月红报道采用中药多种给药途径综合治疗宫外孕，汤剂、中成药内服、肌肉注射丹参针剂、腹部外敷及保留灌肠同步进行，共治疗25例，24例成功。其中内服药由桃仁、红花、当归、川芎、血竭、三棱、莪术、穿心莲、蜈蚣、天花粉、枳实、大黄、川朴组成；中成药通瘀Ⅰ号由三棱、莪术组成；外敷药双柏散由侧柏、川柏大黄、薄荷、泽兰组成；灌肠液由丹参、毛冬青组成。

3．天花粉注射治疗法　田德虎报道天花粉肌肉注射为主，配合桃红四物汤内服共治40例，有效36例，成功率90%。天花粉能使胎盘滋养层细胞发生变性，阻断血循环，绒毛膜促性腺激素、孕酮及雌二醇水平明显下降，改变绒毛滋养层细胞形态及功能，导致胎儿死亡。同时加用丙酸睾丸酮，抑制垂体和卵巢功能，对抗雌激素作用于蜕膜，使其发生变性坏死而产生协同作用。谭冬玉采用天花粉注射液2.4毫克分别注入宫颈2°、10°肌层各1.2毫克，治疗34例，治愈31例，无效3例。

二、中西医结合治疗

中西医结合治疗宫外孕有二种情况：一种用输血给氧等支持疗法配合中药活血化瘀；一种是中药活血化瘀配合西药杀死胚胎。如朱美玉等报道采用中西医结合分阶段方法治疗早期宫外孕18例，全部获得成功。第一阶段用氨甲喋呤(MTX)隔天静脉滴注，第1、3、5、7天各静滴1mg/kg/日，第2、4、6、8天各静滴0.1mg/kg/日，持续8天；第二阶段用丹参、桃仁、红花、熟地、当归、赤芍、川芎、延胡索、三棱、莪术、黄芪、甘草，每日一剂，连续2周。侯东方等报道对未破裂型、流产型出血少的宫外孕患者用5氟脲嘧啶（5-Fu）杀死胚胎，用中药桃仁、红花、川芎、乳香、蒲黄、丹参、没药、蒲公英、土茯苓、银花、天花粉、蜈蚣煎汤内服，治疗63例，结果治愈16例。吴育宁等利用腹腔镜早期确诊，于异位妊娠局部注射5～15毫克MTX，同时口服中药活络效灵丹为主方加减，配合外用定痛膏及子宫丸，治疗组44例成功率100%，与中药组23例成功率为78.26%相比，有显著差异（P<0.01）。成功病例中两组相比，治疗组平均每日血HCG下降快（P<0.005），平均腹痛消失时间及住院日缩短（P<0.01）。

（曹玲仙）

【胎位不正的治疗】

彭芷美认为妇女孕育胎儿与肾脏、冲脉、气、血关系甚密切，选用补益气血、理气固肾的圣愈汤加味治疗胎位不正96例，药用归身、杭白芍、川芎、熟地、党参、黄芪、菟丝子、桑寄生、枳壳水煎服，每日1剂，3日为1疗程。孕妇服药后可感到胎动加强，但无任何不适。经治疗后胎位矫正92例，治愈率达95.8%。蔡耀庚认为孕妇阴血相对不足，气血失调，气机升降失常，以致水湿肿满而发生胎位不正。选用调理气血健脾利湿的益母顺子汤治疗胎位不正32例，药用车前子、党参、白芍、白术、益母草、苏梗、当归、川芎、甘草，偏于脾虚加泽泻。每日1剂，3剂为一疗程。治疗3个疗程以内，矫正者28例，4例（因羊水过少、胎儿较大、妊娠8个月以上）无效。有效率87.5%。薛丽梅选用八珍汤加减纠正臀位妊娠32例，治愈29例。

纠正胎位不正除药物内服外，针灸也为常用的有效方法。王有谦等采用脉冲电疗仪刺激双侧至阴穴矫正胎位380例，矫正成功372例，矫正后又复转者3例，无效8例。郑素华等艾灸至阴穴加外倒转纠正臀先露74例，成功率90.5%。吴耀持将174例胎位不正患者，随机分成三阴交组（甲组）和至阴穴组（乙组）各87例，分别针刺双侧三阴交和至阴穴，平补平泻，每天1次，连续5次为一疗程。治疗结果：纠正成功率甲组92%，优于乙组82%，P<0.01。温宝林等采用送子膏（生黄芪、当归、麦冬、川芎、熟地、枳实）贴脐治疗胎儿臀位86例，有效79例，无效7例。

（严勤华）

【滑胎的防治】

（一）固肾安胎　今年有10篇报道寿胎丸加减固肾安胎，辅以益气养血，有效率74～100%，其中张新宽等以实验证明其方药对患者的免疫球蛋白指标有良性调整作用；朱玉梅以安胎汤治疗50例先兆流产，结果46例正常妊娠分娩，1例加用西药黄体酮症状消失，3例无效。吴俊良等以固胎汤（生山药、菟丝子、土炒白术、盐杜仲、盐炒川断、盐炒大茴）加减治疗习惯性流产94例，治愈93例。张惠和、姬云海等亦遵循益肾安胎、益气养血法组方治先兆流产144例，有效率分别为81%、91.67%。冯春芳拟保胎汤（菟丝子、川断、当归、白芍、砂仁、苏梗、淡芩、仙鹤草）加减，治疗30例，有效29例，并根据现代研究对当归、白芍、川断、黄芩的药理作用进行了分析。朱桃顺拟苎麻汤（苎麻、桑寄生、生地、熟地、绞股兰、苏梗、阿胶、大枣、甘草）加减治疗习惯性流产105例，痊愈94例。王心好以加味阿胶鸡子黄汤治疗滑胎46例，痊愈41例。张仁英将酒洗当归、炙黄芪、炒黄芩、生地、益母草、炒白术、白芍、肉苁蓉、甘草熬膏敷关元穴，治疗滑胎20例，成功19例。赵光燕介绍赵松泉治疗本病经验，分脾肾虚弱、气血俱虚、肝郁气滞、阴虚血热、肝热脾湿五型论治。

（二）活血化瘀安胎　李友蕊认为ABO血型不合滑胎属血瘀证，活血药能防止胎儿红细胞凝集，使瘀血不生而胎不滑。以泽兰消瘀汤（泽兰、益母草、赤芍、川芎、当归、鸡血藤、木香等）治疗67例，足月产58例。张元珍等则以中西医结合法。确诊妊娠后即服茵陈蒿汤至分娩，同时于孕12、24、30周应用5%或10%葡萄糖液500毫升加50%葡萄糖液60毫升、VitC 2克、ATP 40毫克、Co-A100 u各静脉滴注10天，并各吸氧10天，每天二次，每次30分钟；VitE每次50毫克，每天二次，终止妊娠前2周开始服鲁米那每天0.03克，前3天开始地塞米松10毫克肌注，所治11例均足月分娩成活婴儿。对因瘀伤胎，杨鉴冰等以化瘀安胎汤（炒蒲黄、炒五灵脂、白芍、黄芩、白术、丹参、寄生、川断、菟丝子、炙甘草）治疗68例，有效66例。刘平以党参、沙参、生地、熟地、赤芍、白芍、莪术、白术、川牛膝、川断、陈艾、阿胶、当归等治疗33例，总有效率93.9%。

（三）未孕先治　严可斌等提出滑胎当治未病，孕前培补脾肾，调养冲任。王宁取地黄、肉桂、首乌、仙灵脾、桃仁、当归、蒲黄、五灵脂、皂刺等治疗血清抗子宫内膜抗体（EMAb）阳性者29例，转阴28例；17例自然流产者15人受孕，11人已分娩。作者认为由于温肾药能显著提高单克隆抗体，促进吞噬细胞受体活性及雌孕激素样作用，故能滋养子宫内膜、调整免疫、控制异位灶、恢复生殖能力；而温肾化瘀类药能使EMAb迅速转阴，提高受孕率及受孕成功率。黄邱朝等以抑抗灵（桃仁、川芎、当归、肉苁蓉、茯苓、生地、菟丝子、女贞子、仙灵脾、生甘草等）治疗EMAb阳性不育者84例，有效80例（4例失访）。

（王　燕）

【产后尿潴留的治疗】

（一）中药内服　金峰报道用春泽汤加味（人参、白术、桂枝、猪苓、茯苓、泽泻、桔梗）治疗200例，有效196例，无效4例。其中服中药1天见效97例，1.5～2天见效65例，3天见效4例。金真报道用通利州都汤（通草、桂枝、茯苓、泽泻、车前子、麦冬、石苇、益母草、黄芪、桔梗）辨证加减治疗35例，结果1剂治愈8例，2剂治愈5例，3剂治愈9例，4剂治愈3例。袁巍报道用炙黄芪、当归、连翘、赤小豆、猪苓、茯苓、泽泻、白术、桂枝、怀牛膝、车前子、枳壳，治疗30例全部有效，最快1剂，最慢3剂显效。陈长江报道用名老中医裘笑梅的经验方加味桂车汤（肉桂、生黄芪、冬葵子、车前子）辨证加减治疗120例，服药1天有效68例，2天见效33例，3～4天见效19例。彭美玉报道用益气温阳利水法，药用黄芪、肉桂、白术、茯苓、桔梗、泽泻、沉香、炙升麻，阳气虚甚者重用黄芪、加党参，中气下陷者加柴胡，治疗52例，服药1剂小便通畅31例，2剂有效18例，无效3例，总有效率为94.3%。卞仕萍报道五苓散加味治疗69例，服1剂有效41例，服2剂有效22例，总有效率为91.3%。余永鑫报道自拟益气化瘀汤（党参、黄芪、白术、炙草、升麻、王不留行、车前子、猪苓、当归、川芎、炮姜、桃仁泥）随证加减，治疗31例，服3剂有效19例，服5剂有效10例，服7剂有效2例。曲群等报道用补中益气汤合生化汤加减（黄芪、茯苓、桃仁、当归、白术、炮干姜、川芎、升麻、柴胡、炙甘草），治疗30例，服1剂痊愈12例，服2剂痊愈16

例，服3剂痊愈2例。

（二）内外合治　向元璋报道，中医组40例内服中药，基本方为黄芪、茯苓、车前草、甘草梢、木通。气虚者，加党参；实热者，加白茅根。结合艾灸气海、膀胱、关元穴，每次灸20分钟。并设对照组，用导尿管行导尿术30例。结果对照组有效26例（拔导尿管4小时能自行排尿者），无效4例，有3例并发泌尿系感染。中医组有效39例（服中药后4小时内能自行排尿且通畅者），无效1例。治疗组排尿所需时间最短为45分钟，最长4小时，平均为2小时22.5分钟。

（三）外治法　陈华以穴位注射法治疗29例，用新斯的明1毫克，分别注入双侧三阴交穴位。结果注射后半小时内排尿者23例，占79.3%；注后2小时内排尿者5例，占17.2%，另一例顽固性尿潴留，经2次穴位注射加激光治疗后自然排尿。总有效率为96.5%。29例均随访5天排尿正常。陈焕松等用生葱白250克切碎，樟脑粉0.2克，混合捣成糊状，敷于脐及下腹膀胱区，用塑料薄膜覆盖，胶布固定，治疗20例。全部治愈，用药1次者17例，用药2次者2例，用药3次者1例。

（沈丽君）

【子宫内膜异位症的治疗】

（一）辨证施治　由于子宫内膜异位症（以下简称内异症）的基本病机是"瘀"，故多选活血化瘀药为基本方主药，结合辨证加减。吴晓瑜采用破血消瘀法随证加减治疗内异症60例，总有效率91.61%。基本方为三棱、莪术、路路通、水蛭、赤芍；瘀热、气滞、脾虚、肾虚、湿热等随证加减。殷秀兰认为内异症以肾虚为本，血瘀为标，故拟化瘀补肾法治疗内异症。经净后服Ⅰ号方：生黄芪、丹参、全当归、淫羊藿、赤芍、夏枯草、三棱、莪术、女贞子、续断、生军、五灵脂、血竭粉；经行期服Ⅱ号方：生黄芪、当归、赤芍、丹参、生地、生炒蒲黄、茜草、地骨皮、续断、女贞子、五灵脂、制军、乳香、没药，并随证加减。持续服3～6个月。共治疗33例，有效率为91.4%。傅友丰用化瘀消癥法治疗内异症56例，并观察了治疗前后子宫内膜抗体及常规免疫指标的变化。非经期活血化瘀、软坚消癥，方用鬼箭羽、生贯众、皂角刺、当归、香附、党参、黄芪等；经期化瘀止血、理气止痛，方用当归、益母草、失笑散、延胡索、党参、黄芪。治疗4月后，结果临床症状均得到不同程度缓解，血色素恢复至正常者76.2%，性激素中PRL有所下降，E_2无明显变化，17例抗子宫内膜抗体阳性者13例转为阴性。曹东等介绍来春茂老中医治疗内异症38例，用荡涤瘀热佐以清热利湿之方，总有效率达81.6%，治愈率68.4%。方用水蛭、土鳖虫、桃仁、生大黄、金铃子、延胡索、滑石、车前子、木通、没药、蒲黄、五灵脂为基础加减。

（二）口服与保留灌肠结合治疗　本法是治疗内异症常用治法之一，适于内膜异位结节位于子宫直肠陷凹等部位者。周映华用消异汤（莪术、红花、川芎、当归、赤芍、五灵脂、延胡索、蒲黄、鳖甲、桂枝）随证加减口服，并用红花、莪术、赤芍各15克浓煎150毫升，保留灌肠，20天为一疗程，经期停用。治疗内异症63例，与丹那唑对照组（100例）近期疗效比较，分别治愈7例、6例，好转54例、84例，无效2例、10例，两组无显著差异。

（三）其它疗法　朱良玉用中药灌肠配合局部封闭、激光治疗内异症40例，药用川桂枝、丹皮、丹参、炒赤芍、白茯苓、石见穿、吴萸、木香、乳香、没药、莪术、皂刺、败酱草，保留灌肠，每晚一次，10次为一疗程。辅以复方丹参注射液阴道后穹窿局部封闭和子宫、关元、阿是穴等穴位氦氖激光治疗，总有效率97.5%。张义改用中药保留灌肠加穴位注射治疗内异症33例，治愈23例。灌肠方用丹参、赤芍、夏枯草、败酱草、三棱、莪术，每日一剂，复方丹参注射液加生理盐水6毫升混合注入双侧次髎穴各5毫升，隔日一次，20天为一疗程。丁玎等用黄藤片（雷公藤浸膏片，每片含生药1.25克）治疗内异症30例，总有效率80%，未发现明显毒副作用。陈德甫用雷公藤多甙治疗内异症40例，与丹那唑组20例对照，总有效率分别为87.5%、84.6%，雷公藤多甙组闭经时间长于丹那唑组，而反应小于后者。蔡玉华用外治法治疗内异症23例，以当归、乳香、没药、三七、土鳖虫等分研末，黄酒调糊加少许麝香，放棉球上，贴于阴道穹窿结节处，隔日一次，一月为一疗程，经期停用。痊愈4例，显效15例，有效4例。

（张克璟　戴德英）

【输卵管阻塞不孕的治疗】

（一）中西医结合治疗　连方等报道，50例输卵管阻塞患者，先行输卵管扩张术，然后30例中药组内服"痛经宝"（当归、红花、丹参、五灵脂、三棱、莪术、肉桂、木香、延胡索），宫腔注入复方当归注射液（当归、红花、川芎），20例西药组用庆大霉素、地塞米松、糜蛋白酶注入宫腔。导管扩张术有效率两组均为94%。矫正妊娠率：中药组为100%，西药组为50%。终止治疗三个月后输卵管再粘连率中药组为9%，西药组为25%。血液流变学（全血比高切粘度、纤维蛋白原）改善，中药组与西药组治疗后比较及中药组治疗前后比较均有显著性差异（$P<0.01$）。赵会英等报道，用中药"赵氏排卵汤"（柴胡、赤芍、白芍、泽兰、刘寄奴、鸡血藤、怀牛膝、苏木、生蒲黄、五灵脂、女贞子、覆盆子、菟丝子、枸杞子）加减合"通管散"内服，配合西医输卵管通液术，药用庆大霉素、地塞米松治疗45例患者，有效率95.4%，其中35例妊娠。耿钧报道用"通管汤"（莪术、丹参、细辛、大黄、炮山甲、水蛭、当归、桃仁、红花、三棱、甘草）口服及保留灌肠，同时宫腔注入庆大霉素、地塞米松、利多卡因、α-糜蛋白酶、654-2，治疗58例，有效率89.6%，其中39例妊娠。范爱芳等用少腹逐瘀汤加减（官桂、小茴香、干姜、当归、川芎、赤芍、延胡索、五灵脂、蒲黄、没药）内服，配合西药肌注庆大霉素、胎盘组织液，口服VitE，治疗60例患者，治疗2疗程后47例妊娠。陶仁甫等用"胞络疏通汤"（当归、赤芍、川芎、肉桂、小茴香、炮姜、柴胡、茯苓、甘草、白术）加减内服和保留灌肠，每日1剂，20天为一疗程。用药3疗程后未孕者配合西药消炎和疏通输卵管。治疗52例，37例2年内妊娠。

（二）中药内外结合治疗　张立营等报道，中药内服（丹参、海藻、昆布、败酱草、香附、熟地、紫石英、路路通、三棱、当归、川芎、穿山甲、赤芍、黄柏、甘草）加保留灌肠（红藤、土茯苓、蒲公英、赤芍、制乳香、没药、莪术、当归、透骨草）治疗80例，30例用西药（庆大霉素、普鲁卡因、透明质酸酶、地塞米松）输卵管插管注药治疗。两组对比，中、西药组分别妊娠63例、11例，妊娠率分别为78.8%、36.7%，经统计学处理两组有非常显著差异（$P<0.01$）。虎发光报道，用"温通散"（桂枝、红花、川芎、当归、王不留行、香附、菟丝子、败酱草、山药、紫石英、淫羊藿、三七粉）加减内服，药渣晒干与食盐、酒、醋同炒后装布袋置脐与少腹热敷。每月用药15天，二个月为一疗程。治疗98例患者，经1～3个疗程治疗，总有效率83.67%。刘伯平用桃红四物汤去地黄加穿山甲、水蛭、香附、金银花、蒲公英煎汤内服治疗85例患者，有效率85.9%。

（三）中药外用治疗　王子柱用中药（丹参、柴胡、黄柏、苡仁、蒲公英、莪术、路路通、赤芍、青皮、陈皮、香附、皂角刺、木香、穿山甲）保留灌肠，治疗52例患者，经2～12个疗程（10次为一疗程）治疗，有效率84.6%。其中23例治愈。

（张　敏　乐秀珍）

参考文献

B

卞仕萍。五苓散加味治疗产后尿潴留69例。内蒙古中医药，1993；(4):19

C

蔡耀庚。"益母顺子汤"治疗胎位不正32例。江苏中医，1994；(10):13

蔡玉华。活血化瘀外治法治疗子宫内膜异位症23例观察。中国中西医结合杂志，1993；(11):671。

曹　东，等。来春茂治疗子宫内膜异位症38例。云南中医杂志，1994；(5):7

曹洪洲，等。糜烂粉治疗子宫颈糜烂。浙江中医杂志，1994；(12):550

车胜男，等。肌瘤丸治疗子宫肌瘤129例临床观察及血雌二醇(E_2)、睾酮(T)的变化。天津中医，1994；(3):4

陈　华。新斯的明穴位注射治疗产后尿潴留29例。江苏中医，1994；(6):30

陈长江。加味桂车汤治疗产后尿潴留120例。新中医，1994；(10):51

陈德甫，等。子宫内膜异位症用雷公藤多甙治疗。上海中医药杂志，1994；(5):6

陈焕松，等。中药敷脐治疗产后尿潴留20例。浙江中医杂志，1993；(12):547

陈友香，等。女性更年期阴虚阳亢和肝郁气滞证患者与微量元素的关系。微量元素与健康研究，1994；(4):29

D

代桂满。敷脐法在妇科病中的应用。河北中医，1994；(2):18

丁　玎，等。黄藤片治疗子宫内膜异位症30例临床报告，湖北中医杂志，1994；(4):21

F

范爱芳，等。活血化瘀为主治疗输卵管阻塞不孕症60例。中医研究，1994；(3):38

冯春芳。保胎汤治疗先兆流产30例。江西中医药，1994；(1):29

冯雪莹，等。中药治疗宫外孕30例。辽宁中医杂志1993；(5):31

傅友丰，等。化瘀消瘀法治疗子宫内膜异位症56例。南京中医学院学报，1994；(5):11

傅珍珠。治疗老年性阴道炎40例报告。江西中医药1994；(2):39

G

耿　钧。中西医结合治疗输卵管阻塞性不孕症58例。江苏中医，1994；(7):22

郭　蕾。中药膜剂治疗老年性阴道炎24例。甘肃中医，1994；(1):39

略谈肝主疏泄与妇人情志病的关系。湖北中医杂志，1994；(4):17

郭小叶，等。断红汤治疗人流术后出血42例。河南中医药学刊，1994；(4):45

龚　玲，等。妇安栓治疗老年性阴道炎123例。北京中医，1994；(4):53

H

侯东方。中西医结合治疗陈旧性宫外孕63例。辽宁中医杂志，1994；(5):220

胡之景。滋阴清肝治疗女性早熟45例。浙江中医杂志，1994；(10):443

虎发光。温通散治疗输卵管不畅98例。安徽中医学院学报，1994；(3):17

黄邱朝，等。抑抗灵对不育妇女抗子宫内膜抗体转阴的疗效观察。中国中西医结合杂志，1994；(2):82

抑抗灵治疗抗子宫内膜抗体的临床观察。中医杂志，1994；(1):40

J

姬云海。四五通经汤治疗闭经60例小结。新中医，1994；(2):26

固肾安胎汤治疗胎动不安60例。吉林中医药

金　峰。春泽汤加味治疗产后尿潴留200例。辽宁中医杂志，1994；(9):420

金　真。通利州都汤治疗产后尿潴留35例。浙江中医学院学报，1994；(1):20

姜　萍，等。高危妊娠产妇用怀牛膝引产122例。中国中西医结合杂志，1994；(4):245

L

赖　真。补益脾肾法治疗先兆流产28例。河南中医，1994；(3):163

李慧民。自拟固肾保胎汤治疗先兆流产32例。中医研究，1994；(2):31

李建生。补阴更年方治疗更年期综合征临床疗效观

察。辽宁中医杂志，1994；(3):119

李鲁炎。复宫汤治疗人工流产术后恶露不绝94例。陕西中医，1993；(12):532

热流喷灸治疗宫颈糜烂128例。南京中医学院学报．1994；(5):44

李友蕊。泽兰消瘀汤治疗ABO血型不和滑胎67例。实用中西医结合杂志，1994；(5):306

连　方，等。导管扩张术和活血化瘀中药治疗输卵管阻塞的临床研究。中国中西医结合杂志，1994；(2):80

梁占光。药物流产后阴道出血的原因及处理。实用妇产科杂志，1994；(5):260

刘　平。养血活血法治疗胎动不安、胎漏33例。湖南中医学院学报，1994；(3):33

刘伯平。桃红四物汤加减治疗输卵管阻塞85例。辽宁中医杂志，1994；(3):126

刘凤英。芪蒲坤舌汤治疗药物流产后恶露不绝31例。广西中医药，1994；(4):159

刘建英。佛手散合失笑散治疗人流术后阴道出血100例。四川中医，1994；(7):44

刘菊兰，等。水蛭治疗宫外孕盆腔包块30例疗效观察。中医药研究，1994；(1):23

龙　田，等。加味寿胎丸保胎61例临床观察。甘肃中医，1994；(2):41

M

马　刚。甘地汤治疗妇女更年期综合征265例。陕西中医，1994；(5):203

马裕袖。避孕药酒的避孕、抗着床及毒性的实验研究。河南中医，1994；(2):84

毛凤仙，等。车前麦芽汤治疗闭经泌乳综合症31例。河南中医，1994；(3):157

梅丹红。中药综合疗法治疗宫外孕的临床观察与探讨。中医杂志，1994；(3):165

孟香莲，等。八珍益母丸在人流后出血中的应用。中医药研究，1994；(4):32

P

彭美玉。益气温阳利水治疗产后尿潴留52例。上海中医药杂志，1994；(2):32

彭芷美。圣愈汤加味治疗胎位不正96例初探。江西中医学院学报，1994；(2):21

Q

邱如卿。中西医结合治疗子宫内膜异位症52例。福建中医学院学报，1994；(3):17

曲　群，等。中药治疗产后尿潴留30例。陕西中医，1993；(12):555

S

沈　霖，等。补肾法预防绝经后妇女骨质丢失的临床研究。中国中西医结合杂志，1994；(9):515

青娥丸加味对大鼠卵巢切除诱导的实验性骨质疏松症的影响。中医研究，1994；(2):19

石秀花。耳穴压丸治疗更年期综合征68例。甘肃中医学院学报，1994；(3):43

史淑英。逍遥散加减治疗妇女更年期综合征54例。内蒙古中医药，1994；(7):16

孙桂莲，等。宫颈丸治疗宫颈糜烂327例。山东中医杂志，1994；(11):500

T

谭冬玉。天花粉蛋白注射液治疗宫外孕34例小结。湖南中医学院学报，1993；(2):28

汤昆华，等。瓜石六味汤治疗闭经65例。江苏中医，1993；(11):9

唐　其。补肝肾调冲任治疗胎漏胎动不安37例。吉林中医药，1994；(6):30。

唐永淑，等。益宫止血口服液治疗功能失调性子宫出血（附164例病例报告）。成都中医学院学报，1994；(2):26。

陶仁甫，等。胞络疏通汤为主治疗输卵管梗阻性不孕症52例。安徽中医学院学报，1994；(3):19

田德虎。天花粉治疗宫外孕40例临床分析。实用中西医结合杂志，1994；(7):442

W

王　宁。温肾化瘀法对子宫内膜异位症所致不孕与流产的免疫性治疗。江苏中医，1994；(1):13

王大增。更年舒治疗妇女更年期综合征的临床及实验研究。中西医结合杂志，1994；(7):396

王桂生。妇女绝经前后诸证从肝论治106例。光明中医杂志，1994；(5):22

王莉莉。活血化瘀治疗宫外孕53例及血HCG变化分析。中医杂志，1994；(6):165

王莉娜。血府逐瘀汤治疗染色体异常滑胎1例。浙江中医杂志，1994；(7):299

王钦茂，等。孕康口服液保胎作用的实验研究。中国中西医结合杂志，1994；(7):418

王心好。加味阿胶鸡子黄汤治疗滑胎46例。实用中

西医结合杂志，1994；(2):87
王秀霞．滑胎的传统证治与胎动不安的实验研究．实用中西医结合杂志，1994；(5):298
王有谦，等．脉冲电疗仪刺激双侧至阴穴矫正胎位380例．中国中西医结合杂志，1994；(1):62．
王子柱．中药保留灌肠治疗输卵管阻塞52例疗效观察．新中医，1994；(4):38
王自平，等．内服外敷治疗卵巢囊肿120例小结．河南中医，1994；(2):123
温宝林，等．中药膏外贴神阙穴纠正胎儿臀位86例．时珍国药研究，1994；(1):13
吴俊良，等．固胎汤治疗习惯性流产94例．浙江中医杂志，1994；(7):300
吴连珍．活血化瘀治疗未破裂型输卵管妊娠40例．浙江中医杂志，1993；(7):304
吴晓瑜．破血消瘀治疗子宫内膜异位症60例．陕西中医，1993；(12):530
王秀芳，等．消糜散治疗子宫颈糜烂126例疗效观察．河北中医，1994；(1):24
吴秀英，等．阴道塞药治疗宫颈糜烂274例．安徽中医学院学报，1994；(3):21
吴耀持．温针转胎临床与实验观察．上海针灸杂志．1994；(4):149
吴育宁，等．腹腔镜与中药结合保守治疗宫外孕．中国中西医结合杂志，1994；(10):583
武大勇．和肝丸化裁治疗妇女更年期综合征52例．山西中医，1994；(5):17

X

奚　嘉．“益通饮”治疗人流手术后闭经32例．江苏中医，1994；(12):15
夏玉卿．电热针治疗女阴白色病变的临床疗效及机理研究．中国针灸，1994；(4):1
肖琪薇．活血调经汤治疗置宫内节育器后月经过多102例．安徽中医学院学报，1994；(3):18
邢兰英，等．生化汤治疗药物流产后出血68例疗效报告．陕西中医学院学报，1994；(3):30
邢玉霞．固肾安胎法治疗先兆流产100例，吉林中医药，1994；(6):30
徐　晓．中药治疗老年性阴道炎30例．江西中医药，1994；(6):31
许刚菊．冷冻结合中医药治疗宫颈糜烂疗效观察．中国中西医结合杂志，1994；(5):310
薛丽梅．八珍汤加减纠正臀位妊娠32例报告．北京中医，1994；(5):20

Y

严可斌，等．滑胎治未病法．上海中医药杂志，1994；(7):21
杨鉴冰，等．化瘀安胎汤治疗血瘀型胎漏胎动不安68例．陕西中医，1994；(12):531
杨美春．临证治疗先兆流产72例体会．中医函授通讯，1994；(4):25
杨云霞．当归四逆汤治疗闭经48例．河南中医药学刊，1994；(2):41
姚永琴，等．中药调理基础体温治疗排卵功能障碍236例分析．实用中西医结合杂志，1994；(10):577
殷秀兰．子宫内膜异位症用化瘀补肾法治疗——附35例分析．上海中医药杂志，1993；(11):21
印苏昆．益气补肾活血法治疗流产后闭经33例．云南中医杂志，1993；(6):10
应　颖．寿胎丸加减治疗胎漏51例．浙江中医杂志，1994；(6):261
余永鑫．益气化瘀汤治疗产后癃闭31例．北京中医，1994；(3):43
袁　魏．活血效灵丹加味治疗宫外孕50例临床观察．北京医科大学学报，1994；(2):158
中医治疗产后癃闭30例临床观察．中医杂志，1994；(8):489

Z

张爱萍．中药熏洗治疗老年性阴道炎．时珍国药研究，1994；(2):38
张翠萍，等．固冲清宫汤治疗药物流产后出血过多48例．安徽中医学院学报，1994；(1):23
张大英．更年期综合征557例临床分析．天津中医，1994；(3):17
张惠和，等．中药治疗先兆流产144例．陕西中医，1994；(8):352
张立营，等．中药治疗输卵管阻塞性不孕80例．浙江中医杂志，1994；(7):298
张仁英．中药外敷关元穴治疗习惯性流产20例．辽宁中医杂志，1994；(11):513
张筱萍．中西医结合治疗宫颈糜烂50例总结．浙江中医学院学报，1994；(6):28
张新宽，等．20例先兆流产治疗前后免疫球蛋白水平的观察．河南中医，1994；(5):310

张义改，等。活血祛瘀法治疗子宫内膜异位症33例观察。河北中医，1994；(1):27
张迎春，等。疏肝化瘀法治疗慢性盆腔炎的实验研究。实用中西医结合杂志，1994；(4):197
张玉芬，等。益母康冲剂对产后出血和乳汁分泌的影响。中国中西医结合杂志，1994；(1):44
张元珍，等。母儿ABO血型不合的中西医结合治疗。湖北中医杂志，1994；(2):8
赵　华，等。试析妇女更年期综合征的病机和治则。云南中医杂志，1994；(6):17
赵光燕。赵松泉治疗“ABO”溶血性滑胎的经验。北京中医，1994；(1):8
赵会英，等。中西医结合治疗输卵管阻塞不孕45例。北京中医，1994；(4):14
赵玉英，等。阴损膏治疗外阴白色病变258例，中国中西医结合杂志，1994；(2):91
郑素华，等。穴位艾灸加外倒转纠正臀先露74例。实用中医药杂志，1994；(1):24
周映华。消异汤治疗子宫内膜异位症63例。云南中医杂志，1994；(4):17
周玉英，等。中西医结合治疗子宫内膜异位症致不孕40例。湖南中医杂志，1994；(4):35
朱良玉。40例子宫内膜异位症临床观察。上海中医药杂志，1994；(1):12
朱美玉，等。中西医结合治疗早期宫外孕18例。湖北中医杂志，1994；(3):19
朱南孙，等。加味没竭汤治疗原发性痛经的临床研究——对前列腺素及相关因素的影响。中医杂志，1994；(2):99
朱桃顺。苎麻汤治疗习惯性流产及其致不孕105例临床小结。湖南中医杂志，1994；(4):18
朱文仙。补肾安胎饮治疗胎漏96例疗效分析。实用中医药杂志，1994；(3):8
朱玉梅。安胎汤治疗先兆流产50例。辽宁中医杂志，1994；(9):409

(5) 儿　科

【概述】

1994年度发表儿科学术论文700余篇。9月在杭州召开了全国第7次中医儿科学术会议，重点对小儿肾炎、肾病进行了学术交流。从发表的论文来看，呼吸系统疾病和消化系统疾病仍然是报道的重点，泌尿系疾病、小儿传染病也报道较多；治疗以辨证论治为主，专方制剂的研究方面注重实验和临床研究，外治法对小儿消化系疾病及其他疑难病方面的治疗受到重视。

(一) 呼吸系疾病　小儿呼吸系疾病的治疗报道约占全年度论文总数的30%，主要为上感、咳嗽、肺炎、哮喘等。肺炎的治疗，突出清热解毒、宣肺化痰、扶正驱邪，以提高疗效。吴康衡等经多年研制出解热毒注射液（含千里光、大青叶、射干、丹皮、石菖蒲等，每毫升含生药0.5克），3毫升/千克/日，加5倍量5～10%葡萄糖液，分2次静滴，治疗小儿肺炎119例，经7～10日治愈111例(占93.28%)，显效7例(占5.88%)，无效1例（占0.84%）。疗效优于对照组(用病毒唑、青霉素等)。并通过实验研究证实，该制剂具有抗菌、抗病毒作用，可灭活腺病毒3、7型及流感甲$_1$、甲$_3$型，能解除细菌的内外毒素，并能活血化瘀、增强免疫，不耐药，无毒副作用。张正华自拟强元肃肺汤(麻黄、杏仁、苏子、白芥子、麦冬、五味子、白术、生石膏、莱菔子、红参、干姜、甘草)，湿啰音多加葶苈子，心衰加大黄、附子，水煎服，治疗小儿急性支气管肺炎596例，痊愈554例，好转24例，无效18例，总有效率96.98%。支原体肺炎，诸借勋认为属外邪郁闭、肺闭痰阻，应用清热解毒通腑中药（虎杖、大青叶、百部、桃仁、杏仁、钩藤、葶苈子、大黄、甘草、黛蛤散）治疗30例，平均退热天数为4.5天，咳嗽消失10.5天，肺部啰音消失10.5天，X线恢复14天。孙桂珍采用西药常规用药加中药宣肺化痰、清热解毒，亦取得较好疗效。顾梯成等用双黄连粉针剂治疗15例，平均退热天数为3.9

天，平均止咳及啰音消失天数分别为6.5天、5.3天，疗效均优于红霉素静滴对照组，差异显著。

（二）消化系疾病 本年度发表论文数约占总数30%。以泄泻报道最多。泄泻的治疗，又以辨证论治的专方研究为主，结合外治疗法。比如袁培英等采用0.04%莪术油葡萄糖注射液治疗小儿病毒性肠炎，具有较好疗效。周玉佩用云南白药（约0.5克）加75%酒精调和敷脐，每日一换，经2～4天治疗，95例小儿腹泻痊愈65例，好转26例，无效4例，总有效率95.7%。针灸、推拿治疗的报道也较多，疗效也很好。由隐孢子虫感染导致的腹泻，本年度也有报道，已列专条介绍。小儿胃病的辨证论治研究，肠麻痹的治疗研究也较为突出，参见专条。小儿厌食治疗仍然是当前临床关注的疾病之一，本年度较为突出的有徐荣谦自拟开胃进食口服液（白芍、青皮、丁香、乌梅）治疗肝气犯胃型厌食113例，张宁等用四理汤（含柴胡、枳壳、白术、党参等）治疗85例，均取得较高疗效，并能提高相关微量元素如锌等的含量。

（三）泌尿系疾病 吴家驹用芪翘合剂（黄芪、连翘、赤芍、枳壳、牛膝、蝉蜕、地龙、丹皮、茯苓、泽泻、桂枝、栀子、益母草、甘草），配合小剂量速尿（0.2～0.4毫升）穴注水分穴，治疗58例急性肾炎，经1～4周治愈54例，无效4例。盛丽先用升阳益胃汤（柴胡、防风、羌活、独活、姜半夏、茯苓、陈皮、白术、白芍、党参、黄芪、黄连、泽泻，尿红细胞多加白茅根、玉米须），治疗迁延性肾炎，疗效优于参苓白术散合六味地黄丸对照组。张君等自拟消斑愈肾汤（生地、丹皮、紫草、丹参、白茅根、黄芪）治疗紫癜性肾炎51例，痊愈41例，好转8例，无效2例，疗效明显优于强的松对照组。患儿血液流变学指标、抗人体T细胞亚群单克隆抗体等指标的恢复，均有显著差异。肾病综合征的治疗，刘弼臣提出用鱼腥草汤（鱼腥草、半枝莲、益母草、车前草、倒叩草、白茅根、灯心草），配合利尿、发汗、清热、化湿、健脾、理气、活血、化瘀等法治疗，可提高疗效。小儿急性肾衰，刘冠峰报道用中药泄热解毒灌肠液（大黄、槐花、牡蛎、附子），每次30～60毫升，加5%碳酸氢钠5～6毫升，加温至38℃，作保留灌肠，每日3～4次，治疗32例，治愈28例（占87.5%），好转1例，死亡3例，肾功能平均恢复时间为12.6天。对IgA肾病的治疗参见专条。

（四）神经系疾病 马融等报道用抗痫散（含太子参、石菖蒲、天麻、橘红等，天津第五中药厂生产）加减治疗小儿癫痫421例，治疗半年至1年，显效225例，有效126例，效差42例，无效28例，总有效率83.37%。脑电图复查50例，改善43例。脑瘫的治疗，史方奇对先天不足、气血虚损者用调气和血汤（党参、丹参、赤芍、白芍、三七粉、当归），肾虚肝旺者用补肾平肝汤（龟版、天竺黄、蝉蜕、枸杞、巴戟天、桑寄生、杜仲、白芍、钩藤、酸枣仁、石菖蒲、石决明、天麻），肾脑虚损者用补肾益脑汤（枸杞、猪脊髓、兔脑髓、熟地、龟版、鹿角霜、虎骨、海马），脾肾两虚者用脾肾双补汤（党参、丹参、白芍、茯苓、枸杞、淮山、龟胶、鹿胶）。治疗13例，疗程半年至1年，结果显效6例，有效2例，无效5例。袁清顺用七星针为主治疗260例脑瘫，治愈29例，显效79例，好转133例，无效19例，总有效率92.7%，痉挛型和共济失调型疗效为优，病程短者疗效好，针刺97～240次效果最佳。方法是：用七星针沿手足阳明经、足太阳经和督脉循行线叩刺，每次取一经，三经交替，每次叩刺6～9遍，每日1次，手法轻重以皮下出血为度，同时配合体针取穴针刺。对于弱智，董廷瑶提出补肾填精、养心健脾、调补肝肾、培养气血、温阳壮筋、镇静安神、涤痰化瘀七法。另外，病毒性脑炎后遗症、多动症的报道，参见专条。

对于当前中医儿科临床现状和对策，李秀敏通过13602例分析认为，疾病构成特点以呼吸系疾病为多见，占61.7%。新生儿病、传染病呈下降趋势。目前临床诊断采用中西双重诊断，辨病和辨证相结合，宏观辨证和微观辨证相结合。中医疗效较好的疾病主要为呼吸、消化、泌尿、神经系统疾病，对急重症一般采用中西医结合治疗，对疑难病则发掘和发挥中医优势，内外并治，综合治疗，以提高疗效。

(朱锦善)

【支气管及肺门淋巴结结核的治疗】

杨香锦报道66例小儿支气管淋巴结结核，均是经X线胸片确诊，并采用过抗结核西药治疗者。基本方以补中益气汤加减（柴胡、升麻、黄芪、党参、白术、百部、白及、五倍子、甘草），午后低热者加地骨皮，盗汗甚者加煅龙骨、煅牡蛎。每日1剂，煎服3次，饭后服。服药期间，禁食煎炒、辛辣之品，同时停服抗结核类西药。1个月为1疗程，2个疗程观察效果。结果痊愈（X线胸片全部吸收钙化者）59例，好转7例。

贺清义等报道小儿肺门淋巴结结核100例，病程最短4个月，最长5年，其中1年以内者58例，1～3年者34例，4～5年者8例。以养胃汤加减（麦冬、天冬、百合、百部、玉竹、石斛、青蒿、桑叶、牡蛎）为基本方。辨证加减：脾胃虚弱加党参、白术；肾虚加枸杞子、紫河车；热盛伤阴加乌梅、花粉、生石膏、地骨皮；热伤脉络，迫血妄行加白茅根、小蓟。1个月为1疗程。结果治愈82例，好转13例，总有效率95%。张道诚用三百两草糖浆（鱼腥草、夏枯草、百合、白及、百部、山药、牡蛎、麦芽、甘草、大枣、僵蚕等）治疗肺门淋巴结结核215例，1日3次，1次50毫升。1个月为1疗程，一般连服2～4疗程。结果痊愈(自觉症状消失，X线检查病灶钙化) 158例，好转(自觉症状基本消失，X线检查大部分硬结钙化)，无效21例。张灵等对确诊为小儿肺门淋巴结结核的42例门诊患者，随机分为治疗组25例，用自拟散结汤（全蝎、蜈蚣、板蓝根、茯苓、丹皮、土茯苓、陈皮、青贝、百部、猫爪草）治疗，并随症加减：咳甚加杏仁、桔梗；盗汗甚加远志、百合；纳差消瘦明显加三甲散、蔻仁；痰多加胆星、天竺黄。每日1剂，1个月为1疗程。当第3个疗程起，再配合服用散结丸（全蝎、蜈蚣、土茯苓、板蓝根、陈皮、僵蚕、白术、猫爪草、青贝）。症状严重者，可配服西药利福定加乙胺丁醇和陈香露白露等。对照组17例，单纯用西药：异烟肼10～15毫克/千克/日，利福平10～20毫克/千克/日，或乙胺丁醇15～25毫克/千克/日，每日1次，顿服，同时配服V-B_6和陈香露白露等。1个月为1疗程。在第1疗程时须配合链霉素肌肉注射。每周2次，每次1克。结果治疗组治愈20例，显效5例，总有效率为100%，对照组治愈10例，显效4例，总有效率82.3%。

(娄国菁)

【支原体肺炎的治疗】

支原体肺炎是由肺炎支原体引起的肺部急性炎症，属中医“邪热闭肺”、“肺风咳嗽”之范畴。因肺炎支原体分离所需时间长，特异抗体出现晚，且一般医疗单位又难以检测，故其诊断主要根据本地区流行病史、发热、阵发性刺激性咳嗽、肺部阴影长时间存在、冷凝集试验阳性等临床特征。唐莉珍报道40例，分三型施治：(1) 风热闭肺型，治以清热解毒、宣肺止咳，方用桑菊饮、银翘散加减；(2) 毒热闭肺型，治以清肺止咳、平肝和胃，方用麻杏石甘汤、黛蛤散加减；(3) 肺阴虚损型，治以益气养阴、敛肺止咳，方用生脉饮，加知母、玉竹、地骨皮、陈皮、茯苓、沙参、桑皮、紫菀、川贝母。其中15例合并心脏损害，加用丹参注射液静滴。结果痊愈37例，显效3例。王晓鸣等采用辛凉清热、宣肺化痰的中药治疗本病61例，方由清炙麻黄、杏仁、生石膏、银花、连翘、鱼腥草、薄荷、鲜芦根、牛蒡子、浙贝母、冬瓜仁组成。每日1剂，煎成100～250毫升，多次少量温服。其中21例同时加用红霉素20～30毫升/千克/日，静脉点滴，1日1次。结果单纯中药30例和中药加红霉素21例均获治愈。在退热、止咳、体征消失，X线吸收好转时间及疗程方面，两组疗效相近，无显著性差异（P＞0.05）。诸惜勤报道30例，采用清热、解毒、通腑法。方药由虎杖、大青叶、百部、桃仁、杏仁、钩藤、葶苈子、大黄、甘草、黛蛤散组成，均治愈。平均退热时间为4.5天，平均咳嗽消失时间为10.5天，肺部干湿啰音消失平均为10.5天，X线检查肺部阴影平均消退时间为14天。顾梯成等报道30例，分二组治疗。治疗组15例，用双黄连粉针剂，按每千克体重60毫克/日，静脉滴注；对照组15例，用乳糖酸红霉素，按每千克体重25～50毫克/日，静脉滴注。二组均每日1次，维持6～8小时，连用10～14天。结果二组治愈各14例，好转各1例。发热消退时间和肺部干湿啰音消失时间，治疗组明显优于对照组，有显著性差异（P＜0.05和P＜0.01），咳嗽消失时间两组无显著性差异（P＞0.05）。

史学等报道60例，分为两组。中西医结合组30例，应用红霉素，同时加用清热解表、宣肺化痰的中药鲜芦根、杏仁、菊花、前胡、枇杷叶、天竺黄、贝母、蝉衣。单纯西药组30例，应用红霉素，同时配合止咳平喘药。结果中西医结合组在缩短咳嗽天数、改善肺部体征、缩短病程方面均明显优于西药组(P＜0.01～0.05)。孙桂珍报道本病56例，中西医结合组36例，方药由炙枇杷叶、葶苈子、杏仁、前胡、桔梗、麻黄、甘草组成；若见高热、喘息较重、烦躁痉厥、精神萎靡等重症表现，则用另方，由生石膏、板蓝根、射干、苏子、麻黄、杏仁、桂枝、半夏、白僵蚕、细辛组成。水煎服，1日1剂。西药用红霉素或先锋霉素，酌情加激素、强心剂、利尿剂等。单纯西药组20例，用西药同上。治疗结果中西医结合组在止咳、X线检查病灶吸收、疗程三方面均比单纯西药组为优，有显著差异（P＜0.05）。侯敏真等采用中药镇咳丸（鸡胆汁加白胡椒粉末蜜制而成），西药用丁胺卡那、α糜蛋白酶、舒喘灵，雾化吸入，酚妥拉明肌肉注射，潘生丁和V-C口服，治疗60例。用药一周后痊愈38例，显效16例，好转6例，总有效率100%。

（娄国菁）

【急性心肌炎的治疗】

杨德明介绍了刘弼臣老中医从肺论治本病的经验，认为本病初期（急性期）以治肺为主，佐以调护心脉。若风热证者，以银翘散为主；风寒证者，以三拗汤为主。并随证加减：当痰热阻肺时，以清气化痰丸（瓜蒌仁、杏仁、黄芩、茯苓、枳实、陈皮、胆南星、半夏）为主；若肺热咳嗽、咽喉不利时，药用杏仁、桔梗、甘草、牛蒡子、薄荷、山豆根，热重加黄芩、知母。若头痛目眩、鼻窍不利、浊涕不止，用辛夷散加减（辛夷、黄芩、薄荷、白芷、生石膏、桔梗、苍耳子），或栀子豉汤加味。若肺热壅盛，腑气不通，用宣白承气汤化裁（桑白皮、黄芩、银花、连翘、大黄、芒硝、甘草、淡竹叶、白蜜、薄荷）。以上各证均可加蚤休、丹参、万年青、五加皮、卷柏等护心调脉。缓解期以扶正固本为主，常用当归六黄汤、参附龙牡汤、补中益气汤、玉屏风散等。赵玉婷等自拟养心复脉汤（炙甘草、桂枝、麦冬、党参、火麻仁、生地、五味子、阿胶），并随证加减，治疗病毒性心肌炎40例；对照组35例按西医常规治疗。两组年龄及患病时间等均无差异（P＞0.05）。经2周治疗，治疗组胸闷、气短、乏力等症状在1周时减轻，2周后心电图、超声心动图、心肌酶恢复正常，症状消失。对照组则有8例超声心动图、5例心肌酶未恢复，12例尚有症状。陈宝义等根据动物实验证明活血化瘀药物对病毒感染的培养乳鼠心肌细胞有明显保护作用，且优于清热解毒、益气养阴药物，通过临床与实验筛选，组成通脉口服液（当归、赤芍、山楂、降香、三七、丹参、姜黄、川芎等），每1毫升含生药1克，<6岁每次20毫升，6～10岁每次25毫升，>10岁每次30毫升，1日2次。初期还另用复方丹参注射液（上海第一制药厂出品，含丹参、降香1克/毫升）6～12毫升加入葡萄糖液中静滴，1日1次。10日为1疗程。治疗急性心肌炎43例，总有效率93.02%。对照组22例，用西药能量合剂为主的常规治疗，总有效率72.73%。二组差异显著（$P<0.05$）。中药组在消除症状、体征，缩小心胸比率，恢复心电异常，改善左心功能等方面均优于西药组（$P<0.005$～0.05）。

史方奇分热毒犯心和心气受损二证治疗，分别用银翘解毒汤加减（银花、板蓝根、芦根、连翘、葶苈子、黄芩、柴胡、荆芥）和调气和血汤加减（党参、丹参、白茅根、枣仁、赤芍、白芍、厚朴、黄芪、降香、延胡索、夜交藤、三七粉）。经治10例心肌炎，显效6例，有效3例，无效1例。

牛爱玲等将病毒性心肌炎室性早搏82例患儿分为二组：中西医结合组42例，在西医常规治疗基础上加中药复方瓜蒌薤白半夏汤（瓜蒌、薤白、半夏、黄连、远志、百合、枣仁、丹参、黄芪、炙甘草）；西医组40例，按常规治疗。用药10天观察疗效。疗效标准：痊愈为早搏消失、心电图正常、症状消失；好转为早搏消失大于50%，症状及心电图明显好转；无效为早搏消失小于50%，症状无好转。结果中西医结合组与西医组的痊愈、好转、无效例数分别为30(13)、9(15)、3(12)。中西医结合组总有效率为92.86%，西医组为70%，差异显著（$P<0.01$）。樊永平等治疗过敏性紫癜合并心肌损害17例，属湿热内蕴者7例，用四妙丸合犀角地黄汤；毒热炽盛者7例，用黄连解毒汤合犀角地黄汤；脾肾两虚兼夹湿热者2例，用四君子汤或理中汤合麻黄连翘赤小豆汤；风热伤络者1例，用银翘散。全部获愈。心电图、心脏听诊恢复正常最短7天，最长32天，平均15天。樊氏等认为，治疗应把握热、毒、血三个主要因素，突出清热解毒、凉血止血化瘀在早、中期应用，以防疾病发展。认为重点用药如银花、连翘、蒲公英、黄芩、黄连、生地、当归、三七、丹参、鸡血藤等，具有抗炎、抗变态反应、调整和增强免疫机能，改善心血灌注，改善心肌缺血缺氧的作用。

陈东汉等应用脉图方法对73例急性心肌炎（病毒性、风湿性）患儿进行血液动力学检测，并与正常组40例对照。结果表明、心肌炎组的时域参数Tbe、Tbel、Tbez、Tbs、Hbc、Hel、Hez、S_A、Sel的均值都低于正常对照组（$P<0.05$）。反映了心肌炎患儿的左心室收缩期缩短，收缩功能降低，能量传输减少。这些由脉图法所提供的血液动力学参数讯息是心电图和X线等检测手段无法提供的，在临床中对病情轻重的判断，以及在治疗中对左心功能的监测十分有益。

（朱锦善）

【小儿胃病的辨治】

闵伟福等将352例小儿胃窦炎患者分为辨证施治中药组207例和对照组145例。中药组分为两型：脾胃气虚、中阳受遏型，宜健脾益气、温阳和中，药用太子参、白术、茯苓、甘草、淮山药、制附子、广木香、台乌药、制香附、延胡索、白芍、川楝子、生鸡金、制金柑；脾失健运、胃失和降型，宜健脾助运、和胃降逆，药用半夏、陈皮、茯苓、甘草、川连、吴萸、旋覆花、代赭石、延胡索、徐长卿、白芍、制香附、广木香、台乌药。每日1剂，水煎，分2～3次服。对照组用猴头菇冲剂（上海市中药二厂生产），每日2次，每次5～10克。两组均以8周为1疗程，最长不超过2个疗程。结果中药组207例，痊愈（服药4周内临床症状及体征消失，8周内胃肠X线钡餐造影胃窦部粘膜恢复正常）152例，有效34例，总有效率89.9%。对照组145例，痊愈36例，有效36例，总有效率49.7%。两组间差异显著（P<0.01）。并且中药组在体征消失时间和X线钡餐造影显示有效方面，均比对照组为优，差异显著（P<0.01）。吴志群以加味二陈汤（陈皮、半夏、茯苓、甘草、白术、炒谷芽）治疗小儿胃病78例，其中胃溃疡32例，胃炎46例。并随证加减：偏于积滞者加炒楂曲、炒莱菔子；苔厚腻湿滞者加苍术或米仁，夏季改加藿梗；腹痛寒滞呕吐者加干姜或延胡；腹胀气滞，大便不调者加煨木香或川朴花；有出血者加藕节炭或地榆炭；久病脾虚者加党参、淮山药、炒扁豆或莲肉。结果有效率87.1%，仅10例无效。

阎慧敏等将200例胃病患儿临床辨证分为5型：脾胃虚寒型（95例）、湿热中阻型（61例）、肝胃不和型（16例）、胃阴不足型（18例）、胃络瘀滞型（10型）。而胃镜下胃粘膜微观辨证分为4型：胃肠虚寒型(70例)、胃肠滞热型（75例）、胃络阴伤型（22例）、胃肠瘀滞型（33例）。阎氏等指出，胃粘膜微观辨证属胃肠虚寒型的大多数患儿临床诊断为浅表性胃炎，在临床辨证上多属脾胃虚寒型，采用健脾益气能收到较好效果。在小儿消化性溃疡中，临床辨证多属脾胃虚寒型，而胃粘膜辨证则以胃肠滞热型为多。这是符合中医正虚标实的理论。先以胃粘膜辨证为依据，采用清热利湿、行气化瘀之法，使病儿临床症状得到缓解，再结合脾气虚之本证，以健脾益气、行气调中，使溃疡病得以康复。临床辨证为肝胃不和者，多以胃肠功能紊乱为主，胃镜下多呈胃肠滞热或胃肠瘀滞型，部分患儿还可见到胆汁返流。以疏肝降逆，行气调中为治则，再根据寒、热、虚、实，给予加味，疗效可明显提高。部分迁延不愈的胃炎或溃疡病儿，胃镜下多显胃络阴伤和胃肠虚寒型，可作胃粘膜组织幽门螺旋菌检查，见阳性者，在辨证基础上加银花、野菊花、黄芩等中药，并配合应用能杀灭该菌的西药，临床疗效则更好。胃粘膜辨证为胃肠瘀滞型者，有⅓以上患儿临床辨证属脾胃虚寒型，治疗上注重健脾益气，配以行气化瘀，则疗效更好。

（娄国菁）

【婴幼儿隐孢子虫感染的治疗】

隐孢子虫是一种可引起人畜共患病的病原体，发病主要表现为腹泻，多见于婴幼儿。杨硕平等先后采用驱隐汤和大蒜素分别治疗49例、172例。全部病例病程最短1天，最长达2年2个月。采用改良抗酸染色法大便中检出隐孢子虫卵囊，其形态与南京医学院寄生虫学教研室阳性标本对照，完全一致。疗效标准：以腹泻症状消失，大便隐孢子虫卵囊消失，并经3次不定期复查均为阴性者为痊愈。

49例采用自拟驱隐汤（苦参、百部、苍术各6克，芜荑、雷丸、陈皮、甘草各5克，槟榔、葛根、白芍各10克）并随证加减。水煎取100毫升，分3次口服，每日1剂，6日为1疗程。治疗期间停用他药。有脱水者给予口服补液盐（ORS）。结果经1疗程治愈47例，2例经1疗程治疗后大便仍检出隐孢子虫卵囊为无效。

172例采用连云港东风制药厂生产的大蒜素胶囊（每粒含大蒜素20毫克），<1岁每日80毫克，1～2岁每日120毫克，2～4岁每日160毫克，分4次口服，7日为1疗程。结果：经1疗程治愈62例，2疗程治愈102例，3疗程治愈4例，3疗程以上治愈4例，全部治愈。

（朱锦善）

【肠麻痹的治疗】

肠麻痹的治疗本年鉴1989卷曾有条目介绍。林伟华报道用自拟升清降浊汤为主治疗12例，方由西洋参（另煎兑入）、陈皮各3～6克，薏仁、白术、银花、黄芪各6～10克，炒麦芽15～20克，决明子、防风各10～15克，柴胡、半夏各1.5～3克组成。腹胀甚，排气排便均无者加槟榔；呕吐不止者加竹茹。日1剂，连煎2次，取汁120～150毫升，分4～6次，鼻饲或喂服。服用1～3剂后排气排便，肠鸣音恢复，腹胀基本消失10例，无效2例。薛昌森报道9例，其中中毒性消化不良4例，重症肺炎、霉菌性肠炎并发Ⅱ度营养不良各2例，急性菌痢并发急性肠炎1例。均经西医药治疗无效，其中5例属病危。根据患儿体质与病情，选用温脾汤为主，方由人参3～5克（另煎兑服），制附片2～4.5克，生大黄3～6克，干姜、甘草各3克组成。腹胀甚，排气排便全无者加木香、槟榔、厚朴各6克；呕吐不止加赭石12～15克，竹茹6克。每日1剂，连煎2次取汁80～120毫升，分2～3次鼻饲或喂服。或另用麝香0.03～0.05克，葱泥适量，调敷脐周。上方服1～3剂后肠鸣音恢复，排气排便，腹胀基本消失7例，无效2例。

刘会峰等报道本病36例，在治疗原发病的同时给患儿禁食；并用西药酚妥拉明静脉点滴。再配合推拿：摩腹、分腹阴阳、揉天枢、补脾经、清补肺经、补肾经、运内八卦，时间15～20分钟，每日1次。结果治愈35例，无效1例。

吕春禄用消胀散（鲜橘叶100克，小茴香、麸皮各30克，食盐50克。将橘叶、小茴香捣粗末后加入麸皮、食盐，炒热，装入纱布袋内）外敷脐部治疗小儿中毒性肠麻痹80例，其中重症肺炎58例，肠炎16例，中毒性痢疾6例。在抗感染、纠正水、电解质平衡的同时，外敷消胀散。外敷脐部3～4小时，持续外敷3小时腹胀消失者24例，外敷4小时腹胀消失者43例，外敷4小时内腹胀减轻者13例，全部有效。洪庆会将芒硝30～40克，枳实20～30克，大蒜瓣3～5个，研末捣烂，用酱油调成糊状敷于脐下，用绷带固定，敷前先在腹部涂上石腊油，防止皮肤起泡。每次敷药时间为2～4小时。经治24例，显效18例，有效6例。王东芝等用麝香外敷神阙穴，胶布固定，治疗小儿重症肺炎合并麻痹性肠梗阻21例，其中4小时肠鸣音恢复者2例，8小时肠鸣音恢复者15例，12小时肠鸣音恢复者4例。在肠鸣音恢复的同时患儿肛门排气，腹胀消失。

（俞景茂　姚敏华）

【佝偻病的治疗】

佝偻病的治疗，本年鉴1989年卷曾有条目叙述。近年来有关报道不局限于临床治疗，更深入探讨了中药治疗本病的机理。张立营等用抗佝偻合剂（黄芪、茯苓、山药、龙骨各20克，菟丝子、黄精、白术、炒麦芽各15克，砂仁10克，甘草6克）治疗佝偻病80例，显效49例，有效31例。张国恩等用健骨冲剂（黄芪、茯苓、枸杞子、丁香、牡蛎、鸡内金等组成，每袋15克）治疗本病60例，治愈28例，好转30例，有效率为96.67%；而对照组30例用龙牡壮骨冲剂治疗，治愈10例，好转14例，有效率为80%。两组疗效差异显著（$P<0.05$）。健骨冲剂服法为2岁以下每次7.5克，每日2次；3～7岁每次7.5克，每日3次；7岁以上每次15克，每日2次。该冲剂含有钙、磷、铁、锌、硒等对人体起作用的多种微量元素，并经患儿头发微量元素的测定提示该冲剂可使患儿本身的调节功能得到改善。如有的患儿在治疗前头发微量元素测定发钙、发锰过高，服药治疗后并未使之继续升高，而恢复到正常值。

胡淑德等用益儿Ⅲ号（黄芪12克，党参9克，黄精10克，公丁香0.5克）每剂煎15毫升，分3次口服。共治疗佝偻病19例，均获痊愈。疗程最短1个月，最长3个月。对照组19例采用西药常规治疗，两组临床疗效基本一致。在治疗前后，胡氏等用蛋白结合色层分析法对55例佝偻病患儿进行了血清25—羟维生素D_3〔25(OH)D_3〕的测定，中药组治疗前为14.75±8.76ng/ml，治疗后为19.67±10.51ng/ml ($P<0.01$)；对照组治疗前为18.78±8.55ng/ml，治疗后升到38.45±13.90ng/ml ($P<0.01$)。两组治疗后25 (OH)D_3均明显升高，而碱性磷酸酶均明显下降。可见中药不但能调节和改善消化吸收功能，而且也能增加肝肾内分泌腺的功能，起到与维生素D同样的抗佝偻病作用，且无副作用。郑英珠等筛选出具有补脾肾、益精、镇惊功能的中药制成"阳钙宝冲剂"治疗小儿佝偻病110例，治愈71例，好转28例，总有效率为90%。药效学实验证明该冲剂对实验性缺钙大鼠股骨密度和松质部骨小梁的发育，以及血清钙的浓度都有明显促进和提高作用。对去睾丸小鼠和糖皮质激素引起骨骼发育不良小鼠，有明显的保护作用。可使饥饿性低血钙小鼠的血清钙明显升高，可降低士的宁引起低钙小鼠惊厥的死亡率，对失血性贫血和实验性钙小鼠的耐疲劳，也有一定的作用。

(虞坚尔)

【IgA肾病的中西医结合治疗】

IgA肾病是原发性肾小球疾病中较常见的一种类型，约占26～40%，以肾小球系膜区有颗粒性IgA沉积为特征。属祖国医药中"肾风"、"溺血"范畴。傅文录等介绍时振声老中医的经验，认为本病好发于本虚之体，并见于气虚或肾阴虚的患者，以气阴两虚证为其特点。早期以血尿为主，常用经验方滋肾化瘀清利汤（女贞子、旱莲草、白花蛇舌草、生侧柏、马鞭草、大蓟、小蓟、益母草、白茅根、石苇），当病情进一步发展，出现气阴两虚时，则用益气滋肾化瘀汤（太子参、生黄芪、当归、赤芍、川芎、生地、女贞子、旱莲草、石苇、白花蛇舌草、益母草、白茅根、桑寄生）。李宝珍介绍李少川老中医对本病的辨证治疗为湿热偏盛、热结下焦，当先清利湿热、凉血止血，多以导赤散合小蓟饮子为主。脾气偏虚，瘀血内阻，治拟疏肝和脾，柔养和营法，以加味逍遥散。体弱易感，镜检血尿残留不已者，宜疏解清化，调和脾胃，以天葆采薇汤化裁。晁岳春等以滋肾解毒汤（生地、丹皮、山茱萸、益母草、白花蛇舌草、小蓟、白茅根、仙鹤草、女贞子、旱莲草、连翘、虎杖）治疗20例，治愈12例，显效6例，无效2例。若气虚者加太子参，西洋参；小便持续血尿加参三七、藕节；尿蛋白+～卄，加山药、芡实；若有氮质潴留表现加制大黄、土茯苓。晁氏等认为本病的治疗要重视活血化瘀，活血化瘀中药能改善微循环及高凝状态，减轻血小板聚集，有助于免疫复合物的清除及病变组织的修复，因此在治疗中适当加用丹参、泽兰叶、桃仁、红花、赤芍、当归等物可提高疗效。韦俊等采用清热凉血、清热利湿、益气活血、滋阴活血，配合抗生素、激素治疗小儿IgA肾病30例，全部有效。随访平均36.5月，完全缓解24例，部分缓解6例。30例中，肉眼血尿25例，镜下血尿5例。肾活检1例，荧光检查显示为IgA+C_3沉积。29例作皮肤活检，检测毛细血管壁上IgA、IgG、IgM及C_3沉积情况：结果19例显示阳性，占65.5%，其中单纯型IgA沉积3例，IgA+C_3沉积11例，IgA+IgG沉积3例，IgA+IgM沉积2例。治疗按中医辨证论治分为(1)血热型，用犀角地黄汤化裁（水牛角、生地、女贞子、旱莲草、连翘、丹参、金银花、甘草）。(2)湿热型，用小蓟饮子化裁（小蓟、益母草、生地、丹参、旱莲草、滑石、白茅根、黄柏、蒲公英、茜草、连翘、焦山楂、甘草）。(3)气虚挟瘀型，自拟益气活血方（黄芪、太子参、茯苓、丹参、女贞子、旱莲草、小蓟、益母草、当归、川芎、蒲黄、茜草、焦山楂、甘草、红枣）。(4)阴虚内热挟瘀型，以自拟滋阴活血方（女贞子、旱莲草、生地、丹参、黄柏、益母草、知母、山萸肉、玄参、茜草、川芎、阿胶）。以上各型如血尿严重加三七粉1.5克，云南白药0.5克，琥珀1克，均1日2次冲服。周柱亮等报道治疗50例，辨证分五型：(1)脾肾阳虚型，用真武汤合五苓散加减。(2)脾肾气虚型，以四君子汤合补中益气汤加减。(3)气阴两虚型，以参芪地黄汤加减。(4)阴虚内热型，用知柏地黄汤合二至丸加减。(5)肝肾阴虚型，用杞菊地黄汤加减。西医以一般治疗，利尿、降压、抗感染等，以及激素、氮芥等。结果完全缓解34例，基本缓解3例，好转12例，无效1例。

（虞坚尔）

【病毒性脑炎及后遗症的治疗】

杨华等报道采用中药制剂双黄连针为主治疗病毒性脑炎34例，收到显著疗效。其方法为：用双黄连针60～70毫克/千克/次，加入5%葡萄糖溶液内静脉滴注。每天1次，7～14天为1疗程。对照组25例用病毒唑10～15毫克/千克/天，静脉滴注或肌肉注射。出现合并症时用抗生素和激素，两组相同，结果治疗组治愈31例，占91.17%，显效2例，好转1例；对照组治愈18例，占72%，显效4例，好转2例，无效1例。治疗组从退热时间及头痛、呕吐、颌下淋巴结肿大等症状和病理征消失时间以及病程等方面均明显优于对照组（$P<0.01$）。实验及临床资料证实，双黄连针（主要成分为银花、连翘、黄芩）有广谱抗病毒作用。对呼吸道合胞病毒、腮腺炎病毒等均有较强的抑毒作用，能显著提高IgM的作用，抑制超敏反应，消除免疫复合物。张洁等运用凉膈散加味（大黄、竹叶、栀子、薄荷、黄芩、生地、连翘、银花、芒硝）治疗32例，并随证加减：热重加生石膏、羚羊角；抽搐加钩藤、菖蒲；偏湿加藿香、佩兰。配合静脉滴注能量合剂。结果痊愈（临床症状消失，脑电图恢复正常）29例，好转2例，无效1例。

徐荣谦用中药健脑散治疗小儿病毒性脑炎后遗症38例，处方由菖蒲、郁金、熟地、茯苓、山药、丹皮、山萸肉、泽泻、黄芪、牛膝、当归、赤芍、地龙、兔脑等20余味组成。取新鲜兔脑用烘箱烘干成黄色，其他药物经干燥、粉碎，过箩成细粉，与兔脑粉混匀装配，密封备用。口服给药，每次3克，加白糖适量，白开水送服，每日服2次。1周岁以内小儿药量减半。1年为1个疗程，亦可常年服用。智力低下的患儿配合适当的教养方法，肢体活动障碍及瘫痪的患儿配合按摩疗法，由家长自行操作。每月复诊1次。结果38例患儿痊愈4例，显效16例，有效12例，显效以上为52.6%，总有效率84.2%。小儿病毒性脑炎后遗症，多系邪热久羁、损及肝肾所致。治疗的根本在于补肾健脑益智，养血柔肝舒筋。

（俞景茂）

【儿童多动症的治疗和研究】

李宏伟等介绍王烈老中医的经验时指出，本病是脑机能轻微障碍引起的以多动妄为、精力分散、情绪不稳等为特点的一种综合征，与肾、肝、心三脏有关。此三脏如有失调，即可导致脑机能障碍。午英俊介绍了午雪桥老中医将本病的辨证主要分为心脾气虚、肝肾阴虚和痰热内扰。李少川则按病情的进展，分三步施治。首先用常法，以豁痰镇惊熄风为治则，多用生铁落饮化裁；再从心脾论治，常以甘麦大枣汤加味；当出现虚火上炎出现徐徐抽动时，宜清养安神，以补心丸化裁。张永玺根据经验辨证分为四型。(1)胎禀不足，肾精亏损，治以培元补肾，益髓健脑，方用七宝美髯丹合龟鹿二仙胶加减。(2)肾虚肝旺，脑髓失聪，治以滋水抑木，健脑益智，方用大补阴丸合菖蒲丸。(3)心血不足，神明失聪，治以益气养血，健脑益智，方用归脾汤合养心汤。(4)脑伤络损，瘀血蒙窍，治以通窍活血，散瘀开窍，方用通窍活血汤。

赵启然等报道本病30例，以桂枝汤(桂枝、白芍、炙草、生姜、大枣）治疗，每日1剂。结果痊愈8例，显效17例，改善3例，有效率93.3%，无效的2例均为病程3年以上者。孙浩以自拟恬静汤（熟地黄、生白芍、山萸肉、茯神、五味子、枸杞、炙远志、生龙骨、生牡蛎、炙甘草、红枣、淮小麦）治疗53例，每日1剂，连服10天。继以本方为散，每次10克，1日2次，加糖少许，开水和服，连续服用3个月。结果治愈39例，好转10例，无效4例。王立华等采用调神口服液（枸杞子、五味子、龟版、莲子等中药组成）每支10毫升，每毫升相当原生药0.5克。10岁以下每次10毫升，1日2次；10岁以上每次10毫升，1日3次。1～2个月统计疗效。经治100例，治愈26例，显效32例，有效36例，总有效率94%。治疗前后在行为评分和学习成绩的对照上，均有显著差异（$P<0.01$)。邱秉新等报道70例，对患儿行为异常，注意力不集中，接受能力差，控制力薄弱，意识障碍等五项症状用评分法记录。治疗组42例，用生脉饮（红参、麦冬、五味子）煎水代茶，日服1剂；西药组28例，用左旋苯丙胺5～10毫克口服，1日2次。两组均2个月为1疗程。结果治疗组治愈10例，显效15例，好转17例；西药组显效7例，好转15例，无效6例。治疗后的各项评分治疗组均明显优于西药组（$P<0.05$和$P<0.01$)。许建中将38例分为3组进行观察：对照组10例，用开胃方（鸡内金、陈皮、六曲、炒谷芽、炒麦芽、生山楂、生甘草）煎服，1日1剂。心理教育组(简称心教组）13例，除每日服开胃方外，请家长和老师进行心理及行为规范的教育（每周分析、评分),根据《精神病学》的有关多动综合征章节内容制定。温阳药伴心理教育组(简称温教组）15例，服温阳方（黄芪、党参、鹿角霜、肉苁蓉、巴戟肉等）并同时进行心理教育（与心教组相同)。均2个月为1疗程。行为评分结果：温教组明显优于对照组($P<0.01$)，也明显优于心教组（$P<0.05$)。学习成绩方面：对照组有效率10%，心教组54%，温教组80%，各组间差异显著（$P<0.05$)。

王立华等将本病患儿与正常儿童进行了甲皱微循环的对比，结果本病患儿多数存在管袢循环灌注不良表现。邓慧英等运用脉图法研究儿童多动症，发现其病因病机主要是植物神经功能紊乱，而以交感神经功能亢进和副交感神经功能减退为多见，并与缺钙和微循环功能受损有关。

（娄国菁）

【新生儿黄疸的治疗】

新生儿黄疸是新生儿血清中胆红素增高的一系列疾病，如胆汁瘀积综合征、梗阻性黄疸、溶血性黄疸等，运用中医辨证论治，均能取得较好效果。

胆汁瘀积综合征　陈建平用茵陈苍柏汤（茵陈、板蓝根、茯苓、生麦芽、白术、黄柏、车前子、薏苡仁）治疗28例，痊愈23例，好转3例，无效2例。平均服药14天。肖莲凤以茵陈五苓汤治疗24例、石效平等则用茵陈四苓汤治疗20例，均愈。疗程最短6天，最长24天。

梗阻性黄疸　朱孝礼等用清利通胆的中药治疗13例，痊愈8例，显效3例，有效1例，无效1例。姜润林则以茵郁灵仙汤（茵陈、郁金、枳实、茯苓、威灵仙）治疗14例，治愈12例，无效2例。曹旭用复方白茅根汤（白茅根、木贼草、板蓝根、郁金、金钱草、滑石）治疗25例，肝大质硬者加大黄䗪虫丸，并以硝矾散配合服用。结果痊愈12例，好转9例，有效率84%。

溶血性黄疸　周跃庭等以改良清胆退黄汤（茵陈、栀子、黄柏、茜草、紫草、泽兰、青黛）治疗48例，全部有效。卓安山等报道62例，随机分成2组：服药组30例，用茵陈、栀子、黄芩、制大黄，水煎喂服；对照组32例，喂糖开水。均连续服3天。结果服药组每日胆红素上升速度较对照组慢，峰浓度比对照组明显为低（$P<0.01$），血清胆红素开始下降的时间也明显早于对照组。姜梅等对既往有严重ABO新生儿溶血症妊娠或分娩史的孕妇及新生儿采用茵陈蒿汤加活血化瘀中药，结合西医的综合疗法。结果服药前后新生儿溶血症的发病率由78.6%下降为26.3%（$P<0.005$），患儿病死率由53.8%下降为0%（$P<0.001$）。即使发病，病情也轻。殷杰等选择新生儿ABO溶血病14例和新生儿败血症所致黄疸14例。两种疾病各分为实验与对照两组，均采用西医的综合治疗；两组所用中药不同，实验组口服茵陈茅根汤（茵陈、白茅根、茯苓、车前草），黄疸重者加猪苓；对照组用茵栀黄注射液。结果实验组黄疸的消退时间比对照组早，黄疸持续天数也比对照组短（$P<0.05$）。

还有裴学义等以阳黄、阴黄分型。阳黄治以清热利湿、疏肝利胆，药用茵陈、生麦芽、金钱草、穿肠草、通草、生黄柏；阴黄治以健脾化湿、理气温中，药用茵陈、茯苓、生麦芽、金钱草、白术、穿肠草、黄柏。并随证加减。对难治性新生儿黄疸则加用活血化瘀之品，如血竭、丹参之类。共治疗150例，治愈109例（72.7%），好转41例。李君芳认为，若属病理性黄疸不积极处理，就有引起核黄疸及危及生命的危险，除胆道完全闭锁者外，其他黄疸经中药利湿退黄，活血化瘀等辨证治疗，均能取效，并能减少换血人数及其他后遗症。李氏还指出对各种难治性黄疸，加活血化瘀药如三棱、莪术、丹参等，是可以通过改善肝内血液循环，提高肝细胞功能及对胆管轻度粘连的疏导作用，达到退黄的目的。

（娄国菁）

【新生儿窒息的抢救】

窒息是指婴儿出生后1分钟内仅有心跳而无自主呼吸或未建立规律性呼吸的缺氧状态。此病病情危重，急救难度较大。伍绐维等报道采用中西医结合抢救和单纯西医常规急救疗法进行观察对照。33例新生儿窒息性脑损害，均为产前、产时窒息时间在2小时以上，产后1分钟及5分钟“阿氏评分法”评分在3分或3分以下的重度病例。观察组13例，其中出生后24、48、72小时B超检查属脑出血性损害者12例，脑缺氧缺血性损害者1例。采用丹参注射液，按每千克体重0.4毫升加入10%葡萄糖注射液10毫升，V-C按每千克体重300毫克加入10%葡萄糖注射液10毫升，均每分钟4～5滴。1日2次，10日为1疗程。止痉治疗及对症处理、支持疗法同对照组。对照组20例，其中出生后24、48、72小时B超检查属脑出血性损害者18例，脑缺氧缺血性损害者2例。为控制颅内压用地塞米松及甘露醇，用量视病情而定；止痉用苯巴比妥钠静脉滴注，每千克体重3～10毫克，用量视病情而定；脑水肿明显者，加用速尿、脑活素；对症支持疗法按常规治疗。结果总体疗效的痊愈率、后遗症的发生率，观察组均明显优于对照组，均为$P<0.05$。住院天数和加用止痉药的患儿比例，也都提示观察组优于对照组，均为$P<0.05$。

（娄国菁）

【遗尿症的治疗】

俞景茂报道了根据验方二黄五子汤研制的“遗尿停胶囊”对小儿遗尿症进行的治疗观察。该胶囊由黄芪、炙麻黄、家韭子、菟丝子、五味子、桑螵蛸、生栀子等组成。将生黄芪碾成粉末，过100目筛，其余诸药制成浸膏，与黄芪粉拌匀，烘干，研粉，过100目筛，装入胶囊，每粒0.5克。3～6岁每次1.5克；7～9岁每次2克，10～12岁每次2.5克，1日3次，饭后服。对照组内服尿多灵片，剂量按0.25毫克/千克/日计算，分2次服。两组均以7天为1疗程，可连服2～4个疗程。结果治疗组42例，痊愈18例，显效 11 例，好转 5 例，总有效率 81%；对照组 22 例，痊愈 2 例，显效 5 例，好转 11 例，总有效率 50%。治疗组疗效明显高于对照组，差异显著（P＜0.01）。在观察中认识到麻黄有醒脑而不失眠之妙，现代药理研究证实麻黄具有较强的兴奋作用，因而在温肾固涩的处方中加入麻黄以醒脑开窍，可明显提高疗效。李玉强报道用单味麻黄，水煎 1 次，去上沫，睡前顿服，治疗遗尿。其剂量为 5～7 岁每次 3 克，8～15 岁每次 5 克，15 岁以上每次 10 克，连服 1 月。30例全部治愈。吴友旺取截叶铁扫帚（别名千里光、关门草等），每次用干的全草 100～500 克，与猪小肚 1 个煎汤服。连用 1～5 次。治疗 28例，治愈 20 例，好转 6 例，无效 2 例。

刘兴禹等以综合疗法治疗遗尿症 1238 例。(1)遗尿散 1 号（没药、乳香、硫黄、麻黄素），共研细末，取 2 克，用鲜葱白、鲜姜捣成泥，于睡时敷于脐部，早晨起床时去掉。(2)遗尿散 2 号（桂枝、麻黄、没药、乳香），共研细末，加适量酒精调成膏状，贴在内关、中极、关元穴上，每 3 天换药 1 次。(3)选穴遗尿点（双），掌侧小指末节横纹中点。进行点穴疗法，每日 1 次。(4)口服中西药：饭后服普鲁本辛，睡前用盐酸丙咪嗪、缩泉片。结果治愈 1179 例，有效 38 例，总有效率 98.3%。高建芸报道用麻益散穴贴合仿灸仪照射治疗小儿遗尿症。麻益散由麻黄、五味子、益智仁、肉桂组成。各等分，研成细末。操作时患儿仰卧，用棉签蘸取少许麻益散，分别敷于气海、关元二穴上，直径约 8 毫米，厚约 2 毫米，打开仿灸治疗仪电源开关，把调节旋钮拨至中档，将 2 个艾灸头分别对准二穴，距肌肤 50～80 毫米(一般以灯光聚光最好为准)，将定时旋钮调至 20 分钟处，待仿灸治疗仪发出音乐即示治疗结束，然后用长约 2 厘米的胶布条十字交叉式将麻益散贴敷于穴位上，再嘱患儿俯卧，取双肾俞、次髎 4 穴，操作方法同第一组穴位。两组穴位交替使用。每日或隔日 1 次，10 次为 1 疗程。可治疗 2 个疗程。经治 30 例，痊愈 8 例，好转 20 例，总有效率 93.33%。李远桂用何首乌、五倍子各 3 克，研末，用普通食用醋调成软膏状，临睡前敷于脐部，以纱布覆盖，胶布固定，次晨取下，连用 5 夜为 1 疗程。共治疗 60 例，治愈 44 例。

（姚敏华　俞景茂）

【小儿生长性痛的治疗】

小儿生长性痛是目前原因未明、发生在小儿生长最旺盛期之前的一种肢体疼痛症。李卫国等对本病进行了探讨，指出国外对本病发病率的统计为男孩12.5%，女孩18.4%。李氏等通过对 79 例患儿的辨治中，发现本病的疼痛特点为肢体疼痛，但体检时又无明显阳性体征，与之相关的辅助检查结果也均正常；女孩的发病率高于男孩，平均发病年龄在10岁左右；疼痛部位以膝关节周围最为常见，髋部及大腿上段后侧次之；是一种非关节性的疼痛，主要侵犯股部及腓肠肌。对其治疗则认为是可以自愈的，一般不需要特殊治疗，适当休息减少活动可减轻疼痛。如疼痛较重者，西药可给予适量的泻剂及维生素等。中医则从治痹症的范围考虑，以祛邪通络，祛风散寒治之。可用乌头汤加减（制川乌、黄芪、炙甘草、白芍、麻黄、桂枝）。区庆端以清热祛湿活血法治疗小儿生长性痛 40 例，区氏认为生长性痛仅指一组症状，是儿童在生长过程中出现历时 3 个月以上的肢体疼痛，呈反复发作或呈慢性过程。可发生于四肢，最常见的部位为下肢，一般为双侧对称性，多属湿热型。方药组成：桑枝、银花藤、宽筋藤、络石藤、蚕砂、赤芍、菊花、薏苡仁、甘草。热重加黄柏、山栀；湿重加滑石、通草。6 剂为 1 疗程，2 个疗程统计疗效。结果 40 例均愈。追踪的 17 例，其中 13 例半年后均未有疼痛发作，4 例在 3～4 个月后有轻度疼痛发作，但服药 3 剂后疼痛又消失。

刘宗汉等报道 44 例小儿生长性痛，采用按摩温通法，以单掌500～1000克的压强，每分钟200次的频率擦、叩（双掌交替）痛区，各持续5分钟，使热至深部，或沿经传至腹部，并选择百会、风府、命门、肾俞等穴位按压。每日1次，6～10次为1疗程。结果痊愈34例，好转8例，总有效率95%。痊愈者停治一年后随访，远期疗效巩固。

（娄国菁）

参考文献

C

曹　旭。中药治疗新生儿梗阻性黄疸的观察报告。上海中医药杂志，1987；(3):26

晁岳春，等。滋肾解毒汤治疗系膜IgA肾病20例。山东中医杂志，1994；(12):539

陈宝义，等。小儿急性病毒性心肌炎65例中西药对照治疗观察。中国中西医结合杂志，1994；(4):216

陈东汉，等。小儿急性心肌炎脉图分析。福建中医学院学报，1994；(2):9

陈建平。茵陈苓柏汤治疗小儿胆汁淤积综合征28例临床疗效观察。河南中医，1990；(6):24

D

邓慧英，等。脉图法对儿童轻微脑功能障碍综合征的病机探讨。江西中医药，1994；(3):26

童廷瑶。儿童弱智证治。吉林中医药，1994；(2):1

F

樊永平，等。小儿过敏性紫癜合并心肌损害17例报告。中国医药学报，1994；(3):29

傅文录，等。时振声教授治疗IgA肾病的经验。河南中医，1994；(6):344

G

高建芸。麻益散穴贴合仿灸仪照射治疗小儿遗尿30例。江苏中医，1994；(4):29

顾梯成，等。双黄连治疗小儿支原体肺炎临床观察。上海中医药杂志，1994；(9):18

郭锦章，等。疏利化瘀法治愈新生儿胆道阻塞12例介绍。中医杂志，1987；(1):40

H

贺清义，等。中药治疗小儿肺门淋巴结核100例。陕西中医，1991；(1):15

洪庆会。中药外敷治疗小儿中毒性肠麻痹24例小结。湖南中医杂志，1993；(1):21

侯敏真，等。中西医结合治疗小儿支原体肺炎。中原医刊，1994；(5):41

胡淑德，等。佝偻病患儿中西药治疗对血清25(OH)D_3水平的对照观察。中医杂志，1993；(5):295

J

姜　梅，等。中西医结合防治ABO新生儿溶血症。中西医结合杂志，1987；(10):588

姜润林。茵郁灵仙汤治疗新生儿梗阻性黄疸。浙江中医杂志，1989；(9):394

L

李宝珍。李少川教授治疗儿童IgA肾病学术经验。吉林中医药，1994；(4):2

李宏伟，等。王烈教授治儿童多动症的经验。吉林中医药，1992；(1):3

李君芳。新生儿黄疸的中医防治方法。中医药信息，1994；(1):5

李少川。儿童多动症治刍言。吉林中医药，1992；(1):1

李素卿，等。刘弼臣教授治疗小儿肾病综合征经验。山西中医，1994；(3):7

李卫国，等。小儿生长性痛的中西医探讨。中医药研究，1994；(3):45

李秀敏。中医儿科临床现状考察及对策(附13602例分析)。山东中医杂志，1994；(3):99

李玉强。单味麻黄治疗遗尿30例。陕西中医，1993；(2):79

李远桂。何首乌散敷脐治疗小儿遗尿症60例。湖北中医杂志，1993；(2):29

林伟华。自拟升清降浊汤治疗小儿麻痹性肠梗阻。四川中医，1994；(3):41

刘冠峰，等。中药保留灌肠治疗小儿急性肾功能衰竭32例疗效分析。中国乡村医生，1994；(8):23

刘会峰，等。中西医结合治疗小儿肠麻痹36例疗效分析。实用中西医结合杂志，1993；(10):640

刘兴禹，等。综合疗法治疗遗尿症1238例。山东中医杂志，1994；(12):543

刘宗汉，等。按摩温通法治疗小儿特有腿痛症44例。国医论坛，1990；(2):25
吕春禄，等。消胀散外敷治疗小儿中毒性肠麻痹80例。中西医结合杂志，1989；(7):420

M

马　融，等。小儿癫痫421例临床观察。中国医药学报，1994；(2):22
闵伟福，等。小儿胃窦炎辨证分型与临床疗效观察。中医杂志，1994；(6):351

N

牛爱玲，等。中西医结合治疗小儿病毒性心肌炎室性早搏42例。中原医刊，1994；(5):45

O

区庆端。清热祛湿活血法治疗小儿生长性痛40例疗效观察。新中医，1993；(12):21

P

裴学义，等。中医治疗婴儿黄疸150例疗效观察。中医杂志，1988；(2):36

Q

邱秉新，等。生脉饮治疗小儿多动症42例临床小结。中医临床与保健，1992；(4):9

S

盛丽先。升阳益胃汤治疗小儿迁延性肾炎临床观察。四川中医，1994；(7):46
石效平，等。茵陈四苓汤治疗小儿胆汁淤积综合征。中医杂志，1989；(7):32
史　学，等。中西医结合治疗小儿支原体肺炎72例。北京中医，1994；(6):22
史方奇。补肾平肝法治脑瘫得效。吉林中医药，1994；(2):2
　　中药治疗小儿心肌炎10例。吉林中医药，1994；(3):12
孙　浩。恬静汤治疗儿童多动症。浙江中医杂志，1994；(10):469
孙桂珍。中西医结合治疗支原体肺炎36例体会。河北中医，1994；(4):47

T

唐莉珍。中医药辨治支原体肺炎40例。辽宁中医杂志，1992；(9):27

W

王东芝，等。麝香外敷治疗小儿重症肺炎麻痹性肠梗阻。黑龙江中医药，1994；(3):42
王立华，等。调神口服液治疗儿童多动症100例报告。山东中医学院学报，1994；(3):146
　　儿童多动症患儿与健康儿甲皱微循环检测对比观察。山东中医学院学报，1994；(3):148
王晓鸣，等。中药治疗小儿支原体肺炎临床分析。浙江中医学院学报，1994；(6):15
韦　俊，等。中西医结合治疗小儿IgA肾病30例临床观察。陕西中医，1994；(8):338
吴家驹。芪翘合剂配合小剂量速尿穴位注射治疗小儿急性肾炎58例临床观察。贵阳中医学院学报，1994；(2):35
吴康衡，等。解热毒注射液治疗小儿肺炎119例临床观察。中国中西医结合杂志，1994；(2):106
吴友旺。截叶铁扫帚治疗小儿遗尿。福建中医药，1994；(6):33
吴志群。加味二陈汤治疗小儿胃炎78例观察。浙江中医学院学报，1994；(4):26
伍给维，等。新生儿窒息性脑损害的中西医结合急救探讨。中国中医急症，1994；(1):16
午英俊。午雪峤治疗儿童多动症的经验。吉林中医药，1992；(1):2

X

肖莲凤。茵陈五苓汤治疗小儿胆汁淤积综合征24例临床观察。福建中医药，1993；(5):22
徐荣谦。中药健脑散治疗小儿病毒性脑炎后遗症38例。北京中医药大学学报，1994；(2):54
徐荣谦，等。开胃进食口服液治疗肝气犯胃型小儿厌食症临床观察。中国农村医学，1994；(2):39
许建中。38例儿童多动综合征临床观察。上海中医药杂志，1993；(9):12
薛昌森。温脾汤为主治疗小儿麻痹性肠梗阻9例。中医杂志，1993；(1):24

Y

阎慧敏，等。小儿胃镜检查与胃病临床辨证的关系。中医杂志，1993；(3):170
杨　华，等。中西医结合治疗小儿病毒性脑炎34例。国医论坛，1994；(4):38
杨德明。刘弼臣教授从肺论治小儿病毒性心肌炎临床经验。新中医，1994；(3):4
杨硕平，等。驱隐汤治疗婴幼儿隐孢子虫感染49例报告。中医杂志，1994；(1):42
　　大蒜素治疗婴幼儿隐孢子虫感染性腹泻172例

临床报告。中国医药学报，1994；(3):49
杨香锦。补中益气汤加减治疗小儿支气管淋巴结核66例。湖南中医杂志，1992；(5):42
殷 杰，等。茵陈茅根汤治疗新生儿病理性黄疸临床观察。中西医结合杂志，1989；(7):423
俞景茂，等。遗尿停治疗遗尿症的临床观察。中医杂志，1993；(7):421
袁清顺。七星针为主治疗小儿脑性瘫痪260例疗效观察。中国针灸，1994；(1):6
袁培英，等。莪术油葡萄糖注射液治疗小儿病毒性肠炎的临床观察。中医杂志，1994；(3):167

Z

张 洁，等。凉膈散加味治疗小儿病毒性脑炎32例。辽宁中医杂志，1993；(11):24
张 君，等。消斑愈肾剂治疗小儿紫癜性肾炎的临床研究。中国中西医结合杂志，1994；(5):298
中西结合治疗小儿肺门淋巴结结核25例。国医论坛，1994；(1):31
张 宁，等。四理汤对厌食儿童发锌、铁、铅、镁、钙元素的影响。北京中医药大学学报，1994；(2):52
张道诚。三百两草糖浆治疗小儿肺门淋巴结结核215例。湖北中医杂志，1992；(4):14
张国恩，等。中医药治疗小儿佝偻病临床研究。河北中医，1993；(1):21
张立营，等。抗佝偻合剂治疗佝偻病80例。实用中医内科杂志，1993；(1):37
张永玺。儿童多动症辨证分型及治疗。甘肃中医学院学报，1993；(1):36
张正华。强元肃肺汤治疗小儿急性支气管肺炎596例疗效观察。中国中医急症，1994；(2):66
赵启然，等。桂枝汤治疗小儿多动症30例。湖北中医杂志，1994；(3):33
赵玉婷，等。养心复脉汤治疗病毒性心肌炎40例。黑龙江中医药，1994；(3):12
郑英珠，等。阳钙宝冲剂治疗小儿佝偻病临床观察110例。福建中医药，1994；(3):7
周跃庭，等。改良清胆退黄汤治疗新生儿高胆红素血症。北京中医，1991；(6):37
周玉佩。外敷云南白药治疗小儿泄泻。天津中医学院学报，1994；(2):22
周柱亮，等。中西医结合治疗小儿IgA肾病50例疗效分析。天津中医，1994；(3):12
朱孝礼，等。清利通胆法治疗新生儿阻塞性黄疸13例。河北中医，1994；(1):30
诸惜勤。中药治疗小儿支原体肺炎30例。中医杂志，1994；(9):547
卓安山，等。中药预防新生儿高胆红素血症临床观察。中医杂志，1993；(2):101

(6) 外 科

【概述】

1994年度中医外科在疮疡、一般外科病、皮肤病、肛门病、急腹症等方面的论文约1200余篇，大多数论文均体现了本学科的发展水平。其中属理论探讨和老中医经验的论文数约占5%，而95%以上的论文则主要为临床报道和实验室的研究。

（一）疮疡 约占论文总数11%。张建华以内服中药金银花、白花蛇舌草、赤芍、虎杖、白芷、当归、丹皮、穿山甲、皂角刺等，外贴市售的独角莲膏治疗疖痈120例，总有效率95.8%。袁银山等对香蓉散（木芙蓉花叶、南天仙子、连钱草）进行实验研究。结果证明，该散水提液对金黄色葡萄球菌、绿脓杆菌有抑制作用；抑制毛细血管通透性，减少炎性渗出；抑制肉芽组织增生等。经50例体表化脓性感染的临床观察，有效率达96%。南京中医学院护理研究室以中药复方制剂疮灵液（大黄为主的中药水提醇）湿敷治疗疮疡261例；并设对照组210例，用康复新湿敷。结果治疗组治愈224例(85.82%)；对照组治愈120例（57.14%)，两组疗效有显著差异（P<0.05)。冯伟庚自制冯氏软膏（参三七、大黄、黄连、黄柏、川贝母、南星、苍术、天花粉）外用治疗疮疡1500例，治愈1484例，治愈率98.93%，(详见专条)。钮晓红等采用拔瘰丹（水银、火硝、食盐、皂矾、明矾、轻粉、血竭、樟丹等）外治淋

巴结结核105例，总有效率100%；与外用链霉素粉治疗的对照组105例，总有效率42.86%相比差异显著（$P<0.01$）。朱胜良等对陈氏膏（当归尾、川芎、丹参、血竭、乳香、没药、皂角刺、金雀根、木芙蓉、土槿根、苦参、山豆根等）外敷家兔胫骨慢性骨髓炎模型的实验研究，证明该膏药能使局部肿胀消退、窦道闭合、死腔范围缩小。其机理可能与促使排脓通畅，加强吞噬细胞活动，提高机体免疫力有关。对乳痈的治疗，以外治法取效为多（详见专条）。

（二）一般外科病　约占论文总数22%。唐英自拟消瘿汤（生牡蛎、夏枯草、半夏、郁金、陈皮、连翘、当归、川芎、海藻、昆布、炮山甲、山慈菇、生山楂）治疗甲状腺肿块273例，痊愈143例，基本痊愈66例，好转43例，无效22例，汤鲁霞报道乳癖200例，其中属肝郁痰凝型120例，服消痈散结片Ⅰ号；脾肾不足、冲任失调型80例，服消痈散结片Ⅱ号。二种药片内共有的药是三棱、莪术、荔枝核、橘核、青皮、陈皮、赤芍、白芍、柴胡、延胡、海藻。Ⅰ号片中加入浙贝母、天花粉、生牡蛎；Ⅱ号片中加入仙茅、仙灵脾、鹿角胶。25天为1疗程。结果总有效率分别为95%和90%（详见专条）。郑彬彬报道大龙散（地龙、野菊花、当归等）湿敷治疗动脉硬化性闭塞症112例，痊愈率57.1%，总有效率95.5%；对照组30例，以庆大霉素溶液湿敷，痊愈10%，总有效率66.7%。治疗组疗效显著优于对照组（$P<0.01$）。熊光明等用普济药膏（黄连、大黄、贝母、鸡内金、紫草、牡丹皮、玄胡索、煅龙骨、血竭、冰片等）治疗中、小面积Ⅱ°、Ⅲ°烧伤628例，与对照组采用市售火烫药膏治疗的314例对比，治疗组的创面停止渗液、水肿消退、焦痂脱尽的平均天数均明显优于对照组（$P<0.01$）。并通过实验，认为该药膏涂敷对烧、烫伤Ⅱ°创面减少渗液、消退水肿、防治感染、加速愈合的疗效显著；对小面积Ⅲ°烧伤形成焦痂创面有独特的溶痂脱痂作用。关于毒蛇咬伤的治疗可详见专条。

（三）皮肤病　约占论文总数35%，其中对扁平疣、手足口病、脓疱疮、鹅掌风、婴儿湿疹、荨麻疹、结节性红斑、玫瑰糠疹、银屑病、黄褐斑、瘢痕疙瘩等病的治疗，临床报道更为集中，均列专条介绍。谢舜枬等报道顽固性尖锐湿疣80例，辨证分为实证59例，用复方蓝苋汤（黄芪、黄精、枸杞、板蓝根、马齿苋、薏苡仁、土茯苓、紫草、重楼、赤芍、甘草）；虚证21例，用复方芪七汤（黄芪、党参、白术、猪苓、虫草、田七、丹参、丹皮）合复方蓝苋汤。全部病例均先用CO_2激光去除复发疣体后，局部用消疣汤（马齿苋、紫草、重楼、板蓝根、苦参、皂刺、薏苡仁）薰洗浸泡半小时，每日4次，10天为1疗程。对照组26例，只以CO_2激光去除疣体，术后创面按常规处理。结果中药组激光一次治愈率与对照组相比有显著差异（$P<0.05$）。许佩玲等以祖传天仙消肿膏（天仙子、藤黄、赤芍、乳香、没药、浙贝母、蚤休、冰片）敷在患处，并先用大黄、黄芩、黄连、黄柏煎煮成浓缩液，纱布浸透后盖在天仙消肿膏上。1日数次，保持患处湿润。治疗丹毒288例，痊愈245例，好转40例，总有效率95.48%。马绍尧等认为系统性红斑狼疮应中西医结合治疗，急性期以肾上腺皮质类固醇激素为主，缓解期逐渐递减激素的用量，以中医中药为主。辨证分三型：热毒炽盛型、阴虚火旺型、脾肾阳虚型。经治96例，显效20例，有效64例，总有效率87.4%。邹世光运用仲景百合地黄汤与甘麦大枣汤合方加味治疗老年性皮肤瘙痒症122例，痊愈81例，有效33例，总有效率93.48%。

（四）肛门病　约占论文总数9%。汤云龙等自拟内消冲剂（槐米、白芍、瓜蒌、生首乌、刺猬皮、当归、生地、牵牛子、生大黄、田三七、黄连）内服，同时用苏木煎（苏木、苦参、芒硝等）坐浴熏洗。治疗内痔374例，显效145例，有效198例，无效31例。对照组30例，口服脾约麻仁丸，显效5例，有效13例，无效12例。两组疗效相比，差异显著（$P<0.01$）。对肛门病术后并发症的预防治疗，蒋建婷以术前内服黄连、黄芩、黄柏、栀子、丹皮、酒军等，术后以仙方活命饮或五味消毒饮加减，同时采用中药坐浴和外敷。经治450例，439例术后伤口愈合良好，术后感染率2.4%，明显低于统计标准的感染率10～15%。李文刚等以竹芯饮（淡竹叶6克，灯芯草6克）防治痔瘘等术后小便困难536例，总有效率为99.4%。

（五）急腹症　约占论文总数17%。其中肠梗阻、胆囊炎、胰腺炎的治疗已列专条。

总之，中医外科论文的涉及面越来越广，和其他临床学科一样，对辨证要求和疗效标准更急需趋于统一，实验室的研究尚需进一步加强，为本学科向纵深发展打下可靠的基础。

（陆德铭　娄国菁）

【臁疮的治疗】

郭守芳等认为臁疮的辨证分型可为湿邪热盛、湿热瘀阻、阴虚血瘀、气血不足四型。外治可采用中药土茯苓、蒲公英、地丁、苦参、白薇、地榆、白及、当归、牛膝煎汤熏洗，然后局部加压，穿医用弹力袜，肢体经常抬高，同时适当选择黄连膏、生肌玉红膏、硫黄膏或冰石散、黄连散、甘石散等外用药。病情严重者采用中西医结合方法，静脉滴注丹参、低分子右旋糖酐、前列腺素E_1，以改善肢体循环，溃疡创面亦可用上述药物及胰岛素、维生素B_{12}等外敷，促进肉芽组织及皮肤生长，加快溃疡的愈合。陈雷等将105例慢性溃疡分成两组，治疗组内治按照辨证分型：寒凝型治宜温化寒湿，活血通络，以当归、黄芪、丹参、制附子、肉桂、赤芍、茯苓、白术、路路通、土茯苓、防风、甘草。虚损型用补中益气、温经通络，以黄芪、白术、陈皮、升麻、党参、当归、桂枝、路路通、土茯苓、制附子、丹参。外用艾灸溃疡疮面，每日2次，每次30分钟，结果55例治愈47例。对照组50例用西药治疗，治愈30例。两组对照有显著性差异（$P<0.05$）。孙兴龙等自拟臁疮饮（黄芪、当归、人参、白术、茯苓、赤芍、桃仁、红花、牛膝、柴胡、连翘、蒲公英、金银花、地龙、全蝎、皂刺、白芷、甘草）内服，以芝麻甘石散（芝麻、炉甘石）外敷。经治27例，痊愈25例，痊愈率92.2%。

陈亮光等自拟化腐生肌灵治疗臁疮138例，对疮面脓腐多者，先清洁疮面，撒上化腐生肌灵Ⅰ号（红升丹、生石膏、辰砂、月石、血竭、赤石脂、海螵蛸、冰片），盖敷金黄膏；疮面脓腐少者用化腐生肌灵Ⅱ号（Ⅰ号中生石膏改熟石膏，再加龙骨），盖敷生肌白玉膏，每日换药1次，治疗1～4个月，结果治愈108例，显效15例，总有效率97.1%。曹永泉用肤愈散（青黛、大黄、黄柏、儿茶、枯矾、密陀僧、轻粉、冰片、炉甘石）清洁疮面后外敷，绷带加压固定，七日换药1次，结果100例中痊愈96例，好转4例。王双树用黄丹、轻粉、儿茶、制没药、雄黄、五倍子、银朱、枯矾、冰片、青黛、麝香，自制散剂外敷治疗臁疮41例，均告愈。其中病程半年以内治疗20～30天；1～2年治疗45天；6～8年治疗60天。李小平等用祛腐生肌散（白胡椒、花椒、黄丹、苦楝根皮、地肤子）治疗疮疡30例，均愈。章正兴以化瘀愈疡膏（黄芪、当归、桃仁、丹参、白芷、大黄、干姜、血竭、黄丹）治疗22例臁疮，痊愈12例；好转6例，平均治疗52天。章氏认为该药有较好的活血化瘀及止痛作用，愈后无疤痕等特点。李淑萍用四黄膏（黄连、黄芩、黄柏、大黄、乳香、没药）和生肌膏（氧化锌、硼酸、黄丹、冰片、石碳酸、凡士林）外敷治疗65例慢性溃疡，痊愈47例，好转18例。冯伟庚自制外用药冯氏软膏（参三七、大黄、黄连、黄柏、川贝、南星、苍术、天花粉）治疗臁疮79例，治愈67例，有效12例。

（薛慈民）

【疮面外用药的类型及作用】

外用药物是疮面愈合必不可少的重要治法之一。外用药物可制成不同的剂型作用于疮面，促使疮面尽快愈合。

（一）油膏　戴新涛自拟疮疡宁软膏（生黄芪、乳香、没药、大黄、白芷、穿山甲，研细末混匀，用蜂蜜调成）治疗疮疡287例，其中疖106例，痈67例，有头疽22例，褥疮24例，创伤性溃疡68例，治愈率分别为100%，95.5%，100%，83.3%，92.6%，总治愈率96.86%。蔡国良等用尚氏三代祖传方（樟脑、贝母、松香、黄丹、轻粉、雄黄等）。制成疮可愈膏，治疗乳痈、痈、疖、附骨疽等化脓性感染167例，治愈142例，显效7例，有效5例，总有效率92.2%。杨殿玉等自制生肌玉红膏（血竭、紫草、柏子仁、香油）治疗溃疡和感染创面105例，疮面最大10×8厘米²，最小2×1.5厘米²，愈合时间最长65天，最短4天，均获痊愈。李淑萍用四黄膏（黄连、黄芩、黄柏、大黄、乳香、没药）合生肌膏（氧化锌、硼酸、黄丹、冰片等）治疗慢性溃疡65例，其中有合并症者33例（糖尿病5例，湿疹12例，高血压16例），结果：痊愈47例，好转18例。章正兴以化瘀愈疡膏（黄芪、当归、桃仁、丹参、大黄、血竭等）治疗慢性皮肤溃疡64例，其中发生于小腿并伴静脉曲张者22例，痊愈12例，好转6例，无效4例；因外伤感染或其他原因引起的42例，痊愈32例，好转4例，无效6例。王永泉等认为“化腐”是疮口愈合的先决条件，“活血”是生肌的物质基础，“生肌收口”是愈合的结局。应用化腐生肌膏（红粉、雄黄、血竭、儿茶、石膏、东丹、冰片）治疗溃疡不愈50例，痊愈45例，显效5例，总治愈率90%。

（二）散剂　张全喜等根据不同证候采用不同处方，制成1～3号拔毒生肌散（黄升丹、生石膏、熟石膏、冰片、黄柏），再用收口方（煅龙骨、煅赤石脂、象皮、梅片、黄丹）治疗外伤及炎症破溃不愈150例（均为慢性软组织浅表性伤口或溃疡），治愈时间最长58天，最短13天，平均35.5天。曹永泉用肤愈散（青黛、大黄、黄柏、儿茶、冰片、炉甘石等）外敷治疗下肢溃疡100例，痊愈96例，好转4例。陈彬将九节木连皮研碎成粉，外敷治疗慢性皮肤溃疡32例，经1～3疗程（1周为1疗程）换药，32例全部愈合，不留疤痕。

（三）水剂　南京中医学院护理研究室用中药复方制剂疮灵液（大黄等中药水提醇、沉去杂、分装灭菌）湿敷治疗疮疡261例，并设对照组210例（康复新湿敷）。结果：治疗组治愈224例（85.82%）；对照组治愈120例（57.14%）。两组疗效有显著差异（$P<0.05$）。痊愈天数治疗组也优于对照组。陈定雄等自拟复方石榴皮煎剂（桂枝、泽兰、苏木、宽筋藤、七叶莲、石榴皮、田基黄、水蛭、冰片）外洗25例患者，治愈率为88%，痊愈天数平均38天；设对照组25例（用雷佛奴尔消炎膏换药）治愈率为52%，痊愈天数平均56天，两组痊愈率差别显著（$P<0.01$）。苗后清等用消炎解毒方（蒲公英、芒硝、马齿苋、紫花地丁、黄柏、苦参等）煎液外洗治疗外科、妇产科术后创面愈合不良48例，痊愈（用药2周完全愈合）47例，有效（2周后创面缩小无渗液）1例，治愈率98%。

（樊建开）

【扁平疣的治疗】

（一）专方治疗　以清利湿热蕴结为主治疗。俞姗自制平疣冲剂（桑叶、野菊、僵蚕、制大黄、紫草、红花、土茯苓、生牡蛎、灵磁石、生苡仁、板蓝根）治疗扁平疣300例，治愈225例，治愈率为75%。栾佩岳用消疣饮（生薏仁、苍术、扁豆、板蓝根、紫草、蜂房、蚤休、白鲜皮、白蒺藜）为基本方加减治疗本病135例，痊愈107例，显效19例，有效6例，总有效率97.8%。王冬娜报道本病8例，方药由板蓝根、大青叶、赤芍、木贼草、薏苡仁、马齿苋、龙胆草、皂角刺、桑叶、僵蚕、甘草组成。每日1剂，水煎服，药渣再外擦患处，痊愈61例，显效10例，好转4例，总有效率93.7%。梅连香等采用祛疣汤（板蓝根、大青叶、旱莲草、马齿苋、薏苡仁、牡蛎、紫草、红花、柴胡、香附）加减治疗64例，有效59例，无效3例。随访一年，复发2例。张子惠自拟解毒除疣汤（板蓝根、薏苡仁、丹参、红花、甘草）内外合治扁平疣，头一二煎药汁内服，三四煎取药汁加食醋50毫升和匀，洗擦患部，10天为1疗程，间隔2天，再进行下1疗程。经治58例，痊愈26例，显效17例，有效9例，有效率达89.8%。杨景海等报道克疣汤（白花蛇舌草、马齿苋、生薏苡仁、板蓝根、土茯苓、牡蛎、夏枯草、木贼草、紫草、赤芍、红花、生甘草）加减治疗扁平疣45例，均获痊愈，复发5例，再服此方又愈。郑延平等以消疣汤（苍术、生地榆、大青叶、生苡仁、板蓝根、赤芍、白鲜皮、香附、灵磁石、珍珠母、紫草、桑叶、甘草）治疗扁平疣48例，每日1剂，10日为1疗程，治疗1～3个疗程，疣全部脱落，半年无复发。结果治愈44例，占92%，显效4例，占8%。以活血化瘀为主治疗。阎逵采用剔疣汤（红花、桃仁、当归、生地、赤芍、银花、山栀、苡仁、山药、板蓝根、土茯苓、马齿苋）治疗78例，每日1剂，内服结合药液外洗，痊愈49例，显效21例，好转5例，无效3例。赵斌以桃红四物汤加味（桃仁、红花、当归、赤芍、生地、川芎、马齿苋、紫草、败酱草、夏枯草、板蓝根、苡仁）治疗67例，痊愈48例，显效12例，有效5例，无效2例。陆树柏报道以桃红四物汤加减（当归、川芎、赤芍、白芍、桃仁、红花、三棱、莪术、薏苡仁、板蓝根、牡蛎、磁石、代赭石、金钱草）治疗扁平疣30例，结果痊愈者达25例，无效仅5例。以益气化湿为主治疗。司在和以消疣灵（黄芪、党参、败酱草、蒲公英，蛇舌草、虎杖、炮山甲、皂刺、白鲜皮、炙甘草）加减治疗扁平疣173例，同时另取狼毒50克，藤黄、紫草各15克，硇砂5克，共研细粉，经95%酒精浸泡一周后外涂患处，结果痊愈者93例，显效25例，有效51例，总有效率97.1%。赵丽平用益气解毒活血汤（生黄芪、党参、柴胡、木贼草、升麻、土茯苓、生薏苡仁、土贝母、莪术、丹参、赤芍、生香附）治疗35例，痊愈25例，显效5例，好转3例，有效率达94%。杨洪浦用黄芪、当归、银花、连翘、蒲公英、地丁、野菊等治疗顽固性扁平疣35例，痊愈4例，显效12例，有效13例，无效6例。

（二）单方验方　陈中春以旱莲草50克，加水100毫升，煮沸10分钟，分3～4次热湿敷，另用生苡仁50克，水煎服，每日1剂。治疗325例，10天痊愈233例，15天痊愈73例，20天痊愈12例，25～30天痊愈3例，治愈率为98.77%。钟锦强用红花6克，开水泡服，外用鲜鸡内金擦，治疗45例，1例无效。刘天骥等报道将生薏苡仁900克，粉碎后过滤筛备用，每次温开水送服15克，每日早晚各1次，1个月为1疗程。治疗扁平疣96例，痊愈66例，显效9例，有效8例，总有效率86.5%。王殿祥以防风通圣丸治疗本病67例，每次6克，1日2次。痊愈39例，显效11例，有效6例，有效率达83.7%。

（三）其他　在皮损局部以药物熏洗、涂擦，效果也较理想。周德江介绍水晶膏（氢氧化钾与糯米按10:9比例和匀捣膏）点涂扁平疣300例，点涂1次痊愈者215例；2次或多次点涂79例痊愈，重复治疗6例也获痊愈。吴仲安采用板蓝根30克，紫草、香附、桃仁各20克煎汤，擦至皮肤发红、灼痛，每日3次。治疗100例，痊愈81例，有效15例，总有效率96%。李加坤报道以生香附、生苡仁、大青叶、木贼草、石榴皮各等分煎液去渣，外擦患处；再将雄黄、轻粉，黄升、枯矾各等分，冰片适量，食醋调膏，在已破疣体上外敷，再用胶布盖贴。治疗63例均愈。李德新应用鸦赤散擦剂（鸦胆子、赤石脂）外涂扁平疣60例，痊愈46例，显效7例，有效3例，总有效率93.3%。沈鹏用平疣酊（香附500克，木贼草250克，苍耳子125克）涂擦患处，每日2次，治疗45例，痊愈28例，显效5例，有效8例，无效4例。徐胜德以大千洗剂（大青叶、千里光、生黄芪、筋骨草、荆芥穗、薄荷）治疗扁平疣42例，痊愈34例，显效6例，有效2例。陆世珍自制香附木贼煎剂：香附、木贼草各90克，水煎20分钟，滤渣用毛巾浸湿热敷30分钟，每日2次，治疗42例，痊愈41例，有效1例。王道俊等介绍大黄木贼汤（生大黄、木贼草、香附、板蓝根各15克）外洗42例扁平疣，痊愈40例，无效2例。罗心田用疣洗方(马齿苋、苦参、陈皮、苍术、白芷、蛇床子、细辛）合鲜鸡肫皮外擦治疗32例扁平疣，痊愈28例，显效4例。

（李咏梅　徐　浩）

【手足口病的治疗】

手足口病或称手足口综合征的治疗，本年鉴1988卷曾有条目介绍。王树瑜对本病进行辨证分为五型论治：风热犯肺型，方以银翘散加味。心脾伏火型方以自拟透疹凉膈饮(连翘、栀子、黄芩、川连、神曲、竹叶、桔梗、僵蚕、蝉衣、赤芍、白芷、大青叶、灯芯、甘草)。暑热炽盛型，方以清瘟败毒散化裁。湿热郁蒸型，方以甘露消毒丹加减，或苓术白虎汤化裁。阴伤毒侵型，方以增液汤与甘桔汤加减，导赤汤化裁。并认为本病具有传染性，对体弱患儿可服用以下方药加以预防，如取黑豆、绿豆、乌梅、冰糖；或乌梅、甘菊花、板蓝根、绿豆衣、冰糖；或大青叶、银花、山楂、西瓜翠衣、冰糖，煎水频服。卞国本等则按卫气营血辨治本病56例，病程最短1天，最长5天。卫分风热证，用银翘散加减；气分湿热证，用甘露消毒丹加减；热入营分证，用清营汤化裁。结果56例均愈，疗程最短2天，最长5天。

肖诏玮等采用卤地菊汤(卤地菊、银花、板蓝根、蚤休、萆薢、荆芥、防风、苍术、白术、黄连、蝉衣)治疗本病62例，随证加减：舌质淡红苔白厚者，加佩兰、茯苓、白蔻花；舌质红苔黄厚加绵茵陈、滑石、白蔻花；呕吐加神曲、制半夏；便秘加蒌仁、风化硝。结果总有效率93.6%，疗程最短2天，最长6天。俞友根用加味泻黄散（生石膏、藿香、焦山栀、板蓝根、银花、连翘、炒牛蒡子、防风、荆芥、川连、生甘草）治疗58例，均愈。服药最少4剂，最多10剂。孙盛忠报道本病12例，用中药藿香、薄荷、连翘、苡仁、大青叶、黄连、滑石、枳壳、白芷、生甘草。结果治愈11例，无效1例。

（姜国菁）

【脓疱疮的治疗】

宋厚明等报道用黄柏、黄连、青黛、冰片、枯矾、绿豆粉，按6:4:1:2:2:4比例，研末外敷治疗300例脓疱疮，病程最短1周，最长15年，1月以上的142例，合并感染者124例。见湿性者用消毒棉球擦去脓液，再将干药粉撒于患处，干性者用食油调敷局部，1日2次。平均用药5.5天，治愈200例。夏前琪报道用大黄、黄芩、黄柏、银花、连翘、苦参、艾叶、蛇床子、马齿苋。水煎外洗患处，每日2次。治疗150例，痊愈133例，好转17例。疗程最长7天，最短2天。董万和分别采用自拟三日愈散Ⅰ号（马齿苋、五倍子、枯矾)、Ⅱ号（密陀僧、蚤休、大黄、青黛、煅石膏）治疗本病212例，经3日治疗，痊愈199例，好转10例，无效3例。李开正用白芷、炉甘石、赤石脂、枯矾、松香、冰片、黄丹，以芝麻油调成糊状，治疗脓疱疮156例，治愈110例，好转26例，症状减轻20例。崔志诚用收敛拔毒膏（松香、白矾、香粉）治愈脓疱疮2000余例，无1例留下疤痕。胡安康用自制复方氧化锌油膏（氯霉素1.5克，冰片0.6克，氧化锌粉5克，黄柏粉1.5克）治疗本病50例，痊愈48例，总有效率96%。欧阳东以中药为主治疗脓疱疮300例，将本病分为湿热型(264例)，药用金银花、蒲公英、白花蛇舌草、夏枯草、连翘、土茯苓、六一散。脾虚型（36例），药用党参、白术、茯苓、薏苡仁、土茯苓、车前草、生甘草。外用自配的无菌液（乌洛托品片0.6克，氯霉素片0.5克，温开水50毫升）。结果湿热型痊愈255例，好转9例；脾虚型痊愈21例，好转10例，无效5例，以湿热型效果为好。石林阶报道用当归拈痛汤加减治疗脓疱疮86例，全部治愈，服药5剂治愈者62例，服药12剂治愈者24例。赵龙用青黛散治疗本病48例，3～5天治愈31例，6～10天治愈13例，总有效率91.6%。谢荣名以《温热论》凉血解毒法治疗脓疱疮100例，基本方：丹皮、赤芍、生地、银花、紫花地丁、蒲公英、玄参，连翘、甘草。结果痊愈88例，好转10例，总有效率98%。徐保来等采用自拟青黛散（生石膏、滑石粉、青黛、川黄柏、枯矾、五倍子、轻粉）治疗本病45例，全部获愈。李玉华等报道用自拟解毒祛湿汤（金银花、连翘、陈皮、甘草、桔梗）治疗40例新生儿脓疱疮，全部治愈。张华等用自拟大黄甘草汤（大黄、甘草、黄连、虎杖、蒲公英、紫花地丁、土茯苓）内服，外洗方（大黄、虎杖、苍术、花椒）治疗接触性传染性脓疱疮116例，治愈82例，有效31例，无效3例。李琦等报道用红黄膏（红霉素软膏、三黄片）治愈脓疱疮48例，明显优于单纯用红霉素软膏（$P<0.05$）。李心红报道用健脾利湿汤（龙胆草、黄芩、栀子、白术、茯苓、车前子、泽泻、当归、生地、陈皮、厚朴、桂枝、甘草）内服，外用清解汤（蛇床子、地肤子、苦参、白花蛇舌草、金银花、公英、大黄、黄柏、明矾）浸泡治疗掌蹠脓疱疮100例，痊愈率58%，总有效率98%。曹秀英等报道用洁尔阴洗液外涂治愈脓疱疮200例。贺世勋等先用外洗Ⅱ号（樟脑、尿素、炉甘石粉、硼酸粉，硼砂），再用脓皮糊剂（氯霉素片2.5克，痢特灵片5克，碳酸氢钠粉6克，甘油80毫升）治疗本病102例，3～7天全部治愈。还有上官钧采用内服马齿苋粉治疗脓疱疮42例，经2～4天均获愈。

（唐汉钧　李　斌）

【甲沟炎的治疗】

甲沟炎是指或趾甲周围软组织化脓性感染，严重者可引起甲下积脓及全身中毒症状。近年报道大致可归纳为浸剂、膏剂、液剂等几种治法。

（一）浸剂　蒋官正报道治疗甲沟炎68例，药用朴硝30克，甘草30克，浸泡在100毫升冷开水中，时间为20分钟，然后将浸出液取出备用。每次20毫升，将患指浸入约3～5分钟，1日2～3次。结果均愈，用药3天内治愈28例，5天内治愈40例。吴菁亦用猪胆汁局部浸泡治疗甲沟炎20例而均获愈。陈国馨治疗3例慢性甲沟炎，均愈。方法：取新鲜猪胆汁装入小杯里，嘱患者将患指放在胆汁里间歇浸泡，每次10～15分钟，1日2～4次。愈后半年随访未见复发。

（二）膏剂　刘行稳以黄地膏（黄芪100克，地榆10克，血竭80克，䗪虫100克，川芎60克，大黄60克，当归60克，红藤60克）外敷治疗甲沟炎29例，除8例已化脓者有3例拔甲外，其余26例均治愈，治疗最短的3天，最长的13天，平均8天。赵绛波等报道用新鲜蜗牛20个，洗净，冰片6克，捣成膏状局部外敷。治疗72例，均在用药后即感疼痛消失，第2天患处红肿消退，指甲变软，用镊子将其边缘翻起剪掉即愈。

胡劲倍报道用提吊膏（轻粉、铜绿、巴豆霜、黄蜡、松香、凡士林）治疗甲沟炎85例，治愈76例，无效9例，治愈率为89.4%。

（三）散剂　荆刚等采用大黄粉与醋调匀，外敷治疗甲沟炎15例，其中使用1周治愈7例。金超采用青黄八味散（青黛、黄柏各5克，月石3克，朱砂、煅人中白各7克，灯心草炭6克，生石膏5克，冰片1克）治疗甲沟炎胬肉外翻65例，其中敷1次治愈者20例，2次治愈者28例，3次治愈者9例，4次治愈者8例。一般敷1次后疼痛即显著减轻，胬肉能自行萎缩直至痊愈。

（唐汉钧　李　斌）

【鹅掌风的治疗】

鹅掌风因手掌粗糙开裂，形似鹅掌，故名。马玉林等报道用狼毒、黄柏、苦参、冰片。研为细末，加入凡士林油50克，混匀即得，将药膏薄薄敷于患处。10天为1疗程，共治疗352例，无选择随访100例，治疗后无复发80例。张书林等用润脂膏（红霉素软膏50克，APC片15克，雄黄粉、硫黄粉、黄连粉各10克，滑石粉、血竭粉、珍珠粉各6克、黄精粉15克）涂在患处，治疗88例，共治愈82例，有效6例。蓝茂璞将本病43例分为粗糙皲裂型13例；湿毒糜烂型19例和皲裂脱屑型11例，分别用自拟外洗Ⅰ号方（土槿皮、生地、藿香、大黄、蜂房、明矾、川椒、鲜侧柏叶），Ⅱ号方（苦参、土槿皮、苍术、黄柏、地肤子、蛇衣、土茯苓、鲜侧柏叶），Ⅲ号方（白及、地鳖虫、水蛭、白鲜皮、板蓝根、鹅不食草、鲜侧柏叶）治疗。随访43例病人，其中粗糙皲裂型13例；湿毒糜烂型19例；皲裂脱屑型11例。治愈37例，好转6例。唐玉勤报道用中药外洗方：(1)鹅掌风Ⅰ号(蛇床子、苦参、白鲜皮、生百部、雄黄面、硫黄面)；(2)鹅掌风Ⅱ号(蛇床子、苦参、白鲜皮、生百部、当归、雄黄面、硫黄面)；(3)鹅掌风Ⅲ号（蛇床子、苦参、白鲜皮、生百部、黄柏、雄黄面、硫黄面）。分别适用于轻型、脱屑角化型、糜烂型。治疗90例，痊愈36例，显效52例，总有效率97%。杨德生等用自拟治癣汤（防风、荆芥、透骨草、地骨皮、大枫子、王不留行、土槿皮、百部、皂角、苦参）外洗治疗本病180例，痊愈158例，显效14例，有效5例，总有效率为98.33%，复发率10.13%。严可斌等报道自拟冰雄散（雄黄、冰片、防风、荆芥、土茯苓、苦参、川连、地肤子）浸泡治疗36例，治愈31例，好转5例。

禤国雄等报道用10%硫黄霜和徐长卿细末按10:1调和均匀，涂在患部，用电吹风的热风吹于其上，每次吹烘15分钟左右，间隔5分钟左右再涂药，2～3天治疗1次。共治疗120例，治愈41例，显效35例，好转33例，无效11例。结果治疗组明显优于用外搽脲素软膏的对照组（$P<0.05$）。王道俊等自制鹅灵方（黄柏、土槿皮、生大黄各6克，蛇床子10克，水杨酸15克，樟脑3克，40%酒精500毫升）浸泡治疗本病308例，用药3周后治愈274例，显效24例，好转8例，总有效率99.36%。

（唐汉钧　李　斌）

【婴儿湿疹的治疗】

尚尔书等报道小儿湿疹200例。急性期以化湿清热、疏风止痒为主，基本方：白鲜皮、紫草、荷叶、地肤子、生地、苡仁、连翘。若皮疹以面部为主，加蝉衣、菊花；躯干四肢为主，加苦参、黄柏。慢性期以养血、祛风杀虫为主，佐以利湿，基本方：当归、生地、白术、苡仁、贯众、赤芍、白蒺藜、土茯苓。每日1剂。再配以外洗（青蒿、苦参用白纱布包后水煎取液）。结果治愈110例，好转70例，总有效率90%。肖洁运用清热健脾、消食和胃法治疗67例，基本方：黄连、黄芩、苡仁、炒鸡金、连翘、山楂、茯苓、半夏、陈皮、莱菔子、麦芽。依据湿重、热重或脾虚湿滞型随证加减，每日1剂，10天为1疗程。结果痊愈60例，显效2例，有效4例，总有效率98.5%。詹乃俊报道用疏风祛湿汤(忍冬藤、炒淡芩、蝉衣、炒枳壳、陈皮、制僵蚕、炒白术、炒苍术、白鲜皮、藿香）治疗婴幼儿湿疹36例，其中11例有哮喘、泄泻等病史。临证热重加栀子皮、白茅根；风甚加防风、桑叶；湿甚加米仁；便稀加山楂炭。结果36例均愈。

庞维新等报道用1%龙胆紫调涂黛柏散(黄柏、青黛、冰片）治疗150例，其中急性期127例，慢性期23例。涂抹患处，每日1次，症状严重者佐服钙片、维生素C、扑尔敏等，对慢性顽固性湿疹配合养血祛风、清热解毒中药（当归、生地、白鲜皮、地肤子、首乌、丹皮、白芍、川芎、蝉蜕、大胡麻仁、荆芥、白蒺藜）内服。急性湿疹治愈100例，显效27例；慢性湿疹近期治愈13例，显效10例。张心清等用复方五倍子膏（五倍子、黄柏、青黛、冰片、地塞米松）外用治疗婴幼儿湿疹43例；同时设30例对照组，外用醋酸肤轻松软膏。均每日涂药2～3次，停用其他药。结果：治疗组治愈35例，显效8例，总有效率100%；对照组治愈10例，显效5例，有效7例，总有效率73.3%，差异显著（$P<0.01$）。

徐锦芳以清热收湿法治疗婴幼儿湿疹100例，分为三型：脂溢性71例，湿性22例，干性7例。所有婴儿在护理治疗时，均先用湿疹洗方药液（徐长卿、白鲜皮、苦参、川柏、生大黄、五倍子、明矾）洗患处，然后根据不同分型以收湿止痒散（大黄、黄连黄柏、青黛、紫金锭、枯矾、滑石等）干扑，或散剂与麻油调成糊状外涂，或洗方药液与散剂调成洗剂外搽，日3～4次。结果：痊愈68例，好转28例，总有效率96%，疗程最短5天，最长1个月。朱明泉等运用败黄洗方（败酱草、生大黄、蒲公英、地肤子、苦参、牡蛎、蛇床子、野菊花、薄荷、冰片）洗患处，再用扑敏散（扑尔敏、地塞米松、土霉素、珠黄散）扑撒患处。共治婴儿湿疹158例，治愈128例，好转30例，治愈好转时间为2～6天。何瑞康等采用冰硼散外撒患处治疗婴幼儿外耳湿疹100例，均愈，一般在3～7天内治愈。

（樊建开）

【结节性红斑的治疗】

（一）辨证治疗　张家敬报道本病72例，多数为中青年。病程最短1周，最长5年。辨证分为四型：血热型治以清热凉血、行气活血；湿热下注型治以清热利湿，疏通经络；气血凝滞型治以活血化瘀、散结通络；中气不足型治以补中益气、佐以祛瘀散结。结果治愈36例，好转23例，总有效率81.9%。张氏还测定了患者血浆纤维蛋白原与血浆纤维蛋白原降解产物，结果均有不同程度的增高；治疗后治愈或好转者，其血浆纤维蛋白原及其降解产物亦恢复或接近正常。裘凝才报道76例，辨证分为三型：(1)湿热型（36例），药用黄柏、苍术、木瓜、丹参、蒲公英、防己、赤芍、当归、牛膝、陈皮、独活、透骨草、伸筋草、红花。(2)湿寒型（26例），药用木瓜、苡米、苍术、独活、秦艽、当归、茯苓、桃仁、白术、丹参、防己、陈皮、透骨草、伸筋草、五加皮、川芎、桂枝。(3)瘀凝型（14例），药用桑寄生、丹参、木瓜、黄芪、山药、防风、荆芥、牛膝、防己、厚朴、独活、当归、王不留行、狗脊、制附子、炮姜、制川乌。结果治愈62例，显效8例，有效5例，总有效率98.78%。

（二）单方验方治疗　谢勇采用活血除湿汤（当归、川芎、乳香、没药、茜草、羌活、木瓜、苍术、黄柏、威灵仙、牛膝、生甘草）治疗47例。药汁1～2煎早晚分服，3煎温洗，湿敷皮疹处20分钟。结果治愈36例，显效11例。疗程在21～30天之间。党铎则从痰瘀立论，自拟益气活血化痰汤（党参、白术、苍耳、远志、白芥子、当归、赤芍、红花、桃仁、海藻、昆布、半夏、甘草）治疗60例，治愈45例，好转10例，无效5例。梁洁利用清热胜湿汤（羌活、苍术、黄柏、木瓜、威灵仙、牛膝、杜仲、白芍、泽泻、陈皮、甘草、乳香、没药、蜈蚣）治疗64例，均愈。其中7天治愈者9例，7～14天治愈32例，14～28天治愈23例。刘玉璞报道本病25例，均服用上中下痛风方，改丸为汤（炒黄柏、苍术、姜制南星、威灵仙、木防己、桃仁、神曲、龙胆草、桂枝、红花、羌活、白芷、川芎），每日1剂，早午晚分服，药渣再煎洗患处。结果治愈17例，有效6例，总有效率92%。孝风仙等根据辨证分四型：血热偏盛、湿热下注、阴虚火旺和气血凝滞。均用五根汤（茜草根、白茅根、紫草根、板蓝根、瓜蒌根），治疗40例，有效率85%。单立真等以5%红花注射液10～15毫升，加入5%葡萄糖注射液250毫升中。每日1次，15天为1个疗程。一般用2～3疗程，每疗程间隔7天。治疗326例中，316例采用静脉滴注，10例肌肉注射（5毫升一次，每日1～2次）。结果治愈299例，显效15例，好转12例，总有效率100%。

（三）中西医结合治疗　司在和报道本病80例，病程最长者15年，最短者6个月。分甲乙两组。甲组40例用活血利湿汤（当归、红花、山甲、车前子、木香、陈皮、牛膝、皂角刺、地肤子、苦参、土茯苓、鸡血藤）为基本方，再随症加减。乙组40例用西药：急性期用消炎痛、复方新诺明等，慢性病例用强的松。结果甲乙两组分别治愈20和8例，有效6和2例，无效14和30例。疗程甲组最短10天，最长46天，乙组最短7天，最长31天。两组相比差异显著（$P<0.01$）。车乃增报道150例，单用中药的34例，基本方为当归、川芎、生地、牛膝、丹参、桂枝、赤芍、鸡血藤、路路通；单用西药的24例，西药用消炎痛、妥拉苏林等；中西医结合治疗的92例。结果中西医结合组、中药组和西药组分别为治愈38、10和4例，显效33、12和6例，进步21、8和9例，无效0、4和5例。以中西医结合组的效果最为显著。

（娄国菁）

【玫瑰糠疹证治】

龚景林报道治疗本病52例，病程最短5天，最长38天。辨证分为三型施治：(1)风热外袭型（30例），治宜疏风清热，方选消风散加减（荆芥、防风、牛蒡子、知母、丹皮、白鲜皮、生地、连翘、生石膏、蝉衣、甘草）。(2)血热内蕴型（17例），治宜凉血解毒，佐以消风止痒，方选凉血消风散加减（生地、紫草、紫浮萍、蚤休、银花、丹皮、赤芍、黄芩、栀子、白鲜皮、地骨皮、大黄、蝉衣）。(3)热伤阴液型（5例），治宜滋阴清热，养血润肤，药用：生地、玄参、石斛、丹参、当归、丹皮、地骨皮、白鲜皮、茯苓皮、合欢皮、甘草。结果52例均愈，疗程最短5天，最长13天，平均9天。徐宜厚从皮疹与体征两方面结合辨证，分为三型：风热型（3例），用银翘散加减；血热型（9例），用凉血消风散加减；血燥型（5例），用滋阴除湿汤加减。结果17例均愈。治愈天数平均25.2天，其中风热型为1.7天，血热型为22.2天，血燥型为41.4天。司在和报道本病100例，病程在1周～2个月之间。以凉血散风汤（茜草、紫草、生地、生槐花、旱莲草、大青叶、丹皮、元参、赤芍、防风、蝉衣、荆芥、蜂房、生甘草）为基本方，随证加减：痒甚加全蝎、乌蛇；鳞屑多者加首乌、大胡麻、小胡麻、枸杞子、女贞子；疹色呈淡紫色者加红花、当归。外用润肤膏（生地、熟地、首乌、白及、冰片）。疗程为2周。结果治愈72例，显效16例，有效9例，无效3例。俞友根以凉血消风、清热解毒为法，方药由生地、赤芍、丹皮、紫草、板蓝根、蚤休、荆芥、防风、银花、薄荷组成。结果64例均愈，疗程最短5天，最长25天。魏焕华用紫草合剂（紫草、当归、麦冬、玄参、荆芥、防风、白鲜皮、生地、蝉衣、甘草）治疗26例，痊愈20例，显效2例，有效3例，总有效率96.1%。见效最快为2～3天，一般需1～2周，无不良反应。李佑民等采用祝谌予老中医的验方过敏煎（防风、银柴胡、五味子、乌梅）并辨证加味，治愈本病2例。刘天俊认为本病为肺胃风热，肝气郁结，随阳气上升而成，宜疏风清热。采用祖传验方（生地、土茯苓、知母、黄芩、栀子、紫草、白附子、马钱子、荆芥、透骨草、蜈蚣、冰片）共研末，加醋与酒比例为3:1，调成稀糊擦于患处。1日6次，7天为1疗程。治疗34例，均愈。李耕田在用西药扑尔敏、维生素C、外用炉甘石洗剂的基础上，加用犀角地黄汤加味，治疗8例迁延性患者。未愈前禁止沐浴，结果均愈。疗程最短1周，最长3周。

（娄国菁）

【银屑病的治疗】

张文椒将银屑病分为三型论治：热毒炽盛型、脾虚湿热型、肾虚血燥型。三型都由风热毒邪瘀于肌肤所致。故而认为，若以实热为主，治以清热凉血解毒化瘀的中药；若以脾虚证为重，以健脾固本为主，佐以活血养血的中药；若肾虚证为重，则以滋阴补肾为主，佐以养血润燥的中药。处方中均采用雄黄1克与其他药一起水煎，疗效明显提高。共观察100例，治愈51例，随访10年未复发。马国明等认为本病是风湿热毒互结所致，拟清热解毒，祛风燥湿，养血润燥，辟秽化浊为治则，用牛黄乌蛇散（牛黄、乌梢蛇、白花蛇、秦艽、白鲜皮、土茯苓、山慈菇、地肤子、白扁豆、蚕砂、阿胶等），成人每次8克，1日3次，饭后温开水冲服。经治1005例，治愈219例，显效714例，有效66例，总有效率99.4%，平均治愈时间57.88天。吴金林采用内服雷公藤汤（雷公藤、生地、鸡血藤、土茯苓、银花、甘草）治疗寻常型银屑病100例。治愈43例，显效27例，有效20例，无效10例。高步琴自拟消银汤（当归、鸡血藤、丹皮、生地、土茯苓、白鲜皮、白花蛇舌草、何首乌、山豆根、板蓝根、生甘草）治疗银屑病40例，显效19例，有效20例，总有效率97.5%。西药组35例，用普鲁卡因加维脑路通静脉滴注，显效13例，有效14例，总有效率77.4%。中药组明显优于西药组（$P<0.05$）。凌新民治疗寻常型银屑病72例。血热风燥型用克银Ⅲ号方（土茯苓、北豆根、白鲜皮、草河车）；血虚风燥型用克银Ⅳ号方（生地、玄参、苦参、丹参、北豆根、麻仁）。治愈34例，好转27例，总有效率84.7%。张崇先等用九味消银散（白花蛇、乌梢蛇各60克，三七粉、苦参各50克，白鲜皮、土椿皮、赤芍、丹参、当归各30克，上药碾为细面装入0.3克的胶囊备用）治疗120例，服法：第1～3天日服1粒，4～6天日服2粒，7～10天日服3粒，11天后日服6粒，分3次，均为饭后即服。痊愈89例，有效23例，无效8例。刘玉海等以祛湿清热通瘀方（制山柰、制苍术、紫草、当归、赤芍、麻黄、桂枝、白花蛇、人工牛黄）做成胶囊，1日3次，饭后服，经治41例，痊愈37例，基本痊愈3例，无效1例。刘光珍等以银屑净口服液（白芷、防风、苍术、白鲜皮、地肤子、川芎、柴胡、白酒等），1支为20毫升、1日3次，治疗260例，痊愈70例，显效85例，有效92例，有效率95%。平均治愈天数51.8天。对照组64例，每次冲服银屑灵冲剂1袋，1日3次。治愈11例，显效14例，有效27例，有效率81.25%，平均治愈天数73.4天。治疗组在痊愈率、显效率、总有效率和平均治愈天数上均优于对照组（$P<0.05$）。

韩仲成等用杨柳克银膏（杨树叶、柳树叶、蟾蜍等）涂擦患处，治疗162例，痊愈113例，显效12例，好转23例，痊愈率

69.7%，有效率91.3%。对照组80例，用蒽林软膏外擦，痊愈率37.5%，有效率66.4%，经统计，治疗组在痊愈率和有效率上均优于对照组（P<0.05）。王晓光等用青蛤散（青黛、煅蛤粉、煅石膏、黄柏末、轻粉）治疗银屑病51例。方法：据皮损范围大小取药适量，用香油、茶叶水各半将其调成糊状，均匀涂敷于皮损部位。治愈42例，好转7例，总有效率96.1%。

（周　蓉）

【荨麻疹的治疗】

周爱婷介绍张贵印老中医治疗荨麻疹的经验，基本方为（防风、蝉蜕、白鲜皮、地肤子、苦参、徐长卿、穿山龙、生地、首乌、甘草、厚朴、鸡内金）。疹红加赤芍，重用生地、首乌；痒甚重用防风、蝉蜕；苔腻兼水疱者，重用白鲜皮、地肤子、苍术；病程长重用穿山龙。共治200例，其中痊愈198例（服药3剂100例，4剂60例，8剂20例，10剂18例），总有效率为99%。黄梅生采用凌霄花合剂（凌霄花、土茯苓、生地、白鲜皮、地肤子、防风、连翘、栀子、金银花、蝉蜕、蒲公英、甘草）治疗95例，均愈（其中2天痊愈12例，3天18例，4天23例，5～6天15例，7～8天7例，10～15天20例），平均治愈天数5.8天。李志文等采用五虫汤（蝉蜕、僵蚕、地龙、露蜂房、乌梢蛇、苦参、刺蒺藜、白鲜皮、荆芥穗、牡丹皮、丝瓜络、生地）治疗荨麻疹69例。治愈58例，显效9例，有效2例。

陈媛清等用活血消风散（白蒺藜、丹参、黄芪、防风、当归、土茯苓、蝉衣、连翘）治疗慢性荨麻疹32例。治愈29例，好转3例，治疗时间2～7天，平均3.7天治愈。赵邦全用龙蛇消疹汤（乌蛇、蝉衣、地龙、丹皮、生地、地榆、连翘、地肤子、白鲜皮、甘草）治疗慢性顽固性荨麻疹52例。痊愈47例，明显减轻3例，无效2例。

王玉奇用保安汤（苍术、防风、当归、黄芪、麻黄、川乌、草乌、羌活、荆芥、细辛、艾叶、川芎、全蝎、甘草）治疗冷性荨麻疹48例，若腹部冷痛加高良姜、制附子、丁香；头痛、鼻塞加辛夷、紫苏、白芷、藿香；关节冷痛、四肢不温加桂枝、制附子、桑枝温经散寒。结果痊愈39例，显效7例，好转2例。李孔定等报道脱敏合剂（苍术、知母、地肤、蝉蜕、紫草、黄柏、甘草等）治疗荨麻疹47例，痊愈29例，显效13例，好转2例，有效率93.62%。

以外治法治疗本病也取得良效。朱越洋等应用自制消疹散（蝉衣、细辛、防风、冰片），每次取0.2～0.4克置于麝香虎骨膏中，外贴曲池、大椎、悬钟、梁丘穴。风寒型加列缺；风热型加外关；腹痛、腹泻加神阙。每日1次，治疗52例，均愈。

（周　蓉）

【黄褐斑的治疗】

刘世琴等采用中药内服及皮肤美容治疗黄褐斑96例，分为三组：中药组28例，基本方：柴胡、丹皮、当归、赤芍、白芍、鸡血藤、川芎、红花。美容组32例，按面部美容程序：清洁皮肤，穴位按摩（主穴：太阳、印堂、迎香、颊车、下关、攒竹、百会），用中药膜粉（人参、珍珠、当归、白芷等）调成糊状涂面部，再敷石膏热膜，每周2次；结合组36例，以上二种方法同时应用。结果：中药内服组痊愈8例，有效15例，总有效率82.1%；美容组痊愈8例，有效18例，总有效率81.3%；结合组痊愈15例，有效20例，总有效率97.2%。结合组疗效明显优于中药组和美容组，有显著差异（P<0.05）。翁丽丽等自拟祛斑散（白及、白芷、白附子、紫草等）与鸡蛋蛋黄、蜂蜜适量调匀呈糊状敷在脸部，蒸汽喷雾，按摩后洗净，再取珍珠膏按摩，最后做中药倒模。治疗40例，显效16例，有效21例，无效3例。谢智慧等报道40例，随机分两组，西医组20例，口服V-C、V-E，外用西药

膜（V-C注射液和V-E注射液与蛋清、蜂蜜）。中医组20例，以美容消斑汤（熟地、山茱萸、黑芝麻、柴胡、当归、何首乌、女贞子、茯苓、白芍、紫草、甘草）内服，外用中药膜（白附子、白芷、白僵蚕、白及、珍珠母等）。均3个月判定疗效。结果：中医组治愈13例，显效3例，有效3例，总有效率95%；西医组治愈4例，显效5例，有效6例，总有效率75%，中医组优于西医组，有显著差异（$P<0.05$）。骆伟雄等自拟消斑健身散（丹参、赤芍、白茅根、女贞子、党参、制香附）上下午各1次内服，第三煎洗面，再用消斑霜（消斑健身散煎煮浓缩醇提后加入霜剂基质而成）配合倒模。结果经治54例，治愈31例，显效13例，好转6例，总有效率92.59%。

张花等则在月经前后用药治疗30例。经前3日用温经活血汤（当归、赤芍、泽兰、牛膝、五灵脂、香附、降香、白芷、吴茱萸、西茴香、川芎、红花、肉桂）；经至停服，经后1周用补肾健脾汤（当归、枸杞子、菟丝子、香附、焦三仙、女贞子、山药、白芷、白术、淫羊藿、甘草）用10剂，结果痊愈24例，好转5例，无效1例。吴锦发等以补肾为主，辅以活血通络之品，药用熟地、淮山药、云茯苓、首乌、鸡血藤、菟丝子、山茱萸、丹皮、僵蚕、肉苁蓉、丹参、泽泻。治疗42例，痊愈18例，好转21例，有效率93%。姬云海用滋肾养肝汤（枸杞子、熟地、山药、菊花、山萸肉、茯苓、泽泻、当归、白芍、丹参、红花、桃仁、川芎）治疗老年颜面黧黑症30例，治愈15例，好转9例，有效率80%。严丽英用具有滋阴补肾、疏肝清热、活血化瘀的化瘀祛斑胶囊（黄芩、当归、红花、赤芍等）治疗188例，治愈95例，好转77例，总有效率91.49%。黄吉时采用秦皇祛斑茶（成份为柿叶），每次1～2克泡茶分饮，连用2个月，治疗81例，痊愈21例，显效32例，有效21例，总有效率91%。刘立华等用刺五加片，每次口服5片，日4次。治疗30例，痊愈11例，显效8例，好转7例，总有效率86.6%。

（张　明）

【外治法治疗乳腺疾病】

（一）急性乳腺炎　刘金荣以自拟当归半夏乳没散（当归、半夏、乳香、没药）局部外敷治疗45例，均愈。最短1天，最长3天。蒋圣义用云南白药1～2克加适量50度左右的白酒或75%酒精调成糊状，涂搽于急性乳腺炎尚未成脓的患乳肿块表面，用敷料覆盖或暴露，2天后用同法更换，共敷3次，同时肌注青霉素160万单位，日2次，结果100例中痊愈26例，显效35例，好转24例，总有效率为85%。邹伟用单味葱白治疗郁乳期本病患者30例，方法是用葱白200克煎汤熏洗乳房20分钟，再用葱白250克捣泥敷患处，每日2次，结果用药1日内症状消失者21例，2日内症状消失者9例。徐保来用中华跌打丸3～5丸加60度白酒适量，使之调成糊状即可，用时将药糊均匀地涂敷于患处，直径以超过肿块3～5厘米为宜，然后覆盖无菌纱布或白布，胶布固定，每日换药2次，每次维持4～6小时，两次敷药间隔2～3小时，敷药期间适时在敷料上滴入适量白酒，以保持局部湿润，增强疗效。共治疗33例，痊愈30例，化脓3例改作手术切开引流视为无效，治愈率为90%，治愈时间最短2天，最长10天，平均3.5天。

（二）乳腺增生病　毛建平等用北京CL-3磁疗器上的磁片（磁量为1500高斯左右）分别缝于乳根、归来、中极及肿块痛点的相应部位的内衣上，N极面贴近皮肤，每天连续12小时，3个月为1疗程，共治103例，痊愈20例，显效76例，总有效率93.2%。郭长城等用药物乳罩治疗50例，结果全部治愈，随访1年均未复发。其药物和方法是将酒炒当归、酒炒白芷、酒炒香附、白芥子、红花各10克，细辛6克晒干研成细粉，再与制乳香、冰片各15克共研，以鲜蒲公英30克捣烂取汁和鲜瓜蒌100克共调和成泥，用时取适量药泥，与白酒共捣如糊敷于乳房病灶及其周围，戴上乳罩即可。如药物干结，可用白酒喷湿润再敷。月经前5天至经后3天敷药，日换1次，每个月经周期为1疗程，5个疗程结束。董寿琪报道用乳脐散（蒲公英、木香、当归、白芷、薄荷、栀子各30克，地丁、瓜蒌、黄芪、郁金各18克，麝香4克，研面备用），每次取0.4克倾于75%酒精清洁后的脐部，用干棉球轻压按摩片刻，再用4×4厘米医用胶布密封紧贴脐上，每3天更换1次，8天为1疗程，一般治疗3个疗程。共治疗本病670例，效果良好。朱惠云以公丁香为主的中药研末制成“塞鼻灵”，使用时将药粉1.5克用薄层药棉包裹，做成纺锤状，塞入一侧鼻腔嗅闻，1日3次，每次半小时，双侧鼻腔交替进行，如单侧乳房疼痛则塞鼻时为对侧鼻腔，晚上可塞之睡觉，于月经干净后进行，直至经行则止。结果50例中疼痛均有不同程度的减轻，其中39例达到疼痛完全消失，平均止痛时间为12.5天。

（许　能）

【乳腺增生病的治疗】

（一）辨证论治　刘家磊等将本病分三型：(1) 肝郁气滞型，治拟疏肝理气、解郁消滞，用Ⅰ号方（川朴、枳实、青皮、柴胡、当归、白芍、川楝子等）；(2) 冲任失调型，治拟补益肝肾、调摄冲任，用Ⅱ号方（川朴、熟地、杞果、首乌、山萸肉、柴胡、当归、白芍、仙灵脾、补骨脂、仙茅等）；(3) 痰瘀凝结型，治拟活血祛瘀、化痰软坚，用Ⅲ号方（川朴、当归、柴胡、赤芍、川芎、乌药、桃仁、延胡、生龙骨、生牡蛎等）。每日1帖，水煎服，月经期停服，1个月为1疗程，一般服1～4疗程，共治226例，结果治愈83例，显效71例，有效51例，总有效率90.7%。田增光辨证治疗50例，其中肝郁瘀阻、冲任失调型27例，药用柴胡、赤芍、川楝子、陈皮、蒲公英、三棱、莪术、延胡索、仙茅、淫羊藿；肝气郁结、痰瘀内阻型14例，药用柴胡、赤芍、川楝子、陈皮、蒲公英、蒲黄、五灵脂、山慈菇；肝郁火旺、瘀痰内结型9例，药用柴胡、赤芍、川楝子、当归、陈皮、昆布、海藻、山慈菇、元胡、夏枯草、郁金。每日1剂，水煎服。结果治愈29例，好转15例，总有效率88%。汤鲁霞报道200例，其中属肝郁痰凝型120例，服消痈散结片Ⅰ号，脾肾不足、冲任失调型80例，服消痈散结片Ⅱ号。二种药片内共有的药是三棱、莪术、荔枝核、橘核、青皮、陈皮、赤芍、白芍、柴胡、元胡、海藻。Ⅰ号片中加入浙贝母、天花粉、生牡蛎；Ⅱ号片中加入仙茅、仙灵脾、鹿角胶。25天为1疗程。结果总有效率分别为95%和90%。樊凤英用归芍地黄汤加减治疗200例，分期治疗：(1) 经后期，月经干净后7天左右，以补肾养阴为主，用当归、白芍、干地黄、山药、丹皮、茯苓、泽泻、山茱萸等；(2) 经间期，月经净后14天左右，以补肾调气血为主，用当归、白芍、干地黄、山药、丹皮、香附、青皮、陈皮、红花、桃仁等；(3) 经前期，经前7天左右，宜补肾助阳，用当归、白芍、干地黄、山药、茯苓、菟丝子、巴戟天，淫羊藿、鹿角片等；(4) 行经期，暂停服药。一个月经周期为1疗程，一般需治疗1～3个疗程，结果痊愈120例、显效65例，有效15例，总有效率100%。韩福现等以乳腺舒胶囊（炮山甲、水蛭、全蝎、郁金、王不留行、橘叶、橘络、皂角刺）治疗本病136例，结果治愈84例，好转42例，总有效率92.7%。疗程最短15天，最长60天，平均30天。丘晓光等报道本病258例，随机分为Ⅰ组98例，用中药胶囊（山甲、贝母、牡蛎、三棱、莪术、川楝子、香附、延胡索、当归、红花）；Ⅱ组88例，以天冬素0.25克，1日3次；Ⅲ组72例，以甲基睾丸素片10毫克，每日3次。3组均为40天1疗程。结果有效率分别为87.7%、72.7%和69.4%。Ⅰ组疗效明显高于其它两组（$P<0.01$），在疼痛消失率和肿块消散率方面，Ⅰ组也优于其它两组（$P<0.01$）和（$P<0.05$）。

（二）中西合治　杨启营用中医辨证施治加天冬素0.25克，维生素E100毫克，1日3次，连服4个月。中医辨证分二型：(1)肝郁痰凝型，以柴胡、白芍、白术、陈皮、半夏、瓜蒌、海藻、蒲公英、穿山甲；(2)冲任不足型，用当归、川芎、白芍、柴胡、桃仁、红花、瓜蒌、青皮、郁金、香附、鹿角霜、昆布、牡蛎。经前15日服药，经来为止，连续4个月，共治39例，治愈31例，显效6例，好转1例，总有效率97.5%，比单用天冬素片或维生素E疗效好，且有统计学意义。刘宝万等用妇乳乐（镇江市京口医疗保健用品厂生产的中药外敷粉状制剂）用特制的文胸紧贴乳腺病患处，在月经前15天开始佩带，5～10天换药袋一次，经期停用，3个月为1疗程，绝经妇女可连续使用3个月，同时加用维生素$B_6$20毫克，维生素E10毫克，每日3次，连服3个月。共治306例，结果基本消失65例，显著好转110例，改善82例，无效49例。

（三）单方成药　黄振瑞用乌鸡白凤丸（北京同仁堂制药厂）治疗乳腺囊性增生71例，每次1丸，每日2次，1个月为1疗程，结果显效34例，有效35例，总有效率71.2%。熊小明用单味全蝎5克，研末饭后冲服，10天为1疗程。一般需服1～2疗程。治疗60例，痊愈36例，好转21例，总有效率95%。

（许　能）

【血栓闭塞性脉管炎的治疗】

（一）辨证论治　王贵对热毒型，方用四妙活血汤加味；湿热型，方用祛湿化瘀汤；阴虚型，方用顾步汤加减。并体会活血化瘀之剂可明显改善血液循环。热毒型用活血化瘀、养阴之品的剂量不宜过重，慎防热毒未清，化瘀太过引毒深入。脉管炎多因寒郁过久化热，须待虚热之象控制后再酌加温补之剂较宜。王恩江等以温阳益气、活血通脉为基本大法，以黄芪、制附子、川芎、当归等为基本方，结合临床研制出：虚寒型用脉散Ⅰ号（基本方加赤芍、怀牛膝、丹参、玄参、甘草等）；热毒型用脉散Ⅱ号（基本方加玄参、黄芩、银花、丹皮、甘草等）；气血两虚型用脉散Ⅲ号（基本方加党参、石斛、鸡血藤、丹参等）。3个月为1疗程，治疗110例，临床治愈79例，好转24例，进步4例，总有效率97.28%。

（二）经验方　郭训礼等用脱疽散（黄腐酸钠、松香、䗪虫、虻虫、水蛭、全蝎、三七、玄胡、罂粟壳、654-2）冲服，30天为1疗程，辨证治疗本病56例，均治愈，无一例复发。陶加安等报道脱疽342例，其中阳虚寒凝型43例，血瘀脉络型164例，热毒炽盛型79例，肾气亏虚型30例，气血两亏型26例，以溶栓汤加减治疗，痊愈152例，显效128例，好转53例，总有效率97.36%。白广德等以金银花、红花、当归、牛膝、甘草、桃仁、延胡索、党参、黄芪为基本方；静脉点滴丹参和脉络宁注射液；局部外用两面针、苏木、金银花、十大功劳、苦参各30克，大黄、赤芍、红花、石榴皮各20克。水煎熏洗，治疗脱疽41例，总有效率97.5%，治愈率53.6%。

（三）实验研究　马瑞莲等采用活血化瘀法治疗本病，方用桃红四物汤辨证加减配合丹参及蝮蛇抗栓酶静脉滴注观察患者多项血液流变学指标均高于健康人组。临床分期不同，其流变学各值间亦有明显差别：Ⅱ、Ⅲ期患者全血粘度、纤维蛋白原、体外血栓长度、湿重、干重均显著高于Ⅰ期，Ⅱ、Ⅲ期之间，除Ⅲ期患者血小板粘附性较Ⅱ期增高外，其余各值无明显差异。共治疗68例患者，总有效率92.7%，截肢率7.3%。以上表明血液流变学检测可反映临床病情轻重，作为临床分期的客观参考指标。

（陈荣荣）

【血栓性静脉炎的治疗】

高维军自拟通脉汤Ⅲ号（山甲珠、地龙、僵蚕、白芍、桂枝、木通、全蝎、当归、川芎、玄参、金银花、甘草）治疗下肢血栓性静脉炎34例，总有效率94.4%。提示通经活络、清热解毒是治疗下肢血栓性静脉炎的有效方法。汤一鹏等用通脉活血汤（当归、丹参、干地龙、桃仁、红花、水蛭）辨证加味治疗本病40例，临床治愈25例，显效10例、有效5例。王季云用活血化瘀法，由夏枯草、山慈菇、丹参、鸡血藤、当归、赤芍、丹皮、川芎、桃仁、红花、茜草、山甲珠、甘草组成基本方加减治疗索条状浅静脉炎100例，全部治愈，一般6剂可获效，坚持服用3周效果明显。王洪海自拟利湿活血汤（银花、地丁草、当归、益母草、川牛膝、苍术、防己、薏苡仁、地龙、木通、黄柏、丹参、赤芍、水蛭）为主辨证加减，配服中成药溶栓丸3号、溶栓丸5号治疗深静脉血栓形成64例，治愈31例，显效23例，有效10例。汤鲁霞等自拟化瘀利湿汤（三棱、莪术、水蛭、蜈蚣、泽兰、泽泻、牛膝、车前子、土茯苓、白花蛇舌草、炙黄芪、当归、甘草梢）辨证加减治疗下肢深静脉血栓形成60例，临床治愈20例，显效28例，进步12例。治愈和显效率达80%。阎银宗等用静脉消肿液（草薢、土茯苓、银花、茵陈、皂角刺、栝蒌、贝母、黄柏、怀牛膝、水蛭、玄参、赤芍、木瓜、生山楂、神曲）口服，辅以脉络宁静脉滴注治疗静脉血栓形成30例，治愈4例，显效23例，好转3例。

苏素真等用止痛消炎膏（上海集成药厂制）外敷治疗输液后静脉炎72例，每日换药1次，总有效率为97.2%，平均止痛消肿时间为3.3天，发挥药效时间最长为10分钟。周世杰等用云南白药外敷病变部位，每昼夜更换1次，治疗输液性静脉炎57例，总有效率为96.5%。李庆烈等治疗慢性期浅静脉炎33例，随机分成两组。磁疗加超声波组（治疗组）17例，治愈显效者为82%，总有效率为100%；金黄散组（对照组）16例，治愈显效者为31%，总有效率为69%。治疗组明显优于对照组（$P<0.01$）。治疗组选用了两种不同而各具特色的物理因子结合治疗的方法，具有磁场、机械化学和热的共同作用，取得了优于任何一种单一物理因子治疗的显著疗效。

（陈荣荣）

【瘢痕疙瘩的治疗】

瘢痕疙瘩是由于创伤愈合后，愈合处皮肤结缔组织增生而形成的坚硬、不规则的肿物。姚玉珍认为本病主要病机是瘀血内停、经络阻滞。可分三型：毒热内蕴、血瘀阻络；瘀滞内阻、血流不畅；气虚血滞、脉络瘀阻。主张重用鸡血藤，取其活血之中有养血之效，其性走而不守，且有通络作用。同时，还应标本兼治，佐以补气药物，较之单纯应用活血化瘀药见效为快。

金东明等报道采用史鸿涛老中医自制消积排通汤（白芷、山甲珠、雷丸、麦冬、元胡、桃仁、红花、槟榔、荆芥等）水煎服，每日2次。并随型加减：实热型减白芷、槟榔，加丹皮、赤芍、海带、昆布、重楼。虚实错杂型减红花、元胡，加当归、川芎、丹皮、白鲜皮。溃脓型先辨别偏气虚、血瘀或气血俱虚，然后给予适当培补扶正之品。外敷甘芫粉（甘遂、芫花、白芷各等分），米醋调敷。经治440例，痊愈310例，显效96例，总有效率92.27%。疗程最短6个月，最长3年零2个月。贾北平认为采用中药治疗增生性疤痕及瘢痕疙瘩，是减少残废率的好方法。内服中药方：党参、生黄芪、蝉蜕、地龙、炒山甲、甘草、当归、赤芍、桃仁、红花、天花粉、丹参、乳香、没药、羌活、秦艽、益母草。外用药：仙人掌切片或捣成泥糊敷于患处，加压包扎，3～5天换一次。共治66例，治愈10例，有效50例，无效6例。房文彬等采用黑布膏（黑醋250毫升，五倍子末100克，蜈蚣末1条，蜂蜜18克）外敷瘢痕3～5天更换1次，直至瘢痕软化变平，症状消失，功能恢复。共治30例，治愈20例，有效10例。刘远坝用端午日芙蓉叶，不拘多少，阴干研末，用时以茶清调成糊状涂患处，每日数次。次日洗净原药痂再涂。经治36例164个瘢痕疙瘩，3～60天治愈83个，显效41个，有效38个，无效2个。刘谋升采用复方艾叶煎（艾叶、老松皮、威灵仙、红花）浸洗，每日2次，每次30分钟。同时用丁艾油（艾叶、丁香、红花、冰片）外涂，每日数次。治疗56例，25例是创面修复后用复方艾叶煎、丁艾油预防治疗者；18例为出院后创面出现疤痕增生者；13例经外院治疗创面愈合，疤痕增生达1年以上者。56例的创面为132处，总有效率94.7%。卫莲郡等以疤痕止痒软化膏（五倍子、威灵仙、丹皮、泽兰、薄荷脑、冰片、樟脑、冬青油、二甲基亚砜等），按疤痕范围剪取膏药，粘贴于疤痕表面，每2天换1次。经治309例（共319处疤痕），单独用本膏药治疗者256处，显效193处，减轻20处，总有效率83.2%；结合用醋酸确炎舒松者（每周1次，每次10～20毫克）63处，显效53处，总有效率84.1%。应文魁等采用瘢痕止痒软化膏（五倍子、强的松、地卡因、氧化锌、羊毛脂、凡士林），外涂瘢痕表面，用绷带包扎，再用弹力绷带加压缠绕，每3～5天换药1次。共治76例，治愈55例，好转9例，总有效率84.2%。疗程3～9周。刘晓荣等则以瘢痕软化膏（五倍子、蜈蚣、人体胎盘组织液、糜蛋白酶、强的松龙、V B6）治疗105例，每日涂2～4次。临床观察结果，瘢痕部位痛痒症状明显减轻或消失，瘢痕色泽变暗，逐渐变软，面积缩小20～30%，厚度变薄40～60%。总有效率为95%。

王建华用硬吊搽剂（三棱、山栀、官桂、莪术、白芥子、当归尾、桃仁、红花、木香、川三七、乳香、没药）外涂，结合上海产立式红外线灯（600W）照射患部，照射后每隔5分钟搽药1次，每次照射20分钟。每日1次。本组28例，对病程短的硬结，一般3～5天软化，病程较长者5～7天软化，对于病程长的纤维化硬结，一般经10天治疗，亦可使范围缩小，逐渐软化。总有效率达100%。万日义等采用直流电阴极导入法，将电极绒布浸入复方铜钱草制剂（铜钱草300克，紫草2克）中，取出放在患处。治疗时电流成人在0.05～0.2mA/cm²，儿童0.02～0.05mA/cm²。每日1次，每次20分钟。30次为1疗程。共治46例，痊愈13例，显效22例，有效8例，总有效率93.5%，疗程最长为5个疗程。

杨雪萍将90例患者随机分为三组。Ⅰ组30例为冷冻后皮损内激素注射，并同时服用桃红四物汤加大黄䗪虫丸；Ⅱ组40例为冷冻后皮损内激素注射；Ⅲ组20例为单纯皮损内激素注射。皮损内注药为20%利多卡因和强的松龙混悬液，等量混合。其中冷冻治疗每2～3周1次，皮损内注射每周1次，中药每日1剂。结果证明综合疗法治愈率高，痛苦小，尤能缩短疗程，见效快。

（娄国菁）

【毒蛇咬伤的治疗】

贺菊乔以蛇伤消肿散（生南星、雄黄、川柏、丹皮、白芷、夏枯草）外敷治疗59例蝮蛇咬伤，平均治疗13天，全部治愈。肖由美等取红冬青、山鸡椒、胱皮藤、威灵仙、芙蓉叶、虎杖叶和水杨梅叶等量研末，清创后用冷开水调和上药30克敷于伤口，每日换药，经治毒蛇咬伤58例，全部治愈，治疗时间平均为9天。戴铁生等以去腐生新膏（白芷、紫草、煅龙骨、熟石膏、甘草、轻粉、没药、蜈蚣、当归、丹参、枯矾、冰片、珍珠粉、白蜡、麻油）外治蝮蛇咬伤，伤口不愈32例，全部治愈（创口愈合，患肢功能恢复），疗程最短者15天，最长者3个月。

陈灼铭报道辨证治疗蛇伤，以自拟基本方（半边莲、蚤休、徐长卿、酥蜈蚣、当归、川芎）随证加味：风毒者加羌活、防风、白芷、射干、菖蒲；风毒内闭加苏合香丸2粒冲服；火毒者加广角、生地、赤芍、丹皮、小蓟、银花、苦参；火毒内陷加紫雪丹2支冲服。外用杠板归、虎杖、土黄柏各50克，水煎液湿敷或冲洗疮口后，敷消肿膏（黄柏、栀子、蜂蜜或麻油调制）治疗315例患者，痊愈313例，其中重型患者125例，平均治疗7.04天。陈根财治疗毒蛇咬伤121例，全部治愈。并指出早期应注重外治排毒法，按放低位置，早期结扎，冲洗创口，刀刺排毒，草药外敷的程序进行，继以内服清热解毒方（银花、连翘、黄连、黄芩、黄柏、半边莲、半枝莲、苦丁茶、生大黄、赤芍、甘草），并辨证加减。梁文法以苦木注射液（苦木茎皮经乙醇提取），每支2毫升，内含生药8克。肌肉注射，每次1～2支，1日3次。外敷三黄散和烫伤油。治疗毒蛇咬伤63例，除1例入院时因急性肾功能衰竭死亡，治愈62例。陈美英等用蛇伤灵注射液（徐长卿、豨莶草等）肌肉注射治疗蛇伤52例，均愈。疗程最短2天，最长9天。邓辛贵则以内服蛇伤酒（山扁豆、瓜子金、一支箭、两面针果），外敷木芙蓉叶、金盏银盘、马樱丹等。严重者再内服清热解毒的中药。经治毒蛇咬伤156例，痊愈153例，好转2例，总有效率99.36%。

虞柏成治疗各种毒蛇咬伤531例采用局部扩创冲洗、封闭、再以山海螺、三叶青、山慈菇等水煎液湿敷，全身治疗按风毒、火毒、风火毒的不同证候分别施治，同时用西药如补液、抗感染、激素、右旋糖酐、维生素C、能量合剂和酶制剂、抗蛇毒血清等，一般经4～8天痊愈，531例无一死亡。孟浩对94例蝮蛇咬伤患者采用局部一般清创处理、内服季德胜蛇药片及蛇伤解毒汤（半枝莲、野菊花、蚤休、青木香等）；西药用抗蛇毒血清、激素、抗生素等综合治疗，治愈率为100%，平均4.5天取效。汪国和等用蛇药胶囊（半枝莲、白芷、木芙蓉叶、木芙蓉花）结合抗蛇毒血清治疗蛇咬伤272例，全部治愈。倪毓生等治疗蝮蛇咬伤503例，外用30%七叶一枝花酊，内服蛇伤解毒汤（半枝莲、银花、白花蛇舌草、白菊花、白芷、生地、六一散、赤芍、蚤休、生大黄、玄明粉、车前子）配合针灸及西药支持疗法，治愈率达97.61%。张洁帆报道蛇医朱道章治疗蝮蛇咬伤1117例用九头狮子汤（九头狮子草、王开口、半枝莲、半边莲、蛇莓、雪里青、葎草、黄柏）加减内服和外敷，并用西医综合治疗，治愈率为100%。

黄坤成等对852例五步蛇咬伤临床分析中，发现局部处理时未切开排毒组疗效优于切开排毒组，伤后未捆扎组并发溃烂坏死少于捆扎组。统计分析示前者明显优于后者。在辅助治疗中静脉输液控制组明显优于输液组；在肿胀肢体处理上伤口一般清洁消毒敷中药保护组比扩创清洁敷药的外科组疗效显著；伤肢已有深层组织液化坏死者，小切口引流比外科清创组疗效显著。因此，黄氏等认为蛇伤后切开排毒与捆扎易并发组织坏死溃烂，致残率高，后果严重。同时输液量与速度和并发症成正相关，故轻、中型者使用中草药治疗即可，垂危型者应首先使用蛇毒血清，肢体肿胀者以中药外敷并保持湿度可减少患肢的溃烂坏死，已液化坏死的伤肢宜小切口引流为好。

（薛慈民）

【肠梗阻的治疗】

谭珠容以泻下通里法治疗42例急性肠梗阻，主用三方：(1)甘遂通结汤（甘遂末、木香、川厚朴、赤芍、牛膝、大黄、枳壳)；(2) 大承气汤加味(大黄、枳实、芒硝、赤芍、桃仁、川厚朴、莱菔子)；(3) 肠粘连松解汤(赤芍、乌药、川厚朴、木香、桃仁、莱菔子、芒硝、番泻叶)。根据治疗过程中病情变化随症选用，自胃管注入中药后6～10小时出现肛门排气29例，10～14小时出现肛门排气13例，平均住院6.1天。林方略等采用肠粘连松解汤或复方大承气汤治疗急性肠梗阻418例，治愈329例，好转85例，治愈率78.71%，总有效率99.04%。徐银昌对重型粘连性肠梗阻用复方大承气汤，症状较轻者用肠粘连松解汤，而早期术后肠粘连则用活血逐瘀汤(桃仁、红花、丹参、赤芍、陈皮、连翘、地丁、红藤、大黄)共治疗48例，治愈42例，治愈率87.5%。李路安等认为用肠粘连松解汤不仅能促进肠蠕动迅速恢复，且对吻合口无不良刺激，有预防术后肠粘连作用。姜菊英等用少腹逐瘀汤治疗34例肠粘连，随访1～2年，无复发者20例，劳累后时有复发者13例，无效1例。崔凤启等自拟梗阻汤(川朴、莱菔子、枳实、桃仁、赤芍、大黄、芒硝)治粘连性梗阻40例，每日1剂，分2次从胃管灌入。治愈33例，中转手术7例。汪怡高等用抗粘汤(金樱子根、一枝黄花、平地木、夜交藤)治疗肠粘连580例，总有效率92%。汪氏等认为本方能促进纤维蛋白渗出的吸收，并随着肠蠕动增强，对术后早期发生疏松的纤维素性粘连有机械性松解分离作用。文金海以自拟驱风通结汤(大黄、羌活、厚朴、木香、芒硝、缩砂仁)治疗肠梗阻45例，治愈43例，显效1例，总有效率95%。张铭琏等用310合剂(大黄、芒硝、硫酸镁)治疗粘连性肠梗阻54例，用药后排气时间最短30分钟，最长17小时，平均4.7小时，54例均痊愈出院。

在治疗过程中，禁食、胃肠减压、输液、补充能量及V-C，适当运用抗生素被视为基础措施。孙进报道中西医结合治疗老年人粘连性肠梗阻380例，西医以常规综合疗法，中药用大黄、厚朴、莱菔子、枳实、枳壳、芒硝、鸡内金、桃仁、杏仁。煎汤后胃管注入。治愈258例，治愈率68.6%。顾文忠以解粘通腑汤(柴胡、枳实、赤芍、香附、川芎、厚朴、大腹皮、三棱、莪术、莱菔子、桃仁、红花、大黄)，随证加味，并用西医常规综合疗法治疗术后粘连性肠梗阻126例，痊愈96例，有效18例，无效12例。

(朱培庭　郭德煌)

【胆囊炎的治疗】

(一) 辨证施治　孙树志等对老年胆道感染临证分为三型施治：气滞型，治宜行气解郁，清泻热结。方用大柴胡汤加减；湿热型，治以清热祛湿，利胆逐瘀。方以利胆祛湿汤加减(茵陈、金钱草、大黄、栀子、黄芩、半夏、郁金、柴胡、银花、蒲公英、甘草)；脓毒型，治以清热解毒利胆，祛湿退黄。药用金钱草、茵陈、柴胡、银花、连翘、黄芩、香附、枳壳。配合西医综合治疗。共治急、慢性胆囊炎126例，其中气郁型46例，好转34例；湿热型71例，好转33例；脓毒型9例，好转4例。贾谢荣辨证分为：湿热型治以大柴胡汤合胆道排石汤加减；热毒型治以黄连解毒汤、五味消毒饮合茵陈蒿汤加减；正虚邪恋型给予四逆汤、茵陈蒿汤合一贯煎加减；厥脱型治以犀角地黄汤合清营汤加减，配合鼻饲紫雪丹或安宫牛黄丸、至宝丹。阳气欲脱者用参附汤或四逆汤。共治化脓性胆管炎60例，结果有效54例，无效6例。王玉茹等以辨证治疗为主，配合庆大霉素治疗为辅，治疗急性胆囊炎48例，其湿热蕴结型药选茵陈、金钱草、蒲公英、生大黄、郁金、栀子、元明粉；火毒炽盛型药用茵陈、生大黄、栀子、黄芩、元明粉、黄连、黄柏。结果治愈44例，转外科手术者4例。

(二) 辨病复方　蔡俊选取具有清泄湿热、疏肝利胆的中药金钱草、银花、半边莲、蒲公英、虎杖、白芍、三棱、柴胡、半夏配合西医综合疗法。治疗胆囊炎550例，结果痊愈417例，显效124例，有效9例，总有效率达100%。

（三）其他　顾家威用小陷胸汤加味，配合抗生素治疗急性湿热型胆囊炎62例，治愈25例，显效26例，好转6例，总有效率91.9%。黄志坚等以威芪汤（威灵仙、黄芪各50克）治疗气滞型胆囊炎42例，显效32例，有效6例，有效率90.48%。罗兴中采用柴胡、枳壳、川楝子、郁金、金钱草等治疗胆囊炎240例，有效率96.2%。龙庆余自拟活血利胆汤（丹参、赤芍、元胡、郁金、金钱草、蒲公英、柴胡、生山楂）加味治疗慢性胆囊炎30例，治愈18例，好转12例。马世祥等也自拟活血利胆汤（上方去蒲公英、生山楂，加莪术、大黄、茵陈、枳实、木香、瓜蒌、黄连、半夏、甘草）治疗84例，治愈18例，显效38例，有效23例，有效率94%。

（季　飚　纪　钧）

【胰腺炎的治疗与研究】

斐兢克报道治疗急性胰腺炎以大柴胡汤加减（柴胡、黄芩、半夏、枳实、姜竹茹、生大黄、川楝子、延胡索、鸡内金、生山楂）治疗急性胰腺炎216例，治愈213例，死亡3例。蔡福孙在本病疼痛早期，方用大柴胡汤，病在中、重型阶段，方用小承气汤或增液承气汤，配合西医综合治疗本病54例，治愈48例，6例中转手术。华英兰以清热通腑为法，运用一枝黄花注射液40毫升，每日加入补液中静脉滴注，配合玄明粉6～9克，每日2～3次冲服，共治急性胰腺炎84例，结果显效59例，好转14例，总有效率为87%，其疗程最短4天，最长12天。林沛勋用清胰汤（柴胡、黄芩、白芍、木香、延胡索、大黄、厚朴、枳实）配合西医综合疗法治疗水肿性胰腺炎30例全部痊愈；重症型10例，痊愈8例，无效2例。陈淑娇治疗急性胰腺炎50例，予清胰汤合茵陈蒿汤加减。除11例伴有并发症配合小量补液、抗菌西药治疗外，均痊愈。杨鑫等采用元胡、白芍、金银花、栀子、龙胆草、郁金、柴胡、半夏、生大黄、黄芩、香附为方，治疗胆道术后复发性胰腺炎33例，服药7剂痊愈者20例，服药14剂痊愈者9例，服药20剂以上症状好转者4例。刘培文用清胰汤（柴胡、木香、郁金、黄芩、大黄、芒硝）为主方，配合西药对症处理。共治老年性急性胰腺炎80例，痊愈73例，好转7例。其疗效明显优于单纯西药组。

孙同全等将急性出血性坏死性胰腺炎分二期施治：气血败乱期，治以扶正为主，祛邪为辅，运用生脉饮合增液承气汤加减；热结阳明期，宜重用通里攻下药，辅以清热解表，理气开郁之剂，方选清胰汤Ⅰ号加大陷胸汤（柴胡、黄芩、胡黄连、木香、元胡、杭白芍、生大黄后下、芒硝、甘遂），配合西医常规综合疗法。共治11例，6例治疗7天，腹部体征消失；5例治疗12天，腹部体征消失。11例患者全部治愈，平均疗程19天。

此外，贾玉杰等观察了栀子对实验性大鼠急性出血坏死性胰腺炎的防治作用，结果显示胰腺炎早期各脏器血流明显降低，栀子可使血流有所回升，其中以胰腺血流的恢复最明显。王兴鹏等发现川芎嗪能显著增加大鼠急性胰腺炎的胰腺相对血流量及灌注量，减轻胰腺病理形态损伤，提高大鼠存活率。焦东海等对单味大黄液对动物模型胰腺从水肿型到出血坏死型，从预防到治疗，从宏观到微观，从物理化学到生物化学的变化，比较科学地阐明了单味大黄液治疗本病的机理。

（韩　峰　纪　钧）

参考文献

B

白广德，等。中医为主治疗脱疽41例。广西中医药，1994；(5)：16

卞国本，等。辨证治疗小儿手足口综合征。四川中医，1992；(4)：20

C

蔡　俊。中西医结合治疗胆囊炎550例临床观察。河北中医，1994；(4)：42

蔡福孙。中西医结合治疗急性胰腺炎54例。福建中医药，1994；(6)：28

蔡国良，等。疮可愈治疗外科化脓性感染167例。陕西中医，1993；(10)：443

曹秀英，等。洁尔阴洗液治愈脓疱疮200例。长春中医学院学报，1994；(2)：50

曹永泉。肤愈散外敷治疗下肢溃疡一百例。浙江中医杂志，1993；(11)：519

陈　彬。九节木粉外敷治疗慢性皮肤溃疡32例。安徽中医学院学报，1994；(3)：41

陈　蕾，等。中药加艾灸对照治疗慢性小腿溃疡105例。中医研究，1994；(1)：36

陈定雄，等。自拟复方石榴皮煎剂外洗为主治疗慢性体表性溃疡——附50例对照分析。广西中医药，1994；(4)：5

陈根财。毒蛇咬伤治疗121例小结。浙江中医学院学报，1993；(3)：10

陈国馨。猪胆汁治疗慢性甲沟炎。新中医，1985；(6)：32

陈亮光，等。化腐生肌灵治疗臁疮138例疗效观察。新疆中医药，1994；(1)：12

陈美英，等。蛇伤灵注射液治疗蛇伤52例疗效观察。福建中医药，1990；(4)：17

陈媛清，等。活血消风散治疗慢性荨麻疹。福建中医药，1993；(6)：57

陈淑娇。辨证治疗急性胰腺炎50例。上海中医药杂志，1989；(5)：14

陈中春。旱莲草薏苡仁治疗扁平疣。四川中医，1992；(6)：39

陈灼铭。自拟方辨证治疗蛇伤观察。中医函授通讯，1994；(5)：封三

崔凤启，等。中西医结合治疗粘连性肠梗阻40例。实用中西医结合杂志，1994；(4)：202

崔志诚。收敛拔毒膏治疗脓疱疮。陕西中医，1989；(12)：550

D

戴铁生，等。去腐生新法治疗蝮蛇咬伤伤口不愈32例。江西中医药，1993；(3)：10

戴选勤。中西医结合治疗结节性红斑30例。广西中医药，1994；(6)：22

戴新涛。“疮疡宁”治疗疮疡287例。江苏中医，1994；(9)：17

党　铎。益气活血化瘀汤治疗结节性红斑60例。实用中西医结合杂志，1993；(8)：476

邓辛贵。蛇伤酒治疗毒蛇咬伤156例。广西中医药，1991；(1)：4

董寿琪。乳脐散敷脐治疗乳腺增生病。云南中医杂志，1994；(1)：24

董万和。三日愈散治疗脓疱疮212例。中西医结合杂志，1988；(7)：442

F

樊凤英。补肾调固法治疗乳腺增生病200例。山东中医学院学报，1994；(4)：248

斐競克。大柴胡汤加减治疗急性胰腺炎216例。浙江中医杂志，1988；(6)：252

冯伟庚。冯氏软膏治疗疮疡1500例。江苏中医，1994；(11)：21

房文彬，等。黑布膏贴治烧伤瘢痕好。新中医，1986；(12)：8

G

高步琴。自拟消银汤治疗银屑病40例疗效观察。山西中医，1994；(2)：11

高维军。通脉汤Ⅱ号治疗下肢血栓性静脉炎34例。陕西中医，1994；(3)：111

龚景林。辨证治疗玫瑰糠疹52例。山西中医，1989；(1)：23

顾家咸。中西医结合治疗急性胆囊炎62例。江苏中医，1994；(4)：17

顾文忠。中西医结合治疗术后粘连性肠梗阻126例。中国中医急症，1994；(6)：258

郭长城，等。药物乳罩治疗乳腺小叶增生50例。河北中医，1994；(1)：24

郭守芳，等。浅谈臁疮病因及中西医结合疗法。中国乡村医生，1993；(11)：31

郭训礼，等。脱疽散为主治疗血栓闭塞性脉管炎56例。河南中医药学刊，1994；(3):43

H

韩福现，等。乳腺舒胶囊治疗乳腺增生病136例。新疆中医药，1994；(4):10

韩仲成，等。杨柳克银膏治疗银屑病162例。北京中医药大学学报，1994；(2):55

何瑞康，等。冰硼散治疗婴幼儿外耳湿疹100例。中国农村医学，1994；(2):63

贺菊乔。蛇伤消肿散外敷治疗蝮蛇咬伤59例。湖南中医学院学报，1994；(1):21

贺世勋，等。脓皮糊剂治疗脓疱疮102例疗效观察。中国农村医学，1994；(9):61

胡安康。自制复方氧化锌油膏治疗脓疱疮50例。中西医结合杂志，1989；(6):374

胡劲倍。提吊膏治指甲沟炎。江苏中医，1989；(8):9

护理研究室。"疮灵液"治疗疮疡261例。南京中医学院学报，1994；(5):52

华英兰，等。清热通腑治疗急性胰腺炎84例。辽宁中医杂志，1994；(8):362

黄吉时。秦皇祛斑茶治疗黄褐斑。新中医，1994；(10):45

黄坤成，等。中西医结合治疗五步蛇咬伤临床研究中级医刊，1994；(4):53

黄梅生。凌霄花合剂治疗荨麻疹95例。广西中医药，1994；(3):7

黄振瑞。乌鸡白凤丸治疗乳腺囊性增生100例临床观察。河北中医，1994；(5):6

黄志坚，等。威芪汤治疗气滞型胆囊炎42例体会。中国乡村医生杂志，1994；(10):25

J

姬云海。滋肾养肝汤治疗老年颜面黧黑症30例。陕西中医，1994；(12):542

贾北平。中药治疗烧伤增生性疤痕66例。河南中医，1986；(5):14

贾谢荣。急性化脓性胆管炎的辨证施治。浙江中医杂志。1994；(4):152

贾玉杰，等。栀子对大鼠出血性胰腺炎早期内脏血流影响。中国中药杂志，1993；(7):431

姜菊英，等。少腹逐瘀汤治疗肠粘连。实用中西医结合杂志，1994；(7):437

蒋官正。中药浸泡治疗甲沟炎68例。中国中西医结合杂志，1994；(3):166

蒋建婷。中药预防和治疗肛门病术后感染。中日友好医院学报，1994；(1):32

蒋圣义。外敷云南白药治疗早期急性乳腺炎100例。湖北中医杂志，1994；(3):8

焦东海，等。单味大黄液治疗急性胰腺炎实验研究。中国中医急症，1993；(2):76

金　超。青黄八味散治疗甲沟炎瘸肉外翻65例。四川中医，1994；(7):42

金东明，等。消积排通汤治疗蟹足肿。吉林中医药，1988；(1):5

荆　刚，等。大黄粉外敷治疗甲沟炎。黑龙江中医药，1994；(3):42

车乃增。中西医结合治疗结节性红斑的临床观察。陕西中医，1988；(6):252

L

蓝茂璞。鹅掌风辨证外治的我见。实用医学杂志，1988；(5):41

李　琦，等。红黄膏治愈脓疱疮48例。中医药研究，1994；(2):41

李德新。鸦赤散擦剂治疗寻常疣扁平疣112例。湖北中医杂志，1992；(1):48

李耕田。犀角地黄汤加味治疗迁延性玫瑰糠疹。山东中医杂志，1990；(5):50

李加坤。中药外用治疗扁平疣。辽宁中医杂志，1991；(4):40

李开正。中药治疗脓疱疮156例报告。山东医学，1989；(6):52

李孔定，等。脱敏合剂治疗荨麻疹和湿疹178例。成都中医学院学报，1994；(3):23

李路安，等。急腹症术后中西药联用预防粘连性肠梗阻。中国中西医结合杂志，1994；(7):440

李庆烈，等。磁疗超声与如意金黄散治疗慢性期浅静脉炎。中医药研究；1994；(4):21

李淑萍。四黄膏合生肌膏治疗慢性溃疡65例。新中医，1994；(7):55

李文刚，等。竹芯饮预防肛门术后小便困难536例。甘肃中医，1994；(3):20

李小平，等。祛腐生肌散治疗慢性疮疡30例疗效分析。实用中西医结合杂志，1994；(2):105

李心红。健脾利胆汤治疗掌蹠脓疱疮100例。中医函授通讯，1994；(3):30

李佑民，等。祝谌予过敏煎治疗玫瑰糠疹有良效。新中医，1993；(9):45

李玉华，等。中药治疗新生儿脓疱疮40例。内蒙古中医药，1993；(3):44
李志文，等。五虫汤治疗荨麻疹69例。湖北中医杂志，1994；(3):31
梁诘利。清热胜湿汤加减治疗结节性红斑。中医杂志，1992；(1):18
梁文法。苦木注射液治疗毒蛇咬伤63例。中国中药杂志，1991；(1):55
林方略，等。中西医结合治疗急性肠梗阻 659 例临床分析。天津中医，1994；(3):14
林沛勋。中西医结合治疗急性胰腺炎。天津中医，1994；(4):6
凌新民。克银方治疗寻常型银屑病72例疗效观察。光明中医，1994；(1):25
龙庆余。活血利胆汤治疗慢性胆囊炎运用。黑龙江中医药，1994；(5):24
刘宝万，等。中西医结合治疗乳腺增生病 306 例疗效观察。江苏中医，1994；(8):19
刘光珍，等。银屑净口服液治疗银屑病260例。北京中医药大学学报，1994；(6):56
刘家磊。辨证论治乳腺增生226例疗效观察。天津中医，1994；(2):21
刘金荣，等。自拟当归半夏乳没散外敷治疗急性乳腺炎45例。内蒙古中医药，1994；(4):28
刘立华，等。刺五加片治疗黄褐斑有效。中成药，1993；(4):46
刘谋升。复方艾叶煎浸洗法防治烧伤疤痕增生及创面瘙痒症56例小结。湖南中医杂志，1990；(5):8
刘培文。中西医结合治疗急性胰腺炎80例。天津中医，1994；(1):9
刘世琴，等。中药内服及皮肤美容治疗黄褐斑。新中医，1994；(7):49
刘天骥，等。单味薏苡仁治疗扁平疣96例。四川中医，1993；(8):41
刘天俊。治疗玫瑰糠疹验方。贵阳中医学院学报，1994；(4):30
刘晓荣，等。瘢痕软化膏治疗烧伤后瘢痕105例。陕西中医，1994；(2):55
刘行稳。黄地膏外敷治疗甲沟炎29例。湖北中医杂志，1989；(3):封四
刘远坝。芙蓉叶治疗瘢疤疙瘩36例。陕西中医，1990；(9):419
刘玉海，等。祛湿清热通瘀胶囊治疗银屑病41例临床观察。四川中医，1994；(4):46
刘玉璞。上中下痛风方加减治疗结节性红斑25例。新中医，1987；(4):35
陆世珍，等。香附木贼煎剂外敷治疗扁平疣42例。甘肃中医，1991；(4):38
陆树柏。桃红四物汤加减治疗扁平疣30例疗效观察。云南中医杂志，1991；(6):13
栾佩岳。消疣饮治疗扁平疣 135 例。陕西中医，1990；(12):552
罗心田。疣洗方合鲜鸡肫皮外搽治疗扁平疣32例。湖北中医杂志，1993；(5):封底
罗兴中。中药治疗胆囊炎240例。陕西中医，1994；(7):305
骆伟雄，等。消斑健身散内服加倒模面膜治疗黄褐斑54例。实用中西医结合杂志，1993；(12):761

M

马国明，等。牛黄乌蛇散治疗银屑病1005例。山东中医学院学报，1994；(6):382
马瑞莲，等。活血化瘀法为主治疗血栓闭塞性脉管炎临床及实验研究。现代中医，1994；(1):13
马玉林，等。治疗鹅掌风352例临床体会。黑龙江中医药，1988；(5):24
马绍尧，等。辨证治疗系统性红斑狼疮96例临床观察。新中医，1994；(3):45
马世祥，等。自拟活血利胆汤治疗慢性胆囊炎。中国乡村医生，1994；(4):23
毛建平，等。磁片敷法治乳腺增生103例疗效观察。中医药研究，1994；(3):24
梅连香，等。祛疣汤治疗扁平疣疗效观察。中医函授通讯，1993；(3):42
孟　浩。中西医结合治疗蝮蛇咬伤94例临床总结。光明中医，1994；(1):23
苗后清，等。消炎解毒方治疗术后创面愈合不良48例。陕西中医，1994；(6):258

N

倪毓生，等。中西医结合治疗蝮蛇咬伤 503 例临床分析。中西医结合杂志，1990；(11):660
钮晓红，等。中药外治淋巴结结核 210 例临床与实验研究。中国中西医结合杂志，1994；(7):412

O

欧阳东。以中医为主治疗脓疱疮300例体会。湖南中医杂志，1990；(4):17

P

潘　洁。祛斑散倒模配合六味地黄汤加味治疗黄褐斑17例。广西中医药，1994；(1)：7

庞维新，等。龙胆紫调涂黛柏散治疗小儿湿疹150例。河北中医，1994；(2)：14

Q

丘晓光，等。三种方法治疗乳腺增生病258例。辽宁中医杂志，1994；(11)：509

裘凝才。辨证治疗结节性红斑76例。北京中医，1991；(6)：32

S

单立真，等。红花注射液治疗结节性红斑326例临床观察。中医药研究，1994；(2)：37

上官钧。马齿苋粉治脓疱疮。新中医，1987；(8)：8

尚尔书，等。小儿湿疹辨证施治200例临床观察。吉林中医药，1994；(5)：17

沈　鹏。平疣酊治疗扁平疣。中国中西医结合杂志，1993；(7)：416

石林阶。当归拈痛汤加减治疗脓疱疮86例。湖南中医杂志，1990；(6)：42

司在和。活血利湿汤治疗结节性红斑。浙江中医杂志，1989；(3)：112

消疣灵治疗扁平疣173例。河南中医，1990；(6)：27

凉血散风汤治疗玫瑰糠疹的体会。中国乡村医生，1994；(12)：5

宋厚明，等。中药治疗脓疱疮300例。陕西中医，1986；(4)：174

苏素真，等。止痛消炎膏治疗输液后静脉炎72例。福建中医药，1994；(2)：封四

孙　进。中西医结合治疗老年人粘连性肠梗阻380例。天津中医，1994；(1)：18

孙同全，等。急性出血性坏死性胰腺炎的中西医非手术治疗。浙江中医学院学报，1994；(5)：32

孙盛忠。中医药治疗手足口病12例。中医杂志，1994；(5)：316

孙兴龙，等。中药治疗臁疮27例。山东中医杂志，1994；(11)：504

孙树志，等。中西医结合治疗老年胆道感染126例。山东中医杂志，1994；(8)：361

T

谭国雄，等。中药吹烘疗法治疗鹅掌风。新中医，1993；(7)：41

谭珠容。中西医结合非手术疗法治疗急性肠梗阻42例。新中医，1994；(8)：41

汤鲁霞。消痈散结Ⅰ号、Ⅱ号片治疗乳癖200例。黑龙江中医药，1994；(5)：28

汤鲁霞，等。化瘀利湿汤治疗下肢深静脉血栓形成60例。山东中医杂志，1994；(4)：164

汤一鹏，等。通脉活血汤治疗血栓性静脉炎40例临床小结。安徽中医学院学报，1994；(1)：38

汤云龙，等。中药内服外洗治疗内痔374例。陕西中医，1994；(4)：158

唐　英。消瘿汤加减治疗甲状腺良性肿块273例。广西中医药，1994；(1)：21

唐玉勤。中药外洗治疗鹅掌风90例。辽宁中医杂志，1988；(3)：27

陶加安，等。溶栓汤治疗脱疽342例临床观察。甘肃中医学院学报，1994；(1)：21

田增光。辨证分型治疗乳腺增生50例。河北中医，1994；(5)：25

W

万日义，等。复方铜钱草制剂治疗瘢痕简介。中国中药杂志，1990；(8)：58

汪国和，等。蛇药胶囊治疗蛇咬伤272例疗效观察。中西医结合杂志，1990；(7)：435

汪怡高，等。抗粘汤治疗肠粘连580例临床观察。中国中西医结合杂志，1994；(4)：202

王　贵。中草药治疗血栓闭塞性脉管炎。新疆中医药，1994；(3)：53

王道俊，等。大黄木贼汤外洗治疗扁平疣42例。辽宁中医杂志，1991；(5)：39

鹅灵浸泡治疗鹅掌风308例。浙江中医杂志，1992；(5)：212

王殿祥。防风通圣丸治疗扁平疣67例。中国乡村医生，1994；(3)：33

王冬娜。中药内外合治扁平疣80例。湖南中医杂志，1991；(2)：42

王洪海。利湿活血汤治疗深静脉血栓形成64例临床观察。新中医，1994；(6)：25

王季云。活血化瘀法治疗索状静脉炎100例。实用中医药杂志，1994；(1)：34

王建华。硬吊搽剂加红外线照射治疗切口疤痕结节28例。长春中医学院学报，1994；(2)：50

王树瑜。手足口综合征的中医辨证论治。天津中医，1988；(2)：8

王双树。中药外敷治疗臁疮41例。河北中医，1994；(2):15
王恩江，等。脉散Ⅰ—Ⅱ号治疗血栓闭塞性脉管炎110例。河北中医，1994；(2):2
王晓光，等。青蛤散治疗银屑病51例。四川中医，1994；(10):48
王兴鹏，等。川芎嗪对急性胰腺炎大鼠胰腺血流量影响与治疗作用。中国药理学通报，1993；(5):367
王永泉，等。化腐生肌膏治疗溃疡不愈50例。实用中西医结合杂志，1994；(9):541
王玉奇。保安汤治疗冷性荨麻疹临床观察。新中医，1994；(4):47
王玉茹，等。中西医结合治疗急性胆囊炎48例疗效观察。中原医刊，1994；(3):20
卫莲郡，等。疤痕止痒软化膏治疗增殖性疤痕的临床观察。中医杂志，1981；(11):27
魏焕华。紫草合剂治疗玫瑰糠疹26例。江苏中医，1990；(6):16
文金海。中药治疗肠梗阻45例。陕西中医，1994；(6):255
翁丽丽，等。中药面膜综合疗法治疗面部黄褐斑40例。福建中医药，1994；(4):43
吴　菁。猪胆汁局部浸泡治疗甲沟炎20例报告。贵州医药，1988；(3):153
吴锦发，等。补肾为主治疗黄褐斑。四川中医，1994；(3):46
吴全林。雷公藤汤治疗寻常型银屑病100例疗效观察。河北中医，1994；(5):10
吴仲安。中药治疗扁平疣临床疗效观察。中国中药杂志，1991；(3):181

X

夏前琪。加味皮炎洗剂治疗脓疱疮150例。江苏中医杂志，1987；(6):2
肖　洁。中医药治疗婴儿湿疹67例小结。湖南中医学院学报，1994；(2):28
肖由美，等。中草药治疗毒蛇咬伤58例疗效观察。蛇志，1993；(2):53
肖诏玮，等。卤地菊汤治疗小儿手足口病62例。福建中医药，1994；(2):36
孝风仙，等。五根汤化裁治疗结节性红斑。中医药研究，1989；(6):20
谢　勇。活血除湿汤治疗结节性红斑47例。江苏中医，1994；(4):19
谢荣名。《温热论》凉血解毒法治疗脓疱疮100例。湖南中医杂志，1993；(6):40
谢舜枬，等。顽固性尖锐湿疣80例临床观察。上海中医药杂志，1994；(1):16
谢智慧，等。中西药治疗黄褐斑疗效观察。北京中医，1994；(5):29
熊光明，等。普济药膏治疗中、小面积Ⅱ°、Ⅲ°烧伤628例临床及实验研究。中国中西医结合杂志，1994；(7):415
熊小明。全蝎治疗乳癣60例。江西中医药，1994；(1):61
徐保来。跌打丸外用治疗急性乳腺炎。时珍国药研究，1994；(1):216
徐保来，等。自拟青黛散治疗小儿脓疱疮。四川中医，1993；(9):40
徐锦芳。清解收湿法外治婴儿湿疹的护理。江苏中医，1994；(9):35
徐胜德。大千洗剂治疗扁平疣42例疗效观察。中级医刊，1994；(3):58
徐宜厚。中药治疗玫瑰糠疹的疗效分析。辽宁中医杂志，1986；(1):23
徐银昌。中西医结合治疗粘连性肠梗阻48例报告。天津中医，1993；(6):39
许佩玲，等。祖传《天仙消肿膏》治疗丹毒288例。福建中医药，1994；(6):12

Y

严可斌，等。冰雄散浸泡治疗鹅掌风。上海中医药杂志，1994；(9):23
严丽英。化瘀祛斑胶囊治疗黄褐斑188例。新中医，1994；(12):38
阎　逵。剔疣汤治疗扁平疣78例。陕西中医，1990；(3):129
阎银宗，等。静脉消肿液配合脉络宁治疗静脉血栓形成30例。河南中医，1994；(9):301
杨　鑫，等。胆道术后复发性胰腺炎的治疗。甘肃中医，1994；(6):24
杨德生，等。治癣汤治疗鹅掌风180例。吉林中医药，1994；(1):33
杨殿玉，等。生肌玉红膏治疗溃疡疮面的疗效观察。中国中医骨伤科杂志，1994；(1):49
杨洪浦。扶正法治疗顽固性扁平疣。天津中医，1990；(3):8

杨景海，等。克疣汤治疗扁平疣45例。北京中医学院学报，1991；(3):43

杨启营。中西医结合治疗乳腺增生80例。山东中医杂志，1994；(9):412

杨雪萍。中西药并用治疗瘢痕疙瘩90例。南京中医学院学报，1993；(4):52

姚玉珍。用活血化瘀法治疗瘢痕疙瘩的临床体会。北京中医，1987；(4):25

应文魁，等。瘢痕止痒软化膏治疗增殖性瘢痕76例。中国中西医结合杂志，1994；(12):726

俞 姗。平疣冲剂治疗扁平疣300例。江苏中医，1994；(10):19

俞友根。加味泻黄散治疗手足及口病58例。辽宁中医杂志，1994；(5):218

俞友根，等。凉血消风、清热解毒法治疗玫瑰糠疹64例。四川中医，1994；(7):38

虞柏成。中西医治疗各种毒蛇咬伤531例体会。蛇志，1994；(2):51

袁银山，等。香蓉散治疗体表化脓性感染的临床观察。中国医药学报，1994；(1):15

Z

詹乃俊。疏风祛湿汤治疗婴幼儿湿疹36例。浙江中医杂志，1994；(6):262

张 华，等。大黄甘草汤治疗接触性传染性脓疱疮116例小结。湖南中医杂志，1994；(4):36

张 花，等。月经前后用药治疗女性色素沉着斑30例。辽宁中医杂志，1994；(8):363

张崇先，等。九味消银散治疗银屑病120例。安徽中医学院学报，1994；(3):38

张家敬。辨证治疗结节性红斑72例。浙江中医杂志，1986；(9):402

张建华。中药治疗疖病120例。陕西中医，1994；(2):79

张洁帆。蛇医朱道章治疗蝮蛇咬伤1117例临床报告。上海中医药杂志，1992；(2):30

张铭琏，等。310合剂治疗粘连性肠梗阻54例报告。天津中医，1992；(1):33

张全喜，等。中药治疗慢性创口不愈。吉林中医药，1994；(3):33

张书林，等。润脂膏治疗鹅掌风88例。河北中医，1989；(6):38

张文淑。辨治银屑病及远期疗效观察。辽宁中医杂志，1994；(3):124

张心清，等。复方五倍子膏治疗婴儿湿疹疗效观察。河南中医，1994；(5):314

张子惠。解毒除疣汤治疗扁平疣。四川中医，1992；(4):44

章正兴。化瘀愈疡膏治疗慢性皮肤溃疡。中国医药学报，1994；(2):27

赵 斌。桃红四物汤加味治疗扁平疣67例。新疆中医药，1990；(3):40

赵 龙。青黛散治疗脓疱疮48例。陕西中医，1992；(2):81

赵邦全。龙蛇消疹汤治疗慢性顽固性荨麻疹52例。四川中医，1994；(9):44

赵绛波，等。甲沟炎治验。河南中医，1992；(2):83

赵丽平。益气解毒活血法治疗扁平疣35例。北京中医学院学报，1993；(6):58

郑彬彬。大龙散外用治疗动脉硬化性闭塞症112例。中医杂志，1994；(8):487

郑延平，等。消疣汤治疗扁平疣48例。山东中医杂志，1994；(9):401

钟锦强。红花鸡内金治疗扁平疣。浙江中医杂志，1990；(5):210

周爱婷。张贵印治疗荨麻疹200例。河北中医，1994；(3):24

周德江，等。水晶膏治疗扁平疣300例。安徽中医学院学报，1990；(2):42

周世杰，等。云南白药治疗输液性静脉炎57例。中国中药杂志，1994；(7):438

朱惠云。"塞鼻灵"治疗乳腺增生病50例临床观察。南京中医学院学报，1994；(5):18

朱明泉，等。中西医结合治疗婴儿湿疹158例。中国乡村医生，1994；(5):28

朱胜良，等。陈氏膏对慢性化脓性骨髓炎模型的实验研究。中医杂志，1994；(9):553

朱越洋，等。消疹散外治荨麻疹52例。江苏中医，1994；(3):19

邹 伟。葱白泥外敷治疗急性乳腺炎30例。河南中医。1994；(4):254

邹世光。复合仲景方治老年性皮肤瘙痒症122例。甘肃中医，1994；(6):14

(7) 骨 伤 科

【概述】

1994年在骨伤专业和中医综合性杂志上发表了有关中医骨伤科方面的论文约1000余篇，属于临床和实验研究的报道约占95%。从总体上来看，虽无突破性进展，但在研究的深度和广度方面较以往有所提高。

(一) 理论探讨 (1) 病因病机：张珊珊等为了观察外伤血瘀与肾脏病理变化的关系，将42只家兔分为实验组及对照组，实验组家兔作右下肢肌肉压伤以造成青紫、水肿等症状，再用病理形态学方法观察外伤血瘀对肾脏的影响。结果发现：实验组伤后1～3天，肾出血、瘀血、炎症的病变率均高于对照组，有极显著性差异 ($P<0.01$)。认为其病机是"恐伤肾"及外伤血瘀发生后，脾主四肢肌肉和肝主筋，藏血统血机能受到损害，致使肾脏亦受影响。(2) 诊断、治则：王选章等提出中医伤科的形气辨证法。其辨证法为：凡痛、痒、麻、木、冷、热、有力、无力、紧张、松弛等是气机变化的表现；而肿胀、凹陷、长出、短缩、青紫、瘀血等都是形变的标志。在治疗上，气伤用远调，形伤用局部治疗，若形气俱伤则辨其先后、轻重决定治法。郑瑞生认为，外伤在辨证施治方面须特别强调的理论和治则是"肢体损于外，气血伤于内"和"筋骨并重，筋骨内合肝肾"。赵文海介绍了摸法在骨伤科诊断骨骼病变和软组织损伤中的应用。孙铮等则强调在使用"手法"治疗时，必须根据各种骨折的病机，定出恰当的施术步骤，做到"机触于外，巧生于内，手随心转，法从手出"。陶有略认为，伤科除外用手法外，辨证用药亦很独特，若以脏腑理论为核心辨治，上肢可选用黄芪、当归、白芍、五味子、川断、淮山药、冬虫夏草、川芎；下肢用熟地、川芎、党参、山茱萸、枸杞子、桑椹子、鳖甲胶、附子、肉桂、牛膝、木瓜；脊背损伤后期则以右归丸为主加鹿角胶、狗脊、威灵仙、桂枝。此外，还有叶秀兰等归纳了益气化瘀法在骨伤科的应用，郑召民探讨了骨内高压与活血化瘀法的关系等。(3) 名词术语规范化：何振辉对正骨手法名称"纵压"、"横挤"从词义、操作方法、功能诸方面阐述其含义，进而分析了正骨手法名称杂乱的现状并对其提出规范化的建议。梁伟澜分析统计了近年出版的5本较为成型的骨伤科专书，发现其中收载的接骨方药均存在缺乏统一性和规范性的问题，如药名混乱、作用类似的药物重复使用、药量不一、功效不一、古方不适今用、剂型陈旧等，并探讨了对其规范化的方法。(4) 中医骨伤科现代化：赵勇等试图以系统论、控制论、信息论来揭示小夹板固定治疗骨折的实质和规律，探讨了骨折诊治的信息变换、夹板固定的系统思想、骨折愈合的黑箱方法。吴启正等将决策理论应用于腰椎间盘突出症的治疗实践，尚钧等介绍了骨折治疗的新趋向，杨小欣则探讨了中医骨伤科学教学模式的改革。(5) 文献研究：丁继华报道中医骨伤科古医籍文献库的研制进展，介绍已将春秋战国以来直至明清的中医骨伤科文献经筛选、整理和点校后储存于电子计算机供使用。此外，还有丁铭等研究了《武威汉代医学简读》，张建华评析了汪机的《外科理例》，杨友发探讨了《正体类要》的脏腑内治特色等。

(二) 老中医经验 张梦环介绍郭维淮治疗慢性膝关节滑膜炎的经验有：内服通经活利汤（黄芪、当归、川断、柴胡、丹皮、姜黄、萆薢、秦艽、桑寄生、牛膝、甘草），外洗用甘戟利节汤（苏木、红花、花椒、艾叶、大戟、甘遂、甘草、伸筋草、老鹳草、黄柏、荆芥、防风、米醋），配合功能锻炼等。石凤霞总结了石氏伤科的经验，认为其要点有内伤注意经络，外伤着重筋骨，伤损内证以肝经为主等。此外，还有施泽生介绍了张鉴铭的学术经验，王锡林总结了黄乃聪骨折分期辨证论治的经验，张继祥等归纳了杨天鹏的理筋手法，王洪全等介绍了苏宝恒诊治桡骨小头半脱位的经验等。

（三）临床研究　约有850余篇报道，是本年度的重点。其中骨折约占25%，脱位占7%，骨病占25%，软组织损伤占38%，内伤占5%。本卷已设专条介绍的有锁骨骨折、肘部骨折、腕部骨折、肩锁关节脱位、颈椎病、膝关节骨关节炎、腰椎间盘突出症、头部内伤等。此外，还有许多临床报道均取得一定进展。如刘仲魁等用“骨原丹胶囊”治疗骨折196例，并与对照组(服用骨折挫伤散)比较，发现治疗组骨愈合时间明显缩短($P<0.01\sim0.05$)。祁开泽运用中医辨证施治，配合仰卧垫枕、功能锻炼等中医传统方法治疗脊椎屈曲型压缩性骨折180例，痊愈66例，近愈68例，好转46例；总有效率为100%。郭宗浩等用中西医结合法治疗肱骨外科颈骨折54例，全部达到骨性愈合，大部分解剖对位或功能对位良好。宋世锋等将365例股骨干骨折分为中西医结合及髓内固定治疗二组，对这两种疗法进行了比较分析，发现其平均临床愈合时间相差不大，但中西医结合治法适应于粉碎性骨折、复合伤、儿童及老弱病残不能耐受手术者，并探讨其并发症的防治。罗宏金对髌骨骨折的五种整复固定法及其118例临床运用情况进行了总结，认为“经皮肤银丝捆扎固定”、“弹性带牵拉固定”、“抓髌器固定”、”锥形螺纹牵推器固定”四法，弥补了传统“抱膝圈固定”的不足，丰富和发展了髌骨骨折的整复固定法。李公伦等用夹板加牵引、中草药外敷治疗胫腓骨多段骨折175例，均获愈合，愈合时间平均35.5天，其中疗效优者124例(占70.86%)，良51例（占29.14%）。杨连梓等以手法为主的中西医结合疗法治疗踝关节骨折110例，获优29例，良52例，尚可25例，差4例；优良率为73.6%。胡金奎等用“抬举拔伸法”整复肩关节脱位104例，均获成功；认为该手法有利于和解、摆脱破损组织对复位的闭锁或阻挡。张建福用双“8”字固定带治疗婴幼儿先天性髋关节脱位167例（225髋），经平均5.5个月随访，获优157髋（占69.8%），良67髋（占29.7%），有缺血性坏死1例(占0.4%)。由克举用斜扳牵抖手法配合中药治疗腰椎骨错缝420例，获一次整复痊愈者287例（占68.4%），显效86例（占20.4%），有效47例（占11.2%）；总有效率为100%。武小妮等用中药电泳离子导入法治疗骨质增生2100例，经平均治疗20次后，获近期痊愈1176例（占56%），显效688例（占32.8%），好转228例（占10.8%），无效8例（占0.4%）；总有效率99.6%。沈霖等用青娥丸加味治疗老年性骨质疏松症52例，治疗3月后，46例(占88.46%)患者腰背疼痛减轻甚至完全缓解，肾虚症状亦明显好转；X光摄片椎骨萎缩度未见发展。焦伯魁等用“清痹灵胶囊”治疗强直性脊柱炎189例，获显效105例(占55.5%)，有效58例（占30.7%），无效26例（占13.7%），总有效率为86.2%。徐福宁用“抗痨丹”、“流痰膏”内外并治骨与关节结核332例，获临床痊愈295例（占88.9%），显效27例（占8.1%），无效10例（占3%）；总有效率为97%。宋子英采用刮痧疗法加中药治疗肩周炎120例，获痊愈110例（占91.7%），有效10例(占8.3%)。刘荣新等用闭式松解法治疗臀性坐骨神经痛984例，经平均6个月随访，获1次松解痊愈647例，2次松解痊愈190例，好转119例，无效28例；总有效率为97.15%。刘克墀用“软安散”外敷治疗软组织损伤600例，用药2次为1个疗程。结果：1疗程治愈192例（占32%），2疗程治愈236例（占39.3%），3疗程治愈121例（占20.1%），无效51例(占8.5%)；总有效率为91.5%。刘会峰等用中西医结合法治疗急性脊髓损伤40例，获显效28例，有效7例，好转5例。林礼清用“点穴

疗法"治疗脊髓损伤引起的尿失禁20例，获临床治愈3例，显效14例，进步2例，无效1例。朱雪亮辨证施治胸胁损伤60例，用中药、按摩、药液外搽、拔火罐等法内外兼治，获治愈50例，好转8例，无效2例。

（四）实验研究　约有40余篇涉及中医药促进骨折愈合，治疗骨病、软组织损伤、内伤等方面的报道。如夏志道等的壮骨素促进骨折愈合的实验研究，顾志华等的功能锻炼对骨愈合影响机理的实验研究，沈霖等的补肾密骨液对实验性骨质疏松症的影响，任峰的益气养血通络法对小鼠骨关节病的实验研究，香卫红等的去伤片对大鼠外伤瘀血模型血液流变学的影响，白孟海等的高乌甲素霜搽剂治疗急性软组织损伤的实验，李义凯等的黄芪、丹参对体外培养雪旺氏细胞影响的实验研究等。这些研究均达到一定的水平，对本学科的发展起到了促进作用，详见有关专条。

本年度，获国家中医药管理局中医药科技进步奖的奖励项目，二等奖有王殿喜等的中药治疗腰椎间盘突出症，杨茂清等的钳持端提回旋手法复位经皮逆行穿针内固定治疗锁骨骨折的应用研究；三等奖有郭培华等的氟骨症1号治疗重度氟骨症的临床研究，邓福树等的闭合性矫治骨折畸形愈合的基础与临床研究，廖福龙等的外伤血瘀与化瘀的流变学实验研究，张建福等的双8字固定治疗婴幼儿先天性髋关节脱位的临床研究。年内出版的专著有李吉茂等的《中医伤科用药方法与常用方》，刘进海的《颈肩痛与手法治疗》，马在山的《马氏中医治疗股骨头坏死》等。召开的学术会议有'94中国洛阳中医骨伤国际培训暨学术研讨会等。

（施　杞　方东行）

【锁骨骨折的整复与固定】

杨茂清用自行设计的端提回旋复位经皮逆行穿针内固定法治疗锁骨骨折253例，平均经23个月随访，获优242例，良7例，尚可4例，优良率98.42%，平均愈合时间30.3天。与传统方法（"∞"字绷带固定法、双圈固定法、切开复位法）各组比较，不仅优良率高，而且愈合时间较短。李尔年指出，目前一般主张本病用闭合手法整复加外固定疗法，其整复重点多指骨折远近端上、下重迭移位的纠正，很少有人谈及锁骨骨折有旋转移位及其手法整复的问题。针对这一问题，李氏等通过76例的临床观察后指出，锁骨骨折的旋转移位均是旋前移位，只是不同步；旋后移位是非常罕见的。这种旋转移位不纠正，日后可导致肩锁、胸锁关节功能不协调，并可导致创伤性关节炎的发生，以致在举肩、环肩运动时产生疼痛。作者介绍了二种整复手法。梁伟雄根据生物力学原理，认为锁骨骨折整复时最有效的伸肩手法是使患者双肩在与躯体正中轴相垂直的平面内围绕该轴运动。仰卧式整复法与坐式整复法相比能更有效地避免耸肩动作，因此它能产生更大的复位力矩。作者采用仰卧式整复法整复8例患者，效果颇为理想。肖兴义指出，目前锁骨骨折的非手术治疗中，遗留锁骨畸形愈合者高达88%，对其引起的胸锁关节创伤性关节炎尚未引起人们的重视。为此，通过对107例锁骨畸形愈合患者的随访调查，发现并发胸锁关节创伤性关节炎者有16例，占14.9%。并就其发病机理、临床表现及治疗等问题进行了阐述，主张在治疗锁骨骨折时尽可能达到解剖复位或近解剖复位，以降低锁骨畸形愈合率和并发症的发生。

（万富安）

【肘部骨折的整复与固定】

（一）肱骨髁上骨折　陈炳坤进行了肱骨髁上骨折断端移位因素导致肘内翻的定量分析。结果发现：原始损伤机制可以成立（$P<0.01$），尺倾、内旋是肘内翻的主要相关因素（$P<0.01$），桡倾、外旋是肘内翻的主要负相关因素（$P<0.01$），提示整复时应先作$4.7^\circ+(2-6^\circ)$左右的桡倾以减少肘

内翻的发生。王胜利用手法折骨治疗肘内翻畸形 12 例，术后一年随访患肘携带角与健肘基本相等，无肘内翻畸形。其治法是在以生物力学的手段对肱骨髁上局部应力场进行有限元分析的基础上制定的，并应用前臂外展支架以防止远折端的内倾内旋。李青龙用松解整复法治疗陈旧性肱骨髁上骨折 264 例，经半年以上随访，获优 108 例，良 124 例，尚可 29 例，差 3 例；优良率为88%。该法具有操作简便、安全可靠、疗程短、费用少的特点。任志凯用手法复位外翻矫形夹板固定治疗肱骨髁上骨折 136 例，随访 105 例，肘内翻总发生率为 9.5%。曲小雨改良自制了一种外固定器用于治疗儿童肱骨髁上骨折，其原理是利用牵引、紧张骨膜使之产生袖套作用而达骨折复位。具有使用方便、创伤小、复位准确、固定牢固的特点，能有效地预防并发症的发生。临床治疗 27 例，均未出现肘内翻及缺血性肌挛缩，经 3～6 个月随访，肘关节活动功能恢复。

（二）尺骨鹰嘴骨折　姜友民设计和应用钳夹加压固定器治疗尺骨鹰嘴骨折 210 例，经 3 个月～8 年随访，解剖及近解剖复位率为97.6%，关节功能恢复优良率为 98.88%。该器械是根据杠杆原理利用机械产生的纵向拉力和横向压力作用于骨折块上，完成骨折复位和固定的。适用于各类型尺骨鹰嘴骨折，关键在于根据骨折的不同类型，选取适当固定点。

（三）桡骨颈骨折　马元璋用经皮撬拨复位法治疗桡骨颈骨折 56 例，获复位良好 46 例，较好 6 例，不良 4 例。经平均 3 年 7 个月随访，复位良好和较好的 44 例中，后期疗效良好 32 例，较好 11 例，一般 1 例。刘献祥进行了肱二头肌对桡骨干上⅓骨折影响的生物力学研究。结果显示：肱二头肌的转动分量很大，几乎等于肱二头肌力，稳固分量较小；对肘关节的矩以旋后位最大，旋前位次之，中立位最小；表明桡骨干上⅓骨折时易形成“骨折近端向后旋转移位”，证明了桡骨干上⅓骨折的常规固定为“屈肘 90°，前臂中立位，三角巾悬吊于胸前”的正确性。

（万富安）

【腕部骨折的整复与固定】

王国平用自行研制的压力传感器，对 Colle's 骨折患者进行了体表及植入断端间的压力测试，并通过中立及旋后位固定各30例临床病例的复位和功能恢复情况的对比分析，认为该骨折以旋后位的固定体位最佳，断端最稳定，移位倾向最小，病人在拆除外固定后就能获得满意的功能恢复。戴广辉用中西医结合法治疗陈旧性桡骨下端骨折 28 例（就诊时间平均 46 天），获优 20 例，良7例，尚可 1 例；优良率为 96.4%。治法是先用中药（桑枝、透骨草、苏木、皂角刺等）熏洗一周后再折断重新复位。邹季根据腕舟骨的解剖、生理特点及腕舟骨骨折发生机制和骨折后的病理特征，分析了以往惯用的该骨折治疗方法所存在的严重弊端，认为腕掌屈位固定对腕舟骨骨折的骨折端稳定性及骨折端的血供大为有利。他将该骨折治疗方法分为两组：A组 11 例用腕背伸位固定，B组 5例用腕掌屈位固定。结果发现，骨折不愈合率A组为 18.18%，B组为 0；骨折平均愈合时间A组为 17.3 周，B组为 7.2 周。

（万富安）

【肩锁关节脱位的整复与固定】

谭庆远用手法复位经皮穿针内固定治疗新鲜重度（Ⅲ°）肩锁关节脱位 121 例，陈旧性重度肩锁关节脱位 35 例。结果：新鲜脱位中优良率为 97.5%，陈旧脱位中优良率为 94.3%。认为该法的优点是固定可靠，不需外固定，可早期活动，对关节的创伤及干扰小，操作简便。此外，还有曹亚飞用四头带外固定治疗肩锁关节脱位 12 例，赵风龙用胸肘石膏弹力带固定治疗肩锁关节脱位 20 例，均形成下压锁骨或上提伤肩之力，取材容易，简便易行，疗效满意。张卫红用“经皮加压外固定器”治疗新鲜肩锁关节脱位29例（其中脱位Ⅰ度13例，Ⅱ度10例，Ⅲ度6例），均治愈。经平均随访13.4个月，未再脱位，肩关节功能良好，局部畸形消失。认为在本病的复位过程中，上提肩胛骨、下压锁骨外侧端是复位成功的关键。该固定器能满足上述要求，并通过双针连接件的紧缩以加压固定，可长期保持较强而恒定的压力，维持肩锁关节的解剖位置，从而达到治疗目的。徐实现用“肩锁固定钳”治疗肩锁关节脱位25例，有24例达到解剖复位，1例近解剖复位。固定时间为3～6周。随访6～15个月，无一例重新脱位。该固定钳由2个弧形爪和螺纹杆、螺母组成，两爪尖分别抓位喙突和锁骨，调节螺杆令其牢固固定。

（万富安）

【颈椎病的治疗】

谈爱民自拟“二补利颈汤”治疗颈椎病，药用补骨脂、骨碎补、枸杞、白芍、熟地、木瓜、山萸肉、制首乌、当归身、威灵仙。颈性眩晕为主者加天麻、北秫米、制半夏，颈性高血压为主者加杜仲、石决明、钩藤，项强、肩痛、手麻为主者加葛根、川芎、天麻。共治疗142例，112例痊愈，26例显效，4例无效。罗宏金用孙氏葛根地龙汤治疗本病10 0例。方药组成：葛根、地龙、续断、骨碎补、丹参、炮甲、三棱、莪术、鸡血藤、何首乌、甘草。偏寒者加细辛、桂枝，体虚者加黄芪，痛甚者加乳香、没药。治疗2～4周后，痊愈52例，显效31例，好转15例，无效2例。周世杰自拟葛根四虫汤治疗本病92例，药用葛根、全蝎、僵蚕、地龙、炙鳖甲、蜈蚣、丹参、白芍、牛膝、姜黄、羌活、独活、桔梗、桂枝，将上药研成细末，过筛为散剂，分成45包，每次1包，一日3次。经平均约35天的治疗，92例中痊愈48例，显效25例，好转14例，无效5例。李剑虹自拟滋肾填髓汤治疗本病58例，处方为熟地、首乌、枸杞、当归、黄芪、赤芍、地龙、川芎、桃仁、红花、葛根。兼阴虚火旺者加黄柏、女贞子、龟版、地骨皮，兼肝阳偏亢者减黄芪用量，加天麻、钩藤、生石决、牛膝，肾阳衰微者加鹿茸、附子、党参、桂枝，兼痰湿者加南星、竹茹、苍术、泽泻。并配合颈部缓慢顺逆时针旋转各30次的手法，平均治疗22天后，52例显效，3例有效，3例无效。李宁用改良药物颈枕治疗本病212例。药枕是以灯芯绒布为面料，制成长38cm，直径10cm的长圆形枕套，内以同样长度，边长8.5cm的三角形柱状泡沫塑料为内芯，枕套与内芯的间隙内充填粉碎成粗末的中药。药枕处方：侧柏叶、艾叶、野菊花、夏枯草、桑叶、晚蚕沙、料豆衣、仙灵脾、通草、薄荷、苏梗、苍术等，按一定比例配制。另以丁香、官桂、山奈、荜拨、冰片等各等份，粉碎成细末，混匀另包成香料袋置于枕内。结果获优76例，良93例，有效38例，无效5例。柳育木等运用独活寄生汤药物垫枕治疗本病69例。处方：独活、桑寄生、杜仲、牛膝、细辛、秦艽、茯苓、肉桂、防风、川芎、人参（党参）、甘草、当归、赤芍、生地，将上药烘干研成粉末加醋炒干，装入约30cm长、20cm宽的布袋中，每晚临睡时烘热后垫于颈肩部，半个月为1疗程，须更换原有药物。经1～4个疗程后，69例中优41例，良20例，尚可6例，差2例。张渭源用大重量牵引结合手法治疗本病。治法：患者坐位，用相当于1/5～2/5体重的力为牵引力，牵引力线前倾于中轴线15°～25°，时间15～30分钟；接着减轻牵引力至体重的1/10，行颈肩部按摩手法；然后在牵引轴线下，左右反复轻轻转动头部，角度由小到大，用力由轻至重；最后在旋转接近最大的角度时，稍一用劲，即可闻及“咯嗒”复位声。共治77例，痊愈43例，显效28例，尚可4例，无效2例。谷少昆等采用间歇性大重量颈椎牵引加颈部置热瓶治疗本病300例。颈椎牵引用市售颌枕带，牵拉绳通过相距大于1米的两个滑轮，端坐位，头低15°，重量18～20公斤。颈椎牵引结束后立即用医用500ml输液瓶，装70～80℃的热水，外裹毛巾，仰卧置于颈后，头部免枕，每次30分钟。治疗结果：300例中治愈247例，好转53例。陆文琴用提伸法治疗本病，治疗时患者坐位，医者立于患者背后在其项背先行放松手法10分钟。再嘱患者双手抱住后枕部，医者双手从患者腋下穿过往上扶在患者双腕背部，嘱患者头略后伸，医者用力上提颈椎，一般可听到一串小关节响声；亦可辅以斜扳手法。最后拿颈、搓肩，作梳头、擦汗动作，按压臂臑、曲池、手三里、内关、合谷结束手法。治疗52例，获优26例，良18例，尚可6例，差2例。

（陈治立）

【膝骨关节炎的治疗与研究】

膝骨关节炎的主要表现为膝关节的疼痛、肿胀、行走困难，特别是上下楼梯疼痛加重，膝关节屈曲功能受限；X线表现为骨质增生。一般认为此病属于痹证，主要因风寒湿三气杂致而成；也有的认为此病属于痿证，主要因肝肾不足形体皆极，筋不能动而致。石印玉等认为本病是本痿标痹之证，其临床表现是痹痿并存，先痹后痿。本病的治疗方法很多。陆兵用牵引旋转屈膝法治疗本病50例，治愈42例，显效5例，好转3例；其中24例同时配合中药补肾健骨汤治疗（猴骨、黄芪、丹参、三七等十味药组成）。倪凌用滚动推压法、指压弹拨法、捏揉推髌法等七种手法治疗58例，结果获优29例，良24例，好转5例。杜宁等用点揉痛点为主的手法治疗本病37例（46个膝关节），结果获优16例，良14例，尚可11例，差5例。吴林生将本病121例分为行痹、着痹、痛痹、热痹、瘀痹、郁痹、虚痹等七种，各施以不同的手法和中药。结果获优39例，良46例，尚可21例，差15例；优良率为68.6%，总有效率为87.6%。张国春采用中药离子透入剂（当归尾、赤芍、红花、川断、羌活、独活、透骨草、防风、狗脊、路路通、牛膝、桂枝等组成），用离子导入的方法，治疗本病30例。结果：关节肿胀疼痛消失、活动正常、上下楼及下蹲膝痛好转18例（占60%），关节肿胀疼痛明显好转、活动改善、上下楼及下蹲仍有膝痛9例（占30%），关节疼痛减轻、活动改善3例（占10%），疗程平均为33次。石印玉等用养血软坚方（白芍、牡蛎、秦艽等）治疗本病，并进行了中西药治疗作用的对照。一个疗程后评价，养血软坚方组症状体征的改善率为92%，与西药组相比有显著性差异（$P<0.05$）；把主要症状疼痛与体征分别评价，则改善疼痛的作用更为明显。

江伟达用关节3号方（黄芪、当归、汉防己、半夏、象贝、茯苓、薏苡仁、甘草、牛膝）对通过切断腓侧副韧带和切除前外侧半月板复制出的家兔膝骨关节炎模型进行治疗，并检测其血液中的睾酮（T）、尿雌二醇（E_2）、软骨中的纤溶酶（PL）及纤溶酶原激活物（PA）。结果发现，关节3号方通过抑制滑膜炎症，抑制了PA、PL的活性（$P<0.01$），对T及E_2没有作用（$P>0.05$），该方还能抑制关节软骨中性金属蛋白酶（NMPE）的激活，从而有延缓关节软骨退变的作用。

（石关桐）

【腰椎间盘突出症的治疗】

张英杰等选择腰椎间盘突出症122例，随机分组，一组采用中药内服，另一组采用骨盆牵引合手法治疗。中药内服组采用加味阳和汤，药用熟地、肉桂、麻黄、鹿角胶、白芥子、炮姜、酒军、甘草、蜈蚣；口干加黄柏、知母，舌苔厚腻加茯苓、白豆蔻，痛剧加淫羊藿、制川乌、制草乌，大便溏薄去酒军。平均治疗17.6天后，62例中痊愈43例，显效8例，有效9例，无效2例。在疗程与疗效上均明显优于骨盆带牵引合手法组

(P＜0.05)。朱雪亮结合中医辨证分期采用中药内服、艾灸、拔火罐、外贴跌打损伤膏等综合治疗本病75例。急性期内服血府逐瘀汤去桔梗，加广陈皮、制乳香、制没药、炒元胡、地鳖虫；兼受风寒者用大秦艽汤去石膏、黄芩，加川牛膝、炙麻黄、乌梢蛇、五加皮、广地龙、汉防己；缓解期内服三痹汤加桑寄生、威灵仙、汉防己、五加皮；康复期分两型治疗，阳虚者用右归饮加当归、白芍、甜苁蓉、怀牛膝、炒川芎，阴虚者用左归饮加白芍、全当归、川续断、威灵仙、怀牛膝、川芎、丹皮。结果：75例中，37例痊愈，36例显效，2例无效。李长庚用药物垫枕治疗本病31例，药用附子、肉桂、丹皮、茯苓、泽泻、山萸肉、秦艽、川芎、桃仁、地龙、炒灵脂、牛膝、狗脊、杜仲、续断、淫羊藿、独活、皂刺、王不留行、细辛、冰片及阿斯匹林。将以上药物碾成粗粉末加醋炒干，缝制一只18×25cm纱布袋装药，将药袋上下方向夹腰椎用胶布和绷带固定。每晚睡前煎50ml食醋至沸渗于药内，并坚持每天仰卧休息至少2小时。经1～3疗程治疗后，31例中17例显效，10例有效，4例无效。王志学用南京金陵老年病康复医院杨家强的"杨氏消肿止痛膏"治疗本病82例。杨氏消肿止痛膏的炼制方法为：将三七、三棱、莪术放入麻油中浸泡3天，然后放在煤火上炼制，待炸成焦黄色即可去渣放入东丹，再离火放入麝香、梅片、全虫、硇砂、血竭等药（均为细末），和匀成膏。治疗时，将膏药贴敷于椎间盘突出部位及承山、委中、环跳等穴，3日一换，1月为1疗程。1疗程后，临床治愈36例，显著好转43例，无效3例。路则显等采用拉压兜腹手法治疗本病88例，患者俯卧，先按揉并找到放射性压痛点作好标记，腰椎牵引力逐渐增加到体重加10kg为宜，此时术者用两拇指重叠按在压痛点上，用力迅速冲击样按压20次左右，使腰部颤动，然后双手分别从左右侧兜住腹部用力上提3～5次，最后再冲击按压压痛点数次，拇指按住勿动，徐徐放松牵引；施术后须卧床7天才能带腰围下床活动。结果88例中，治愈65例，显效12例，好转9例，无效2例。王德富用牵引侧踩法治疗本病54例，治疗时，患者卧位，先骨盆牵引15～20分钟，再在牵引下用脚在疼痛侧脊柱旁连续踩震5～10分钟，然后施行手法使肌肉放松后施行斜扳后伸法；其术者立于患侧，用拇指按压痛点，另一手握住患者膝关节以上的部位，向后上方患侧斜扳，一般可闻及弹响声。结果54例中，痊愈39例，好转12例，无效3例。刘德明自创侧牵扭旋法治疗本病35例，患者侧卧，病侧在上，继以轴向腰椎对抗牵引，牵引重量约20公斤；先于腰及病侧下肢行放松手法，然后医者一手置患者肩部，另一手置骨盆髂前上棘处，作前后反向扭转动作，持续作30次左右，幅度由小渐大，再牵引30分钟，停牵前再作一次扭转动作。结果经平均20天的治疗，35例中治愈23例，好转11例，无效1例。

（陈治立）

【头部内伤的治疗】

王馨然用中西医结合方法救治常规西医处理困难或无效的重型颅脑损伤患者38例，存活率为68.4%。作者采用了早插鼻饲管，以增液汤和生脉饮为主以养阴益气，应用大量胞二磷胆碱、安宫牛黄丸、血府逐瘀汤以促进苏醒等法。对脑震荡后遗症的病理机制一般认为是因受外伤而致瘀血阻络，不通则痛。也有人认为是惊则气乱、气血失调、或痰浊上扰或中气下陷等。在分型方面，丁莹提出瘀血阻滞型、气血亏虚型、肾精亏损型、痰浊上蒙型、肝阳上亢型。在治疗方面，用活血化瘀的方法效果较好。刘胜利用自拟通络活血汤（丹参、川芎、当归尾、桃仁、赤芍、地龙、石菖蒲、远志、钩藤、三七）治疗本病44例，痊愈34例，有效8例，无效2例，总有效率为95%。刘兰香将本病分为实证型和虚实夹杂型两型。实证型以头部刺痛为主，且较剧烈，同时兼有明显的烦躁、心悸、恶心呕吐、健忘失眠诸症，方用通窍活血汤加减；虚实夹杂型，除头痛外多有眩晕耳鸣、肢软乏力、气短懒言、面色无华、舌苔淡红或淡暗、脉多濡而细弱，方用血府逐瘀汤加减。共治疗30例，结果治愈7例，好转23例。黄文仲用补阳还五汤治疗脑外伤后遗症10例，结果全部症状消失，生活自理者6例；部分症状消失，生活自理者2例；部分症状消失，生活不能完全自理者2例。陈小钦用丹桃清脑汤（丹参、川芎、桃仁、红花、赤芍、甘草等）治疗本病也取得较满意的效果。王贻芳用桃仁、红花、川芎、生地、当归、赤芍、柴胡、桔梗、枳壳、牛膝、麦冬、五味子；头痛甚者减桔梗，加田七末、地龙；肝阳上亢者减枳壳、柴胡，加菊花、天麻；心悸甚者减川芎、柴胡、桔梗、红花，加酸枣仁、龙骨、牡蛎。共治疗33例，痊愈19例；明显好转11例，无效3例。此外，还有孙蔓莉用桃仁、红花、川芎、三七粉、土茯苓、天麻、酸枣仁、远志等组成的自拟方加减治疗脑外伤伴有精神障碍者30例，结果治愈18例，好转7例，无效5例。吴自力用黄连解毒汤治疗脑损伤恢复期14例，一疗程后，10例自觉症状（头痛、失眠、烦躁）明显改善，有效率为71.5%。

（*石关桐*）

【促进骨折愈合的研究】

骨折愈合是骨折断端间再连接的自然修复过程，为缩短这一过程，许多学者在基础与临床诸方面进行了研究。杨益等归纳了临床常用的治疗方法有中药治疗、中药电热夹板治疗、针灸疗法、早期功能锻炼疗法、手术治疗、电磁疗法等。孙庆平等提出瘀血证存在于骨折变化全过程的观点，指出骨折瘀血的病理特点是“离经之血”，证明了“恶血归肝”理论的正确性，为活血化瘀从肝论治以促进骨折愈合提供了依据。夏志道等将壮骨素（蚕蛹和蚕砂提取物）及其与活血化瘀中药（当归、川芎注射液）联合用于家兔桡骨标准骨折模型的治疗，以观察其促进骨折愈合的作用。通过体重观察、X片和骨痂切片组织形态计量学分析，显示出单纯使用“壮骨素”灌胃治疗组比空白对照组有更高的X片评分（P＜0.001）、更高的外骨痂及有效骨痂密度，细胞水平显示活跃的破骨细胞活动（0.01＜P＜0.05）。“壮骨素”与活血化瘀中药联用组早期良好地控制了骨折后动物体重的下降，与对照组相比有非常显著性意义（P＜0.01）；同时亦显示更高的X片评分（P＜0.001）、矿化骨痂密度（0.01＜P＜0.05），破骨细胞活性吸收面（0.01＜P＜0.05）和破骨细胞指数（P＜0.01），切片亦显示良好的骨痂改建。姜欣等研究“整骨煎”对小鼠粉碎性骨折应激的免疫调节作用。该方用于骨折早期，由川芎、当归、生地、茯苓、骨碎补、土鳖等组成。实验结果：该方明显表现出对粉碎性骨折应激刺激后的免疫抑制有拮抗作用，与骨折对照组相比，有非常显著性差异（P＜0.01），特别是巨噬细胞吞噬指数与正常对照组比升高3倍。提示该方能阻止骨伤恶化，促进愈合。刘毓顺等用“接骨散”（由五加皮、乳香、血竭等组成）对家兔骨折进行外敷试验。通过X线检查、抗折力试验以及组织学检查，结果表明敷药组比对照组骨痂形成提前⅓时间；抗折力试验敷药组比对照组最大弯距强0.29046N·m，增强4.5倍；组织学检查亦显示敷药组骨折中期血肿的吸收、机化、骨内外膜骨痂的形成均比对照组提高，提示该药可促进骨折愈合。刘献祥等进行了麦饭石（CMS）水溶液促进骨折愈合的临床研究。通过106例（实验组与对照组各53例）骨折病人的对比观察，发现内服CMS水溶液的患者较对照组平均骨折临床愈合时间短（P＜0.01～0.05），骨痂生长速度快（P＜0.05），亦提示该药能促进骨折愈合。在中西医结合治疗骨折中，强调“动静结合”；长期来，功能锻炼促进骨折愈合一直受到人们重视。顾志华等从骨电生理的观点出发，对其机理进行了实验研究。结果发现：(1) 功能锻炼可使骨折端获得生理应力，应力引起骨折端变形，产生压电和动电信号，而电效应对骨重建有明显影响；(2) 功能锻炼可提高局部体温，由骨的热电效应出现极化电荷，有益于远近端骨组织重建。徐守宇等研制了对组织可起到反复周期性生理应力“微细按摩”作用的低频脉冲超声波治疗仪，并观察了该仪器促进骨折愈合的作用。结果发现：X线检查显示实验侧骨缺损处新生骨痂各阶段普遍比对照侧出现早且多；组织学观察显示实验侧骨折修复较对照侧明显加快；生物力学测试显示实验侧最大扭矩、最大刚度、最大能量吸收平均高于对照侧 42.3～48.9%，转角 8°时各指标平均高于对照侧 55.3～66.2%。临床观察结果，亦显示该法能较快消除肿胀、疼痛，加速骨痂形成，缩短临床愈合过程。王相奇等报道用 UTH-1 型骨折愈合治疗仪（低频脉冲超声技术研制）治疗新鲜股骨干骨折 113 例，另设中药治疗组 40 例，空白对照组 40 例。结果显示：超声治疗组临床愈合时间平均为 28 天，中药治疗组为 35 天，对照组为 49 天。经统计学处理，有显著性差异（$P<0.01$），说明超声波有明显的促进骨折愈合的作用。

（方东行）

【治伤方药的实验研究】

（一）骨病　刘献祥等研究复方无名异冲剂对老年大白鼠股骨抗弯力的影响。该方由无名异、麦饭石、淫羊藿、黄芪、当归、续断、骨碎补、补骨脂、陈皮等组成。实验方法：将 12 月龄老年大鼠 32 只，随机分为 4 组，用药组喂服无名异冲剂拌混饲料，对照组喂服一般饲料(每组又分为雌、雄两组)。18 月龄时检测股骨中段弯曲破坏载荷及股骨皮质厚度。结果显示，用药组弯曲破坏载荷、平均骨皮质厚度均明显高于对照组（$P<0.05$～0.01）。用药组、对照组雄性大鼠弯曲破坏载荷明显高于雌性大鼠($P<0.01$)。提示该方具有预防和延缓骨质疏松的发生和发展的作用；相同月龄中，雌性大鼠骨质丧失相对地较雄性大鼠明显。沈霖等研究“补肾密骨液”（由淫羊藿、杜仲、胡桃肉、地黄、天花粉、牛膝组成）对大鼠实验性骨质疏松症的影响，并以防治骨质疏松药尼尔雌醇、丙酸睾丸素及生理盐水作为对照。结果显示，中药组与雌、雄性激素组模鼠的骨矿密度及骨质无机元素钙、镁、锰、铜含量明显高于盐水组（$P<0.05$，$P<0.01$，$P<0.001$）；空腹尿钙/肌酐、羟脯氨酸/肌酐等，诸骨吸收生化指标明显低于盐水组（$P<0.05$，$P<0.01$）。通过骨组织计量学参数值分析，表明补肾密骨液不仅能刺激衍化增生成骨细胞，产生较多的骨基质，使类骨质转变为矿化骨小梁；还能抑制破骨细胞的骨吸收活动，使模鼠的骨再建活动恢复正平衡状态。陈燕平等研究“骨宝丸”防治佝偻病的作用（该方由龟版胶、杜仲、仙茅、山萸肉、枸杞子、黄芪、红参、淮山药等组成）。观察了佝偻病大鼠在用“骨宝丸”治疗前后血清钙、磷、碱性磷酸酶、25羟基维生素 D_3 及骨组织形态学和骨计量学的变化，并与维生素 D_3 进行了比较。结果表明，该方防治佝偻病有效，特别是在提高血钙、血磷和降低血碱性磷酸酶以及促进类骨质矿化方面效果显著；但其作用机理与维生素 D_3 不同，可能是直接提供矿化元素及促进骨细胞的生长发育，从而调节骨基质的矿化。任峰研究“益气养血通络法”（治血痹法）对小鼠骨关节病的作用。实验方法：将模型小鼠分为 3 组（每组 27 只），中药组给予“益气养血通络方”（由黄芪、桂枝、芍药、生姜、大枣、生地、厚朴、吴茱萸、通草、葛根、蛴螬、大豆黄卷组成），西药组给予西药布洛芬，非治疗组不给药。结果显示，中药组软骨病理

优于同期非治疗组（P＜0.01），中药组软骨病理优于同期西药组（P＜0.01）。提示该方治疗骨关节病切实有效。吕爱平等研究“传统接骨药”（自然铜、蚕沙、牡蛎、鹿角霜）对创伤性骨痹的影响。结果表明，该方能促进骨痹动物关节软骨创伤部位周围软骨细胞增生，并改善创伤状态下的成骨功能。提示该方能配合其他中药，用于骨痹包括类风湿性关节炎晚期骨质病变和骨性关节炎的治疗。

（二）软组织损伤　香卫红等研究“去伤片”（由七叶一枝花、葫芦茶、毛冬青组成）对大鼠外伤瘀血模型血液流变学的影响。结果表明，该药对外伤瘀血模型的血液流变学有显著影响（P＜0.05），可改善血液的浓、粘、聚、凝状态，达到活血化瘀的疗效。沈霖等以抗组织粘连剂二甲基硅油及生理盐水为对照，实验观察了川芎嗪注射液对鸡屈趾深肌腱粘连模型的影响。结果显示，川芎嗪组与硅油组的损伤肌腱粘连面积小，滑动功能好，腱组织中羟脯氨酸含量降低，与盐水组比较差异显著（P＜0.05，P＜0.01）；在肌腱修复方面，川芎嗪组明显优于硅油组（P＜0.05）。表明在损伤肌腱的鞘管局部运用川芎嗪注射液可减轻其腱周性粘连，而不影响肌腱内在性愈合。白孟海等应用中药高乌头的提取物高乌甲素制成外用霜搽剂，观察其治疗急性软组织损伤的作用。将小鼠软组织损伤模型分为高乌甲素组、樟脑酊组、对照组（每组10只）。结果显示，24小时二实验组与对照组经统计学处理，有明显差异（P＜0.01）；72小时实验组与对照组亦有明显差异（P＜0.05）。高乌甲素组与樟脑酊组相比，治疗作用明显优于后者（P＜0.05）。表明该药具有较好的消肿、止痛、祛瘀作用。谢利民等进行“活血散”消肿止痛作用的实验研究（该方由乳香、没药、麝香、木香、川芎、血竭、自然铜、香附、厚朴、羌活、川乌、草乌、当归等23味药组成）。结果显示，该方能显著抑制巴豆油所致小鼠耳肿胀（P＜0.01），用药后2小时则能显著抑制小鼠角叉菜胶性足跖肿胀（P＜0.01），并能显著提高小鼠尾尖痛阈值（P＜0.01），药效随时间延长而逐渐增强；该方还能显著缩短小鼠尾尖出血时间（P＜0.05）。表明其具有良好的消肿止痛和止血作用。

（三）内伤　李义凯等研究黄芪、丹参对体外培养雪旺氏细胞的影响，将黄芪、丹参注射液分别加入体外分散培养的乳鼠之雪旺氏细胞（SC）培养液中，观察二种药物的三个浓度对细胞生长的影响。结果发现，黄芪（50mg/ml、200mg/ml、500mg/ml三种浓度）对体外培养SC未见明显的毒性作用，其中中等浓度对SC有轻度的促增殖作用；丹参在低于3mg/ml时，SC生长良好，高于6mg/ml时，细胞变圆、生长不良。提示较高浓度的丹参注射液对培养的SC具轻度的促增殖作用。

（方东行）

参考文献

B

白孟海，等．高乌甲素霜搽剂治疗急性软组织损伤实验及临床观察．中国骨伤，1994；(6):13

C

曹亚飞，等．四头带外固定治疗肩锁关节脱位12例．94年中国洛阳中医骨伤国际培训暨学术研讨会论文集，81页

陈炳坤，等．肱骨髁上骨折断端移位因素导致肘内翻的定量分析．中医正骨，1994；(1):12

陈小钦．丹桃清脑汤治疗脑外伤后遗症．福建中医药，1993；(5):41

陈燕平，等．“骨宝丸”防治佝偻病的实验研究．中国骨伤，1994；(5):5

D

戴广辉，等．中西医结合治疗陈旧性桡骨下端骨折28例．安徽中医学院学报，1994；(3):42

丁　铭，等．《武威汉代医学简读》骨伤方药探析．中国中医骨伤科，1994；(2)：41

丁　莹．中医药治疗脑震荡后遗症．天津中医，1994；(2)：39

丁继华．中医骨伤科古医籍的文献库．中国中医骨伤科，1994；(1)：6

杜　宁，等．手法治疗原发性膝关节骨关节病37例疗效观察．中医正骨，1994；(4)：9

G

谷少昆，等．间歇性大重量颈椎牵引加颈部置热瓶治疗颈椎病．颈腰痛杂志，1994；(2)：105

顾志华，等．功能锻炼对骨愈合影响机理的实验研究．中国中医骨伤科，1994；(4)：9

郭宗浩，等．中西医结合治疗肱骨外科颈骨折56例．新中医，1994；(10)：27

H

何振辉．纵压、横挤的义释及手法名称规范化的建议．中国中医骨伤科，1994；(1)：50

胡金奎，等．抬举拔伸法整复肩关节脱位104例．山东中医杂志，1994；(9)：395

黄文仲．补阳还五汤治疗脑外伤后遗症10例．陕西中医，1994；(3)：127

J

江伟达．中药关节Ⅲ号方治疗家兔膝骨关节炎实验研究．中国中医骨伤科，1994；(2)：1

姜　欣，等．整骨煎对小鼠粉碎性骨折应激的免疫调节实验研究．辽宁中医杂志，1994；(10)：476

姜友民，等．钳夹加压固定器治疗尺骨鹰嘴骨折．中国骨伤，1994；(5)：21

焦柏魁，等．清痹灵胶囊治疗强直性脊柱炎189例．辽宁中医杂志，1994；(8)：360

K

孔庆平，等．活血化瘀促进骨折愈合的探讨．中国中医骨伤科，1994；(6)：50

L

李　宁．改良药物颈枕治疗颈椎病212例报告．中医杂志，1994；(8)：484

李长庚，等．药垫治疗腰椎间盘突出症．中医研究，1994；(1)：42

李尔年，等．浅谈锁骨骨折旋转移位及整复手法（附76例报告）．中国中医骨伤科，1994；(5)：

李公伦，等．夹板加牵引治疗胫腓骨多段骨折175例疗效观察．中医正骨，1994；(3)：32

李剑虹．滋肾填髓汤治疗颈椎病58例疗效分析．甘肃中医，1994；(3)：29

李青龙．松解整复法治疗陈旧性肱骨髁上骨折．中国中医骨伤科，1994；(4)：43

李义凯，等．黄芪、丹参对体外培养雪旺氏细胞影响的实验研究．中国中医骨伤科，1994；(6)：1

梁伟澜．接骨方药规范化管见．中医正骨，1994；(2)：35

梁伟雄，等．卧式整复法治疗锁骨骨折生物力学机制．中国中医骨伤科，1994；(2)：17

林礼清．点穴治疗脊髓损伤引起的尿失禁20例．河南中医，1994；(3)：158

刘德明．侧牵扭旋法治疗腰椎间盘突出症35例．四川中医．1994；(5)：41

刘会峰，等．中西医结合治疗急性脊髓损伤40例．陕西中医，1994；(2)：58

刘克掸．"软安散"治软组织损伤600例疗效观察．江西中医药，1994；(1)：40

刘兰香．中医治疗脑外伤后综合症30例．福建中医药，1993；(6)：18

刘毓顺，等．接骨散对家兔骨折的实验研究．福建中医药，1994；(3)：19

刘荣新，等．闭式松解法治疗臀性坐骨神经痛．中医正骨，1994；(1)：36

刘胜利．活血通络汤治疗脑震荡后遗症．四川中医，1993；(12)：40

刘献祥，等．肱二头肌对桡骨干上⅓骨折影响的生物力学研究．中国中医骨伤科，1994；(2)：4

CMS水溶液促进骨折愈合的临床观察．中国中医骨伤科，1994；(4)：5

复方无名异冲剂对老年大白鼠股骨抗弯力影响的实验研究．中国骨伤，1994；(5)：10

刘仲魁，等．骨原丹胶囊治疗骨折196例临床研究．河北中医，1994；(3)：13

柳育木，等．运用独活寄生汤药物垫枕治疗颈椎病．1993；(3)：134

罗宏金．髌骨骨折的五种整复固定法．湖南中医学院学报，1994；(3)：20

孙氏葛根地龙汤治疗颈椎病100例小结．湖南中医杂志，1994；(3)：24

吕爱平，等。传统接骨药对创伤性骨痹影响的实验研究。中医杂志，1994；(5):301

陆 兵。牵引旋转屈膝法治疗膝骨关节病50例报告。中国中医骨伤科，1993；(5):44

陆文琴。提伸法治疗颈椎病。中国骨伤，1994；(3):41

路则显，等。拉压兜腹法治疗腰椎间盘突出症。四川中医，1994；(2):43

M

马元璋。桡骨颈骨折经皮撬拨复位的远期疗效。骨与关节损伤杂志，1994；(4):218

N

倪 凌。手法治疗膝骨关节病58例。中国骨伤，1994；(2):27

Q

祁开泽。中医传统方法治疗脊椎屈曲型压缩性骨折180例临床观察。湖南中医学院学报，1994；(3):26

曲小雨，等。自制肱骨髁上骨折外固定器的临床应用。中国中医骨伤科，1994；(3):6

R

任 峰。益气养血通络法(治血痹法)对小鼠骨关节病的实验研究。上海中医药杂志，1994；(7):41

任志凯，等。手法复位外翻矫形夹板固定治疗肱骨髁上骨折136例临床观察。94年中国洛阳中医骨伤国际培训暨学术研讨会论文集，91页

S

尚 钧，等。骨折治疗的新趋向。中国骨伤，1994；(6):43

沈 霖，等。川芎嗪注射液防治屈指肌腱粘连的实验研究及临床初步观察。中医正骨，1994；(1):9

青娥丸加味治疗老年性骨质疏松症52例观察。湖北中医杂志，1994；(3):16

补肾密骨液对实验性骨质疏松症的影响。中医正骨，1994；(4):3

施泽生。骨伤科名家张鉴铭学术经验述略。四川中医，1994；(9):1

石风霞。石氏治伤经络为纲——石氏伤科经验一得。上海中医药杂志，1994；(11):14

石印玉，等。养血软坚方治疗膝骨关节炎的临床报告。中国中医骨伤科，1994；(4):33

宋世锋，等。中西医结合及髓内固定治疗股骨干骨折。中国骨伤，1994；(5):12

宋子英。刮痧疗法加中药治疗肩周炎120例总结。贵阳中医学院学报，1994；(1):28

孙 铮，等。从损伤机理看正骨手法的选择运用。河南中医药学刊，1994；(2):29

孙蔓莉。自拟中药治疗脑外伤伴发精神障碍。中国中医急症，1994；(3):144

T

谈爱民。二补利颈汤治疗颈椎综合症142例。浙江中医杂志，1994；(3):113

谭庆远，等。闭合穿针治疗重度(Ⅲ°)肩锁关节脱位。骨与关节损伤杂志，1994；(4):256

陶有略。谈伤科治病必求其本。福建中医学院学报，1994；(3):21

W

王德富。牵引侧踩法治疗腰椎间盘突出症54例。江苏中医，1994；(5):35

王国平，等。Colle's骨折旋后位固定机理探讨。中医正骨，1994；(1):15

王洪全，等。名老中医苏宝恒诊治桡骨小头半脱位的经验。中医正骨，1994；(1):33

王胜利，等。手法折骨治疗肘内翻畸形。94年中国洛阳中医骨伤国际培训暨学术研讨会论文集，90页

王锡林。黄乃聪骨折分期辨证论治经验介绍。中国骨伤，(4):17

王选章，等。中医伤科形气辨证简识。中医药信息，1994；(4):7

王相奇，等。UTH-1型骨愈合治疗仪促进骨折愈合作用的临床观察。中医正骨，1994；(3):13

王馨然。中西医结合救治难治重型颅脑损伤。中国中西医结合杂志，1994；(6):349

王贻芳。脑震伤后遗症33例治疗体会。吉林中医药1994；(4):11

王志学。"杨氏消肿止痛膏"治疗腰椎间盘突出症82例。江苏中医，1994；(9):33

吴林生。中药及手法治疗膝关节骨性关节炎121例疗效分析。中医杂志，1993；(12):742

吴启正，等。治疗方案决策的研究及应用。中国骨伤，1994；(6):39

吴自力。黄连解毒汤治疗脑损伤恢复期14例。辽宁中医杂志，1994；(8):368

武小妮，等。中药电泳离子导入法治疗骨质增生2100例。河北中医，1994；(5):14

X

夏志道，等。壮骨素促进骨折愈合的实验研究。中国骨伤，1994；(1):7

香卫红，等。去伤片对大鼠外伤瘀血模型血液流变学的影响。中医杂志，1994；(11):681

肖兴义，等。锁骨畸形愈合所致的胸锁关节创伤性关节炎(附16例报告)。中国中医骨伤科，1994；(4):41

谢利民，等。活血散消肿止痛作用的实验研究。中医正骨，1994；(4):7

徐福宁。抗痨丹流痰膏内外并治骨与关节结核的体会(附332例临床观察)。新疆中医药，1994；(3):30

徐实现，等。肩锁固定钳治疗肩锁关节脱位25例。94年中国洛阳中医骨伤国际培训暨学术研讨会论文集，84页

徐守宇，等。低频脉冲超声波促进骨折愈合的实验研究与临床观察。中医正骨，1994；(1):3

Y

杨　益，等。促进骨折愈合的临床研究进展。中医正骨，1994；(1):42

杨连梓，等。中西医结合治疗踝关节骨折110例临床分析。福建中医学院学报，1994；(1):23

杨茂清，等。端提回旋复位经皮逆行穿针内固定治疗锁骨骨折253例临床观察。中医正骨，1994；(1):18

杨小欣。《中医骨伤科学》教学模式新构想。中医正骨，1994；(4):41

杨友发。《正体类要》脏腑内治特色探讨。中医正骨，1994；(4):40

叶秀兰，等。益气化瘀法在骨伤科临床的应用。上海中医药杂志，1994；(6):40

由克举，等。斜扳牵抖手法配合中药治疗腰椎骨错缝420例。山东中医杂志，1994；(9):396

Z

张国春。中药离子导入治疗膝骨关节病30例。中医杂志，1994；(7):410

张建华。汪机《外科理例》伤科学术思想评析。安徽中医学院学报，1994；(4):10

张建福。双"8"字固定带治疗婴幼儿先天性髋关节脱位167例报告。中医正骨，1994；(4):23

张继祥，等。杨天鹏理筋手法概述。中国骨伤，1994；(4):15

张梦环。郭维淮治疗慢性膝关节滑膜炎经验。中医杂志，1994；(5):272

张卫红，等。经皮加压外固定器治疗新鲜肩锁关节脱位的临床应用。94年中国洛阳中医骨伤国际培训暨学术研讨会论文集，83页

张渭源。大重量牵引结合手法治疗颈椎病77例。上海中医药杂志，1993；(4):24

张珊珊，等。外伤血瘀与肾脏病理关系的实验观察。江苏中医，1994；(3):38

张英杰，等。加味阳和汤治疗腰椎间盘突出症62例疗效观察。中医正骨，1994；(2):27

赵　勇，等。骨折诊治中的系统方法。中国中医骨伤科，1994；(2):46

赵风龙。胸肘石膏弹力固定治疗肩锁关节脱位20例报告。94年中国洛阳中医骨伤国际培训暨学术研讨会论文集，84页

赵文海，等。摸法在骨伤科临床的应用。长春中医学院学报，1994；(3):43

郑瑞生。试论祖国医学对外伤的辨证施治。中医药研究，1994；(5):6

郑召民，等。骨内高压与活血化瘀。中国中医骨伤科，1994；(3):43

周世杰。葛根四虫散治疗颈椎病92例。山东中医杂志，1994；(2):63

朱雪亮。腰椎间盘髓核突出症的辨证施治。浙江中医杂志，1994；(9):402

邹　季。腕舟骨骨折治疗方法的反思与探讨(附16例疗效分析)。中国中医骨伤科，1994；(5):24

(8) 五　官　科

【概述】

1994年五官科发表的论文700余篇。其中眼科约占53.9%，主要集中于内眼病，眼底病，视神经病，角膜病，外眼病及屈光不正等病的防治与实验研究；耳科约占7.6%，多集中于突发性耳聋，中耳炎及耳源性眩晕

等病的治疗研究；鼻科约占12%，多集中于过敏性鼻炎，慢性副鼻窦炎及鼻出血等病证的治疗；咽喉科约占13.5%，主要集中于急、慢性咽炎，化脓性扁桃体炎及喉炎等病的治疗研究；口腔科约占13%，主要集中于口腔溃疡、牙周病及舌炎等病证的治疗。

一、眼科疾病

1. 内眼病 葡萄膜炎，温树东等报道29例42眼，以清开灵静脉滴注为主治疗，总有效率83.3%（35/42），其中显效率(视力提高3行以上，眼部炎症基本消退）为61.9%（26/45）。刘克欣报道69例77眼，以白虎汤加味煎服为主，治疗3～24天，治愈率（症状及炎症完全消失，视力恢复或至病前）为95.7%（66/69）。老年性白内障，报道多以自拟基本方随证加减治疗。李逢等以治障丸1号内服治疗184眼，汤润祺等以除障灵冲剂治疗100眼，总有效率分别为92.92%、96%（详见专条）。青光眼的治疗，贺义恒等报道42例77眼，经服用青光眼四号治疗2个月后，平均降眼压幅度为0.7 kPa。黄庆山等报道40例54眼，以益气活血为治则，同时与用噻吗心安治疗的35例作对照。结果治疗组对降低眼压及恢复视力的疗效均优于对照组（详见专条）。

2. 眼底病 视网膜静脉阻塞，报道多以活血化瘀为主治疗。邓子宏对本病63例，分早、中、后三期，分别以凉血祛瘀、淡渗利湿，活血祛瘀、软坚散结法为治则，平均用药49.61天，总有效率88.9%（详见专条）。视网膜动脉阻塞，谷万章等报道71例75眼，用葛根注射液肌肉注射，平均治疗35.6天，有效率为75%（56/75）。视网膜色素变性，鹿道直等报道43例86眼，用灵素丸（西洋参、羚羊角、钩藤、百合、天冬、菊花、红花、当归、赤芍、茺蔚子等组成）内服。经治1～3月，总有效率95.3%（82/86），其中显效（视力提高3行及3行以上，或周边视野≥20°者）26眼，占30.2%。中心性浆液性视网膜脉络膜病变，张以庚对30例42眼，以行气活血利水为治则，平均治疗39天，视力均显著提高。任春慧报道275例，以补肾活血为治则，经治1～2月，治愈率为90.1%（详见专条）。老年性黄斑变性，李玉涛报道用杞菊地黄口服液治疗34眼，并与以西药维生素E治疗的38眼对照血液流变学参数的变化。发现中药组治疗后，患者的血沉、血沉方程K值、血浆比粘度、红细胞电泳率较治前明显降低（$P<0.02\sim0.001$），而全血比粘度、红细胞压积、高切下全血还原比粘度明显升高（$P<0.02\sim0.001$）；对照组治疗前后上述指标的改变不明显。葛邦颖报道以补肾益气活血为主治疗37眼，用药3～6个月，总有效率75.68%。

3. 视神经病 视神经炎，伊成运报道36例56眼，辨证分为热毒内盛、肝郁气滞2个证型，分别用银花解毒汤、丹栀逍遥散加减治疗，总有效率93%。视神经萎缩，谢立科报道76例84眼，辨证分肝郁不舒、心肺两虚、肝肾亏损、脾肾阳虚4个证型分别施药，配合针灸及西药治疗，总有效率73.81%（详见专条）。

4. 角膜病 病毒性角膜炎的报道较集中。陈丽芳对本病50例53眼，按病程及证候分为外感风热、肝经湿热及阴虚火旺三类分别施药。平均治疗35天，治愈46例49眼（92.5%）。邓仕龙等对本病46例48眼，以补心丹加减煎服，经治5～49天，治愈率占93.75%（详见专条）。角膜溃疡，肖家翔等通过对白色念珠球菌造模的家兔实验性真菌性角膜溃疡应用抗真灵（以黄柏为主药）前后眼部外观角膜组织形态学观察，发现角膜真菌感染易使角膜遭受全面破坏，并极易向深层及前房蔓延，应用抗真灵滴眼后，能较快控制炎症发展，促进组织修复。柏超然报道对本病52例以温病三焦辨治，病情危重者加用大蒜素静脉注射。平均治疗62天，总有效率98.1%。

5．屈光不正　蔡航波等对280眼青少年近视，以明目增视Ⅰ号口服液治疗，总有效率为92.1%。用该制剂对家兔进行体外平滑肌解痉的实验研究，结果表明该药的作用机理主要是解除睫状肌痉挛，达到矫正视力的作用（详见专条）。王静波等对184例299眼弱视，自拟视明饮（由地黄、山药、白芍、女贞子、蕤仁、石决明、黄精等组成）随证加减煎服，2个月为1疗程。平均用药1.6个疗程，总有效率为73.2%。随访3年后仍有37眼视力保持在0.9以上。

6．外眼病　眼肌型重症肌无力，黄洪飞等报道40例，辨证分为脾虚、气虚、肺肾气虚3个证型，均以补中益气汤随证加减治疗。结果全部有效，其中治愈（眼部症状及全身症状完全消失，随访2年无复发者）24例（60%）。眼部带状疱疹，黄庆山报道40例，以清热解毒、祛湿生肌、活血止痛为治则，经治3天，全部有效（详见专条）。翼状胬肉的治疗方法较多，但很难有效控制其复发。陈永明报道用平阳霉素注射胬肉，配合口服消炎痛及中药加味导赤泻白散煎服。治疗28例42眼中，有24例37眼胬肉组织完全变白、萎缩。经随访7个月至3年无复发病例。韩桂亭等报道用平阳霉素局部注射，及二黄汤（黄芩、大黄、防风、薄荷、蜂蜜）煎服治疗189例258眼。用药20～40天，全部有效。其中治愈209眼（81.0%），追访3～5年均未见复发。赵建浩等报道对本病47例以常规切除术后，用鸦胆子末2～3毫克涂擦，随访1年均未见复发。未见副作用与并发症。小儿目眨，孙瑞琴报道32例，以益气健脾、养血熄风为治则，方用四君子加当归、白芍、菊花、桔梗，每日1剂，平均治疗18天，痊愈29例（91%）。

二、耳科疾病

1．耳聋　突发性耳聋的治疗，临床报道多以活血化瘀为主。潘业耀等以丹参注射液及ATP、辅酶A加入5%葡萄糖液中静脉滴注治疗100例104耳，总有效率为75%。程雷等以脉络宁注射液加入葡萄糖液中静脉滴注并辅以高压氧治疗45例，总有效率为86.6%，其中显效与治愈率达77.8%（详见专条）。药物中毒性耳聋，程至刚等报道55例，分成治疗组35例与西药组20例，均用常规西药治疗，前者加用活血益气、滋养肝肾为主中药煎服。结果治疗组的疗效明显优于西药组（总有效率分别为51.4%、20%，$P<0.05$）。

2．中耳炎　分泌性中耳炎，陈小宁报道60例，以化痰通窍法（急性期以三拗汤加味，慢性期以参苓白术散加减）治疗，总有效率91.67%。其中治愈（临床症状消失，单耳平均听阈<25dB）19例，占31.67%。张靖中等报道40例，以祛痰通窍法（用柴胡、香附、川芎、菖蒲、僵蚕、蝉衣、炮甲珠、当归、丹皮、泽泻、泽兰、茯苓、甘草，煎服）治疗，总有效率为92%。其中治愈（中耳积液全部吸收）32例，占80%。化脓性中耳炎，报道多以外治法为主。王玉兰报道55例、武春喜等报道102例，分别以双料喉风散、冰硼散吹耳治疗，总有效率均在96%以上（详见专条）。

3．耳源性眩晕　钱忠顺报道31例，以天麻穴位注射（双侧风池各注入0.5毫升，双侧足三里各注入1.5毫升，每日1次。10次为1疗程）治疗，总有效率90.32%。其中显效（主证与体征基本消失者）17例（54.48%）。于鸿钧报道110例，自拟仙鹤宁眩灵（仙鹤草、生地、天麻、白术、代赭石、白芍、龙骨、牡蛎、泽泻、菊花、生姜）加减煎服。10天为1疗程。总有效率98.18%（108/110），其中临床治愈（主证与体征消失，1年以上未复发者）101例（91.8%）。

三、鼻科疾病

1．过敏性鼻炎　牟淑兰报道488例，以玉屏风散加味煎服治疗，总有效率99.59%。其中治愈（症状与体征全部消除）153例，占

31.35%。以药物穴位敷贴、封闭以及耳穴压丸等的局部治疗的报道，另设专条介绍。

2. 肥厚性鼻炎　许文英等报道365例，用6%明矾注射液注射肥厚下鼻甲的中膈面或鼻底面部位，每次0.2～0.3毫升，5～6天1次。3次为1疗程。经治1～2疗程，总有效率98.36%。其中显效率(鼻通气正常，肥厚的下鼻甲明显回缩)70.41%(257/365)。马玉起报道168例，以六味地黄汤加味煎服，氟尿嘧啶2毫升缓慢注入下鼻甲粘膜或肥厚部位，5天1次。平均治疗30天，总有效率89.3%。其中痊愈率（症状消失，鼻粘膜肿胀消退，色泽正常者)48.2%(81/168)。

3. 萎缩性鼻炎　陈玉梅报道88例，以辛夷苁蓉液（辛夷花、苍耳子、鱼腥草、银花、沙参、生地、熟地、麦冬、知母、升麻、薄荷、白芷、当归、百合，加水浓煎至150毫升薰鼻；二煎浓缩成100毫升，将纱布浸泡后填塞鼻腔）治疗，全部有效。其中治愈率为75%(66/88)。周家骧等报道42例，以鼻炎康软膏（由苍耳子、黄芩、川芎、玄参等组成）挤入鼻腔，每日3～5次。经治30～60天，总有效率95.74%(41/42)，其中临床痊愈率为59.52%(25/42)。

4. 慢性鼻窦炎　本病的临床报道较集中，余明报道126例，自拟鼻渊汤加减煎服，平均治疗15.5天，治愈率为76.2%(96/126)。赵嘉颖等报道500例，以苍耳子散合辛夷散加减煎服，经治10～15天，总有效率98.4%(详见专条)。

5. 鼻出血　黄朝年等报道160例，辨证分为肝郁化火、胃热内盛、气血亏虚3个证型分别施药。经治3天，总有效率96.9%，其中临床痊愈率82.5%(132/160)。尹文艳报道45例，以紫连膏（由紫草、黄连加凡士林组成）涂敷创面，2天1次。平均治疗7天，均获痊愈。

四、咽喉科疾病

1. 咽炎　急性咽炎，徐纪军报道160例，其中80例以甘露饮加减煎服并口服布洛芬；80例为对照组以青霉素肌肉注射并口服维生素C、杜灭芬等治疗。经治3天，治疗组的疗效明显优于对照组（治愈率分别为85%、70%，$P<0.05$）。慢性咽炎，报道以中药煎液作超声雾化吸入治疗的颇多。段辛龙等及杨爱霞等对本病的报道，总有效率均在90%以上。尚有以中药代茶、制糖含化及散剂外吹等简易疗法的报道，详见专条。

2. 急性化脓性扁桃体炎　王丰超报道50例，以大黄、全蝎、蜈蚣煎液泡绿茶徐咽，服药1小时体温渐下降，咽痛及阻塞感减轻，3天内痊愈48例。兰启防等报道62例，以紫草合剂（紫草、石膏、知母、黄芩、荆芥、连翘、板蓝根、山豆根、蒲公英、赤芍）加减煎服，并设对照组50例用青霉素、病毒灵及维生素。结果，治疗组与对照组的显效率（体温正常，疼痛消失，炎症消退，血常规正常）分别为90.32%和78%，平均治愈天数分别为3天与4.5天（$P<0.05$）。

3. 喉炎　吕康等报道98例急性喉炎，以木蝴蝶汤（木蝴蝶、生地、牛蒡子、银花、诃子、胖大海、甘草）加减煎服，并设对照组100例以青霉素肌肉注射治疗。经治6天，治疗组的疗效明显优于对照组（治愈率分别90%、81%，$P<0.025$）。许建胜报道52例慢性结节型喉炎，以活血祛瘀、祛痰散结、开音利咽为治则，总有效率86.5%(45/52)。

五、口腔科疾病

1. 口腔溃疡　本病的临床报道较集中，杜秀清以金水六君煎加减治疗50例，总有效率为96%。周爱生以大黄、吴茱萸、胡黄连、天南星研末敷贴涌泉穴治疗256例，治愈率为65.23%。李丹报道56例女性患者，辨证分肝郁脾虚、肝肾不足两型分别施药，总有效率为96.4%(详见专条)。

2. 牙周病　急性牙周炎，邓玉珍等报道25例，以六神丸½～1粒置于牙周袋内，每日3次。用药3～5天内，脓肿消退，自觉症状消失者24例。根尖周病，胡幼芝等报道以黄连素作空管药物治疗124例，经1.5年的观察，成功率为93.5%(116/124)。

3. 舌炎 冯广告等报道对舌叶状乳头炎73例，以双黄连口服液(由银花、黄芩、连翘等提取)治疗。经治7～14天，治愈率(症状消失，叶状乳头恢复正常者)为93%(68/73)。童永碧报道对萎缩性舌炎20例，以0.5%维生素 B_{12} 加2%普鲁卡因作舌神经封闭即无名奇穴注射治疗，全部有效。

(张应文 刘红娣)

【老年性白内障的治疗与研究】

老年性白内障居致盲之首位，治疗虽可施行手术，但只适应于后期，对早、中期治疗仍缺少有效方药。李逢等报道对本病以补肾健脾、润肺生津、益气活血、软坚明目为治则，自拟治障丸1号（黄芪、白术、升麻、枳壳、茯苓、熟地、菟丝子、枸杞子、白茅根、五味子、贝母、丹参、海藻等制成蜜丸，每丸9克）内服，每日2次，每次2丸，25天为1疗程。治疗初发期55眼，膨胀期129眼。同时设对照组以障眼明片内服，每日3次，每次4片治疗初发期21眼，膨胀期36眼。用药3个疗程，治疗组显效(视力提高3行以上，晶体混浊改善或未进展)13眼，有效（视力提高1～2行)108眼，总有效率92.92%；对照组有效30眼，有效率为52.6%。两组间疗效有非常显著性差异（$P<0.01$)。汤润祺等报道对本病100眼，以滋肝肾、补精血、健脾胃、退翳明目为治则，自拟除障灵冲剂（由夜明砂、蝉蜕、草决明等制成）冲服，每日服2小包。1个月为1疗程。同时观测患者治疗前后血锌值的变化。用药3～6疗程，总有效率为96%。血锌值由治疗前的5.28±2.35μg/ml升至8.10±2.10μg/ml（$P<0.001$)。任鲁平等以补益肝肾、健脾调中、育阴潜阳、行气散郁为治则，自拟祛障明目汤(茺蔚子、白芍、当归、女贞子、菊花、枸杞子、决明子、防风、香附、首乌、红花等）随证加减治疗898例1698眼，显效1320眼，好转296眼，总有效率为96%。卢隆平报道本病1467例，均单纯使用麝珠明目散（主要成分为麝香、珍珠粉、冰片等）点眼治疗，上、下午各点3次，点后分别闭眼15、15、30分钟。经治后，总有效率为89.8%。其中显效（视力提高3行以上或病前视力、视觉症状明显改善，晶体混浊有不同程度吸收者)594例，占40.5%。郑新青等报道以祛障明目片（由熟地、党参、车前子、当归、白芍、茯苓、山药、女贞子、肉苁蓉、潼蒺藜、川芎、陈皮等制成）对wistar大鼠实验性白内障进行防治观察，并设空白对照组与水对照组作比较。结果表明，药物组的晶体混浊程度与水对照组相比有显著性差异(2周时 $R=0.928$，3周时 $R=0.921$)；且晶体内脂类过氧化水平与水对照组相比亦有显著性差异（$P<0.05$)。提示该药可能对实验性大鼠半乳糖性白内障的晶体病变有防治作用，其作用机理与降低体内脂类过氧化水平有关。

(姚芳蔚)

【青光眼的治疗】

青光眼为致盲主要病种之一，治疗方法虽多，但疗效多不理想。罗正容等报道对原发性青光眼48例94眼，用复明片（由熟地、山药、枸杞、石斛、女贞子、生地、羚羊角、茯苓、木通、谷精草、石决明等制成片剂）口服，每次5片，每日3次。治疗前视力平均右眼0.5、左眼0.6，眼压平均右眼4.39kPa、左眼3.86kPa。经治1～6月，眼压恢复正常（2.8kPa以下）的76眼(80.85%)，眼压下降但未达到正常值的17眼(18.08%)，眼压无变化的1眼(1.06%)；视力正常（≥1.0)的41眼(43.61%)，进步34眼(36.17%)，无变化的15眼(15.95%)，减退4眼(4.25%)。贺义恒等报道对原发性开角型青光眼42例77眼，服用青光眼四号方水煎剂（由茯苓、泽泻、猪苓、桂枝、车前子、羌活、防风等组成)。治疗2个月，眼压平均下降幅度为

0.7kPa，对其中11例患者房水动力学检测情况表明，治疗1个月后，房水流畅系数平均提高0.06mm^3/mmHg，房水生成量平均下降0.57mm^3/min。4例患者用药1次剂量后，与24小时前同一时刻相比，服药后3小时后眼压开始下降（由3.44±0.45降至2.81±0.34），5小时眼压降至最低（由3.44±0.55降至2.41±0.44），最大下降幅度为1.03kPa，眼压下降维持时间在8小时以上。黄庆山等报道对慢性单纯性青光眼40例54眼，治以益气活血法（药用当归、阿胶、党参、黄芪、丹参、葛根、红花、川芎、昆布、海藻、猪苓等煎服，每日1剂），配合噻吗心安眼药水滴眼；同时与单用噻吗心安眼药水滴眼治疗的35例46眼进行对照。治疗8周后，治疗组显效（眼压≤2.67kPa或比治前下降1.33kPa以上，房水流畅系数(C)值＞0.25mm^3/min/mmHg，停药半年无复发）24例（60%），有效（眼压≤3.47kPa或比治前下降1.07kPa以上，C值＞0.12mm^3/min/mmHg或比治前提高0.08mm^3/min/mmHg以上，停药3个月复发）12例（32.5%），总有效率为92.5%。对照组显效11例（31.4%），有效12例（34.3%），总有效率为65.7%。两组间疗效有显著性差异（P＜0.01）。魏承朴报道104例172眼青光眼，以一贯煎加减（北沙参、麦冬、当归、生地、枸杞、夏枯草、茯苓、五味子、茺蔚子、白茅根、钩藤、川楝子、柴胡）煎服治疗，总有效率97.78%（168/172）。其中临床痊愈（症状消失，眼压在2.6kPa以下，视乳头凹陷不再扩大，视野、视力恢复正常者）10眼，占5.56%，显效（症状明显减轻，眼压在3.12kPa以下，视乳头凹陷轻度扩大，视野不再缩小，视力提高4行以上者）86眼，占47.78%。

（姚芳蔚）

【活血化瘀治疗视网膜静脉阻塞的临床研究】

视网膜静脉阻塞（RVO）是眼科典型的血瘀证，并存在着眼血液动力学障碍，血液流变性异常，血小板聚集及全身微循环障碍等血瘀改变。因此，近年来多采用活血化瘀法进行治疗。彭清华报道RVO 23例，对病程1个月内者辨证为阳亢血瘀与气滞血瘀两型，分别以平肝潜阳、活血利水与理气通络、活血利水法；对病程1个月以上者均辨证为水血互结型，以养阴增液、活血利水法治疗。同时配合球后注射归红注射液及静脉推注血栓通注射液。平均治疗82天，临床治愈13例，显效8例，好转2例。并通过治疗前后眼底荧光血管造影及血液流变学检测，发现随着病情好转其眼底血管荧光充盈及充血形态，血液流变学各项检测指标均得到不同程度的改善。杨光等报道RVO 104例，辨证分肝胆火炽、气滞血瘀、肝肾阴虚、肝阳上亢与气血两虚5个证型，分别选用龙胆泻肝汤、血府逐瘀汤、知柏地黄汤、天麻钩藤饮与八珍汤加减，并根据发病新旧与眼底出血新旧而佐以凉血止血、活血化瘀或软坚散结法治疗。结果视力明显提高，眼底出血完全吸收率33.65%(35/104)，部分吸收率35.58%(27/104)。并发现患者的血液流变学异常状况较治前有明显改善，其中低切率下全血粘度、血浆粘度、红细胞压积改善最显著（P＜0.01），红细胞电泳、血小板电泳也有明显改善（P＜0.05）。陈林図等对RVO 22例辨证为气滞血瘀、阴虚阳亢与气虚血瘀3个证型，分别以疏肝凉血化瘀、滋阴潜阳化瘀与益气化瘀通络法配合常规西药对症治疗。获得显效（视力恢复至≥1.0或提高4行以上，眼底出血全部吸收或留有轻微出血痕迹者）9例，有效（视力提高2～3行，眼底出血和渗出大部吸收者）11例。许庆文等报道对23例RVO用川芎嗪治疗，并检测其对RVO患者血液流变学的影响。结果发现，治疗后全血低切粘度与高切粘度均显著下降（P＜0.01），红细胞电泳明显加快（P＜0.001），血小板最大聚集率和最大聚集速度亦显著降低（P＜0.01），血小板聚集抑制率达26.23%，而红细胞压积和血浆纤维蛋白原无明显变化(P>0.20)。提示川芎嗪能明显改善RVO患者的血液流变特征，早期应用将有利于病情恢复。邓子宏对63例RVO早期用凉血祛瘀、淡渗利湿法，中期用活血祛瘀、淡渗利湿法，后期用活血祛瘀、软坚散结法治疗。平均用药49.61天，总有效率达88.9%，平均对数视力由治前的3.623提高至4.234；血小板聚集试验由治前的65.68±11.25max（%）降至46.21±10.87max（%）(P<0.001)。

（姚芳蔚）

【中心性浆液性视网膜病变的治疗】

张以庚报道30例42眼，以行气活血利水法（以当归、桃仁、红花、丹参、川芎、赤芍、白芍、茺蔚子、枳壳、香附、茯苓为基本方，随证加减煎服）治疗。平均用药39天，全部有效，视力均显著提高，自觉症状及黄斑区病变均消失，眼底荧光素血管造影无荧光渗漏。任春慧报道275例，以补肾活血法（以丹参、桃仁、红花、全蝎、地龙、泽泻、云苓、枸杞子、甘菊、熟地、钩藤、甘草为基本方，随证加减煎服）治疗。用药1～2个月，治愈(视力提高至正常或恢复病前水平，黄斑水肿消退，中心反光出现者)250例(90.1%)。徐小平等报道35例，用八珍汤加减煎服；同时配合紫外线照射血液疗法（其中32例用自体血、3例用异体同型鲜血，每次150～200毫升，与贮血袋内ACD抗凝液混匀后注入石英玻璃罐内，用500W中长波紫外线灯照射6～8分钟，同时以5L/min的流量向石英罐内注入纯氧。照射完毕后将血液转注入贮血袋并按常规速度给患者静脉滴注)治疗。总有效率为94.3%(33/35)，随访1年仅1例复发。凌云等报道30例，采用复方丹参液18～20毫升加入5%葡萄糖内静脉滴注，每天1次。10天1疗程。总有效率达96.7%，其中治愈（视力恢复至5.0或发病前水平，黄斑区水肿及渗出吸收，中心凹反光出现者）23例。随访1.5～2年，复发率为13%（3/23）。李伟等报道40例，水肿期用淮山药、菊花、生地、杞果、车前子、蒲公英、茯苓，消退期用熟地、丹皮、桑椹子、川芎、白芍、白术、五味子，煎服；同时配合西药盐酸培他啶注射液加入维脑路通、能量合剂作静脉滴注。平均用药27.5天，全部有效。其中治愈（眼底病变吸收，视力恢复至1.0以上者）34例。叶秀荣等报道62例，应用直流电2%昆布液（昆布10克，氯化钠9克，尼泊金0.5克，蒸馏水1000毫升)负离子眼枕导入法（负极置于眼区、正极置于下颈部)。电流强度0.05～0.2mA/cm²，每次20分钟，每日1次。15天为1疗程。经治1～2个疗程，总有效率为95.2%（59/62)。其中治愈（黄斑区水肿消退，中心凹反光出现，视力恢复至1.0或提高4行以上者）46例(74.19%)。

（刘红娣）

【视神经萎缩的治疗】

谢立科报道76例84眼，辨证分为肝郁不舒、心脾两虚、肝肾亏损、脾肾阳虚4个证型，分别以逍遥散、归脾汤、桑椹地黄汤、肾气丸或右归丸加减，配合针灸（取睛明、攒竹、球后、鱼腰、丝竹空等为主穴，风池、肝俞、肾俞、光明、足三里为配穴，每次选1～3穴，留针20分钟，交替进行）治疗；同时肌肉注射维生素B_1、B_{12}，口服ATP、维生素、路通、肌苷片等。平均治疗67天，总有效率为73.81%。其中显效(按无光感、光感、手动、数指和0.02各级为序，视力提高3级或以上，视野扩大20°或以上者）19眼（22.62%），有效（视力提高2级，以对数视力计算提高0.2，视野扩大10°或以上者）43眼(51.19%)。赵悦等报道20例29眼，治以补血行气化瘀、滋阴补肾法（药用丹参、熟地、川芎、女贞子、当归、生黄芪、菊花、五味子、陈皮、甘草煎服，每日1剂）及西药支持疗法。结果，治愈（视力提高5行以上者）3眼，显效（视力提高4行以上者）

5眼，进步（视力提高2行以上者）7眼，有效（数指及光感者）8眼。牟肇芯等报道20例，辨证分为肝郁气滞、肝肾阴虚、脾肾阳虚3个证型，分别选用丹栀逍遥散、明目地黄丸、补中益气汤随证加减煎服；同时用复方丹参注射液40毫升加入葡萄糖中静脉滴注，每日1次。20天为1疗程。结果，治愈（视力恢复至1.0以上，视野和色觉恢复正常者）5例，显效（视力提高4行以上，视野有扩大者）8例。赵小东等报道18例31眼，辨证分为肝肾阴虚、气血两亏、气滞血瘀3个证型，分别以知柏地黄汤、八珍汤、丹栀逍遥散加减煎服；同时以硝酸士的宁、维生素B_{12}穴位注射，复方丹参注射液加入生理盐水内静脉滴注等治疗。10～15天为1疗程。结果，显效（视力由黑蒙提高至0.05以上，或视力由0.05以下提高至0.1以上，或原视力在0.1以上每提高4行以上者）20眼，好转（视力提高1～3行者）8眼。

（张应文）

【单疱病毒性角膜炎的治疗】

单疱病毒性角膜炎的临床报道较集中，治疗多以辨证分型（期）论治，或自拟基本方，或以中成药制剂等配合抗病毒眼药水滴眼。常莉报道36例，陈丽芳报道50例，皆分为风热(早)，湿热、实热(中)，阴虚(后)三型(期)，分别以疏风清热、清肝泻火、滋阴养血法治之。总有效率分别为94.4%(34/36)与100%。陈氏还对患者治疗前后的免疫功能进行检测比较，发现其中IgG、CH_{50}与ERFC三项指标有极显著性差异($P<0.01$)。说明中药的疗效可能是通过增强机体免疫功能而发挥作用。邓仕龙等报道46例48眼，辨证分为阴虚火旺与气阴两虚两型，用补心丹（生地、元参、麦冬、当归、黄芩、密蒙花、白蒺藜、菊花、蝉衣、桔梗）随证型加减煎服。经治5～49天，治愈率（局部充血及刺激症状消失，基质层浸润、水肿消退，溃疡愈合，荧光素染色阴性者）为93.75%(45/48)。张乃俊等报道45例50眼，分为炎症初期与炎症消退期两期论治。前者以荆芥、防风、紫草、柴胡、黄芩、赤芍、薄荷、生地、枳壳、板蓝根、甘草为基本方，后者以党参、黄芪、熟地、茯苓、白术、女贞子、蝉衣、木贼草、密蒙花、柴胡、石决明、知母、银花、黄芩为基本方，随证加减煎服。经不同治程，治愈率（充血消退，荧光素不着色，视力在0.7以上或恢复至病前水平，随访2年未复发者）为72%（36/50）。丁高年等报道86例94眼，以自拟祛风解毒清肝汤（薄荷、荆芥、蝉衣、谷精草、蒲公英、黄芩、栀子、生地、龙胆草、柴胡、赤芍、车前子）随证加减煎服。经治3～42天，治愈率为89.77%(85/94)。张以庚等报道102例147眼，以自拟银花解毒汤（银花、连翘、薄荷、生地、黄芩、丹皮、密蒙花、柴胡、菊花、当归、丹参、赤芍等)随证加减煎服。经治40天，治愈率为70%(103/147)。马国政等报道44例，以抗病毒Ⅰ号（银花、连翘、防风、荆芥、羌活、蔓荆子、密蒙花、桔梗、菊花、甘草）煎服，环胞苷结膜下注射与无环鸟苷滴眼。平均治疗18天，痊愈率（溃疡面愈合，炎症消退，刺激症状消除者）占77.27%（34/44），总有效率为97.72%。陈蔚报道62例，以金黄汤（金果榄、黄精、密蒙花、谷精草、急性子、菟丝子、杞子、炙甘草）随证加减煎服与熏眼，并设40例对照组用病毒唑和病毒灵交替滴眼。结果，治疗组治愈率（角膜荧光素染色阴性，溃疡面愈合者）占77.42%(48/62)；对照组治愈率为22.5%(9/40)。两组间疗效有非常显著性差异（$P<0.01$）。雷蕴英等用板蓝根注射液肌肉注射与滴眼治疗41例，用药2～4周，治愈（角膜荧光素染色阴性，角膜基质正常厚度）19例，占46.3%，总有效率为80.49%(33/41)。雷氏还对患者治疗前后的红细胞C_3b受体活性及循环免疫复合物水平进行了检测，发现治疗前红细胞C_3b受体花环率明

显低于正常对照组（P<0.001)，血清循环免疫复合物水平则明显高于正常对照组(P<0.01)；经治后，随着病情的好转，红细胞C_3b受体花环率上升，循环免疫复合物水平下降，痊愈者则恢复正常值(P<0.05或P<0.01)。提示板蓝根对本病的治疗作用可能与红细胞免疫功能的提高有关。程春晓用板蓝根注射液滴眼治疗34例38眼，用药17～23.5天，治愈34眼，总有效率为100%。段淑芳用板蓝根注射液滴眼与结膜下注射治疗41例，用药18～33天，治愈39例，总有效率为100%。任增书等以清开灵静脉滴注与病毒唑滴眼治疗87眼，另以西药抗病毒滴眼药治疗60眼为对照组。经治15～45天，治疗组治愈78眼，总有效率为97.3%，对照组治愈34眼，总有效率为83.33%。两组间疗效有非常显著性差异（P<0.01)。

（姚芳蔚）

【青少年近视的治疗】

青少年近视的治疗，蔡航波曾报道以明目增视Ⅰ号口服液（由杞子、决明子、当归、太子参、甘草、菖蒲等组成）治疗280眼，总有效率为92.1%（258/280)，其中治愈率53.3%（149/280)。为进一步探讨该药的临床作用机理，蔡氏等用该药对家兔进行体外平滑肌解痉实验研究。结果表明，该药可明显减弱正常状况的平滑肌收缩幅度和频率；并能对抗乙酰胆碱引起的病理性平滑肌痉挛，使处于兴奋状态的平滑肌收缩频率频幅正常。提示了明目增视Ⅰ号口服液治疗本病的机理，主要是解除睫状肌痉挛，达到矫正近视，提高视力的作用。许丽霞等报道200例212眼，以明目增视饮（由桑椹子、菊花、桑叶、昆布、决明子、五味子、葛根、丹参、白芍、甘草等制成，每次服用100毫升，每日2次；用药2～3个月）治疗，临床观察视力提高的总有效率为73.2%。其中治愈率(视力达到5.0，屈光降至－0.25D以下）31%（66/212)。李俊全等报道对本病100例200眼，采用综合治疗，即(1）睛明眼药水（主含阿托品）局部滴眼；（2）睛明片（主要含珍珠层粉、夜明砂等）内服；（3）做睛明操（按摩眼部穴位）；（4）王不留行粘压耳穴。经治100天后，再观察120天，总有效率为98%，其中显效率(视力恢复至5.0以上者）73%（146/200)。盛明山等报道将本病114例198眼随机分为体穴组33眼(双侧取穴为光明、足三里、合谷、四白、攒竹、鱼腰、瞳子髎。每次选3穴，每穴注射复方当归注射液0.5～1毫升，隔日1次，共10次)，耳穴组40眼（单侧交替取穴为目$_1$、目$_2$、心、肝、肾、眼，每次选4穴，每穴注射复方当归注射液0.05毫升，隔日1次，共10次)，针刺对照组36眼(双侧取穴同体穴组，每次针刺3个穴位，隔日1次，共10次)，空白对照组37眼(双侧取穴同体穴组，局部按常规消毒，但不作任何治疗和处理)，仪器治疗组52眼(双侧取穴为攒竹、瞳子髎、四白，用点穴治疗仪治疗，每日1次，每次3分钟，共10次)，分别予以治疗。结果，各组的近期疗效，以耳穴组与仪器治疗组为优(总有效率分别为57.5%、53.84%)，与对照组有显著性差异（P<0.05)。而体穴组效果欠佳，仅为15.15%。张正贤等报道对本病以按摩（先颈脊、依次为眼球和眼眶部穴位）加中药离子导入法（取红花、当归、枸杞、枳壳、青葙子、菖蒲等加水浸泡3小时后煎液浓缩成1:1离子导入液。治疗时将浸泡药液的敷料与治疗仪电极板分置患者左、右眼上，每次导入时间15～20分钟，每日1次。8次1疗程）治疗634例，总有效率93.6%。其中临床痊愈（裸眼视力≥5.0者）270例，占21.81%，显效（裸眼视力提高4行以上，但未达5.0者）216例，占17.45%。

（刘红娣）

【眼部带状疱疹的治疗】

眼部带状疱疹为水痘带状疱疹病毒感染三叉神经引起的眼部并发症。对本病尚无特效疗法，近年报道采用中医或中西医结合治疗，取得较好效果。马庆全报道12例，根据病情选用四物消风饮（生地、赤芍、当归、紫草、红花、白鲜皮、地肤子、荆芥、防风、银花、连翘、蝉衣、薄荷、米仁、独活、蒲公英、乌梢蛇、甘草）或普济消毒饮加减煎服，每日1剂。外以硫黄、冰片、黄柏、苍术各等份研末混匀，冷水调成糊状涂敷患处，每日2次。对病情严重者加用板蓝根或庆大霉素等注射液作肌肉注射。平均治疗9天，11例痊愈。另1例因并发角膜炎，加用抗病毒眼药水滴眼，于15天治愈。朱寿彭报道25例，用加减四物汤（生地、苦参、薄荷、川芎、鼠粘子、天花粉、防风、赤芍、当归、荆芥）随证加减煎服，每日1剂；同时口服抗病毒西药。结果全部有效，其中治愈21例。黄庆山报道76例，治疗组40例用中药（以板蓝根30克，当归、玄参、白芷、黄芩各15克，川芎、紫草、升麻、银花、柴胡、野菊花、黄连各9克为基本方，随证加减煎服，每日1剂），对照组36例用西药（病毒灵200毫克，消炎痛15毫克，维生素$B_6$20毫克，口服，均每日3次）；同时两组均用氯霉素眼药水滴眼，局部皮损处用滑石粉涂敷。经治后，治疗组治愈38例(95.0%)，好转2例（5%）；治愈时间5～10天。对照组治愈26例(72.2%)，好转10例(27.8%)；治愈时间8～14天。治疗组的疗效明显优于对照组（P＜0.05），且平均治愈时间亦比对照组明显缩短（P＜0.001）。

（姚芳蔚）

【突发性耳聋的治疗】

目前多认为耳蜗微循环障碍是导致突发性耳聋的主要原因，故活血化瘀成为其主要治法。其中使用丹参为主的临床报道颇多。潘业耀等报道100例104耳，以丹参注射液16毫升，ATP 40毫克，辅酶A 200单位，加入5%葡萄糖中静脉滴注，每日1次。连用20天，总有效率为75%，其中痊愈（主觉听力恢复，眩晕消失，耳鸣消失或明显减轻，250～4000Hz均值恢复至20dB以内或与健耳同一水平）31耳(29.8%)，显效（主观症状明显好转，250～4000Hz均值提高30dB以上）16耳(15.4%)。夏成忠报道85例90耳，以丹参16～20克加入低分子右旋糖酐中静脉滴注，并设对照组80例88耳，以烟酸、利多卡因加入低分子右旋糖酐中静脉滴注。结果，治疗组与对照组的有效率分别为75.5%与53.4%，其中治愈率（听力恢复正常或听阈值在25dB以下)分别为33%与17%（P＜0.01)。平均治疗时间分别为18.7和18.9天。张天驯等报道100例，以丹参、葛根汤以及磁石为基本方，并用能量和抗血液凝滞药以及激素等治疗。总有效率为63%，其中痊愈(500～4000Hz听阈平均值在25dB以内)29例。作者认为丹参能增加耳蜗的血流量及对Corti器的血氧供应，并可抑制血小板凝集，降低血液的粘稠度。程雷等报道45例，以脉络宁(由玄参、牛膝等提取)20毫升加入5%葡萄糖中静脉滴注，并辅以高压氧疗法，每日1次。同时设对照组51例以氢化考的松由300毫克递减至50毫克加入低分子右旋糖酐中静脉滴注，并辅以高压氧疗法，每日1次。均以10天为1疗程。结果，脉络宁组与对照组的总有效率分别为86.7%(39/45)与68.6%(35/51)。其中治愈率（平均听阈恢复到20dB以内）分别为22.2%(10/45)与7.8%(4/51)，显效率（平均听阈改善30dB以上）分别为55.6%（25/45）与27.5%（14/51)。两组间疗效有明显的差异（P＜0.05)。黄庆山等报道34例，以川芎嗪注射液400毫升加入10%葡萄糖中静脉滴注，每日1次；并联合体外反搏治疗，每日1次，每次1小时。经治3周后，总有效率79.4%(27/34)，其中显效（主证完全消失，平均听力提高30dB以上）16例(47.1%)。同时设对照组30例，以尿激酶4万单位加入低分子右旋糖酐中静脉滴注治疗，总有效率为

53.3%(16/30)，其中显效率20%(6/30)。两组间疗效有显著性差异（$P<0.05$）。王卫国等报道60例，分成治疗组35例与对照组25例。均用高压氧及低分子右旋糖酐、能量合剂和尼莫地平等西药治疗，治疗组加用四君子汤加黄芪、菖蒲、白芍煎服。经治20天，治疗组与对照组的总有效率分别为83.7%与60%，其中治愈率（听力上升超过30dB）分别为54.3%(19/35)与32%(8/25)。治疗组疗效明显优于对照组（$P<0.05$）。

（张守杰）

【化脓性中耳炎的外治】

化脓性中耳炎临床报道以外治法较多。赵岩等报道41例，用冰黛散（黄连、青黛、冰片等份研末）适量吹耳，每日2次。同时设对照组40例用抗生素等西药治疗。经治5天，治疗组总有效率97.56%(40/41)，其中治愈（症状消失，流脓停止，听力恢复同病前，耳周及乳突无压痛，半年内无复发者）36例，占87.8%；对照组则分别为87.5%(35/40)与67.5%(27/40)。两组间疗效有显著性差异($P<0.05$)。武春喜等报道102例，用冰硼散（朱砂1克，冰片、硼砂、玄明粉各3克研末）适量吹耳，每日2次。5天1个疗程，停药2天行第二疗程。结果总有效率为96%(98/102)，其中痊愈（耳内流脓停止，耳痛消失，耳道干燥，听力恢复者）87例，占85%。丁二可等报道60例，用龙胆矾散（新鲜猪苦胆数枚，将枯矾末约25～40克分别纳入胆囊内，以胆汁浸透枯矾为宜，用细线扎紧胆口，于通风处晒干后，去掉猪苦胆外皮，留取胆内物。每10克中加入龙脑0.6克，研细末）适量喷入患耳鼓膜穿孔处，每日1次。经治12天内全部有效，其中治愈率（耳内流脓消失，1年内未复发者）为93.3%(56/60)。周芳佳报道40例，以枯矾、冰片等份研末，取适量吹入患耳，隔日1次。经治4～6次，全部有效。其中显效（听力恢复，无脓性分泌物流出）25例，占62%。王玉兰报道55例，用双料喉风散（梅州制药厂制）适量喷入耳道，每日1次。经治3～9天，总有效率为98.18%(54/55)。傅晓东等报道55例，用芙蓉滴耳液（芙蓉叶、生大黄、丹参各200克，先后用10倍量和5倍量水煎煮，合并2次药汁，浓缩成200毫升）加压渗透患耳，每日1次，每次3～8滴。经治2～5天，3个月后随访，总有效率为95%。其中显效(流脓停止，鼓膜修复正常者）15例，有效（流脓控制，鼓膜遗有干性穿孔者）37例。曹秀英等报道50例，用洁尔阴洗液滴耳，每日3次，每次2～5滴。平均治疗3.75天，均获痊愈（症状消失，外耳道无分泌物）。随访1年均无复发。

（张应文）

【过敏性鼻炎的局部治疗】

过敏性鼻炎（PAR）的局部治疗报道，以药物穴位敷贴、封闭、注射及耳穴压丸等为多。谭敬书等报道60例，以中药（白芥子2份，延胡索、甘遂、白芷、细辛、制川乌、制草乌各1份研粉，用生姜汁调匀成糊状。用时摊于纱布上，药糊面积直径为2cm，于药糊表面撒一薄层肉桂粉）敷贴大椎、肺俞(双)、膏肓(双)、肾俞(双)、膻中穴，胶布固定。每次4小时，7天1次，每3次为1疗程。同时设30例对照组采用空白对照，敷贴物（用土茯苓、夏枯草及甘草）的外观及敷贴时间、穴位和注意事项均同治疗组。结果治疗组与对照组的总有效率分别为88.3%(53/60)与36.6%(11/30)，显效率分别为38.3%(23/60)与3.3%(1/30)。两组间有显著性差异（$P<0.05$）。谭氏等还观测了敷贴前后PAR患者T淋巴细胞亚群及血清总IgE的变化情况。发现PAR患者T辅助细胞（TH）比率与正常组无差异，T抑制细胞（TS）比率显著低于正常组（$P<0.05$），经敷贴治疗后，治疗组TH比率较正常组及同组治疗前降低（$P<0.05$），TS比率较同组治疗前提高（$P<0.05$），且接近正常水平；

血清总 IgE 较治疗前降低($P<0.05$)。空白对照组则治疗前后各项检测均无改变。郭晓等报道113例,以中药(白芥子、细辛、甘遂按5:3:2比例研末,临用时加少许麝香,用姜汁调成糊状)贴敷大杼、风门、肺俞、膏肓、脾俞及肾俞穴(每次选3对穴,交替使用)。每次2～3小时,每10天贴1次,分别于初伏、二伏及三伏贴1次。连续贴敷3年,经4年的追踪观察,总有效率为77.88%(88/113),其中显效37例,占32.74%。陈德才等报道32例,自拟消敏液(2%普鲁卡因1毫升,地塞米松5毫克,庆大霉素4万单位)封闭双侧迎香穴,每侧注射约1.5毫升,每周1次。连续3次为1疗程。总有效率为96.9%(31/32),其中显效(主症消失,鼻粘膜水肿消退、颜色接近正常)26例。张文龙报道56例,以鱼腥草注射液注射肺俞,隔日1次;维胶丁钙、维生素B_{12}注射迎香、足三里,隔日1次,两穴交替。12天为1疗程。结果痊愈30例,总有效率为86%(48/56)。李彦华报道100例,用人参注射液注入双侧蝶腭神经节穴位各2毫升,每周1次。4次为1疗程。经治1～3个疗程,总有效率为97%(97/100),其中痊愈(症状消失,半年以上未复发)68例。张纯报道25例,以玉屏风散合桂枝汤为基本方,随证加减煎服,同时取王不留行籽贴压耳穴(以心、肺、内分泌、鼻、平喘、肾上腺为主穴),用胶布固定。嘱患者按压所贴耳穴,每日3～4次,每次约100下。一般3天压丸1次,左、右耳交替使用,10次为1疗程。结果,痊愈(症状消失,鼻腔粘膜恢复正常,1年未复发者)18例,有效(症状缓解,鼻腔粘膜趋于正常,但时有复发者)5例,无效2例。白桦等报道80例,以王不留行籽贴压耳穴(按辨证取穴,肺卫虚寒型取肺、神门、内鼻、过敏点;肺经郁热型取肺、皮质下、内鼻、过敏点、大肠;肺肾两虚型取肺、肾、过敏点、内鼻、内分泌、膀胱;肺脾气虚型取肺、脾、神门、内鼻、过敏点。每次贴一侧耳,交替使用)后胶布固定,保留3～4天,每日按压3次,每次1分钟。总有效率为96.25%(77/80),其中痊愈29例,显效41例。

(吴贤益)

【慢性鼻窦炎证治】

余明报道126例,自拟鼻渊汤(银花、连翘、苍耳子、辛夷、远志、石菖蒲、石膏、紫花地丁、大青叶、黄芩、蝉蜕、僵蚕、蒲公英、甘草)随证加减煎服,每日1剂。平均治疗15.5天,总有效率为92.1%,其中治愈率(症状、体征消失,注意力与记忆力恢复正常,2年内无复发者)占76.2%(96/126)。赵嘉颖等报道500例,以苍耳子散合辛夷散加减(苍耳子、辛夷、白芷、木通、藁本、升麻、川芎、细辛、银花、蒲公英、紫花地丁、菊花、石膏、甘草)煎服,每日1剂。经治10～15天,总有效率为98.4%。其中显效(鼻通气好,脓性分泌物消失,感觉正常者)330例,占66%。杨桂梅报道184例,100例自拟苍夷清鼻汤(辛夷、苍耳子、白芷、桔梗、蚤休、蒲公英、赤芍、僵蚕、野菊、藿香)随证加减煎服,同时用麻黄素滴鼻。上颌窦炎者用上颌窦穿刺冲洗后注入青霉素、氨苄青霉素、地塞米松混合液,每周2次;额窦、筛窦、蝶窦炎均用负压置换疗法,每日1次。84例只用西药与穿刺置换疗法作为对照。结果治疗组的总有效率97%,其中治愈(症状消除,X线征象消失,1年内无复发)61例(61%);对照组的总有效率78.6%,其中治愈22例(26.2%)。两组间疗效有显著差异($P<0.01$)。罗克强等报道42例上颌窦炎,以黄芪、白术、苍耳子、白芷、辛夷、银花、败酱草、苡仁、赤芍、鸡血藤、丹参、菖蒲、黄芩、枳实、皂角刺、甘草为基本方,随证加减煎服,每日1剂。同时用上颌窦穿刺灌洗法(生理盐水与双氧水交替冲洗至无脓液排出后,注入庆大霉素和糜蛋白酶混合液。并用麻黄素与庆大霉素

滴鼻)，每周1～3次；口服红霉素、复方新诺明。结果总有效率为95.24%，其中痊愈率（症状与体征消失，X线示上颌窦密度正常，粘、骨膜白线清晰者）为76.19%(32/42)。与对照组(46例除不用中药外，其余治疗均相同，总有效率为67.39%，痊愈率为32.61%)比较，有显著性差异（P<0.01)。曹先明报道100例上颌窦炎者，用上颌窦穿刺冲洗后注入加味苍耳子散药液（苍耳子、薄荷、辛夷、细辛、白芷、石膏、荆芥、黄芩、银花、连翘、蒲公英加水煎后过滤，再煮沸30分钟待凉备用)，每周2～3次。连续4周为1疗程，总有效率为93%。其中痊愈（症状消失，检查5次以上，中、下鼻道无脓性分泌物，随访1年无复发者）60例。郑美桦等报道102例上颌窦炎者，以上颌窦穿刺冲洗后注入梅核油（核桃油100克，冰片20克）1～2毫升。穿刺2次间隔10天，结果总有效率为89%。

（吴贤益）

【慢性咽炎的治疗】

中药煎液作超声雾化吸入已为目前治疗慢性咽炎常用方法之一。段辛龙等报道50例，其中肥厚性咽炎用僵蚕、蝉衣、大黄、桔梗、荆芥、牛蒡子、薄荷、银花、甘草，颗粒型咽炎用生地、熟地、射干、丹皮、茯苓、山萸肉、川贝、沙参、麦冬、甘草，浸泡后煎煮半小时，倒出药汁100毫升加入超声雾化器中作雾化吸入。10次为1疗程。总有效率为92%（46/50)，其中显效率（症状消失，局部表现明显好转者)为44%(22/50)。杨爱霞等报道66例，用咽炎灵合剂（生地、玄参、贝母、麦冬、丹皮、牛蒡子、升麻、大青叶、沙参、银花、连翘、甘草）作蒸气雾化吸入。并设对照组60例以庆大霉素、α-糜蛋白酶雾化吸入。10天为1疗程。用药2个疗程，治疗组与对照组的总有效率分别为90.9%(60/66)、56.7%(34/60)。两组疗效比较，差异非常显著（P<0.01)。谭光彦报道52例，用消瘰丸加夏枯草、蒲公英、胖大海、红花等水煎至40毫升超声雾化喷入咽喉20～30分钟；同时以玄参、牡蛎、浙贝夏枯草、丹参、赤芍、生地、胖大海、丝瓜络、蒲公英为基本方，随证加减煎服。用药3～30天，总有效率92.31%(48/52)。此外，以中药代茶、制成含糖及散剂外吹等简易疗法，徐永芳等报道2000例，用清咽宁冲剂（玄参、石斛、鸡血藤、两面针、桔梗、甘草)开水冲服。用药20天，总有效率为95.3%(1906/2000)，其中显效（咽部症状及分泌物消失者）1418例，占70.9%。路绪文等报道504例，以利咽饮（沙参、麦冬、桔梗、生地、射干、甘草、木蝴蝶、银花、蝉蜕、黄连、肉桂研末）开水冲服。用药10～20天，总有效率为92.7%(467/504)，其中痊愈(症状消失，咽粘膜正常者)126例，占25%。刘让等报道618例，以利咽灵（银花、桔梗、甘草、胖大海、山豆根、薄荷、木蝴蝶等粉碎成茶状，包装成袋茶型，每袋4克，每次1袋）开水浸泡5分钟后饮用，每日2次。用药14天，总有效率为99.8%(617/618)，其中显效（症状消失，咽部检查无异常)436例，占70.6%。虎发光等报道200例，以壁钱含化糖（壁钱、山豆根、射干、玄参、麦冬、甘草、血竭、硼砂、荸荠粉、麻油、白糖）口含。总有效率为98%（196/200)。李洪岭报道100例，自拟消肿止痛散（白芷0.1克，硼砂0.3克，雄黄、冰片各0.6克，薄荷、黄柏各0.15克，研粉）外吹咽部，每4小时1次。2克量为1疗程(3天)。用药1～2个疗程，总有效率为91%，其中痊愈（症状消失、局部病灶消除，3个月无复发者)40例。

（张守杰）

【口腔溃疡的辨治】

周爱生认为心脾火热炽盛，或虚火上扰是导致口腔溃疡的主要原因，苦寒泻热或甘寒育阴清热为常用之法。周氏用大黄40克，吴茱萸30克，胡黄连、天南星各20克，共研细末，加醋调成糊状，每晚临睡前敷于双侧涌泉穴，纱布固定，次晨除去药物。5次为1疗程。治疗256例中，治愈（溃疡、疼痛均消失者）147例，占65.23%，总有效率为85.5%。谷海亮认为本病与心脾胃功能失常有关，用甘草泻心汤煎服，每日1剂。连续3～7剂，治疗21例中，痊愈（溃疡消失，随访半年无复发者）18例。杜秀清认为对本病的治疗不宜见溃疡就单用滋阴降火一法，宜扶持脾胃，助生营血，营血足，脾运健则湿火易降。而用金水六君煎随证加减煎服。治疗50例中，痊愈（服药2～6剂，溃疡消失，半年内无复发者）42例，总有效率为96%。张二欣等认为气血虚衰，外邪内侵，运行失常，而使气血瘀滞，郁而化热导致本病。自拟生地、山茱萸、山药、茯苓、泽泻、丹皮、知母、黄精、木通、石斛、当归、赤芍、菟丝子、天花粉、杜仲为基本方，加水煎服，每日1剂；局部用碘甘油及珍珠粉外敷。治疗35例中，14例2年未复发，15例复发间隔时间延长。屠永等认为本病可分虚实二类，实证多见于小儿，发病迅速，易愈，治宜清宣泻，以导赤散加减煎服，局部以祛腐散（硼砂、雄黄、煅中白、蒲黄、黄柏、青黛、甘草、薄荷、明矾、冰片）外吹；虚证多见于青壮年及老年，发病缓慢，难愈，治宜养阴血、清虚火，以知柏地黄汤加减煎服，局部以养阴生肌散（石膏、蒲黄、龙胆草、黄柏、薄荷、甘草、青黛、冰片）外吹。治疗298例中，实证78例，轻者2～3天，较重者约10天，均获治愈；虚证220例，219例治愈。李丹对女性复发性口疮，辨证分肝郁脾虚、肝肾不足两型，分别以丹栀逍遥汤、六味地黄汤加减煎服。前者加服安宫黄体酮4毫克，每晚1次；后者加服维生素E60毫克，每日1次，隔日肌肉注射胎盘组织液4毫升。1个月经周期为1疗程。治疗56例，基本治愈（随访1年溃疡未发，妇科症状消失者）8例，显效（随访1年，0.5年内溃疡未发，妇科症状减轻者）34例，总有效率为96.4%。

（戚清权　夏　翔）

参考文献

B

柏超然。真菌性角膜溃疡的辨证论治。中西医结合眼科杂志，1994；(4):208

白　桦，等。耳穴治疗过敏性鼻炎80例临床观察。中国农村医学，1994；(8):50

C

蔡航波，等。明目增视Ⅰ号口服液对假性近视治疗机理实验研究。中西医结合眼科杂志，1994；(1):16

曹先明。加味苍耳子散上颌窦灌注疗法治疗上颌窦炎100例。湖北中医杂志，1994；(2):21

曹秀英，等。洁尔阴洗液滴耳治疗急性化脓性中耳炎50例。新中医，1994；(5):47

常　莉。辨证治疗单纯疱疹性角膜炎。中国中医眼科杂志，1994；(4):230

陈　蔚。中药金黄汤治疗单疱病毒性角膜炎。中西医结合眼科杂志，1994；(4):211

陈德才，等。封闭迎香穴治过敏性鼻炎32例。国医论坛，1994；(3):35

陈丽芳。中药为主治疗单纯疱疹性角膜炎及其对免疫功能的影响。中国中医眼科杂志，1994；(1):21

陈林囡，等。活血化瘀法治疗视网膜静脉阻塞。中西医结合眼科杂志，1993；(2):91

陈小宁。化痰法治疗分泌性中耳炎。实用中西医结合杂志，1994；(7):400

陈永明。平阳霉素治疗翼状胬肉28例。中国中医眼科杂志，1994；(1):51

陈玉梅。辛夷苁蓉液治疗慢性萎缩性鼻炎88例。辽宁中医杂志，1994；(3):125

盛明山，等。药物穴位注射治疗中小学生近视。中国中医眼科杂志，1994；(1):31

程　雷，等。脉络宁、高压氧联合治疗突发性耳聋的疗效观察。中国中西医结合耳鼻咽喉科杂志，1994；(3):113

程春晓。板蓝根滴眼液治疗单纯疱疹性角膜炎。中

国中医眼科杂志，1994；(1):8

程至刚，等。中西医结合治疗儿童药物中毒性耳聋35例。中国中西医结合杂志，1994；(6):373

D

邓仕龙，等。补心丹加减治疗阴虚型单纯疱疹性角膜炎。中国中医眼科杂志，1994；(4):216

邓玉珍，等。六神丸治疗急性牙周炎50例临床疗效观察。贵阳中医学院学报，1994；(3):25

邓子宏。中医辨证治疗视网膜静脉阻塞。中西医结合眼科杂志，1994；(2):65

丁二可，等。龙胆矾散治疗慢性中耳炎60例疗效观察。四川中医，1994；(1):49

丁高年，等。中药为主治疗单纯疱疹性角膜炎临床观察。中国中医眼科杂志，1994；(2):101

杜秀清。金水六君煎治疗口腔溃疡50例。内蒙古中医药，1994；(4):30

F

冯广告，等。双黄连口服液治疗舌叶状乳头炎73例临床观察。河南中医药学刊，1994；(4):54

傅晓东，等。芙蓉滴耳液加压渗透治疗化脓性中耳炎55例。安徽中医学院学报，1994；(2):36

G

葛邦颖。补肾益气活血中药治疗老年性黄斑变性的临床观察。中国中医眼科杂志，1994；(4):227

谷海亮。甘草泻心汤治疗口腔溃疡21例临床观察。新中医，1994；(5):28

郭　晓，等。中药穴位贴敷治疗变态反应性鼻炎。辽宁中医杂志，1994；(1):29

H

韩桂亭，等。平阳霉素合二黄汤治疗翼状胬肉。中西医结合眼科杂志，1994；(3):178

贺义恒，等。青光眼四号对原发性开角型青光眼降眼压的临床研究。中国中医眼科杂志，1994；(1):15

胡幼芝，等。黄连素治疗根尖周病的临床及实验研究。江苏中医，1994；(1):45

虎发光，等。壁钱含化糖治疗慢性咽炎200例.山东中医杂志，1994；(7):299

黄朝年，等。辨证分型治疗鼻衄160例。福建中医药，1994；(4):10

黄洪飞，等。眼肌型重症肌无力40例辨证论治。中国中医眼科杂志，1994；(3):182

黄庆山。中药治疗眼部带状疱疹疗效观察。中国中医眼科杂志，1994；(3):169

黄庆山，等.川芎嗪联合体外反搏治疗突发性耳聋34例疗效观察。中国中西医结合耳鼻咽喉科杂志，1994；(3):108

益气活血法治疗慢性单纯性青光眼临床研究。中国中医眼科杂志，1994；(2):78

L

兰启防，等。紫草合剂治疗小儿急性化脓性扁桃体炎62例。福建中医药，1994；(3):13

雷蕴瑛，等。板蓝根对单疱病毒性角膜炎患者红细胞C_3b受体活性及循环免疫复合物的影响。中国中医眼科杂志，1994；(1):3

李　丹。中西医结合治疗女性复发性口疮56例。中国中西医结合杂志，1994；(9):536

李　逢，等。治障丸1号治疗未成熟期老年性白内障临床研究。中国中医眼科杂志，1994；(3):141

李　伟，等。中西医结合治疗中心性浆液性视网膜炎。中西医结合眼科杂志，1994；(2):113

李洪岭，等。消肿止痛散治疗慢性咽炎100例临床观察。河北中医，1994；(1):28

李俊全，等。中西医结合治疗青少年调节性近视。中国中医眼科杂志，1994；(1):33

李彦华。人参注射液蝶腭神经节穴位注射治疗变应性鼻炎100例初探.新疆中医药，1994；(2):25

李玉涛。杞菊地黄口服液对老年性黄斑变性患者血液流变学的影响。中国中医眼科杂志，1994；(4):210

凌　云，等。复方丹参治疗中心性浆液性脉络膜视网膜病变疗效观察。中国中医眼科杂志，1994；(2):248

刘　让，等。利咽灵治疗慢性咽喉炎918例观察。河北中医，1994；(6):33

卢隆平。麝香明目散治疗老年性白内障1467例临床疗效观察报告.上海中医药杂志，1994；(4):22

路绪文，等。利咽饮治疗慢性咽炎504例.实用中医药杂志，1994；(5):11

鹿道直，等.灵素丸治疗视网膜色素变性疗效观察。中国中医眼科杂志，1994；(4):201

吕　康，等。大蝴蝶汤治疗急性喉炎98例。山西中医，1994；(6):18

罗克强，等.中西医结合治疗慢性化脓性上颌窦炎42

例。中国中西医结合杂志，1994；(10):631

罗正容，等。复明片治疗青光眼疗效观察。中西医结合眼科杂志，1994；(1):4

M

马国政，等。抗病毒Ⅰ号中药配合西药治疗单疱病毒性角膜炎。中西医结合眼科杂志，1994；(3):142

马庆余。眼部带状疱疹中西医结合治疗。中西医结合眼科杂志，1994；(2):102

马玉起。中西医结合治疗慢性肥厚性鼻炎168例。江苏中医，1994；(2):14

牟淑兰。补气固表治疗过敏性鼻炎488例。新疆中医药，1994；(3):38

牟肇芯，等。中西医结合治疗视神经萎缩20例临床观察。四川中医，1994；(7):48

P

潘业耀，等。丹参与能量制剂治疗突发性耳聋(附100例临床分析)。中国中西医结合耳鼻咽喉科杂志，1994；(3):131

彭清华。活血利水法为主治疗视网膜静脉阻塞的临床研究。中国中医眼科杂志，1994；(4):206

Q

钱忠顺。天麻穴注治疗耳源性眩晕31例。南京中医学院学报，1994；(2):22

R

任春慧。补肾活血法治疗中心性浆液性视网膜炎。中西医结合眼科杂志，1994；(4):216

任鲁平，等。自拟祛障明目汤治疗老年性白内障。中西医结合眼科杂志，1994；(4):240

任增书，等。清开灵注射液治疗病毒性角膜炎疗效观察。中国中医眼科杂志，1994；(2):82

T

谭光彦。消瘰丸加味治疗慢性咽炎50例。四川中医，1994；(6):50

谭敬书，等。敷贴疗法治疗常年性变应性鼻炎60例。中国中西医结合杂志，1994；(6):342

汤润祺，等。除障灵对早期老年性白内障的疗效观察。中西医结合眼科杂志，1994；(1):6

童永碧。用中西医理论指导治疗萎缩性舌炎20例。贵阳中医学院学报，1994；(2):45

屠　永，等。临证治疗口疮298例体会。中医函授通讯，1994；(2):39

W

王丰超。大黄全蜈汤治疗急性化脓性扁桃体炎。中国中医急症，1994；(4):175

王静波，等。中药治疗弱视疗效分析。中国中医眼科杂志，1994；(4):203

王卫国，等。应用四君子汤加减联合高压氧治疗突发性耳聋的临床观察。中国中西医结合耳鼻咽喉科杂志，1994；(3):119

王玉兰。双料喉风散治疗中耳炎55例。湖北中医杂志，1994；(6):37

魏承朴。滋阴疏肝法治疗青光眼104例。辽宁中医杂志，1994；(5):214

温树东，等。清开灵治疗葡萄膜炎疗效观察。中西医结合眼科杂志，1994；(3):132

武春喜，等。冰硼散吹耳治疗化脓性中耳炎102例。山西中医，1994；(3):29

X

夏成忠。中西医结合治疗突发性耳聋临床分析。中国中西医结合耳鼻咽喉科杂志，1994；(3):110

肖家翔，等。实验性真菌性角膜溃疡应用抗真灵前后形态学观察。中国中医眼科杂志，1994；(4):86

谢立科。辨证论治视神经萎缩76例。中国中医眼科杂志，1994；(1):12

徐纪军。中药加布洛芬治疗急性咽炎80例疗效分析。中国中西医结合杂志，1994；(8):477

徐永芳，等。中药“清咽宁”冲剂治疗慢性咽炎2000例临床观察。实用中西医结合杂志，1994；(8):469

徐小平，等。中西医结合治疗中心性浆液性脉络膜视网膜病变疗效观察。中西医结合眼科杂志，1994；(1):14

许建胜。慢性结节型喉炎52例治疗小结。新中医，1994；(3):24

许丽霞，等。明目增视饮防治青少年近视眼200例。河北中医，1994；(3):27

许庆文，等。川芎嗪对视网膜静脉阻塞患者在血液流变学的影响。中国中医眼科杂志，1994；(3):151

许文英，等。6%明矾注射液治疗肥厚性鼻炎365例。中国中西医结合杂志，1994；(2):79

Y

杨　光，等。中药治疗视网膜中央静脉阻塞的临床及血液流变学观察。中国中医眼科杂志，1994；

(3):154
杨爱霞，等。咽炎灵合剂雾化吸入治疗慢性单纯性咽炎66例临床观察。山西中医，1994；(2):47
杨桂梅。慢性化脓性鼻窦炎100例治验。国医论坛，1994；(4):34
叶秀荣，等。昆布离子导入治疗中心性浆液性视网膜炎。中西医结合眼科杂志，1994；(2):77
伊成远。中西医结合治疗视神经炎。中西医结合眼科杂志，1994；(1):37
尹文艳。紫连膏治疗鼻出血45例。云南中医杂志，1994；(5):15
殷淑芳。板蓝根注射液治疗单纯疱疹性角膜炎临床观察。中国中医眼科杂志，1994；(4):235
殷辛龙，等。超声雾化吸入中草药煎液治疗慢性咽炎50例。黑龙江中医药，1994；(2):16
于鸿钧。仙鹤宁眩灵治疗内耳性眩晕110例临床观察。新中医，1994；(6):20
余　明。鼻渊汤治疗慢性鼻窦炎126例。实用中医药杂志，1994；(4):20
Z
张　纯。中药配合耳穴压丸治疗鼻鼽25例。甘肃中医学院学报，1994；(1):27
张二欣，等。中药治疗复发性口腔溃疡35例。河北中医，1994；(5):38
张靖中，等。从痰瘀治分泌性中耳炎。中国医药学报，1994；(5):31
张乃俊，等。中西医结合治疗单疱角膜炎。中西医结合眼科杂志，1994；(2):96
张天驯，等。突发性耳聋100例临床资料分析。中国中西医结合耳鼻咽喉科杂志，1994；(3):133
张文龙。穴位注射治疗过敏性鼻炎56例。上海针灸杂志，1994；(2):82
张以庚。行气活血利水法治疗中心性浆液性视网膜脉络膜病变。中西医结合眼科杂志，1994；(3):161
张以庚，等。银花解毒汤配合西药治疗单疱病毒性角膜炎。中西医结合眼科杂志，1994；(1):18
张正贤，等。按摩加中药离子导入治疗青少年近视眼634例。湖北中医杂志，1994；(4):33
赵　岩，等。冰黛散治疗急、慢性化脓性中耳炎41例。陕西中医，1994；(2):61
赵　悦，等。中西医结合治疗视神经萎缩20例。山东中医杂志，1994；(1):33
赵嘉颖，等。苍辛散加减治疗鼻窦炎500例。中医杂志，1994；(9):527
赵建浩，等。鸦胆子对控制翼状胬肉复发的疗效观察。中国中医眼科杂志，1994；(4):229
赵小东，等。中西医结合治疗视神经萎缩临床分析。中国中医眼科杂志，1994；(3):164
郑美桦，等。梅核油窦内灌注治疗慢性上颌窦炎。山东中医学院学报，1994；(1):49
郑新青，等。祛障明目片防治实验性白内障初步观察。中国中医眼科杂志，1994；(4):224
周爱生。中药外敷涌泉穴治疗口疮256例。安徽中医学院学报，1994；(4):29
周芳佳。枯矾冰片粉治疗化脓性中耳炎。山东中医杂志，1994；(9):426
周家骧，等。鼻炎康软膏治疗萎缩性鼻炎42例。四川中医，1994；(6):49
朱寿彭。中西医结合治疗眼部带状疱疹。中西医结合眼科杂志　1994；(2):102

(9) 针　　灸

【概述】

这一年度，在针灸、中医和中西医结合杂志上共发表近1600篇针灸学术论文，据此对针灸学术动态作一概述。

(一) 经络　一些学者对经络实质及其研究思路提出假说与设想。周然宓认为经络并非恒定的线状组织。毛永军认为，经络系统并非是一个新的未被发现的系统，经线实质为体表富含植物性神经末梢的组织带，经络现象只是植物性神经系统活动的宏观表现，其本质是植物性神经反射的接力，经络是以植物性神经系统为主要构成的机能联系调解系统。孙兆贵则从细胞通讯角度提出经络实质的假说。杨俊生等主张用集合论来探讨经络实质，认为经络集合的物质基础是已知的结构，或是已知结构但尚未全面认识的，或是没有从综合角度进行认识的物质所构成。"经络的研究"项目从1993年正式实施之后，已取得某些新的结果，如林文注等的实验提示，同一经络的各个穴位在脊髓后角胶状质区有可能形成一条相互交联的神经网络链。只要与下肢、躯干穴位相联系的脊髓后角胶状质区神经网络和与面部穴位传入相联的三叉神经脊束核等发生交联，刺激下肢或躯干穴位引起的感传就可沿此网络链，而不需经过上肢，直达面部。

（二）腧穴　刘祖舜通过多年“穴位药效”的研究，认为适当的穴位对某些药物的药效有放大、增益的作用，穴位不同药效强弱有别，穴位药效有经穴功能的参与。主张开展“经穴药理学”的研究，以求回答穴位药效同现代药理学原理相矛盾的问题，并对药理学发展作出贡献。单穴的应用与研究仍然受到重视，如邹必俊报道针刺水沟终止顽固性室上性心动过速13例的成功经验；石锦萍对针刺水沟穴抗休克作用的研究作一小结；逯彦平报道针刺十七椎下终止早期妊娠21例的观察结果。另外，蒋国华以剪破龈交节方法治疗急性腰痛150例，马荣用大椎穴刺血拔罐法治痤疮102例，伊翠云以挑刺身柱穴治疗发际疮和梅荣军在神道至阳穴区反应点上点穴加埋针治荨麻疹36例的临床观察等均颇有特色，对验证发掘民间疗法的经验是十分有益的（详见专条）。对于常用穴位，仍以研究内关、足三里穴的为主。对于前者主要探讨针刺该穴对冠心病治疗的作用及其原理。苗文方的实验结果表明，当络合掉“曲泽”穴的 Ca^{++} 后，针刺“内关”穴治疗家兔实验性心律失常的效应不复存在，提示 Ca^{++} 可能是针效产生的关键因素之一，Ca^{++}可能参与了经络活动的过程。莫启忠等观察了针刺“足三里”对大鼠脑与脾脏组织中 5-HT和M受体功能的影响，其结果同针刺“太冲”有明显不同，提示了不同经络上穴位的差异性。近几年来，通过探测耳穴以诊断疾病的研究受人注意。张梅春对40例恶性肿瘤患者进行耳穴探测与耳廓染色，并将结果同 CT 检查进行对比，结果耳穴探诊与 CT 检查符合率为 85%，耳廓染色诊断与 CT 检查符合率为 60%。肖惠蓉利用灯光照射耳穴诊断脊柱骨质增生的观察结果同X线诊断符合率为86%。叶燕燕探讨了耳廓局部以化学方法去交感神经对耳穴电阻反应的影响，认为耳穴电阻反应的强弱同耳廓交感神经纤维的多少有一定的关系。李鼎就国家标准《经穴部位》制订的有关问题，专门撰文作了介绍。

（三）刺灸法　报道灸法研究的资料较明显地增多，姜翼通过61例肿瘤患者的观察，认为艾灸大椎、足三里穴，具有一定程度的抗放化疗脂质过氧化损伤的作用。王国祥应用艾灸“素髎”、“内关”法对急性失血性休克家兔进行抗休克实验，结果表现升压稳定，动物存活时间延长，心泵功能各项指标改善程度优于针刺组，显示了艾灸在治疗急重症时的作用。朱丽霞还对灸法镇痛中突触后抑制与生长抑素、P 物质的关系作了观察与分析。刘农虞等对不同灸质灸量的效应作了对比分析，这是灸法研究深化的一个反映。结果提示传统灸、微小灸、远红灸均可治疗局部病，深部病以微小灸为宜，远隔病以透热灸为佳，局部病宜大炷少壮，远隔病、脏腑病宜小炷多壮。易受乡观察到熏脐灸可纠正胃电节律紊乱而发挥健脾和胃的作用。蔡伊梅应用中药软肝膏穴位敷贴使肝硬化患者肝功能改善，肝内细胞外基质增生减少。在针刺方法上除通常应用的毫针刺外，朱颖探讨了火针治病的规律，张家林观察了皮下针镇急性腹痛的效果。时培凤对经多年实践的“颈项针”方法与临床应用作初步总结，有利该法的推广。彭正顺认为秩边穴注射强的松龙与利多卡因对晚期盆腔肿瘤疼痛有较好的镇痛效果。对刺法中若干影响疗效的因素的探讨，已引起更多人的重视，黄昕军对留针时间与疗效的关系进行观察，以为留针时间以30分钟为优。朱国祥报道针刺导致不全性肠梗阻1例，值得引起思考与注意。

（四）治疗　心脑血管与免疫相关性疾病仍是临床报道的重点。李金亭应用CT技术评估针刺治疗的30例脑出血的结果，表明醒脑开窍针刺疗法显著加速了脑血肿的吸收。戴居云对针灸治疗冠心病的客观化研究提出了设想，可供借鉴。赵粹英通过29名老年人的观察表明，隔药饼灸有效地改善了心血管功能（详见专条）。夏玉卿观察了电热针治疗444例女阴白色病变的疗效，临床治愈率达87.3%，认为该疗法的热效应可直接作用于病变部位，并能调节免疫功能，提高血清铜的含量。许广里对针灸抗癌作用从临床与实验方面作了综述，提示针灸具有一定的抗癌作用。何晶莹以背俞穴挑刺结合中药消瘰散治疗结节型淋巴腺结核，其疗效明显优于挑刺组与中药组。王进喜用隔姜隔蒜灸四花、膏肓等穴治疗肺结核53例，反映灸法不论对肺结核治疗还是恢复期调理，均有重要作用。刘元福用针刺合谷、三阴交、太冲，隔盐灸神阙的方法，对32名中期妊娠者进行引产，结果31例引产成功。刘吉认为在此类研究中须加强基本规律的探索，进一步确定适应范围，统一疗效标准，进一步开展基础的研究。王有谦在双侧至阴穴施以脉冲电刺激矫正胎位380例，再次验证了以往研究的结论。在五官科疾病中，王雪峰用针刺眶上等穴治视神经萎缩110例164眼，结果有效率为74.4%。孙明生报道以川芎嗪、黄芪注射液注入太阳穴治原发性视网膜色素变性30例，总有效率达90%。李智报道耳针治疗链霉素中毒性耳聋235例，仅28例无效。李玲在对此类研究进行回顾后认为，制订统一的疗效评估标准对进一步研究是十分重要的。此外，吴恒中的纤维胃镜术前穴位（合谷、足三里）针刺和用药（地卡因喷喉）对比观察表明，针刺组效果明显优于用药组。孙中洋通过50例胃窦部狭窄X线观察，认为针刺足三里、天枢等穴可提高胃窦部X线诊断符合率。

（五）实验针灸　针灸治疗心脑血管病的规律与机理是此类研究的重点之一（详见专条）。此外，孔天翰以电针刺激左侧胫神经损伤大鼠的左侧“环跳”（正极）与“三阴交”（负极），用HRP标记法进行观察，结果表明术后15天电针组脊神经节与脊髓前角内标记细胞数较同期对照组显著增多，提示电针对胫神经干中感觉纤维与躯体运动纤维终末向各自支配区的再生具有明显的促进作用。李澎涛的实验表明，针刺“伏兔”与“梁丘”能显著改善家兔股四头肌超负荷运动后超微结构的损伤状况，提高相应肌体的活动能力。蔡昭的实验则显示，针刺“足三里”与“血海”可明显改善免疫注射引起的多发性肌炎肌体的电图，显著减轻肌肉病理的变化。许能贵的实验观察到，针刺缺血性肾衰家兔的“太溪”，可明显改善肾血流量，这可能同针刺升高前列环素，降低血栓素A_2，调整两者比例关系，从而扩张肾血管，抑制血小板聚集密切有关。这些实验研究均有一定的特色。针灸调节胃功能研究的资料较多，故设专条予以介绍。

（六）针麻与针刺镇痛原理　针灸抗痛仍是临床报道的重要内容，任绪东观察到针刺加硝苯吡啶可迅速镇肾绞痛，廉南观察到耳穴电刺激能明显减轻肝癌疼痛，陈桂兰观察到按根结理论取穴针刺可有效镇骨折引起的疼痛。但是，有关针麻下手术的报道颇少。在药物加强针刺镇痛研究方面，许绍芬对针麻增效药增效机制作了深入的分析，胡洁的实验表明，延胡索能明显增强电针的镇痛作用。在影响针刺镇痛效果的因素的研究方面，韩济生对若干影响因素作了系统的归纳，并对针刺镇痛研究的某些方法学问题与刺激参数和刺激方法的选择等提出设想与建议。在基因水平上研究针刺镇痛方面，许伟观察到大鼠脑内血管紧张素的基因转录逐步加强，可能是形成电针耐受的机制之一。除了以上三方面反映针刺镇痛原理研究进展之外，其它大量的研究资料详见专条介绍。

（七）文献　刘立公通过对43本针灸古籍作计算机检索与统计，探讨了常见病证用穴的规律。李桂兰对《难经》针灸学术成就作了阐述。陈治忠对张仲景的“火逆”观与孙思邈的“热证可灸”论进行了客观分析。吴淑君对《圣济总录》中应用灸法的特点作了具体的归纳，范郁山也对《针灸资生经》对灸法应用的贡献作了恰当的评估。这些文献研究均对继承古人学术经验，指导临床作了有益的工作。此外，杨容、吴旭、郭英明等对杨永璇絮刺火罐疗法治颈椎病，邱茂良针灸合治消化性溃疡，郭诚杰治疗乳癖的经验进行总结，十分有益于继承发扬当代针灸学家的学术思想与经验。

（八）针灸器材　针灸器材的研制正方兴未艾，磁性针灸器械的研制颇受重视，便携式毫针消毒盒已经问世，进针器也已投入临床应用。杨华元研制的针刺手法参数测定仪，使应用测定的参数以研究针刺手法成为可能，通过该仪器所开展的手法受力分析，有助于在运针过程中找到物理量变化的特性，为进一步研究单复式针刺手法提供了条件。

小结：本卷介绍的资料中，许多都涉及生命科学的问题，如循经感传所反映的经络活动现象、腧穴与脏腑相关、腧穴放大药效、药物增益针刺镇痛效应、气至病所增强针刺效果、针灸效应与生理节律的关系、躯体内脏五官病变在经穴或耳壳反映的规律性、刺激腧穴调节躯体内脏五官的功能以及多种因素或物质参与这一调节过程的制控等等。其中一些方面迄今仍未能被现代生物学所解释。针灸学研究为探索生命科学提供了某些新的思路、途径和实验资料。所以，最重要的是要从研究生命科学的视角去看待针灸学，也只有在这个观念指导下才能更好地研究、应用针灸疗法，更充分地发挥它的治疗特色与优势，才能合理地采用传统的或现代的科技方法、手段去研究针灸与针灸学。

本年度发表的论文有一个鲜明的特点，即进一步重视影响针灸效应有关因素的分析。它从一个侧面提示要重视若干关系或相互关系问题的探讨。如针灸时间治疗学的研究证实，既要重视刺灸穴位对人体机能调节性的影响，又不忽视时间因素或人体生理节律或功能状态对刺灸诱发的信息的识别与反应这一生命现象的重要特征。针灸作用的最终表达是这两方面相互影响的结果的认识，会引导此一领域研究的不断深入。

许多资料还反映穴位无创伤刺激，尤其是耳穴贴压或贴敷疗法的较广泛应用，是耳穴刺激疗法的演变与发展，更能适应患者被医治而又无痛的要求。有创伤与无创伤刺激疗法可能有不同的适应症，要避免产生偏面的褒此贬彼的误导。

（陈汉平）

【经穴与内脏相关的实验研究】

针刺穴位通过经络可以治疗内脏疾病，内脏病变也可通过经络反映于经穴。经络与脏腑之间有着特定的联系。研究经穴与内脏的联系是经络研究的一个重要方面。

朱元根以一定浓度的醋酸注射于大鼠胃壁形成溃疡，同时鼠耳穴导电量升高，耳廓微循环发生障碍。以每日电针脾俞透胃俞和足三里穴可减轻胃壁的病理变化，并促进愈合，同时抑制耳穴导电量的升高，使耳廓微循环障碍减轻，表明耳穴、体穴、内脏三者密切相关。

陶之理等用 HRP（辣根过氧化酶）法对肝脏传入神经元与期门穴、太冲穴的传入神经元的节段性分布进行研究，证实太冲、期门二穴与肝脏的感觉传入神经元在脊神经节内相互重叠 2～4 个节段，这些重叠与交汇可认为是针灸太冲、期门穴治疗肝经疾病的形态学基础，同时也为经穴脏腑相关提供了实验依据。

孙平生等运用声信息循经传导这一特性，以声信息为指标验证眼针大肠区与大肠经之间的联系，发现眼周大、小肠区输入等强度 50Hz的正弦波，在同侧同名经经穴可测到相同频率的正弦波，而其他对照检测点的声信息检出率显著地减少，表明眼周大小肠区与同侧同名经有特异的传声通路。

游振铨等以心电图和心功能为指标，观察针刺心包经循行路线上的4个穴位，2个非穴位测试点和该经线两侧旁开1.5厘米的8个对照点对心脏功能的影响，对100名冠心病患者观察的结果表明，针刺经线上测试点后8项指标的变化与针刺经线旁开对照点相比，有非常显著差异。说明针刺对心脏功能的调节与心包经有密切关系。

刘俊岭等观察电针“内关”对心肌缺血所致兔胸髓背角神经元电活动反应的影响，结果表明电针“内关”与缺血信息可在胸髓背角发生会聚性反应，背角参与电针“内关”与心肌缺血二者信息的整合过程,因而亦是内关-内脏联系的环节之一。

关于经穴与内脏相关的联系途径，何智明在家兔急性心肌梗塞模型上以心电图 ST 段值和心梗范围为指标,随机将家兔分成“曲泽”穴组、“曲泽”穴切断肌肉神经组、“曲泽”穴切断肌皮神经组、对照组四组。结果表明切断“曲泽”的肌皮神经后，激光照射“曲泽”减轻心肌损伤程度和缩小心梗范围的作用消失，提示肌皮神经在“曲泽”穴与心脏联系的传入途径中的重要性。

（桂金水）

【单穴应用概况】

历代不少针灸家临证主张“疏针简灸”，针灸治病单穴若用得当，可以收到意想不到的效果，病人痛苦少，乐于接受。近年来，不但有《单穴治病选萃》、《中国针灸独穴疗法》等专著出版，而且在杂志上登载了许多应用单穴治病的文章，仅据1993与1994两年不完全统计，就有超过百篇的报道。现将单穴的应用作一概述。

（一）单穴临床治验　杨兆民认为单穴治病常可收出奇制胜之效，如外关祛风、少泽催乳、偏历利水、承山通便、三里降逆、太冲镇惊、大钟宁心、公孙安胎、丰隆豁痰、血海止痒等。肖继芳认为攒竹穴主治肛病术后疼痛、少商穴治鼻衄、风池穴治眩晕、合谷治晕厥、晕针及喉痛症均有良效。倪夕朗以命门治当脐痛、艾灸呃逆穴治顽固性呃逆、列缺治陈旧性踝部软组织损伤疗效明显。刘敏勇则用单针远道穴治疗急性痛症，如条口透承山治急性肩周炎，手三里治坐骨神经痛，内关治肋间神经痛，外关治两侧腰痛，落枕不能左右转取外关，不能前后俯仰取绝骨等。张桥保介绍魏稼用风池穴的经验，指出针刺风池穴要掌握好进针深度，切勿刺到延髓。针尖的朝向：一般耳部疾病透刺翳风、目疾交叉朝向二目，脑血管及神经系统病变刺向印堂，肝风内动则左右透刺。郑魁山认为取风池穴定位时并不要拘泥于教本所说在斜方肌上端与胸锁乳突肌之间取穴，而要注重左手押手的揣穴作用，穴即是孔，通过揣摸在该区域可扪及一小孔，此乃风池正穴，找准穴位后，以左手大指压在针孔下方，使针感不向下传导，此乃关闭法。针刺操作采用1寸短针，进针0.5～0.8寸,刺手体会针下气至冲动，触到感觉再行手法，操作完毕即出针。手法有热补法（祛风解表散风邪)、传导法（感觉传导疗窍病)、温通法（活血化瘀治瘀疾)、意守法（健脑安神愈脑患)。魏从建介绍周楣声应用耳尖、至阳、阴交、中冲等单穴治病的经验，如耳尖穴，传统的应用范围仅限于头面诸病，如头痛、鼻出血、红眼病、腮腺炎及急性扁桃体炎等，经临床实践表明,可说是全身百病无一不主,如呼吸系的上感咳喘，循环系的心绞痛、心悸、消化系腹痛、腹泻，泌尿生殖系的肾绞痛、痛经、尿道炎等均有效。特别是对全身各部软组织损伤的疗效尤为优异。中脘穴常以治疗胃脘消化系疾患为主，但有少量论著记载可治其他疾病。王京喜介绍贺普仁应用中脘的经验，以3寸毫针向斜下方刺，加艾条行温和灸，治雷诺氏症、风湿性关节炎。马元认为大椎穴可用于寒热、虚实、表里等多种病症，因所施手法或治疗方法不同，可分别起到解表、清热、除蒸、平喘等作用。

（二）一穴可治多种病　《灵光赋》早就指出过“针灸一穴数病除”。足三里：足阳明胃经合穴，故单刺足三里穴仍以治疗消化系病为主，如急腹痛、化疗引起的胃肠反应、胃肠功能紊乱。还可治人工流产术后痛、顽固性神经衰弱等。陈永康观察到针灸足三里可调节 HBsAg 携带者的免疫功能。三阴交：除针刺可治月经病、原发性痛经，穴位注射治疗遗尿等泌尿生殖系疾病外，还可治疗足跟痛、荨麻疹、脊髓损伤性尿潴留、眼睑下垂等。此外，前列腺素 E_1 三阴交穴位注射可治疗血栓闭塞性脉管炎疼痛。涌泉穴：以涌泉穴治病也有不少报道，如小儿流涎、神经性失语、瘫痪、复发性口疮、膈肌痉挛，还可治呼吸道疾患和急症。关元穴：安培祯对关元穴的临床应用作了综述，直接灸关元可治阳萎、出血性休克和过敏性休克、遗尿症等。人中穴：人中穴除可用于抗休克外，还可治疗急性腰扭伤。吕彦宗针刺人中穴治产后癃闭获效。神阙：吴乃桐按金匮肾气丸药方制成药饼，外敷神阙穴，上放生姜一片，加艾炷灸6壮，治疗前列腺肥大。杨玉珍以神阙穴拔罐治疗慢性荨麻疹。

（三）一病可用多种单穴治疗　腰痛：行间、人中、上髎、次髎、支沟、环跳、秩边、手三里、印堂、腰腿点、头临泣、承山、臀中。足跟痛：翳风、安胃、中魁、攒竹、涌泉。肩周炎：肩髃、肩痛穴、养老、天鼎、颈中、阴陵泉、中渚、二间。遗尿：百会、三阴交、遗尿穴、命门。落枕：手三里、悬钟、液门、阳溪。

（四）透穴　透针针法往往增强刺激量，针感容易扩散。躯体某些穴位浅刺难得气，深刺又易伤内脏，改用斜刺透法可催气导气。近年来透穴治疗有不少报道。如文绍敦颔厌透曲鬓治少阳头痛，张华平以外关透内关治落枕，刘中蓉后溪透合谷治急性腰扭伤，顾耀武下巨虚透足三里治下肢肌力减弱，王景芳尺泽透压痛点治肱骨外上髁炎，方针以率谷透曲鬓治美尼尔氏症，任彦红以百会透前顶治顽固性失眠。

（五）经外穴　董俊峰针“哮喘宁”(肺俞外开4.5寸）治咳嗽哮喘。向伯茂灸“胃舒”（双手小手指第一节指骨外侧中间处）治胃痛。王红芳针下魁（手背中指第一指关节与第二指关节的中点）治呕吐、呃逆。吴炳煌针“山根”穴（双眼内眦连线与督脉经鼻梁上交点）治疗偏头痛。孙瑜以止咳穴（腕横纹上2寸～4寸之间任意一点，桡骨内侧缘手太阴肺经上）治咳嗽。王庆祥针扭伤穴（曲池下2.5寸靠桡骨内缘处）治腰痛。陈宝松针“精灵”穴（手背第四、五掌骨间隙，腕背横纹与掌骨小头连线中点之凹陷）缓解泌尿系结石疼痛。

（六）穴位定位　大敦：陈国清、辜艾犁根据《灵枢·本输》“大敦者，足大指之端及三毛之中也”，认为大敦有两个穴位。黄幼民认为“及”为衍文，大敦没有两个穴位。不容：冯怀英认为不容穴应言“丕容”穴。期门、日月：两穴的定位在历代文献中记载不一，临床取穴也互有差异。王彩虹通过考证和在人体进行实测，认为按脐上六寸旁开前正中线三寸五分定期门穴，脐上四寸五分旁开前正中线三寸五分定日月穴为标准。八髎：蔡国伟对20例尸体及骨骼标本进行腰骶局部研究，初步找到了一种定取八髎穴的新方法。人迎：蒋松鹤通过尸体解剖，认为《针灸大成》所指的人迎穴与今人的定位有出入，人迎穴实质上即现代医学指的颈动脉窦上的一个特定点。

（桂金水）

【针灸时间治疗学的研究】

程霞结合现代时间医学和时间针灸学的

研究成果，对明代高武创立的经气当旺时施补、经气当旺的下一个时辰施泻的子午流注纳支法进行了探讨，提出了在经气当旺时施泻，经气最衰时（当旺的六个时辰以后）施补的新观点，并命名为新纳支法。王晓鹤等运用数学归纳法，总结出一种快速推算子午流注纳甲法开穴和闭穴的简易方法。李磊等则对时间针灸学的研究思路提出了一些新的看法。

张生全应用子午流注纳甲法和纳子法治疗坐骨神经痛病人 213 例，袁富森等应用子午流注纳甲法为主配合中药治疗中风病人 278 例，姜华等应用子午流注纳甲法为主结合局部配穴治疗周围性面瘫病人 60 例，均获得满意疗效。管遵惠等按照子午流注纳子法开穴，应用温和灸足三里穴治疗高脂血症40例，结果显效 21 例（42%），好转 18 例（36%），无效 11 例（22%），总有效率为78%。甘油三脂下降者 27 例，平均下降0.39 mmol/L；血清胆固醇下降者 30 例，平均下降 0.41mmol/L；与治疗前比较均有着统计学差异($P<0.05$ 和 $P<0.01$)。

曹金梅等应用子午流注纳甲法配合循经辨证取穴，观察了60例中风偏瘫病人血液流变学等 9 项指标针刺前后的变化情况，并设单纯循经辨证取穴治疗的 60 例病人作为对照，结果发现两种治疗方法均有稀释血液、降低血脂的作用，但以纳甲法配合循经辨证取穴组作用更为明显（$P<0.001$）。张玉杰等应用子午流注纳子法择时施灸治疗中风先兆病人 36 例，分别于每日辰时艾灸足三里穴和神阙穴，对照组20例病人则随意选择时间施灸，结果择时组总有效率为 97.2%，而对照组仅为45%；且择时施灸组对血液流变学指标的改善程度也明显优于对照组。陈松泉应用子午流注纳子法择时针灸治疗哮喘病人 45 例，并和 30 例同种病人进行了对照，结果择时组的红细胞 C_3b 受体酵母菌花环率在治疗前后有着非常显著差异（$P<0.01$），其一年后随访临床控制率为 26.67%，总有效率为97.78%；而对照组的一年后随访临床控制率为 16.67%，总有效率为 93.33%，但红细胞 C_3b受体酵母菌花环率在治疗前后未见明显变化。

李磊等观察了辰时、戌时电针内关穴对冠心病患者左心功能的影响，结果发现，在辰时电针内关穴可使冠心病患者的左室功能得到改善，表现为PEPI 缩短，PEPI/LVETI 比值减小。但于戌时电针内关穴却可使冠心病患者的 PEPI 延长，PEPI/LVETI 比值增大，提示左室功能受到损害。经统计学检验，两种处理之间有着极显著差异（$P<0.001$）。而采用 6×6 拉丁方实验设计，同样以收缩时间间期为指标，对不同时辰电针正常健康青年人的内关与十二经五输穴的针刺效应进行观察，则发现内关穴和各经五输穴的针刺效应之间并无显著差异，只有心经的神门与少冲、内关之间，三焦经的关冲和液门之间的 PEPI 和 PEPI/LVETI 比值的差别有着统计学意义（均 $P<0.05$）。表明穴位的相对特异性可能与机体的病理状态有关，而在生理状态下，穴位的相对特异性并不明显。但时间因素可以作用于穴位，使之出现相对特异性。不同时辰针刺不同穴位对正常人的左心功能有着不同的影响。李磊等在相同条件下观察了不同时辰电针内关对健康青年男性心脏收缩时间间期（STI）昼夜节律的影响，结果发现，健康青年男性的 STI各指标均呈现近似昼夜节律变化。电针内关穴不能改变各节律的周期，但可以改变节律的峰值相位和显著程度。不同时辰电针效应不同。说明针刺可以作为一种节律调制因子，用于节律的调控。

李磊等采用分割实验设计，分别观察了不同时辰针灸不同穴位对 S_{180} 荷瘤小鼠和 Lewis 肺癌小鼠免疫和生化指标的影响。结果发现，针灸可以不同程度地增强 S_{180} 荷瘤小鼠的 NK 细胞毒活性和 Lewis 肺癌小鼠的巨噬细胞吞噬功能，并对S_{180}荷瘤小鼠的腹腔巨噬细胞的吞噬功能以及Lewis肺癌小鼠的总T细胞数也有着一定影响。且不同时辰的针灸效应不同，针灸不同穴位对Lewis肺癌小鼠的作用也有显著差异。不同时辰针灸之间、针灸不同穴位之间对S_{180}荷瘤小鼠血清睾酮、血清皮质酮、血清三碘甲状腺原氨酸、血清甲状腺素和脑干去甲肾上腺素含量的影响均无统计学意义。但针灸后，Lewis肺癌小鼠脑干中5-HT、5-HIAA的含量均有上升趋势，以5-HT含量的变化更为明显。不同时辰针灸之间和针灸不同穴位之间有着交互作用。提示不同时辰针灸不同穴位对Lewis肺癌小鼠脑干中5-HT、5-HIAA含量有着不同影响。

（李　磊）

【针灸防治化疗和放疗不良反应】

目前治疗恶性肿瘤所应用的化学疗法和放射疗法，对人体脏器及其功能有一定损害。近年来经临床应用和实验研究证实，针刺对这方面所引起的不良反应具有防治作用。

（一）造血功能损害　放疗和化疗引起的骨髓造血功能损害主要表现为白细胞下降，其次是血小板降低，最后可影响血红蛋白而出现全血相抑制。郁美娟等取曲池、内关、合谷、足三里、三阴交、大椎等穴，施行平补平泻刺法，足三里、三阴交予电针。经34例观察结果表明，针刺治疗可使降低的白细胞数显著上升（$P<0.001$），疗效优于药物对照组。血红蛋白、血小板数低者，针刺治疗后其均值皆明显上升（$P<0.05$和$P<0.01$），疗效优于或接近药物对照组。对临床症状的改善，针刺组亦优于药物对照组。翟道荡等以小艾炷直接灸大椎、肺俞、脾俞穴治疗3例接受过化疗而白细胞数下降的恶性肿瘤患者，灸后白细胞数均有不同程度的升高。

（二）免疫功能低下　恶性肿瘤患者免疫功能降低，再加上放疗和化疗不仅抑制肿瘤细胞生长繁殖，也能杀伤正常组织细胞，因而造成其免疫功能的进一步下降。赵蓉等报道，通过针刺曲池、合谷、足三里、三阴交等穴，对60例恶性肿瘤放疗化疗患者的外周血T细胞及其亚群数目，血清IgG、IgA、IgM、C_3含量均有调节作用，效果优于药物组。表明针刺能提高或调整接受放疗化疗患者的免疫功能，减轻放疗化疗的副作用。翟道荡等应用小艾炷直接灸大椎、肺俞、脾俞穴，也观察到9例恶性肿瘤患者的细胞免疫功能有一定激发作用。

（三）脂质过氧化损伤　自由基损伤与肿瘤的发生、发展、转移及预后有密切关系。放疗辐射及化疗药物生成的生物大分子和机体损伤过程中存在的大量自由基，导致脂质过氧化损伤，给患者的治疗和康复带来不利影响。姜翼等对30例接受放疗或化疗的肿瘤患者，右大椎、足三里、气海施行非瘢痕灸，观察到放化疗前后患者血浆丙二醛（MDA）含量和超氧化物歧化酶（SOD）活性均无显著性差异，效果与口服维生素C、E和益气养阴扶正复方相同。表明艾灸有一定抗自由基损伤作用，对接受放疗化疗的肿瘤患者有较好的保护作用。

（四）胃肠道反应　由于化疗药物对胃肠粘膜的损伤，常使患者出现恶心、呕吐、饮食减少等一系列胃肠道反应。黄喜梅等采用电针足三里配合王不留行子贴压耳穴（胃、脾、耳中、神门、肾上腺等）法治疗144例，显效80例，好转39例，有效20例，无效5例，总有效率为96.5%，优于药物（胃复安）对照组。

（五）放射性直肠炎和放射性膀胱炎　恶性肿瘤患者接受放疗后，由于肿瘤局部的变化、个体敏感性以及受放疗技术、照射剂量等因素的影响，可引起放射性直肠炎或放射性膀胱炎。杨金洪等报道，对30例放射性直肠炎的近期治愈率，针刺组（90%）高于药物对照组（60%）。对22例放射性膀胱炎的近期治愈率，针刺组（77.3%）与药物对照组（75.0%）相近。无论对放射直肠炎还是膀胱炎，针刺组的疗程皆显著短于对照组。针刺治疗取曲池、合谷、足三里、三阴交为主穴。放射性直肠炎加上巨虚、天枢、气海、中脘、照海、承山；放射性膀胱炎加阴陵泉、中极、关元、膀胱俞、肾俞、大敦。双足三里予电针。并认为接受放疗患者以阴虚热盛者多见，一般忌用灸法或拔火罐。

（六）穴位特异性　实验研究中观察到针刺不同穴位，对化疗药物副反应的效应也有所差异。杨金洪等报道，在大鼠腹腔注射环磷酰胺后，其造血功能、免疫功能、肝肾功能都出现异常改变。当分别针刺足三里、大椎、肾俞穴后，上述损害均有不同程度的减轻。比较不同穴位，对造血功能方面的针刺效应，大椎≥足三里＞肾俞；对免疫功能方面，足三里＞大椎≥肾俞；对肝肾功能方面，肾俞≥足三里＞大椎。如联合针刺足三里、大椎、肾俞则有协同作用，其效应较针刺单一穴位为强。如针刺尾部非穴位点则无明显效果。

（七）针刺时机　针灸具有缓解化疗药物毒副反应的作用，尤其是能缓解化疗药物对血象的损害。临床实践表明，影响此类针刺效应的技术参数中，除穴位特异性外，针刺时机是一个重要因素。杜煦电等针刺42例恶性肿瘤患者的足三里、脾俞、大椎、三阴交，观察到不论先针刺再化疗，还是针刺和化疗同时进行，都可缓解化疗药物所致的血象损害，能减轻、防止血液白细胞和血小板数在化疗期间及化疗后三周末时的低落。但先针刺5天再进行化疗比针刺化疗同时进行，更具有明显的缓解作用。提出掌握合适的针刺时机，是针刺缓解化疗药物所致血象损害的重要因素之一。说明针刺不但能缓解化疗药物的毒副反应，如把握适当的针刺时机，还可取得预防的效果。

（赵善祥）

【针灸治疗支气管哮喘】

1994年报道的针灸治疗支气管哮喘的方法有10种，治疗病人2000余例，平均总有效率93%。

（一）针刺疗法　宋振芳于三伏天针刺肺俞、大椎、风门穴治疗哮喘54例，治疗一个伏天者11例，痊愈10例，显效1例；治疗二个伏天者17例，痊愈14例，显效3例；治疗三个伏天者26例，痊愈26例。董俊峰针刺"哮喘宁"（身柱穴旁开6.5寸处的敏感点）治疗哮喘62例，均有满意疗效。杨永清等以肺俞、大椎、风门为主穴，用平补平泻手法，留针30分钟，起针后于大椎与两肺俞穴之间拔火罐，留罐10分钟。每年夏秋7～9月治疗，隔日针刺1次，共治15次为1个夏季疗程。治疗过敏性哮喘100例，一个疗程后的总有效率为85%，一年显效率为39%，三年痊愈率为22%。徐懋兴等实喘以泻肺为主，针刺定喘、肺俞、尺泽为主穴，配拔火罐；虚喘以补肾为主，针刺肾俞、脾俞、定喘、膏肓为主穴，配电磁波照射，10次为1疗程，治疗俄罗斯籍哮喘病人67例，总有效率95.5%，基本控制率实喘优于虚喘。陈松泉先于头、中、末伏三天在大椎、肺俞、膏肓穴敷贴伏天膏（白芥子、甘遂、川草乌、细辛等共研细末，加生姜汁、麻油调制而成），最后一次敷贴后的第10天针刺肺俞、肾俞、复溜、太溪穴，治疗组下午申酉时针刺，对照组上午辰巳时针刺，隔日1次，10次为1疗程，分别治疗哮喘45例和30例，显效率分别为75%和50%，提示申酉时肾经旺时针刺疗效较好。赵凤兰等针刺定喘、肺俞、天突、中府穴，或于膻中、玉堂、华盖穴割脂加Ⅱ号羊肠线埋藏，治疗哮喘57例，总有效率80.8%。

（二）穴位敷贴疗法　张筱文将细辛、甘遂、南星各等份共研细末，冷开水调糊，敷贴定喘、膻中、璇玑、肺俞、大椎、天突穴，分两组交替使用，治疗哮喘38例，总有效率

94.7%。张秀珍用白芥子、元胡各4克，细辛、半夏、甘遂各3克，共研细末，生姜汁调糊交替敷贴两组穴位：① 天突、定喘、膻中、丰隆，② 肺俞、心俞、膈俞。治疗哮喘与慢支病人300例，93%有效。金明月等将桂枝、元胡、白芥子、甘遂、生川乌、蜀椒、细辛共研细末，生姜汁调糊敷贴肺俞、膏肓、膻中穴，每年三伏、三九天各贴1次，全年共6次，治疗慢性支气管哮喘390例，87.9%有效。本法对虚喘、病程短者效果优于实喘、病程长者。

（三）挑刺加拔火罐疗法　孙桂霞等以2%奴佛卡因穴位局麻后，用三棱针挑刺定喘、肺俞穴为主，配以脾俞、肾俞、少商穴，交替使用，挑刺后于穴处拔火罐，每次2穴，每周2～3次，6～8次为1疗程，治疗哮喘101例，总有效率92.2%。孙向春等用同样方法治疗103例，总有效率90.3%。动物实验证明，三棱针挑刺肺俞、定喘穴可减轻哮喘症状，延长豚鼠引喘潜伏期。徐继才等于肺俞、肾俞、孔最、尺泽、膻中、定喘、足三里、脾俞、三阴交穴用针刺泻血加拔火罐法治疗哮喘18例，16例疗效分析总有效率93.7%。

（四）艾灸、拔罐疗法　林源等于初、中、末三伏天在大椎、肺俞穴隔姜灸，再外敷自制三伏灸药膏，治疗哮喘6500例，其中3年随访资料完整者426例中，总有效率89.5%。本法对年龄在5～29岁，属虚喘、寒喘者效果较好。李树义用竹制小火罐拔天突、膻中、风门、肺俞穴，结合按摩中脘、大椎、丰隆、尺泽穴治疗小儿哮喘98例，97.5%有效。

（五）穴位注射、激光照射疗法　陈坚在定喘、肺俞穴注射支气管炎菌苗治疗哮喘与慢支22例，21例有效。何扬子等用医用CO_2激光治疗器，装上自配的光斑放大镜散焦照射天突、肺俞、膻中、定喘穴，治疗哮喘39例，97%有效，较同样穴位的艾条灸效果明显。

（六）穴位割脂、结扎、埋藏疗法　李永银等于膻中穴割脂结合羊肠线或不锈钢圈埋藏治疗哮喘116例，总有效率97.4%。姚杨伟用1号羊肠线结扎定喘、肺俞、大椎、风门穴，配合中药内服治疗哮喘26例，24例有效。姜华琦取大椎、定喘、肺俞穴行猪鬃埋藏术，治疗哮喘58例，89.7%有效。

（杨永清）

【长针透刺治疗胃下垂】

杨兆钢等针刺关元穴施以捻转补法，左侧天枢、大横、外水道、水道平补平泻，缓缓退针，急按其孔，再刺百会迎随补泻，足三里施烧山火法，留针20分钟，20次为1疗程，2疗程后观察疗效，共治468例，痊愈255例，显效204例，好转9例。邓小琴取下脘（或中脘）直刺1.5～2.5寸，得气后令患者做腹式呼吸5～6息，呼气时运针，缓慢提针至皮下，向下沿腹正中线呈45°左右斜刺，令患者作腹式呼吸5～6息，呼气时缓慢捻转提针至皮下，分别向左、右下腹斜刺，得气后令患者作腹式深呼吸5～6息，以患者觉脐周、下腹有上提感为佳，然后出针，再直刺气海，得气后出针。每日针1次，时间在两餐之间为宜。共治100例，治愈64例，显效30例，进步6例，治愈率64%，最少治疗7次，最多治疗19次，平均10次。张书祥治疗37例，针刺1次后均痛、胀即减，其中21例配合中药内服，结果25例痊愈，12例有效。方法是患者仰卧，垫高臀部，在幽门穴处提起皮肤，沿皮下进针平刺，透达神阙穴左旁1寸处，单向捻转，使其滞针，并上提；以左手虎口自耻骨联合上缘自下而上推挤胃底，3～5次；出针后仰卧1～2小时，随后在脐下垫一绷带卷，加以固定，维持一周。孙德福等取升胃主穴（右幽门穴下5分）、升胃1穴（脐左旁开5分，近似天枢穴）、升胃2穴（脐左侧旁开1寸）、升胃3穴（脐左旁1.5寸）、升胃4穴（脐左旁开2寸）、升胃5穴

（胃下极 1.5 厘米）。配无痛穴(通里穴上 1 寸)、内关、足三里、关元、三阴交。在升胃主穴与腹壁成35°角快速进针至皮下 3 分，沿皮下进针通过中脘穴向升胃 1 穴或2、3、4穴，把针送至升胃 5 穴处，用小弧度固定行针手法，令患者的胃有上升或饥饿感。无痛穴沿皮向上浅刺，气虚者可配用关元。治疗时间宜在饭后 30～90 分钟，治疗后应平卧 15 分钟，2～3日治疗 1 次，每次留针 45 分钟。共治 1500 例，治愈 1190 例，显效 219 例，有效 62 例，无效29 例，总有效率98.06%，一般经治 1～4 次可获痊愈或显效。张连良对下垂 2～6 厘米以内者用胃舒穴（脐上 2 寸，平下脘穴，腹中线旁开约 3～4 横指），下垂大于 7 厘米者用胃乐穴（脐上 1 寸，平建里穴，旁开腹中线 3～4 横指）。病人取卧位，与皮肤成30°角向气海方向进针，约 6～7 寸，得气后作捻转拔针。出针后用手掌自下腹部向上推压数分钟。再用 3 寸毫针直刺气海（下垂过 7 厘米者用中极）、足三里，针后卧床30分钟。共治 67 例，治愈 52 例，显效 7 例，进步 6 例，无效 2 例，总有效率97%。许永迅以第一进针点为双侧不容穴，分别沿皮下 0.2～0.3 厘米的深度向天枢穴透刺，第 2～10 进针点位于以不容穴为起点沿肋弓下缘 1～1.5厘米的弧度线上，每隔 0.5 厘米许为一进针点，第 1～5 进针点向天枢透刺，第6～10进针点向大横穴透刺，进针宜缓，作单方向捻针，并向上抽提，使患者胃腹部有向上抽缩感。每 10 分钟进针 1 次，每次施针2分钟，留针 30～45 分钟。配足三里（双），补法，全息第二掌骨侧胃穴（双），强刺激，气郁者加内关（双），泻法，腹胀加公孙(双)，平补平泻。共治 48 例，痊愈 34 例，显效 8 例，好转 4 例，无效 2 例，有效率95.8%，治愈率 70.8%。对照组 42 例作毫针常规刺法，有效率71.4%，治愈率26.2%，两组相比，均$P<0.01$。

（沈施德）

【针灸治疗慢性溃疡性结肠炎】

（一）临床观察　赵米智以天枢、足三里、阴陵泉、中脘为主穴，内关、合谷为配穴，针刺得气后用中等刺激提插捻转补法，留针 30～40 分钟。治疗溃疡性结肠炎39例，治愈 31 例，好转 6 例，无效 2 例。吴焕淦用隔药饼灸治疗本病，以中脘、气海、足三里为甲组主穴，大肠俞、天枢、上巨虚为乙组主穴。两组交替使用。辨证配穴：脾胃虚弱配脾俞，湿热蕴结配水分，脾虚肝郁配肝俞、脾俞，脾肾阳虚配关元。随症配穴：便秘去天枢加中注，脓血甚加隐白。治疗42例，近期治愈24例，显效12例，好转 6 例。认为隔药饼灸不仅能治愈或改善患者临床症状，并能改善微循环，调节免疫功能，使肠粘膜病变得以有效的纠正。于荣用 20 号 2 寸长银铜针刺百会穴，向前横刺 1.5 寸，捻转得气后留针，将艾条剪成 1 厘米长，插入针尾点燃灸20分钟，配合针刺合谷、足三里、中脘、天枢。治疗 48 例，治愈率达83.3%。朱跃平采用胎盘组织液、亮菌甲素注射液、黄芪注射液、维生素B_{12}注射液穴位注射治疗本病 43 例，取穴脾俞、大肠俞、足三里、上巨虚。足三里与上巨虚交替使用。结果近期治愈29例，显效 8 例，好转 5 例，无效 1 例。廖小平采用透穴埋线法治疗 50 例，取双侧大肠俞、天枢、足三里、腹部阿是穴，每月埋线 1 次，经 1～4 次治疗，治愈 19 例，显效 18 例，好转 12 例，无效 1 例。卞学平采用上海产HNZ-SO-2型氦氖激光照射器，直接照射神阙和天枢各 10 分钟，再以特制空心针针刺双侧大肠俞，得气后将山东威海产 JG-10型氦氖激光针分别通过针芯导入大肠俞，进行深部照射，每穴 10 分钟。治疗 44 例，近愈29例，好转 12 例，无效 3 例。药物对照组33例，近愈11例，好转 14 例，无效 8 例。两组比较有显著性差异。魏腾凡取止泻、大肠、小肠、直肠、肝、脾、胃为主穴，幽门、交感、神门为辅穴，将王不留行籽贴压所选的耳穴上。治疗本病120例，总有效率为94.4%。

（二）实验研究　吴焕淦采用免疫学方法制备大鼠实验性溃疡性结肠炎动物模型，并验证了隔药灸治疗大鼠实验性溃疡性结肠炎的有效性。组织学与超微结构观察结果证实，隔药灸气海、大肠俞穴治疗实验性溃疡性结肠炎的疗效显著优于消炎药物柳氮磺胺吡啶的疗效（$P<0.01$）。表明隔药灸气海、大肠俞具有健脾止泻、强壮补虚、促进溃疡修复之作用。吴焕淦对24例本病患者进行了球结膜微循环观察，发现隔药灸后微血管扩张、血流速度加快、红细胞聚集减轻、微血管周围渗出、出血被吸收等变化。提示隔药灸具有改善微循环的作用，有利于止血及促进炎症的吸收。

（吴焕淦）

【针刺治疗失眠】

张宾农在临床中发现四神聪具有显著的镇静、安神作用，故采用此穴治疗110例多种原因引起的失眠症。方法：患者取坐位：取0.35～0.38mm×40mm不锈钢毫针，针尖向百会沿皮刺入，进针寸许，待针下有紧涩感留针40～60分钟，顽固性失眠可留针1～2小时，期间可捻转数次，以增加紧涩感。10天为1疗程，休息2天，继续第二疗程。治疗结果：治愈(夜眠时间能恢复以往时间，或夜眠6～8小时）68例，占62%；显效(夜眠时间延长2～3小时）35例，占32%；有效7例，占6%。金钰钧等采用矩阵针刺法治疗神经衰弱性失眠30例。方法：取主穴四中4穴（百会前后左右各2寸处），双侧安眠（在风池与完骨之间有压痛处），双侧头维；配穴为印堂、神门、太冲。有心血管症状者加内关、三阴交；有消化系症状者加足三里（补法）。留针30分钟，每隔5～10分钟行针1次。每日1次，6次休息1日，15次为1疗程，连续进行1～3疗程。总有效率达93.33%。章筱芬等用耳穴贴压法治疗失眠症218例。取主穴心、神门、枕、额、脑点、皮质下，配穴肾、肝、脾、胃。上穴可随症加减，每天按捏4～6次，每次5分钟，睡前加强按压。5～6天更换1次，两耳交替施治，5～7次为1疗程。治疗期间停用一切有关药物。218例中显效（睡眠恢复正常或明显改善，停止治疗后不再复发)136例，占62.4%；好转（入睡5小时以上，停止治疗后有轻度复发，再治后即可控制症状)76例，占34.8%；无效6例，占2.8%。吴泳仁用浅针(推针)疗法治疗失眠58例。方法：取双侧太渊、太溪（补法）。如心血虚加足三里、神门（双侧，补法）；心气虚加神门、复溜（双侧，补法）；胃不和加公孙、隐白、阴陵泉(双侧，补法）；胁痛加章门、气冲（双侧，泻法）；惊悸加神庭（双侧，灸）；外邪袭表加大椎、外关（双侧、泻法）。58例中治愈（临床症状全部消失，每晚能入睡6小时以上)18例，占31.03%；显效（临床症状大部消失，每晚入睡5～6小时）25例，占43.1%；好转（临床症状部分消失，每晚入睡3～4小时）13例，占22.3%。2例治疗中断未考查疗效。沈志忠运用腕踝针治疗顽固性失眠56例。取腕踝针上1、2区，针体与皮肤呈30度角，快速进针，针体在皮肤浅表层，针下有松软感为适。针深一般为1.4寸，针刺方向朝上。刺后用胶布固定。留针20至30分钟。针刺时间在下午4～5时为宜。5次为1疗程，如无效，休息3天再针第二疗程。56例中显效（针刺一疗程，睡前不服安眠药即能入睡6～7小时）21例，占46.42%；有效（1～2疗程后即能入睡5～6小时，但尚须服前半量的安眠药物）17例，占30.35%；无效（1～2疗程后还需服安眠药才能入眠）13例，占23.23%。

（钟莎莉）

【针灸治疗癫痫】

辨证取穴治疗癫痫在临床上较为常见。王进才等将60例原发性癫痫患者随机分成两组，观察组30例采用大椎穴为主加辨证取穴，对照组30例以辨证取穴施治。辨证取穴时，肝风痰壅取肝俞、心俞、巨阙、太冲、丰隆、百会；痰火窍闭取肝俞、心俞、巨阙、百会、行间；肝肾阴虚取肝俞、肾俞、太溪、太冲、神门、三阴交；脾肾气虚取脾俞、肾俞、足三里、丰隆、内关。实证采用针刺泻法，虚证采用补法或平补平泻法。每日针灸1次。留针30分钟，10次为1疗程，疗程间隔3天。经5个疗程治疗后，观察组和对照组分别显效（针刺后半年以上未发作，发作时间缩短）20例与8例，好转（针刺后发作次数减少25%以上）10例与20例，无效0例与2例。两组比较有显著差异，说明针刺大椎穴有较好疗效。尹钢林治疗52例患者，气郁痰结型取太冲、丰隆、神门、膻中穴，平补平泻手法；心胃火盛型取神门、内庭、大椎、丰隆穴，用泻法；清阳不升型取关元、足三里、百会、丰隆、大椎穴，用补法；瘀阻脑窍型取膈俞、膻中、大椎、丰隆穴，用泻法。以上4型均每日针1次，留针50分钟，10次为1疗程。结果显效（治疗后不用抗癫痫药，连续3个月以上未发作）20例，有效（治后抗癫痫药减半量或¾量，发作频率及持续时间明显减少）25例，无效7例，总有效率86.5%。疗程最长针刺40次，最短者10次。刘永久取穴“神四针”（神庭、神道、双侧本神）和“顶三针”（前顶、巅顶、后顶），每日针刺1次，10次为1疗程。治疗25例，经6个疗程后痊愈19例，好转4例，无效2例。黄宗勖采用针药同治54例。针刺以大椎、腰奇为主穴，配合间使、丰隆穴，若日间发作加申脉，夜间发作加照海，发作时加人中、颊车。未发作时用平补平泻法，留针30分钟，发作时用泻法，不留针。每日1次，12次为1疗程。药用定痫散（白矾、郁金、胆星、天竺黄、朱砂、琥珀、薄荷）。基本痊愈（发作控制，停治半年未见发作，无智能障碍，脑电图正常）21例，显效（发作基本控制，偶尔发作）25例，有效（发作次数减少）7例，无效1例。

穴位埋植在治疗中也较多被运用。王瑞恒等主穴取身柱、神道、灵台、筋缩，若痰盛加丰隆，体虚加足三里。以0号羊肠线埋植穴位中，1周后再作第二次植线。治疗80例患者，痊愈（经3次治疗后，在1～3年随访期内未复发）28例，显效（1年内发作次数较前减少一半）20例，进步（1年内发作次数较前减少不足一半）12例，无效20例，总有效率75%。霍崇信等以穴位埋藏法治疗100例，主穴取“治痫”脊中、筋缩、鸠尾，配穴取丰隆、涌泉、内关。以苯妥英钠100～300毫克埋入主穴，654-Ⅱ 10～30毫克埋入配穴，每次主配穴各1个。治疗结果（依国家中医药管理局医政司1988年12月第1版印发的疗效标准）：近期痊愈86例，好转12例，无效2例，总有效率98%。

（李　洁）

【针刺降血糖】

针刺具有降低高血糖的作用。熊星火对29例糖尿病患者针刺双侧肺俞、胰俞、肾俞、内关、足三里20分钟后，其高血糖有明显的下降，与对照组（12例）比较有显著性差异。说明针刺有快速降低高血糖的作用，而无造成低血糖之虞。其中A组（观察针刺对餐前血糖的影响）下降了3.2621±2.3945mmol/L，B组（观察针刺对餐后血糖的影响）下降7.5726±3.7549mmol/L。针刺降低高血糖的作用与血糖值的高低呈正比。提示针刺除具有较快速刺激胰岛素分泌的作用外，可能还具有增加胰岛β细胞葡萄糖受体及外周组织的葡萄糖受体对葡萄糖的敏感性等作用。冯明秀等用针刺气海穴加贴消渴膏（阿魏、海龙、海马、人参、鹿茸、珍珠、郁金、沉香、乳香、没药、冰片、黄芪等）治疗非胰岛素依赖型糖尿病309例，其中298例有效者平均血糖由13.2283±3.9350mmol/L下降至8.7539±2.8972mmol/L，治疗前后相比有非常显著性差异（$P<0.01$）。程豪等用王

不留行子贴压耳穴胰、内分泌、交感区，也观察到对糖尿病患者可影响其糖代谢，提高胰岛素释放能力，降低血糖，使餐后血糖升高幅度低、恢复快，明显地改善糖耐量曲线。对正常人则影响不大。除糖尿病患者外，毛喜荣等对冠心病患者在每日上午8～10时针刺神门、内关、间使、支正、足三里，再辨证选用太冲、照海、三阴交、丰隆等穴。经10次针刺后其血糖较针刺前显著降低，由5.64±1.22mmol/L下降至4.94±0.99mmol/L。优于西药（阿司匹林等）组。

（赵善祥）

【针药结合治疗甲亢症】

以针刺治疗甲亢50年代初就有报道，后有用电脉冲、甲状腺局部穴位电按摩、穴位激光照射、甲状腺敷贴药物等方法治疗者。近年来用针刺结合抗甲状腺药物治疗甲亢在临床疗效观察和机理探讨方面取得一定进展。

（一）疗效观察　何金森等对针刺的穴位进行筛选，采用针药结合的方式治疗甲亢，临床设立针刺、药物、针药结合三组对比观察疗效、副反应及复发率。针刺组取气瘿（相当于水突穴，视甲状腺肿大程度稍有出入），捻转泻法；内关、间使提插结合捻转泻法；足三里、三阴交提插结合捻转补法，留针30分钟，隔日1次。药物组：口服他巴唑，每日40毫克。针药结合组：以上二组方法合并。2个月为1疗程。结果：针刺组46例，药物组41例，针药结合组33例，有效率分别为73.9%、85.4%、93.9%，经统计，针刺组有效率显著低于针药结合组，而后者与药物组无显著差异。治疗期间副反应的观察，药物组有8例出现白细胞减少，而另二组则无。对三组获控制的患者进行一年随访，针刺组22例，复发8例，药物组27例，复发24例，针药结合组27例，复发8例，复发率分别为36.4%、88.9%、29.6%，经统计，针刺组、针药结合组复发率显著低于药物组。嗣后，对药物的量效关系又进行了探讨，设针药Ⅰ组、Ⅱ组、Ⅲ组，他巴唑用量分别为每日40毫克，30毫克，10毫克。针刺方法同前。他巴唑对照组，每日服用他巴唑40毫克。治疗2个月，针药Ⅰ组33例，Ⅱ组22例，Ⅲ组22例，他巴唑组41例，有效率分别为93.94%、95.45%、86.36%、85.37%，经统计，四组间均无显著差异。获控制者一年随访，针药Ⅰ组27例，复发8例；Ⅱ组19例，复发4例；Ⅲ组17例，复发7例；他巴唑组27例，复发24例。复发率分别为29.63%、21.05%、41.18%、88.89%。四组比较，他巴唑组复发率最高，与针药各组比较有显著差异。观察结果提示，针刺结合大、中、小三种不同剂量他巴唑，在临床疗效上无明显量效关系。因而，针刺结合非常规治疗量（每日10毫克）他巴唑，不失为一条治疗甲亢有效的新途径。为验证何氏此疗法观察的结果，胡军等用该疗法治疗47例甲亢患者，有效率95.74%。对31例进行一年半随访，复发13例，复发率38.71%，结果与前基本一致。为进一步优化组合该疗法，避免针刺次数频繁给临床推广应用带来不便，胡氏等在针刺的间隔时间上进行对比观察，维持与既往取穴、针刺手法、每日顿服10毫克他巴唑的相同条件，设立每周针刺1次（20例）、2次（45例）、3次（47例）三组，结果有效率分别为75.00%、86.67%、95.74%，经统计均无显著差异。将三组中初、复发患者资料分别统计则发现，三组初发患者有效率分别为85.71%、90.90%、92.86%，仍无显著差异。对复发后再次接受治疗的患者有效率三组分别为50.00%、82.61%、96.97%，显然每周针刺1次组有效率低于其他二组，与另二组有显著差异。针药结合治疗甲亢的方法，当每日顿服10毫克他巴唑，对初发患者每周针刺1次，复发患者每周针刺2次较为理想。

（二）机理探讨　甲亢系甲状腺病态地合成、分泌过多甲状腺激素（T_3、T_4）所致。何氏、胡氏的研究结果均证实，针药结合能有效、迅速地改善患者体内异常激素代谢，其机制与垂体-甲状腺轴的反馈调节逐步恢复正常有关。近年来，对甲亢中最常见的Graves' 病发病机理认识有重大突破，确认TSH受体抗体的存在是甲亢发病的重要中间环节，而T细胞亚群数目或/和功能的异常与这种自身抗体的产生有关。胡氏研究证实，针药结合对患者异常T细胞亚群数目具有良性调整作用，并能消除或降低血清TSH受体抗体活性，血浆β-内啡肽含量在这一免疫调节过程中也发生了有意义的变化，提示针药结合疗法似通过改善机体的免疫功能以治疗甲亢症的。

（胡　军）

【针灸治疗类风湿性关节炎】

刘心莲等根据1987年美国风湿病协会诊断标准，选择54例典型类风湿性关节炎（简称RA），随机分成温针组34例，穴位注射组20例，并设正常对照组26例。温针组取穴华佗夹脊、大椎、肾俞、肩髃、曲池、外关、中渚、血海、足三里、阳陵泉、三阴交，先取华佗夹脊穴从第一胸椎排刺至第二腰椎，左右间隔交替取穴，每日1次，10次为一疗程，连续治疗3疗程。穴位注射组取穴肩髃、曲池、外关、中渚、八邪、足三里、阳陵泉、三阴交、悬钟，以追风速注射液4～6ml，每次取穴6～8个，隔日1次，10次为一疗程，连续30次。治疗结果（疗效标准按1988年第一届全国中西医结合风湿类疾病学术会议修订标准），温针组和穴位注射组近期控制分别为11、6例，显效15、10例，有效6、3例，无效2、1例。两组疗效无显著差异（$P>0.05$）。两组治疗前后及两组之间外周血淋巴细胞亚群各项均值，均无统计学差异。治疗前患者的NK细胞活性略低于正常对照组，经治疗后均有不同程度升高，以穴位注射组升高明显（$P<0.01$）。治疗前患者白细胞介素Ⅱ显著低于正常对照组，治疗后均有显著升高（$P<0.01$）。孙景胜等把206例RA随机分为针刺加穴位注射组126例和对照组80例。前组取穴合谷、中渚、外关、曲池、太冲、丘墟、太溪、三阴交、阳陵泉、犊鼻、腰阳关、肾俞、八髎，采用追风速注射液，每次选用3～6个穴位注射，然后针刺，隔日1次，10次为一疗程。对照组采用常用抗风湿性药物。治疗结果，两组总有效率分别为95.2%、70%，有非常显著差异（$P<0.01$）。治愈率分别为23.8%、7.5%，有明显差异（$P<0.05$）。傅国志等治疗268例，上肢取肩贞、肩髃、曲池、合谷、手三里，下肢取环跳、风市、足三里、阳陵泉、昆仑、丘墟。每日针1次，留针20分钟，15次为一疗程。结果痊愈（临床症状完全消失，血沉、抗O、类风湿因子正常）58例，显效（临床症状基本消失，化验指标接近正常）83例，有效（临床症状及化验指标较治疗前好转）116例，无效11例。陈桂玲等采用针刺、温灸、拔罐配合治疗40例，其中刺法采用《内经》中的络刺（早期）、浮刺（寒邪盛）、恢刺（病程长）、报刺（痛无常处）、合谷刺（部位深）。寒湿较重，又偏于阳虚者，用附子饼温灸督脉；气血凝滞，压痛明显，用刺络拔罐；寒湿型和湿热型，采用背部督脉刺络拔罐；气血亏虚则背部督脉刺络而不拔火罐。每星期3次，10次为一疗程。取穴大椎、身柱、神道、至阳、筋缩。上肢取肩髃、曲池、阳溪、阳谷、阳池、八邪。下肢取秩边、膝眼、阳陵泉、足三里、解溪、八风。治疗结果，显效12例，有效25例，无效3例。总有效率93%。

何继红等在暑夏三伏天进行治疗。从督脉大椎穴至腰俞穴涂以蒜汁，再敷撒麝香1～3克，上铺蒜泥条500克，宽4厘米，厚1.5厘米，上铺艾炷，连灸2～3壮。灸后半年观察近期疗效，其中寒湿痹型24例，治愈11例，显效6例，有效5例，无效2例；湿热痹型13例，治愈2例，显效2例，有效4例，无效5例。以病情论：轻度9例，治愈5例，显效3例，有效1例；中度22例，治愈7例，显效4例，有效7例，无效4例；重度6例，治愈1例，显效1例，有效1例，无效3例。故本法对轻、中度患者的疗效较佳。治疗前后血沉、血红蛋白对比观察，均有非常显著差异（P<0.01）。类风湿因子治疗前阳性24例，治疗后转阴10例，转阴率41.7%。

（李　洁）

【针灸治疗青光眼】

青光眼是一种常见眼病，应用针灸治疗具有一定的临床效果。

王永兴等针刺球后穴治疗各型青光眼共92眼（其中包括开角型、慢性闭角型、青年性、继发性、先天性青光眼），眼压下降者68眼，占73.9%，眼压下降幅度为0.26～2.0kPa；针刺睛明、瞳子髎、阳白、攒竹等眼区穴治疗各型青光眼共104眼（其中有开角型、慢性闭角型、继发性、先天性青光眼），眼压下降者42眼，占40.4%，眼压下降幅度为0.26～1.33kPa。针刺球后穴的作用明显优于眼区穴（P<0.01），可作为青光眼的辅助治疗方法。在各型青光眼中，针刺对开角型青光眼的降眼压效果最好。刘玉祥也以针刺球后穴治疗急性青光眼320眼（包括急性闭角型、慢性闭角型急性发作和近绝对期急性发作青光眼），针后眼压大多有所降低，眼胀痛、头痛、呕吐、恶心等症状缓解。景宽等针刺目窗穴为主治疗单纯性青光眼46例92眼，根据中医辨证对肝气郁结型配太冲、膻中、内关穴；对肝肾两亏型配肝俞、肾俞、太溪穴；对心脾两虚型配心俞、脾俞、神门穴。治疗后92眼平均眼压从4.37kPa下降为3.29kPa(P<0.001)，并且患眼视力提高、视野改善。不同辨证分型之间针刺的治疗效果无明显差异。周文新等针刺治疗原发性青光眼31例57眼，对辨证属肝肾亏虚者取太溪、光明、行间穴，属脾虚湿盛型取足三里、三阴交、行间。57眼平均眼压从治疗前3.44kPa下降为2.71kPa（P<0.001)。针刺对两种证型原发性青光眼的降眼压效果均较好。庄小平等对耳针治疗青光眼的降眼压作用进行观察，耳穴取肝、肾、神门、下脚端、屏间、眼、目。32眼耳针前平均眼压4.47kPa，针后15分钟平均眼压3.8kPa（P<0.01）；25眼耳针前平均眼压4.58kPa，针后30分钟平均眼压3.98kPa（P<0.01）；20眼针前平均眼压4.28kPa，针后60分钟平均眼压3.61kPa（P<0.01），刘岩等在观察到针刺即时效应对青光眼眼压有明显降低作用后，又对79只非高眼压眼作针刺前后即时眼压变化的观察。针刺取风池、太阳、攒竹、球后、合谷、百会穴，针刺前5分钟与针刺后5分钟各测量1次眼压。结果79眼中眼压下降者49眼（62.03%），眼压上升者8眼（10.13%），眼压无变化者22眼（27.84%）。79眼针刺后的平均眼压较针刺前有显著性差异（P<0.001）。李玉环等在观察中学生近视眼眼压时，发现针刺百会可得到明显的即时降眼压效应，并且用补法略优于泻法；而针刺百会、太阳则降眼压的即时效果更明显，可使近视眼平均眼压从2.74kPa下降至2.39kPa(P<0.01)。这些事实，从另一侧面证实了针刺对眼压确实有一定的影响。

（周文新）

【针刺治疗慢性鼻炎】

健康人鼻粘膜上皮细胞粘液纤毛摆动率为67%±2%，而慢性鼻炎患者仅为13%±3%，其余大多数上皮细胞纤毛处于停摆状态。张建华等观察到应用低频脉冲电(6Hz)刺激双侧迎香穴20分钟后，可使慢性单纯性鼻炎患者的鼻粘液纤毛传输速率（$\overline{U}$mt）显著加快，而对正常人的$\overline{U}$mt则无明显影响。应用此法治疗慢性单纯性鼻炎300余例，绝大多数患者经10～30次（每日1次）治疗，鼻塞减轻，鼻涕减少，但远期疗效不够理想。孙德福等针刺鼻通穴、通里上1寸，治疗慢性、过敏性鼻炎208例，治愈142例，有效47例，无效19例。总有效率为90.9%。从临床效果来看以慢性单纯性鼻炎为佳。于璟玲等以针刺印堂为主，发作期选用迎香、禾髎、上星、风池、大椎、合谷、曲池。间歇期选用百会、通天、关元、合谷、足三里。并配合耳穴肺、内鼻、外鼻、风溪、肾上腺区贴压王不留行子治疗过敏性鼻炎230例。经两个疗程治疗并随访1年后，痊愈134例，显效84例，无效12例。总有效率为94.7%，优于药物组(30例)。张日茂报道针刺蝶腭神经节治疗过敏性鼻炎185例，经8～16次治疗，治愈82例，显效75例，有效26例，无效2例。总有效率为98.9%。经随访，10个月后复发者8例，但症状均较针刺前为轻。针刺方法是：病人取坐位，在颧弓下正中位咬肌前缘进针，与皮肤平面呈30°角向上、向内刺入4～5厘米，病人感到同侧上自目内眦下至口角部区域内有麻木胀重感，同时伴鼻腔紧缩感、鼻涕减少、通气量增加。留针15分钟，其中每隔5分钟作强刺激1次。每周针刺1次，4次为一疗程。白桦等根据辨证选用耳穴治疗过敏性鼻炎80例，临床痊愈29例，显效41例，有效7例，无效3例，总有效率为96.25%。肺卫虚寒取肺、神门、内鼻、过敏点。肺经郁热取肺、皮质下、内鼻、过敏点、大肠区。肺脾气虚取肺、脾、神门、内鼻、过敏点。肺肾两虚取肺、肾、过敏点、内鼻、内分泌、膀胱区。谭敬书等用白芥子2份，延胡索、甘遂、白芷、细辛、制川乌、制草乌各1份，研末以生姜汁调成糊状，上撒肉桂粉，敷贴大椎、肺俞、膏肓俞、肾俞、膻中穴，治疗常年性变应性鼻炎60例，显效23例，有效30例。总有效率为88.3%。对照组(敷贴安慰剂)显效1例，有效10例，总有效率为36.6%。药物敷贴组T细胞亚群比率及血清总IgE，治疗前后相比有显著性差异。

（赵善祥）

【针灸治疗口腔溃疡】

卢爱文用穴位注射法治疗口腔溃疡300例，痊愈294例（98%），好转6例(2%)。效果优于中药对照组（痊愈52例，好转18例，无效15例）。心（胃）火上炎型取心俞、足三里；虚火上炎型取心俞、三阴交。用5号封闭针头，刺入0.5～0.8寸后，缓缓注入药液（维生素B_{12} 100μg/ml），每穴0.5毫升，每日1次，左右两侧穴位交替使用。中药对照组两型分别服用银翘导赤散、知柏地黄汤。王晓红用艾条悬灸神阙穴，每次半小时，治疗口腔溃疡8例，均治愈。

（赵善祥）

【肺炎综合治疗中针灸疗法的应用】

肺炎尤其是小儿肺炎在常规药物治疗的同时，应用针刺、穴位敷贴、激光穴位照射等法有明显的退热、止咳、促使罗音消失和病灶吸收等作用。王德华等针刺合谷、肺俞、大椎、膻中、足三里穴，在得气后轻快捻转30秒，留针5分钟再强刺激捻转30秒后出针，治疗肺炎发热23例。其中在针刺后20分钟内体温持续下降至正常或≥1.5℃者11例，体温下降0.5～1.4℃者9例，无效3例。一般在出针后10分钟内体温下降者最多，下降幅度也大；10～20分钟时体温下降者和下降幅度显著减少。认为其机理与血管舒缩反应密切相关，与文献报道针刺作用于机体，首先引起血管短暂的即时性收缩反应，继而呈维持10～20分钟左右的扩张反应大致吻合。结合其他急性肺系感染发热病例142例的辨证来看，针刺在卫、气、营、血各阶段中均有退热效应，但对营血证候不如对卫气证候明显。提示对病情危重病例，针刺退热仅是应急手段，不是根本治疗方法。刘怡湘等对80例小儿支气管肺炎经多种抗生素治疗后热降症减但肺部听诊罗音迟迟不消者，加用莨菪消喘膏（炙白芥子、延胡索、细辛、甘遂及东莨菪碱注射液）贴敷肺俞、膈俞、百劳、膏肓俞及阿是穴（肺部听诊罗音显著处），结果3天以内罗音消失者24例，3～5天消失者36例，6～8天消失者16例，8天以上消失者4例，平均为4天。效果优于对照组(两种或两种以上足量抗生素)。并观察到年龄愈小，效果愈明显。夏小平等在常规药物治疗的同时，对48例小儿肺炎辅用氦-氖激光照射肺俞、膻中、列缺、曲池及肺部听诊湿罗音最密集处；高热加合谷、大椎；痰多加脾俞、丰隆；喘甚加定喘穴。结果显效18例，有效24例，无效6例，疗效优于对照组（单纯常规药物治疗)。不仅在止咳、促使湿罗音消失，而且在X线摄片所显示的病灶吸收方面也明显优于对照组。刘俊华报道用白芥子粉涂敷背部第1～7胸椎两肩胛骨之间（以皮肤发红为度）以辅助抗生素治疗小儿支气管肺炎112例，与对照组（单纯药物治疗）相比，平均缩短疗程5天左右。但6个月以下小儿慎用，2个月以下或局部皮肤感染、出疹者禁用，有心力衰竭者忌用。王东芝等用麝香外敷神阙穴治疗小儿重症肺炎合并麻痹性肠梗阻21例，其中4小时肠鸣音恢复者2例，8小时恢复者15例，12小时恢复者4例。

（赵善祥）

【针灸延缓衰老】

人体衰老是一系列生理、病理过程综合作用的结果。微量元素的变化、免疫功能减退和微循环功能障碍等被认为是导致衰老的原因。

（一）实验观察　王玲玲等观察了保健灸对老年人头发锰锌铜铁钙含量和免疫功能的影响。保健灸主要是取神阙穴及双侧足三里穴，以艾条温和灸，每穴每次10分钟，隔日1次，2个月后复查。王氏选择24例65岁以上老年人，观察保健灸前后头发锰、锌、铜、铁、钙含量变化，结果发现，保健灸后老年人头发中锰的增加有非常显著意义，锌、钙的增加有显著意义。头发中铜、铁虽有增加，但与灸前比较，差别不明显。徐兰凤等选择40例生活能自理的老年人，观察保健灸2个月前后的免疫功能的变化，并同20例的对照组比较。保健灸方法同王氏。结果提示保健灸能提高细胞免疫功能，提高T淋巴细胞的数值及红细胞C_{3b}受体花环的形成率，差异显著。并能提高体液免疫功能，使免疫球蛋白IgG、IgA、IgM的含量增加，有极显著的差异。而没有施行保健灸的对照组，无论是T淋巴细胞数值还是红细胞C_{3b}受体花环形成率以及免疫复合物受体花环的变化，均无统计学意义。乔文雷对刺络放血延缓衰老的机理进行了分析。郭峰的实验表明，随着年龄的增长，老年人免疫器官与造血器官都在衰退，不仅淋巴细胞的免疫功能下降，而且红细胞膜受体的功能也在衰退。老年人红细胞携带循环免疫复合物的能力下降，造成该物质异常堆积，临床上就会产生瘀血的症候，出现微循环障碍。所以，夏炎兴认为血瘀证与红细胞免疫有着相互联系。洪恩四等的实验证明刺络放血能明显提高循环中红细胞膜受体的功能，减少循环免疫复合物堆积，改善微循环，通过活血化瘀以延缓衰老。

（二）临床观察　王氏等观察40例无明显器质性疾病老年人保健灸（方法同前）后的变化，采用自身对照统计处理，对常见衰老症状、近事记忆力、单足直立稳定时间、运动后心率恢复时间、肺活量、握力和其它多项生理、生化、免疫等指标进行综合评估。结果显示，保健灸具有延缓衰老的作用，对于减轻衰老症状、改善机体生理功能的效果显著。杨金安认为隔姜灸足三里、三阴交也有延缓衰老的作用。

（李　洁）

【针刺治疗心脑血管病的实验研究】

（一）高血压　外周阻力是影响动脉血压的主要因素之一，血液粘滞性的增加可引起外周阻力增加。周杰芳等观察到高血压患者有明显的血液流变学异常，针刺治疗后，血压明显下降，同时血粘滞性得到改善，认为针刺降压作用与改善血粘滞，减小外周阻力有关。汪司右等以动脉顺应性、心输出量等为指标，观察针刺对高血压患者的作用，结果表明针刺降压作用主要是通过降低细、小动脉的外周阻力，而对大、中动脉的顺应性以及心输出量影响不大。

（二）冠心病　针刺能改善冠心病患者心功能的研究屡有报道，王岫和王舒等都证明针刺可改善左心功能。陈少宗等还以此作指标，探讨了穴位的特异性，认为单独针刺间使、内关、神门均可改善左心功能，三者无统计学差异。而周继人等则认为针刺加埋针耳心穴与非穴位对心功能影响有明显差异，穴位有特异性。蔡国伟和韩友栋等以心电图ST段变化作指标，观察到针刺可明显地改善心肌缺血状态。郗永安采用直接窦房传导时间为指标，观察到电针内关穴能改善窦房传导功能。文琛等对实验性心肌缺血家兔的心肌，用组织化学方法显示糖原、磷酸化酶及缺血心肌的微血管酶和儿茶酚胺荧光的作用，结果表明电针能改变缺血边缘心肌糖原和酶的含量，增加 Mg^{2+}-ATPase 光密度和心肌儿茶酚胺荧光亮度，提示电针有益于加强缺血心肌的收缩力，加强微循环和转运功能。张霞等认为针刺可降低冠心病患者血浆 cAMP 含量，调整 cAMP/cGMP 比值，对调节血管舒缩和心肌细胞功能有重要意义。周逸平认为针刺后冠心病患者5-HT、5-HIAA 含量显著降低，从而缓解了冠状动脉的痉挛。毛喜荣等还从针刺降低血脂、血糖含量角度探讨针刺治疗冠心病的作用。近年来，性激素与冠心病的关系受到重视，唐立明等的研究表明男性冠心病组雌二醇(E_2)明显高于健康对照组，血清睾酮（T）明显低于健康对照组，认为缺乏雄性激素可能使动脉易发生粥样硬化。针刺治疗后，冠心病患者T显著增高，而E_2及E_2/T 比值显著降低。

（三）脑血管病　邢艳丽和谌剑飞等均证实针刺可使中风患者血浆粘度、红细胞压积、纤维蛋白原、血沉方程K值下降，从而改善患者血流中的“浓、凝、聚”状态。李汉先等在家兔急性脑缺血模型上，证实针刺能提高脑缺血时颅底动脉压，提高脑内肾素活性及血管紧张素含量，明显降低脑内乳酸含量，为针刺治疗脑缺血提供了实验依据。体感诱发电位（SEP）能在较大程度上反映运动神经系统的功能，东贵荣观察到脑出血瘫痪肢的 SEP 总异常率为100%，而针刺即刻可使SEP改善，与临床即刻效应结果相一致。应赛霞等在急性沙鼠全脑缺血和再灌注模型上，应用计算机统计脑电总功率的方法，发现电针组脑电的恢复明显比对照组快，表明电针能减轻脑缺血时脑电活动的抑制，促进再灌注后脑电活动的恢复。翟娜等以脑灌注方法动态观察阻断大鼠一侧大脑中动脉所致大脑皮质缺血区，表明针刺可在缺血早期快速缓解由于阻断后存在的较严重的血管痉挛，从而使缺血区脑组织细胞及时得到代偿血流，及早地逆转恶性发病过程。周长山认为针刺能提高缺血性中风患者超氧化物歧化酶（SOD）活性，使机体有效地清除自由基，减轻脑组织的损害。

（桂金水）

【针灸对胃功能的调整作用】

该研究大多用胃电图作观察指标。许冠荪等以静脉注射红霉素建立家兔胃肠道紊乱模型，电针足三里后可使异常胃肠电活动得以调整。当切除迷走神经后，此电针效应不明显，胃肠电更为紊乱，说明迷走神经在针刺调整效应中起重要作用。张立德等观察了具有不同磁场强度的磁锟针作用于家兔足三里后，对病理性胃肠机能亢进者，磁锟针对胃电活动有明显的抑制作用，胃肠机能低下者则可明显地使胃电活动增强。何智明等观察到氦氖激光照射足三里、胃俞穴后，对家兔胃电幅值有双向调整作用，而照射郄门穴则无影响，说明穴位有相对特异性。许金森等以胃电图为指标，对比针刺足三里穴后机械压迫梁丘穴和梁丘穴两侧旁开对照点对针刺效应的影响。结果表明针刺足三里穴对胃运动有双向调节作用，机械压迫梁丘穴可减弱甚至消除由针刺足三里引起的效应，而压迫梁丘穴两侧旁开对照点对针效无显著影响。汲会贤等利用经络输声技术的研究，表明足三里穴输声后对胃电有双向调整作用。黄裕新等观察针刺对健康人血浆胃动素（MTL）分泌的影响，结果表明针刺可显著升高MTL水平。MTL是一种影响消化过程胃肠运动的激素，此结果提示MTL在针刺对胃肠调整作用机制中起重要作用。

钱立伟等应用胃镜直视下检测胃腔内压力的技术，检测电针足三里穴前后健康的胃、十二指肠溃疡成人患者幽门括约肌压力参数的变化。结果表明针刺后可升高低振幅波或降低高振幅波，即有兴奋或抑制幽门括约肌功能的双向调节效应。

近年来针刺对胃粘膜保护作用的机理也有研究。沈德凯观察到电针对大鼠应激性胃溃疡具有较好的保护作用。电针组5-羟色胺含量明显低于对照组；中枢及血液中去甲肾上腺素含量高于对照组，而胃组织的去甲肾上腺素含量低于对照组；胃及血液中多巴胺水平电针组明显高于对照组。结果表明中枢及外周的单胺类神经递质参与了电针保护大鼠应激性胃溃疡的过程。陈演江等以组织化学方法观察胃溃疡模型鼠胃粘膜切片，经PAS染色后，其胃肠PAS阳性层与胃肠总长的比值，艾灸组显著加大，胃的结合粘液量也显著增多，与溃疡面积呈负相关。提示艾灸对胃粘膜的保护作用与胃粘液量的增加有关。

（桂金水）

【针灸对免疫功能的影响】

马坤范等在以往针灸治菌痢患者与猕猴菌痢模型的研究基础上，又建立了犬急性菌痢模型并对其进行治疗观察，实验结果发现，病犬外周血大颗粒性淋巴细胞（LGL）、淋巴细胞、B细胞数均显著下降，经针灸治疗后第3天均显著回升，至停止治疗后第3天仍继续回升，而对照组无明显变化。另外，淋巴细胞总数上升幅度大于B细胞上升幅度，提示增加的主要是LGL与T细胞。万铭等选择20例HBsAg阳性肝炎患者，采用丹参液穴位（三阴交）注射法治疗，隔日1次，共治30次。结果12例HBsAg转阴，转阴率为60%。曾伶则以穴位注射人白细胞干扰素为主治疗HBsAg阳性肝炎患者。治疗1组以10%葡萄糖水加丹参注射液30毫升静脉滴注，另以干扰素5万单位注于足三里，每日1次；治疗2组以干扰素5万单位注于足三里并加中药口服，每日1次；对照组为肌注干扰素5万单位，另以10%葡萄糖水加丹参注射液30毫升静滴，每日1次。均以10天为1疗程。结果治疗1组40例，HBsAg转阴11例；治疗2组40例，转阴14例；对照组40例，转阴9例。吴滨等观察到，针刺可明显提高处于低下状态的恶性肿瘤患者外周血白细胞介素2含量与自然杀伤细胞功能，针刺组前后自身对照及同对照组比较均有显著性差异。夏玉卿等对100例皮肤癌患者采用电热针局部治疗为主辅以毫针穴位刺激进行整体治疗，结果完全缓解56例，部分缓解26例，改善10例，无变化5例，恶化3例。对免疫球蛋白与E-花环形成率治疗前后的比较表明，该疗法除有局部作用外，还能增强免疫功能。作者认为该疗法特别适用于病变发生在面部、外阴等特殊的部位。庄芝华以化脓灸治疗21例癌症患者，灸穴为天井、小海、光明等，以出现炎症→化脓→吸收→结痂为1疗程。灸前5例淋转在正常范围，16例在低值范围，灸后除2例下降外，19例中12例平均提高20%以上，前后对比有显著性差异。赵蓉等应用电针刺治疗60例接受放化疗癌症患者，取穴为曲池、合谷、足三里、三阴交，并随证加穴，通过对外周血T细胞及其亚群数目、血清免疫球蛋白与C_3含量等指标的观察，结果显示电针刺可提高或调整患者的免疫功能，减轻放化疗的副反应。翟道荡等采用小艾炷直接灸法治疗9例癌症患者，取穴为大椎、肺俞（双）、脾俞(双)，每周2次，每次灸1穴，每穴灸3壮，每壮艾绒重5毫克，灸后疮灶上贴淡水膏，5穴均灸后停灸。治疗期间原服中药不停。经1个月后免疫功能复查结果表明，该灸法对接受过化疗白细胞数明显低下者有一定的升提作用，对K细胞ADCC活性似有双向调节作用，可提高淋转率，使明显低下的NK细胞毒活性得到显著增强，虽对CD_3^+、CD_4^+、CD_8^+细胞绝对值无明显影响，但能显著提高CD_4^+/CD_8^+值，患者免疫功能得到增强。作者认为若能恰当应用艾灸疗法，并合理结合其它抗癌方法，抗癌疗效可能会更好。翟道荡等的艾灸抗癌实验，共用C_{57}BL雌性小鼠100只，制备HAC（腹水型肝癌）动物模型，设立荷瘤对照组、艾灸组和正常对照组，取穴“关元”，直接灸2壮，每壮1.5毫克，隔日1次，共灸10次。实验结果表明① 荷瘤对照组小鼠细胞免疫功能低下，而抗体量增加，后者可能同肿瘤逃逸机制有关；而艾灸组细胞免疫功能则维持在较高水平上，血浆IgG、IgM虽仍显著地高于正常组，但IgG已明显低于荷瘤对照组，提示抗体生成已受到一定的抑制。② 接种HAC癌细胞后，对照组小鼠的肾上腺明显萎缩，而艾灸组小鼠垂体与肾上腺均有增大趋势，同对照组相比有显著差异。③ 艾灸促进了β-内啡肽的合成与分泌，提高血浆β-内啡肽水平并维持较长时间，以利β-内啡肽发挥免疫调节作用。杜冬萍等的实验显示，鞘内注射吗啡能明显抑制大鼠的淋转率和IL-2的诱生水平。而鞘内注射吗啡的同时针刺大鼠单侧“足三里”与“阑尾”穴，针刺则可对抗吗啡这一抑制作用，提示电针结合吗啡注射，在镇痛的同时可维护机体的免疫机能。张岚等以老年小鼠为实验模型，观察艾灸结合穴区皮片移植抗衰老的作用。他们着重从红细胞免疫功能调节的角度进行观察，并以β受体-cAMP系统的反应性探讨其作用机制。结果表明，艾灸加皮植能显著提高老年小鼠低下的红细胞免疫粘附功能，增强红细胞β受体活性，提高下丘脑去甲肾上腺素含量。相关分析表明，艾灸加皮植对老年小鼠红细胞免疫功能的增强作用，与其延缓红细胞β受体-cAMP系统的老化有关，下丘脑去甲肾上腺素能神经元机能活动参与了这一过程。裴建等的小艾炷直接灸“大椎”抗肿瘤实验观察到，该灸法能使荷瘤小鼠红细胞免疫功能明显提高，并认为从免疫学角度考察艾灸抗肿瘤的作用，除了依赖于对淋巴细胞功能调节之外，还靠对红细胞免疫功能的增强。任军的实验观察发现，艾炷灸“大椎”能明显抑制内毒素感染性家兔的发热反应，同时白细胞总数与嗜中性粒细胞数增加，外周血淋巴细胞数明显高于对照组。孟凡会等在家兔耳静脉注射白细胞致热原后电针刺“命门”穴，每次5分钟，间歇10分钟，2小时后停电留针，结果针刺组与对照组间的发热高度、发热反应指数均有显著差异，提示电针刺命门穴对此类发热有明显的降热作用。同时在脑脊液中作为发热的中枢介质的cAMP含量也明显下降，而cGMP含量却明显升高，作者以为这可能是针刺命门穴导致降热的机制所在。宫斌等在SD大鼠上观察电针刺“足三里”或“太冲”的效应。结果：电针足三里与太冲均使DNA与RNA合成率较对照组有不同程度的增加，其中RNA合成率的增加有显著性意义，两穴组间无区别，同时淋转率也明显增加。另外还发现电针足三里或太冲穴后，IL-2含量上升，但仅足三里组的变化同对照组比有显著性差异。

（陈汉平　陈及灵）

【针刺麻醉的研究】

近年来，针刺麻醉在临床和实验研究方面都有新进展，手术范围拓宽，针药结合麻醉、术前预测也都有进步。“第五届全国针刺麻醉与针刺镇痛学术讨论会”于1994年9月在武汉召开，对近年来针刺麻醉和针刺镇痛原理研究的进展进行了总结。

王克杰等报告对11例病人用针刺麻醉（体针十耳针）的方法行大脑半球功能区手术，取得满意效果，可最大限度保护神经功能，减少术后并发症和致残率。石立森等选用眼周围穴位不留针针麻方法行眼科手术400例，优良率达95.11%，并将此法与体针麻醉、耳针麻醉、眼周穴留针麻醉进行比较，结果均优于其它麻醉。黄鹤年行新喉再造术30例，以针麻为主，耳针和体针相结合，效果稳定，优良率达96.7%。李钊等对19例针麻下行后路颈椎手术病人进行血气分析，并与局麻下手术作对照，发现术中相应步骤的PO_2前者高于后者，提示针麻对后路颈椎手术病人换气功能的维护有利。

阮明华等采用气管插管加针药结合麻醉行小儿腭裂整复术32例，效果良好，可减少全麻用药量，提高手术安全性，加快术后苏醒和恢复。杨永华对62例病人行针药结合麻醉胸腔手术，取得较为满意的效果。屈桂莲等对60例肾移植术进行了针刺复合小剂量硬膜外麻醉与硬膜外麻醉的比较，结果两组麻醉均有良好的镇痛效果，针药复合组优良率达96.7%，且局麻药用量少，首次泌尿时间提前。秦必光等报告针刺复合静脉普鲁卡因全麻胃癌根治术10例，并与单纯静脉给普鲁卡因对照，发现针刺复合静脉普鲁卡因可减少全麻用药量，并认为针刺在静脉全麻下仍有镇痛作用。成瑞生等对溃疡病急性穿孔患者随机采用针刺复合小剂量硬膜外麻醉和常规硬膜外麻醉行胃大部切除术各20例。发现针刺组术后肛门排气时间、住院天数均明显提前或缩短。张兰英等还探讨了针麻胃切除术电刺激的参数。观察了70例手术中不同刺激频率、电流强度变化与针麻效果的关系，为选择适当的刺激参数提供了参考资料。陈永荣总结应用芬太尼、氟哌啶为针麻甲状腺、胃、疝、阑尾等四种手术中的辅助用药422例，获得满意效果，说明针药复合方式对提高针麻成功率和I级率有普遍意义。

谢学鸥观察了在硬膜外麻醉下电针内关穴对心律失常的调整作用，发现患者术中血压及心律平稳，心电图得以改善，可顺利渡过手术麻醉期，充分显示了针刺在麻醉中对机体的调整作用。唐辉毅等在硬膜外注射吗啡同时给以针刺，并与单纯注射吗啡相比较，发现针刺可减少吗啡引起的不良反应，改善植物神经功能，促进肺换气，调整胃肠运动等。

赵凤华采用BK-91A电脑麻醉综合仪，将中医辨证论治理论融合在仪器参数中，对61例开颅手术病人对比观察，结果针麻效果明显优于传统WQ-10型多用电子穴位测定仪，认为此电脑麻醉综合仪有较高实用价值。毕天立等将穴位注射麻醉用于甲状腺手术，并与颈丛神经阻滞麻醉比较，发现前者具有安全、生理干扰小、术后恢复快、并发症少等优点。周红等对照针药麻和全麻肺切除病人各34例的用药量，并对术中和术后随访的疗效作分析，发现用杜冷丁复合液的量针药组明显少于全麻组，说明针刺加针刺增效药可加强针刺镇痛作用，减少用药量。张敏等用神经类型心理测试法对针麻肺切除术病员在术前进行心理测试，探讨了针麻病员的神经类型与针麻疗效的关系，发现神经类型属6-13型针麻效果优于14-16型。李万瑶等观察了耳部手术和甲状腺手术中麻醉患者的太冲穴与涌泉穴皮肤电流的变化，发现涌泉穴在耳部手术过程中皮电下降明显低于甲状腺手术，而太冲穴则相反，提示经穴与脏腑器官相关。

此外，植木等还用小鼠在不同条件下实施牙齿移动，观察机械力作用下所发生的齿周组织变化，发现针刺麻醉法在促进压迫侧齿槽骨的吸收以及牵引侧新生骨添加有可观的治疗效果。

（项立敏　田　涛

【针刺镇痛原理研究】

（一）脊髓 刘文彦等观察到，大鼠脊髓蛛网膜下腔注射神经降压素能提高痛阈并增强电针镇痛效应；注射抗神经降压素血清则降低痛阈、削弱电针镇痛效应；注射纳络酮虽能明显降低神经降压素增强电针镇痛的效应，但不能完全阻断电针效应。结果提示，脊髓内神经降压素在电针镇痛过程中发挥一定的作用，这种作用部分是由脊髓内内源性阿片系统介导的。白波等的研究证明，脊髓内神经降压素增强电针镇痛的部分效应是由强啡肽系统中介的。刘氏等还证明，脊髓内强啡肽还可部分加强脊髓内催产素增强电针镇痛的作用。崔仁麟等报告，电针镇痛时脊髓P物质释放减少，储存增加。而菇立强等观察到，大鼠脊髓蛛网膜下腔注入P物质抗体能使基础痛阈升高，并能在一定程度上增强电针镇痛效应，这提示"导向介质"选择性灭活是提高针效的一种可行措施。

（二）脑干 崔氏等报告，电针镇痛时大鼠脑干P物质增高，当用对氯苯丙氨酸耗竭5-羟色胺（5-HT）后，或用5、7-双羟色胺作脑池注射破坏脑干以下5-HT末梢后，电针镇痛作用均被消除，同时脑干和腰髓P物质明显减少。这说明，脑干和脊髓内P物质对痛信息的传递和参与针刺镇痛的作用受脑干5-羟色胺能下行抑制的调控。徐卫东等的研究表明，远隔穴位强电针镇痛作用的广泛性可能是由C纤维传入的伤害性信息激活脊髓上中缝大核等痛负反馈调节机制完成的；而邻近取穴的电针镇痛效应则可能是通过节段内抑制实现的。刘玲爱等报告，中缝大核微量注射生长抑素有提高大鼠基础痛阈、增强电针镇痛的作用，用生长抑素抗血清中和中缝大核的生长抑素或用半胱胺耗竭中缝大核的生长抑素均可使大鼠基础痛阈降低，电针镇痛效应减弱，提示中缝大核中的生长抑素可能参与机体痛觉的调制，并在电针镇痛过程中发挥一定的作用。王红等的研究证明，大鼠外侧网状巨细胞核中的去甲肾上腺素和内阿片肽均参与针刺镇痛过程，其中L-亮氨酸脑啡肽和β-脑啡肽加强针刺镇痛作用，而去甲肾上腺素则通过α受体对抗针刺镇痛；针刺后痛阈升高越明显的动物，外侧网状旁巨细胞核中去甲肾上腺素的释放减少也越明显，说明外侧网状巨细胞核中去甲肾上腺素释放减少与针刺镇痛有密切关系。周重人等的工作表明，颧髎穴电针可能通过激活内源性镇痛系统，导致中脑导水管周围灰质等结构释放内阿片肽，激活延髓头端腹内侧区中的5-羟色胺神经元然后直接或间接通过5-羟色胺向下抑制脊髓伤害性感觉的上传，而孤束核则可能是间接途径之一。黄晓平等的研究提示，针刺可以增强痛刺激激活中脑导水管周围灰质内甲啡肽与δ阿片受体的活动，继而抑制背角P物质的释放，从而出现镇痛作用。

（三）间脑 崔氏等报告，大鼠在电针镇痛时下丘脑P物质明显减少，提示在电针镇痛过程中该部位P物质释放加速。宋朝佑等的研究表明，下丘脑视上核中的催产素在刺激视上核引起的镇痛和加强电针镇痛中起重要作用，这一过程可能有内源性阿片肽参与。唐敬师等报告，电刺激丘脑中央下核可产生镇痛作用，提示该核团在针感传递与针刺镇痛中可能起重要作用。徐广银等的研究表明，电针对关节炎大鼠丘脑束旁核神经元伤害性反应的抑制可能是通过脑内阿片系统和胆碱能系统而发挥作用的，这两个系统对关节炎大鼠丘脑束旁核神经元自发放电可能有紧张性抑制作用。徐满英等的研究结果提示，丘脑束旁核内存在CCK-8受体。边景檀等报告，CCK-8在束旁核水平可以翻转电针镇痛作用。

（四）边缘系统 张一红等报告，外侧缰核参与脊髓上结构对脊髓背角神经元伤害性反应的位相性下行抑制。李云庆等的工作表明，中脑边缘镇痛环路的下行投射部分不仅存在经外侧缰核内侧部交换神经元的间接下行纤维联系，而且还存在从伏核向中脑导水管周围灰质和中缝背核的直接下行纤维投射，后者在中脑边缘镇痛环路和中枢的内源性镇痛机制中可能发挥重要作用。

（五）大脑皮层　蒋旻春等报告，损毁大鼠大脑皮层体感Ⅱ区导致电针对中缝大核痛调制效应减弱，表明体感Ⅱ区是电针镇痛必需的，但不是唯一的结构。郑欣等的研究表明，针刺镇痛过程中谷氨酸参与体感Ⅱ区经运动皮层对丘脑髓板内核群的下行调节作用。方宗仁等报告，切割大鼠两侧锥体束可加强电针抑制脊髓背角神经元C反应的效应。

（六）嘌呤类与氨基酸类递质　刘长宁等报告大鼠腹腔给予腺苷受体阻断剂茶碱和咖啡因可阻断弱强度电针镇痛效应，并呈一定的量效关系；腹腔注射腺苷释放抑制剂潘生丁可缩短电针的后效应，减弱电针镇痛效应，提示弱强度电针的镇痛效应可能有嘌呤类参与。严进等报告电针镇痛时氨基酸类递质在下丘脑、海马、桥延脑、胸髓、腰骶髓等中枢的不同水平均有显著变化。这一研究证明氨基酸类递质也可能参与电针镇痛作用。

（七）药物增强针刺镇痛的机制　李晓艳等报告，针刺镇痛时脑内与痛相关的核团mu 型和 delta 型阿片受体密度明显增加，芬氟明能使之进一步增加，这可能与芬氟明增强针刺镇痛作用有关。该作者的另一项研究表明，电针或应用芬氟明均可使大鼠脑内前脑啡肽原 mRNA 明显增加，提示芬氟明加强针刺镇痛的机制之一是脑啡肽的长时程调节加速。汪海宏等报告，多巴胺受体拮抗剂氟哌啶醇加强针刺镇痛时，兔脑阿片受体的亲和力提高；尾核、视前外侧区、丘脑室旁核、中央中核、丘脑背外侧核和中脑导水管周围灰质等脑区的阿片受体结合密度均显著增强，说明氟哌啶醇加强针刺镇痛的机制之一，可能是产生了脑内阿片受体的上行调节。朱崇斌等的研究结果提示，mu 和delta型阿片受体在氟哌啶加强针刺镇痛中有协同作用，而 kappa 受体不起重要作用。蔡佰元等报告，甲氧氯普胺加强针刺镇痛的作用与阻断脑内多巴胺受体有关。胡洁等报告，延胡索增强电针镇痛作用时，小鼠下丘脑和导水管周围灰质区细胞内游离钙浓度下降。

（林文注　郭慧颖）

【针灸处方的发展及其与腧穴主对关系的研究】

近年来对于针灸处方的研究比较多，例如王立早主编的《中国针灸处方大成》一书，采集古今针灸名方 2000 余首，汇集验案400例。安徽高忻洙等也对针灸处方学的源流、内涵、法则、变化进行了讨论。在众多研究中，周庆辉等人的研究较为深入，提出了一些新的看法。周氏认为必须把针灸处方与腧穴主治的条文加以区别。腧穴主治条文中所列病症，一般为各种不同病证的罗列，病症之间可以没有关联；而针灸处方所列病症，或是一个独立的病症或是一个由互相关联的不同病所组成的证候群，所列腧穴一般须指出针或灸的具体方法。以此为根据，周氏认为《甲乙经》、《千金要方》和《针灸资生经》将腧穴主治按不同病症进行了分类归纳，这是腧穴主治的一种特殊的表达形式，可称为腧穴主对（或称孔穴主对），但不属于处方，而后人则多误将它们作为针灸处方看待。腧穴主对虽然不是针灸处方，但它是针灸配穴处方的基础。在《神应经》中腧穴主对有向配穴处方发展的趋势，表现为以组穴条文为主；而在《针灸大成·治症总要》中，则全部是组穴，这是针灸配穴处方的完整形式。周氏认为，针灸处方及其理论的发展可分为三个时期：首先是萌芽与形成期，这是在春秋战国到东汉时期，这一时期已经出现针灸处方，但尚未规范化，其特点是以经络辨证为依据的循经取穴。第二，针灸处方的积累期，这是在晋至宋金时期，这一时期的针灸处方以单穴处方为主，配穴处方较少，停留在对腧穴主治的单纯运用，虽然《小品方》提出了“近道法”和“远道法”，但这一时期缺乏对针灸处方配穴理论的论述。第三，配穴处方的发展与针灸处方的成熟期，这在元明时期，这时配穴理论有了长足的发展，体现在以下两个方面：① 针灸配穴中腧穴主次先后关系的确立；② 远道配穴法的进一步充实与完善。其主要内容有以下四个方面：① 交经八穴，相合主证；② 十二原穴夫妇相合法；③ 穴法相应；④ 担截配穴法。针灸处方由单穴为主发展为以配穴为主，这一转折点在金元之际，它为元明时期针灸配穴的成熟提供了深厚的基础。

国万春等人也对针灸处方进行研究，他们认为配穴理论形成于金元时代，针灸处方理论成熟于元明时代，这与周庆辉的看法有所不同。张鸥则以《百症赋》等一些歌赋为根据，探讨了接经配穴法。

（刘立公）

【激光穴位照射的研究与临床应用】

激光是以波形式运动的光子，具有反射、折射、衍射、干涉、偏振以及可聚焦等物理特性。由于激光是受激辐射光，故具有单色性、相干性、指向性好及高亮度的性能，同时还有热、机械、光电、电磁四种生物效应。

低功率激光照射穴位能代替针刺穴位的作用，它能促进各种酶的活性、提高血液中红细胞和血红蛋白的含量，加速血管的生长，促进骨折的愈合，提高人体免疫功能及消炎镇痛等。同时激光照射刺激穴位还具有积累作用，照射时间过长会出现抑制作用。

（一）对免疫功能的影响　刘凤云等报道激光照射足三里后，能提高机体的非特异性细胞免疫功能。彭悦等采用激光照射老年人足三里后发现外周血淋巴细胞的α-醋酸萘酯酶阳性率明显升高，而免疫球蛋白则无明显变化。还有人观察激光照射人体的中极、会阴、三阴交、足三里及百会等穴后，能激活体内单核吞噬系统的免疫机制。郑金娟应用激光照射儿童会阴、遗尿穴等，使58%患儿的T细胞免疫功能有显著提高，68%患儿的血IgG、60%的IgA、49%的IgM含量较前提高。廉南等通过激光照射三阴交后发现IgG、IgA、E玫瑰花形成率、淋巴细胞转化率均明显升高。江新报道激光对人体免疫系统和白细胞有双向调节作用，但对红细胞影响不大。

（二）对内分泌系统的影响　刘锦宽报道激光照射可增强甲状腺功能及代谢功能。刘凤云等采用激光照射穴位对肾上腺皮质功能有一定的促进作用，照射后血浆皮质醇增加。辛士易用激光照射耳廓的交感区，证明能抑制唾液分泌。张红宇应用He-Ne激光进行穴位组织内照射，实施甲状腺腺瘤切除术，发现病人只有温热感而无明显的局部疼痛，比经皮肤穴位照射作用强，而且没有电针刺激所致局部肌肉抽搐等不适感。

（三）消炎镇痛作用　何金贵等报道用小功率或大功率甚至50mw激光对金黄色葡萄球菌、绿脓杆菌、大肠杆菌、伤寒杆菌、乙型链球菌进行照射，不论照射次数多少，距离、时间长短，均无杀菌和抑制作用。但机体经照射后可增强人体的免疫能力，使中性白细胞高者下降，低者复常，淋转复常，增强吞噬细胞的数量和活性。还有人认为激光照射是通过改善循环、提高细胞活力、加速新陈代谢、改善局部营养、促进炎症渗出物吸收，而起到消炎退肿作用。

（四）其他　眭坤元应用激光照射攒竹穴以治疗额窦炎76例，总有效率为98.7%。张兴富应用激光照射廉泉、人迎、天突及咽后壁治疗咽喉炎，经一疗程照射后症状消失，且无副作用。石京京采用He-Ne激光照射至阴穴矫治胎位不正，发现孕8月以内组85例转正为69例，转正率为82.1%；孕8月以上組22例转正为12例，转正率为54.5%。

桂清民报道激光针治疗腰椎肥大性脊椎炎，能使腰部疼痛及下肢麻木完全消失，腰骶部压痛消失。通过激光针刺腰部夹脊穴，可改善局部血液和淋巴循环，缓解局部组织、神经根、血管的牵拉刺激和粘连，促进无菌性炎症吸收。史东光应用激光照射双侧足三里、合谷与印堂穴治疗过敏性鼻炎，通过热效应调整机体功能，使炎症区域的充血、水肿减轻。

（杨华元）

参考文献

A

安培祯。关元的临床应用。上海针灸杂志，1994；(5)：28

B

白　波，等。强啡肽A参与脊髓内神经降压素增强电针镇痛的作用。针刺研究，1994；(3～4)：63

白　桦，等。耳穴治疗过敏性鼻炎80例临床观察。中国农村医学，1994；(8)：50

毕天立，等。穴位注射麻醉在甲状腺手术中的应用。针刺研究，1994；(3～4)：150

边景檀，等。在大鼠束旁核痛反应神经元上观察八肽胆囊收缩素对抗电针镇痛的作用。科学通报，1994；(1)：851

卜广平。电针三阴交治疗脊髓损伤性尿潴留12例。中国针灸，1994；(1)：5

卞学平，等。氦-氖激光穴位照射治疗单纯慢性结肠炎。中华理疗杂志，1990；(1)：27

C

蔡　昭，等。针刺对实验性多发性肌炎肌电图及肌肉病理的影响。江苏中医，1994；(6)：41

蔡佰元，等。甲氧氯普胺加强电针镇内脏痛及其中枢机制。针刺研究，1994；(1)：66

蔡国伟。电针内关、公孙穴对冠心病Ⅱ导联心电图S-T段的影响。中国针灸，1994；(6)：7

八髎穴定位方法新论。上海针灸杂志，1994；(3)：124

蔡伊梅，等。中药软肝膏穴位敷贴治疗肝硬化的临床研究。上海针灸杂志，1994；(3)：99

曹　飞，等。温针灸足三里治疗胃肠功能紊乱40例。四川中医，1994；(3)：56

曹金梅，等。子午流注纳甲法治疗中风偏瘫的对照观察。中医研究，1994；(1)：25

曹圣荣，等。针刺手三里穴治疗急性腰扭伤121例。新疆中医药，1993；(1)：21

陈　坚，等。穴位注射防治支气管炎及支气管哮喘。云南中医杂志，1994；(2)：48

陈保安。针刺支沟治疗急性腰扭伤。山东中医杂志，1994；(7)：328

陈宝松。针刺精灵穴可缓解泌尿系结石疼痛。新中医，1993；(2)：31

陈桂兰。根结取穴治疗骨折疼痛100例。中国针灸，1994；(5)：20

陈桂玲，等。《内经》刺法治疗类风湿性关节炎40例。上海针灸杂志，1994；(5)：217

陈涣才。针刺承山穴治疗急性腰扭伤。新中医，1993；(5)：36。

陈少宗。针刺间使穴、内关穴对冠心病患者左心功能影响的比较观察。针灸临床杂志，1994；(6)：30

陈松泉。按"子午流注"针灸治疗哮喘的免疫指标观察及机理探讨。针灸临床杂志，1994；(4)：28

陈雅民，等。针灸治疗癫痫近年来的概况。中国针灸，1994；(4)：49

陈演江，等。艾灸对胃粘膜的保护作用及其与粘液的关系。针刺研究，1993；(4)：300

陈永康，等。针灸足三里对HBsAg携带者免疫功能影响的研究。中国针灸，1993；(2)：33

陈永荣。芬太尼、氟哌啶在四种针麻手术中的应用。针刺研究，1994；(3～4)：160

陈治忠。张仲景的"火逆"观与孙思邈之"热证可灸"论。针灸临床杂志，1994；(3)：1

谌剑飞，等。急性老年性脑梗塞针刺治疗的血液流变学研究及其疗效评价。江西中医药，1993；(6)：48

成瑞生，等。溃疡病急性穿孔针刺复合硬膜外麻醉行胃大部切除术临床研究。针刺研究，1994；(3～4)：157

程　豪，等。王不留行贴压耳穴对正常人和糖尿病人血糖和胰岛素水平影响的研究。河南中医，1994；(4)：223

程　霞。子午流注纳支法补泻时辰新探。针灸临床杂志，1994；(1):11

子午流注纳支法补泻时辰新探。中国针灸，1994；(4):43

崔仁麟，等。低位脑干和脊髓P物质在针刺镇痛作用中的神经生化研究。针刺研究，1994；(3～4):45

崔嵩山。针刺悬钟穴治疗落枕50例。新疆中医药，1994；(1):24

D

戴居云。冠心病针灸治疗的客观化研究。针灸临床杂志，1994；(1):48

邓小琴。"从阴引阳"法针刺治疗胃下垂100例。上海针灸杂志，1994；(1):11

东贵荣。头穴治疗急性脑出血即刻效应的机理探讨。中国针灸，1994；(2):26

董俊峰。发现针灸新穴"哮喘宁"的初步观察。针灸临床杂志，1994；(4):35

杜冬萍，等。针刺对抗镇痛药物——吗啡的免疫抑制效应。针刺研究，1994；(3～4):87

杜煦电，等。不同时机针刺对缓解化疗药物所致血象损害作用的比较研究。中国针灸，1994；(3):1

范郁山。试论《针灸资生经》对灸法的贡献。上海针灸杂志，1993；(4):174

方　针。针刺率谷透曲鬓治疗美尼尔氏病。内蒙古中医药，1993；(4):27

方宗仁，等。锥体束在电针镇痛中作用的原理研究。针刺研究，1994；(3～4):33

冯怀英。"不容"穴名辨误。针灸临床杂志，1994；(1):44

冯明秀，等。针灸配合消渴膏穴位贴敷治疗糖尿病309例。中医杂志，1994；(1):25

富　相。针灸百会穴治疗小儿遗尿75例。长春中医学院学报，1994；(1):43

傅国志，等。针灸治疗风湿性、类风湿性关节炎268例。长春中医学院学报，1994；(1):42

G

高忻洙，等。针灸方剂学刍议。安徽中医学院学报，1994；(1):2

宫　斌，等。针刺足三里穴对大鼠免疫功能的影响。上海针灸杂志，1994；(1):34

顾跃武。下巨虚透足三里治疗下肢肌力减弱12例。河北中医，1994；(2):21

桂清民，等。激光治疗腰椎肥大性脊柱炎120例疗效观察。中国针灸，1994；增刊:459

眭坤元。氦氖激光照射攒竹穴治疗额窦炎76例。针灸临床杂志，1993；增刊:102

郭　峰。老年人红细胞免疫粘附功能与循环免疫复合物的测定。中华老年医学杂志，1986；(3):162

郭英明。郭诚杰教授诊治乳癖经验介绍。上海针灸杂志，1994；(4):147

国万春，等。金元时期配穴理论形成浅析。山西中医，1991；(1):22

元明时期针灸处方理论成熟浅析。山西中医，1991；(5):30

管遵惠，等。子午流注灸法治疗高脂血症40例临床观察。中医杂志，1994；(2):108

H

韩济生。影响针刺镇痛效果的若干因素。针刺研究，1994；(3～4):1

韩友栋，等。心与心包俞募配穴法对冠心病患者心电图的影响。中国针灸，1994；(6):5

何伯茂。灸治胃痛有新穴。浙江中医杂志，1993；(8):374

何继红。等。长蛇灸治疗类风湿性关节炎37例。浙江中医杂志，1994；(3):126

何金贵。CD-2型氦氖激光仪照射穴位治疗感染创面91例疗效观察。中国针灸，1983；(3):11

何金森，等。针刺治疗甲状腺机能亢进症的临床对比疗效分析。中医杂志，1987；(2):46

针药结合治疗77例甲状腺功能亢进症的疗效分析。上海中医药杂志，1987；(5):17

针刺对甲亢患者血清TSH受体抗体活性的影响及其临床意义。中国针灸，1990；(6):19

何晶莹，等。针药结合治疗结节型淋巴腺结核。黑龙江中医药，1994；(3):46

何扬子，等。CO_2激光穴位照射治疗支气管哮喘临床观察。中国针灸，1994；(1):13

何智明，等。氦氖激光穴位照射对家兔胃电影响的研究。上海针灸杂志，1993；(2):77

肌皮神经在"曲泽"穴一心脏相关联系中的作用。针刺研究，1993；(3):236

洪恩四，等。刺络放血对实验性发热家兔的体温及红细胞免疫功能的影响。中国针灸，1993；

(1):30

胡　洁，等。几种药对电针镇痛作用和鼠脑细胞游离钙浓度的影响。针刺研究，1994；(1):55

胡　军，等。针药结合治疗甲亢47例临床观察。实用中西医结合杂志，1994；(2):122

针药结合治疗Graves'病的近、远期疗效观察。针灸临床杂志，1993；(2、3):18

针药结合治疗甲亢的免疫学观察。上海针灸杂志，1993；(1):36

针药结合治疗甲亢对体内激素代谢的动态观察。河南中医，1993；(3):114

针刺结合抗甲状腺药物治疗毒性弥漫性甲状腺肿。上海针灸杂志，1994；(5):235

胡雁宾。环跳穴治疗急性腰脊软组织损伤30例临床小结。中医研究，1993；(3):35

黄鹤年。针麻新喉再造术30例。针刺研究，1994；(3～4):148

黄劲柏。郑魁山教授临床应用风池穴举隅。针灸临床杂志，1994；(2):4

黄俊峰。发现针灸新穴"哮喘宁"的初步观察。针灸临床杂志，1994；(4):35

黄听军。留针时间与疗效探讨。湖南中医学院学报，1993；(4):51

黄喜梅，等。电针足三里穴治疗化疗引起胃肠反应108例报告。河南中医，1994；(2):113

针刺治疗癌症化疗中胃肠反应的疗效观察。中国中西医结合杂志，1994；(10):618

黄晓平，等。中脑导水管周围灰质内注射甲啡肽抗血清及$ICI_{174、864}$对针刺镇痛及脊髓背角P物质的影响。针刺研究，1994；(3～4):26

黄幼民。关于大敦穴定位的几点说明。上海针灸杂志，1994；(4):192

黄裕新，等。针刺对健康人血浆胃动素分泌的影响。中国中西医结合杂志，1993；(12):713

黄宗勖。针药并治癫痫54例临床疗效观察。福建中医学院学报，1993；(1):7

霍崇信，等。特定穴位埋藏法治疗癫痫100例观察。河北中医，1994；(2):21

J

汲会贤，等。不同穴位输声对胃电图胃运动及血清胃泌素的影响。辽宁中医杂志，1994；(8):378

江　新。氦氖激光照射对人体免疫系统的调节作用。中国针灸，1982；(4):31

蒋国华。踝交结诊治急性腰痛150例。上海针灸杂志，1994；(3):110

蒋旻春，等。损毁大鼠大脑皮层体感Ⅱ区导致电针对中缝大核痛调制效应减弱。针刺研究，1994；(1):4

蒋松鹤，等。人迎穴的探讨及颈动脉窦定位实验。上海针灸杂志，1994；(6):269

金经国。针刺攒竹穴治疗顽固性呃逆40例。辽宁中医杂志，1993；(4):38

金钰钧，等。矩阵针刺治疗神经衰弱疗效观察。甘肃中医，1994；(4):61

金明月，等。中药穴位贴敷治疗支气管哮喘390例疗效观察。新疆中医药，1994；(4):25

景　宽，等。针刺目窗穴为主治疗单纯性青光眼的疗效观察。云南中医杂志，1990；(4):31

姜　华，等。"子午流注纳甲法"治疗周围性面瘫60例疗效观察。甘肃中医，1994；(5):393

姜　翼，等。艾灸抗放化疗脂质过氧化损伤的临床观察。上海针灸杂志，1994；(1):9

姜华琦。穴位埋線治疗支气管哮喘58例。中国针灸，1994；(5):18

K

孔天翰，等。电针对胫神经中不同纤维成分再生的促进作用。针刺研究，1993；(3):232

L

李　鼎。关于国家标准《经穴部位》的制订。上海针灸杂志，1993；(4):179

李　磊，等。试论时间针灸学的研究思路。山东医科大学学报（社会科学版），1994；增刊：177

辰时和戌时针刺内关穴对冠心病患者左心功能影响的对照观察。上海针灸杂志，1994；(1):26

电针内关穴对正常人收缩时间间期昼夜节律的影响。医用生物力学，1994；(2):99

不同时辰针灸不同穴位对S_{180}荷瘤小鼠生化和免疫功能的影响。甘肃中医学院学报，1994；(3):11

不同时辰针灸不同穴位对Lewis荷瘤小鼠生化和免疫功能的影响。天津中医学院学报，1994，(4):24

李　玲。针灸治疗耳聋的临床研究概况。河南中医1994；(3):187

李　智。耳针治疗链霉素中毒性耳聋235例报告。湖南中医杂志，1993；(6):30

单刺秩边治疗腰腿痛举隅。陕西中医，1993；(11):527

李　钊，等。针麻对经后路行颈椎手术中呼吸功能的影响。针刺研究，1994；(3～4):151

李安民。针刺"遗尿穴"治疗遗尿症。中国针灸，1994；(3):32

李桂兰。《难经》针灸学术成就初探。天津中医，1994；(4):33

李汉先，等。针刺对脑缺血性损害的防治作用与机制的初探。针刺研究，1994；(1):26

李金亭，等。针灸治疗脑出血30例CT分析。天津中医，1993；(6):25

李俊龙。艾灸涌泉治小儿流涎。浙江中医杂志，1993；(12):559

李澎涛，等。针刺对超负荷运动家兔骨骼肌超微结构影响。上海针灸杂志，1994；(3):126

李淑斋，等。针刺人中穴治疗急性腰扭伤130例。上海针灸杂志，1994；(4):188

李树义。拔火罐加按摩法治疗小儿支气管哮喘98例。中国针灸，1994；(4):22

李万瑶，等。经穴皮电在不同手术麻醉中的变化。中国针灸，1994；(6):33

李晓艳，等。芬氟明增强针刺镇痛时大鼠脑内阿片受体及其亚型的变化。针刺研究，1994；(3～4):92

芬氟明加强针刺镇痛时大鼠脑内前脑啡肽原mRNA的表达。针刺研究，1994；(3～4):91

李永银，等。膻中割脂埋藏治疗哮喘116例临床观察。山西中医，1994；(3):16

李玉环，等。中学在读生视力和眼压及针刺效应。黑龙江中医药，1991；(6):37

李玉君。针刺人中穴治疗急性腰扭伤60例。长春中医学院学报，1994；(2):58

李云庆，等。大鼠中脑边缘镇痛环路的形态学研究。针刺研究，1994；(3～4):21

李志隆，等。强刺涌泉抢救急症、针灸临床杂志，1993；(2、3):53

廉　南，等。激光照射三阴交穴对人体免疫功能的影响。云南中医杂志，1990；(6):18

耳穴肝区电刺激肝癌镇痛作用的临床观察。四川中医，1994；(2):54

梁德斐。元气不足灸关元。浙江中医杂志，1993；(2):80

廖小平，等。透穴埋线法治疗慢性结肠炎50例小结。湖南中医杂志，1993；(1):25

林文注，等。足阳明胃经脊髓脑干神经网络-解溪；足三里穴HRP逆行和神经节追踪研究。上海针灸杂志，1994；(5):225

林　源，等。三伏灸治疗支气管哮喘426例随访报告。福建中医药，1994；(5):24

刘　吉，等。四十年为应用针灸催产、引产的研究概况。针灸临床杂志，1994；(5):42

刘　香。次髎穴注射治疗腰腿痛214例。中国针灸，1994；(4):23

刘　岩，等。针刺即时效应对眼压的影响。中国针灸，1994；(5):41

刘宝华，等。针刺行间穴治疗急性腰扭伤102例观察。颈腰痛杂志，1994；(2):127

刘炳权。艾灸涌泉穴防治呼吸道疾患易感儿。中医杂志，1993；(4):240

刘长宁，等。嘌呤类与大鼠弱电镇痛。针刺研究，1994；(1):59

刘凤云，等。氦氖激光照射足三里对人体影响的实验观察。中华理疗杂志，1985；(1):32

刘锦宽。氦氖激光针治疗离心性环状红斑25例。中国针灸，1982；(5):7

刘俊华。白芥子粉穴位涂敷辅助治疗小儿支气管肺炎。山西中医，1994；(3):30

刘俊岭，等。电针"内关"对心肌缺血所致兔胸髓背角神经元电活动反应的影响。针刺研究，1994；(1):37

刘立公，等。常见病证用穴规律的探讨。上海针灸杂志，1994；(3):129

刘玲爱，等。中缝大核微量注射生长抑素、生长抑素抗血清和半胱胺对大鼠基础痛阈及电针镇痛效应的影响。针刺研究，1994；(3～4):19

刘敏勇。单针远道取穴治疗急性痛症66例。江西中医药，1994；(2):45

刘农虞，等。灸法对皮温的影响。江苏中医，1993；(11):31

刘树鸾。电针涌泉穴治疗膈肌痉挛362例。中国针灸，1993；(3):5

刘文彦，等。脊髓内神经降压素参与电针镇痛。针刺研究，1994；(3～4):64

脊髓内强啡肽对催产素增强电针镇痛的影响。

针刺研究，1994；(3～4)：62

刘心莲，等。温针、穴位注射治疗类风湿性关节炎及其对细胞免疫功能的影响。中国针灸，1994；(2)：1

刘怡湘，等。莨菪消喘膏贴敷促进小儿肺炎罗音吸收80例观察。中医杂志，1994；(10)：620

刘永久。"神四针""顶三针"治疗癫痫25例。辽宁中医杂志，1994；(3)：137

刘玉祥。针刺睫状神经节急救急性青光眼的体会。实用眼科杂志，1992；(8)：512

刘元福。针灸在"中期妊娠引产"滞产中的运用。中国针灸，1993；(6)：22

刘中蓉，等。后溪透合谷治疗急性腰扭伤105例。内蒙古中医药，1992；(2)：31

刘祖舜。从"穴位"药效研究经穴性能的思路和瞻望。南京中医学院学报，1994；(1)：41

卢爱文。穴注治疗口腔溃疡（附300例临床疗效观察）。新医学，1994；(5)：229

吕彦宗。针刺颈中穴治疗肩周炎。中国针灸，1993；(4)：30

针刺"人中"治疗产后癃闭91例。新中医，1993；(4)：31

骆文增。针刺阴陵泉治疗肩周炎。中国针灸，1993；(4)：30

逯彦平。针刺十七椎下终止早期妊娠21例。中国针灸，1993；(6)：34

M

马　荣，等。大椎穴刺血拔罐治疗痤疮102例。中国针灸，1994；(5)：46

马　元。浅谈大椎。针灸临床杂志，1994；(1)：41

马坤范，等。针灸对家犬菌痢模型免疫功能的影响。中国针灸，1994；(1)：43

马凤友，等。针刺命门穴治疗小儿遗尿75例。长春中医学院学报，1994；(1)：43

毛喜荣，等。针刺对冠心病患者血脂、血糖的影响。针灸临床杂志，1994；(2)：26

毛永军，等。植物性神经反射接力——经络的实质。内蒙古中医药，1994；(1)：37

梅荣军，等。神道至阳穴区反应点点穴加埋针治疗荨麻疹36例。针灸临床杂志，1994；(3)：36

孟凡会，等。针刺家兔命门穴对白细胞致热原性发热效应的影响。中国中西医结合杂志，1994；(1)：39

孟兰成。针刺华佗夹脊治疗癫痫的临床观察。中医药研究，1994；(3)：47

苗启忠，等。针刺"足三里"穴位大鼠脑及脾脏组织中5-HT和M受体功能的影响。针刺研究，1994；(1)：33

苗文方，等。改变曲泽穴处Ca^{++}浓度对针刺内关治疗家兔实验性心律失常效应的影响。针刺研究，1993；(3)：243

N

倪夕朗。单穴治顽症临床验案举隅。针灸临床杂志，1994；(5)：34

宁致荣，等。针刺肩痛穴治疗肩周炎50例。山西中医，1993；(3)：36

下关穴治疗足跟痛15例。中国针灸，1993；(5)：36

O

欧建雯，等。针刺头临泣治疗急性腰扭伤116例。陕西中医，1993；(5)：225

P

裴　建，等。艾灸对荷瘤小鼠RBC免疫功能的影响。红细胞免疫新探，1993年；第188页，南京大学出版社

彭　悦，等。激光及光灸照射足三里穴对老年人免疫功能的影响。中医杂志，1987；(1)：50

彭正顺，等。秩边穴位注射对晚期盆腔肿瘤镇痛作用临床分析。中医杂志，1994；(10)：592

Q

钱立伟，等。电针足三里穴对人体幽门运动功能影响的研究。中国中西医结合杂志，1993；(6)：336

乔文雷。刺络放血抗衰老作用的探析。中国针灸，1994；(2)：47

秦必光，等。针刺复合静脉普鲁卡因全麻胃癌根治术小结。针刺研究，1994；(3～4)：158

屈桂莲，等。针药复合麻醉用于肾移植手术的临床研究。针刺研究，1994；(3～4)：156

R

任　军。艾炷灸对内毒素致热家兔体温及细胞免疫的影响。中国中医药科技，1994；(3)：3

任绪东，等。针刺加硝苯吡啶治疗肾绞痛35例观察。实用中西医结合杂志，1993；(9)：559

任彦红，等。百会透前顶治疗顽固性失眠54例。中国针灸，1993；(3)：50

茹立强，等．大鼠蛛网膜下腔及坐骨神经注入P物质抗体对痛阈及电针镇痛的影响．针刺研究，1994；(3～4)：43

阮明华，等．小儿腭裂整复术针药复合麻醉．针刺研究，1994；(3～4)：149

S

邵翠姣．针刺二间穴治疗肩周炎62例．中国针灸，1994；(5)：23

沈德凯．电针对大鼠应激性胃溃疡保护过程中中枢及外周单胺类神经递质的影响．针刺研究，1994；(1)：51

沈志忠．腕踝针治疗顽固性失眠56例．四川中医，1994；(4)：56

石京京．氦氖激光照射至阴穴矫治胎位不正106例．中国针灸，1994；增刊：105

石锦萍，等．针刺人中穴抗休克作用的研究进展．江苏中医，1994；(6)：42

石立森，等．眼周围穴位不留针针麻行眼科手术400例临床观察．针刺研究，1994；(3～4)：147

时培凤．颈项针及其临床应用．上海针灸杂志，1994；(4)：155

史东光，等．应用He-Ne激光针刺穴位治疗过敏性鼻炎60例疗效观察．中国针灸，1994；增刊：460

史晓红，等．独刺三阴交治疗原发性痛经120例疗效分析．中国针灸，1994；(5)：17

舒洪文．针刺水沟穴治疗急性腰扭伤129例．上海针灸杂志，1994；(3)：108

宋朝佑，等．催产素、加压素抗血清和纳络酮对刺激视上核引起的镇痛和加强电针镇痛效应的影响．针刺研究，1994；(3～4)：41

宋振芳．针刺"印堂"穴治疗急性腰扭伤121例．针灸临床杂志，1993；(2～3)：22

针刺治疗哮喘54例小结．针灸临床杂志，1994；(5)：18

苏锦花．针刺手三里穴治疗落枕．中国针灸，1994；(1)：22

孙　瑜，等．止咳穴（自拟）埋针治疗咳嗽94例．针灸学报，1993；(1)：12

孙德福，等．针刺双鼻通穴治疗慢性过敏性鼻炎208例的临床观察．针灸临床杂志，1994；(2)：50

粗长针治疗胃下垂1500例临床疗效总结．针灸学报，1992；(3)：19

孙东星，等．前列腺素E_1三阴交穴位注射治疗血栓闭塞性脉管炎疼痛24例．中国中西医结合杂志，1993；(40)：636

孙桂霞，等．针刺治疗支气管哮喘141例的临床观察．针灸临床杂志，1994；(2)：13

孙景胜，等．针刺加穴位注射治疗类风湿性关节炎126例临床观察．针灸临床杂志，1993；(4)：21

孙明生，穴位注射治疗原发性视网膜色素变性30例观察．南京中医学院学报，1994；(5)：63

孙平生，等．眼针大肠区与大肠经联系的特异性研究．辽宁中医杂志，1993；(10)：40

孙向春，等．挑刺治疗支气管哮喘的临床与实验研究．中国中医药科技，1994；(4)：21

孙兆贵．细胞通讯和经络实质假说．针灸临床杂志，1994；(5)：10

孙中洋，等．针刺鉴别胃窦部狭窄50例X线观察．陕西中医，1994；(1)：30

T

谭敬书，等．敷贴疗法治疗常年性变应性鼻炎60例．中国中西医结合杂志，1994；(6)：342

唐辉毅，等．针刺减少硬膜外腔注射吗啡引起的不良反应．针刺研究，1994；(3～4)：169

唐立明，等．针刺对男性冠心病患者血清性激素的影响．中国医药学报，1994；(1)：57

唐敬师，等．丘脑中央下核在针感传递与针刺镇痛中的可能作用．针刺研究，1994；(3～4)：22

唐应生．针刺涌泉治癔瘫．浙江中医杂志，1993；(11)：520

陶之理，等．肝脏传入神经元与期门穴、太冲穴的传入神经元在脊神经节的节段及分布．针刺研究，1993；(3)：228

W

汪海宏，等．氟哌啶醇在增强脑膜与依托啡结合的同时加强针刺镇痛．生理学报，1994；(4)：313

汪立新．针刺三阴交治疗荨麻症33例．浙江中医杂志，1994；(9)：400

汪司右，等．针刺对高血压患者血流动力学的影响．上海针灸杂志，1993；(4)：143

王　海，等．针刺加氦-氖激光照射甲周五穴治疗甲亢的临床观察．针灸学报，1992；(4)：11

王　红，等．大鼠外侧网状旁巨细胞核中去甲肾上

腺素和内阿片肽在针刺镇痛中的作用。针刺研究，1994；(3～4):30

大鼠外侧网状旁巨细胞核的去甲肾上腺素在针刺镇痛中的释放变化。针刺研究，1994；(1):20

王　胜，等。针刺液门治疗落枕。中国针灸，1993；(5):51

王　舒，等。"醒脑开窍"针法对脑梗塞患者左心功能影响的动态观察。针灸临床杂志，1994；(3):26

王　岫，等。针刺对中风病人血压及心功能的影响，中国针灸，1994；(6):15

王彩虹，等。期门、日月定位的实测和讨论。上海针灸杂志，1993；(2):82

王德华，等。针刺对急性肺系感染临床退热初探。中国针灸，1994；(3):4

王东芝，等。麝香外敷治疗小儿重症肺炎麻痹性肠梗阻。黑龙江中医药，1994；(3):42

王国祥，等。艾灸疗法对急性失血性休克家兔血压及心泵功能的影响。中国中医急症，1994；(4):184

王红芳。针下魁以和降胃气。浙江中医杂志，1993；(8):374

王京喜。中脘单穴针刺加灸法的临床应用。针灸临床杂志，1994；(1):43

王景芳，等。尺泽透压痛点治疗肱骨外上髁炎54例。河北中医，1994；(2):22

王进才，等。针灸治疗原发性癫痫60例临床观察。河南中医，1994；(2):110

王进喜。灸法治疗肺结核53例临床观察。针灸临床杂志，1994；(3):44

王克杰，等。针刺麻醉下行大脑功能区手术。针刺研究，1994；(3～4):145

王立早，等。中国针灸处方大成。江西科技出版社，1990；9

王玲玲，等。保健灸对老年人头发锰锌铜铁钙含量的影响。中国针灸，1994；(2):35

保健灸延缓老化作用的临床观察。中国针灸，1994；(6):18

王庆祥。扭伤穴的妙用。针灸临床杂志，1993；(2～3):8

王全海，等。针刺安胃穴治疗呃逆153例。辽宁中医杂志，1993；(1):39

王瑞恒，等。穴位植线治疗原发性癫痫80例。山西中医，1994；(6):36

王士广。针刺翳风治疗呃逆38例。中国针灸，1994；(5):48

王淑贞。穴位电按局部针刺治疗甲状腺机理亢进症。人民军医，1991；(6):56

王晓鹤，等。子午流注的数学归纳取穴法。山西中医，1994；(2):33

运用数学法进行纳甲取穴。中医医药学报，1994；(4):35

王晓红。艾灸神阙穴治疗口腔溃疡8例。辽宁中医杂志，1994；(2):89

王晓燕，等。针刺天鼎穴治疗肩凝症122例。吉林中医药，1993；(3):23

王新胜。针刺涌泉穴治疗神经性失语。浙江中医杂志，1994；(12):559

王雪峰，等。针刺治疗视神经萎缩110例临床观察。中国针灸，1993；(6):9

王远华。指针阳溪治落枕。浙江中医杂志，1993；(8):374

王永兴，等。针刺治疗青光眼的降眼压效果临床研究。中西医结合眼科杂志，1992；(2):70

王有谦，等。脉冲电疗仪刺激双侧至阴穴矫正胎位380例。中国中西医结合杂志，1994；(1):62

魏从建。单穴治病经验点滴。中国针灸，1994；(1):48

魏腾凡。耳穴压豆治疗慢性结肠炎124例。辽宁中医杂志，1992；(5):44。

文　琛，等。电针对家兔缺血心肌糖原、磷酸化酶的影响。中国针灸，1993；(5):37

电针对急性心肌缺血的微血管酶和儿茶酚胺荧光的作用。针刺研究，1993；(3):223

文绍敦。颔厌透曲鬓治疗少阳头痛107例。中国针灸，1994；(3):49

吴　旭。邱茂良教授针灸合治消化性溃疡的经验。针灸临床杂志。1994；(5):5

吴　滨，等。针刺对恶性肿瘤患者外周血白细胞介素2含量及自然杀伤细胞活动的影响。中国中西医结合杂志，1994；(9):537

吴炳煌，等。治疗偏头痛有效穴——山根。福建中医学院学报，1993；(1):24

吴恒中，等。纤维胃镜术前穴位针刺与用药对比研究。辽宁中医杂志，1993；(12):38

吴焕淦，等．溃疡性结肠炎动物模型与隔药灸治疗的形态学研究．中国针灸，1994；(3)：35

隔药饼灸对慢性非特异性结肠炎患者球结膜微循环的影响．针灸学报，1991；(3)：4

隔药饼灸治疗慢性非特异性结肠炎的临床和实验研究．中国针灸，1992；(1)：28

吴乃桐．神阙穴敷贴治疗前列腺肥大36例．上海针灸杂志，1994；(3)：117

吴淑君，等．《圣济总录》中的灸法初探．上海针灸杂志，1994；(4)：176

吴泳仁．浅针(推针)治疗失眠58例临床观察．福建中医药，1994；(4)：26

万　铭，等．丹参穴位注射对HBsAg转阴的观察．上海针灸杂志，1993；(4)：156

X

郗永安．电针内关穴对窦房传导功能的影响及其意义．中国中西医结合杂志，1993；(11)：663

夏小平，等．氦-氖激光穴位照射佐治小儿肺炎48例疗效观察．临床儿科杂志，1994；(4)：281

夏炎兴．气滞血瘀实质探讨．浙江中医学院学报，1989；(1)：6

夏玉卿，等．电热针治疗皮肤癌疗效及机理研究．中国针灸，1994；(2)：5

电热针治疗女阴白色病变的临床疗效及机理研究．中国针灸，1994；(4)：1

肖惠蓉，等．灯光照射耳穴诊断脊柱骨质增生．按摩与导引，1993；(6)：21

肖继芳．单穴临床治验．针灸临床杂志，1993；(2、3)：67

谢学鸥．在硬膜外麻醉下电针内关穴对心律失常的调整作用．针刺研究，1994；(3～4)：168

辛士易．氦氖激光对红细胞内生物大分子的影响．中华医疗杂志，1987；(4)：204

邢艳丽，等．头穴针刺次数对中风病人血液流变学的影响．中国针灸，1994；(4)：37

熊星火．针刺降低高血糖即时效应的临床研究．中国针灸，1994；(3)：9

徐广银，等．纳络酮和阿托品翻转电针抑制关节炎大鼠束旁核神经元伤害性反应的作用．生理学报，1994；(5)：427

徐继才，等．针刺泻血配拔火罐治疗喘证18例．针灸临床杂志，1994；(2)：19

徐兰凤，等．保健灸对老年人免疫功能的影响．中国针灸，1994；(3)：23

徐满英，等．L-365、260阻断CCK-8对抗吗啡对大鼠束旁核痛反应神经元的镇痛作用．针刺研究，1994；(3～4)：85

徐懋兴，等．辨证施针治疗哮喘67例的疗效观察．针灸临床杂志，1994；(2)：11

徐瑞林，等．针刺"腰腿点"治疗急性腰扭伤356例．河北中医，1993；(2)：234

徐卫东，等．电针穴位镇痛作用的广泛性与中缝大核的关系．针刺研究，1994；(3～4)：17

许　伟，等．电针耐受时大鼠脑内血管紧张原的基因表达加速．针刺研究，1994；(3)：48

许冠荪，等．电针对红霉素引起家兔胃肠电紊乱的调整作用．针刺研究，1994；(1)：71

许广里，等．针灸治癌研究进展．长春中医学院学报，1994；(2)：102

许金森，等．加压阻滞对足三里针刺效应的影响．针刺研究，1993；(2)：137

许能贵，等．电针"太溪"对肾缺血家兔血栓素A_2和前列环素的影响．针刺研究，1993；(3)：240

许绍芬．药物加强针刺镇痛的研究．针刺研究，1994；(3～4)：8

许永迅．芒针和毫针治疗胃下垂的疗效对照观察．中国针灸，1994；(4)：31

Y

严　进，等．氨基酸类递质在电针足三里镇痛中的作用初探．针刺研究，1994；(3～4)：82

杨　容．运用著名针灸学家杨永璇的絮刺火罐疗法治疗颈椎病变30例．现代中医，1994；(2)：100

杨华元，等．针刺手水参数测定仪研制及手法受力分析．陕西中医学院学报，1994；(2)：38．

杨金安．灸足三里、三阴交抗衰．甘肃中医，1994；(4)：38

杨金洪，等．针刺防治化疗副反应的实验研究——不同穴位的针刺效应比较．针刺研究，1994；(1)：75

针刺治疗放射性直肠炎及放射性膀胱炎的临床研究．中国针灸，1994；(4)：9

杨俊生，等．用集合论来探讨经络的实质．中国针灸，1993；(6)：45

杨永华．针药结合行胸腔手术62例临床小结．针刺研究，1994；(3～4)：155

杨永清，等。针灸治疗哮喘 174 例疗效分析。上海针灸杂志，1994；(4)：153

杨玉珍，等。神阙穴拔罐治疗慢性荨麻疹。1993；(5)：51

杨兆钢，等。芒针治疗胃下垂486例临床观察。针灸临床杂志，1994；(5)：16

杨兆民。单穴的临床应用。针灸临床杂志，1993；(5)：38

姚光宸。针刺后然谷穴治足跟痛80例。北京中医，1993；(5)：36

姚杨伟。穴位结扎配合内服药治疗支哮，慢支80例。江苏中医，1994；(2)：30

叶燕燕，等。耳廓局部从化学方法去交感神经对家兔和大鼠耳穴电阻反应的影响。云南中医杂志，1993；(6)：24

尹德馨。针刺中渚穴治疗肩周炎。中医药研究，1993；(6)：37

尹钢林。辨证取穴治疗癫痫52例。湖南中医学院学报，1994；(3)：53

伊翠云。挑治身柱穴治疗发际疮。针灸临床杂志，1993；(6)：4

易受乡，等。熏脐灸对脾虚患者胃电调整作用的临床观察。上海针灸杂志，1994；(5)：195

应赛霞，等。电针对沙鼠脑缺血及再灌注时脑电活动的影响。针刺研究，1994；(1)：29

游振铨，等。心包经循行路线及其与心脏机能活动的关系的初步研究。针刺研究，1993；(2)：143

于　荣，等。温针百会治疗溃疡性结肠炎。浙江中医杂志，1992；(11)：522

于璟玲，等。针灸治疗过敏性鼻炎230例疗效观察。中国针灸，1994；(5)：29

郁美娟，等。针刺治疗放化疗所致造血功能损害的临床观察。中国针灸，1994；(5)：4

袁富森，等。子午流注纳甲法为主配合中药治疗中风278例疗效观察。实用中医内科杂志，1994；(2)：45

Z

曾　伶。穴位注射对乙型肝炎表面抗原阳转阴的近期疗效观察。上海针灸杂志，1994；(2)：65

翟　娜，等。针刺干预大鼠实验性脑梗塞的形态学研究。针刺研究，1993；(1)：8

翟道荡，等。直接灸调节癌症患者细胞免疫功能的观察。针灸临床杂志，1994；(1)：25

直接灸免疫调节作用的β-内啡肽机制。上海针灸杂志，1994；(5)：223

艾灸“关元”对荷癌小鼠β-END的影响。针刺研究，1994；(1)：63.

张　宏。针刺上髎穴治疗急性腰扭伤50例。天津中医，1994；(2)：14

张　岚，等。艾灸加皮植法对老年小鼠红细胞免疫功能作用的神经内分泌调控机制实验研究，红细胞免疫新探，1993年；第37页，南京大学出版社

张　丽。针刺三阴交治疗足跟痛46例。陕西中医，1993；(10)：466

张　敏，等。针麻肺切除术病员神经类型与针麻疗效的观察。针刺研究，1994；(3～4)：152

张　鸥。谈接经配穴气至病所。辽宁中医杂志，1994；(12)：563

张　霞，等。冠心病患者针刺前后血浆环核苷酸含量变化的观察。浙江中医杂志，1994；(5)：197

张宾农。针刺四神聪治疗失眠110例。上海针灸，1994；(2)：64

张红宇。氦氖激光针对甲状腺手术病人免疫功能的影响。激光应用，1994；(5)：24

张家林。皮下针对急性腹痛止痛效果观察。中国针灸，1994；(4)：54

张华平。针刺外关透内关治疗落枕128例。新中医，1994；(8)：36

张建华，等。低频脉冲电流对鼻粘液纤毛传输功能的影响。河南医学研究，1994；(2)：123

张金海，等。呃逆频频，中魁可止。针灸临床杂志，1993；(1)：17

张兰英，等。针麻胃切除术电刺激参数的探讨。针刺研究，1994；(3～4)：159

张立德。三阴交穴位注射治疗遗尿症。中国针灸，1994；(3)：12

磁锓针对家兔胃电影响的实验研究。辽宁中医杂志，1994；(6)：283

张连良。芒针治疗胃下垂67例。山东中医杂志，1994；(8)：348

张梅春。40例恶性肿瘤的耳穴探诊、耳廓染色与CT检查的对比观察。甘肃中医，1994；(4)：33

张桥保。魏稼用风池穴的经验。中医杂志，1993；(9)：533

张日茂。针刺蝶腭神经节治疗过敏性鼻炎185例临床报告。针灸临床杂志，1994；(5)：20

张生全。子午流注针法治疗坐骨神经痛213例临床观察。甘肃中医，1994；(1)：40

张书祥。针刺幽门穴治疗胃下垂。新中医，1994；(3)：33

张筱文。穴位敷贴与发泡治疗哮喘38例。辽宁中医杂志，1994；(2)：89。

张秀珍。中药贴穴配西药治疗慢性支气管炎与支气管哮喘300例。四川中医，1994；(12)：13

张一红，等。刺激大鼠外侧缰核对脊髓背角神经元伤害性反应的影响。生理学报，1994；(4)：320

张永巨。艾灸三阴交治疗眼睑下垂。浙江中医杂志，1993；(6)：280

张玉杰，等。择时施灸治疗中风先兆及对血液流变学影响。山东中医杂志，1994；(9)：393

张兆霞，等。针刺肩髃穴治疗急性肩周炎52例。山东中医杂志，1994；(3)：207

章筱芬，等。耳穴贴压治疗失眠症218例疗效观察。中国针灸，1993；(6)：17

赵　蓉，等。针刺对放、化疗患者免疫功能的调节作用。中国针灸，1994；(3)：38

赵　青，等。电针足三里治疗急腹痛疗效观察。上海针灸杂志，1994；(4)：151

赵粹英，等。艾灸对老年人心血管功能的影响。上海针灸杂志，1994；(2)：51

赵凤华，等。BK-91A电脑麻醉治疗综合仪用于颅脑外科手术麻醉的临床效果观察。针刺研究，1994；(3～4)：146

赵凤兰，等。针灸与割脂治疗哮喘57例。陕西中医，1994；(10)：465

赵米智。针刺治疗溃疡性结肠炎39例。河南中医，1989；(6)：43

赵素彬。针刺养老穴治疗肩周炎。浙江中医杂志，1993；(3)：14

郑　欣，等。针刺镇痛过程中谷氨基参与体感Ⅱ区经运动皮层对丘脑髓板内核群的下行调节。针刺研究，1994；(1)：11

郑金娟。激光照射对T细胞免疫功能的影响。中国针灸，1988；(12)：478

植木稠，等。针刺麻醉以及浸润麻醉下的齿牙移动所引起的齿周组织变化的比较。针刺研究，1994；(3～4)：170

周　红，等。针刺加针刺增效药麻醉在肺切除中的应用。针刺研究，1994；(3～4)：153

周继人，等。针刺加埋针耳心穴对扩张型心肌病患者左心功能及体液、内分泌的影响。中国中西医结合杂志，1993；(3)：153

周杰芳。针刺对高血压病人血液流变学的影响。中国针灸，1993；(5)：35

周庆辉，等。针灸处方发展概要。浙江中医杂志，1993；(6)：277

　　针灸处方发展概要（续）。浙江中医杂志，1993；(7)：308

　　《扁鹊心书》考辨。中国针灸，1991；(6)：40

　　《甲乙经》治疗部分内容辨析。上海针灸杂志，1991；(2)：37

　　针灸处方的发展与腧穴主对的关系。中国针灸，1992；(4)：45

周然宓。经络并非恒定的线状组织。上海针灸杂志，1994；(5)：230

周文新，等。针刺对原发性青光眼眼压的临床观察。针灸临床杂志，1993；(2、3)：11

周逸平。针刺对冠心病患者血脂、血糖的影响。中国针灸，1993；(1)：38

周长山。针刺对缺血性中风患者超氧化物歧化酶活性变化的临床观察。中国针灸，1993；(6)：19

周重人，等。电针大鼠颧髎穴镇尾痛的机制研究——延髓头端腹内侧区（46RVM）和弧束核（NTS）的作用。针刺研究，1994；(3～4)：46

朱　颖，等。火针治疗疾病50例临床观察。长春中医学院学报，1994；(2)：44。

朱崇斌，等。氟哌啶加强针刺镇痛时大鼠脑内阿片受体亚型的变化。针刺研究，1994；(3～4)：95

朱国祥。针刺导致不全性肠梗阻加剧1例。上海针灸杂志，1993；(4)：49

朱久涌。针刺臀中穴治疗急性腰扭伤40例。新中医，1993；(5)：35

朱丽霞，等。灸法镇痛中突触后抑制与生长抑素、P物质的关系。针刺研究，1994；(4)：290
朱聘倬。涌泉穴敷贴治疗复发性口疮39例。上海针灸杂志，1994；(4)：169
朱跃平。穴位注射治疗慢性溃疡性结肠炎43例。上海针灸杂志，1990；(2)：15
朱元根。大鼠实验性胃溃疡的耳穴反应和电针体穴的作用。中国针灸，1994；(4)：39
邹必俊。刺激人中穴终止顽固性阵发性室上性心动过速。针灸临床杂志，1993；(6)：46
庄小平，等。耳针治疗青光眼的降眼压作用研究。眼科研究，1992；(3)：193
庄芝华。化脓灸对恶性肿瘤患者淋巴细胞转化率的影响．上海针灸杂志，1994；(2)：91

L

Li Lei et al. Comparative Observation on Effect of Electric Acupuncture of Neiguan(p6)at Chen time Versus Xu Time on Leftventricular Function in Patients with Coronary Heart Disease. Journalof Traditional Chinese Medicine, 1994；(4)：262
The Influnce of Electro-acupuncture at Neiguan and Five Shu Points of Twelve Regular Meridians at Different Time on Systolic Time Interval of Normal Young Adults. World J.A cup-Mox, 1994；(1)：40

（10）推　拿

【概述】

在医学领域里，作为一门治疗学科，其发展总是反映在治疗手段的改进、治疗作用机制的研究、临床应用、理论指导以及在应用过程中的理论性发现等几个方面。从1994年所发表的250余篇推拿论文的内容来看，今年推拿学的发展大致也主要在这些方面。

（一）对常见病治疗作用机制的探讨　腰椎间盘突出症历来被认为是推拿适应证，推拿也被认为是腰椎间盘突出症保守疗法中应积极采用的方法。随着临床应用推拿治疗腰椎间盘突出症病例的增加和腰椎间盘突出症病理分型的不断发展，不少学者对推拿的治疗作用价值提出异议。由于CT诊断的普及及应用推拿后无效的腰椎间盘突出症患者采用手术治疗，使对推拿治疗意义的探讨更为深入。陈坚应用硬膜外封闭后，以手法和牵引治疗244例腰椎间盘突出症患者，经CT和MRI观察，发现治疗前后无椎间盘形态变化，并提出正常的神经根受压不会引起疼痛，只有缺血、炎性的神经根才会致痛。陈氏认为推拿治疗椎间盘突出症的作用机理不是"回纳"。但谢利民等对30例腰椎间盘突出症推拿前后的CT扫描分析，回纳成功率为74.3%，形变率为85.7%。肖鲁伟等对55例推拿无效的腰椎间盘突出症患者在手术治疗中观察，提出侧隐窝狭窄是导致推拿治疗失败的主要原因。郭郡浩等对287例腰椎间盘突出症患者进行CT观察，提出应将腰椎间盘后突分为硬膜囊型、侧隐窝型、椎间孔型和混合型。由于现代心脑血管疾病发病率的不断上升，临床应用推拿治疗也越来越多。于是，临床工作者开始注意作用机制的观察。李升汉等对84例脑梗塞患者进行推拿治疗后观察到，推拿可对血液流变学及血脂产生影响。

（二）推拿临床应用范围的扩大　推拿适应范围的拓展，取决于两个条件。一是对推拿作用机理认识的深化，二是疾病谱的变化。推拿对性疾病的意义，虽然在古代早有记载，但在近代由于把性医学视为禁区，推拿对性疾病的临床治疗和报道都较少见。直到最近随着性医学的发展和宣传，推拿又重新涉及性疾病的治疗。岳广平治疗不射精患者28例，用揉百会，搓擦督脉，揉㨰足太阳膀胱经，梳足少阳胆经，搓擦任脉，按压曲骨、会阴、三阴交、太冲，配合阴茎及前列腺的按摩，26例痊愈，2例无效。岳氏又用

"脱敏按摩"治疗早泄，总有效率达97%。谢建军还专门对按摩、导引在性医学中的应用作了论述，提出按摩有提高性生活质量，促进性事、养生、保健，治疗男科疾病的三方面作用。老年性痴呆随着老年化社会的到来，已成为一种常见疾病困扰着现代社会。推拿专业工作者在继承古代导引按摩延年益寿法的基础上，积极开展对老年性痴呆的防治。黄霖用转颈、浴头、梳头等方法治疗35例老年性痴呆，总有效率达80%。

（三）治疗方法的改进　推拿治疗方法由两个环节所组成：一是操作的部位或穴位，二是手法的操作（其中包括应用的手法及其压力、频率、方向和操作时间）。治疗方法的改进，也就是在这些方面的改变。在取穴问题上，赵礼明认为"子午流注"取穴法与现代生命科学中提出的"生物钟"现象相似，在推拿临床中，当精气旺盛、俞穴大开时施以手法则增强疗效。刘峰等以改良手法治疗术后再发生腰腿痛的83例腰椎间盘突出症患者，总有效率达97.6%。陈卫的三步按摩法治疗落枕，疗效满意。邹振坤以新指疗法治疗86例胃脘痛，痊愈54例，显效26例，好转6例。在推拿治疗原则上，不少学者提出辨病要与辨证相结合，才能提高临床疗效。颈椎病作为一个疾病，在临床上一般是辨病分类，而刘金云认为应根据中医理论体系的特点，再进行辨证分型。他提出应分为痰浊闭阻、阴虚火旺及气滞血瘀三个类型，然后分别施以不同手法。刘氏按照这样辨证施治，治疗50例颈椎病患者，显效21例，好转27例，无效2例。蔡高宁治疗腰椎间盘突出症患者分两个组，一组用辨证手法治疗，一组则用一般常规治疗，疗效是辨证组明显高于一般常规组（$P<0.01$）。杨美芝对妇女白带症分为脾虚型、肾虚型和湿热型三型进行推拿治疗，取得较好疗效。

（四）文献和学术流派的整理以及国外推拿方法介绍　中医推拿历史悠久，但古代文献记载不多，而其存在发展的方式是散在全国各地的学术流派。因此，研究古代文献，整理学术流派也是发展推拿学的一项重要内容。廖品东等在《试论推拿医籍的特点》一文中，分析了我国古代推拿医籍的五个特点。在整理继承推拿学术流派工作中，除了对几个大的著名的学术流派，如"㨰法推拿"、"小儿推拿"等加以探索外，对一些较少报道的学术流派也开展了专门整理研究，如张戈论述了柳惠文对整理、发展"黄万山推拿"的工作。在当今开放的年代里，国内外的学术交流不断增多，中国推拿走出国门在国外应用的情况时有报道，如在俄罗斯及非洲。同时，国外有些推拿方法也被介绍到国内来，如燕铁斌对西方关节松动手法作了详细介绍。

（五）推拿与其它治疗方法在临床应用中的密切结合　1993年，推拿与其它治疗方法结合应用于临床的报道很多。1994年，这种状况继续发展，尤其在治疗内科疾病方面。如糜竟华的中药配合推拿治疗386例HBV-DNA阳性患者，一年后转阴率达74%。

（六）继续重视推拿意外　推拿意外发生主要是误诊，治疗不当所致。1994年曹双成报道了1例肺癌胸骨转移误诊为胸胁迸伤而推拿发生意外。胡英同报道了1例一般认为比较安全的腰椎斜扳法而致椎弓根骨折。许鸿照等还报道了推拿不当所致的3例股骨干骨折。

（严隽陶）

【椎动脉型颈椎病的治疗】

田华张推拿治疗椎动脉型颈椎病32例。其方法是用拇指腹点揉患者印堂和双侧率谷穴约1分钟，以酸胀为度，随后用二拇指指腹自攒竹沿眉弓至太阳、印堂依次抹前额至前发际，以此揉面部，拿五经和头部二侧扫散法治疗。伴头痛者加揉双太阳穴，伴恶心呕吐加揉双合谷、内关和手三里等穴，伴失眠加揉双神门和三阴交等穴。再反复揉颈部的棘突部位及颈侧软组织，待颈部肌肉充分放松后，在痛点部位施以分筋手法，力量由轻到重，接着在颈椎棘突及其旁侧，由上而下进行理筋，随后对风池穴、颈椎夹脊痛点、肩外俞、肩中俞和肩井等穴施以点穴手法。最后用轻快的拿揉法20分钟，再进行颈椎手法牵引。每日1次，15次为一疗程。结果症状体征消失，颈部活动正常者22例，好转者6例。李加斌运用一指禅推法结合牵引治疗60例，平均疗程为26.7天，优良率88.3%，好转率11.7%。方法是每日施行推拿前，先予颈椎牵引20～30分钟后用一指禅推法沿颈椎和上胸椎督脉经来回若干次，再沿颈夹脊和两侧肩井至肩峰若干次，在推拿颈夹脊时寻找痛点，然后采用旋转复位法，接着再用一指禅推法在双侧肩胛骨内侧缘和天宗穴推若干次，从风池穴开始沿头部足少阳胆经作循经推拿，发现痛点时定点推拿若干次。伴耳鸣者加推耳门和听宫穴，伴心慌欲吐者加推内关、外关和合谷穴；最后用手指叩击双侧头部足少阳胆经穴。张少祥采用在压痛点及其周围施以㨰法和一指禅推法治疗70例，近期痊愈21例，显效34例，好转11例，无效4例。王文莉以推拿手法配合真武汤治疗21例，痊愈8例，显效10例，有效3例。方法是以指揉法在太阳、鱼腰和阳白等穴位揉抹，并轻叩和扫散枕颞5分钟，以掌根及小鱼际分别在肩背及项部施以揉法及㨰法5分钟，在项韧带、夹脊肌、肩胛提肌和斜方肌等易受损肌肉分布区及夹脊穴、风池、肩中俞、肩外俞、肩井和天宗等穴用指揉法配合点压和拔筋等手法治疗，尤其在病变关节部位及肌肉交错部位和起止点重点施术，其间以轻柔的㨰和揉法放松；最后以拿法、拍击法及拔伸法结束治疗；并且在手法治疗同时给予真武汤加减煎服。钱宗懋等以推拿加药枕法治疗50例，痊愈者34例，显效者9例，好转者4例，无效者3例。

（许　军）

【颈源性眼科疾病的治疗】

近年来对颈源性眼病的治疗已成为国内外研究的一个新课题。王立新手法治疗颈源性眼病23例。其方法是按揉颈椎两侧的肌肉，由上而下，㨰两侧肩胛，拿捏、弹拨颈项及肩背部肌肉，拿肩井、按天宗和点揉肩外俞。然后以旋转复位法整复偏歪棘突。最后提捏两侧风池，点揉缺盆穴和推患侧“桥弓”，手法宜有力缓和。再沿胸锁乳突肌用拿揉法治疗。如症状仍不能完全缓解，可点揉患侧太阳、睛明、印堂、攒竹和鱼腰等穴。结果：治愈（持续性眼窝胀痛，视物模糊，眼目干涩或流泪不止症状均消除）13例，显效（眼部症状消除，但仍有颈椎病的伴随症状）10例，总有效率为100%。孙景民等治疗颈源性失明的方法是采用四头带悬吊法牵引1至2小时后，用捏、提、㨰和拿法等放松颈部肌肉，然后根据X光片所示颈椎移位的位置再施手法旋转复位患椎，再卧式牵引半小时至1小时，每3天治疗1次；共治疗8例患者，视力都恢复正常；治愈次数为2至5次。苗馨华报道了特殊类型颈椎病4例报告，其中1例为右眼阵发性视物模糊，视野中央暗影，颈椎X线显示寰椎向右侧旋位移，经推拿手法治疗3次，症状消失，右眼视力恢复正常。王诗忠对颈源性视力障碍的推拿治疗进行了探析，认为颈椎生理曲度的改变、关节错位、滑膜嵌顿及肌肉痉挛等造成的局部炎性改变，通过推拿手法的正确操作，能达到颈椎正常关系或代偿性的内外平衡关系的重建或建立，从而解除因颈椎的病理改变对周围神经和血管的刺激或压迫；并认为定点旋转复位手法是治疗视力障碍的关键手法。

（许　军）

【推拿治疗腰椎间盘突出症的研究】

推拿是治疗腰椎间盘突出症（简称腰突症）的主要方法之一，疗效肯定，但机理尚不清楚。1994年发表了不少论文，从临床或实验研究方面进行了探索。谢利民等利用CT

扫描，对30例腰突症35个椎间盘作了推拿前后大小和形态的量化分析。作者采用普通推拿法（即先手法按摩放松腰背部肌肉，在环跳、委中和昆仑等处点穴，牵引，斜扳，侧扳，抬腿屈踝以展筋）20例，硫喷妥纳静脉麻醉下大推拿（手法以牵引，斜扳，侧扳，展筋为主）10例。结果临床优良率和有效率分别为60%和86.7%，还纳成功率14.3%，形变率85.7%。谢氏认为突出的椎间盘的还纳和形变都是手法推拿治疗腰突症的重要机制，使突出椎间盘还纳的重要作用力是手法产生的推力，而椎间隙内负压不是椎间盘还纳复位的原动力。龚正丰等运用经背侧B超探测腰椎管的方法，对38例腰突症患者的43个突出节段，在杜冷丁镇痛机械牵引下，施以脊椎推拿手法。治疗后3个月和6个月复查，临床疗效优良率分别为71%和87%，有效率分别为89%和92%，远期疗效优于近期疗效。B超复查显示，有9个节段突出物消失，13个明显缩小，8个稍缩小，7个不变，6个增大（$P>0.05$），突出物总体变化虽呈一定的缩小趋势（$P<0.05$），但与疗效未呈相关性（$P>0.05$）。结果提示脊柱推拿的获效机制可能在于使突出物变位（位移）、变形以及由此不同程度地解除突出物对神经根或硬膜囊的病理性影响。突出物能否回纳并不是影响疗效的唯一因素。马达等采用模拟手法对3具新鲜尸体的脊柱标本，进行了腰4～5、腰5至骶1椎间盘后外缘应力变化测定和脊柱不同位置变化下腰椎小关节突相互关系改变的观察。结果发现使用前屈侧弯旋转法时腰椎小关节突的活动幅度最大，直立旋转法次之；向左侧旋转时小关节突作切面的旋转滑动，右侧小关节间隙增大，向右侧旋转时反之。做前屈侧弯旋转法时，当脊柱向左侧旋转时，椎间盘左后外侧压力增高，同时右后外侧压力减低，向右旋时则反之。而当旋转动作结束复原时，出现负压的一侧均出现一个微小的正压，这种正负压力多次反复的变化，可以使突出的髓核变位或变形，从而使受压的神经根减张。马氏等推测脊柱旋转手法使髓核完全还纳的可能性很小。韦贵康等采用单纯手法治疗32例腰突症，并对影响腰椎间盘突出症手法疗效的四种相关因素，进行了多元回归分析。结果显示，腰突症手法治疗有时间性，一般1个月左右。病程对手法的疗效影响最大，性别次之，女性患者比男性易于获得手法治疗的效果。年龄对手法治疗次数呈正相关关系，年龄愈大，手法疗效愈差，次数需要增加。而直腿抬高试验阳性角大小对手法疗效影响最小。吕凤祥等应用骨盆对抗牵引，硬膜外麻醉下行手法推拿，治疗腰突症346例，对不同节段的治疗效果进行比较分析。近期疗效：治愈180例，总有效率为90.2%。其中腰4～5椎间盘突出者215例，治愈121例（56.3%），总有效率为92.6%；腰5至骶1椎间盘突出者94例，治愈36例（38.3%），总有效率为84%，二者差异显著（$P<0.05$）。远期疗效：对痊愈和有效的312例进行为期1～2年的随访，比较不同节段症状消失时间和复发率。结果表明腰5至骶1节段症状比腰4～5消失慢，复发率高。吕氏等认为腰5至骶1节段的手法推拿治疗的效果相对要差一些，其原因为腰骶关节以旋转为主，较大的骶1神经通过相对较小的腰5至骶1椎间孔，易受损伤。腰骶关节所受剪力较其它椎间盘为大，最易引起椎间盘退变，使骶1神经根较腰5神经根更易损伤。脊柱旋转法，由于操作时肘部按压稳定性较差，加上特殊结构，限制了腰骶关节活动。谢利民等对推拿治疗失败的60例腰突症进行了回顾性分析。60例患者经CT和MRI扫描，诊断突出的腰椎间盘98个，其中高位（腰2～4）椎间盘13个，多发椎间盘突出34例，单个椎间盘突出26例。本组有41例60个突出椎间盘经外科手术证实为固定型椎间盘突出，并多数有伴发症，其中以黄韧带肥厚最多见，其次是侧隐窝狭

窄、梨状肌综合征和腰椎滑脱。病程1年以上者37例。谢氏等认为高位多发椎间盘突出，病程长，固定型椎间盘突出及多种复合压迫神经根是推拿治疗失败的原因，但推拿治疗的疗效还与医者本身的手法功底和如何辨证使用手法等有关。

（包来发）

【颞颌关节紊乱症的治疗】

颞颌关节紊乱症发病可分为双侧或单侧。杨淑琴用指压颊车、下关、听宫穴各3～5分钟，再用大鱼际顺患者嚼肌及耳屏前压痛点来回滚揉3～5遍，然后一手扶住患者头部，一手用大拇指在颞颌关节区压痛点作顺时针旋转数圈，范围先小后大，以患者能忍受为度，共治疗103例，结果痊愈79例，显效18例，无效6例。杨志明采用中指分别点、揉患侧下关、颊车、耳门和翳风穴各1分钟，再用大鱼际按、揉、擦患侧颞颌局部5分钟，最后点、掐风池、合谷穴各2分钟，同时嘱患者适当作张口及闭口动作，把注意力尽量集中于风池和合谷两穴上，共治疗21例，结果痊愈12例，显效2例，有效5例，无效2例。张克强的施术方法：患者仰卧位，头偏向一侧，术者用拇指偏峰一指禅散掌推法沿下关至颊车、大迎和地仓穴，往返推患侧颌面部5～10分钟，用食指、中指点、按揉患侧太阳、听宫、下关、颊车、大迎和地仓穴，每穴半分钟至1分钟，然后涂上摩剂，用大鱼际平推颌面部至有透热感后即行中药湿热敷，热度以患者能忍耐和不损伤局部皮肤为度，共治疗20例，结果痊愈12例，显效6例，好转2例。张耀梅采用两手作方向相反的抗压法，使颞颌关节向各个方向进行被动运动的推拿手法治疗28例，结果痊愈22例，有效4例，无效2例。邹兆华用组合手法治疗48例。方法：(1)患者取坐位（以右侧为例），术者位于患者身后，左手按放在患者头部，右手食、中、无名三指在患侧颞颌部自太阳穴向颊车穴作推法。再在颈1至颈3处（以右侧为重点）作拿法共6分钟；(2)患者仰卧位，颞颌部放松或向左侧偏歪，术者左手掌按握患者下颌骨并将其扳向左侧，右手食指在患者右颞颌关节外侧韧带上来回弹拨1分钟。弹拨方向与颞颌韧带走向垂直，手法由轻而重，使指下有明显韧带滑动感，患者能耐受为宜；(3)术者用指针法施术于患者右侧风池、翳风、合谷和人迎穴，并以右手大鱼际在患者右颞下颌部行揉法；同时配合热敷。结果治愈38例，显效7例，有效3例。邹氏观察的48例患者中有43例出现颈部不同程度的骨结构或软组织改变，经过颈部按摩后颞下颌关节区症状减轻，活动功能改善。作者认为本病可能同与颈椎骨结构及周围软组织相关的致病因素有关。董文毅等采用穴位磁疗推拿治疗53例。磁疗片用铝铁硼稀土合金制成，直径1.0厘米，厚度0.3厘米，外面罩以白色硬脂薄塑料壳。每块磁疗片的表面磁场强度为1500高斯左右。取患侧下关穴为主，同时配以听宫、上关、颊车、合谷和阿是穴。贴敷时将磁疗片的N极对向穴位局部皮肤，用绊创膏固定，然后将中指指腹置于磁疗片上，用中度指力点揉按摩局部穴位，每穴3至5分钟，磁疗片继续贴敷放置8小时。结果治愈16例，显效17例，好转13例，无效7例。

（郑贤国）

【痛经的治疗】

余润明等推拿治疗原发性痛经45例，治愈率为93.33%。方法：(1)患者仰卧位，先用推摩法，按顺时针方向自膻中穴推摩到中极穴，以膻中、中极、关元和气海穴为主，约10分钟，然后手法转到少腹两侧的冲脉、带脉部位治疗约3分钟，最后用掌按揉大赫、横骨和四满穴3分钟。(2)患者俯卧位，先按揉肾俞和八髎二穴，再弹拨会阳穴约5分钟，最后拿血海和三阴交穴约5分钟。(3)患者坐位，先用掌平推背部膀胱经，以膈俞、肝俞和脾俞穴为主，上下往返治疗5分钟，再平推二胁肋，兼用中指按揉期门和章门二穴，以酸胀为度。最后双手提拿肩井，搓抹肩背部而结束手法操作。每次月经来潮前1周开始治疗，每日1次。经后疼痛者，停经后继续治疗1周。1个月经周期治6次或12次为1个疗程。许建明等运用提拿内收肌的方法治疗痛经53例，显效31例，好转16例，无效6例。凡于经前或经期出现小腹痛者，分别取二下肢股内收肌部位之穴位，从下往上循经取穴或特殊敏感点，运用提拿方法逐穴提拿，着力由轻到重，以产生酸胀为度，每侧约5～10分钟。经前或经期腹痛采用上法治疗后已缓解者，仍须审证求因辨证加减。推拿治疗在经前1周开始，每日或隔日1次，经汛开始每日1次，直至经尽结束。每个月经周期为一个疗程，共治3个疗程。陈长武运用捏脊治疗痛经38例，痊愈26例，好转8例，无效4例。方法：沿督脉及其二侧膀胱经内侧线边拿边推，反复3遍，每日1次，通常3～10天为1疗程。寒湿凝滞型重按捏督脉；气滞血瘀型加按揉肝俞和膈俞穴；气血虚弱型加按揉足三里。前二型属实证，手法治疗选在经前，分别由长强穴推向大椎穴及由白环俞推向大杼穴；后者属虚证，手法治疗选在经净后，分别由大椎穴推向长强穴及由大杼穴推向白环俞。瞿天慧通过在腰骶部推拿治疗痛经31例，治愈24例，好转5例，无效2例。方法是以冬青膏作递质，用大拇指指端点按肾俞、大肠俞、气海俞诸穴及压痛敏感点10分钟，再于腰部以掌根按揉及㨰法治疗15分钟，使腰部肌肉充分放松，最后行擦法自上而下施于腰骶部，以患者自觉腹部有透热感为好。每天1次，经前7天开始治疗，至经后3天停止，每次月经期为1个疗程。

（许　军）

【捏脊疗法的临床应用】

近几年捏脊疗法的应用日趋广泛，实验研究不断深入，尤其对小儿消化系统等疾病疗效显著。黄厚兰用捏脊治疗小儿腹泻103例，结果痊愈91例，好转7例，无效5例。方法：捏脊5遍，当捏第3遍时每捏2～3下用手向上提一下，以加强刺激，然后按压两侧肾俞穴3分钟。周子轩用捏脊治疗婴幼儿泄泻104例，捏脊治疗后，有呕吐者加捏从第一胸椎开始向下到第九胸椎，揉膻中；惊吓者加分阴阳、揉十宣和揉一窝风；发热者加开天门、清天河水和分阴阳；虚寒、湿热泄泻者加摩腹和推大肠。结果104例中，除菌痢和严重脱水各1例住院外，治愈90例，好转12例。李江从长强至大椎穴来回捏脊10遍，然后揉按小肠俞顺时针和逆时针各5分钟，有呕吐者加揉按脾俞2分钟，治疗婴幼儿腹泻88例，结果痊愈87例，好转1例。用同样方法捏脊后，再以食、中指颤揉脾俞12分钟，治愈小儿呕吐98例。惠广喜等单用捏脊7～10遍治疗小儿消化不良等疾病106例，结果治愈104例，无效2例。湛金然用捏脊加穴位按摩治疗小儿遗尿症116例。方法：捏脊3～5遍后再提捏5遍，然后推揉脊柱两侧足太阳膀胱经3～5次。最后取肾俞、膀胱俞、关元、中极、气海、足三里和三阴交穴，每穴按揉100次。结果痊愈76例，显效24例，好转13例，无效3例。陈桂君等对小儿疳积捏脊治疗前后的胃肠胰功能作了观察，结果胃泌素分泌下降至正常范围，木糖排泄率升高，尿淀粉酶活性增加，临床症状明显改善，其中以食欲不振、睡眠不安、烦躁多汗、腹胀、腹痛、腹泻或便秘等症状的改善最为突出，大部分患儿体重增加速度超过正常儿。捏脊法还用于成人治疗。周世杰等采用捏脊配合按摩治疗肠易激综合症43例，治愈率为74.4%，总有效率为95.4%。捏脊后，用右手拇指罗纹面置于关元穴，按压时吸气，呼气时还原，重复5～10次，再用小鱼际顺时针和逆时针揉搓关元穴各20次，最后用两手掌搓热，两手趁热来回横擦关元穴15～20次，然后以同样方法按命门穴，轻轻叩击命门穴30～60次。有脾胃虚弱者加点、揉、按天枢、足三里和三阴交穴；有肝气犯脾者加点章门、期门和阴陵泉穴，推风市和中渎穴；津亏阴虚者加用手掌置于腹部，以神阙穴为中心，顺时针和逆时针按摩腹部各20次，然后用拇指罗纹面揉搓和按压双侧涌泉穴各5分钟。刘宗改以捏脊为主治疗胃十二指肠溃疡病45例，捏脊10～15遍后，拇指按压膀胱经上的敏感俞穴：百会、风池、足三里和三阴交穴各1分钟，均以酸胀为度。结果治愈（溃疡面愈合，症状消失）18例，显效（溃疡面明显缩小，症状显著改善）12例，好转（溃疡面缩小，症状改善）11例，总有效率为91.1%。黄际群以捏脊为主，晚间用干姜、沉香、吴茱萸和花椒各等分研细末，以茶油调匀，敷脐2小时，治愈1例五更泻持续12年的患者。吴学文用捏脊法为主治愈顽固性呃逆、失眠和便秘患者各1例。

（郑贤国）

【推拿作用的实验研究】

李升汉等对48例脑梗塞推拿后的血液流变性和血脂水平等进行了观察，并对其作用机理作了探讨。治疗部位依次为头颈部、上肢部、背部和下肢部，每日1次，15天为1疗程，经3个疗程后全血比粘度有非常明显改变（$P<0.01$），血浆比粘度及血球压积也有显著改变（$P<0.05$），甘油三酯改变明显（$P<0.05$），总有效率为87.5%。研究表明，推拿是一种良性刺激的生物物理疗法，可改善颅内的血供，缓解血管痉挛，改变脑电图的波形（波幅增高，主峰变尖），减轻脑水肿，降低颅内压；推拿使血液动力学发生改变，从而改变血液高粘状态，使临床症状与体征均有改善。崔荣庆等观察30例脑瘫小儿推拿治疗前后的胫神经刺激短潜伏时体感诱发电位（SSEP），该电位一般由P_{13}、N_{23}、P_{31}、N_{43}、P_{64}、及N_{63}六个波组成。推拿前，患儿SSEP表现为波低平和延迟，左右侧波不对称和无反应等，异常率达93%，经4个月治疗后，除1例继续变差，3例无变化外，其余患儿的SSEP升高，其中患侧波较治疗前增大44.34%～136.7%（$P<0.05$）；潜伏时缩短，患侧波P_{18}、N_{23}及P_{31}较治疗前有统计学意义（$P<0.05$）。结果表明，推拿能改善患儿大脑皮层及体感通路的功能。陆珍千等为了说明推拿的镇痛作用与致痛物质的关系，观察了9例急性软组织损伤和34例腰椎间盘突出症患者，分别测定了血浆与尿中儿茶酚胺（CA）和它的代谢产物含量在推拿治疗前后的变化。结果显示：推拿治疗后，9例急性软组织损伤患者中，显效6例，血浆中去甲肾上腺素（NA）和多巴胺（DA）含量明显下降，有效3例有下降趋势；34例腰椎间盘突出症患者中，显效16例，尿中CA、DA和3-甲氧-4苦羟杏仁酸（VMA）的含量均明显上升，有效18例含量有上升。表明体液中CA与推拿作用密切相关。CA含量在血浆中下降越显著，在尿中升高越明显，临床疗效越好。陆氏等认为，在推拿治疗过程中体液内的CA是参与调整镇痛的主要物质之一。姜宏等观察分析了指压委中、承山和腰臀部阿是穴治疗腰腿痛的镇痛效果，并分组作了指压前后血流图、微循环、心功能、诱发电位的测试。结果显示，均有明显变化，镇痛有效率达83.61%。姜氏等认为影响指压穴位镇痛因素较多，其镇痛机制之一可能与改善病痛部位的微循环有关。

（张文才）

参 考 文 献

C

蔡高宁。辨证手法治疗腰椎间盘突出症80例疗效分析。按摩与导引，1994；(5)：18

曹双成。肺癌胸椎骨转移推拿诊治致误一例报告。

按摩与导引，1994；(5)：35

陈长武。捏脊治疗痛经38例。吉林中医药，1993；(3)：25

陈桂君，等。捏脊疗法对疳积患儿胃肠胰功能影响的研究。实用中西医结合杂志，1991；(6)：377

陈　坚。硬膜外封闭后手法推拿治疗腰椎间盘突出症（附244例临床报告）。实用中西医结合杂志，1994；(7)：386

陈　卫。"三步按摩法"治疗落枕。新中医，1994；(5)：33

崔荣庆，等。推拿对脑瘫小儿短潜伏时体感诱发电位的影响。北京中医药大学学报，1994；(3)：28

D

董文毅，等。穴位磁疗按摩颞下颌关节紊乱综合症53例。中医函授通讯，1994；(4)：39

H

胡英同。腰椎斜板法致椎弓根骨折一例报告及体会。按摩与导引，1994；(4)：48

惠广喜，等。捏脊疗法治疗小儿消化不良等疾病疗效总结。按摩与导引，1986；(2)：8

黄厚兰。捏脊治疗小儿腹泻103例临床小结。江苏中医，1993；(10)：27

黄际群。成人捏脊疗法应用举隅。江西中医药，1987；(1)：35

黄　霖。点穴按摩治疗老年性痴呆临床观察。按摩与导引，1994；(4)：5

J

姜　宏，等。穴位指压推拿治疗腰腿痛的镇痛疗效观察与研究。颈腰痛杂志，1994；(1)：9

L

李加斌。一指禅手法治疗椎动脉型颈椎病60例。江苏中医，1994；(10)：29

李　江。捏脊治疗婴幼儿腹泻88例。浙江中医杂志，1988；(3)：118

捏脊法治疗小儿呕吐98例小结。按摩与导引，1989；(5)：17

李升汉，等。推拿治疗脑梗塞的血液流变学改变及临床观察。按摩与导引，1994；(2)：1

廖品东，等。试论推拿医籍的特点。按摩与导引，1994；(4)：37

刘　峰，等。改良手法治疗腰椎间盘突出症术后再发腰腿痛83例临床分析。按摩与导引，1994；(3)：6

刘金云。按摩与中药结合治疗颈椎病50例。黑龙江中医药，1994；(3)：29

刘宗汉。捏脊为主治疗胃、十二指肠溃疡病。辽宁中医杂志，1991；(7)：38

陆珍千，等。从血浆与尿中儿茶酚胺和它的代谢产物含量说明推拿的镇痛作用。颈腰痛杂志，1994；(4)：199

吕凤祥，等。推拿在不同节段腰椎间盘突出症的应用价值。中医正骨，1994；(2)：14

M

马　达，等。脊柱旋转手法治疗腰椎间盘突出症的实验研究。中国骨伤，1994；(5)：7

糜竟华。中药与穴位按摩对 HBV-DNA 转阴的临床观察。上海针灸杂志，1994；(5)：201

苗馨华，等。特殊类型颈椎病4例报告。按摩与导引，1994；(5)：37

Q

钱宗懋，等。推拿加药枕法治疗椎动脉型颈椎病50例。南京中医学院学报，1992；(3)：175

瞿天慧。腰骶部推拿治疗痛经31例。按摩与导引，1994；(2)：22

S

孙景民，等。坐式牵引配合手法治疗颈性失明的初探。陕西中医函授，1993；(5)：18

T

田华张。推拿治疗椎动脉型颈椎病32例。四川中医，1994；(7)：55

W

王诗忠。颈性视力障碍的推拿治疗探析。福建中医学院学报，1994；(3)：36

王立新。手法治疗颈源性眼病23例疗效观察。浙江中医学院学报，1993；(6)：45

王文莉。推拿配合真武汤治疗椎动脉型颈椎病21例。成都中医学院学报，1994；(1)：48

韦贵康。影响腰椎间盘突出症推拿失败原因探讨。中国中医骨伤科，1994；(4)：26

吴学文。捏脊法治疗成人疑难杂症三则。湖北中医杂志，1994；(5)：46

X

肖鲁伟，等。腰椎间盘突出症大推拿治疗无效的原因探讨。浙江中医学院学报，1994；(5)：48

谢建军。按摩与导引在中医性医学中的应用。按摩与导引，1994；(3):45
谢利民，等。腰椎间盘突出症推拿前后CT扫描量化分析。中国中医骨伤科，1994；(3):1
腰椎间盘突出症推拿失败原因探讨。中国中医骨伤科，1994；(4):26
许建明。捏拿法治疗痛经53例。南京中医学院学报，1994；(1):44
许鸿照，等。推拿致股骨干骨折。中医函授通讯，1994；(3):37

Y

燕铁斌。西方关节松动手法。按摩与导引，1994；(5):44
杨美芝。按摩治疗妇女白带症。按摩与导引，1994；(3):20
杨淑琴。指压穴位手法治疗103例颞颌关节功能紊乱症。南京中医学院学报，1993；(2):58
杨志明。点穴治颞颌关节功能紊乱综合症21例。浙江中医杂志，1993；(5):209
余润明。推拿治疗原发性痛经45例临床小结。安徽中医学院学报，1994；(1):49
岳广平。经穴加前期前列腺按摩治疗不射精28例。按摩与导引，1994；(4):4
"脱敏按摩法"治疗早泄36例。按摩与导引，1994；(5):13

Z

湛金然。捏脊加穴位按摩治疗遗尿症116例。吉林中医药，1994；(1):28
张　戈。柳氏对黄派经穴按摩的探索与发展。四川中医，1994；(8):52
张克强。推拿治疗颞颌关节功能紊乱。辽宁中医杂志，1990；(10):35
张少祥。压痛点推拿治疗椎动脉型颈椎病70例。安徽中医学院学报，1993；(1):21
张耀梅。抗压法治疗颞下颌关节功能紊乱28例。按摩与导引，1994；(4):21
赵礼明。"子午流注"取穴法在按摩临床中的应用初探。按摩与导引，1994；(5):12
周世杰，等。捏脊配合按摩治疗肠易激综合症。新中医，1994；(8):34
周子轩。浅述捏脊治疗婴幼儿泄泻。按摩与导引，1990；(2):16
邹兆华。组合手法治疗颞下颌关节紊乱综合症。按摩与导引，1992；(3):16
邹振坤。新指疗法治疗胃脘痛86例疗效报告。按摩与导引，1994；(4):24

(11) 气　功

【概述】

1994年全国各类气功刊物及其它医学杂志正式发表的气功论文约500篇左右。涉及气功基础学、气功功法学、气功应用学及实验气功学等各个方面，其中又以论述气功应用、气功实验与介绍气功功法者较多。与往年相比，今年气功论文的数量无明显增减，但质量有所提高，且呈现一些新的特点。

在气功基础学方面，往年占较大比例的属一般性介绍气功基本知识、基本理论的文章减少，代之以对某些重要问题的研讨与争鸣。刘天君在考查了古代气功文献后认为，古人认识与论述气功，多从其操作方法着手。因此，他在"关于医学气功定义的探讨"中指出，在当前气功概念仍较混乱的情况下，有必要重申从操作角度认识气功及其要素并由此作为气功研究的理论依据，这样可以避免对某些非本质问题及个别措辞的无休止的争论。而黎泽泉则认为，老子《道德经》之"道"即气功。关于气功的起源，黎泽泉重新提出了他的观点——"气功起源于巫"，与《中国医学百科全书·气功学》的气功起源之"实践说"大相径庭，气功界人士对此看法不一。对气功三大要素间相互关系的认识渐趋统一，即以调心为核心。日本学者森和、上海学者柴剑宇强调，气功治病的机理是"治神"。李一翔也认为，调息之机在调元神。庞才兴从调心角度论述了藏密中的咒语，对科学地认识神秘的咒语有一定的意义。

在气功功法学方面，今年出现了近百种新功法，这些新功法中，调身类功法较往年减少，而调心类功法明显增多，这与传统气功是一致的，反映了气功功法返朴归真的意识。值得注意的是，这些新功法中，仍有一定数量的劣作。医疗气功中功法选择的原则，一般以辨证选功、辨病选功为多，近来出现了重视练功者神经类型的倾向，裘玉珍等分析了气功偏差的个性特征后，发现偏差患者的神经类型呈一定的特征性分布，与他们以往对带功报告致动者、气功练功易得气者的个性分析结果相比较，三者匀有各自特点，为体质辨证选功及气功偏差的防治提供了一定的依据。

在气功应用学方面，今年工作的特点是由传统的重视防病治病，转向重视气功康复（主要是慢性病的康复），为拓宽气功临床应用的范围提出了新的思路。据王崇行等报告，气功能提高老年高血压患者的生活质量，并能逆转高血压所致的左心室肥大；于秋目观察了元极功法对脑卒中所致偏瘫的康复作用。今年是郭林逝世十周年，各地都有一些形式、规模不一的纪念活动，同时发表了一些郭林新气功治疗肿瘤的文章，显示郭林新气功对肿瘤有一定的辅助治疗作用，主要表现为提高患者的生存质量，减轻肿瘤放、化疗副作用，延长病人的生存期等。但如何准确地评价气功在肿瘤综合治疗中的作用，仍是一个有待研究的课题。此外，气功治疗溃疡病、慢性胃炎、糖尿病（Ⅱ型）及某些功能性疾病，仍是今年的热点，唯总体水平未见明显提高。

在实验气功学方面，由于有关部门减少了对外气研究的资助，气功外气研究论文的比例较前减少，但总体上，气功研究仍包括内气研究与外气研究两个方面。胡海昌提出的将传统气功与现代科技相结合，即以传统理论为指导，应用现代科学技术手段，研究气功的作用及其原理，对气功中某些所谓“神秘”现象，更应用现代科技去验证，以还其本来面目。这一观点对当前乃至今后相当一个时期内气功科研的方向与方法均有一定指导意义。今年内气研究的具体内容，基本上仍是以往工作的继续。王崇行认为，心泵功能减退、血液流变性异常、凝血-纤溶系统失衡、微循环障碍是高血压（心气虚血瘀型）病理生理特征之一，气功锻炼对此有良好的治疗作用。张传忠观察了30例老年练功者气功态下的心功能变化，证实练功能明显延缓增龄性心功能减退。练功组与对照组相比，心泵功能、血液动力学、微循环三大指标都有较大区别。李延庆观察了中老年人练功对呼吸、免疫功能的影响，练功3个月后，肺活量与免疫球蛋白G、A、M均有不同程度的提高。这些工作均证实气功能延缓机体衰老。外气研究中，有关智能气功实验研究的论文较多，除动物实验外，尚有相当数量的外气对植物作用的实验。据报道，如同外气对人体有一定作用一样，动物离体组织与农作物在受一定意念支配的外气作用下，也有明显的变化。但综合这类实验，严格的对照，尤其是不同意念的对比性研究，尚嫌不够。外气镇痛的研究又有进展。如储维忠报告，外气能使病人血亮氨酸脑啡肽含量升高，并能对大鼠束旁核痛敏神经核团电活动起明显的影响。外气远距离与超远距离作用的研究及气功组场、带功报告、信息水等的研究，仍在北京等地开展，气功界对此看法仍不一致。

（黄　健）

【糖尿病的气功治疗】

纪新华等用中国武当中和功（行功）治疗Ⅱ型糖尿病183例。经练功7天、1个月及3个月空腹血糖、尿糖变化情况的观察，血糖恢复正常的百分率分别为27.08％、55.81％和85％；尿糖转为阴性的百分率分别为22.91％、46.51％和80％。靖玉仲等用回春功治疗Ⅱ型糖尿病31例，患者坚持练功1年后，血糖（由10.19±3.29降为6.93±1.98mmol/L），血胆固醇（由6.75±1.32降为5.51±1.16mmol/L），甘油三酯（由2.80

±1.01降为1.34±0.71mmol/L）及空腹血清胰岛素水平（由16.60±6.01降为12.62±14.85mIu/L）均较练功前有显著性差异（P＜0.05～0.001）。沈稚舟等用鹤翔桩气功治疗糖尿病20例，在治疗过程中除4例因病情严重曾用过胰岛素或优降糖外，其余16例均未服用任何中、西降糖药物。经练功2～3个月后，观察到患者空腹及服糖后半小时的血糖均显著下降（P＜0.01和P＜0.05）；同时练功还具有降血脂作用，练功前后相比较，血清胆固醇浓度明显下降（P＜0.01），显示出降脂和降糖作用的一致性；练功后患者口服葡萄糖耐量试验的空腹及2小时胰岛素释放指数亦明显上升（P＜0.05）。这些结果提示练功对促进靶细胞对葡萄糖的利用可能起一定的作用。马有忠用铜钟气功治疗本病12例，治疗30～90天后，临床症状均有不同程度改善；经血糖、尿糖检查，显效7例，好转4例，无效1例。吴桂琴用真气运行法治疗Ⅱ型糖尿病28例，进行练功前和练功1个月后患者空腹血糖、餐后2小时血糖的观察。结果：空腹血糖练功前后无显著性差异（P＞0.05），餐后2小时血糖练功后平均下降34.2mg，练功前后有显著性差异（P＜0.05）；半年后11例复查，8例血糖水平稳定，3例血糖上升。韩伟等则用骨髓运气功治疗6例糖尿病，经10～40天内练外治后患者自我感觉良好，精神、睡眠较练功前为好，口渴、饥饿、小便多、疲乏等现象基本消失，其中5例血糖均有不同程度下降。

（袁顺兴）

【类风湿性关节炎的气功治疗】

郭为鹏以气功为主治疗类风湿性关节炎32例，获临床治愈19例，显效9例，进步3例，无效1例；总有效率96.7%。治法：先练“存想排毒功”，消除心理不良因素。关节障碍轻、活动不受限者，练“纯阳外丹动功”。活动受限或只能轻微活动者，练“纯阳内丹静功”，同时内服中草药制剂“归芪血竭散”（由当归、黄芪、血竭、海马、鹿角胶等组成）。其“存想排毒功”习练法：全身放松后，意念天地间精华物质从百会进入体内，将病毒之气从手指、脚趾、劳宫、涌泉排出无限遥远处，在病愈的欢愉心情中续练动功或静功。刘继能用“自然特异功”治疗类风湿性关节炎（肝肾虚型）28例，获临床治愈6例（占21%），显效8例（占28%），好转12例（占42%），无效2例（占7.2%）；总有效率达91%。治法：（1）每天习练“自然特异功”中的拉气功、抱球自我调节功、站桩功、净身功，早晚练二次，每次一小时。（2）双手拉气。先运气至手，当双手有明显感觉时，意想双手为一把玉白色的梳子，从头向下梳理，把所有病气、浊气从涌泉穴排出。在此过程中，默念“疏通经络，扫除障碍”，使气血畅通周身，再意念宇宙万物精华之气从四面八方白茫茫犹如波浪一样涌来，培补自身的元气。（3）每天10分钟接受“外气”治疗一次。刘光陆以练武术松脊柱的功法和气功脊柱动功为基础，创编了“脊柱松动功”，治疗类风湿性关节炎疗效颇佳。其功法有意念松脊柱功、前俯后仰松动功、左右甩胯松动功、脊柱旋转松动功、全身自由运动等。蔡树龙介绍自己练“龙爪合气法”三年，治愈类风湿性关节炎指节变形的体会。其习练法：取一空坛，习练者将五指指尖抓住坛颈外口边缘，进行升降运动，待经过一段时间练习，感到手指不十分酸痛时，可在空坛里放进一些小砂石以增加重量。习练过程中须注意运气，即抓起坛子上升时，少腹逐渐凹进，气从鼻缓缓呼出，而内气随意念导入抓坛的手臂，直至手指。当转入降势时，少腹逐渐凸出，气从鼻细细吸入，少腹凸出呈饱满状后，内气如受排挤，从所练指尖释出体外。此外，还有赵中凡介绍自己练“站桩”和“静坐”三年，使自己的类风湿性关节炎诸症逐渐减少，类风湿因子化验亦转阴性。张洪文介绍自己习练“自控气功”一年半，亦使类风湿性关节炎得到明显好转。功法配方有脏腑对症功、自我按摩、天地开合法和核心功等。

（方东行）

【气功开发智力的研究】

张森林研编了"调智程序"，并用该功法教练569名大、中学生，结果发现：提高智力有效率为81.62%，显效率为62%。对调智效果的统计分4个阶段进行。第四个阶段对39人采用80.8神经类型表测试(能确定神经类型，评定注意力、记忆力、智力水平等)。发现练功前平均得分为26.62分，练功后提高到36.544分，平均提高9.924分，提高率为40.50%；其中25人神经类型发生了改变，占总测人数的64.10%；量化记忆力提高率为101%。其习练程序有调智功态进入、调智信息接受、祛除机体病气、调理身体机能、疏经养脑、增智添慧法等。刘贵伦等用智能气功的"捧气贯顶法"、"三心并站桩"、"开智法"等教练参加英语四级考试的大学生60名，并与不练功的学生比较。结果发现：不论以班级为单位进行比较，还是以年级为单位进行比较，练功组的成绩均高于对照组的成绩；班级内均分差值最高为8.92分，最低为2.28分，李红亦报道用智能气功中的"捧气贯顶法"，教练小学三年级学生一个班。一学期后发现，全班作业正确率呈直线上升，考试成绩也大幅度提高。以数学成绩为例，练功前有11人不及格,练功后全部及格；80分以上者练功前为21人，练功后为39人；人平均分数练功前为72.69分，练功后为83.2分。在同级对比中，本班优生率也从练功前的13%上升到31%；而智力相似的对比班则从同期的13%下降到6%。

王秀珍观察"益智明目功"对青少年智力的作用。通过对30多所大、中、小学的42个班进行三轮实验并对部份样本作统计学处理发现：(1)注意力指标有明显提高。练功前为678.8114±142.5114，38（均数±标准差，样本数）；练功后为1082.4221±138.8038，38；前后比较有非常显著差异（P<0.001)。而实验班与不练功对照班的676.5384±134.8060，26比较差异也非常显著。(2)记忆力明显增强。用测试错误率方法检查，练功前为4.4±2.19，35；练功后为1.84±1.09，37；有非常显著差异（P<0.001)。与实验对照班的3.23±2.12，26比较也有明显差异（P<0.001)。唐雨时介绍练"峨嵋鹤翔桩功"益智的体会。(1)思维敏捷、思路通畅：鹤观望式中的排山掌、鹰爪、虎爪、描太极和反描太极的动作对这种功效表征最强。(2)记忆清晰、记忆时长：把要记的单词等具体形象联系在一起，想象成美好的事物、通过吸气融入大脑，再存入丹田，将头脑中不高兴的和烦恼的事情用呼气的方法将其排出体外，中途作片刻休息，练白鹤啄食式、白鹤观望式等功法。

孙永恩等进行智能气功培育弱智青少年智力的研究。将87名弱智青少年分为2组：练功组教练"简易贯气培智法"（从"捧气贯顶法"中取了六个动作而形成)，对照组不练功。二组均进行正常的教学学习，并采取与常规儿童智力测试不同的方法，主要侧重于对弱智儿童的基础智力测试；5个月后发现：从15个指标的综合效果来看，练功组提高20.6%，对照组提高16.7%；练功组比对照组提高得更多，提高的部分可能是由于练功效果引起的。刘凤珍等用"弱智儿童健脑益智功"教练14例弱智儿童,练功2个半月后，有效9例,无效5例。该功法主要有：(1)动功（捧气贯顶、开合采气法、强肾益脑法、气归丹田)；(2)静功（美好意念、音乐诱导放松入静、特音祛除脑部病气、意守丹田等)；(3)辅助功（头部活血功、手指健脑功)；(4)气功外气治疗（调脑法、补肾健脑、辨证施治）等。

（方东行）

【医疗气功规范化的探讨】

张天戈认为，医疗气功必须走科学化、标准化和规范化之路。(1) 气功名词术语要规范化。统一各派的名词术语有利于对气功的研究、推广。(2) 气功医疗的诊断、疗效判断标准要规范化。必须参照中医学及现代医学已制定的标准执行。一时效应（即时效应）与长期效应要一并列入规范之中。(3) 建立气功专科的医护常规，统一气功病历格式。1988年11月，国家中医药管理局主持召开的“全国中医各科病历建设研讨会”已讨论并通过了气功病历格式。必须用中、西医规范的语言作记录。(4) 气功医疗必须走中西医结合道路。气功属中医学范畴，应以中医理论为主，结合现代医学及当代科技成果，逐步充实、完善并提高自身。(5) 气功医疗教学必须规范化。要培养专业教师、扩建教育基地、统编气功医疗教材。(6) 对气功报刊、出版物必须归口管理。对宣扬封建迷信、神道仙内容或自吹自擂的低劣文章，应严格把关。(7) 对社会上自封的或互相吹捧的“气功大师”等五花八门的头衔，要进行清理。(8) 建立国家气功管理机构。要对全国各气功组织、职称、教学、科研、出国等统管起来。(9) 建立气功师功夫（功能态）检测中心。对大多数气功师经过考试考核后，再进行一些基础测试，作出科学鉴定。(10) 对市场上出现的“气功师治疗仪”等气功仪器中的冒牌伪劣产品，应与有关单位、管理部门协同处理。

（张天戈）

【气功“组场”的探讨】

气功“组场”（或称“带功报告”）是气功治疗的一种形式。近年来，全国各地均有开展，但争议较多。对此，有不少人进行了一些学术探讨。

杨子彬等观察了气功师庞鹤鸣智能功组场对心血管功能的影响，积累了1.8万个实验数据，发现组场对参加者的收缩血压、舒张血压、平均动脉压、血管顺应性及血液粘稠度等客观指标均呈现双向调节作用；并提示用组场方式集体授功、集体调治比单独练功效果更好。针对社会上和气功界内部所存在的一些批评带功报告的看法，柴剑宇等通过社会调查、视动生理实验、心理测量等方法，对带功报告中易感应者的大脑机能、神经类型、个性心理特征、注意力等方面作了观察研究。结果提示，虽然易感应者的神经类型与一般成人有异，以弱型和不均衡型居多，其心理健康水平有近半数处于低分临界状态，有焦虑紧张等个性因素者占较高比例，但仍属心理健康范畴。罗新等对田瑞生、李韶敏香功带功报告作了会场内磁场强度的测试。经100余点次测量，发现开始报告后磁场强度从0起逐渐增加，最高达80μw/cm²。认为这一现象可能与气功师的效应有关，其次是听报告者相互影响的集体效应。为了分析带功报告与心理暗示的关系，高震作了对比观察：在10场带功报告中，有5场是“假发功”，5场是“真发功”。结果前者出现自发动者占15～55%，受功后感功力增强者占21～48%，有病症而感疗效满意者占28～42%；而后者依次为18～60%，33～69%和35～80%。提示二者均能出现感应和某种疗效，但以“真发功”为高。在气功“组场”中有部份人会产生“自发动”，这种现象在古今中外都有类似的报道，称为“感染性群体癔病样精神失常”，这显然是以心理因素为主导，但与个体神经类型或心理压抑有关。祝信指出，严重神经官能症、间歇性精神分裂症、对神灵或气功抱有迷信或入迷者不得参加“组场”，否则容易造成气功偏差。

（储维忠）

【气功功理的假说】

杨世膺从东西方各具特色的传统文化角度，提出气功功理是气功的内在规律和最高法则，它与气功修炼的具体方法即功法，是相辅相成的统一体。功理属于“道”，功法属于“术”。“道”圆“术”方，掌握了“道”，“术”

则灵、活、神，进入高层次境界。宏观上气功属于含文科、理科多学科的广义文化，悟"道"即捕捉其间的气功信息元理论真谛。李子才采用东方古典文化与西方现代科学相结合的研究方法，循人体经络学说的思路，从生物物理学量子机理的层次，提出气功演练过程乃积储激子能的过程，为生物半导体属性强化的过程，是由"半导"到"超导"的渐变过程。气功现象的实质，是π电子系统的准费米能级变化之因果关系的微观机制的宏观效应。刘振甫从世界上物质存在的连续与间断形态及人体科学角度探究，认为由无数个有生命的细胞组成的人体，具有物质的信息和能量特征，其在气功修炼下产生"真气"的过程，即为吸收氧气，采集能量，以"气"与"意"激发、训养、调动人体细胞产生能量的过程。功理在于练功以训养细胞，调动潜能，施展能量。张木森从系统论及天人合一的整体观出发，论述人体"瘀"证的病因在于机体"信息密码"传导紊乱而致功能障碍。认为练功可调控人体微循环，加强氧代谢，使气血通达，滞瘀自消。其功理在于符合系统性能功效定律，使良性信息产生放大、叠加、互补之效应。马文宾以现代医学有关人类衰老的"免疫学说"、"细胞大分子合成错误成灾说"为基本论点，总结已有实验后认为，练功可通过改善免疫功能、改变蛋白质和核酸分子结构、减少细胞大分子生物合成中发生的差错，从而增强细胞功能及抗病能力，延缓衰老。韩飞等在气功运用于体育训练的教学中，观察气功经脑对运动系统的调节作用后认为，机体的良性意念活动能导致生理的良性变化，起到恢复能量、放松肌肉、调整心率、消除疲劳的作用。其实质为心意的修炼利于体能训练，即通过精神和思维的修炼强化身心健康。如气功放松法，能使机体机能活动并非静止或减弱，而是改变其活动的性质和方向；即使气功态下机体机能活动由以能量消耗为主的过程，转向以能量贮备为主的过程；其功理为经心意活动发掘生理潜能。

（胡　艺）

参考文献

C

蔡树龙。龙爪合气法治疗类风湿性关节炎指节变形。气功杂志，1994；(6):273

柴剑宇，等。带功报告中感应者的心理特征。气功杂志，1991；(3):104

储维忠。"气功麻醉"下甲状腺腺瘤手术临床效果及机理研究。第五届中外气功研讨会论文集，1994年，第1页

G

高　震。气功带功报告之我见。气功与科学，1993；(8):10

郭为鹏。气功为主治疗类风湿性关节炎32例。气功杂志，1994；(4):152

H

韩　飞，等。运用气功调节运动负荷的研究。气功与体育，1994；(1):22

韩　伟，等。气功对六例糖尿病影响的观察。气功与科学，1992；(3):15

胡海昌。对传统气功与现代科技相结合的若干思考。中国气功科学，1994；(1):28

J

纪新华，等。中国武当中和功(行功)治疗糖尿病疗效观察。东方气功，1994；(4):41

靖玉仲，等。回春功治疗糖尿病(Ⅱ)型31例疗效观察。气功与科学，1994；(1):23

L

黎泽泉。破译《老子》——"道"即气功。按摩与导引，1994；(4):33

李　红。在少年儿童中推广智能气功有助于提高学生成绩。东方气功，1992；(5):28

李延庆。益气养肺功对呼吸免疫功能的观察。气功与科学，1994；(4):18

李一翔。调息之机在调元神。中华气功，1994；(5):38

李子才。气功现象的量子机理。中华气功，1994；(6):5
刘凤珍，等。气功与智力开发。中国气功，1992；(4):27
刘光陆。脊柱松动功治疗类风湿性关节炎。气功与科学，1994；(3):27
刘贵伦，等。运用智能气功提高大学生英语四级考试成绩。东方气功，1994；(4):10
刘继能。自然特异功治疗类风湿关节炎28例。气功与科学，1993；(8):28
刘天君。关于医学气功定义的探讨。北京中医药大学学报，1994；(5):24
刘振甫。练功——训养细胞。气功与体育，1994；(2):21
罗 新，等。气功医师李韶敏报告会会场电磁场强度测试报告。东方气功，1994；(5):42
M
马文宾。气功抗衰老之谜。气功，1994；(4):163
马有忠。铜钟气功治疗糖尿病12例。气功，1993；(7):298
Q
裘玉珍。气功偏差的神经类型分析。气功，1994；(5):234
S
森 和，等。气功治疗的机理是"治神"。中华气功，1994；(1):15
沈稚舟，等。鹤翔桩气功治疗糖尿病效果显著。中华气功，1992；(3):15
孙永恩，等。应用智能气功培育弱智青少年智力的研究报告。东方气功，1992；(5):9
T
唐雨时。峨嵋鹤翔桩有益智功效。气功，1993；(5):227
W
王崇行。气功对老年高血压患者生活质量的影响。中华气功，1994；(9):12
高血压心气虚血瘀型病理生理基础及气功治疗效应探讨。第五届中外气功研讨会论文集，1994年，第17页
王秀珍。益智明目功对青少年智力有良好作用。中华气功，1992；(6):26
吴桂琴，等。真气运行法治疗糖尿病28例报告。气功，1991；(2):66
吴祁耀。我国气功科研现状。中国气功科学，1994；(2):22
伍利民。气功在恶性肿瘤中的应用及展望。东方气功，1994；(3):39
Y
杨世膺。试论气功的文化实质。东方气功，1994；(5):5
杨子彬，等。智能功组场对人体心血管功能的调节作用。东方气功，1993；(2):2
于秋目。元极功法对脑卒中所致偏瘫的康复作用。气功与科学，1994；(7):23
Z
张传忠。气功态下的心功能变化。按摩与导引，1994；(4):13
张洪文。自控气功自疗类风湿性关节炎实践。气功，1992；(4):163
张木森。气功祛病健身的机理研讨。中国气功，1994；(4):30
张森林。调智程序和原理的实验研究。中国气功，1994；(4):14
张天戈。气功医疗必须规范化。健康报，1994年9月16日
赵中凡。站桩和静坐三年类风湿因子转阴。气功，1992；(4):164
祝 信。气功组场慎防出偏。气功杂志，1993；(11):507
左萍萍。智能气功对神经突触膜受体活动性的影响。中国气功科学，1994；(2):16

(12) 护 理

【概述】

近年来，中医护理学与其他学科的横向联系日趋广泛，1994年度研究的内容主要有以下几方面。

(一) 中医护理质量管理 赵若华等撰文介绍PDCA循环法（即计划——执行——检查——总结法。由美国戴明提出）在中医护理质量管理中的应用。认为中医护理工作应

发挥最优协调，发挥最高的工作效率，逐步由事务性管理过渡到科学管理。

（二）辨证施护　陈国丽、鲁惠珍、辛守朴等认为，辨证施护是辨证论治的重要组成部份，也是中医护理界不断探索的重要课题。辨证施护的核心是以中医的整体观，即五脏一体观、天地一体观、人与天地相应论等作为指导思想，要求护理人员能应用气候、环境、心理、饮食、劳逸等方面的知识，对病人施行全面、系统的整体护理。

（三）疾病护理　董武辉对中风证的辨证施护提出了具体的措施，认为该证应施行分级护理，根据病情变化，随时调整。张荣花、王金清探讨了癌症的心理护理和饮食护理，强调从心理上去安慰病人能使癌症患者增强战胜疾病的信心。王琴归纳了老年性痴呆的中医护理；谭文荣则将该病分为肾精亏虚型、阴亏阳亢型、痰浊上蒙型、气虚血瘀型，分型施护。王世平、王爱娟、熊星火、缪春秀、姚亚娟等介绍了褥疮的治疗与护理，使这一比较难以治疗的疾患获得了较高的治愈率。

（四）中医护理的饮食忌宜　江芝琴对中医护理中的饮食忌宜提出自已的观点，从饮食对病人的影响、食物的分类与性能、饮食宜忌原则、常见病的饮食宜忌等方面进行了讨论，认为掌握好这些知识有利于更好地辨证施护。

本年度，中医护理方面的论文虽较前几年有所增加，质量也有所提高，但护理理论方面的论文甚少，尚须进一步深入研究。还要强调一下，中医护理工作是中医药学的重要组成部份，直接关系到病人能否早日康复，如何提高中医护理质量，仍是今后的重要课题之一。

（周文泉）

【辨证施护的探讨】

辨证施护是中医护理的特点和精华，也是近年来中医护理界不断探索的重要课题。

陈国丽认为，辨证施护是以中医的整体恒动观，即五脏一体观、天地一体观、人与天地相应论作为指导思想，要求护理人员能运用气候、环境、心理、饮食、劳逸等方面的知识，对病人施行全面、系统的整体护理。（1）掌握中医整体观，加强情志护理：七情过极，可导致机体阴阳失调、脏腑气血紊乱，应根据病人不同的心态，采用移情或相制的方法，尽可能转移、淡化其不良情志。（2）运用天人相应论，重视防六淫护理：晨、晚间护理时，既要开窗通风，又须避免患者直接吹风；天气变化时，主动为病人添衣加被；平素应带领病人开展气功、呼吸操等健身活动，提高机体对六淫的抵抗力。(3)发扬中医特色，进行护理操作。如根据“久卧伤气”的理论，鼓励血虚病人起床活动，陪同院内散步等；根据“近利”的治则，为便秘病人作腹部按摩、针刺天枢穴等，以增加胃肠蠕动。鲁惠珍认为，辨证施护应注意辨证求因、治护并重，畅情志、调心理，调理饮食、顺应四时等方面。同一疾病，由于病因、病程、机体反应性等不同，可表现为不同的证型，应采用不同的施护措施。如肺心病患者出现肺功能不全合并呼吸道感染，可有肺肾气虚、受寒邪所致的偏寒型及痰浊壅盛化热所致的偏热型，护理应有所侧重。对偏寒型者病室温度要高一些，静脉输液也应稍加温，偏热型则反之。另一方面，运用中医理论指导饮食调护，也是辨证施护的重要组成部分，应做到药食相须、寒温相宜、五味相适，以提高疗效。此外，根据“顺应四时，适时调神”的理论，还应使患者的生活习惯与一年四季、一日四时中阴阳之气的变化相适应，护士则应在四季气候不同、温差较大的情况下，相应地调节病室内的温度、湿度。李泰湘等认为，辨证施护应以辨证定出施护原则、按证变调整施护重点、据病因确立施护方向。如麻疹初期，邪在肺卫，卫阳被遏，护理应注意保暖、防风，进药后加盖衣被以取微汗透疹等。若邪入气营，护理重点应调整为严密观察出疹顺逆，有无热毒壅肺、热毒下陷、邪入心包等变证，同时做好皮肤、口腔、眼、耳、鼻的清洁护理，并用鲜葛根、鲜荸荠煎水代茶饮。辛守朴则将辨证施护的程序归纳为：收集资料、辨别疾病的性质、判定病位、分清标本主次、审因论护、确立护理原则及措施、效果评价等几个方面。

（方东行）

【癌症的护理】

（一）心理护理　张荣花、翟信长认为，七情与癌症的发生发展有着非常密切的关系，对癌症患者的康复也有重要的影响。当癌症一经确诊，或有可疑，病人往往产生各种各样复杂的心理活动和情绪变化，如悲伤、忧惧、疑虑、烦躁、悲观消极等。这些心态变化和情绪反应会对癌症的康复带来不利，会使正气消蚀。常用的心理治疗方法有：(1) 开导鼓励。语言是心理疗法之一，分析病人心理障碍发生的原因和心理需求，做到有的放矢，并掌握好语言的技巧，使其充满生存的希望和战胜疾病的信心。(2) 转移视线。转移病人注意力，使其保持乐观；同时要求其亲属常与患者在一起看一些喜剧性的影片与书籍，多说一些幽默言语与笑话，让患者在亲属乐观情绪的影响下，树立战胜癌症的信心。(3) 释疑。向病人介绍医学的进展情况及心理健康与疾病康复的关系。选择适合于病人"口味"的语气，和病人诚恳耐心地交谈，有问必答，使病人感到癌症并不是很可怕的。

（二）饮食护理　王金清介绍了急性粒细胞白血病患者的饮食调养。认为根据四时应让病人多食一些营养丰富的食品，如山药、大枣、花生仁、桂圆、银耳、黑米、红小豆、西红柿、胡萝卜、紫菜、羊肉、狗肉以及动物的肝脏等。忌食肥甘厚腻及辛辣煎炸等难以消化之品。食物的温度要适中，防止过冷损伤脾胃。黄谨等介绍了食管癌病人的饮食护理，认为应禁食烟酒、辛辣厚味及硬质刺激性食物。除补充足量的营养外，建议常吃生的食物，有利于体内白细胞激发旺盛的抗病能力。

（刘慧凤）

【老年性痴呆的护理】

老年性痴呆是慢性进行性精神衰退性疾病。在其治疗过程中，生活护理，尤其是中医辨证施护起着非常重要的作用。

王琴归纳了护理28例本病患者的体会。(1) 生活护理：要给患者舒适、安静、整洁的环境，使其静养心神。生活要有规律，保证睡眠时间，减少脑力劳动，体力活动要适当。不可让患者自由活动，以防发生意外伤害。对卧床不起的患者，要经常擦洗身体及翻身按摩，以促进气血运行，延缓肌肉萎缩和防止褥疮及其他感染发生。(2) 饮食护理：饮食要定时定量，多给予低脂高营养饮食，多吃蔬菜及鱼类食品，可适当食用核桃仁、枸杞子、黑芝麻、桂圆肉、红枣、薏苡仁等以养心健脾补肾。多吃水果，保持大便通畅。嘱患者戒烟酒，忌食辛辣和刺激性食物。(3) 服药护理：坚持按时给患者服药治疗，且要看着患者服药，以防漏服或不服而影响治疗效果。给予镇静药要从小剂量开始，以防过量。(4) 心理护理：要以和蔼可亲、热情耐心、细致周到的态度，细心敏锐地了解和观察病人的内心活动，主动耐心地与之交谈。要用简单易懂的言辞解除患者的心理负担，使之心情舒畅愉快。要用高度的责任心取得患者的信任，增强其战胜疾病的信心。

谭文荣等介绍了本病的中医辨证施护。(1) 肾精亏虚型：多见于高龄患者，症见精神空虚、反应迟钝、健忘等。须用恳切的语言、轻柔的动作，通过耐心开导努力使其提高生活兴趣。饮食以清淡为主，忌食生冷油腻；一日三餐可进牛奶、豆浆、蔬菜等，并以动物脑髓以脏补脏；也可用枸杞果、山萸肉等煮粥以补肾健脑。配合针灸关元、肾俞等穴以补肾益精。可带患者到室外散步，既可呼吸新鲜空气以增加脑部血氧供应，又可接受人群刺激兴奋大脑，改善脑功能。(2)阴亏阳亢型：该型患者以情绪失调不能自制为特点。可采取暗示心理疗法，用精神疏导减轻其潜在的心理压力；医护人员要避免因态度生硬致使患者情绪波动。饮食忌辛辣助火之品，血压高者宜低钠饮食；平时以菊花、刺五加水泡后代茶饮。配合用菊花、钩藤、僵蚕、决明子等做成药枕，以怡神醒脑、清肝明目。可按压耳穴，选内分泌、皮质下等穴。(3)痰浊上蒙型：此型患者以表情淡漠、懒言、多寐为主要症状。宜采取关心开导之法，鼓励培养个人爱好，增加生活情趣，从而获得良性刺激，以推迟大脑衰老。饮食宜少吃鱼、肉、蛋、糖等肥甘类食物；一日三餐以进食豆类、蔬菜等易消化之品为宜，可用苡米做成粥服，以健脾燥湿。配合针灸足三里、丰隆、百会、心俞等穴以健脾化痰开窍。还可用佩兰、陈皮、竹茹等作成药枕，以祛湿、醒脑、提神。耳穴按压可选心、皮质下等穴。(4)气虚血瘀型：该型多见于冠心病患者，除神疲呆滞外，常伴心悸、气短等症。要避免患者情绪波动，尽可能地使其心神安定。饮食宜少食多餐，以免加重心脏及脾胃负担。平时可用桂圆、大枣或红参、麦冬、五味子煎水代茶饮，以补益元气、安定心神。配合针灸关元、气海、百会等穴，或按摩心俞、肾俞等。偏气虚者宜严格控制运动量，以免过劳伤气；用药宜少用芳香开窍之品，以免辛香走窜耗气散气。此外，由于本病患者反应不敏感，护理时应注意严密观察其体温、血压、脉搏、呼吸的变化，及时发现病情报告医生。还要定期检查大小便及肝功能，防止某些药物造成的肝肾功能损害。

（方东行）

【褥疮的治疗与护理】

王世平辨证施护褥疮67例，经14～34天的治疗和护理后，获痊愈59例，有效6例，无效2例；总有效率为97%。方法：(1)早期（瘀血阻络，肌肤失养）：经常改变患者体位，保持身体卫生，局部用红花酒（该药由红花、桃仁、血竭、儿茶、乳香、没药、白酒组成）涂抹按摩。(2)疮成期（瘀毒久蕴，肌肤腐脱）：未感染时用褥疮散（由海螵蛸、滑石、冰片、炉甘石组成）外敷。感染时除内治外，另用抗感染外洗方(由黄芩、黄连、黄柏、苦参、艾叶、川椒、生甘草、金银花组成)煎水外洗。(3)后期(瘀毒势去，气血未复)：若患者久病气血暗耗致新肉迟迟不长，则应注意精神及饮食护理。可内服八珍汤、十全大补汤等，外用生肌玉红膏敷贴疮面。王爱娟用中西医结合法治疗褥疮23例，痊愈（7～14天愈合）13例，好转10例，总有效率98%。其治法：患处清理创面后用2.5%碘酒涂布，待干燥后再将中药粉(由黄芪、黄柏、黄芩、黄连、当归、丹皮、炉甘石、白及、牛膝组成）散敷在创面上。熊星火用中草药熏灸治疗本病17例，20天后，获痊愈13例，显效4例。熏灸药由威灵仙、川乌、草乌、羌活、独活、生大黄、陈皮、艾绒组成，每次熏灸患处20～30分钟。缪春秀等用九一散（由煅石膏、红粉组成）治疗慢性褥疮14例，经平均治疗22.5天后，治愈12例（未治愈的2例为Ⅲ～Ⅳ期患者）。此外，还有隗合作等研制中药（当归、红花、川芎、透骨草、白芷）酒精浸液外擦，沈菊珍用五五丹粉(熟石膏、升丹）及生肌散(制炉甘石、滴乳石、滑石、血珀、朱砂、冰片）外治，顾瑞康等用血竭末、张传弘用蒲黄外扑防治褥疮，均取得较好的效果。

（方东行）

参考文献

C

陈国丽。辨证施护之我见。上海中医药杂志，1994；(6):34

D

翟信长。癌的中医心理治疗。贵阳中医学院学报，1991；(3):13

董武辉。浅淡中风证的辨证施护。天津中医，1994；(3):42

G

顾瑞康，等。血竭末治疗大面积褥疮。浙江中医杂志，1994；(4):181

L

李泰湘，等。辨证施护略识。中医药学报，1992；(3):13

缪春秀，等。九一散治疗慢性褥疮14例。江苏中医，1994；(4):22

鲁惠珍。浅议中医辨证施护中的几个侧重点。甘肃中医，1994；(3):46

S

沈菊珍。大面积褥疮的中医护理。江苏中医，1994；(8):34

T

谭文荣，等。老年性痴呆的中医辨证施护。国医论坛，1994；(5):42

W

王　琴。老年性痴呆的中医护理体会。河北中医，1993；(6):50

王爱娟。中西医结合治疗褥疮23例。浙江中医杂志。1994；(3):115

王金清。急性粒细胞白血病的辨证施护。天津中医学院学报，1994；(2):27

王世平。67例褥疮辨证施护小结。国医论坛，1994；(4):36

隗合作，等。中药酒精浸液治褥疮。四川中医，1994；(5):43

X

辛守朴。浅谈辨证施护的程序。山东中医杂志，1994；(9):429

熊星火。中草药熏灸治疗褥疮17例。新中医，1994；(6):53

Y

姚亚娟。席疮散治疗褥疮22例。南京中医学院学报，1994；(5):57

Z

张传弘。蒲黄防治褥疮效佳。中医杂志，1994；(10):583

张荣花。保护性医疗在癌症患者心理护理中的重要性。陕西中医函授，1994；(2):36

赵若华，等。深化中医责任制护理初探。福建中医学院学报，1994；(1):45

PDCA循环在中医护理质量管理中的应用。福建中医药，1994；(2):38

（四）预防与养生

【概述】

中医养生学是将中医基本理论与中国古代哲学思想和养生的具体内容相结合的产物。历代医学家对其进行挖掘与整理，使其不断更新与完善。1994年预防与养生研究大体可以分为以下几个方面。

（一）有关古代养生学的发展　王安邦等对古代中医养生学的发展进行了论述，认为中医养生学历史悠久，自秦汉迄今，经久不衰，论述了中医养生形成于先秦两汉。先秦两汉是中医学体系奠基的伟大时代，同时又是中医养生学形成的重要时期。先秦诸子已提出不同的养生理论，如老子和庄子总结出“以静养生”和“顺乎自然”的观点，孔子则主张动静结合。《内经》又将先秦诸子的养生见解融汇贯通，熔于一炉，加以发挥，成为中医养生学理论。《内经》所概括的养生理论主要是天人合一，动静结合与中和观，总结出了一套有关天人合一的养生理论。并提出了著名的“春夏养阳，秋冬养阴”的四时顺养原则。动静结合的观点也贯穿于《内经》有关养生的内容之中。如提倡人们学习“导引按矫”

等以动养形，这样方可形与神俱，尽终天年。《内经》养生学还认为，无论是调神还是养形，都必须要“适中”、“有度”，以维持人体正常的生活规律。任何太过或不及的事物和方法都可能破坏人体平衡，导致疾病的发生，影响人的寿命。总之，《内经》奠定了养生学的理论基础，两千余年来，大旨以《内经》为其宗始。王氏等又认为中医养生学于魏晋隋唐宋金元在千余年间获得了长足的发展，其主要标志是：魏晋养生蔚然成风，隋唐养生术出现总结性的成就，宋代老年养生保健的兴起和金元医家对养生理论的新发挥。魏晋南北朝时期，儒、佛、道三家鼎立，养生流派形成，于是养生风气大盛，为前所未有。嵇康认为养生的人，首先要“清虚静泰，少私寡欲”，葛洪强调导引在整个养生术中的作用，陶弘景提倡导引、按摩和服石等养生方法，颜子推认为养生应以忠孝节义为本。以上四位被称为魏晋养生四大家。隋唐时期养生成就卓著，出现了养生术集大成的著作——孙思邈的《千金要方》，其中有“养性”的专卷。孙思邈认为养生的关键在于养性，实现养性的手段在于“安神定志，无欲无求”，即对精神的修养。宋代养生学发展的一个特点，就是老年养生保健的兴起，其间有中国现存最早的一部老年保健医学著作——陈直的《养老奉亲书》问世，展示中国老年医学正式诞生。金元时期，四大医家对养生学的理论多有发挥，刘完素强调气是生命的最基本物质，同时还强调精、神的重要性及肾、心的关系，提出“补泻六腑，陶炼五脏，可以固形，可以全生”。张从正所用补法重视饮食调摄，借谷肉果菜以养正，用食养以补虚，食疗以治病。李东垣认为元气滋生于脾胃，所以养生的根本在于调理脾胃。朱丹溪则阐明了阴虚与衰老及老年病的关系。明清时期养生著作空前增多，据不完全统计，明代现存六十余种，清朝有关养生著作也有六十余种。养生著作的增多，也很能说明养生术得到进一步普及推广。

（二）有关养生学内容的研究　陈可冀等对中医老年保健学进行了深入的研究，指出老年保健学是研究保障老年人健康，促进身体复原的学科，属于预防医学和康复医学的范畴。该学科涉及到老年人合理生活方式、体育运动和饮食营养等。指出养生学是探索合理生活方式、研究防病延寿的生活规律和方法的学问。其理论基础在于强调调护精气神，顺乎自然之理，将伤害身体的因素，控制到最低限度。提出养生学的主要内容包括：（1）晚婚优生；（2）逸情畅志，重视精神心理因素对健康的影响；（3）谨慎起居，节制性欲，对预防衰老有益；（4）适应寒温，避免时令邪侵；(5)节制饮食，少肉多素，能够保养脾胃；（6)勤劳勤动，不令过疲，促进血液流畅。此外，广义的养生还包括气功、食疗和药饵保健等。

（三）有关古代医著养生学思想的研究　邢维祖对《内经》的抗老防衰思想进行了研究，认为《内经》的抗老防衰思想分为：（1）对人类生命规律的阐述；（2）肾气在人类生命过程中的重要作用；（3）加强自我精神调节，保持心理健康；（4）调节饮食，重视脾胃功能；（5）适应环境变化；（6）早衰的形成及扶助正气，祛病延年等几个方面，认为《内经》的抗老防衰思想是科学的、系统的。

冯怀英等对《诸病源候论》的养生观进行了讨论，认为《诸病源候论》是遵循《内经》摄生思想，在五脏六腑病候下，倡导“发陈”之春养肝，“蕃秀”之夏养心，“容平”之秋养肺，“闭藏”之冬养肾，安内攘外，顺应自然，随生、长、化、收、藏规律调养五脏。若反此则生病候，即所谓的摄生法四时。同时提出邪风宜慎避，居所饮水当选择，谨防情欲过度，起居护养当适度，倡导“服玉泉”、“叩齿”、“漱口”、“栉发”等。罗秀夏等提出，朱丹溪在代表著作《格致余论》中，论述了养生等方面的内容。朱丹溪认为阴气衰耗是致衰的关键，维护阴精为主要摄生原则。朱丹溪的养老摄生思想处处以养阴护精为核心，为养生学增添了新的内容，给我们以重要的启示。袁德培对明代著名医学家李时珍《本草纲目》延寿方药的特点进行了讨论，指出李时珍在《本草纲目》中强调调补脾肾、固益精气、滋阴安神、养心益智；力倡药食并补、食养保健，补通结合、求治于腑等观点，说明其对延缓衰老医药非常重视。

（四）有关预防和康复方面的研究　杨健武对精神修养及其与健康长寿的关系进行了研究，提出"清静养神，修性怡情，和情安神，适时调神等观点"，认为避免强烈或长期的精神刺激，是中医预防疾病的重要措施之一。此外，人们对于情感刺激的应变能力是有差异的，应变能力决定于气质性格、精神修养，因此注重精神修养对于维护健康、预防疾病具有重要意义。吕秉仁简要的论述了中医对老年病的预防与治疗，主张进行身心锻炼，注意劳动锻炼与长寿的密切关系，注意情志对身体健康和长寿的关系，提倡饮食有节，节制性欲。药物调养列举了养阴方、补阳方、补肾方、健脾补气方。食疗是养生学的基础。李德成对《养老奉亲书》进行了探讨，提出颐养调护，食药并举。

总之，随着养生学理论的不断发展，养生方药及养生术在临床上的应用也随之有了长足的进展。本年度，对于预防和养生的研究虽有很大进展，但仍存在低水平重复、挖掘整理的论文较多而新的研究较少等问题。希望通过中医药研究人员的不懈努力，使本学科的发展更加迅速、研究内容更加完善。

（周文泉）

【衰老机理与延缓衰老的探讨】

林水淼等归纳中医关于衰老机理的学说有：（1）先天说。认为人的衰老进程和寿命取决于父母遗传基础，甚至在出生时已经确定。如《灵枢·天年》曰："以母为基，以父为楯。"（2）后天说。认为人的衰老进程和长短主要取决于后天摄养是否得当。如《素问病机气宜保命集》曰："修短寿夭，皆自人为。"（3）五脏虚损说。这是中医衰老理论中影响最大的学说之一。按其重点不同，可分为五脏虚损说、肾虚说、脾虚说等。（4）精气神虚衰说。认为衰老的机制在于精气神随着增龄而不断虚衰。其中又有精虚、气虚、神虚及精血亏损等不同观点。（5）阴阳失调说。认为衰老与增龄中出现的阴阳偏盛偏衰而致阴阳失调相关。其中又有阳气虚衰说、阴精虚衰说、衰阴衰阳说、阴虚阳亢说等观点。（6）邪实说。认为增龄中产生的病理产物或外邪将导致衰老加速，其邪实主要以痰瘀为主。（7）气运失常说。认为体内之气运行失常，可导致内环境紊乱而致衰老和早夭。吴中朝等应用中医理论、古代医学文献及现代临床和实验研究成果，提出老年人衰老本质主要是以阳虚为本，尤以肾阳虚衰为主，瘀血内阻为标。姜惟亦认为，肾虚是人体衰老的根本原因，而痰瘀内阻又进一步加速了机体的老化。因痰瘀是疾病过程中产生的病理变化和产物，其形成后，不仅影响脏腑组织器官的营养供给，而且会导致机体发生新的病理变化。在衰老的进程中，肾虚为本，痰瘀乃是标，本虚标实，互为影响，互为因果。瞿延飞认为，关于补脾抗衰老的认识，起源于《内经》，但其仅将脾虚列为一般性致衰老因素之一；至金元及明代之后，补脾才和补肾一起，被认为是抗衰老的两大重要原则之一。在今天继续探寻中医药抗衰老途径的研究中，认识这一理论差别有重要的意义。瞿延晖通过对中医药抗衰老指导思想的分析，认为不能局限于"脾肾虚衰导致衰老"的传统观念。应拓宽思路，加深导致衰老内在因素与机理的认识，探索新的途径。并认为，衰老存在着多种内在因素，这些致衰老因素是随年龄增加而不断变化的必然结果。各因素之间又互为作用影响，综合而构成复杂的衰老机理，并非单纯由脾肾虚衰及血瘀形成。

吕立言等总结了“益气化瘀法则”抗衰老的作用机制。认为可归纳为三个方面：(1)调畅气血，改善微循环和血液流变性；(2)推陈致新，改善物质代谢，促进脂褐素排泄；(3)扶助正气，提高免疫功能，预防老年病的发生发展。郑虎占认为，人体衰老的主要机制是精血不足、兼有瘀滞，延年益寿当以填精补血与活血化瘀相结合为大法。延缓衰老的措施有：(1)服用药物。服用填补精血药如六味地黄丸、杞菊地黄丸、首乌片等，同时还应服用活血化瘀药如丹参片、当归片等。(2)饮食调理。补养精血与流通气血食品共进，如进食高蛋白食物、少量饮酒等。(3)精神调摄。既要静神以保阴精，又要怡志以快气血，不可过度思虑。(4)适度运动。老年人应充分休息，保证充足睡眠，做到以静为主，聚精养神；但尚需适度运动，活动肢体，以流通气血；只有动静结合，方能抗衰延寿。

（方东行）

【抗衰老方药的应用与研究】

张崇泉等研究“益气养阴口服液”（由人参、何首乌、麦冬、枸杞、茯苓等组成）的抗衰老作用。将老年慢性病人120例分为观察组（服用该药）及对照组(服用维生素E)两组。结果发现，两组病人治疗后衰老症状和生理功能测定均有不同程度改善，而以观察组为优（$P<0.01$）。动物实验结果亦表明，该药有明显延长果蝇寿命、增强小鼠记忆力、抑制小鼠脑、肝组织过氧化脂质生成等作用。刘小英等用“葆春降脂胶囊”（以红参、枸杞、红花等制成）对中老年观察组32例，另设安慰剂对照组13例进行观察。结果发现，观察组取得明显改善衰老症状、降低衰老积分值的效果，总有效率为87.5%；而对照组总有效率仅为30.8%。两组间比较，有显著性差异。动物实验亦提示该药具有延缓衰老作用。王海娟将“抗衰老胶囊”（由西洋参、黄精、生黄芪、熟地黄、何首乌、枸杞、黑芝麻、珍珠粉等组成）应用于95例老人，于服药前及服药3个月、6个月时测定生化指标，发现它们均有不同程度的改善，其中超氧化物歧化酶（SOD）显著升高（$P<0.01$）。赫烜等研究了“防衰一号”（由黄芪、黄精、补骨脂、莪术等组成）的抗衰老作用。将老年肾虚患者50例分为2组，观察组33例服“防衰一号”，对照组17例服维生素E。结果发现，观察组服药后与服药前比较，LPO（过氧化脂质）下降显著（$P<0.01$），SOD（超氧化物歧化酶）上升显著（$P<0.01$），均显著优于对照组（$P<0.01$）。何忠效等探讨了“神方补肾生血药”(由生地、山萸肉、龟版胶、阿胶、枸杞等组成）的延缓衰老作用，发现该药可导致DNA甲基化酶层析行为的改变，使比活力增高。提示该药改变了大鼠肝DNA甲基化酶的分子结构，从而影响其比活力。刘群良等则观察到，“抗衰延寿方”（由枸杞、杜仲等组成）能有效地抑制环磷酰胺所引起的小鼠骨髓细胞分裂增殖周期延长及姊妹染色单体互换(SCE)频率增高等改变。认为该方对小鼠骨髓细胞染色质有保护作用。

（陈兆英）

【外用保健法】

陈秀安等用“中药防护手套”（由川乌、草乌、桂枝、细辛、独活等21味中药制液浸泡而成）治疗局部振动病。对患有白指症的砂轮工和凿岩工74例分为治疗组(38例)和对照组（36例）。经3个月治疗后，治疗组总有效率为92%，与对照组相比，有显著性差异。戴手套前后各检查一次甲皱微循环，亦发现治疗组在治疗前有管袢异常者30例，治疗后转为正常发夹型者有20例。输入枝（动脉臂）由于管袢痉挛，管径小于10μm（正常10～20μm）者有16例，治疗后有11例管径增宽至大于10μm的正常值。说明中药外治对本病有明显的保健和治疗作用。蒋连泓等观察了“足浴方”（由肉桂、香附、苍术、艾叶、吴茱萸、菖蒲等组成）的保健作用。用法：将中药煎水1500毫升，候温，双足浸泡药液中，早晚各一次，每次10～15分钟，10天为一疗程。经治心脏血管疾病后遗症的衰老综合征32例，获显效13例，好转12例，无效7例；高楼综合征30例，获显效11例，好转14例，无效5例。认为该方对这两种疾病均有较好的保健和治疗效果。

（陈兆英）

参考文献

C

曹贵珠，等。张仲景对康复医学的贡献。江苏中医，1994；(6):34

陈可冀，等。中医老年学概述。光明中医，1994；(3):3

陈秀安，等。中药防护手套对局部振动病病人甲皱微循环的影响。山东中医学院学报，1994；(1):33

F

冯怀英，等。《诸病源候论》养生刍议。四川中医，1994；(5):3

H

何忠效，等。抗衰老药物对大鼠肝DNA甲基化酶活力的影响。中国中西医结合杂志，1994；(6):354

赫　烜，等。防衰I号对老年肾虚患者自由基反应的影响。中国中西医结合杂志，1994；(11):684

J

姜　惟。肾虚痰瘀与衰老的关系初探。辽宁中医杂志，1994；(3):106

蒋连泓，等。"足浴方"保健功效临床62例观察报告。天津中医学院学报，1994；(1):21

L

李德成，等。颐养调护食药并举——《养老奉亲书》探微。上海中医药杂志，1994；(9):1

林水淼，等。中医论衰老机理。上海中医药杂志，1994；(12):14

刘群良，等。抗衰延寿方对环磷酰胺所致小鼠染色质结构与功能损害的影响。湖南中医学院学报，1994；(3):41

刘小英，等。葆春降脂胶囊抗衰作用的临床及实验研究。中国中医药科技，1994；(5):30

罗秀夏，等。丹溪衰老与摄生学术思想探讨。山西中医，1994；(5):5

吕秉仁。简论中医对老年病的防治。光明中医，1994；(3):46

吕立言，等。益气化瘀法则抗衰老作用机制探讨。辽宁中医杂志，1994；(1):20

Q

瞿延飞。补脾抗衰老理论的形成与发展。江苏中医，1994；(10):38

瞿延晖。当前中医药抗衰老指导思想分析。湖北中医杂志，1994；(6):19

W

王安邦，等。古代中医养生学发展概略。河南中医药学刊，1994；(5):1

王海娟。抗衰老胶囊对95例中老年人的临床应用观察。江苏中医，1994；(11):45

吴中朝，等。试论老年人阳虚挟瘀衰老本质。江苏中医，1994；(11):39

X

邢维祖。论《内经》的抗老防衰思想。陕西中医，1994；(10):477

Y

杨健武。论精神修养及其与健康长寿的关系。云南中医杂志，1994；(5):3

俞宜年，等。养生术在临床上的应用。黑龙江中医药，1994；(1):51

于培龙。中医药抗衰老浅谈。甘肃中医，1994；(1):4

袁德培。《本草纲目》延寿方药特色初探。山西中医，1994；(5):3

Z

张崇泉，等。益气养阴口服液延缓衰老的临床和实验研究。湖南中医杂志，1994；(4):45

张连生。《内经》养生学说在老年医学中的应用。河北中医，1994；(2):43

郑虎占。衰老机理与延缓衰老对策探讨。江苏中医，1994；(7):37

二、中　药

（一）理论研究

【概述】

中药理论是一个涉及范围很广的大概念。近几年有关论文报道较多，仅本年度统计就达200余篇。本文着重介绍传统中药理论的内容，并以药性理论为主。

首先，在中药性、气理论研究方面，多年来进行了关于寒热对儿茶酚类衍生物代谢的影响和对能量代谢影响的研究。近年李恩宽等通过对110首方剂煎液分析后提出，方剂中无机元素分布值是其寒凉、温热性质的一种决定因素。以温热性药为多组成的方剂其多数元素含量高于均值线；以寒凉性药为多组成的方剂其多数元素含量低于均值线。严若政等在1986年提出，含结晶水的无机盐中结晶水的存在是产生寒凉药性的重要因素。由于本类药物结晶体中晶胞内容物不同，故其最终因素在于各质点组成的电子云密度分布的有序性。如果失去了结晶水，不论晶体系统还是Bravais点阵或者晶体等级的变化与否，只要电子云密度排布的有序性发生变化，其药性就立即改变。龚跃新等在生、煅石膏的电镜及成分研究中，提出了类似观点：两个结晶水的存在是生石膏药性大寒的重要因素，其最终因素在于各质点组成的电子云密度分布的有序性，清热作用则与结晶水的存在，钙离子和铁、钴、硫等其它无机元素均有一定关系。前者，主要是以植物药为对象；后者，则主要以部分矿物药为对象，但矿物药含结晶水与否对于水银、磁石、代赭石、食盐等的性寒，绿盐（$CuCl_2 \cdot 2H_2O$）、铁华粉（$FeAc_2 \cdot H_2O$）等的性平，可能未必都能解释，故还有一定的局限性。

杨滨从量子水平提出了一个新的见解。认为寒凉性处于低能态，阴的实质是低能态，故寒凉属阴。低能态药物可直接或间接地调整机体的高能状态，使之恢复正常。相反，温热性归高能状态，属阳，可用于改善机体的低能状态。王儒飞等则从中医基础理论重新认识寒热药性。认为中药“四气”是由药物本身固有的阴阳属性之强弱、盛衰决定的。阴的属性强盛，阳的属性微弱，能调治人体阳气偏盛之热性病证者则为寒凉；反之，阳的属性强盛，阴的属性微弱，能调治人体阴气偏盛之寒性病证者则为热温。这些新的理论见解还需更多的实验和论证。

从理化性质来认识药性的困难，最主要的是中药基源涉及动物、植物、矿物以及某些人工制成的物质，药性则是这些基源所共有的特性，所有解释如果不能说明这共有的性质，都不免存在着局限性。古人对于多种药性的解释虽然可以引入许多哲理、人文、自然科学等概念，但最终要服从于临床实践。临床实践是诸种药性产生、存在、理论发展的最根本条件和基础。无论其基源如何，只有共同的或同类的临床“表现”，才有可能被认定为共同或同类的药性。至于现代药性又如何来认识，管会平、管建新等从分类学、化学成分、药效和药理、临床运用、中毒反应、解救药物以及文献考察等多方面来综合论证马钱子、斑蝥的药性，则是一个很有意义的尝试。

其次，关于归经理论的问题，就现代研

究情况来看，存在四个主要困难。(1) 归经的实质和意义，古人并没有统一、规范的认识；(2) 归经与经络的关系没有一致的看法；(3) 经络、中医所说脏腑的现代科学研究还没有完成；(4) 文献中，具体药物的归经存在众多分歧。本年度对其还没有重大突破，但在归经的研究方面也出现了一些新的探索。如王儒飞提出"五行系统树"——小宇宙成象的"归经新理论"，以(1) 禀气相应；(2) 五味相应；(3) 色象相应；(4) 形状、部位相应；(5) 质地轻重、升降浮沉成象而相应，称为中药归经五要素。即一个药物与人体某脏腑之相应情况是：全部具有以上五者为善入或主入该脏、该经；具四项者为可入；具三项者为兼入；具二项或一项者为可及或兼及该脏、该经。以上为判定归经的标准。李兴广等对491味中药中有归经记载的439味试行计算机统计学分析。王树荣等以实验动物脏器中cAMP、cGMP水平（含量及比值）的变化为指标，对五味子、鱼腥草、汉防已三药的归经进行研究，认为有较大的相近性。

第三，关于剂量问题。剂量是一切药效、药性的基础或依托。中医所谓："剂量是不传之秘"，关键在于剂量与疗效、毒副作用紧密相关。然而对于中药剂量的研究进展还不足以适应中医临床的需要。小儿、老年人用药剂量标准，不同剂型间的剂量换算，常用中药的剂量标准等都亟待完善。

多年来，超大剂量用药的问题一直令人困扰。尽管不断有超大剂量用药引起严重毒副反应的报道，但超大剂量用药经验也不时见诸学术刊物。如《中国药典》（1990版）生川乌内服宜慎，一般炮制后用。制川乌剂量1.5～3克。而谭泄斌等报道，使用生川乌治疗顽疾时，每剂30～100克，以出现眩瞑状态为最佳标志。《中国药典》（1990版）附子剂量3～15克。而杜亚明则介绍吴佩衡首诊阳虚阴寒证药量，附子每剂40～160克。《中国药典》（1990版）细辛剂量1～3克。而刘沛然介绍自服较大剂量的细辛，从16克开始，渐增至一次服用120克生药煎汁。对于生姜、肉桂、水蛭、大黄、蜈蚣、黄连、石膏等超大剂量用药报道也已屡见不鲜。其意义如何亟待认真总结研究。

第四，关于配伍问题。配伍是联系单味药与方剂的重要环节，近年来关于药对（对药、姐妹药）的总结、研究已经积累了大量资料，两味药组成的方剂：芍药甘草汤、当归补血汤、左金丸、二至丸等的研究相当深入，从多方面证明前人配伍经验的科学性。任映等通过实验认为，清热解毒药与活血药配伍应用，前列腺素E_2、内毒素浓度、全血还原粘度降低，伊文斯蓝渗出量减少，足爪肿胀百分率降低，血浆皮质醇含量增加，纤溶活性增强等多数指标均优于两类药单用，更有利于解毒、消炎和炎症的恢复。这可能是仙方活命饮中配伍活血药的药理基础。薛建欣等研究也表明：在改善血液流变性方面，理气药与活血药配伍，有非常明显的协同作用。但是，并非所有配伍在所有指标方面都优于单味药。陈玉春认为在参附汤的免疫调节作用方面，人参、附子未见相加作用，亦未见拮抗作用。王裕铭等报道，黄连与吴茱萸配伍，煎液中小檗碱的溶出率降低37%。黄熙等报道，川芎伍用丹参后，引起川芎嗪吸收减慢和生物利用度降低。高晓山等则报道了在含有十八反的方剂中，十八反配伍甚至会干扰方剂本身的疗效。所以，中药的配伍理论还有许多方面有待深入研究。

除以上几个问题外更值得注意的是，在中药理论这个领域里，新的理论正在形成。中药、西药联合应用的趋势不可避免，中西药配伍应用在实验和临床上一直在探索、研究。实际上，若干配伍西药的中成药也早已应用临床，而相应的理论尚未形成，尤其缺少系统、深入的研究报道。与此有关的"西药中药化"问题是近年来最惹人注目的理论问题，尚无最后结论。

另一个争议甚多的课题是中药中微量元素与药性、药效关系的问题。如何研究和看待微量元素的理论地位，段玉峰、曹治权、汤学军、史清文等都提出了自己的见解。许多有关中药微量元素研究的重现性较差，不同中药间所含微量元素的量或比值缺乏严格、可信的统计学处理。微量元素的中药理论地位尚未确定。

至于中药药效、药理学作用的双相(向)作用或双向调节作用，既是一个谈论最多的问题，也是就其内涵、机理甚至定义都没有统一认识的问题，1994年内虽有不少研究论文，但无重大进展。

（高晓山）

【性味学说探讨】

李水昌探讨了四气五味之间的关系，认为气同而味异者作用有异；味同而气异者作用也有别；同一药物其气相同兼有三种以上的味，则使该药具有两种以上的功效。如桂枝性温而味辛甘，辛温能发散风寒，而甘温则有温阳通络之功。

孙启明提出药性概念必须规范，认为自《神农本草经·序例》首创“药有寒、热、温、凉四气”之说，沿用至今不替，其药性概念既不规范，也不符合实际。孙氏又提出，按照概念划分的子项不相容原则来分类，即中药药性宜分成寒、热、平三性，属一级划分；凉和温为寒和热的下一层次，属二级划分；微凉和微温为凉和温的下一层次，属三级划分；大寒、大热为寒和热的上一层次，可称超一级划分。这样分类，既适用于纠正传统中药药性分类概念的混乱，亦可使新出的中草药的药性分类有所遵循。

杨滨对中药性能配伍的理化本质作了探讨。认为药物是一种化学物质，作用是由其外周电子云的特性所决定。由于该特性的不同，导致药物所处能量状态的差异。四气中的寒凉性处于低能态，可直接或间接地调整机体的高能态，使之恢复正常，用于治疗热性病，如清热药、辛凉解表药；温热性处于高能态，可改善机体的低能态，治疗寒性病，如温里药、辛温解表药。并对五味性能的理化本质分别作了探讨。以辛味药为例加以说明，辛味药多含挥发油等脂溶性物质，比较容易通过由类脂质分子层组成的细胞膜，因此辛味药大多能迅速地被吸收，扩散全身以至于末梢；辛味药、辣剂能改善机体循环、末梢循环，减少生物膜表面张力，增加其热运动，说明辛味药有发散特性和行气、行血作用。一些挥发油经肺排出时有祛痰、镇咳之功，有些还有抑菌抗菌能力。杨氏认为沉降药（酸、苦、咸、涩味）和寒凉药为低能态；升浮药（辛、甘味）和温热药属高能态。并指出：药物的理化特性及亲和力、局部器官的血流量、细胞膜屏障、体液pH与药物的离解度、排泄和代谢器官所含的药物浓度等是决定药物在体内分布的因素，也是研究药物归经理论的内容。总之，应根据药物性能的理化特性，在具体使用时酌情处理。起激发作用的药常适当配伍含贮能物质的药物，以便点燃的火能持续燃烧；补充贮能物质的同时又要适当配伍有激发作用的药，使得吸收贮能物质所需能量得到持续供给，也使吸收的贮能物质有“火柴点燃”而起作用。其理正如前人所云：“善补阳者，必于阴中求阳，则阳得阴助而生化无穷；善补阴者，必于阳中求阴，则阴得阳升而泉源不竭”。

王纪常等认为，传统记载的味与实际味感不符，这是由于所选药物的品种来源、产地、采收季节或药用部位不同，或是因尝辨方法及个人味觉器官差异所造成，尤其是五味自归纳药物作用之后，便渐渐成为说理工具。所以人们往往根据药物的作用而确定其味，这样便出现了本草所载药物的味与实际的味道不相符合。因此，中药的味感，不能完全用五味来概括，还应包括“涩、麻、碱、腻、凉”等味感在内，可以把“辛、甘、酸、苦、咸、淡"称为"味"，"麻、涩、碱、腻、凉"称为"感"，这样把中药的滋味统称为"味感"较为全面。"味"与"感"有一定差异，但不是绝对不变的，"感"中往往有"味"，而"味"中亦可产生"感"。许多中药同时具有两种以上的味感，历代医药学家有的是依味感在口中出现的先后为序；有的是以味感的主次为序。王氏认为以味感的主次为序可以直接反映药物的特性或者有效成分含量的高低等，并且与功效的关系较为密切，对于指导临床用药也有实际意义。味感的程度历代多用"极"、"大"、"甚"或"微"等以示区别，无客观统一标准，有待于规范。

（沈施德）

【归经的实验研究】

孙冰、王树荣等探讨了中药对归经的概念、源流、依据、意义及现代研究方法。认为目前以有效成分示踪定位和微量元素分析来研究中药归经理论的两大方法都较笼统，尚不能深入揭示中药归经理论的机理、物质基础等实质性问题。为此提出以动物各脏器组织中cAMP、cGMP水平的变化为指标，对中药五味子、鱼腥草、汉防己的归经进行了研究。认为(1)cAMP、cGMP在体内各组织普遍存在，是细胞功能的重要调节物质；(2) cAMP、cGMP对多种信息，尤其是对药物刺激非常灵敏，且各脏器组织中的含量水平基本上可以反映细胞功能的某一动态平衡状态；(3) 许多中药都是通过调节体内环核苷酸含量而起作用的，反之从环核苷酸的含量变化中亦可以观察到中药对机体的影响以及对疾病的疗效。因此，以环核苷酸水平作为研究中药归经的指标是可行的，具有中医药理论特色。实验结果表明，上述3种中药对动物不同组织脏器中环核苷酸水平的影响是不同的，例如五味子可明显降低肺、肾组织cAMP水平，降低膀胱组织中cGMP含量，降低脾、肾中cAMP/cGMP比值；而汉防己则显著降低肺、胃组织cAMP，降低肺、膀胱组织cGAP，对肝、膀胱组织cAMP/cGMP比值则有明显升高作用。还表明环核苷酸含量变化显著的脏器与传统对此三者归经理论论述的情况作了比较。以鱼腥草为例，传统认为该药入肺、肾、膀胱及肝经，实验揭示，肺、胃、膀胱组织中的环核苷酸含量有显著变化，此种实验方法得出的归经情况是较为符合传统理论认识的。本实验采用中药水煎剂，以灌胃给药途径，也较符合临床实际。

（沈施德）

【对"细辛不过钱"的本义探讨】

细辛应用于临床已有两千年的历史，自李时珍《本草纲目》明言"细辛不可过一钱"之后，多数医家便不再深究并交口成诵，乃至民间亦流行"细辛不过钱，过钱命相连"的谚语。《中华人民共和国药典》1977年、1985年、1990年诸版对细辛的用量均规定为1～3克，即限在旧制剂量一钱以内。

田元生等通过对"细辛不过钱"的本义进行了考证，认为此说实指单味研末吞服细辛时剂量不可过钱，非言细辛伍于复方煎煮时剂量不可过钱。胡剑北认为"细辛不过钱"说的"钱"应为"约词"，意指该药用量宜小并宜谨慎使用。

随着近年来中医药在临床上的广泛应用，大剂量使用细辛治愈一些疾病，特别是顽疾的案例，已屡见报道。田氏、张丽君等认为复方汤剂中用量在3克左右无效或疗效不佳的情况下，剂量可逐渐加大，范围应在10～30克之间。对于寒湿痹痛较甚，加之体壮，服少量细辛疗效不佳的患者，可大胆应用之，不必拘谨；而对于阴虚内热，体虚多病，肾功能减退者，不论散剂、煎剂，皆应慎用。胡氏又提出细辛煎法问题，认为细辛有效成分主要是挥发油，而挥发油在高温煎煮过程中可蒸发减少，以致影响疗效，为此建议细辛在复方煎煮时宜"后下"。

（黄　燕）

参考文献

C

曹治权，等。对中药有效化学成分研究的新思考。首届生命力杯世界传统医学优秀论文大奖赛(1994．北京)优秀成果汇编，210

陈玉春。人参、附子与参附汤的免疫调节作用机理初探。中成药，1994；(8):30

D

杜亚明。《吴佩衡医案》首诊阳虚阴寒证药量关系探讨。云南中医学院学报，1994；(3):32

段玉峰，等。中药及其水煎液中微量元素的测定及浸出率初步研究。中国药学杂志，1993；(7):396

G

高晓山，等。中药十八反的新涵义—妨害治疗。中国中药杂志，1992；(12):761

龚跃新，等。生、煅石膏的电镜观察及成分研究。中国中药杂志，1994；(1):21

管会平，等。斑蝥性温之探讨。中国中药杂志，1994；(5):308

管建新，等。马钱子性温之探讨。中国中药杂志，1994；(9):567

H

胡剑北。也论"细辛不过钱"。中国医药学报，1994；(3):13

黄　熙，等。川芎伍用丹参煎剂对川芎嗪动力学的影响。中国中西医结合杂志，1994；(5):288

L

李恩宽，等。方剂中无机元素分布与其寒凉、温热性质相关的研究。中医杂志，1993；(6):362

李水昌。浅议中药的四气五味及其相互关系。云南中医杂志，1994；(1):43

李兴广，等。常用中药归经的计算机分析。中医杂志，1994；(5):313

刘沛然。细辛与临床。首届生命力杯世界传统医学优秀论文大奖赛（1994·北京)优秀成果汇编，205

R

任　映，等。清热解毒药与活血药相配伍的实验研究。中国中药杂志，1994；(10):627

S

史清文，等。中药微量元素研究中存在的问题。中医药时代，1994；(2):11

孙　冰。中药归经研究。山东中医学院学报，1994；(1):2

孙启明。药性概念必须规范。辽宁中医杂志，1994；(9):399

T

谭世斌，等。大剂量生川乌治疗中风、历节病经验谈。长春中医学院学报，1994；(3):31

汤学军。补肾药的微量元素与疗效分析。中国中西医结合学会研讨会（1994·北京）论文汇集，137

田元生，等。对"细辛不过钱"的本义探讨。中国医药学报，1993；(5):23

W

王纪常，等。中药味感论析。安徽中医学院学报，1994；(3):3

王儒飞。中药四气定性分析。中医杂志，1991；(5):265

中药归经新论。首届生命力杯世界传统医学优秀论文大奖赛（1994·北京）优秀成果汇编，206

王树荣，等。中药归经的实验研究。中国中药杂志，1994；(8):500

王裕铭，等。黄连配伍吴茱萸对黄连中主要化学成分的影响。中国中药杂志，1994；(2):115

吴伯平。必须重视中药毒副作用研究。中国中医药报，1994年3月28日

X

薛建欣，等。香附、川芎、赤芍、黄芪、归尾配伍抗血小板聚集作用及某些机理研究。中国药科大学学报，1994；(1):39

黄芪、归尾、香附、川芎、赤芍等配伍对"血瘀"大鼠血液流变学的影响。中国中药杂志，1994；(2):108

Y

杨　滨。中药性能配伍的理化本质探讨。实用中西医结合杂志，1994；(7):423

严若政，等。含结晶水的无机盐类中药的寒凉药性探讨。中药通讯，1986（中药理论增刊1）；104—106

Z

张丽君，等。复方细辛可过钱。中医药信息，1994；(3):38

（二）开发与生产

【概述】

1994年，在开发与生产方面共发表论文约400余篇。而且中药材除直接入药或作为制药原料外，还广泛应用于食品、饮料、调味剂、香料、化妆品、天然杀虫剂、天然禽畜药等领域，相应地对中药材的需求量也越来越大。对此，马小军等综述了国内药用植物栽培研究的发展与展望。就这些报道内容来看，主要有药用植物栽培、药用动物饲养及野生药物资源调查与开发利用等几个方面。

一、药用植物栽培

1. 种子萌发的研究　1994年对黄芪、甘草、麻黄、三七、西洋参、人参、菟丝子、川贝母、桔梗等种子的萌发实验均有报道。张琳等认为由于黄芪种子硬实，只有约8%的种子易于吸水膨胀萌发，而采用砂磨、浓硫酸及温汤浸种的方法来提高黄芪硬实种子的发芽率，这一方法在生产上也是较为可行的。布日额的实验表明，用90%的硫酸5ml/g，在30℃的温度条件下，来处理黄芪种子2秒，其发芽率可提高90%以上。崔秀明等报道，用烯土、养植宝、三十烷醇等植物生长调节剂作为三七种子的处理剂，能明显提高三七出苗率，增加种苗产量，具有显著的保苗增产效果，可在生产中推广应用。

2. 无性繁殖技术研究　应用扦插、分根、鲜茎繁殖等方法，一般繁殖周期短，是解决种植材料缺乏的可取途径。马小军等研究了抗癌植物药东北红豆杉的扦插繁殖技术。扦插苗的生长期在5～6月，6月是生长高峰期。苗期应特别注意蔽荫和土壤湿度，透光度为18%、湿度以含水量为17%为宜。培育3～5年后即可作为药用资源。于百功等通过不同扦插材料、不同季节和温度等对比试验，对黄芩无性繁殖进行研究。结果平均亩产达385公斤，最高单产427公斤，有效成分黄芩甙含量高达13.4%，超过《中国药典》不得低于4%的规定，是一项值得推广的新技术。另外，钟仕强报道的猫爪草分根繁殖、张传明等报道的栀子嫩枝带叶水插繁殖、毛德和报道的月季水插繁殖，均取得有利于大量繁殖的效果。

3. 土壤研究　土壤是药用植物生产的基础，只有对土壤有充分的了解，才能达到优质高产的目的。陈兴福等通过产地多点调查并结合室内分析，认为味连生长的最佳土壤特点是：结构良好，表层疏松，质地较轻；土体下部为团状结构，质地为中壤到重壤；土壤要既通气透水又保水保肥；土壤酸化；有较轻的淋溶、淀积现象；粘粒聚积不很明显；土壤有机质（氮、钾）含量丰富。陈兴福等还研究了川产白芷生长土壤的分布概况、类型、物理性质、化学性质、养分状况等。对味连和白芷生长土壤的结果可为地道药材引种和产区规划提供参考。

4. 施肥技术研究　赵杨景报道，在中等肥力的石灰性土壤上种植薏苡，在氮肥量较低的情况下，增施钾肥可使薏苡有效单茎的实粒数增加、千粒重明显提高，从而达到增产的目的。刘翔等实验证明，合理追施无机肥氮和磷（1:2.6），有助于提高人参的晒干率。胡嗣渊等实验表明，在每亩施有机肥1750公斤、磷肥50公斤的基础上增施钾肥，对麦冬有较好的增产效果，明显促进了麦冬干物质积累。

5. 引种栽培研究　对于东北龙胆、苦味叶下珠、暗紫贝母、太白贝母、仙鹤草、白及、绞股蓝、蕨类植物等的引种研究均有报道。杜永祥等利用种子、根茎和地上茎作繁殖材料，进行种子育苗、扦插及根茎栽种，使东北龙胆的人工栽培获得成功，现已大面积推广。尹玉琴等报道苦味叶下珠(Dhyllanthus amaxus Schum et Thonn)自然分布和野生植株有限，1992年首次在云南西双版纳地区进行人工栽培获得成功。9～10月份植株进入成熟期时采收，除去根系及枯叶，亩产约90公斤，可加工成胶囊剂或保健茶等。

6. 组织和细胞培养研究　朱蔚华等对丹参进行组织和细胞培养研究，通过诱变、驯化与选择，获得含丹参酮的红色愈伤组织的新无性系。在目前无性系组织培养物中总丹参酮最高含量达5.07%，比原植物丹参药材中的含量高3.6倍，具有进一步研究的价值。罗光明等通过绞股蓝愈伤组织培养，系统观察不同前体的中间体和抑制剂物质对愈伤组织生长、总皂甙积累的影响。结果表明，醋酸钠（25ppm）单独使用可提高其鲜重与干重生长速率，与氨硫脲协同可提高鲜重与干重生长速率及皂甙产率；香叶醇0.01%单独或与氨硫尿协同均可提高皂甙产率。

7. 丰产研究　陈宏康等对山茱萸矮化密植进行探讨。这是一种比乔化稀植增加密度，矮化树体的栽培方法。矮化密植砧穗组合的苗木定植2～3年就开始结果，10年后跨入盛果期，比乔化稀植提前10年。乔化稀植者盛果期亩产鲜果仅200公斤，而矮化密植者同期亩产可达500公斤以上，且果大、肉厚，品质也好。乔传卓等为了提高松蓝药材产量，1987年育成了人工四倍体（2n=28），对所得的有生产意义的B_3品系又经过连续两代的单株选育，获得了稳定高产的新品系，与二倍体（2n=14）相比，有效成分叶中靛蓝含量在收获期可成倍增加，靛玉红含量也有显著提高，多糖含量与原二倍体相当；根中多糖含量略低于原二倍体1%左右，但总氨基酸含量增加4.8%。这一优良品系已在上海郊县大面积推广。李统育等还介绍了地黄的地膜覆盖技术，山东淄博地区春季地温低、春旱，地黄发芽生根慢，影响产量。采用地膜覆盖可提高地温及土壤湿度，延长了生长周期，提高了产量。10月下旬收获产量比对照田提高20%，一级品比对照田提高28%、二级品提高40%。

除上述7个方面外，对病虫害防治、采收加工、贮藏方法等与药材产量、品质有关的措施，亦均有研究报道。

二、药用动物饲养

对于养殖技术的报道有中国林蛙、蚂蚁、蛤蚧、斑蝥、赛加羚羊、黑熊等。中国林蛙是国家二级保护动物，其雌性输卵管为名贵中药材蛤蟆油。孙玉华等研究了小兴安岭林区中国林蛙的生活习性，林蛙怕光、怕风、怕干燥。根据其特点可采用人工放养而不可圈养。人工放养效益高、收效快、省劳力，而且对生态平衡有积极作用，还可以与养鱼、管林、种参等相结合。生长3年以上的中国林蛙，可供药用或食用。卫锡锦等通过野外调查和人工饲养观察，基本掌握了蛤蚧的地理分布、生活环境、活动规律以及繁殖习性和食性，为人工饲养提供了科学依据。野生蛤蚧产卵率低，人工饲养后通过调整饲料配方和加强管理，按雌雄4:1配比饲养，使产卵率提高了26.9%～38.6%，孵化率提高6.5%～10.5%。

三、野生药物资源调查与开发利用

1. 按地区调查　何顺志等对贵州西南部分地区药用植物资源进行调查，有药用植物438种，隶属于126个科，包括真菌、蕨类、裸子和被子植物。属国家收购经营的有40余种，其中产量高、质量优的有灵芝、川桂、苏木、木蝴蝶、石斛等约19种。种类和蕴藏量在贵州省均占十分重要的地位，约90%的热带药用植物均产于该区。因此建议对经济价值高、市场潜力大的药用植物加速野生变家种的研究，建立栽培基地。李江陵对四川药用蕨类植物资源及综合利用进行调查研究，发现有药用种类150余种。特别是民间常用卷柏属（Selaginella）的多种植物以及凤尾草（Pteris multifida Poir.）、蹄盖蕨（Athyrium filixfoemina（L.）Roth）等种类，能治疗鼻咽癌、喉癌、肺癌、胃癌等症；木贼科（Equisetaceae）植物含多种类型的化学成分，并有广泛的生理活性，也可为资源开发、研制新药提供线索。

2. 按药物的科、属、类进行调查　败酱属、马齿苋属、唐松草属、小檗属、连翘属、绞股蓝属、肉苁蓉类、鬼针草类、沙参类、艾叶类等的调查整理均有报道。屠鹏飞等对内蒙古、宁夏、甘肃、新疆等产区进行了详细的药用调查，采集并鉴定出肉苁蓉属植物4种1变种，还发现1新变种，基本上掌握了肉苁蓉属植物的分布、种类和药用情况。目前以新疆产量最大，内蒙古产量第二（传统认为质量最好）。荒漠肉苁蓉（Cistanche deserticola Y.C.Ma）和管花肉苁蓉〔C.tubulosa（Schenk）Wight〕的引种栽培工作已经进行。

3. 按药物种类进行调查　对前胡、附子、黄芪、大蓟、小蓟、厚朴、冬虫夏草、乌梅、海参等的调查均有报道。沈红梅等经过调查认为中国梅的种质资源极其丰富，有1种、8个变种和1个变型。乌梅以栽培的原变种梅为主要原料，栽培品种有青梅、桃梅、红梅、龙眼梅、羊屎梅、黄梅等。四川大邑县有从日本引进莺宿梅、白加贺梅、甲州小果梅等品种，无论作食品原料还是加工成乌梅，其口感质量均较好，可推广栽培。贵州产地加工乌梅，多用野生梅，虽总体质量不如栽培品种加工成的乌梅质量好，但他们的有机锗含量较高，对某些菌的抗菌作用比栽培品种梅的加工品强。因此，野生梅也可作为乌梅的宝贵资源来开发利用。

4. 珍稀频危药用动、植物的调查　郑荣华等对福建武夷山自然保护区珍稀濒危药用植物进行调查，对22种珍稀药用植物作了类型统计，叙述了他们的生长现状和保护措施。对经济价值较高和科研意义较大的种类，如香果树、鹅掌楸、闽楠等，应严格保护与管理，并注意留种、繁殖，促使其尽快发展起来，达到挽救濒危种类的目的。王才明等介绍了广西国家级保护植物的迁地保护情况。第一批国家级珍稀濒危保护植物共123种，用迁地保存方法，引种其中的102种，初步建成面积1.33公顷的广西珍稀濒危植物种质资源园，内有厚朴、凹叶厚朴、地枫皮、八角莲、海南大风子、半枫荷、巴戟天、海南粗榧、剑叶龙血树等多种药用植物。

5. 少数民族药的调查　包德春对鄂伦春民族药作了调查简介，计有药用植物15种，药用动物5种，还介绍了他们的药用经验。田咏华对土家族民间"还阳"类药物收集整理，根据多次实地调查，来源清楚的有46种，均为植物药，又以草本为主。在土家族居住的武陵山区有较丰富的资源，许多品种为当地民族医药人员的常用药物。

（洪　恂）

【厚朴资源的研究】

厚朴系木兰科植物厚朴（Magnolia officinalis Rehd. et Wils.）和凹叶厚朴（M. officinalis Rehd. et Wils var. biloba Rehd. et Wils.），以其树皮和花入药，是国家重点保护的中药材。

（一）资源现状　斯金平等在1990～1993年先后考察了湖北、四川、江西、广西、福建、浙江等地厚朴主要产区的资源状况，结果发现：（1）野生资源枯竭。如丽水地区医药公司从1965～1969年，年均提供商品厚朴皮513.6吨，到1970～1979年，年均产厚朴皮仅203.0吨，并造成货源紧价格上扬，1982年收购价由0.84元/kg上升到1.52元/kg，升幅达80%。更为严重的是1988年出现大抢购，当年厚朴皮收购价由3.0元/kg直线上升到30～50元/kg，野生幼龄厚朴及萌生条，几乎采挖殆尽。虽然国家把厚朴（包括凹叶厚朴）列入濒危植物和二级保护中药材，但其资源破坏仍然十分严重，许多传统产区已无皮可产，无花可收，一些优良的种质资源正在消失。(2) 栽培技术落后。厚朴的人工栽培始于70年代，先后建起了浙江景宁、湖北恩施、四川灌县等厚朴基地，但普遍存在选地不当、密度过大、抚育间伐技术落后等问题。如湖北恩施长岭岗药材场是湖北省最大的厚朴基地，该场70年代共栽厚朴70余万株，现存30万株左右，大多数种在山岗上，土层薄，肥力差，种植二十几年的厚朴高7～10米，胸径不到10厘米。又如浙江景宁县人工营造厚朴400余万株，但生长好的不到三分之一，而且不同产地条件的厚朴生长差异很大。

(二) 资源保护　厚朴的野生资源越来越少，加强对厚朴资源的保护和管理是首要之事，斯氏等认为对野生厚朴应禁止剥皮、采伐，保护好母树，促进天然更新。并认为需加快厚朴人工林的培育，具体方法是：(1) 加强现有人工林抚育管理：对幼龄厚朴采用中耕除草、间种农作物、绿肥等措施，巩固造林成果；对中龄厚朴加强抚育间伐，贯彻"以抚为主、间伐利用相结合"的原则，采取"砍小留大、砍密留疏、留优去劣"，保证现有厚朴人工林的正常生长，取得最佳效益。(2) 建立厚朴基地：实行"三个控制"，集约经营。一是遗传控制，即重点是选择优良的母树，培育壮苗；二是立地控制，即按照"适地造树"的原则，认真选择好造林地；三是密度控制，因厚朴林的密度显著地影响胸径、树高、树冠的生长，故厚朴的初植密度应控制在150～200株/亩较为合理。(3) 加强厚朴栽培技术的研究：依靠科学技术，为厚朴人工栽培的速生、丰产、优质、高效提供理论依据。刘竹生、王进洪、潘心平等对厚朴育苗技术、人工栽培和不同采收期的厚朴花及质量都进行了研究报道。

(黄　燕)

【26种中药原植物的研究】

玉瓜　玉瓜首载于《本草纲目拾遗》"玉瓜即广昌土瓜，出江西"，但此名历代本草均未记载过。张树人通过本草考证后认为，甘薯之性味、功效与《滇南本草》所载土瓜、《本草纲目拾遗》所载玉瓜的性味、功效相符，因而推断玉瓜应为薯蓣科植物甘薯〔Dioscorea esculenta (Lour.) Burkiu〕。而陈修源通过对玉瓜的形态特征的考证后，认为玉瓜应是今蝶形花科沙葛属植物豆薯〔Pachyrhizus erosus (L.) Urban.〕。

2. 王瓜　王瓜是一种临床应用较少的中药，最早见于《神农本草经》，在古代的本草著作中所载王瓜不止一种。张树人通过对王瓜的本草考辨后认为，从形态描述来看，王瓜与赤雹的叶形、花色、果实及种子相类似，所以推断古代所载王瓜应为当今葫芦科植物赤雹 (Thladiantha dubia Bge.)。

3. 银州柴胡　银州柴胡具有悠久的药用历史。由于早期本草没有将其原植物形态记载下来，以致使该药名长期混乱。为此，刘晓龙等对古本草银州柴胡原植物进行了考证，认为《雷公炮炙论》、《本草图经》所载的银州柴胡是伞形科植物红柴胡 (Bupleurum scorzonerifolium Willd.)；《本草别说》、《本草纲目》、《本草原始》等文献记载的银州柴胡应是石竹科植物银柴胡 (Stellaria dichotoma L. var. lanceolata Bge.)。并对伞形科银州柴胡 (B. yinchowense Shan et Y. Li) 原植物和药材形、色、长度、质地诸方面的比较研究，认为该品并非是古本草所记载的银州柴胡。

4. 藿香　藿香是一味常用中药，著名方剂藿香正气散即以其为主药，在临床上用量较大，从目前药材商品来看，主要有广藿香和土藿香两类。而历版《中国药典》只有1977年版将两种藿香共同收载，而以后各版药典均只收广藿香，而不收土藿香。因此，郝近大等对藿香入药正品的历史进行了系统的回顾与研究，认为藿香始于宋代的《嘉祐本草》，最早的藿香药用正品是广藿香，产于岭南，而随着临床用量的增大，内地不易得之，故江浙一带出现了用于临床的土藿香，它是作为藿香药用新品种而产生的，两者有着相同或相近的临床功效。所以从中药材的发展历史来看，现今的藿香正品应含有两个种：唇形科植物广藿香〔Pogostemon cablin(Blanco) Benth〕和唇形科植物土藿香〔Agastache rugosa(Fisch. et Mey.) O.Ktzc〕，它们是同科不同属的植物。

5. 天麻　中药天麻为兰科植物天麻(Gastrodia elata Bl.)的干燥块茎。始载于秦汉时期的《神农本草经》，是著名的道地药材。卢进等对天麻历史记载的药名、产地、药用部位及功效等作了整理和考证。发现历代本草中记载的天麻药名，一是以植物形态命名，如赤箭脂、独摇脂、离母、合离草，合离母是以根异而命名的；二是以性味来命名，如独摇、定风；三是以功效命名，如神草、鬼督邮。从历代本草与现代关于天麻形态的描述对比，说明古代天麻与今日所用相同。天麻茎(苗)和天麻种子在古代都曾作为药用部位，故对其作进一步的药效学研究，有利于天麻药材资源的开发。

6. 三白草　在明·李时珍《本草纲目》中，三白草和翻白草各列条目，而在清·赵学敏《本草纲目拾遗》中认为两者为一物。张树人通过考证后发现，《本草纲目》中三白草形状、功能、主治与《中药大辞典》对照是完全一致，而《本草纲目拾遗》中将两者混淆为一物是不正确的。从而得出《本草纲目》所载三白草就是现在的三白草科植物三白草〔Saururus chinensis (Lour.) Baill〕。

7. 山慈菇　山慈菇是一种较常用的中药，具有清热解毒，化痰散结等功效。山慈菇之名始见于唐代《本草拾遗》，其后诸家主要本草均有收载，但对其描述常不一致。王文明等通过考证认为，1990年版《中国药典》在山慈菇项下收载的品种为兰科植物杜鹃兰、独蒜兰或云南独蒜兰，而三者均为山慈菇的正品收载欠妥。因独蒜兰和云南独蒜兰在本草中未见记载。而历代本草中，老鸦瓣作为山慈菇正品记载和应用较多。从而确认，山慈菇的正品应该是百合科植物老鸦瓣〔Tulipa edulis(Miq.)Baker〕和兰科植物杜鹃兰〔Cremastra appendicula(D.Don) Makino〕。

8. 疏毛魔芋　古代许多文献认为疏毛魔芋(Amorphophallus sinensis)是魔芋的来源之一，造成了两者互相混用。崔熙等通过系统考证和实验研究，证明疏毛魔芋即历代本草中的"斑杖"、"扬州蒻头"等。疏毛魔芋不含葡甘露聚糖(KGM)，不能食用。而魔芋含KGM，能食用。疏毛魔芋和魔芋在药效和化学成分方面存在很大差异，两者不能混用，疏毛魔芋也不能作为魔芋(Amorphophallus konjac)的来源。建议《中药大辞典》、《中国植物志》等重要中药和植物学著作将二者混用的说法给予纠正。

9. 白瓜子　白瓜子始见于《神农本草经》，但只详其功用而略其来源，后世医家循名应用而各持己见，对白瓜子的所属基源众说不一。侯士良等通过查阅大量历史文献，对白瓜子名称、基源、药性等方面的考证，认为白瓜子之名应为冬瓜仁的异名，而甜瓜子和南瓜子不宜再使用"白瓜子"这一异名。

10. 枳椇　枳椇始载于《新修本草》，为解酒毒、醒酒醉的常用药物，但目前各地的使用比较混乱。谢志民对枳椇的原植物、药用部位和功效作了本草考证，认为其原植物为鼠李科植物枳椇(Hovenia acerba)和北枳椇(H. dulcis)。其肉质膨大的花序轴和种子应分别称为枳椇和枳椇子。

11. 大麻子　陈修源报道汪连仕所云大麻子，应指今桑科植物大麻(Cannabis sativa L.)之子，而不是大戟科植物铁苋菜(Acalypha australis L.)之子。由于大麻子俗名黄麻子，清·赵学敏错将其附于《本草纲目拾遗》黄麻子条下，需区别。

12. 芎䓖和蘼芜　芎䓖与蘼芜是一个什么样关系的问题，在本草学中长期悬而未决。有说"蘼芜一名芎䓖"，有说蘼芜是芎䓖之苗叶，有说"蘼芜已名存实亡"，众说纷纭。为此，齐云等对其进行了本草考证，认为汉代以前蘼芜既不是芎䓖，也不是芎䓖苗叶，实际上已名存实亡。而汉代以后蘼芜统一于芎䓖苗叶。

13. 功劳叶　目前很多地区把小檗科植物阔叶十大功劳、细叶十大功劳的叶和冬青科植物枸骨的叶皆作为功劳叶使用，造成了中药品种的混乱现象。陆维承等通过文献考证后认为，由于十大功劳叶和枸骨叶的别名和正名在本草著作中已经混淆，而现代书籍也未加以辨明，在《中药鉴定学》和《中药大辞典》中把三种植物皆作为功劳叶收载，因此造成了功劳叶品种的混乱。故建议把冬青科植物枸骨的叶作枸骨叶使用，对《中药鉴定学》中的功劳叶来源应予纠正。

14. 狼毒　狼毒为较少应用的中药，始载于《神农本草经》，具有散结、逐水、止痛、杀虫的功能。由于历史用药的演变，现今狼毒药用品种比较复杂。易三炎就古今狼毒的用药历史作了初步考证，认为瑞香科狼毒(Stellera chamaejasme L.)应为历史上使用较久的正品狼毒，建议收入国家药典。

15. 菘菜　菘，始载于《名医别录》，历代本草均有记载，为重要的食疗药物之一，菘菜子更是美发美容之佳品。由于原植物记载比较混乱，谢志民对其进行了本草考证，认为芜菁(Brassica rapa)为最早的菘菜，应为菘菜、菘菜子的正品；芦菔（Raphanus sativus）亦为最早的菘菜之一，可作代用品。而白菜(Brassica pekinensis)和青菜(Brassica chinensis）分别作为唐代和清代以后的菘菜之用，不应与以上两种混淆。

16. 茵陈　茵陈是治疗湿热黄疸的要药，来源于菊科植物滨蒿或茵陈蒿，从本草资料看，古代称作茵陈的药材不止一种，它们与正品茵陈之间的关系颇为复杂。为此，王惠民对茵陈的来源进行了考证，认为早期的茵陈是一个广义的概念，包括菊科茵陈蒿在内的多种植物。茵陈蒿则专指菊科植物滨蒿（Artemisia scoparia）或茵陈蒿（A. capillaris ）。家茵陈是唇形科植物海州香薷(Elsholtzia splendens)。山茵陈始于宋代，来源于玄参科和唇形科的多种植物，其中包括现代药材白花茵陈(Origanum vulgare)。

17. 肉苁蓉　肉苁蓉为补肾壮阳常用中药，使用历史悠久，为了弄清历代本草记载的肉苁蓉原植物种类，确保用药准确性，屠鹏飞等对历代本草记载的肉苁蓉、草苁蓉进行了考证，认为肉苁蓉的原植物为荒漠肉苁蓉（Cistanche deserticola）和盐生肉苁蓉（C. salsa）。而草苁蓉为现今的列当(Orobanche coerulescens)。

18. 紫参　紫参始于《神农本草经》，历代本草中以紫参之名入药的原植物有百合科、唇形科、蓼科、伞形科、毛茛科、蕨类等，为了澄清这种异物同名的混乱状况。郝近大等通过对历代本草的分析考证，认为紫参原植物应是蓼科的拳参（Polygonum bistorta)。草河车不应再作拳参的药材名。石见穿、小红参不得称为紫参。而现代被称作紫参的药有多种，其功用与《本经》记载完全不同，故建议废弃"紫参"之名不用，而以"拳参"代之。

19. 山楂　山楂为常用中药，具有消食健胃、行气散瘀的功能。以山楂之名载入本草，始见于《本草纲目》。《中国药典》1990年版规定正品为山楂（Crataegus pinnatifida Bge.）及山里红（C. pinnatifide Bge. var. major N.E. Br.)。高光跃等通过本草考证后认为，山楂历代本草记载入药品种为野山楂（C. cuneata)，地区用药有云南山楂（C. scabrifolia)，而从本草（唐至清）记载看，未见有与山楂（C. pinnatifide）及山里红（C. pinnatifide var. major)描述相同或相近的植物作山楂药用的记载。

20. 鬼臼　鬼臼生物活性显著，早在《神农本草经》中就有记载。近来研究也表明，具有显著抗肿瘤活性，而更加引起人们的重视，但历代本草记载中鬼臼别名颇多，有混淆之处 。为了正本清源，尚明英等对鬼臼进行了本草考证，认为本草所载鬼臼为小檗科八角莲（Dysosma versipellis）或六角莲（D. pleiantha），而非桃儿七；小叶莲为小檗科桃儿七（Sinopodophyllum emodi）。《中国药典》1990年版收载的小叶莲及其他有关书中将鬼臼之名用桃儿七（Podophyllum emodi）是缺乏本草依据的。

21. 白贝齿和紫贝齿　白贝齿和紫贝齿自古为较少常用药，而近年来该类药材的品种来源逐渐增多，混淆情况严重。为此，宋平顺对古本草记载的药用贝齿进行了考证，认为古人所述的贝齿实际包括两类药材，一是原动物货贝〔Monetaria moneta(L.)〕，现称为白贝齿；一是以虎斑宝贝（Cypraea tigris.）及蛇首眼球贝（Erosaria caputserpentis）为主，现称为紫贝齿。

22. 蒟酱　蒟酱为常用中药，应用历史悠久，历代本草多有录著，但对其品种、产地等记述存在一定误差。为正确使用这味传统中药，冉懋雄对其进行了本草考证，证实《唐本草》、《证类本草》、《本草纲目》、《本草纲目拾遗》、《植物名实图考》等本草著作所载的蒟酱、蒟酱叶及蒌油，均应为胡椒科植物蒟酱（Piper bete L.）的果穗、叶及叶经蒸馏而得的芳香油。蒟酱应与荜茇区别，荜茇为胡椒科植物荜茇（Piper longum L.）的未成熟果穗。蒟酱也应与“贵荜茇”区别。

23. 黄蜀葵　黄蜀葵在民间用于治疗疗疮、腮腺炎、肺热咳嗽及烧烫伤等。居文政对其名称、原植物、植物分类学、药用部位、采收和贮存进行了本草学的考证，认为历代本草著作中的黄蜀葵即为现代临床所用的锦葵科秋葵属植物黄蜀葵〔Abelmlschus manihot (L.)Medic.〕，而《本草纲目》中李时珍将其花基数定为6是有误的。

24. 牛膝　当今通用的药用牛膝主要为怀牛膝（Achyranthes bidentata Blume）和川牛膝〔Cyathula Capitata (Wall)Mog.〕。而张敬杰对牛膝的原植物进行考证后，认为《本经》正品牛膝应为粗毛牛膝（Achyranthes aspera L.）和柳叶牛膝（Achyranthes Longifolia Mak.），怀牛膝和川牛膝的植物形态与历代本草记载不符，不是《本经》牛膝。

25. 夏枯草　夏枯草始载于《神农本草经》。《中国植物志》现记载有3种：夏枯草、山菠菜和硬毛夏枯草。王海波等通过本草考证后认为，古代药用夏枯草来源于夏枯草属的夏枯草（Prunella vulgaris L.）和山菠菜（P. asistica Nakai）。药用部位古代用茎叶，现代用果穗；采集季节古代在花期，现代在果穗半枯时期。并经实验研究表明，花期、果期都可作为采收季节，药用部位以全草为宜。

26. 占斯　占斯是中国古代重要的疮科用药之一，早在梁代就已失传。谢志民等通过考证，初步认为古代之占斯就是现代的骨碎补，即水龙骨科植物槲蕨〔Drynaria fortunei (kze.)J. Sm〕和华槲蕨〔D. baronii(Christ) Diels〕的干燥根茎。故建议恢复骨碎补在疮科的应用。

（黄　燕　丁丽玉）

【天麻的人工栽培技术研究】

天麻（Gastrodia elata Bl.）为兰科天麻属多年生草本植物，传统栽培方法主要依靠蜜环菌提高营养物质，鲁继周通过研究认为天麻对外界环境也有一定的要求，喜生于凉爽湿润的森林下，以土壤腐殖质含量丰富，带砂，通气良好，透水性强，pH值在5.0～6.5之间为最好。土壤温度12～15℃时开始生长，22～25℃生长迅速，如超过30℃生长便受到抑制。现将几种人工栽培天麻的技术简介如下。

（一）袋栽法　王光明等通过研究认为，天麻是与蜜环菌共生的植物，它必须由蜜环菌提供营养。塑料袋栽培为蜜环菌生长发育提供了极为有利的环境条件，进而为天麻生长提供了充足的营养物质来源。而且整个袋栽过程都处于一个密封的环境中，减少了病原菌及害虫浸染的机会，又因栽培之前经过了高温消毒，因而有效地控制了病虫害的发生。与传统的箱栽法相比，袋栽可以提高产量56.8%，节省费用24.8%，同时袋栽还大大提高了空间利用率，因而具有较高的推广应用价值。

（二）无棒代料法　天麻传统栽培方法是利用蜜环菌菌索和木材培养菌材，进行菌材伴栽。刘涤瑕等通过试验后认为，将天麻的传统栽培方法和食用菌培养技术相结合，采用蜜环菌纯种人工发菌，利用碎玉米芯和杂木屑为主要原料，进行无棒代料栽培，不仅节约了大量木材，而且克服了传统方法栽培过程中发菌缓慢、易遭杂菌污染等不利因素，取得了良好的效果。

（三）施锌法　王永山等对天麻进行施锌栽培的可行性和实用性进行了探讨。从天麻成分分析结果表明，施锌栽培的天麻中锌含量与栽培过程中施锌量呈正相关，对其它成分种类及含量无明显影响。药理实验也表明，施锌培育的天麻在降压、免疫、抗炎等方面增加了新的药理作用并随天麻含锌量增加而明显增强。从而表明施锌栽培天麻具有一定的实用性。

另外，傅世贤等探讨了海拔高度对天麻开花结实性的影响，认为海拔600米左右汉中平川及秦巴低山丘陵地区，可使天麻顺利完成开花结实，是理想的制种基地；海拔600～1000米宜建立制种和种麻、商品麻兼收基地；海拔1000米以上，宜建立以无性繁殖为主的商品麻生产基地。

李梁对人工栽培与野生天麻微量元素及营养源等也进行了实验研究。元素含量分析表明，两者均含有人体必须的元素Mn、Fe、P、Cu、Zn、Cr等，且经特定电磁波(TDP)辐照技术栽培的天麻，其元素含量高于野生天麻。从形态学观察，人工栽培的组织特征与野生天麻基本相同。这些研究的结果为今后提高栽培天麻的产量和质量，以及临床用药提供了理论依据。

（黄　燕）

【蕨类药用植物的分布和孢子繁殖方法】

（一）地理分布　杨纯瑜等考察和鉴定了中国蕨类药用植物的地理分布和区系特点。结果表明：中国蕨类药用植物以西南、华南地区的分布最为丰富，其次为华东、华中及长江流域，东北、西北及华北地区也有一定分布。以泛热带分布的属为最多(25属)，依次为热带亚洲分布的属(17属)，北温带分布的属(12属)，世界广布的属(10属)，热带亚洲及热带非洲分布的属（4属），热带亚洲及热带美洲分布的属（3属），温带亚洲分布的属（2属）及热带亚洲及大洋洲分布的属（1属)，表明了中国蕨类药用植物通常生长在海拔500～3000米的丘陵、山坡及高山林下或附生树杆上。以地生型为主，其次是附生型，水生型植物属种较少。地生型植物因其容易采集，有较大的应用价值，所以作为药用，是值得开发利用的。

（二）繁殖方法　由于临床需求量的不断扩大，药用蕨类植物供不应求。韩见宇通过对药用蕨类植物的孢子培养，得到了蕨类植物由孢子人工培养出的幼孢子体。(1) 适时采收孢子：蕨类植物的一株成熟孢子体每年可以产生大量的孢子，但采集孢子一定要在孢子已经成熟而且没有飞落之前进行。方法是剪下一片或叶的一部分，将采收来的叶子放在一张干净纸上，经过一天或几天，孢子就会从孢子囊中飞出来，将孢子收集起来后要立即播种。(2) 孢子的播种：用花盆（直径为26厘米）装进⅔的腐殖质土，浇入开水烫盆土和花盆，待土冷却后可播种孢子，并保持湿度，放在没有直射阳光的地方培养，一般3～5天孢子即可萌发。(3) 移栽：如果在夏季播种孢子，约2星期就可以长出一些绿色的、心形的、呈片瓦状排列的原叶体，在原叶体上将会长出多个精子器和颈卵器。若原叶体过密，需适时移栽。首先移栽原叶体，按行距株距4.5厘米左右移栽，约一个月左右即可长出孢子体的第一片小叶，然后移栽幼孢子体，待小苗完全能适应外界环境后就可以移栽到大田培养。

蕨类植物的孢子繁殖在国外已经应用很久，但在中国用于生产还很少，而草本蕨类植物从播孢子到长成熟一般只需要3～5年，所以大面积栽培药用蕨类植物具有十分重大的意义。

（丁丽玉）

【地膜覆盖对红花生长的影响】

红花 (Carthamus tinctorus L.) 是常用中药，有活血散瘀、通经活络之功效，其种子还是油料，既可供食用，又可作轻工业原料，在国际市场上十分走俏。目前对红花的药用价值、药理作用研究较多，而对其生长发育规律的研究甚少，为此郭美丽等应用田间随机区组试验的方法，对在地膜覆盖和露地两种不同栽培方式下红花的生态环境、生理效应、生育性状及产量进行了对比分析。

实验结果表明：(1)地膜覆盖改变了红花整个生育期的生态环境条件，对各生态因子的影响均具有一定的规律性，如对土壤温度的影响，在播种到全苗阶段最为明显，日均增温值达2.9℃，之后则在1.8～2.1℃之间变动，而对土壤含水量的影响则表现为现蕾期前比露地增加明显，现蕾到盛花期后增加不明显，开花后期则有减少趋势。(2) 地膜覆盖对红花生态环境的影响，使红花生育进程明显增加，植株营养体明显增大。同时，光合势、光合强度明显增加，形成了较高的生物产量和经济效益。(3) 地膜覆盖红花的生理生态特点与露地红花相比，红花产量比露地红花产量明显提高，在同一生态条件下，花的产量地膜红花比露地红花增产8.84～～12.46公斤/亩，籽粒产量地膜红花比露地红花增产134.37～167.95公斤/亩，可靠性达99%。

（黄 燕）

参考文献

B

包德春。鄂伦春民族药调查简介。中药材，1994；(3):16

布日额。硫酸处理黄芪种子的优选研究。中药材，1994；(1):7

C

崔 熙，等。疏毛魔芋的本草考证。中药材，1994；(7):40

崔秀明，等。植物激素及生长调节剂对三七种子的效应。中药材，1994；(2):33

陈宏康，等。山茱萸矮化密植的探讨。中国中药杂志，1994；(11):661

陈兴福，等。味连生长土壤的研究。中国中药杂志，1994；(9):527

白芷生长土壤研究。中国中药杂志，1994；(10):591

陈修源。汪连仕大麻子考释。中药材，1994；(6):45

《本草纲目拾遗》玉瓜考释。中药材，1994；(9):42

D

杜永辉，等。东北龙胆野生变家种的栽培技术。中药材，1994；(1):5

F

傅世贤。海拔高度对天麻开花结实性影响的观察。中药材，1993；(10):8

G

高光跃，等。中药山楂的本草考证。中国中药杂志，1994；(5):259

郭美丽，等。地膜覆盖对红花生育的影响及增产机

理分析。中药材，1993；(9):3
地膜覆盖条件下红花生长发育规律及其与产量关系的研究。中国中药杂志，1993；(10):588
H
韩见宇。药用蕨类植物孢子繁殖方法。中药材，1993；(11):6
郝近大，等。紫参古今名实考。中国中药杂志，1994；(3):131
藿香药用品种的延续与发展。中药材，1994；(8):40
何顺志，等。贵州西南部分地区药用植物资源。中国中药杂志，1994；(7):392
侯士良，等。白瓜子名实考证。中药材，1994；(7):41
胡嗣渊，等。氮钾肥配施对麦冬产量和养分吸收的影响。中药材，1994；(5):3
J
居文政。黄蜀葵的本草考证。时珍国药研究。1994；(2):7
L
李 梁。人工栽培与野生天麻微量元素及营养源的实验研究。四川中医，1993；(4):8
李江陵。四川药用蕨类植物资源及综合利用。中药材，1994；(2):12
李统育，等。介绍地黄地膜覆盖栽培。中国中药杂志 1994；(2):79
刘 翔，等。追施无机氮对人参产量和品质影响的研究。中草药，1994；(10):536
刘涤瑕。天麻无棒代料高产栽培技术。中药材，1993；(9):7
刘晓龙，等。银州柴胡的原植物再讨论。中药材，1994；(9):40
刘竹生。厚朴栽培技术。中国中药杂志，1993；(11):660
卢 进，等。天麻的本草考证。中药材，1994；(12):34
鲁继周。天麻的人工栽培技术。基层中药杂志，1994；(1):18
陆维承，等。功劳叶辨析。中药材，1994；(5):40
罗光明，等。绞股蓝愈伤组织的生长和总皂甙合成的化学调节。中药材，1994；(10):3
M
马小军，等。我国药用植物栽培研究的发展与展望。中国中药杂志，1994；(7):398
二年生东北红豆杉扦插苗速生技术研究。中草药，1994；(8):429
东北红豆杉的栽培技术。中药材，1994；(7):7
毛德和。水插法繁殖月季。中国中药杂志，1994；(8):470
P
潘心平，等。厚朴育苗技术的研究。中国中药杂志，1994；(3):147
Q
齐 云，等。芎䓖和蘼芜关系的本草考证。中药材，1994；(5):38
乔传卓，等。菘蓝四倍体高产品系试种报告。中药材，1994；(12):3
R
冉懋雄。蒟酱的本草考证。基层中药杂志，1994；(4):3
S
尚明英，等。鬼臼及小叶莲的本草考证。中国中药杂志，1994；(8):451
沈红梅，等。我国乌梅的植物资源及其生产加工情况调查。中国中药杂志，1994；(9):518
斯金平，等。厚朴资源的现状及其发展和保护意见。中药材，1994；(8):11
宋平顺。白贝齿与紫贝齿的本草考证。基层中药杂志，1994；(4):1
孙玉华，等。中国林蛙的人工放养。中药材，1994；(5):12
T
田咏华。土家族民间“还阳”类药物整理。中药材，1994；(5):13
屠鹏飞，等。肉苁蓉的本草考证。中国中药杂志，1994；(1):3
肉苁蓉类药源调查与资源保护。中草药，1994；(4):205
W
王才明，等。广西国家级保护植物迁地保护研究。广西植物，1994；(1):39
王文明，等。山慈菇应用品种探讨。中药材，1994；(8):42
王光明，等。天麻袋栽技术的研究。中药材，1994；(7):3
王惠民。茵陈的本草考证。中药材，1994；(1):39

王海波，等。夏枯草的本草考证。中草药，1994；(4):213
王进洪，等。浅谈不同采收期的厚朴花及质量。中国中药杂志，1993；(11):659
王永山，等。天麻第二营养应用研究。中药材，1993；(2):3
卫锡锦，等。蛤蚧生态与生物学特性的研究。中药材，1994；(2):8
提高蛤蚧产卵率与孵化率的研究。中草药，1994；(3):145
X
谢志民。菘菜的本草考证。中药材，1994；(2):42
枳椇和枳椇子的本草考证。中药材，1994；(6):44
谢志民，等。中药占斯的本草考证。陕西中医，1994；(7):324
Y
杨纯瑜，等。中国蕨类药用植物的地理分布及区系特点。中草药，1993；(8):441
易三炎。狼毒与蔄茹古今用药的演变。中药材，1994；(4):43
尹玉琴，等。苦味叶下珠人工栽培。中国中药杂志，1994；(1):20
于百功，等。黄芩无性繁殖技术的研究。中药材，1994；(7):5
Z
张　琳，等。黄芪种子萌发实验。中药材，1994；(11):9
张传明，等。栀子繁殖方法的探讨。基层中药杂志，1994；(1):19
张敬杰，等。牛膝的本草学研究。时珍国药研究，1994；(3):6
张树人。王瓜和玉瓜的本草考辨。中药材，1994；(3):43
《本草纲目》中鸮鸡和三白草考辨。中药材，1994；(12):36
赵杨景。薏苡钾肥施用量的研究。中国中药杂志，1994；(10):588
郑荣华，等。福建武夷山自然保护区珍稀濒危药用植物及其保护。中国中药杂志，1994；(7):390
钟仕强。猫爪草的无性繁殖。中药材，1994；(4):7
朱蔚华，等。丹参组织培养研究。中药材，1994；(4):3

（三）药材鉴定

【概述】

1994年在生药鉴定、混淆品鉴别、掺伪品鉴别及鉴别方法的使用等方面共发表论文约400余篇。

（一）系统的生药鉴定　为药材的真伪鉴别和质量评价提供了科学依据。赵维良等报道了山萆薢 (Dioscorea tokoro Makino) 的生药鉴定。山萆薢除在某些地区作萆薢药用外，还因其含较高的薯蓣皂甙元，可作为半合成甾体激素类药物的原料而日益引人注目。对其根茎性状、根茎横切面及粉末显微特征、薄层色谱进行观察和试验，有利于和同组的绵萆薢、白萆薢等相区别。许春泉等对长喙厚朴(Magnolia rostrata W. W. Smith) 作了形态和组织学鉴别。长喙厚朴是在云南调查发现的，当地称为“滇厚朴”，滇医有相当长的药用历史。显微鉴别结果表明，与正品厚朴的区别是皮层和韧皮部石细胞少见。经高效液相色谱法测得厚朴酚含量为1.64%，和厚朴酚为3.84%，两者总和符合《中国药典》不少于3%的规定。药理实验证明其作用与厚朴相同，仅毒性略大于厚朴，是一种很有希望的代用品。杨广民等进行了丁香蓼 (Ludwsigia prostrata Roxb.) 的生药鉴定。丁香蓼是湖南省近年发现的一种抗细菌性痢疾的中草药，其抗菌有效成分为诃子次酸三乙酯和没食子酸，对治疗结肠炎类疾病有显著疗效。为避免同名异物造成混乱，通过显微观察表明，丁香蓼叶木质部上方及茎的髓部薄壁细胞中均有内生韧皮部，细胞呈多角形，此可作为鉴别丁香蓼的重要依据。此外，铁蜈蚣、安徽银莲花 (Anemone anhuiensis Y.K.Yang)、木藤蓼(Polygonum aubertii Henrg)、广东土槿皮〔水翁 Cleistocalyx operculatus (Roxb.)Merr et perry〕、冷饭团〔Kadsura coccinea(Lem.)A.C.Smith〕、茴茴蒜 (Ranunculus chinensis Bge.)等的生药鉴定也均有报道。

（二）同科或同属植物类药材的鉴别 同科或同属植物相似之处较多，极易混淆，经系统鉴别可确定其能否开发利用。李永福、李建良等对浙江辛夷常见混淆品进行生药鉴定。结果表明，有丰富资源的黄山木兰(Magnolia cylindrica Wils.)与《中国药典》收载的玉兰及武当玉兰均相近，因此建议收载到地方标准中，以扩大药用资源；二乔木兰(Magnolia soulangcana Soul-Bod.)花雷大、开花多，产量高，也是很有前途的新资源；景宁木兰(Magnolia sinostellata P.L. chiu et Z.H. Chen)分布狭且成分含量较差，能否入药亟待研究；紫玉兰(Magnolia liliflora Desr.)多数花蕾挥发油含量达不到《中国药典》的规定，应视作辛夷的淘汰品种。张学高报道近年医药市场出现以白豆蔻、益智、草豆蔻等的种子充砂仁出售，由于白豆蔻与砂仁同属，益智、草豆蔻与砂仁同科，其种子形状极为相似而难以辨认，现经显微特征、理化鉴别的比较，结果表明它们之间的区别明显，不可混用。熊南燕等对姜黄(Curcuma longa L.)及片姜黄(Curcuma wenyujin Y.H chen et C.Ling)的性状、显微特征、薄层色谱、紫外光谱等进行了比较鉴别，结果表明两者特征有显著不同，亦不可混用。另外，牛蒡子与伪品新疆牛蒡子(大鳍蓟Onopordum acanthium L.的果实)的鉴别；苍耳子与其伪品偏基苍耳子(偏基苍耳Xanthium inaequilatum DC.的果实)及东北苍耳子(东北苍耳Xanthium sibiricum Patrin的果实)的鉴别；肉苁蓉与其混淆品盐肉苁蓉〔Cistanche salsa (C.A.Mey.)G.Beck〕的鉴别；地锦草与其混淆品平根草(Euphorbia thymifolia L.)的鉴别等亦均有报道。

（三）不同科植物类药材的鉴别 有些来自不同科的药材，虽外形大体相似，但具体特征差异甚大，大都是混伪品而不能代替正品药用。杨江等报道，内蒙古某医院用了龙胆的混伪品，引起患者上吐下泻，手足麻木。经鉴定是小檗科植物桃儿七(Podophyllum emodi wall.)的根及根茎。徐菊岚等对金银花及其伪品芫花(瑞香科)进行比较，两者花冠形状、表面特征、雄蕊数目、腺毛有无、非腺毛形状、花粉粒的形状等方面都有明显不同，薄层层析也显示金银花有绿原酸，而芫花则无。王宏颐报道了凌霄花及其伪品泡桐花(玄参科)的鉴别。凌霄花花萼草质而薄，无绿色毛茸；花冠内外均有棕色脉纹；非腺毛乳突状、棒状或圆锥形，表面有细密角质纵皱纹。而泡桐花花萼革质肥厚，被绿色毛茸；花冠内有紫黑色斑点；非腺毛上部分叉成树枝状，先端锐尖，外壁光滑。其它如五味子与伪品鸡树条果(忍冬科)的鉴别、白前与伪品萱草根(百合科)的性状鉴别、乌药与伪品荆三棱(莎草科)的鉴别等亦均有报道。

（四）动物类药材的鉴别 动物类药材中的名贵药材最易出现伪品，其经验鉴别更为重要。薛志革等总结了麝香的经验鉴别方法有：探针法、手感法、嗅气法、水鉴法、火鉴法、检查湿度法。刘午霞等对有编号的11批商品马宝进行了性状、显微与理化鉴别，其中1～10号均为正品，11号是伪品。仝俊太等介绍了鉴别掉皮龟甲和破碎龟甲的方法和思路。首先要熟知正品龟甲各部位的稳定专属性特征，然后再对破碎龟甲进行分析对照，必要时可辅以紫外光谱鉴别。此外，对鹿筋及其混伪品的鉴别、蛤蚧及其伪品的鉴别、金钱白花蛇及其混伪品的鉴别、鹿茸真伪优劣的鉴别、香港市场商品牛黄的鉴定、伪品灵脂米的鉴别等亦均有报道。

(五) 假冒药材的鉴别　杨雪娟通过调查，发现近年市场上有以松香加工充血竭；以塑料制作假山甲、假珍珠、假玳瑁；以牛胆、羊胆充熊胆；在麝香中掺入动物内脏、肉末、蛋黄及植物末屑；在石碏中加入不透明的黄色染料冒充蜂蜡；用猪血粉、赭石粉、红砖粉、硫化亚铁粉伪作朱砂。这些假冒品在外观上和正品很相似而难以辨认，可用火试法加以鉴别。阎文玫等对茯苓伪品用显微、理化及薄层层析鉴定，确定其为大戟科植物木薯 (Manihot esculenta Crantz) 的根加工而成。此外，有用酥油藏粑为原料制成冬虫夏草、用鹿角伪制成鹿茸等亦有发现。

(六) 鉴别方法的更新和发展　1994 年在用传统鉴别方法基础上，运用先进的科学技术来鉴定中药材方面，也有较多的报道。

1. 显微鉴别法　金延明等对植物性中药材的纤维类型与特征、石细胞类型与特征、导管类型与特征、结晶类型与特征、气孔类型与特征、淀粉粒类型与特征作了详细的观察与归纳，并绘出形态图。只要掌握这些类型与特征，就能在植物类药材的显微鉴别中正确应用。例如以草酸钙结晶体的有无和形态为依据，就可以鉴别出人参（含簇晶）及其伪品野豇豆根（无结晶体）和商陆根（含针晶）。

2. 紫外光谱鉴别法　刘怀德等报道了沙苑子及其伪品的紫外光谱鉴别情况。沙苑子是扁茎黄芪 (Astragalus complanatus R. Br.)的种子，商品中掺杂有直立黄芪(Astragalus adsurgens pall.)、紫云英(Astragalus sinicus L.)、田皂角 (Aeschynomene indica L.)、猪屎豆 (Crotalaria mucronata Desv.) 的种子。正品和伪品外观性状相似而较难区别，通过用紫外光谱法鉴定后，结果表明紫云英和猪屎豆两种的紫外光谱和沙苑子的紫外光谱有明显区别；直立黄芪和田皂角的紫外光谱和沙苑子的紫外光谱虽有些相似，但它们的吸收峰位置和数值差别较大。因此，应用紫外光谱法可以正确区别出真伪。

3. 薄层层析鉴别法　夏志林等报道了雷公藤和昆明山海棠的薄层层析检查。雷公藤和昆明山海棠化学成分基本相同，但雷公藤（尤其是根皮）中的二萜内脂类化合物的含量较高，毒性大，所以两种药材要注意剂量区别，而不能混用。通过用薄层层析法检查雷公藤和昆明山海棠中的二萜内脂类、生物碱类和三萜类等化学成分，表明检查结果可以作为区别两种生药和判断质量的指标。

4. 导数光谱鉴别法　王雅兰等对湖北贝母、浙贝母、平贝母、川贝母、东贝母进行一阶导数光谱鉴别。测定结果表明，它们的一阶导数光谱明显不同，可以用作鉴别的依据。程秀民等用二阶导数光谱荧光光谱法鉴别北五味子和南五味子。通过光谱分析认为二者差异显著，且方法简单准确，是一种理想的鉴别方法。

5. 高效液相色谱鉴别法　罗集鹏等对毛冬青 (Ilex pubescens Hook et Arn.) 的根和茎进行高效液相色谱鉴别，色谱图虽然相似，但各色谱峰的相对百分含量相差甚远，根的最强峰和次强峰为 RT10.44 和 22.26，而茎为RT14.29和17.06，两者极易区别。提示毛冬青的根和茎有效成分的含量差别也极为显著，入药时不可互相混用。

6. 核磁共振波谱鉴别法　秦海林等用核磁共振（NMR）波谱仪测定了8种不同产地的正品天麻样品及4种常见天麻伪品的乙醇提取物的^{1}HNMR图谱，分析结果显示，所有正品天麻样品均出现天麻甙的特征共振峰，而天麻伪品则无此信号。故可用此法来作为天麻及其伪品的鉴别依据。

7. 蛋白电泳鉴别法　常用于动物类药材的鉴别。赵华英等报道目前市场上发现有藏羚羊、绵羊、山羊角伪充羚羊角的情况，为此对羚羊角及其伪品进行蛋白电泳分析。根据谱带的形成和泳动距离绘制电泳图谱，正品和伪品谱带的条数、位置、深浅度有明显的区别。而且此实验，重现性好，分辨率高。

8．微量元素鉴定法　吴忠等以19个市售麦冬样品为研究对象，尝试以微量元素Ca、Mg的含量为分类特征，将其组成简单的二维模式平面，准确地鉴别出麦冬与大叶麦冬，为麦冬的鉴别分类提供了一种新方法，还可为其他中药的鉴别提供参考。

另外，差示扫描量热法、聚类分析法等也可用于中药材的真伪鉴别。

（洪　恂）

【砂仁的真伪鉴别】

砂仁为姜科植物阳春砂（国产）或缩砂（进口）的干燥成熟果实，具有行气止痛、健脾消肿、安胎止呕作用。冯耀南等曾对其混淆品的鉴别作过报道。多年来，发现有将姜科植物山姜（福建砂仁）、华山姜、艳山姜（贵州土砂仁）、海南土砂仁（土荔枝、海南假砂仁）、阳春牛牯砂仁等冒充砂仁使用者。韩永明等从性状及化学成分方面进行鉴别。（见下表）

	砂　仁	山　姜	华山姜	艳山姜	海南土砂仁	阳春牛牯砂仁
性状	外表棕色或黄棕色，椭圆形或卵圆形、类圆形。种子团每室数目为5～17、8～10粒，紧密排列成2～3行。气芳香浓烈，味辛凉微苦	长椭圆形，外表棕色或棕红色，种子团为2～9粒，排列成1～2行，气微味辛涩而特异	呈球形，灰棕色至棕黑色。种子团为1～5粒，排列成1～2行，气微味辛涩而特异	呈卵形或类球形，外表灰褐色。种子团8～14粒排列疏松，气芳香，味辛辣	外表呈红棕色或暗褐色。种子团之间条棱不明显，种子团疏松离散。气微味苦辛	外形比阳春砂大2～3倍，果皮表面刺片疏而大
成分	含1.7～3%的挥发油，油中主含右旋樟脑、龙脑、乙酸龙脑酯，芳香樟醇、橙花叔醇等	含黄铜类化合物。挥发油含0.8%油中主要成分为桉油精、樟脑萜类及棕榈酸	含山姜黄酮醇，山姜素。挥发油占0.6%，油中主含α-丁香烯、桉油精等			

由于同科砂仁属、山姜属多种植物的果实外形相近，生药鉴定仍有一定困难，宋玉成等以砂仁类生药果柄组织特征作了比较。（见下表）

阳春砂	海南砂	缩砂	长序砂仁	海南假砂仁	红壳砂仁
表皮细胞1列，外被单细胞非腺毛，壁较薄。皮层较宽广，油细胞众多；基本薄壁组织中含方晶；皮层维管束外韧型，9～12～16个成环状排列，束鞘纤维成环。内皮层不明显，中柱维管束8～10个，外韧型，偶见双韧型；韧皮部外侧的束鞘纤维与木化薄壁细胞成连续或间断的环，厚为1～4列细胞；木质部导管数十或十余个，其外围束鞘纤维被薄壁细胞分割。中央基本薄壁组织中尚可见外韧型或双韧型维管束1个	油细胞较阳春砂为多，结晶较少；皮层维管束10～12个成环排列；中柱维管束7～8个，维管束外侧的束鞘纤维与束间木化薄壁组织连接	结晶较少，主要为柱晶和方晶；皮层维管束12～17个成环状排列；中柱维管束3～5个，有的维管束被木化薄壁细胞连成三元状，束鞘状，维外侧厚2～7列细胞，内侧厚1～2列细胞。薄壁组织中有较多油细胞	表皮可见棒状腺毛。皮层较窄，未见油细胞，结晶较少；皮层维管束10～15个，中柱维管束5～6个，韧皮部狭小，维管束被薄壁细胞分割或薄壁细胞几乎全木化增厚	皮层未见油细胞，皮层维管束13～17个成环状排列，中柱维管束8～10个，韧部狭窄；维管束被薄壁细胞分割；束鞘纤维外侧厚3～8列细胞，内侧厚1～3列细胞、中央有薄壁细胞或可见外韧型维管束1～2个	皮层油细胞偶见；结晶很少，皮层维管束呈2～3环排列，结晶很少，外层6～13个，内层8～15个。中柱维管束5～7个，韧皮部窄；木质部外围的束鞘纤维被薄壁细胞分割或薄壁细胞木化增厚，中央有薄壁细胞，可见外韧型维管束2个

张学高对砂仁及其混淆品白豆蔻、益智、草豆蔻种子纵切面显微特征作了比较。(见下表)

特征	阳春砂	白豆蔻	益智	草豆蔻
形状	斜三角状，种脐端呈斜叉状	三角状，种脐端略呈叉状	不对称亚铃状，种脐端内凹	斜心形，种脐端微内凹
种皮占切面(%)	15～20	25～30	10～15	45～50
胚形状，色泽	卵圆形，淡黄白色	类圆形，淡黄色	长椭圆状线形，淡棕色	类圆形，灰白色
胚乳内油滴	灰白色；细胞内含油滴	乳白色，细胞内油滴	类白色，细胞内油滴少见	淡黄白色，细胞内油滴极少
横切面形状	略呈倒梯形、脊面微光或平，种脊沟和种脐处内凹	略呈肾形，脊面突，种脊沟内凹，种脐处微内凹	不规则亚铃形，脊面中心、腹面中心及种脐处均微内凹	三角形或卵圆形，脊面及种脊沟内凹深，腹面及种脐处内凹
假种皮	薄壁细胞残存	同阳春砂	有时残存	残存
种皮表面细胞	1列，长圆形，大小不等，经向延长，呈脊状隆起，壁稍厚，有光泽	与阳春砂相似	1列类圆形，方形或长方形，经向延长，内凹，壁厚，光泽暗淡	1列类圆形或类方形，经向延长，内凹，壁较厚，无光泽
下表皮细胞	1列脊状隆起，内含红棕色物	1列，干，内含橙红色物	1列长圆形，切向延长，内含黄棕色物	1列长方形，切向延长，内凹，含淡黄色物
油细胞	1列长方形，内含淡黄色油滴	长方形，排成1列，内含橙黄色油滴	1列长方形或类方形，内含棕色油滴	类圆形散在，于色素细胞间内含黄绿色油滴
色素层细胞	4～6列，多角形，不规则排列，棕色	4～6列，多角状，不规则排列，淡棕色略向内突	5～6列，黄棕色，其间散在较大油细胞1～3列，向内突起稍明显	4～9列，棕色，其间有类圆形油细胞1～2列，向内突起较显著
种脊处内肿皮	向内突起明显	略向内突	向内突起稍显著	向内突起较显著
内种皮厚壁细胞	1列栅状，黄棕色，内壁及侧壁极厚，胞腔小呈偏圆形，内含多角形硅质块	1列栅状，红棕色内壁及侧壁厚，胞腔长方形或类长圆状，内含不规则硅质块	1列栅状，黄棕色或红棕色，内壁与侧壁极厚，胞腔小，内含类三角状硅质块	1列栅状，红棕色内壁与侧壁极厚，胞腔偏外侧，内含三角状硅质块
内胚乳细胞内含物	含细小淀粉粒、油滴	含糊粉粒、油滴	含糊粉粒及少量油滴	含糊粉粒，油滴少见
外胚乳细胞内含物	类长方形，淀粉粒集成团，含草酸钙方晶	同阳春砂，淀粉粒散在	类方形或不规则形，淀粉粒集成团	不规则形，淀粉粒散，内含草酸钙方晶与少数细小簇晶

(沈施德)

【金银花的真伪鉴别】

陈兴兵报道了鉴别金银花伪品的方法，将白矾水、食盐水混合后喷洒金银花中，搅匀，阴干，使药品增重20～30%。伪品是气香而浊，味咸，微涩。取掺伪品水浸液，加氯化钡试液，即生成白色沉淀，分离，沉淀物滴加盐酸或硝酸，沉淀不溶解。赵玉霖介绍的方法是将伪品洗液离心后，取浓缩上清液试验。结果表明掺杂物质是以淀粉和糖类物质做粘合剂，以泥砂为主料，沉淀物约占药材总量10%。

林海伦、徐菊岚等对金银花与其混淆品芫花从性状、显微、薄层层析方面作了鉴别。(见下表)

		金银花	芫花
性状	花序	常为单朵	常3～7朵簇生于短花轴上
	花萼	绿色，5裂，裂片长2mm	无花萼
	花冠	长2～3cm，直径3mm；黄白色、棕褐色；表面密被短柔毛；先端5裂	长0.6～1.2cm，直径1.5mm；淡紫色、灰绿色；表面密被绢状毛；先端4裂
	雄蕊	5个；花药"丁"字型着生；花丝长约1cm	8个，分2轮排列；花药基底着生；花丝极短
	雌蕊	子房下位，无毛；花柱细长，柱头黄褐色	子房上位，披密毛；花柱极短，柱头暗红色
	气味	气清香，味淡、微苦	气微，味甘、微辛
显微特征		(1)腺毛较多，有两种类型：一种头部呈倒圆锥形，顶部平坦，侧面观约10～33细胞，排成2～4层，直径48～108μm；柄1～2～5细胞，长70～700μm。另一种头部呈类圆形或略扁形，约6～20细胞，直径2～80μm，柄2～4细胞，长24～80μm (2)厚壁非腺毛极多。单细胞，稀有2细胞，平直或稍弯曲，长约45～900μm，直径14～37μm，壁厚5～10μm，表面微具疣状突起，有的具单或双螺纹；另有极多薄壁非腺毛，单细胞，甚长，弯曲或皱缩。 (3)花粉粒黄色。圆形或圆三角形，直径60～92μm，外壁表面有细密短刺及圆形，细颗粒状雕纹，具3孔沟	(1) 非腺毛众多，淡黄色，单细胞，大多细长弯曲，常有较大壁疣，呈瘤状，排列较密，长75～560μm，直径5～20μm，壁厚1～4μm (2) 花粉粒众多，淡黄色，类球形，直径20～25μm，表面有圆点状雕纹，外壁薄，萌发孔不明显
薄层层析		与绿原酸对照品的相应位置上显相同的蓝色荧光斑点	无斑点

(沈施德)

【丹参的真伪鉴别】

王雨仙、王媛媛、俞丽霞等用理化、薄层等方法对丹参及其伪品麻花艽、续断、甘肃丹参进行鉴别。(见下表)

	丹参	麻花艽	续断	甘肃丹参
来源	唇形科丹参 Salvia mileiorrhlza Bge 的干燥根及根茎	龙胆科麻花艽干燥根	川续断科植物川续断 Dipsacus aspex Wall的干燥根	
性状	根茎短粗，呈圆锥形。表面棕红色或暗红色，粗糙，具不规则的纵皱纹，外皮有时呈鳞状剥落。质脆硬，断面不平坦而微密，略显角质样，可见黄白色点状维管束呈放射状排列。气微，味微苦	由多数小根缠聚而膨大，表面有裂隙，呈网状孔纹，质脆，断面不平坦。显油性，皮部黄白色或棕黄色，气特异味苦微涩	呈长圆柱形，表面棕红色，有多数明显扭曲的纵纹及沟纹，可见横长皮孔及须根痕，质稍软，断面不平坦，多呈棕红色。皮部绿褐色，木部黄褐色。导管束呈放射状。味苦、微甜而涩	

	丹　参	麻花艽	续　断	甘肃丹参
显微特征	粉末红棕色。石细胞多个散在或成对，形状不一，有胞腔含棕色物，导管为网纹导管及具缘纹孔环管。木纤维多成束，长棱形。木栓细胞表面呈类方形或多角形，排列整齐		粉末黄棕色，无石细胞。草酸钙簇晶甚多。导管为具缘纹孔环管及网纹导管。木栓细胞表面呈类多角形，长多角形	
薄层层析	呈黄绿色	呈黄白色或金黄色		呈绿蓝色
	抑菌圆直径为 18.30mm，18.32mm，18.14mm，18.26mm，均值18.26mm			抑菌圆直径为 8.50 mm，8.24mm，8.36mm，8.46mm，均值8.38mm

（沈施德）

【微量升华法在中药材鉴别中的应用】

微量升华法鉴别中药材是依据中药材中某些化学成分，在一定的温度下，能直接气化并凝集成一定形状的结晶，并利用所获得的升华物结晶，在显微镜下观察其形状、颜色，也可在升华物上滴加适当试剂后，观察其反应变化或新生成物的结晶形态及颜色变化等，来作为中药材的鉴别特征。

李西林、朱学艺报道了17种常用中药材微量升华鉴别的方法，即在显微镜下观察结晶的形状、颜色，并加一定的化学试剂，观察其特征反应。(1)大黄：温度不同，升华所得结晶形状也不同。在120℃时呈黄色羧针状，180℃时呈羽毛状，200℃时呈短树枝状，220℃时是棕黄色点状，加碱液升华物溶解并呈红色。(2)何首乌：结晶为黄色针状、泪滴状、短柱状及不规则小花团状，加碱液升华物溶解显红色。(3)徐长卿：结晶为长柱状、针状或羽毛状，加$FeCl_3$醇溶液，结晶溶解并呈暗紫色。(4)胡黄连：结晶为黄色针状、棒状、板片状，升华物主要是香荚酸和桂皮酸。(5)牡丹皮：结晶为淡黄色柱状、针状、羽毛状，加$FeCl_3$醇溶液，结晶溶解并呈暗紫色。(6)薄荷：淡黄色的小型菱状针晶，充满于大型深黄色油滴状物中间，加H_2SO_4 2滴和香草醛结晶少许，显橙黄色。(7)麻黄：无色细小颗粒状或针状，升华成分为麻黄碱。(8)大青叶：黄绿色或紫红色的针状、片状和簇状结晶。(9)肉桂：淡黄色油状物，加盐酸苯肼溶液1滴，形成杆状结晶呈浅黄色。(10)安息香：淡黄色棱柱状细小颗粒，升华成分为苯甲酸。(11)龙脑冰片：棒状或多角状结晶，升华物为右旋龙脑。(12)斑蝥：白色棱柱、柱状或小片状，加NaOH后结晶溶解并微显红色，加HCl后再现片状结晶。(13)沉香：黄褐色油状物，加HCl 1滴与香草醛酸少许，再滴加乙醇1～2滴，显樱红色。(14)苏合香：片状或小棒状结晶，升华成分为苯甲酸。(15)虎杖：黄色针状及针簇状结晶。(16)茶叶：针状结晶，加浓HCl 1滴，则溶解。(17)天南星：淡黄色小型簇针状及无色针状结晶，升华物为安息香酸。

（黄　燕）

参考文献

C

25

陈兴兵．注意金银花的掺伪．中药材，1993；(7)：

程秀民，等．二阶导数光谱荧光光谱法鉴别北五味

子和南五味子。基层中药杂志，1994；(2):3

F

冯耀南，等。砂仁药材及其混淆品的鉴别。中药材科技，1983；(4):25

H

韩永明，等。砂仁及其伪品鉴别。基层中医杂志，1994；(4):13

J

金延明，等。植物性中药材纤维类型与特征鉴别。中国中药杂志，1994；(1):10

植物性中药材石细胞类型与特征鉴别。中国中药杂志，1994；(2):73

植物性中药材导管类型与特征鉴别。中国中药杂志，1994；(3):138

植物性中药材结晶类型与特征鉴别。中国中药杂志，1994；(4):204

植物性中药材淀粉粒类型与特征鉴别。中国中药杂志，1994；(6):330

中药材中常见气孔类型与特征鉴别。中国中药杂志，1994；(5):267

L

李建良，等。浙产六种辛夷混伪品的性状鉴别。中药材，1994；(9):19

李全华，等。草酸钙结晶体和石细胞显微特征在药材显微鉴别中的应用。中药材，1994；(3):26

李永福，等。浙江辛夷常见混淆品的生药鉴定。中药材，1994；(10):14

李西林。微量升华法鉴别中药材。时珍国药研究，1992；(4):165

林海伦，等。注意金银花中掺杂芫花。中药材，1994；(2):24

刘怀德，等。中药沙苑子及其伪品的紫外光谱鉴定。中国中药杂志，1994；(8):460

刘午霞，等。商品药材马宝的鉴定。中国中药杂志，1994；(11):652

罗集鹏，等。毛冬青的形态组织学与高效液相色谱法鉴别。中药材，1994；(6):19

Q

秦海林，等。核磁共振波谱法鉴定天麻及其伪品。中药材，1994；(6):23

S

宋玉成，等。砂仁及其混淆品果柄的显微结构。中药材，1994；(3):23

T

仝俊太，等。如何鉴别掉皮龟甲和破碎龟甲。中药材，1994；(7):20

W

王宏顾。凌霄花与泡桐花的鉴别。中药材，1994；(6):25

王媛媛，等。麻花艽与丹参的鉴别。时珍国药研究，1994；(2):25

王雅兰，等。五种贝母的一阶导数光谱法鉴别。中药材，1994；(7):19

王雨仙，等。丹参与其伪品甘肃丹参的鉴别研究。中成药，1993；(10):42

吴　忠，等。中药麦冬的二维TE模式设别鉴定。中药材，1994；(4):17

X

夏志林，等。雷公藤和昆明山海棠的薄层层析检查。中草药，1994；(9):464

熊南燕，等。姜黄及其易混品片姜黄的鉴别。中草药，1994；(6):321

许春泉，等。长喙厚朴的形态组织学鉴别。中药材，1994；(1):16

徐菊岚，等。金银花与其混用品芫花的鉴别。基层中药杂志，1994；(3):7

薛志革，等。麝香经验鉴别及体会。中药材，1994(8):20

Y

阎文玫，等。茯苓的真伪鉴别。药物分析杂志，1994；(2):50

杨　江，等。龙胆及其混伪品的鉴定。中草药，1994；(7):387

杨广民，等。丁香蓼的生药鉴定。中草药，1994；(12):647

杨雪娟。火试法鉴别9种中药。中草药，1994；(3):165

俞丽霞，等。丹参与伪品续断的鉴别。中医函授通讯，1994；(3):46

Z

张学高。砂仁及其混淆品种子的鉴别研究。中草药，1994；(11):595

赵华英，等。羚羊角及其伪品的蛋白电泳鉴别。中国中药杂志，1994；(9):524

赵维良，等。山萆薢的生药鉴定。中药材，1994；(7):11

赵玉霖。金银花掺杂的鉴别。长春中医学院学报，1994；(3):54

朱学艺。15种中药材粉末的微量升华鉴别。甘肃中医学院学报，1994；(3):48

(四) 中药化学

【概述】

一年来，在中药化学的研究方面共发表论文约1000余篇。中国学者在47种中药中，发现了80多种新成分，这对中药有效成分的进一步研究，药物构效关系的探讨，寻找新的药物均有一定的意义。

在中药成分分析研究方面，金哲雄等从刺莓果（Rosa davurica pall）中分到10种化合物，这些化合物具有多方面的生理活性，是一种较有开发利用价值和用于保健抗衰老的天然药物。阙毓铭等从刺果甘草（Glycyrrhiza pallidiflora）的根和根茎中分得42个化合物结晶，其化合物晶Ⅲ后莫紫檀素具有抗癌活性，而化合物晶Ⅷ则为一个新的化合物。马双成等研究发现预知子中的主要成分为三萜皂甙，并首次分得2种3位单糖键皂甙的化合物，这些都是临床上治疗各种癌症的常用配伍药之一。向仁德等从引种的巴西甘薯（Ipomoea batatas Lam.）叶中分得8个化合物，均属首次从该植物中分离分得，而且其叶具有很好的医疗和营养保健价值，可治疗多种原因引起的出血症，并有提高免疫功能和抑制癌细胞的作用。王先荣等从王枣子〔Rabolosia amethystoides (Benth) C. y. Wu et Hsuan〕中分得3个结晶成分，其中2个结晶是首次从该植物中分得，它是民间家庭必备的清热、解毒良药。王淮滨等首次从苦红菇中分到2个甾醇类化合物，其中化合物Ⅱ有明显的抗肿瘤活性。韩英等从黄花乌头〔Aconitum coreannm (Levl.) Rapaics〕中分得12个化合物，其中有4个成分为首次从该植物中得到，这是一种二萜生物碱类化合物，并大都具有不同程度的抗心律失常作用，故有望成为一类疗效显著的新型抗心律失常药。另外，何云庆等还从具有免疫调节作用及抗氧自由基活性的灵芝多糖(GLA)中，分到2种葡聚糖肽(GLSP和$GLSP_3$)，并研究发现它们都具有较强的生理活性。

在测定中药有效成分的含量方面。(1)薄层层析法：高安成等用本法测定了汉中防己中马兜铃酸A的含量，并发现汉中防己产地不同，其马兜铃酸A的含量也不同；崔东滨等测定了荨麻安冲剂中黄芪甲甙的含量，此法消除了其它杂质的干扰，能有效地控制成药的质量。(2)高效液相色谱法：唐志杰等用本法测定了陈皮中橙皮甙成分的含量，平均回收率为99.87%；朱孝芸等测定了牛黄中的胆红素含量，平均加样回收率为100.07%；黄璐琦等测定了湖北栝楼根中葫芦素B的含量，平均回收率为99.5%。(3)紫外分光光度法：李丽等用本法测定了阿胶的总氮量，平均回收率为99.12%，结果与药典法无显著性差异；金斌等测定了西洋参中西洋参总皂甙的含量，加样回收率为101.0%。此外，王增理等采用二阶导数差示脉冲极谱法用于黄芩中黄芩甙的定量研究，并认为本法精密度高于药典法。

在微量元素的研究方面，梅光泉研究了中草药中的微量元素。赵小红等分析了壮阳中药锁阳的微量元素，结果表明，其中有5种阴离子、24种阳离子，且以锌、锰、铜、镁、锶、氟等人体必需的微量元素含量较高。管竞环等通过对无机元素在植物类中药中的分布规律的研究，检测了121味植物类中药的42种无机元素的含量，提出了无机元素在植物类中药中的含量服从威布尔分布规律（即确定药物中各元素含量相对水平的高低和估计各元素在中药总体中的理论均值水平)。

(黄　　陆鸿元)

【47种中药中的新成分】

一年来中国学者在47种中草药中发现了82个新成分，分别列表介绍如下。

中药名和原植物学名	新成分名称	分子式	熔点℃	生物活性或医疗作用	报道者
1. 短距乌头 Aconitum brevicaratum Diels	短距乌碱甲	$C_{33}H_{48}N_2O_7$	145～7		李英和等
	短距乌碱乙	$C_{33}H_{48}N_2O_6$	107～9		
	短距乌碱丙	$C_{35}H_{50}N_2O_7$			
	短距乌碱丁	$C_{35}H_{48}N_2O_8$	185～7		
	短距乌碱戊	$C_{30}H_{42}N_2O_6$	136～7		
2. 兴安升麻 Cimicifuga dahurica (Turcz.) Maxim	升麻酰胺	$C_{25}H_{31}NO_{10}$	168～70		李从军等
	升麻苷C	$C_{43}H_{70}O_{16}$	210～3		
	升麻苷D	$C_{43}H_{70}O_{16}$	204～6		
	异升麻酰胺	$C_{25}H_{81}NO_{10}$	97～100		
	北升麻瑞	$C_{14}H_{20}O_8$	78～80		
	北升麻宁	$C_{14}H_{20}O_8$	87～90		
3. 臭灵丹 Laggera pterodonta (DC) Benth	臭灵丹酮酸	$C_{15}H_{20}O_3$	156～7		赵爱华等
4. 打破碗花花 Anemone hupehensis Lemoine	打破碗花花苷A	$C_{47}H_{76}O_{16}$	230～2		王明奎等
	打破碗花花苷B		235～7		
	打破碗花花苷C		233～5		
5. 软珊瑚 Sarcophyton trochliphroum	园盘肉芝内酯	$C_{20}H_{28}O_3$	156～8	具有抗肿瘤及抑菌作用	苏镜娱等
6. 大花红景天 Rhodiola crenulata	大花红景天苷	$C_{27}H_{30}O_{15}$	176～8		杜　玫等
7. 黄草乌 Aconitum vilmorinianum Kom	黄乌定	$C_{22}H_{29}NO_6$	238～40		丁立生等
8. 苦红菇 Russula rosacea (Bull)Grray em. Fr	苦红菇酸A	$C_{30}H_{48}O_3$	266～7		王淮滨等
	苦红菇酸B	$C_{30}H_{48}O_3$	198～201	有抗肿瘤活性	
9. 白花前胡 Peucedanum praeruptorum Dunn	前胡香豆素D	$C_{18}H_{18}O^{7}$	160.5～2.5		孔令义等
	前胡香豆素E	$C_{19}H_{18}O_6$	103.5～5.5		
	白花前胡甙	$C_{16}H_{22}O_8$	165.5～7.5		
10. 东北红豆杉 Taxus cuspidata Sibe et Zucc	10-Deacetyl taxinine B	$C_{35}H_{42}O_{10}$	245～8	对人的卵巢癌、结肠癌和口腔上皮癌细胞株有明显抑制作用	佟晓杰等
	Taxacustin		225～7		
11. 何首乌 Polygonum multiflorum Thunb	何首乌乙素	$C_{21}H_{22}O_9$	262～5		周立新等
	何首乌丙素	$C_{26}H_{32}O_{14}$	265～7		
12. 罗汉果Siraitia grosvenori (Swingle) C. Jeffery	罗汉果黄素	$C_{33}H_{40}O_{19}$	218～20		斯建勇等

中药名和原植物学名	新成分名称	分子式	熔点℃	生物活性或医疗作用	报道者
13. 伊贝母 Fritillaria pallidiflora Schrenk	伊贝碱甙C		209～11		徐雅娟等
14. 刺蒺藜 Tribulus terrestris L.	蒺藜酰胺	$C_{18}H_{17}O_5N$	218～20		任渝江等
15. 喙柱牛奶菜 Marsdenia oreophila	喙柱牛奶菜甙乙	$C_{57}H_{88}O_{22}$	183～4	对雌性SD大鼠具有抗早孕活性	张玉娥等
16. 小红参 Rubia yunnanensis (Franch) Diels	茜草乔木酮B		255～6		徐晓莹等
17. 云南红豆杉 Taxus yunnanensis Cheng et L. K. Fu	10-去乙酰巴卡亭Ⅲ木糖甙	$C_{30}H_{40}O_{14}$	209～10		陈末名等
	5-去肉桂酰-11-乙酰-19-羟基紫杉奇芬	$C_{28}H_{40}O_9$	178～80		
	2-去乙酰氧基-5-去肉桂酰紫杉素丁	$C_{26}H_{38}O_{11}$	232～5		
	1-羟基-2,7,9,-三去乙酰巴卡亭Ⅰ	$C_{34}H_{44}O_{14}$	244～6		
	云南红豆杉醇		154～7		
	云南红豆杉胺		174～6		
	紫杉云亭	$C_{35}H_{44}O_{13}$	249～50		饶　畅等
18. 番荔枝 Annona squamosa L	squamostatin-B	$C_{37}H_{66}O_8$	105～6		余竞光等
	番荔枝西宁甲	$C_{35}H_{62}O_8$			杨仁洲等
19. 升麻 Cimicifuga foetida L.	升麻甙E	$C_{35}H_{54}O_8$	>300		李从军等
20. 乌拉尔甘草 Glycyrrhiza uralensis Fisch	异芒柄花甙	$C_{22}H_{22}O_9$	216～8		张海军等
21. 辛夷 Magnolia biondii pamp	望春花黄酮醇甙Ⅰ	$C_{30}H_{26}O_{13}$	220～1		陈雅研等
22. 紫花八宝 Hylotelephium mingjinianum (S.H.Fu) Ohba	紫花八宝甙甲	$C_{21}H_{18}O_{13}$	230		谭桂山等
	紫花八宝甙乙	$C_{26}H_{26}O_{14}$	206～7		
23. 灰毡毛忍冬 Lonicera macranthoides Hand.-Mazz	灰毡毛忍冬素F		115～6	有抗血小板聚集的活性	陈　敏等
	灰毡毛忍冬素G		123～4		
24. 假鹰爪 Desmos cochinchinensis Lour.	假鹰爪黄酮		197～8		吴久鸿等
25. 黑柴胡 Bupleurum smithii wolff	柴胡皂甙m	$C_{42}H_{68}O_{12}$	205～10		张如意等
	柴胡皂甙n	$C_{48}H_{78}O_{18}$	217～21		

中药名和原植物学名	新成分名称	分子式	熔点℃	生物活性或医疗作用	报道者
26. 闽皖八角果 Illicium minwanense B. N. Chang et S.D.Zhang	闽皖八角素	$C_{15}H_{24}O_5$	171～3		王嘉琳等
27. 黑水翠雀 Delphinium potaninii W.T.Wang	黑翠碱甲 黑翠碱乙	$C_{41}H_{60}N_2O_{11}$ $C_{37}H_{48}N_2O_{11}$			浦海燕等
28. 鼓槌石斛 Dendrobium chrysotoxum Lindl.	鼓槌菲	$C_{18}H_{18}O_5$	177～8		马国祥等
29. 朝鲜淫羊藿 Epeimedium koreanum Nakai	朝藿素B 朝藿素C	$C_{25}H_{26}O_6$ $C_{25}H_{26}O_8$	217～9 213～5		李文魁等
30. 黄毛楤木 Aralia decaisneana Hance	黄毛楤木皂甙A	$C_{59}H_{96}O_{27}$	239～41		朱兆仪等
31. 陵水暗罗 Polyalthia nemoralis A.et DC	化合物PN_5	$C_{11}H_{15}NO_6S$	208～11		姚建忠等
32. 痢止蒿 Ajuga forrestii Diels	痢止蒿甲素 痢止蒿乙素	$C_{20}H_{20}O_4$ $C_{20}H_{22}O_4$	245～8 182～5		王爱国等
33. 清风藤 Sabia schumanniana Diels	Δ^{12}-齐墩果酸	$C_{30}H_{48}O_2$	230～3		袁　晓等
34. 大萼香茶菜 Rabdosia macrocalyx(Dunn) Hara	大萼香茶菜乙素 大萼香茶菜已素 大萼香茶菜辛素	$C_{21}H_{28}O_8$ $C_{20}H_{26}O_6$ $C_{22}H_{34}O_8$	＞300 227～9 230	乙素和已素具有抗菌和细胞毒活性	王先荣等
35. 喙果绞股蓝 Gynostemma yixingense C.Y.Wu et S.K.Chen.	喙果黄素	$C_{23}H_{24}O_{12}$	218～20		斯建勇等
36. 华中冬青 Ilex centrochinensis S.Y.Hu	华中冬青黄酮	$C_{15}H_{12}O_6$	286～7		林立东等
37. 海南哥纳香 Coniothalamus howii Merr. et Chun	海南哥纳香丁素 海南哥纳香戊素 海南哥纳香已素 海南哥纳香庚素	$C_{35}H_{64}O_6$ $C_{35}H_{64}O_7$ $C_{35}H_{64}O_7$ $C_{35}H_{64}O_7$	95～6 102～4 85～7 85～7		杨仁洲等
38. 刺果番荔枝 Annona muricata L.	4-去氧海南哥纳香乙素	$C_{35}H_{64}O_5$	62～4		杨仁洲等
39. 黄皮树 Phellodendron chinense Schneid.	反,反,顺-2,4,8-N-异丁基十四碳三烯酰胺	$C_{18}H_{31}ON$	76.5～81	有较强灭杀家蝇的活性	苏荣辉等

中药名和原植物学名	新成分名称	分子式	熔点℃	生物活性或医疗作用	报道者
40. 鹿衔草 Pyrola calliantha H. Andres	羟基肾叶鹿蹄草甙	$C_{18}H_{24}O_8$	183～5		王军宪等
41. 工布乌头 Aconitum Kongboense Lauener	工布生	$C_{22}H_{35}NO_4$	无定性		陈　瑛等
42. 大果油麻藤 Mucuna macrocarpa Wall.	二十五烷酸α-单甘油酯		86～7		胡旺云等
43. 显脉香茶菜 Rabdosia nervosa (Hemsl.)	nervosanin A	$C_{21}H_{32}O_6$	200～2		王先荣等
44. 五叶醉鱼草 Buddleja alternifolia Maxim.	6-O-cis-p-coumaroyl-catalpol	$C_{24}H_{28}O_{12}$			李　冲等
45. 离瓣寄生 Helixanthcra parasitica Lour.	5,7,3′,4′-四羟基黄烷		200～1	有抗细菌、霉菌的活性，有CNS的中度抑制作用	李良琼等
46. 绣球花 Hydrangea macrophylla (Thunb.)Ser.	绣球内酯半乳糖甙 异绣球甙	$C_{21}H_{22}O_9$ $C_{21}H_{22}O_9$	205～7 222～224		杨大坚等
47. 南药砂仁 Amomum vliiosum Lour.	豆甾-4-烯-1,3-二酮	$C_{29}H_{46}O_2$	144～6		范　新等

（丁丽玉　黄　燕）

【17种中草药挥发油的研究】

1．毛梗红毛五加　张莅峡等对毛梗红毛五加(Acanthopanax giraldii Harms var. hispidus Hoo）的茎皮和根皮中的挥发油成分进行了研究。提取了挥发油（收率0.08%～0.10%）和分离出50多个峰，并初步鉴定由多种倍半萜、有机酸及烷烃等约34种化合物组成，均系首次由植物根皮和茎皮中鉴定出来。从挥发油的分析结果来看，是以倍半萜类成分为主，而倍半萜类成分具有一定的抗肿瘤作用，所以对毛梗红毛五加皮挥发油的研究具有很大的现实意义。

2．楤木　五加科楤木属植物楤木(Aralia chnensis L.)。中医以根、根皮入药，治疗跌打损伤、风湿性关节炎、肝炎、糖尿病、水肿等，近来研究表明具有强壮剂作用。王忠壮等对其根皮中所含的挥发油成分进行了分析，发现挥发油中是以具有抗癌作用的β-榄香烯成分为主，其次是匙叶桉油烯、杜松烯、α-榄香烯、α-毕澄茄烯等，而楤木的野生量大、资源丰富，建议开发利用。

3．山沉香　木犀科丁香属山沉香(Syringe pinnatifola Hemsl. var. alashnensis Ma et Q. zhou var. nov）以根茎入药，具有清热解毒、镇静安神的功效。张国彬等对其挥发油成分进行了研究，共分得34个成分，鉴定了其中17种化合物，从油中分离出的主要成分是花姜酮（占总油量的64.7%)。而花姜酮在非姜科植物中尚属首次发现，并据文献报道，花姜酮可作为植物生长调节剂。

4．萼果香薷　张国彬等对萼果香薷(Elsholtzia calycoarpa piels)挥发油进行了研究。分析鉴定了20个成分，占总挥发油成分的66.97%，其中挥发油的主要化学成分是2-(2′,3′二甲基丁基)-3-甲基呋喃(占总挥发油成分的33.7%)，而且该成分在香薷属植物中尚属首次发现。

5. 夏枯草　王海波等对中国产3种夏枯草果穗部的挥发油成分进行了定性和定量的研究。结果鉴定出夏枯草（Prunella vulgaris L.）14个化合物，山菠菜（P. asiatica Nakai)17个化合物，硬毛夏枯草（P. hispida Benth.）17个化合物。3种夏枯草挥发油成分中十六烷酸含量分别达17.6%、51.52%和34.85%。夏枯草与山菠菜挥发油有8个成分相同，与硬毛夏枯草有6个成分相同。所以这3种夏枯草之间有着密切的亲缘关系和较为符合自然的分类规律。

6. 蔓荆子　又称单叶蔓荆，为马鞭草科蔓荆(Vitex trifolia L.var. simplicifolia Cham)的干燥成熟果实。具有疏风散热、清理头目等功效。种植药用蔓荆子在中国各地均有栽培，而天然蔓荆子目前尚未开发利用。崔兆杰、吴行知等利用气相色谱-质谱-计算机系统从种植药用蔓荆子中分离出35种成分进行鉴定，定性了21种成分，占总挥发油成分的60%。并研究发现，天然和栽培的蔓荆子中挥发油成分极为相似，这一结果对野生蔓荆子有开发、利用的价值。

7. 铁线莲　东北铁线莲（Clematis manshurica Rupr）是毛茛科铁线属多年生草本植物，用于治疗风寒湿痹、关节不利、四肢麻木、扁桃体炎。杨美林等对东北铁线莲果的挥发油成分进行了研究。分离和鉴定了54种化合物，其中含量最多的，烷类有二十二烷（9.57%）、十九烷（4.71%）、三十九烷（4.69%）等，酸类有十六烷酸（8.79%）、十三-二烯酸（5.89%）、十二烷酸(3.01%)，醇、酯、酮类有酞酸二丁酯（5.89%）、十六酸乙酯（5.50%)，还有其它类占11.96%。

8. 马蹄香　马蹄香（Saruma henryi Oliv.）民间以全草或根茎入药，具有温中散寒、理气止痛的功能，治胃寒疼痛、心前区痛、关节疼痛等症，鲜叶外敷能治疗疮疡。王嘉琳等对马蹄香全草挥发油进行了研究，共检出62个成分，鉴定了52个化合物，占总挥发油成分的89.28%。其中对-聚伞花素，占16.64%；龙脑烯，占9.06%；莰烯，占7.47%。

9. 樟　梁光义等对樟〔Cinnamomum camphora (Linn) Presl.〕的果实挥发油成分进行了分析，从分离出的46个峰中，鉴定了40种成分，并测定了各成分的相对含量，其中主要成分是：樟脑（26.11%)、1,8-桉叶素（19.91%)、芳樟醇（9.15%)、α-松油醇（7.22%）和柠檬烯（5.28%)。经研究认为，樟科不少种类的果实、叶子中均含有大量的挥发油，具有较高的经济和药用价值。

10. 荜茇　荜茇为胡椒科植物（Piper longum L）的未成熟的果穗，能温中散寒、下气止痛，治疗胃肠虚寒疼痛、头痛、龋齿痛等。吴知行等对果实中的挥发油作了研究，分离和鉴定了24种成分，其中主要成分有十七烯（14.20%)、十七烷（12.10%)、十五烷（10.60%)、α-姜烯（8.91%)。

11. 苦参　苦参为豆科槐属植物 Sophora flavescense Alt 的根，为传统中药，具有清热、燥湿、杀虫、利尿等功效。王秀坤等对其挥发油成分进行了分析，共鉴定出47个成分，主成分为二十烷烃（占58.12%)。从结构类型来看，以烯烃为主，其次为烷烃和醇类，也含有酸、醛、酮、酚等。

12. 地枫皮　王嘉琳等对地枫皮 Illicium difengpi K. I. B. et K. I.M的果实挥发油进行了研究，共检出63个成分，鉴定了其中的54个化合物，主要有柠檬烯（占9.45%)、1,8-桉叶素（占9.00%)、α-白菖考烯（占8.29%)。

13. 苍耳子　苍耳子为菊科苍耳属Xanthiumsibirioum Patr. 的干燥成熟带总苞果实，现代药理研究证明苍耳子挥发油具有抗菌、消炎等功效。郭亚红等对其挥发油成分进行了分析，鉴定了17个成分。其中主要有二十烷（4.16%）、十九烷（3.77%）、二十一烷（3.30%）、2,6,10,14-四甲基十六烷（3.01%）、二十烷醇（2.67%）。

14. 广藿香　广藿香〔Pogostemon cablin (Blanco) Benth.〕为唇形科刺蕊草属植物，具有快气、和中、祛湿之功效，主治感冒暑湿、寒热头痛、胸脘痞闷、呕吐泻泄等症。关玲等从广藿香的全草挥发油中分离得到9种化合物，经理化常数和光谱分析鉴定为：广藿香醇(1)、广藿香酮(2)、木栓酮(3)、表木栓醇(4)、3,3′,7-三甲氧-4′,5-二羟黄酮(5)、3,3′,4′,7-四甲氧-5-羟黄酮(6)、齐墩果酸(7)、β-谷甾醇(8)、胡萝卜甙(9)。除化合物(1)、(2)和(5)外，其余均为首次从该植物中分离得到。

15. 棕树根　棕树根为棕榈科植物棕树（Trachycarpus excelsa Wendl.）的根，具有止血、祛湿、消肿解毒等功用，民间用来治水肿、睾丸肿大、驱蛔虫。贾永辉等对棕树根中挥发油进行了分离鉴定，共分离出61个组分，鉴定了38种化合物，占挥发油总量的96%。其中含量较高的有邻苯二甲酸丁辛酯（22.32%）、苯（12.91%）、甲苯（9.39%）、邻苯二甲酸二辛酯（4.69%）。

16. 芥子　又名芥菜子，为十字花科植物芥菜〔Brassica juncea (L.) Czern. et Coss.〕的种子，主治胃寒吐食、心腹疼痛、肺寒咳嗽、跌打损伤等症，具有十分重要的医疗价值。颜世芬等对其挥发油成分进行了研究，共鉴定出59种化学成分，占挥发油总量的97%。其中主要有3-丁烯腈(26.9%)、3-异硫氰基-1-丙烯(21.5%)、乙酸(9.3%)、2-呋喃醇（5.8%）、醋酸（4.5%）、糖醛（3.6%）。

17. 矮脚苦蒿　矮脚苦蒿（Congza blinii Levl），又称金龙胆草、劲直假蓬、熊胆草等，为菊科植物苦蒿的全草，是民间常用药，其煎液对肺炎双球菌、金黄色葡萄球菌、肺炎杆菌等菌种均有抑制作用，具有明显的消炎、祛痰、平喘、止咳作用。廖时萱等对矮脚苦蒿的挥发油成分进行了分离，共分离出35个峰，鉴定了16个成分。其中有1,1-二甲基-2-（3-甲基-1,3-丁间二烯基）-环丙烷、甲基（1-甲基乙基）-苯甲酰胺、4-甲基-1-（1-甲基乙基）-3-环已烯-1-醇乙酸酯。

（黄　燕）

【肉苁蓉化学成分的研究】

肉苁蓉为列当科寄生植物荒漠肉苁蓉（Cistanche deserticola Ma）去花序的肉质茎，具有补肾阳、益精血、润肠通便、延缓衰老之功能。近代药理研究表明，它能提高机体免疫功能，促进DNA合成，增强体力，提高智能，具明显的抗衰老作用。肉苁蓉化学成分的研究已被列为国家自然科学基金和中国西尔基金资助项目，故对其的研究报道越来越深入。

陈妙华等对肉苁蓉进行了化学成分研究，从中分得9种化合物，分别鉴定为D-甘露醇、β-谷甾醇、胡萝卜甙、丁二酸、三十烷醇、8-表马钱子酸葡萄糖甙、甜菜碱、咖啡酸糖酯及多糖类化合物，除甘露醇、8-表马钱子酸葡萄糖甙已有报道，其它成分均为首次从肉苁蓉中获得。徐文豪等从肉苁蓉中分离和鉴定了16个化合物，经化学反应和光谱分析分别鉴定为葡萄糖、蔗糖、甜菜碱、甘露醇、琥珀酸、β-谷甾醇、胡萝卜甙、8-表马钱子甙酸、里立脂素甙和7个苯丙甙类成分（麦角甾甙、2′-乙酰基麦角甾甙、海胆甙及肉苁蓉甙A、B、C、H。其中肉苁蓉甙B、C、H为本属植物中首次报道，并认为麦角甾甙、肉苁蓉甙A和C，有对抗悬吊应激负荷所致雄性小鼠性功能及学习行为低下作用，海胆甙则对性行为低下有对抗作用。从肉苁蓉中分离和鉴定这些成分，在一定程度上揭示了这味古老中药滋补强壮作用的物质基础。金秀莲等探讨了日本用肉苁蓉（Cistanche salsa）和中国用肉苁蓉（C. deserticola）的化学成分，认为它们的主要活性成分是肉苁蓉甙类化合物，属于低毒、安全的功能性改善药物，可作为合成补益新药的先导化合物，应引起药物专家们的重视。

研究结果还表明，肉苁蓉中的多糖类成分是抗衰老的主要活性成分，薛德钧等对三种产地的肉苁蓉（内蒙古阿拉善盟，新疆天山以南、以北）的糖类成分进行了定性和定量测定。结果，产地不同的肉苁蓉所含的游离单糖的种类不尽相同，多糖的含量不同，且组成多糖的单糖成分也不同。

另外，由于大量采挖，肉苁蓉资源濒于枯竭，已被国家列为二级保护植物，为了合理利用肉苁蓉资源、扩大药源、变废为宝，屠鹏飞等对肉苁蓉的非药用部分花序进行了化学成分研究，并分离鉴定了4个化合物，即6-去氧樟醇、黑立脂素甙、8-表马钱子酸葡萄糖甙和半乳糖醇，其成分与肉质茎基本相同，为肉苁蓉花序的开发利用提供了一定的依据。

（李小莉　黄　燕）

【雷公藤叶和根中的有效成分比较】

雷公藤的根具有抗炎免疫作用而被广泛用于类风湿性关节炎、慢性肾炎、红斑狼疮等与免疫有关疾病的治疗，且在抗排斥、抗肿瘤方面也有一定的作用。但由于雷公藤为多年生小灌木，生长缓慢，随着临床上对其根的需求量不断增加，资源却越来越感缺乏。为扩大药源，李汉保等以雷公藤根中活性最强的环氧二萜内酯类成分为指标，对雷公藤的叶和根进行了比较研究。实验结果表明，雷公藤叶与雷公藤根中的成分基本一致，而活性最强的环氧二萜内酯类成分则叶比根更高。对雷公藤制剂的比较也发现，雷公藤叶中含有成药中所共有的成分。这些研究均为雷公藤叶替代雷公藤根入药提供了理论依据。

李氏等又对雷公藤叶挥发油成分进行了分析鉴定和药理研究，鉴定了18个成分，有萜类衍生物，有烃类的醇、醛、酯类化合物，其中有几个化合物具有较强的免疫抑制活性。而且雷公藤叶挥发油具有极强的刺激性，可作为外用制剂的局部刺激剂或穴位刺激剂来加以利用。

（黄　燕）

【无土栽培与有土栽培细辛中挥发油成分的研究】

细辛是马兜铃科多年生草本植物，为常用中药，具有祛风、散寒、行水、开窍的功效，主治风寒头疼、风湿痹痛。近年来由于细辛应用范围的扩大，需求量不断增加，陈志歆等对细辛不同栽培方法下的挥发油成分进行了研究。

具体方法是将3年生细辛植株分别用2种方法栽培，一种是将细辛栽在以珍珠岩和沙（1:1）混合基质中，定期浇营养液；另一种是将细辛栽在土壤中，其它条件相同。以此研究不同栽培基质的挥发油成分。

通过气质联用的分析方法，共分离出62种成分，并鉴定了其中的40种成分。从测得的各自挥发油化学成分可以看出，两者含量具有显著性差异，挥发油的主要成分甲基丁香酚(有土栽培为6.39%，无土栽培为7.50%)、黄樟醚（有土栽培为8.60%，无土栽培为13.75%)、细辛醚（有土栽培为3.28%，无土栽培为4.20%)，从中可以看出无土栽培的细辛挥发油含量较高。

同时分析也发现，同一种植物不仅由于产地、纬度、气候条件、海拔高度、日照强度及采集季节的不同，其成分及含量会不同；而且同一产地，不同栽培方法，其成分的含量也有较大差异。

对于常用中药细辛采用无土栽培这一新兴的栽培技术，不但在提高产量，减少病虫害及污染、节约土地面积等方面具有优势，而且对提高品质也不失是一个较理想的手段，为种植细辛等中药材开辟了新的途径。

（黄　燕）

参 考 文 献

C

陈　敏，等。灰毡毛忍冬化学成分研究V．药学学报，1994；(8):617

陈　瑛，等。工布乌头根中的二萜生物碱。植物学报，1994；(12):970

陈伟平，等。华佗再造丸中微量元素与其疗效关系的探讨。中药材，1994；(5):30

陈末名，等。云南红豆杉中四个新紫杉烷类二萜化合物的分离和结构鉴定。药学学报，1994；(3):207

云南红豆杉化学成分研究Ⅳ。药学学报，1994；(10):751

陈妙华，等。补肾壮阳中药肉苁蓉的化学成分研究。中国中药杂志，1993；(7):424

陈雅研，等。辛夷水溶性成分研究。药学学报，1994；(7):506

陈志歆，等。无土栽培细辛与有土栽培细辛挥发油化学成分的研究。中草药，1994；(3):121

崔兆杰，等。天然野生和种植药用蔓荆子化学成分研究Ⅰ。药物分析杂志，1994；(3):27

崔东滨，等。荨麻安冲剂中黄芪甲甙的薄层扫描测定。中成药，1994；(8):41

D

丁立生，等。一个新骨架二萜生物碱。化学学报，1994；(9):933

杜　玫，等。云南大花红景天化学成分研究。化学学报，1994；(9):927

F

范　新，等。西双版纳产砂仁根、根茎及茎的化学成分研究。中国中药杂志，1994；(12):734

G

高安成，等。薄层扫描法测定汉中防己中马兜铃酸A的含量。中成药，1994；(4):44

关　玲，等。广藿香化学成分的研究。中国中药杂志，1994；(6):355

管竞环，等。无机元素在植物类中药中分布规律的研究。微量元素与健康研究，1994；(3):30

郭亚红，等。苍耳子中挥发油的研究。中国中药杂志，1994；(4):235

H

韩　英，等。黄花乌头植物化学成分的研究。中草药，1994；(12):619

何云庆，等。灵芝肽多糖的化学研究，中草药，1994；(8):395

胡旺云，等。大果油麻藤化学成分研究。中草药，1994；(2):59

黄璐琦，等。高效液相色谱法测定湖北栝楼根中葫芦素B的含量。中国中药杂志，1994；(8):490

J

贾永辉，等。棕树根挥发油化学成分的分析。中草药，1994；(6):292

金　斌，等。紫外分光光度法测定西洋参中西洋参总皂甙的含量。中成药，1994；(6):40

金秀莲，等。肉苁蓉化学成分研究进展。中国中药杂志，1994；(11):695

金哲雄，等。刺莓果鞣质类化学成分研究。中草药，1994；(2):64

K

阚毓铭，等。刺果甘草化学成分的研究。中草药，1994；(1):3

孔令义，等。白花前胡中前胡香豆素D和前胡香豆素E的分离和鉴定。药学学报，1994；(1):49

白花前胡中白花前胡甙和Pd-C-Ⅰ的分离和鉴定。药学学报，1994；(4):276

L

李　冲，等。五叶醉鱼草中的环烯醚萜甙。中草药，1994；(5):227

李　丽，等。紫外分光光度法测定阿胶总氮量。中成药，1994；(12):31

李从军，等。中药升麻的化学成分Ⅱ。化学学报，1994；(3):296

中药升麻的化学成分Ⅲ。化学学报，1994；(7):722

兴安升麻酚性甙成分的研究。药学学报，1994；(3):195

升麻中的三萜类成分。药学学报，1994；(6):449

李文魁，等。朝藿素B和朝藿素C的结构。药学学报，1994；(11):835

李汉保，等。雷公藤叶与根主要有效成分的比较。中国中药杂志，1994；(4):206

雷公藤叶挥发油成分的研究。中草药，1994；(4):174

李良琼，等。离瓣寄生化学成分的研究。中草药，1994；(6):283

李英和，等。短距乌头根的生物碱成分Ⅰ。化学学报，1994；(2):204

短距乌头根的两个新二萜生物碱。植物学报，1994；(2):148

梁光义，等。樟果实挥发油的研究。贵阳中医学院学报，1994；(4):59

廖时萱，等。民间药矮脚苦蒿挥发油的气相质谱分析。中国民间与民族医药，1994；(3):34

林立东，等。华中冬青化学成分的研究。植物学报，1994；(5):393

M

马国祥，等。鼓槌石斛化学成分的研究。药学学报，1994；(10):763

马双成，等。预知子的化学成分研究。中草药，1994；(4):171

梅光泉。中草药中的微量元素。微量元素与健康研究，1994；(2):25

P

浦海燕，等。黑翠碱甲和黑翠碱乙的化学结构。药学学报，1994；(9):689

R

饶　畅，等。云南红豆杉枝叶中一个新成分的结构鉴定。药学学报，1994；(5):355

任渝江，等。刺蒺藜果中一种新桂皮酰胺类成分的分离和鉴定。药学学报，1994；(3):204

S

斯建勇，等。鲜罗汉果中黄酮甙的分离及结构测定。药学学报，1994；(2):158

喙果绞股蓝黄酮类化合物的分离及结构测定。植物学报，1994；(3):239

苏镜娱，等。大环二萜园盘肉芝内酯的分子构型研究。化学学报，1994；(8):813

苏荣辉，等。黄皮树果实中的酰胺类化合物。植物学报，1994；(10):817

T

谭桂山，等。紫花八宝化学成分的研究。药学学报，1994；(7):519

唐志杰，等。高效液相色谱法测定陈皮中橙皮甙的含量。中成药，1994；(3):46

佟晓杰，等。东北红豆杉枝叶化学成分的研究。药学学报，1994；(1):55

屠鹏飞，等。肉苁蓉鲜花序的化学成分研究。中草药，1994；(9):451

W

王爱国，等。痢止蒿化学成分的研究。药学学报，1994；(12):899

王海波，等。国产 3 种夏枯草挥发油的成分。中国药学杂志，1994；(11):652

王淮滨，等。苦红菇化学成分的研究。药学学报，1994；(1):39

苦红菇化学成分的研究（Ⅱ）。中草药，1994；(7):342

王嘉琳，等。地枫皮果挥发油的气相色谱-质谱分析。中国中药杂志，1994；(7):422

闽皖八角果倍半萜内酯成分的研究。药学学报，1994；(9):693

马蹄香挥发油的气相色谱-质谱分析。中国中药杂志，1994；(12):736

王军宪，等。鹿衔草化学成分的研究。植物学报，1994；(11):895

王明奎，等。打破碗花花中三萜皂苷的研究。化学学报，1994；(6):609

王秀坤，等。苦参挥发油成分的研究。中国中药杂志，1994；(9):552

王先荣，等。王枣子化学成分的研究。中草药，1994；(6):285

显脉香茶菜化学成分的研究。中草药，1994；(3):115

大萼香茶菜乙素和己素的化学结构。植物学报，1994；(2):159

大萼香茶菜辛素的化学结构。植物学报，1994；(10):813

王增理，等。二阶导数差示脉冲极谱法用于黄芩中黄芩甙的定量研究。中国中药杂志，1994；(9):554

王忠壮，等。楤木的生药学研究和挥发油成分分析。中国药学杂志，1994；(4):201

吴久鸿，等。假鹰爪根中黄酮成分的分离鉴定。药学学报，1994；(8):621

吴知行，等。荜茇挥发油的成分分析。中草药，

1994；(9)：500
蔓荆子挥发油的分析。中草药，1994；(12)：624
X
向仁德，等。引种的巴西甘薯叶化学成分研究。中草药，1994；(4)：179
徐文豪，等。肉苁蓉化学成分的研究。中草药，1994；(10)：509
徐晓莹，等。小红参的化学成分研究。药学学报，1994；(3)：237
徐雅娟，等。伊贝母中伊贝碱甙C的分离和结构鉴定。药学学报。1994；(3)：200
薛德钧，等。三种肉苁蓉糖类成分的研究。中药材，1994；(2)：36
Y
颜世芬，等。芥子挥发油化学成分研究。中草药，1994；(3)：162
杨大坚，等。绣球花化学成分的研究。中国中药杂志，1994；(5)：293
杨美林，等。东北铁线莲果的挥发油化学成分研究。长白山中医药研究与开发，1994；(2)：1
杨仁洲，等。海南哥纳香化学成分研究Ⅱ。植物学报，1994；(7)：561
刺果番荔枝中的番荔枝内酯。植物学报，1994；(10)：805
番荔枝西宁甲——一个新的邻叁四氢呋喃环型番荔枝内酯。植物学报，1994；(10)：809
姚建忠，等。陵水暗罗活性成分研究。药学学报，1994；(11)：845
余竞光，等。番荔枝种子化学成分研究。药学学报1994；(6)：443
袁晓，等。四川清风藤根皮中三萜成分的研究。植物学报，1994；(2)：153
Z
张国彬，等。山沉香挥发油成分的研究。中国药学杂志，1994；(5)：271
GC/MS和GC/FTIR法对葶果香薷挥发油化学成分的研究。中国药学杂志，1994；(10)：602
张海军，等。乌拉尔甘草中黄酮甙类成分的研究。药学学报，1994；(6)：471
张如意，等。柴胡皂甙m和柴胡皂甙n的结构鉴定。药学学报，1994；(9)：684
张莅峡，等。毛梗红毛五加皮挥发油化学成分的研究。中国药学杂志，1994；(2)：83
张玉娥，等。喙柱牛奶菜抗生育成分的研究。药学学报，1994；(4)：281
赵爱华，等。臭灵丹化学成分研究Ⅱ。化学学报，1994；(5)：517
赵小红，等。壮阳中药锁阳的微量元素分析。中药材，1994；(11)：32
周立新，等。何首乌乙酸乙酯不溶部分化学成分的研究。药学学报，1994；(2)：107
朱孝芸。牛黄中胆红素的HPLO测定法。中成药，1994；(7)：41
朱兆仪，等。黄毛楤木皂甙A的分离和结构测定。药学学报，1994；(11)：840

(五) 中药药理

【概述】

1994年在中药药理方面共发表论文约500余篇，研究的主要内容有以下几个方面。

(一) 延缓衰老的作用　随着年龄老化，机体清除自由基的能力下降，过多的自由基引起细胞膜脂质过氧化。这是许多老年性疾病产生的原因之一。SOD(超氧化物歧化酶)和GSH—Px(谷胱甘肽过氧化物酶)是自由基的清除剂。凡能提高这二种酶活性或降低机体过氧化酯质(LPO)、丙二醛和脂褐质的药物均具有一定的抗衰老作用。王玉芬等研究表明，蜈蚣能提高机体SOD和GSH—P_x活性，降低LPO及脂褐质含量，并使胸腺和脾重量增加。李向红等实验结果，证实薤白原汁对SOD、CAT(过氧化氢酶)和T淋巴细胞均有明显保护作用，且显著抑制LPO形成，有清除自由基作用。胡盛珊等的研究认为珍珠水解液能提高SOD活性，降低脑脂褐质含量，并有抗疲劳和镇静作用。傅乃武等研究证实从甘草中提取的14种主要黄酮类化合物和3种三萜类化合物中大部分有清除自由基的作用。藏莲碧等通过实验提出山茱萸能提高SOD和GSH—Px的活力。许多滋阴助阳药也具有抗衰老作用。王彬等通过实验提出温肾壮阳药蛇床子能增强体力，降胆固醇，提高免疫力，调节SOD及性激素等作用。刘建成等实验表明蛤蚧提取物可提高SOD、GSH—Px活性，降过氧化脂质。孙云、韩丽春等证明肉苁蓉可提高SOD活性，降脂质过氧化物含量；还能抗蛋白质分解，促进蛋白质合成，调整细胞的超微结构。胡刚等实验表明，酸枣仁、当归和五味子具有防止神经细胞数量减少的作用。高南南等实验表明，天麻能改善衰老小鼠的学习记忆功能，并能提高RBC中SOD的活力，降心肌脂褐质的作用。易育宁等认为肾虚时可出现β受体cAMP及M受体cGMP对细胞调控机制失平衡。滋阴药和助阳药的部分作用就是纠正这两种受体分子生成和降解的速率异常，使它们更趋向正常。向莱等认为去甲乌药碱能重现附子、肉桂使心肌β受体密度上调的作用，但与异丙肾上腺素无协同和拮抗作用。胡雅儿、孙启祥、洪庚辛等认为由于老龄动物脑功能减退时脑M受体、β受体密度下降，而知母水提物长期口服可提高脑M受体密度，纠正M受体生成和降解的失平衡。黄芪水提物能上调阳虚证鼠脑β受体密度和外周淋巴细胞β受体密度，有改善记忆和脑保护作用。熊跃斌、何刚等证明助阳药淫羊藿、菟丝子、鹿茸多肽有调节和提高雄性激素的作用。

（二）对心血管的作用　陈羽等指出黄芪茎叶皂甙和多糖有改善心肌收缩性能，缩小心肌梗塞的作用，其机制可能与抑制Na-K-ATP酶活性和抗自由基损伤有关。乳酸脱氢酶（LDH）含量升高可反映心肌损伤情况。金英等提出苦豆子中的槐胺碱可缩小心肌梗塞范围，降血清LDH含量，减轻心律失常。马丽娜、睢大筼等证明刺五加茎叶皂甙能增加梗塞心肌的血流量，降低心肌耗氧，缩小心肌梗塞范围，降血中LDH和肌酸磷酸激酶含量。许青媛等报道吴茱萸对应激损伤心肌有保护作用，能使心肌细胞膜结合酶的异常变化得到一定的恢复。张卫国等报道丹皮酚能明显改善损伤心肌线粒体膜的结构和功能。秦腊梅等证明党参增强心肌收缩力作用与抑制磷酸二酯酶、减少心肌细胞内cAMP水解有关。王晓明等报道人参Rb_2有钙通道阻滞作用，并显著抑制黄嘌呤-黄嘌呤氧化酶所致的自由基增多。郭建生等报道人参皂甙B可降低心肌收缩力，与异丙肾上腺素呈竞争性抑制，与$CaCl_2$呈非竞争性抑制。胡文尧等报道刺梨含有丰富的SOD，能降低冠心病人血清LPO含量，提高RBC内SOD活性；动物实验证明有抗动脉硬化作用。王磊一等证明，葛根素对离体动脉静脉具有β受体阻断作用。肖静等证实川芎嗪能降血压、心率和脑血管阻力，显著增加颈内动脉的血流量。

（三）抗心律失常作用　沈玲、李萍等证明炙甘草汤能抑制肾上腺素诱发的离体心肌的自律性和兴奋性，明显拮抗肾上腺素诱发的心律失常。连晓媛等证明该方能降低缺血心肌再灌注诱发的心律失常，缩小心肌梗塞的范围，能减少心肌肌酸激酶和LDH的释放，减少丙二醛的生成。杨世杰等证明西洋参茎叶皂甙有抑制心肌收缩力、降低自律性、抗心律失常作用，其机理与Ca^{++}通道阻滞有关。常天辉等证明白花前胡对室性心律失常有临床疗效。实验表明该品能增加心肌的营养血流量，扩血管、降压、降低心肌收缩力和耗O_2量。

（四）对血液系统的作用　秦百宣等认为水蛭降胆固醇作用疗效似安妥明；降血粘度疗效优于脑心舒；抑制血小板聚集和抗血栓疗效优于阿斯匹林。俞腾飞报道锁阳提取物对 ADP 诱导的血小板聚集有明显抑制作用，并呈良好量效关系。秦腊梅等报道党参抗血小板聚集与抑制血小板调钙蛋白有关。余传林、张佩文等证明虎杖提取物能减少静脉内血栓的形成，减少静脉内皮细胞的损伤，其抗血栓机制是抑制血栓素 A_2 的生成。周春风等证明土鳖虫水浸膏能降低 RBC 压积和聚集性，增加 RBC 变形能力，降低血液粘度。血浆中丙二醛（MDA）含量升高易导致动脉硬化，凝血因子Ⅶ含量升高与缺血性心脏病的发生密切相关，黄雅乐等认为大蒜精油能降低机体凝血因子Ⅶ、丙二醛、胆固醇及甘油三酯水平，并有明显抗动脉硬化作用。薛建欣等实验显示益气药香附与活血药川芎、赤芍、归尾配伍，在抗血小板聚集和体外抗血栓上呈现明显的协同效应。徐金和、罗晓琴证明丹参可降低脑血栓患者血小板的聚集性，其抗血栓作用与提高血小板和血浆内 cAMP 含量有关。许锦良、全宏勋等实验表明，芦荟提取物或黄芪对辐射所致的骨损伤有保护作用。杨世成等报道人参总皂甙促进造血的机理是促进骨髓基质细胞 RNA 来表达，从而增加细胞因子 IL-3、IL-6 等合成而实现的。

（五）抗肿瘤作用　王庆端等研究表明，槲寄生总碱对 Lewis 肺癌、S_{37} 实体瘤、EAC、S_{180}、ARS 及 L_{1210} 等肿瘤细胞均有一定的抑制作用。3CL-8 细胞是小鼠 Friend 红白血病细胞，并推测小鼠红白血病与人类病毒性红白血病具有相似的起因。单风平证明 50%板蓝根注射液对体外培养的 3CL-8 细胞有强大的直接杀伤作用；皮下注射能抑制小鼠 3CL-8 实体瘤的生长，但腹腔注射无效。曹瑞敏等认为黄蘑多糖蛋白对肝癌 H_{22} 有抑制作用。朱瑾波等证实黄精能诱生IL2，增强 NK 细胞和 T 淋巴细胞活性，并对 S_{180} 移植瘤和 MNNG 诱发的消化道肿瘤有抑制作用。EB 病毒是一种嗜人类B淋巴细胞病毒，与鼻咽癌关系极为密切，黄添友等研究表明，T淋巴细胞在体外经刺五加和海参提取物诱导后，对 EB 病毒感染B细胞的激活、增殖与分化有明显的抑制作用。佟丽等提出刺五加多糖对 S_{180} 肉瘤和人白血病 K_{562} 均有强大的抑制作用，其抑瘤机理与影响瘤细胞膜生化特性有关。左云飞、张红等证实灵芝水煎剂对肝癌腹水瘤细胞系 Hca—F_{25}/CL—$16A_3$ 有明显抑制作用，能使腹腔巨噬细胞对该瘤细胞的杀伤力提高，使conA 诱导的脾细胞增殖，并能降低癌组织和血清中谷胱甘肽-S-转移酶和γ谷氨酰转肽酶活性。阚毓名等实验表明，刺果甘草提取物对人喉癌细胞 HEP—2 有抑制和杀灭作用。

（六）对免疫的作用　王会贤等认为氧化苦参碱对淋巴细胞的影响与细胞状态密切相关，可使低反应性淋巴细胞的增殖能力提高，对高反应性淋巴细胞则为抑制。肝枯否细胞是机体巨噬细胞中最大的群体，林玉仁等实验提示草苁蓉可增强 CCl_4 所致损伤的枯否细胞的免疫活性。李逢春等证实丹皮酚能显著提高外周血酸性α-醋酸萘酯酶(ANAE)阳性淋巴细胞百分率和白细胞移行抑制因子的释放，增强 WBC 对金葡菌的吞噬功能。并证明川芎嗪可使T淋巴细胞比率升高，脾抗体形成细胞增多，巨噬细胞吞噬功能增强；对白细胞移行抑制因子和白细胞吞噬功能等亦有促进的趋势。叶木荣等指出芦笋汁能显著提高巨噬细胞的吞噬能力和免疫器官的重量。黄泰康等认为明党参能增加脾和胸腺重量，增加外周血 ANAE 阳性淋巴细胞百分率，增加 WBC 和淋巴细胞，促进网状内皮系统的吞噬功能，并有增强抗高温和耐缺氧作用。刘俊达等报道人参皂甙Rg1 能显著促进活化的老年人淋巴细胞的有丝分裂。陈玉春认为当归补血汤能显著促进血虚小鼠脾淋巴细胞产生IL—2。

（七）对消化系统的作用　秦彩玲等报道黄连汤对多种原因的胃粘膜损伤有明显的保护作用，并有镇吐作用。程彰华等证实灵芝能拮抗 Ach 的作用，显著降低溃疡的发生率及减少胃粘膜出血。尤春来等认为蒲公英对多种因素诱导的胃酸分泌均有抑制作用。李树英等认为山药能抑制胃肠运动，增加肠的吸收功能，降低血清淀粉酶的含量。郭世铎等报道大黄多种成分的泻下部位，不仅作用大肠，也作用小肠，能抑制小肠对葡萄糖、Na^+和水的吸收，从而起到软坚润燥、荡涤肠道的作用。葎草有抗菌抗病毒作用，包翠屏等报道葎草民间止泻疗效甚佳，实验证明本品还能对抗Ach的作用，抑制胃肠道的推进性运动。彭成等认为人参、黄芪、党参、白术、山药、大枣均能改善脾虚模型症状但各药又有差别。徐列明、徐丽华、汪晖等研究表明，桃仁和龙胆水提物、当归有效成分阿魏酸钠对不同原因所致的肝损害有保护作用。赵传昌等认为复方丹参注射液能使胃粘膜出血、糜烂及溃疡病变愈合。

(八) 解热、镇痛、抗炎作用　杨奎等证明黄芩清除湿热的机理之一是抑制内生致热原的合成和释放。刘云海等报道大青叶提取物能抑制内毒素引起的致热反应，体外实验证明有破坏内毒素的作用。傅乃武等证明地榆和虎杖鞣质能抑制巴豆油致耳部肿胀，抑制体内二甲基亚硝胺的生成，清除自由基，并能对抗 H_2O_2 诱发的溶血。朱友平等认为苦杏仁甙有镇痛作用，且无耐受性，但无抗炎活性。邓虹珠认为红毛五加醇提物有明显镇痛作用。张志强等认为鹿茸多肽的抗炎作用与促进肾上腺皮质激素的合成有关，但并不完全依赖垂体—肾上腺皮质系统。

(九) 抗菌、抗病毒作用　李凡等证明龙牙楤木总甙对脊髓灰质炎病毒，单纯疱疹病毒，腺病毒等多种病毒均有明显抑制作用。李静波等实验显示大豆总甙对多种病毒有直接抑制作用，机理与直接杀伤病毒有关。卢长安等报道芍药提取物对单纯疱疹病毒所致豚鼠皮肤损伤，有良好的治疗作用。

(十) 其它　孙兵、曹斌、邓虹珠等分别证明柴胡皂甙、蜘蛛香、红毛五加有中枢抑制作用。陈剑雄等认为甘草酸单铵对内毒素诱发的支气管高反应性具有预防作用，机理与对β-cAMP系统向上调节有关。金鑫等报道白花前胡提取物能抑制乙酰胆碱（Ach）和氯化钾（KCl）引起的家兔气管平滑肌收缩。柳红芳等指出蒲黄水煎液有致流产、致死胎作用。王桂林等证明苦参碱可增强$CaCl_2$和KCl对离体输精管的收缩作用，属钙通道激活剂。顾坚臣等认为兔胆的药理作用与熊胆相似，其增强心肌收缩力、镇静、镇咳、抗组胺等作用均强于熊胆。

(金锦娣　李仪奎)

【冬虫夏草的药理研究】

冬虫夏草〔Cordyceps sinensis(Berk.) Sacc.〕属子囊菌麦角菌科虫草属。近年来，随着对冬虫夏草研究的深入，拓宽了虫草药源，并为其临床应用提供了科学依据。

(一) 虫草新品种的研究　虫草属是子囊菌中的一个大属，目前世界已知的约有260种，其中中国已报道57种，除冬虫夏草外，药用较多的有亚香棒虫草（霍克斯虫草）、蛹虫草、蝉草、凉山虫草、甘肃虫草、蔗蛾虫草。马忠杰等对河南灵宝县阳平乡的阳平珊瑚虫草和冬虫夏草，作了比较分析，指出冬虫夏草所含氨基酸总量为17.19～28.95%，虫草酸的含量为5.47～11.41%；而阳平珊瑚虫草的氨基酸含量为13.46%，虫草酸的含量为4.69%，两者有效成分含量基本接近，在药物资源紧缺的情况下，可大力开发利用阳平珊瑚虫草。

(二) 虫草代用品的研究　虫草菌素(3'-脱氧腺嘌呤核苷）被认为是冬虫夏草重要的活性成分，具有抗菌、抗肿瘤作用。解军等测定了冬虫夏草和二株虫草真菌菌丝体（虫草头孢霉、棒束孢霉菌丝体）中虫草菌素的含量，结果三者分别为67μg/g、64μg/g、25μg/g，表明虫草头孢霉的虫草菌素与冬虫夏草基本相同，而棒束孢霉虫的虫草菌素则高出前者三倍多，这意味着棒束孢霉菌丝体具有重要的应用前景。陈卫群等介绍了对凉山虫草、霍克斯虫草、秦巴蛹虫草、新疆虫草、香棒虫草、蔗蛾虫草、蝉花等的研究情况，为解决冬虫夏草代用品提供了一定的科学依据。

（三）虫草药理研究的进展　近代研究已证明虫草有加强肾上腺素功能、增加心血输出量、收敛镇静、抑制癌细胞等作用。邓青青等研究表明，虫草与菌丝都能增强小鼠腹腔巨噬细胞吞噬能力，抑制T淋巴细胞的排斥反应；对小鼠血小板减少及脾脏萎缩有明显的保护作用，提示有免疫增强作用。包知达等通过临床观察了冬虫夏草对老年人氨基糖甙（AG）类肾毒性的影响。随机将21例患者分为冬虫夏草治疗组和对照组，动态观察了尿NAG酶和β_2-微球蛋白（β_2-m）变化，治疗后虫草组与对照组尿NAG酶分别为23.51±10.84mu/mg·Cr、45.42±26.97mu/mg·Cr（$P<0.05$）。结果证实虫草组肾毒性损伤要轻于对照组，提示冬虫夏草对老年人AG肾毒性损伤有良好的保护作用。此外，蒋三俊介绍了冬虫夏草食疗补益的应用，认为虫草与鸡、鸭、瘦猪肉、甲鱼、黄雀等炖食具有补虚、益脾、生津、固精之疗效。

（周秀佳）

【明党参的药理研究】

明党参（Changiam smyrnioides Wolff）为常用中药之一。有补气生津之效，民间习惯作滋补强壮药。近年来，对其药理作用作了深入的研究，表明明党参具有多种药理效应，值得广泛开发应用。

（一）降血脂作用　华一利等研究了明党参醇提物和水提物的降血脂作用。采用高脂饲料喂养大鼠4周后，其胆固醇（TC）、甘油三酯（TG）显著提高，造成明显的高脂血症。实验分正常对照组（喂饲基础饲料20g/d·只）；高脂选型组；安妥明组（喂高脂饲料＋安妥明260mg/kg·只）；明党参醇提物组。以三种不同剂量125mg/kg·d、250mg/kg·d、500mg/kg·d混于高脂饲料中充分混匀，以20g/d喂饲；水提物组也以三种不同剂量2.5g/kg·d、5g/kg·d、10g/kg·d混于高脂饲料中充分混匀，以20g/d喂饲。实验前各组动物眼静脉丛取血，称体重并测定各项指标，剔除高者。高脂饲料喂养4周后，再分别取血测定并称重。结果表明，明党参醇提物和水提物均能显著降低血清胆固醇水平，其中以水提物2.5g/kg的效果最好（下降率为45.30%），优于安妥明组（下降率为40.49%）。明党参还能轻度降甘油三酯（TG）和不同程度提高高密度脂蛋白胆固醇的比率（HDL—C）。吴慧平等研究了明党参在大鼠高胆固醇血症中的抗氧化作用。结果表明，明党参醇提物三个剂量组与安妥明组对全血谷胱甘肽过氧化酶（GSH—P_x）活力较造型组明显提高；安妥明组对血清超氧化物歧化酶（SOD）活力与造型组比较无显著差异（$P>0.05$），但明党参醇提物三个剂量组血清SOD活力与造型组比较明显增加。造型组血清丙二醛（MDA）含量比正常组高，表明高胆固醇血症大鼠同时伴血清MDA增加，安妥明组、明党参醇提物三个剂量组MDA含量与造型组比较明显降低。实验表明，明党参醇提物对实验性大鼠高胆固醇血症伴随脂质过氧化物增加，具有明显的抑制作用，这与提高血清SOD和全血GSH—P_x的活性密切相关。

（二）免疫作用　黄泰康等研究表明，明党参及其多糖具有显著的免疫促进作用。可以增加正常小鼠胸腺和脾脏重量，增加正常小鼠外周血白细胞总数及淋巴细胞数，提高ANAE$^+$淋巴细胞（酯酶阳性细胞）百分率。促进网状内皮系统的吞噬功能，拮抗免疫抑制剂氢化可的松对小鼠外周血白细胞和淋巴细胞的减少作用。另外，明党参及其多糖对二硝基氯苯（DNCB）所致的小鼠迟发性变态反应又显示出显著的抑制作用。

（三）抗应激作用　黄氏研究还表明，明党参及其多糖能显著延长小鼠常压缺氧下的存活时间，明显减轻小鼠脏器在缺氧环境下的损伤，提高耐受性。明党参还能显著延长氰化钾所致的化学性缺氧动物的存活时间及小鼠在高温下的存活时间。

（四）对小鼠小肠运动的影响　明党参水煎液对正常小鼠的肠蠕动显示出显著的促进作用，有利于肠道内容物的排空。其推进小肠运动的作用与山药类似。实验结果提示，明党参是一种有适应原样作用的中药，它的补益作用与降低血清胆固醇，提高整体抗氧化能力以及改善机体免疫功能，促进肠道蠕动具有一定的关系。

（史美瑶）

【川芎与川芎嗪的药理研究】

川芎为伞形科多年生草本植物川芎(Ligusticum Wallichii Franch)的根茎，具有活血行气、祛风止痛的作用，主要用于月经不调、产后腹痛、跌打损伤、头痛等病证。川芎嗪（Ligustrazin）是从川芎中提取分离的生物碱单体，临床主要用于多种阻塞性血管疾病的治疗。简介于下。

（一）对肾脏作用　杨达胜等研究了川芎嗪对庆大霉素肾毒性保护作用，发现川芎嗪具有钙拮抗作用，很可能成为一种新的钙拮抗剂。它是通过阻滞钙离子流向细胞内而保护肾组织细胞，降低尿NAG(N-乙酰-β-D氨基葡萄糖苷酶)。朱陵群等研究了川芎嗪对膜性肾炎家兔血清和肾组织锌、铜、钙、镁含量的影响。因这四种元素与肾脏的关系比较密切，许多肾脏疾病可引起这些元素的变化。研究表明，川芎嗪能减少尿蛋白，提高血清蛋白含量和白蛋白/球蛋白比值，从而提高血清和肾组织中锌、铜含量，并提高SOD（超氧化物歧化酶）活性，以维持细胞膜结构的完整及正常生理功能，减轻肾组织损伤。王元松等报道川芎嗪用于治疗早期糖尿病性肾脏病变，认为可通过作用于凝血系统及血流动力学的机理，而达到减少尿蛋白，改善肾功能的目的。袁伟杰等研究了川芎对原位肾炎大鼠肾皮质TXA_2—PGI_2平衡失调的影响实验研究。结果表明，川芎治疗肾炎，降低肾小球基底膜通透性的机理是：(1) 选择性抑制TXA_2合成，促进PGI_2合成，调节TXA_2—PGI_2平衡变化，改善有效血流量，促进免疫复合物吸收；(2) 阻止肾小球细胞增生，抑制炎性细胞粘附、聚集及释放炎性介质，并缓解由此引起的继发性损害；(3) 抑制血小板活化，阻断因其所致的TXA_2合成增加的恶性循环，以及血小板炎介质的释放，从而减轻肾小球炎症反应及肾微循环内的高凝状态。胡卫列等报道了川芎对急性肾功能衰竭家兔血浆TXB_2、6-keto-$PGF_{1\alpha}$含量影响，表明川芎具有防治肾功能衰竭的作用，并认为其主要机理是抑制肾缺血后血小板的激活，降低TXB_2含量，提高6-keto-$PGF_{1\alpha}$含量，使6-keto-$PGF_{1\alpha}$/TXB_2比值保持正常水平。刘沙勒等进行了川芎对环孢素A所致急性肾毒防护作用的实验研究，认为川芎对肾功能有良好的保护作用，其机理是扩张肾血管，降低RNR，抑制血小板聚集，减少TXA_2的合成、释放，拮抗TXA_2引起的动脉收缩，增加PGI_2和其他具有扩血管作用的前列腺素活性物质合成，调节TXA_2—PGI_2之间的平衡。此外，还能提高组织细胞对缺血缺氧的耐受力。

（二）对支气管的作用　邵长荣等通过对川芎平喘合剂防止支气管哮喘的研究，表明能明显拮抗由组胺和乙酰胆碱所介导的支气管平滑肌痉挛，降低哮喘的发生率和死亡率。王兴鹏等研究了川芎嗪对急性出血坏死性胰腺炎大鼠肺损伤的作用及其机制。表明川芎嗪通过降低TXB_2-6-keto-$PGF_{1\alpha}$比值和血脂质过氧化物值，使肺系数下降，肺郁血减轻，改善肺组织病理形态。

（三）对心血管的作用　黄建邦等研究

了川芎嗪对人血多形核白细胞（PMN）呼吸暴发与氧自由基的抑制作用，认为川芎嗪对PMN细胞呼吸暴发的全过程均有抑制作用，对超氧阴离子自由基有清除作用，而对羟自由基则无作用。川芎嗪的抗心肌缺血作用，其主要机理是提高超氧化物歧化酶活性，抗心肌脂质过氧化的作用。樊光辉等报道了川芎嗪对冠心病患者血脂质过氧化物等含量的影响，认为川芎防治心肌梗塞的机理是调节PGI_2—TXA_2平衡，抗血小板聚集；加速血氧自由基清除，减少血脂过氧化物，提高血超氧化物歧化酶的活性。王京等研究表明川芎能改善脑血管变化，其机理是降低血胆固醇，抑制血小板凝集，防止血栓形成；扩张脑血管，增加脑血流量，改善脑内血循环功能。夏正远等研究了川芎嗪注射液对家兔失血性休克再灌注损伤的保护作用。结果表明，川芎嗪能有效地防治休克，是与其升高内源性SOD活性，清除氧自由基进而降低组织脂质过氧化程度和作用有关。

（汪文娟　李永健）

【中药多糖成分的免疫药理活性】

多糖类化合物是构成生命的四大基本物质之一，广泛存在于动物细胞膜、植物和微生物细胞壁中，因具有多种生物活性而越来越引起人们的关注和研究。郭玫等对此进行了综合报道，认为多糖类化合物增强机体免疫功能，主要体现在多糖类能影响网状内皮系统、巨噬细胞、淋巴细胞及白细胞、RNA、DNA、蛋白质的合成、抗体的生成、补体的生成以及对干扰素的诱生作用等，并可用于抗衰老、抗肿瘤、抗放射损伤及抗肝炎等。周静对1990年以来在植物多糖生物活性方面的研究作了介绍，主要包括对人参多糖、枸杞多糖、波叶大黄多糖、天冬多糖、板蓝根多糖、白边岛衣多糖、耳叶牛皮消多糖、商陆多糖、茶叶多糖、酸枣仁肉多糖、党参花粉多糖、紫菜多糖、红芪多糖、云芝多糖、红毛五加多糖、灵芝多糖等的研究。

孙启祥研究了红芪多糖抗衰老作用。实验结果表明，红芪多糖50～150mg/kg·d给小鼠灌胃，有明显增强中性粒细胞活性的效应，并能改善老年鼠T细胞在外周血中的百分率及对抗原刺激的反应性。张莅峡等研究了红毛五加多糖对机体免疫功能的影响，表明红毛五加多糖50～200mg/kg腹腔注射，对体外小鼠T、B-淋巴细胞增殖反应均有增强作用，抗体生成细胞和免疫球蛋白IgG、IgA和补体C_3含量给药组明显高于对照组。还采用恶性肿瘤病人肝素抗凝血现象巨大玫瑰花环试验，在体外加用红毛五加多糖后均使花环出现百分率显著增强，本试验是作为人细胞免疫功能动态的一个重要标志，从而提示红毛五加多糖有提高机体细胞免疫功能的作用。近年来，对云芝多糖的药理作用研究较多，张明霞等对此进行了概括，认为它具有抗肝毒、抗肿瘤、抗病毒、抗伤寒、抗溃疡、降血脂、镇静催眠、镇痛抗炎等多种作用，并能明显增强小鼠和大鼠网状内皮系统的吞噬功能，还可明显增强小鼠对金黄色葡萄球菌、大肠肝菌、宋内氏痢疾杆菌及绿脓杆菌感染的非特异性抵抗力。刘小平等用黄芪注射液醇沉淀物部分（主要成分是黄芪多糖）制成黄芪多糖口服液并进行了药理研究。结果表明，黄芪多糖口服液对小鼠的吞噬功能有明显的促进作用（$P<0.01$），并能促进幼鼠胸腺和脾脏组织的生长，还证明该口服液中含有抗肿瘤活性的微量元素Se。

（陈红琳）

【中药中毒与过敏反应】

一、中药中毒

1. 消化系统　王自芳报道一患者用开水冲服芫花粉末5g，半小时后即感到恶心呕吐，肠鸣漉漉，继之出现频繁呕吐腹泻。余天泰报道一患者内服含20克瓜蒂的汤液，半小时后出现剧烈呕吐，继之腹泻不止，大便呈洗肉汤样粘液便，其中掺杂肠粘膜残块，数小时后出现休克。李智才等报道一患者服龙胆草30克汤液后出现腹痛腹胀，恶心呕吐，吐出物呈黄绿色，次日，症状加重，并呈轻度昏迷状。王亚敏等报道6例患者均因内服广豆根10～15克汤液后出现胃脘不舒，恶心呕吐。袁吉华报道一患者以4只斑蝥煮2只蛋后，食斑蝥和蛋，1小时后即感恶心，剧烈腹痛，2小时后呕出咖啡样液体150毫升，继之解出柏油样大便。汤志锋报道一患者顿服9克红茴香根皮粉，4小时后出现恶心呕吐，伴有上腹部疼痛。伍玉元报道2例患者均因1天内服5条蜈蚣粉，2天后出现发热38.5℃左右，右胁肋胀痛，目黄，身黄，尿黄，肝功能异常。

2. 泌尿系统　王氏报道了一患者顿服5克芫花粉后1小时排出浓茶色小便，伴有心悸、无力，尿常规：红细胞满视野，蛋白（+）；ECG示：窦性心动过速。袁吉华报道一患者一次食用以4只斑蝥煮熟的鸡蛋和斑蝥后，出现尿频，尿急，尿痛，尿常规示：蛋白（卄）；红细胞满视野。谢喜丽报道一儿童食用地瓜0.5千克后2小时，出现无痛性全程肉眼血尿，尿常规示：蛋白（+），红细胞（卌）。

3. 心血管系统　范绍伯报道9例误食含有砒霜的食物后，均在5～10min内出现头晕，恶心等症，ECG均有改变，其中窦性心动过速3例，窦性心律不齐4例，T波倒置双相或低平6例，QRS低电压1例、Q-T延长8例，T波下移4例，I°AVB1例。林学仪报道一患者服含竹黄100g汤液后出现头晕，乏力，步履不稳，心悸，ECCT示：窦性心动过缓，HR54次/min。陈筱琴等报道一患者服含8g细辛的汤液后2小时，出现面色潮红，心悸，ECG示：频发房性早搏，伴反复短阵房性心动过速。马力行等报道一患者服含北五加皮100g汤液，2小时后出现头晕，心悸，气促，大汗淋漓，ECG示：心房纤颤、心肌缺血。张峻、苑希林等分别报道7例患者因服含草乌6～12g的汤液或丸药后，出现烦躁不安，四肢麻木，严重者全身抽搐，血压下降，ECG均示心律失常。其中1例终因心跳呼吸停止而死亡。

4. 神经、精神系统　汤志锋报道一患者内服红茴香根皮粉9g后数小时，出现神志不清，牙关紧闭，全身强直性抽搐。陈慎行等报道一儿童因食用10g贝母炖煮的鲜梨后，出现精神萎靡，口唇青紫，四肢软瘫，伴短暂全身抽搐，意识丧失，小便失禁。体检示：对光反应消失，心律不齐，心音极弱。高亮报道一患者自服10g生半夏，3小时后出现烦躁不安，舌咽麻木，流涎，张口困难，继则呼吸急促，颜面潮红，最终心跳，呼吸停止。吴中林等报道一患者食用1kg党参炖煮的牛肉汤，10分钟后即出现声音嘶哑，视物不清，失声失语。体检示：两侧瞳孔散大，对光反射减弱。经抢救治疗后，虽然意识恢复，但近期记忆力丧失，思维迟钝。田林忠等报道一患者服含马钱子约4g的丸药后半小时，便出现阵发性抽搐，1小时后神志不清，牙关紧闭，角弓反张，四肢厥冷，口唇青紫，最终因呼吸骤停而死亡。余叙惠等报道一贲门癌术后的患者使用红花注射液10ml作静脉滴注，每日1次，至第3天突然出现头痛，恶心呕吐，视力障碍，左侧上下肢活动障碍。CT示：右侧内囊膝部脑梗塞。

5. 其他　叶存喜报道一患者服何首乌100g汤液，第2帖药后原有的畏光、视疲等症反而加重，检查示：角膜内皮面弥漫细小颗粒状物沉着，晶体前囊表面有同样细小棕色颗粒状物沉着，呈花瓣状分布。曹菊林报道一患者因服麝香粉，每次0.3g，每日1次，第5天后出现多尿，烦渴，易饥，检查示：尿糖卌～卌，血糖200mg/dl。林学仪报道一患者服50g竹黄浸的药酒100ml后，再接受日光照射便出现颜面及四肢暴露部位红肿，疼痛，灼热。

二、过敏反应

1. 引起过敏性休克的药物　内服巴豆（时

霄霄报道)；外涂延胡索液（赵桂芬等报道)；静注丹参注射液（姜长贵、贺景缴等报道)、参麦注射液（任永叔报道)。

2. 引起皮疹的药物　内服仙鹤草（吴金瑞等报道)、蝉蜕（章铨荣报道)、酸枣仁(刘安详等报道)、黄连（詹瑞林报道)、枸杞子（丁红霞等报道)、附片（孙秋凌报道)、桂枝、丹参（马力行报道)、金钱草（徐振华报道)；肌肉注射鱼腥草注射液（张玉矾等报道)、双黄连注射液（赵桂琴等报道)；外用延胡索（赵桂芬等报道)、枯矾（王朝光报道)。

3. 其他　吴金瑞等报道一患者口服仙鹤草100g汤液后，自觉皮肤搔痒，时有痛感，次日，全身水肿，皮肤发红。

（汪文娟　楼小萌）

参考文献

B

包翠屏，等。葎草止泻作用的实验研究。中草药，1994；(8)：415

包知达，等。冬虫夏草对老年人氨基糖甙肾毒性损伤的保护作用。中国中西医结合杂志，1994；(5)：271

C

曹　斌，等。蜘蛛香的中枢抑制作用。中国中药杂志，1994；(1)：40

曹菊林。口服麝香致一过敏性糖尿症。浙江中医杂志，1994；(1)：8

曹瑞敏，等。黄蘑多糖蛋白的抗肿瘤作用。中国中药杂志，1994；(10)：624

常天辉，等。中药白花前胡及其有效成分甲素的心血管药理和临床应用研究。中药药理与临床，1994；(4)：9

陈　羽，等。黄芪皂甙与黄芪多糖对急梗犬心的保护作用及其机制分析。中药药理与临床，1994；(3)：12

陈剑雄，等。甘草酸单铵对内毒素诱发支气管高反应性的作用——β-cAMP 向下调节影响。中药药理与临床，1994；(1)：14

陈慎行，等。急性贝母中毒1例报道。新疆中医药，1994；(2)：18

陈万群。冬虫夏草代用品研究进展。中草药，1994；(5)：269

陈筱琴，等。细辛过量引起心律失常1例。江苏中医；1994；(1)：10

陈玉春。当归补血汤对血虚小鼠产生IL-2影响的实验研究。中国中药杂志，1994；(12)：739

程彰华，等。灵芝对应激性溃疡的影响和抗乙酰胆碱作用。中草药，1994；(9)：472

D

邓虹珠，等。红毛五加镇痛解热作用及毒性实验观察。中国中药杂志，1994；(1)：38

红毛五加对中枢神经系统作用的实验研究。中国中药杂志，1994；(3)：172

邓青青，等。冬虫夏草及人工培养菌丝对体液免疫的影响。中国中药杂志，1993；(2)：115

丁红霞，等。枸杞子过敏1例。山东中医杂志，1994；(3)：117

杜德极，等。葛根的抗肿瘤作用研究。中药药理与临床，1994；(2)：16

F

樊光辉，等。川芎嗪对冠心病患者血脂质过氧化物等含量的影响。中国中西医结合杂志，1994；(1)：26

范绍白。急性砒霜中毒9例心电图改变。陕西中医，1994；(3)：142

傅乃武，等。地榆和虎杖鞣质抑制体内亚硝酸胺生成，对抗巴豆油对皮肤的炎症反应和抗氧化作用的研究。中药药理与临床，1994；(2)：13

甘草黄酮类和三萜类化合物抗氧化作用的研究。中药药理与临床，1994；(5)：26

G

高　亮。生半夏中毒致死1例报告。山西中医，1993；(4)：45

高南南，等。天麻对D-半乳糖所致衰老小鼠的改善作用。中草药，1994；(10)：521

顾贤臣，等。兔胆和熊胆的药效比较。中国中药杂志，1994；(9)：556

郭　玖，等。多糖的研究概况。甘肃中医学院学

报，1994；(2)：55
郭建生，等。人参皂甙B对豚鼠离体心房的影响。中国中药杂志，1994；(12)：743
郭世铎，等。大黄总甙、大黄素、番泻甙对不全梗阻后小鼠离体小肠葡萄糖一钠转运电位的影响。中药药理与临床，1994；(5)：38
H
韩丽春，等。肉苁蓉对小鼠血清尿素氮和肝脏超微结构的影响。中国中药杂志，1994；(5)：307
何　刚，等。鹿茸多肽对雄鼠黄体生成素和睾丸酮分泌的影响。中成药，1994；(11)：33
贺景绂，等。丹参注射液致过敏性休克2例报告。贵阳中医学院学报，1994；(2)：22
洪庚辛，等。黄芪水提物的促智作用。中国中药杂志，1994；(11)：687
胡　刚，等。应用神经细胞体外培养观察抗衰老中草药的作用。中国药学杂志，1994；(6)：332
胡盛珊，等。珍珠水解液抗衰老作用的实验研究。中草药，1994；(4)：203
胡卫列，等。川芎对急性肾功能衰竭家兔血浆TXB_2、6-keto-$PGF_{1\alpha}$含量影响。中国中西医结合杂志，1993；(9)：549
胡文尧，等。刺梨抗动脉粥样硬化作用的研究。中国药学杂志，1994；(9)：529
胡雅儿，等。知母对老年动物脑M受体数调整作用的机理。中药药理与临床，1994；(2)：10
华一利，等。明党参降血脂作用实验研究。南京中医学院学报，1994；(4)：31
黄建邦，等。川芎嗪对人血多形核蛋白细胞呼吸暴发与氧自由基的抑制作用。中国中西医结合杂志，1992；(9)：562
黄添友，等。刺五加和海参提取物对EB病毒感染鼻咽癌患者外周血β细胞的影响。中药药理与临床，1994；(1)：38
黄泰康，等。明党参水煎液及多糖的药理研究。中成药，1994；(7)：31
黄雅乐，等。大蒜精油对凝血因子Ⅶ：C、Ⅷ：C、LPO的影响。中药药理与临床，1994；(2)：30
J
姜长贵。丹参注射液致过敏反应1例。中国中药杂志，1994；(6)：503
蒋三俊。冬虫夏草食疗补益作用。中药材，1994；(1)：47
金　英，等。槐胺碱对清醒大鼠心肌急性梗塞再灌注损伤的保护作用。中草药，1994；(7)：364
金　鑫，等。白花前胡石油醚提取物对家兔离体气管平滑肌的作用。中国中药杂志，1994；(6)：365
睢大筼，等。刺五加叶皂甙降血糖作用。中国中药杂志，1994；(11)：683
刺五加叶皂甙对犬急性心肌梗塞范围的影响。中国中药杂志，1994；(12)：746
K
阙毓名，等。从刺果甘草中分离出的后莫紫檀对HEp-2细胞的作用。中国药学杂志，1994；(10)：608
L
李　凡，等。龙牙楤木总甙抗病毒作用研究。中国中药杂志，1994；(9)：562
李　萍，等。炙甘草汤注射液对正常及阴虚大鼠心律失常影响的实验研究。中药药理与临床，1994；(4)：5
李静波，等。大豆总甙对病毒的抑制作用及其临床应用的研究。中草药，1994；(10)：524
李树英，等。山药健脾胃作用的研究。中药药理与临床，1994；(1)：19
李逢春，等。丹皮酚注射液增强免疫功能的实验研究。中西医结合杂志，1994；(1)：37
川芎嗪雾化吸入促进大鼠免疫。中药药理与临床，1994；(4)：30
李向红，等。薤白提取物的抗氧化作用研究。中药材，1994；(11)：36
李智才，等。服龙胆草煎液致中毒1例。中国中药杂志，1994；(1)：50
连晓媛，等。炙甘草汤对心肌缺血再灌注损伤的保护作用。中药药理与临床，1994；(5)：6
林学仪。服竹黄出现日光性皮炎样皮肤反应伴窦性心动过缓1例。中国中药杂志，1993；(12)：755
刘安祥，等。酸枣仁过敏反应1例。陕西中医，1993；(12)：576
刘俊达，等。中药皂甙成分对老年人淋巴细胞功能的作用。中国药学杂志，1994；(12)：717
刘建成，等。蛤蚧提取液对大鼠肝、肾组织自由基代谢的影响。中药药理与临床，1994；(3)：26
刘沙勒，等。川芎对环孢素A所致急性肾毒防护作

用的实验研究，中华医学杂志，1992；（6）:345

刘小平，等。黄芪多糖口服液的研究。中药材，1994；（6）:40

刘云海，等。大青叶抗内毒素实验。中药材，1994；（6）:36

柳红芳，等。蒲黄水煎液对小鼠妊娠影响的实验研究。中药药理与临床，1994；（2）:26

卢长安，等。芍药提取物Cy对豚鼠皮肤疱疹病毒的作用。中草药，1994；（12）:635

罗晓琴。复方丹参注射液抗血栓形成及其机理的研究。中成药，1994；（10）:36

M

马力行。桂枝、丹参引起过敏病例报告。国医论坛，1993；（6）:34

北五加皮引起心房纤颤1例。国医论坛，1994；（2）:30

马丽娜，等。刺五加茎叶皂甙对急性心肌梗塞犬血流动力学和氧代谢的影响。中国药学杂志，1994；（11）:654

马忠杰，等。阳平珊瑚虫草与冬虫草的化学成分比较研究。中国中药杂志，1994；（7）:395

P

彭　成，等。常用补气、健脾益气药药效作用的比较研究。中药药理与临床，1994；（4）:21

朴玉仁，等。草苁蓉对损伤肝枯否细胞免疫活性的影响。中草药，1994；（4）:200

Q

秦百宣，等。水蛭对血清胆固醇、血液粘度及血栓形成的影响。中药材，1994；（9）:33

秦腊梅，等。党参补气、强心作用的实验研究。中国中药杂志，1994；（4）:238

秦彩玲，等。黄连汤对实验性胃粘膜损伤的保护作用及镇吐作用的研究。中国中药杂志，1994；（7）:427

全宏勋，等。黄芪对辐射小鼠造血功能的影响。中国中药杂志，1994；（12）:741

R

任永叔。参麦注射液临床应用不良反应2例。实用中药杂志，1994；（1）:35

S

单风平。50%板蓝根注射液对小鼠Friend红白血病细胞3CL-8体内外的杀伤作用。中草药，1994；（8）:417

邵长荣，等。川芎平喘合剂防治支气管哮喘的临床及实验研究。中国中西医结合杂志，1994；（8）:465

沈　玲，等。炙甘草汤对离体心肌生理特性的影响。中药药理与临床，1994；（6）:1

时霄霄。巴豆致过敏性休克1例。中国中药杂志，1994；（9）:569

孙　兵，等。柴胡皂甙对猫睡眠节律电活动调制的实验研究。中草药，1994；（2）:82

孙　云，等。新疆肉苁蓉抗自由基损伤的研究。中国中药杂志，1994；（7）:433

孙启祥，等。红芪多糖对小鼠细胞免疫的影响。甘肃中医学院学报，1994；（2）:41

黄芪水提物和知母甙元ZMC对28～30月龄大鼠外周血淋巴细胞受体的调节作用。中药药理与临床，1994；（5）:12

孙秋凌。附片过敏1例治验。湖北中医杂志，1994；（3）:51

T

汤志锋。超量服红茴香粉致中毒1例。中国中药杂志，1994；（1）:50

田林忠，等。红花引起贲门癌术后脑梗塞1例。山西中医；1993；（6）:35

佟　丽，等。刺五加多糖抗肿瘤作用与机理的实验研究。中国药理学通报，1994；（2）:105

W

汪　晖，等。阿魏酸钠减轻对乙酰氨基酚致小鼠肝损害。中国药理学报，1994；（1）:81

王　京，等。川芎对脑血管血液动力学参数作用的实验研究。中国中西医结合杂志，1993；（7）:417

王　彬，等。蛇床子延缓衰老的药理学研究。中药药理与临床，1994；（1）:8

王会贤，等。氧化苦参碱对淋巴细胞增殖的影响。中草药，1994；（7）:362

王桂林，等。苦参碱对大鼠输精管的作用与激活钙通道的关系。中国药理学报，1994；（3）:279

王磊一，等。葛根素对猫离体血管平滑肌的作用。中国药理学报，1994；（2）:180

王庆端，等。槲寄生总生物碱的抗肿瘤作用。中国中药杂志，1994；（1）:45

王晓明，等。人参Rb_2对心肌作用的单钙通道分析及ESR谱研究。中国中药杂志，1994；（10）:621

王亚敏，等。广豆根副作用6例报告。福建中医药，1994；(3):45
王兴鹏，等。川芎嗪对急性出血坏死性胰腺炎大鼠肺损伤作用及机制研究。中国中西医结合杂志，1993；(10):610
王玉芬，等。蜈蚣延缓衰老作用的研究。中国中药杂志，1994；(11):685
王元松，等。川芎嗪与山莨菪碱治疗早期糖尿病性肾脏病变。河北中医，1994；(4):35
王朝光。中药"枯矾"致局部过敏2例报告。内蒙古中医药，1994；(3):25
王自芳。自服芫花过量致吐泻血尿。河南中医，1994；(3):185
吴慧平，等。明党参在大鼠高胆固醇血症中抗氧作用。南京中医学院学报，1994；(4):33
吴金瑞，等。口服仙鹤草煎剂致过敏1例报告。新中医，1993；(11):48
吴中林，等。党参中毒引起精神失常及失语1例。甘肃中医，1994；(4):42
伍玉元。蜈蚣粉致急性肝功能损害2例。中国中药杂志，1994；(1):50

X

夏正远，等。川芎嗪注射液对家兔失血性休克再灌注损伤的防治作用。中国中西医结合杂志，1992；(9):543
向 荣，等。去甲乌药碱温阳作用的机理研究。中药药理与临床，1994；(6):15
肖 静，等。川芎嗪对脑循环和脑血管的作用。中药药理与临床，1994；(3):28
谢喜丽。地瓜引起血尿1例报告。贵阳中医学院学报，1994；(3):10
解 军，等。冬虫夏草及人工菌丝体中虫草菌素的定性定量研究。山西中医，1994；(4):36
熊跃斌，等。淫羊藿及菟丝子提取物对雄性生殖功能的影响。中国药学杂志，1994；(2):89
徐金和。丹参注射液对急性脑血管病血小板聚集性的影响。中草药，1994；(1):30
徐丽华，等。龙胆对实验性肝损伤的影响。中药药理与临床，1994；(3):20
徐列明，等。桃仁提取物抗实验性肝纤维化的作用观察。中国中药杂志，1994；(8):491
徐振华。金钱草引起过敏2例报告。黑龙江中医药，1994；(2):35
许锦良，等。中国芦荟提取物的抗辐射损伤作用的研究。中国中医药科技，1994；(3):18
许青媛，等。吴茱萸温通血脉的药理研究。中药药理与临床，1994；(2):35
薛建欣，等。益气、活血中药配伍对正常、血瘀大鼠血小板聚集及体外血栓形成的影响。中药药理与临床，1994；(1):5

Y

杨 奎，等。含黄芩血清及黄芩甙影响内生致热原产生的研究。中药药理与临床，1994；(6):13
杨达胜，等。川芎嗪对庆大霉素肾毒性保护作用的观察。中国中西医结合杂志，1994；(10):621
杨世杰，等。西洋参茎叶皂甙对培养大鼠心肌细胞钙通道阻断作用的初步观察。中国药学杂志，1994；(9):525
杨世成，等。人参总皂甙对小鼠骨髓基质细胞RNA表达及其细胞因子诱生的影响。中国药理学通报，1994；(1):40
叶木荣，等。芦笋汁的药理研究。中国中药杂志，1994；(4):240
叶存喜。何首乌致眼部色素沉着1例。中国中医眼科杂志，1994；(1):14
易宁育，等。一些滋阴助阳药调整β肾上腺素受体cAMP系统及M胆碱受体cGMP系统间失平衡的分子机理。中药药理与临床，1994；(6):10
尤春来，等。蒲公英对鼠胃酸分泌的抑制作用及其对胃酸刺激药的影响。中药药理与临床。1994；(2):23
余天泰。超量服瓜蒂液致中毒性休克1例。中国中药杂志，1994；(1):51
余传林，等。3,4',5—三羟基芪—3—B—单—D—葡萄糖甙对血管内皮细胞的保护作用和机理的研究。中药药理与临床，1994；(3):23
俞滕飞，等。锁阳三种总成分耐缺氧及对血小板聚集功能的影响。中国中药杂志，1994；(4):244
袁伟杰，等。川芎对原位肾炎大鼠肾皮质TXA_2-PGI_2平衡失调影响的实验研究。中国中医药科技，1994；(3):21
袁吉华。过量斑蝥致消化道出血、血尿1例。中国中药杂志，1994；(1):49
苑希林，等。生草乌致死1例报告。新中医，1994；(5):50

Z

藏莲碧，等。山茱萸对小鼠抗氧化酶活力的影响。中医药科技，1994；(6)：34

詹瑞林。服黄连引起过敏反应1例。中国中药杂志，1994；(1)：47

张　红，等。灵芝水煎剂对肝癌腹水瘤细胞系Hca-F_{25}/CL-16A_3的抗肿瘤作用的实验研究。中药药理与临床，1994；(5)：41

张　骏。乌头中毒6例报道。山东中医杂志。1994；(3)：116

张卫国，等。丹皮酚对大鼠心肌缺血再灌注损伤的线粒体膜脂的保护作用。中草药，1994；(4)：193

张明霞，等。云芝多糖的药理研究概况。吉林中医药，1994；(3)：44

张佩文，等。3,4',5—三羟基芪—3—B—单—D—葡萄甙在血小板血管内皮混合细胞中调节TX-A_2/PGI_2生成的作用。中药药理与临床，1994；(3)：23

张莅峡，等。红毛五加多糖对机体免疫功能的影响。中药材，1994；(5)：36

张玉矾，等。鱼腥草注射液致药疹1例。中国中药杂志，1994；(8)：503

张志强，等。鹿茸多肽的抗炎作用。中国药理学报，1994；(3)：282

章铨荣。蝉蜕过敏1例报告。新中医，1994；(5)50

赵桂芬，等。外用延胡索浸泡液致过敏反应1例。中国中药杂志，1994；(6)：354

赵桂琴，等。双黄连引起过敏性皮疹。山东中医杂志，1994；(7)：307

赵传昌，等。复方丹参注射液治疗大鼠应激性胃溃疡的研究。中成药，1994；(7)：34

周　静。近年来国内植物多糖生物活性研究进展。中草药，1994；(1)：40

周春风，等。土鳖虫对大鼠血液流变学的影响。中草药，1994；(1)：28

朱瑾波，等。黄精调节免疫及防治肿瘤作用的实验研究。中国中医药科技，1994；(6)：31

朱陵群，等。川芎嗪对膜性肾炎家兔血清和肾组织锌、铜、钙、镁含量的影响，北京中医药大学学报。1994；(3)：31

朱友平，等。苦杏仁甙的镇痛作用和无身体依赖性。中国中药杂志，1994；(2)：105

左云飞，等。灵芝水煎剂对肝癌腹水瘤细胞系Hca-F_{25}/CL-16A_3的抗肿瘤作用的实验研究Ⅱ。中药药理与临床，1994；(6)：23

（六）炮　制

【概述】

1994年在炮制研究领域共发表论文约300余篇，现按文献、工艺、化学与药理研究，分述如下。

（一）文献研究　谌瑞林对药汁制法历史沿革进行了研究，认为药汁制法最初寓于方剂之中，并伴随着方剂学的发展而得到了提高，最终从方剂学中分化出来，逐渐形成了独特的炮制加工技术和理论体系。王晓琦等考察了历代巴戟天的炮制方法，或槌、或浸、或蒸、或煮、或炙，均除去其木心，认为其净制是必要的。吕文海等对水蛭古今药用炮制历史进行了整理分析，指出水蛭最初的炮制意图是去腥矫味。始于宋代所谓“不制入腹生子为害”说是一种误传。赵淑杰等分析了栀子古今炮制方法，古代文献栀子有13种炮制品，现在沿用下来的方法以清炒、酒制、姜制为主流。但目前各地炮制工艺很不统一，也影响了药材质量。赵士凯等通过对益智仁炮制演变过程及现代炮制工艺的分析比较，建议改砂拌炒法为清炒法，以提高益智仁的炮制质量。

（二）炮制工艺的研究　程敬伦等以水溶性浸出物含量和有效成分含量为指标，研究了浸润方法对8种中药饮片质量的影响。结果表明，减压温浸法效果最好，但不适用于含挥发油的中药材；加压冷浸和减压冷浸均比传统浸润好，且适用于各种需浸润软化的中药材。孙荣良用总煎出比率为指标，对牛膝饮片片型进行研究，建议用厚片(2～4毫米)为牛膝的统一片型为宜。丁安伟等采用正交试验法，以止血作用为指标，对侧柏叶炭的炮制工艺进行优选，结果表明，侧柏叶炭的最佳炮制工艺为 270℃煅制 40分钟。杨中林等以止血、凝血实验为指标，得出了荆芥炭炮制的最佳条件是 180℃，加热 5分钟，采用铁锅炮制。张典瑞等以苍耳子脂肪油和水浸出物为指标，对苍耳子不同炮制品进行比较研究表明，经炒制或烘制后，苍耳子脂肪油含量、水浸出物含量均有显著性提高。赵淑杰等考察了不同温度下炮制样品中栀子甙、鞣质的含量变化情况，初步认为栀子炒炭控制在 160～200℃较为适宜。刘湛文等对杜仲炮制工艺进行了比较，认为其不同炮制品的醇浸出物含量与断丝率、收率的比例呈正比关系，提示以断丝率作为杜仲的质量标准是可行的，其最佳工艺为 160℃烘 30 分钟。李铁林等对龙骨煅制工艺进行考察，认为龙骨煅红温度一般需在 800℃左右，此时能增加其总成分煎出率和煎液中Ca^{2+}的含量。袁俊贤等以黄芩甙含量为指标，优选出黄芩最佳炮制工艺为每 100 公斤黄芩饮片，用黄酒 10 公斤拌匀，闷 30 秒，以 130℃（药温）炒干。江涛等采用恒温干燥箱对乳香进行电烘烤法炮制，经与灯心草炒法、麸炒法、醋炒法、清炒法、生品 5种传统方法比较，电烘烤法挥发油含量损失最低，而成品性状最好。庞国兴等对益智、益智仁、益智壳及其盐炙品进行实验研究表明，不同药用部位的益智生品、炮制品的挥发油含量、浸出物含量、比重、折光率有所不同，挥发油组分基本无变化。从充分利用药源的目的出发，益智仁可考虑带壳应用。南云生等以浸出物、总生物碱、亚硝酸盐和对胃分泌影响为指标，对黄柏生品和不同炮制品进行实验比较，初步认为以 170±5℃、8 秒和 240± 5℃、5 秒的清炒品为较佳工艺。章仲懿等以黄芩甙和黄芩甙元为指标，考察了酒的类别及浓度对黄芩炮制品主要活性成分含量的影响表明，酒炙黄芩的黄芩甙和黄芩甙元的含量仅与酒的类别有关，用白酒炙的含量明显高于黄酒炙。苏孝礼等采用乌头的去毒指数为质量指标来评估乌头的有效性和毒性，得出乌头的最佳炮制工艺是将乌头整个经清水润湿后，120℃加压蒸制 90 分钟。刘斌等以总生物碱和酯型碱含量变化为指标，比较出草乌最佳工艺为水浸润透、切厚片，加压（127℃，0.15MPa）蒸 3 小时。

（三）炮制前后化学与药理的研究　曹爱民等测定了知母各炮制品中菝葜皂甙元的含量，表明炮制后含量增高，顺序为盐炙＞麸炒＞清炒＞酒炙＞生品，炮制可起到杀酶保甙作用。吴皓等研究了马钱子的炮制方法对生物碱的影响，显示各种炮制方法均使马钱子中士的宁、马钱子碱含量不同程度地下降；甘草制法和各种加热处理都使马钱子中异士的宁含量增高；砂烫法操作简便，既能降低毒性，又保留了马钱子中的主要活性成分，并能促使士的宁和马钱子碱向异士的宁和异马钱子碱及其氮氧化物转化。蔡宝昌等的研究表明，经过砂烫、尿泡、尿泡砂烫、醋制、甘草制、油炸等方法炮制后，马钱子中马钱子甙的含量均大幅度下降。王健等应用索氏提取器和水煎提取法提取生、炒酸枣仁中有效成分酸枣仁皂甙A和B，并测定了它们的含量。结果表明，炒酸枣仁中的酸枣仁总皂甙含量明显高于生品，炒制有利于有效成分的提高。张学兰等对栀子炮制品的研究结果表明，栀子生品、炒品、炒焦品、姜炙品等中熊果酸含量无明显变化。朱正义对枳壳麸炒前后所含新橙皮甙和柚皮甙进行了定性和定量分析比较，表明枳壳经麸炒加热过程对黄酮甙含量有一定影响；麸炒后的枳壳与生枳壳比较，新橙皮甙减少 1.80～13.70%，柚皮甙减少 1.53～13.82%。秦波等测定了不同品种人参中焦谷氨酸的含量，结果存在着很大差异，含量从高至低为鲜人参＞红参

>大力参>生晒参。红参不同部位中焦谷氨酸主要分布在须根和芦头中，主、侧根中的含量则较少；全须红参的含量高于去须红参。王静竹等对黄柏的炮制品进行了研究，并与生品比较。结果表明，盐黄柏和酒黄柏的盐酸小蘖碱含量变化不大，而黄柏炭中小蘖碱的含量损失殆尽。郭戎等对藤黄生品及7种炮制品进行了分析，表明炮制前后检出组分一致，藤黄酸的含量无显著性差异。赵淑杰等对栀子的炮制品进行了研究，表明栀子经炒黄、炒焦、炒炭后栀子甙含量下降，姜制、酒制后栀子甙含量变化不大，栀子仁中栀子甙含量明显高于栀子皮。孙立立等对棕榈饮片中的五种化学成分进行含量测定表明，d-儿茶素、对羟基苯甲酸对棕榈炮制程度，在含量变化的幅度上尤为显著，能明显反映其炮制品的存性程度。李国权等对生厚朴及11种炮制品中厚朴酚与和厚朴酚进行含量测定表明，含量依次为生品>姜炙品>炒焦品。张韬等对吴茱萸生品及炮制品进行成分分析表明，挥发油总量依次按生品、醋制品、甘草制品、盐制品下降；生品和甘草制品挥发油组分有明显区别，组分含量也有明显改变；吴茱萸经不同方法炮制后，其生物碱含量也发生明显变化，甘草制吴茱萸的含量明显降低，醋制品吴茱萸次碱下降明显，盐炙品吴茱萸碱及次碱含量有所提高。冯敬群等的研究结果表明，木香、陈皮炮制后挥发油含量降低，化学组分无明显改变，但比旋度、折光率、比重等有所改变。李群等研究了炮制对千金子总溶出成分的影响，表明千金子炮制前后脂肪油含量显著下降，相对密度、折光率有不同程度的改变，薄层层析显示炮制前后脂肪油成分差别不大。范秦鹤等对柴胡的炮制品进行了研究，表明炮制后皂甙和挥发油含量升高，蜜柴胡挥发油组分有改变，醋柴胡、酒柴胡与生柴胡皂甙及挥发油组分无明显差异。董彩光研究了炮制对鸡内金微量元素及氨基酸的影响，分析结果表明炮制后鸡内金中的生物无机元素含量多数略有升高，有害元素Pb降低，醋制鸡内金水解氨基酸比炮制前升高1.88%。李飞等对山楂炮制前后的微量元素进行了研究，表明生山楂、炒山楂、焦山楂、山楂炭各样品间微量元素含量存在差异，说明炒制程度对山楂微量元素具有一定影响。余南山等的实验结果表明，地榆含有33种微量元素，炒炭后Al、Fe、Cu、Mn、Zn等19种元素含量高于生品，而鞣质含量降低。吕文海等比较了桃仁不同炮制品对小鼠抗凝血、抗血栓、抗炎、润肠作用的影响，表明桃仁生品作用最强，桃仁皮也有很好的活血抗炎之效，经燀、炒、蒸等炮制后其作用趋向缓和。张学兰等对栀子炮制前后的抗炎作用进行了比较研究，表明栀子生品抗炎作用最强，经不同方法炮制后的栀子抗炎作用明显减弱。陈百先等通过LD_{50}的测定和对人肺癌裸小鼠移植瘤模型的抑瘤实验，证明将大麻子与鸡蛋混合后加温100℃3小时，对于减低蓖麻子毒性，保留其部分抗瘤作用具有明显的效果。吕文海等对宽体金钱蛭炮制品进行了药理研究，表明生品有较好的活血作用，烫制法活血作用显著降低但抗炎作用增强，新法制品活血、抗炎作用均较强；新品有显著的降TC/HDL-C比值作用（$P<0.01$），制品和生品仅有一定的降低趋势（$P>0.05$）。张玉顺等用形态学的方法研究了补骨脂不同炮制品对小鼠肾脏的毒害作用，表明按传统用法及用量应用是安全的。陈青莲等观察了柴胡炮制品的水煎剂对CCl_4中毒小白鼠肝脏组织及血清SGPT的影响，实验结果表明，醋炙柴胡和醋拌柴胡能显著降低中毒小鼠的血清SGPT，各给药组均有轻度减轻肝损害的作用。蔡宝昌等通过对马钱子不同炮制品中总生物碱的提取、含量测定、生物碱种类鉴别及小鼠急性毒性试验的比较，结果表明，炮制品的生物碱种类增加，总生物碱含量下降甚微，仅1.4%～7.9%；而LD_{50}和生品比较则下降了

48.5%～52.2%。马骋等对草乌炮制品进行了毒性实验比较，证明新法Ⅰ炮制品（润48小时，68.65kPa，115℃蒸2小时）具有毒性低、对心律影响小、抑制呼吸作用弱等优点，而且新法炮制品对降低全血和血浆比粘度、减少血浆纤维蛋白原含量有较明显的作用。汤玉妹等作了半夏炮制前后的药效比较，表明新法炮制品与经典炮制品有一定的镇咳、镇吐作用，在眼睑结膜刺激试验中，无明显毒性作用。吴皓等研究了半夏姜制对动物胃肠功能的影响，表明姜矾半夏和姜煮半夏对大鼠胃液中PGE_2的含量和胃蛋白酶活性无明显影响，显著抑制了小鼠胃肠运动；生半夏对小鼠胃肠运动呈显著促进，而对大鼠胃液中PGE_2的分泌，胃酸、胃蛋白酶的活性显著抑制，对胃粘膜损伤较大。毛淑杰等对虎掌南星生、制品进行镇静抗惊厥作用比较研究，证明生、制品浸剂有一定的镇静作用；对抗戊四唑惊厥有一定趋势，但对士的宁引起小鼠惊厥无任何对抗作用。

（李　飞　张世臣）

【30种中药炮制前后化学成分的比较】

1. 大黄　陈定一等测定了大黄及其炮制品中总大黄素的含量。以甲醇-水(80:20)并用磷酸调节pH为3时，能使待测组分达到较理想的分离度。实验结果表明，生大黄、酒大黄、熟大黄、大黄炭中总大黄素的含量分别为0.24%、0.12%、0.14%、0.23%、0.06%，这与炮制时样品受热程度有关。熟大黄采用水蒸法，温度不超过100℃，对大黄破坏作用不明显；而大黄炭由于高温翻炒，导致大黄素严重破坏而损失。并认为，若仅以大黄素的含量来讨论大黄的不同炮制方法还不够全面，还要考虑游离态与结合态蒽醌的比值。

2. 黄芩　王静竹等对黄芩不同炮制品中黄芩甙的含量进行了比较研究。结果生品为14.70%，酒炙品为11.26%，炒制品为6.45%，炭制品为0.35%。可以看出，黄芩中黄芩甙的含量与炮制过程中受热温度和受热时间有关；同时也证实了炒炭存性的理论。章仲懿等以黄芩的主要活性成分（黄芩甙和黄芩甙元）为指标，考察了黄酒、白酒及白酒稀释液对黄芩的影响。结果，黄酒炙品、白酒炙品、稀释白酒炙品的黄芩甙含量分别为5.58%、6.45%、6.25%；黄芩甙元含量分别为0.78%、0.95%、0.89%。表明酒的类别不同，酒炙黄芩的活性成分存在显著差异（$P<0.05$）。而白酒的浓度差异几乎无影响（对黄芩甙而言，对其甙元仍有明显的差异）。并建议，如用白酒代替黄酒，应适当减少酒的用量并注意酒的乙醇含量。

3. 地榆　余南才等对地榆炮制前后微量元素及鞣质成分的变化进行了实验研究。结果，鞣质含量：生品为8.07%，地榆炭为2.68%，并随着制炭温度的升高，其鞣质含量下降，当用250℃烘制20秒时，其鞣质含量仅为0.21%，微量元素测定：地榆含有33种。其中Al、Fe、Si、Cu、Mn、Zn等19种元素的含量，地榆炭均高于生品。并且地榆随着温度升高，鞣质含量降低，故单纯用鞣质来解释炭药的作用机理是不全面的。

4. 何首乌　卢真英等测定了湘西出产的生、制首乌和制首乌水、醇提干浸膏中Zn、Mn、Cu等18种元素的含量。结果，生首乌含18种元素，其中K含量最高，次为Mg、Si、Ca等。首乌在加工炮制中无机元素含量受损，Zn含量制首乌比生首乌减少15.1%；水、醇提浸膏分别比制首乌减少22.4%和14.9%。以上提示充分保留有效成分，服用制首乌为佳。

5. 柴胡　范秦鹤等以柴胡皂甙与挥发油为指标，对柴胡原生药、生柴胡、醋柴胡、酒柴胡、蜜柴胡进行了比较研究。结果，各种炮制品的柴胡皂甙组分基本一致，而含量发生了变化，蜜柴胡＞酒柴胡＞醋柴胡＞原生药＞生柴胡，特别是蜜炙品，含量升高较多。挥发油含量为蜜柴胡＞醋柴胡＞酒柴胡

>生柴胡。并建议临床上增加蜜柴胡的使用，以提高疗效。

6. 木香 冯敬群等对生木香、麸煨木香、清炒木香中挥发油含量、物理常数、化学组分、组织显微结构等方面进行了比较研究。结果表明，挥发油含量，生品为0.224%，煨品为0.180%，炒品为0.168%；木香经炮制后，其挥发油的比旋度、折光率均下降，但比重无明显变化；显微组织结构，与生品比较，炮制品油细胞部分破裂；层析图显示，各种炮制品挥发油斑点数、Rf值、颜色与生品无差异，这就说明炮制对其化学成分无明显影响，但含量均有下降，原因是木香油细胞因受热而破裂所致。

7. 珠子参 赵恒等对4种珠子参炮制品进行了16种元素的测定和比较。结果：云南丽江（未去皮）的珠子参Fe、Cu、Zn、Sr、Ca、K、Mg、Cd、Pb、Co等的含量远高于去皮的珠子参。陕西太白（未去皮）、四川西昌（未去皮）产的样品元素含量与云南产的也有一定的差异。各地产珠子参中均检出对人体有害元素Pb和Cd，但含量均较低。

8. 川乌、草乌 尹靖光对四川产12批制川乌、制草乌的性状、真伪鉴别、酯型生物碱和总生物碱含量作了全面质量考察，结果表明，合格率为50%，制川乌、制草乌麻感与其酯型生物碱和总生物碱含量不成平行关系。不合格项目中，紫外定性鉴别不合格占不合格率的83%。为此建议，川乌、草乌应以省或地区级为单位，在测定酯型生物碱、总生物碱及紫外定性鉴别3项指标均符合规定的炮制条件下集中炮制。

9. 知母 曹爱民等测定了生知母、炒知母、盐炙知母、酒炙知母、麸炒知母中菝葜皂甙元的含量。结果表明，其百分含量分别为0.423、0.458、0.629、0.431、0.529，炮制品中菝葜皂甙元的含量都较生品为高，其中盐炙品增加最为显著。增高的顺序为盐炙>麸炒>清炒>酒炙>生品。初步证明了传统炮制方法的合理性。

10. 黄连 叶玉兰等对四川石柱黄连及其炮制品（生品、白酒制黄连、黄酒制黄连、姜制黄连、吴萸制黄连）中Cu、Mn、Fe、Zn、Ca、Mg、Sr等8种微量元素进行了分析研究。结果表明，全部炮制品中均有5种人体必需的微量元素Cu、Zn、Mn、Fe、Sr存在，而不同炮制品水煎液中K、Ca、Mg等3种元素均高于生黄连。其白酒制品、黄酒制品的Mn、Zn、Ca等元素煎出率高于生品。

11. 水半夏 吴皓等探讨了炮制对水半夏化学成分的影响。结果表明，总生物碱含量，生品为0.037%、水浸品为0.054%、姜矾制品为0.024%、水煮品和姜制品均在0.015%左右；水半夏中未检出麻黄碱和原儿茶醛成分。

12. 黄柏 王静竹等对生黄柏、盐黄柏、酒黄柏、黄柏炭中盐酸小檗碱的含量进行了比较研究，其百分含量分别为1.10、1.16、0.805、0.00。可以看出，盐黄柏和酒黄柏中盐酸小檗碱的含量，与生黄柏比较，变化不大，而黄柏炭中盐酸小檗碱成分已不存在了。

13. 厚朴 李国权等对厚朴生品及11种炮制品（炒黄厚朴、炒焦厚朴、姜炙厚朴、姜煮厚朴、姜浸厚朴、酒炙厚朴、酒煮厚朴、酒浸厚朴、醋炙厚朴、醋煮厚朴、醋浸厚朴）中厚朴酚与和厚朴酚的含量进行了比较研究。结果：厚朴酚的含量分别为2.534%，2.187%，1.378%，2.257%，1.985%，2.184%，2.172%，1.559%，2.021%，2.009%，1.915%，2.006%；和厚朴酚的含量分别为1.389%，1.135%，0.491%，1.147%，0.899%，1.038%，1.014%，0.598%，1.224%，0.924%，0.816%，0.891%。实验表明，不同炮制品其含量各异，其中以生品含量最高，姜炙品次之，炒焦品含量最低。

14. 棕榈 孙立立等测定了石家庄、湖北、辽宁、山东、上海、贵州、天津、北京、湖南等地区棕榈炭饮片中五种化学成分——没食子酸、原儿茶醛、原儿茶酸、d-儿茶素、对羟基苯甲酸的含量。结果：五种主要成分的含量变化可以明显地反映出各地棕榈炭内在质量存在很大差异，其中d-儿茶素、对羟基苯甲酸含量变化的幅度上尤为明显，能够反映出其炮制品的存性程度。为了统一棕榈炮制工艺及质量标准，建议以d-儿茶素、对羟基苯甲酸为棕榈炭质量检测的客观指标。

15. 马钱子 吴皓等测定了马钱子不同炮制品（生品、砂烫品、油炸品、甘草制品、尿泡制品、醋制品、醋制炒烫品、尿泡砂烫品）中士的宁、马钱子碱、异士的宁、异马钱子碱的含量。结果，各种炮制品中士的宁、马钱子碱含量均有不同程度地下降；甘草制品、油炸品及三种砂烫品都使异士的宁含量增高；异马钱子碱的含量在各个加热炮制品中偏低，而尿泡品和醋浸品中未检出。蔡宝昌等对上述各炮制品中总生物碱的含量进行了比较研究。结果表明，用尿、醋、甘草汁、水浸泡或煮时间过长的炮制品，其总生物碱的含量较低。而砂烫品和油炸品其生物碱的种类增加了，总生物碱含量下降甚微，与生品比较，损失率只有1.4%～7.9%，而LD_{50}却下降了48.5%～52.2%。同时对生马钱子和7个炮制品中马钱子甙的含量也进行了比较。结果，各种炮制品中甙的含量均大幅度下降。其中甘草制品中甙的含量下降最多，这与该炮制工艺中煎煮时间长有关。

16. 栀子 赵淑杰测定了栀子及其不同炮制品中栀子甙的含量。结果，生栀子、炒黄栀子、炒焦栀子、炒炭栀子、栀仁、姜炙栀子、酒炙栀子中甙的含量依次为5.61%，5.35%，5.27%，3.18%，7.23%，2.65%，5.84%，5.19%。又对不同温度炮制栀子炭的成分作了进一步的研究。结果表明，随着温度升高，栀子甙的含量减少，当炮制温度超过180℃以后，含量下降幅度较大，说明超过其熔点温度（162～164℃）时，栀子甙分解现象严重；而鞣质含量是随着温度的增高而增加，但炮制温度高于220℃以后，其鞣质含量下降。故栀子炭的炮制温度控制在160～200℃之间为宜。张学兰等比较了生栀子、炒栀子、焦栀子、栀子炭、姜栀子、烘栀子中熊果酸的含量，结果依次为0.0294%，0.0282%，0.0215%，0.0293%，0.0289%。可以看出，炒炭品中熊果酸的含量较生品明显降低（$P<0.05$），其它炮制品之间无明显差异（$P>0.05$）。说明临床上用焦栀子清热、除烦是有其科学道理的。

17. 吴茱萸 张韬等对吴茱萸及其炮制品中的生物碱和挥发油进行了比较研究。结果表明，甘草制品中吴茱萸碱下降明显，醋制品中次碱下降明显，而盐制品中这2种生物碱含量都有所提高；挥发油总量按生品、醋制品、甘草制品、盐制品的收得率依次下降，盐制品仅生品的一半；挥发油的组分，生品79个、甘草制品81个。

18. 山楂 李飞等对山楂炮制前后微量元素的含量进行了比较研究。结果：生山楂、炒山楂、焦山楂、山楂炭中检测出21种元素，其含量各样品间存在差异。山楂炒黄后，Na、Pt含量增加约1倍；炒焦品Ni增高80倍，除Ti、Al、Cr含量略有降低外，其它元素含量均升高；炒炭后，Fe、Ti、Li、Na、Be、Mg、Ba、B、P、Pt增加值高于炒焦品。叶厚实等对山楂生果及炒山楂、焦山楂中的有机酸含量进行了研究。结果，炒山楂的含量减少16.01%，焦山楂减少51.19%。可见炮制对有机酸的含量有较大影响。

19. 千金子 李群等对千金子不同炮制品——生千金子、炒千金子、酒千金子、冷制千金子霜、热制千金子霜、蒸制千金子霜——作了脂肪油含量、相对密度、折光率的测定和脂肪油的薄层分析。结果表明，千金子经不同方法炮制后，其毒性物质脂肪油的含量均显著降低($P<0.001$)，且降低程度依次为蒸霜＞热霜＞冷霜＞炒制品。各炮制

品脂肪油相对密度差异不大，而折光率显著低于生品。薄层层析均显示含有多种成分，从斑点数目、大小、颜色、Rf值看，炮制对脂肪油成分影响较小。同时以总溶出成分为指标，考察了炮制对其含量的影响。结果表明，炮制后各样品的水浸出物(冷浸、热浸)、醇浸出物及醚浸出物均明显低于生品（$P<0.001$）；三种制霜品间，热霜、蒸霜则显著低于冷霜（$P<0.001$），提示千金子炮制后所含成分有一定损失。

20．益智仁　庞国兴等对不同药用部位的益智仁、益智、益智壳和炮制品盐炙益智仁、盐炙益智中挥发油含量，物理常数，浸出物含量，化学组分等进行了比较研究。结果：不同药用部位和炮制品的挥发油含量依次为0.790%，0.683%，0.713%，0.485%，0.475%；浸出物百分含量依次为2.941，3.334，7.56，5.283，3.312；而薄层层析显示挥发油组分无明显变化。并认为益智仁可带壳应用。

21．酸枣仁　王健等测定了生、炒枣仁中酸枣仁皂甙A和B。结果，生品中甙A是0.0330%，甙B为0.0131%；炮制品中甙A为0.0445%，甙B为0.0126%。这说明炒酸枣仁有利于有效成分的煎出。

22．苍耳子　张典瑞等以苍耳子脂肪油和水浸出物为指标，对生苍耳子、炒苍耳子、烘苍耳子进行了比较研究。结果：脂肪油含量依次为17.80%，18.07%，18.62%；水浸出物含量依次为9.01%，9.61%，9.31%。可以看出，苍耳子加热炮制有利于水溶性成分的煎出和脂肪油含量的提高，但物理常数变化不大。薄层层析显示各炮制品均为10个斑点，且位置一致，说明炒制和烘制对苍耳子脂肪油组分无影响。

23．陈皮　何清英对上海法（加热）与药典法（不加热）炮制的陈皮饮片中所含挥发油及橙皮甙作了系统对比研究。结果，挥发油含量，药典法是2.73%，上海法在2.18～2.56%之间；橙皮甙含量，药典法为5.00%，上海法在3.93～4.45%之间。从而表明，上海陈皮饮片用加热蒸制法对其挥发油及橙皮甙的含量均有损失。建议上海炮制规范应以传统炮制方法为宜。

24．枳壳　朱正义对枳壳麸炒前后所含新橙皮甙和柚皮甙进行了定性和定量比较研究。结果表明，麸炒前后的各6个供试品甲醇提取液色谱基本一致；麸枳壳与生枳壳比较，新橙皮甙减少1.80～13.70%，柚皮甙减少1.53～13.82%。对15个麸炒枳壳样品进行了测定，其中新橙皮甙含1.84～5.16%，柚皮甙3.43～6.69%。

25．石膏　龚跃新等对生、煅石膏的组织结构和微量元素及溶出物等方面进行了比较研究。结果表明，生石膏的粉末晶体形状整齐而紧密，煅石膏的粉末晶体形状则疏松而无规则；无机元素总含量，粉末状中生品低于煅品，浸出液中生品高于煅品。这是因为生石膏中的一些无机盐在结晶水的作用下，易于溶出。

26．贝齿　张绍琴等对中药贝齿的主要化学成分，微量元素及氨基酸的含量进行了炮制前后的比较研究。结果：生品和煅品中$CaCO_3$含量分别为96.99%，99.12%；其水煎液中$CaCO_3$含量分别为0.085%，0.186%；固体样品中含量较高的微量元素有Sr＞P＞Ce＞Ti＞Pb＞Zn；水煎液中煎出率较高的微量元素有Al、Mg、K、Na，人体必需的微量元素有Zn、Fe、Mn、Cu、Sr、Cr、Ni、Mo等；氨基酸总含量为0.07%～0.49%，其中人体必需的氨基酸约占总量的26.60%～42.13%。

27．藤黄　郭戎等对藤黄生品及不同炮制品进行了有效成分藤黄酸定性和定量分析。结果：生品、豆腐制品、山羊血制品、茶叶制品、清水制品、清水制残渣、高压蒸Ⅰ（30min)、高压蒸Ⅱ(4h）的藤黄酸含量分别为36.59%，34.84%，33.45%，30.90%，

35.10%，33.80%，35.60%，33.67%。这表明炮制过程对藤黄酸的含量影响不大，而清水制残渣中藤黄酸的含量也很高，应加以充分利用。

28. 雄黄 As_2S_3 系雄黄的有毒成分。白明纲等对雄黄水飞品、生品及蒙药炮制法制备的不同样品中As_2S_2 和 As_2O_3 的含量进行了对比分析研究。结果表明，蒙药炮制法不会使雄黄 As_2S_2 含量明显损失；脱脂酸牛奶浸制法的去毒效果极显著（$P<0.01$），可使雄黄中 As_2O_3 含量降低达80%左右；2%盐水飞也可使雄黄中 As_2O_3 含量减少约35%，与水飞法无显著性差异（$P>0.1$）；酒浸法对雄黄中 AS_2O_3 含量影响不大（$P>0.1$），而不宜采用。

29. 鸡内金 吕武清等研究了炮制对鸡内金活性成分的影响。结果：淀粉酶活力，砂炒品为 2.59μ/g，醋制品为 9.61μ/g，生品为10.40μ/g；蛋白酶活力，砂炒品为85.0μ/g，醋制品为113.1μ/g，生品为77.3μ/g；氨基酸的总量，醋制品有所提高，砂炒品有所降低。实验证明，淀粉酶不是鸡内金主要活性成分，而蛋白酶炮制后活力增强，醋鸡内金氨基酸总量有所提高，这从理论上证明了鸡内金传统炮制方法的合理性和科学性。

30. 水蛭 吕文海等对水蛭生品、传统烫制品及新法制品进行了性状、溶出效果、蛋白质、氨基酸的定性定量分析研究。结果：水溶性浸出物含量，生品、烫水蛭、制水蛭分别为 19.85%、11.486%、20.290%；醇溶性浸出物含量又分别为 14.891%、14.258%、15.637%；电泳图谱显示，烫水蛭因高温而使蛋白质变性，而制水蛭无此改变，并有利于浸出；样品中17种氨基酸的含量无显著差异。故建议炮制规范中应增设生品规格。

（王兴法）

【12种中药炮制前后药理作用的比较】

1. 半夏 吴皓等以大鼠胃分泌和小鼠整体胃肠道运动为指标，比较研究了姜制半夏及生半夏对动物胃肠功能的影响。实验表明，姜矾半夏和姜煮半夏对大鼠胃液中前列腺素E_2（PGE_2）的含量和胃蛋白酶活性无明显影响。能显著抑制小鼠胃肠运动。生半夏对小鼠胃肠运动呈促进作用，而对大鼠胃液中 PGE_2的分泌，胃酸、胃蛋白酶的活性呈抑制作用，对胃粘膜损伤较大。汤玉妹等以镇咳、镇吐、眼睑结膜刺激为指标，比较研究了生半夏，药典法、碱法、酸法炮制品的作用情况。结果表明，对家兔眼睑结膜的刺激作用强度：生品＞酸法制品＞碱法制品≥药典法制品；镇咳作用，生品与新法、老法制品均有，减咳率是碱法与药典法相近，酸法较差；镇吐作用，生品及各炮制品均能减少家鸽的呕吐次数，在呕吐动物的只数上与对照组无明显差别。

2. 首乌 马聘等比较性地研究了草乌润后加压蒸制的新炮制品（包括新法Ⅰ和新法Ⅱ，两者区别是蒸制时压力不同，前者压力$0.7kg/cm^2$，而后者压力$1.0kg/cm^2$）与药典法炮制品、生品的急性毒性及对心律和呼吸的影响。结果显示，3 种炮制品中以新法Ⅰ制品最优，其急性毒性最低，腹腔注射显著低于其他炮制品，口服其毒性也最小；对心脏的毒性，新法Ⅰ制品亦弱于其它炮制品；其呼吸抑制作用小于新法Ⅱ而与药典法制品相近。卞慧敏等研究了上述 3 种炮制品对“寒凝血瘀”证动物模型血液流变学的影响。结果表明，在降低全血比粘度和血浆比粘度方面，新法炮制品胜过药典法炮制品和生品，并有显著性差异；与正常组比较，各给药组大鼠血浆纤维蛋白原含量均有不同程度的下降，除药典法炮制品外，均有显著性差异。

3. 天南星 毛叔杰等对天南星(虎掌南星）生品、炮制品煎剂、浸剂等进行了小鼠自主活动的影响；对协同戊巴比妥钠阈下催眠作用及对戊四唑、士的宁抗惊厥作用的实验研究。结果表明，虎掌南星生品、炮制品均能明显减低小鼠自主活动（$P<0.05$），并有明显的协同戊巴比妥钠催眠作用（$P<0.01$）。其炮制品与生品均有一定的镇静作用，对抗戊四唑惊厥有一定趋势，但对士的宁引起小鼠惊厥无任何对抗作用。

3. 黄芪　汪德清等研究了生、制黄芪水提液抗氧化作用的影响。结果表明，蜜炙过程不明显影响黄芪对超氧阴离子自由基（O_2^-）的清除作用，但生黄芪对羟自由基（·OH）和多形核白细胞（PMN）呼吸爆发产生的活性氧清除作用优于制黄芪水提物。以上提示加热炮制可部分降低抗氧化作用的能力。

5. 柴胡　陈青莲等以四氯化碳（CCl_4）腹腔注射小白鼠制成实验性肝损伤模型，对柴胡及其炮制品的保肝作用进行了比较研究。结果表明，醋炙柴胡和醋拌柴胡能显著降低中毒小鼠的血清SGPT，各给药组均有轻度减轻肝损伤的作用。这为探讨柴胡的炮制原理提供了一定依据。

6. 荆芥　丁安伟等研究了荆芥炭提取物StE对家兔血小板聚集功能和对小鼠血液流变学的影响。结果表明，StE体内用药对实验动物的血小板聚集无明显影响，体外用药在低浓度（<0.625mg/ml）时可强烈促进血小板聚集，而在较高浓度（>5.000mg/ml）时，则呈抑制作用，且随着浓度的升高，其抑制作用愈加显著。

7. 金银花　黄艳英等通过测定金银花炮制品中绿原酸和鞣质的含量（生品分别为2.34%和4.95%，而金银花炭分别为0.215%和2.42%）来进行对小鼠的止血试验。结果，金银花炭水煎液、混悬液与生品水煎液、生理盐水比较，凝血时间及出血时间均呈极显著差异（<0.001），生品水煎液与生理盐水比较，$P>0.05$。这一结果提示，鞣质并非金银花炭止血作用的唯一物质基础。

8. 蓖麻子　陈百先等通过对中医"解毒"炮制方法处理后的蓖麻子的毒性测定和对人肺癌裸小鼠移植瘤模型的抑瘤实验。结果表明，生蓖麻子毒性测定（n=150）$LD_5=4557$mg/kg；制蓖麻子（n=60）$LP_{50}\gg10000$mg/kg，属于微毒范围。制蓖麻子亚急性实验结果（n=40），几乎无累积毒性。抑瘤试验表明，给药剂量为4060mg/kg·d时其抑瘤率是80.6%（与对照组比较，$P<0.01$），显示制蓖麻子有明显的抗肺癌作用。

9. 补骨脂　张玉顺等研究了补骨脂不同炮制品对小鼠肾脏的毒害作用。结果表明，以2.5g/kg剂量组给药14天和21天，生品和炮制品（盐制、酒制、蒸制、炒制、雷公法）均未见毒性作用；剂量加倍，亦仅21天的动物肾有受毒表现，表明无论哪种炮制品，均可在临床应用。实验也显示，酒制品对肾小球毛细血管的毒性比其他各炮制品为低，对肾曲管上皮的毒性似有低于其他炮制品的趋势。

10. 桃仁　吕文海等比较了桃仁5种不同炮制品（生品、𬊤制品、炒制品、蒸制品、桃仁皮）对小鼠抗凝血、抗血栓、抗炎、润肠作用的影响。结果表明，抗凝血作用，生桃仁及桃仁皮能显著延长小鼠的凝血时间，与对照组相比，$P<0.05$；𬊤，炒、蒸品虽亦有明显延长凝血时间，但与对照组相比，$P>0.05$。抗血栓作用，生品、𬊤桃仁及桃仁皮有显著的体内抗血栓作用；蒸品、炒品不明显，$P>0.05$；生品与𬊤品之间差异甚微。抗炎作用，生品能明显地减轻鼠耳肿胀的作用（$P<0.01$），𬊤品及桃仁皮亦有一定作用，炒、蒸品几乎无此作用。肠推进功能，除桃仁皮外，均有显著的促进肠推进作用，其中以生品和𬊤制品作用尤强，各炮制品之间无显著性差异。

11. 栀子　张学兰等对栀子生品及不同炮制品（炒栀子、焦栀子、栀子炭、姜栀子、烘栀子）水煎液的镇静、凝血作用进行了比较研究，观察了它们对饥饿小鼠胃酸分泌及胃蛋白酶活性的影响。结果显示，栀子生品及不同炮制品水煎液均可明显延长异戊巴比妥钠对小鼠的睡眠时间；炒焦、炒炭、烘制后镇静作用明显增强；炒焦、烘品可明显缩短实验小鼠的凝血时间，其余各样品无此作用；生栀子水煎液对小鼠胃总酸分泌和胃蛋白酶活性均有明显抑制作用，炮制品此类作用减弱或消失。

12. 水蛭　吕文海等比较研究了生水蛭、烫水蛭、制水蛭的抗凝血、抗血栓和抗炎作用。结果显示，供试品对小鼠凝血时间的影响，与对照组比较，生水蛭有显著性差异（$P<0.01$），而烫水蛭和制水蛭 $P>0.05$；对出血时间影响，生品和制品 $P<0.01$、烫品 $P>0.05$；对小鼠体内抗血栓作用，生品 $P<0.001$，有极显著性差异，而烫品和制品 $P>0.05$；抗炎作用强度呈现烫品>制品>生品的变化。并研究了它们对小鼠免疫功能的影响。结果表明，生品及制品有明显增强小鼠非特异性吞噬功能的作用，尤以生品为优，而烫品 $P>0.05$，无显著性差异。武继彪等也比较研究了上述 3 种水蛭炮制品的调脂作用。结果，3 种炮制品均能显著降低高脂血症大鼠血清TC（总胆固醇）及(LDL+VLDL)—C（极低密度脂蛋白胆固醇），其作用强度为制水蛭>烫水蛭>生水蛭；3种炮制品对 HDL—C（血清高密度脂蛋白亚组分）、HDL_2—C 无显著影响，烫品和生品对 HDL_3—C 有明显的降低作用（$P<0.05$）；制水蛭能显著降低 TC/HDL—C 比值（$P<0.01$），而烫品和生品仅有一定的降低趋势（$P<0.05$），烫水蛭能明显升高 $HDL_2\cdot C/HDL_3\cdot C$ 比值，生品有一定的升高趋势，而制品无升高作用。以上提示，在降低 TC/HDL—C比值方面，制水蛭优于烫水蛭和生水蛭，在调整HDL—C亚组份方面，二者优于制水蛭。

（王兴法　任晓瑛）

【11种中药炮制方法的比较】

1. 草乌　刘斌等用正交设计方法，以草乌炮制前后总生物碱和酯型碱含量变化为指标，研究草乌炮制工艺。结果表明，在草乌炮制过程中，软化方式、辅料、加热方式、加热时间等 4 个因素对炮制品质量均有显著影响。其最佳炮制工艺应为：水浸润至内无干心，切厚片，加压（127℃、0.15MPa）蒸制3小时。

2. 乌头　苏孝礼等以去毒指数（DI）为质量指标，采用正交试验法对乌头炮制工艺进行研究。结果显示，乌头的最佳炮制工艺应为：乌头整个经清水润湿后，120℃加压蒸制90分钟即可。

3. 黄芩　袁俊贤等以黄芩甙的含量为指标，用正交试验法对酒炙黄芩不同的加酒量、加酒方式及炙炒温度进行研究。结果表明，炙炒温度对黄芩甙含量有特别显著的影响，而用酒量和加酒方式影响不大。其优选工艺应为：黄芩饮片 100千克，用黄酒 10千克，拌匀，闷30分钟，以130℃（药温）炒干。

4. 何首乌　刘祥山等用偏光显微镜观察淀粉粒在何首乌炮制过程中的变化，并结合测定水溶性浸出物含量，能有效地控制何首乌的炮制质量。实验结果表明，凡性状符合药典规定的各地制首乌，均未见有淀粉粒，根据河南、上海等17个省市供样检测，水溶性浸出物含量大部分在18%以上。

5. 黄柏　南云生等通过对黄柏生品和不同炮制品的浸出物、总生物碱、亚硝酸盐和对胃分泌的影响等方面比较研究。归纳出最佳炮制方法是：以 170℃±5℃、8分钟和240℃±5℃、5分钟的清炒工艺。

6. 杜仲　刘湛文等以杜仲的断丝率、收率和醇浸出物为指标，比较研究了盐炙法、文火冷浸法、烘制法三种炮制工艺。结果，烘法炮制成的杜仲饮片其醇溶性浸出物含量最高，为12.01%，在药典规定（12%）以上，而且收率亦提高。初步说明烘制工艺最能保证杜仲炮制品质量。

7. 侧柏叶炭　丁安伟等采用正交试验

法，通过浸出物、鞣质、微量元素及凝血时间的测定，结果在270℃煅制40分钟的工艺为侧柏叶炭的最佳炮制工艺。研究也表明了鞣质含量较高，并非止血作用最强；鞣质并非侧柏叶炭的主要止血成分。

8．荆芥炭 杨中林等采用正交设计方法来研究荆芥炭的最佳炮制条件。结果表明，在炮制荆芥炭的过程中，温度是关键因子，以止血、凝血实验为指标，得出了最佳的炮制条件180℃、加热5分钟，采用铁锅炮制。

9．石决明 林小明以石决明水煎液中总Ca^{2+}含量为指标，用正交试验法选择煅制温度、时间、醋含酸量和用量4个因素。结果表明，煅制温度、醋含酸量、醋用量对炮制效果都有极显著的影响，而时间无影响。所以，石决明的最佳炮制工艺在900℃温度下煅1小时，入含酸量（以乙酸计）为11%的醋中淬（每100克石决明用醋40毫升），取出再煅再淬，反复至醋尽即可。

10．龙骨 李铁林等较系统地考察了不同炮制条件对煅龙骨的性状、收得率、总Ca含量，总成分煎出率、水煎液中Ca^{2+}含量及微量元素含量的影响，对不同地区煅龙骨的质量进行了比较。结果表明，龙骨在800℃以上煅制时常部分呈现浅蓝色性状变化特征；增加总成分煎出率和煎液中Ca^{2+}的含量，有利于临床疗效。

11．乳香 江涛等通过采用恒温干燥箱对乳香进行电烘烤法炮制，经与5种传统炮制样品（生品、清炒品、醋炒品、麸炒品、灯心草炒品）挥发油含量对比研究。结果表明，挥发油含量减少率，烘烤法＞灯心法＞麸炒法＞醋炒法＞清炒法＞生品；而以去油率为指标，则电烘烤炮制法最佳。

（王兴法）

参考文献

B

白明纲，等。蒙药炮制法对雄黄主要成分及As_2O_3含量的影响。中药材，1994；(1):23

卞慧敏，等。草乌不同炮制品对"寒凝血瘀"证动物模型血液流变学影响的研究。中国中药杂志，1994；(2):84

C

蔡宝昌，等。马钱子不同炮制品中总生物碱的测定及急性毒性试验的比较。中国中药杂志，1994；(10):598

炮制对马钱子中马钱子甙的影响。中国中药杂志，1994；(6):345

曹爱民，等。薄层扫描法测定知母不同炮制品中菝葜皂甙元的含量。中药材，1994；(4):29

陈百先，等。蓖麻子炮制品抗肺癌作用的实验研究。中国中药杂志，1994；(12):726

陈定一，等。高效液相色谱法测定大黄及其炮制品中总大黄素的含量。中国中药杂志；1994；(9):538

陈青莲，等。柴胡炮制品对小白鼠实验性肝损伤的影响。中成药，1994；(3):22

谌瑞林。药汁制法历史沿革。中成药，1994；(1):23

程敬伦，等。浸润方法对中药饮片质量的影响。中药材，1994；(10):25

D

丁安伟，等。侧柏叶炭炮制工艺及质量标准研究。中药材，1994；(11):24

荆芥炭提取物对大鼠血液流变学的影响。南京中医学院学报，1994；(4):37

荆芥炭提取物对血栓形成及血小板聚集功能的影响(简报)。中国中药杂志，1994；(7):412

F

范秦鹤，等。柴胡及其炮制品有效成分比较。中成药，1994；(2):20

冯敬群，等。木香炮制的初步研究。中成药，1994；(4):32

陈皮炮制的初步研究。陕西中医学院学报，1994；(2):30

G

龚跃新，等。生、煅石膏的电镜观察及成分研究。中国中药杂志，1994；(1):21

郭　戎，等。炮制对藤黄中藤黄酸含量的影响。中成药，1994；(6)：23

H

何清英。加热炮制对陈皮饮片质量的影响。中成药，1994；(6)：22

黄艳英，等。金银花炮制的实验研究。中药材，1994；(1)：25

J

江　涛，等。乳香炮制工艺的改进。中成药，1994；(7)：24

L

李　飞，等。山楂炮制前后微量元素的对比。中药材，1994；(8)：29

李　群，等。千金子炮制品中脂肪油成分的研究。中成药，1994；(4)：22

炮制对千金子总溶出成分的影响。时珍国药研究，1994；(1)：23

李国权，等。厚朴不同炮制品中厚朴酚与和厚朴酚的气相色谱测定。中药材，1994；(3)：32

李铁林，等。龙骨传统煅制工艺的考察。中药材，1994；(2)：25

林小明。石决明炮制最佳工艺条件的选择。中国中药杂志，1994；(10)：603

刘　斌，等。正交设计法优选草乌炮制工艺。中国中药杂志，1994；(4)：220

刘湛文，等。杜仲炮制工艺比较。中药材，1994；(5)：28

刘祥山，等。制何首乌质量标准的初步研究。中成药，1994；(8)：23

吕文海，等。桃仁炮制品的初步药理研究。中药材，1994；(3)：29

水蛭炮制的初步药理研究。中国中药杂志，1994；(7)：407

水蛭古今药用炮制研究。中药材，1994；(2)：28

炮制对水蛭性状及成分溶出的影响。中药材，1994；(7)：22

宽体金钱蛭不同炮制品抗炎作用及使用方法的药理研究。中药材，1994；(12)：21

吕武清，等。炮制对鸡内金中酶和氨基酸的影响。中国中药杂志，1994；(4)：222

卢真英，等。湘西何首乌4种制品中无机元素测定分析。中国中药杂志，1994；(5)：281

M

马　骋，等。草乌几种炮制品的毒性实验比较。中国中药杂志，1994；(4)：216

毛淑杰，等。天南星(虎掌南星)生、制品镇静抗惊厥作用比较研究。中国中药杂志，1994；(4)：218

N

南云生，等。黄柏炮制工艺研究（Ⅰ）。中药材，1994；(1)：20

聂淑琴，等。生牡蛎与煅牡蛎抗实验性胃溃疡作用的比较研究。中国中药杂志，1994；(7)：425

S

苏孝礼，等。乌头炮制工艺的研究。中药材，1994；(4)：27

孙立立，等。HPLC法测定棕榈饮片主要化学成分的含量。中药材，1994；(9)：28

孙荣良。牛膝(怀牛膝)饮片片型的实验研究。中成药，1994；(3)：23

T

汤玉妹，等。半夏炮制前后的药效比较。中成药，1994；(9)：21

董彩光。炮制对鸡内金微量元素及氨基酸化学成分影响的研究。云南中医杂志，1994；(6)：33

P

庞国兴，等。益智炮制的初步研究。中成药，1994；(5)：21

Q

秦　波，等。用高效液相法测定不同品类人参及红参不同部位焦谷酸的含量。中草药，1994；(2)：75

W

汪德清，等。蜜炙过程对黄芪(体外)抗氧化作用的影响。中国中药杂志，1994；(3)：150

王　健，等。生、炒酸枣仁中酸枣仁皂甙A和B的含量比较。中成药，1994；(10)：24

王静竹，等。高效液相色谱法对黄柏炮制品的研究。中草药，1994；(6)：293

王晓琦，等。巴戟天炮制的历史沿革。中成药，1994；(4)：26

吴　皓，等。炮制对水半夏化学成分的影响。南京中医学院学报，1994；(4)：42

吴　皓，等。炮制对马钱子中生物碱的影响。中国中药杂志，1994；(5)：277

半夏姜制对动物胃肠道功能的影响。中国中药杂志，1994；(9)：535
武继彪，等。3种水蛭炮制品调脂作用比较。中国中药杂志，1994；(6)：343
Y
杨中林，等。荆芥炭炮制的最佳条件正交筛选实验。中药材，1994；(9)：26
叶厚实，等。炮制山楂对其有机酸含量影响的探讨。云南中医杂志，1994；(5)：32
叶玉兰，等。黄连及其炮制品8种微量元素分析。中药材，1994；(11)：27
尹靖光。四川产十二批制川草乌质量考察。中草药，1994；(2)：72
余南山，等。地榆炮制前后鞣质及微量元素含量的变化。中国中药杂志，1994；(3)：153
袁俊贤，等。酒炙黄芩炮制工艺的研究。中成药，1994；(2)：22
Z
张　韬，等。吴茱萸及其炮制品中生物碱的含量测定。中国中药杂志，1994；(7)：409
中药吴茱萸炮制前后挥发油成分分析。中国中药杂志，1994；(6)：341
张典瑞，等。苍耳子炮制工艺的探讨。中成药，1994；(11)：22
张绍琴，等。中药贝齿化学成分分析。中国中药杂志，1994；(8)：471
张玉颀，等。补骨脂不同炮制品对小鼠肾脏毒害作用的病理学研究。中成药，1994；(12)：17
张学兰，等。栀子炮制前后熊果酸的含量变化。中药材，1994；(5)：27
炮制对栀子部分药效的影响。中药材，1994；(4)：24
栀子及其炮制品抗炎作用比较研究。山东中医学院学报，1994；(6)：416
薄层扫描法测定栀子及其炮制品中熊果酸含量。中国中药杂志，1994；(9)：540
章仲懿，等。酒的类别对黄芩炮制的影响。中药材，1994；(6)：28
赵　恒。珠子参及其炮制品中16种元素的含量测定。中国中药杂志，1994；(7)：411
赵士凯，等。益智仁的传统炮制及其工艺选择。中成药，1994；(3)：124
赵淑杰，等。栀子及不同炮制品中栀子甙的含量分析。中国中药杂志，1994；(10)：601
栀子炮制历史沿革及炮制现状研究。中国中药杂志，1994；(2)：119
不同温度炮制栀子炭的成分考察。中药材，1994；(12)：24
朱正义。枳壳麸炒前后黄酮甙分析比较。中药材，1994；(6)：30

（七）方药研究与应用

【概述】

本年度关于方剂的临床应用与实验研究，据初步统计共发表论文约3000余篇，概述如下。

（一）临床应用　古方、名方的报道颇为丰富。赵启然等人以桂枝汤治疗小儿多动症30例，痊愈8例，显效17例，改善3例，总有效率达93.3%。李桂珍以炙甘草汤治疗低血压症68例，显效40例（占59%），有效26例（占38%），总有效率达97%。王醒华用半夏泻心汤加减治疗上消化道出血69例，治愈49例，显效12例，有效4例，总有效率达64%，平均止血天数为4.4天。姚保泰亦以上方治疗胃粘膜脱垂症60例，显效36例，有效18例，总有效率达90%。林群莲等还以上方治疗不完全性幽门梗阻41例，显效26例，好转9例，无效6例（其中肿瘤2例），总有效率达85.4%。杨云霞以白头翁汤治疗急性盆腔炎107例，1疗程（10天）治愈67例，2个疗程治愈40例，治愈率达100%。刘福成等用大承气汤治疗严重创伤呼吸窘迫综合征30例，存活26例，有效率为86.7%；与西药对照组有显著差异（其有效率为53.3%），P<0.01。姜崇智等用黄连解毒汤加味治疗缺血性中风120例，基本痊愈48例，显效38例，有效29例，无效5例，总有效率达95.8%。蒋乐龙等以六味地黄汤治疗慢性肝炎血细胞减少症30例，显效10例，有效18

例，总有效率达93.3%。王来慈等以三才封髓丹治疗慢性再生障碍性贫血60例，总有效率为75%。葛漫天以乌鸡白凤丸治疗肝硬化血清白/球蛋白比例倒置36例，其中有效24例，好转8例，总有效率为87%。张沛崧以本药合刺五加片治疗白细胞减少症30例，总有效率达93.3%。卢书山用一贯煎加减治疗干燥综合征48例，显效35例，有效12例，总有效率达97.9%。魏承朴以逍遥散治疗中心性浆液性络膜视网膜病变120例（130只眼），显效74例（82只眼），有效38例（42只眼），无效8例（8只眼），总有效率达93.9%。自拟验方不断增多。张学安等用益气祛瘀通脉汤治疗缺血性中风127例，痊愈57例，显效47例，好转17例，总有效率达94.5%。张俊富等以解毒益肝汤（茵陈、栀子、生地、大黄、黄柏、黄芩、丹参、郁金、广牛角、升麻、大青叶）治疗重症肝炎20例，治愈7例，显效4例，有效2例，死亡7例，总有效率达65%。宋修亭等用自拟蝉蜕定喘汤（蝉衣、地龙、僵蚕、射干、麻黄、甘草、细辛、贝母）治疗哮喘130例，治愈117例（15～35天），治愈率为90%，总有效率达99%。牛永琴以柔肝熄风汤（白芍、全蝎、川芎、蜈蚣、细辛、穿山甲、桃仁、甘草）治疗三叉神经痛86例，治愈59例，显效23例，有效2例，总有效率达97.7%。周芳军等以通脉冲剂治疗雷诺氏征40例，完全缓解7例（占17.5%），有效31例（占77.5%），总有效率为95%。刘春祥以调经助孕丸（菟丝子、当归、白芍、陈皮、红花、郁金等）治疗不孕症146例，有119例受孕，总有效率达81.5%。孙桂莲等以宫颈丸（天花粉、穿心莲、苦参、血竭等）治疗宫颈糜烂327例，治愈221例（占67.6%），好转88例（占26.9%），总有效率达94.5%。姚集成以解毒止泻汤（黄连、大青叶、黄芩、鸡内金、乌梅、茵陈、车前草、石榴皮、白花蛇舌草、砂仁、甘草）为主治疗婴幼儿秋冬季腹泻41例，1天内退热38例，3天内止泻40例；与西药对照组比较，其疗效明显优于对照组（$P<0.01$）。孔周桢等以消疳丸（三棱、莪术、五谷虫、胡黄连、鸡内金、甘草）治疗小儿疳症109例，痊愈78例，好转25例，总有效率为94.5%；与西药对照组比较，其疗效明显优于对照组（$P<0.01$）。

（二）实验研究　近年来具有研究内容广泛和密切结合临床、服务于临床的特点。宋建国等报道了桂枝汤的时间药理学，研究证明桂枝汤的毒性有明显的昼夜节律，白昼用药毒性大于夜间，同样药效也受影响，镇痛及解热作用夜间高于白昼。吴伟康等报道了四逆汤保护缺血心肌的作用，研究认为四逆汤可降低心肌的氧自由基（OFR）浓度和丙二醛（MDA）含量，增加营养血流量（NBF）和超氧化物歧化酶（SOD）活性。提示四逆汤保护缺血心肌之作用是通过改善缺血心肌的灌流、减轻自由基损伤反应，加强自由基防御能力等多种机制完成的。熊玉兰等报道了桂附地黄丸浸膏对兔IgG加速型小鼠肾毒血清肾炎的影响，研究表明，本品能使兔IgG加速型小鼠肾毒血清白蛋白升高，尿蛋白、血清尿素氮、血清总胆固醇降低，并能改善肾组织病变，其0.3～1.2g/kg与环磷酰胺0.015g/kg作用相当。张建新等报道了八味地黄口服液的药理作用，研究证明，本品口服液能明显延长小鼠常压耐氧存活时间；有明显保护垂体后叶素所致急性心肌缺血；显著降低氯仿所致小鼠室颤发生率；明显延长乌头碱所致心律失常出现的时间，明显抑制大鼠血小板聚集功能。这为本品防治心血管疾病提供了药理实验依据。雷玉兰等报道了护心康防治冠心病的药理基础研究，实验表明本药具有耐缺氧、抗心肌缺血、增加脑血流量和冠状动脉血流量以及心肌营养性血流量等作用，此为其临床应用提供了可靠依据。夏丽英等报道了参连温胆汤对抗癌化疗药物降毒增敏的作用，研究表明，本药与化学药物合用不仅可以延长生存期和抑制肿瘤生长，从而增强化疗药物之作用，而且还能对抗多种（ADM、卡铂、DPP、5-Fu、VcR、CTX）化疗药物所造成的白细胞、血小板减少，肝肾功能损害，非特异性免疫抑制和特异性免疫抑制。蔡定芳等报道了抗戾散（蝉衣、僵蚕、姜黄、大黄、知母、黄芩、羌活、板蓝根、槟榔、厚朴、草果）治疗病毒性发热的实验研究，动物（兔）腹腔注射200%抗戾散（4g/kg）可以有效地抑制家兔的发热反应，并能降低其脑脊液前列腺素E_2和环核苷酸等发热介质，实验组与模型组比较，其有明显优势（P<0.01），提示该药不仅有抗病毒作用，而且还能通过多种途径作用于体温调节中枢，发生退热降温效应。邵长荣等报道了川芎平喘合剂（川芎、赤芍、白芍、当归、丹参、黄荆子、胡颓叶、细辛、辛夷、生甘草）治疗支气管哮喘100例的实验研究，实验表明，本方能明显拮抗组胺和乙酰胆碱所介导的支气管平滑肌痉挛，降低哮喘的发生率和死亡率。治疗组100例明显优于对照组的50例（P<0.05），其总有效率达92%。赵力等报道了豨莶通栓丸（豨莶草、水蛭、三七、当归、川芎、桃仁、红花、天南星、麝香、冰片）治疗脑血栓70例及实验研究，研究表明，本方能明显抑制血小板凝聚、降低全血粘度、抗缺氧、增加脑血流量，且无毒性。其临床有效率明显优于对照组（P<0.01），而且其血液流变学及头部CT改变亦明显优于对照组（P<0.01）。

此外，在剂型改革和研究方面亦有一些新的进展。杨永芳等报道用银翘滴鼻剂治疗小儿风热感冒（该方由丸剂改制而成），临床研究结果，用药3天后，在痊愈、显效、总有效率及症状积分值等方面与丸剂对照组比较均无明显差异（P>0.05），但在48小时的不同阶段，则本滴剂体温下降值乃优于丸剂。潘敏求等报道参苏复方颗粒与参苏丸的临床对比观察，两者对气虚型感冒均有明显疗效，实验中皆具有解热镇痛、止咳祛痰，增加网状内皮系统吞噬力的作用，且强度相当。

（王道瑞）

【黄连解毒汤的临床应用与实验研究】

黄连解毒汤源于《外台秘要》，由黄连、黄芩、黄柏、栀子组成，为泻火解毒的代表方，原治三焦热盛证。近年来临床扩展用于缺血性中风等疾病收效良好，对其药理作用和质控的研究亦有一定进展。

一、临床应用

姜崇智等认为缺血性中风多在脑动脉硬化、高血压病基础上发展而成，临床多有面赤烘热、心烦不寐、舌红脉数等表现，属中医热证范畴，故用黄连解毒汤苦寒清热方剂，但应结合临床化裁运用。如痰瘀阻络者加川芎、丹参、胆星、菖蒲等，痰热腑实者加大黄、瓜蒌等，气虚血瘀者加黄芪、赤芍等，阴虚阳亢风动者加白芍、龟版、天麻、钩藤等。每日1剂，早晚分服，吞咽困难者予以鼻饲，连用2～4周，最长7周。共治120例，其中脑血栓形成109例，脑栓塞11例；伴高血压病65例，糖尿病20例，冠心病26例，风心病12例。治疗结果，基本痊愈48例，显效38例，有效29例，无效3例，恶化2例；基本痊愈率为40.0%，总有效率为95.08%。

吴自力认为本方能显著改善脑损伤后遗症的精神症状，长期应用尚有改善记忆力，促进肢体康复等作用。采用本方治疗闭合性脑损伤恢复期患者14例（颅内血肿清除术后2例，轻度脑挫伤4例，重度脑挫裂伤1例，脑震荡7例），均有头昏、头痛、烦躁、记忆力下降等自觉症状。水煎服，每日2次，7～10天为1疗程。治疗结果：1疗程后，10例自觉症状明显改善（占71.5%）；2疗程后，8例症状消失，4例改善，2例无效；3疗程后，4例症状消失。

杨传华用本方治愈了斑蝥中毒1例。患

者主要表现为腹中剧痛、上吐下泻、吐物带血，中医辨证为热毒内蕴。用本方加绿豆、甘草、银花、连翘、白芍，3剂后腹痛呕吐即止。

二、实验研究

1．镇痛抗炎作用　秦秀兰等报道用本方煎剂0.58g/kg和2.32g/kg进行灌胃实验，可明显抑制乙酸所致小鼠痛阈值，减轻二甲苯诱发的小鼠耳廓肿胀度。实验表明本方具有显著的镇痛、抗炎效果。并认为其抗炎作用机理与降低毛细血管通透性有关。

2．对胃肠道影响　吴锦梅等报道用本方煎剂0.58g/kg、1.16g/kg、2.32g/kg三种剂量进行灌胃实验，可明显抑制小鼠小肠推进作用，拮抗大黄冷浸液引起的小鼠腹泻及新斯的明所致小鼠小肠运动亢进；对小鼠小肠水分和氯离子的吸收功能呈明显促进作用。离体兔肠管实验表明，本方能抑制正常肠管的自发活动，使蠕动频率变慢，幅度减小，对乙酰胆碱和氯化钡引起的肠管痉挛具有明显的解痉作用。实验结果为本方治疗感染性腹泻提供了依据。

3．对渴饮及舌象影响　戴春福观察了本方对大肠杆菌内毒素（LPS）所致家兔温病营血分证模型渴饮及舌象的影响。在注射LPS前2小时、注射后即刻、注射后3小时和6小时，经腹腔注入本方8g/kg各1次。结果发现，给药组家兔渴饮和舌上干燥程度以及体温升高等变化明显比注入生理盐水的对照组为轻。提示临床不应拘于苦寒药物容易化燥伤阴之说，而不敢将本方用于营血分证的治疗。

三、质量标准

甄汉深等采用显微鉴别和薄层层析法对本方中每一味药物进行定性研究，并采用双波长薄层扫描法对其主要有效成分盐酸小檗碱和黄芩甙的含量进行了测定，取得了满意效果。并认为此法可用于黄连解毒丸的质量控制。

（瞿　融）

【桃红四物汤的实验研究与临床应用】

桃红四物汤出自《医宗金鉴》，由熟地、当归、白芍、川芎、桃仁、红花组成，治月经不调、血多有块，对眼科疾病也有较好疗效。近年来，对其研究和应用的报道较多。

一、实验研究

袁良礼等报道用BAIRDPS-4型真空直读电感耦合等离子体发射光谱仪对本方口服煎剂做了微量元素的测定。实验结果表明，人体必需的16种微量元素，除锡外全都具备，认为本方治疗一些疾病效果良好，除药理作用外，可能与微量元素的补充和调节也有着密切的关系。袁氏等又以本方煎剂（用药组）与生理盐水（对照组），对小白鼠各10只作耐氧能力试验，结果平均成活时间用药组为59分3秒，对照组为41分4秒，用药组较对照组明显延长存活时间（延长率为43.2%）。江岚等对28例难治性肺心病患者治疗前后肺血流图（IPR）的变化进行观察，实验结果表明，服用本方后有明显的肺血灌流量增加，肺血管充盈度增大，而5例难治性肺心患者单纯用西医治疗的对照组，肺血灌流量及肺血管充盈度无明显改善，故认为本方治疗肺心病能明显改善肺的微循环，纠正血液中的浓、粘、聚作用。施欣红报道用本方对20例外伤性肢体肿胀患者作血液流变学测定，同时设20例作对照组。结果表明，本方具有明显降低骨折病人血液中高聚、高粘、高凝倾向作用，是骨折病的预防和治疗的有效药物。

二、临床应用

1．内科　刘杏鑫报道以本方为主治疗冠心病68例，对痰湿壅阻型加薤白头、全瓜蒌、竹沥夏等；气滞血瘀型加水蛭、血竭、檀香；气阴两亏型加生脉饮、黄芪等；阴虚阳亢型加天麻、枸杞子、女贞子等；阳虚欲脱型先用参附龙牡汤，再加水蛭、细辛等药。治疗结果，显效（服药1周症状消失或改善＞75%，2周心电图有显著改善者）49例（占72.06%），有效（服药1周，症状改善，发作次数减少，疼痛程度减轻＞5%，2周后心电图有改善尚欠理想者）17例（占25%），总有效率91.6%。周作霖用本方加葛根、水蛭、黄芪治疗脑梗塞32例。结果，痊愈10例，显效11例，好转9例，总有效率为93.8%；同期口服维脑路通片的对照组24例，痊愈3例，显效9例，好转6例，总有效率为75%。同时观察两组治疗前后血液流变性及血脂变化，发现本方可显著降低全血粘度及甘油三脂含量。钱斌用本方加减治疗慢性萎缩性胃炎52例，第一个月每日一剂，第二个月隔日一剂，3个月为一疗程，结果治愈7例，显效35例，有效10例。并认为本方对萎缩性胃炎伴腺体增生、延长与肠上皮化生也有一定疗效，在一定程度上起到了防止癌变的作用。郑光东报道治疗老年性颈性眩晕45例，用本方加牛膝、葛根、丹参等，结果显效15例，有效28例，总有效率为95%。

2. 外科　王登亮报道治疗急性阑尾炎57例，用本方加金银花、大黄、连翘、香附等，平均服药6剂。结果痊愈50例，显效4例，好转1例，无效中转手术2例。吴奠宇治疗腰腿痛132例，用本方加乳香、没药、续断、杜仲、枳壳等内服，配合当归针或红花针做局部封闭，均痊愈（疼痛完全消失，腰部活动自如，能参加体力劳动，无任何不适现象）。赵凤英等治疗痔疮80例，用本方加黄芩、乳香、没药内服，并用药渣煎汤外洗肛门，结果痊愈72例，好转4例，无效4例。

3. 皮肤科　杨国安报道用本方加丹参、玄参等治疗过敏性紫癜50例有效，紫癜消失时间平均为5.9天。王忠芬等报道治疗过敏性紫癜8例，用本方加野菊花、甘草获效。韦永先等用本方加减治疗银屑病32例，结果，痊愈23例，有效7例，总有效率为93.7%。赵斌治疗扁平疣67例，用本方加马齿苋、紫草、板蓝根、苡仁等，每日一剂，分四次温服，药渣煎浓汁外擦，每日2次。结果痊愈48例，显效12例，有效5例，总有效率为97%。效守成治疗疖疮98例，用本方加蒲公英、乌梢蛇、僵蚕、薏苡仁等，局部溃烂者外敷三黄拔毒散，结果痊愈90例，显效7例，1例因服药中断而无效，总有效率99%。

4. 妇产科　刘伯平报道治疗输卵管阻塞85例，用本方去地黄加山甲、水蛭、香附、金银花等，结果治愈48例，好转25例，总有效率85.9%。邹三庆等用本方加香附、丹参、三七粉、路路通、水蛭等治疗输卵管阻塞不孕60例，结果31例怀孕，无一例宫外孕，17例输卵管恢复通畅，总有效率为80%。钟秀美等用本方加茜草、海螵蛸等治疗阴道出血128例（功血52例，子宫内膜炎11例，子宫肌瘤40例，不完全流产或人流后出血13例，放置节育环出血12例），结果显效106例，有效15例，无效7例（功血6例，子宫肌瘤1例）。解秀英等治疗痛经68例（本方去地黄，加元胡、五灵脂、甘草），于经前服4～6剂为一疗程，结果痊愈42例，有效23例，总有效率为95.6%。

5. 男性疾病　欧春等报道治疗精液不液化症159例，用本方加黄芪、牛膝、枳壳、仙灵脾等，15天为1疗程，最长3个月，最短14天。治疗结果，有效（临床自觉症状消失或明显改善；精液常规化验报告为精液液化正常，其他指标正常）137例；无效（精液常规化验仍提示精液不液化或液化不完全，以60分钟计）22例，有效率为86.2%。

6. 五官科　卢光荣等报道用本方加味治疗中心性浆液性视网膜病变71例（91眼），其中急性期45例（51眼），慢性期12例（18眼），陈旧性期14例（22眼）。治疗结果，共治愈58例（70眼），治愈率81.6%；有效69例（88眼），有效率为97.2%。复发率为9.1%，比一般认为的10～57%要低，其中以急性期疗效较佳，治愈时间最短。平均38天可治愈；并用荧光眼底造影观察了其中16例（22眼），发现治愈者中渗漏消失，而认为本方有改善局部组织的血液循环，降低脉络膜毛细血管中Bruch膜的通透性作用。肖继勇治疗血热瘀滞所致的玻璃体混浊59例（62眼），其中重度混浊者本方加三棱、莪术、郁金；急性色素膜炎引起者加知母、元参、黄柏，总有效率达95.2%。钟运兴报道治疗外伤性前房出血84例（88眼），出血皆为2～3级，用本方加牛膝、三七、丹参、甘草，治愈率59.4%，总有效率96%。崔德彬治疗突发性耳聋17例，用本方加葛根、柴胡、石菖蒲、郁金、银花等，结果痊愈12例，好转4例，无效1例，总有效率为94.1%。马玉起等治疗过敏性鼻炎42例，用本方加苍耳子、黄芪、防风、辛夷等，治疗6～20天，结果痊愈31例，有效9例，无效2例，总有效率为95.2%。

（孙炜华）

【参苓白术散的临床应用】

参苓白术散出自宋代《太平惠民和剂局方》，由人参、白术、茯苓、山药、莲子肉、薏苡仁、砂仁、桔梗、白扁豆、甘草组成。主治脾胃虚弱所致的食少、吐泻、四肢乏力等症，近年来的报道较多。

（一）内科　龚树春等以参苓白术散加减治疗肝硬化所致脾亢行脾切除术后胃肠功能紊乱患者57例，主要表现为倦怠、纳差、腹胀、泄泻、舌淡、脉濡等。设西药治疗对照组和服用本方加减（原方去莲肉、加焦三仙、陈皮）治疗观察组。治疗结果：观察组临床证候康复迅速，4周后痊愈占86%；而对照组则进展缓慢，4周后痊愈只占16%，经统计学处理，观察组治愈率明显高于对照组。宋万勤以本方去桔梗，加陈皮、半夏、牡蛎、焦三仙治疗积聚（巨脾症）获效。茅裕芳以本方加黄芪、桂枝益气通阳、健脾化湿治疗劳倦伤脾，水湿停聚所致眼睑、颜面反复浮肿获效。曹鸿云等以本方加石韦、天葵、二至丸治疗慢性肾炎，使尿蛋白转阴。以本方加味治肾病综合征属心脾两虚者，能起到增强免疫功能，有助于撤消激素等作用。倪鹏松在治疗慢性肾小球肾炎的同时，应用本方加减在激素递减过程同时与西药联合应用，激素从每日60毫克递减撤完为止，撤减过程为5周，使病人逐渐适应，最终达到完全摆脱激素而用中药治疗的目的。谢炳国用本方加乌药、鸡内金、陈皮、金钱草等治疗21例泌尿系结石获较好疗效，认为本方可能通过增强脾胃功能而后起到溶石作用。杨先环以本方去山药、苡仁、甘草，加续断、菟丝子、炒谷麦芽、鹿角胶治愈阳痿一例，以本方合水陆二仙丹加黄芪、升麻、五味子，服药15剂，治愈滑精一例。

（二）妇科、儿科　程志源以本方去莲肉、桔梗、甘草，加赤芍、白芍、鸡金、陈皮以抑肝扶脾，治疗小儿脾虚肝旺综合征121例。治疗结果：痊愈（体重增加，基本接近健康小儿正常值，各种兼证消失，各项检查指标恢复正常）63例，好转（体重有所增加，精神、食欲、兼证及贫血均有改善，大便镜检无虫卵）55例，有效率为97.5%。并认为本方小剂量能轻度兴奋胃肠运动，从而有助于缓解胸脘满闷，饮食不消，有改善肾上腺皮质功能及增强免疫功能的作用。周沛然以本方去甘草，加陈皮、大枣治疗小儿缺锌症29例，总有效率79%，认为运用本方能使机体消化吸收功能得到调整，从而有利于锌的吸收和利用，对小儿缺锌有较好的治疗作用。

另外，王云程等以参苓白术散配合西药治疗角膜软化、病毒性角膜炎、先天性白内障等眼科诸症获效。刘爱民等以天津乐仁堂制药厂生产的“参苓白术片”（每服6片，日3次，15天后判定疗效）治疗汗疱疹48例全部有效，对手足部水疱型湿疹亦有较好疗效。杨氏、曹氏以本方加减治低热、暴聋阴斑等症也有效。

（陈家英）

【五味消毒饮的临床应用】

五味消毒饮出自《医宗金鉴》，由金银花、野菊花、蒲公英、紫花地丁和紫背天葵组成，主治各种疔毒，现扩展用于内、外、五官、皮肤等科热毒病证的治疗，取得了明显疗效。

（一）内科　田国团等以本方去蒲公英、加大青叶为基本方并随症加味治疗病毒性肝炎248例。结果甲型肝炎183例全部治愈（治愈率为100%）；乙型肝炎和乙肝病毒表面抗原（HBsAg）携带者65例，治愈43例（治愈率为66.15%）。其治愈标准为肝功能、B型超声波、两对半等检查均无异常，症状和体征消失。治愈病例服药剂数：甲肝伴黄疸者是1～5岁服10剂；6～16岁者每岁服1剂，17～37岁者每岁服1剂半，40岁以上者每岁服2剂或更多，无黄疸者剂数略减。乙肝及HBsAg携带者一般服用60～100剂，较重者需服200～300剂。朱中骥以本方为主治疗邪毒蕴结之肾系疾病，其中包括急性肾小球肾炎、急性泌尿道感染、肾周脓肿各1例，均获痊愈。田国团等又用本方加减治疗急性胆囊炎60例，亦获良好疗效。

（二）外科　吴培植报道以本方合正红花油治疗下肢丹毒46例，均为初发急性期患者，平均年龄36.5岁，主要表现为小腿出现迅速扩散的炎性红斑、灼热肿胀，伴有发热、全身不适等，血栓白细胞总数及分类中性增高。以本方每日1剂水煎内服，红肿甚者加紫草、赤芍；口干、便秘者加大黄，外用正红花油涂搽并轻轻按摩患处，每日3～5次，每次10～20分钟。7天为1个疗程。治疗结果，全身症状消失，局部肿胀消退，皮肤恢复正常的痊愈者42例；全身症状消失，局部肿胀治疗2个疗程未完全消退的有效者3例；治疗1个疗程，症状、体征无明显减轻的无效者1例。总有效率为97.8%。

（三）五官科　安晓玉等以本方加马勃、丹皮、桔梗、甘草为基本方治疗急性扁桃体炎属风热侵袭、肺胃热盛所致者60例。服药5天以内症状、体征消失的痊愈者55例；症状减轻，大部分体征消失的显效者3例；症状减轻，部分体征消失的有效者1例；用药1周，症状、体征无改善的无效者1例。总有效率达98.2%。刘福官采用以本方为主随症加味，1日2帖，每隔3～4小时煎服1次的方法治疗急性化脓性扁桃体炎38例，平均服药3.8天，全部痊愈。程伟用本方加生石膏、丹皮、升麻、皂角刺等治疗颌面部蜂窝织炎45例（其中牙源性36例，腺源性9例），患者年龄4～70岁，病程3天～6个月，症见面部、齿龈肿胀灼痛、咀嚼时痛甚、开口受限、后期形成脓肿、发热、舌红、苔黄厚、脉洪数等，结果服药6～18剂，痊愈（面部及全身症状消失，血检正常）30例（占66.67%）；好转（体温正常，肿胀减轻）10例（占22.23%）；有效（仍有低热与脓肿）1例（占2.21%）；无效4例（占8.89%）。总有效率为91.11%。该方对严重外耳道疖肿亦有明显疗效，汪宁波在临床上治疗了30例，（年龄最小6岁，最大40岁）均为单耳发病，其中19例曾用抗生素等治疗无效而改用本方。治疗方法：本方加元参、升麻、黄连、乳香、皂角刺、穿山甲、柴胡，大便干结者加生大黄，每日1剂，煎3次。前2次共取汁约300毫升，分3次于饭后加白酒1～2匙口服。第3次取汁500毫升，趁热用毛巾浸汁外敷患耳，每次30分钟，1日3次。用药3～7剂全部治愈，半年后随访均未复发。

（四）皮肤科　马显忠以本方加川芎、当归、赤芍、生地为基本方治疗带状疱疹38例，结果全部治愈（皮疹消退，随访半年未复发）。其中疗程在1周以内者6例，1～2周22例，2～3周10例，一般服药3～6剂即效。何少珊报道在疱疹出现前使用本方，可大大减轻症状。陈志强治疗正盛邪实之青壮年面部痤疮患者 37 例，病人均见面部痤疮，颜色潮红或暗红，中有白色小粉刺或脓点，舌尖红，苔薄黄或黄腻等症。以本方加白芷、天花粉、赤芍，每日煎服 1 剂，10 天为 1 疗程，部分病例配合外搽三黄洗剂。经治1～2疗程，痊愈（皮疹消退，残留色素沉着或疤痕） 31 例，好转(皮疹大部分消退，偶有新皮疹出现）6 例。对 21 例痊愈患者追踪 2 月至 5 年，16 例无复发，5 例偶有少许皮疹出现。治疗过程中部分病人有大便烂的不良反应。张鲜桃以本方为主治疗磺胺过敏 1 例获痊。患者系青年男性，由于服用复方新诺明后遍身出现红斑皮疹，四肢为甚，经用抗过敏西药不见好转，皮疹变为脓疱，脓血淋漓，红肿热痛。改用本方加赤芍、丹皮、薏苡仁、土茯苓等 3 剂，脓疱红肿疼痛明显减轻，大部分结痂，继服 3 剂痊愈。

（马世平　张浩良）

【乌梅丸的临床应用】

乌梅丸出自《伤寒论》，为厥阴病主方。近年来临床除胆道蛔虫症外，还用于寒热虚实夹杂的心绞痛、胃脘痛、胆石症、腹泻及带下等多种疾病。

胆道蛔虫症多属中医蛔厥范畴。韩笃桃将本方改为汤剂（有乌梅、细辛、干姜、当归、桂枝、黄柏、黄连、党参、附子、蜀椒组成）治疗本症 76 例。其中腹痛甚者加木香、川楝子；热甚者去干姜、附子，加银花、连翘；便秘者加大黄；发黄者加茵陈、栀子。治疗结果，单用中药得以解除症状者 34 例(占44.7%)，配合西药者 42 例(占55.3%)。服中药止痛 3 剂以内者 28 例，4～7 剂者 35 例，8～10 剂者 13 例。症状缓解后经 B 超复查，胆道已无蛔虫者 19 例，伴有蛔虫自体内排出者 16 例，分别占全部病例的 25%和 21.1%。李德胜报道本方与承气汤合用有助于提高疗效，且以大黄的配伍尤为重要，共治疗 28 例。其中对便秘甚者宜合大承气汤；便秘轻者宜合小承气汤；大黄均生用、后下，大便正常或轻度腹泻者仍取小承气汤但改用炒大黄。治疗结果，治愈（疼痛消失，排出蛔虫，随访 3 年无复发）23 例，显效（有时剑突下隐痛，或疼痛消失，但随访 3 年内复发，服原方仍有效）4 例，无效(疼痛无缓解或加重，转手术治疗）1 例，总有效率达 96.4%。对照组 20 例，有效率为90%。两组无显著性差异（$P>0.05$）。但疼痛开始缓解时间中药组为 1 小时～2 日，对照组为 6 小时～3 日，中药组主要症状(疼痛)、体征在 3 日内消失者 23 例（占82%），对照组在 3 日内消失者仅 8 例（占40%)。两组差异显著（$P<0.05$）。

本方对在治疗急慢性胃脘痛方面也有报道。金宇安等介绍老中医屠金城用本方加减治疗了急性上腹痛 3 例（其中急性胃炎、胃溃疡、胆囊炎各 1 例）的情况。彭艺丛报道治疗胃溃疡合并浅表糜烂性胃炎 1 例。患病已 17 年，曾用中、西药无效，而改服本方汤剂 3 帖后，腹痛消失，半月后诸症皆除，继服丸剂 1 月，胃镜复查溃疡消失，并随访 1 年未复发。郭学炎也以本方为主治愈了一位胃痛 10 余年患者。

雷陵介绍以乌梅丸去细辛、蜀椒，加柴胡、枳实、金钱草为基本方治疗胆石症 47 例。其中胆囊结石 18 例，肝总管结石 9 例，肝内胆管结石 12 例，胆总管结石 8 例；单个结石 22 例，多发性结石 25 例；合并胆囊炎 26 例。每日 1 剂，30 天为 1 疗程，急性发作者配合西药抗感染药。治疗结果，1～3 个疗程后，临床治愈（症状、体征消失，B 超结石光团消失或/及 X 线胆囊、胆道造影结石阴影阴转）5 例(其中肝总管结石 1 例，胆囊结石、胆总管结石各 2 例)，显效（症状、体征消失，B 超或/及 X 线胆囊、胆道造影结石部分排出或减少）16 例，好转（症状、体征消失，B 超或/及 X 线胆囊、胆道造影结石无改变）20 例，无效（症状、体征基本无改善，B 超或/及 X 线胆囊、胆道造影结石无变化）

6例。总有效率为87.23%。

魏世超报道用本方治疗以腹泻为主的滴虫性肠炎176例（包括对照组80例），病人年龄3～68岁，病程3天～1年3个月，均无发热等全身中毒症状。其中用乌梅丸加减服用者96例（包括肠热偏重型26例，中焦虚寒型40例，寒热并重型30例）。治疗结果，治愈（症状消失，同时2次新鲜大便均无滴虫发现）82例（占85.2%）；好转(症状消失，或2次新鲜大便均无滴虫发现）14例（占14.6%）。与80例常规服用灭滴灵的对照组患者相比无明显差异（P＞0.05）。但大便成形与止泻所需平均天数乌梅丸组仅为4.80和6.20，对照组则为9.02和10.50，前者明显少于后者。也说明本方具有调节肠道功能，杀灭肠道滴虫等作用，且无毒副反应，能被体弱患者、孕妇和哺乳期妇女所接受。彭艺丛治疗暴泻脏厥1例。该例患急性肠炎4日，泻下无度，肛门红肿，神疲嗜睡，烦躁肢厥，心率120次/分，血压9.33/6.67kPa，体温35.6℃。用乌梅丸原方，方法是将附子、干姜、人参加水共煎，沸后边煎边饮，余药另煎，汤成后与前者共服。服药2剂，诸症消失，病获痊愈。高济民报道用本方加减治疗久泻100多例，大多一至二剂见效，数剂痊愈。夏远录用本方治疗上热下寒的慢性胃肠炎也有良效。

在妇科应用方面，张艳等报道用本方加减治疗寒热虚实夹杂型带下病60例(其中阴道炎10例，慢性盆腔炎16例，慢性子宫颈炎32例，子宫颈粘膜下肌瘤2例），年龄25～55岁，病程4个月～20年。治疗结果，基本痊愈（症状消失，2年以上未复发)42例（占70%)；显效（症状消失，1年以上未复发）12例（占20%)；有效（症状基本消失，半年以上未复发）4例(占6.7%)；无效（症状缓解或消失后，半年内又复发）2例（占3.3%)。总有效率为97%。陶春祥以本方加减治疗崩漏、带下、妊娠恶阻等疾病。彭氏也报道了1例结婚十载伴赤白带下宫寒不孕患者，服本方煎剂半月有余诸症皆除，继服丸剂1月，竟怀孕生子。

（瞿 融）

【大黄牡丹汤的临床应用】

大黄牡丹汤出自《金匮要略》，由大黄、牡丹皮、桃仁、冬瓜子、芒硝组成，具有泻热破瘀，散结消肿之功，原主治肠痈脓初起未成脓时属实热者，近年来临床应用颇为广泛。

（一）内科　回盲肠综合征是一种主要发生在急性白血病治疗中的消化道并发症，临床以腹痛、腹泻、高热、中性粒细胞绝对数减少为其主要特征。焦中华等报道1981～1990年共收治本病10例，占同期急性白血病的5.05%。治疗采用本方加减：高热不退者加金银花、板蓝根；腹痛剧者加厚朴、丹参、白芍；腹泻重者加苡米、扁豆花。外用大黄粉、芒硝调醋外敷于右下腹。治疗结果，9例治愈（体温恢复正常，腹痛消失，腹泻停止)，1例无效（因白血病加重、幼稚细胞增高并发腹膜炎而未愈)。邵金阶用本方治疗急性胆囊炎88例，每剂煎2次，每8小时服一次，7天为1疗程，一般1～3个疗程。结果治愈（胆囊基本恢复正常，半年无复发）57例，显效（恢复正常，半年内有复发）22例。

（二）外科　曹飞等报道用本方治疗外伤性血肿180例，均为伤后72小时内就诊，血肿面积在2cm×2cm以上，X线摄片提示无骨折或脱位征象。治疗结果，显效（局部无肿胀疼痛，青紫瘀斑消退，体温正常）138例，好转（局部有轻度肿胀疼痛，无发热）36例，总有效率为96.7%，并说明本方对外伤性血肿有较好的止痛消肿和预防血肿继发感染的作用。何倜等治疗混合痔嵌顿伴里热燥实者37例，用本方加赤芍、金银花、甘草，结果治愈15例，好转17例，有效率为61%。牛治君等治疗嵌顿性内痔30例，用本方加蒲公英、红花、地榆、枳实内服，外用大黄、川椒煎汤熏洗肛门并坐浴，早晚各一次。治疗结果，平均嵌顿复位时间1.67天；而对照组20例（口服甲硝唑及氟哌酸，熏洗方同中药组），平均嵌顿复位时间为7.3天。表明本方治疗嵌顿内痔具有复位快、无痛苦、疗程短的优点。张润民等用本方保留灌肠治疗慢性前列腺炎60例，先浸泡30分钟，浓煎成100～150毫升作保留灌肠，每日一次，7天为1疗程。治疗结果，1～8疗程后47例痊愈（临床症状消失，肛诊正常，前列腺液连续2次镜检正常），13例好转（临床症状减轻，肛诊及前列腺液镜检较治疗前改善）。

（三）妇产科　杨玉明等报道以本方加味治疗盆腔脓肿20例，1剂药煎得300毫升分早、中、晚内服，其中便秘者大黄后入。结果痊愈（盆腔无肿块者）10例，显效（盆腔肿块缩小）8例，总有效率为90%。徐汉敏等亦报道治疗慢性盆腔炎50例，是用本方汤剂改为散剂（芒硝除外）共研末分3份，取1份加米醋拌匀，然后拌入芒硝，装入布袋内，放锅内蒸至透热，趁热敷于少腹，早晚各40分钟左右，3份药可用6～9天为一个疗程。结果，痊愈42例，好转6例，总有效率为96%。李玉有等用本方加味治疗输卵管阻塞、产后高热、乳汁不畅也获效。

此外，程万里报道用本方加减治疗瘀热互结所致的腹痛、急性睾丸炎、尿路感染并右肾积水、输尿管结石、不孕证等，邢本香用本方治疗热毒内结、瘀血停滞之输精管结扎术后感染、产后发热、带下病等，均获效。

（孙炜华）

【鸡鸣散的临床应用】

鸡鸣散出自《类编朱氏集验医方》，由槟榔、陈皮、木瓜、吴茱萸、桔梗、生姜、紫苏组成，具有宣散湿邪、下气降浊之功，原用于治疗寒湿脚气病证，近年来内、外、妇等科的应用有所扩展。

（一）内科　钟慎清等报道治疗不安腿综合征27例，本方重用木瓜，加鸡血藤、牡蛎等，其中气虚加黄芪、党参；脾虚加白术、茯苓；血虚加当归、白芍；血瘀加川牛膝、泽兰；肾虚加续断、桑寄生；有湿热之象者减少吴茱萸用量，加知母、黄柏。结合病情选用1～2味水煎服，日1剂。治疗结果，全部患者临床症状完全消失，随访3个月未复发。治疗时间最短3天，最长12天，一般3～6天。张润民治疗五更泄泻30例，采用本方随证加味水煎，于次日五更前空腹冷服。结果痊愈26例，好转3例，总有效率97%。蒋立基治疗晚期丝虫病引起的下肢象皮肿10例，并配用槐枝，沸水冲泡，先熏后洗，效果良好。孙祥报道用本方加蚕砂、苡仁、茯苓皮等治疗水盐代谢紊乱所致的特发性浮肿6例。黄婷用本方加当归、黄芪，或云苓、黄柏治疗痛风2例，服药10余剂后，关节肿痛消退，血尿酸恢复正常。

（二）外科　邹志新报道用本方治疗小腿以下骨折及软组织损伤、肿痛明显、经久不愈者87例，其中小腿肿胀、沉重、皮色晦暗者加附子，血瘀化热者加金银花，痛甚者加乳香、没药，气虚者加黄芪、党参。服药时间最少6剂治愈，最多服药14剂，临床疗效满意者占98%以上。并认为本方对骨折早期病人可促进软组织肿胀提前吸收，特别是关节内骨折可减少血肿机化、减少关节僵直，具有较好的作用。杜涌治疗一例陈旧性腱鞘炎，左足肿胀疼痛湿冷、走路跛行者，用本方于清晨6时冷服，3剂症减，继进20剂而愈。又治疗了一例足背静脉炎，因脚癣感染而致左足背红肿疼痛者，用本方加银花、玄参、甘草等4剂而愈。王泰源用本方加味治疗右臂部漫肿无头与痰核者，牛忻群用本方加味治疗荨麻疹、瘙痒等，均获效。

（三）妇科　张新生报道用本方治疗卵巢囊肿的经验。认为应根据不同情况加减药物，如加白芥子以利气消痰，经络通畅，脾虚者加白术、茯苓、苡米；囊肿质地较硬可加刘寄奴、王不留行、海藻、昆布之类以化痰软坚，流通气血。均获得较好疗效。

（四）其它　梁勇报道以本方加味治一咬舌症。病者半年前偶患舌胖，继则舌强，稍不慎即咬破舌头，流血不止，伴胸闷心悸，脚肿溲少，辨为中焦湿气上犯，浸淫舌体，服药10剂，舌体恢复正常，随访3年未复发。

此外，程知惜通过临床应用认为本方空腹于鸡鸣时服，是借阳之升发，可胜水湿之阴。此与今之生物时钟效应之理有关，亦可能与鸡鸣时服药再睡时，血浆里生长激素浓度大幅度上升有关。

（孙炜华）

【丹参及其复方注射液的临床研究】

丹参(*Saluia miltiorrhiza* Bunge)，性味苦、微寒。为活血化瘀药。实验研究表明，丹参具有扩张冠状动脉，增加冠状动脉血流量，减轻主动脉及冠脉内膜粥样斑块形成，还能加快微循环的血流速度等。临床主要用于心脑血管疾病，近年来也有报道用于糖尿病、肝硬化等。

（一）用于心、脑血管疾病　邓世周为研究丹参治疗冠心病的作用机理，对31例冠心病患者的血液流变学观察结果表明，丹参注射液能降低患者血粘度，改变红细胞膜的电荷，增加红细胞变形能力，降低血小板聚集性能，引起防治心脑血管疾病突然发作的目的。实验结果认为，丹参治疗冠心病的作用机理，除与丹参能直接扩张冠状动脉，增加冠状动脉血流量外，还可能通过降低全血粘度和血浆比粘度，改变红细胞膜电荷，增加红细胞的变形能力有关。心肌梗塞是冠心病患者死亡的主要原因之一。为探讨丹参注射液对急性心肌梗塞患者预后的影响，王受益等统计了1985～1989年上海十大医院急性心肌梗塞住院患者1350例。全部病例在监护和其他治疗条件相仿的条件下，按照是否应用丹参注射液随机分为丹参治疗组和对照组。其中丹参组388例，对照组962例。治疗结果，丹参组388例中泵衰竭发生率29.9%，住院期死亡率21.1%；对照组962例中泵衰竭发生率27.2%，住院期死亡率为25.7%。在泵衰竭发生率无显著差异的情况下，丹参组与对照组死亡率相比虽有降低，但无统计学意义（$P>0.05$）。又研究了丹参注射液对不同性别心肌梗塞的影响表明，丹参注射液能显著降低男性心肌梗塞住院病死率，其中明显降低对男性泵衰竭患者病死率，丹参组为34.6%，对照组为51.1%（$P<0.05$）。但对女性病死率无明显影响，其原因还有待于进一步研究。徐金和等也研究了丹参注射液对急性脑血管病人血小板聚集性的影响。应用PPP自动平衡血小板聚集仪，以血小板第一、二相聚集率为指标，对脑出血38例，脑血栓形成54例，应用丹参注射液治疗前后进行了系统的观察。结果表明，脑出血和脑血栓形成患者血小板第一、二相聚集率均明显高于健康人，说明急性脑血管患者血小板聚集功能呈亢进状态，应用丹参注射液治疗后，能使急性脑血管病患者血小板第一、二相聚集率降至正常水平，证实丹参注射液对急性脑血管病患者血小板聚集性有明显的降低作用。

（二）用于治疗肝纤维化　近年来，实验研究表明，大剂量丹参具有激活胶原酶作用，并可促使已形成的胶原分解加速，防治肝纤维化及促进肝细胞再生。余亚新等应用大剂量丹参治疗经病理证实为慢性乙型病毒性肝炎伴早期肝硬化患者21例，另设立对照组19例。治疗方法，丹参组每天以丹参注射液20毫升加入5%葡萄糖250毫升静滴，连用3个月；对照组应用茵栀黄、维生素、氨基酸等。治疗结果，症状、体征两组均有改善，尤以丹参组治疗后乏力、纳差、腹胀等症状明显减轻。实验室指标，两组肝功能改善；PT明显缩短。尤其是血清HA水平能较好反映肝纤维化的程度，治疗组明显下降（$P<0.01$）；对照组11例下降不明显，8例反而升高。丹参组5例治疗后作肝病理复查，提

示肝纤维化明显改善。说明应用大剂量丹参有较好的抗肝纤维化的疗效。

（三）用于糖尿病　由于糖尿病会引起血浆和红细胞的内源性类洋地黄物质增高，导致红细胞功能异常和微血管病变。影响葡萄糖通过细胞膜进入细胞内，使降糖药磺脲类作用减弱。复方丹参注射液能降低血液粘稠性，改善微循环，故与磺脲类降糖药有协同作用，并对单用磺脲类降糖药失败者能取得较好的疗效。陈道揆等对70例Ⅱ型糖尿病患者随机分组给药，对照组按常规用磺脲类降糖药，治疗组在服用降糖药同时，静滴复方丹参注射液，每组各35例。治疗结果，治疗组治疗前后空腹血糖差值均数为8.22±0.83（mmol/L），对照组为6.12±0.75（mmol/L），说明加用复方丹参的降血糖效果明显优于单纯应用磺脲类药（$P<0.01$）。

（四）用于慢性阻塞性肺心病　由于自由基与慢性阻塞性肺心病的发生发展有着密切的关系。为此张葡萄等研究了复方丹参注射液对30例慢性肺心病患者血中氧自由基4项指标的影响。治疗前患者血浆脂质过氧化物(LPO)、红细胞超氧化物歧化酶（SOD)、全血谷胱甘肽过氧化物酶（$GSH-P_x$）和过氧化氢酶（CAT）均进行测定，结果LPO和SOD明显高于对照组（$P<0.01$ 和 $P<0.05$），$GSH-P_x$、CAT明显低于健康对照组。治疗后，丹参组4项指标均恢复到正常，而常规治疗组未能恢复正常；丹参组CAT和 $GSH-P_x$ 的增加及LPO的降低明显大于常规组。说明复方丹参能明显降低慢性肺心病患者增强的脂质过氧化反应，纠正失衡的抗氧化物酶，从而对慢性阻塞性肺心病肺动脉高压的发生发展起到了抑制作用。另外，赵传昌等研究了复方丹参注射液治疗大鼠应激性胃溃疡，表明复方丹参注射液能使胃粘膜出血、糜烂及溃疡性病变在短期内迅速愈合，其疗效明显优于甲氰咪胍(抗溃疡药物)。这又为临床提供了药理学的依据。

（史美瑶）

【中成药的中毒与过敏反应】

（一）中毒反应　(1)心血管系统：韩秀绒报道心率失常是六神丸中毒最常见的体征之一，多数中毒患者心音低钝，心动过缓，心律不齐，少数患者也有心动过速。心电图多显示心房纤颤，室性早搏，Ⅱ°～Ⅲ°心脏传导阻滞。在13例六神丸中毒患儿中，其中11例出现心律失常，5例死于心脏传导阻滞。赵伊明报道一患者口服六神丸30粒，20分钟后头晕，肢体颤抖，EKG示Ⅱ°房室传导阻滞，轻度S-T波改变；万先涛报道一患者口服止痛丹2粒，半小时后头晕、心慌，血压12/7kPa，EKG示房颤，350～420次/分。(2)呼吸系统：韩氏报道1例患儿因口服六神丸导致呼吸衰竭死亡。(3)消化系统：韩氏报道患儿服六神丸后片刻出现恶心、呕吐、腹泻。(4)内分泌系统：韩氏报道1例9岁女童口服六神丸，每日3次，每次10粒，第3天后双乳头隆起如杏核大小。(5)造血系统：宋明福报道一患者口服天麻丸，第3天后全身皮肤布满出血点，同时伴浮肿及浅表淋巴结肿大，检查示：血小板 $112\times10^9/L$、血沉40mm/h、出血时间2分钟、凝血时间3分钟、伊红细胞 $0.86\times10^7/L$；黎俏梅报道一患者口服搜风止痛散，每日3次，每次10克，8天后双手背见到点状出血点；韩氏报道一患儿过量内服六神丸，3小时后见到皮肤紫血斑，另一患儿死前半小时大量鼻衄。(6)其他：黎俏梅报道一女性患者因痛经时服生化丸半丸至1丸，连续3个经期后造成经期延长，周期缩短，经量增多；傅文录报道10例患者口服中风回春片时有不同程度的眩晕，随着剂量增加及时间延长，症状呈进行性加重。

（二）过敏反应　口服金水宝胶囊(许龙琪报道)、口服牛黄解毒丸（王万祖、刘世学报道)、口服生发丸（孙振杰报道)、外涂正红花油(刘育英报道)，均出现了过敏反应。

此外，中药注射液引起的中毒也有报道，如任永权报道一患者在静滴参麦注射液时出现心悸、胸闷，听诊心音呈奔马律，心率184次/分，并出现寒战、高热（41.1℃），腹痛剧烈，脸色苍白。而出现过敏反应的药物有：静滴复方丹参注射液（钟松才报道）、静滴丹参注射液（贺敬缬、姜长贵报道）、静滴脉络宁（林雪报道）、静滴清开灵注射液（孙振杰报道）、肌注肝炎丸注射液（萧玉琴等报道）、肌注鱼腥草注射液（张玉帆等报道）、肌注茵栀黄注射液（徐能鹏报道）。

（汪文娟　邸若红）

【蝉蜕为主配伍的临床应用】

蝉蜕为蝉科昆虫黑蚱蝉（Cryptotympana atrata Fabal.）羽化时所蜕之皮壳。具有疏散风热，透疹止痒，退翳明目，祛风解痉的功能。近年来，临床应用较为广泛。

（一）内儿疾病　(1) 咳喘：姚善业等根据蝉衣、蜂房对解除支气管痉挛有良效，选用蝉衣、蜂房为主药，自拟咳速停治疗68例经它法未效的咳嗽患者，服药后咳嗽止者66例（占97%），无效2例。窦金发报道曾治疗一患者有“老咳”史10年许，近年来加重，针药并施月余未效。后予金水六君煎补养肺肾、化痰降逆，更重用蝉蜕30克以解痉缓急、疏利气道，结果服药3剂咳止。冯仓怀认为蝉蜕具有平喘作用，在治疗小儿支气管哮喘咳喘痰多症中，每于方中配用蝉蜕10～15克，均收到较为满意的效果。(2) 小儿发热：张宏琴等采用蝉蜕饼外敷法治疗小儿发热。方法：取全蝉蜕、山栀各9克，地骨皮5克，钩藤3克，共研细末，加入少量的鸡蛋黄，搅匀成泥状，做成5分硬币大小的蝉蜕饼贴压于患儿的涌泉穴（双）、内关穴（双），外包纱布，再用胶布固定，次晨取下。共治90例，其中用1次热退者58例，2次热退者21例，3次热退者11例。安邦煜、张祥福分别报道用《寒温条辨》中升降散治疗小儿患流感高热，以清内热、表里双解取效。也常用蝉蜕一味20～30克，轻煎6～7分钟，频频口服取效。(3) 急性肾炎：赵荣国用蝉蜕浮萍汤（一般用蝉蜕25克，对尿闭者重用至50克）按风寒、风热、湿热蕴结证型加味治疗急性肾炎68例，均每日1剂水煎服。结果治愈54例，显效9例，好转5例，疗程平均21天。张祥福亦运用大剂量蝉蜕（15～20克）在辨证的基础上加用其他药物治疗急性肾炎35例，过敏性紫癜30例，取得满意的疗效，且无不良反应。(4) 慢性腹泻：焦君良自拟蝉蜕平泻汤（蝉蜕20克，徐长卿、柴胡、防风、乌梅、合欢皮花、莲子肉、地榆、苦参）治疗过敏性结肠炎、功能性腹泻以及其他类型的慢性非特异性腹泻病人300余例，疗效显著，收到不治泻泻自止的效果。(5) 失眠：王锦槐治疗1例患神经衰弱已八年，34岁女性，予蝉蜕3克加水250毫升，武火煮沸后再文火缓煎15分钟，取汁饮用，每晚顿服一次，服3剂寐已安，继服用1个月以巩固疗效，随访5年未复发。用上法治疗另外一名男性21岁失眠已数载患者，服药后当夜即安然入寐。继守方半个月，随访3年，脸色红润，体气大佳。(6) 肝炎：潘炳仁报道治疗肝炎迁延反复者，于辨证方中配用蝉蜕、僵蚕两药。认为两药入肝，蝉衣偏于表而能散风清热；僵蚕偏入里而善祛风蠲痰，一表一里，配合默契，故屡建效验。(7) 癫痫：陈一鸣用蝉蜕散（蝉蜕晒干研末）治疗1例14岁小孩的痫证，患者3岁开始发病，每天7～8次，药用蝉蜕散100克，分30次，每天3～4次，开水送服，服完一料病情大有好转，续服至300克后未再发作。乔艾乐拟蝉僵散（蝉衣30克，僵蚕、钩藤、全蝎、朱砂）共研细末，治疗小儿癫痫14例，获得较好疗效。(8) 血管神经性头痛：赵益人等根据蝉衣祛风止痛，对神经节有阻断作用的功能，拟蝉葛芎芍汤（蝉衣、葛根、川芎、白芍、白芷、细辛、甘草）水煎，每日1剂，共治血管神经性头痛患者21例。治疗结果：服14

帖药后未复诊者19例(症状控制和消失者7例，显效10例，好转2例)；随访1年以上7例，1～3个月3例，6～12个月3例，这13例中痊愈9例，显效3例，无效1例。

(二)妇科疾病 (1)经行头痛：胡玉荃等用蝉蜕和白蒺藜各15克，加水400毫升，煎30分钟，取200毫升，二煎加水300毫升，取200毫升。两汁相混，分早晚两次温服，每日一剂。于月经前一周开始服药，至月经干净为止，连续治疗3个月经周期。共治疗38例，治愈28例，好转7例，无效3例，有效率达89%。(2)产后痉证：胡氏等又用蝉蜕30克，僵蚕10克，蒲公英30克。煎法同上，每8小时温服或鼻饲一次，每日1剂。治疗10例产后痉证病人单用西药效果不佳后加用中药联合治疗者，结果4例病人中有3例由危转安。(3)子痫：胡氏等用蝉蜕10克，配山萸肉12克，麦冬15克。煎法同上，用药3～7天。共治疗子痫患者7例，结果治愈6例，好转1例。(4)阴挺：胡氏采用蝉蜕15克，黄柏12克，加水500毫升，煎20分钟，取汁250毫升，二煎加水300毫升，煎15分钟，取汁150毫升。两汁相混外洗，每次温洗15～20分钟，每日一次，连续3～5天。共治疗阴挺患者9例，治愈6例，好转3例。若因带"子宫托"摩擦而感染，阴道壁膨出溃破者，用蝉蜕15克，五倍子3克，白及12克。上药加水400毫升，浓煎取汁100毫升。用棉球蘸药液涂于患处，一日3次，连续治疗1周。共治11例，痊愈8例，好转3例。(5)产后尿潴留：陈莲珍等用蝉蜕9克，加水500～600毫升煎汤，并加入适量红糖一次服完，共治疗125例产后尿潴留。结果，效果满意者达108例，好转14例，无效3例，总有效率97.6%。

(三)外科疾病 (1)破伤风：张居运等报道，已故名医刘名声采用大剂量蝉蜕治痉，功效卓著。蝉蜕剂量一般在50～120克，多与僵蚕、天麻、全蝎等解痉驱风之药配合应用。治愈新生儿及成人破伤风80多例。曾治疗1例女20岁破伤风患者，药用单味蝉蜕120克，每日1剂，水煎2次，两次共取药液600毫升，分2次口服，服2剂抽搐止，发烧减轻，连服6剂病痊愈。周慎采用蝉衣去头足，焙干为末，每次以黄酒冲服9～15克，每日3次，一般汗出而诸症减。(2)面神经疾病：朱树宽认为蝉衣具有双向调节作用，重用至30克以上，可治疗面肌痉挛，轻用在6克以下，可治疗面肌麻痹。治疗面神经疾病20余例，取效颇佳。陈一鸣治疗1例面瘫女58岁，用蝉蜕散200克，分40次，每天3～4次，开水送服。药后三日自觉症状好转，六日口角流涎已止，九日诸症消失而愈。(3)痉挛性斜颈，舞蹈病：马大正治疗1例9岁女孩患痉挛性斜颈，用蝉蜕、全蝎、蜈蚣、熟地、当归、白芍、川芎，水煎二次分服，次日醒来时已与正常无殊。马氏用蝉蜕、地龙、白芍、豨莶草、桑枝、丝瓜络、竹茹、桑寄生、鸡血屯，忍冬藤、生地，治疗1例舞蹈病女8岁患者，3剂之后，症状消除，从此不发。(4)水疝：冯仓怀报道蝉蜕可疏肝散风，曾治1例诊断为睾丸鞘膜积液的4个月男孩用蝉蜕30克，水煎，局部热敷，每日3～4次。4天后肿块消失，随访未发。李秀敏亦治疗1例14岁男孩阴茎包皮水肿，发亮胀痛，患者用蝉蜕12克，柴胡、防风、车前子、六一散、黄柏，水煎服。并以净蝉蜕30克，加水1000毫升，煎煮10分钟，先以其气熏，然后湿敷阴茎半个小时，每日2次，2日后水肿消退。尿流如常而获痊愈。(5)皮肤病：李秀敏治疗1名男性银屑病患者，用银花、连翘、板蓝根、水牛角片、白茅根、钩藤、皂角刺。水煎服，7剂后皮疹消退，新疹减少，但仍瘙痒不止，咽部发紧，夜不能寐，用前方去连翘，加蝉蜕10克，调治月余而告愈。宋江华用蝉蜕黄酒煎剂治疗小儿荨麻疹、蝉蜕(焙酥或曝晒研细末)10克，黄酒20毫升左右取一个搪瓷缸，加水

150毫升左右置火炉待水沸，将蝉蜕末及黄酒加入缸内，再用武火煎1～2分钟即可，每晚临睡前服一次，不可间隔，以愈为度。共治86例小儿急慢性及顽固性荨麻疹，获得了良效。滕宣光报道用蝉蜕3个(碾碎)，黄连3克，香油30毫升，将药浸泡一日，棉棒蘸油外涂，治疗多例小儿湿疹患儿2～3日即愈。赵荣国报道用蝉蜕、露蜂房等制成蝉蜕蜂房散内服，每天3次，每次1包，同时外用硫黄、枯矾等制成的软膏，治疗脐疮150例，全部病例在1个疗程内治愈。(6) 髋关节滑膜炎：张维纶用蝉衣、柴胡等制成蝉柴合剂，每日1剂，头两剂内服，第3剂湿敷患处，日2～3次，治疗50例小儿髋关节滑膜炎。结果，3天内治愈35例，8天内治愈12例，3例无效。(7) 痔疮：张华用蝉蜕、冰片、麻油制成油膏治疗痔疮脱肛、便血、肿痛53例。均在每晚临卧前，用金银花、木鳖子、甘草煎水并趁热洗患处，再用棉签蘸上油膏涂于痔核上，连用5～7天，结果全部病例在涂药后均痛除，血止，核消。

(四) 五官科疾病 (1) 眼疾：皮持衡用蝉蜕制成注射液和滴眼液，治疗角膜混浊50例，总有效率为93.6%。若滴眼液（结膜下注射）同时使用效果更佳。田开伟用蝉花无比散治疗外障眼疾如天行赤眼、睑弦赤烂、眦漏、胬肉攀睛等病属风热湿毒，收到良效。滕宣光报道周慕新治疗婴儿红眼病，常用蝉蜕1个(碾碎)，黄连1.5克，挤其母乳汁浸泡3～4小时，以乳汁点入眼内，每用必有效。(2) 声音嘶哑：张东明自拟蝉蜕响声汤（由蝉蜕、桔梗、甘草、胖大海、桑叶、麦冬组成）治疗音哑65例，一般3剂见效，6剂痊愈，最多服用10剂。胡国斌用蝉蝶茶(蝉蜕30克，木蝴蝶20克)治疗各种原因引起的嘶哑疾病，取得满意疗效。(3) 软腭瘫痪：夏岳父拟蝉蜕、全蝎、僵蚕等制成蝉蜕通络汤，治疗白喉后软腭瘫痪31例，结果28例在服药后3～18天软腭恢复自由活动而痊愈，另3例中断治疗，总有效率为90.3%。(4) 乳蛾：傅光明自拟消蛾汤（蝉衣、僵蚕、姜黄、大黄、甘草、桔梗、山豆根等药）治疗急性扁桃腺炎800余例，疗效较好。(5) 耳聋耳鸣：傅贵平认为蝉蜕还能开耳窍，治耳聋，且疗效确切。共治疗20余例，短则3天见效，多半在一个月治愈。曾治疗1例女17岁患神经性耳聋者，给予补中益气汤加蝉蜕，3剂而愈。随访数月未见复发。另一名患药源性耳聋用血府逐瘀汤配蝉蜕15克，服20余剂，患者听力开始恢复，嘱其继续守方，不及半年，听力完全恢复正常。冯氏自拟聪耳汤（蝉蜕、菊花、白蒺藜、葛根、赤芍、丹皮、沙参、栀子）治疗一例男性耳鸣，服上药2剂后耳鸣减轻，7剂后耳鸣消失，听力基本正常。

(张　宁)

参考文献

A

安邦煜。蝉蜕治热病，急性肾炎。中医杂志，1994；(7):389

安晓玉，等。五味消毒饮加味治疗急性扁桃腺炎60例。河南中医药学刊，1994；(4):53

C

蔡定芳，等。抗戾散治疗病毒性发热的实验研究。中西医结合杂志，1994；(9):543

曹　飞，等。大黄牡丹皮汤治疗外伤性血肿180例。陕西中医，1994；(2):53

曹鸿云，等。参苓白术散异病同治三则。河南中医，1993；(2):78

陈道揆，等。复方丹参注射液治疗Ⅱ型糖尿病的临床观察。贵阳中医学院学报，1994；(2):36

陈莲珍，等。蝉蜕汤治疗产后尿潴留125例。湖北中医杂志，1983；(5):40

陈一鸣。漫话蝉蜕的功用。新中医，1982；(8):13

陈志强。五味消毒饮加味治疗面部痤疮37例。新中

医，1994；(4):46
程　伟，五味消毒饮治疗颌面部蜂窝织炎45例。辽宁中医杂志，1994；(5):222
程万里。大黄牡丹汤新用举偶。天津中医，1993；(1):41
程知惜。鸡鸣散临床应用要点。南京中医学院学报，1994；(1):53
程志源。参苓白术散加减治疗小儿脾虚肝旺综合征121例临床观察。浙江中医学院学报，1993；(6):14
崔德彬。加味桃红四物汤治疗突发性耳聋17例。黑龙江中医药，1993；(3):31

D

戴春福。黄连解毒汤对家兔渴饮及舌象影响的观察，时珍国药研究，1994；(4):13
邓世周。丹参液对31例冠心病患者血液流变学影响的观察。新中医，1994；(1):59
窦金发。顽咳不愈，借重蝉蜕。中医杂志，1994；(7):391
杜　涌。鸡鸣散的新用。浙江中医杂志，1993；(2):87

F

冯仓怀。蝉蜕用于咳喘、耳鸣、水疝。中医杂志，1994；(5):263
傅光明。蝉衣配方的临床应用。内蒙古中医药，1993；(3):30
傅贵平。蝉蜕治耳聋。中医杂志，1994；(6):327
傅文录。服中风回春片引起眩晕10例。中国中药杂志，1994；(9):569

G

高济民。仲景乌梅汤治久泻。中医药研究，1994；(5):25
葛漫天。乌鸡白凤丸治疗肝硬化血清白/球蛋白比例倒置36例。浙江中医杂志，1994；(11):495
龚树春，等。参苓白术散治疗脾切除术后胃肠功能紊乱57例临床观察。河北中医，1994；(1):9
郭学炎。乌梅丸治验点滴。湖北中医杂志，1994；(3):53

H

韩笃桃。乌梅汤治疗胆道蛔虫症76例临床观察。甘肃中医学院学报，1993；(4):17
韩秀绒。小儿应慎用六神丸。辽宁中医杂志，1994；(2):88
何　倜，等。大黄牡丹皮汤加减治疗实热型嵌顿痔中医药学报，1991；(2):15
何少珊。五味消毒饮治疗带状疱疹。长春中医学院学报，1994；(3):38
贺敬缀，等。丹参注射液致过敏性休克2例报告。贵阳中医学院学报，1994；(2):22
胡同斌。蝉蝶茶治疗喑哑。云南中医杂志，1987；(2):48
胡玉荃，等。蝉蜕在妇科临床的应用。中医杂志，1994；(6):325
黄　婷。鸡鸣散治疗痛风二则。湖北中医杂志，1994；(3):52

J

焦君良。蝉蜕可治慢性腹泻。中医杂志，1994；(6):326
焦中华，等。大黄牡丹皮汤为主治疗急性白血病伴回盲肠综合征10例。中医杂志，1993；(2):76
江　岚，等。桃红四物汤治疗难治性肺心病的肺血流图观察。四川中医，1993；(3):7
姜崇智，等。黄连解毒汤加味治疗缺血性中风120例。中医杂志，1994；(10):608
姜长贵。丹参注射液致过敏反应1例。中国中药杂志，1994；(8):503
蒋立基。鸡鸣散治下肢象皮肿。浙江中医杂志，1985；(1):20
蒋乐龙，等。六味地黄汤治疗慢性肝炎白细胞减少症30例临床观察。新中医，1994；(6):22
金宇安，等。乌梅丸的临床新用。吉林中医药，1994；(4):33

K

孔周桢，等。消疳丸治疗小儿疳症109例。浙江中医杂志，1994；(2):64

L

雷　陵。乌梅丸化裁治疗胆石症47例。国医论坛，1994；(2):13
雷玉兰。护心康防治冠心病的药理基础研究。中成药，1994；(9):31
黎俏梅。活血祛瘀中药副作用临床观察及分析。中医药学报，1994；(4):46
李德胜。乌梅丸合承气汤治疗胆道蛔虫病28例。实用中西医结合杂志，1994；(6):336
李桂珍。炙甘草汤治疗低血压症68例疗效观察。中医药研究，1994；(4):29

李秀敏。蝉蜕善治银屑病及血管性水肿。中医杂志，1994；(5):261

李玉有，等。大黄牡丹汤新用。新中医，1993；(3):44

梁　勇。鸡鸣散治咬舌。河南中医，1984；(3):27

林　雪　静滴脉络宁(797) 致敏反应1例。新疆中医药，1994；(1):15

林群莲，等。半夏泻心汤治不全性幽门梗阻41例。浙江中医杂志，1994；(3):104

刘爱民，等。参苓白术散治疗汗疱疹48例观察。中国中西医结合杂志，1993；(7):409

刘春祥。调经助孕丸治疗不孕症146例疗效观察。中医杂志，1994；(9):546

刘伯平。桃红四物汤加减治疗输卵管阻塞85例。辽宁中医杂志，1994；(3):126

刘世学。服牛黄解毒片出现过敏1例。中国中药杂志，1994；(9):569

刘福官。五味消毒饮为主治疗急性化脓性扁桃体炎38例。上海中医药杂志，1994；(4):24

刘福成，等。大承气汤治疗严重创伤呼吸窘迫综合征的临床观察。河北中医，1994；(5):2

刘杏鑫。桃红四物汤加减治疗冠心病68例疗效观察。山西中医，1994；(5):13

刘育英。正红花油外用致过敏性紫癜1例报告。湖北中医杂志，1994；(4):52

卢光荣，等。桃红四物汤治疗中心性浆液性视网膜病变。云南中医杂志，1994；(3):22

卢书山。一贯煎加减治疗干燥综合征48例。四川中医，1994；(7):23

M

马大正。蝉蜕治疗痉挛性斜颈、舞蹈病。中医杂志，1994；(5):262

马显忠。五味消毒饮治疗带状疱疹38例。云南中医杂志，1994；(3):10

马玉起，等。桃红四物汤治疗过敏性鼻炎42例。国医论坛，1992；(1):29

茅裕芳。参苓白术散临床应用举隅。山西中医，1994；(4):44

N

倪鹏松。参苓白术散老方新用。福建中医药，1994；(4):34

牛治君，等。大黄牡丹汤加味治疗嵌顿性内痔30例报告。中国中医急诊，1994；(5):209

牛忻群。鸡鸣散治疗皮肤病验案3则。成都中医学院学报，1993；(2):38

牛永琴，等。柔肝熄风通络汤治疗三叉神经痛86例。河南中医，1994；(1):27

O

欧　春，等。桃红四物汤加减治疗精液不液化症159例。浙江中医杂志，1991；(1):15

P

潘敏求，等。参苏复方颗粒与参苏丸的临床对比观察和实验研究。湖南中医杂志，1994；(5):7

潘炳仁。肝炎用蝉衣、僵蚕有效。浙江中医杂志，1991；(5):206

彭艺丛。乌梅丸新用3则。国医论坛，1994；(3):19

皮持衡，等。蝉蜕的实验研究与临床应用。江西中医药，1992；(5):55

Q

钱　斌。桃红四物汤治疗慢性萎缩性胃炎52例。南京中医学院学报，1993；(2):61

乔艾乐。蝉僵散治疗小儿癫痫14例。浙江中医杂志，1987；(5):212

秦秀兰，等。黄连解毒汤镇痛抗炎作用的实验研究。中药药理与临床，1994；(6):9

R

任永叔。参麦注射液临床应用不良反应2例。实用中医药杂志，1994；(1):35

S

邵金阶。大黄牡丹汤治疗急性胆囊炎88例。实用中医内科杂志，1992；(3):31

邵长荣，等。川芎平喘合剂防治支气管哮喘的临床及实验研究。中西医结合杂志，1994；(8):465

施欣红。桃红四物汤——对外伤性肢体肿胀症的血液流变学改变。中医药时代，1993；(2):16

宋江华。蝉蜕黄酒煎剂小儿荨麻疹有速效。新中医，1986；(4):18

宋建国。中药方剂桂枝汤的时间药理学。中国中药杂志，1994；(3):178

宋明福。天麻丸与舒乐安定合用致过敏性紫癜1例报告。1994；(2):44

宋万勤。参苓白术散治愈巨脾症。北京中医学院学报，1993；(1):66

宋修亭。自拟蝉蜕定喘汤治疗哮喘130例。四川中

医，1994；(9)：25

孙　祥。鸡鸣散加减治疗特发性浮肿。江苏中医，1993；(8)：12

孙桂莲，等。宫颈丸治疗宫颈糜烂327例。山东中医杂志，1994；(11)：500

孙振杰。服生发丸致过敏反应1例。中国中药杂志，1994；(10)：631

T

陶春祥。乌梅的妇科临床应用。时珍国药研究，1994；(2)：12

滕宣光。蝉蜕在儿科的运用经验。中医杂志，1994；(7)：389

田国团，等。五味消毒饮加减治疗病毒性肝炎248例。时珍国药研究，1994；(1)：7

五味消毒饮加减治疗急性胆囊炎60例。时珍国药研究，1993；(2)：7

田开伟。蝉花无比散治外障眼疾。四川中医，1986；(12)：36

W

万先涛。一粒止痛丹致心房纤颤1例。实用中医药杂志，1994；(4)：33

汪宁波。五味消毒饮加味治疗严重外耳道疖肿。四川中医，1994；(8)：50

王登亮。桃红四物汤加味治疗急性阑尾炎57例。新中医，1994；(2)：51

王锦槐。蝉蜕治疗失眠有奇效。中医杂志，1994；(7)：391

王受益，等。丹参注射液对急性心肌梗塞患者预后的影响。中医杂志，1994；(1)：30

王来慈，等。三才封髓丹治疗慢性再生障碍性贫血的疗效观察。中医药信息，1994；(1)：30

王泰源。鸡鸣散的临床应用。四川中医，1988；(3)：15

王万祖。牛黄解毒丸致过敏性休克1例。四川中医，1994；(7)：34

王醒华。半夏泻心汤加减治疗上消化道出血69例临床小结。天津中医，1994；(4)：16

王月林，等。鸡鸣散的临床新用。山西中医，1992；(2)：37

王云程，等。参苓白术散在小儿眼科的治验。陕西中医，1993；(9)：419

王忠芬，等。桃红四物汤加减治疗过敏性紫癜。新疆中医药，1994；(2)：54

韦永先，等。桃红四物汤加味治疗银屑病32例。陕西中医，1990；(2)：61

魏世超。乌梅汤变量辨证治疗滴虫性肠炎96例疗效观察。中医杂志，1994；(10)：615

魏承朴。逍遥散治疗中心性浆液性络膜视网膜病变120例。国医论坛，1994；(3)：31

吴奠宇。桃红四物汤治疗腰腿痛132例临床观察。时珍国药研究，1993；(4)：10

吴锦梅，等。黄连解毒汤对胃肠道影响的实验研究。中药药理与临床，1994；(2)：8

吴培植。五味消毒饮合正红花油治疗下肢丹毒46例。湖北中医杂志，1994；(5)：6

吴伟康，等。四逆汤保护缺血心肌作用的实验研究。中西医结合杂志，1994；(9)：549

吴自力。黄连解毒汤治疗脑损伤恢复期14例。辽宁中医杂志，1994；(8)：368

X

夏丽英，等。参连温胆汤对抗癌化疗药物降毒增敏作用的研究。中成药，1994；(4)：34

夏岳父，等。蝉蝎通络汤治疗白喉后软腭瘫痪31例。上海中医药杂志，1987；(1)：30

夏远录。仲景寒热并用法临证举隅。湖南中医杂志，1994；(6)：30

肖继勇。桃红四物汤治疗玻璃体混浊临床观察。中西医结合眼科杂志，1992；(2)：248

萧玉琴，等。肝炎灵注射液致过敏反应2例。中成药，1994；(1)：54

効守成。桃红四物汤治疗疥疮98例。陕西中医，1990；(12)：552

谢炳国。参苓白术散治疗泌尿系结石。浙江中医杂志，1993；(11)：508

解秀英，等。桃红四物汤加减治疗痛经68例疗效分析。新疆中医药，1990；(3)：36

邢本香。大黄牡丹皮汤临证治验。陕西中医，1994；(7)：321

熊玉兰，等。桂附地黄丸浸膏对兔IgG加速型小鼠肾毒血清肾炎的影响。中国中药杂志，1994；(5)：302

徐汉敏，等。大黄牡丹汤热敷治疗慢性盆腔炎50例。湖南中医杂志，1992；(1)：47

徐金和，等。丹参注射液对急性血管病血小板聚集性影响。中草药，1994；(1)：30

徐能鹏。茵栀黄注射液引起过敏性皮疹12例。中国

中药杂志，1994；(1):49

许龙琪。口服金水宝胶囊出现过敏反应1例。中国中药杂志，1994；(8):503

Y

杨国安。桃红四物汤加减治疗过敏性紫癜50例。湖北中医杂志，1992；(6):22

杨先环。参苓白术散临床新用。河南中医，1992；(4):186

杨玉明，等。大黄牡丹汤治疗盆腔脓肿。江西中医药，1994；(4):33

杨永芳，等。银翘滴鼻剂治疗小儿风热感冒临床研究。湖南中医杂志，1994；(5):5

杨传华。黄连解毒汤治愈斑蝥中毒1例。山东中医学院学报，1994；(5):333

姚集成。解毒止泻汤为主治疗婴幼儿秋冬季腹泻临床观察。新中医，1994；(8):25

姚宝泰。半夏泻心汤加味治疗胃粘膜脱垂症60例疗效观察。河南中医，1994；(5):279

姚善业，等。自拟咳速停治疗咳嗽68例。陕西中医，1986；(7):443

余亚新，等。大剂量丹参治疗肝纤维化的临床观察。上海中医药杂志，1994；(2):8

袁良礼，等。桃红四物汤的微量元素测定与探讨。云南中医杂志，1992；(1):21

桃红四物汤对小鼠耐氧的实验研究。中西医结合眼科杂志，1992；(1):195

Z

张　华。蝉冰散治疗痔疮。辽宁中医杂志，1981；(6):18

张　艳，等。乌梅丸化裁治疗寒热虚实夹杂型带下病60例。河北中医，1994；(3):45

张东明。蝉蜕是治音哑要药。中医杂志，1994；(6):326

张宏琴，等。蝉蜕饼外敷治疗小儿发热90例。浙江中医杂志，1994；(11):525

张建新，等。八味地黄口服液药理作用研究。中成药，1994；(3):32

张居运，等。大剂量蝉蜕治痉功效卓著。中医杂志，1994；(7):390

张祥福。蝉蜕治疗急性肾炎、过敏性紫癜。中医杂志，1994；(7):389

张俊富，等。解毒益肝汤为主治疗重症肝炎20例疗效分析。天津中医，1994；(5):4

张润民。鸡鸣散治疗五更泄泻30例。浙江中医杂志，1990；(10):445

张润民，等。大黄牡丹汤保留灌肠治疗慢性前列腺炎六十例。浙江中医杂志，1993；(8):369

张维纶。蝉柴合剂治疗小儿髋关节滑膜炎。陕西中医，1987；(6):267

张沛崧。乌鸡白凤丸合刺五加片治疗白细胞减少症30例。新中医，1994；(5):21

张葡萄，等。复方丹参注射液对慢性肺心病患者血中脂质过氧化物及抗氧化物酶活性的影响。中国中西医结合杂志，1994；(8):474

张鲜桃。五味消毒饮加味治疗磺胺过敏1例。河南中医，1994；(2):118

张新生。鸡鸣散治疗卵巢囊肿的体会。河南中医，1994；(5):37

张玉砜，等。鱼腥草注射致药疹1例。中国中药杂志，1994；(8):503

张振杰，静滴清开灵致心动过缓及低血压休克1例。中国中医急症，1994；(4):176

赵　力，等。豨莶通栓丸治疗脑血栓的临床与实验研究。中西医结合杂志，1994；(2):71

赵　斌。桃红四物汤加味治疗扁平疣67例。新疆中医药，1990；(3):40

赵荣国。蝉蜕的临床新用。陕西中医函授，1992；(2):47

赵启然，等。桂枝汤治疗小儿多动症30例，湖北中医杂志，1994；(3):33

赵凤英，等。桃红四物汤加味治疗痔疮80例。湖北中医杂志，1993；(6):23

赵伊明。口服六神丸中毒1例。浙江中医学院学报，1994；(4):32

赵益人，等。蝉葛芎芍汤治疗血管神经性头痛21例的临床观察。上海中医药杂志，1985；(2):17

赵传昌，等。复方丹参注射液治疗大鼠应激性胃溃疡的研究。中成药，1994；(7):34

甄汉深，等。黄连解毒丸质量标准的研究。中国中药杂志，1994；(7):414

郑光东。桃红四物汤加减治疗老年性眩晕。河南中医，1993；(6):281

钟松才。复方丹参注射液致过敏性休克1例。中国中药杂志，1994；(10):631

钟慎清，等。鸡鸣散治疗不安腿综合征27例。辽宁中医杂志，1994；(5):217

钟秀美，等。加味桃红四物汤治疗阴道出血128例疗效观察。浙江中医杂志，1992；(7):300

钟运兴。桃红四物汤治疗外伤性前房出血。中西医结合眼科杂志，1991；(2):120

周 慎。蝉衣擅长缓解肌肉痉挛。中医杂志，1994；(6):326

周芳军，等。通脉冲剂治疗雷诺氏征40例临床观察。北京中医，1994；(5):16

周沛然。参苓白术散治疗小儿缺锌症29例。广西中医药，1994；(4):16

周作霖。桃红四物汤加味治疗脑梗塞32例疗效观察。中医函授通讯，1992；(3):44

朱树宽。蝉衣善治面神经疾病。中医杂志，1994；(6):325

朱中骥。五味消毒饮加味治疗肾系疾病。四川中医，1994；(1):31

邹三庆，等。桃红四物汤加味治疗输卵管阻塞不孕60例。河北中医，1993；(2):26

邹志新。鸡鸣散在骨伤科的应用。中医药学报，1994；(4):37

（八）设备与工艺

【概述】

1994年，在设备与工艺方面共发表论文约200余篇。对于中药提取、纯化工艺的方法和条件的研究，仍是中药制剂工作的主要方面。

在设备的应用方面，吴汉斌等介绍了在中药制剂行业，溶剂回收工作量相当大，而采用多能提取罐与真空浓缩罐二者联合应用，使溶剂回收能大规模生产，一次回收可达几百公斤，缩短了生产周期，提高了设备的使用率。陈振江等介绍热分析技术在中药及其制剂质控中的应用，并具有样品用量少(0.1～10mg)，不用溶剂，测定速度快（通常1天内完成)，数据精确，图形易懂等优点。王昌利等应用超声技术，从穿山龙中提取薯蓣皂甙，并和回流提取法进行了对比，表明超声具有无须加热、省时、节能，提取率高等优点，可节约原药材27%。郭孝武等也用超声法应用于黄芩甙的提取，与常规煎煮法相比，无需加热，缩短了提取时间，提高了提出率，并表明超声波提取法对不耐热物料的提取尤为适用。王世岭等应用超滤法用于一次提取黄芩甙的研究，缩短了生产周期，得率和纯度均大幅度提高；简惠、杨张渭等也应用超滤法分别用于人参精、海龙蛤蚧精口服液的中试研究。此外，尹笠签等采用大孔吸附树脂吸附法处理人参果汁效果较好，回收率可达90%以上；马田田对提取黄柏中的小檗碱，应用纤维素酶来酶解植物药物细胞壁，以促使有效成分溶出；葛发欢等采用超临界 CO_2 萃取技术对黄花蒿进行成分分离。

对浸提工艺的优选，除采用某一有效成分或指标的提取率、转移率为评定标准外，而以药效或成分与药效的相关性来加以选择的方法亦日渐多见。如曾洁英等在不同溶剂条件下，以马钱子提出液的毒性和药效的不同，来确定溶剂提取条件；黄耀海等对鸡胚流感病毒与家兔降温作用为观察指标，制定清温冲剂的浸提工艺和操作条件，从而保证了制剂的疗效。对水煎醇沉法的应用已比较慎重，金芳等以十全大补口服液经水醇法制备后，失去升高白细胞、促进T淋巴细胞转化率等作用的实验结果，提出了对富含多糖的制剂、水煎醇沉工艺值得商榷。

继正交设计法广泛应用于中药制剂浸提工艺和成型工艺的优选之后，均匀设计法在中药制剂研究中的应用也已开始。均匀设计方法是中国数学家方开泰和王元将数论与多元统计相结合而创造的一种新的设计方法。张先洲等介绍了均匀设计在中药研究中的应用，认为该方法试验次数较正交设计少，水平数可根据需要适当调整，且可用计算机拟合，回归出定量方程式进行数据处理。如周艳军等曾用以优选二类新药金水宝片的制剂工艺条件；李卫民等用于参苓白术散中白术最佳提取工艺的选择；张先洲等用以设计莲心碱注射液的配方；张来恩等用于研制了具有汉字功能的计算机软件包，称"均匀设计与统计调优软件包"，并完成十余项课题。这表明均匀设计法将会在制药工作中呈不断推广应用的趋势。

辅料是构成药物制剂的必要辅料成分，新辅料的研究与应用亦有所进展。蒋新国等对海藻酸钠作为缓解辅料进行研究，发现其分子量与释药速度间有良好减性关系，为缓解片剂的处方设计提供理论依据；曹宗顺等研究表明，甲壳素是存在于虾、蟹壳中的一种多糖类聚合物，在体内易生物降解，除已用作絮凝剂澄清中药药液外，它也是一种良好的片剂辅料，并具有一定的缓释作用。牟洁等研究了新型崩解剂，对羧甲基淀粉钠(CMS-Na)在抗菌消炎浸膏片中的用法、用量及制粒时的醇浓度，认为以2%（MS-Na)外加颗粒中，其片剂崩解效果为佳。这些研究均说明辅料选用对保证制剂质量的重要性。

（徐莲英）

【万能磨粉机等设备在中药制备中的应用】

近年来，在中药磨粉工艺的设备和技术方面，有进一步的改进。如万能磨粉机是一种应用较广的粉碎机，其粉碎与过筛操作可同时进行，根据更换不同孔眼的环状筛板来粉碎成不同细度的粉末，由于对含大量植物纤维及坚硬的矿物药不甚适宜，较难粉碎，使得环状筛变形直至损坏。刘明乐设计了一种"双粉式万能磨粉机"，其工作原理是对含大量植物纤维及坚硬类药物先进行粗粉碎一次，再细粉碎，从而提高了粉碎能力，减少了对环状筛的损坏。顾兆伯也报道了目前中药行业中的磨粉设备大多数采用榔头式粉碎机、柴田式粉碎机，对硬韧质中药材粉碎效果差、产量低，而采用CWF型粉碎机与FTS型筛粉机以流水线方式配套组合，使磨粉机械的工作效率大大提高，如甘草粉的成品率由原来的72%提高到92%以上。而且生产的全过程在密闭的机械体内进行，因此无粉尘污染、飞粉损耗少。对于粉碎过程所产生的粉尘，逯佛存设计出一套理想的除尘方法，首先是把粉碎设备与集粉布袋、粉尘回收布袋隔离开来，于集粉、粉尘回收于一密封室，开一排风口，在排风装置的外端接一旋风分离器，用两次除尘的方式，来达到净化废气的目的。雷宁霞介绍了一种烟气净化装置，是根据中药炒制（加热处理）过程中产生的烟尘特点，对炒药产生的药烟和烧煤产生的煤烟分两个系统进行净化处理，而达到了室内无烟尘冒出，改善了室内操作环境，保证了工人的身体健康。

干燥技术是中药材加工过程中必不可少的一道关键工序，它直接影响中药材的质量和产量。程敬伦等采用远红外干燥新技术和温度、时间、风量自动控制系统，研制成干燥机对鲜花生产量进行干燥试验，并与传统自然干燥方法作了对比研究。结果表明，机器干燥优于自然干燥，如金银花出花率由15%上升至95%。武承英等也介绍了用远红外辐射干燥在医院中药制剂生产中的应用，认为此法干燥效果显著，灭菌效率高，明显提高了制剂质量。

中药中的挥发油如何更有效地提取和分离，也是一些学者所关心的一个课题。由于植物中的挥发油是多种成分的混合物，余明志介绍了一种新型的挥发油测定仪，即一套微量与常量俱备，轻、重挥发油能同时测定的仪器（本仪器已获中国发明专利，专利号90105857.2)，本仪器具有在1毫米以内的分度值，提高了读数的准确性，并采用了磨口活塞，具有易于收集油样的优点。尹淑兰等认为蒸馏法是提取挥发油常用的方法之一，但当挥发油的比重与水接近时，其蒸馏液呈混悬状，不易分层，故难以通过自然分层来达到分离目的，而设计了一个将水蒸气蒸馏与连续萃取组成的联合装置，它避免了分次萃取的操作麻烦和有机溶媒用量大的缺点。

BZJ-360M 型包衣造粒机采用的是离心式造粒法，既能手动造粒，亦能自动造粒。陈心等通过应用后认为，该机在研究制备各种中药微丸等方面有着与传统造粒工艺不可比拟的优越性。如用该机制备六神丸，起母0.6公斤，只需20～30分左右的时间，而且制成成品后，药粉的总损失率只在0.5%以下。而用大糖衣锅起母，则需60分左右的时间，泛丸制成成品后，药粉的总损耗率则要在0.5%以上。陈作伟介绍了一种中药饮片贮藏箱，它符合中药饮片需要干燥、通风、避光、防湿、防霉、防虫蛀、防鼠害的贮藏条件。另外，郑国粲介绍了一种可用于中药软膏剂生产的 G100-J 型夹层蒸汽锅和一种可用于中药合剂灌装的液体装瓶机。简国明也介绍了怎样正确使用 LGJ-IC 型医用冷冻干燥机。毕友林则报道了如何正确选择中药浸出液浓缩工艺和设备。

（黄　燕）

【中药浸提方法的研究】

中药浸提方法的研究和优选是提高中药整体水平的一项重要部分。王昌利等通过正交试验对长梗绞股蓝总皂甙提取工艺进行优选。实验结果表明，最佳工艺条件是用原药材8倍量的75%乙醇浸泡12小时后提取3次，每次2小时，其得率为6.37%。葛宜掌等用$AlCl_3$沉淀法从茶叶中提取茶多酚，并与传统有机溶剂萃取法进行比较。结果表明，$AlCl_3$沉淀法工艺简单易行，提取率达10.5%。马田田将纤维素酶用于黄柏提取小檗碱前的预处理，可显著提高小檗碱的收率。王昌利等应用超声技术对以穿山龙为原料提取薯蓣皂甙的工艺进行了多因素研究，实验结果表明，超声提取方法具省时、节能、提取率高等优点，与回流提取工艺对比可节约原药材27%。贾元印等对洋金花生物碱最佳提取酸度进行了研究，认为采用酸性乙醇法提取洋金花中的生物碱，其pH值应控制在2～3为宜。李树珍等对蒺藜不同提取工艺进行了研究，其中回流法、渗漉法、水煮醇沉法的比较结果表明，用70%乙醇回流提取蒺藜皂甙为最佳提取工艺。郝秉军对黄芩提取黄芩总甙的工艺进行了研究，认为黄芩提取浓缩液在加酸沉淀过程中，pH＝1.5～2.0，加热温度为85℃～90℃，保温时间为30～60分，静置时间为12～24小时为最佳酸沉反应条件，黄芩总甙收率最高可达14.2%。王世岭采用超滤技术用于黄芩中黄芩甙的提取。实验表明，该工艺生产周期短，得率和纯度均有提高。郭孝武等则用超声技术从黄芩中提取黄芩甙，与常规煎煮法相比，无需加热，缩短了提取时间，提高了得率。李静等对金银花煎煮工艺进行了研究。实验结果表明，金银花最佳煎煮条件为煎3次，共煎1小时，煎液得量为药材重量的15倍。林锻嫦等通过对水提、水提醇沉、稀醇提取和水提石灰乳沉淀的方法制备金银花提取物的比较研究，认为制备金银花提取物以水提醇沉法较好。阎东海对金银花提取过程中，温度、时间、酸碱度对氯原酸提出率及稳定性进行了相关性研究。结果表明，在弱酸性条件下较长时间煎煮有利于提高氯原酸提出率。

（陶建生）

【中药制剂中指标成分的含量测定】

中药制剂中指标成分的含量测定研究，对于保证制剂质量，稳定临床疗效具有积极的意义。汪乃兴等应用微分脉冲极谱法测定木香顺气丸中槟榔碱的含量，平均回收率为101.3%，变异系数（RSD）为2.9%。王晓平等用二阶导数光谱法测定六神丸中蟾毒内酯的含量，平均回收率为100.12%，RSD为1.44%，同时用气相层析法测定六神丸中冰片含量，平均回收率为97.68%，RSD为1.32%。芦金清对藿香正气丸中所含厚朴酚、和厚朴酚进行聚酰胺色谱分析并双波长薄层扫描，其中厚朴酚 $\lambda_S=290nm$，$\lambda_R=330nm$，回收率为 99.6%，RSD 为 3.04%；和厚朴酚 $\lambda_S=290nm$，$\lambda_R=350nm$，回收率为100.2%，RSD 为 1.67%。王晓娟用薄层扫描法测定五灵丸（由五味子、灵芝、丹参等中药组成）中五味酯甲和丹参酮ⅡA 的含量，五味子甲 $\lambda_S=244nm$，$\lambda_R=310nm$，平均回收率为 98.34%，RSD 为 2.1%；丹参酮ⅡA $\lambda_S=485nm$，平均回收率 99.15%，RSD 为 1.130%。任世禾等用反相高效液相色谱法测定脏连丸中黄连素的含量，色谱柱为 μ-Bo ndapak C_{18}、流动相为乙腈-SDS-丙酸(50:50:1)，回收率为 99.1%，RSD为 2.1%。杜志茂用差示分光光度法，在 453nm 波长测定光照前后的吸收度差值，计算炎特灵片（由磺胺甲噁唑、甲氧苄氨嘧啶、人工牛黄、冰片等组成）中胆红素的含量，平均回收率为 99.3%，RSD 为 0.78%。盛坤贤等用三波长分光光度法（$\lambda_1$235nm、$\lambda_2$274nm、$\lambda_3$355nm）测定小柴胡汤颗粒剂中黄芩甙的含量，平均回收率 100.13%，RSD 为 0.0824%。杨书斌等用四阶导数紫外分光光度法，在波长 213～216nm处，测定通宣理肺胶囊中麻黄碱的含量，平均回收率 99.1%，RSD为0.61%。赵恒等用一阶导数分光光度法测定喘舒片中黄芩甙的含量，平均回收率为99.30%，RSD为0.8%。蔡美明用薄层扫描法测定青蒿素脂质体和葡聚糖复合物中青蒿素的含量，$\lambda_S=580nm$，$\lambda_R=700nm$，脂质体中回收率为 98%，RSD 为 1.8%，葡聚糖复合物中回收率为 96.8%，RSD 为 2.5%。刘松青等用高效液相色谱法测定补骨脂及其中成药白蚀丸(广州中药一厂)、白癜风胶囊(天津市第五中药厂)、补骨脂酊（西南医院药局）中补骨脂素和异补骨脂素的含量，色谱柱为 μ—Bondapak C_{18}，流动相为甲醇-水（60:40），补骨脂素的平均回收率为 97.4%，RSD 为 1.1%；异补骨脂素的平均回收率为 99.9%，RSD 为1.3%。蓝煜等用反相高效液相色谱法测定加味逍遥口服液中芍药甙的含量，色谱柱 ODS 柱，流动相乙腈-水（85:15），平均回收率为 98.9%，RSD 为 2.26%。姚三桃用气相色谱法以内标两点法定量，测定抗类风湿胶囊中苦参碱的含量，回收率为 105%，RSD 为 0.17%；成永武用高效液相色谱法测定喉痹康冲剂（由黄芩、柴胡、僵蚕、元参等中药组成）中黄芩甙的含量，色谱柱为 YWG—C_{18}，流动相为 0.5%磷酸-甲醇-二甲基甲酰胺（13:12:1），回收率为 100.42%，RSD 为 1.74%。徐淑卿用薄层扫描法测定补阳还五汤不同制剂中（颗粒剂、口服液）黄芪甲甙的含量，$\lambda_S=505nm$，$\lambda_R=700nm$，平均回收率为 95.52%，RSD为 2.27%。邱泽雨用薄层扫描法测定固本益肠片中延胡索乙素的含量，平均回收率为 97.6%，RSD 为 1.5%。

（陶建生）

【中药剂型的研究】

潘化儒等提出了中草药与适宜剂型的选择，认为只有选择适宜剂型才能发挥药物的最佳疗效。迟文等认为中药制剂可向系列组合发展，如（1）同药不同剂型的系列组合：将应用已久的"双花饮"原药方制成三种不同剂型（即双花口服液、双花冲剂、双花袋泡茶），除剂型、工艺和附加剂略有不同外，其配方的五味中药是一致的，而医生则根据病人的不同需要选用不同剂型。（2）根据疾病要求将中药制剂系列组合：把治疗贫血疗效较好的两个方剂制成"生血丸Ⅰ号"（促进造血功能）和"生血丸Ⅱ号"（有益气养血功能），在临床应用中收到了较好效果。蒋芝荣、王大林对中药剂型的改革、选择、工艺做了阐述，认为气雾剂、茶剂、膜剂、栓剂、膏剂、擦剂、口服液剂和胶囊剂等是现代中药应用中的主要剂型。

1. 气雾剂　气雾剂是由药物经呼吸道吸入，发挥疗效较快，也是急救剂型之一。国外从 40 年代开始应用，中国在 60 年代开始研制，品种仅限于哮喘及心绞痛病的治疗，近年来正在开发外伤止痛的品种。王兆华等介绍了治疗支气管哮喘、支气管炎等疾病的喘咳平气雾剂（由苦参、黄芩、白果等中药组成），有平喘、消炎、化痰等作用，并具有剂量小、奏效快、临床使用方便、毒副作用小等优点。

2. 茶剂　茶剂为中药传统剂型之一。唐代《外台秘要》中就有"茶饭方"的记载。茶剂系含茶或不含茶的药物经粉碎、加工而制成的粗末制品，或加入适宜的粘合剂制成的方块状制品，以沸水浸泡取汁服用。王玉蓉等介绍粗末制品的茶剂有：(1) 含茶叶或不含茶叶的药物粉碎成粗末或粗粉，即药材全粗末型，煎服。如甘露茶、外感茶、清热凉茶、七里茶等；(2) 含茶叶的药物处方中选取质地轻浮、疏松者与茶叶共研成粗末，其他药物浸提成浓药液，然后以药茶粗末吸尽药液，干燥而得，即半生药粗末型。如万应甘和茶、感冒茶、千金茶等；(3) 含茶叶或不含茶叶的药物经提取、制粒、干燥成颗粒状的制品，即全浸膏型。如感冒茶、虫草速溶茶、午时茶等。而块状茶剂是指药物（包括茶叶）经粉碎成粗粉后，加入粘合剂（如糖浆、淀粉糊等）及其他辅料（矫味剂、防腐剂等）经模具或压茶机压制成茶块状的干燥制品，有五花茶、消滞茶、青鹿茶等。徐玲玲等以药物动力学理论为依据，将健胃茶（由北沙参、乌梅肉等 6 味中药组成）改制成袋泡茶，使药品服用更卫生、方便，并且节约了原药材。谷灿立等报道了罗布麻叶泡饮治疗轻中型高血压 46 例，治疗 4 周，结果显效 31 例，有效 11 例，总有效率 91.3%。认为此剂型对轻中型高血压病的降压效果明显，作用稳定，方法简单，价格便宜，可长期使用，副作用小，易被患者接受。

3. 膜剂　中药膜剂是近年来中药领域中研制发展的一种较新的剂型。刘产明等研究了丹皮酚口腔药膜的制备工艺和质量控制，它主要由丹皮酚、甘草酸单铵盐及成膜基质 PVA 等组成，应用薄层自动铺板器制膜而成，并用一阶导数法测定药膜中的丹皮酚含量。本品具有均匀度好，含量易控制的优点。丹皮酚药膜使用时贴敷于口腔患处，使药物直接与患部接触，通过粘膜吸收，发挥其抗炎镇痛之功效，且可避开肝脏首过作用，用药量大大减少。沈烈行等报道了"冰硼散"（《外科正宗》）制成贴敷于口腔粘膜表面的膜剂，具有清热、消炎、止痛的作用，用于治疗复发性口腔溃疡，收到较好的效果。

4. 栓剂　一般是作直肠或阴道局部给药，见效快，比口服生物利用度高。黄玉杯等报道了复方蛇床子（由蛇床子、地肤子、白鲜皮、黄柏等中药组成）的浓缩液由于治疗阴道炎有较好疗效，但使用不便而改制成栓剂，不但临床应用疗效显著，使用方便，而且病人乐于接受。经衡阳医学院附属第一医院妇产科对霉菌、滴虫及非特异性外阴炎 345 例的临床试用，结果治愈了 334 例（占 96.8%）。

5. 膏剂　中药膏剂是传统剂型之一，具有浓度高、体积小、保存期较长及便于携带服用等优点。王向东介绍了中药膏剂的制法和应用。认为煎煮可选用陶器、不锈钢、搪瓷等容器，常见的膏剂有雪梨膏、枇杷膏、二冬膏、当归养血膏、琼玉膏等，特别对各种慢性病、冬季进补、养生抗衰老等膏剂尤为适用。

6. 擦剂　扁平疣是由人类乳头瘤病毒感染所致的皮肤病。丁倩等报道，原来一直使用中草药（由木贼、板蓝根、贯众、生香附、紫苏叶、红花等组成）煎液外洗治疗扁平疣，虽效果尚好，但药材用量大，而改制成擦剂，经治疗扁平疣 50 例，10 天为一个疗程。结果，1～3 疗程痊愈 43 人，疣体缩小 7 人。该擦剂具有较原煎洗剂药物浓度恒定、质量稳定、携带使用方便、节省药材等优点。

7. 口服液剂 近年来口服液剂发展较快，约有155种，它是通过提取中药的有效成分而制成的一种口服制剂。蒋培华等将其分为：(1) 老成方新剂型品种：将古代有效成方（丸剂、汤剂等）改革成口服液剂。有杞菊地黄口服液、六味地黄口服液、生脉饮、四逆汤口服液等。(2) 新研制治疗型品种：在中医药理论指导下，经组方研究，新创制出的口服液品种，对相应的病症有较好的治疗作用。有蛇胆川贝液、黄芪精口服液、清热解毒口服液、小儿清热解毒口服液、北芪防党口服液等。(3) 新创保健滋补型品种：在中医药养生康复理论指导下，运用对人体有保健、强壮、滋补等作用的中药加入较多的蜂蜜而制成的滋补强身性保健品种。有双宝素、虫草蜂皇浆、西洋参口服液、上海人参三宝等。这些口服液剂具有吸收快、剂量小、服用方便等优点。

8. 胶囊剂 中药胶囊剂发展较快，现已有200多个品种。仇洁等将复方丹参片改制成胶囊后，克服了片剂在制备过程中和贮藏中冰片含量损失较大的缺点，提高了药品的质量。并通过临床疗效观察表明，复方丹参胶丸对心绞痛总有效率为90%，复方丹参片为80%，胶囊剂疗效优于片剂。蒋孟良等报道主要用于肠燥便秘的麻仁丸不利服用，用量大，而将其改制成胶囊剂，使用方便，受到病者的欢迎。

（黄 燕）

参考文献

B

毕友林。正确选择中药浸出液浓缩工艺和设备。中成药，1994；(7)：52

C

蔡美明。薄层扫描法测定青蒿素脂质体和葡聚糖复合物中青蒿素的含量。中草药，1994；(7)：353

曹宗顺，等。甲壳素用作片剂辅料的实验研究。中国医药工业杂志，1994；(6)：265

陈 心，等。BZJ-360M型包衣造粒机在中药微丸研制中的应用。中成药，1994；(1)：49

陈振江，等。热分析技术在中药及其制剂质控中的应用。中草药，1994；(9)：493

陈作伟。介绍一种中药饮片贮藏箱。中药材，1994；(3)：22

成永武。高效液相色谱法测定喉痹康冲剂中黄芩甙的含量。中成药，1994；(9)：51

盛坤贤，等。三波长分光光度法测定小柴胡汤颗粒剂中黄芩甙的含量。中成药，1994；(6)：13

程敬伦，等。中药材鲜花干燥机的研制与应用。中药材，1994；(8)：27

迟 文，等。中药制剂可向系列组合发展。中成药，1994；(3)：56

D

丁 倩，等。中药祛疣擦剂的研制及临床应用。时珍国药研究，1994；(4)：7

杜志茂。差示分光光度法测定炎特灵片中胆红素的含量。中成药，1994；(5)：16

G

葛发欢，等。超临界CO_2萃取技术在黄花蒿成分研究中的应用。中药材，1994；(8)：31

葛宜掌，等。茶多酚提取新方法。中草药，1994；(3)：124

谷灿立，等。罗布麻叶泡饮治疗轻中型高血压的远期疗效观察。实用中医内科杂志，1994；(2)：48

顾兆伯。硬韧质中药材粗粉碎设备的技术改进。中成药，1994；(5)：45

磨粉工艺设备的技术改进。中成药，1994；(4)：51

郭孝武，等。超声提取对黄芩甙成分提出率的影响。中国中药杂志，1994；(6)：348

H

郝秉军。改进酸沉工艺、提高黄芩总甙收率。中成药，1994；(2)：7

黄耀海，等。金银花提取工艺及其提取物刺激性研究。中药新药与临床药理，1994；(4)：45

黄玉杯，等。复方蛇床子栓的制备与试用。中成药，1994；(5)：7

J

贾元印，等。洋金花生物碱最佳提取酸度研究。中国中药杂志，1994；(8):480

简　惠。超滤新技术应用于中药口服液可行性实验研究。中药新药与临床药理，1994；(1):49

简国明。正确使用医用冷冻干燥机。中成药，1994；(12):42

蒋孟良，等。麻仁软胶囊化学动力学试验研究。中成药，1992；(5):2

蒋培华，等。中药新剂型——口服液剂。上海中医药杂志，1990；(8):35

蒋新国，等。海藻酸钠的分子量与缓释作用。药学学报，1994；(4):306

蒋芝荣。中药新剂型进展。中草药，1994；(1):53

金　芳，等。工艺对十全大补口服液药效的影响。中成药，1994；(5):2

L

蓝　煜。高效液相色谱法测定加味逍遥口服液中的芍药甙。中草药，1994；(8):422

雷宁霞。中药炮制的烟气净化装置。中成药，1994；(11):42

李　静，等。金银花煎煮工艺研究。北京中医药大学学报，1994；(6):348

李树珍，等。蒺藜不同提取工艺的研究。中草药，1994；(9):462

李卫民，等。均匀设计在白术提取工艺中的应用。中成药，1993；(1):8

林锻嫦，等。金银花中绿原酸提取工艺探讨。中成药，1994；(7):2

刘产明，等。丹皮酚口腔药膜的研制。中成药，1994；(8):8

刘明乐。万能磨粉机的改进初探。中成药，1994；(8):51

刘松青，等。高效液相色谱法测定药材及中成药中补骨脂素与异补骨脂素含量。中草药，1994；(7):355

芦金清。聚酰胺薄层扫描法测定霍香正气丸中厚朴酚与和厚朴酚的含量。中成药，1994；(2):17

逯佛存。粉碎过程中的粉尘处理。中成药，1994；(4):51

M

马田田。纤维素酶用于中药提取的初步研究。中草药，1994；(3):123

牟　洁，等。羧甲基淀粉钠在抗菌消炎浸膏片中的用法。中成药，1994；(9):8

P

潘化儒，等。中草药与适宜剂型的选择。中国民族民间医药杂志，1994；(11):32

Q

邱泽雨。薄层扫描法测定固本益肠片中延胡索乙素的含量。中成药，1994；(11):19

仇　洁，等。复方丹参胶丸的研究。中成药，1992；(11):4

R

任世禾，等。反相高效液相色谱法测定脏连丸中黄连素的含量。中成药，1994；(4):18

S

沈烈行，等。冰硼药膜的配制及应用。时珍国药研究，1994；(3):32

W

王昌利，等。超声提高薯蓣皂甙得率的实验研究。中成药，1994；(4):7

长梗绞股蓝总皂甙提取工艺研究。中成药，1994；(2):3

王大林。中药制剂的剂型改革、剂型选择和工艺优选。中药新药与临床药理，1994；(1):5

汪乃兴，等。木香顺气丸槟榔碱含量测定。中成药，1994；(1):14

王世岭。超滤法一次提取黄芩甙的工艺研究。中成药，1994；(3):2

王向东。中药内服膏剂的制法与应用。浙江中医杂志，1994；(6):281

王晓娟。薄层扫描法测定五灵丸中五味酯甲、丹参酮ⅡA的含量。中成药，1994；(2):40

王晓平，等。六神丸中蟾毒内酯和冰片的含量测定方法。中国中药杂志，1994；(1):25

王玉蓉，等。试论中药茶剂的应用与发展。中成药，1991；(7):41

王兆华，等。喘咳平气雾剂中苦参碱的含量测定。中成药，1991；(5):14

武承英，等。远红外辐射干燥在我院中药制剂生产中的应用。基层中药杂志，1994；(2):4

吴汉斌，等。多能提取罐与真空浓缩罐的合理联用。中成药，1994；(5):45

X

徐玲玲，等。健胃茶剂改进与质量标准探讨。中成药，1992；(9):6

徐淑卿。补阳还五汤制剂中黄芪甲甙的含量测定。中成药，1994；(11)：15

Y

阎东海。提取三要素在金银花提取过程中对氯原酸提出率及稳定性的相关性研究。中国中药杂志，1994；(9)：545

杨书斌，等。四阶导数紫外分光光度法测定通宣理肺胶囊中的麻黄碱。中成药，1994；(7)：13

杨张渭，等。人参精采用超滤工艺的中试研究。中成药，1994；(1)：4

姚三桃。气相色谱法测定抗类风湿胶囊中苦参碱含量。中成药，1994；(8)：17

尹笠签，等。树脂法处理人参果汁工艺初探。中成药，1994；(3)：5

尹淑兰，等。挥发油提取与分离装置的联合应用。中国中药杂志，1994；(6)：353

余明志，等。介绍一种新型的挥发油测定仪。中国中药杂志，1994；(5)：290

Z

曾洁英，等。不同溶剂条件提取马钱子时其成分与药效相关性的探讨。中成药，1994；(8)：11

张来恩。均匀设计与统计调优新技术的应用。中国医药工业杂志，1994；(3)：137

张先洲，等。均匀设计在中药研究中的应用。中成药，1994；(1)：51

赵　恒，等。一阶导数分光光度法测定喘舒片中黄芩甙的含量。中成药，1994；(7)：22

郑国燊。介绍一种可用于中药软膏剂生产的夹层蒸汽锅。中成药，1994；(3)：52

介绍一种可用于中药合剂灌装的液体装瓶机。基层中药杂志，1994；(4)：23

周艳军，等。金水宝片工艺条件的均匀设计优选。中成药，1992；(10)：2

三、医史文献

（一）学派研究

【概述】

1994年度，在中医学说和学派研究领域中，专题研究历代医家学术思想及治疗用药经验的内容仍占主导地位。全年共发表学术论文约290余篇，在研究的深度与广度方面均有所进展。

对汉代张仲景所著《伤寒论》的研究较为集中。如朱鹏飞认为，历代医家对该书中“六经”实质的研讨立论众多，可归纳为三大体系：（1）人体组织结构体系，属形态学的研究；（2）病理机能体系，属机能学的研究；（3）辨证纲领体系，属逻辑思维的研究。这些研究虽然彼此观点有所差异，但却能相互补充、相互发展。党兰玉等从“特定症候群”和“主症”二方面探讨了《伤寒论》症状的规范性。认为该书所提炼组合的“特定症候群”，是从症与症之间的内在病机联系中体现出了证的本质；而“主症”则分别从其所代表的病性、病位和症状的定时、定量、定势方面反映了证的本质。路振平等认为，张仲景在《伤寒论》方中，药物用量的规律主要体现在药物定量与方剂药量比例两方面。药物定量规律以人、病、证、法、方、药诸因素而确定用量大小。方剂药量比例规律主要有：君臣药量比例增大，方剂功效和主治病证皆变；佐使药量比例增大，方剂功效治证略变；方剂中各药物君臣佐使地位相互更替，功效与主治病证也不同于前。此外，还有刘名军探讨了《伤寒论》中的时间医学观点等。

对于金元医家学说的研究，继续有所开展。如易法银讨论了金元四大家的学术渗透与发展；黄英志归纳了刘河间辨治消渴的学术主张与贡献；李柱等研究了朱丹溪“阳常有余，阴常不足”之说与洛书之数的关系；许沛虎总结了朱丹溪对痰病学的贡献，认为朱氏对痰病的论治有着独特的见解，如倡“百病兼痰”之说，用多法治痰、重于治本及精选方药、分类用之等，皆对后世痰病学的发展有着深远的影响。

对明代医家的研究较多。如孙多善、韩乐兵、郑翔、程春桂等对李时珍的研究，已从本草学扩大到对其学术思想与治病经验等范围进行探讨，认为李时珍对重危病证的治疗善于辨证求因、探求病源、审因论治，如对火热证、血证、男性病证的论治，善于以阴阳、虚实定性，以气血定位等，颇具新意。薛己的脾肾并重观点已日益被多数学者所承认，如钱会南认为，薛己的血证论治特色为肝脾肾三脏同调，遣药服法灵活；曹仁和认为，薛氏对脏腑内伤的治则有瘀血主肝说、健壮脾胃说、滋补肾命说。对张介宾治疗杂病经验的研究，在内容方面有所扩展，如杜天植认为张介宾治疗痰病及血证的特点在于以五脏为核心，按病证的寒热虚实辨证施药，体现了“见痰休治痰，而治生痰之源”的中医辨证观和治疗学特点；王奕珊提出，张介宾对外感所致的泄泻强调“水火土三气”为最关键，并指出泄泻的转归及预后与脾气的强弱关系尤为密切；赵桐先认为，张氏对妇人癥瘕的病机所提出的“其病必发于虚”的观点独具创见，而其治疗癥瘕的攻、补、消、散四法也颇具总结性。冯恩波则探讨了李中梓治泻的淡渗、升提、清凉、疏利、甘缓、酸收、燥脾、温肾、固涩九法。

对清代伤寒学派和温热学派的研究均有开展。如徐景藩研究了徐大椿的论治特点，从分析徐大椿《洄溪医案》入手，总结其特点有：崇古方而化裁，重在辨证；擅救急而拯危，医德高尚；重外治以祛邪，构思精巧；并对其用药独到之处进行了较为深入的探讨。吴允耀研究了陈修园的16种著作，认为陈修园对热病有五种治法：(1) 发汗，善择时方；(2) 解秽，专辟蹊径；(3) 清火，注重生津解毒；(4) 攻下，惟务和胃祛邪；(5) 托养，辨气血阴阳。并比较了陈氏五法与张仲景汗、吐、下、温、清、补六法的继承、变异之处。施仁潮、盛增秀、梅新南等探析了王士雄治湿温的特色，认为王士雄的湿温重在脾胃的观点，体现了湿温的病机；在治疗上以清泄及宣化两法合用，两分湿热，恢复脾胃之运化功能，为其治湿温之要旨。唐建军研究了薛生白《湿热病篇》的遣方用药规律，认为有以下特点：(1) 善用古方，变通灵活。可分为证候相符直接应用、证候稍异加减应用、一方多用辨证加减三类。(2) 因证用药，另辟蹊径。如薛氏五叶芦根汤、薛氏麦冬汤、连苏饮等，许多巧妙之用药配伍已为后人所常用。(3) 用药独特，匠心独具。其要点有用药精专、药量各异、食养治病等。对温热学派的研究有不少学者也超越了温病范畴，如吴承艳等对叶天士治疗痹证78例医案的用药进行了分析研究，发现其共用中药114味，应用例次最多的药物有6味（桂枝、木防己、当归、杏仁、茯苓、白术），认为这些药适当配合就能组成既具有抗风湿作用，又无明显消化道反应等副作用的实用方剂。

对近代中西汇通学派的研究亦有报道，如肖守贵、吕中等探讨了张锡纯的用药经验，将其特点归纳为：原药原性，主张生用；效专力宏，喜欢重用；灵活变通，研末服用；注重配伍，善用药对等。此外，还有黄芝蓉研究了王清任逐瘀类方的组方及应用特点，王五寿探讨了王清任在中风病学术观点上的偏颇等。

本年度，对历代医家学说及治疗用药经验的研究虽取得了一定的进展，但也存在不足之处，如在学术上缺少突破性的新发现，应用现代科技手段及方法（如电子计算机等）进行研究的工作较少，有部分论文内容重复或流于肤浅讨论等，有待于学者进一步努力。

（陈照甫　方东行）

【《伤寒论》方药量运用规律的探讨】

近年来，学者们对《伤寒论》方药量的研究主要有两个方面，一是药物定量规律，二是方剂药量比例变化规律。路振平等认为，张仲景善于掌握药物定量。(1) 以人定量：运用峻药时，往往根据体质的强弱、年龄的老幼而有所增减。如十枣汤中，芫花、甘遂、大戟等三味为末，“强人服一钱匕，羸人服半钱”。(2) 以病定量：病情急者，用量多重；病情缓者，用量多轻。如桃仁在桃核承气汤中的用量为五十枚，用于治疗伤寒病“少腹急结者”；而在抵当汤中的用量为二十枚，用于治疗妇人杂病“经水不利”者。此外，病程短者，用量多重；病程久者，用量多轻；病位在上焦者，用量多轻；病位在下焦者，用量多重。(3) 以证定量：证有虚实，实乃邪气盛，宜速战速决，用量宜重；虚乃正气亏，宜缓补慢调，用量宜轻。如同是附子，在治亡阳危证的四逆汤中，用量仅为一枚，而在治湿邪侵袭肌肤的去桂加白术汤中，用量却为三枚。另外，重证者，非重用无可救急，用量多重；轻证者，小量足以胜任，用量多轻。(4) 以法定量：每一种药都有几种不同的功能，治法不同，剂量不同。以大黄为例，在茵陈蒿汤及大黄黄连泻心汤中用量为二两，取其清热作用；而在三承气汤及大黄甘遂汤中用量为三至六两，是取其攻下作用。(5) 以方定量：就剂型而论，汤剂中的有效成分散失较多，故用量较重；丸剂中的有效成分极少散失，故用量较轻。如细辛，在小青龙汤中的用量为三两，作三次服，每次的用量为一两；而在乌梅丸中，细辛的用量虽为六两，但其服法为“丸如梧子大，先食饮服十丸”，则每次量少得多。就配伍的主次而论，主药用量多重，辅药用量多轻。就方效而论，峻剂每次服用量少，多则适足以偾事；缓剂每次服用量大，少则不足以达到有效量。(6) 以药定量：药性有阴阳，药质有轻重，药力有大小，用药量亦各不相同。如人体阴津难补而易耗，滋阴药非重用难以奏效，故用量多重；补阳药若重用即有耗阴之弊，故用量多轻。以炙甘草汤为例，方中滋阴药生地用至一斤，麦门冬用至半升，大枣用至三十枚，而温阳药桂枝、生姜各用三两。以药的质地而言，质重者用量较重，质轻者用量较轻。以药力的大小而言，力大而峻者用量较轻，力小而缓者用量较重。

吴文刚等从《伤寒论》方中君臣佐使药量比例的变化来分析张仲景用药剂量的规律。(1) 君臣药量比例增大，方剂功效和主治病证皆变，如桂枝汤与桂枝加桂汤、桂枝加芍药汤即是如此。桂枝汤由桂枝（君）、芍药（臣）、生姜（佐）各三两，甘草（使）二两，大枣（佐）十二枚组成。其中桂枝与芍药的剂量之比为3:3 。该方具有祛风解肌、调和营卫的功效，用以治疗风寒表虚证。若增加君药剂量至五两，使桂枝、芍药量之比变为5:3，则产生出新方——桂枝加桂汤，而适用于治疗因烧针取汗后心阳损伤、寒气乘虚上犯的奔豚证。若增加臣药剂量至六两，使桂枝、芍药量之比为3:6，则产生另一新方——桂枝加芍药汤，而适用于治疗太阳病误下、邪陷太阴的腹满时痛证。(2) 佐使药量比例增大，方剂功效治证略变，如半夏泻心汤和甘草泻心汤。前者药量为半夏半升，黄连一两，干姜、黄芩、人参各三两，甘草二两，大枣十二枚。若增加佐使药甘草剂量至四两，则成为甘草泻心汤。此两首方剂均主治心下痞证，只是后者更适于治疗兼证为“其人下利日数十行”的痞证。(3) 方剂中各药物君臣佐使地位相互更替，功效、治证亦有别于前。如桂枝麻黄各半汤与桂枝二麻黄一汤，由于药同而剂量比例不同，导致君臣佐使地位有别，前者主治侧重于发汗身必痒者，后者则为服桂枝汤后若形似疟，一日再发者。

（许亦群）

【李时珍的学术贡献与治病经验】

孙多善等归纳了李时珍对治疗重危病证的贡献。(1) 辨证论因治重证。如治泄泻重急证，因饮食不节，损伤脾胃，土虚阳气被遏致水湿内停而致之泄泻，则以小续命汤之大量风药治之，以鼓舞被遏之阳气上升；若因冷积凝滞所致，则以热下之法用蜡匮巴豆丸逐其冷积。(2) 内服外用治急证。如治客忤中恶者，以半夏、菖蒲、皂角、雄黄等为末吹鼻；治妇人血厥，以白薇、当归、人参、甘草煎服内治。如被蜈蚣伤、狂犬伤、跌仆折伤等急证，以内外相合共治。(3) 单方验方治难证。如以川芎治头痛，清震汤治雷头风，韭汁治噎膈，蒜敷足心治鼻衄，蓖麻外敷治子宫脱垂，松上脂治风火牙痛，生半夏末搐鼻内治喉痹等皆为有效单、验方。(4) 善用毒药治危证。如藜芦治中风不省，砒石治妇人心痛，水银治恶疮等。(5) 因势利导治绝证。如“五绝死”（缢、压、溺、冻、惊死）但心头温者，以半夏末吹鼻或以皂荚末吹其耳鼻等救治。

韩乐兵认为，李时珍治火热证善于以阴阳为纲，分虚实定性，判脏腑归经，按气血定位而辨证选药。治疗重扶脾益肾固元，或清养结合。阴火治以滋阴缓补，阳火治以升散泻降。若元气不足，谷气下流，闭塞其下而致阴火上冲，则重用甘草、黄芪、人参等补元气而泻阴火；若相火偏旺，缘真水之不足，药用生地、熟地、玄参、丹皮、当归、知母、黄柏滋阴降火，并倡用枸杞、地骨皮甘寒平补。对于五脏六腑火热之证，李氏明辨其火在气在血之别，在气宜清，在血宜养。

如五脏气分热，在肝用柴胡，在心用黄连，在脾用芍药，在肺用石膏，在肾用知母；而五脏之血分热，肝用当归，心用生地，脾用木瓜，肺用桑白皮，肾用地黄。对六腑之发热，则用一派苦寒直折，如大黄、芒硝、木通、石膏、泽泻、丹皮等。

郑翔认为，李时珍治血证注重辨析虚实，审因而施。其治疗思想及组方特点，既源于金元诸医家，亦有所发挥。(1)瘀血内阻，治以逐瘀散滞。首推大黄下瘀血血闭。(2)火热内扰，速当清热散火。如麦冬、知母、荷叶、藕汁、黄芩、桔梗、生地、茅根、贝母等。(3)气滞血瘀，宜以理气导血。如用香附、乌药、沉香、桔梗、白芷、防风等以理气导血之法治吐血、衄血。(4)气不摄血，需以调中补虚。如治吐血、齿衄、血汗等，用人参、黄芪等调中补虚而生血；对中焦虚寒之下血，主张用附子等温中。(5)阴虚阳旺，治宜滋阴抑阳。若虚火灼伤阳络而致吐血、衄血、嗽血，选用人参、地黄、百合、白及、黄芪、五味子、阿胶、犀角汁等滋阴降火，宁络止血。(6)风湿相合，须以疏风祛湿。若风湿迫血下行而致下血，可选用羌活、白芷、升麻、木贼；肠痔下血，可选用枳壳、干姜、大黄炒研末服。

程春桂介绍李时珍在《本草纲目》中述及男性专有疾病名称50余种，如漏精白浊、惊悸遗精、虚损泄精、肾虚脱精等，这些名称有的概括了疾病的临床特点，有的揭示了病因病机，还有的阐明了病因病机与各脏腑间的关系。书中收载对男性病证有明确治疗作用的药物170余种，药物性质大多温柔平和，且药专理明。如治疗阳痿，因肝脾湿热而致者，以黄芩、黄柏、龙胆草、丹砂清利祛邪；因脾肾虚损而致者，以人参、黄芪、甘草、锁阳、巴戟天、仙茅补虚。治疗遗精梦泄，则以远志、益智仁、人参、石菖蒲、柏子仁补心，以巴戟天、肉苁蓉、山药、补骨脂补肾，以半夏、车前子、黄柏、薰草清利湿热。在振兴肾阳、增强男性性机能方面，各类动物的泌尿生殖器官应用广泛，如猪羊内外肾、狗肾、海狗肾等。

(李孝刚)

【薛己学术思想研究】

钱会南认为，薛己的血证论治特色为肝脾肾三脏同调，遣药服法灵变。(1)益气补脾，以固统摄之权。薛氏对血证兼有脾气虚弱者，常以四君子汤、六君子汤、归脾汤治疗；若兼有中气不足、脾气下陷者，予补中益气汤升之、举之；若兼气血不足者，以八珍汤治之。薛氏还善于从气与血相互为用的关系入手求治法，如血脱补气，取阳生阴长之意等。此外，薛氏对血证的后期调理，亦注重补益脾胃。(2)清肝扶脾，以遂藏血之性。薛氏对郁怒伤肝、肝不能藏、脾不能摄者，用加味小柴胡汤、加味逍遥散或用清肝解郁之品与六君子汤、补中益气汤、归脾汤等同用，共奏清肝扶脾之功。(3)脾肾并重，以滋助其化源。薛氏不但继承了李杲重视脾胃之理论，且复遥循王冰、钱乙之学说，脾肾同调，脾肾并重，常将健脾之剂与补肾之方合用，如以八味丸合附子理中汤加减，或以六味地黄丸合补中益气汤加减。(4)病因多端，重视临症制宜。薛氏认为，“悉属形病俱实，当治邪气”，“悉属形病俱虚，当补正气为要”。注重肝、脾、肾等脏腑的调理，亦不忘审因采用祛邪之法。(5)施药有法，服用巧妙。薛氏临症常相机采用母子并服法、母服为主法、午前服用法、午后服用法、朝夕服用法及以治兼证之药煎汤送服主药法等，以求取得较好效果。

曹仁和认为，薛己治疗伤科疾病具有整体观念，这在其伤科学代表著作《正体类要》中可以反映出来。薛氏对内伤概念的理解，是指狭义内伤，即指躯干、脏腑经络气血的损伤。薛氏论治内伤，主要从气血内伤及脏腑内伤入手。气血内伤，治当化瘀活血，疏通腑气，以复元活血汤加减；若为“打扑闪错”气滞血瘀作痛者，治当以行气为主，配合活血蠲痛，以良剂复元气散治疗。薛氏对肺、脾胃、肝肾等脏腑内伤也有明确的阐述，认为脏腑内伤，以肝为主，脾肾为次。其说有三。(1) 瘀血主肝说：薛氏云“被人扭按或跌打损伤，伤及气血，瘀血归肝，恶血留内，不分何经，皆以肝为主”。如对瘀血流注、两足俱黑者，投小柴胡汤加减。(2) 健壮脾胃说：薛氏谓伤疾“更以壮脾胃，养气血得痊”。对用行气下血之药脾胃受损者及素体脾胃虚弱而夹伤者，多用补中益气汤、归脾汤治疗。(3) 滋补肾命说：薛氏云肾“乃先天之本，生机所系，五脏阴阳，皆根于此”。对素体不足、肾经虚弱之腰痛者，筋骨劳伤涉及元气亏损者，骨折伤后期和习惯性脱臼者，常以六味地黄丸补肾图治。总之，薛氏对内伤的论治很强调整体观念，即治伤必须顾及整体，切不可一见伤症就妄行攻下，对内伤的辨证论治具有积极意义。

（颜　新）

【张介宾治疗杂病经验探讨】

（一）痰病　杜天植辨析了张介宾治疗痰病的经验，认为其特点在于以五脏为核心，针对病证的寒热虚实而辨证立法、组方用药，将医理、药理融汇贯通，体现了“见痰休治痰，而治生痰之源”的中医辨证观和治疗学特点，为丰富痰病学说、丰富治痰方法作出了卓越的贡献。(1) 治痰当知求本。张氏认为，脏腑失和，水液“化失其正”则停聚为痰，脾失健运、肾气虚衰是痰证之本。(2) 治痰宜辨虚实。实痰的成因有恣食肥甘厚味、湿热阻滞、风寒外闭腠理、气机郁滞不通等，皆可导致水湿停聚不化，而变生痰浊。治当行气消痰，宜二陈汤、六安煎、橘皮半夏汤、平胃散、润下丸及滚痰丸等。虚痰的成因有形羸气弱，年高中衰，或因劳倦伤脾，恣色伤肾等使脾胃虚弱，水湿内停，痰从中生。治当培补正气，宜加味肾气丸、八味地黄丸、金水六君煎等。(3) 治痰当分缓急。对痰涎壅盛、填塞胸膈，汤液不能入者，则先开其痰，用独圣散（甜瓜蒂）、茶调散（瓜蒂、茶）、稀涎散（牙皂、藜芦）等催吐为捷。痰气不甚，病势较缓者，当从缓求本论治，用六安煎、橘皮半夏汤等方燥湿化痰。若火热炽盛，煎熬津液而致痰热壅盛者，用清膈煎、抽薪饮等泄热清痰。

（二）呕吐　刘亚从三方面归纳了张介宾论治呕吐的经验。(1) 辨证之要，虚实为纲。呕家虚实皆以胃气失于和降，实者邪气干胃，胃气上逆；虚者为胃虚不降。(2) 论治之法，补虚泻实。因于寒邪犯胃而呕者以大小和中饮、平胃散、二陈汤、神香散之类以温中散寒，行滞降逆；饮食伤胃而呕者若属中焦虚寒宜温胃饮；火在中焦而呕者宜白虎汤，兼虚者用竹叶石膏汤；痰饮留于胸中或水湿停于中脘而呕者宜用苓术二陈煎或半夏加茯苓汤之类。(3) 治呕之药，当审气味。张氏指出“盖邪实胃强者能胜毒药，故无论气味优劣皆可容受，惟胃虚气弱者则有宜否之辨”。并认为胃虚之呕最重气味，略有不妥则入胃便吐，故阳虚之呕“但补其阳，阳回则呕必自止”。

（三）泄泻　王奕珊探讨了张介宾辨治泄泻的特点。(1) 病因病机：急性泄泻主要因伤食和外感所致，而情志不和及脏腑虚弱是慢性泄泻的常见病因。对外感时邪引起者强调“惟水火土三气为最”，意即临床上寒邪、热邪、湿邪致泄为最多。认为泄泻的病理转归及预后与脾气强弱关系密切。(2) 辨证分型：以寒热虚实为纲，结合病程长短及病因种类将泄泻分为暴泄、久泻、酒泄、气泄及风泄五大类。(3) 灵活运用分利法：根据“泄泻之病，多见小水不利，水谷分则泻自止”的临床见症，提出“治泻不利小水，非其治也”和“利水为上策”的指导思想。具体分为解表利湿、清热利湿、行气利水及温阳利水等不同方法。(4) 遣方用药：治疗泄泻方药中共列方剂57首，其中张氏自拟方30首，如养中煎、五味异功煎、温胃饮、圣术煎、佐关煎、大温中饮、五德丸、敦阜糕等。

（四）血证　杜天植认为张介宾治疗血证的特点是以五脏为核心，以病证的寒热虚实为依据，将医理药理高度结合，倡用清热泻火、滋阴泻火、温阳益气、活血消瘀、平逆降气、养血和营、收敛固涩等止血法，并善于配合外用药物止血，至今仍为临床沿用。

（五）妇人癥瘕　赵桐先分析了张介宾治疗妇人癥瘕的证治特点。(1) 详审有形无形，细察在气在血。认为癥瘕即"积聚之别名"，"成形而坚硬不移"，"无形而可聚可散"，"有形在血，无形在气"。(2) 妇人癥瘕之疾，其病必发于虚。气虚血滞，渐以成积，留积成癥。(3) 从阴阳测难易，辨疼痛识预后。"有形之积，其破难"，"无形之聚其散易"，"痛者联于气血，所以有知气血行则愈"，"不痛者不通气血，故不痛者难治"。(4) 癥瘕治疗四法，贵在权宜攻补。将癥瘕的治疗原则概括归纳为"攻、补、消、散"四法，并强调"治积之要，在知攻补之宜"。如积聚未久，元气未损者，以桃仁承气汤攻下逐瘀；元气大虚，气化不利者则以十全大补、大补元煎之属。(5) 主张内外合治，推崇艾灸疗法。又主张除辨证施药随证调理之外，还可用阿魏膏、琥珀膏、熨痞方等外用药敷于癥积局部，并推崇辨证选穴艾灸，以助坚聚之气自然渐消。

（茅　晓）

【王士雄治湿温及用药特色探析】

近年来对王士雄诊治湿温病案的研究更趋深入，对其用药特色亦多有探析。

施仁潮分析了王士雄论治湿温的经验。(1) 湿温病变重点在脾胃。湿温之所以多脾胃病变，其原因在于湿邪易趋脾胃，或因劳逸饮食，脾运困滞，则湿自内生，内湿又易化热，变生湿热。又暑湿之邪多稽留中焦，亦与脾胃关系密切。(2) 两分湿热求消弭。湿温病机为湿热阻遏，脾运失常，其治法之要则为清泄及宣化两法合用以两分湿热，疏利气机，恢复脾胃运化功能。宜用旋覆花、竹茹、山栀、川楝、枇杷叶、杏仁、吴茱萸、紫菀、瓜蒌、黄连等。(3) 祛除痰浊展气机。湿温之病，多挟痰浊为患。因痰湿内盛之体易病湿温，或暑湿蕴伏热化，烁津生痰。惟以开泄宣通，祛痰化浊，廓清气道为治。宜以温胆汤加薤白、瓜蒌仁通其胸中之阳，合小陷胸汤为治饮痞之法，以山栀、豆豉泄其久郁之热除懊侬，佐以兰草涤其陈腐之气醒脾胃。(4) 升散燥烈最当慎。强调不可过用温燥，或妄投升散，若浪用漫投，不仅湿邪不去，反而更劫津液，更资其邪热，甚则动其肝阳，挟痰湿上逆攻窜为害。(5) 湿热化燥宜下夺。湿热之邪，化燥成实，结阻胃肠，就宜用下。宜以小承气汤，或石膏、大黄数下之。(6) 化燥伤阴宜凉润。湿热易化燥化火，燔灼阴津，阴津亏虚，则液枯气壅，湿热之邪不能松达外泄。宜用清泄凉润，大剂滋养，如玄参、知母、沙参、石斛、天花粉、海蜇、荸荠等。

盛增秀认为，王士雄在用药上有其独到的见解和经验。(1) 立法遣药轻灵。对重病危证之治，亦强调"重病有轻取之法"，认为"气贵流通，而邪气挠之则周行窒滞，失其清虚灵动之机，反觉实矣。惟剂以清轻，方可使正气宣布，邪气潜消，而窒滞自通。误投重药，不但已过病所，病不能去，而无病之地，反先遭克伐"。(2) 巧运枢机通经络。王氏用药着力于调整枢机升降和疏瀹气机，使逆者平之，滞者通之，使邪有出路，化险为夷。疏瀹气机尤注重于宣展肺气，使痹塞之气得以宣畅流通，从而调整一身之气化。所用宣肺药物大多为轻清之品，如杏仁、射干、葱、白前、马兜铃、紫菀、贝母、桔梗、枇杷叶等。对于痰热阻塞气道、壅滞经络，则清热化痰以肃清气道，疏通经络，多用小陷胸汤、雪羹汤、千金苇茎汤。对产后昏谵因痰作祟者，用蠲饮六神汤（石菖蒲、胆南星、旋覆花、茯苓、橘红、半夏曲)。(3)善用凉润重养阴。王氏一生多经历温热、霍乱、疫疠诸病的流行，而此类病证，最易伤津劫液，因此王氏临床善用凉润清解、甘寒养阴之剂。治其他杂病，亦同此主张。凉润清解多用银花、连翘、竹叶、芦根、梨皮之属；甘寒养阴多取西洋参、麦冬、石斛、蔗浆、西瓜汁、梨汁、藕汁、生地、天花粉之类。

梅新南研究《清代名医医话精华》，从王士雄的医话中概括出其辨证用药的两大特点：(1)调节升降。王氏强调肝的疏泄，脾的运化，胃的出纳，肺的敷布都离不开一个"气"字。而肝的疏泄，脾的运化都有上升的趋势；胃的出纳，肺的敷布都有下降的趋势。升降出入有序，则脏可安而身无疾。故治外感内伤之病，皆以调节升降为枢。(2)寒热并用，攻补兼施。王氏"治内伤于虚处求实，治外感于实处求虚"。如治体虚寒热者，以温肾凉肝相合，寒热攻补熔一方，药用苁蓉、枸杞、当归、白薇、青蒿、竹茹、鳖甲、川楝子。治虚劳咳嗽，又多补肺摄肾，清通宣泄兼施，药用枸杞、苁蓉、当归身、石英、龟版、牡蛎、虫草、麦冬、牛膝、胡桃肉。

(李孝刚)

【张锡纯用药经验新探】

肖守贵分析《医学衷中参西录》后认为，张锡纯注重临床实践，选方用药务求简练，且能不拘成法，沉疴宿症无不立应。细析其用药特点有：(1)原药原性，主张生用。诸如水蛭、硫黄、桃仁、乳香、没药、鸡内金、麦芽、赭石、赤石脂、山药等皆主张生用，认为这些药物生用疗效显著，能保存其本性，而经过炮制就会失去其原有功效。(2)效专力宏，喜欢重用。张锡纯谓："行医之道，贵识病之本源，而为提纲挈领之治法，故其疏方也，不过紧要之药数味，以直捣病之要冲而扫除之。"其《医学衷中参西录》医方类174方，以4味、7味和8味药组方居多，分别占14.9%，12.6%和14.3%。张氏在临床中只要认证准确，必委以重剂，常有一味药用至60～90克者。如既济汤中重用熟地、山萸以固脱，荡痰汤重用赭石、大黄以除顽痰等。(3)灵活变通，研末服用。该书中记载研末服用之药味40余种，约占其常用药物的六分之一。其研末服用的目的有直达病所(清喉丹治咽喉肿痛)、提高药效(大黄末可数倍药效于等量煎汤)、变通服药(闻药即吐者用梨片和药末服)、突击治疗(全蝎末、红糖顿服治半身麻木)及慢性病便于久服等。还具有工艺简单、使用方便、节约药源等优点。(4)注重配伍，善用药对。如白术配鸡内金，补而不滞，消而不过；茜草配海螵蛸，涩而不留瘀，通而不伤正；黄芪配知母，互补互制，补气益阴；山药配牛蒡子，摄正祛邪，滑而不过，参芪与棱莪配，扶虚益损，能开胃进食，消满除积。

吕中指出，《医学衷中参西录》医案中的用药法颇有新意：如人参配代赭石治阴虚烦热而见结脉者；滑石配白芍引伏气所化之热从小便而去；咳嗽喘逆之症则以代赭石之降配生麦芽之升达肝气；治吐血重症，用生地时必以三七辅之，以温抑凉，止血化瘀；龙眼肉乃补心脾要药，更善治肠风下血；桂枝合龙胆草，寒温合和能治肝血虚损之胁痛；山药粥送服水蛭，扶正抑邪并举，可治室女经闭等。

此外，还有赵新秀等总结了张锡纯应用山萸肉的特点是将该药用于"急救固脱、收敛浮阳、固摄冲气、调治寒热往来、逐痹止痛、收敛止血、敛心定悸"。李颖等归纳张氏用三棱、莪术的经验有：磨癥消瘕，治癥瘕积聚；破瘀开坚，治瘰疬；活血祛瘀，行气止痛，治诸般血瘀气滞疼痛证；消积化瘀，开胃进食，治劳瘵形羸消瘦诸证等。刘玉章则从张锡纯的"敛之即以泻之"、"敛正气而不敛邪气"、"治痰之神品"及"生用存性"等为题分析了其用龙骨、牡蛎的特色。胡义保就张锡纯用代赭石治疗吐衄的经验作了总结：其所创治疗吐衄的方剂11首中，均以重用赭石为主；主张重用、生用，且“随证制宜，佐以相当之药品”。司国才结合临证体会探析了张锡纯治阴虚劳热首方“资生汤”(生山药、玄参、白术、生鸡内金、牛蒡子)，认为该方具有阴阳兼补、气血并生等特点。孙大定讨论了张锡纯的食疗经验，认为具有选药廉便、擅用山药、组方有序、灵活投剂、深谙药性、注重修制等特点。

(茅　晓)

参考文献

C

曹仁和。论薛己的整体疗伤观。南京中医学院学报，1994；(4):6

程春桂。关于《本草纲目》中男性病证及用药的初步探讨。国医论坛，1994；(2):20

D

党兰玉，等。《伤寒论》症状规范探讨。南京中医学院学报，1994；(3):9

杜天植。张景岳治痰心法探讨。湖北中医杂志，1993；(6):25

张景岳治血心法探讨。吉林中医药，1994；(1):5

F

冯恩波。李中梓治泻九法补识。北京中医药大学学报，1994；(3):12

H

韩乐兵。略论李时珍对火热证用药卓见。辽宁中医杂志，1994；(3):111

胡义保。张锡纯论治吐衄的经验。四川中医，1994；(2):7

黄英志。论刘河间辨治消渴的学术主张与贡献。成都中医学院学报，1994；(3):5

黄芝蓉。试析王清任逐瘀类方的组方及临床应用特点。湖南中医学院学报，1994；(4):3

L

李　颖，等。试论张锡纯用三棱、莪术的宝贵经验。陕西中医，1994；(4):184

李　柱，等。朱丹溪“阳常有余，阴常不足”之说与洛书之数。甘肃中医学院学报，1994；(3):8

刘　亚。张景岳对呕吐的辨治特点。四川中医，1994；(2):9

刘名军。《伤寒论》的时间医学观点。山东中医学院学报，1994；(1):17

刘玉章，等。张锡纯临床用龙骨牡蛎特色浅析。天津中医，1994；(5):43

吕　中。张锡纯医案用药法钩辑。中医杂志，1994；(2):72

路振平，等。经方药量法浅析。湖南中医杂志，1994；(5):33

M

梅新南。王孟英用药两特色。浙江中医杂志，1994；(3):116

Q

钱会南。肝脾肾三脏同调　遣药服法多灵变——薛立斋血证论治特色探析。上海中医药杂志，1994；(8):28

S

盛增秀。王孟英用药特色探要。中医杂志，1994；(6):328

施仁潮。王孟英论治湿温经验述要。云南中医学院学报，1993；(4):27

司国才。张锡纯资生汤临床应用。河北中医，1994；(4):28

孙大定。张锡纯的食疗经验。江西中医药，1994；(4):54

孙多善，等。论李时珍对治疗重危病证的贡献。时珍国药研究，1994；(2):2

T

唐建军。薛生白《湿热病篇》遣方用药规律探析。辽宁中医杂志，1994；(2):56

W

王五寿。谈王清任在中风病学术观点上的偏颇。吉林中医药，1994；(5):3

王奕珊。试论张介宾治疗泄泻的特点。福建中医药，1994；(2):28

吴承艳，等。叶天士治疗痹证78例用药分析。江苏中医，1994；(7):44

吴文刚，等。论《伤寒杂病论》方药量比例变化规律。中医药学报，1994；(1):12

吴允耀。陈修园热病五法述微。山东中医学院学报，1994；(3):179

X

肖守贵。略谈张锡纯用药特色。中医杂志，1994；(9)：522

许沛虎。朱丹溪对痰病学的贡献。江苏中医，1994；(7)：39

Y

易法银。论金元四大家的学术渗透与发展。中医文献杂志，1994；(1)：13

赵桐先。张景岳妇人癥瘕证治初探。湖南中医学院学报，1994；(2)：7

赵新秀，等。张锡纯应用山萸肉的特点。中医药研究，1994；(1)：12

郑　翔。李时珍血证治疗探析。中国中医急症，1994；(3)：128

朱鹏飞。六经实质研究的再认识。天津中医学院学报，1994；(2)：4

（二）医药古籍

【概述】

1994年医药古籍的研究范围仍较广泛，且有一定进展。在文献综考方面。尚志钧撰文对《证类本草》陶序和《名医别录》的历史关系作了辨析，认为陶弘景撰《本草经集注》是用“苞综群经”的办法，以诸经中最早的本子《神农本草经》药365种为主，以李当之、吴普等名医在诸经中增录的药物“名医副品”亦365种，编为七卷本《神农经集注》。由于历代本草序，将“名医副品”一词加以改动，从而产生一些误解：一是认为“名医副品”365种药来自一本现成《名医别录》书；二是认为《证类本草》“梁陶隐居序”为《名医别录》序。本栏列有“名医别录药的时代研究”条，可供进一步探析。刘大培等撰文认为《证类本草》墨盖下所引“唐本余”资料似出于《蜀本草》，“唐本余”是唐慎微用以作为《蜀本草》假借之称呼。靳士英撰文对古代五脏图源流进行考证。唐代以前的五脏图，现今所见者为五脏六腑的分图，多与针灸、脉诊、修行、诊疗相结合。其论较之以往更为系统、深入，详见有关条目。

《本草品汇精要》(简称《品汇》)是明代唯一的官修本草。黄斌等指出，傅再希曾撰文指称，该书基本上沿袭了《证类本草》的分部方式及编排方式，所增补的22种药物有13种出自元·忽思慧《饮膳正要》。对此，黄斌等撰文进行再考证，认为《品汇》引自《饮膳正要》的药物只有（平波、八檐仁、银杏、株子、必见益）5种，均明码注明出自《饮膳正要》。尚有8种药物，按照《品汇》通例，不能单凭其内容相同就认为这8种“今补”药物也出自《饮膳正要》，故认为傅氏之说应予纠正。

从“医文结合”的角度探讨医药古籍成书的时代特征，是近年来为许多学者感兴趣的一个课题。王家葵曾从郡县建置的角度论证了《神农本草经》成书于东汉的早期，近年又探讨了《神农本草经》（简称《本经》）成书的文化背景，认为《本经》的主体思想是汉代儒家哲学、神仙学说和阴阳五行学派思想影响下的产物，具有鲜明的汉代文化特征。有关论文拓宽了医药古籍的研究领域，在本栏专条中予以摘介。

关于对一些医药古籍作者的考证，展开了学术争鸣，是医药界的一种可喜现象。程军等撰文对《养性延命录》一书作者进行考证。认为该书是中国古代一部重要养生著作，但其作者却众说不一。有认为是陶弘景，有认为是孙思邈。程氏从其内容用词、行文特点等多方面考证后认为，现存《道藏》中的《养性延命录》的作者是陶弘景，而孙思邈所集当为别本。蔡永敏撰有《怪疾奇方》作者小考，其论点新颖，堪以征信。蔡氏认为目前国内有关书目，均将《怪疾奇方》作为清·费伯雄医著而收录，实则在费氏之前，就已有内容相同、甚至书名亦一的医书清·汪汲所撰《怪疾奇方》行世。据载刊于清嘉庆六年（1801年），比费氏医著早60余年。并进而认为，《怪疾奇方》之大部分内容早在清初即已成帙，今传之书乃汪氏增辑而成。这对研究历代方书的来龙去脉，提供了有益的启示。赵致镛撰中医治疗梅毒的最早专著考，亦有见地。《霉疮秘录》为明代陈司成撰著。赵氏通过考证后认为，明代另一医家韩懋（飞霞）所著《杨梅疮论治方》应是最早的治梅毒专著，据测较之《霉疮秘录》至少早49年左右。但由于前书佚亡不见，而陈氏著作至今仍存于世。所以，从医学史的角度客观公允的评价应当是：《杨梅疮论治方》是最早的治梅毒专著，而《霉疮秘录》则是现存治梅毒的最早专著。

孤本蒙医典籍《蒙古药方》的发现，是近年少数民族医药研究领域又一重要进展。该书为于永敏于1990年末，在日伪档案中所发现。经查阅《中国医籍考》、《宋以前医籍考》、《全国中医图书联合目录》和其他馆藏书目，均未见收录，堪称孤本。本栏列有专条，由此可见蒙医民间用药特点之一斑。王子谟等撰有"范汪与《范汪方》勾沉"一文，为医药古籍整理中一件有意义的工作。《范汪方》或《范东阳方》为东晋范汪所撰，其书早已亡佚，但其部分佚文尚可见于《外台秘要》、《医心方》等传世之作。为便于研究，王氏等从后两书中辑录了有关《范汪方》的内容300余条，从《医心方》中辑录了200余条。所辑虽为部分内容，但已足可说明《范汪方》是一部不可多得的医学专著，其现存部分资料也是一份珍贵的医学文献，值得整理和进一步挖掘。张显成撰文对马王堆医书和武威医简中的12个中药异名的释读予以补正：(1) 龟纬实、兔系实，即菟丝子异名；(2) 禹灶、禹熏、乾夸灶，即伏龙肝异名；(3) 要苕，即紫葳；(4) 蜂骀、黄蜂骀，即蜂子；(5) 遗弱，即新鲜人尿；(6) 牡狗、牡蝼，即蝼蛄。此外，冈田研吉等撰文介绍了丹波元坚处女之作《伤寒广要》，旨在有助于日中两国间的医学交流。本栏还列有"中国最古的《伤寒杂病论》刻本残片考"、"两种本草药图的考察"等版本研究方面的条目。其中唐版《伤寒杂病论》刻本残片，不仅是传世各种张仲景佚著中最早的一种，也是世界医药科技版刻印刷史上最早的一种，在医学历史或在版本学历史上均有很高的学术价值。

综上所述，近年不少论文功力较深，说服力强，为其可取之处。但进行医药古籍的研究，是一项艰苦的工作，还需要在占有大量较为翔实史料的基础上，注重从溯源探流着手，加以鉴别比较，综合分析，从而得出结论。同时，坚持学术争鸣，各抒己见，倡导研究方法多样化，可有助于医药古籍研究有更新的发展和提高。

（陆鸿元　娄国菁）

【五脏图源流】

五脏图是中国古代人体内脏解剖图，多通过死刑犯人尸体解剖观察绘画而来。靳士英撰文对古代五脏图源流进行考证。唐代以前的五脏图，现今所见者为五脏六腑的分图，多与针灸、脉诊、修行、诊疗相结合。见于医书者有：《黄帝十二经脉明堂五藏人图》、《华佗玄门脉诀内照图》、孙思邈《五脏旁通明鉴图》、《裴氏王庭五色傍通五脏图》和《五脏六腑图》。《道藏》中的五脏图，如《黄庭经》中有六朝著作的《黄庭五脏图》和晚唐胡愔所撰《黄庭五脏内景图》、《黄庭内景五脏六腑图》、《黄庭内景五脏六腑补泻图》等。

五代迄宋，先后出现《烟萝图》、《欧希范五脏图》、《存真图》、《李驷图》等图谱，它们之间有一定的传承关系且逐臻进步。

《烟萝图》为五代人烟萝子著，《通志略》有记载，正统《道藏·修真十书》中收烟萝子《体壳歌》等多篇著作，并附图6幅：烟萝子首部图、烟萝子朝真图、内境左侧之图、内境右侧之图、内境正面之图、内境背面图，前两图为道家修炼之图无解剖意义。《修真十书》为南宋石泰撰。原图未附解说，其下有《朱提点内境论》一篇。“内境”即内景或脏腑。论中指出欧希范五脏图喉有三窍的错误，并言及烟萝图为行刑后尸体所见。《朱提点内境论》为北宋人所撰，在《欧希范五脏图》问世不久，并引用了欧图一些文字，对后世医学有所影响，如孙一奎《医旨绪余·人身内景说》、赵献可《医贯·形景图说》都有所引用。南宋·李駉所注《黄帝八十一难经注义图序》绘有脏腑图、脉诊图、井荥俞经合图多幅见（《道藏》）。李駉的脏腑图与《烟萝图》、《万安方》的脏腑图相比较，当来自《烟萝图》。该图是将道家五脏图引入医籍最早者。

《欧希范五脏图》的由来有四种不同说法。欧希范败死受刑解剖成图之年当为1045年3月。其图谱部分早佚。日本梶原性全所著《顿医钞》(1304)、《万安方》(1315)中载有《五脏六腑形》9幅，其中的正面图与明代《循经考穴编》中一幅注明为《欧希范五脏图》相对照，两图轮廓内容基本吻合。据上述中日两书互参，似可证实它是现今仅存于世的欧希范五脏图。文字解说方面，今所存者仅《存真图》中的一段描述，见于僧幻云《史记标注》。《顿医钞》与《万安方》中有一段文字与上述一段的描述几乎完全相同，且更为详细。明·章潢所辑《图书编》有《脏腑全图说》，记有欧希范受刑剖检绘图经过及文字内容，可资参考。

《存真图》为泗州郡守李夷行遣医及画工就刑犯尸体剖检所绘，杨介用《烟萝图》等厘正并加十二经脉图，成为既有五脏内景又有经脉走行图的著作，名之为存真环中图。从元·孙焕《玄门脉诀内照图》保留下来的资料看，杨介校正《存真图》时还用过《欧希范五脏图》。《存真图》问世后，许多医家认识到脏腑的重要，纷纷加以引用，五脏图遂分化为明堂图中的内景图、脉诀中的内照图、脏腑身形中的五脏图。

清·王清任通过亲身观察尸体，绘有《亲见改正脏腑图》附于所著《医林改错》之中，所论虽有错误疏漏，但有许多正确见解和新的观察所得。

五脏图在宋或以后即传至日本、朝鲜、波斯、欧洲，对世界医学有一定影响。

（陆肇基）

【中国最古的《伤寒杂病论》刻本残片考】

中国唐代刻印的书籍尚存世者已极罕见，特别是医书实物，更是从未见任何报道。最近，马继兴在考察中国西陲出土的古医书时，发现一种汉文医书的木刻本残片图影。此残片的出土地点为西夏故城黑城子，为英人斯坦因所获，现收藏于英国伦敦博物院。该残片高9.0厘米，宽7.0厘米。其上下前后四边均已缺损，仅在左侧下角残留一小段原版下角边界的一道粗界线边栏，在右侧也残留一小段双边边栏，内为细墨线，外为粗墨线。在此碎片中尚可见到七行不全的文字及各行之间的整齐行线，其中可辨识出的字数共51字。经与传世的唐以前古医籍对照，此七行残文，全属汉代张仲景《伤寒杂病论》古传本的佚文。马氏从三个方面对这块医书残片进行了详尽的考析。

（一）出土残片的文字分析　马氏通过列表形式，将残片七行51字，分别与影宋本《金匮要略》、影宋本《脉经》、宋本《千金方》、孙本《千金方》(原书名为《孙真人千金方》，是一种未经北宋医局校定而直接在民间刊印的传世刊本)、宋本《外台秘要》中的仲景相关条文逐一进行对比。比较后发现，残本第一、第二行各存7字，首尾均缺，此14字和诸本所载仲景佚文均一字不爽。残片第三行首全尾缺，存9字；第四行首缺尾全，存4字，与此两行残存字完全相同的仅孙本《千金方》一种，其余诸本有较大差异。残片第五行首尾均缺，为大、小字相间，即本文大字4个，记以处方药名，注文小字6个，记以药物剂量；第六行首缺尾全，存4字。与此两行残存字完全相同的有孙本和宋本《千金方》。残片第七行首尾均缺，凡存10字，与此基本吻合的有孙本《千金方》、宋本《千金方》和《外台秘要》。

（二）残片文字与版式的复原　马氏根据传世古医籍佚文将残片周围相邻的脱佚原文予以补苴。试行复原后的原文为仲景四首条文及二首医方。关于残片原书版式的复原，马氏通过复原后各行字数（不包括小字注文及原文之间的空白区）的统计，算出每行字数在23～25字之间。如按与残片相同的比例加以扩大成木刻本的半版，则可估算出其半版约合14行。马氏将这种版式与某些既知宋版书，如《史记》、《汉书》、《诸病源候论》、《太平圣惠方》等一一对照后，认为这种版式与宋版书之间有一定的亲缘关系。又根据残片右侧及下侧的各一小段边栏遗迹来看，可知原版的天地两边全为一道墨粗线，而左右两边均有粗细墨线两道，为左右双边版式。但版心部分已难明了。再根据残片的高宽尺寸为9.0×7.0厘米，并结合复原后的各行字数比例进行测算，原版框大小为：每半版高21厘米，宽12.9厘米。

（三）残片原书与其版刻时代的考察　马氏通过将复原后的四首条文和二首医方与传世的多种仲景佚文相比较，证实残片上内容均属张仲景著作中的杂病部分，因而确定残片原书是汉唐之际久已亡佚的张仲景《伤寒杂病论》的另一种以往未曾发现的古传本。通过残片复原后内容与传世六朝、隋唐、五代、北宋医籍的对比，结合对图书版刻历史的考察，马氏估定了原书版刻时代的上限为公元七世纪，下限为公元九世纪。

马氏对敦煌出土医书残片考析的结论和意义是：（1）根据出土残片与传世古医籍的对照，可以使残片51字的前后衔接文字基本恢复原貌。（2）考定残片内容为张仲景《伤寒杂病论》一种古传本的佚文，而这一古传本是以往未曾发现过的。（3）根据残片形制的特征，可以确定残片原书乃雕版印刷的木刻本。（4）根据残片版刻款式与残片各行文字的比例关系，可对残片原版特征有进一步的了解。（5）估定残片原书刻印的时代为唐朝时期（公元七～九世纪）。（6）综合以上各条论据，可以认为这种唐版《伤寒杂病论》不仅是传世各种张仲景佚著中最早的一种，也是世界医药科技版刻印刷史上最早的一种，在医学历史或在版本学历史上均有很高的学术价值。

（陶御风）

【《神农本草经》成书的文化背景】

王家葵曾在1991年从郡县建置的角度论证了《神农本草经》成书于东汉的早期，而于今年度，又探讨了《神农本草经》（以下简称《本经》）成书的文化背景，认为《本经》的主体思想是汉代儒家哲学、神仙学说和阴阳五行学派思想影响下的产物，具有鲜明的汉代文化特征。

《本经》上药为君的主张是汉代儒家尊君思想的折射。君臣佐使的配伍原则始于先秦。《素问·至真要大论》云："主病之谓君，佐君之谓臣，应臣之谓使"。所谓主病为君，即根据病性，灵活确定治方中的主药。这种配伍原则符合临床组方用药规律，在战国时期即为医生所接受，并广泛指导临床实践。但与《素问》不同，《本经》强调"上药为君"。《本经》云："上药一百二十种为君，主养命以应天；中药一百二十种为臣，主养性以应人；下药一百二十五种为佐使，主治病以应地。"是汉代儒家尊君思想的反映，是《本经》作者将儒家君臣体系在方药配伍中的理想化。因此，《本经》还规定了方剂中君臣的比例，强调方中君药的唯一性，臣多于君，佐多于臣，使多于佐，或"一君二臣三佐五使"；或"一君三臣九佐使"等，对临床用药指导意义不大。而《本经》选药仅365种，实本于儒家天人感应学说，据《山海经》有药124种，《诗经》提到药物100余种，《五十二病方》运用药物247种，而《本经》拘泥于365种，许多汉代常用药物如艾、乌喙（见《急就篇》）、芒硝、白前、桂枝、香豉、白酒、苦酒等（见《金匮要略》和《伤寒论》）均未被收入。且《本经》三品的划分为天人地，与汉代三才思想天人地（人居天地之间、沟通天地）一致，而汉以前之三才为天地人。《本经》人部药物中仅“发”一种，而《五十二病方》中人体器官、分泌物入药的达10余种，是儒家仁学之体现。

汉代神仙方士颇为盛行，《本经》成书于此时期，不可避免地受到这一风气之影响。如《本经》365种药物中，有150种提到“令人轻身不老”，有10余种指出“久服可致神仙”，以及金石不朽，炼饵食之，《本经》中金石类药达45味，占了全书药味的12%还强。

汉代谶纬学说流行，阴阳五行思想流传甚广，反映在《本经》中，为用阴阳五行学说指导药物配伍，阐明药性理论。如云“药有阴阳配合”，“药有酸咸甘苦辛五味，又有寒凉温热四气”等。《本经》中以苦、辛味药居多，分别占药物总数的36%和27%，这与汉代取苦辛二味以应天地有关。《本经》中以五味配五脏，如六芝条云“青芝味酸补肝气；赤芝味苦益心气；黄芝味甘益脾气；白芝味辛益肺气；黑芝味咸益肾气”。对应五行为肝木、心火、脾土、肺金、肾水，与汉代《尚书》学派五脏五行对应观一致。西汉以前，以脾、肺、心、肝、肾与木、火、土、金、水相配，至《尚书》时改心为火脏。

巫觋的地位在汉代一落千丈，而代之以治疗手段的多样化。如在《五十二病方》的280个处方中，有祝由方37首，但在《本经》中相应的疾病下，已应用药物，而不假于巫说，如去疣息肉用冬灰；治疝气用独活、防葵、芍药、藁本、贝母等。对药物的功效记载也比较切实，如常山截疟、麻黄平喘、黄连治痢等。对病因病机认识，如陶弘景解释：“夫病之所由来虽多，而皆关于邪。……风寒暑湿饥饱劳佚，皆各是邪，非独鬼气疫疠者矣”。鉴于上述，王氏认为《本经》的结构缜密，主体思想一致，只能出于一时一人之手，整个创作过程是一次性完成的，没有后人增删的痕迹，成书时间在东汉早期。

（傅　芳）

【名医别录药的时代研究】

名医别录药，简称“别录药”，是相对《神农本草经》药而言，后者又简称为“本经药”。据尚志钧研究，从《证类本草》中白字为“本经药”，墨字为“别录药”追溯而前，则经《嘉祐本草》上溯至《开宝本草》、《唐本草》，而源于《本草经集注》（简称《集注》）。

《集注》是陶弘景取《本草经》药365种，又取名医所用药物亦365种而成。前者用红字书写，定为“本经药”，后者用黑字书写，定为“别录药”（又称“名医副品”），从此有“本经药”、“别录药”之分。所以“本经药”、“别录药”仅仅是陶氏《集注》中药物类别的区分。《名医别录》一书亦为陶弘景所集，成书于南北朝梁代。名医别录药不等于《名医别录》，名医别录药出现可能很早，但《名医别录》书出现可能很晚。

那么，“别录药”出现于何时呢？尚氏认为：习惯上都认为名医别录药产生时代是晚于本草经药，但从《五十二病方》（简称《病方》）所收载药物来看，并非如此。从《五十二病方》附表看，《病方》有药名247种，其中本草经药名94种，名医别录药37种，实际上不止37种，尚有牡鼠、行沓、头垢、男子恶等亦为名医别录药。如果《病方》成书年代“可以上溯到春秋战国之际，甚至更早些”，则部分名医别录药亦应在春秋战国时代就有了。

其实在《集注》成书以前，存在多种同名异书的《本草经》，所以《证类本草》中黑字“别录药”，在历代类书中援引时，仍题“本草经曰”，而不题“别录曰”，如升麻、昆布、白粱米、蒴藋、神护草等药在《太平御览》中都作"本草经曰"，没有一味冠以"名医别录曰"，《初学记》中亦然。说明这些药，原先收载在本草经中的，陶氏认为这些药虽收载在《本草经》中，但它们不是最古的《神农本草经》中的药物，而是后来的名医在《本草经》中增录的。于是陶氏将名医增录的365种药收入《集注》中，定名为"名医别录药。"凡是《集注》未收录的药物，并无本经、别录的区分。事实上，在陶氏以前，曾经被人们使用过的药物，也不止730种，即还有很多药仍分散在其他书中，未被陶弘景收入《集注》中。所以本经药、别录药不能代表《集注》以外的所有药物。

"别录药"在未被收入《集注》之前，原先也是分散在本草经中的，它们与"本经药"是同时并存的，它们被作为药物使用也可能与"本经药"为同时。如《病方》的37种"别录药"中的食盐、艾、桂，既然在《病方》时与"本经药"并存，则并不分什么"本经药"和"别录药"，也说明有些"别录药"在《病方》以前就产生了。再以"别录药"的异名和产地来看，有些"别录药"产生时代很早。如《证类本草》中，麦冬条为黑字，《别录》云："秦名羊韭，齐名爱韭，楚名马韭，越名羊旨"。同一麦冬，在不同地区有不同的地方名。而秦、齐、楚、越是战国地方国名，则麦冬在战国时期已为人们所常用，说明名医把这些地名记载在本草书中，当然也是很早的。又，《集注》中有173种"有名无用"药，即在《集注》时都已淘汰不用了。淘汰一个药，亦需很长的时间，则此173种药亦应是很早就存在了。所以，有些"别录药"产生时代，并不晚于"本经药"。

（傅　芳）

【两种本草药图的考察】

药图，历来是本草学的重要组成部分。本年度中，有刘大培、刘晓龙等学者对《证类本草》和《本草便读》的药图作了考察。

刘大培等认为，《证类本草》药图来源于苏颂《本草图经》，但各种刊本《证类本草》所载的药图互有差异，表现为形状大小不一，绘画线条粗细不一，药物基本原貌（如植物的根、茎、叶、花、果之间比例）不一。有些刻本尚存在图名误置现象。例如柯逢时所刻《大观本草》细辛药图有"信州细辛"和"岢岚军细辛"，图名即属误置。在《证类本草》各种刊本中，所附药图质量以晦明轩刊刻《重修政和经史证类备用本草》（下简称《政和本草》）为最佳。在均注明为晦明轩刊本的《政和本草》各种刊本中，又以扬州季范董氏所藏金泰和张存惠晦明轩本最为精美。1960年文物出版社《中国版刻图录》第1册及1962年朝花美术出版社《中国版画史略》均对晦明轩附图予以很高评价，谓金泰和晦明轩张宅所刻，"代表了金代雕版技术的高度成就，""平水风格"等。

刘晓龙则对《本草便读》科技卫生出版社（上海）1958年版的部分药图进行了考订，指出有近20幅与实际收载的药物不符，它们是贝母（实为荞麦叶大百合）、天麻（为百合科百合属Lilium L. 植物）、参三七（乃是菊科植物三七草Gynura japonica (L.f·) Juel）、刘寄奴（为单叶佩兰）、木通（为旋花科植物打碗花）、通草（为木通科植物木通）、萆薢（图为百合科菝葜属Smilaxl. 植物）、防己（为防己科植物木防己（occulus orbiculatus (L.)DC.）、当归（为五加科植物土当归Aralia cordata Thunb·）、骨碎补（为骨碎补科植物骨碎补Davallia Mariesii Moo-re er Bak.）、海桐皮（为海桐科植物海桐Pittosporum tobira(Thunb.)Aiton），此外，独活、羌活、胡黄连、土牛膝根、漏芦、木香、白附子、吴茱萸等附图亦明显有误，故提请读者参考时予以注意。

（傅　芳）

【《唐本余》的探讨】

刘大培等对《政和本草》中的"唐本余"作了探讨，指出《政和本草》中引有"唐本余"

的药名有银膏、辟虺雷、留军待、独用将军、地不客、山胡椒、灯笼草等七味，均不见于卷子本《新修本草》，也不见于《千金翼方》卷2到卷4所录《唐本草》药物正文中，亦不见于《医心方》、《本草和名》所录的《唐本草》全部药物目录中。此外，唐慎微作《证类本草》时，在少数"本经药"、"别录药"、"唐本新增药"中引过"唐本余"资料。在"本经药"中所引"唐本余"药物有石胆、白垩、青琅玕、紫菀、泽漆、石长生、猪苓、莽草、牡狗阴茎、蓬蘽、麻蕡；在"别录"中引"唐本余"药有黄石脂、芦根、苏合香、狐阴茎、蘖米；"唐本草新增药"有格注草等。由于"唐本余"药物不见"唐本草"目录中，也不见于现存《新修本草》残卷中，但与掌禹锡所引《蜀本草》资料相同，所以刘氏认为《证类本草》墨盖下所引"唐本余"资料似出于《蜀本草》，"唐本余"是唐慎微用以作为《蜀本草》假借之称呼。

（傅　芳）

【《怪疾奇方》作者考】

《怪疾奇方》作者，《中医图书联合目录》和《孟河四家医集》均称为费伯雄。蔡永敏提出该书作者应为汪汲，并以费氏 1884 年众香室刊本与汪氏的1907年邓氏刻本相比较予以考证。摘述如下，以资参考。

蔡氏认为，据《全国中医图书联合目录》称，此书初刊于清同治四年(公元1866年)，但未见刊本。今传本为清光绪十二年(公元1884年)，众香室刻本，卷首有众香室主人序，称系费氏"早年手稿"。经查考，汪汲亦著有《怪疾奇方》。汪汲，号"古愚"、"海阳竹林人"。清代江苏清河县人。生卒年代未详。《清河县志》称汪氏"修学好古，著书满家，"辑《怪疾奇方》，刊于清嘉庆六年（公元 1801年），目次详列汪氏选录前人医书44种。其中辑录《夏子益奇疾方》26则，《疡医大全》29则，次列"怪疾名目"145条。卷首有嘉庆六年杨光衡"小序"称"古愚老人集汉唐迄今诸名家奇疾方如千则，汇为一编。"可见，汪氏的《怪疾奇方》的成书、刊行年代均早于费氏(费氏与汪氏的初刊本均已难见)。蔡氏据现存的《古愚山房方书三种》，江陵邓氏 1907 年刻本，两者相比较，内容相同，仅条文排列顺序稍异，个别不尽一致的条文，亦仅文字上稍有出入，或显系传抄之误，并举两则条文为例，现录一则"蛇瘕"为例。

汪氏：蛇瘕：华佗行道，见载车之人病噎塞，食不下，佗曰：取饼店家蒜齑、大酢三升，饮之，当自痊。如言服之，果吐大蛇一条而愈。

费氏：蛇瘕：见载车之人病噎塞，食不下，因使其取饼店家蒜齑、大酢三升，饮之，当自痊。如言服之，果吐大蛇一条而愈。

费本省略"华佗行道"、"佗曰"诸字，余皆相同。

（林　平）

【《养性延命录》作者考辨】

《养性延命录》为古代重要的养生著作，《宋史·艺文志》、《通志·艺文略》皆题为陶弘景撰。但后者于题录后又题曰："又二卷，孙思邈撰"。表明《通志》作者当时曾见到两种《养性延命录》。这"又二卷"，应属同名异书的记叙。孙氏所集的"又二卷"，抑为单行本，抑为《千金要方》中的《养性》篇，《通志》作者没有明言。由于后世没有见到孙氏所集的"又二卷"，是以造成对该书作者之混淆。或将陶氏所集疑为孙氏所集。如：《道藏》第十八册所收《养性延命录》，虽题为"华阳陶隐居集"，但在序末又曰："或云此书孙思邈所集"。或认为系"另一书"。如：任继愈在《道藏提要》中称此书"不及南北朝，盖为陶集，孙氏所集或系另一书"，颇有见地。程军等通过《养性延命录》与《千金要方》中《养性》篇的比较，认为《养性延命录》的作者不是孙思邈，"孙氏所集当为别本。"《养性延命录》作者当为陶弘景。仅将程氏等论述摘介如下。

从篇名与序言比较。《养性延命录》篇名

有六，《千金要方·养性》篇目有八，程氏等将其比较，认为可对应者有六："教诫篇第一"与"养性序第一"对应；"食诫篇第二"、"杂诫忌禳害祈善第三"与"道林养性第二"、"居处法第三"对应；"导引按摩篇第五"与"按摩法第四"对应；"服气疗病篇第四"与"调气法第五"对应；"御女损益篇第六"与"房中补益第八"对应。《千金要方·养性》比《养性延命录》多了"服食法第六"。认为"从上面所引篇名可看出，它们相应内容所用的篇名不相同，似非出于一人之手。"程氏等认为，两书的序言各具"有独立性，它们的作者在此之前都未写过养性方面的书。因此，《养性延命录》和《千金要方·养性》的作者不可能都是孙思邈"。

从开篇和引文比较。程氏等认为，《养性延命录》开篇是"《神农经》曰"，《千金要方·养性》开篇是"扁鹊曰"。表明陶氏治学重于本草，推崇神农。孙氏治学重视医术，推崇扁鹊。这两书开篇的不同，正反映出作者医学派别的不同。所以，《养性延命录》极可能是陶弘景所集。在引文上，《养性延命录》所注出处，有书名，有人名。这与陶氏的《登真隐诀》行文风格相同，认为《养性延命录》的引文风格颇似陶弘景。《千金要方·养性》引文前只注人名，与之相较，却很少有共同之处。

因此，程氏等认为"现存于《道藏》中的《养性延命录》当为陶弘景所集。孙思邈所集当为别本。"

（林 平）

【孤本蒙医典籍《蒙古药方》的发现】

于永敏于1990年末，在日伪档案中发现一册《蒙古药方》。经查阅《中国医籍考》、《宋以前医籍考》、《全国中医图书联合目录》和其他馆藏书目，均未见收录，堪称孤本。于氏的发现，使沉睡了50余年的蒙医典籍重见天日。摘介如下：

（一）发现与源流 《蒙古药方》收存于满洲医科大学巡回医疗队的档案中。经考证认为，该书搜集时间当在1932～1937年间，由"奉天满洲医科大学"，下设"东亚医学研究所"所长黑田源次，派日本医生下乡巡迴医疗，调查收集的。原抄本得自吉林省双辽市、郑家屯"万育药房"的主人。又经医疗队多次收集民间药方，整理成书。原书无名，由黑田氏暂名为"蒙古药方"。在整理翻译中，又得到冈西为人和山本守的支助，于1937年3月附刊于《东亚医学研究》专刊上。

（二）内容与考释 《蒙古药方》，原书为抄本，1936年铅印刊行。全书共20页，封面长（高）21厘米，宽14.5厘米，约10余万字。收录成方83个，按使用药味多少，分为16类。每方用药，最少2味，最多35味，总计使用药物166味。其方药组成，配伍精选，用量轻微，以旧制钱为单位。但方后没有制法、主治、功用、服法、方解等。主要剂型：有散剂38个，汤剂26个（与汉方汤剂不同），丸剂19个。按治疗功效分，涉及脾胃、肝胆、伤寒、心脏、肾脏、风湿、小儿、妇科等各系统、各病种。如：治脾胃病方，有"卓木沙苏木汤"等，治肝胆病方，有"地各大加大巴"等，治伤寒温疫病方，有"地各达苏木汤"、"升麻葛根汤"（为本书中唯一的汉方）。该书方剂中，约有20余方，在现存蒙医药典籍中没有记载，可称为秘方，弥足珍贵。于氏认为该书方剂具有浓厚的东北地区蒙医特色，配伍用药，绝大部份是温、热、辛味，而且完全是生药，不讲炮制。全书以散剂、汤剂为主，多数方用诃子配伍，以解其毒。药量轻微，注意药引子，用法简捷，体现出蒙医民间用药的特点。书末附有当时用的药袋和药匙图像。

（林 平）

参考文献

C

蔡永敏。《怪疾奇方》作者小考。中华医史杂志，1994；(2)：封三

程　军，等。《养性延命录》作者考。中华医史杂志，1994；(4)：236

G

冈田研吉，等。丹波元坚与《伤寒广要》。吉林中医药，1994；(2)：44

H

黄　斌，等。《本草品汇精要》引《饮膳正要》内容的再考订。基层中药杂志，1994；(3)：1

J

靳士英。五脏图考。中华医史杂志，1994；(2)：68

L

刘大培，等。《证类本草》药图的考察。浙江中医杂志，1994；(1)：46

对《证和本草》中"唐本余"的探讨。北京中医药大学学报，1994；(2)：33

刘晓龙。《本草便读》部分药图考察。基层中药杂志，1994；(1)：27

M

马继兴。我国最古的《伤寒杂病论》刻本残片考。第二届全国中医药文献学术研讨会论文集，1994；40

S

尚志钧。《证类本草》陶序和《名医别录》历史关系之辨析。中华医史杂志，1994；(1)：38

名医别录药中有的产生时代并不晚于本草经药。基层中药杂志，1994；(1)：27

W

王家葵。论《神农本草经》成书的文化背景。中国医药学报，1994；(3)：7

王子谟，等。范汪与《范汪方》勾沉。中医文献杂志，1994；(2)：1

Y

于永敏。新发现《蒙古药方》考释。中国民族民间医药杂志，1994；(5)：39

Z

张显成。简帛医书药名释读续貂。甘肃中医学院学报，1994；(4)：46

赵致镛。中医治疗梅毒的最早专著考。四川中医，1994；(11)：18

（三）医史文物

【概述】

1994年，医史文物的研究，无论是史料的搜集、史实的考订，还是思路方法的探讨或史论的研究，都获得新的进展。现摘要分述如下：

（一）通史　以巨著《中国医学通史》的编撰为契机，收获颇丰。李经纬就其体例与分期，医学起源，古医药学形态结构，古医药与人文地理、文化传统的关系，医学家评价，医药史料诸问题，阐述己见，引起国内外医史界的关注。梁峻将中国古代医政特点归纳为继承性、时代性、民族性和融合性。对当今医政有7点启示。郑怀林从岁时、人生礼仪、思想风俗、文化取向分析秦汉时期风俗习尚与医药文化的关系。孔淑真从宋代妇产科医生的培养、医家和专著的出现，以及基础理论、知识和诊疗方法的日臻完备等方面，论证中医妇产科在宋代已形成为一门独立的学科。龚纯从太医局派遣医生、地方军医院成立、部队疫病防治、药物供给、伤病员运送等分析了宋代军事医学系统与规模。

（二）专科史　黄健论证《诸病源候论》对中医精神病学理论的贡献以及对现代精神疾病的认识。贾静涛从秦律、《封诊式》、《黄帝内经》有关内容，探讨萌芽时期的法医学。郑日新介绍方成培与郑氏喉科，列有专条。戴玉认为"膏摩"一词，首见于《金匮》，而起源可追溯到《内经》，"马膏膏法"属于膏摩疗法。武威汉简中也保存了膏摩疗法——

千金膏药方。膏摩疗法主要用于外感病初期、急救、脏腑病证和美容保健。

（三）近代史　游金生论证清末北京内外城居民死于传染病50%以上。和中浚认为四川经济发展、人口激增和医家授徒的需要，是中医普及类著作繁荣的原因。张大庆介绍博医会在早期医学名词统一中的努力和成就。李小芳等考察1912～1927年中国食品状况，饮食不洁为病死主因之一。曹丽娟列举内务部两个解剖尸体规则的重大意义。

（四）地方史　哈鸿潜等考察了台湾高山族部分地区巫医治病及用青草药情况。并论证荷兰据台时期医学未能在台湾立足的原因。于永敏等搜集了1895～1945年间台湾医药卫生史料，包括行政、机构、法令、教育、研究、药品管理和卫生。林诗泉等认为海南中医医疗始于宋代，明代始设医学训导，晚清建惠爱医局和爱生医院，并论及海外交流和南药种植与研究。

（五）教育史　杨杏林等概述了上海四所私立中医学校的创办经过和办学特点及上海中医函授教育情况。梁峻论证了隋唐中医教育。指出此时期医学校诞生，医学分科渐趋合理，师生数量剧增，医药教育制度日臻完备，地方医学教育发展。这些举措均使中国医药知识广泛传播，对后世中医教育产生很大影响。

（六）少数民族史　明全忠等通过民族关系、宗教信仰、包含内容和理论组成分析，得出傣泰医学属于同一体系传统医学的结论。洪武娌认为藏医在认识月经产生机理、胚胎发育过程方面似比中医更具特色。阿子阿越发掘了古代彝医史料；图布旦等介绍明代藏医药学和南方学派代表人物之一的苏喀·罗哲杰布；李吉祥介绍了北京回、蒙、藏族医疗机构，本卷均有专条介绍。

（七）人物　傅连暲是现代重要医学人物，曾任汀州福音医院院长、瑞金中央红色医院院长、延安中央医院院长、中央革命军事委员会卫生部副部长、国家卫生部副部长、中华医学会会长、第三、第四届全国政协常委等职。1994年中秋节是傅连暲诞生100周年，在北京和福建长汀相继召开了纪念大会和学术讨论会，并出版了纪念集。傅维康发表了《傅连暲和卫生预防》一文。本卷列有《傅连暲推动中西医结合工作事略》专条。丁珏认为唐容川等评价中西医学的言论是上承方以智有关中西汇通的阐述。程盘基认为吴鞠通既是温病学家，又十分推崇伤寒学说，理论上寒温并重，临床上寒温并用、融会贯通，在许多方面继承和发展了伤寒学说。

（八）考释　张一群据程充墓志铭考其生于1433年，卒于1489年。蔡永敏认为《怪疾奇方》的大部分内容清初即成帙，今传之书乃汪氏增辑。赵洪钧考证仲景书原名应是《伤寒卒病论》。程军等认为《养性延命录》非孙思邈著作，作者是陶弘景。黄龙祥对《阴阳十一脉灸经》的"是动"、"所生"病作了考察。曹东义等认为《扁鹊内外经》是源自扁鹊著作，《素问》、《灵枢》、《难经》与扁鹊著作有学术渊源关系，《脉经》有扁鹊著作佚文。赵恩俭对"瘿"字和瘿病的证候分类及临床治疗作了考证。尚志钧认为《证类本草》陶序非《名医别录》序，而是《本草经集注》序，序中"名医副品"是指吴普、李当之在《本草经》中增录的资料，不是指《名医别录》。靳士英认为五藏图源自医道两家。《烟萝图》、《欧希范五脏图》、《存真图》、《李驷图》相互间有传承关系。刘大培等认为《证类本草》药图以董氏藏本最精美。万芳等考定"酒病"始见于王叔和《脉经》，解酒药首载《神农本草经》。王兴国等考证葡萄从西域传入应在公元前100年或稍后。宋岘认为"无名异"是阿拉伯语"木乃伊"的音译。无名异是制作木乃伊的涂料。孙启明认为《五十二病方》中"蝷与薜"乃二物，"蝷"亦属飞蝗之类。

（九）思想史和方法论　傅文录从《孙子兵法》的五事原则，即知己知彼的客观性、不战屈兵的上策性、奇正原则的灵活性、流动如水的易变性、用药用兵的同一性、间者成功的希望性，探讨中医临证思想方法论。洪必良认为《内经》以医理释梦具有无神论思想，后世释梦不乏鬼神说。纪梦内容为心态和病态的纷呈。传统文化在纪梦、构梦和神学方面对医学梦幻认识产生影响。朱建平介绍陈立夫"中医现代化"和"中西医一元化"主张及治疗应遵循"中和位育原理"的观点。

（十）医史学　李经纬归纳近五年中国医学史研究概况。张民庆认为中医药文献研究的思想和方法应是联系实际，引入情报学方法，发挥理论思维作用和揭示学术发展规律。

（十一）文物史迹　后德俊等据墓主官员问疾病的记录，对湖北荆门包山二号楚墓墓主死因作了探讨。赵宇明等归纳了《居延汉简甲乙编》有关中医药史料。

（赵友琴）

【中国古代医政及其特点研究】

中国古代医政事业经历了发生、发展、鼎盛、衰落这样一个过程。梁峻研究了这一过程，认为其基本线索是：西周萌芽、发端，首次设置全国最高医政长官—医师（上士），食、疾、疡、兽的医学分科制度基本确立。春秋战国时医政经验不断积累。秦汉时期，医政奠基，政府保护、整理医药文献的政策首次出台，医官队伍初步组建。魏晋南北朝，医政组织肇构，太医署等机构先后成立。隋唐五代，医政日臻完善，医学校诞生，国家药典修订颁行，医药律令增加，陵庙寺院医药发展。北宋时期，医政事业具有革新倾向，校正医书局成立，官办药厂、药店诞生，太医局成为专门教育机构，国子监中设医药，医药慈善机构增多。辽、金、元时期，南北医政交叉结合，医学提举司、官医提举司等机构诞生，医生地位提高。明朝医政相对协调发展，有机统一的医政体系初步形成，地方医学教育发展。清朝医政由盛转衰，逐步废弛。总之，由于医药是保障人类健康的事业，因此，封建帝王多数对其采取扶持的态度，医政也以皇帝的医药诏令为启动机制，中国医学也就沿着大部顺利、间有曲折的历史道路发展过来。

纵观中国两千多年封建社会医政发展之历史，多数统治者在医疗工作方面一般的政策导向是首先加强宫廷医疗，其次加强军队的医药建设，再次是加强流行病的防治工作，最后考虑平民医疗及医药抚恤工作。此外，宫廷医疗向陵台寺庙的延伸以及统治者为标榜仁政设立了医药慈善机构，在客观上又架构了官方医药走向民间的桥梁。如唐代各陵台中皆储有医药，宗庙中设置普济病坊，使周围平民也能得到官方医药的治疗。而病人坊、悲田养病坊等的建立，也在一定程度上为平民医疗作出贡献。总结中医学数千年发展的历史经验，社会的需要及宽松的政治环境是医药学术发展的契机和条件，政治稳定和经济繁荣是医学事业发展的根本保证。如金元时期政府注重军事战争，对科学技术、尤其是医学管束较少，医家可以自由争鸣，从而金元四大家诞生；医学教育的成就明显在政治稳定、经济繁荣的唐、宋、明等朝取得，医学兴旺于稳定强盛的历史时期也就成为一种历史规律。

从中国古代医政之发展看，中国医政的特点具有中国历史文化的一般特性，即继承性、时代性、民族性和融合性，是中国历史的重要组成部分。

就医政的继承性而言，一般来说，后一时期医政都对其前朝医政有所承袭，并为下一朝医政提供历史参考资料，这样便使医政事业呈现出了历史的连续性。

而医政的时代性，是指一定历史阶段医政所表现出的特点。医政属上层建筑范畴，必然是一定社会经济基础的反映，又受一定时期思想文化的影响。如北宋医政多革新倾向，辽金元医政交叉结合等。

医政的民族性是指在中国境内生存的各民族各有适应本民族经济形态而建立的医政体系。如辽金元时期的行御药院、行典药局即是适应游牧生产方式的设置。而医政的融合性，是指各民族医政传统在一定历史条件下的相互交流包融。如南北朝时期北朝之医政、元朝及清朝的医政都具融合性的特点。

医学发展有其自身的规律，这种规律只是医学发展的内因根据。医学发展还有其外部环境条件，其中政策性因素至为关键。适应医学发展规律的政策能够对医学发展起促进作用，不符合医学发展规律的政策，则对医学发展产生阻碍作用。

综上所述，尽管中国古代医政已成为过去，但其中许多经验对当今仍有借鉴意义。如建立协调合理、有机统一的医政体系，进行广泛的医学交流对医学发展有积极作用，医学院校课程设置对医学发展有导向作用，以及医药度量衡必须标准化，医药文献工作需长期进行和流行病的防治必须靠政府和群众的力量等，都是今后医政应予注意的问题。

（傅　芳）

【中西医学汇通思想的启蒙者方以智】

方以智（1611—1671），明末清初的思想家、科学家。字密之，号曼公。桐城（今属安徽）人。有关方氏生平、哲学思想、学术贡献，近一二十年来海内外学者论述已多，医学方面的成就也有所涉及。近年来，马伯英、丁珏分别在论著或专文中讨论了方氏在中西医学汇通方面所起的启蒙作用。马氏认为自明末清初西洋医学被西方传教士带入中国后，中医界对此表现了一种宽容和接纳的开明态度，始终采取了汇通的立场，作为明末先觉知识分子的方以智则是这种思想的创意者。他用“质测”、“通幾”之论，评判中西学术之短长，对以后的中西医汇通产生很大影响。后世中西医汇通人士，王学权、朱沛文等人的一些论说，其实都是上承他的理论的。丁氏详述了方以智在《物理小识》、《通雅》等著作中对西洋人体解剖、生理学的介绍和分析。方氏在《物理小识》中直接引用了传教士汤若望《主制群征》中的内容，即盖仑的血液运动学说，脑的知觉功能以及有关骨骼、肌肉的解剖生理学知识。方氏引用西学是便于中医有所充实，有所借鉴，这是其进行中西医汇通的最初思想。不局限于此，方氏还试图用西医的知识，来论证中医固有的理论。他接受了西说中脑功能的解释，总结出“人之智愚系脑之清浊”的观点后，强调这与中医固有理论相符合，太素脉法亦以清浊定人灵蠢。更进一步，方氏又将西学知识贯通到他本人的研究中去。如脑主记忆的学说便是一个例子。利玛窦《西国记法》把记忆过程看作外界影像“似印印脑”。方氏据此引申贯通，认为记忆是脑的功能，“资脑髓以藏受也”，其过程好比“印板之摹字，坚石之镌文”。可以说，中西医汇通肇始于对脑的认识，而方氏的脑主记忆学说则是他中西医汇通的直接成果。与其同时代的学人相比，方氏的脑说最早见诸文字，并长期流传于医学界。据此，丁氏认为，方氏对中西医学融会贯通所作的努力，使他成为后世中西医汇通——结合潮流的始作俑者，他在中国医学史上作为中西医汇通思想启蒙者的地位，理应予以承认。

（金　建）

【清初皇室与痘疹防治述略】

清朝皇室与痘疹有着不解之缘，光就皇帝而言，顺治帝、同治帝都是死于天花；康熙帝出过天花，所幸未亡，虽脸上留下疤痕，但却因出过痘疹而能登上皇位，后来成为中国人痘接种法的提倡者和推广者。许鲲撰文就清初皇室与痘疹防治情况作了阐述。

清初天花在北方流行。北京城内尤为猖獗。来自寒冷地区的满洲人较易患此疾，皇室中多人被感染，有明文记载者为：辅政德豫亲王多铎，顺治六年三月初十出痘，三月十八日薨；英亲王阿济格两福金俱出痘薨；

顺治十二年，孝惠皇后出痘，所幸勿药而愈；顺治十七年，和硕敬谨亲王尼思哈患痘疹夭折；顺治十八年一月七日，顺治帝福临因出痘而崩。

为防止染上天花，清初统治者采取躲避的办法。入关前，东北设有皇室的避痘所。天聪六年，皇太极依次至奉天诸避痘所看望皇子，这种避痘习俗至少延续到康熙。康熙在晚年还为儿时因在宫外避痘，父母膝下未得一日承欢而深感遗憾。

顺治帝在位时间不长，然避痘活动却十分频繁，经常在冬春痘疹流行之际外出避痘，停止大规模的朝会，或暂时移驻南苑。如天顺二年十一月，“以京城出痘疹者众，免行庆贺礼”；三年正月，“万寿圣节，以京城痘疹盛行，免朝贺”；六年正月元旦，“上避痘，免朝贺”；八年冬十月至九年元旦，是外出避痘规模最大、时间最长的一次，十二年冬十月因孝惠皇后出疹，“上避南海子”，十三年正月元旦，“上避痘南苑，免朝贺”。

为控制痘疹疫情的传染，对民间患有痘疹的汉人，清初统治者采取驱逐远郊的做法。多尔衮摄政期间，对出痘的汉人，立即逐出京城二十里。顺治亲政后稍有缓和，只在痘疹患者的家庭周围设立隔离区。不过顺治十二年痘疹盛行时，再度采取将患者驱逐远郊区的措施。

直至康熙（玄烨）临朝，清廷对痘疹才由避转而为治。玄烨因出过痘疹，在德国教士汤若望的建议下七岁时登帝位。十七年十一月，皇太子胤礽出痘，经武昌府候选知县傅为格诊视治疗，而获痊愈。十九年十二月二十八日，玄烨特将傅氏召到北京，让他给小皇子们种痘（方法是将天花患者的痘痂，连同一些药物研成细末，吹入儿童鼻孔）。首批种痘的皇子是：胤祉（4岁）、胤禛（3岁）和胤祺（2岁）。傅为格因此官职升至武昌府通判。以后玄烨的子女们陆续种痘，均对痘疹产生了免疫力。种痘从此成为定制，为后世清帝所遵循。玄烨在位时，还在漠南、北蒙古大力推广种痘。到了康熙朝后期，痘疹已得到有效控制。这是中国古代医学史上一件大事，它发生在英国医生真纳发明牛痘接种方法之前将近一个世纪。

许氏还据《清会典》指出，清初为研究、治疗痘疹，曾在太医院专门设立痘疹一科，以后当痘疹得到有效控制后，痘疹科才归并于小方脉科。

（高毓秋）

【北京的回、蒙、藏族医疗机构简介】

北京自元朝建都以来，民族医学得到逐步发展，并建有各类医疗机构。对此，李吉祥撰文作了介绍。

（一）回医及回民医疗机构　回族在宋以前称“大食人”，元代改称“回回”。来中华定居的“回回”中有医药学家。公元1292年在北京设立回回药物院。回回药物院会集了有关专家，著成《回回药方》。此书基本上用汉文写成，从中可了解到回回医学属阿拉伯医学，在正骨方面较之元代《世医得效方》更为系统。后来回回人逐渐被中国文化同化，回回医学亦仅在元代的北京出现了几十年。1947年7月29日，北京市最早的回民医院—“中国回教协会普慈施医院”正式成立。医院分为两部，即西医部和中医部。西医部仅三位医生，形同虚设。中医部称普慈施诊所，诊所的一切用具及医疗器械统由回族中医专家赵炳南捐助或借用，并由他率诸弟子轮流义务应诊。该医院由于收费不低，申请免费就诊手续繁琐，医疗条件差，故很少有人问津。1949年10月，医院从广安门内大街迁至牛街中段路东，改名为“北京市回民医院”。1952年后经几次扩建，逐步成为设备先进的综合性医院。并增设伊斯兰特色的“回族礼拜店”、“沐浴室”和“割礼门诊”。

（二）蒙藏医及蒙藏医疗机构　公元1世纪，西藏已有藏医；公元8世纪，藏医学经典《四部医典》问世；公元13—14世纪，藏医传入蒙古族地区，《四部医典》成为蒙医必读之书。蒙医将藏医与本民族已有的医疗经验相结合，逐步形成了具有民族特色的蒙医学。北京的蒙医出现在公元1744年雍和宫改为喇嘛庙后。当时一些来自蒙古、西藏的喇嘛有研习药师学的，出师者可为本寺喇嘛、汉族同胞及外国来宾治病。其中有证可查者是近代雍和宫住持部元贞。1952年，北京市人民政府为了蒙藏族患者就医方便，在雍和宫大街路西，设立了"蒙藏门诊部"，但该门诊部没有蒙藏医，只有3名蒙族工作人员充当翻译。门诊部对蒙藏族患者优先服务，挂号八折优惠。业务范围是：(1) 为在京或来京就医的蒙藏族同胞治病；(2) 为来京的蒙藏族同胞做保健、预防工作；(3) 负责来京蒙藏族同胞的个人卫生及对北京一些寺庙环境卫生进行监督、检查。该门诊部在"文革"初被取消。为了继承和发展藏医药学，扩大藏医学在国内外的影响，1992年11月10日，"北京藏医院"在北京四环东路131号正式成立。该医院以藏医、藏药为主要诊治手段，辅以西医诊疗法。全院有15名藏医，包括嘎玛群旦、加央伦珠、群培旺久等藏医专家，还配备12名中西医老专家、教授。北京藏医院设有门诊部、住院部和综合部，除治疗在京的藏族患者外，并对国内外患者开放。

（俞宝英）

【方成培与郑氏喉科世家的交往】

方成培，字仰松，又字观，号岫云。为清代新安医家、曲艺家。生卒年月不详。郑氏喉科指清季新安中医喉科世家，迄今历15世，主要代表有郑梅涧、郑枢扶父子。郑氏世家传人郑日新最近撰文，就方氏与郑氏喉科在医学上的交往作了论述。

(一) 方成培与郑氏喉科　方成培与郑梅涧、郑枢扶父子年龄接近，志趣、宗教信仰相仿，加上居所靠近，故与郑氏世家交往甚密。郑梅涧曾将家传之秘籍悉数传授于方成培，并口授用针之奥。方氏遗存许多医籍(含亲笔墨迹)、乐律曲谱、医用工具在郑氏宅中，如方氏撰有《运气图解提要》、考订蒲东师成子之《灵药秘方》、家传秘本《授医秘录》、家传医籍《已任篇》、所撰剧本《白蛇传》及乐律曲谱类等，至今保存完好。郑氏宅中现还珍藏着方氏用来研制喉科吹药的"乳钵"(见卷首彩图)。

(二) 方成培与郑梅涧的交往　方氏在研习运气学说时，未能豁然处，曾就教于郑梅涧，由是而撰著《运气图解提要》一书。方氏曾为郑梅涧《重楼玉钥》一书命名、作序，并参与了该书的修订工作。郑梅涧曾手录方氏家传秘本《授医秘录》，并加小序。

(三) 方成培与郑枢扶的交往　方氏与郑枢扶合著《重楼玉钥续编》，该书参考19部古医籍和10位医家的著述，详论咽喉口齿唇舌的基础理论，辨证用药，以补充《重楼玉钥》之未备。方氏还将家藏秘方"严氏赤麟散"、"秘授甘露饮"、"圣功丹"三方传与郑枢扶，后由郑枢扶补入《重楼玉钥》中。方氏还与郑枢扶讨论痘疹病机，郑枢扶将方氏论语记入《重楼玉钥续编·自叙》中。

（陈丽云）

【傅连暲推动中西医结合工作事略】

傅连暲是中国共产党和中国人民解放军医疗卫生工作的创始人之一，不仅为中国的卫生事业作出了重要贡献，而且在推动中西医结合方面做了大量工作。对此，傅维康、陈仲武、鲜文吟、傅一诚、朱锡莹等分别撰写回忆文章作了介绍。

早在土地革命时期，傅连暲就重视中医治病经验，并多方探讨中西医团结合作的具体途径。抗日战争时期，在延安工作的傅连暲主张就地取材，用中草药、民间验方治病防病，并在延安中央门诊部特设针灸专科门诊。1945年，延安成立了中西医药研究会，傅连暲任该会常委，积极参与领导边区中西医团结工作的事宜。建国后，傅连暲担任中央和军委两个卫生部的副部长，兼任中华医学会会长，与中西医有了更多的接触。在学会工作中，他身体力行，广交中西医朋友，积极促进中西医团结合作和中西医结合工作。如亲自动员张孝骞等名望很高的西医专家学习中医；主动和肖龙友、孔伯华、施今墨、蒲辅周等中医名家交往、谈心，向他们请教；吸收彭泽民、施今墨等10位名中医为中华医学会第一批中医会员；组织中西医学术交流委员会，积极开展中西医学术交流等工作。为了响应毛主席关于西医学习中医的号召，傅连暲在1954年、1955年先后在《人民日报》上发表了《关键问题在于西医学习中医》、《积极领导和组织西医学习中医》的文章。强调指出"我们对于团结中西医这一原则是否认真贯彻，是关系到我国人民健康的问题，是关系到我国医学发展的问题，是关系到我国对全世界人民的科学贡献的问题"。"唯有不仅中医学习西医，而且特别强调西医学习中医，才能真正做到中医西医的互相贯通，最后发展为一个医，这一个医就是具有现代自然科学基础，吸收了古今中外一切医学成果的中国的新医学。"在傅连暲主持下，中华医学会同有关方面筹备组织了西医学习中医的学习班，发动和组织西医有系统地阅读中医书籍，全面研究祖国医学，对推动西医学习中医，促进中西医结合，以及针刺麻醉、小夹板治疗骨折、中药治疗急腹症等重大学术成果的研究成功，起到了积极的作用。

1994年是傅连暲诞生100周年。他为人民卫生事业及推动中国中西医结合工作所作出的贡献，将永载史册。

（吴鸿洲）

【古代彝医史料述略】

近年来，中国民族学、医史学工作者整理出大批古代彝族医药文献，因而对彝医的起源与发展也有了更广泛的认识。

据彝族古籍《哦姆支杰察》所述"在荒古年代，世上的人们，有病不会医，……我们的祖先，叫英臣什诺，上山采百草，……什诺的医学，一代传一代"及《勒俄特依》所载母系社会出现的动物、植物、病种、药物和治法名称，阿子阿越推断早在石器时代，彝族先民就已经有了原始的医药活动。他还从《毒的起源经》推知这时的彝族先民对川、草乌类毒草的名称、来源、生长环境、毒性等已有认识，并将之用于狩猎与战争。《念经治病》与《造药治病书》这两部著作也产生于该时代。前者有描写各种"吹治法"的经文，后者载录了142个病名和201种药物。和中浚曾引《彝族医药史》观点，认为这些病名多为凉山彝族奴隶制时期的常见病、多发病，所收药物大多产于当地，故从一个侧面有力地证实了彝族医药的实际存在。

阿子阿越根据文献记载指出，从秦汉至五代该民族已有自己的医学理论及医疗方法。如《物始纪略》记载病因谓：所有病邪、毒气都来自风，而且"病根变化快，一病变百病"。彝族经师举奢折（公元220～618年）则告诫人们：写医经时，要写明药物药性、何药治何病及治法；诊断要视病人五官、寻因查根；用药要对症等等。东汉建武十九年（公元43年），凉山彝族先民——"邛人"已会酿制毒酒；武侯南征时期（公元225年），"孟获之兄名节，以芸香草解军士哑泉之毒（《诸葛亮集》引张澍杂记）；东晋·常璩《华阳国志》记载了彝族针刺及该地出产的药材，并称之为"杂药"。马伟光认为此指当时内地汉族尚不了解而未入中药典籍的民族药；唐代樊绰《蛮书》更加详尽地介绍了部分彝族地区药材的出产情况。马氏认为，《元阳彝医书》成书于五代后周末年（公元957年），是迄今发现的彝族医籍中最古老的一部，全书收载动植物药200余种，病名68个及一些简易的外科手术。

宋元明清近千年中产生了大量彝族医书。但现在能见到的多是清代和民国时期的抄本。关祥祖、马伟光、郝应芬、阿子阿越等学者所举的有《双柏彝医书》（成书于公元1566年）、《医病书》、《娃娃生成书》、《好药医病书》、《超度书·吃药好书》、《供牲献药经》、《洼滢彝医书》、《三马头彝医书》、《聂苏诺期》、《老五斗彝医书》、《龙者彝医书》、《迤施河彝医书》、《宇宙人文论》、《医算书》、《看人辰书》、《彝族治病药书》、《指路书》、《努苦苏》、《斯色比特依》、《斯执色执特依》等。这些书反映出此时期彝族医学在理论和实践上已成独立系统，并与汉族医学相互影响与渗透。

上述学者指出，除上述文献外，还有某些彝族史志、经书等也载有医药内容，如《公史传》、《西南彝志》和《查诗拉书》、《尼苏夺节》等。汉族医书《本草拾遗》、《滇南本草》和《本草纲目拾遗》载有彝地药物和彝族习用药物，故同样是研究彝医的重要史料。

（许亦群）

【明代藏医药学家苏喀·罗哲杰布】

图布旦等撰文介绍了明代杰出的藏族医药、医史学家苏喀·罗哲杰布。苏喀·罗哲杰布是藏医南方学派的代表人物之一。生于公元1509年，卒年不详，享年70余岁。他一生著述颇丰，先后撰有《祖先言教》、《四部医典疑难解答》、《药物若干问答录》、《答北方派之嘎波切土》、《藏药方刻一千零二种之确数》等藏医药学专著，以及《苏喀·年姆尼多吉传》、《四部医典辨析·除暗明灯》、《藏医药学历史概论·庆喜仙人之歌》等藏医史著作。

苏喀·罗哲杰布对藏医药学的贡献，主要包括校订、刊行、注释《四部医典》和对藏医史的研究两方面。公元八世纪成书的《四部医典》是藏医药学的经典著作，传至十六世纪初，内容已日渐失真，故苏喀·罗哲杰布决心恢复其原貌。他几经努力和辛劳，不仅找到宇妥萨玛本人亲笔抄写的《宇妥萨玛·元丹贡布亲注四部医典》，并在甄别考证、精心校订后，于1573年刻印出版，成为迄今最早的《四部医典》木刻版。之后，他又历时4年，撰成《四部医典》注释本——《祖先言教》一书。从纠正谬见、正确注释和消除争论入手，对《四部医典》的第一部、第二部全文及第四部的脉诊一章，进行全面、系统的注释，既汲取前贤论点，又提出独特见解，并纠正他人在注释中的某些错误，使该书成为一部研究十六世纪藏医理论发展的重要著作。苏喀·罗哲杰布还针对《四部医典》中一些疑难问题，作了详尽解释，写成《四部医典疑难解答》一书，对藏医学基础理论研究产生较大影响。

苏喀·罗哲杰布在藏医史的研究中也取得突出成就。他在《四部医典辨析·除暗明灯》一书中，对《四部医典》一书的来源、该医典是佛语还是论著、是由印度学者撰写的还是藏族医家编著等历来争论较多的问题进行辨析。他以充分的论据，证实该书为藏医宇妥·元丹贡布所著。这一结论，很快被后世藏族医家所接受。苏喀·罗哲杰布撰写的《苏喀·年姆尼多吉传》，叙述详略有当，文字精彩优美，具有相当的医学史与文学价值，是研究藏医南方学派形成和发展及该学派奠基大师年姆尼多吉生平学术的重要著作之一。所著《藏医药学历史概论·庆喜仙人之歌》，也是一部研究藏医药学早期历史的著作，在藏医药发展史上占有重要地位。

（吴鸿洲）

【扁鹊著作考辨】

《汉书·艺文志》所载《扁鹊内外经》与扁鹊有何关系，《难经》、《灵枢》、《素问》与扁鹊著作有无继承关系等，学术界久有争议。近年曹东义等人对上述问题作了如下探讨。

（一）扁鹊时代已有医学著作　曹氏等人认为医学不同于诸子，医学知识的积累始于远古，所以医学著作产生当早于诸子之书。春秋时期医学已有相当程度的发展，为医学著作的形成奠定了基础。司马迁《扁鹊传》明确指出，长桑君把珍藏多年的“禁方书，尽与扁鹊”，故扁鹊有亲撰或口传医著传世的可能，其著作形成也当在春秋战国之际。

（二）《扁鹊内外经》探讨　秦汉以前著书多无篇名书名，也不署作者名，故扁鹊即使有撰著，亦当如此。曹氏等认为，扁鹊医学是一种专门之学，师徒授受皆有渊源。公元前180年公乘阳庆把古医籍传授给淳于意时称，这是“古先道遗传黄帝、扁鹊之《脉书》”。刘向将扁鹊有关论述定为《内经》、《外经》乃据内府秘藏医书中有“扁鹊曰”字样，或书搜自于民间而知渊源于扁鹊。而齐王侍医引述扁鹊理论与仓公讨论医药，也证明了当时社会上流传着扁鹊的医学著作。故曹氏等认为《扁鹊内外经》是源自扁鹊的医学著作，在汉以前曾广为流传，司马迁称扁鹊为方脉之祖是言之有据的。

（三）扁鹊与《灵枢》、《素问》、《难经》　廖育群认为《汉志》所收七家医经的内容均有可能被收入成书于其后的《素问》、《灵枢》、《难经》、《脉经》之中，如《素问·大奇论》全文见于《脉经》所载的“扁鹊诊诸反逆死脉要诀第五”，而且《素问》此篇自首至尾不见黄帝，岐伯问答字样，也说明其别有所本。曹氏也认为，《汉志》虽载七家医经，但皆传扁鹊之学，而《素问》、《灵枢》是集旧经诸说于一炉之说，故《素问》、《灵枢》、《难经》与扁鹊著作均有学术渊源上的继承关系。

（四）《脉经》有扁鹊著作佚文　曹氏等指出，王叔和《脉经》卷五大部分文字冠以“扁鹊曰”，有可能引自《扁鹊内外经》，是极为难得的扁鹊著作佚文，也是探讨扁鹊著作、学术成就和对后世影响的极为可贵的史料。

（黄　瑛　徐淑雯）

【《居延汉简》中的医药史料】

《居延汉简甲乙篇》收载了考古发掘出土的汉代张掖郡居延、肩水两都尉的各种文书档案，有关医药的文书涉及医事制度、疾病种类、治疗结果和方药，反映了当时该地区的医药概况。对此，赵宇明等撰文作了介绍。

（一）医事制度　由于该地区战乱不休，气候异常，内地军卒不服水土，以致伤病严重。为了救治需要，设有官医负责医事管理和救治工作。有关医药业务等问题，要有官医处理，对医疗器械和药品管理订有章则，并要求医生作好医疗记录，患病、治疗、病愈、不愈或死亡，都要登记入册，以便上报。还规定，患病求医需要请示，治疗后送走患者，医生也要汇报。遇有死亡者，虽然路途较远，也要写成书面材料上报。

（二）疾病种类　简文中记载疾病种类，述及(1)流行性疾患：一枚简文载有左邻右舍患有类似的疾病先后死亡，这或是流行性疾病。又有七枚简文记载多人同时发病，同时死亡或暴死。(2)伤寒：简文中有“伤寒”、“受寒”名称。古医家所说的伤寒、受寒等，被认为是感受寒邪的病。(3)伤汗：汉以前医书未见有“伤汗”的病名。这里的伤汗或是因汗出过多所致的病症。(4)头痛：简文所记为外感或内伤所引发的头痛。(5)四节不举：汉以前医书中未见有此病名。如“四节”为四肢，则四节不举似为萎症。(6)病心腹、支满、胠葥急：此类证候多为心腹或胸胁出现支撑胀满、酸楚、刺痛、痛苦拘紧的症状。(7)肠澼、滞下、瘁症：肠澼、滞下是以症状命名疾病，瘁似属腹胀痛或小便淋涩。(8)妇女病：简文所记“女病”不一定是妇科病。(9)外科：多为金刃跌打之外伤和骨折。一简文记有“病时痛种(肿)”。(10)五官科疾病：有两简，其一记病眼，另一记病聋。

（三）治疗结果　简中病伤者大多经过治疗，有的治愈、少愈，也有的虽经治疗但未愈或结果不明。未治疗或不接受治疗者是少数。死亡者在简中记录甚多，主要因病而死，少数为杀伤所致，有一例因患疮痈失治死亡。

（四）方药　(1)方剂：只有“伤寒四物”一首：乌喙十分，细辛六分，术十分，桂四分。以温汤饮一刀封（圭），日三夜再行解不出汗。还有三首残缺方。(2) 药物：有乌喙、细辛、术、桂、蜀椒、桔梗、姜、甘草、戎盐。(3) 剂型、用法与用量：剂型有“汤药”、“饮药”、“丸药”、“膏药”、“巴药”。用法有内服的汤、饮、丸，外用的有膏药和巴药，用量一般以分或钱计。

（陆肇基）

【《本草集注》在中国矿物学史上的地位】

艾素珍通过对陶弘景《本草集注》（以下简称《集注》）中所载矿物药内容进行多方面分析，以说明该书在中国矿物学史上的地位。

（一）收载品种有较大增加　《集注》共收录矿物药94种，几乎是《神农本草经》中矿物药的一倍。

（二）物理特性　所载矿物药种类多样，广及现代无机矿物学分类的每一大类；且不少是成分复杂的岩石类矿物药；还增加了金、银矿物药的使用。

（三）性状　《集注》对矿物药外表形态、颜色、光泽、透明度、硬度、纹理、脆性、磁性等均有所论述。特别是对形态的描述，分为晶形和集合体两大类。如石膏、金牙、铜牙均为四方晶系。而对矿物集合体的形态描述分粒状、鳞片状、钟乳状等。并注意到同种矿物的不同形态，及矿物形态与其生成环境的关系。

（四）分类鉴定　《集注》能将成分相同或接近的矿物药排列在一起，并按颜色差异、外形差异及综合硬度、大小、光泽等多种差异将同种矿物再分类。还注意到矿物学的共性，开创焰色鉴定矿物的方法。

（五）产地的考察　《集注》所载矿物药产地，有81处之多，不仅遍及全国18个省、自治区，还远及海外如今越南、朝鲜等地。该书仅记当时医方常用矿物药的产地，且常有多个，说明了《集注》注重实用性。该书又注重对矿物药主产地、产地沿革的记述。已了解到有六种矿物药在不同地区可以存在成分的差异，以及某些矿物的共生关系和具体的存在环境。

艾氏认为《本草集注》在本草学著作中最早地深入和全面记述了矿物药的性状和产地，它是唐以前记述矿物学知识的最重要文献，代表了梁代之前中国矿物学所达到的水平。《集注》所开创的记载矿物药性状和产地的本草学著述体例被后代所沿用，使本草著作成为中国古代矿物学知识的丰富宝库。

（高毓秋）

【《本草图经》中有关医药交流史料的考析】

《本草图经》是北宋嘉祐（1056—1063）年间官方组织编纂的图谱性本草著作，已佚。陈湘萍根据《重修政和经史证类备用本草》引用《本草图经》有关中国古代少数民族及中外医药交流的76条药物资料，分药物交流、医药贸易及古代少数民族用药采药等方面作了考析。

陈氏首先将辑出的与古代外国及少数民族有关的药物资料分为三类：(1) 不产于中国，纯粹由域外输入的药物共有6种：补骨脂、荜茇、蒟酱、葡萄、安石榴、胡桃。(2)《本经》云产于域外，至《本草图经》中土已出产的药物有14种：菟丝子、莳萝、阿魏、肉豆蔻、白豆蔻、胡黄连、毕澄茄、鹤虱、胡芦巴、丁香、没药、益智子、椰子、腽肭脐。(3) 属于中外诸民族所共有的药物42种，其中矿物药13种：玉、青琅玕、丹砂、石胆、朴消、无名异、水银、石硫黄、盐、密陀僧、珊瑚、矾石、硇砂；植物药26种：术、菖蒲、肉苁蓉、人参、蓝实、款冬花、茴香子、蓬莪术、红蓝花、蔄茹、蓖麻子、茯苓、松脂、桂、沉香、藿香、厚朴、菴摩勒、栀子、胡桐泪、麒麟竭、蓬蘽、栗、橄榄、芥、薄荷；动物药3种：象牙、犀角、野驼。

陈氏指出，由于《本草图经》是官方颁行，故该书所载的药物交流资料多限于外来药物的输入和使用方面，其中所述虽中土也有出产，但仍需部分进口者，这类药物资料可补正史的不足。同时汉文典籍中关于古代少数民族的采药、制药、用药经验及生活习俗等记录较少，所以《本草图经》中所保留的史料对研究民族史和民俗学史弥足珍贵。这些资料表明北宋中叶外来药物在中国的使用相当普遍，并已经融合于中国传统医药体系之中。此外，从这些资料中还可看出，北宋中叶的广州、福建等地是药物贸易的重要地区，这已为其他史籍记载和现代考古发现所证实。

（高毓秋）

【中国现存最早的心脏疾病病情记录】

湖北荆门包山二号楚墓于1986年被发掘出土，墓主人是当时楚国主管司法的官员“左尹”邵𬆭。根据骨骼鉴定，邵𬆭为身材魁梧的中年男子，约40岁左右。后德俊等学者根据该墓出土的竹简，分析探讨了邵𬆭的死因。

该墓出土的448枚竹简中，有关于邵𬆭自公元前317年（楚历三月四日）至公元前316年（楚历五月七日）之间，请巫师为其贞问疾病的11条记载。这11条中除第1条记有“腹疾”，第11条记有“瘽疠”外，其余9条的记载分别有“心疾”、“下心疾”、“腹心疾”。这里的“心疾”虽无法肯定就是今天所说的心脏病，但是“心疾”当主要包括与心脏有关的疾病在内。从《左传·庄公四年》叙述的楚武王之死，可为佐证。由此推知邵𬆭所患的“心疾”、“下心疾”、“腹心疾”，当是指心脏方面的疾病而言。

从简文记载发病时的症状、病况特点分析，患病过程中出现“少气”(气短)、“上气”(气促)、“不入饮”(吃不下饭)、“不甘饮”(不想吃饭）及患病后期出现“瘽疠”(浮肿)而不久死亡等症状，亦与心脏疾病比较吻合。整个病程可分为三个阶段，第一、二阶段之间约相隔8个月，第二、三阶段之间约相隔5个月。据简文记载，两次间隙期间，邵𬆭仍可工作，表明其发病比较突然。此病特点为间断地发病，且病情一次比一次严重，皆与心脏疾病的特点相吻合。按病程时间推算，从病情开始恶化至死亡，只有约一个月时间，对于身体魁梧的中年人来说，如此快地死亡，推测系由心脏疾病所致，也较合理。

这11条巫师为邵𬆭贞问疾病的记录，是中国已发现的时间最确切、内容最详细、年代最早的一份心脏疾病病情记录，是中国医学史上十分珍贵的资料。

（陆肇基）

【四川绵阳发现最早的人体经脉漆雕】

何志国等撰文披露了1993年2月在四川绵阳永兴镇西汉木椁墓出土的人体经脉漆雕。该漆雕出土时身着数层红色纺织品，以木为胎，体表遍髹黑漆，作裸体直立状，光头无发，双手垂直放置于身体两侧，掌心向前。人体造型比例协调，高28.1厘米。体表纵向分布红色漆线数道，漆线宽0.1—0.15厘米。这些红色的线条均行经有序，人体正面从头顶经过胸腹部到脚两根线；背面有三根线条，两根从头顶经过背部至脚，一根从头顶至股缝；两臂各有三根线条，从指尖经过手臂至颈部，与头部线条联接，形成网络。头、手部线条较复杂，头部正面纵线五根，横线条三根，与躯干和手臂的线条联接，手背纵面分布和与之交汇的线条也有5根，彼此相通形成网络。

何氏等指出，该漆雕漆线分布与《足臂十一脉灸经》、《阴阳十一脉灸经》及《灵枢·经脉篇》记载相近，但又与《灵枢·经脉篇》存在差异。原因可能是年代早晚和发展阶段的不同所造成。据何氏等称，该漆雕是迄今发现最早的一件关于经脉的实物，为中医经络学说的形成和发展提供了直观、形象的研究资料。

（高毓秋）

考参文献

A

阿子阿越。古代彝医史料琐谈。中华医史杂志，1994；(4):229

艾素珍。论《本草集注》中矿物学知识及其在中国矿物学史上的地位。自然科学史研究，1994；(3):273

C

蔡永敏。《怪疾奇方》作者小考。中华医史杂志，1994；(2):封三

曹东义，等。扁鹊著作考。中医杂志，1994；(8):496

曹丽娟。人体解剖在近代中国的实现。中华医史杂志，1994；(3):154

陈湘萍。《本草图经》中有关医学交流的史料。中国科技史料，1994；(3):83

陈仲武，等。深切的怀念　崇高的敬仰——纪念傅连暲同志诞辰100周年。傅连暲诞辰100周年纪念集，第208页，1994

程　军，等。《养性延命录》作者考。中华医史杂志，1994；(4):236

程盘基。吴鞠通与《伤寒论》。中国医药学报，1994；(1):9

D

戴　玉。中医膏摩疗法的形成与发展。国医论坛，1994；(1):35

丁　珏。方以智——中西医学汇通思想的启蒙者。中华医史杂志，1994；(2):85

F

傅维康。傅连暲和卫生预防。中华医史杂志，1994；(4):233

傅维康，等。医德医术　交相辉映——纪念敬爱的父亲傅连暲诞辰100周年。傅连暲诞辰100周年纪念集，第141页，1994

傅文录。《孙子兵法》与中医临症思维。中医研究，1994；(1):7

傅一诚。傅连暲会长开创中华医学会新局面。傅连暲诞辰100周年纪念集，第276页，1994

G

龚　纯。宋代的军事医学。中华医史杂志，1994；(4):240

关祥祖。彝族医药简介。云南中医学院学报，1991；(1):39

关祥祖，等。彝族古籍《宇宙人文论》之医学探讨。中华医史杂志，1991；(3):187

H

哈鸿潜，等。台湾原住民之医药考察。中华医史杂志，1994；(1):5

荷兰据台时期医学。中华医史杂志，1994；(3):148

郝应芬。浅述彝医对"斯色"病的认识。中华医史杂志，1990；(2):71

和中浚。评《彝族医药史》。中华医史杂志，1991；(3):191

晚清四川普及类医著的产生和影响。中华医史杂志，1994；(1):20

何志国，等。我国最早的人体经脉漆雕。历史大观园，1994；(10):32

洪必良。中医学之梦幻认识史考略。中华医史杂志，1994；(4):244

洪武娌。藏医妊娠生理及胚胎学初探。中华医史杂志，1994；(3):172

后德俊，等。湖北荆门包山二号楚墓墓主死因初探。中华医史杂志，1994；(3):141

黄　健。《诸病源侯论》对中国古代精神病学发展的贡献。中华医史杂志，1994；(4):207

黄龙祥。经脉病候考源。中华医史杂志，1994；(4):219

J

贾静涛。法医学的萌芽。中华医史杂志，1994；(1):47

靳士英。五脏图考。中华医史杂志，1994；(2):68

K

孔淑真。宋代妇产科学。中华医史杂志，1994；(3):183

L

李吉祥。北京的回、蒙、藏族医疗机构。中国科技史料，1994；(1):66

李经纬。论《中国医学通史》古代卷编写诸问题。中华医史杂志，1994；(1):41

李经纬，等。近五年来中国医学史研究的进展。中华医史杂志，1994；(3):133

李小芳，等。1911～1927年间的中国食品卫生简

介。中华医史杂志，1994；(3)：151
梁　峻。中国古代医政特点及其对当今医政之启示。中华医史杂志，1994；(1)：9
隋唐中医教育史论。中医教育，1994；(4)：41
廖育群。扁鹊脉学研究。中华医史杂志，1988；(2)：65
林诗泉，等。海南中医药发展史料。中华医史杂志，1994；(2)：105
刘大培，等。《证类本草》药图的考察。浙江中医杂志，1994；(1)：46

M

马伯英，等。中外医学文化交流史。文汇出版社，1993；第475页
马伟光。彝族医药述要。云南中医学院学报。1990；(3)：1
明全忠，等。傣泰传统医学的可比性。中华医史杂志，1994；(1)：27

S

尚志钧。《证类本草》陶序和《名医别录》历史关系之辨析。中华医史杂志，1994；(1)：38
宋　岘。论大食国药品——无名异。中华医史杂志，1994；(3)：167
孙启明。《五十二病方》湔与薛别释。中华医史杂志，1994；(3)：182
图布旦考，等。杰出的藏医药学家——苏喀·罗哲杰布。中华医史杂志，1994；(2)：108

W

万　芳，等。酒病与解酒考略。中华医史杂志，1994；(4)：203
王兴国，等。葡萄原产地及传入时间考辨。中华医史杂志，1994；(1)：25

X

许　鲲。清初皇室与痘疹防治。故宫博物院院刊，1994；(3)：91

Y

杨杏林，等。上海近代中医教育概述。中华医史杂志，1994；(4)：215
游金生。清末北京内外城居民死因分析。中华医史杂志，1994；(1)：23
于永敏，等。台湾医药卫生史料（1895～1945）。中华医史杂志，1994；(4)：223

Z

张大庆。早期医学名词统一工作：博医会的努力和影响。中华医史杂志，1994；(1)：15
张民庆。中医药文献研究的思路和方法。中医杂志，1994；(7)：428
张一群。程充生卒考。中华医史杂志，1994；(1)：40
赵恩俭。"瘘"病考。天津中医，1994；(4)：1
赵洪钧。杂卒考。中华医史杂志，1994；(3)：178
赵宇明，等。《居延汉简甲乙编》中医药史料。中华医史杂志，1994；(3)：163
郑怀林。秦汉时期风俗习尚与医药文化。中华医史杂志，1994；(2)：111
郑日新。方成培与郑氏喉科。中华医史杂志，1994；(3)：175
朱建平。陈立夫先生关于复兴中医药学的谈话。中华医史杂志，1994；(1)：50
朱锡莹。忆傅连暲同志的革命风彩。傅连暲诞辰100周年纪念集，第284页，1994

四、民族医药

【藏医学的医疗保健方法】

藏医医疗保健方法是藏医学的重要内容之一，对增进人体健康、预防疾病、延年益寿方面有积极的作用。藏医学的保健思想，充分体现了中国医学的整体观念。丁玲辉指出，藏医医疗保健大致分为饮食疗法、药物疗法及季节与日常起居三部分。

（一）饮食疗法　藏医认为，饮食调配是否得当，直接影响人的健康与寿命，强调饮食要有节制，不可暴饮暴食。并针对有关病症，提出应摄食营养丰富的食物。对气类病（如龙病），应用多种食物配成的汤剂，主要成分是奶油、肉汁、米酒、蜜糖、阿魏或石盐等；对胆汁类病（如赤巴病），应给予牛奶、羊奶制成的新鲜奶油、新鲜动物的肉、凝乳、新鲜蔬菜；对粘液类病（如培根病），食物中应有鱼、牦牛肉、用旧麦磨成的面粉、米酒及充足的开水或者含有生姜的水。

（二）药物疗法　药物治疗疾病是藏医的精髓，有些药物具有保健作用。从花朵中提取的精华（如蜜）与从玛瑙中提取的精华，可使人健康长寿，使眼睛及其它五官保持良好的功能。为治好各种气类疾病如悸、精神疾病，应服用蒜油（大蒜根、牦牛奶油制成）。而"五灵脂油"（即五灵脂和金、银、铜末、钢屑制成）可以治疗所有的气类、粘液类及胆类病，促进健康长寿。还认为过度肥胖有害健康，应服用披针加青梅、五灵脂、接骨木等进行减肥。

（三）季节与日常起居　藏医认为每个人都要按季节调整自已的活动。春季易发生粘液类病，要食用陈青稞、干肉、蜂蜜和姜汤，多喝开水，夜卧早起，广步于庭，多运动，常擦身，多在树荫下歇息。热季要食用牛肉、蜂蜜、大米，注意遮阳，常洗冷水澡，要喝淡酒、穿薄衣，住阴凉房屋，在树下乘凉。夏季易患培根病，应食用羊肉、清奶和易消化食物，要喝酒，不要在阳光下久留，夏天性交不可过度，否则会影响五官的健康。为预防胆汁类病，秋季要食用甘、苦、涩的食物，要穿用樟脑或檀香熏过的衣服。冬季易患粘液病，故在冬天应穿暖，在身上涂油防冻，吃富于营养的食物，适当进补，多喝肉汤，以保持身体温暖。严冬要穿皮衣、靴子、烤火、晒太阳，不要住在潮湿的地方。藏医认为，日常除随身携带良药、注意安全外，还要保证按时睡眠。老人由于体弱，体内元气少，更应注意午休。若晚上睡眠不好或失眠，应常食用牛奶、酸奶等；月经期间禁止同房；宜经常在身上、脚上及头部涂油，以油润皮肤，并经常按摩四肢，以助血脉畅通。日常要注意保持卫生，经常洗澡，但不要饭后立即洗浴等等。

（赵雪松）

【蒙医药对遗精阳萎的辨治】

在蒙医医籍中，将男性不育及阳萎等病，归属于肾虚范畴。张俊洲等报道治疗阳萎100例，其中病程30天～1年42例，1～3年25例，4～5年15例，6～10年18例。辨证分为3型：肾虚型54例，气型38例，热型8例。以壮肾阳、益肾精、健体魄的海马七味丸（海马、肉蔻、白大豆、锁阳、鹿茸、手参、黄精）为基本方。随证加减：肾虚型加用温补脾肾、通经回阳的少吉德丸（石榴、官桂、白豆蔻、荜茇、蒺藜、天花粉）。气型加补益脾气、宁心安神的沉香三十五味散（沉香、降香、广枣、白云香、石榴、白檀香、小白蒿、兔心、炒枣仁、小菖蒲、远志、丹参、广木香等）。热型加清热利湿、清利血热的诃子十味丸（诃子、红花、白豆蔻、紫草茸、五灵脂、枇杷叶、茜草、刺柏、黄柏等)。制成9克重蜜丸，早晚各服1丸。服药期间禁生冷辛辣食物，30天为1疗程。结果服药3个疗程，性功能完全恢复者为痊愈78例，好转14例，总有效率92%。乌力吉特吉斯指出，按蒙医理论对遗精、阳萎的辨证分为3型：(1)肾阴赫依型,治以祛寒壮阳,用蒙成药达吉德八味丸为主，同时早晚加服苏格木勒十味散和沙仁嘎日迪。(2)心脑精神型，治以镇静安神，配合心理疗法，用蒙成药斯木吉德吉德、额尔敦乌日勒等,配合滋阴壮阳的达吉德八味丸。(3)肝赫依希拉型，以疏肝去希拉行赫依法，首选吉日古木七味散，古日古木十三味丸和西吉德六味散，配合诸吉德丸治疗。均用药20天左右治愈,疗效巩固。

(娄国菁)

【壮医药罐疗法的应用与研究】

壮医药罐疗法的应用历史悠久。它是用煮沸的壮药药水加热竹罐后，吸拔于治疗部位上。一般进行二次,第二次拔罐前先针刺放血，拔罐后用药巾热敷数次。本法具有祛风除湿，活血舒筋，散寒止痛，消肿的作用，对风湿痹痛的疗效尤为显著。

陈秀珍等用药罐疗法治疗痹症133例。药液配方：杜仲30克，三钱三20克，五爪风30克，三角风50克，八角风50克，抽筋草20克，臭牡丹40克，五加皮40克，鸡屎藤30克，石菖蒲20克。加水500毫升煎煮竹罐，使用时将药罐在药液中加热5分钟后，在患处肌肉较多的部位取相应的穴位，并配合阿是穴进行拔罐。每2～3天拔1次，10次为1疗程。结果治愈(症状全部消失，功能活动恢复，有关理化指标正常)64例，显效38例，好转21例，总有效率92.5%。陈氏等认为本疗法是一种负压疗法，造成局部毛细血管破裂、瘀血、产生自家溶血，部分红、白血球受到破坏,大量血蛋白释出，可引起良性刺激作用，部分药液吸收，加上热敷作用，使局部穴位血管扩张，循环加快，改变充血状态，神经得到调节，营养得到改善，增强机体抗病能力或耐受性，有利疾病的恢复。陈氏等对152例痹症患者中的53例进行治疗前后免疫功能测定，结果：淋巴细胞转化率升高，有显著性意义；血清IgG无差异；血清IgA降低,有显著性意义；血清IgM降低。

(沈施德)

【四象医学与心理学】

四象医学把人分为太阳人、太阴人、少阳人、少阴人四象。对于四象人的脏理与心理关系上，许香兰等指出：肺大肝小之太阳人，其性情多暴怒深哀，欲进而不欲退；肝大肺小之太阴人，其性情多浪乐深喜，欲静而不欲动；脾大肾小之少阳人，其性情多暴哀深怒,欲举而不欲措；肾大脾小之少阴人，其性情多浪喜深乐，欲处而不欲出。许氏等指出,一个人的性情可以影响到脏器的盛衰，如太阳人哀性远散则气注肺而肺益盛，怒性促急则气激肝而肝益削。另一方面，一个人的脏局短长，可以直接影响到一个人的精神心理活动。二阳人多喜活动而性格外向，如太阳人果断疏通，好言大事，虽败不悔；少阳人好显自己，处理事情较轻率，善察言观色。二阴人多喜幽静而性格偏内，如太阴人注重家庭，且为人憨厚而有度量；少阴人心偏狭且思虑多。

许氏等指出，在生理与心理关系上，肺气直而伸是哀性远散的生理根本，脾气栗而包是怒性宏抱的生理根本，肝气宽而缓是喜性广张的生理根本，肾气温而蓄是乐性深确的生理根本。即所谓："哀性肺出，怒性脾出，喜性肝出，乐性肾出。"崔海英等认为，因"频起怒而频伏怒者腰胁频迫而频荡也,腰胁者肝之所住着处也。腰胁迫荡不定则肝气不伤乎!……"如此"怒伤肝、喜伤脾、哀伤肾、乐伤肺"的心理活动等因素直接对脏器的生理机能产生影响。

对心理因素与四象人发病的关系，许氏等认为太阴人恒有怯心，少阳人恒有惧心。若怯心至则大病作而成怔忡证，惧心至则大病作而成健忘证。少阴人恒有不安定之心，太阳人恒有急迫之心。若其心宁静则脾气活而肝血和，否则导致脾气大伤，肝血不和。崔氏等指出，喜、怒、哀、乐四情偏盛偏衰，可以引起疾病。此即朝医所论：心之爱恶所欲，喜怒哀乐偏着者为病。太阳人哀性深着则伤表气，怒气暴发则伤里气；少阳人怒性伤口、膀胱气，哀性伤肾，大肠气；少阴人乐性伤目，膂气，喜性伤脾、胃气，太阴人喜性伤耳、脑项气，乐情伤肺、胃脘气。并指出喜、怒、哀、乐之气逆动则损伤相应的脏器，如上升之气过多则肝肾伤，下降之气过多则肺脾伤。太阳人哀极不济则忿怒激外，少阳人怒极不胜则悲哀动中，少阴人乐极不成则喜好不定，太阴人喜极不服则侈乐无厌。

关于心理因素对预防保健上的影响，崔氏认为心理创伤对健康有非常重大的危害性，心理创伤正如“以刀割脏，一次大动，十年难复”，告诫人们务必注重精神心理的调节，“太阴人恒戒怒心哀心，少阴人恒戒哀心怒心，太阳人恒戒乐心喜心，少阳人恒戒喜心乐心”，只有这样，才能保持健康。许氏认为，因天禀已定，又有短长而不全其天禀者，则人事之修不修而命亡倾也。通过良好的教养和社会的帮助，作到“存其心，养其性”，则能使人改变精神心理状态，以防止疾病，达到健康长寿的目的，因而不断地“修其身”，就能“立其命”。

（许香兰）

【彝族医药】

彝族主要分布在金沙江两岸的四川、云南、贵州、广西四省区，约650余万人。近年来，经发掘整理，已出版《彝族医药学》一书。全国首届民族民间医药学术交流会（1992年·昆明市）论文集共收载彝族医药论文16篇。

关祥祖报道，在彝族医学中有其用于认识和概括说明人体及自然界现象变化的理论-哎哺，以及清浊二气、五行、经络等理论。彝医了解气候、饮酒等与疾病的关系，重视预防疾病，认识到麻风等疾病的传染性。初步总结出彝药有1189种，其中植物药871种，动物药262种，矿物等药56种。内服剂型有汤剂、丸剂、散剂和酊剂。外治法有外敷、熏蒸、火灸、洗浴、割治、拔火罐、放血、按摩等。内科疾病共40证，儿科20证，妇科11证，产科28证，外科16证，伤科36证，五官科22证。

刘树喜等对彝医内科治疗学作了研究，认为彝医在诊断内科疾病时注重问诊、望诊和舌诊，多用类似中医辨证论治的方法。以内服药为主，还常用药敷、脐疗、烟熏、点鼻、针灸、刮痧、挑刺、拔罐等法，在治疗内科40个病证的852个处方中，绝大多数是1～7味，大多是传统中药，较少用草药和单方。

贾克琳等报道，彝医把酒称为“百药之长”，有以酒泡药饮用，以酒冲饮药粉，以酒为引，用酒浸泡药物以存性等。从收集到的1535个方剂中，用酒或以酒佐药来治疗疾病的有333首，占22%，但在儿科疾病中几乎不用。

关祥祖等对彝族医药图书文献情报作了调研，计有《明代彝医书》、《作祭献药经》、《医病书》、《造药治病书》、《启谷署》、《医病好药书》、《小儿生成书》、《老五斗彝医书》、《三马头彝医书》、《洼垤彝医书》、《元阳彝医书》、《斯色比特依》、《医算书》、《药名书》、《龙者彝医书》、《迤施河彝医书》以及《西南彝志》、《寻药找药经》、《宇宙人文论》、《看人辰书》、《查诗拉书》、《指路书》、《尼苏夺节》、《彝医药经》、《彝族医药史》、《彝族植物药》《峨山彝药》、《彝药志》、《聂苏诺期》、《彝族医药珍本集》等。

此外，毛志品对彝族民间生育习俗作了调查记录。郝应芬对彝族医药古代发展史作了介绍。

（沈施德）

【傣药的研究近况】

傣族传统医药是我国民族医药之一，已有2500年历史，已形成自己的医药体系，以手抄本代代相传的《档哈雅》为其医药名著。据麦国荣等统计，傣医常用药物约有1000千多种，其中以植物药为主。方茂琴从德宏州统计，动物药有30种，矿物药5种，植物药250多种。植物药中比较集中的有豆科、毛茛科、蔷薇科、伞形科、萝摩科、茜草科、唇形科、百合科、兰科等。傣医将植物药分为木本、草本、藤本三大类，然后再分根类药、茎类药、皮类药、叶类药、花类药、果类药和种子类药，结合傣语的特殊命名，能准确地把药物区分开来。方氏指出，傣族植物药多就地取材，多为在洗净、切段或切片后鲜用或生用，主张多晾少晒，特别防止暴晒或烘烤；对骨类药按不同的骨类采取不同的加工方法，如水牛角烘烤至中心焦脆，然后将其中焦质刮下集成。加工有毒类的植物药（如半夏、天南星等）要求先熬煎1小时。麦国荣等收集整理了100多种傣药的炮制方法，较详细地介绍了七叶一枝花、大百部、水牛角、苍耳子、茄子、金刚纂、猪胆、野半夏、兜唇石斛、箭毒木的炮制方法及性味、功能主治。

温元凯对西双版纳的傣药作了归纳。(1) 汤剂或煎剂（“雅南”）：是应用最多的剂型，治疗内、儿、妇科疾病为主。(2) 酒剂和酊剂（“雅牢”）：是治疗风湿性疾病、跌打劳伤、动物叮咬的主要剂型，分内服和外用两种，外用的多含有草乌、葛根一类有毒药材。不论内服或外用的酒剂，里边多泡有诸如虎骨、蛤蚧、熊胆、鹿筋等名贵动物药材。(3) 油膏剂（“雅喃满”）：基质是鹅油、蛇油、熊油、鸡蛋油等动物油以及芝麻油、花生油、棉子油等植物油。主要用于治疗皮肤病、风湿性疾病、疮疡、腮腺炎、毒虫叮咬等。(4) 散剂（“雅棒”）：是傣成药的主要剂型，分内服、外用和内外兼用，往往以菜叶、豆腐皮等包裹后吞服。(5) 丸剂（“雅内”）：是傣成药的主要剂型。粘合剂为水、蜂蜜、米汤或淀粉浆、药物鲜汁或药材煎汁等。(6) 片剂（“雅片”或“雅内”）。(7) 胶剂（“雅喃郎”）：常用鹿角（胎）、虎骨、蛇骨、象皮等熬制，多用于滋补、妇科及风湿性疾病。(8) 线剂（“雅妹”）：用棉线蘸上药液后栓在患处靠心脏一端，用于治疗无名肿毒、头痛、蛇伤及毒虫叮伤。(9) 茶剂（“雅姐喃京当腊”）：将药草晒干后用开水泡饮。(10) 药饼（“雅贯”）：药材研细后，加适量米汤或其他粘合剂，捏成饼形，取适量开水冲服或泡酒服。用于治疗麻风、风湿跌打等。(11) 气雾剂（“雅烘”）：将药物加工成卷烟抽，或将药材煎煮，使药物的挥发性成分和水蒸气一齐放出，让人吸入或全身皮肤充分接触该混合气体。治疗牙痛、哮喘、鼻炎、皮肤病等。(12) 栓剂（“雅谢贯见”）：将药物削成子弹头型，塞入肛门或阴道，治疗便秘及妇科疾病。(13) 条剂或纸捻（“罕嘎腊煮喃雅”）：用细纸浸蘸药液后搓成条，插入疮口或瘘管，有拔脓生肌，消炎止痛的作用。(14) 灸剂（“麦泡否”）：用火草及其它药物混合揉绒，点燃灸患部或穴位，以治疗头痛、疟疾等。(15) 水磨剂（“芬雅”）：用动物的角、骨筋及质地坚硬的植物和矿物磨水直接喝或外擦患部。廖瑞琴等认为傣药的剂型和炮制过于简单，更无质量标准，影响其疗效和推广。廖氏等对临床长期使用、疗效确切的传统方药“雅给沙把”（解毒消滞药）、“雅给先打”（解热毒药）、“雅乓勒”（治消化不良）、“雅灭想”（治湿疹合并感染等皮肤病）等，在保持其特色、原药组成的前提下作了剂型改革。

（沈施德）

【苗族医学】

全国苗族约有730万余人，50%以上聚居于贵州省内。唐永江指出，该省于1982年开始组织进行苗医药调查，搜集到诸如《草本春秋》、《四十九翻症》等石印本和手抄本医书。自1984年起，进行苗医学人体解剖概念的研究和整理。1986年，黔、湘、鄂民族医药研究协作片暨苗族医药学术研讨会在贵阳召开。1993年，《苗族医药学》出版。自1984年起，在苗族聚居的松桃县内，对苗医学进行整理研究。苗医诊法包括望诊、听诊、问诊、脉诊和摸诊，其中脉诊分头部、寸口、腕、五指、内外膝眼下、足背和左乳下等16处脉位。苗医把疾病分成冷病、热病两大类型，凡疾病发生、发展过程中表现为慢性、寒冷、虚弱、安静、功能低下者多属冷病；表现为急性、温热、躁动、机能高亢者多属热病，并认识到冷病与热病在一定条件下可以互相转化。在治疗中强调两纲，即冷病热治和热病冷治。较完整地整理出三十六经（"经"是指高热、抽搐、昏迷类病证）、七十二症的病因、病理和治则，以及四十九翻病、十丹毒、小儿十二胎病、新生儿十二抽病和龟类病（腹部内脏肿块）。

（沈施德）

【苗医药治疗痹证】

袁庆忠等采用苗族民间疗法—薰蒸疗法，并选具有祛风散寒、舒筋活络、活血化瘀、消肿止痛的苗医秘方、验方，对117例痹证患者进行观察。117例中属风湿性关节炎患者53例，风湿寒性关节痛者64例；病程在1年以内者57例，1～5年者38例，6～10年者12例，超过10年以上者10例。以广西桂北苗族民间习用的薰蒸器改装成医用薰蒸器，用杉木板制作而成，容量约为1.59 m^3。方药为蒙达董、蒙四棱、燕子尾树、血风藤、乌伯空、石菖蒲等16味草药。将配制好的草药投入锅中煮，让其产生足够的蒸气，使薰蒸箱内充满药物蒸气，并使箱内温度保持在35～45℃。嘱病人脱去衣物，在箱内取坐位或卧位，治疗20～30分钟。或可在箱外播放轻音乐，以助病人放松，增加疗效。7天为1疗程，疗程中间休息2～3日，再进行第2疗程，3～5个疗程无效者不再采用本疗法。结果治愈68例，显效29例，好转13例，总有效率94%。黄章全报道278例冷骨风（即痹症）患者，病程最长26年，最短的3个月。方药为大血藤（苗药名忙厂，下同）20克，小血藤（多忙厂）20克，白龙须（弄戛格将）10克，狮子草（抱重戛师）20克，续断（轩哀）20克，大车藤（忙戛用）20克，豨莶草（阿拉操）20克，土茯苓（唱戛将）20克，油麻血藤（厂忙月）30克，鸡屎藤（忙戛丝）20克，排风藤（忙戛芝）20克，透骨香（野倒）20克，鸡血藤（戛忙厂）20克，桑枝（戛奶桑）20克，枫香寄生（野豆戛）20克，刺梨根（只抱多喝）30克，薏苡仁（撮该）50克，常春藤（戛风三角）20克。将上述药物洗净晒干为末，浸泡于3000毫升米酒中，24小时后纱布滤过备用。每日口服4次，每次20毫升，连用1个月。结果278例中痊愈202例，显效65例，无效11例（均为活动性风湿热）。总有效率95%，治愈率72%，治愈者中疗程10～25天者80例，35～40天者106例，40～60天者28例。

（娄国菁）

【哈尼族14种药用野菜】

哈尼族现有人口125万余，分布在云南省境内，其聚居地为热带、亚热带地区。过去为求生存，哈尼先民利用当地的动植物防病治病，并在与疾病作斗争的长期实践中创造、积累了丰富的民族医药知识。里二等就哈尼族常用的14种药用野菜及其食用方法作了介绍。

1. 水蕨　又名蕨菜、水蕨菜。哈尼名哒咧。全株入药，散瘀拔毒、镇咳化痰。治疗咳嗽、痢疾、疮毒等。

2. 滇苦荬菜　又名羊奶草。哈尼名我哈。全草入药，解毒、消炎、止血。治疗急性咽炎、急性细菌性痢疾等。

3. 鱼腥草　又名蕺菜、紫耳根。哈尼名帕粘。全草入药，清热解毒、利水消肿。治疗扁桃腺炎、肠炎、痢疾等。

4. 藜　又名灰灰菜。哈尼名格虾我妞。茎、叶、种子入药，有小毒，利湿、止痒、透疹。治疗风热感冒、痢疾、腹泻等。

5. 商陆　哈尼名坎波。根入药，有小毒，泻水、利尿、消肿。治疗小便不利。

6. 刺芋　又名野茨菇、山茨菇。哈尼名滇打。根与茎入药，消炎、消食、健胃。治疗慢性胃炎，消化不良等。

7. 五加　又名刺五加、五加皮。哈尼名啾朵。根皮与茎皮入药，壮筋骨、祛风湿。治疗风湿性关节痛、腰膝酸痛、肾虚等。

以上7味药的嫩尖叶或嫩茎均可代菜，水煮后捞出放凉，作凉拌食用，或配制其他菜肴。

8. 革命菜　又名满天飞。哈尼名嘎拉我蛤。全草入药，消炎止咳。治疗感冒高热、肠炎、气管炎等，外用治外伤出血。

9. 薄荷　哈尼名阿叽麦多。全草入药，疏风清热、消肿止痒。治疗风热感冒、咽喉肿痛等。

10. 龙葵　又名苦凉菜。哈尼名我抡。全草入药，有小毒，清热解毒、利水消肿。治疗感冒发热、痢疾等。

以上3味的嫩尖叶或嫩茎叶均可代菜，洗净煮汤食用。或配制菜肴。

11. 吉龙草　又名鱼香菜、木姜花。哈尼名勒匹勒苍。叶入药，清热解毒、醒脾消食，治疗感冒、消化不良等。

12. 草八角　又名大叶石龙尾、水八角。哈尼名捻麦果。全草入药，清热解表、祛风除湿、止咳止痛。治疗感冒、咽喉肿痛、咳嗽等。

13. 刺芫荽　又名假芫荽、大芫荽。哈尼名嘎拉丫嗽。全草入药，疏风清热、健胃、行气。治疗感冒、肠炎等。

以上3味药的嫩尖叶、幼茎叶或全草可代菜，洗净作菜肴香料食用。

14. 树头菜　哈尼名我绯。根入药，清热解毒、舒筋活血。作为治疗疟疾的辅助药。其嫩尖叶可代菜，洗净晒干后盐浸作咸菜食用。

（娄国菁）

【基诺族医药】

基诺族于1979年6月6日才正式被认定，是中国56个少数民族中的一员。人口1.8万多，其中57～58%的人口集居在基诺山（旧称优乐山）。从发展简史看，该民族与其他少数民族一样，也经历了人类必经的漫长道路，在这过程中，传统医药的贡献也是显而易见的，主要反映在以下几个方面。

（一）诊疗特点　基诺族一般都崇拜奇数，尤其是三则更受崇拜，在基诺族医药中应用非常广泛。天、地、人为三元，或称三才。天上的三点有日、月、星；风、云、雨。年分三季。日有三变：早上、中午、傍晚。夜有三变：天黑定、夜半、黎明。地有山、水、物（指生物）。人有生、老、死，病分轻、重、危。还有好转、迁延、恶化。看病有三诊：望诊（看面色、指甲颜色、小便颜色），问诊（从九方面询问），切诊（摸手三部的表浅动脉，头三部的表浅动脉，躯干、心尖搏动区，额动脉及足动脉，以及对痛处的触摸，尤其是腹部）。通过三诊综合分析，进行立法、遣方、用药。基诺族医药的治疗方法也为三方面：一是针对内因致病的精神疗法，包括口攻等。二是针对外因致病的药物疗法，包括内服外用。三是物理疗法，包括按摩、火罐、局部刺激疗法（如用特制竹片，麂子脚对局部痛点进行扣击或拍击，以局部皮肤渐红为度，达到刺激局部，疏通气血的目的）。组方时药物有主、辅（从）、引。采药时不分季节而是分早、中、晚。药物命名也是根据其形态、生长环境、用途、药物味道。总之，三元衍化的三点论，在基诺族医药中有崇高的地位。

（二）药物的命名、采集、性味等特点

基诺族医对药物的命名自成体系。其一是根据药物的形态及生长环境命名的，如萆薢，音译"牵马却嘎"，意译：有卷有刺藤；石菖蒲，音译"罗摸过前旗"，意译：石头薤菜。其二是根据用途功能及形态命名的，如山大黄，音译"克倮帕癞"，意译：包小鱼用的叶子；山乌龟，音译"儿托叉子"，意译为接骨的药。其三是根据形态、生长环境及气味综合命名的，如旋花茄，音译"咋胶思可"，意译为生于寨心的苦果；斑鸠菊，音译："勒么苏味"，音译为菁边香草。对采药时间也很有讲究，有认为药物的成分随着一天的变化而改变，一般早上由于地气上升，气雾升腾，万物苏醒，药力随之上升而多在枝叶，故上午采集枝叶，中午采集茎杆，下午至晚上采集根。对药性一般只分寒性、热性和中性；药味分六种：酸、甜、苦、咸、麻、辣；气分为香、臭，并认为气味大的往上走，小的往下走。基诺医的方药采用内病外治法，如疟疾患者，多是采集新鲜药物，捣烂外包左腕部、右踝部，发热时冷包，未发热时炒热外包。每日换药1次。少数配合内服单味药物。基诺医对植物药多用叶、枝、根或全草，而用果实者少，如砂仁，中医通用砂仁果实，而基诺族医生则通用根茎。他们认为根茎的芳香化湿，消食健胃效果比果实好，且不分季节，随时可采用。对动物药除通用的角、骨、皮、胆外，最喜欢用带粪便的动物内脏，如肠，多是烤干研粉用。组方喜采取奇数药味，无论多少种药组合，都是单数，极少出现双数。

（娄国菁）

【佤族医药】

佤族是我国云南省一个古老的土著民族。主要聚居在滇南及滇西南部的几个边陲县，即现今的西盟、沧源、耿马、双江、镇康、永德、澜沧、孟连等地，其人口约30余万。郭绍荣等对该民族医药进行了多年的调查、访问、收集，认为佤族医药的起源与汉族中医中药的产生十分相似，皆始于"神农尝百草"。例如佤族医药中有一味药叫胖猪菜，专治体虚瘦弱。过去佤族养猪都不作厩，白天猪跑到野外觅食，人们发现瘦弱的猪吃了这菜渐渐地肥胖了，于是就采用于人，该药就此而得名。还有人见一条受伤的蛇游到一棵小草旁边，绕着小草擦身子，伤口很快就好了，那小草就是"年巴络"(即灵芝)，于是便采集回来用于治病。

佤族民间医生一般常用的诊疗方法为问（性别、年龄、病史、病程、疼痛部位，以及冷热、出汗、饮食、大小便）；看（精神面貌、皮肤）；号脉（诊察脉的搏动情况）；顶指甲尖（医生以自己的指甲尖顶在患者指甲顶端，一顶一松观察患者指甲内的血液循环情况）。通过以上四诊来分析病情，对症下药。

佤族医生用药有其特色，如外敷药多用生熟各半混合。同一配方新鲜草药经捣烂后分成两份，一份生品，一份熟品（灶火灰烫熟），然后再将两份混合使用。应用的方法很多：(1) 内服外包，多用于内外科疾病，用治皮肤瘙痒、胃炎、胃痛、腹痛、腹泻、骨折等；(2) 内服外抹。除煎服外，同时用手沾煎液或取嫩叶火烘至发软加酒少许为引抹擦患部。多用于伤风感冒、热症、尿道炎和腹部、肝区、关节疼痛等症。(3) 外拔外包。在患部用刀划破数个小伤口，拔罐后取草药捣烂包敷患部。多用于外科急症、跌打损伤、扭伤和无名肿痛等症。(4) 泡酒。一般分内服和外擦两种。内服：取草药切片酒泡3～6日服用，主治跌打损伤、腰肌劳损、月经不调、风湿骨痛等症。外擦：一般都属剧毒药物，酒泡3～6日外擦患处。用于风湿病、关节炎、跌打损伤等。(5) 炖食。取滋补强身之药，配以鸡肉或猪肉共炖煮食用。用于久病体弱无力、产妇缺乳、贫血头晕等症。(6)生嚼食。取草药直接生嚼食，用于治疗消化不良、菌痢腹泻、胃脘胀满疼痛等症。(7)散剂。开水送服或涂布于伤口处。主治胃十二指肠溃疡出血、刀伤、枪伤等。(8)蒸薰。以酒糟与草药配方水煮，用其热气蒸薰至出汗。主治风湿疼痛、重感冒等症。(9)嚼涂。将草药嚼细涂在伤口处，能止血、消炎、止痛。用于撞伤或小伤口出血。(10)内服外洗，取草药煎服，同时用其药液外洗患部。主治伤风感冒、急性肺炎、高热、失眠、自汗、盗汗、消化不良、腹胀、腹泻等症。佤族医生在配伍药物时，还非常重视使用引药，约有百分之六十的药都要求放引药。引药一般都具舒筋活血、理气镇痛的功效。还有一个特点就是当患者按疗程服用方药无效后，改换方药必须在使用解药后，才可服用。佤族还有其独特的理疗方法：拔火罐、放血疗法（指甲基部放血治感冒、高烧不退；舌下放血治疟疾)、穴位或四肢推拿、抹、拍打、揪、刮等等。

佤族医药经过长期的调查、发掘、整理，已被《中国民族药志》录用了23种，在《佤族药选》中，附方就有300余个。在《中国佤族医药》1～3册中，收载药物300余种，第4册约收载了佤族民间方剂300余个。该书首次用佤族文字对照记载了中国佤族医药，结束了千百年来佤族医药仅有口授身教流传于民间，无文字记载的历史。云南沧源佤族自治县还成立了“佤族医药研究所”，并附设了门诊部。资料表明，佤药有1000多种，最常用的300～400余种，药方500多个。

（娄国菁）

参考文献

C

陈秀珍，等.壮医药罐疗法.内蒙古中医药，1991；(3):21

壮医药罐疗法治疗痹病133例临床观察.广西中医药，1993；(1):4

壮医药罐疗法对痹病患者免疫功能影响的测定。内蒙古中医药，1994；(2):12

崔海英，等。朝医学中的心理学思想。中国民族民间医药杂志。1994；(2):6

D

丁玲辉。藏医医疗保健浅析。中国民族民间医药杂志，1994；(4):40

F

方茂琴。德宏傣医药探讨.中国民族民间医药杂志，1994；(3):5

G

关祥祖．彝族医药学概论．中国民族民间医药杂志，1994；(1):2

关祥祖，等。彝族医药图书文献情报调研·中国民族民间医药杂志，1992；(增刊):126

郭绍荣，等。佤族医药起源及其发展。中国民族民间医药杂志，1994；(2):1

H

郝应芬。彝族医药古代发展史概况。中国民族民间医药杂志，1992；(增刊):990

黄章全。苗药复方忙厂药酒治疗冷骨风278例疗效观察。中国民族民间医药杂志，1994；(5):23

J

贾克琳，等。酒在彝族方药中的应用研究。中国民族民间医药杂志，1992；(增刊):122

L

里　二，等。哈尼族药用野菜。中国民族民间医药杂志，1994；(3):14

廖瑞珍，等。傣药剂型的初步改革和体会。云南中医杂志，1992；(3):35

刘树喜，等。彝医内科治疗学研究。中国民族民间医药杂志，1992；(增刊):114

M

毛志品。彝族民间生育习俗调查记。中国民族民间医药杂志，1992；(增刊):150

麦国荣，等。傣药炮制初探。中国民族民间医药杂志，1994；(5):20

T

唐永江．苗医学体系研究．中国民族民间医药杂志，

1994；(2)：10

W

温元凯。傣药剂型初探。中国民族民间医药杂志，1994；(2)：8

乌力吉特古斯。蒙医辨证治疗遗精、阳萎体会。内蒙古中医药，1992；(4)：22

X

许香兰，等。朝医体质与心理浅析。中国民族民间医药杂志，1994；(1)：5

Y

袁庆忠，等。苗医药物薰蒸疗法治疗痹证117例临床研究。中国民族民间医药杂志，1994；(6)：3

Z

张俊洲，等。蒙药治疗阳萎100例疗效观察。中国民族民间医药杂志，1994；(2)：15

郑品昌，等。浅谈编著中的《基诺族医药》。中国民族民间医药杂志，1994；(4)：32

五、港澳台中医药

【台湾中医药行政管理】

据1993年底台湾卫生署公布材料，台湾地区领有中医师执照者计3548人，其中执业中医师2616人；中医医疗院所1922家，其中中医医院103家（台湾省84家，台北市11家，高雄18家），中医诊所1819家（台湾省1395家，台北市284家，高雄市140家）；登记有案的中药贩卖业者7405家；中药制造业260家，从业人员约4千人，年产值1.73亿美元，内外销比为72/28，年增长率为8%；已建成全台中医师电脑咨询系统。

（一）《全民健康保险法》公布　1994年7月19日台湾“立法院”三读通过《全民健康保险法》，决定于1995年元月起实施。该法共分九个章节：总则；保险人、保险对象及投保单位；保险财务；保险给付；医疗费用支付；保险医事服务机构；安全准备及行政经费；罚则；附则。被保险人分为六类：第一类：政府机关，公、民营事业、机构，公、私立学校等工作人员；第二类：无一定雇主或自营作业而参加职业工会者；第三类：从事农业工作者；第四类：志愿役军官、士官及士兵之眷属；第五类：低收入户；第六类：荣民、荣民遗眷及国军退除役官兵辅导委员会受托照顾之滞留大陆台籍前国军返台人员等。在经费给付方面，第一类保险人自付40%，投保单位负担60%；第二类自付30%，投保单位60%，各级政府补助10%；第三类，自付30%，“中央”政府补助40%，直辖市政府30%，省政府20%，县市政府10%；第四类，自付40%，国防部补助60%；第五类，主管机关补助15%，省政府20%，县（市）60%；第六类，由国军退除役官兵辅导委员会补助等。该法将中医分医院、诊所两等级，依转诊负担20%经费，越级转诊则负担30%。中药付费问题，除中药浓缩制剂外，其余由病人负担；中医治疗处置、针灸治疗、伤科处理等项目，列入给付范围。

目前台湾有13种保险制度，最主要的是公保、劳保、农保，至1993年底，参加各种保险的人数达台湾总人口数的58.2%，1994年底预计可达92%。本法规定设“中央”健康保险局，统一为保险人办理保险业务。但由于主管部门横跨二院三部，影响了医疗利益的均衡。

（二）公告不列入医疗管理的传统行为　《医疗法》第59条规定，未涉及接骨或交付内服药品，而以传统的推拿手法、民间习用的外敷膏药、生草药和洗药，对跌打损伤的处置，不列入医疗管理。同时，以按摩、刮痧、脚底按摩、收惊、神符、香灰、气功等方式处理人体疾病的行为，亦不列入医疗管理，不得为医疗公告。

（三）外国人来台从事医事工作之资格的规定　台湾卫生署与“劳委会”于5月中旬公布“医事机构聘雇外国人从事医事专门性技术性工作许可及管理办法”。规定医事机构包括：医疗、护理机构，药商及药局，卫生财团法人等。医事人员包括：(1)医师、中医师、牙医师、医事检验师、医用放射线技术师、营养师及护理人员。(2)物理治疗、职能治疗、临床心理及临床社会工作人员。(3)医院管理人员。(4)医学工程及医疗咨询人员。(5)其它经卫生主管机关认可的从事医疗卫生业务上须聘雇的医事专门性技术人员。上述第一项人员应依专门职业及技术人员考试法规定经考试及格，并依法向卫生主管机关领取医师专门职业证书。第二至第四项人员，应具国内外大学以上学校相关科系毕业，或领有国外的相关专业证照。第五项人员则应具有与工作相关的专长。

（四）中药原方名及原方含野生保护动物的处置　卫生署于8月1日公告：(1)原方名含虎骨或犀角二字，包装上药品名称只可使用商品名，不得再加注原方名，亦不得以原方名作为药品名称，如虎骨木瓜药酒。如果说明书内加注原方名，应注明去“虎骨”字样。(2)原处方含虎骨或犀角者，仍维持原作业程序的，在说明书原方名后加注去虎骨或犀角，如牛黄清心丸去犀角。(3)原方名含“虎”字，但处方中不含虎骨者，如龙虎丹、白虎汤，仍维持原作业程序。

（五）中医师的认定　台湾“考试院”讨论专技人员考试法修正案时作出决议：中医师特考即将在7年后停办，将来中医师考试纳入专技人员普考范围。为此，专函“教育部”在大学增设中医系所，专技人员考试法修正通过三年后再废除中医检定考试，规定大学中医系所毕业生只能报考中医考试。

（林端宜　肖林榕）

【台湾中药研究及产业策略】

（一）中药研究的现况及策略　台湾中药界认为中药尚缺乏系统性及科学性研究，应以科学方法加以评估，研究中药的复方、方剂之临床疗效及毒性，以验证古籍药典记载之正确性。由于化学合成新药渐趋困难，而天然物中却发现不少新的化学成分。植物学家认为，50万种高等植物中，只有5%至10%的植物生物活性被研究过，因此，仍有大量高等植物及海洋生物有待研究开发。以新药研究与开发为方向，由中药材纯化具有药效的新成分。近年来，中药研究已突破过去单打一的现象，渐有科际、跨院整合的研究群。研究经费以“国科会”为主要来源，还有“教育部”、卫生署、农委会、“经济部”及“中央”研究院。由于研究者多留学欧美，故其研究模式多为“西洋输入性”，缺少“本土性”研究特色。

（二）中药产业现况及策略　台湾制药工业多属中小企业，研究开发能力较弱，大多数企业宁愿选择剂型改良，或将原料加工成制品，而不愿自己研发新药。要改变这一现况，学者们认为应建立长期的产学合作模式和新药开发模式，重视新产品的专利，建立临床人体试验规范，建立长期竞争优势和现代化管理机制。

（林端宜　肖林榕）

【台湾中医药科研概况】

（一）基础研究

中国医药学院张修诚等以脉搏谐波频谱分析探讨了中医脏象学说与器官共振理论的相关性，并分别从经络与器官共振理论进行肝机能异常与脉波频谱异常的相关性研究，以及中医肝脏脏象“肝阴不足”证的脉波频谱分析，为研究中医脉诊的形成机理提供了一个新的方向。黄维三采用王唯工设计的脉诊仪，测量健康男子肾脉的脉象，然后与曾经研究测量关元穴所得的结果相比较，以印证“原气”在人体的重要性，及“原气”与“肾气”的关系。林昭庚等人进行了“胃气”之研究。中国医药研究所詹炎松等通过对肝硬化与肝癌的临床实践，体验出一套“未治疗前肝硬化与肝癌的脉象”指标。

（二）临床研究

台大、台北荣总、三总、中国医药学院等8家50多位中西医药学者，首次联手进行“中药对气喘治疗效果评估”研究。以303位病童为对象，给予六味地黄丸、参苓白术散，并配合西药治疗，进行6个月的临床观察，发现肾阴虚型患者服用六味地黄丸组比给予安慰剂的对照组，在症状改善、用药减量、加强肺功能方面都有明显的差异。台湾中国医学院陈荣洲进行了补中益气汤治疗癌症气虚患者与T淋巴细胞亚群的关系探讨。以补中益气汤治疗16位癌症气虚患者，获得显著改善，并用免疫荧光法以OK系列单株抗体，检测其治疗前、后T淋巴细胞亚群的变化，具有统计学的意义，提示补中益气汤对

T淋巴细胞亚群具有辅助、诱导与抑制、约束的作用。高雄医学院附属医院林国诚探讨了补中益气汤、牛车肾气丸对精子生成机能的影响。结果显示上述两个方剂对精子稀少症及精子无力症的造精子障碍者，有良好的疗效，其机理可能与抑制睾丸的 E_2 合成、促进T增加、提升血中 T/E_2 ratio、改善体内内分泌环境有密切的关系。此外，尚有“中药对气喘治疗效果及免疫调节机能之临床观察”等研究。

三、针灸研究

台北市立中兴医院黄政典等人于1993年7月至1994年6月间，进行了使用混合电子针灸法与神经阻断术应用于治疗冰冻肩效果的评估。成功大学医学系张传林于1994年2月起，进行针灸人中穴对麻醉恢复影响的研究。台湾部分医家对针灸用的新材料进行了探讨。如中国医药学院蔡辉彦等人探讨了精密陶瓷半导体之疗效，以精密陶瓷半导体、王不留行种子经穴埋置、白芥子及耳针埋穴作比较。结果显示：(1) 精密陶瓷半导体对于扭体反应及Formalin试验之镇痛实验均具有显著的效果，其效果相当于王不留行种子、白芥子及耳针经穴埋置($P<0.001$)。(2) 精密陶瓷半导体与王不留行子、白芥子埋穴及耳针经穴埋置，对Strychnine所诱发的小鼠的痉挛发作时间，均有延长作用，具有统计学意义($P<0.001$)，但不影响其作用时间。对于Picrotoxine及Pentylenetetrazol之痉挛则无影响。对Hexobarbital所诱发的睡眠时间均无影响。(3) 精密陶瓷半导体对于小白鼠的游泳实验显示，延长其耐力的效果优于王不留行子、白芥子及耳针经穴埋置。

四、中药研究

中药研究仍是1994年度台湾中医药研究的重点。

1. 中药化学成分研究　阳明医学院何礼刚等对大叶桑寄生的化学成分进行研究，在其叶中发现：β-amyrin acetate athyl gallate，(+)-catechin，quercitrin和quercetin-3-o-arebinofuranoside和茎中ethyl gallate，quercetin，quercetin-3-o-arabinofuran oside及kaempferol。其中茎中第一、三种化合物，叶中第三种化合物为首次自此植物分得。中国医药研究所周正仁等人对马蹄金全草抽取分离，得到9种化学成分，其结构式均经光谱分析或样品对比等而确认。静宜女子大学王书萍等人从夹竹桃科的念珠藤叶部的甲醇萃取液中，分离得到11种化合物，这些化合物均以光谱分析方法确定其结构，还完成了抗菌试验。嘉南药学专科学校陈荣才等人对台产金丝桃属（福木科）植物成分进行研究。从金丝梅的地上部抽取分离到5种结晶性成分，并确认了这些化合物的结构式，显示该植物以3,5,7,3',4'-五羟基黄酮素为主要成分，在金丝桃属植物之化学分类上具有重要意义。中国医药研究所林丽纯等人对臭辣树植物果实分离出17种化合物，其结构式均予确认。

2. 抗肿瘤中药研究　高雄医学院杜昌益等从30余种台湾软珊瑚中找到10余种具有抗癌活者性，并从中分离到10余种抗癌活性成分，还进行了活性成分的分离、化学结构解析及作用机理分析。中国医药学院李佩端对一些临床上或药理学上认为有抗癌及免疫活性的中草药进行活性筛选，如枸杞子、黄芪、栀子等，对其有效成分进行分离、纯化及化合物结构鉴定等。台北医学院杨玲玲在以往的研究成果基础上，继续深化中药的抗癌研究；蔡妍菊进行中草药癌细胞分化诱导活性物质的研究；吴建德对苡仁、女贞子、远志、当归、三七等药用植物的抗癌活性物质加以分离、纯化及结构鉴定等。

3. 免疫成分及作用研究　台湾师范大学曾哲明进行了补气药对单核球细胞介质分泌影响的研究，结果表明党参、黄芪、白术皆可促进第一介白质分泌，增进免疫功能；

而甘草则透过对第一介白质的抑制来调节补气药的效应，使免疫不至于被过度激化。荣民总医院郑启清等探讨了雷公藤及十全大补汤对自体免疫老鼠 NZB/NZW F_1之影响。实验显示：十全大补汤对老鼠免疫增生反应无明显影响；雷公藤仅有某些抑制免疫作用，小白鼠的死亡率比对照组略降低，而尿蛋白及抗核酸抗体有显著改善。

4. 抗病毒研究　詹前联等在试管内选用A型流感病毒培养于人类前单核细胞株，建立了中药抗病毒筛检研究。台北医学院颜焜荧进行了抗B型肝炎、EBV-DNA 聚合酶及反转录有作用的大头茶之有效成分分离、化学结构式确认等。

5. 中药制剂品管研究　卫生署药物食品检验局孙慈悌等进行了中药制剂化学成分定量研究，以达到开发中药方剂中君臣药之成分或可定量之药理活性成分。现正探讨防风通圣散、加味逍遥散、小续命汤、温经汤及当归龙荟丸等方剂的主成分或药理活性成分。国防医学院吴午龙完成了利用超临界流体抽取法抽取中药成分的新技术研究。

6. 中药炮炙研究　台湾师范大学许碧贞等人对麻黄炮制品作比较研究，结果：麻黄经闷润、热水浸泡、生姜甘草水浸泡、酒润、醋炒、蜜炙等处理后，总生物碱抽出量以闷润炮制品最多，经热水浸泡或生姜甘草水浸泡的样品较差，较原药材为少。吴聪建等发现黄连经单炒、盐水炒、醋炒及闷润等处理后，各组成成分的抽取量有很大变化。

此外，中药研究还涉及治疗心血管疾病中药、抗衰老中药等研究。如中国医药学院林安邦等利用中草药纯化成分，对兔子血小板凝集反应的研究；蔡辉彦探讨了西施花在体内外降压作用的机转；张永勋选人参、三七、天麻、丹参、石菖蒲、西洋参、何首乌、香附、绞股蓝、补骨脂及猕猴桃等治疗老年痴呆症的中药，进行“增强学习记忆中药之筛选”工作。

五、其他

台湾大学李嗣涔等对人体潜能者的脑波特征及电磁现象作了探讨。阳明医学院刘武哲进行了“生物能对人类早期单核细胞株 HL-C_2、人类反录病毒及流行性感冒病毒之影响”的研究。

（林端宜　肖林榕）

【台湾海峡两岸中医药交流】

1994年3月17日，“1994年海峡两岸中医药学术研讨会”在北京召开，会议由中国中医研究院主办，收到学术论文近千篇，内容涉及中医药的历史发展与现状、基础研究、临床疾病研究、针灸研究，以及养生、保健等，从不同侧面反映了海峡两岸中医药的现状和发展前景。

“第一届立夫中医药学术奖”于1994年3月17日台湾国医节举行颁奖典礼。该奖由立夫医药研究文教基金会于1990年12月创设，每两年举办一次，每次获奖人为3名，中医、中药、针灸学各一名。本次获奖者为陈可冀、韩济生和李国雄。

台湾海峡两岸中药产业交流已有3次。即1991年10月，台湾制药公会组团前往大陆参观访问；1993年6月，在台北市举办第一次两岸产业交流研讨会，议题：中药制剂产销状况，中药品管，中药 GMP及管理状况，中药之研究与发展，中药材炮制与发展，如何促进两岸中药制药科技交流等；1993年10月，在北京举行第二次研讨会，议题：大陆中药的现况与展望，中药制剂的研究与发展，大陆中成药生产企业制剂质量的管理，两岸药业合作与垂直整合的方式等。

鉴于台湾药业前往大陆设厂日益增加的趋势，台湾制药工业同业会牵头，于1994年10月14日成立“大陆台湾药业联谊会”，会长是台湾正氏制药工业股份有限公司负责人周大为。该会旨在对前往大陆投资者提供完备的咨询服务。

（林端宜　肖林榕）

六、国外中医药

【日本汉方对特应性皮炎的认识与治疗】

特应性皮炎(Atopic Dermatitis，简称AD)是在特异性因素的基础上，外受各种相关刺激（或应激）而发生的特有的慢性经过的皮肤炎，以皮疹和瘙痒为主要症状特点。其发病与体质因素、遗传因素、后天饮食及环境因素、精神因素等有关，具体发病机制虽尚未明了，但一般认为与机体免疫异常、变态反应等有关。当前日本AD的发病率有增高趋势，尤其成人期及重症、难治病例增加显著，长期使用西药治疗不仅疗效欠佳而且副作用较多，故一般都期望得到汉方药的治疗，因而近年来日本汉方学者对AD临床研究的报道较多。

（一）病因病机　中島一认为，AD与《医宗金鉴・外科心法》所载“四弯风”相似，并据证将其分为伤寒、温病两大类，又按病情发展而划分不同病期和病位，以指导汉方治疗。山崎正寿则主张按大塚敬节的皮肤病分类法，根据其渗出液多少，将AD分为干、湿两大类，每类中再分阳性、阴性两种；或按山田光胤的AD分类法，分虚实两大类。关于AD的病因病机，中島氏认为是在脾运不佳、表卫失调的体质基础上，以脾失健运或升降失调、脾不统血为主要病机。指出AD是由于机体对内因（食饵性抗原）及外因（风寒暑湿燥火所致接触性抗原）的变态反应所致非传染性炎性皮肤病。中田敬吾认为AD是一种非常复杂的疾病，其病因病机涉及多方面。内因为七情不调，外因为风寒暑湿燥火，不内外因为饮食及其他。亦与脏器有关，因肺主皮毛，故五脏病机首要为肺的失调，其次为脾胃失调、肾虚、肝郁等。其发病的特异性体质相当于一贯堂医学之“解毒证体质”。中田氏还强调指出，尽管干燥型AD的发病多由风热，但也存在潜在的水毒。发病诸因素中，风、湿、热是重点，尤其当前湿热更成为多见的病因。对于日本近年AD发病的增多，二宫文乃认为与饮食习惯及居住条件的改变有关，如饮食的欧美化、居室的密闭化等。小儿发病多由饮食影响所致，而成人型发病多与居室环境有关，因密闭居室易生螨虫，尘埃中抗原增加，易引发Ⅰ型与Ⅳ型变态反应。平馬直樹将居室内尘埃、螨虫等吸入性抗原视为风热之邪，在风热素质的基础上再感受此风热，内热炽盛波及营血而致血热内蕴，故可发生伴有皮肤红斑的AD。岡部俊一与平馬氏还都认为近年AD的增加，亦与高度紧张的竞争社会中社会应激反应所致心理负荷过重有关，因其极易引起心神不宁或肝气郁结，可内生心火、肝火，导致内热蕴积而为AD的发病创造了条件。

（二）汉方防治　关于本病的汉方治疗，中岛氏认为中风型、伤寒型应用辛温解肌、调和营卫或辛温解表法；温病型应用辛凉解表、清热生津或清热祛湿法；若脾失健运或升降失调体质因素明显者，应用补中健脾、行气导滞法；若有肝气郁结的症状，则用疏肝解郁法。代田文彦强调汉方治疗应区分表里、寒热、燥湿，指出病初体力尚佳者可应用含有麻黄的表剂或泻心汤类；对于病久身体疲惫者，适于桂枝汤类或建中汤类，此外还应考虑活血化瘀。高橋邦明则重视辨皮疹而进行相应的汉方治疗，再结合针对背景因素的全身性调治及改善体质的内因性治疗。指出皮疹以湿性为主且夏季加重者宜消风散加减，以干性为主且冬季加重者宜十味败毒汤加减，并将二方组合为消风败毒散以为治疗皮疹的主方；改善体质的内因性治疗，气虚者使用补中益气汤、黄芪建中汤，瘀血者使用通导散加桃仁、丹皮，解毒证体质使用柴胡清肝汤、荆芥连翘汤、龙胆泻肝汤等一贯堂解毒剂，脏毒证体质使用防风通圣散。日本汉方常将消风散作为治疗皮疹的基本方，因本方由清热、祛风、利湿、滋润四类药组成，故高橋氏认为适当加减可用于皮疹的各种类型。如炎症明显时加石膏、知母或黄连、黄芩；化脓者加清热解毒药；湿盛减当归、胡麻仁等滋润药，增加利湿药；燥盛则减利湿药而增加滋润药。中田氏随机抽取该诊所近年AD病案50例，进行汉方处方的统计分析，结果温清饮加味（加荆芥、连翘）应用最多，其次为柴胡汤加味（加桃仁、丹皮），再依次为荆芥连翘汤、消风散、龙胆泻肝汤、十味败毒散、加味逍遥散、白虎汤、桂枝汤、祛风败毒散、防风通圣散、治头疮1方、柴胡清肝散、清上防风汤等。

二宫氏对成人AD分虚实论治。实证型：若炎症较重而无湿者以消风散为主方，病在上者用治头疮1方，血热、血燥者以温清饮为主并用清热剂，胸胁苦满者使用柴胡剂，苔癣按瘀血论治使用桂枝茯苓丸、通导散，女性下寒上热者用桃核承气汤、大黄牡丹皮汤。虚证型：干性者用小建中汤、桂枝加芍药汤，湿性者用黄芪建中汤、桂枝加黄芪汤等。对于成人期多见的难治性颜面红皮症型AD，三田哲郎认为与瘀血和热证相关，因此临床并用加味逍遥散或桂枝茯苓丸等活血祛瘀剂、白虎加人参汤或黄连解毒汤等清热剂。三田氏报告了6例疗效观察，并应用热象检测法进行了疗效分析。平馬氏基于小儿体质特点，对小儿期AD的治疗以健脾除湿热及清热滋肾为主；青年期因多热在血分，故以清热凉血为重点，再对症加用去风止痒或养血润燥、清利湿热等。指出从局部皮肤所见即可辨本病为湿热、血热、燥热、瘀血等；从消化系症状、精神状态可辨其体质因素，再结合舌象、口渴、小便等情况，便可把握病情及时进行扶正祛邪，以恢复机体的阴阳平衡，通过提高机体自愈能力而达到治愈的目的。三潴忠道报告了汉方治疗AD222例的疗效观察，其中未满10岁者过半。在获效的116例中，使用小建中汤类者最多（51%），其次为四物汤类（33%）、黄连解毒汤类（22%）、柴胡剂（19%）、活血祛瘀剂（14%）。尤其是小建中汤类对15岁以下的有效症例应用最广（88.9%），因此认为此类方剂对儿童期AD疗效最佳。此外，还发现柴胡剂与四物汤类对各年龄组皆有效，而活血祛瘀剂则主要用于成人型。关于AD的汉方药浴治疗，广瀬滋之介绍常用药有当归、地黄、艾叶、薏苡、紫苏等，并指出服消风散或黄连解毒汤的患者，其头煎内服，二煎入浴盆洗浴，可程度不同地缓解瘙痒。关于硫黄浴剂的应用，高桥氏指出应充分重视硫黄常易引发皮炎的事实，为避免损害皮肤屏障而引发斑疹，一般在未合并疥癣情况下不用硫黄浴剂或硫黄泉浴。関大辅等根据最近动物实验的提示，地黄、当归、苦参等具有促进表皮脂质合成的作用，进行了地黄及当归煎液药浴疗效的临床研究。所选病例原则上是未经治疗且未并用外用剂的症例，试验观察6周，在观察临床症状变化的基础上，每2周还运用SKI-CON-200测定无疹及有疹部位角质水分含量、水分吸收及保持能力。据55例报告，结果74.5%的患者临床症状改善，无疹部位角质层水分含量及水分保持能力也获明显改善（$P<0.01$），水分吸收能力虽在无疹部位有所改善，但皮疹部位却无显著变化。関氏等认为，角质层水分保持能力的低下与表皮屏障机能低下有着密切的关系，这种状态可诱发皮肤的炎症或加重原有的病情，因药浴能改善这种状态，故对AD是一种有效的辅助疗法。

此外，日本汉方学者普遍认为AD的防治，还应对包括种种环境因子和现代生活等有关因素予以足够重视，因此在汉方药治疗的同时，也应注意饮食疗法及心身性治疗等。广濑氏认为，饮食生活核心的变化是AD发病增加的重要背景因素，指出不宜过食肥甘、动风生热食物与快餐食品以及添加剂多的食品，对患儿应适当限制蛋、乳等多含特异变应原的饮食。广濑、高橋氏都认为当今饱食已成为本病增恶因子之一，因此必要时应用吐泻或绝食疗法可取得较好效果。山崎、广濑、中田、阿部等又指出，对小儿进行饮食调节或控制要合理、适度，过之则适得其反，不仅妨碍孩子的健康成长，还会变成应激原产生紧张情绪，形成不良性格，诱发本病或加重病情。岡部氏从心身医学角度观察，发现AD的成人病例基本都有易怒与孤寂的性格特征，易造成精神压抑、自悲而影响治疗，因此应对患者进行心身性治疗。

（王克勤）

【日本汉方治疗类风湿性关节炎】

日本汉方治疗类风湿性关节炎（RA），在辨证分型和论治用药方面早有研究，但较局限，而从分子水平上探讨汉方药的免疫作用的研究较深入，现简介如下：

丁宗铁认为急性期RA的治疗，应首先针对诱发或加重本病的致病因素，而对转入慢性期RA的治疗则应在去除致病因素的同时着重增强机体的抗病能力。因此主张在RA炎症阶段应使用以清热药为主体的越婢加术汤等，关节肿胀明显的应使用以去湿药为主的防己黄芪汤、薏苡仁汤、麻杏薏甘汤等。薏苡仁汤不仅有发汗、利尿、消肿、活血通络、滋补强壮之功，而且在改善炎症状态的同时还使贫血好转、血清蛋白总量回升。在疼痛难以控制时常使用桂枝加术附汤、芍药甘草汤等，必要时可适当加服单味附子末。在有瘀血症时应配合疏经活血汤、五积散等活血化瘀药治疗。严重瘀血者可服用桃仁承气汤、桂枝茯苓丸等。对因久病而正气虚者可使用有促进代谢作用的真武汤、八味地黄丸、十全大补汤等。鉴于柴胡的免疫赋活作用可能使病情加重，因此一般情况下，丁氏不主张使用柴胡制剂，但有病毒、细菌等病原体感染而使病情加重时，则可用柴胡桂枝汤治之。RA伴发贫血时常合用四物汤、当归芍药散等，对植物神经功能失调等症状应使用半夏白术天麻汤、归脾汤、香苏散、苓桂术甘汤等治疗。对胃肠道症状，用含有人参的六君子汤、桂枝人参汤和人参汤等治疗更为适宜。

大島良雄认为风湿病是由风、寒、湿三邪气乘虚而侵入体内，阻碍了气血的流通，经络阻闭而发病。西医诊断病名虽然各不相同，但只要证相同，即可使用同一处方。若阳虚肢冷脉弱者，桂枝加术附汤主之，气血两虚大防风汤主之，伴有胸胁苦满者用柴苓汤等。松多邦雄也有同样的见解。大島氏还认为十全大补汤、小柴胡汤、补中益气汤等能增加抑制性T细胞数目并有使NK细胞活性增强等免疫调节作用，因此认为治疗RA的汉方药不仅有抗炎镇痛、抗浮肿等作用，而且有免疫调节作用。

吉野槙一则借鉴小柴胡汤治疗各种类型肝炎都有很好疗效的经验，将RA病人随机分为小柴胡汤、十全大补汤、柴苓汤3组治疗之，结果柴苓汤组Lansbury活动指数、血沉、关节疼痛指数均有明显改善（$P<0.05\sim0.01$），柴苓汤和十全大补汤组抑制性T淋巴细胞明显增加（$P<0.05$），抑制性T淋巴细胞和诱导性T淋巴细胞的比值显著升高（$P<0.01$），认为在RA治疗中汉方药似有某种免疫调节作用。

織部元廣等参考西医RA的分类诊断标准，结合中医的辨证，用越婢加术汤治疗以发热为主的急性期实证的RA病人；用柴苓汤治疗全身寒证、局部热证的亚急性期中间证，又以桂枝加术附汤治疗以寒证为主慢性虚证的RA病人。认为辨证治疗的结果与不辨证相比确实提高了有效率，但尚未达到与金制剂、青霉胺等RA缓解药相一致的效果。尽管如此，仍然应当尊重汉方药治疗RA有效这一事实，而有进一步探讨的必要性。田中大也亦有类似的看法，认为汉方药在RA治疗中兼有非类固醇抗类剂（NSAID）与病情缓解药（DMARD）两种效果，虽然没有达到DMARD的疗效水平，但在副作用轻以及改善体质方面，汉方药有很大优势，因此有必要按现代统计学方法的要求深入研究。

有关柴苓汤与柴胡制剂免疫调节作用的研究报告不少。体外实验研究也证实柴胡等能使IL-1或抗体的产生增强，三井忠夫用柴苓汤治疗RA22例，31.8%的患者得到了改善。治疗3个月后，病情改善组与无改善组的辅助T细胞数均有轻度减少，而诱导T细胞数则均有增加倾向。改善组抑制性T细胞减少，细胞毒性T细胞则有增加倾向，而无改善组则与之相反。IL-2受体在两组中均显示被抑制的倾向，在CD_4亚群IL-2受体也显示被抑制的倾向。补体Ⅰ受体（CRI）在两组中均显示被抑制的倾向。通过对CD_{19}双重染色，发现了B细胞表面补体Ⅰ受体被抑制的倾向。在体外实验中，柴苓汤能使被Ⅱ型胶原刺激的淋巴细胞的IL-2β、IL-6、INF-2有分泌增加的倾向。加藤芳郎等的实验结果也表明柴苓汤能促进TNF-β的产生，而对TNF-2的活化有抑制作用。坂倉宗樹等用柴苓汤治疗17例RA病人，有使高粘度血症低下的作用，并使Lausbury指数明显减少，而且这种减少与血浆粘度的变化呈正相关。

松多邦雄在RA的治疗中强调了汉、西药并用的重要性，特别是重症活动期RA病人，单独使用中药治疗是困难的，如配合非甾体抗炎药、激素、免疫抑制剂等抗风湿药，不仅提高疗效，而且能减轻西药的副作用，充分发挥汉方药的温热与滋补强壮、化瘀通络、利湿消肿、改善全身状态等作用。大野修嗣的研究也证实了上述的观点。日吉一夫在幼年型RA的治疗中并用柴苓汤等汉方药，结果不仅提高了抗炎效果而且降低了激素的用量。贵谷光并用桂枝加术附汤治疗37例RA，4周后血沉、握力、Lansbury关节指数、关节分数、8周后疼痛关节数、肿胀关节数、晨僵时间均有明显改善，最终病情改善率达55.6%。大萱稔等并用柴苓汤一年内者（平均9个月）60例，结果Lansbury指数有明显改善，并有13例（22%）患者激素停用或减量。一年以上者(平均33个月)47例，结果Lansbury指数出现有统计意义的降低。

（赵育松）

【国外中医治疗糖尿病进展】

（一）中药治疗

1. 单味中药的运用　关于单味中药治疗糖尿病，过去日本学者报道较多，如对人参、地黄、山茱萸、茯苓、知母、麦冬、玉竹等的研究表明，各药均有不同程度的降糖活性，且已部分阐明了降糖机理及有效成分。最近迁和之又发现五味子有改善血糖与Hb-A_1C的作用，并推测其治疗机理是通过促进胰岛分泌而发挥降糖作用的。英·Hikino及Beppu等报道，大芦荟提取物也有降血糖作用，并通过实验证明大芦荟是通过直接降血糖和激活β细胞而减轻糖尿病的。英·Chaturvedi P在研究云木香时发现它也有一定的降血糖作用，但这种作用不是由于增加胰岛素的分泌所致。英·Srivastava Y研究了苦瓜的水提取物对实验性四氧嘧啶糖尿病大鼠的降血糖作用，结果表明，不仅降血糖作用在实验终末期达到高效，而且还发现能降低并发症白内障的出现率。

2. 方剂的应用　国外治疗糖尿病的方剂应用已将中医的辨证论治与现代医学辨病论治结合起来。日·矢野敏夫按现代医学对糖尿病的分型进行分证论治。对胰岛素依赖性糖尿病，证属内有郁热且虚者，首选白虎加人参汤，另根据证候的演变再分别选用六味地黄丸、麦门冬汤、麦门冬饮子、十全大补汤、八味地黄丸。非胰岛素依赖性糖尿病辨证多属少阳或阳明实证，选用大、小柴胡汤加石膏为主。有瘀血者合桃核承气汤或桂枝茯苓丸；兼虚弱者加四物汤或小建中汤；体胖实证者选用防风通圣散；对消瘦、口干舌燥、尿频者用生津甘露饮。其后日·塚本忠司又提出，治疗糖尿病要根据糖尿病的直接关联症状选方。口渴、多饮、多尿为主者可选用白虎加人参汤、五苓散、八味地黄丸、济生肾气丸、六味地黄丸；体力低下、形体羸瘦者可选用补中益气汤、十全大补汤、六君子汤、人参汤。此外塚本氏还详细介绍了糖尿病合并症的治疗。糖尿病性神经损害者首选八味地黄丸、济生肾气丸；糖尿病性肾功能障碍者首选柴苓汤；微血管病选用桂枝茯苓丸、温清饮、黄连解毒汤；白内障者选用八味地黄丸、济生肾气丸；泌尿、生殖系统症状除选用上述两方外还可选用清心莲子饮。日·佐藤祐造经临床研究证明，济生肾气丸确能改善末梢神经功能和植物神经功能；柴苓汤不仅降血糖且还能改善糖尿病性肾病患者的肾功能。日·酒谷信一通过33例糖尿病性视网膜病变的临床研究，进一步明确指出糖尿病的合并症治疗亦宜辨证论治。糖尿病性视网膜病变的证候表现以气虚、阴虚、气阴两虚为主，或伴瘀血、痰湿、气滞等证。在治疗上必须根据基本病态选方用药。

二、针灸治疗

日·矢野忠报道，在内科住院患者中，接受针灸治疗占第二位的疾病便是糖尿病及其并发症。日本针灸临床委员会于80年代初曾指出，治疗糖尿病的主穴为脾俞、中脘、肝俞、三焦俞、地机。此后有人就单穴进行了研究，如寺泽等研究证明，曲池、地机可促进胰岛素的分泌。日·代田文彦则强调辨证取穴。根据上、中、下三消的病机特点，着眼于调整肺、脾、肾三经之气，原则上取肺俞、脾俞、肾俞、足三里穴为主。最近英·Huines N报道的观点与日·代田氏相似，他认为糖尿病的病机是阴虚内热为基础，虽然上、中、下消分别累及肺、胃、肾，但临床症状混合出现，而以一脏为主。故治疗要因证之异选穴，上消肺热灼津选肺俞、尺泽、廉泉、足三里、三阴交穴；中消胃热伤阴取脾俞、胃俞、足三里、三阴交、内庭、太溪及奇穴“胰点”；下消肾阴虚精亏取肾俞、关元、三阴交、太溪、照海，肾阴阳两亏选肾俞、关元、三阴交、太溪、复溜、命门。日·藤拔龙治采用针灸治疗糖尿病性周围神经病变，取得良好效果。关于针灸治疗糖尿病的机理尚不清楚，有人推论针刺是通过中枢神经、内分泌系统、植物神经提高细胞自然治愈率而起作用的，亦有人认为是由于经络俞穴与内脏功能相关。

（李继安）

【国外针灸免疫调节作用的研究】

Pugach 以白化病Wistar大鼠为对象研究了针刺大椎穴对胸腺和集合淋巴结器官结构的影响。实验组所用幼鼠为大鼠妊娠最初7天每天注射盐酸甲烯土霉素 10mg/kg 所生的幼鼠，幼鼠出生1周后开始在相当于大椎穴处给予补法针刺，共5天。针刺5天后所观察的免疫器官细胞和超微结构均有明显改变。针刺10天后大鼠胸腺皮质、髓质成熟淋巴细胞数目增加，中期淋巴细胞和原始淋巴细胞数目轻度增加。针刺治疗完成后17天，胸腺和集合淋巴结所有类型的淋巴细胞的绝对和相对指标均与正常组相似。鍋島茂樹等用电子点灸器刺激小鼠足底，结果施灸组较非施灸组腘窝淋巴结细胞数目明显增加，淋巴结细胞对纯化蛋白衍生物（PPD）的反应性明显增强。篠原昭二等以中脘、天枢、关元、合谷、足三里、三阴交、肺俞、厥阴俞、肝俞、脾俞、肾俞为主，针刺治疗16例65岁以上的老年人，每周针刺2次，共2个月。分别在治疗前、治疗1个月、治疗后空腹采血进行动态实验观察，结果表明 $OKT3^+$、OK-

T4⁺淋巴细胞比率随着治疗不断明显升高，OKT4⁺/OKT8⁺比率也呈上升趋势，OKT8⁺、Leu11⁺细胞变化不明显。淋巴细胞对PHA、ConA、PWM刺激的转化反应治疗后显著升高，血清IgG明显减少，IgA、IgM水平变化不大。吉川信等也观察了艾灸健康成人中脘、足三里穴对外周血NK细胞活性、IL-2生成效能、IL-2受体活性、OKT4⁺、OKT8⁺等的影响进行了动态观察。渡边勝之等的研究认为，电针小鼠足三里穴后3小时，小鼠外周血NK细胞活性明显增强，在人电针同样穴位则于6小时后NK细胞活性增强明显。林田一志等用小鼠进行的急性炎症试验提示，艾灸抑制急性炎症样血浆渗出，除与肥大细胞有关外还与其它因子的参与有关。桜井淑子的观察证明，艾灸小鼠命门穴可增强溶血性链球菌制剂腹腔注射诱发的巨噬细胞吞噬能力的上升。奥野英子等用溶血空斑试验所做的研究认为，在用羊红细胞腹腔注射前先艾灸小鼠肾俞穴，可明显提高小鼠的抗体产生能力，若先致敏再艾灸则此作用不明显。山下仁等于实验开始前4周每周1次艾炷直接灸小鼠第4、5腰椎棘突各旁开1cm处，再用冻干金黄色葡萄球菌致敏小鼠，发现致敏后2、8、12周时施灸组较非施灸组的抗体效价明显升高。奥村昌惠等用皮内针刺激摘除卵巢的小鼠肾俞穴，显示针刺组较非针刺组小鼠B细胞膜的碱性磷酸酶活性和MTT活性明显提高。Kasahara等用纳络酮进行的阻断试验表明，电针命门穴可通过中枢阿片能或非阿片能系统抑制三硝基氯苯诱发的小鼠迟发超敏反应。

针灸调节免疫功能在临床疾病治疗中得到较多应用。如飯沼浩江用针刺结合艾灸治疗过敏性皮炎37例，经2周到3年多的治疗，患者血清IgE水平和嗜酸粒细胞数目均明显下降。池田宏等对肩周炎、肩痛、头痛、手麻、头晕、背痛、下肢痛等共9例病人的1次针刺治疗表明，针刺可使患者外周血OKT_4^+细胞数和OKT_4^+/OKT_8^+比值原升高者下降，原降低者升高。江川雅人等辨证取穴治疗支气管哮喘，治疗后患者血浆cAMP/cGMP比值升高。

（杨永清）

【韩医学的历史与现状】

韩医学是韩国的传统医学，在历史上是中医学传入韩国之后而发展起来的具有广泛民众基础的独立医学。

（一）韩医学的历史

大体可分为以下4个时期：

1．统一新罗以前　中医古籍《明堂图》等164卷，早在高句丽时代（公元564年）即由吴人知聪传入朝鲜半岛。至三国时代，融合中医学及印度医学而奠定了本土医学的基础，称为“东医学”。进入统一新罗时代后，东医学进一步巩固、发展，创办了最早的医学教育机构，并对日本产生了一定的影响。

2．高丽时代　继承了新罗医学，后期宋元医学传入，《太平圣惠方》成为基本医方书，医学教育、医疗制度充实、发展，《乡药救急方》、《济众立效方》、《乡药惠民方》、《诊脉图诀》等著名医籍相继问世。

3．李朝时代　由于实施医疗济民政策，重视医学教育和医疗事业，韩医学得到很大发展。此期问世的《东医宝鉴》确立了韩医学的独自体系，《乡药集成方》、《医方类聚》成为当今韩医学的基础，视为韩医特色的“四象医学”也是此期形成的。此外还出现了《方药合编》、《东医寿世保元》等实用医学著作。在长达500年的李朝时代，韩医学作为韩国的传统医学已成为具有广泛民众基础的国民医学。

4．近代　19世纪后叶甲午改革后，西洋医学传入韩国，实施了新的医事行政制度。1900年颁布《医士规则》，将韩医学与西洋医学并存制度化，使之得到法律承认。但1910年韩沦为日本殖民地后，由于日实行汉方医学向西洋医学移行的政策，故韩医学受其冲击而面临危机。1913年颁布的《医生规则》虽降低了韩医师的免许条件，却挫伤了优秀韩医师的积极性，因此殖民地时代的韩医学未得到发展。但由于民众的深厚信赖，而又未能被废除。1948年大韩民国政府成立，社会部保健局新设了汉方科，韩医学再次取得合法地位，1952年制定的《国民医疗法》，确立了东、西两种医学共存的二元化医疗体制，并举行了首次韩医师国家考试。1986年修改医疗法，正式确立“韩医学”、“韩医师”、“韩医院”的称谓，又实施了“汉方医疗保健法”。

二、韩医学的现状

1．教育　当前，韩医师的培养是通过韩医科大学的教育，毕业后由国家考试合格者才取得韩医师资格。庆熙大学最早创建韩医学部，至今韩国内已有韩医科大学11所，1993年毕业生已达654名。除本科教育外，又先后培养了韩医学硕士和博士，目前韩医学教育已形成一较完整的体系。韩医科大学现学制6年，分预科和本科。预科2年，主修文化课和基础医学；本科4年，学习内容虽包括西医基础及对韩医临床必需的西医课程，但重点是东医学，本科二年后开设东医学各科临床课，以使学生学到全部东医临床知识。

2．诊疗　韩医诊疗目前在韩国十分普及。据1992年12个市、道的统计，开业韩医师共5162人，韩方病院55所，韩医院4725所，其中汉城市最为集中。庆熙大学附属韩方病院是韩医学的诊疗中心，该院共分13科，内科范畴就有肝系、心系、脾系、肺系、肾系5科，此外有妇人科、小儿科、耳鼻咽喉科、神经精神科、针灸一、二科、理疗科、四象诊疗室等。各科皆遵循东医学的理论观念分别进行诊疗工作，并常将汉方药与针灸并用。各科还都设置了某些特诊室，以对多见或难治的特定疾患进行专门治疗和研究，如不孕诊室、虚弱儿咨询室、美容研究室、酒精中毒诊室、痤疮诊室、近视咨询室、绝食疗法室等。针灸科、理疗科门诊量最多，其次为心系、脾系，其他各科年门诊量也皆在5000人次以上。据统计，仅1991年门诊总量即达20万人次。该院病房可接受200～300名患者住院，原则上只使用汉方药、针灸、理疗等东医学疗法进行治疗。但对重危患者专设重危室，由韩医师与西医师合作，在使用汉方药的同时也进行必要的西医诊疗。

3．用药情况　以庆熙大学附属韩方病院为例，全年用量超过1000公斤的生药品种有甘草、羌活等33味。因几乎全部处方都用甘草，故其用量最大；又因该院处方集收载了很多与日本汉方具有明显区别的协定处方，故日本汉方使用不多的羌活、桔梗、葛根、独活等用量也较大，而人参用量却较少，日本汉方常用之柴胡未统计在常用药内。该院所用制剂可自家生产，根据临床需要可随时制作，故品种较多、用量很大。年用量2万包以上的提取剂品种有清肺泻肝汤、补血安神汤等32种，其中多为本院的处方制剂，此外也有四象医学的特有处方，如少阴人荆防地黄汤之类。该院药剂部调剂室保持着古朴的传统风格，其饮片的调剂、包装、投放、煎制等，基本沿用传统的方法。住院患者的服药时间一般是午前10时、午后3时和8时，1日3次空腹服用。

4．韩药街概况　汉城市的祭基洞、钟路街一带以韩药街而闻名。韩药街大体分为二种情况，一是以方便群众自我购药的小药房式批发店为主，一是由韩医师指导购药的韩医院街。祭基洞的韩药街是售药中心，有200余家韩医院和药房；而钟路街则是以诊疗为中心的韩医院街，集中了150余家韩医院，有的还配备了代患者煎药的大型设备。

5．韩国的世界卫生组织（WHO）传统医学合作中心　庆熙大学东西医学研究所与汉城大学天然物科学研究所，是被认定的WHO传统医学合作中心。东西医学研究所是韩国内最早设立的以东西医合作治疗疾病的医疗机构，主要从事汉方方剂、针灸疗效的临床科学验证。天然物科学研究所设立于汉城大学附属病院内，前身是京城帝国大学附属生物研究所，遵循“从生药开发新药”的方针，重视传统药物的研究，1980年被指定为WHO传统药物合作机构。该所集中了有关各方面人材，研究领域已由生药扩展为有用天然物，1992年科技厅指定为新东医药开发骨干研究机构及韩、中传统东洋药物合作中心，目前正以韩国的传统药物以及广泛的天然物为研究对象，进行研究工作。

（王克勤）

【日本的整体医学观与中国的传统医学】

1926年，J·C·Smuts（1870～1950）在其著作《整体论及其进展》中提出了“整体论”这一概念。该理论认为，有机体的整体比构成其各部分的总和更有存在价值。

近十数年来，对近代科学，特别是对现代西洋医学的弊端产生疑问和不满的人日益增多。顺应这一潮流，在1979年美国成立了整体医学协会。在日本，不少具有整体医学观的人，其中有医师（其中从事汉方医、针灸、推拿、气功等中国传统疗法的人不少）、心理疗法师、营养疗法师、健康研究家、物理学家以及不少患者及其家属等，自发地在几所医科大学内成立了整体医学研究会。在1987年9月，终于以“整体医学研讨会”为基础，成立了全国性的协会。现任会长为日本东京医科大学教授藤波襄二。

参加整体医学协会的人各有其不同的目的，有的想继续维护现代西洋医学，仅对其不足的部分加以补充或修正；有的认为，作为现代西洋医学基础的科学根基已经崩溃，因而想构筑新的医学模式。所以，日本整体医学协会就如何规范整体医学的观念进行了研讨，结果认为，在现阶段整体医学的观念应包括以下几个方面的内容：

（一）树立整体的包容的健康观　要认识到人类是肉体、精神、气、灵等的有机统一体，而且这个统一体应是与社会、自然、宇宙相调和的。

（二）把治疗的出发点置于激发自然治愈力上　生命体本身是具有“自然治愈力”的，激发、增强这个自然治愈力，是治疗疾病的基本出发点。

（三）治疗疾病的主角是患者自身　治疗者只是起援助作用，患者通过改善生活方式等来进行“自我治疗”是最重要的。

（四）把各种治疗法综合起来加以应用　西洋医学的长处不能丢，同时把它与中国医学、印度医学等各种传统医学以及心理疗法、自然疗法、饮食疗法、手技疗法、运动疗法等有序地组合起来，实施最佳的治疗。

（五）从发现疾病到实现自我　不要认为疾病治愈了，治疗便结束了。要认识到疾病是对自己的警告，不断地把发现疾病作为契机，以达到更高的目标，即实现自我。

现在日本各地设立了不少以整体医学观念为指导的诊疗所、疗养院等，如三重县的赤目养生所、岛根县的佐佐木整体医疗诊所、静岡县的日本健康医学中心等。在这些诊疗所中多采用中国的中药、气功、针灸、推拿等疗法。日本整体医学协会每年举行一次研讨会，交流整体医学的临床实践经验，推进整体医学的研究。

（李小青）

【吐鲁番卷子写本《本草集注》在国外发现】

吐鲁番出土的卷子写本《本草集注》，是现存最古的中国本草，日人真柳诚撰文介绍了其发现经过及写本特点。

100余年前，中国的楼兰、吐鲁番、敦煌等西域地区成为世界考古研究瞩目的核心，各国相继派队来此探查，发掘了大量的历史文物。德国的考古队曾于1902～1913年对吐鲁番进行过四次考察，并将所得文物带回国内藏于柏林的普鲁士学士院。这些收藏文物中即包含有中医药古籍，满州医大东亚医学研究室的黑田源次氏，就此进行过考证研究，曾拍摄中医古籍四种，并于1935年撰文报道部分内容及照片2幅。但黑白照片色彩不鲜明，文字失误较多，又因二战后该院被分割为东西柏林，实物所在地不详而无法进行修正。实际上这些文物的医书类战后收存于东柏林的科学院，当前由于德国的统一，全部文物已由柏林国立图书馆接管，这就给文献的考证研究提供了方便的条件。真柳氏即是在德国统一后才获得有关《本草集注》的彩色照片（卷子本《本草集注》的残页），并认为这是现存最古的中国本草，是在很多方面都保存了《集注》原貌的极珍贵文物。

《本草集注》是陶弘景在公元500年左右所编纂。从彩照可见，吐鲁番卷子本将《神农本草经》与《名医别录》的文字用朱、墨二色区分；将《药对》文字和注文细字双行书写。这种保持了朱墨杂书原貌的吐鲁番卷子本，从对唐太宗李世民、唐高宗李治的名字无避讳这点来看，无疑是唐以前的写本。东野治之认为，因其具有鲜明的六朝书法风格，因此推断可能是公元6世纪的写本。据黑田氏的报道，吐鲁番本长宽为27×28.5cm，但实测为27.8×27cm。真柳氏通过版本学的有关研究，认为吐鲁番卷子写本《本草集注》为三卷本的可能性极大。

（王克勤）

【日本与欧美中医文献研究简介】

郑金生就亲历目见的日本、欧美中医文献研究现状作了简介。

关于日本的中医文献研究，北里研究所附属东洋医学总合研究所医史文献研究室是当今日本唯一的有关中日两国传统医史文献研究的专门机构。这个研究室有两位学者：主任研究员真柳诚和研究员小曾户洋。从他们发表的论文来看，对中医经典著作的文献学研究是他们的主攻方向之一。这一特点和日本汉方医学界注重《伤寒论》、《金匮要略》等中医经典著作有很大关系。真柳诚、小曾户洋合作进行的“《金匮要略》的文献学研究”，系统地考证了该书的各种中日版本。单这一课题他们就发表了许多文章。该研究室所藏图书资料，除有一个小资料室之外，还拥有众多的从日本各图书馆或世界某些国家复制来的中医善本古籍缩微胶卷。

此外，山田庆儿对马王堆汉墓出土的医书曾发表过一些文章，但近年来他的研究方向已转向本草文献和本草学的研究。赤崛昭对中医早期医书兴趣浓烈，曾对武威汉代医简有过研究，并将新出土的资料与《伤寒论》联系起来考察。宫下三郎对本草文献和传统药物的研究造诣甚深，他对《本草纲目》版本的研究成果对中国本草学者很有启发。

从整体来看，日本中医文献学者注重整理医药古籍，并热衷于中医文献的目录、版本和学术源流的考证。日本近十年出版了相当多的中医药善本古籍。和中国不同的是，日本学者注重影印出版中医书，他们不很欣赏在中国较为常见的校点整理，认为这样容易出错，不如将原书影印来得可靠。中医经典著作《素问》、《伤寒论》、《金匮要略方论》、《千金要方》、《外台秘要》、《诸病源候论》、《脉经》等均已影印，其中不少是宋版书。它如金陵本《本草纲目》的药图、《绍兴本草》龙谷大学抄本，以及日本著名医书《医心方》等书也都有了影印本。最近，又将新发现的《小品方》残卷影印出版。除经典著作外，按专题影印系列古书也是一股潮流，例如中医针灸系列丛书，收书规模很大。オリエント出版社的野濑，致力于影印《黄帝内经》相关的系列古籍，已出版了《黄帝内经研究丛书》、《黄帝内经古注选集》、《续黄帝内经古注解说》三套丛书，收录了日本古代学者对《内经》的注说。丛书所收的每一种书籍之后，均有解说，这些解说实际上是对每一本书深入的文献学研究。《和刻汉籍医书集成》收录的书籍多为宋元医书。真柳诚、小曾户洋为这套丛书写了解题，对颇为混乱的金元医书进行了深入的文献学研究。

中医文献整理的重要工作之一是编制内容索引。日本学者对此颇为关注。小曾户洋相继发表了《外台秘要所引书名人名索引》、《医心方引用文献名索引》等文。在重要中医著作的日本影印本中，每一行文字均标上序号，这些有益的措施无疑对利用中医文献有莫大的好处。

欧美的中医文献研究，德国慕尼黑大学医史研究所是目前西方中国医史文献研究的中心。该所所长文树德教授(Prof. Paul U. Unsehuld) 是中医文献研究的学科带头人。早在1986年，由文教授发起，在他的研究所举行了第一届国际中医文献研讨会。此年，文教授和中国、日本等国的医史文献学者共同成立了亚洲传统医学研究会，该会自成立至今，已召开了四届国际大会，中医文献研究向来是大会的首要议题。欧美中医文献学者的研究和日本相比，有其特殊之处。由于西文和中文的巨大差异，迫使西方学者首先把精力放在翻译中医原著上。以文教授的工作为例，他在进行医史研究的同时，按严格的语言翻译规则翻译中医原著。近年来他已将《难经》、《医学源流论》译毕，和柯友耕博士 (Dr. Kovacs)合译的《银海精微》业已杀青付梓。自1990年起，他领导一个小组开始了翻译《黄帝内经素问》的巨大工程。除翻译正文外，文教授还将古今有关的注释一并翻译，并加上自己的见解。该课题还编制了历代《内经》相关书目的解题，以及近现代《内经》相关论文的关键词索引，并围绕《素问》的诸多文献学内容进行研究。该课题采用电脑作业，因而对《素问》成书年代、各篇的学术风格、音韵学、语言学等方面的研究甚为方便。目前这一课题还在进行之中。以文教授为核心，形成了一个中医文献研究群体。追随他学习的研究生，好多位选择了中医文献翻译为研究课题。例如有一位学生就将翻译清代赵学敏的《串雅》作为课题，还有的博士研究生研究西医早期传入中国的文献。其它国家的有关学者也经常汇聚到慕尼黑医史研究所，切磋学问。其中一位美国学者夏得安 (Dr. Donald Harper)，也是西方中医文献研究的佼佼者之一，他热衷于即使是中国专职医学文献研究者也不敢轻易涉足的出土医学文献的研究。他在马王堆医书的研究方面已发表了好些文章。最近，他在第四届国际亚洲传统医学大会上发表的论文题目是“从张家山出土医书和《老子》第五章看中国传统的养生术”。他和我国研究出土文献的大家马继兴教授、李学勤教授均有交往，因而研究的起点很高。

(陶御风)

参考文献

D

丁宗铁。漢方薬。内科。1990；(5):890

アレルギー——免疫。治療。1989；(8):1739

G

巩殿芹，等。汉方治疗糖尿病的研究。国外医学中医中药分册，1994；(2):1

贵谷光，等。慢性関節リウマチに対する桂枝加术附汤の併用効果。リウマチ，1993；(6):537

J

金成俊。韓医学の歴史と現状。東洋医学，1994；(6～7):22

L

李宗友。大芦荟的最新药理研究。国外医学中医中药分册，1994；(2):17

Z

郑金生。日本及欧美中医文献研究述评。第二届全国中医药文献学术研讨会论文集，1994；113

あ

阿部博子，等。慢性関節リウマチを語る(上)。漢方研究，1994；(7):218

アトピー性皮膚炎を語る(上)。漢方研究，

1994；(2)：14
アトピー性皮膚炎を語る（中）。漢方研究，1994；(3)：15
アトピー性皮膚炎を語る(下)。漢方研究，1994；(4)：13
安田正之，等。漢方製剤の追加併用による慢性関節リウマチの治療。リウマチ科，1992；(7)：322
雨谷栄，等。薬理・化学かうみた小柴胡湯のすべて(3)——免疫調節作用について。现代東洋医学，1989；(10)：74
い
池見酋次郎。现代のホリスティックの人間恢复。生命のダイナ之クス（日本）。柏树社，1990：26
池田宏，他。外科領域にずしなる鍼灸治疗——鍼灸刺激が免疫系に及ぼす影響について。日本東洋医学雑誌，1993；(5)：137
伊藤真愚。東洋医学のホリステック思想。ホリスティツク医学入門（日本）。柏树社，1994：33
桜井淑子，他。溶連菌製剂、OK-432誘導マウス腹腔マクロファージの貪食能に及ぼす施灸刺激の影響。全日本鍼灸学会雑誌，1994；(1)：51
飯沼浩江。アトピー性皮膚炎の鍼灸治療。全日本鍼灸学会雑誌，1994；(1)：141
ラ
迁和之。五味子治療糖尿病的効果。日本東洋医学雑誌，1993；(5)：68
え
吉野槇一。正しい治療薬の使いかたの実際・漢方薬。Medical practice，1989；(7)：1142
江川雅人，他。気管支喘息に対する鍼灸治療の効果——鍼灸治療の前後の症状及び動脈血かスと Cyclic nucleotic の変化。日本東洋医学雑誌，1993；(5)：134
お
奥村英子，他。マウス抗体産生能（PFC）に及ぼす施灸刺激の効果について。全日本鍼灸学会雑誌，1994；(1)：52
奥村昌恵，他。鍼刺激の免疫機能及び高次中枢機能に及ぼす影響（1），日本東洋医学雑誌，1994；(5)：163
大萱稔，等。慢性関節リウマチ(RA)に対する柴苓汤（TJ-114）併用療法。リウマチ，1993；(6)：537
大島良雄。リウマチ性疾患に対する漢方療法。リウマチ科，1989；(1)：1142
大塚晃志郎。自然治愈カを活かす医療。ホリスティツク医学入門（日本）。柏树社，1994：74
大野修嗣，等。慢性関節リウマチ。診断と治療，1989；(6)：1509
織部元廣，等。慢性関節リウマチにずける漢方薬の効果-随証の異をる三種の漢方方剂を使用しこ。1989；(12)：27
岡部俊一。漢方と心身医学かウみたアトピー性皮膚炎。日本東洋医学雑誌，1993；(5)：14
か
加藤芳郎，等。リウマチ性疾患に対する漢方の作用機序——柴苓汤の免疫調節作用の検討。リウマチ，1993；(6)：538
関大輔ウ。アトピー性皮膚炎患者の治療にずける漢方生薬入浴剤の効果。日本東洋医学雑誌，1993；(5)：15
き
吉川信，他。灸刺激が生体免疫反応に及ぼす影響。日本東洋医学雑誌，1993；(5)：135
け
間中喜雄。现代医学の盲点とホリスティツク医学。ホリスティツク医学入門（日本）。柏树社，1994：33
さ
三田哲郎。颜面红皮型アトピー性皮膚炎の漢方治療。日本東洋医学雑誌，1993；(5)：14
坂倉宗樹，等。微小循环と血液しオロシーカウみた慢性関節リウマチにおける柴苓湯の効果。リウマチ，1993；(6)：537
篠原昭二，他。鍼刺激が生体免疫反応系に及ぼす影響について(第2報)——高龄者の活動性がろみた反復刺激の効果。全日本鍼灸学会雑誌，1994；(1)：48
し
代田文彦。漢方のアトピー——皮膚炎に対する考え

方。日本東洋医学雑誌，1993；(5)：12
真柳诚。现存最古の中国本草——トルフ℉ファ出土の《本草集注》。汉方の臨床，1993；(8)：2

た

高口真一郎，等。薏苡仁汤による中等症関節リウマチの治療。漢方診療，1988；(7)：30
田中大也。整形外科学。リウマチ科のための現代漢方医学——Shorealization Method. 大阪(株)メディカルしビュ——社。1990.
KanpoDMARDs(漢方・疾患修飾性抗リウマチ薬)としての柴胡桂枝乾姜汤 (TJ-11) 第33回日本リウマチ学総会抄錄。1989

つ

塚本忠司。汉方制剂治疗糖尿病。診断と治療，1992；(9)：1618

な

中島一。東洋医学的立場かウ。日本東洋医学雑誌，1993；(5)：11
鍋島茂樹，他。電子灸による、Purified protein derivative (PPO) 性リンパ球の誘導。日本東洋医学雑誌，1994；(5)：162

に

二宫文乃。成人型アトピ——皮膚炎と漢方。日本東洋医学雑誌，1993；(5)：12
日吉一夫，等。老年性関節リウマチ (JRA) にずける漢方療法の検討。リウマチ，1994；(2)：538

の

喜多敏明，等。薏苡仁湯が奏功した 慢性関節リウマチの一例。Curr Therapy 1991；(9)：1636

は

林田一志，他。灸刺激によァておニる血浆浸出反応への肥満細胞の関与。全日本鍼灸学会雑誌，1994；(1)：50

ひ

平馬直樹。中医学の立場。日本東洋医学雑誌，1993；(5)：13

ふ

藤拔龙治（贾春生摘译)。针刺治疗糖尿病性周围神经病的下肢症状。国外医学中医中药分册，1994；(2)：50
藤波襄二。ホリスティツク医学の概念。气功，1994；(9)：6
藤岡義孝。ホリステック医学実践报告。ホリスティツク医学入門(日本)。柏树社，1994：110

ま

松多邦雄。東洋医学的療法。Medicina，1988；(6)：1006
漢方制剂。治療，1991；(3)：95
松田重三。Tcell colony 形成能に及ぼす小柴胡湯添加単球培养と清の影響に関する検討。Pharma Medica，1988；(2)：60

み

三井忠夫，等。RAに対する柴苓湯の檢討。リウマチ，1993；(6)：538
三潴忠道。食養および小儿例について。日本東洋医学雑誌，1993；(5)：13

も

諸橋正昭。はじめに——治療における東西兩医学の接点，日本東洋医学雑誌，1993；(5)：11

や

矢野忠 内科疾病と针灸治療。日温气物医誌，1993；(1)：44～46
山下仁，他。灸の基礎免疫学的研究(第1報)——黄色ブドウ球菌免疫ウサギ血清中の抗体活性について。日本東洋医学雑誌，1994；(5)：162

わ

渡辺勝之，他。鍼灸刺激がマゥスおよびヒトNK細胞活性に及ぼす影響。全日本鍼灸学会雑誌，1994；(1)：49

C

Chaturvedi P (李宗友摘译)。云木香乙醇提取物对大鼠葡萄糖代谢不同内分泌腺的作用。国外医学中医中药分册，1994；(2)：35

H

Haines N (李春梅摘译)。糖尿病的针刺治疗。国外医学中医中药分册，1994；(5)：57

K

Kasahara T, et al. Involvement of central opioidergic and nonopioidergic neuroendocrine system in the suppressive effect of acupuncture on delayed type hypersensitivity in mice. Int J Immunophamacol 1993; (4):501

P

Pugach PV. The influence of acupuncture on the structure of immune organs. Am J Acup 1993; (1):59

S

Srivastava Y (蔡幼清摘译)。苦瓜提取物抗糖尿病及适应原性。国外医学中医中药分册, 1994; (3):45

医药名人

王友京

王友京，1942年出生，福建人。1966年毕业于北京大学生物化学专业。现为中国中医研究院针灸研究所生化研究室主任、研究员。

王友京

王氏长期从事针灸原理的研究，特别是对中枢神经递质或调质在针刺镇痛中的作用及其相互关系作了较系统、深入的研究，并对影响针刺镇痛的因素及其神经化学机理作了探讨。首先证明在针刺过程中中枢5羟色胺能.去甲肾上腺素能、乙酰胆碱能和γ氨基酸能系统通过相互作用，共同发挥镇痛作用，时间因素、电针频率和强度是影响针刺效应的重要因素，不同频率和强度电针可以通过对中枢单胺类神经递质代谢的影响产生不同的镇痛作用。主持"中枢5羟色胺能系统在针刺镇痛中的作用及某些神经介质受体的调节"课题，获1987年国家中医药管理局全国中医药重大科技成果乙级奖，1987年、1988年两度获卫生部孙氏鼓励医学科研基金一等奖。在国内外杂志上发表学术论文60余篇。1994年被国家中医药管理局评为有突出贡献的中青年科学、技术、管理专家。

（张印生）

冯菊农

冯菊农，生于1927年，四川省仁寿县人。1950年于华西协合大学药学系毕业后工作于成都市第一人民医院，1979年调入成都市中医药研究所至今。主任药师。历任药剂科主任、研究所副所长、所长等职。1983年以来连续担任全国中医急症剂改组组长，国家中医药管理局及四川省、成都市的科技成果、基金评审专家，四川省、成都市中医药高级职称评审委员会副主任委员，中国药学会四川省、成都市分会常务理事、副理事长等职。任《中国中医急症》、《华西药学杂志》、《四川中医》、《中医急症医学》等书刊的副主编及编委，著有《新编常用中西药制剂处方及配制方法》等及《中药剂型改革应注意保持中医药特色》、《中医急症用药研究的思路方法及成果评价》等论文。在全国、四川省作学术报告40余次，2次赴前苏联和马来西亚进行学术交流。

冯菊农

冯氏积极进行中药制剂及剂型改革、创新的实验研究，先后设计及参加研制了14种剂型（注射剂、微型胶囊、膜剂等）、120余个品种。在保持中医药特色的基础上，摸索出一套制备多种现代剂型和改革传统剂型的应用技术，总结出三个统一（继承与革新统一、发掘与提高统一、改革效果与原有疗效统一)和防止"纯化学"、"纯药剂"、"废医存药"的工作思路，使研制或改革后的中药制剂具有老药物、老特点、新方法、新制剂、新标准的实质内容，使中药制剂具有时代内容，与现代医药及科学同步发展。自80年代以来曾20次获部、省、市级科技进步奖，如参附注射液的研究获1987年部级乙级奖，肾康注射液及栓剂治疗慢性肾功能衰竭获1992年部级一等奖等。正在进行中的部、省、局、市级课题共有10项。获四川省、成都市劳动模范、科技积极分子等称号共15次，1991年起享受政府特殊津贴。

(成都市中医药研究所)

冉小峰

冉小峰，生于1928年，四川省重庆市人。1946年高中毕业后，在汉口、重庆随父学医。自1949年至今，先后任重庆市工人医院药房技师、重庆桐君阁药厂车间主任、中国中医研究院中药研究所室主任、甘肃武都地区制药厂工程师、化工部医药局工程师、中国药材公司主任中药师，现任国家药典委员会中成药组长，国家中医药管理局高级职称评委会副主任委员。

冉小峰

冉氏出身名中医药世家，从事中医药临床、科研、生产及管理工作近50年，对现代医药、植化、化工工程等方面的研究有一定的水平。从1953年起，在国家级中医药刊物发表《论中成药新产品开发技术》、《论张仲景的药剂技术》、《冉注伤寒论遗著整理》等论文80余篇，总计455万字。发明研制中成药新药近30个品种，多次荣获部级科技进步一、二等奖，其中抗高血脂药"心脑康"荣获国家质量金奖，中风治疗药"华佗再造丸"已列入国家药典品种，荣获国家科技进步二等奖及国际长城杯奖。全部新品种年创收近5亿元，创汇100万美元。

(张国庆)

杜雨茂

杜雨茂，1934年出生于陕西省城固县。1948年随父杜荩函习医，1952年开业应诊，1954年参加当地中医联合诊所任医师，1956年至1959年参加汉中地区中医进修班、陕西省中医进修学校中医师资班学习，毕业后留陕西中医学院；1959年7月在成都中医学院参加全国《伤寒论》师资班学习，回院后历任《伤寒》、《金匮》教研室主任、临床教研室主任、基础部副主任、教务处长等职。现任陕西中医学院副院长、教授、主任医师，全国中医药成人教育学会名誉理事长，中国中医药学会陕西分会副会长兼肾病研究组组长，中国中医药学会张仲景学术委员会委员，陕西省中西医结合学术委员会委员等职。主编《伤寒论研究文献摘要》，合编《伤寒论辨证表解》、《金匮要略阐释》、《奇难病临证指南》、《中医大辞典》、《简明中医辞典》等9部著作，发表学术论文80余篇。"柔脉冲剂治疗高脂血症的研究"获1987年陕西省人民政府科技进步三等奖，"珍珠养生酒"获1989年中华人民共和国轻工业部优秀新产品奖，"慢性布鲁氏杆菌病中医辨证分型治疗"获1989年

杜雨茂

陕西省中医管理局科技成果三等奖，LGS型色诊仪获1992年陕西省中医管理局科技成果一等奖。“万能针灸定穴尺”、“静电药物降压器”等7项科研产品已获国家专利。

杜氏对张仲景著作颇多卓见，临床精于内科杂病诊治，对肾、肝胆、脾胃等病的治疗独具匠心。旁通针灸、妇、儿、外、五官等科，注重病证结合，药物配伍严谨，一药多用。创制肾炎1号、2号等系列方剂，疗效确卓。其名已载入《当代中国科技名人大典》及《中国高级医师名录》等书中，享受政府特殊津贴。

（陕西省中医管理局）

李曰庆

李曰庆，1946年出生，山东省章丘人。1970年毕业于北京中医学院。现为北京中医药大学东直门医院副院长、教授、主任医师，兼中国性学会中医性学专业委员会副主任委员，任全国高等中医临床教育研究会秘书长等职。

李曰庆

李氏自大学毕业后，一直从事普外、泌尿外科、男科的临床工作，擅长用中西医结合方法诊治泌尿男科疾病。组织召开了三届全国中西医男性病学术研讨会，现主持“前列栓治疗慢性前列腺炎的临床与实验研究”，并牵头成立了“高等中医临床教育研究会”。主编了《男子不育》、《实用中西医结合泌尿男科学》、《中西医结合不育与不孕研究新进展》等书。在各种杂志上发表学术论文40余篇。1994年被东城区北新桥工委评为杰出北新人，并被国家中医药管理局评为有突出贡献的中青年科学、技术、管理专家。

（张印生）

李同生

李同生，1929年出生。幼承家学，建国后参加武汉市中医正骨班学习，1952年毕业于武汉医师进修学院。1953年组织武汉市第一家骨伤科联合诊所，任副所长。1955年调任武汉体育学院体工队主治医师。1959年调同济医科大学附属协和医院任主治医师、副教授、骨伤科主任。1985年至今任湖北省中医药研究院院长、研究员，兼任同济医科大学教授、中西医结合研究所所长、骨伤科主任卫生部新药评审委员，《中国中医骨伤科》杂志社社长兼主编，中国中医药学会骨伤科专业委员会副主任委员，湖北省中医学会副理事长，湖北省暨武汉市骨伤科专业委员会主任委员，香港骨伤科学会荣誉顾问等职。系第八届全国政协委员。

李氏认为“新伤责之于瘀，旧伤重在通

李同生

络”，手法应依据患者的年龄、性别、体质、病情辨证施用，主张“轻灵机巧，刚柔相济”。李氏从50年代后期开展中西医结合科研工作，以中医手法整复、小夹板固定、导引练功、药物治疗等传统的诊疗方法为主，吸收现代科技和武当内家功法中有益于医疗保健的部分，不断进行发掘、整理、综合、提高。先后主持承担了国家、部、省及省厅级科研课题20余项，其中有8项分获全国科学大会奖和部、省、省卫生厅科技进步奖。主编和编写了《实用骨伤科学》、《中医骨伤科学》、《中国正骨手法学》、《医学百科全书·中医骨伤科》等书，发表学术论文40余篇。

李氏热心中医教学工作，参加了数期省中医学院本科班、西学中班、进修班，以及卫生部及省卫生厅举办的中西医结合治疗骨关节损伤学习班的教学。30多年来，已培养出骨伤科专业人员800余名。李氏先后被评为“湖北省白求恩式的卫生工作者”、湖北省人民政府和国务院有突出贡献的专家，享受政府特殊津贴。

（湖北省中医药研究院）

郭兴伯

郭兴伯，1940年出生，广东省广州市人。1964年毕业于中山医科大学。现任海南三亚热带病研究所副所长、研究员，兼任海南省三亚市科技成果评审委员会副主任、附属三亚医院院长等职。

郭兴伯

郭氏自1975年开展疟疾临床研究以来，坚持深入国内外疟区（海南岛、越南）进行抗疟新药的临床研究，先后完成了青蒿素栓、青蒿琥酯、蒿甲醚、双氢青蒿素Ⅰ、Ⅱ、Ⅲ期的临床研究，在脑型疟疾救治研究方面取得了显著成绩，达到国际先进水平。曾获国家级和省部级科技成果奖，是国家“八·五”攻关课题负责人。目前正在主持“脑型疟昏迷选择合理投抗疟药时机的研究”和“青蒿素类药对恶性疟原虫配子体感染性影响”的研究。在国内外杂志和学术会议上发表论文47篇，其中两篇被世界权威性杂志收载。1985年被评为广东省先进工作者，1990年、1992年两次被评为广东省优秀党务工作者。1994年被国家中医药管理局评为有突出贡献的中青年科学、技术、管理专家。

（张印生）

钱 伯 文

钱伯文，生于1917年，江苏无锡人。1939年毕业于上海新中国医学院。师从朱南山、徐小圃、章次公等。现任上海中医药大学专家委员会副主任委员、教授、博士生导师，卫生部药典委员会名誉委员。

钱伯文

钱氏于1957年治愈1例脑瘤。1958年出席全国第一次肿瘤会议。1959年在上海中医学院附属龙华医院开设肿瘤专科门诊。30余年来一直致力于中医中药防治肿瘤工作，主张“扶正祛邪，攻补兼施”，治疗脑肿瘤、胃癌、肝癌、肺癌等均获实效。主要论文有《扶正与祛邪相结合治疗癌症》、《浅谈癌的中医辨证鉴别与治疗》、《清热解毒药在肿瘤治疗中的运用》、《运用补益药治疗肿瘤的经验》、《理气药在防治肿瘤病中的运用》等50余篇。著有《肿瘤的辨证施治》、《钱伯文医案》、《抗癌中药的临床效用》、《抗衰老的中药与食物》，主编《中国食疗学》、《养生指南》等书。《辨证论治213例颅脑肿瘤的疗效观察》获1987年度上海市卫生局中医药科技进步一等奖。由钱氏研制的治疗脑瘤的中成药777，具有攻瘤软坚、解毒、化痰、开郁、补肝肾、健脑等抗肿瘤与调动机体抗病能力的双重功效，在临床上取得了良好的疗效。钱氏在1991年被确定为上海市国家级名老中医。1990年被收入美国传记协会出版的第三世界《世界名人录》中，并收到由美国生物研究所颁发的国际文化荣誉证书。

（上海中医药大学中药系）

傅 贞 亮

傅贞亮

傅贞亮，1934年出生，山东省青岛市人。1954年进入陕西省中医进修学校进修，结业后分配至西安市中医医院，从事针灸和中医内科临床工作；1958年在陕西中医学院师资进修班进修后留校任教至今。现任陕西中医学院医疗系主任、教授，《内经》专业硕士研究生导师；为中国中医药学会第一、二届理事，全国中医理论整理研究委员会委员，陕西省中医学会副会长，陕西省第六、七届政协委员。享受政府特殊津贴。负责组织编纂的著作有《内经词典》、《内经讲义》、《脾胃论纂要》、《中医常用语选释》等。CGS型色诊仪等3项获省、局中医药科技成果一等奖，由傅氏组织完成的《内经词典》获国家中医药管理局1992年中医药科技进步二等奖。

傅氏长期从事中医基础理论和《黄帝内经》的教学和研究工作，在50年代中期曾就“有故无殒，亦无殒也”为理论指导，用纯中药治疗患“乙脑”的孕妇，取得满意效果。并提出“亦无殒也”是针对孕妇和胎儿讲的，从而扩大了这一理论的指导意义。在临证中对寒痹证采用了“内热”留针、刺经筋、温针等综合手法，收到了很好的效果。

（张登本）

颜 德 馨

颜德馨

颜德馨，1920年出生于江苏省丹阳市。幼承家学，1939年毕业于上海中国医学院，悬壶后屡起沉疴。解放后调入铁路中心医院主持中医业务。1992年创建上海铁路中医技术中心。历任中国中医药学会理事、国家中医药管理局科技进步奖评审委员会委员、上海中医药大学客座教授、铁道部专家委员及中医专业组长等职。现任上海铁道医学院研究室主任、教授，上海铁路中心医院主任医师等职。出版《餐芝轩医集》、《活血化瘀疗法临床实践》、《医方囊秘》、《气血与长寿》、《中国中医抗衰老秘诀》、《颜德馨医艺荟萃》等著作。发表论文100余篇，其中《老年性痴呆的治疗》与《肝脾在抗衰老中的临床与实践研究》分别获第六届国际针灸及东方学术会议及第一届世界传统医学优秀论文及研讨会的金奖。

颜氏倡导“久病必由瘀”、“怪病必由瘀”之说，提出“衡法新治则”，受到中医界的重视。近年来从事生命科学研究，主持“瘀血与衰老”的科研项目，提出瘀血实邪乃人体衰老之主要因素的新观点，其成果获国家中医药管理局科技进步二等奖。1989年获全国铁路先进个人称号。

颜氏多次到国外讲学，被美国两家中医研究院和一个学会聘为学术顾问。1993年访台湾并讲学，被台湾中医针灸学会、中国医药研究会聘为学术顾问，为沟通两岸文化交流作出了贡献。颜氏的事绩已被载入英国剑桥大学主编的《世界名人大辞典》、《世界知识分子大辞典》与美国传记研究所主编的《学术界有影响的领导人物》等书中。1994年获英国剑桥大学世界名人成就贡献奖及美国名人传记学会20世纪成就奖。

（上海铁路局中心医院）

大事记

【工作会议】

▲1994年全国卫生工作会议　1月25日至27日在天津市召开。会议中心议题是：在新的形势下，进一步加强农村卫生工作，深化卫生改革，更好地适应社会主义市场经济体制，为人民健康服务。国务委员彭珮云在闭幕会上传达了国务院总理李鹏就当前卫生工作的重要指示："农村三级医疗预防保健网建起来很不容易，应该逐步加强与改善；要大力培养农村能留得住、用得起的中级卫生人员，还要充分发挥中医、中药的作用"。

▲1994年全国中医药工作厅局长会议　1月28日至29日在天津市召开。卫生部部长陈敏章、副部长兼国家中医药管理局局长张文康、中纪委驻卫生部纪检组组长张凤楼、天津市副市长庄公惠、国家中医药管理局负责同志朱杰、田景福、张洪魁、诸国本、于生龙，以及全国各省、自治区、直辖市、计划单列市的卫生厅（局）长、中医局长、医药局长150余人参加了会议。陈敏章、张文康同志在会上分别作了讲话和《解放思想，深化改革，努力开创中医药工作新局面》的工作报告。会议期间，代表们就中医药工作如何深化改革，适应社会主义市场经济体制的需要，加强农村中医药工作，加强中医药内涵建设，加强医德医风教育等问题进行了交流讨论。

▲全国加强药品管理工作电话会议　为动员各省、自治区、直辖市和国务院各有关部门，结合本地区、本部门的实际，针对药品管理工作中存在的问题，采取有效措施，认真贯彻执行《国务院进一步加强药品管理工作的紧急通知》，国务院于10月31日在北京召开了该会议。会议由国务委员罗干主持，国务委员彭珮云代表国务院做了重要讲话。

▲全国中等中医专业教学计划审定会议　12月5日至8日在上海召开。全国29所中等中医药学校的负责人54名出席了会议。会议认为中等中医药专业教育坚持"突出中专特点、突出中医药特色、面向农村培养实用型人才"的提法是正确的，仍要坚持。在课程设置上更加强临床技能的训练，增大实践性教育的内容比例1:1。

▲华东地区中药情报网理事会成立暨首届工作会议　7月21日至23日在浙江淳安召开。与会代表就情报网的宗旨、组织形式、主要任务、网员的权利与义务以及理事会机构等草案进行了讨论。会议通过了华东地区中药情报网章程及理事会机构名单，沈平娘、莫静义分别任正副理事长。

▲第二次华东地区中医药管理工作研讨会　10月6日至9日在江西省鹰潭市召开。会议着重就中医医院如何适应医疗制度改革，适应群众医疗需求，加强农村中医药工作以及进一步做好老中医药专家学术经验继承工作等问题进行了讨论。

【学术会议】

▲中国残疾人康复协会中医康复专业委员会成立大会暨首届学术年会　2月27日在深圳召开。与会代表百余名。大会优秀论文编辑成册，书名为《中国康复新治疗荟萃》，由人民卫生出版社出版，国内外发行。大会期间与会代表一致通过《深圳宣言》，呼吁全社会重视挖掘中医药宝库，造福于残疾人。

▲'94海峡两岸中医药学术研讨会　3月17日在北京举行。与会代表500余人。大会共收到海内外学术论文近1000篇，内容涉及中医药历史发展与现状、中医药基础研究、临床疾病研究、针灸等临床技术研究、养生与保健研究等方面，从不同的侧面反映了海峡两岸中医药研究的现状及发展前景。会议期间，还举行了首届"医圣杯"国际中医药优秀学术著作和论文颁奖仪式。

▲中国中医药学会中药临床药理学会成立暨首次学术交流会　4月25日在云南瑞丽召开。出席会议的代表40余人。会议对临床药理研究的科学性、指标量化、疗效标准、基地管理等进行了探讨。各药理基地负责人

介绍了基地建设经验。新药评审委员们对即将印发的中药新药临床研究指导原则提出了意见，并就修改的问题统一了认识。

▲中国老年学学会中医研究委员会成立大会暨学术研讨会　5月19日至21日在北京召开。全国16个省、市、自治区及解放军代表60余名出席了会议。大会收到论文30余篇，并收集成册，其内容包括中医理论、临床、实验方法、药理毒理、康复保健、延缓衰老、预防和流行病学的研究。

▲全国首届针灸临床治疗与科研研讨会　6月9日至12日在广西桂林召开。全国250余名代表出席会议。会议收到论文1058篇，会议交流100篇。与会代表就针灸治疗各种疾病的独特经验、针灸临床科研方法、针灸临床客观指标观察及机理探讨、针灸文献研究、针灸器具的研究与应用等课题进行了讨论。

▲全国首届中医药现代研究学术研讨会　6月15日至18日在河南省洛阳市召开。来自全国各省、市的代表120余名。大会交流论文80余篇，有些论文在科研设计、方法、思路等方面都具有较高水平，有些论文突出中医药和中西医药结合的特点比较明显。

▲全国首届中医益智学术研讨会　6月18日至19日在杭州召开。大会共收到来自全国各地的学术论文39篇。与会代表从祖国医学角度对益智、心身健康等方面进行了广泛的研究。实践证明，我国传统的健脑益智方法对弱智、心理失衡、人格障碍等有良好的调整治疗作用。

▲全国第一届中青年中医学术研讨会暨第三届青年中医编辑学术研讨会，6月22日在北京闭幕。会议收到论文800余篇，内容涉及老中医经验继承、学术探讨、基础实验、临床研究、针灸经络、中药方剂、中医编辑学等。会议还成立了中国中医编辑学会青年中医专业委员会，并决定为基层青年中医举办学术提高班，进行论文和科研指导等。

▲全国中成药学术研讨会　6月27日在北京召开，中国中医药学会中成药分会宣告成立。这次学术研究会旨在继承发展中医药事业，扩大学术交流，提高中成药科技水平，沟通信息，促进科学技术为生产服务与科技成果的转化开发。

▲全国中药新药临床药理研讨会　7月12日至17日在沈阳召开。全国16个中药临床药理基地的30余名代表与会。代表们认真讨论了中药临床基地的工作，提出了富有建设性的意见。尤其对中药新药临床指导原则第二辑内科稿，进行认真讨论与研究，使其学术内容更加丰富，水平提高，能指导临床实践。

▲全军中药专业第三次学术会议　9月15日至18日在辽宁丹东召开。与会代表65人。大会共收到学术论文124篇，大会交流8篇，分专题交流48篇，其内容涉及中药房的现代化管理，中药剂型的改进，中药药剂的新方法、新设备、新工艺、新辅料的研究，中药的分析、鉴别与质量控制，中药药效学、毒理学的研究，中药药动学和动物利用度的研究，以及中药的临床研究等领域。尤其是在中药质量评价、中药复方抗放射性损伤、中药复方活血化瘀作用、中药提高免疫和抗衰老等方面的研究成绩较为突出。

▲全国中医疑难杂证学术研讨会　9月24日至28日在四川乐山市召开。会议收到论文并载入论文集160多篇。10多个省市的50多名代表出席会议。会议交流了传统中医的辨证论治、现代药理研究，以及单方验方、推拿、独创的新疗法。

▲第三次全国血证学术研讨会暨中医内科学会血液病委员会成立大会　9月24日至28日在大连召开。全国26个省、市、自治区的代表共137名出席了会议。会议录用论文165篇。大会一致通过由黄振翘任血液病委员会主任委员。

▲首届中国传统性医学大会　10月9日在北京召开。全国200多名专家学者参加了

大会。会上，上海社会科学院研究员刘临达教授作了《中国传统性医学的过去与现在》的报告，从社会学角度分析了性医学研究发展的广阔前景；王琦教授作了“龙欢胶囊治疗恒河猴性功能障碍研究报告”，并向与会代表展示他与同仁治疗男性病的研究成果。

▲全国平衡针灸学术研讨会　10月20日至24日在北京召开。全国24个省市及日本、美国、香港、台湾等地区的200多名代表参加了会议。平衡针灸学突破了传统经络穴位和局部取穴、循经取穴的方法，形成了与心理、生理、社会、自然相适应的整体医学调节模式。充分利用人体的信息系统和针刺技术效应反馈原理，以针刺为手段，依靠病人自已达到自身调节、自我完善、自我治愈疾病的单穴平衡疗法，形成了独特的一病一穴、快速针刺、一针见效的技术特色。

▲全国第三届民族民间医药学术交流会暨科技成果展销会　10月22日至26日在四川省西昌市召开。来自17个省、市、自治区17个民族的代表102名参加了会议。会议收到论文258篇，内容涉及民族民间医药医治经验、临床分析、疗效观察、生药研究、民药炮制、药理、理论研究等。

▲全国中医中药研究暨中药鲜药、新药临床应用学术交流会　10月29日至11月1日在河南郑州召开。全国17个省市的136名代表出席了会议。共收到论文418篇，其中中医中药研究论文261篇，鲜药、新药临床应用研究论文157篇。

▲全国中医药防治传染病学术交流大会　11月2日至4日在南京召开。全国27个省、市、自治区165名代表出席会议。大会交流的论文，较全面地反映了目前我国中医药防治传染病的最新成果和最新进展。

▲’94全国专科专病暨中西医结合学术研讨会　11月8日至12日在河南开封召开。全国29个省、市、县共300余名代表出席了会议。大会邀请了北京、上海等地十几位全国著名中医、中西医结合专家、教授进行了专题讲座。大会学术交流内容有理论探讨、临床研究、方药及综合报道等40余篇。

▲第二届中西医结合糖尿病学术会议　11月28日至30日在广东省佛山市召开。与会代表150余名。收到论文200余篇。上海第二军医大学长海医院张家庆教授在会上作了“中西结合防治糖尿病研究的思路和方法”的专题报告。

▲全国中医高粘血症、血栓症第二届学术研讨会　11月28日至30日在海南省海口市召开。与会代表113名。收到论文400余篇，其中230篇进行了大会交流并汇编成论文集。

▲西南五省（区）中药、天然药及民族药学术研究会　5月29日在贵州省铜仁梵净山召开。大会收到论文100篇。与会代表交流了中药、天然药物及民族药的最新研究成果，并为今后如何更好地开发和保护西南地区丰富的药物资源、研制新药等提出了意见。

▲新疆生产建设兵团首届中医药中西医结合学术交流大会　9月24日在石河子市召开。来自兵团各师团的200余名基层中医药工作者撰写的400余篇学术论文参加了交流。大会评出特别荣誉奖8名、一等奖10名、二等奖10名和三等奖40名。

▲第三届华东地区中医男性病学术研讨会　10月25日至28日在上海召开。全国25个省、市、自治区的80多名代表参加了会议。大会共收到论文176篇，出版了《论文汇编》。

【中医药科研获奖项目】

1994年中医药科技进步奖获奖项目(卫生部)

研究课题	研究单位与个人	获奖级别
天麻种子与紫萁小菇等萌发菌伴播技术推广研究(推广应用项目)	中国医学科学院药用植物资源开发研究所　陕西省汉中地区药材公司 徐锦堂　傅世贤　郭顺星　杨日升　余汉华　张启贵　赵发国	二等奖
药用昆虫的开发利用——五倍子繁殖增产技术的研究	中国医学科学院药用植物资源开发研究所　陕西省丹凤县供销合作社联合社 程惠珍　林余霖　陈　君　周忠宝　罗家禄	三等奖

1994年中医药科技进步奖获奖项目(国家中医药管理局)

研究课题	研究单位及个人	获奖级别
《素问》整理研究	天津中医学院 郭霭春　吴仕骥　高文柱　郭洪耀　韩　冰　郑恩泽	一等奖
黄芪栽培新技术研究	山西省医药研究所　山西省药材公司　山西省雁北地区药材公司 白效令　倪　娜　程玉德　李香串　王　湘　曹　恒　赵晶艳	一等奖
中药电泳鉴别法及其在动物、植物类中药应用的研究	山东中医学院　山东科学院生物所 石俊英　宋广运　刘可春　李定格　刘昌衡	一等奖
中医药治疗幽门螺杆菌感染性胃病的临床与实验研究	江苏省中医院 单兆伟　毕建军　沈　洪　朱云华　张梅润	二等奖
中药"回生灵"系列药品治疗难治性结核病	山西省运城市中医结核医院 焦安国　焦最蝉　滑东方　卓新云　焦起周	二等奖
不同证型胃脘痛胃粘膜病变与幽门螺杆菌的关系及江苏省幽门螺杆菌感染的病理流行病学调查	江苏省中医院 朱云华　徐景藩　王雅如　朱海青　朱长乐	二等奖
中药柴胡质量标准和质量动态研究	黑龙江中医学院 都晓伟　刘鸣远　王　栋　李廷利　刘中申	二等奖
传入C纤维和中缝大核痛负反馈调节机制在针刺镇痛中的作用	中国中医研究院针灸研究所 刘　乡　蒋旻春　张守信　黄平波　朱　兵	二等奖
中药治疗腰椎间盘突出症	大连市中医医院 王殿喜　谢　平	二等奖
针刺对痛觉异常的调整作用——针刺对实验性关节痛治疗作用及其机理的研究	中国中医研究院针灸研究所 朱丽霞　赵飞跃　方宗仁　文　琛　朱柏君	二等奖
中医脉象客观化的研究及分析	上海市中医门诊部 张镜人　李敏　陈冰灿　刘宝顺　吕维新	二等奖
钳持端提回旋手法复位经皮逆行穿针内固定治疗锁骨骨折的应用研究	山东文登骨伤研究所　山东省文登市整骨医院 杨茂清　朱惠芳　刘　波　谭远超　王培森	二等奖
《难经校注》、《难经语译》	上海中医药大学 凌耀星　胡文骏　包来发	二等奖
口腔用中成药剂型改革的研究——冰硼贴片的研究	山东中医学院 田景振　刘挺立　王　静　邵锁亭　马占春	二等奖
中药水蛭汤防治微血管术后血管危象的应用研究	山东省文登市整骨医院 韩明涛　朱惠芳　解乐业　鞠洪润　丛海波	二等奖
《中医病证分类编码》研究	国家中医药管理局医政司　湖北中医学院附属医院 潘筱秦　金棣生　章如虹　毛树松　张　奇	二等奖

续表

研究课题	研究单位及个人	获奖级别
人参蜂王浆制剂中人参皂甙的稳定性及剂型考察研究	广州市药品检验所 谢培山　颜玉贞　林巧玲　吴彤彤	二等奖
脾不统血证候动物模型研究	成都中医学院 罗光宇　彭　成　胡正琴　黄秀凤　张朝明	二等奖
艾灸对细胞免疫的调节作用	上海市针灸经络研究所 赵粹英　陈汉平　胡国胜　严　华　顾法隆	二等奖
常用中药半夏的品种整理与质量研究——半夏、水半夏和山珠半夏的比较研究	中国中医研究院中药研究所 胡世林　屠国瑞　张定媛　李先端　李燕立	二等奖
引进羚羊驯化研究	甘肃野生动物繁殖中心　陕西中药研究所　甘肃农业大学草业学院 田安顺　关　超　苏积武　张国棋　刘荣堂	三等奖
桂枝汤对体温双向调节作用的机理探讨	中国中医研究院中药研究所 富杭育　周爱香　郭淑英　查显元　田甲丽	三等奖
肾主生殖与女子生殖生命周期调节机理的研究	上海医科大学妇产科医院 李超荆　俞　瑾　魏美娟　李大金　归绥琪	三等奖
"氟骨症Ⅰ号"治疗重度氟骨症的临床研究	山西省忻州市义井氟骨症专科医院 郭培华　石虎寅　李全时　祁占文　刘颖耿	三等奖
名老傣医康朗仑临床经验总结学术思想探讨	云南省西双版纳傣族自治州民族医药研究所 林艳芳　康朗仑　茶　旭　魏启龄　玉腊波	三等奖
紫铜消白方治疗白癜风的临床应用观察	湖南中医学院第二附属医院 欧阳恒　祝柏芳　王明忠　曾省三　杨　柳	三等奖
致新丹的研究	天津市中医药研究院疮疡研究所 李竞　周成宝　董庆才　王秀英　李兰青	三等奖
闭合性矫治骨折畸形愈合的基础与临床研究	黑龙江中医学院 邓福树　舒　旭　王　伟　王志伟　杜丽萍	三等奖
董廷瑶老中医诊治婴儿吐乳（火丁按压法）专长的临床研究及其机理探讨	上海市中医门诊部 王霞芳　孙素钏　吴定宗　张　煜　宋知行	三等奖
大鼠延髓背侧网状亚核在伤害感受和针刺镇痛中的作用	中国中医研究院针灸研究所　法国国家健康和医学研究院 U—161 朱兵．Villanueva L Le Bars D、Bouhassir a D. Roy JC	三等奖
江西土特产药材江香薷江枳壳(实)质量鉴定研究	江西中医学院 范崔生　胡珊梅　蔡逸平　张治针	三等奖
补中益气汤对消化道功能活动的调整作用研究	广州中医学院 王汝俊　王建华　傅定中　邵庭荫	三等奖
国家"七五"攻关重点课题情报分析与预测研究	中国中医研究院中医药信息研究所 杜如竹　李　霞　孙国华　李敏民　张兆云	三等奖
外伤血瘀与化瘀的流变学实验研究	中国中医研究院中药研究所 廖福龙　李　文　温瑞兴　丁忠　周向东	三等奖
《傣医四塔五蕴的理论研究》	云南省西双版纳傣族自治州民族医药研究所 李朝斌　岩　喊　康朗腊　岩罕金　岩庄	三等奖
《丹溪医集》	浙江省中医药研究院 盛增秀　陆　拯　陈勇毅　王　英　施仁潮	三等奖
稳心冲剂治疗气虚血瘀型快速性心律失常	中国中医研究院广安门医院 周玉萍　王彦云　陈维亚　祝　萱　魏执真	三等奖
痹痛定涂膜剂的研制	江西省中医药研究所 程怡　邵桂娥　冯　青　虞金宝　余开夫	三等奖
中药膏药质量的研究	中国中医研究院中药研究所 陈馥馨　杨　桦　刘雪峰　王　孝　张建宝	三等奖

续表

研究课题	研究单位及个人	获奖级别
青蒿素透皮吸收的研究	中国中医研究院中药研究所 周钟鸣　陈迎雪　李泽琳　刘静明　王彦礼	三等奖
双8字固定治疗婴幼儿先天性髋关节脱位的临床研究	河南中医学院 张建福　洪素兰　韩文明　王国斌　程金山	三等奖
月华丸加减方诱导癌细胞分化的实验研究	成都中医学院 黄秀凤　雷佩琳　吴纯洁	三等奖
降脂药物脂可清的研究	吉林省中医中药研究院 苏瑞君　姜秀莲　姚光华　洪铁　井枫林	三等奖
中医中药对胃癌(实验动物)的预防作用的研究	上海中医药大学附属龙华医院 邱佳信　杨金坤　唐莱娣　郑嘉岗　贾筠生	三等奖
秋泻灵治疗小儿轮状病毒肠炎的研究	昆明医学院第一附属医院　中国医学科学院昆明医学生物学研究所　云南省药物研究所 陈世德　谢学礼　杜百年　戴国珍　庞其方	三等奖
多功能自控电热中药煎煮装置的研究	柳州市中医院 蒙旭光　田汉雄　黄希翎　柯家凛　郭文苑	三等奖
石斛夜光丸质量标准的实验研究	山东省中医药研究所　山东省药品检验所 贾元印　何心亮　谢鸿霞　赵渤年　姚乾元	三等奖
计算机针刺手法模拟操作系统	上海市针灸经络研究所 杨华元　蒋承耆　夏锦彬　顾训杰	三等奖
加味四逆散治疗慢性布病的临床与实验研究	河南中医学院　河南省地方病研究所　中国预防医学科学院流行病微生物学研究所 周文川　徐宗环　尚德秋　李学斌　郝宗宇	三等奖
消溶肝胆结石片治疗肝胆结石病研究	四川省郫县中医药研究所　四川省中医药研究院临床医学研究所　成都市中医药研究所　四川省中药研究所 谢石方　陈开国　黄明安　冯菊生　谢守德	三等奖
"妇炎洁"中药复方泡腾片治疗阴道炎(带下病湿热型)的临床与实验研究	成都中医学院　乐山中药厂 刘敏如　唐世彦　李爱礼　谭万信　傅春华	三等奖
益气养阴方对温热病气阴两伤的实验研究	北京积水潭医院　同济医科大学　北京医科大学中西医结合研究所　空军大连医院　哈尔滨211医院 马必生　李鸣真　李顺成　王光瑞　李乃民	三等奖
世界首报t(6;12)伴原发不育患者及其家系分析	广东省江门市中医院 袁　萍　沈鼎荪　黄　郁　周荣波	三等奖
血障平治疗再生障碍性贫血的研究	浙江省中医药研究院 魏克民　曹宝珍　裘维焰　应栩华　许继平	三等奖
消瘿冲剂治疗甲状腺机能亢进临床及实验研究	天津医学院附属医院　天津医学院　山东北方制药厂 曲竹秋　王士相　王宏镛　卢秀鸾　周德湘	三等奖
腹腔镜与中西药结合保守治疗宫外孕	北京中医医院 吴育宁　华　苓　张福英　金延　张晓辉	三等奖
镇心痛口服液的研究	河南中医学院第一附属医院 袁海波　王九莲　冀春茹　可　君　张贵卿	三等奖
川产道地药材的形成及其资源合理利用与保护研究	四川省中药研究所 陈善墉　陈士林　肖小河　吴　红　尹国萍	三等奖
应用针麻中药提高射频热凝术治疗原发性三叉神经痛的研究	沈阳市大东区中医院　沈阳市盛京三叉神经痛临床研究中心 张福成　陈式范	三等奖

中医药科研获奖项目(省、市、自治区)

地区	研究课题	研究单位	获奖级别	获奖年分
北京市	骨折端压应力对骨折愈合影响的生物力学研究	中国中医研究院骨伤科研究所 赵勇　尚天裕　顾志华	中国中医研究院科技进步二等奖	1993
	扶正防癌口服液合并化疗治疗晚期胃肠癌的临床与实验研究	中国中医研究院广安门医院 孙桂芝　王桂绵　陈长怀　宋莉　张培彤	中国中医研究院科技进步二等奖	1993
	活血化瘀治则的研究（经典古方的系统研究）	中国中医研究院西苑医院 李连达等	中国中医研究院科技进步二等奖	1993
	进行性肌营养不良症的中医临床研究	中国中医研究院西苑医院 尚尔寿等	中国中医研究院科技进步三等奖	1993
	ABC法检测涂抹标本细胞膜抗原及其在血液学中应用的研究	中国中医研究院西苑医院 麻　柔等	中国中医研究院科技进步三等奖	1993
	免疫法血小板减少性紫癜动物模型的建立及其在中医药药效学研究中的应用	中国中医研究院西苑医院 杨宇飞等	中国中医研究院科技进步三等奖	1993
	电子药物透肤仪的研制	中国中医研究院基础理论研究所 欧阳海燕等	中国中医研究院科技进步三等奖	1993
天津市	生肌膏等外用中药“偎脓长肉”作用机理研究	天津医院　天津市中西医结合骨折研究所 李秀兰　徐尔真　赵风义　师宝健　韩　慧	市卫生局科学技术进步一等奖	1994
	眼周围穴位不留针针麻下施行眼科手术400例临床观察	天津中医学院二附院 石立森　孙宝敏　王俊峰　杨　燕　葛丽英	市卫生局科学技术进步一等奖	1994
	旋代口服液加硝酸甘油治疗门静脉高压的临床研究	天津市第二中心医院 马璋如　赵嘉颖　王子祥　郑　幸　王绍云	市卫生局科学技术进步二等奖	1994
	行气降逆法治疗消化性溃疡的临床实验研究	天津市中医药研究院 武成　李方儒　李慧吉　张世林　丁小翔　唐艳萍	市卫生局科学技术进步二等奖	1994
	皮炎一号冲剂治疗荨麻疹、湿疹临床与药理实验	长征医院　天津市中西医结合皮肤病研究所 丁素克　刘艳荣　芦桂玲　匡　朴　姜　卉	市卫生局科学技术进步二等奖	1994
	中药胰活散治疗糖尿病的临床实验研究	天津医科大学第三附属医院 柴润芳　卢思森　侯婷婷　张桂芬　杨雷	市卫生局科学技术进步二等奖	1994
	中西医结合治疗重症糖尿病足坏疽临床研究	天津中医学院一附院 杜钰生　张庚扬　刘宝生　黄淑兰　马晓明	市卫生局科学技术进步二等奖	1994
	针刺调理脾胃法治疗Ⅱ型糖尿病合并脑梗塞的临床研究	天津市中医医院 韩禅虚　张智龙　吉学群　赵淑华	市卫生局科学技术进步三等奖	1994
	“白斑一号”糖浆治疗白癜风临床及实验研究	长征医院　天津市中西结合皮肤病研究所 齐建文　王士贤　丁素先　王　锋　姚凤玲	市卫生局科学技术进步三等奖	1994
	中风初起的急救措施—手十二井刺络放血影响脑血流的临床与实验研究	天津中医学院 徐汤苹　郭　义　周智良　任树生　戴志华	市卫生局科学技术进步三等奖	1994
	中药盆炎康加激光治疗慢性盆腔炎临床与实验研究	天津中医学院 吴高媛　徐东琴　富光华　傅汝廉　开桂云	市卫生局科学技术进步三等奖	1994

续表

地区	研究课题	研究单位	获奖级别	获奖年分
天津市	宣畅中焦防治胆囊结石的临床与实验研究	天津中医学院一附院 柴彭年　牛元起　耿淑从　曹式丽 李泰祥	市卫生局科学技术进步三等奖	1994
	抗感至宝口服液防治呼吸道复感儿的临床及实验研究	天津中医学院一附院 马　融　李少川　张效霖　陈宝义 胡国强	市卫生局科学技术进步三等奖	1994
	带加热熏容器的牵引治疗床的研制	汉沽区天化医院 张茂起　韩俊起　黄桂艳　杨天奎 霍世然	市卫生局科学技术进步三等奖	1994
河北省	胃元丹治疗萎缩性胃炎临床研究	河北省中医院 李恩复　海　滨　戴晓玲　秦国英 陈学英	省卫生厅科学技术进步一等奖	1994
	中药肌萎灵治疗运动神经元疾病的实验与临床研究	石家庄开发区医药研究所 吴以岭　田书彦　张庆昌　陈金亮 韩德荣	省卫生厅科学技术进步一等奖	1994
	抗早搏冲剂治疗早搏的临床研究	唐山市中医院 王国三　任风兰　朱大会　宋瑞霞 王秀敏	省卫生厅科学技术进步一等奖	1994
	小儿难治性肾病中西医结合治疗研究	河北中医学院 阎艳丽　刘泽英　宋国英　徐　川 石玉娥	省卫生厅科学技术进步二等奖	1994
	中医药治疗小儿佝偻病临床研究	河北省中医药研究所 张国恩　许庆友　裴　林　赵之璋 范素贞	省卫生厅科学技术进步二等奖	1994
	分格交替充放气中药褥疮防治垫的研制及临床应用	河北省文安县中医院 彭文杰　冯小栗　陈殿花　于展云 贾金社	省卫生厅科学技术进步二等奖	1994
	庞赞襄辨治视神经萎缩经验研究	河北省人民医院 刘怀栋　张　彬　魏春英　陈兰英 宋桂莲	省卫生厅科学技术进步二等奖	1994
	痤疮灵治疗面部痤疮的临床研究	唐山市中医院 王国三　任风兰　赵育才　朱大会 刘云法	省卫生厅科学技术进步二等奖	1994
	“831”注射液治疗各期内痔临床研究	无极县中医院 刘秉正　袁同国　丁志君　翟改芬 刘美亚	省卫生厅科学技术进步二等奖	1994
	大肠俞穴位封闭治疗腰椎间盘突出症的临床研究	行唐县中医院 王玲翠　马增力　力秉岳　赵宝玉 刘新中	省卫生厅科学技术进步二等奖	1994
	骨原丹胶囊治疗骨折的临床研究	张家口市第二医院 钟高源　单景源　郭盛君　孙德贵 常天祯	省卫生厅科学技术进步二等奖	1994
	瓜蒌乳癖散治疗乳腺增生临床应用研究	滦平县中医院 郎宝民　刘佩宗　靳景春　靳玉铎 谭士莉	省卫生厅科学技术进步二等奖	1994
	中西医结合治疗慢性肾炎	河北省人民医院 孙广秀　刘　冰　付长丛　宋　毅 曹　珍	省卫生厅科学技术进步二等奖	1994
	中药澳特灵系列方药治疗慢性乙型肝炎及澳抗阳性的临床研究	隆化县中医院 刘风树　张德民　张士义　王　贵 王佩文	省卫生厅科学技术进步二等奖	1994
	中药心泰安对心室晚电位阳性转阴的应用研究	张家口市中医研究所 唐尚中　王一民　李秀英　庞学书 王永利	省卫生厅科学技术进步二等奖	1994

续表

地区	研究课题	研究单位	获奖级别	获奖年分
河北省	大承气汤治疗严重创伤呼吸窘迫综合征的临床研究	河北省人民医院　河北中医学院 刘福成　薛　芳　崔志永　李宏森　李超英	省卫生厅科学技术进步二等奖	1994
	中西医结合经皮胆囊碎石或取石临床观察	河北省沧州中西医结合医院 奚绍贤　陈书堂　崔东晖　马新杰　刘长兴	省卫生厅科学技术进步二等奖	1994
	消糖灵胶囊对II型糖尿病胰岛A、B细胞功能影响的临床与实验研究	河北省沧州中西医结合医院 殷志远　秦宝巨　王元松　张月珍　张淑芬	省卫生厅科学技术进步二等奖	1994
	血栓灵治疗脑血栓形成临床研究	唐山建设医院 杨宝元　张淑云　李风兰　贾　元	省卫生厅科学技术进步二等奖	1994
	高等中医院校教学管理计算机系统软件的开发研究	河北中医学院 郑兆华　李渡华　贾淑兰　王占波　王亚利	省卫生厅科学技术进步二等奖	1994
	四草降白汤治疗急慢性肾炎蛋白尿的临床疗效观察	石家庄市国医医药研究所 燕福民　郭秀梅　叶培华	省卫生厅科学技术进步三等奖	1994
	速效降浊煎剂治疗慢性乙型肝炎的临床疗效观察	石家庄市第五医院 李章琴　张照琪　姜唯本　李军生　金淑萍	省卫生厅科学技术进步三等奖	1994
	治肝灵治疗慢性乙型肝炎的临床与实验研究	河北省中医药研究所　白求恩国际和平医院 孙方军　王锡育　甄艳君　孟元勋　马淑华	省卫生厅科学技术进步三等奖	1994
	乙肝系列冲剂治疗慢性乙型肝炎的临床研究	正定县中医院　正定县医院 龚振岭　贾永勤　杨建国　高瑞成　尹梅英	省卫生厅科学技术进步三等奖	1994
	中医药治疗甲状腺机能亢进症临床研究	滦县人民医院城关分院 程少武　岂茂林　董友弟	省卫生厅科学技术进步三等奖	1994
	抗病毒中药治疗儿童特发性血小板减少性紫癜的研究	河北医学院第二附属医院 阎丰书　李贵宾　张会丰	省卫生厅科学技术进步三等奖	1994
	双嘧达莫乳膏敷脐治疗婴幼儿秋冬季腹泻的临床研究	唐山市人民医院 刘桂春　宋海　孙亚军　陈翠玲　肖国富	省卫生厅科学技术进步三等奖	1994
	中平穴注射复方丹参注射液配合三维功能锻炼治疗“肩周炎”研究	唐山钢铁公司医院 张和平　吴连捷　焦希佑	省卫生厅科学技术进步三等奖	1994
	穴位磁疗法防治癌症化疗引起呕吐的临床研究	河北省肿瘤研究所　石家庄桥东区医院　河北省电话机厂 刘少翔　陈志峰　侯　浚　张秀云　刘志林	省卫生厅科学技术进步三等奖	1994
	练功对皮肤温度的影响及脑电图的测试	河北省北戴河气功康复医院 赵宝峰　李春才　田宏计　焦秀岩　徐　洁	省卫生厅科学技术进步三等奖	1994
	练功两个月脑血流肢体血流变化的观察	河北省北戴河气功康复医院 李春才　张天戈　杨益功　白风安　杨俊秀	省卫生厅科学技术进步三等奖	1994
辽宁省	伤湿所致脾阳虚模型研究	辽宁中医学院 王　欣	省政府科学技术进步三等奖	1993
	增智健脑剂的临床研究	辽宁中医学院 刘　焯	省政府科学技术进步三等奖	1993
	红毛五加的生药学的研究	辽宁中医学院 赵余庆	省政府科学技术进步三等奖	1993

续表

地区	研究课题	研究单位	获奖级别	获奖年分
辽宁省	面向经济主战场培养实用型人才	辽宁中医学院 颜　锋等	省教委优秀教学成果一等奖	1993
	适应社会发展需求开发中药专业英语班的初步实践	辽宁中医学院 袁昌鲁	省教委优秀教学成果二等奖	1993
	声振经络疏导治疗仪的研制	辽宁中医学院 孙平生　杨勤之　袁家麟　张江艳　郑丽岩	省政府科学技术进步二等奖	1994
	抗辐射1、2号治疗辐射性损伤的临床与实验研究	辽宁中医学院 吕乃群　赵明山　郭洪吉　王淑清　曲鸿忠	省政府科学技术进步三等奖	1994
	华佗生发精外用治疗斑秃的临床研究	辽宁中医学院附属医院 姜耀武　袁家麟　陈　英　张名安　李大军	省政府科学技术进步三等奖	1994
	中医《疮疡图谱》编著及其病名考证的研究	辽宁中医学院附属医院 杨吉相　李占玲　朱晓南　何恩良　温梦春	省政府科学技术进步三等奖	1994
吉林省	吉林栽培伊贝母药用评价的研究	吉林省中医中药研究院 徐东铭	省科委科学技术进步二等奖	1994
	降脂药物脂可清的研究	吉林省中医中药研究院 苏瑞君	省科委科学技术进步三等奖	1994
	颈痛灵治疗颈椎病的研究	长春中医学院附属医院 李玉轩	省科委科学技术进步三等奖	1994
	中医各型肝病的骨髓细胞乙肝病毒感染及超微结构变化观察研究	二〇八医院等 王保义	省科委科学技术进步三等奖	1994
黑龙江省	中医“扶正固本”治则免疫学机理的研究	黑龙江中医学院 张德山	省科委科学技术进步二等奖	1994
	中药越橘治疗急慢性支气管炎等呼吸道感染性疾病的基础与临床研究	黑龙江中医学院 王　刚	省科委科学技术进步二等奖	1994
	中药结核散治疗空洞型肺结核的临床及实验研究	省结核病防治院 张　政　马理奇	省科委科学技术进步三等奖	1994
	中药黄芪地上部分化学成分及药效研究	黑龙江中医学院 苑春升	省科委科学技术进步三等奖	1994
	“孕特灵”治疗不孕症的药效毒性实验及临床研究	黑龙江省医院 李凤珍	省科委科学技术进步三等奖	1994
	刺五加复方药效及机理研究	黑龙江中医研究院 高奎滨	省科委科学技术进步四等奖	1994
	中药柴胡的质量动态研究	黑龙江中医学院 都晓伟	省科委科学技术进步四等奖	1994
	家兔饲养标准化及电生理指标的实验研究	黑龙江中医学院 马桂华	省科委科学技术进步四等奖	1994
	中药治疗艾滋病临床研究	黑龙江中医学院 黄炳山	省科委科学技术进步四等奖	1994
	补脾肾泻湿浊解毒活血法治疗慢性肾功能衰竭的临床与实验研究	黑龙江中医研究院 张佩清	省科委科学技术进步四等奖	1994
	中药抗衰灵实验及临床应用研究	哈尔滨医科大学 高清芳	省科委科学技术进步四等奖	1994
	中药全蝎治疗囊虫病的作用机理及有效成份研究	黑龙江中医学院 张贵君　金哲雄　周　敏　于英君　张黎化　赦丽莉　刘　玠	省中医局科学技术进步一等奖	1994

续表

地区	研究课题	研究单位	获奖级别	获奖年分
黑龙江省	《实用中医外科方剂大辞典》	黑龙江中医学院 王玉玺　王旭东　刘华生　张建伟 王历　宋立群　李　巍	省中医局科学技术进步一等奖	1994
	双金花冲剂的基础与临床研究	黑龙江中医学院附属一院 聂运升　赵喜胜　徐　光　孙丽华 梁群　王炳岩　聂　宏	省中医局科学技术进步一等奖	1994
	运用气血理论防治慢阻肺病的基础与临床研究	黑龙江中医学院附属一院 王　刚　唐启盛　于忠学　李　凡 朱跃岚	省中医局科学技术进步二等奖	1994
	齿状铝板外固定器治疗股骨骨折的临床与实验研究	黑龙江中医学院附属一院 黄殿栋　于雪峰　黄铁军　董清平 黄铁汉	省中医局科学技术进步二等奖	1994
	滋阴补肾法诱发排卵的临床与实验研究	黑龙江中医学院附属二院 杨守凡　韩延华　肖东红　付文媛 侯丽辉	省中医局科学技术进步二等奖	1994
	中药治疗人乳头瘤病毒感染的生殖器疣的研究	哈尔滨医科大学医院 朱桂纯　赵淑真　朱春英	省中医局科学技术进步二等奖	1994
	益气温阳法治疗病态窦房结综合征的基础与临床研究	黑龙江中医学院 贾宝善　梁　惠　李玉光　唐　巍 卢成志	省中医局科学技术进步三等奖	1994
	黑龙江省部分地区支气管哮喘的流行病学调查研究	黑龙江省中医研究院 孙向春　关　英　惠井兰　陈京涛 姚晓林	省中医局科学技术进步三等奖	1994
	调肝治疗妇科肝郁症的临床及实验研究	黑龙江中医学院 王秀霞　韩延华　姚洪义　付文媛 杨丽珍	省中医局科学技术进步三等奖	1994
	理气和胃清热降逆治疗返流性食管炎临床研究	黑龙江中医学院 韩玮琳　马　健　赵　晔　张宝文 俞彩珍	省中医局科学技术进步三等奖	1994
	疣净液—2号的临床与实验研究	佳木斯医学院 李明远　刘富荣　李洪涛　杨中伟 金　梅	省中医局科学技术进步三等奖	1994
上海市	扶正化瘀319方治疗肝硬化的临床与实验研究	上海市中医药研究院 刘　成等	市科委科学技术进步二等奖	1994
	中药丹参细胞培养技术及其活性产物的研究	上海中医药大学 胡之壁等	市科委科学技术进步二等奖	1994
	肾主生殖的研究	上海医科大学妇产科医院 李超荆等	市科委科学技术进步二等奖	1994
	艾灸对细胞免疫的调节作用	上海市针灸经络研究所 赵粹英等	市科委科学技术进步三等奖 市卫生局科学技术进步三等奖	1994
	过敏性哮喘患者粘膜免疫功能与针刺对其调整作用的研究	上海市针灸经络研究所 陈汉平等	市科委科学技术进步三等奖	1994
	养血软坚合剂治疗膝骨关节炎的实验与临床研究	上海市中医药研究院骨伤科研究所 石印玉等	市科委科学技术进步三等奖	1994
	董廷瑶老中医诊治婴儿吐乳（火丁按压法）专长的临床研究及其机理探讨	上海市中医门诊部 王霞芳等	市科委科学技术进步三等奖	1994
	黄芪有效成分及其对心脏正肌力作用的研究	上海医科大学药学院 刘星階等	市科委科学技术进步三等奖	1994

续表

地区	研究课题	研究单位	获奖级别	获奖年分
上海市	坑戾散治疗病毒性高热的临床与实验研究及温疫病学的学术体系探讨	上海医科大学华山医院 蔡定芳等	市科委科学技术进步三等奖	1994
	加味没竭片对功能性痛经中前列腺素的作用	上海中医药大学附属岳阳医院 朱南孙	市卫生局科学技术进步二等奖	1994
江苏省	中药马钱子炮制机理的研究	南京中医学院 蔡宝昌　马　聘　陈　龙　吴　皓 何亚伟	省科学技术进步三等奖	1994
	不同证型胃脘痛胃粘膜病变与幽门螺杆菌的关系及江苏省幽门螺杆菌感染的病理流行病学调查	江苏省中医院 朱云华　徐景藩　王雅如　朱海青 朱长乐	省科学技术进步三等奖	1994
	中药复方乙肝解毒丸治疗慢性乙肝病毒感染临床研究	启东肝癌防治研究所 龚惠民　张静言　王金兵　吴　燕 王能进	省科学技术进步四等奖	1994
	中医药治疗幽门螺杆菌感染性胃病的临床与实验研究	江苏省中医院 单兆伟　毕建军　沈　洪　朱云华 张梅涧	省科学技术进步四等奖	1994
	清化瘀毒、调养胆脾法辨治慢性乙型病毒性肝炎的研究	南京中医学院　南京市传染病院 高淳县人民医院 周仲瑛金妙文　王永山　方泰惠 王志英	省中医管理局科学技术进步一等奖	1994
	补益中药磷脂成份的研究	南京中医学院 许益民　王永珍　郭　戎 王永山　俞　琏	省中医管理局科学技术进步一等奖	1994
	补气生血中医理论的现代研究	扬州大学医学院 龚跃新　孙　云　林安平　顾维戎 许爱华	省中医管理局科学技术进步一等奖	1994
	半环式外固定器加小夹板治疗长骨干骨折	无锡市中医院 王心支　李德祥　陆宪法	省中医管理局科学技术进步一等奖	1994
	明党参化学成份和药理研究	南京中医学院 陈建伟　王亚淑　李　祥　陈汝炎 陆平成	省中医管理局科学技术进步二等奖	1994
	鸦胆子油—碘油—阿霉素超液化乳剂化疗栓塞治疗中晚期肝癌的临床研究	江苏省肿瘤医院 陈世唏　钱云铉　黄富麟　吴美琦 张仁希	省中医管理局科学技术进步二等奖	1994
	痔得宁栓治疗肛门病的临床实验研究	如东县中医院 王秋霖　丁　蔚	省中医管理局科学技术进步二等奖	1994
	蝎毒膏贴穴法治疗小儿痿症	宜兴市中医院 蔡德猷　孙稼祥　尹立平	省中医管理局科学技术进步二等奖	1994
	天麻第二营养应用研究	南京中医学院 庄　毅　王永山　张群英　许慧琪 王寄英	省中医管理局科学技术进步三等奖	1994
	针刺配合口服山茱萸汤治疗肩周炎	通州市人民医院 邱祖萍　于恩泽　胡永如　陈　建 陶履冰	省中医管理局科学技术进步三等奖	1994
浙江省	69例再生障碍性贫血实验分型中西医结合治疗的研究	浙江省中医院 虞荣喜等	省科学技术进步一等奖	1994
	癌症止痛栓制剂及实验与临床研究	浙江省中医院　浙江医科大学附属一院 王泽时　孙在典　杜成安　陈金泉 俞丽霞	省科学技术进步一等奖	1994

续表

地区	研究课题	研究单位	获奖级别	获奖年分
浙江省	《丹溪医集》	浙江省中医药研究院 盛增秀 陆 拯 陈勇毅 王 英 施仁潮	省科学技术进步一等奖	1994
	跨膈压直接测定法的研究	浙江省中医药研究院 孔繁智 徐锡鸿 沈世闳 张 敏 柴秀娟	省科学技术进步一等奖	1994
	清热益胃口服液治疗幽门杆菌相关性胃炎的实验和临床研究	浙江中医学院 柴可夫 吴 滇 方平楚 俞公煌	省科学技术进步二等奖	1994
	人体心率、心律、心肌缺血与季日时辰的关系	杭州市第一人民医院 李佩璋等	省科学技术进步二等奖	1994
	六味地黄口服液治疗10种肿瘤化疗药毒副作用的实验与临床研究	浙江省中医药研究院 许继平等	省科学技术进步二等奖	1994
	参麦注射液对恶性肿瘤化学药物治疗增效减毒作用的临床和实验研究	浙江省中医院 杭州正大青春宝实业公司 刘鲁明 苏伟文 钱 华 林胜友 吴良村	省科学技术进步二等奖	1994
	用体外模拟法对中药复方不同剂型的作用原理研究	浙江省中医药研究院 孙静芸 谢年庚 陈 萍 唐法娣 章建民	省科学技术进步二等奖	1994
	中药胃乐汤治疗慢性胃炎的实验研究与临床观察	浙江省中医院 周亨德 项伯康 朱林喜	省科学技术进步二等奖	1994
	高脂血症参与动脉粥样硬化的细胞机理及复方中药的降脂作用研究	浙江中医学院 楼兰花 魏康伯 何一中 孙纯塞	省科学技术进步二等奖	1994
	浙江省建国以来中医药科技成果及计划课题汇编与电脑管理系统	浙江省中医管理局 王坤根 吕志连 沈惠泉 韩 冬 徐泉玉	省科学技术进步二等奖	1994
	校勘《小儿卫生总微论方》	浙江省中医管理局 吴康健	省科学技术进步二等奖	1994
	“克骨汤”治疗骨髓炎研究	富阳市三溪骨髓炎医院 周虎林 周丽君 叶企兵 童绿娟 盛鲁文	省科学技术进步二等奖	1994
	多功能推拿牵引治疗床研制	杭州市中医院 章煜铭 高 峰 李为群 刘 宪	省科学技术进步二等奖	1994
	钩针刺法治疗肱骨外上髁炎临床研究	浙江省中医药研究院 杨楣良 周振鹤 张静芳	省科学技术进步二等奖	1994
	寒凝血瘀证实验动物模型的研究	浙江中医学院 郑小伟 卢良威 傅鸿彰 李玲玲 梁淑玲	省科学技术进步三等奖	1994
	蚕砂提取物治疗血虚(再障)的研究	浙江省中医药研究院 魏克民 曹宝珍 裘维焰 应栩华 许继平	省科学技术进步三等奖	1994
	功能性消化不良食管、胃腔内压力变化及中医辨证关系探讨	浙江省中医院 项伯康等	省科学技术进步三等奖	1994
	中药退热1号灌肠降温效果的观察及护理	杭州市中医院 夏佩芬 姚湖山 崔敏娴 黄金城 陈敏儿	省科学技术进步三等奖	1994
	复方截叶铁帚合剂治疗多形性红细胞尿的临床研究	椒江市中医院 刘普希 陈学英 徐佩华 罗有恩 牟振国	省科学技术进步三等奖	1994

续表

地区	研究课题	研究单位	获奖级别	获奖年分
浙江省	“抗惊糖浆”防治小儿高热惊厥的研究	浙江省中医院 宣桂琪　王晓鸣　陈玉燕	省科学技术进步三等奖	1994
	益脑冲剂治疗中老年认知功能减退的临床研究	浙江省中医药研究院 龚康敏　谢海宝　郑源庞　吕克旺　王红裔	省科学技术进步三等奖	1994
	通洲栓治疗气滞血瘀型慢性前列腺炎	杭州市中医院 韩崇华　乐　走　骆燕宁　高秀英	省科学技术进步三等奖	1994
	夜咳宁治疗小儿咳嗽的临床与实验研究	萧山市中医院 洪佳璇　谢　恬　高雅文　来继红　孙东海	省科学技术进步三等奖	1994
	杜阳灵对男性不育与阳萎的综合研究	杭州市第三人民医院 金亚城等	省科学技术进步三等奖	1994
	无花果开发利用的研究	浙江省中医药研究院 王　劲　王绪鳌　赵树珍　裘维焰　李益福	省科学技术进步三等奖	1994
	应用正交设计研究川芎—芍药药对	浙江省中医药研究院 戴诗文　孙　健　徐宝林　魏杭英　张文娟	省科学技术进步三等奖	1994
	猴菇菌液对血脂和动脉粥样硬化相关因素影响和研究	浙江省中医药研究院 郑源庞　戴诗文　胡利平　姚雪艳　龚康敏	省科学技术进步三等奖	1994
	丹参对腹膜透析效能影响的临床和实验研究	浙江省中医院 徐再春　沈梅贞　李学铭　熊耀康　凌雅芳	省科学技术进步三等奖	1994
	中药三根复方抗肿瘤作用及其机理的实验研究	浙江中医学院 林　玲　章巧萍　俞丽霞　宋霄宏　王泽时	省科学技术进步三等奖	1994
	马尾松松针营养成分分析及保健药用价值的研究	浙江中医学院 胡　钧　吕圭源　李万里　刘明哲　袁振华	省科学技术进步三等奖	1994
	胃粘膜血流、温度变化与慢性胃病及其中医辨证之相关性研究	浙江省中医院 朱曙东　陈芝芸　黄小民　何学敏　项伯康	省科学技术进步三等奖	1994
	肺气虚与慢性阻塞性肺病关系及其本质的研究	浙江省中医院 王会仍　王效亚　刘钟盐　马孔阜	省科学技术进步三等奖	1994
	阻抗心动图(ICG)评价左心功能与心气虚证的临床意义	浙江省中医药研究院 郑源庞　王红裔　龚康敏　姚雪艳　樊良卿	省科学技术进步三等奖	1994
	浙江省中医药对外开放的优势、缺陷及对策	浙江省中医药研究院 王锦云　徐伟伟　陈勇毅	省科学技术进步三等奖	1994
	单翼双头加压螺纹钉治疗股骨颈骨折	萧山市中医院 李茂才　傅　宏　徐润龙　蒋梦麟	省科学技术进步三等奖	1994
	针刺秩边、三阴交穴治疗慢性前列腺炎脾肾两虚型的临床研究	杭州市中医院 骆燕宁　韩崇华　乐　走	省科学技术进步三等奖	1994
	川芎、丹参提取液液压扩张治疗“肩凝症”的临床治疗观察与机理探讨	浙江省中医院 刘晋闽　王小明　许衡钩　钱明山　严亚成	省科学技术进步三等奖	1994
	长强会阴穴封闭治疗肛门周围瘙痒症的临床研究	浙江省中医院 余土根　朱金土　庄亦仁　骆　芳　赵太菌	省科学技术进步三等奖	1994

续表

地区	研究课题	研究单位	获奖级别	获奖年分
福建省	癌症扶正培本治疗研究	福州市第一医院 潘明继　李永辉　潘远志　潘云苓　孙桂生	省政府科学技术进步二等奖	1994
	中西医结合治疗小儿原发性肾病综合征临床研究	福建中医学院附属人民医院 曾章超　郑　健　柯泳亭	省政府科学技术进步三等奖	1994
	雷公藤及其制剂有效成分分析和应用	福建省医学科学研究所 夏志林　邓福孝　徐榕青　陈俊元　郭舜民	省卫生厅科学技术进步一等奖	1994
	皮肤低阻点及其循经分析特征的微机检测	福建省中医药研究院 胡翔龙　吴宝华　郝敬尧　黄晓卿　许金森	省卫生厅科学技术进步一等奖	1994
	中西医结合治疗急性脑出血的临床研究	福建医学院附属协和医院 郑　安　朱亨炤　黄华品　刘　楠　林求诚	省卫生厅科学技术进步二等奖	1994
	温病气分证血瘀的实验研究	福建中医学院 陈扬荣　戴春福　江　明	省卫生厅科学技术进步二等奖	1994
	偏头痛患者的免疫状态及中医治疗的研究	福建医学院附属第一医院 陆　曦　李智文　王耀华　王承柱　陆　耘	省卫生厅科学技术进步三等奖	1994
	小儿舌脱落细胞学研究	福建中医学院 章志安　孙小玲　许利那　张　红　张洪生	省卫生厅科学技术进步三等奖	1994
	慢性胃病脾胃湿热证的免疫学与血液流变学研究	福建中医学院 张群豪　郑家铿　许少峰　魏德煜　王学章	省卫生厅科学技术进步三等奖	1994
	闽西苏区医药卫生的研究(1929—1934)	福建中医学院 华碧春　傅国兴　俞慎初	省卫生厅科学技术进步三等奖	1994
	脉图在心血管疾病和中医脉象中应用的系列	福建省中医药研究院 陈东汉　陈南生　陈文发　蔡光东　高　玲	省卫生厅科学技术进步三等奖	1994
	中西医结合治疗中风（脑卒中）的临床研究	泉州市中医院 郭鹏琪　刘德桓　许真真　郭伟聪	省卫生厅科学技术进步三等奖	1994
江西省	双爪固定器临床研究	江西中医学院附属医院 许鸿照　温贤成	省科学技术进步三等奖	1993
	腰俞麻醉在肛肠临床推广与运用	江西中医学院附属医院 晁希平　能腊根　万顺兰　胡金祥　蒋国强	省卫生厅技术创新二等奖	1993
	江西主特产药材江香薷江枳壳(实)质量鉴定研究	江西中医学院 范崔生等	省卫生厅技术创新一等奖	1994
	单味中药剂型改革的研究	江西中医学院 周异群等	省卫生厅技术创新一等奖	1994
山东省	益气健脾法治疗糖尿病的临床与基础研究	山东中医学院	省科委科学技术进步三等奖	1994
	《现代生物医学工程》	山东中医学院	省科委科学技术进步三等奖	1994
	外感高热的临床与实验研究	山东中医学院附属医院 黄启金	省卫生厅科学技术进步三等奖	1994
	创伤膏的临床与实验研究	山东中医学院附属医院 曾贻训	省卫生厅科学技术进步三等奖	1994
	经前期紧张综合症、肝气逆辨证标准与中药治疗实验研究	山东中医学院	省教委科学技术进步二等奖	1994

续表

地区	研究课题	研究单位	获奖级别	获奖年分
山东省	口腔用中成药剂型的改革的研究	山东中医学院	省教委科学技术进步二等奖	1994
	《实用糖尿病治疗保健学》	山东中医学院附属医院 钱秋海	省教委科学技术进步二等奖	1994
	肝胆病的中医研究	山东中医学院附属医院 尹常健	省教委科学技术进步三等奖	1994
	儿童多动症的临床与实验研究	山东中医学院附属医院 王玉华	省教委科学技术进步三等奖	1994
	汉英双解实用中医词汇	山东中医学院附属医院 董雪梅	省教委科学技术进步三等奖	1994
	外敷消瘿膏治疗甲状腺肿大的临床与实验研究	山东中医学院	省教委科学技术进步三等奖	1994
河南省	病窦康口服液的临床及实验研究	河南省中医院 孙建芝等	省科学技术进步二等奖	1994
	痰浊证微观辨证指标的实验研究	河南省中医院 孙建芝等	省科学技术进步三等奖	1994
	中医灌肠疗法文献整理与研究	河南省中医院 崔应麟等	省科学技术进步三等奖	1994
	散结解毒乳罩治疗乳腺增生的研究	河南省中医院 刘继明等	省科学技术进步三等奖	1994
	尺骨额状面截骨术及延长治疗陈旧性孟氏骨折	洛阳正骨研究所 张素天	省卫生厅科学技术进步三等奖	1994
	肝维康(复方黄芪浸膏片)抗乙型肝炎病毒(HBV)临床和实验研究	河南省中医药研究院 赵宪法	省中医管理局科学技术进步一等奖	1994
	镇心痛口服液的研制	河南中医学院第一附院 袁海波　王九莲	省中医管理局科学技术进步一等奖	1994
	救肾胶囊治疗慢性肾功能衰竭的临床及实验研究	河南中医学院第一附院 吕承全　王自敏	省中医管理局科学技术进步二等奖	1994
	益气活血汤对实验性骨折愈合的影响	洛阳正骨研究所 马克昌	省中医管理局科学技术进步二等奖	1994
	胆龙定喘胶囊治疗慢性支气管炎的研究	河南省中医药研究院 程　民	省中医管理局科学技术进步二等奖	1994
	新药“三叉神经痛叮停”胶囊的研制	河南省中医药研究院 张国泰	省中医管理局科学技术进步二等奖	1994
	复方蛇舌草冲剂治疗急性肾盂肾炎的研究	河南省中医药研究院 魏武英	省中医管理局科学技术进步二等奖	1994
	蛞蝓抗肿瘤作用的实验与临床研究	河南省中医药研究院 郭岳峰	省中医管理局科学技术进步二等奖	1994
	常用中药材阿胶的品种整理与质量研究	河南省中医药研究院 都恒青	省中医管理局科学技术进步二等奖	1994
	臌胀片抗肝纤维化作用的研究	河南省中医药研究院 翟明文	省中医管理局科学技术进步三等奖	1994
	中风病主要证型的血液动力学研究	河南省中医药研究院 郝长源	省中医管理局科学技术进步三等奖	1994
	旋转可调式床头牵引架的临床研制	洛阳正骨研究所 常世卿	省中医管理局科学技术进步三等奖	1994
	舒络美口服液治疗高脂血症的临床及实验研究	河南中医学院第一附院 郑绍周	省中医管理局科学技术进步三等奖	1994

续表

地区	研究课题	研究单位	获奖级别	获奖年分
河南省	扶正康对免疫功能影响的临床与实验研究	河南中医学院第一附院 王介人	省中医管理局科学技术进步三等奖	1994
	郑州市中小学生青春期生理常数调查	河南中医学院第一附院 秦顺芸	省教委科学技术进步二等奖	1994
	骨科典型X线片的收集整理研究	河南中医学院第一附院 张建福	省教委科学技术进步二等奖	1994
	宫颈糜烂栓治疗宫颈糜烂的临床及实验研究	河南中医学院第一附院 杨晓晖	省教委科学技术进步二等奖	1994
	痔瘘洗剂治疗混合痔的临床及实验研究	河南中医学院第一附院 陈凤兰	省教委科学技术进步二等奖	1994
	未来中医学发展预测研究	河南中医药研究院 田文养	省科委情报一等奖	1994
	查新检索在中医药管理中的应用研究	河南省中医药研究院 庆　慧	省科委情报二等奖	1994
	《中医名言大辞典》	河南省中医药研究院 刘道清	省科委情报二等奖	1994
湖北省	川芎嗪注射液治疗屈指肌腱粘连的实验研究及临床研究	同济医大附属协和医院	省人民政府科学技术进步二等奖	1994
	中草药穿心莲（APN)抗血栓形成作用及临床应用研究	同济医大附属同济医院	省人民政府科学技术进步三等奖	1994
	中草药敷贴治疗咯血的临床及实验研究	湖北中医学院附属医院	省人民政府科学技术进步三等奖	1994
	蝙蝠乌碱抗血小板聚集机理及临床研究	同济医科大学	省卫生厅科学技术进步二等奖	1994
	中药益气活血法对大白鼠实验性肝纤维化的防治研究	湖北中医学院附属医院	省卫生厅科学技术进步二等奖	1994
	益气扶正活血解毒抗血吸虫病纤维化实验研究	湖北中医学院附属医院	省卫生厅科学技术进步二等奖	1994
	增强黑膏药透皮吸收及制备工艺的实验研究	湖北中医学院附属医院	省卫生厅科学技术进步二等奖	1994
	肝本质研究——肝瘀血证客观化指标的研究	湖北中医学院附属医院	省卫生厅科学技术进步二等奖	1994
	中医中药治疗乙型肝炎临床及实验研究	湖北中医学院附属医院	省卫生厅科学技术进步三等奖	1994
	石香薷挥发油治疗菌痢的实验和临床研究	湖北省中医药研究院	省卫生厅科学技术进步三等奖	1994
	中医气虚证能量代谢的研究	湖北省中医药研究院	省卫生厅科学技术进步三等奖	1994
	黄地膏治疗疮疡的临床疗效及实验研究	湖北中医学院附院	省卫生厅科学技术进步三等奖	1994
	心下痞及其辨证客观化研究	湖北中医学院	省卫生厅科学技术进步三等奖	1994
	口服“净肠饮”代替清洁灌肠法的实验及临床研究	湖北中医学院附院	省卫生厅科学技术进步三等奖	1994
湖南省	肝风内动证本质研究	湖南医科大学中西医结合研究所 金益强　黎杏群　胡随瑜　易振佳 李家邦　陈国林　梁清华	省科委科学技术进步二等奖、省卫生厅科学技术进步一等奖	1994

续表

地区	研究课题	研究单位	获奖级别	获奖年分
湖南省	血栓闭塞性脉管炎中医辨证分型的研究	湖南中医学院 江一平　贺石林　葛金文　肖苏红　张虹华	省科委科学技术进步三等奖、省卫生厅科学技术进步二等奖	1994
	眼明丸治疗视网膜色素变性临床观察与实验研究	湖南中医学院附一院 张怀安　李传课　张迪光　张　连　胡清华	省科委科学技术进步三等奖	1994
	宫廷葆春酒的研制	湖南省中医药研究院　长沙市昆仑酿酒有限公司 戴汉云　刘祖贞　樊湘红　何志宇　朱绍雄	省科委科学技术进步四等奖、省卫生厅科学技术进步三等奖	1994
	针刺足三里穴调节人体幽门压力的动态研究	湖南中医学院附一院 钱立伟　林亚平　韦志群　刘凌宇　姚雪祥　邹木金	省卫生厅科学技术进步一等奖	1994
	保肺饮预防肺癌的临床与实验研究	湖南省中医药研究院　湖南省肿瘤防治研究所　湖南省株洲化工厂职工医院 朱克俭　张亚利　欧阳剑虹　刘亚莉　卢铝莎	省卫生厅科学技术进步二等奖	1994
	《常见急症中医诊疗方案》编制	湖南省中医药研究院 欧阳琦　李　芳　朱佑武　朱克俭　郭子华	省卫生厅科学技术进步二等奖	1994
	迟、数、缓、促、结、代脉规范化、客观化及计算机连机检测研究	湖南中医学院 李冰星　向华林　艾　英　朱传湘　许雪君	省卫生厅科学技术进步三等奖	1994
	《中国传统预防医学》	湖南中医学院 蒋红玉　刘安国　伍菊英　帅明华　向华林	省卫生厅科学技术进步三等奖	1994
	补气化瘀豁痰通络法(心痛灵)治疗冠心病心绞痛的临床及实验研究	湖南中医学院附一院 王行宽　席树标　胡国恒　谭元生　程丑夫	省卫生厅科学技术进步三等奖	1994
	酥胆痔疮膏防治痔瘘术后并发症及促进创面愈合的临床与实验研究	湖南中医学院附二院 贺执茂　谢力子　何永恒　姚静俊　曾省三	省卫生厅科学技术进步三等奖	1994
	紫铜消白方治疗白癜风的临床应用观察	湖南中医学院附二院 欧阳恒　祝柏芳　王明忠　曾省三　杨　柳	省卫生厅科学技术进步三等奖	1994
	农村中医药人才培养模式研究	湖南中医学院 谭国俊　濮传文　凌锡森　宾厚启　刘　霞	省卫生厅科学技术进步三等奖	1994
	健脾理气、化瘀软坚、清热解毒法治疗中晚期原发性肝癌的临床和实验研究	湖南省中医药研究院　湖南省肿瘤医院 潘敏求　黎月恒　黄立中　晏华惠　田　晖	省卫生厅科学技术进步三等奖	1994
	神农茶的研制	湖南省中医药研究院 魏湘铭　秦裕辉　柏正平　刘育衡　王文祝	省卫生厅科学技术进步三等奖	1994
	婴幼儿暖肺兜的研制	湖南省中医药研究院　洪江市卫生材料厂 肖森林　罗振明　秦裕辉　肖德华　邹沪龙	省卫生厅科学技术进步三等奖	1994
	巨蜂药物保健凉席	湖南省中医药研究院 肖森林　柏正平　向泽茂　肖德华　周康维	省卫生厅科学技术进步三等奖	1994

续表

地区	研究课题	研究单位	获奖级别	获奖年分
	气功治疗高血压病的临床和实验研究	湖南医科大学附属湘雅医院 李　炜　皮德仁　邢之华　吴友善　许锦辉	省卫生厅科学技术进步三等奖	1994
	润创烧伤膏的临床应用研究	株洲市财贸职工医院 贺润明　张振录　陈晓玲　杨振满　张晓红	省卫生厅科学技术进步三等奖	1994
	针刺加氦氖激光BELL氏面神经麻痹及面肌痉挛的临床研究	湖南省医科大学附二院 陈修珍　廖小平　杨安生　周　波	省卫生厅科学技术进步四等奖	1994
	苇茎五虎颗粒剂治疗病毒性肺炎的临床与实验研究	湖南中医学院 熊继柏　周雪仙	省卫生厅科学技术进步四等奖	1994
	熊胆消石胶囊治疗胆石病实验研究暨临床观察	湖南中医学院附一院　湖南省三胞企业股份公司 李　彪　谭新华　潘晓明　张迪光　康国治	省卫生厅科学技术进步四等奖	1994
	天灸膏治疗慢性前列腺炎临床观察暨实验研究	湖南中医学院附一院 潘晓明　谭新华　李　彪　李瑞霞　段晓慧	省卫生厅科学技术进步四等奖	1994
	穴位敷贴治疗常年性变应性鼻炎的临床研究	湖南中医学院附二院 谭敬书　徐绍勤　李凡成	省卫生厅科学技术进步四等奖	1994
广东省	血瘀证实质的探讨	广州中医学院 赖世隆　梁伟雄　王　奇　谭芬来　温泽淮　陈云波　秦莉莉　谢　红　卢丽萍	省科委科学技术进步三等奖	1994
	健脾、清热、化瘀中药及其配伍抗溃疡作用的实验与临床研究	广州中医学院 王建华　劳绍贤　刘　良　胡　燕　林炳鎏　黄　玲　黄　萍	省中医药管理局科学技术进步一等奖	1994
	冰片穿透血脑屏障的定量及其在组方中作为“使药”作用的研究	广州中医学院 王宁生　梁美蓉　刘启德　欧卫平　冯美蓉　张银卿　叶少梅	省中医药管理局科学技术进步二等奖	1994
	左金丸等在慢性高血胃泌素大白鼠的药理研究	广州中医学院 陈蔚文　李茹柳　徐颂芬　蓝韶清	省中医药管理局科学技术进步二等奖	1994
	阳虚模型微量元素分析及助阳方药调节机理的实验研究	广州中医学院 徐　敏　欧　明　张晓晖　雷娓娓　罗灼玲　赖新生　陈名春	省中医药管理局科学技术进步二等奖	1994
	针灸对微循环的调整作用及其机理研究	广州中医学院 周杰芳　李焕英　冼志红　张宏讲　梁日安	省中医药管理局科学技术进步二等奖	1994
	林建德内科临证经验集	广州中医学院 吴弥漫	省中医药管理局科学技术进步三等奖	1994
广西壮族自治区	肺气虚的实验指标探索与治疗观察	广西中医学院	区科委科学技术进步三等奖	1994
	广西柳州市1976—1990年蛇伤流行病学的研究	柳州市中医医院	区科委科学技术进步三等奖	1994
	多功能自控电热中药煎煮装置	柳州市中医医院	区科委科学技术进步三等奖	1994
海南省	中药材紫贝齿质量标准	海南省药品检验所 吴大东　陈国彪　王柏林　吴多雄	省科学技术厅科学技术进步四等奖	1993
四川省	脾气虚脾不统血动物模型的研究	成都中医学院 罗光宇　彭　成等	省科委科学技术进步二等奖 省中医管理局科学技术进步一等奖	1994

续表

地区	研究课题	研究单位	获奖级别	获奖年分
四川省	枕中健脑液	成都中医学院 谢秀琼	省科委科学技术进步三等奖	1994
	幽胃康冲剂治疗幽门螺杆菌阳性慢性胃炎、消化性溃疡病的研究	泸州医学院附属中医医院 周德端 张燕 徐洲 段国勋 刘德琪	省科委科学技术进步三等奖 省中医管理局科学技术进步三等奖	1994
	中药复方有效部分提取新工艺	四川省中药研究所 吴懋芳 邓文龙 齐尚斌 罗泽渊 赵萍萍 曾广安 肖绍蓉 何道惠 吴文庆	省中医管理局科学技术进步一等奖	1994
	四川五加类药用植物资源的开发利用	成都中医学院 王一涛等	省中医管理局科学技术进步三等奖	1994
	川产道地药材的系统研究——羌活的研究	成都中医学院 王一涛等	省中医管理局科学技术进步三等奖	1994
	中药制剂的计算机控制罐组式动态提取系统的研究	成都中医学院 王一涛等	省中医管理局科学技术进步三等奖	1994
	《中医学习学》的编著	成都中医学院 万德光等	省中医管理局科学技术进步三等奖	1994
	盆腔炎口服液治疗慢性盆腔炎临床及实验研究	重庆市中医研究所 张进 朱祯禄 邢蜀林 夏敏 陈犁	省中医管理局科学技术进步三等奖	1994
	红花良种"川红一号"品种选育及规范化栽培技术的研究	四川省中药研究所 李隆云 同裕书 罗登墉 张艳 刘常五 黄天福	省中医管理局科学技术进步三等奖	1994
	羌族民间药用资源的发掘、整理	四川省中药研究所 高宝莼 秦秋云 钟廷渝 钟国跃 周华蓉	省中医管理局科学技术进步三等奖	1994
	昆明山海棠制剂821与872催经止孕的研究	四川省中药研究所 陈梓璋 张全樑 石秋 胡尧碧 易进海 彭永光 杨红	省计生委科学技术进步一等奖	1994
	昆明山海棠制剂 872男性抗生育的研究	四川省中药研究所 陈梓璋 张全樑 邓晓洪 胡尧碧 方玉华 易进海	省计生委科学技术进步二等奖	1994
	温疟病防传杜变的临床探及机理研究	重庆市中医研究所 杜树明 罗翌 傅宋道 张革思 邓宇航	重庆市中医管理局科学技术进步一等奖	1994
	古代骨度及同身寸取穴法的现讨代调查研究	重庆市中医研究所 赵鸿鸣 王毅刚 高跃华 周朝玉 王竹行	重庆市中医管理局科学技术进步二等奖	1994
	温病伤阴症候特点的临床及实验研究	重庆市中医研究所 田令群 罗玲 卢丹 李谷霞 吴发贵	重庆市中医管理局科学技术进步二等奖	1994
	脉痹针刺镇痛的穴位及手法优选研究	重庆市中医研究所 田竹行 高跃华 赵鸿鸣 王毅刚 张嗣兰	重庆市中医管理局科学技术进步三等奖	1994
	中西医结合治疗提高肺性脑病疗效的临床研究	重庆市中医研究所 罗本清 黄晓苏 李志 吴桂华 吕德屏	重庆市中医管理局科学技术进步三等奖	1994
	盆腔炎口服液治疗慢性盆腔炎临床及实验研究	重庆市中医研究所 张进 朱祯禄 邢蜀林 夏敏 陈犁	重庆市中医管理局科学技术进步三等奖	1994
云南省	小儿宝泰康冲剂	云南中医学院 王绍懿 王登科	省科委科学技术进步三等奖	1994

续表

地区	研究课题	研究单位	获奖级别	获奖年分
	探索经络现象的生物物理基础	云南中医学院 林先哲　张一方　何德珠	省科委科学技术进步三等奖	1994
陕西省	现代实用中医治疗专家系统	西安市电信局 杨　植	省中医管理局科学技术进步二等奖	1994
	《寿世保元》整理研究	西安市中医医院 孙洽熙	省中医管理局科学技术进步二等奖	1994
	清明眼药水研制	陕西省唐都机械厂医院 陕西省中医药研究院附属医院 鱼俊杰　滕维成	省中医管理局科学技术进步二等奖	1994
	将军铁箍膏	西安市中医医院 姜树荆	省中医管理局科学技术进步二等奖	1994
	《奇难病临证指南》	陕西中医学院 杜雨茂	省中医管理局科学技术进步三等奖	1994
	针刺治疗中风急性期临床疗效观察与机理研究	陕西中医学院 殷克敬	省中医管理局科学技术进步三等奖	1994
	华容口服液的研究	西安医科大学第一附属医院 香兴福	省中医管理局科学技术进步三等奖	1994
	智能控制艾灸器的研制	陕西省中医药研究院附属医院 张争昌	省中医管理局科学技术进步三等奖	1994
	盆腔炎注射液治疗盆腔炎临床及实验研究	西安市中医医院 胡沼繁	省中医管理局科学技术进步三等奖	1994
	上肢多功能骨折复位固定器	乾县人民医院 杨生荣	省中医管理局科学技术进步三等奖	1994
	《伤寒辨证》	陕西中医学院	省中医管理局科学技术进步三等奖	1994
甘肃省	中药制萎扶胃丸及冲剂治疗慢性萎缩性胃炎的临床研究	甘肃省中医院 李树楷　吕振生等	省卫生厅科学技术进步二等奖	1993
	痛经栓的制备及临床疗效观察	甘肃省中医院 黄玉兰　穆俊英	省卫生厅科学技术进步二等奖	1993
	北柴胡人工栽培及质量研究	庆阳地区中医院 夏小军　赫炎光等	省卫生厅科学技术进步二等奖	1993
	甘肃省黄精属药用植物研究	省药品检验所 丁永辉　张伯崇等	省卫生厅科学技术进步二等奖	1993
	中药马勃的品种考察和质量研究	省药品检验所 丁永辉　张伯崇等	省卫生厅科学技术进步二等奖	1993
	红芪多糖抗衰老作用的实验研究	省卫生防疫站 傅永霖　杨文琴等	省卫生厅科学技术进步三等奖	1993
	针刺治疗宫缩乏力临床及实验研究	甘肃省皇甫谧针灸研究所 林佩冲等	省卫生厅科学技术进步三等奖	1993
	大黄通便冲剂	甘肃省中医院 李宪奎　宋宝根等	省卫生厅科学技术进步三等奖	1993
	胆汁返流的中医治疗——疏肝利胆法治疗胆汁返流的临床观察	兰州医学院第一附属医院 许自诚　王惠兰等	省卫生厅科学技术进步三等奖	1993
	黄芪制剂——银屑片治疗寻常型银屑病的系列研究	兰州医学院第二附属医院 刘铭锐　李文竹等	省卫生厅科学技术进步三等奖	1993

附注：省、市、自治区中医药科研获奖项目系根据各省市自治区提供资料汇编。

【出版、重印中医药书目】

类别＼项目	书名	编著(译者)	出版单位	出版年月	开本	页数	价格(元)
中医学	中医学(上册)	周 萍主编	湖南科学技术出版社	1993.12	26cm	279	9.80
	中医学(下册)	周 萍主编，王新明等编	湖南科学技术出版社	1993.12	26cm	269	9.50
	中医学*	贺志光主编	人民卫生出版社	1994.9	26cm	557	19.20
	实用中医大全*	沈庆法主编，朱邦贤副主编	上海古籍出版社	1993.11	20cm	1493	精装 29.60
	中医纲目(共两册)	石学敏总编著	人民日报出版社	1993.12	26cm	3877	精装 450.00
	中医学概要（全国中等中医药学校教材)(供中药士专业用)*	刘明德主编，王新华主审	江苏科学技术出版社	1993.8	26cm	234	7.15
	中医学概论(修订本)*	孟景春、周仲瑛主编	人民卫生出版社	1994.2	26cm	637	21.60
	反光：中医学方法论分析	潘卫星著	安徽科学技术出版社	1991.2	20cm	153	3.00
	中医方法学概论	邱德文主编	贵州科技出版社	1993.8	20cm	430	9.00
	中医学基础（高等医药院校教材)	张珍玉主编	中国中医药出版社	1993.8	26cm	243	11.00
	中医基础学*	国家中医药管理局人事教育司主编	吉林科学技术出版社	1993.1	26cm	104	5.00
	中医基础学*	袁银根主编	江苏科学技术出版社	1994.2	26cm	224	6.90
	中医名家论中医：汉英对照	刘 伟主编	河南大学出版社	1993.5	20cm	292	6.00
	文物考古与中医学（中国文化与中医学丛书)	高春媛、陶广正著	福建科学技术出版社	1993.12	20cm	284	6.80
	佛学与中医学（中国文化与中医学丛书)	耿刘同、耿引循著	福建科学技术出版社	1993.12	20cm	132	3.75
	中医全息诊疗学（中国现代研究丛书)	王 琦等编著	湖北科学技术出版社	1992.8	19cm	238	3.85
	中医入门捷径	张德忠编著	武汉出版社	1993.11	19cm	194	4.20
	中医药入门*	刘启友等编写	江西科学技术出版社	1993.12	19cm	601	9.85
	当代中医绝技荟萃：求医解难(第一集)（大众求医保健指南丛书)	史 伟主编	成都科技大学出版社	1993.8	20cm	182	8.00
	医中百误浅说*	马有度主编	人民卫生出版社	1994.1	19cm	223	4.15
	简明中医辞典*	《中医大辞典》编辑委员会编	人民卫生出版社	1994.1	19cm	1026	精装 18.40
	汉英中医药分类辞典	谢竹藩等编	新世界出版社	1994.7	19cm	726	精装 56.00
	汉英中医药分类词典：计算机词库范本	湖北中医学院《汉英中医药分类词典》编委会编	科学出版社	1994.6	20cm	1974	精装 82.00
	中国医药术语释义	陈雪楼主编	同济大学出版社	1993.12	20cm	515	12.00

续表

类别 \ 项目	书名	编著(译者)	出版单位	出版年月	开本	页数	价格(元)
中医学	中医病证分类编码	国家中医药管理局医政司编	湖北科学技术出版社	1993.10	19cm	183	4.00
	中国中医药年鉴(1992)	张伯讷主编,《中国中医药年鉴》编辑委员会编审	中国中医药出版社	1993.2	26cm	814	精装 50.00
	陇东中医医论案验方荟萃	安定详、于克俊主编	甘肃科科技术出版社	1993.9	20cm	724	14.95
	新中国中医事业奠基人—吕炳奎从医六十年文集	《新中国中医事业奠基人—吕炳奎从医六十年文集》编辑委员会编	华夏出版社	1993.11	20cm	308	14.00
	华佗神医秘传*	彭静山点校	辽宁科学技术出版社	1994.8	20cm	342	7.60
	神医李时珍	郑伯成等编著	湖北少年儿童出版社	1993.8	20cm	290	5.40
	中医科技管理学*	王翘楚主编	上海科学技术出版社	1994.5	26cm	158	4.20
	中医药管理学概论*	郑士杰主编	上海科学技术出版社	1994.4	26cm	202	5.30
	中医医院管理学*	姚高升主编	上海科学技术出版社	1994.4	26cm	315	8.00
	中国医籍通考(第四卷)	严世芸主编	上海中医学院出版社	1993.8	20cm	5977	精装 88.00
	中国青年中医药优秀论文荟萃	江淑安主编	中国中医药出版社	1993.7	19cm	476	6.00
	融汇中西医诊治精华的理论与实践	戴豪良等编	上海医科大学出版社	1993.8	20cm	358	12.00
	中西医汇通研究精华	浙江省中医药研究院文献研究室编著	上海中医学院出版社	1993.12	19cm	169	6.80
	中医文化研究(第一卷:中医文化溯源)	任殿雷、赵国欣主编,薛公忱分主编	南京出版社	1993.10	20cm	450	15.00
	中国医学史*	甄志亚主编	上海科学技术出版社	1994.4	26cm	147	3.30
	中国医学史*	杨医亚主编	河北科学技术出版社	1994.6	20cm	189	5.00
	中医经典著作选读(高等中医院校教材)	戴锡孟主编	中国医药科技出版社	1993.2	26cm	187	7.00
	新安医籍丛刊:圣济总录纂要	(清)程林删定	安徽科学技术出版社	1991.8	20cm	625	精装 12.50
	新安医籍丛刊:医案医话类(一:王仲奇医案)	王仲奇原著	安徽科学技术出版社	1992.3	20cm	440	精装 11.40
	新安医籍丛刊:针灸类	(元)王国瑞(明)汪机等撰	安徽科学技术出版社	1992.2	20cm	—	精装 16.00
	日本汉方医学	潘桂娟、樊正伦编著	中国中医药出版社	1994.3	20cm	676	26.00
	皇汉医学丛书(共十四册)	陈存仁编校	上海中医学院出版社	1993.12	19cm	—	精装 700.00
	古今医统大全(上册)*	(明)徐春甫编集,崔仲平、王耀廷主校	人民卫生出版社	1994.4	26cm	1440	精装 76.00

续表

类别 \ 项目	书名	编著(译者)	出版单位	出版年月	开本	页数	价格(元)
中医	古今医统大全(下册)*	(明)徐春甫编集，崔仲平、王耀廷主校	人民卫生出版社	1994.4	26cm	1522	精装 74.70
	证治准绳*(共五册)	(明)王肯堂撰	上海古籍出版社	1994.4	19cm	—	精装 96.00
	景岳全书*	(明)张介宾著	人民卫生出版社	1994.1	26cm	1831	精装 84.00
	景岳全书*(共二册)(四库医学丛书)	(明)张介宾著	上海古籍出版社	1994.4	20cm	—	精装 40.65
	遵生八笺校注（中医古籍整理丛书）	(明)高濂著，赵立勋等校注	人民卫生出版社	1994.6	26cm	852	精装 41.60
	命典：白话遵生八笺	(明)高濂著，彭炎等编译	广西人民出版社	1993.11	19cm	470	10.00
	医宗金鉴(上册)*	(清)吴谦等编	人民卫生出版社	1993.12	19cm	1137	精装 19.00
	医宗金鉴(下册)*	(清)吴谦等编	人民卫生出版社	1993.12	19cm	1141—2346	精装 20.00
	医宗金鉴(全三册)*	(清)吴谦等编，刘裕铎等纂	上海古籍出版社	1994.4	19cm	—	精装 58.25
	《永乐大典》医药趣闻	王希哲、关祥祖编	人民卫生出版社	1994.5	19cm	176	5.60
	医易相通论	陈大舜主编，黄政德等编	湖南科学技术出版社	1993.10	20cm	277	6.50
	易医通源	张尚臣等编著	中州古籍出版社	1993.10	20cm	238	8.00
	易医妙用	贾向前、李仲瑞编著	山西科学技术出版社	1993.9	19cm	264	4.90
	寿世保元	(明)龚廷贤撰，孙治熙等点校	中国中医药出版社	1993.2	20cm	686	精装 15.00
	寿世保元*	(明)龚廷贤撰，鲁兆麟主校	人民卫生出版社	1994.10	20cm	827	精装 25.70
	万病回春*	(明)龚廷贤撰	人民卫生出版社	1994.6	19cm	497	精装 11.10
	石室秘录*	(清)陈士铎著，张灿玾等点校	中国中医药出版社	1994.8	19cm	302	6.50
	走出巫术丛林的中医	何裕民、张晔著	文汇出版社	1994.3	20cm	423	22.00
	中国八卦医学	刘杰、袁峻著	青岛出版社	1993.8	20cm	496	精装 15.00
	实用医古文	段逸山、孙文钟编著	上海科学技术文献出版社	1993.8	20cm	962	26.50
	医古文（高等教育自学考试中医专业指导丛书）	贾治中主编	山西科学技术出版社	1993.8	20cm	376	7.80
	医古文*	段逸山主编	人民卫生出版社	1994.2	26cm	755	24.60
	医古文(中医自修读本)*	杨医亚主编	河北科学技术出版社	1994.6	20cm	400	9.50
	医古文辅导教材	钱超尘主编，王玉麟等编写	中国华侨出版社	1993.9	26cm	214	7.40

续表

类别 \ 项目	书名	编著(译者)	出版单位	出版年月	开本	页数	价格(元)
中医学	医古文选读（全国高等中医院校函授教材）*	辽宁中医学院主编	湖南科学技术出版社	1994.1	26cm	381	11.40
	医古文易读	方文辉主编，广东省中医药管理局，广东省卫生厅职称改革办公室编	广东高等教育出版社	1994.4	26cm	259	15.00
	中医药古籍读校基础	李书田主编	辽宁人民出版社	1993.5	19cm	420	6.50
	中级中医、药师资格专业理论考试题集（中级卫生技术职务资格专业理论考试题集丛书）	刘瑞珍、李宜中主编	天津科技翻译出版公司	1993.10	26cm	396	精装 24.50
	高等教育自学考试中医专业考试计划（试行草案）中医专业选考课程自学考试大纲*	—	上海中医药大学出版社	1994.10	19cm		
	高等教育自学考试：中医专业考试计划(试行草案)中医专业必考课程自学考试大纲*	—	上海中医药大学出版社	1994.10	19cm	409	7.80
中医预防、卫生学	中国古代摄生养性秘诀(性医学丛书)	钟怡等编著	学苑出版社	1993.6	19cm	248	5.20
	诸病源侯论养生方导引法研究	丁光迪编著	人民卫生出版社	1993.9	20cm	348	12.60
	阴阳·房事·双修：中国传统两性养生文化（中国长寿文化系列）	郝　勤著	四川人民出版社	1993.5	19cm	287	5.80
	养性·养心·养生：艺术与长寿（中国长寿文化系列）	徐希平著	四川人民出版社	1993.5	19cm	251	5.45
	藏精·藏气·藏神：保健与长寿（中国长寿文化系列）	屈小强著	四川人民出版社	1993.5	19cm	307	5.85
	中医气象学与养生防病	李铁君、陈燕燕著	人民卫生出版社	1994.5	19cm	247	7.70
	人体抗衰	汪天异等编著	武汉大学出版社	1994.3	19cm	246	7.50
	练功十八法（医疗保健操）*	庄元明等编	上海科学技术出版社	1993.12	12×13cm	96	3.30
中医基础理论	中医基础理论(上册)(英汉对照实用中医文库)*	张恩勤主编	上海中医学院出版社	1994.2	20cm	286	10.00
	中医基础理论(下册)(英汉对照实用中医文库)*	张恩勤主编	上海中医学院出版社	1994.12	20cm	127	6.00
	中医基础理论*	印会河主编，张伯讷副主编	上海科学技术出版社	1994.4	26cm	145	3.20
	中医基础理论*	李德新主编	湖南科学技术出版社	1994.9	26cm	167	5.50
	中医基础理论辅导教材	董连荣主编，辛璞等编	中国华侨出版社	1993.9	26cm	155	7.40

续表

类别 \ 项目	书名	编著(译者)	出版单位	出版年月	开本	页数	价格(元)
中医基础理论	中医基础理论应试必读	唐　宋主编	河南科学技术出版社	1993.9	20cm	249	6.00
	基础(中医自修读本)*	杨医亚主编	河北科学技术出版社	1994.6	20cm	190	5.00
	太医局诸科程文格：外王种*	(宋)何大任编	上海古籍出版社	1994.4	19cm	—	精装 18.90
	圣济总录纂要*	(宋)徽宗敕编，(清)程林删定	上海古籍出版社	1994.4	19cm	539	精装 18.80
	颅囟经：外十种*	(宋)不著撰人著	上海古籍出版社	1994.4	19cm	666	精装 22.40
	玉机微义(四库医学丛书)*	(明)徐用诚原辑，刘纯续增	上海古籍出版社	1994.4	19cm	—	精装 28.60
	洞天奥旨*	(清)陈士铎著，柳长华等点校	中国中医药出版社	1994.8	19cm	236	5.60
	医理真传（明清中医临证小丛书）	(清)郑寿全著，于永敏校注	中国中医药出版社	1993.7	19cm	124	4.00
	医学三信编（明清中医临证小丛书）	(清)毛世洪撰，王忠云校注	中国中医药出版社	1993.8	19cm	92	4.20
	黄庭经医疏	周楣声疏注，夏学传协辑	安徽科学技术出版社	1991.8	20cm	186	3.80
	吴中医集：医经类	《吴中医集》编写组编	江苏科学技术出版社	1993.3	26cm	915	精装 47.00
	评析本白话黄帝内经	王贵元、邵淑娟主编	北京广播学院出版社	1992.12	19cm	476	7.15
	黄帝内经灵枢译释*	南京中医学院中医系编著	上海科学技术出版社	1994.8	19cm	528	8.70
	黄帝内经灵枢经析义	傅贞亮等主编	宁夏人民出版社	1993.9	20cm	871	精装 21.50
	黄帝内经灵枢注证发微(中医古籍整理丛书)	(明)马　莳撰，田代华主校	人民卫生出版社	1994.7	20cm	403	16.80
	黄帝内经箴言录（诸子箴言录文库）	张洪春编著	北京广播学院出版社	1992.12	19cm	176	3.20
	黄帝内经素问*	—	人民卫生出版社	1994.11	19cm	592	15.50
	内经(中医自修读本)*	杨医亚主编	河北科学技术出版社	1994.6	20cm	333	7.80
	内经选注图解（中医中药研究丛书）	郑家铿编著	厦门大学出版社	1993.10	20cm	308	6.50
	灵枢经*	—	人民卫生出版社	1994.11	19cm	157	4.50
	伤寒论及500医案（英文版）	(汉)张仲景著，罗希文编译	新世界出版社	1993.	20cm	576	精装
	注解伤寒论*	(汉)张仲景著	人民卫生出版社	1994.11	19cm	211	5.90
	伤寒补亡论（中国古籍整理丛书）	(宋)郭　雍撰	人民卫生出版社	1994.5	20cm	359	13.20
	伤寒论*	李培生主编	人民卫生出版社	1994.1	26cm	783	40.80

续表

类别\项目	书名	编著(译者)	出版单位	出版年月	开本	页数	价格(元)
中医基础理论	伤寒论讲义*	李培生等主编	上海科学技术出版社	1994.4	26cm	228	4.70
	伤寒论与临证*	聂惠民主编	广东科学技术出版社	1993.9	20cm	754	18.80
	伤寒论类辨	陈宝明等编	人民卫生出版社	1993.4	20cm	373	13.20
	《伤寒论》方证辨析与应用	于俊生等编著	青岛出版社	1993.9	19cm	150	4.80
	伤寒论与临证	聂惠民主编	广东科学技术出版社	1993.9	20cm	754	16.80
	伤寒论新诠	刘联群，龚照明著	成都科技大学出版社	1993.3	20cm	184	3.80
	桂本《伤寒杂病论》详校与甄析	张贵江、郭建敏编著	河南科学技术出版社	1993.9	19cm	311	6.90
	伤寒论临证指要·伤寒论文献通考	刘渡舟著、钱超尘著	学苑出版社	1993.8	20cm	688	30.00
	《伤寒杂病论》汤方现代研究及应用	王付等主编	青海人民出版社	1993.6	19cm	175	3.75
	伤寒学	张丰强主编	中国中医药出版社	1993.6	19cm	410	7.80
	《伤寒论》标准化考试题库*	王孝先、俞天映编著	新疆人民出版社	1993.8	19cm	353	7.95
	伤寒(中医自修读本)*	杨医亚主编	河北科学技术出版社	1994.6	20cm	476	11.00
	金匮要略方论*	(汉)张仲景述，(晋)王叔和集	人民卫生出版社	1994.11	19cm	98	3.10
	金匮要略心典*	(清)尤 怡著	中国中医药出版社	1994.8	19cm	159	3.50
	金匮要略论注（中医古籍整理丛书)	(清)徐忠可著，邓明仲等点校	人民卫生出版社	1993.8	20cm	403	10.00
	金匮方论衍义	(明)赵以德编，周衡，王旭东点校	中国中医药出版社	1993.9	19cm	262	6.00
	金匮方歌括*	(清)陈修园著	上海科学技术出版社	1994.3	19cm	144	2.50
	金匮图解释要	张家礼、陈仁旭主编	上海科学技术出版社	1993.11	26cm	154	8.20
	金匮*	杨医亚主编	河北科学技术出版社	1994.6	20cm	568	13.50
	中医各家学说*	任应秋主编	上海科学技术出版社	1994.4	26cm	289	5.80
	人身通考(中医古籍整理丛书)	(清)周振武著，杨维益点校	人民卫生出版社	1994.5	20cm	136	5.60
	经络学*	李 鼎主编	上海科学技术出版社	1994.10	26cm	115	4.55
	腧穴学（全国中等中医药学校教材)(供针灸医士专业用)*	汪瀛乐主编，高忻洙主审	江苏科学技术出版社	1993.8	26cm	221	6.95
	标准耳穴图谱(中英文对照)	邓良月主编，中国中医研究院针灸研究所编绘，傅建平译	中国中医药出版社	1993.6	26cm	28	36.00

续表

类别＼项目	书名	编著(译者)	出版单位	出版年月	开本	页数	价格(元)
中医基础理论	标准耳穴图谱(中法文对照)	邓良月主编，中国中医研究院针灸研究所编绘，陈珺，朱兵译	中国中医药出版社	1993.7	26cm	27	36.00
	国家标准《耳穴名称与部位》应用指南	赵　昕、刘晓燕编著	中国标准出版社	1993.10	20cm	180	6.00
	耳穴诊断学*	《耳穴诊断学》编委会著	人民卫生出版社	1994.2	19cm	275	4.35
	中国耳穴诊治学	王　正等编著	中山大学出版社	1993.6	26cm	257	7.80
	耳穴与临床	张瑞润等编著	山西科学技术出版社	1993.7	19cm	72	5.40
	新编经穴解剖图	严振国主编	上海医科大学出版社	1994.1	19×26cm＋图8张(52×38cm)	61	12.00
	中医时间医学理论及应用(当代中医丛书)	瞿岳云等著	重庆出版社	1993.11	19cm	291	4.20
	中医时间学浅说	沈福道等编著	天津科学技术出版社	1993.12	19cm	124	4.00
	中医时间证治学纲要	程士德主编，烟建华等编写	人民卫生出版社	1994.3	19cm	244	7.15
	中医血液病免疫学	高德法、高　瑜著	陕西科学技术出版社	1994.7	19cm	203	6.80
	中医病因病机学(中医基础理论系列丛书)*	吴敦序主编	上海中医学院出版社	1993.12	20cm	207	6.80
中医临床学	最近十年中医临床经验精华	呼素华主编，白玉金等编写	山西科学技术出版社	1993.6	20cm	414	16.00
	当代中医临床精华(英汉文对照)	洪嘉禾主编	上海中医学院出版社	〔1994〕	26cm	475	28.00
	中医临床经验的整理与研究	潘文奎著	中国中医药出版社	1993.2	19cm	169	3.90
	现代中医临证全书*	陈全广主编	北京出版社	1993.10	20cm	1022	精装26.50 平装21.70
	新编中医临床手册*	周文泉等主编	金盾出版社	1994.5	19cm	980	精装30.00
	常见病中医临床手册(修订版)*	周仲瑛主编	人民卫生出版社	1993.12	20cm	695	精装18.50
	中医临床各科(上册)(英汉对照实用中医文库)*	张恩勤主编	上海中医学院出版社	1994.2	20cm	455	14.00
	中医生手册*	广州中医学院《中医生手册》编写组彭胜权主编	广东科技出版社	1994.7	19cm	677	13.80
	中医临证指南	李寿山主编，李小贤等协编	中国中医药出版社	1993.6	19cm	392	10.00

续表

类别 \ 项目	书名	编著(译者)	出版单位	出版年月	开本	页数	价格(元)
中医诊断学	中医临证用药指南	马秉光编著	中国中医药出版社	1993.5	19cm	147	2.60
	临证求真	王景龙主编	天津科学技术出版社	1994.7	19cm	236	5.90
	疑难病中医临证指南	姜　明主编，姜安川等协编	中国中医药出版社	1993.4	19cm	226	6.20
	中华特色医术荟萃	肖　晨主编	中国中医药出版社	1993.11	19cm	78	2.00
	中医五字经	刘英忠著	中国中医药出版社	1993.8	19cm	236	7.50
	中医诊断学	韩静蓉主编	山西高校联合出版社	1993.8	20cm	226	5.80
	中医诊断学(英汉对照实用中医文库)*	张恩勤主编	上海中医学院出版社	1994.2	20cm	384	15.50
	中医诊断学*	邓铁涛主编	人民卫生出版社	1994.2	26cm	701	23.10
	中医诊断学*	邓铁涛主编	上海科学技术出版社	1994.10	26cm	205	6.40
	诊断(中医自修读本)*	杨医亚主编	河北科学技术出版社	1994.6	20cm	271	6.50
	中医诊断学多型题	杜俊声、王安邦主编	中原农民出版社	1994.7	19cm	281	6.90
	中医诊断十四法	刘　强编著	金盾出版社	1994.8	19cm	170	2.80
	中医痛证诊疗大全*	韦绪性主编	中国中医药出版社	1993.12	26cm	818	精装 40.00
	望病自疗500法	任后胜主编	江西科学技术出版社	1994.3	19cm	231	6.50
	百病征兆自测*	吴运莉主编	吉林科学技术出版社	1993.4	19cm	205	4.20
	疾象与疾病	高渌纹编著	学苑出版社	1993.8	19cm	157	4.00
	现代掌纹诊病	王晨霞著	甘肃民族出版社	1993.8	20cm	272	9.70
	手诊*	刘剑锋著	华龄出版社	1993.8	19cm	257	4.70
	形色足诊（一分钟自我诊病丛书）	冀振华主编，齐凤军、刘瑛琳编	天津科学技术出版社	1994.4	19cm	137	4.05
	中医诊法图谱*	顾亦棣、费兆馥主编	上海中医学院出版社	1994.4	26cm	88	精装 29.00
	中医舌苔图谱*	宋天彬编著	人民卫生出版社	1994.7	20cm	287	精装 98.00
	中医诊断辨治的纲要（日文）	时振声著，那仁图雅译	外文出版社	1 93	26cm	240	21.50
	中西医结合诊疗手册*	中国中西医结合研究会编	福建科学技术出版社	1994.8	20cm	896	19.80
	中医临床病证诊断疗效标准	王净净、龙俊杰主编	湖南科学技术出版社	1993.9	19cm	404	9.50
	中医临证必读	程兆盛主编	江西科学技术出版社	1993.8	26cm	584	15.00

续表

类别 \ 项目	书名	编著(译者)	出版单位	出版年月	开本	页数	价格(元)
中医诊断学	难病中医治验	高光震、南征主编	中国中医药出版社	1993.2	19cm	268	5.65
	奇经证治条辨	朱祥麟编著	中国中医药出版社	1993.11	19cm	202	6.00
	阳虚证治*	田维君、魏桂芝编著	江西科学技术出版社	1994.5	19cm	390	8.00
	仁斋直指:外四种(四库医学丛书)*	(宋)杨士瀛撰，(明)朱崇正附遗	上海古籍出版社	1994.4	20cm	926	精装 24.90
	医说·针灸资生经·妇人大全良方(四库医学丛书)*	(宋)张杲撰，(宋)王执中撰，(宋)陈自明撰	上海古籍出版社	1994.4	20cm	800	22.15
	神验医宗舌镜(明清中医珍善孤本精选10)	(明)景韩著	上海科学技术出版社	1993.12	19cm	192	5.40
	医法圆通(明清中医临证小丛书)	(清)郑寿全著，于永敏、刘小平校注	中国中医药出版社	1993.10	19cm	142	4.50
	辨证奇闻	(清)陈士铎著，郑炳纯等校点	山西科学技术出版社	1993.8	20cm	577	精装 17.00
	医效秘传*	(清)叶天士述，吴金寿校	上海科学技术出版社	1994.3	20cm	108	2.50
	医碥(中医古籍整理丛书)	(清)何梦瑶撰，邓铁涛、刘纪莎点校	人民卫生出版社	1994.2	20cm	797	28.50
	《医学三字经》、《濒湖脉学》、《药性歌括四百味》、《汤头歌诀》浅解*	肖俊平主编	山西科学技术出版社	1994.5	20cm	547	10.00
	四诊抉微(实用中医古籍丛书)	(清)林之翰原著，吴仕骥点校	天津科学技术出版社	1993.5	19cm	227	6.00
	现代脏腑辨证研究	黄承才、张丰强主编	学苑出版社	1993.7	19cm	281	5.60
	中医自我诊病与用药*	王富春、景宽主编	长春出版社	1994.7	19cm	274	4.90
	常见病中西医诊断与治疗	毛德西等主编	中国中医药出版社	1994.3	20cm	599	15.00
中医治疗学	中医奇特疗法临证阐释	赵　峰、赵　辉主编	甘肃科学技术出版社	1993.5	20cm	484	9.20
	中医治疗疑难杂病秘要(全二册)	张镜人主编	文汇出版社	1994.1	20cm	1344	精装 60.00
	活血化瘀治疗疑难病	翁维良主编，朱宗新编著	学苑出版社	1993.1	19cm	605	14.00
	证病结合用药式	欧阳锜著	湖南科学技术出版社	1993.8	20cm	201	6.50
	常见检验值异常的中医治疗	高忠梁编著	上海中医学院出版社	1993.8	19cm	295	7.80
	外国人学中西医结合疗法(英文)	张俊文等编著	外文出版社	1993	26cm	146	精装 35.00
	百病自疗秘诀(家庭保健丛书)	刘宏生、陈正天主编	上海科学技社术文献出版	1993.5	19cm	252	5.80
	中华自然疗法	刘　炎主编	上海科学技术文献出版社	1994.2	20cm	861	精装 30.00

续表

类别＼项目	书　　名	编著(译者)	出版单位	出版年月	开本	页数	价格(元)
中医治疗学	中国医学非药物疗法	邱模炎等主编，孙军辉等编写	中国中医药出版社	1993.8	19cm	818	精装 22.00
	民间治病绝招大全	建　中等主编	北京科学技术出版社	1993.9	20cm	956	24.00
	健体祛病在于脑	杨国兴著	山东大学出版社	1993.2	20cm	278	5.00
	常见病简易中医疗法*	张智孚、张峰编著	金盾出版社	1994.7	19cm	132	2.20
	常见病自然疗法	叶耀先等著	中国和平出版社	1992.7	20cm	235	4.80
	常见病民间疗法（家庭保健丛书）	孙振坤编著	华龄出版社	1993.6	19cm	412	6.50
	民间治病小绝招	振　中、刘静宇主编	中国中医药出版社	1993.1	19cm	371	7.80
	百病中医民间疗法（中国传统疗法丛书）	程爵棠编著	学苑出版社	1994.1	19cm	457	13.50
	百病中医诸窍疗法	程爵棠编著	学苑出版社	1994.1	19cm	465	14.00
	家用九窍给药治病小窍门(家庭治病小窍门丛书；6)	郑万善、韩建涛主编	中国中医药出版社	1993.8	19cm	277	5.48
	手疗治百病*	王　胜、王卫东主编	吉林科学技术出版社	1993.4	19cm	224	4.70
	足疗治百病*	纪青山、李　杰主编	吉林科学技术出版社	1993.4	19cm	234	4.70
	足部反射区健康法学习手册(盲文)	杭雄文编	中国盲文书社	1994.4	31×24cm	—	8.00
	尿疗治百病*	(日)中尾良一著	吉林科学技术出版社	1994.7	19cm	165	3.80
	功效神奇的人尿疗法*	王增惠等编	中原农民出版社	1994.1	19cm	135	3.50
	拔罐治百病*	杨雅西等编著	吉林科学技术出版社	1994.7	19cm	297	6.00
	百病中医拔罐疗法（中国传统疗法丛书）	高渌纹著	学苑出版社	1994.1	19cm	173	5.20
	家用拔罐治病小窍门（家庭治病小窍门丛书）	韩建涛等主编	中国中医药出版社	1993.8	19cm	310	7.38
	中医常用外治法	靳士英主编	人民军医出版社	1993.8	19cm	430	精装 15.60
	百病中医外治自疗法	吴心、吴翼编	北京体育学院出版社	1993.8	19cm	216	4.70
	中国民间敷药疗法（中国民间医学丛书）*	刘光瑞、刘少林著	四川科学技术出版社	1994.5	19cm	164	4.20
	家用药物外敷治病小窍门(家庭治病小窍门丛书；9)	范思行、阎国杰主编	中国中医药出版社	1993.8	19cm	350	7.38

续表

类别 \ 项目	书　　名	编著(译者)	出版单位	出版年月	开本	页数	价格(元)
中医治疗学	中药外贴治百病*	王　笈等编著	科学技术文献出版社	1994.1	19cm	152	4.00
	家用药物贴脐治病小窍门(家庭治病小窍门丛书;8)	阎国杰主编	中国中医药出版社	1993.8	19cm	316	6.96
	脐疗治百病	王富春、张颖欣主编	吉林科学技术出版社	1993.4	19cm	221	3.60
	药浴治百病*	董　杰、许继增主编	吉林科学技术出版社	1994.7	19cm	148	3.20
	洗浴治病中草药	杭悦宇编	世界图书出版公司广州分公司	1993.12	20cm	253	6.40
	百病中医熏洗熨擦疗法(中国传统疗法丛书)	程爵棠编著	学苑出版社	1993.10	19cm	543	14.00
	当代中药外治临床精要:首届全国中药外治学术研讨会论文集	中国民间中医药研究开发协会，北京中西医药新技术研究所编	中国中医药出版社	1993.9	26cm	352	30.00
	中医内病外治方论大全	来辉武主编，张志武、韩峰编写	黑龙江人民出版社	1993.8	20cm	806	精装 34.80
	儿科中药外治法	高宏才等著	南海出版公司	1993.9	19cm	146	3.80
	小儿常见病外治法（儿童家庭医疗保健丛书）	谢宁等编著	明天出版社	1994.3	19cm	95	2.40
	外科外治疗法*	尚德俊编著	人民卫生出版社	1994.1	19cm	174	3.90
	推拿学(供针灸专业用)*	俞大方主编	上海科学技术出版社	1994.10	26cm	256	9.40
	推拿临床与解剖	严振国主编	上海科学技术出版社	1994.5	26cm	308	20.00
	推拿速成手册*	潘崇海等编写	上海科学技术出版社	1994.10	19cm	303	7.70
	栾氏推拿法	栾长业等著	人民卫生出版社	1994.1	19cm	305	8.85
	名师教推拿(家庭保健丛书	臧福科主编	华龄出版社	1993.1	19cm	335	5.80
	折叠式推拿穴位层次解剖图解:头颈分册	严振国、郑风胡主编，陈婷立等绘	上海科学技术出版社	1994.4	19×7cm	—	1.50
	折叠式推拿穴位层次解剖图解：躯干分册	严振国、郑风胡主编，陈婷立等绘	上海科学技术出版社	1994.4	19×7cm	—	1.50
	折叠式推拿穴位层次解剖图解：上肢分册	严振国、郑风胡主编，陈婷立等绘	上海科学技术出版社	1994.4	19×7cm	—	1.50
	折叠式推拿穴位层次解剖图解：下肢分册	严振国、郑风胡主编，陈婷立等绘	上海科学技术出版社	1994.4	19×7cm	—	1.50
	折叠式推拿穴位层次解剖图解：小儿分册	严振国、郑风胡主编，陈婷立等绘	上海科学技术出版社	1994.4	19×7cm	—	1.50
	家庭保健推拿必读	王华兰、高清顺主编	河南科学技术出版社	1993.9	19cm	344	6.80
	推拿功法与治病*	曹仁发主编	上海科学技术文献出版社	1993.12	20cm	338	6.40

续表

类别 \ 项目	书　　名	编著(译者)	出版单位	出版年月	开本	页数	价格(元)
中医治疗学	实用推拿治病百法*	骆竞洪著	人民体育出版社	1994.7	19cm	315	7.60
	中国民间推拿术*	刘光瑞、刘少林编著	四川科学技术出版社	1994.5	19cm	231	5.30
	家庭妇女病推拿（家庭保健推拿丛书）	刘光瑞等编著	四川科学技术出版社	1994.4	19cm	216	4.50
	小儿常见病推拿（儿童家庭医疗保健丛书）	范娅莉编著	明天出版社	1994.3	19cm	203	4.15
	小儿常见病家庭推拿（好父母丛书）	肖　飞主编	中国华侨出版社	1994.8	19cm	171	5.80
	伤科推拿学	黄毓珍等编著	北京体育学院出版社	1993.5	19cm	372	5.90
	中医推拿治疗软组织损伤学(中英文对照)	李宜谋、沈志祥主编	中国中医药出版社	1993.8	26cm	195	18.00
	点穴绝技—秘本珍本汇编*	王俊雄等编著	吉林科学技术出版社	1991.5	19cm	596	8.50
	民间点穴治病绝招	王　凡、杨　光主编	中国中医药出版社	1993.10	19cm	437	8.60
	图解穴位特效指压	(日)芹沢胜助著；黄少廷编译	世界图书出版公司广州分公司	1994.4	20cm	245	6.50
	袁氏按导学*	彭　靖编著	人民卫生出版社	1994.4	19cm	333	8.00
	家庭点穴按摩治疗	夏　辉、舜明编著	中国发展出版社	1994.1	19cm	190	3.45
	压耳穴治百病	刘长江主编；石喜芝等编	吉林科学技术出版社	1994.4	19cm	187	4.60
	耳穴治百病：实用耳穴治疗学	陈抗美、高晓兰著	人民军医出版社	1993.9	19cm	356	8.90
	实用家庭按摩	边长宗主编	人民体育出版社	1994.7	19cm	196	5.20
	家庭自助按摩治病法	赵仲毅等编著	山西科学技术出版社	1993.7	19cm	242	5.00
	自我按摩与家庭按摩（哈萨克文）	贵满编；瓦提许译	新疆科技卫生出版社	1994.2	19cm	176	2.35
	脚部穴位病理按摩法	章　丰编著	黑龙江科学技术出版社	1993.9	19cm	122	4.20
	手足按摩指南	王卫党主编	大连海运学院出版社	1993.6	20cm	245	8.60
	手足自我按摩治百病*	满庆菇、满庆红编著	长春出版社	1992.2	19cm	187	3.60
	实用脚部（反射区）按摩法*	朱佐才、顾培德编著	湖南科学技术出版社	1994.6	19cm	200	5.20
	难杂病治疗妙法：足部按摩治疗保健法	《难杂病治疗妙法》编写组编	今日中国出版社	1992.9	19cm	324	6.50
	老年保健按摩	白鹤龙等主编，陈刚等编著	黑龙江科学技术出版社	1994.3	20cm	239	6.90
	夫妻健身按摩法*	林晶、睢文发等编著	中国中医药出版社	1994.4	19cm	302	6.50

续表

类别＼项目	书名	编著(译者)	出版单位	出版年月	开本	页数	价格(元)
中医治疗学	实用伤科按摩学（中华传统医学丛书）	刘严编著，杨德英整理	陕西科学技术出版社	1993.11	20cm	491	10.50
	婴童按摩要求：洪学滨临证存真	洪学滨著述，江丹、王朝宏整理	北京出版社	1993.8	19cm	232	5.00
	美容健康经穴按摩一全身系列成套手法*	卜义长著	人民体育出版社	1994.9	19cm	143	5.00
	按摩疗法和气功保健	金宏柱编著	北京科学技术出版社	1993.7	19cm	198	4.10
	针灸学	高洪宝主编，北京市高等教育自学考试委员会、北京中医学院组织编写	贵州科技出版社	1993.9	20cm	808	16.10
	针灸学*	王新明主编	江苏科学技术出版社	1994.2	26cm	252	8.00
	针灸学*	邱茂良主编	上海科学技术出版社	1994.10	26cm	328	10.10
	针灸(中医自修读本)*	杨医亚主编	河北科学技术出版社	1994.6	20cm	358	8.50
	中国针灸学*	程莘农主编	人民卫生出版社	1993.12	26cm	645	精装 45.00
	实验针灸学*	林文注、王佩主编	上海科学技术出版社	1994.6	26cm	309	17.00
	中国针灸学概要*	北京中医学院等编著	金盾出版社	1994.7	26cm	207	精装 12.00
	针灸学基础篇(英文)	——	天津科技翻译出版公司	1994	26cm	339	精装—
	针灸大成（实用中医古籍丛书）	(明)杨继洲著，孙外主点校	天津科学技术出版社	1993.9	20cm	557	12.20
	针灸大成*	(明)杨继洲著	人民卫生出版社	1994.1	19cm	417	6.25
	勉学堂针灸集成（中医古籍整理丛书）	(清)廖润鸿编，沈爱学、包黎恩点校	人民卫生出版社	1994.2	20cm	234	9.00
	针灸医籍选*	靳　瑞主编	上海科学技术出版社	1994.4	26cm	170	3.60
	活人全丹针灸秘要	张鸿谋编著	甘肃科学技术出版社	1993.2	19cm	146	4.50
	中国针灸测试(英文)	陈　恳、崔永强著	外文出版社	1993	26cm	240	精装—
	针灸三十讲*	李道生、林秀芬编著	人民卫生出版社	1994.11	19cm	411	12.00
	针灸自学指南	甘承铨编著	安徽科学技术出版社	1992.2	19cm	290	1.55
	针灸速成手册*	杨之楠、姜明明编著	上海科学技术出版社	1994.10	19cm	303	8.40
	现代针灸师手册*	胡伯虎等主编	北京出版社	1993.10	20cm	751	精装 22.00
	临床医师手册：针灸、理疗分册*	付怀丹、李洁明主编	上海科学技术出版社	1994.12	19cm	129	3.60
	实用针灸选穴手册*	杨兆民、鞠传军编著	金盾出版社	1993.12	19cm	287	4.20

续表

类别 \ 项目	书　　名	编著(译者)	出版单位	出版年月	开本	页数	价格(元)
中医治疗学	针灸穴位挂图*(附说明书一册)	靳士英等编，张彤云绘	人民卫生出版社	1993	2开	3张	12.00
	针灸配穴与手法	(新加坡)陈必廉著	中国中医药出版社	1994.4	19cm	76	4.00
	针灸经穴部位标准图谱(英文)	邓良月主编，中国中医研究院针灸研究所编绘	中国中医药出版社	1993.9	26cm	86	45.00
	针灸经穴部位标准图谱(法文)	邓良月主编；中国中医研究院针灸研究所编绘	中国中医药出版社	1993.9	26cm	86	45.00
	中国针灸独穴疗法*	陈德成、王庆文主编	吉林科学技术出版社	1994.1	26cm	860	精装 34.00
	名家针灸学说*	魏　稼主编	上海科学技术出版社	1994.10	26cm	104	4.15
	针灸撷英	高希言、程延安主编	中原农民出版社	1994.1	19cm	258	6.80
	传统实用针灸学	范其云主编，侯丽萍等编著	山西科学技术出版社	1993.7	20cm	438	8.50
	针法灸法学*	奚永江主编	上海科学技术出版社	1994.4	26cm	118	2.60
	实用针灸学(英汉对照)	孔昭遐、屠佑生著，蔡郁、朱同生译	安徽科学技术出版社	1993.5	19×26cm	404	15.50
	近四十年来中国针灸研究精要	杨顺益主编	海南出版公司	1993.10	19cm	230	25.00
	实用最佳时间针灸精义	李友林、刘清国主编	学苑出版社	1994.6	19cm	329	12.80
	针灸处方大辞典	彭荣琛主编	北京出版社	1994.4	26cm	477	精装 30.00
	百病单穴针灸验方	李磊编著	上海中医学院出版社	1994.1	19cm	120	4.40
	针灸理法一点通	王宏才编著	甘肃民族出版社	1993.8	19cm	308	6.00
	实用针灸最新疗法300例(家庭保健丛书)	周光廓、苏燕燕著	华龄出版社	1992.12	19cm	233	4.50
	帮你学针灸*	徐宏勋等编著	科学出版社	1993.12	19cm	174	2.50
	出国人员针灸速成	吴　霞、葛标宝主编	上海中医学院出版社	1993.12	19cm	166	4.80
	三晋名医传心录：针灸按摩	文　渊主编	中国中医药出版社	1993.11	19cm	279	6.50
	针灸治疗学*	杨长森主编	上海科学技术出版社	1994.4	26cm	225	4.60
	实用针灸临床处方	黎文献主编	广东高等教育出版社	1994.5	19cm	233	7.80
	中国当代针灸名家医案*	王雪苔、刘冠军主编	吉林科学技术出版社	1993.8	20cm	732	精装 16.40
	针灸治疗急症	邓春雷等编著	江西科学技术出版社	1993.3	20cm	305	9.00
	内科针灸配穴新编	王占玺主编	科技文献出版社	1993.8	20cm	447	8.95

续表

类别 \ 项目	书名	编著(译者)	出版单位	出版年月	开本	页数	价格(元)
中医治疗学	古今妇科针灸妙法大成	刘　喆编著	中国中医药出版社	1993.8	19cm	375	9.50
	男女病针灸推拿疗法与按摩保健(性医学丛书)	戴居云主编	学苑出版社	1994.1	19cm	307	8.80
	实用神经针灸学	王照浩等编著	中山大学出版社	1993.12	20cm	316	7.80
	太极神针临证指南	赵　峰、赵　辉主编	甘肃科学技术出版社	1994.5	19cm	319	6.40
	头皮针：方氏针灸创新之一	方本正著	陕西科学技术出版社	1994.4	19cm	174	5.30
	体环针：方氏针灸创新之三	方本正著	陕西科学技术出版社	1994.4	19cm	69	3.00
	常见病耳针疗法	管遵信等编著	金盾出版社	1994.4	19cm	286	5.00
	中国实用芒针治疗	杨兆钢编著	天津科技翻译出版公司	1994.5	20cm	694	精装 28.60
	针灸绝招：项针治疗延髓麻痹	高维滨编著	中国中医药出版社	1993.6	19cm	55	2.00
	水针疗法	苗彦霞等编写	人民卫生出版社	1993.12	19cm	309	6.95
	手象针与足象针：方氏针灸创新之二	方本正著	陕西科学技术出版社	1994.4	19cm	82	3.30
	中医基础与火针在临床上的应用	田福山编著	兰洲大学出版社	1993.8	20cm	146	3.90
	九灵针经气功针经合璧	陆锦川编著	四川科学技术出版社	1993.5	21cm	754	精装 18.35 平装 15.75
	刺灸学（全国中等中医药学校教材）(供针灸医士专业用)*	张智信主编，殷克敬主审	江苏科学技术出版社	1993.8	26cm	111	3.80
	中国灸法大全	张奇文主编	天津科学技术出版社	1993.12	20cm	857	精装 26.10
	中医民间灸法绝技（中国民间绝技丛书)	林　红、杨殿兴编著	四川科学技术出版社	1994.6	19cm	186	4.80
	实用保健灸法	穆腊梅主编	华中理工大学出版社	1994.1	19cm	261	6.50
	家用灸法治病小窍门（家庭治病小窍门丛书；10)	刘静宇等主编	中国中医药出版社	1993.8	19cm	332	7.00
	中国民间刺血术（中国民间医学丛书)*	刘少林、刘光瑞著	四川科学技术出版社	1994.5	19cm	230	5.30
	快速子午流注针灸疗法	罗振宇著	山西科学技术出版社	1993.7	19cm	261	5.00
	子午流注集粹*	王　凡主编，北京中西医药新技术研究所编	中国中医药出版社	1993.5	19cm	215	6.50
	实用针灸推拿气功经络穴位挂图*	金宏柱编著	江苏科学技术出版社	1993.3	19cm	130	15.00
	赵氏祖传针灸按摩传真	赵寿毛编著	中国中医药出版社	1993.5	20cm	507	15.60

续表

类别＼项目	书名	编著(译者)	出版单位	出版年月	开本	页数	价格(元)
	百病针灸推拿高效疗法	杨光主编	北京科学技术出版社	1992.10	19cm	516	10.50
养生、保健、食疗、气功	中国养生学（中国传统医学丛书）	李庆升主编	科学出版社	1993.5	20cm	282	12.00
	中国传统养生学二种（包括(清)曹庭栋撰的《老老恒言》沈宗元辑的《中国养生说辑览》）	王 红、王 燕点校	书目文献出版社	1993.12	20cm	192	5.60
	中国传统养生学浅说	张岫峰编著	河南人民出版社	1993.6	20cm	208	7.00
	中国实用传统养生术	陈可冀主编	福建科学技术出版社	1993.9	20cm	450	9.35
	黄帝养生术（黄帝医术系列）	张 冰等编著	华夏出版社	1993.12	19cm	249	7.00
	中国黄帝养生方药	丛 林主编，王文玉等编	山西科学技术出版社	1993.6	20cm	332	16.00
	中国古代养生术*	洪丕谟著	上海人民出版社	1994.6	19cm	176	4.40
	古今实用养生法	罗 禅、廖常编著	四川人民出版社	1993.3	20cm	319	7.80
	中华养生文献精华注译	王贵元、邵淑娟主编	北京广播学院出版社	1992.12	19cm	924	精装 32.50
	中华养生知识精要	姚品荣主编	人民体育出版社	1993.6	19cm	472	9.60
	中药养生(养生丛书)*	胡龙才等编著	江苏科学技术出版社	1994.1	20cm	158	4.10
	中医妙用与养生	倪寄兰著	解放军出版社	1993.2	19cm	214	5.60
	中医养生历书	王莒生主编	江西科学技术出版社	1993.9	19cm	236	5.00
	六字诀养生法	马礼堂著	人民体育出版社	1993.11	19cm	44	1.70
	养生保健集(蒙古文)	宝金山、宝海英编	内蒙古科学技术出版社	1993.3	19cm	181	2.00
	养生与保健要诀	金雁群等编著	新华出版社	1993.6	19cm	222	4.80
	养生保健之道	高昌荣、徐业梅编著	黄山书社	1992.4	19cm	116	2.30
	起居养生(养生丛书)	汪受传、朱金华编著	江苏科学技术出版社	1992.6	20cm	190	3.30
	四季养生要诀	张湖德主编	中国轻工业出版社	1994.6	19cm	224	7.90
	男子养生秘术	李宗霖编著	黑龙江朝鲜民族出版社	1994.1	19cm	318	6.80
	男性养生保健揭秘	陈和亮等编著	华夏出版社	1993.10	19cm	335	7.50
	碧云养生法：养生一步乾坤回春功	范秀兰著	北京出版社	1994.1	19cm	160	3.00
	名人与养生	张泽宇、黄建民编著	东南大学出版社	1993.5	20cm	463	9.00

续表

类别＼项目	书名	编著(译者)	出版单位	出版年月	开本	页数	价格(元)
养生、保健、食疗、气功	道家养生术*	陈耀庭等编	复旦大学出版社	1993.11	20cm	666	14.50
	红楼养生趣谈	杨在钧著	人民军医出版社	1994.4	19cm	253	8.00
	东方辟谷养生简明手册	徐杰河著	中国世界语出版社	1993	13×10cm	87	2.80
	中医药延缓衰老400题*	胡小江主编	江西科学技术出版社	1993.12	19cm	459	12.00
	饮食文化与中医学（中华文化与中医学丛书）	张铁忠著	福建科学技术出版社	1993.12	20cm	117	3.35
	中国民族药食大全	张力群、关祥祖主编	山西科学技术出版社	1994.1	20cm	1767	35.00
	菜瓜果保健指南	方光天编	安徽科学技术出版社	1993.7	19cm	200	3.75
	古今食疗保健精华	房学贤、余养居主编	浙江文艺出版社	1991.3	19cm	273	3.65
	家庭保健冷食谱	任君主编，蒋瑞全等编	上海中医学院出版社	1993.8	19cm	391	8.80
	小儿健康聪明饮食200问(家庭必备的日常生活工具书)	赤旺、梁钟主编	广西人民出版社	1992.10	19cm	180	3.00
	妙用食物养生	邱金麟、王凤兰编著	人民日报出版社	1993.5	19cm	218	4.00
	食物养生秘诀（养生强身丛书）	文　俊主编，方舟等编	鹭江出版社	1993.4	19cm	201	3.80
	饮食养生(养生丛书)*	孟景春等编著	江苏科学技术出版社	1994.1	20cm	142	3.80
	饮食养生探源	黄　良编著	人民军医出版社	1993.10	19cm	423	9.80
	中医药延缓衰老400题	胡小江主编	江西科学技术出版社	1993.7	19cm	459	8.50
	延年健身秘要	戴宝柱、郭景岩主编	延边大学出版社	1993.7	19cm	359	6.00
	灵丹妙药仙方：医药与长寿(中国长寿文化系列)	冯汉镛、李殿元著	四川人民出版社	1993.5	19cm	305	5.85
	水产食品与健美长寿	广东省水产局编	广东科技出版社	1993.8	19cm	57	2.00
	风靡世界的黑色食品	刘　平编著	上海中医学院出版社	1994.7	19cm	225	6.20
	中医补法	王光大等主编	辽宁民族出版社	1993.11	20cm	454	12.50
	家庭补身美食	姚海扬编著	中国轻工业出版社	1993.9	19cm	185	5.00
	补品补药与补益良方*	杨智孚、张峰编著	金盾出版社	1994.2	19cm	269	4.50
	食品的营养与食疗（中国食疗丛书）*	赵章忠主编	上海科学技术出版社	1994.12	19cm	388	8.20
	中国药膳大全	彭铭泉、袁年冬编著	四川科学技术出版社	1994.4	20cm	851	22.00

续表

类别\项目	书名	编著(译者)	出版单位	出版年月	开本	页数	价格(元)
养生、保健、食疗、气功	中国药膳学*	彭铭泉主编	人民卫生出版社	1994.5	20cm	390	精装 13.30
	实用药膳300例	同　德编著	中国华侨出版社	1993.12	19cm	273	7.80
	家庭药膳*	顾奎勤编著	金盾出版社	1994.7	19cm	273	3.80
	家庭药膳*	彭铭泉、杨　帆编著	四川科学技术出版社	1992.6	19×11cm	202	精装6.80 平装4.80
	家庭保健药膳制作400法	蔡武承等编	华文出版社	1993.8	19cm	233	4.70
	药膳食谱集锦*	翁维健编著	人民卫生出版社	1994.1	19cm	122	2.00
	寿膳·寿酒·寿宴：饮食与长寿（中国长寿文化系列）	冷启霞、王　康著	四川人民出版社	1993.5	19cm	211	4.60
	增寿益智药膳食品	葛　琦等编	中国商业出版社	1993.1	19cm	125	3.20
	美容饮膳指南	冉先德等编著	人民体育出版社	1993.6	19cm	264	5.70
	药膳治百病*	王者悦，孙洪洋编著	吉林科学技术出版社	1994.7	19cm	217	4.80
	中医饮食疗法：220种药膳食谱	杨连生等主编，孙存贵等编写	吉林人民出版社	1991.11	19cm	324	5.40
	常见病食品疗法	刘孝民编著	中国中医药出版社	1993.7	19cm	164	4.50
	临床食疗手册	周小寒主编	上海科学普及出版社	1993.12	20cm	644	13.00
	食疗本草	(唐)孟诜撰，张鼎增补，吴受琚、俞晋校注	中国商业出版社	1992.12	19cm	529	14.00
	长生食疗神谱	贺普仁，陈义编著	华龄出版社	1993.5	19cm	261	5.90
	中国历代食疗进补养生大观	刘云主编	上海文汇出版社	1994.1	19cm	804	精装 25.00
	食疗健康长寿	靳长金、陈志贤主编	山西经济出版社	1993.12	19cm	167	3.95
	食疗百病(生活饮食系列)	海　文编著	广州旅游出版社	1993.8	20cm	218	6.80
	中老年百病食疗妙方	赖祥林编著	广西科学技术出版社	1994.2	19cm	123	2.60
	小儿与老年常见症的饮食宜忌	温振英等主编	中国轻工业出版社	1993.6	19cm	190	6.50
	妇幼食疗360法	李剑锋等编	广东人民出版社	1993.3	19cm	284	5.30
	小儿常见病食疗（儿童家庭医疗保健丛书）	罗陆一等编著	明天出版社	1994.3	19cm	183	3.80
	常见消化道疾病的食疗	曾令禄著	科学技术文献出版社	1994.2	19cm	174	3.60
	肺科疾病的食疗（中国食疗丛书）	邵长荣主编，于素霞等编	上海科学技术出版社	1994.8	19cm	125	5.50

续表

类别 \ 项目	书名	编著(译者)	出版单位	出版年月	开本	页数	价格(元)
养生、保健、食疗、气功	抗癌益寿食物与食疗妙方	马文飞等编著	科学普及出版社	1994.2	19cm	263	6.90
	膳食防癌指导	王金荣等主编	上海科学技术文献出版社	1993.2	19cm	201	4.60
	实用骨伤药膳425种	宋一同、刘献祥主编	中国华侨出版社	1994.3	19cm	315	7.80
	眼病食疗（中国食疗丛书）*	姚芳蔚、郑祖同编著	上海科学技术出版社	1994.12	19cm	115	3.40
	野菜食疗偏方	李俊杰编著	中国农业科技出版社	1993.12	19cm	210	4.50
	素菜治百病*	洪　波主编	华东理工大学出版社	1994.3	19cm	166	3.50
	药茶治百病*	王富春、刘　洋主编	吉林科学技术出版社	1993.12	19cm	186	3.30
	饮茶养生	盛国荣著	世界图书出版公司广州分公司	1993.8	19cm	74	2.10
	吃茶与健康：茶的防癌治病作用	（日）小国伊太郎著，乔思杰、张鉴哲主译	中原农民出版社	1994.2	19cm	116	4.10
	家庭巧用茶酒治百病（盲文）	庞国明主编	中国盲文书社	1994.3	31×24cm	—	8.00
	药酒治百病*	李为民、许继增主编	吉林科学技术出版社	1994.7	19cm	208	4.30
	常见病药酒疗法	郑其国、蔡华普主编；王玉波等编	中国中医药出版社	1993.12	19cm	306	6.70
	家庭药酒*	郝爱真、王发渭编著	金盾出版社	1994.10	19cm	251	4.20
	家用鱼肉禽蛋治病小窍门（家庭治病小窍门丛书；4）	赵东升、王明惠主编	中国中医药出版社	1993.8	19cm	339	7.38
	家用鸡蛋治病小窍门（家庭治病小窍门丛书；1）	卢世秀、王凡主编	中国中医药出版社	1993.8	19cm	249	5.38
	醋蛋治百病*	李炳坤等编著	上海科学技术文献出版社	1993.12	19cm	179	4.00
	家用谷物果菜治病小窍门（家庭治病小窍门丛书；5）	董得保等主编	中国中医药出版社	1993.8	19cm	314	6.84
	果蔬疗法大全—附方剂10000余则*	陈泗传主编	上海科学技术文献出版社	1993.10	20cm	791	精装 17.80
	平民菜药	黄乾孟编著	广东旅游出版社	1994.5	19cm	161	4.30
	葱姜蒜治百病*	王富春、段育华主编	吉林科学技术出版社	1994.7	19cm	161	3.60
	家用葱姜蒜醋治病小窍门（家庭治病小窍门丛书；3）	路德华主编	中国中医药出版社	1993.8	19cm	277	6.88
	盐疗治百病*	张　静、齐东方编	吉林科学技术出版社	1994.7	19cm	114	3.20

续表

类别＼项目	书名	编著(译者)	出版单位	出版年月	开本	页数	价格(元)
养生、保健、食疗、气功	中国历代养生药粥	杨虎、马茹人编著	上海中医学院出版社	1993.12	19cm	148	4.80
	家用药粥治病小窍门(家庭治病小窍门丛书;2)	王凡、卢世秀主编	中国中医药出版社	1993.8	19cm	263	5.18
	食粥养生与治病:中国粥方集锦*	尤廉、庄汉编著	上海科学技术出版社	1994.9	19cm	227	4.80
	海鲜野味与祛病健身	汤宽泽编	上海医科大学出版社	1993.12	20cm	394	12.00
	健身治病汤谱*	高汉森等编著	广东科技出版社	1993.12	19cm	353	6.80
	中国气功(英汉对照实用中医文库)*	张恩勤主编	上海中医学院出版社	1994.2	20cm	463	16.00
	气功学基础*	吕光荣、刘楚玉编著	人民卫生出版社	1994.6	19cm	361	7.40
	中国当代气功全书	昊昊主编	人民体育出版社	1993.6	26cm	619	精装 65.00
	简明气功辞典	吴家骏编	人民体育出版社	1993.6	19cm	260	5.90
	中国气功辞典*	吕光荣主编	人民卫生出版社	1994.5	19cm	529	精装 26.20
	中国气功咨询大全*	李成银编著	山东教育出版社	1994.6	20cm	583	精装 11.25
	中国气功大论战	张兆志著	人民体育出版社	1994.8	19cm	284	7.50
	气功热点面面观	汪卫东主编	航空工业出版社	1994.3	19cm	548	12.00
	仿生吐纳气功学	毛满生著	华龄出版社	1993.9	19cm	79	3.50
	气功心法*	孔宪德著	复旦大学出版社	1993.12	20cm	203	6.50
	气功秘旨*	莫文丹著	广西科学技术出版社	1994.4	19cm	374	6.90
	新编气功知识问答	张青编著	学苑出版社	1990.6	19cm	267	3.45
	气功自学要领	罗时金著	东南大学出版社	1993.12	19cm	265	4.70
	气功流向:中国气功的过去现在与未来(当代中国社会变迁丛书)	晚立著	光明日报出版社	1993.12	19cm	198	5.95
	气功入静之门(附:入静飘化功)*	刘天君著	人民体育出版社	1993.12	19cm	226	5.70
	气功答疑*	钱新、培田编著	人民体育出版社	1993.12	19cm	242	5.50
	大气功师*	柯云路著	人民文学出版社	1994.2	20cm	471	9.20
	大气功师出山—张宏堡和他的功法秘宗*	纪一著	华龄出版社	1992.5	19cm	339	4.98
	你也能成为气功师	于根元著	中原农民出版社	1993.12	20cm	252	8.10
	马礼堂养气功功法*	马礼堂著,马栩周整理	北京广播学院出版社	1992.11	19cm	125	2.50

续表

类别＼项目	书名	编著(译者)	出版单位	出版年月	开本	页数	价格(元)
养生、保健、食疗、气功	正宗马礼堂养气功	马礼堂著	人民体育出版社	1993.6	19cm	439	9.70
	少林医疗气功精粹	井玉兰编著，张璞整理	人民体育出版社	1993.6	19cm	352	7.00
	中国鹤翔庄气功(动功)*	—	中国电影出版社	1993.10	19cm	112	5.50
	严新气功现象*	李　伦编著	北京工业大学出版社	1994.3	19cm	358	7.00
	严新气功*	前新培金编著	人民体育出版社	1994.4	19cm	244	6.80
	新版郭林新气功	陶秉福主编	同心出版社	1994.5	19cm	398	10.00
	瑜加—气功与冥想*	柏忠言、张蕙兰编著	人民体育出版社	1994.5	19cm	629	14.00
	易筋气功	夏清山著	华中师范大学出版社	1994.2	19cm	76	2.50
	中华武当明目功	裴锡荣编著	中国中医药出版社	1993.12	19cm	124	3.00
	东方太阳功	田继尧著	地质出版社	1993.10	19cm	217	5.40
	意气功详解·王养秘诀	王贤宾著，徐蜀点校·(清)吴淑度撰，徐蜀点校	书目文献出版社	1993.3	19cm	54	1.20
	三指禅*	(清)周学霆著，周乐道等点校	中国中医药出版社	1994.7	19cm	113	2.90
	太极气功十八式：第一套～第三套	林厚省编著	青岛出版社	1994.5	20cm	226	6.00
	太极内功：传统医疗养生法	张天戈、李经梧著	人民卫生出版社	1993.1	19cm	104	2.30
	中国上乘内功*	志　超编著	中国世界语出版社	1994.4	20cm	173	6.80
	金鸡报晓	中国无极学研究会理论研究委员会主编	湖北科学技术出版社	1993.12	29cm	39	14.00
	无极学与传统文化研究：无极学理论探源	郭必康主编	大连理工大学出版社	1994.9	20cm	158	6.00
	周易气功*	天南逸叟著	长春出版社	1994.6	19cm	238	4.60
	佛教气功百问（宗教文化丛书）	陈兵著	今日中国出版社	1992.6	19cm	189	4.55
	道教气功百问（宗教文化丛书）	陈　兵著	今日中国出版社	1992.6	19cm	207	5.10
	道家气功宝典*	俸怀邦、周晓云编著	山西科学技术出版社	1993.8	19cm	237	4.30
	香功与开悟	田瑞生授、释天居士执笔	海南出版社	1993.10	20cm	130	7.98
	气功与手诊*	张延生、陈抗美著	人民体育出版社	1994.6	19cm	221	7.10
	经络气功*	李　丁编著	西安交通大学出版社	1994.4	26cm	143	7.80
	中华医学气功	林国明主编，顾启欧等编	高等教育出版社	1993.6	20cm	351	10.00

续表

类别＼项目	书名	编著(译者)	出版单位	出版年月	开本	页数	价格(元)
养生、保健、食疗、气功	中医气功学（高等中医院校协编教材供中医养生康复针灸推拿专业使用）	宋天彬、刘元亮主编	人民卫生出版社	1994.7	26cm	224	14.00
	医家秘传气功*	黄润田著	中国人口出版社	1994.1	19cm	170	3.50
	实用中医气功穴位指南	张护龙主编，易之等撰稿	学苑出版社	1993.2	20cm	633	11.00
	百病中医气功疗法（中国传统疗法丛书）	王营生等编著	学苑出版社	1993.10	19cm	234	6.80
	常见病的气功治疗	徐　平、滕　莉编著	鹭江出版社	1993.12	19cm	214	3.20
	气功治疗绝症纪实*	皋永利、田存爱编	科学技术文献出版社	1994.1	19cm	230	5.50
	大气功师治癌：卢学智凡腾境界(当代气功八部5)	纪　一著	国防大学出版社	1993.12	19cm	284	6.60
	颈肩腰痛保健功法	李鸿江编著	人民卫生出版社	1994.4	19cm	116	4.15
	小功法治百病*	于沧江等编著	吉林科学技术出版社	1994.7	19cm	274	5.40
	百病气功按摩疗法	陈宝年编	奥林匹克出版社	1992.6	19cm	338	6.00
	中华内功按摩	梁鹤秀、邱一峰编著	福建科学技术出版社	1994.5	19cm	185	4.00
	气功导引祛病健身法*	施仁潮编著	上海科学技术文献出版社	1994.1	19cm	237	4.10
	气功养生之道*	林明通撰	四川科学技术出版社	1994.3	19cm	334	6.40
	气功养生五千年	马孟昌著	华夏出版社	1993.9	19cm	157	5.00
	颠倒之术一养生内丹功九层十法真传*	梅自强编著	人民体育出版社	1993.12	19cm	337	7.40
	静坐修道与长生不老	南怀瑾著	复旦大学出版社	1994.1	20cm	194	7.00
	八卦掌内功养生法	任寿彤编著	金盾出版社	1994.4	19cm	133	7.90
	导引养生百法图谱	沈　寿著	北京体育学院出版社	1994.4	20cm	117	3.80
	王芗斋养生健身站桩功	孙长友著	人民体育出版社	1994.7	19cm	93	2.80
	保健气功	万朝顺编著	云南大学出版社	1994.2	19cm	153	6.80
	家庭健身长寿功法	朱　辉著	浙江人民出版社	1993.8	19cm	63	3.50
	抗老功	陈九鹤著	人民军医出版社	1994.4	19cm	194	5.50
	气功偏差的防治*	傅余堃编著	安徽科学技术出版社	1994.4	19cm	141	3.40
中医康复医学	中医康复学（中国传统医学丛书）	陈利国、崇桂琴主编	科学出版社	1994.3	20cm	312	14.80
	中医康复学*	傅世垣主编	上海科学技术出版社	1994.10	26cm	233	8.55

续表

类别 \ 项目	书名	编著(译者)	出版单位	出版年月	开本	页数	价格(元)
中医学医学康复	中医养生康复学概论*	孟景春主编	上海科学技术出版社	1994.10	26cm	224	8.30
	中医康复新治疗荟萃	杨维益等主编	人民卫生出版社	1994.2	20cm	430	12.00
中医护理学	仲景护理与临床	王爱荣、张彩凤主编	中国中医药出版社	1994.6	19cm	234	6.80
	实用中医护理指南	吴　霞、王灵台主编	上海中医学院出版社	1994.6	26cm	319	26.80
	中医辨证与护理	董海峰等主编	中原农民出版社	1993.6	19cm	206	4.90
	中医护理常规、护理文件书写、技术操作规程*	国家中医药管理局编	湖南科学技术出版社	1994.1	26cm	280	12.00
医案、医话(临床经验)	薛氏医案(四库医学丛书)*	(明)薛己撰	上海古籍出版社	1994.4	19cm	全二册	精装 45.00
	万病回春*	(明)龚廷贤撰	人民卫生出版社	1994.6	19cm	497	精装 11.10
	冷庐医话	(清)陆以著,宝珊、广辉点校	山西科学技术出版社	1993.4	19cm	179	3.30
	问斋医案	(清)蒋宝素著,杨虎点校	上海中医学院出版社	1993.5	19cm	265	6.80
	评校柳选四家医案	(清)柳宝诒选按,洪嘉禾,潘华信评校	上海中医学院出版社	1993.7	20cm	271	8.80
	尚友堂医案	(清)方略著,陈嘉训点校	上海中医学院出版社	1993.8	19cm	79	2.80
	吴氏医话二则(影印本)(明清中医珍善孤本精选九)	(清)吴楚撰	上海科学技术出版社	1993.12	19cm	98	4.20
	续名医类案外四种(四库医学丛书)*	(清)魏之琇撰	上海古籍出版社	1994.4	19cm	全二册	精装 48.60
	医效选录(何氏历代医学丛书·续编3)	何时希著	上海科学技术出版社	1994.6	19cm	272	7.70
	近代中医流派经验选集*	上海中医学院主编	上海科学技术出版社	1994.3	20cm	898	精装 13.00
	中医杂病医案集	李紫楠著	陕西人民教育出版社	1993.7	19cm	260	6.00
	临证求真	王景龙主编	天津科学技术出版社	1994.7	19cm	236	5.90
	名医绝活	乔　臻等编著	吉林文史出版社	1993.8	20cm	591	13.00
	玄灯医笺	高　光著	甘肃人民出版社	1993.12	19cm	371	6.80
	盛国荣医学论文集(第二集)	柯联才、盛云鹤整理	厦门大学出版社	1993.12	20cm	345	12.00
	刘季文医论医案集	刘　珊之编	湖南科学技术出版社	1993.12	19cm	149	3.20
	俞慎初论医集	俞慎初著	厦门大学出版社	1993.7	20cm	382	10.00
	章真如中医临床经验集	章真如著	科学普及出版社	1993.12	19cm	209	6.80

续表

类别 \ 项目	书名	编著(译者)	出版单位	出版年月	开本	页数	价格(元)
医案、医话(临床经验)	临床拾萃：王兴斌中医经验谈	王丁、王勇整理	沈阳出版社	1993.12	19cm	124	2.50
	疑难杂症临床经验辑要	夏桂华、何民主编	中原农民出版社	1994.2	19cm	367	12.00
	奇难杂症续集	黄振鸣、黄永源著	广东科技出版社	1993.12	19cm	310	8.80
	中原当代民间名医	尚炽昌等主编,《中原当代民间名医》编委会编	中原农民出版社	1994.4	20cm	373	13.50
	辽宁省名中医荟萃	刘忠德、龙济瀛主编	中国中医药出版社	1993.10	19cm	342	7.50
	沈阳名老中医医鉴	高德林等主编	中国中医药出版社	1993.5	19cm	284	5.40
	丹东老中医经验荟萃	周世友主编	中国中医药出版社	1994.3	19cm	187	5.50
	越医汇讲	董汉良等主编	人民卫生出版社	1994.8	20cm	442	19.80
	竹堂医镜	钱远铭著	华中师范大学出版社	1992.12	20cm	251	4.80
	石室秘录*	(清)陈士铎著,张灿坤等点校	中国中医药出版社	1994.8	19cm	302	6.50
中医各科	中医内科学*	张伯臾主编	人民卫生出版社	1994.2	26cm	729	23.70
	中医内科学*	张伯臾主编	上海科学技术出版社	1994.10	26cm	298	8.85
	中医内科学(中国传统医学丛书)	隗继武主编	科学出版社	1994.3	20cm	403	18.20
	中医内科学*	南京中医学院主编	湖南科学技术出版社	1994.1	26cm	302	9.80
	内科(中医自修读本)*	杨医亚主编	河北科学技术出版社	1994.6	20cm	579	13.00
	实用中医内科	阎允恭、刘玉琛主编	河北科学技术出版社	1992.7	26cm	129	4.50
	实用中医内科学*	方药中等主编	上海科学技术出版社	1994.4	26cm	659	精装 30.00
	中医内科治验	韩广妹编著	贵州科技出版社	1993.2	26cm	233	11.00
	中医内科新论*	印会河编著	山西科学技术出版社	1994.1	20cm	316	6.00
	当代中医内科学新论：31名著名中医专家临床心得	吴幼卿主编	世界图书出版公司北京分公司	1994.1	26cm	197	16.50
	现代中医内科手册*	上海中医学院附属曙光医院编著	江苏科学技术出版社	1993.8	19cm	1125	16.90
	现代名中医内科绝技(现代名中医绝技丛书)	吴大真、乔模主编	科学技术文献出版社	1993.7	19cm	359	9.50
	中医内科急重症手册	黄星垣主编	上海科学技术出版社	1994.8	19cm	515	精装 17.50

续表

类别 \ 项目	书名	编著(译者)	出版单位	出版年月	开本	页数	价格(元)
中医各科	中医参照内科病证治疗学	李安民、尤玉荣主编	天津科技翻译出版公司	1993.9	26cm	496	17.00
	内科学及护理（全国中等中医药学校教材）*	吕素英主编	江苏科学技术出版社	1993.9	26cm	337	10.10
	中医内伤火病学	田合禄编著	山西科学技术出版社	1993.8	19cm	495	13.00
	温病学*(高等医药院校教材)	孟澍江主编	上海科学技术出版社	1994.4	26cm	250	5.10
	瘟疫论·痎疟论疏·本草乘雅半偈(四库医学丛书)*	(明)吴有性撰·(明)卢之颐撰	上海古籍出版社	1994.4	20cm	429	精装 15.85
	温病条辨*	(清)吴　塘著	人民卫生出版社	1994.11	19cm	211	6.10
	温病(中医自修读本)*	杨医亚主编	河北科学技术出版社	1994.6	20cm	270	6.50
	温病贯珠集	施仁潮编著	上海科学技术文献出版社	1993.8	20cm	269	12.00
	奉时旨要（明清中医临证小丛书）	(清)江涵暾著，王觉向点校	中国中医药出版社	1993.8	19cm	175	5.50
	时病论*	(清)雷丰著	人民卫生出版社	1994.11	19cm	146	4.30
	中医外感病辨治	柯雪帆等主编	人民卫生出版社	1993.10	26cm	519	精装 31.90
	实用中风防治手册	常　青、沈万生编著	中国中医药出版社	1993.4	19cm	255	7.00
	中风证治秘法秘方	胡智聪编著	四川科学技术出版社	1992.8	19cm	109	2.20
	实用中医脑病学	中国中医研究院广安门中医院主编	学苑出版社	1993.3	26cm	951	精装 45.00
	脑病的中医论治	丛法滋编著	人民卫生出版社	1993.11	19cm	239	6.75
	脏腑辨证用药规律	田润芝主编	山西科学技术出版社	1994.1	19cm	212	4.30
	消化系统难治病中医治疗	杨庆云编著	四川大学出版社	1993.8	19cm	330	7.00
	现代消化病诊疗备要	黄明贵主编	中国中医药出版社	1993.10	19cm	420	12.00
	中医脾胃学说应用研究(北京医学文库)	危北海主编	北京出版社	1993.5	26cm	621	30.30
	中西医结合防治萎缩性胃炎*	全乃时主编	安徽科学技术出版社	1994.2	19cm	138	2.15
	中西医治疗胆石症尿石症	吴新同等编著	中国中医药出版社	1994.1	19cm	190	4.50
	实用中医肝病学（中医临床医学大系）	洪嘉禾主编	上海中医学院出版社	1993.12	20cm	846	精装 37.00
	现代中医肝病证治	段荣章，赵文霞主编	河南科学技术出版社	1993.9	19cm	495	9.80
	肝病相关证治	万文谟编著	湖北科学技术出版社	1993.9	20cm	153	4.80

续表

类别 \ 项目	书名	编著(译者)	出版单位	出版年月	开本	页数	价格(元)
中医各科	乙肝辨治	吕兰凯等主编	中国物资出版社	1993.12	19cm	171	5.00
	中医肾病临证荟萃：近代名老中医治肾病验案精选	陈 军主编	学苑出版社	1994.1	19cm	122	4.80
	中医肾病诊治典要	杜勉之、杜平编著	江西科学技术出版社	1993.7	19cm	408	7.00
	肾病临证心得	刘占民编著	北京医科大学、中国协和医科大学联合出版社	1993.1	19cm	131	4.20
	中医当代腺体病学	赵本贞等主编	中国中医药出版社	1993.12	19cm	530	15.00
	糖尿病中医疗法	袁效涵、杨社香编著	中原农民出版社	1993.9	20cm	264	5.80
	糖尿病综合疗法	刘爱国主编	汕头大学出版社	1993.11	20cm	232	13.00
	糖尿病治疗与康复指南	韩 明主编	中国中医药出版社	1993.11	19cm	244	6.00
	中国糖尿病医案选（糖尿病系列丛书）	高彦彬主编	黑龙江科学技术出版社	1993.12	19cm	409	7.70
	中医男科临床研究	冯涤尘、安 浚主编	中国中医药出版社	1993.12	19cm	402	10.00
	中医男科临床治疗学*	冷方南主编	人民卫生出版社	1994.2	26cm	461	精装 20.00
	现代中医男科学	周安方、胡永年主编	湖北科学技术出版社	1994.5	20cm	421	12.90
	中医外科学（全国中等中医药学校教材）（供中医士专业用）*	吴恒亚主编，顾伯康主审	江苏科学技术出版社	1993.8	26cm	198	6.05
	中医外科学*	顾伯康主编	人民卫生出版社	1994.2	26cm	499	16.60
	中医外科学（中国传统医学丛书）	姜兆俊、赵绚德编	科学出版社	1994.3	20cm	314	15.50
	中医外科学*	顾伯康主编	上海科学技术出版社	1994.4	26cm	243	5.00
	外科(中医自修读本)*	杨医亚主编	河北科学技术出版社	1994.6	20cm	420	9.80
	实用中医外科学*	顾伯华主编	上海科学技术出版社	1994.4	26cm	665	精装 30.20
	外科学概要*	李成芳主编	山东科学技术出版社	1994.9	26cm	168	6.35
	中医外科诊疗图谱	陆德铭主编，汝丽娟唐汉钧编著	上海中医学院出版社	1993.10	26cm	102	精装 38.00
	皮肤病辨证论治简编	温象宽、赵存娥编著	山西科学技术出版社	1993.6	19cm	146	3.20
	中医皮肤科古籍精选	欧阳恒主编，祝柏芳等编	湖南科学技术出版社	1993.9	20cm	312	精装 9.45
	皮肤病针灸疗法	李连生、白俊昆主编	天津科学技术出版社	1993.10	20cm	456	精装 13.00

续表

类别 \ 项目	书名	编著(译者)	出版单位	出版年月	开本	页数	价格(元)
中医各科	皮肤病中医洗渍疗法	程秋生、王香兰主编	西北大学出版社	1993.12	19cm	274	6.80
	中医皮肤病学（中国传统医学丛书）	赵纯修主编	科学出版社	1994.3	20cm	254	11.80
	临床袖珍手册：皮肤科*	王侠生主编	上海医科大学出版社	1994.8	19cm	194	5.60
	中医美容笺谱精选*	陈可冀、李春生主编	人民卫生出版社	1994.1	19cm	288	7.10
	实用皮肤病性病验方精选	范瑞强编著	广东科技出版社	1994.9	19cm	362	13.80
	中医骨伤科学（中国传统医学丛书）	张志刚主编	科学出版社	1993.9	20cm	525	21.80
	中医骨伤科学*	张安桢、武春发主编	人民卫生出版社	1994.2	26cm	1013	精装 35.80
	中医骨伤科各家学说*	刘柏龄、邓福树主编	人民卫生出版社	1994.9	26cm	124	5.40
	实验骨伤科学*	时光达、陈宝兴主编	人民卫生出版社	1994.4	26cm	339	10.50
	中医骨伤科古医籍选*	阙再忠、孙承禄主编	人民卫生出版社	1994.10	19cm	210	8.10
	中医骨伤科基础*	丁继华、汤邦杰主编	人民卫生出版社	1994.4	26cm	290	8.65
	中医骨伤科发展史*	胡兴山、葛国梁主编	人民卫生出版社	1994.9	26cm	98	4.60
	骨伤内伤学*	张安桢、沈敦道主编	人民卫生出版社	1994.4	26cm	173	5.35
	骨伤科手术学*	袁　浩、于光华主编	人民卫生出版社	1994.9	19cm	414	15.00
	骨伤方剂学*	黄荣宗主编	人民卫生出版社	1994.3	26cm	166	5.35
	中医骨病学	蒋位庄、王和鸣编	人民卫生出版社	1994.3	26cm	380	11.30
	中医正骨学*	岑泽波、朱云龙主编	人民卫生出版社	1994.3	26cm	337	10.10
	苏氏正骨精要（十年百项重大医药卫生技术丛书）	苏玉新、刘明武编著	华夏出版社	1992.8	19cm	40	1.60
	马氏中医治疗股骨头坏死	马在山编著	人民卫生出版社	1994.4	26cm	383	精装 39.00
	中医伤科学（全国中等中医药学校教材)(供针灸医士、中医士专业用)*	周善民主编、诸方受主审	江苏科学技术出版社	1993.8	26cm	197	6.15
	中医伤科学*	汤邦杰主编	湖南科学技术出版社	1994.1	26cm	285	8.90
	中医筋伤学*	孙树椿、孙之镐编	人民卫生出版社	1994.4	26cm	244	7.40
	伤科手法治疗图解*	狄任农编著	浙江科学技术出版社	1993.8	19cm	203	4.80
	中医伤科用药方法与常用方	李吉茂、李欣编著	人民军医出版社	1994.2	19cm	312	8.80

续表

类别 \ 项目	书名	编著(译者)	出版单位	出版年月	开本	页数	价格(元)
中医各科	颈肩痛与手法治疗	刘进海编著	人民卫生出版社	1994.3	19cm	149	4.05
	中医妇科学*	罗元恺主编	人民卫生出版社	1994.2	26cm	480	15.90
	中医妇科学（中国传统医学丛书）	金维新、李竹兰主编	科学出版社	1994.3	20cm	334	11.40
	中医妇科学*	罗元恺主编	上海科学技术出版社	1994.4	26cm	189	4.00
	中医妇科学*	黄绳武、毛美蓉主编	湖南科学技术出版社	1994.6	26cm	169	6.00
	妇科(中医自修读本)*	杨医亚主编	河北科学技术出版社	1994.6	20cm	392	9.30
	中医妇科析要	王自平、李清扬主编	河南科学技术出版社	1993.10	19cm	330	6.00
	现代名中医妇科绝技（现代名中医绝技丛书）	吴大真、乔模主编	科学技术文献出版社	1993.7	19cm	329	8.80
	中医妇科临床药物手册*	马大正编著	安徽科学技术出版社	1994.4	19cm	718	15.00
	罗元恺女科述要（岭南中医药丛书）	罗颂平、张玉珍整理	广东高等教育出版社	1993.11	20cm	155	5.00
	傅青主女科歌括*	(清)傅　山著	中国中医药出版社	1994.7	19cm	156	4.00
	傅青主男女科*	(清)傅　山著	中国中医药出版社	1994.7	19cm	199	5.80
	简明中医妇科临床与护理	黄佩兰主编	江西科学技术出版社	1993.12	19cm	117	2.00
	妇科学及护理（供中医护士专业用）*	夏桂成主编	山东科学技术出版社	1994.9	19cm	188	6.85
	妊娠病中医据质预测预防学	王希浩等著	中原农民出版社	1993.7	19cm	88	2.80
	中医养胎保胎必读	胡金茹、蒋庚太编著	华夏出版社	1994.5	19cm	160	6.20
	实用中医乳房病学	顾乃强主编	上海科学技术出版社	1993.6	19cm	386	精装 10.50
	实用中医乳房病学	陆德铭主编	上海中医学院出版社	1993.7	20cm	489	18.20
	实用中医乳房病学	马禄均编著	人民卫生出版社	1994.2	19cm	290	8.10
	中医性病学*	张志礼、杨建葆主编	江西科学技术出版社	1993.9	20cm	332	精装 13.80
	中医性医学研究与临床	戚广崇主编	上海科学技术文献出版社	1994.5	20cm	451	19.80
	性病的中西医诊治*	廖元兴等编著	四川科技出版社	1994.6	19cm	236	5.50
	中医儿科学*	江育仁主编	人民卫生出版社	1994.2	26cm	344	11.70
	中医儿科学*	江育仁主编	上海科学技术出版社	1994.4	26cm	179	3.80

续表

类别 \ 项目	书名	编著(译者)	出版单位	出版年月	开本	页数	价格(元)
中医各科	儿科(中医自修读本)*	杨医亚主编	河北科学技术出版社	1994.6	20cm	299	7.80
	近代中医珍本集：儿科分册	陆拯主编	浙江科学技术出版社	1993.2	20cm	1188	精装 21.75
	实用中西医儿科诊疗手册	马献图、东思明编著	陕西科学技术出版社	1993.9	19cm	372	6.90
	实用中医儿科临床手册	韩延春、吕玉霞主编	黑龙江教育出版社	1992.5	19cm	419	7.50
	儿科证治学新诠	郭振球编著	人民卫生出版社	1994.4	19cm	321	8.90
	儿科名家徐小圃学术经验集（申江医萃）	陆鸿元、邓嘉成编写	上海中医学院出版社	1993.12	20cm	219	8.40
	小儿难病回春新方	蔡化理著	北京科学技术出版社	1993.5	19cm	309	5.60
	中医五官科学*	廖品正主编	江苏科学技术出版社	1994.2	19cm	198	6.45
	五官科(中医自修读本)*	杨医亚主编	河北科学技术出版社	1994.6	20cm	289	7.00
	干祖望中医五官科经验集（江苏中医集存）	严道南、陈小宁编	江苏教育出版社	1992.10	19cm	229	3.60
	中医耳鼻喉科学（中国传统医学丛书）	王陈应主编	科学出版社	1993.6	20cm	301	13.00
	中医耳鼻喉科学*	王德鉴等主编	上海科学技术出版社	1994.4	26cm	136	3.60
	中医耳鼻喉口腔科学*	王德鉴主编	人民卫生出版社	1994.1	26cm	792	精装 41.50
	中医喉科精义	程爵棠著	学苑出版社	1993.6	19cm	281	9.00
	中医眼喉科学*	成都中医学院主编	四川科学技术出版社	1994.5	26cm	124	4.60
	中医眼科学（中国传统医学丛书）	陈明举主编	科学出版社	1993.4	20cm	305	12.50
	神经内科疾病中医治疗全书	蔡蕊、王小平主编	华夏出版社	1994.6	19cm	471	12.00
	癌痛的中西医最新疗法	郑玉玲主编	中国中医药出版社	1993.10	19cm	264	5.40
	孙秉严治疗肿瘤临床经验*	孙秉严著，郭振芳等整理	科学出版社	1993.11	19cm	187	4.60
	著名中医治疗癌症方药及实例*	卢祥之、张年顺编	科学技术文献出版社	1994.1	19cm	302	6.80
	治癌秘方：我治癌34年医案	孙秉严著	华龄出版社	1992.7	19cm	324	6.30
	中医治疗急难病证十二讲	钟孟良编著	中国中医药出版社	1993.7	19cm	164	3.90
	中西医结合老年病治疗学	周国雄主编	广东科技出版社	1993.7	26cm	434	精装 28.00
	中医老年病学	田金洲主编	天津科学技术出版社	1994.4	26cm	746	精装 57.00
	中医老年病学*	张贤媛主编	上海科学技术出版社	1994.10	26cm	195	7.30

续表

类别 \ 项目	书名	编著(译者)	出版单位	出版年月	开本	页数	价格(元)
中药学	中药（中医自修读本）*	杨医亚主编	河北科学技术出版社	1994.6	20cm	616	14.00
	中药学（高等医药院校教材）（供专科中医学专业用）	李钟文主编	中国中医药出版社	1993.8	26cm	262	13.00
	中药学（全国高等中医院校函授教材）*	成都中医学院等主编	湖南科学技术出版社	1993.11	26cm	361	8.50
	中药学（上下册）*	叶显纯主编	上海中医学院出版社	1993.12	20cm	935	18.80
	中药学*	国家中医药管理局人事教育司主编	吉林科学技术出版社	1994.2	26cm	68	4.00
	中药学（英汉对照实用中医文库）*	张恩勤主编	上海中医学院出版社	1994.2	20cm	476	16.00
	中药学（中国传统医学丛书）	曲京峰、张少华主编	科学出版社	1994.3	20cm	441	19.20
	中药学*	凌一揆主编	上海科学技术出版社	1994.10	26cm	322	6.50
	中药拉丁语	秦明珠编著	东南大学出版社	1994.2	26cm	245	12.00
	中药化学*	肖崇厚主编	上海科学技术出版社	1994.10	26cm	477	14.05
	中药学辅导教材	贺兴东主编	中国华侨出版社	1993.9	26cm	186	7.40
	中药学学习指导	熊美丽主编	中原农民出版社	1993.10	19cm	284	6.50
	实用中药手册*	陈瑞华等编著	上海科学技术出版社	1994.8	19cm	725	精装 15.00
	中药大辞典(上册)*	江苏新医学院编	上海科学技术出版社	1994.8	19cm	1489	精装 30.40
	中药名大典：正名、别名、商品名、处方名	刘道清主编	中原农民出版社	1994.6	20cm	977	精装 32.00
	中药正别名集	韩维恒集	湖南科学技术出版社	1993.12	20cm	810	18.80
	神奇的百草苑（中国民间文化·民药）	盛亦如、韩刚著	河北少年儿童出版社	1993.12	20cm	176	精装 11.40
	中药诗文选释	孙家璧编	华中师范大学出版社	1993.12	19cm	163	2.80
	生药学*	徐国钧主编	人民卫生出版社	1994.3	26cm	578	17.10
	中药易览	姜学进主编	中国中医药出版社	1993.8	19cm	259	18.80
	中药缺换方法	张衍芳等著	江西高校出版社	1994.1	19cm	140	2.90
	中医临证应急新药选	庞景三、谢长彦主编	中国中医药出版社	1993.11	19cm	167	4.50
	名贵中药选购知识	臧堃堂、吴克强编著	上海中医学院出版社	1994.7	19cm	97	5.00
	中西药物相互作用*	朱建华编著	人民卫生出版社	1994.5	19cm	531	9.10

续表

类别＼项目	书名	编著(译者)	出版单位	出版年月	开本	页数	价格(元)
中药学	中药行业全面质量管理教材	李　力主编	中国中医药出版社	1994.3	26cm	406	18.00
	本草经集注(辑校本)	(梁)陶弘景编，尚志均、尚元胜辑校	人民卫生出版社	1994.2	21cm	551	精装 21.70
	本草图经	(宋)苏颂编撰，尚志钧辑校	安徽科学技术出版社	1994.5	20cm	684	19.50
	本草纲目（金陵版）（影印本）	(明)李时珍著	上海科学技术出版社	1993.8	27cm	2函10册	精装 560.00
	本草纲目：外二种（四库医学丛书）*	(明)李时珍著	上海古籍出版社	1994.4	19cm	全三册	精装 52.45
	本草纲目通释	陈贵廷主编	学苑出版社	1992.12	26cm	全二册	精装 176.00
	《本草纲目》精要*	钱远铭主编	广东科技出版社	1994.5	20cm	466	12.80
	本草备要（实用中医古籍丛书）	(清)汪昂原著，王效菊点校	天津科学技术出版社	1993.5	19cm	254	6.20
	得配本草*	(清)严西亭等同纂	上海科学技术出版社	1994.3	19cm	240	5.70
	毒药本草	杨仓良主编	中国中医药出版社	1993.12	26cm	1119	精装 78.00
	中国常用中草药*	沈保安主编	安徽科学技术出版社	1994.7	19cm	373	15.00
	中药资源学	周荣汉主编	中国医药科技出版社	1993.5	26cm	669	30.00
	中药志（第五册）	中国医学科学院药用植物资源开发研究所等编	人民卫生出版社	1994.1	26cm	890	精装 70.00
	实用中草药原色图谱(一)	黄燮才主编	广西科学技术出版社	1993.7	19cm	522	精装 69.00
	实用中草药彩色图集（第一册）*	罗献瑞主编	广东科技出版社	1993.12	19cm	474	28.00
	实用中草药彩色图集（第二册）	罗献瑞主编	广东科技出版社	1993.12	19cm	506	32.00
	常用中草药彩色图谱与验方	舒普荣主编	江西科学技术出版社	1994.8	19cm	252	30.00
	中药材学（中国传统医学丛书）	聂庆喜主编	科学出版社	1993.12	20cm	375	19.00
	中药材手册*	中华人民共和国卫生部药政管理局，中国药品生物制品检定所主编	人民卫生出版社	1994.6	20cm	925	精装 26.60
	常用中草药新用途手册*	张钢纲等主编	中国中医药出版社	1993.1	19cm	408	8.80
	百草药食趣话	马文飞等主编	江西科学技术出版社	1993.12	20cm	303	8.00
	花的药用与趣闻（玫瑰丛书第二辑）	申俊军编著	沈阳出版社	1991.12	19cm	152	2.20
	湖南省中药材标准（湖南省卫生厅1993年版）	章酒荣、刘祖贞主编	湖南科学技术出版社	1993.11	26cm	383	精装 32.00

续表

类别 \ 项目	书名	编著(译者)	出版单位	出版年月	开本	页数	价格(元)
中药学	中药材栽培与采集*	白效令等编	山西科学技术出版社	1994.4	19cm	254	4.00
	中国长白山天然药材(1)(朝、汉文对照)	金学培、金精日著	延边人民出版社	1993.8	26cm	138	45.60
	天然药物化学(供药学专业用)*	王宪楷主编	人民卫生出版社	1994.3	26cm	599	17.50
	药用植物学*	姚文淑主编	人民卫生出版社	1994.10	26cm	199	6.90
	中国药用真菌*	刘　波编	山西科学技术出版社	1994.3	20cm	228	5.10
	虫类药的应用	朱良春编著	山西科学技术出版社	1994.7	20cm	209	5.00
	百虫治百病	王华明主编	上海中医学院出版社	1993.7	19cm	211	4.80
	细辛与临床：附疑难重奇案73例	刘沛然著	人民卫生出版社	1994.5	19cm	73	3.05
	阿胶的研究与应用	赵曦、潘登善主编	河南科学技术出版社	1994.1	20cm	360	9.20
	实用中药炮制	张镜潮等主编	广东科技出版社	1993.6	20cm	388	8.20
	中药炮制学*	金世元主编	江苏科学技术出版社	1994.2	26cm	185	5.80
	中药炮制学*	徐楚江主编	上海科学技术出版社	1994.4	26cm	188	3.90
	中药传统炮制	任先艇等主编	山西科学技术出版社	1993.7	19cm	229	4.00
	中药调剂手册	孔增科、陈静歧主编	天津科学技术出版社	1994.3	19cm	575	精装 23.70
	中药煮散：现代汤剂的新超越	任大伟主编	河南科学技术出版社	1993.10	19cm	255	6.20
	中药新制剂开发与应用	谢秀琼主编	人民卫生出版社	1994.6	26cm	464	精装 35.00
	中药鉴定学(供中药专业用)*	任仁安主编	上海科学技术出版社	1994.10	26cm	661	19.20
	中药鉴定学实验和技术	黄先石主编	武汉大学出版社	1993.12	26cm	156	6.80
	中药鉴别手册(第一册)*	中国药品生物制品检定所，中国科学院植物研究所编	科学出版社	1993.12	20cm	591	22.50
	中药鉴别手册(第二册)	中国药品生物制品检定所、中国科学院植物研究所编	科学出版社	1993.12	20cm	389	15.00
	中药鉴别手册(第三册)	杨兆起、封秀娥主编	科学出版社	1994.1	20cm	667	26.80
	中药材真伪鉴别图谱*	广西壮族自治区药品检验所编写	广西科学技术出版社	1992.8	26cm	223	精装 95.00
	实用中药饮片经验鉴别*	罗绪和编著	中国中医药出版社	1994.7	19cm	149	3.85

续表

类别 \ 项目	书名	编著(译者)	出版单位	出版年月	开本	页数	价格(元)
中药学	药理学*	李章文等主编	贵州科技出版社	1993.6	26cm	382	10.30
	药理学*	王钦茂主编	上海科学技术出版社	1994.10	26cm	306	11.15
	中药药理学	徐秋萍主编	贵州科技出版社	1994.4	20cm	364	7.80
	中药药理学*	王筠默主编	上海科学技术出版社	1994.4	26cm	140	3.00
	中药药理研究方法学*	陈　奇主编	人民卫生出版社	1994.7	26cm	1123	精装 65.10
	新编药性歌括四百味	王云凯、董尚朴编著	天津科学技术出版社	1994.5	19cm	361	9.50
	药性歌括四百味白话解(修订本)*	北京中医学院中药教研室编	人民卫生出版社	1994.11	19cm	341	9.20
	新编药性歌括四百味*	程宝书、周民权等编	中国中医药出版社	1994.3	19cm	540	12.40
	中医入门中药歌诀（中医入门丛书1）	蒋长远编著	重庆大学出版社	1993.6	19cm	272	4.90
	药性赋白话解*	北京中医学院中药教研组编	人民卫生出版社	1994.11	19cm	78	2.30
	增补药性赋白话解	卢丙辰、郭正权主编	中国中医药出版社	1993.7	19cm	261	6.50
	实用有毒中药临床手册	高渌纹主编	学苑出版社	1993.10	19cm	383	8.00
	用药心得十讲*	焦树德著	人民卫生出版社	1994.10	19cm	322	8.70
	一药多用	和贵璋等编著	山西科学技术出版社	1993.3	19cm	225	3.30
	中医单药奇效真传	杨鹏举主编	学苑出版社	1993.1	19cm	238	6.20
	一味中药巧治病	薛文忠主编	中国中医药出版社	1994.6	19cm	392	9.50
	中国名优中成药（英汉对照实用中医文库)*	张恩勤主编	上海中医学院出版社	1994.2	20cm	448	14.00
	袖珍实用中成药手册*	陈天明等编著	福建科学技术出版社	1994.3	13cm	1090	11.35
	常见病自选中成药指南*	王发渭，郝爱真编著	金盾出版社	1994.7	19cm	214	2.90
	新编中成药应用指南	杨思澍主编	学苑出版社	1993.5	19cm	895	20.00
	百病中医膏散疗法（中国传统疗法丛书）	程爵棠编著	学苑出版社	1994.3	19cm	798	25.00
	实用中医内科大膏药手册	乐依士主编	上海科学技术出版社	1994.1	19cm	287	9.10
	小儿常用中成药（儿童家庭医疗保健丛书）	谢　宁等编著	明天出版社	1994.3	19cm	64	1.80
	蜂王浆(滋补药丛书)*	乔廷昆编著	科学普及出版社	1994.1	19cm	103	2.50
	中医病证用药甄别	王绪前著	武汉大学出版社	1993.6	20cm	186	4.00

续表

类别＼项目	书名	编著(译者)	出版单位	出版年月	开本	页数	价格(元)
	中药药剂学*	陈骏骐主编	山东科学技术出版社	1994.9	26cm	463	15.95
	中药药剂学*	曹春林主编	上海科学技术出版社	1994.10	26cm	615	17.95
方剂学	中药方剂学*	梁颂名主编	广东科技出版社	1994.6	20cm	873	20.00
	方剂学*	许济群主编	上海科学技术出版社	1994.4	26cm	256	5.30
	方剂（中医自修读本）*	杨医亚主编	河北科学技术出版社	1994.6	20cm	410	9.80
	袖珍方剂	陆立世等编	山西科学技术出版社	1993.9	14cm	250	3.00
	方剂学指南（高等教育自学考试中医专业指导丛书）	陆立世编著	山西科学技术出版社	1993.8	29cm	247	5.40
	方剂学述要解难	康广盛主编	哈尔滨出版社	1993.12	19cm	282	6.80
	吴中医集：方药类	《吴中医集》编写组编	江苏科学技术出版社	1993.10	26cm	792	精装 42.20
	增补辨证方药合编	延边民族医药研究所整理研究小组整理	延边人民出版社	1993.6	26cm	330	14.50
	证治方药定量分析	谢宝兴主编	中国中医药出版社	1993.5	26cm	66	4.20
	中医方剂临床手册*	成大权等编著	山西科学技术出版社	1993.4	19cm	446	7.30
	中医方剂临床手册*	上海中医学院方剂学教研室编著	上海科学技术出版社	1994.5	19cm	435	10.60
	临床方剂手册*	赖天松主编	人民卫生出版社	1994.4	19cm	699	精装 16.10
	方剂实用手册（山西自修大学实用高等自修丛书）	李嵩山、康秀英编著	山西高校联合出版社	1993.8	19cm	254	5.20
	医师处方用药手册*	梁民琦主编	上海科技文献出版社	1994.8	19cm	544	10.50
	中药方剂速记歌*	刘药石编著	安徽科学技术出版社	1992.6	19cm	150	2.90
	中医入门方剂歌诀（中医入门丛书2）	蒋长远编著	重庆大学出版社	1993.6	19cm	206	3.80
	中医方剂顺口溜	刘俊士、刘定益编著	人民军医出版社	1993.9	19cm	158	4.80
	中医方剂大辞典(第一册)	彭怀仁主编	人民卫生出版社	1993.12	26cm	1225	精装 78.00
	中医方剂大辞典(第二册)	彭怀仁主编	人民卫生出版社	1994.2	26cm	1154	精装 72.60
	实用中医外科方剂大辞典	王玉玺主编	中国中医药出版社	1993.4	26cm	1038	精装 67.00
	中医历代方论选	李　飞主编	江苏教育出版社	1992.9	20cm	747	精装 19.50

续表

类别 \ 项目	书名	编著(译者)	出版单位	出版年月	开本	页数	价格(元)
方剂学	古方书辑佚	冯汉镛辑	人民卫生出版社	1993.11	20cm	147	5.85
	备急千金要方*	(唐)孙思邈著	人民卫生出版社	1994.2	26cm	553	18.40
	千金翼方*	(唐)孙思邈著	人民卫生出版社	1994.2	26cm	362	12.40
	千金方：千金要方，千金翼方	(唐)孙思邈撰，(宋)林亿等校正，刘更生等点校	华夏出版社	1993.6	26cm	279	精装 49.00
	普济方(四库医学丛书)*	(明)朱　橚撰	上海古籍出版社	1994.4	19cm	全十五册	精装 392.20
	医方选要(明清中医临证小丛书)	(明)周文采编集，王道瑞等点校	中国中医药出版社	1993.9	19cm	312	9.00
	医方配本：清太医院秘录	陶　冶、文　铸点校	天津科学技术出版社	1994.3	19cm	220	6.00
	协纪辨方书(上、下册)	(清)梅彀成等人编写	广西人民出版社	1994.4	19cm	805	16.00
	集试秘览	(清)欣澹庵撰辑，汤万春、顾植山整理	安徽科学技术出版社	1993.1	20cm	737	19.90
	古今名医方论*	(清)罗美辑，张慧芳、伊广谦校注	中国中医药出版社	1994.4	19cm	137	4.00
	医方经纬	李志超等编著	中国中医药出版社	1994.2	20cm	445	6.00
	简易医方新编	孙维峰主编	人民军医出版社	1994.2	19cm	452	12.80
	唐宋文献散见医方证治集	冯汉镛集	人民卫生出版社	1994.1	20cm	131	5.35
	医心方	(日)丹波康赖撰，翟双庆等校注	华夏出版社	1993.7	26cm	513	精装 36.00
	汤头歌诀*	(清)汪昂原著	天津科学技术出版社	1994.1	19cm	62	3.00
	实用中医方歌	王再谟、黄迪君编著	四川科学技术出版社	1992.7	10cm	305	2.30
	最近十年中医治病良方精华	卢祥之主编	山西科学技术出版社	1993.5	20cm	445	16.00
	集验良方(博采众方丛书)	(清)年希尧撰辑，沈洪瑞、刘志华校订	山西科学技术出版社	1993.4	19cm	257	4.80
	百病千方*	杨世忠、张靖编著	吉林科学技术出版社	1994.7	19cm	154	3.60
	中国民间百病良方*	刘光瑞等编著	四川科学技术出版社	1994.5	19cm	216	4.80
	中国民间百草良方*	周　萍主编	湖南科学技术出版社	1993.11	20cm	777	13.60
	家庭百病良方*	谢炳国编著	江西科学技术出版社	1993.12	19cm	222	5.50
	急诊中医良方*	刘文巨等编写	江西科学技术出版社	1994.7	19cm	184	5.80

续表

类别＼项目	书名	编著(译者)	出版单位	出版年月	开本	页数	价格(元)
方剂学	不药良方续集（博采众方丛书）	(清)王桂舟撰辑，洪瑞、宝珊点校	山西科学技术出版社	1993.4	19cm	335	5.50
	全生指迷方：外五种（四库医学丛书）*	(宋)王　贶撰	上海古籍出版社	1994.4	20cm	833	精装 22.90
	瑞竹堂经验方：外八种（四库医学丛书）*	(元)沙图穆苏著	上海古籍出版社	1994.4	20cm	981	精装 26.20
	信验方正续编·文堂集验方（博采众方丛书）	(清)卢荫长撰辑，刘志华、张兆云校注·(清)何惠川撰辑，王玉英、金楠点校	山西科学技术出版社	1993.4	19cm	289	5.00
	百病专方效验录	宋乃光等编写	中国中医药出版社	1993.7	19cm	300	7.20
	验证效方选萃（中医中药研究丛书）	王生健编	厦门大学出版社	1993.8	20cm	217	5.00
	中国秘方验方精选*	曾德环等编	广东科技出版社	1993.11	19cm	315	5.80
	古今灵验秘方大全*	四好居士编	中国中医药出版社	1994.3	19cm	256	6.00
	古今中医秘方精选	李振琼主编	广东高等教育出版社	1992.10	19cm	209	3.80
	古今名医名方秘方大典*	倪兴华等主编	中国中医药出版社	1993.9	26cm	732	精装 36.00
	当代名医亲献秘验方	何春水、柳弓田主编	学苑出版社	1992.10	19cm	629	12.00
	中医名方异用指南	李义等编著	山西科学技术出版社	1993.8	20cm	369	7.50
	古代秘方遗书集	冯汉镛编	四川科学技术出版社	1992.8	19cm	243	3.90
	家庭实用百病自治秘方（家庭保健丛书）	漆浩主编，刘硕等编写	中国广播电视出版社	1990.12	19cm	284	6.00
	中医保健秘方（家庭保健丛书）	李双玉主编	华龄出版社	1993.1	19cm	273	5.10
	实用民间土单验秘方1000首	孟昭全等主编	中国中医药出版社	1993.9	19cm	200	6.00
	百病自疗妙方*	傅洪波、傅艺峰主编	华东化工学院出版社	1994.5	19cm	342	6.20
	百病妙方	董大川等编	重庆大学出版社	1993.6	19cm	330	6.80
	中华当代名医妙方精华*	柴国钊等主编	长春出版社	1994.6	20cm	523	12.30
	妙方神医*	周成良等编	西南师范大学出版社	1994.6	19cm	444	9.00
	神效仙方99*	张年顺编著	科学技术文献出版社	1994.1	19cm	137	3.40
	古今民间妙方*	房学贤、余养居主编	安徽科学技术出版社	1994.5	20cm	630	10.80
	中国民间草药方（中国民间医学丛书）*	刘光瑞、刘少林著	四川科学技术出版社	1994.5	19cm	172	4.20

续表

类别＼项目	书名	编著(译者)	出版单位	出版年月	开本	页数	价格(元)
方剂学	中国民间小单方*	刘少林、刘光瑞编著	四川科学技术出版社	1994.5	19cm	320	6.80
	中医单方验方*	姜照夔编著	江西科学技术出版社	1993.12	19cm	161	3.50
	中国民间灵验偏方*	李绍芝主编	湖南科学技术出版社	1993.11	20cm	595	9.80
	家庭实用灵验偏方（家庭经济生活丛书）	吴真钢等编著	山西经济出版社	1993.8	19cm	163	4.00
	偏方验方1000首	周喜民编	天津科学技术出版社	1994.4	13cm	198	5.50
	偏方秘方治疗百病（百病治疗丛书）	杜玉堂主编	中国青年出版社	1994.6	19cm	655	12.30
	小偏方治百病*	郭守芳，朱英编	吉林科学技术出版社	1994.7	19cm	256	4.80
	小偏方妙用	孙文奇编著	山西科学技术出版社	1994.1	19cm	112	2.40
	大黄验方集成	焦东海主编	上海书店	1994.2	19cm	257	6.00
	茶酒蜜醋葱姜蒜药用大全	马汴梁主编	人民军医出版社	1994.4	19cm	638	5.00
	葱姜蒜治病养生700方	张志华、于峻编著	江西科学技术出版社	1993.9	19cm	293	5.90
	中老年祛病养生长寿良方精选	何绍奇主编	学苑出版社	1993.3	19cm	230	6.00
	强身延年膏滋良方*	周克振编著	金盾出版社	1993.12	19cm	53	1.20
	老年病实用方（临床方剂丛书）	赵文业主编，张季等编	江苏科学技术出版社	1993.9	20cm	374	11.60
	人参方剂宝典	施仁潮主编	上海科学技术文献出版社	1994.6	20cm	381	15.80
	传染病实用方（临床方剂丛书）	顾武军主编	江苏科学技术出版社	1993.9	20cm	435	12.90
	中医治方集粹：肺脏病证治方·大肠腑病证治方	吴华强等编著	安徽科学技术出版社	1992.5	20cm	537	9.60
	呼吸系病实用方（临床方剂丛书）	顾保群主编	江苏科学技术出版社	1993.9	20cm	402	12.00
	心血管病血液病实用方(临床方剂丛书)	赵国平主编	江苏科学技术出版社	1993.9	20cm	420	12.60
	消化系病实用方（临床方剂丛书）	孙世发主编	江苏科学技术出版社	1993.9	20cm	347	11.00
	治胃病方(百病妙方丛书)	马汴梁、何银堂编	河南科学技术出版社	1994.3	19cm	75	1.95
	泌尿生殖系病实用方（临床方剂丛书）	张浩良主编	江苏科学技术出版社	1993.9	20cm	298	9.90
	古代补肾壮阳名方444首	华中健、张钢钢编	中国中医药出版社	1994.5	19cm	350	8.50
	阳痿效方300首*	石志超编著	大连出版社	1994.3	19cm	205	4.10
	中国古今男科良方集成	郑大坤主编	济南出版社	1993.7	20cm	754	18.00

续表

类别 \ 项目	书名	编著(译者)	出版单位	出版年月	开本	页数	价格(元)
方剂学	男科病奇效良方（性医学丛书）	韩臣子等编著	学苑出版社	1993.6	19cm	241	4.80
	男女科5000金方	王旭东等主编	安徽科学技术出版社	1994.3	26cm	1132	精装 52.00
	妇产科病实用方（临床方剂丛书）	王旭东、郭惠红主编	江苏科学技术出版社	1993.9	20cm	646	17.60
	外科病实用方（临床方剂丛书）	许芝银等主编	江苏科学技术出版社	1993.9	20cm	336	10.80
	儿科病实用方（临床方剂丛书）	汪受传、张民庆主编	江苏科学技术出版社	1993.9	20cm	515	14.80
	治小儿病方（百病妙方丛书	杨新年、樊蔚虹编	河南科学技术出版社	1994.3	19cm	183	3.45
	小儿常见病家庭单验方*	严善余编著	福建科学技术出版社	1994.8	19cm	203	4.20
	小儿常见病偏方（儿童家庭医疗保健丛书）	杨雅西、李贵海编著	明天出版社	1994.3	19cm	123	2.85
	古今治癌偏方妙术	谭支绍编著	广西民族出版社	1992.10	19cm	456	6.98
	治癌方（百病妙方丛书）	邵梦扬等编	河南科学技术出版社	1994.4	19cm	219	4.15
	现代治癌验方精选	季　光主编	东南大学出版社	1992.10	19cm	302	4.80
	抗癌中药方选*	王　冰等主编	人民军医出版社	1994.5	19cm	257	7.00
	肿瘤良方大全	张民庆主编	安徽科学技术出版社	1994.1	26cm	297	精装 17.90
	段凤舞肿瘤积验方	赵建成编	安徽科学技术出版社	1991.9	20cm	613	10.50
	骨伤科病实用方（临床方剂丛书）	孙美珍等主编	江苏科学技术出版社	1993.9	20cm	350	11.00
	皮肤病实用方(临床方剂丛书)	谈煜俊、王小平主编	江苏科学技术出版社	1993.9	20cm	330	10.70
	古今美容奇方妙法	徐　泽编著	中国中医药出版社	1993.9	19cm	471	19.80
	实用美容秘方	雍履平编著	安徽科学技术出版社	1992.2	19cm	91	2.00
	青少年颜面部常见病的防治中药美容	杨素华主编	学苑出版社	1993.10	19cm	221	4.95
	五官科病实用方（临床方剂丛书）	张民庆等主编	江苏科学技术出版社	1993.9	20cm	600	16.60
	神经精神内分泌病实用方(临床方剂丛书)	王锦鸿主编	江苏科学技术出版社	1993.9	20cm	340	10.70
	风湿药酒方	孙文奇、文茜平编著	山西科学技术出版社	1994.1	19cm	97	2.10
	奇治外用方	李今庸编撰	中国中医药出版社	1993.6	19cm	285	6.50
	实用中医外敷验方精选	傅桂梅等主编	北京科学技术出版社	1993.6	19cm	288	5.40

续表

类别 \ 项目	书　　名	编著(译者)	出版(单位)	出版年月	开本	页数	价格(元)
少数民族医学	蒙医辨证施治纲要（胡都木蒙文）	海·忠乃、斯钦图编著	新疆科技卫生出版社	1992.5	19cm	360	4.65
	蒙医病历书写(蒙古文)	乌苏日乐特著	民族出版社	1993.7	19cm	102	1.60
	蒙医刺灸学(蒙古文)	巴雅尔主编	民族出版社	1993.7	26cm	292	6.10
	藏医医疗宝藏(藏文)	智华坚赞著，慈智木、仲格加整理	甘肃民族出版社	1993.3	19cm	224	3.65
	医诀补遗释难（藏文）	阿旺桑杰白尚著	青海民族出版社	1993.9	20cm	114	4.00
	甘南藏族自治州藏医志	王钟之主编	甘肃民族出版社	1993.7	20cm	238	精装 6.00
	彝族医药学	关祥祖主编	云南民族出版社	1993.9	20cm	891	15.00
	彝医针刺疗法	王荣辉整理、翻译	四川民族出版社	1993.3	13cm	110	1.24
	云南民族民间单验方集	云南省药材公司编	云南民族出版社	1993.11	21cm	319	9.80

注：1. 本目录据中国版本图书馆1994年收藏的中医书籍样书整理。
　　2. 书名后有*号者为重版书。

（吴素蓉、孙 昭供稿）

【逝世名中医】

殷　品　之

殷品之

殷品之（公元 1914～1993 年） 江苏镇江人。教授。曾任高等医药院校中医专业教材编审委员会委员，中国中医药学会仲景学说专业委员会顾问等职。1931年至1935年先后就读于上海国医学院和原上海中医学院，并师承曹颖甫、章次公等的学术思想与临床经验。毕业后在上海开业行医。1956年起先后在上海市第七人民医院、上海中医学院任职。擅长于内科疑难杂症的调治，中国古代文、史、哲等多门学科方面造诣较深，曾参加《中医内科学》、《中医各家学说》、《金匮要略》等多门学科的全国统编教材、教参的编审工作。治学严谨、学识渊博。其深入浅出的教学方法，深得好评。曾获得学院先进工作者光荣称号。

贾　福　华

贾福华（公元 1918～1993 年） 江苏无锡人。中国共产党党员，著名老中医，副教授。曾任中华全国中医学会第一届理事、中华医学会医史学会委员、上海中医学院专家委

贾福华

员会委员、上海中医学院医史博物馆馆长等职。1935年至1937年先后在上海中医学院、上海新中医学院学习中医，1939年在上海开业，1953年起先后在上海榆林区第四联合诊所、上海中医学院任职。擅长儿科，治疗儿科常见疾病经验丰富，疗效显著。对中国医学史颇有研究，曾编写《中国医学史讲义》（上海中医学院自用），该书观点正确，质量较高，对医学史教学起到了积极的作用。在中医教学上，由于临床经验丰富，学识渊博，能够理论联系实际，进行深入浅出的教学方法，得到学员的好评。曾被评为上海中医学院先进工作者。论著有《论五行学说》、《中国药物学发展纲要》、《中国医学史上的学术争鸣》、《论祖国医学史中的学术流派的发展和争鸣》、《钱乙生卒年限考》和上海中医学院儿科学教材《儿科学基础知识》等。

翟　兴　明

翟兴明

翟兴明（公元 1901～1994 年）　河南省南和县人。主任医师。曾任江西省政协委员，鹰潭市人大代表，贵溪县中医院名誉院长等职。1915 年随叔父学医，1921 年悬壶于故里，1953年入贵溪县中医院。擅长针灸、武术气功。学术渊于《内经》，效法仲师，兼蓄各家，以整体观和辨证论治为指导思想，以脏腑经络为核心，诊断严谨，临诊细心，擅长异病同治和特定穴的运用，并倡“治痿取奇经重督脉”，对一些疑难病症疗效显著。曾被评为省和全国卫生先进工作者。发表论文《针药结合治愈重症眼肌无力的经验》、《防风通圣散在急症中的运用》、《刺络法治疗急性病症 102 例》等 20 多篇。

吴　士　元

吴士元

吴士元（公元 1913～1994 年）　浙江兰溪人。中国共产党党员，主任医师。曾任浙江省第四、第五届政协委员，省第四届农工民主党委员，省中医学会常务理事等职。1931年毕业于兰溪县药业私立中医专门学校，师承张山雷先生，后随兰溪名医吴明堂侍诊。1931年在兰溪创办“吴士元中医师诊所”，1945 年在兰溪城区任中医师公会理事，1952年在兰溪组织成立中西医联合医院，

1955年起先后在兰溪县中西医联合医院、浙江省中医院、浙江医院任职。擅长于中医内科、妇科，医术精湛，善取各名家所长，并结合自己的经验，形成独特见解。研制中成药“血脂灵”、“芙扑感冒冲剂”、“胃灵”等。并研制了“吴士元治疗胃脘痛眩晕电脑专家系统”。发表论文数十篇。

步玉如

步玉如

步玉如(公元 1919～1994 年) 北京人。主任医师。曾任中华全国中医学会内科学会委员，全国中医内科学会常委等职。1940年毕业于北京国医学院，后从师名医孔伯华，1942年在北京开业，1955年调西苑医院任职。从事中医临床工作50余年，擅长中医内科脾胃病，并认为脾胃病的主要矛盾是脾湿胃热，在治疗上多采用清化理气法，收到较好疗效。参加研制“胃疡宁”治疗消化性溃疡，获中国中医研究院科研成果奖。主编了《孔伯华医集》，并发表了《加减应用温胆汤的体会》、《百合汤应用体会》等学术论文多篇。

周济民

周济民

周济民（公元 1919～1994 年） 四川安岳人。主任医师。曾任全国肛肠学会常务理事，中国中医研究院专家委员会委员，北京市中医药研究促进会理事等职。1934 年至1937年从师名医刘崇恩，后悬壶重庆。1950年至1952 年参加重庆中医业余进修班学习，1952 年在西南卫生部直属新渝医院工作，1954年调往北京，参加筹建中国中医研究院。从事中医外科、痔瘘的临床与科研工作60年。早年采用枯痔法治疗痔疮、挂线疗法治疗肛瘘，1954年荣获卫生部二等奖。研制的“肛肠安”荣获国家发明专利及新药批准证书。著有《痔疮痔瘘中医疗法手册》、《痔疮痔瘘患者须知》，发表论文20余篇。

张伯纳

张伯纳(公元 1929～1994 年) 上海人。中国共产党党员，教授。历任上海中医学院副院长，上海中医学院、上海市中医药研究院专家委员会副主任委员，中华人民共和国卫生部药品审评委员会委员，上海市卫生局药品审评委员会副主任委员，中华医学会理事，中华全国中医学会上海分会内科委员会副主任委员，《中国中医药年鉴》主编等职。

张伯纳

生于中医世家，1947年随父张骧孙开业行医，1955年起先后在上海市立第十一人民医院、上海中医学院任职。从事中医40余年，在临床、教学、科研等方面都作出了杰出的贡献。曾与同道们一起研制“二仙汤”治疗妇女更年期高血压，取得显著成果，获得卫生部嘉奖。70年代初，与同行们一起率先编写了《中医学基础》教材，在全国首先开创了这门新学科，并担任了全国统编《中医基础理论》教材的副主编，同时负责编写了《中医基础理论教学参考丛书》、《中医基础理论题库》等书籍，使上海中医学院中医基础学科被定为上海高教局、国家中医药管理局重点学科。长期以来，负责了多项国家级、部级、省市级、局级科研课题工作，开辟了用分子生物学最新科技手段研究中医“肾”等脏象理论的新思路，在国内居领先地位。研究的“二仙汤及其拆方对大鼠下丘脑—垂体—性腺轴调控及其在电针镇痛中作用的实验研究”荣获1993年国家中医药管理局科技进步一等奖。曾先后获得全国青年社会主义建设积极分子、上海市文教先进工作者、上海市高教系统优秀教师、上海市劳动模范、上海中医药大学优秀科技工作者等光荣称号。

【中外交流】

▲首届世界传统医学大会　由美国中医药学研究院及中国文化研究会传统医学专业委员会联合举办，于4月26日至28日在美国内华达州拉斯维加斯市召开。中国中华医学会名誉会长吴阶平、中国针灸学会会长胡熙明出席了会议。大会共收到学术论文、著作、优秀产品3800篇(个)，其中250篇论文分别获得金杯奖和优秀奖。中国学者的论文《土家族医药学》和《生命力口服液的研究》等荣获金杯一等奖。

▲第三届国际针灸临床学术会　5月15日在天津举行。卫生部副部长兼国家中医药管理局局长张文康在大会上阐明了中国政府一如既往支持发展针灸学的鲜明立场，并鼓励对外开放，加强国际间的联系与合作，出席这次大会的有外国专家、学者205人，中国代表87人，列席代表160人。共收到学术论文210篇，收入论文汇编105篇。

▲首届亚州药膳学术会议　6月21日在北京闭幕。来自日本、新加坡、韩国、马来西亚、尼泊尔、印度尼西亚、孟加拉国、朝鲜以及台湾省、香港地区和北京的部分专家共60多人，为弘扬中国和世界传统医药学中的药膳学进行了多方面交流与探讨。

▲第二届中医与针灸走向世界国际学术研讨会　7月18日在甘肃省兰州市召开。来自马来西亚、新加坡、南非、英国、法国、新西兰等国家及我国各地的代表、专家、学者共100余人出席了会议。大会收到论文200余篇。

▲艾滋病与中医药大会　7月22日至24日在美国加利福尼亚州旧金山市的创造艺术大厦(the Creative Arts Building)召开。本次大会内容丰富，论文题材新颖多样，有关于艾滋病中医药临床治疗的经验总结，有针灸、气功治疗艾滋病作用的报告，还有一些特殊疗法和有关艾滋病的中医药理论探讨文章。

▲首届中日佛药研讨会　7月23日在北京召开。由中日两国专家合作进行的佛教医药研究课题取得了初步进展。该科研课题的负责人是日本富山医科药科大学和汉药研究

所所长难波恒雄教授和中国中医研究院中药研究所胡世林研究员。

▲第一届国际中西医结合学术会议　由美国中国医学科学、南加州大学医学院联合举办的第一届国际中西医结合学术会议和第六届国际针灸及东方医学会议7月27日至8月3日在美国洛杉矶市召开。陕西中研院附属医院中西医结合主任医师李谦应邀在大会上作了“心肌片治疗病毒性心肌炎400例临床疗效观察”的报告。

▲首届中韩中风学术研讨会　8月1日在北京举行。出席会议代表中方34人、韩方46人。国家中医药管理局领导及韩国驻华大使、文化参赞到会祝贺。参与会议的中方论文专辑，全文刊登32篇、摘要2篇、题录40篇；韩方论文集刊出27篇。大会交流论文，中方28篇、韩方13篇，内容涉及中风先兆、证候学、治则治法研究、出血性中风、缺血性中风等方面。双方认为，中韩两国的传统医学交流是十分有益的。认为重视预防，致力于中风先兆证流行病学的调查，加强急性期救治措施，进一步发展辨证论治规范化和治疗方药多样化，开发中药新药的研制，充实康复治疗的研究，是今后中风病研究的总趋势。

▲第三届国际传统药物学大会　9月6日在北京开幕。世界五大洲近40个国家的300多名专家、学者出席了大会，就比较传统药物学的研究、传统药物学与新药开发、传统药物的质量评价与控制、传统药物的药理研究与临床应用等方面的经验作了广泛交流。会议期间，来自德国、瑞士、加拿大、美国、新加坡及我国的制药公司展示了多种各具特色的传统药物产品，反映出当代传统药物已得到广泛应用。

▲英国举办中西医结合学术研讨会　英国英道中医学会特邀世界一些国家的医药学专家，于10月1日至3日在英国牛津大学举办了“中西医结合学术研讨会”。中国科学院院士、中西医结合专家陈可冀教授及余桂清教授、李林教授出席研讨会，并分别就中西医结合治疗心脑血管病和老年病的研究进展，中西医结合治疗肿瘤的进展和肺癌、胃癌的临床及实验研究，中医治疗湿疹的方法和异位性湿疹临床观察等作了专题讲座。

▲’94中国洛阳中医骨伤国际培训暨学术研讨会　10月13日至17日在河南洛阳召开。大会收到中外论文1269篇。共有400多位中外来宾和专家、学者参加了大会。卫生部副部长兼国家中医药管理局局长张文康、副局长于生龙，河南省、洛阳市等领导同志出席了会议开幕式。

▲’94国际针灸学术研讨会　11月12日在韩国汉城召开。来自25个国家和地区的859名代表出席会议。中国针灸学会副会长、中日友好医院院长、世界针联主席陈绍武，韩国政府社会保健部部长徐相穆、韩国国会议员宋斗镐，世界卫生组织总部传统医学项目负责人张小瑞，中国卫生部副部长、国家中医药管理局局长张文康等出席了开幕式并讲话。会议共交流针灸机理、针灸文献和针灸临床方面的学术论文91篇，其中中国占31篇。

【消息】

3月

▲《中国中医药报》3月18日讯：3月11日，卫生部副部长兼国家中医药管理局局长张文康、副局长张洪魁、诸国本、于生龙等前往香山饭店看望中医药界政协委员，并同委员们共商落实国务院总理李鹏在《政府工作报告》中提出的“充分发挥传统医药的优势”要求，促进中医药事业发展的大计。

4月

▲《中国中医药报》4月11日讯：国务院办公厅下发国家中医药管理局职能配置、内设机构和人员编制方案。方案根据第八届全国人民代表大会第一次会议批准的国务院机构改革方案和《国务院关于部委管理的国家局设置及有关问题的通知》(国发〔1993〕26

号)的规定,国家中医药管理局为卫生部管理的国家局（副部级)。

▲《上海中医药情报》第23期讯：由上海市卫生局主办的首届中医护理理论知识、技术操作竞赛于4月底开始,至11月3日落下帷幕。全市23所中医、中西医结合医院的2000多名选手参加了竞赛。荣获本次理论知识和技术操作（静脉输液、针灸、火罐）竞赛单项奖10名，产生了团体名次，第一至第六名为上海中医药大学附属龙华医院、嘉定区中医医院、闸北区中医医院、奉贤县中医医院、上海中医药大学附属岳阳医院和曙光医院。

5月

▲《中国中医药报》5月20日讯：第一届中国医学气功学会代表大会5月12日至14日在北京召开。全国115位代表参加了会议。大会提出：先行业，后社会，临床、科研、教育多管齐下，促进医学气功持续健康地发展。大会产生了会长、副会长、常务理事和理事。并聘请崔月犁为名誉会长，马理达为名誉副会长。

▲《中国中医药报》5月30日讯：天津中医、中西医结合之家于5月14日揭幕成立。该之家旨在汇聚当今中医、中西医结合世界精英，团结名老中医，交流学术经验及科研成就，以共同探索现代中医事业的发展。

▲《健康报》5月27日讯：北京医科大学中西医结合临床协作中心5月25日正式成立。卫生部副部长兼国家中医药管理局局长张文康对该中心提出“坚持方向、探索道路、拓宽思路、总结提高”的希望。

▲《中国中医药报》6月13日讯：上海市中西医结合医院5月26日挂牌成立。该院是一所具有中西医结合特色的综合性医院，现有病床502张，开设专科专病49个，其中“脉管病”研究所1993年被国家中医药管理局批准为全国中医专科专病中心建设单位。中医治疗“重症肌无力症”、中西医结合治疗“硬皮病”等均被上海市卫生局确定为上海市医疗协作中心主治的疾病。

7月

▲《中国中医药报》8月1日讯：中国中医研究院长城医院7月25日开业。该院是经国家中医药管理局批准成立、隶属于中国中医研究院、以小针刀为主要治疗手段的针刀医学特色医院。

▲《中国中医药报》7月29日讯：我国首批83名中医学专业第二学士学位生毕业，其中北京中医药大学45名、上海中医药大学23名、广州中医学院15名。

8月

▲《中国中医药报》9月9日讯：广东省中医药学会急症医学专业委员会8月25日在广东省中医院成立。广东省中医急症科主任梅广源为主任委员。该会将致力于中医急症治疗临床经验的总结交流，开展中医急症理论探讨，建立学术网络，并协助省主管部门搞好各级中医院急诊科（室）的建设，培养中医急症人才，推动全省中医急症工作进一步发展。

▲《中国中医药报》9月19日讯：全国人大常委会副委员长、著名医学科学家、中国科学院学部主席团成员吴阶平教授受聘担任上海中医药大学名誉校长。聘任仪式于8月30日在上海举行。上海市副市长谢丽娟向吴阶平教授颁发了黄菊市长签署的聘书。上海中医药大学校长施杞致欢迎词。上海市人大常委会副主任胡正昌、市政协副主席陈灏珠、市教卫党委书记郑会德、中华医学会副会长王镭等出席仪式并讲话。国家中医药管理局发来了祝贺专电。

9月

▲《中国中医药报》9月19日讯：’94秋季全国中医药设备展销订货会暨国际制药、包装机械展览会9月2日在上海国际展览中心拉开序幕。卫生部副部长、国家中医药管理

局局长张文康为大会题词，国家中医药管理局副局长张洪魁、上海市府和市医药管理局有关领导出席了开幕式。本次展销会参展厂商来自全国近20个省市的200余家公司和厂家，还有一部分来自外资机构。

▲《中国中医药报》9月19日讯：广东省中医药学会风湿病专业委员会于9月5日成立。广州中医学院第二附属医院的邓兆智担任该专业委员会主任委员；4名副主任委员则分别来自汕头大学医学院、深圳市福田医院、第一军医大学中医系和广州敬修堂药业股份有限公司。

▲国家中医药管理局提供：国家中医药管理局机关由北京市朝阳区东兴路7号迁至北京市朝阳区白家庄东里1号院，并于9月19日起在新址办公。

▲《中国中医药报》10月17日讯：广东省中医药学会脑病专业委员会9月23日成立。广州中医学院第二附属医院(广东省中医院)副院长、广东省名中医刘茂才教授当选为该专业委员会主任委员。

10月

▲《中国中医药报》10月14日讯：国家中医药管理局10月11日在北京召开新闻发布会，宣布我国中医药行业第一个行业标准——《中医病证诊断疗效标准》，已经国家中医药管理局批准，并向国家技术监督局备案，将于1995年1月1日起在全国实施。

▲《上海中医药情报》24期讯：中国中医药学会文献分会暨首届全国中医药文献学术研讨会10月24日至26日在北京举行。全国各地近60名代表参加了会议。中国中医药学会学术部主任王玉英教授代表中国中医药学会宣读了关于成立文献分会的批复及组织名单。当选的首届委员会委员共40人，常务委员会委员共9人，主任委员为马继兴研究员，副主任委员为余瀛鳌研究员。

11月

▲《中国中医药报》11月11日讯：由国家人事部、卫生部、国家中医药管理局及有关方面专家组成的全国老中医药专家学术经验继承工作检查验收委员会在北京举行第一次会议，对16个省市与单位的189名指导老师的299名学术继承人进行了严格的出师验收。经委员们审查和无记名投票，第一批有269人获准出师。这次继承出师验收工作，是根据人事部、卫生部和国家中医药管理局联合下发的《关于采取紧急措施做好老中医药专家学术经验继承工作的决定》及《关于全国老中医药专家学术经验继承出师有关问题的通知》精神要求进行的。

12月

▲《中国中医药报》1995年1月4日讯：中国性学会于12月24日在北京医科大学举行成立大会，来自全国的200余名性学专家、学者和国家卫生部、国家计生委、中国红十字会等有关部门和单位的负责同志出席了会议。

机　构

【1994年全国中医药人员、机构、床位数】

		单位	数　字	合　计
中医药卫生技术人员	中医师	人	257 804	
	中西医结合高级医师	人	8 137	
	中医士	人	78 636	
	中药师	人	75 217	
	中药士	人	60 110	
	中药剂员	人	33 231	
	其他中医	人	24 105	537 240
中医医疗机构	县及县以上中医医院	个	2 345	
	中医学院附属中医院	个	40	
	中西医结合医院	个	37	
	中医门诊部(所)	个	548	
	其他中医院	个	72	240 ε
中医药研究机构	研究所一级(独立)	个	84	
中医床位	县及县以上中医医院	张	202 179	
	中医学院附属中医院	张	16 836	
	中西医结合医院	张	8 242	
	中医药研究院(所)	张	2 302	
	中医门诊部(所)	张	1 141	
	其他中医院	张	2 787	233 487

【1994年全国中医机构、床位、人员数和构成】

	实有数			构成(%)		
	机构(个)	床位(张)	人员(人)	机构(个)	床位(张)	人员(人)
总计	3 126	233 487	362 390	100.0	100.0	100.0
县及县以上中医院	2 345	202 179	298 942	75.0	86.6	82.5
中医学院附属医院	40	16 836	26 869	1.3	7.2	7.4
中西医结合医院	37	8 242	12 040	1.2	3.5	3.3
其他中医院	72	2 787	2 823	2.3	1.2	0.8
中医门诊部(所)	548	1 141	7 899	17.5	0.5	2.2
中医药研究院(所)	84	2 302	13 817	2.7	1.0	3.8

【1994年全国中医药卫生技术人员数】

	合计	中医师	中西医结合高级医师	中药师	中医士	中药士	其他中医	中药剂员
全国卫生机构	537 240	257 804	8 137	75 217	78 636	60 110	24 105	33 231
其中：中医机构	107 932	63 760	2 282	15 799	8 136	11 479	1 315	5 161
中医机构占全国卫生机构（%）	20.1	24.7	28.0	21.0	10.346	19.1	5.5	15.5
卫生部门卫生机构	278 929	142 203	4 919	49 721	25 455	36 198	3 338	17 095
其中：中医机构	98 762	58 686	2 129	14 639	6 943	10 549	1 113	4 703
中医机构占卫生部门卫生机构（%）	35.4	41.3	43.3	29.4	27.3	29.1	33.3	27.5

【1994年全国中医机构中医药卫生技术人员数】

	单位	合计	中医师	中西医结合高级医师	中药师	中医士	中药士	其他中医	中药剂员
总计	人	107 932	63 760	2 282	15 799	8 136	11 479	1 315	5 161
县及县以上中医院	人	91 457	53 529	1 326	13 142	7 423	10 223	1 187	4 627
中医学院附属医院	人	8 358	5 640	611	1 254	98	520	6	229
中西医结合医院	人	1 276	746	78	220	64	128	4	36
其他中医院	人	726	348	12	98	109	70	28	61
中医门诊部(所)	人	3 385	1 862	91	353	395	410	78	196
中医药研究院(所)	人	2 730	1 635	164	732	47	128	12	12

【1994年全国卫生机构、中医机构人员情况】

	人员总数（人）	其中：		
		卫生技术人员	其中：	
			中医人员	中药人员
全国卫生机构	5 307 009	4 199 217	360 545	168 558
其中：卫生部门	3 124 793	2 399 332	170 996	103 014
中医机构	327 950	260 289	66 742	29 891
中医机构占卫生部门(%)	10.5	10.848	39.0	29.0

【1994年全国中医师、士数及占卫生技术人员比例】

	人员数(人)	百分比(%)
全国高级卫生技术人员	2 418 993	100
其中：中医师	257 804	10.7
中西医结合高级医师	8 137	0.3
全国中级卫生技术人员	1 259 890	100
其中：中医士	78 636	6.2

【1994年全国中医医疗机构护理人员数】

	单 位	合计	护师	护士	护理员
总计	人	82 905	41 766	34 880	6 259
县及县以上中医院	人	70 761	35 188	29 804	5 769
中医学院附属医院	人	7 290	4 219	2 951	120
中西医结合医院	人	3 357	1 721	1 446	190
其他中医院	人	564	256	230	78
中医门诊部(所)	人	933	382	449	102

【1994年全国中医机构中医药人员数及比例】

	人员总数(人)	其中：			
		中医人员	占人员总数的%	中药人员	占人员总数的%
总计	362 390	73 211	20.2	32 439	9.0
县及县以上中医院	298 942	62 139	20.8	27 992	9.4
中医学院附属医院	26 869	5 744	21.4	2 003	7.5
中西医结合医院	12 040	814	6.8	384	3.2
其他中医院	2 823	485	17.2	229	8.1
中医门诊部(所)	7 899	2 335	29.6	959	12.1
中医药研究院(所)	13 817	1 694	12.3	872	6.3

【1994年各地区中医药卫生技术人员数】

地　　区	合计	中医师	中西医结合高级医师	中药师	中医士	中药士	其他中医	中药剂员
全国总计	537 240	257 804	8 137	75 217	78 636	60 110	24 105	33 231
北京市	11 389	6 286	629	1 980	910	1 111	306	167
天津市	7 564	5 248	32	867	341	694	158	224
河北省	22 815	12 518	456	2 314	3 752	1 972	559	1 244
山西省	20 497	10 744	887	2 791	2 984	1 520	497	1 074
内蒙古自治区	14 433	7 080	140	1 650	3 005	1 719	244	595
辽宁省	20 188	10 398	146	3 895	2 020	2 203	613	913
吉林省	13 281	6 621	312	2 111	1 644	1 731	303	559
黑龙江省	17 259	8 947	406	2 859	1 928	1 897	340	882
上海市	7 609	5 594	60	445	599	645	36	230
江苏省	22 229	12 069	258	3 457	2 050	2 178	885	1 332
浙江省	17 964	7 438	223	2 162	1 969	2 985	1 583	1 604
安徽省	15 050	7 783	67	2 729	2 085	1 146	516	724
福建省	14 929	6 307	141	1 244	2 387	2 584	1 055	1 211
江西省	20 289	8 425	118	3 010	2 578	3 029	1 655	1 474
山东省	26 802	13 903	396	6 648	2 390	1 872	398	1 195
河南省	32 318	15 686	526	5 779	4 113	3 581	719	1 914
湖北省	33 339	16 251	461	7 574	3 386	3 172	799	1 696
湖南省	35 615	13 436	311	5 849	4 738	5 865	1 713	3 703
广东省	36 585	13 398	116	2 164	7 004	7 926	713	5 264
广西壮族自治区	12 324	6 308	261	1 713	1 355	991	1 243	453
海南省	2 484	894	28	237	220	499	245	361
四川省	64 052	29 616	520	5 992	14 941	5 320	4 240	3 423
贵州省	8 952	4 578	238	1 222	1 311	738	571	294
云南省	11 601	6 271	257	1 347	1 516	601	1 255	354
西藏自治区	1 338	620	15	78	502	33	54	36
陕西省	21 522	10 564	387	2 385	4 449	2 071	893	773
甘肃省	14 124	5 524	400	961	3 072	1 087	1 952	1 128
青海省	2 682	1 485	70	360	427	191	80	69
宁夏回族自治区	2 294	1 161	83	432	211	293	43	71
新疆维吾尔自治区	5 712	2 651	193	962	749	456	437	264

【1994年各地区中医机构、床位数】

地区	合计		县及县以上中医医院		中医学院附属中医院		中西医结合医院		其他中医医院		中医门诊部(所)		中医药研究院(所)	
	机构数	床位数	机构数	床位数	机构数	床位数	机构数	床位数	机构数	床位数	机构数	床位数	机构数	床位数
全国总计	3 126	233 487	2 345	202 179	40	16 836	37	8 242	72	2 787	548	1 141	84	2 302
北京市	109	4 850	20	3 472	2	637	2	339	10	402	65	—	10	—
天津市	34	3 100	15	1 779	2	1 206	—	—	1	60	16	55	—	—
河北省	158	11 308	127	9 602	1	493	4	1 012	1	100	23	101	2	—
山西省	167	7 899	128	7 409	—	—	1	200	4	160	28	100	6	30
内蒙古自治区	111	4 781	81	4 211	—	—	1	70	5	200	19	62	5	238
辽宁省	134	13 809	79	11 716	1	912	1	500	7	316	41	44	5	321
吉林省	84	7 984	63	6 134	1	600	4	843	3	142	10	—	3	265
黑龙江省	123	9 726	94	8 191	3	827	5	255	—	—	18	97	3	356
上海市	24	3 580	15	1 548	3	1 306	2	726	—	—	2	—	2	—
江苏省	90	11 023	80	10 577	1	80	2	131	2	52	3	—	2	183
浙江省	95	9 052	74	7 861	1	500	1	270	4	336	13	85	2	—
安徽省	96	6 595	77	5 971	2	600	—	—	—	—	17	24	—	—
福建省	81	6 699	75	5 555	2	600	1	528	1	16	1	—	1	—
江西省	109	7 824	102	6 846	1	430	2	518	2	30	1	—	1	—
山东省	138	13 713	125	12 829	1	494	1	380	—	—	7	—	4	10
河南省	177	16 165	154	14 704	2	901	1	227	—	—	16	119	4	214
湖北省	116	9 061	83	8 137	1	750	—	—	4	152	27	22	1	—
湖南省	122	16 189	112	14 527	2	1 020	2	362	1	30	4	—	1	250
广东省	154.	12 782	110	11 238	3	1 312	1	50	2	62	36	20	2	100
广西壮族自治区	138	6 931	71	5 687	2	935	1	133	—	—	58	46	6	130
海南省	17	931	16	871	1	60	—	—	—	—	—	—	—	—
四川省	262	21 154	200	18 221	2	876	4	1 578	6	199	41	215	9	65
贵州省	79	4 378	64	3 487	2	741	1	120	1	—	7	30	4	—
云南省	125	5 405	89	4 901	1	450	—	—	3	54	29	—	3	—
西藏自治区	14	488	13	488	—	—	—	—	—	—	1	—	—	—

续表

地区	合计		县及县以上中医医院		中医学院附属中医院		中西医结合医院		其他中医医院		中医门诊部(所)		中医药研究院(所)	
	机构数	床位数	机构数	床位数	机构数	床位数	机构数	床位数	机构数	床位数	机构数	床位数	机构数	床位数
陕西省	156	7 718	105	6 927	1	425	—	—	13	366	34	—	3	—
甘肃省	82	4 333	71	4 042	1	200	—	—	1	30	7	21	2	40
青海省	41	1 597	38	1 597	—	—	—	—	—	—	3	—	—	—
宁夏回族自治区	20	814	13	794	—	—	—	—	—	—	6	20	1	—
新疆维吾尔自治区	70	3 598	51	2 857	1	481	—	—	1	80	15	80	2	100

【1994年民族自治地方专业卫生人员及中医、民族医人员情况】

地区	专业卫生人员数	其中：少数民族	中医	其中：少数民族	民族医	其中：蒙医	藏医	维医	傣医	其他民族医
总计	696 045	180 794	43 779	14 220	1 864	758	650	254	—	202
河北	5 127	2 903	815	483	—	—	—	—	—	—
内蒙古	129 101	24 676	10 327	4 007	603	603	—	—	—	—
辽宁	62 705	5 823	2 898	396	79	41	—	—	—	38
吉林	25 908	10 667	1 149	418	—	—	—	—	—	—
黑龙江	799	199	74	25	6	6	—	—	—	—
湖北	15 051	6 725	2 315	1 222	39	—	—	—	—	39
湖南	13 471	6 523	1 081	581	—	—	—	—	—	—
广东	2 612	268	128	18	—	—	—	—	—	—
广西	144 192	33 225	8 908	1 567	20	—	—	—	—	20
海南	12 762	2 026	400	68	—	—	—	—	—	—
四川	28 299	8 608	2 597	960	61	60	—	—	—	1
贵州	34 061	12 613	1 482	455	—	—	—	—	—	—
云南	49 735	13 843	3 226	961	11	—	11	—	—	—
西藏	10 161	8 365	980	895	325	—	325	—	—	—
甘肃	7 935	2 190	997	389	105	—	100	—	—	5
青海	12 373	4 039	1 150	587	254	2	214	—	—	38
宁夏	26 639	2 376	1 415	108	—	—	—	—	—	—
新疆	115 114	35 725	3 837	1 080	361	46	—	254	—	61

【1994年全国民族医医院机构、床位、人员情况】

机构分类名称	机构数(个)	床位数(张)	人员数(人)	卫生技术人员数(人)	其中:民族医师、士	西医师、士	中西医结合高级医师	民族药师、士	西药师、士	其他中医	民族药剂员	西药剂员
合计	121	4 432	6 489	4 884	1 864	460	31	597	67	63	145	20
蒙医医院	40	1 511	2 360	1 839	698	181	2	250	35	17	39	6
藏医医院	45	1 221	1 901	1 367	710	111	9	106	11	38	40	1
维医医院	21	990	1 288	969	254	56	15	162	5	4	55	4
其他民族医医院	15	710	940	709	202	112	5	79	16	4	11	9

【1994年各地区民族医医院机构、床位、人员情况】

地区	机构数(个)	床位数(张)	人员数(人)	卫生技术人员数(人)	其中:民族医师、士	西医师、士	中西医结合高级医师	民族药师、士	西药师、士	其他中医	民族药剂员	西药剂员
全国总计	121	4 432	6 489	4 884	1 864	460	31	597	67	63	145	20
内蒙古自治区 蒙医医院	34	1 156	1 894	1 503	603	133	2	204	18	9	34	3
辽宁省												
蒙医医院	1	100	183	122	41	11	—	27	3	—	3	—
其他民族医医院	1	70	123	100	38	13	—	24	1	—	3	5
黑龙江省 蒙医医院	1	55	75	59	6	25	—	2	5	—	—	1
湖北省 其他民族医医院	1	120	191	134	39	15	3	16	4	—	—	—
广西壮族自治区 其他民族医医院	3	126	181	148	20	43	—	4	2	3	—	4
四川省												
藏医医院	5	120	131	95	60	15	—	—	—	—	—	—
其他民族医医院	1	—	14	12	1	9	—	—	—	—	—	—
云南省 藏医医院	1	30	17	11	11	—	—	—	—	—	—	—
西藏自治区 藏医医院	13	488	997	672	325	30	7	65	6	14	33	—
甘肃省												
藏医医院	6	66	156	140	100	13	—	2	—	14	—	1
其他民族医医院	1	15	18	12	5	1	—	1	—	—	1	—

续表

地　　区	机构数（个）	床位数（张）	人员数（人）	卫生技术人员数（人）	其中：民族医师、士	西医师、士	中西医结合高级医师	民族药师、士	西药师、士	其他中医	民族药剂员	西药剂员
青海省												
蒙医医院	1	30	52	42	2	7	—	—	7	8	1	2
藏医医院	20	517	600	449	214	53	2	39	5	10	7	—
其他民族医医院	3	96	117	91	38	4	1	5	4	1	2	—
新疆维吾尔自治区												
蒙医医院	3	170	156	113	46	5	—	17	2	—	1	—
维医医院	21	990	1 288	969	254	56	15	162	5	4	55	4
其他民族医医院	5	283	296	212	61	27	1	29	5	—	5	—

【1994年全国卫生部门县及县以上中医医院按隶属关系机构、床位、人员数及平均每院床位、人员数】

	机构数（个）	床位数（张）	人员数（人）	平均每院 床位数（张）	人员数（人）
合　计	2 122	186 294	278 203	88	131
国家中医药管理局属	2	1 025	1 994	513	997
省、自治区、直辖市属	20	5 375	9 069	269	453
直辖市区、省辖市、地区（自治州、盟）属	282	49 630	73 145	176	259
省辖市区、地辖市属	461	44 814	69 276	97	150
县（旗）属	1 357	85 450	124 719	63	92

【1994年各地区平均每万人口中医医院床位数和中医人数*】

地　　区	中医医院床位数	中医	中医师、士	地　　区	中医医院床位数	中医	中医师、士
全国总计	1.96	3.07	2.87	黑龙江	2.61	3.10	3.00
北京	4.54	7.02	6.73	上海	2.76	4.79	4.76
天津	3.40	6.42	6.24	江苏	1.59	2.10	2.00
河北	1.76	2.60	2.50	浙江	2.07	2.50	2.10
山西	2.60	4.75	4.59	安徽	1.11	1.70	1.60
内蒙古	2.02	4.65	4.54	福建	2.14	3.10	2.70
辽宁	3.36	3.20	3.00	江西	2.01	3.20	2.80
吉林	3.07	3.40	3.20	山东	1.58	1.90	1.80

续表

地　　区	中医医院床位数	中医	中医师、士	地　　区	中医医院床位数	中医	中医师、士
河南	1.76	2.20	2.10	云南	1.41	2.30	2.00
湖北	1.60	3.60	3.40	西藏	2.10	5.06	4.83
湖南	2.53	3.10	2.80	陕西	2.27	4.67	4.41
广东	1.89	3.10	3.00	甘肃	1.82	4.[illegible]8	3.60
广西	1.52	1.90	1.70	青海	3.54	4.41	4.23
海南	1.35	1.90	1.60	宁夏	1.58	2.80	2.70
四川	1.88	4.40	4.02	新疆	2.13	2.30	2.10
贵州	1.29	1.90	1.70				

* 中医和中医师、士人数均包括中西医结合高级医师

【1994年全国主任、副主任、主治医师人数及比例】

	单位	主　任			副主任			主　治		
		合计	中医师	西医师	合计	中医师	西医师	合计	中医师	西医师
全　国	人	22 818	2 589	20 229	107 369	13 734	93 635	537 299	94 780	442 519
中西医比例	%	100.00	11.35	88.65	100.00	12.79	87.21	100.00	17.64	82.36
卫生部门	人	16 601	1 546	15 055	71 505	9 560	61 945	327 467	58 435	269 032
中西医比例	%	100.00	9.31	90.69	100.00	13.37	86.63	100.00	17.84	82.16
医院	人	13 538	1 235	12 303	58 086	8 067	50 019	257 300	52 370	204 930
中西医比例	%	100.00	9.12	90.88	100.00	13.89	86.11	100.00	20.35	79.65

【1994年全国主任、副主任、主管药师人数及比例】

	单位	主　任			副主任			主　管		
		合计	中药师	西药师	合计	中药师	西药师	合计	中药师	西药师
全　国	人	1 074	210	864	5 073	1 028	4 045	50 630	16 786	33 844
中西药师比例	%	100.00	19.55	80.45	100.00	20.26	79.74	100.00	33.15	66.85
卫生部门	人	828	150	678	3 682	789	2 893	34 465	12 267	22 198
中西药师比例	%	100.00	18.11	81.89	100.00	21.43	78.57	100.00	35.59	64.41
医院	人	334	26	308	2 104	437	1 667	26 486	9 609	16 877
中西药师比例	%	100.00	7.78	92.22	100.00	20.77	79.23	100.00	36.28	63.72

【1994年全国县及县以上医院床位与人员之比】

	每张床位与总人员之比	占人员总数比例（%）			占卫生技术人员比例（%）					每名医生与护理人员之比	每名护理员与护师、士之比
		卫技人员	管理人员	工勤人员	医生	护理人员	药剂人员	检验人员	其他卫技人员		
综合医院	1.41	77.30	8.36	13.05	37.85	40.69	9.45	4.57	6.52	1.07	11.37
中医医院	1.48	80.40	8.53	9.81	42.07	29.44	16.54	3.92	7.40	0.70	11.27

【1994年全国卫生部门综合医院、中医医院病床使用及治疗工作情况】

	治愈率（%）	好转率（%）	病死率（%）	病床周转次数（次）	病床工作日（日）	病床使用率（%）	出院者平均住院日（日）	每床与每日门、急诊次之比	每百门、急诊的入院人数（%）	门、急诊次占总诊次的百分比（%）	急诊病死率（%）	观察室病死率（%）
综合医院	71.0	24.3	1.3	19.5	264.8	72.6	12.9	1.5	3.7	96.1	0.1	0.32
中医医院	69.6	26.9	0.8	13.7	215.2	58.9	14.4	2.4	1.6	96.6	0.06	0.07

【1994年全国高等中医药院校、西医院校(中医药系、专业)招生、毕业、在校学生数】

	院校数(所)	招生数（人）	毕业生数(人)	在校学生数(人)
总计	53	10 936	7 925	42 302
高等中医药院校	30	10 066	7 290	39 177
其中：				
民族医院校	3	435	336	1 523
高等西医院校（中医药系、专业）	23	870	635	3 125

【1994年全国高等中医药院校函授、夜大学招生、毕业、在校学生数】

	招生数(人)	毕业生数(人)	在校学生数(人)
总计	5 416	2 349	14 062
函授	4 167	1 890	10 965
其中：函授本专科	4 003	1 817	10 588
普通专科班	164	73	377
夜大学	1 249	459	3 097
其中：夜大本专科	1 249	459	3 043
普通专科班	—	—	54

【1994年全国高等中医药院校研究生情况】

	招生数（人）	毕业生数(人)	在校学生数（人）
研究生总计	605	285	1 413
其中：博士	97	46	228
硕士	508	239	1 185

【1994年全国高等中医药院校教职工数】

单位：人

	合计	校本部教职工数					科研机构人员数	校办工厂农（林）场职工数	其他附设机构人员数
		合计	专任教师	教辅人员	行政人员	工勤人员			
总计	19 422	16 456	7 370	2 330	3 707	3 049	980	887	1 099
其中：女教职工数	8 729	7 198	3 017	1 320	1 582	1 279	409	454	668

【1994年全国高等中医药院校专任教师所教专业情况】

单位：人

	合计	哲学	农科	经济学	医科	教育	文科	理科	历史
总计	7 352	194	6	50	5 960	228	458	418	38
教授	564	10	—	1	515	1	18	18	1
副教授	2 126	46	4	13	1 785	45	95	129	9
讲师	3 344	93	1	27	2 655	115	221	213	19
助教	1 114	37	1	9	839	57	112	51	8
教员	204	8	—	—	166	10	12	7	1

【1994年全国高等中医药院校非教学人员中具有教师职称人数】

单位：人

	人员数	其中：助教以上人员				
		合计	教授	副教授	讲师	助教
总计	9 003	1 276	121	233	581	341
行政人员	3 707	871	75	169	436	191
科研机构人员	980	159	35	42	66	16
教辅人员	2 330	168	1	7	39	121
校办厂人员	887	21	1	5	13	2
其他附设机构	1 099	57	9	10	27	11

【1994年全国中等中医药学校招生、毕业、在校学生数】

	学校数(所)	招生数(人)	毕业生数(人)	在校学生数(人)
中等中医药学校	51	13 937	6 892	36 219
其中：蒙医学校	1	156	118	386
藏医学校	1	—	70	52

【中医医疗机构】

(一)全国省级中医医院情况

中国中医研究院广安门医院

地址：北京市宣武区北线阁5号　政编码：100053　电话：3014195

院长：姚乃礼

职工1020人。卫技人员723人，中医188人，其中主任医师14人、副主任医师32人、主治医师76人、住院医师66人；西医24人，其中主任医师4人、副主任医师6人、主治医师10人、住院医师2人；中药72人，其中副主任中药师3人、主管中药师14人、中药师34人、中药士21人；西药20人，其中主任药师2人、主管药师5人、药师7人、药士6人。

床位总数500张。

中国中医研究院西苑医院

地址：北京市海淀区西苑　邮政编码：100091　电话：2553495

院长：李祥国

职工974人。卫技人员651人，中医191人，其中主任医师12人、副主任医师28人、主治医师75人、住院医师76人；西医44人，其中主任医师7人、副主任医师12人、主治医师16人、住院医师9人；中西医结合82人，其中主任医师31人、副主任医师26人、主治医师25人；中药58人，其中副主任中药师2人、主管中药师14人、中药师26人、中药士16人；西药13人，其中主任药师1人、副主任药师3人、主管药师2人、药师3人、药士4人。

床位总数525张。

北京中医药大学东直门医院

地址：北京市东城区海运仓5号　邮政编码：100700　电话：4018855

院长：郭维琴

职工1135人。卫技人员830人，中医271人，其中主任医师25人、副主任医师27人、主治医师173人、住院医师46人；西医35人，其中副主任医师3人、主治医师33人、住院医师13人、医士3人；中西医结合67人，其中主任医师8人、副主任医师13人、主治医师33人、住院医师13人；中药88人，其中副主任中药师1人、主管中药师28人、中药师19人、中药士31人；西药11人，其中主管药师5人、药师1人、药士5人。

床位总数605张。

北京中医医院

地址：北京市美术馆后街23号　邮政编码：100010　电话：4016677

院长：李乾构

职工1312人。卫技人员960人，中医314人，其中主任医师12人、副主任医师35人、主治医师146人、住院医师120人、中医士1人；西医49人，其中副主任医师13人、主治医师22人、住院医师14人；中西医结合53人，其中主任医师14人、副主任医师38人、主治医师1人；中药107人，其中副主任中药师3人、主管中药师16人、中药师62人、中药士26人；西药34人，其中主任药师1人、副主任药师1人、主管药师5人、药师16人、药士11人。

床位总数505张。

北京针灸骨伤学院附属医院

地址：北京市望京中环南路6号　邮政编码：100015　电话：4361267

职工211人。卫技人员173人，中医72人，其中主任医师9人、副主任医师9人、主治医师17人、住院医师37人；西医13人，其中主任医师3人、副主任医师4人、主治医师6人；中药7人，其中主管中药师1人、中药师2人、中药士4人；西药2人，均为药师。

床位总数32张。

天津市中医医院

地址：天津市河北区中山路125号　邮政编码：300140　电话：6362429

职工600人。卫技人员474人，中医201人，其中主任医师3人、副主任医师10人、主治医师34人、住院医师145人、中医士9人；西医20人，其中副主任医师2人、主治医师7人、住院医师8人、医士3人；中西医结合2人，其中副主任医师1人、主治医师1人；中药51人，其中主管中药师1人、中药师13人、中药士36人、中药剂员1人；西药13人，其中主管药师4人、药师3人、药士6人。

床位总数230张。

天津市中医药研究院附属医院

地址：天津市和平区多伦道179号　邮政编码：300020　电话：2325150

职工230人。卫技人员170人，中医75人，其中副主任医师3人、主治医师20人、住院医师52人；西医8人，其中副主任医师2人、主治医师1人、住院医师5人；中药14人，其中主管中药师1人、中药师4人、中药士9人；西药5人，其中主管药师1人、西药师2人、西药士2人。

床位总数104张。

天津中医学院第一附属医院

地址：天津市南开区鞍山西道314号　邮政编码：300193　电话：7383138

职工1415人。卫技人员1063人，中医403人，其中主任医师13人、副主任医师65人、主治医师161人、住院医师100人、中医士4人；西医88人，其中主任医师5人、副主任医师25人、主治医师38人、住院医师20人；中西医结合1人，为主任医师；中药119人，其中副主任中药师3人、主管中药师23人、中药师40人、中药士43人、中药剂员10人；西药19人，其中主管药师4人、西药师11人、西药士4人。

床位总数701张。

天津中医学院第二附属医院

地址：天津市河北区王串场真理道　邮政编码：300150　电话：6362429

职工900人。卫技人员713人，中医255人，其中主任医师7人、副主任医师23人、主治医师104人、住院医师121人；西医45人，其中副主任医师7人、主治医师26人、住院医师11人、医士1人；中西医结合5人，其中主任医师2人、副主任医师3人；中药92人，其中副主任中药师1人、主管中药师27人、中药师15人、中药士49人；西药17人，其中副主任药师1人、主管药师7人、药师4人、药士5人。

床位总数505张。

河北中医学院附属医院

地址：河北省石家庄市长安西路3号　邮政编码：050011　电话：6045510

院长：李恩复

职工585人。卫技人员中，中医108人，其中副主任医师6人、主治医师41人、住院医师60人；西医49人，其中副主任医师14人、主治医师29人、住院医师5人；中药35人，其中主管中药师2人、中药师7人、中药士26人。

床位总数519张。

山西中医学院附属医院

地址：山西省太原市河西区晋祠路　邮政编码：030024　电话：6042283

院长：李济春

职工199人。卫技人员中，中医82人，其中主任医师2人、副主任医师13人、主治医师23人、住院医师41人；西医14人，其中副主任医师2人、主治医师5人、住院医师7人；中西医结合3人，均为副主任医师；中药18人，其中主管中药师1人、中药师11人、中药士6人。

床位总数150张。

山西省中医研究所附属医院

地址：山西省太原市并州西街14号　邮政编码：030012　电话：2023577

院长：曹家骥

职工440人。卫技人员中，中医109人，其中主任医师2人、副主任医师13人、主治医师22人、住院医师71人、中医士1人；西医12人，其中主任医师2人、主治医师5人、住院医师4人、医士1人；中西医结合31人，其中主任医师6人、副主任医师11人、主治医师3人、住院医师11人；中药41人，其中副主任中药师1人、主管中药师13人、中药师16人、中药士11人；西药5人，其中副主任药师2人、主管药师2人、药师1人。

床位总数308张。

山西省中医学校附属医院

地址：山西省太原市双塔东街14号 邮政编码：030012 电话：4046914

职工102人。卫技人员76人，中医20人，其中副主任医师2人、主治医师9人、住院医师8人、中医士1人；西医8人，其中副主任医师1人、主治医师4人、住院医师3人、医士1人；中西医结合3人，其中副主任医师2人、主治医师1人、中药1人，为中药师；西药8人，其中主管药师2人、药师4人、药士4人。

床位总数100张。

内蒙古自治区中蒙医院

地址：内蒙古自治区呼和浩特市健康街2号 邮政编码 010020

院长：伊光瑞

职工643人。卫技人员463人，中医176人，其中主任医师5人、副主任医师27人、主治医师75人、住院医师59人、中医士10人；西医18人，其中副主任医师2人、主治医师9人、住院医师7人；中西医结合13人，其中副主任医师10人、主治医师3人；中药56人，其中主管中药师9人、中药师36人、中药士6人、中药剂员5人；西药20人，其中主管药师8人、药师11人、药士1人。

床位总数378张。

辽宁中医学院附属医院

地址：辽宁省沈阳市皇姑区北陵街33号 邮政编码：110032 电话：6843257

院长：袁家麟

职工1477人。卫技人员1185人，中医328人，其中主任医师18人、副主任医师66人、主治医师161人、住院医师83人；西医84人，其中副主任医师7人、主治医师30人、住院医师47人；中西医结合47人，其中主任医师19人、副主任医师22人、主治医师6人；中药166人，其中主任中药师2人、副主任中药师1人、主管中药师23人、中药师60人、中药士11人；西药28人，其中主任药师1人、主管药师6人、药师12人、药士6人。

床位总数912张。

长春中医学院附属医院

地址：吉林省长春市工农大路14号 邮政编码：130021

院长：刘冠军

职工820人。卫技人员622人，中医141人，其中主任医师8人、副主任医师23人、主治医师99人、住院医师91人、中医士20人；西医41人，其中副主任医师2人、主治医师9人、住院医师10人、医士2人；中西医结合42人，其中主任医师2人、副主任医师25人、主治医师12人、住院医师3人；中药64人，其中副主任中药师1人、主管中药师14人、中药师32人、中药士17人；西药5人，其中主管药师4人、药师1人。

床位总数600张。

黑龙江中医学院附属第二医院

地址：黑龙江省哈尔滨市南岗区奋斗路 邮政编码：150001

职工317人。卫技人员261人，中医110人，其中主任医师6人、副主任医师22人、主治医师57人、住院医师25人；中药42人，其中主任中药师1人、副主任中药师1人、主管中药师13人、中药师17人。

床位总数176张。

黑龙江中医学院附属医院

地址：黑龙江省哈尔滨市动力区和平路16号　邮政编码：150040　电话：2621401

院长：于耀才

职工954人。卫技人员696人，中医148人，其中主任医师17人、副主任医师59人、主治医师66人、中医士6人；西医35人，其中住院医师32人、医士3人；中西医结合52人，均为住院医师；中药53人，其中副主任中药师3人、主管中药师23人、中药士27人；西药12人，均为药师。

床位总数601张。

黑龙江中医药学校附属医院

地址：黑龙江省佳木斯市光华街　邮政编码：154007　电话：244761

职工36人。卫技人员33人，中医8人，其中副主任医师3人、主治医师3人、住院医师2人；西医9人，其中副主任医师2人、主治医师3人、住院医师2人、西医士23人；中西医结合1人，为住院医师；中药4人，其中中药师1人、中药士3人；西药3人，均为药士。

床位总数50张。

上海市中医医院

地址：上海市芷江中路274号　邮政编码：200071　电话：56639828

院长：朱德馨

职工512人。卫技人员392人，中医145人，其中主任医师7人、副主任医师14人、主治医师58人、住院医师63人、中医士3人；西医37人，其中主任医师1人、副主任医师11人、主治医师9人、住院医师14人、西医士2人；中西医结合2人，均为副主任医师；中药43人，其中主管中药师6人、中药师13人、中药士16人、中药剂员8人；西药12人，其中副主任药师1人、主管药师1人、药师5人、药士5人。

床位总数103张。

上海中医药大学附属曙光医院

地址：上海市普安路185号　邮政编码：200021　电话：63261650

院长：王灵台

职工1083人。卫技人员790人，中医228人，其中主任医师9人、副主任医师22人、主治医师115人、住院医师80人、中医士2人；西医60人，其中主任医师4人、副主任医师14人、主治医师18人、住院医师24人；中西医结合4人，其中主任医师2人、副主任医师2人；中药66人，其中副主任中药师1人、主管中药师3人、中药师29人、中药士13人、中药剂员20人；西药26人，其中副主任药师1人、主管药师7人、药师12人。

床位总数540张。

上海中医药大学附属龙华医院

地址：上海市徐汇区宛平南路725号　邮政编码：200032　电话：64385700

院长：吴银根

职工920人。卫技人员683人，中医195人，其中主任医师8人、副主任医师17人、主治医师79人、住院医师91人；西医74人，其中主任医师9人、副主任医师15人、主治医师20人、住院医师30人；中西医结合1人，为主任医师；中药52人，其中主任中药师1人、主管中药师1人、中药师22人、中药士28人；西药29人，其中主管药师6人、药师11人，药士12人。

床位总数566张。

上海中医药大学附属岳阳医院

地址：上海市虹口区甘河路110号　邮政编码：200433　电话：65161782

院长：严隽陶

职工644人。卫技人员454人，中医146人，其中主任医师8人、副主任医师19人、主治医师64人、住院医师55人；西医64人，其中主任医师2人、副主任医师8人、主治医师24人、住院医师30人；中西医结合4人，其中主任医师2人、副主任医师2

人；中药54人，其中副主任中药师1人、主管中药师7人、中药师27人、中药士10人、中药剂员9人；西药11人，其中主管药师2人、药师7人、药士2人。

床位总数200张。

江苏省中医院

地址：江苏省南京市汉中路155号　邮政编码：210029　电话：6618555

院长：唐蜀华

职工1179人。卫技人员871人，中医261人，其中主任医师24人、副主任医师29人、主治医师91人、住院医师115人、中医士2人；西医38人，其中主任医师1人、副主任医师2人、主治医师8人、住院医师27人；中西医结合26人，其中主任医师8人、副主任医师6人、主治医师12人；中药76人，其中副主任中药师2人、主管中药师14人、中药师30人、中药士30人；西药50人，其中副主任药师1人、主管药师6人、药师27人、药士16人。

床位总数700张。

南京中医学院第二附属医院

地址：江苏省南京市南湖沿河一村50号　邮政编码：210017　电话：6615066

职工133人。卫技人员82人，中医35人，其中副主任医师1人、主治医师10人、住院医师18人、中医士1人、其他中医5人；西医11人，其中副主任医师1人、主治医师7人、住院医师3人；中药5人，均为中药师；西药3人，其中药师1人、药士2人。

床位总数80张。

浙江省中医医院

地址：浙江省杭州市邮电路54号　邮政编码：310006　电话：7068001

院长：肖鲁伟

职工897人。卫技人员686人，中医148人，其中主任医师7人、副主任医师26人、主治医师84人、住院医师30人、中医士1人；西医163人，其中主任医师13人、副主任医师32人、主治医师71人、住院医师37人、医士10人；中药55人，其中主任中药师1人、主管中药师8人、中药师37人、中药士9人；西药33人，其中副主任药师1人、主管药师10人、药师16人、药士6人。

床位总数500张。

安徽中医学院附属医院

地址：安徽省合肥市梅山路27号　邮政编码：230031　电话：3636764

院长：徐宝圻

职工774人。卫技人员589人，中医159人，其中主任医师1人、副主任医师19人、主治医师95人、住院医师44人；西医72人，其中主任医师5人、副主任医师19人、主治医师28人、住院医师20人；中药43人，其中主管中药师13人、中药师27人、中药士3人；西药22人，其中主管药师12人、药师10人。

床位总数500张。

安徽中医学院附属针灸医院

地址：安徽省合肥市六安路75号　邮政编码：230061

院长：邢江淮

职工139人。卫技人员103人，中医42人，其中主任医师1人、副主任医师2人、主治医师22人、住院医师17人；西医5人，其中副主任医师3人、主治医师1人、住院医师1人；中药8人，其中主管中药师2人、中药师5人、中药士1人；西药4人，其中主管药师1人、药师2人、药士1人。

床位总数100张。

福建中医学院附属省人民医院

地址：福建省福州市八一七中路714号　邮政编码：350004　电话：3258135

院长：范德荣

职工568人。卫技人员438人，中医122人，其中主任医师9人、副主任医师25人、主治医师42人、住院医师36人、中医士10

人；西医 62 人，其中主任医师 8 人、副主任医师 17 人、主治医师 18 人、住院医师 19 人；中西医结合 6 人，其中主任医师 2 人、副主任医师 4 人；中药 27 人，其中主管中药师 4 人、中药师16 人、中药士 7 人；西药 18 人，其中副主任药师 1 人、主管药师 4 人、药师 10 人、药士3 人。

床位总数 464 张。

福建中医学院附属省第二人民医院

地址：福建省福州市湖东支路 13 号 邮政编码：350003 电话：7825344

院长：杨春波

职工 214 人。卫技人员 170 人，中医39 人，其中主任医师 1 人、副主任医师 3 人、主治医师 11 人、住院医师 22 人、中医士 2 人；西医 14 人，其中主任医师 1 人、副主任医师 4 人、主治医师 4 人、住院医师 5 人；中西医结合 2 人，其中副主任医师 1 人、主治医师 1 人；中药 7 人，其中主管中药师 1 人、中药师 3 人、中药士 3 人；西药 8 人，其中主管药师 3 人、药师 5 人。

床位总数 136 张。

江西中医学院附属中医院

地址：江西省南昌市八一大道 153 号 邮政编码：330006

院长：傅幼荣

职工 562 人。卫技人员 408 人，中医129 人，其中主任医师 1 人、副主任医师 16 人、主治医师 59 人、住院医师 46 人、中医士 6 人、其他中医 1 人；西医 44 人，其中副主任医师 11 人、主治医师 18 人、住院医师 12 人、医士 3 人；中西医结合 5 人，其中主任医师 1 人、副主任医师 2 人、主治医师 2 人；中药 39 人，其中副主任中药师 2 人、主管中药师 12 人、中药师 18 人、中药士 1 人、中药剂员 6 人；西药 11 人，其中主管药师 3 人、药师 2 人、药士 5 人、药剂员 1 人。

床位总数 430 张。

山东中医学院附属医院

地址：山东省济南市文化西路 42 号 邮政编码：250011 电话：2950414

院长：赵纯修

职工 961 人。卫技人员 651 人，中医218 人，其中主任医师 23 人、副主任医师 47 人、主治医师 101 人、住院医师 44 人、中医士 3 人；西医 52 人，其中主任医师 5 人、副主任医师 8 人、主治医师 20 人、住院医师 19 人；中药 86 人，其中主任中药师 2 人、副主任中药师 5 人、主管中药师 20 人、中药师 31 人、中药士 28 人；西药 31 人，其中副主任药师 2 人、主管药师 5 人、药师 12 人、药士 12 人。

床位总数 494 张。

河南中医学院第一附属医院

地址：河南省郑州市人民路 19 号 邮政编码：450000 电话：6228901

院长：袁海波

职工 828 人。卫技人员 645 人，中医234 人，其中主任医师 9 人、副主任医师 21 人、主治医师 98 人、住院医师 102 人、中医士 4 人；西医 28 人，其中主任医师 1 人、副主任医师 2 人、主治医师 23 人、医士 2 人；中西医结合 43 人，其中主任医师 3 人、副主任医师 14 人、主治医师 25 人、住院医师 1 人；中药 77 人，其中副主任中药师 1 人、主管中药师 26 人、中药师 11 人、中药士 12 人、中药剂员 27 人；西药 17 人，其中主任药师 1 人、主管药师 11 人、药师 2 人、药士 2 人、药剂员 1 人。

床位总数 500 张。

河南中医学院第二附属医院

地址：河南省郑州市东风路 6 号 邮政编码：450002 电话：3932870

院长：陈安民

职工 455 人。卫技人员 320 人，中医86 人，其中主任医师 3 人、副主任医师 12 人、主治医师 55 人、住院医师 5 人、中医士 11 人；西医 26 人，其中主任医师 1 人、副主任医师1人、主治医师14人、住院医师9人、医士1人；中西医结合2人，其中主任医师1人、副主任医师1人；中药26人，其中副主任中药师2人、主管中药师3人、中药师2人、中药士12人、中药药剂员7人；西药24人，其中主管药师3人、药师1人、药士16人、药剂员4人。

床位总数401张。

河南省洛阳正骨医院

地址 河南省洛阳市启明南路1号 邮政编码：471002 电话：3953520

院长：高子范

职工607人。卫技人员424人，中医98人，其中主任医师4人、副主任医师25人、主治医师42人、住院医师26人、中医士1人；西医41人，其中主任医师1人、副主任医师2人、主治医师15人、住院医师16人、医士7人；中西医结合10人，其中主任医师1人、副主任医师2人、主治医师7人；中药37人，其中主管中药师9人、中药师22人、中药士6人；西药9人，其中主管药师2人、药师2人、药士5人。

床位总数500张。

湖北中医学院附属医院

地址：湖北省武汉市武昌区花园山10号 邮政编码：430061 电话：8844689

职工1382人。卫技人员1076人，中医171人，其中主任医师13人、副主任医师15人、主治医师101人、住院医师42人；西医88人，其中主任医师5人、副主任医师13人、主治医师23人、住院医师44人、医士3人；中西医结合118人，其中主任医师29人、副主任医师22人、主治医师60人、住院医师7人；中药89人，其中主任中药师1人、副主任中药师3人、主管中药师38人、中药师29人、中药士18人；西药35人，其中主任药师1人、副主任药师2人、主管药师10人、药师18人、药士4人。

床位总数750张。

湖北省中医药研究院附属医院

地址：湖北省武汉市洪山区珞瑜路232号 邮政编码：430073 电话：7801404

院长：王柏枝

职工268人。卫技人员218人，中医87人，其中主任医师3人、副主任医师16人、主治医师35人、住院医师30人、中医士2人、其他中医1人；西医18人，其中副主任医师4人、主治医师4人、住院医师10人；中西医结合2人，其中主任医师1人、主治医师1人；中药16人，其中主管中药师8人、中药师5人、中药士3人；西药9人，其中副主任药师1人、主管药师4人、药师3人、药士1人。

床位总数130张。

湖南中医学院第一附属医院

地址：湖南省长沙市韶山路105号 邮政编码：410007 电话：5554629

职工875人。卫技人员599人，中医177人，其中主任医师6人、副主任医师19人、主治医师108人、住院医师34人、中医士10人；西医30人，其中主任医师2人、副主任医师4人、主治医师17人、住院医师7人；中西医结合2人，其中主任医师1人、主治医师1人；中药66人，其中主任中药师1人、副主任中药师1人、主管中药师18人、中药师31人、中药士8人、中药剂员7人；西药16人，其中主管药师5人、药师5人、药士4人、药剂员2人。

床位总数704张。

湖南中医学院第二附属医院

地址：湖南省长沙市蔡锷北路185号 邮政编码：410005 电话：2222978

院长：尤昭玲

职工382人。卫技人员276人，中医84人，其中主任医师2人、副主任医师9人、主治医师49人、住院医师24人；西医21人，其中副主任医师3人、主治医师15人、住院医师3人；中西医结合6人，其中副主任医师 4 人、主治医师 2 人；中药 45 人，其中副主任中药师 1 人、主管中药师 15 人、中药师 20 人、中药士 9 人；西药 3 人，均为药师。

床位总数 316 张。

湖南省中医药研究院附属医院

地址：湖南省长沙市麓山路 167 号　邮政编码：410006　电话：8854265

院长：潘敏求

职工 273 人。卫技人员中，中医 75 人，其中主任医师 3 人、副主任医师 22人、主治医师 40 人、住院医师 10 人；西医 17 人，其中副主任医师 3 人、主治医师 10 人、住院医师 4 人；中西医结合 2 人，均为副主任医师；中药 30 人，其中主任中药师 1 人、副主任中药师 2 人、主管中药师 6 人、中药士 15 人。

床位总数 230 张。

广州中医学院附属广东省中医院

地址：广东省广州市大德路 111 号　邮政编码：510020　电话：8887233

职工 924 人。卫技人员 705 人，中医236 人，其中主任医师 17 人、副主任医师 35 人、主治医师 69 人、住院医师 115 人；西医 25 人，其中副主任医师 2 人、主治医师 9 人、住院医师 11 人、医士 3 人；中西医结合 1 人，为主任医师；中药 96 人，其中副主任中药师 1 人、主管中药师 4 人、中药师 53 人、中药士 38 人；西药 27 人，其中副主任药师 1 人、主管药师 7 人、药师 6 人、药士 13 人。

床位总数 560 张。

广州中医学院附属医院

地址：广东省广州市机场路　邮政编码：510405　电话：6591912

院长：刘震东

职工 962人。卫技人员 705 人，中医179 人，其中主任医师 9 人、副主任医师 16 人、主治医师 83 人、住院医师 71 人；西医 65 人，其中主任医师 4 人、副主任医师 6 人、主治医师 30 人、住院医师 22人、医士 3 人；中药 95 人，其中主管中药师 6 人、中药师 37 人、中药士 23 人、中药剂员 29 人；西药 23 人，其中主管药师 12人、药师 4 人、药士 7 人。

床位总数 620 张。

广州中医学院附属骨伤科医院

地址：广东省广州市江南西路青竹大街 18 号　邮政编码：510240　电话：4433651

院长：刘庆思

职工 110 人。卫技人员 73 人，中医 26 人，其中主任医师 1 人、主治医师 9 人、住院医师 11 人、中医士 5 人；西医 1 人，为副主任医师；中药 14 人，其中主管中药师 2 人、中药师 1 人、中药士 6 人、中药剂员 5 人；西药 3 人，其中药士 1 人、药剂员 2 人。

床位总数 132 张。

广西中医学院第一附属医院

地址：广西壮族自治区南宁市园湖路 2 号　邮政编码：530023　电话：562294

院长：蓝青强

职工 788 人。卫技人员 581 人，中医152 人，其中主任医师 5 人、副主任医师 29 人、主治医师 62 人、住院医师 56 人；西医 91 人，其中主任医师 6 人、副主任医师 23 人、主治医师 32 人、住院医师 30 人；中西医结合 6 人，均为住院医师；中药 30 人，其中主管中药师 14 人、中药师 13 人、中药士 3 人；西药 18 人，其中副主任药师 1 人、主管药师 11 人、药师 3 人、药士 3 人。

床位总数 515 张。

广西中医学院第二附属医院

地址：广西壮族自治区南宁市南京路39号　邮政编码：530011　电话：223891

院长：徐富业

职工 633 人。卫技人员 492 人，中医122 人，其中主任医师 6 人、副主任医师 20 人、主治医师 53 人、住院医师 43 人；西医 86 人，其中主任医师 6 人、副主任医师 11 人、主治医师 38人、住院医师 30 人、医士 1 人；中西医结合 1 人，为主任医师；中药 19 人，其中主管中药师 6 人、中药师 9 人、中药士 4 人；西药 27 人，其中副主任药师 1 人、主管药师 11 人、药师 7 人、药士 8 人。

床位总数 420 张。

海南省中医院

地址：海南省海口市和平北路　邮政编码：570003　电话：6222705

院长：华良才

职工 504 人。卫技人员 401 人，中医85 人，其中副主任医师 11 人、主治医师 29 人、住院医师 40 人、中医士 1 人、其他中医 4 人；西医 56 人，其中副主任医师 5 人、主治医师 33 人、住院医师 18 人；中西医结合 2 人，其中主任医师 1 人、主治医师 1 人；中药 39 人，其中副主任中药师 1 人、主管中药师 7 人、中药师 16 人、中药士 15 人；西药 19 人，其中主管药师 4 人、药师 8 人、药士 7 人。

床位总数 350 张。

四川省中医研究院附属医院

地址：四川省成都市人民南路四段 51 号　邮政编码：610041　电话：5589011

院长：王克建

职工 86 人。卫技人员 64 人，其中中医 23 人；西医 9 人；中西医结合 2 人；中药 5 人；西药 3 人。

床位总数 100 张。

成都中医学院附属医院

地址：四川省成都市十二桥路 39 号　邮政编码：610072　电话：7769902

院长：赵荣章

职工 1125 人。卫技人员 716 人，其中中医 203 人；西医 41 人；中西医结合 44 人；中药 71 人；西药 22 人。

床位总数 676 张。

泸州医学院附属中医医院

地址：四川省泸州市忠山　邮政编码：646000　电话：234785

院长：刘金龙

职工 305 人。卫技人员 219 人，中医59 人，其中主任医师 1 人、副主任医师 5 人、主治医师 30 人、住院医师 23 人；西医 22 人，其中副主任医师 2 人、主治医师 11 人、住院医师 9 人；中西医结合 14 人，其中主任医师 3 人、副主任医师 4 人、主治医师 7 人；中药 16 人，其中主管中药师 4 人、中药师 10 人、中药士 2 人；西药 11 人。

床位总数 200 张。

贵州省中医研究所附属医院

地址：贵州省贵阳市市东路 1 号　邮政编码：550002　电话：442257

职工 195 人。卫技人员 147 人，中医37 人，其中主任医师 1 人、副主任医师 5 人、主治医师 11 人、住院医师 20 人；西医 24 人，其中副主任医师 9 人、主治医师 12 人、住院医师 2 人、医士 1 人；中西医结合 4 人，其中主任医师 1 人、副主任医师 3 人；中药 6 人，其中主管中药师 1 人、中药师 4 人、中药士 1 人。

床位总数 135 张。

贵阳中医学院第一附属医院

地址：贵州省贵阳市外环东路 119 号　邮政编码：550001　电话：529907

院长：刘尚义

职工 582 人。卫技人员 429 人，中医103 人，其中副主任医师 5 人、主治医师 41 人、住院医师 56 人、中医士 1 人；西医 34 人，其中副主任医师 2 人、主治医师 19 人、住院医师 9 人、医士 4 人；中西医结合 29 人，其中副主任医师 8 人、主治医师 18 人、住院医师 3 人；中药 54 人，其中主管中药师 5 人、中药师 21 人、中药士 25 人、中药剂员 3 人；西药 15 人，其中主管药师 3 人、药师 11 人、药士 1 人。

床位总数 341 张。

贵阳中医学院第二附属医院

地址：贵州省贵阳市飞山街 83 号 邮政编码：550003 电话：524687

院长：孙成榆

职工 446 人。卫技人员 359 人，中医 46 人，其中主任医师 1 人、副主任医师 3 人、主治医师 24 人、住院医师 17 人、中医士 1 人；西医 54 人，其中主任医师 2 人、副主任医师 1 人、主治医师 25 人、住院医师 24 人、医士 2 人；中西医结合 60 人，其中主任医师 2 人、副主任医师 12 人、主治医师 39 人、住院医师 7 人；中药 27 人，其中主管中药师 8 人、中药师 12 人、中药士 5 人、中药剂员 2 人；西药 19 人，其中副主任药师 1 人、主管药师 8 人、药师 7 人、药士 3 人。

床位总数 400 张。

云南中医学院附属医院

地址：云南省昆明市光华街 104 号 邮政编码：650021 电话：3130624

院长：吴生元

职工 691 人。卫技人员 559 人，中医 136 人，其中主任医师 6 人、副主任医师 13 人、主治医师 70 人、住院医师 45 人、中医士 2 人；西医 76 人，其中主任医师 2 人、副主任医师 8 人、主治医师 37 人、住院医师 27 人、医士 2 人；中西医结合 5 人，其中主任医师 1 人、副主任医师 1 人、主治医师 3 人；中药 53 人，其中副主任中药师 1 人、主管中药师 10 人、中药师 16 人、中药士 15 人、中药剂员 11 人；西药 24 人，其中主管药师 9 人、药师 5 人、药士 8 人。

床位总数 450 张。

西藏自治区藏医院

地址：西藏自治区拉萨市娘热路 14 号 邮政编码：850000 电话：23428

院长：强巴赤烈

职工 432 人。卫技人员 270 人，中医 126 人，其中主任医师 2 人、副主任医师 24 人、主治医师 39 人、住院医师 47 人、中医士 12 人、其他中医 2 人；西医 10 人，其中主治医师 5 人、住院医师 5 人；中西医结合 5 人，其中副主任医师 1 人、主治医师 4 人；中药 29 人，其中主任中药师 2 人、主管中药师 11 人、中药师 7 人、中药士 9 人；西药 4 人，其中主管药师 2 人、药师 2 人。

床位总数 205 张。

陕西省中医药研究院附属医院

地址：陕西省西安市西华门 20 号 邮政编码：710003 电话：7218712

院长：谭世发

职工 356 人。卫技人员 294 人，中医 98 人，其中主任医师 3 人、副主任医师 12 人、主治医师 44 人、住院医师 34 人、中医士 1 人、其他中医 4 人；西医 11 人，其中副主任医师 1 人、主治医师 5 人、住院医师 5 人；中西医结合 30 人，其中主任医师 1 人、副主任医师 15 人、主治医师 14 人；中药 33 人，其中主管中药师 5 人、中药师 20 人、中药士 8 人；西药 3 人，其中主管药师 2 人、药师 1 人。

床位总数 250 张。

陕西中医学院附属医院

地址：陕西省咸阳市安定路 2 号 邮政编码：712083 电话：313267

院长：张武翔

职工 698 人。卫技人员 508 人，中医 131 人，其中副主任医师 9 人、主治医师 40 人、住院医师 80 人、中医士 1 人；西医 34 人，其中副主任医师 2 人、主治医师 13 人、住院医师 18 人、西医士 1 人；中西医结合 24 人，其中主任医师 2 人、副主任医师 8 人、主治医师 13 人、住院医师 1 人；中药 51 人，其中主管中药师 4 人、中药师 31 人、中药士 15 人、中药剂员 1 人；西药 22 人，其中主管药师 5 人、药师 12 人、药士 5 人。

床位总数 425 张

甘肃中医学院附属医院

地址：甘肃省兰州市定西东路　邮政编码：730000　电话：828986

职工222人。卫技人员189人，中医46人，其中主任医师3人、副主任医师6人、主治医师25人、住院医师11人、中医士1人；西医29人，其中副主任医师7人、主治医师1人、住院医师20人、西医士1人；中西医结合9人，其中主任医师2人、副主任医师5人、主治医师1人、住院医师1人；中药12人，其中副主任中药师1人、主管中药师4人、中药师4人、中药士3人；西药4人，其中主管药师2人、药师1人、药士1人。

床位总数200张。

甘肃省中医院

地址：甘肃省兰州市七里河区王家堡27号　邮政编码：730050　电话：335211

院长：杨守义

职工650人。卫技人员505人，中医140人，其中主任医师4人、副主任医师4人、主治医师48人、住院医师76人，中医士18人；西医34人，其中主任医师1人、副主任医师4人、主治医师25人、西医士4人；中西医结合20人，其中主任医师2人、副主任医师10人、主治医师8人；中药48人，其中副主任中药师1人、主管中药师16人、中药师13人、中药士12人、中药剂员6人；西药24人，其中副主任药师1人、主管药师6人、药师9人、药士8人。

床位总数506张。

青海省中医院

地址：青海省西宁市七一路220号　邮政编码：810000

院长：胡国栋

职工470人。卫技人员360人，中医113人，其中主任医师4人、副主任医师12人、主治医师50人、住院医师47人；西医12人，其中主任医师2人、副主任医师1人、主治医师8人、住院医师1人；中西医结合4人，其中主任医师1人、副主任医师3人；中药58人，其中副主任中药师1人、主管中药师6人、中药师31人、中药士20人；西药10人，其中主任药师1人、副主任药师1人、主管药师2人、药师6人。

床位总数400张。

青海省藏医院

地址：青海省西宁市南川西路76号　邮政编码：810012

职工114人。卫技人员67人，中医27人，其中主任医师1人、副主任医师4人、主治医师1人、住院医师18人、中医士3人；西医8人，其中主治医师2人、住院医师5人、医士1人；中药8人，其中中药师3人、中药士5人。

床位总数90张。

宁夏回族自治区中医研究院

地址：宁夏回族自治区银川市北京东路2号　邮政编码：750021　电话：277273

院长：蔡鼎华

职工150人。卫技人员数114人，中医46人，其中主任医师1人、副主任医师6人、主治医师16人、住院医师23人；西医2人，其中主治医师1人、医士1人；中药11人，其中副主任中药师1人、中药师1人、中药士5人；西药6人，其中主管药师1人、药师1人、药士4人。

床位总数131张。

新疆维吾尔自治区中医医院

地址：新疆维吾尔自治区乌鲁木齐市黄河路53号　邮政编码：830000　电话：5812369

院长：金洪元

职工627人。卫技人员462人，中医121人，其中主任医师1人、副主任医师13人、主治医师32人、住院医师75人；西医25人，其中主任医师1人、副主任医师1人、主治医师9人、住院医师14人；中西医结合18人，其中主任医师3人、副主任医师12

人、主治医师 3 人；中药 46 人，其中副主任中药师 1 人、主管中药师 17 人、中药师 27 人、中药士 1 人；西药 24 人，其中主任药师 1 人、主管药师 8 人、药师 12 人、药士3人。

床位总数 481 张。

新疆维吾尔自治区维吾尔医医院

地址：新疆维吾尔自治区乌鲁木齐市延安路36号　邮政编码：830001

院长：克里木·艾买提

职工 219 人。卫技人员 164 人，中医41人，其中主任医师 1 人、副主任医师 1 人、主治医师 4 人、住院医师 26 人、中医士 9 人；西医 12 人，其中主任医师 2 人、副主任医师 3 人、主治医师 4 人、住院医师 2 人、医士 1 人；中西医结合 14 人，其中副主任医师 3 人、主治医师 11 人；中药 46 人，其中副主任中药师 1 人、主管中药师 17 人、中药师 27 人、中药士 1 人；西药 24 人，其中主任药师 1 人、主管药师 8 人、药师 12 人、药士 3 人。

床位总数 481 张。

（二）全国地、市级中医医院情况

北京市地、市级中医医院情况

医院名称	所有制	床位数(张)	职工总人数	卫生技术人数	中医药人数	西学中人数	西医药人数	地址	邮政编码
鼓楼中医医院	1	56	369	261	121	0	53	北京市东城区豆腐池胡同13号	100009
护国寺中医医院	1	220	451	335	151	2	52	北京市西城区棉花胡同83号	100035
天坛中医医院	1	70	232	179	84	2	31	北京市西兴隆街 1 号	100062
宣武区中医医院	1	252	599	440	168	9	84	北京市宣武区万明路 8 号	100050
朝阳中医医院	3	100	248	197	72	0	66	北京市朝阳区工体南路1号	100020
石景山区中医院	1	80	158	117	23	0	48	北京市石景山区北辛安	100042
北京市中西医结合医院	1	239	458	357	52	0	126	北京市海淀区永定路东街3号	100039
门头沟区中医医院	3	101	255	212	75	1	80	北京市门头沟新桥南大街1号	102300
房山区中医医院	3	240	464	336	109	1	69	北京市房山区保健路4号	102400

天津市地、市级中医医院情况

医院名称	所有制	床位数(张)	职工总人数	卫生技术人数	中医药人数	西学中人数	西医药人数	地址	邮政编码
和平区中医医院	1	155	210	173	69	0	41	天津市和平区贵州路43号	300051
河东区中医医院	1	100	249	215	81	0	54	天津市河东区张贵庄路35号	300160
河西区中医医院	1	120	220	189	73	0	42	天津市河西区南楼五号路 6 号	300201
南开区中医医院	1	160	217	172	79	2	25	天津市南开区四马路卿云里16号	300102
红桥区中医医院	1	100	160	134	53	0	11	天津市红桥区西街庄城坊里大街35号	300132

续表

医院名称	所有制	床位数(张)	职工总人数	卫生技术人数	中医药人数	西学中人数	西医药人数	地址	邮政编码
汉沽区中医医院	1	80	132	112	47	0	28	天津市汉沽区太平街	300480
东丽区中医医院	1	100	138	108	44	0	17	天津市东丽区跃进路24号	300300
西青区中医医院	1	150	188	163	32	0	66	天津市西青区杨柳青镇15街	300380
北辰区中医医院	1	120	142	108	41	0	22	天津市北辰集贤道西口	300400

河北省地、市级中医医院情况

医院名称	所有制	床位数(张)	职工总人数	卫生技术人数	中医药人数	西学中人数	西医药人数	地址	邮政编码
石家庄市盲人按摩医院	4	25	27	21	21	0	0	河北省石家庄市平安南大街36号	050021
石家庄市中医院	1	330	465	326	178	5	13	河北省石家庄市中山中路47号	050011
鹿泉市中医院	1	40	41	37	20	0	7	河北省鹿泉市布市街	050200
辛集市中医院	1	65	124	114	50	0	30	河北省辛集市皮店街	052360
晋州市中医院	1	115	193	164	51	1	39	河北省晋州市晋州镇朝阳街	052260
新乐市中医院	1	120	123	97	19	0	14	河北省新乐市新开西路	050700
唐山市中医院	1	300	326	234	112	2	13	河北省唐山市新华道北侧	063000
唐山市按摩医院	2	40	36	22	18	0	1	河北省唐山市唐丰路	063000
唐山市东矿区中医院	3	50	48	40	13	0	5	河北省唐山市赵各庄	063101
丰南市中医院	1	120	172	139	47	0	19	河北省丰南市四街	063300
秦皇岛市中医院	1	156	250	218	118	3	34	河北省秦皇岛市海洋路65号	066000
秦皇岛市山海关区中医院	3	24	52	48	13	0	11	河北省秦皇岛市山海关区	066200
邯郸市中医院	1	350	524	349	147	2	52	河北省邯郸市和平路311号	056001
邯郸市中西医结合医院	1	160	217	163	16	0	64	河北省邯郸市	056002
邯郸市按摩医院	4	50	45	34	20	0	5	河北省邯郸市	056001
邯郸市丛台区中医院	3	20	17	14	4	0	6	河北省邯郸市丛台区	056002
武安市中医院	1	100	150	123	47	1	21	河北省武安市中兴路69号	056300
邢台市中医院	1	122	136	99	44	0	12	河北省邢台市东门里街42号	054001
沙河市中医院	1	60	96	86	35	0	18	河北省沙河市聚英路8号	054100
南宫市中医院	1	30	44	37	20	0	2	河北省南宫市南北市场北街	051830

续表

医院名称	所有制	床位数(张)	职工总人数	卫生技术人数	中医药人数	西学中人数	西医药人数	地址	邮政编码
保定市按摩医院	2	30	51	41	21	0	6	河北省保定市合作路	071000
保定市中医院	1	100	119	94	35	0	16	河北省保定市联盟中路2号	071000
保定地区中医院	1	247	242	164	61	0	20	河北省保定市裕华西路	071000
张家口市中医研究院附属医院	1	310	335	266	79	0	61	河北省张家口市桥东区东河沿56号	075000
张家口市宣化区中医院	1	65	58	51	19	0	14	河北省张家口市宣化区西草市街	075100
承德市中医院	1	100	223	169	94	1	22	河北省承德市西大街152号	067000
沧州市第一中医院	1	100	261	193	83	7	39	河北省沧州市运河区	061001
沧州市中西医结合医院	1	502	560	435	17	0	88	河北省沧州市南环西路23号	061001
泊头市中医院	1	100	215	192	38	0	33	河北省沧州地区泊头市西关街	062150
黄骅市中西医结合医院	3	150	284	113	10	0	51	河北省黄骅市东街	061100
涿州市中医院	1	60	112	94	49	0	24	河北省涿州市航空路	072750
高碑店市中医院	1	0	50	46	21	0	12	河北省高碑店市东街3号	074000
定州市中医院	1	106	170	153	18	0	53	河北省定州市中山中路	073000
安国市中医院	1	130	298	259	56	0	45	河北省安国市药市南大街	071200
廊坊市中医院	1	369	315	242	73	3	58	河北省廊坊市廊北路	102800
三河市中医院	1	80	137	117	43	0	34	河北省三河市泃阳镇	101600
霸州市中医院	1	40	61	51	20	0	8	河北省霸州市	302750
衡水地区中医院	1	60	98	80	47	2	6	河北省衡水市胜利西路	053000
冀州市中医院	1	5	14	13	7	0	3	河北省冀州市	053200

山西省地、市级中医医院情况

医院名称	所有制	床位数(张)	职工总人数	卫生技术人数	中医药人数	西学中人数	西医药人数	地址	邮政编码
运城地区中医医院	1	105	129	107	52	0	15	山西省运城市建设路	044000
运城市中医医院	1	100	68	58	26	0	9	山西省运城市双桥路32号	044000
运城市中医肿瘤医院	3	60	32	27	12	0	0	山西省运城市	044000
运城市九针医院	3	20	30	24	21	0	0	山西省运城市	04400[illegible]
太原市南城区中医医院	3	100	50	39	16	0	8	山西省太原市南十方街	03004[illegible]
太原市类风湿病医院	5	120	108	79	44	0	12	山西省太原市三营盘40号	030006

续表

医院名称	所有制	床位数(张)	职工总人数	卫生技术人数	中医药人数	西学中人数	西医药人数	地址	邮政编码
太原市南城区增光腺管炎肿瘤医院	5	0	10	8	4	0	0	山西省太原市	030045
太原市中医研究所附属医院	1	204	173	108	49	0	6	山西省太原市坝陵南街13号	030009
太原中西医结合医院	3	200	202	156	22	4	41	山西省太原市北城区类草坪花园	030003
太原市北城区中医医院	3	100	108	86	34	2	12	山西省太原市大同路538号	030009
太原市中医中风病医院	1	50	40	29	19	0	3	山西省太原市	030012
太原市南郊区中医医院	1	60	53	45	12	1	14	山西省太原市南郊区晋源南街	030025
古交市中医院	1	26	48	30	10	7	7	山西省古交市	030200
大同市中医院	1	200	301	246	118	5	34	山西省大同市马王庙街1号	037004
雁北地区中医院	1	50	60	46	27	0	6	山西省大同市御河南路	037004
大同市矿区中医医院	1	50	58	51	15	0	15	山西省大同市矿区新平旺校南街	037003
忻州地区中医医院	1	100	117	104	27	0	31	山西省忻州市城内	034000
忻州市痔瘘医院	1	30	37	33	3	0	19	山西省忻州市	034000
忻州市中医医院	3	5	13	13	12	0	1	山西省忻州市长征路	034000
介休市中医院	3	65	67	60	30	0	14	山西省介休市南大街98号	031200
晋中地区中医医院	1	103	213	156	69	0	24	山西省榆次市迎宾路	030600
榆次市中医医院	1	57	105	87	37	0	26	山西省榆次市粮店街	030600
孝义市中医医院	3	30	86	76	45	0	18	山西省孝义市府东街	032300
吕梁地区中医院	1	70	84	48	30	0	4	山西省离石县滨河北西路	033000
长治市中医医院	1	150	193	151	64	0	29	山西省长治市华东北路39号	046011
长治市中医研究所附属医院	1	100	176	146	50	0	51	山西省长治市下南街紫坊巷19号	046000
晋城市城区中医医院	1	30	116	92	31	3	27	山西省晋城市东大街70号	048000
临汾地区中医医院	1	52	151	118	25	0	34	山西省临汾市五一西路	041000
临汾市中西医结合眼科医院	1	0	108	89	12	0	30	山西省临汾市南青狮子口	041000
临汾市中医骨伤科医院	1	100	89	77	16	0	29	山西省临汾市阳北街7号	041000
临汾市中医皮肤病医院	3	25	41	40	32	0	7	山西省临汾市体育街	041000
侯马市中医医院	1	50	97	84	29	0	21	山西省侯马市道西南街	043001
霍州市中医医院	1	50	65	60	20	22	0	山西省霍州市	031400

续表

医院名称	所有制	床位数(张)	职工总人数	卫生技术人数	中医药人数	西学中人数	西医药人数	地址	邮政编码
霍州市矿务局中医医院	4	41	55	41	4	0	15	山西省霍州市	031400
阳泉市中医医院	1	135	157	129	54	1	25	山西省阳泉市铁林巷	045000

内蒙古自治区地、市级中医医院情况

医院名称	所有制	床位数(张)	职工总人数	卫生技术人数	中医药人数	西学中人数	西医药人数	地址	邮政编码
呼和浩特市中蒙医研究院	1	52	158	131	89	0	11	内蒙古自治区呼和浩特市	010030
呼和浩特市玉泉区中医院	3	31	58	52	31	0	8	内蒙古自治区呼和浩特市大召前街	010031
包头市蒙中医院	1	297	427	318	91	1	74	内蒙古自治区包头市东河区	014040
包头市东河区中医医院	3	100	89	76	31	1	14	内蒙古自治区包头市东河区	014040
包头市郊区中医医院	1	50	36	31	9	0	9	内蒙古自治区包头市沙河镇	014060
赤峰市中蒙医院	1	50	83	71	52	0	6	内蒙古自治区赤峰市哈达街东段	024000
赤峰市红山区中医医院	1	150	253	224	98	0	71	内蒙古自治区赤峰市长春街	024000
赤峰市松山区中医医院	1	20	40	37	14	0	13	内蒙古自治区赤峰市	024070
乌海市中蒙医院	1	90	127	107	51	1	13	内蒙古自治区乌海市	016000
乌海市海勃湾区中医院	1	30	39	36	18	0	8	内蒙古自治区乌海市凤皇岭西街	016000
呼伦贝尔盟中蒙医院	1	117	152	127	53	1	21	内蒙古自治区海拉尔市西大街	021000
满州里市中蒙医院	3	40	86	76	33	0	13	内蒙古自治区满州里市三道街	021400
满州里市扎赉诺尔中医院	3	30	103	84	29	0	15	内蒙古自治区满州里市	021410
扎兰屯市中蒙医院	3	200	222	171	37	0	48	内蒙古自治区扎兰屯市中央路	162650
牙克石市中医医院	1	100	113	99	37	1	14	内蒙古自治区牙克石市兴安中街7号	022150
乌兰浩特市中西医结合医院	3	70	156	120	29	0	41	内蒙古自治区乌兰浩特市	137400
兴安盟蒙医院	1	60	125	90	51	0	6	内蒙古自治区乌兰浩特市和平街	137400
通辽市中医医院	1	102	230	184	88	1	33	内蒙古自治区通辽市永清大街西段	028006
集宁市中蒙医医院	1	84	137	118	29	0	57	内蒙古自治区集宁市工农路44号	012000
巴彦淖尔盟中医医院	1	82	227	166	50	1	28	内蒙古自治区临河市光明西路12号	015000
巴彦淖尔盟蒙医医院	1	54	114	84	20	0	15	内蒙古自治区临河市新华西街	015000

续表

医院名称	所有制	床位数(张)	职工总人数	卫生技术人数	中医药人数	西学中人数	西医药人数	地址	邮政编码
伊克昭盟中医院	1	58	88	77	33	2	26	内蒙古自治区伊盟东胜市准格尔北路东7号	017000

辽宁省地、市级中医医院情况

医院名称	所有制	床位数(张)	职工总人数	卫生技术人数	中医药人数	西学中人数	西医药人数	地址	邮政编码
大连庄河市中医医院	1	100	229	188	70	0	43	辽宁省大连庄河市	116400
大连市金州区中医医院	1	220	244	197	85	0	35	辽宁省大连市金州区斯大林路116号	116100
大连普兰店市中医院	1	100	173	123	54	0	20	辽宁省大连普兰店市中心路55号	116200
大连市中医医院	1	400	624	460	191	2	54	辽宁省大连市中心区解放路321号	116013
大连市旅顺口区中医医院	1	80	142	115	58	1	15	辽宁省大连市旅顺博爱街60号	116041
瓦房店市中医医院	1	230	298	214	58	1	56	辽宁省瓦房店市德林街	116300
鞍山市铁东区中医院	1	210	176	111	45	0	31	辽宁省鞍山市铁东区山南街	114001
海城市中医院	1	200	313	252	95	0	75	辽宁省海城市站前街贸易路	114200
海城市整骨医院	3	600	504	396	127	0	46	辽宁省海城市北关街中街路	114200
海城市骨伤病医院	3	70	58	41	8	0	8	辽宁省海城市中街路	114200
鞍山市中医院	1	150	323	244	72	0	50	辽宁省鞍山市铁东区湖南小区	114004
抚顺市新抚区中医院	1	50	121	103	18	0	37	辽宁省抚顺市新抚区	113006
抚顺市中医院	1	530	817	605	171	0	144	辽宁省抚顺市新抚区站前街东六路	113008
丹东市中医院	1	500	589	433	156	0	77	辽宁省丹东市振兴区九经街85号	118000
丹东市中西医结合医院	1	500	222	106	12	0	29	辽宁省丹东市振安区蛤蟆塘	118003
凤城市中医院	1	200	336	186	36	0	39	辽宁省凤城市	118100
东港市中医院	1	200	186	153	49	0	35	辽宁省东港市大东镇	118300
营口市中医医院	1	301	423	313	104	1	57	辽宁省营口市站前永清里10号	115000
大石桥市中医院	1	116	253	211	63	0	44	辽宁省大石桥市	124200
大石桥市肛肠医院	3	20	68	64	12	0	9	辽宁省大石桥市	124200
盖州市中医院	1	158	248	203	46	0	55	辽宁省盖州市	115200
盖州市熊岳中医院	3	120	156	117	26	0	39	辽宁省盖州市熊岳	115200

续表

医院名称	所有制	床位数(张)	职工总人数	卫生技术人数	中医药人数	西学中人数	西医药人数	地址	邮政编码
阜新市中医医院	1	252	380	309	138	1	34	辽宁省阜新市新华街115号	123000
辽阳市中医院	1	330	404	304	146	0	39	辽宁省辽阳市文圣区东六街40号	111000
铁岭市中医院	1	240	263	204	95	0	29	辽宁省铁岭市银州区工人街40号	112000
开原市中医院	1	150	270	202	87	0	43	辽宁省开原市站前街	112300
朝阳市中医院	1	200	201	155	69	0	40	辽宁省朝阳市双塔区四段13号	122000
北票市中医院	1	100	221	180	68	0	54	辽宁省北票市城实街	122100
北票市台吉肛肠医院	3	50	84	70	22	0	15	辽宁省北票市	122100
凌源市中医院	1	150	206	171	72	0	43	辽宁省凌源市	122500
兴城市中医医院	1	130	131	101	35	0	20	辽宁省兴城市南二段	121600
沈阳市东陵区中医院	1	30	74	65	7	0	26	辽宁省沈阳市东陵区东陵南塔街	110043
沈阳市中医院	1	300	445	350	161	2	39	辽宁省沈阳市和平区三好街23号	110003
沈阳市和平区中医院	1	50	100	84	33	0	19	辽宁省沈阳市和平区中山路一段	110001
沈阳市大东区中医院	1	150	146	125	29	0	7	辽宁省沈阳市大东区小东路一段	110042
沈阳市沈河区中医院	1	50	125	116	52	0	21	辽宁省沈阳市沈河区市府大路六段	110011
沈阳市皇姑区中医院	1	120	163	143	39	0	29	辽宁省沈阳市皇姑区华山路五段	110036
沈阳市新城子区中医院	1	20	55	44	15	0	11	辽宁省沈阳市新城子贵州路25号	110121
沈阳市铁西区中医院	1	50	144	122	54	0	25	辽宁省沈阳市铁西区重工街三段	110021
沈阳市于洪区中医院	3	150	136	109	19	0	41	辽宁省沈阳市于洪区沈大路25号	110141
沈阳市苏家屯区中医院	1	200	396	303	89	2	77	辽宁省沈阳市苏家屯区临湖街	110101
新民市中医院	1	50	136	102	38	0	29	辽宁省沈阳市新民市东街	110300
本溪市中医院	1	351	435	315	144	7	29	辽宁省本溪市市府路	117000
本溪市平山区中医院	3	20	13	10	8	0	0	辽宁省本溪市平山区	117000
本溪市溪湖区中医院	1	30	23	19	7	0	6	辽宁省本溪市溪湖区	117000
锦州市古塔区中医医院	3	100	101	76	38	0	14	辽宁省锦州市古塔区北二里185号	121000
锦州凌河区中医医院	3	120	124	94	25	0	38	辽宁省锦州市凌河区白日南里	121000
锦州市太和区中医医院	1	70	109	92	17	0	30	辽宁省锦州市太和区西太平里53号甲	121012
凌海市中医院	1	206	337	273	74	0	53	辽宁省凌海市	121200
锦州市中医医院	1	252	241	187	88	0	31	辽宁省锦州市太和区凌南街	121000
盘锦市中医院	1	250	236	192	60	0	42	辽宁省盘锦市双台子区新风街	124000

吉林省地、市级中医医院情况

医院名称	所有制	床位数（张）	职工总人数	卫生技术人数	中医药人数	西学中人数	西医药人数	地址	邮政编码
白山市中医院	1	77	150	133	52	0	9	吉林省白山市	134400
白城中医院	1	261	420	340	111	4	79	吉林省白城市青年南大街16号	137000
洮南市中医院	1	120	179	140	47	0	31	吉林省洮南市光明南街	137100
大安市中医院	1	100	192	184	79	0	37	吉林省大安市大来街	131300
吉林市龙潭区中医院	3	100	154	126	61	0	10	吉林省吉林市南通路6号	132021
吉林中西医结合医院	1	545	805	628	73	3	214	吉林省吉林市西安路	132012
吉林市中医院	1	161	267	197	97	0	13	吉林省吉林市德胜路1号	132011
吉林市中西医结合肛肠医院	3	280	256	166	31	0	44	吉林省吉林市向阳街北安二条	132011
吉林市船营区中医院	3	50	108	87	43	0	14	吉林省吉林市顺城街79号	132011
吉林市丰满区中医院	1	42	100	73	25	0	24	吉林省吉林市丰满区江南大街	132108
蛟河市中医院	1	60	183	146	45	0	26	吉林省蛟河市新华大街32号	132500
桦甸市中医院	1	63	116	86	37	0	23	吉林省桦甸市向阳街	132400
舒兰市中医院	1	100	120	103	35	0	19	吉林省舒兰市民康街	132600
吉林市松江中西医结合医院	3	73	100	76	27	0	13	吉林省吉林市	132011
吉林市骨伤医院	3	126	126	106	47	0	21	吉林省吉林市天津路150号	132011
集安市中医医院	1	41	58	39	18	0	5	吉林省集安市集安镇团结西路24号	134200
梅河口市中医院	1	60	156	116	45	0	23	吉林省梅河口市新华街	135000
通化市中医院	1	201	142	105	38	0	12	吉林省通化市新华大街118号	134001
通化市二道江区中医医院	1	30	44	34	9	0	14	吉林省通化市二道江区	134001
辽源市中医院	1	300	304	254	115	0	47	吉林省辽源市龙山区经康路65号	136200
辽源市龙山区痔瘘医院	3	20	22	14	2	0	3	吉林省辽源市龙山区	136200
珲春市中医院	1	60	134	103	45	0	12	吉林省珲春市新安街	133300
延吉市中医院	3	100	216	171	75	0	31	吉林省延吉市进学街84号	133000
敦化市中医院	1	78	211	167	52	0	51	吉林省敦化市翰章南大街77号	133700
龙井市中医院	1	64	100	75	33	2	10	吉林省龙井市龙井街	133400
图们市中医院	3	50	119	93	35	1	18	吉林省图们市新华路86号	133100

续表

医院名称	所有制	床位数(张)	职工总人数	卫生技术人数	中医药人数	西学中人数	西医药人数	地址	邮政编码
和龙市中医院	3	120	184	111	33	0	27	吉林省和龙市前进街	133500
四平卫校临床医院	1	200	276	219	37	6	64	吉林省四平市铁西区	136000
四平市中医院	1	100	203	169	77	1	23	吉林省四平市铁东区北四马路	136001
公主岭市中医院	3	100	214	161	62	3	18	吉林省公主岭市西正阳街37号	136100
扶余市中医院	1	207	283	194	80	3	21	吉林省扶余市镇文化街	131200
长春市郊区中医院	1	80	105	87	14	0	28	吉林省长春市郊区	130103
榆树市中医院	1	180	258	210	61	0	40	吉林省长春市榆树市铁北街	130400
德惠市中医院	3	120	310	269	100	1	50	吉林省长春市德惠市东三道街	130300
九台市中医院	3	100	277	231	83	0	36	吉林省九台市新华大街	130500
长春市中医院	1	401	702	537	190	4	101	吉林省长春市曙光路17号	130022
长春市南关区中医院	3	17	111	103	48	1	19	吉林省长春市大马路110号	130041
长春市南关区中西医结合医院	3	25	101	89	29	2	19	吉林省长春市大马路83号	130042
长春市二道河子区中医院	3	32	81	63	9	0	18	吉林省长春市吉林大路49号	130031
长春中医学院附属肛肠分院	3	80	17	10	0	1	1	吉林省长春市工农大路	130021
长春中医学院附属针灸骨伤医院	3	102	101	76	39	0	15	吉林省长春市	130021
长春中医学院附属脊髓病医院	3	20	19	9	3	0	3	吉林省长春市	130021
长春市朝阳区中医院	3	80	176	153	48	0	34	吉林省长春市春城大街21号	130062
长春市宽城区中医院	1	61	122	99	24	0	17	吉林省长春市长江路16号	130051
长春市宽城区民族医院	1	60	95	84	11	0	41	吉林省长春市宽城区贵阳街	130051
长春市按摩医院	4	0	56	40	36	0	1	吉林省长春市厦门路 8 号	130051

黑龙江省地、市级中医医院情况

医院名称	所有制	床位数(张)	职工总人数	卫生技术人数	中医药人数	西学中人数	西医药人数	地址	邮政编码
哈尔滨市道里区中医院	3	42	70	58	17	1	14	黑龙江省哈尔滨市道里区新阳路	150010
哈尔滨市道里区按摩卫生院	3	0	13	8	7	0	1	黑龙江省哈尔滨市道里区	150010

续表

医院名称	制有所	床位数(张)	职工总人数	卫生技术人数	中医药人数	西学中人数	西医药人数	地址	邮政编码
道里区卫协中西医结合医院	3	0	40	29	6	0	14	黑龙江省哈尔滨市道里区	150010
哈尔滨市骨伤医院	3	310	192	163	52	2	48	黑龙江省哈尔滨市西大直街312号	150080
哈尔滨市南岗区中医院	3	23	55	48	14	0	9	黑龙江省哈尔滨市南岗区文井街79号	150040
南岗区中西医结合医院	3	62	57	50	9	0	18	黑龙江省哈尔滨市南岗区宽城街	150009
哈尔滨市第二中医院	3	114	200	168	44	0	51	黑龙江省哈尔滨市太平区东直路	150010
阿城市中医医院	1	55	123	107	31	3	31	黑龙江省阿城市通城路	150300
哈尔滨市道外区中医院	3	30	56	39	10	0	5	黑龙江省哈尔滨市道外区靖宇大街	150026
哈尔滨市中西医结合医院	3	69	98	77	7	0	22	黑龙江省哈尔滨市靖宇街406号	150026
道外区中西医结合医院	3	84	77	66	12	0	17	黑龙江省哈尔滨市道外区	150026
哈市道外区靖宇整骨医院	3	22	21	14	7	0	2	黑龙江省哈尔滨市道外区	150026
哈尔滨市肛肠医院	1	144	91	55	0	0	13	黑龙江省哈尔滨市太阳岛街17号	150010
哈尔滨香坊区中医院	3	4	38	33	10	0	9	黑龙江省哈尔滨市香坊区司徒街	150036
哈尔滨香坊区肛肠医院	3	32	23	20	1	0	12	黑龙江省哈尔滨市安埠街88号	150030
双鸭山市中医医院	1	92	168	133	61	1	18	黑龙江省双鸭山市新兴大街	155100
齐齐哈尔市中医院	1	323	491	378	131	1	73	黑龙江省齐齐哈尔市铁丰区平安南街36号	161000
齐齐哈尔富拉尔基区中医院	3	60	84	71	18	0	22	黑龙江省齐齐哈尔市富兴路	161041
齐齐哈尔碾子山区中医院	3	10	19	16	7	0	4	黑龙江省齐齐哈尔市碾子山区	16106
讷河市中医院	1	62	133	88	42	0	15	黑龙江省讷河市	161300
牡丹江市中医骨外医院	3	200	45	36	18	0	2	黑龙江省牡丹江市	157011
牡丹江市中医医院	1	241	325	264	91	0	52	黑龙江省牡丹江市西长安街	157000
牡丹江市桦林中医整骨医院	3	46	31	31	12	0	3	黑龙江省牡丹江市桦林镇	157032
牡丹江市肛肠外科医院	3	56	17	15	0	0	9	黑龙江省牡丹江市阳明三条路	157013
鸡西市中医医院	1	200	253	210	102	0	26	黑龙江省鸡西市中心大街72号	158100
密山市中医院	1	100	144	117	23	0	22	黑龙江省密山市永固路46号	158300
佳木斯市中医院	1	370	483	314	133	0	49	黑龙江省佳木斯市中山街北段	154000
同江市中医院	1	50	100	80	17	0	22	黑龙江省同江市兴华街	156400
富锦市中医医院	1	180	281	237	85	4	43	黑龙江省富锦市富锦镇东平路	156100

续表

医院名称	所有制	床位数(张)	职工总人数	卫生技术人数	中医药人数	西学中人数	西医药数人	地址	邮政编码
鹤岗市中医院	1	120	199	155	53	0	31	黑龙江省鹤岗市红军路	154100
鹤岗市兴山区肛肠医院	3	34	15	12	6	0	5	黑龙江省鹤岗市兴山区	154101
七台河市中医医院	1	150	282	232	65	0	53	黑龙江省七台河市昌乐路	154603
大庆市中医医院	2	320	575	392	138	0	86	黑龙江省大庆市友谊大街75号	163111
大庆市大同区中医医院	1	0	33	29	7	0	1	黑龙江省大庆市大同区	163515
黑河地区中医医院	1	50	101	81	40	0	8	黑龙江省黑河市兴林街	164300
北安市中医医院	1	101	183	147	49	2	4	黑龙江省北安市中央街	164000
绥化市中医院	1	160	277	256	109	0	37	黑龙江省绥化市北二东路195号	152053
安达市中医院	1	97	217	162	61	1	22	黑龙江省安达市南五道街	151400
肇东市中医院	1	100	170	144	61	0	23	黑龙江省肇东市正阳北三道街	151100
肇东市第二中医院	1	30	81	70	16	0	19	黑龙江省肇东市	151100
海伦市中医院	1	120	212	170	59	0	32	黑龙江省海伦市海伦镇红卫街	152300
兰西中医药中等职业技术学校附属医院	1	50	83	62	8	0	22	黑龙江省兰西县新民街	151512
双城市中医院	1	60	185	143	78	0	35	黑龙江省双城市先进大街	150100
尚志市中医院	1	100	172	125	74	0	9	黑龙江省尚志市中央大街	150601
五常市中医院	1	100	268	179	77	0	39	黑龙江省五常市	150200
伊春市中医医院	1	84	129	98	40	0	22	黑龙江省伊春市繁荣路普新街	153000
伊春市伊春区中医医院	3	30	80	53	18	0	20	黑龙江省伊春市伊春区	153000
铁力市中医医院	1	30	79	62	17	0	18	黑龙江省铁力市铁力镇	152500
伊春市南岔区中医医院	1	25	25	20	10	0	6	黑龙江省伊春市南岔区	153100

上海市地、市级中医医院情况

医院名称	所有制	床位数(张)	职工总人数	卫生技术人数	中医药人数	西学中人数	西医药人数	地址	邮政编码
黄浦区中医医院	1	118	286	201	104	2	26	上海市北京西路130号	200003
南市区中西医结合医院	1	274	643	507	58	0	213	上海市黄家路163号	200010
香山中医医院	1	102	242	194	103	1	31	上海市香山路28号	200020
天山中医医院	1	236	313	234	64	0	64	上海市娄山关路天山四村	200051
普陀区中医医院	1	120	265	213	61	0	68	上海市黄陵路25号	200060

续表

医院名称	所有制	床位数(张)	职工总人数	卫生技术人数	中医药人数	西学中人数	西医药人数	地址	邮编
闸北区中医医院	1	54	164	130	32	0	47	上海市共和新路1700弄75号	200072
上海市中西医结合医院	1	452	863	629	48	0	221	上海市长阳路197号	200082
杨浦区中医医院	1	60	112	87	48	0	13	上海市隆昌路456号	200090
闵行区中医医院	3	0	66	50	37	0	7	上海市闵行区辛庄辛建路	200240
宝山区中医医院	1	30	73	60	40	0	2	上海市宝山区友谊支路301号	201900
嘉定区中医医院	3	200	337	259	72	1	73	上海市嘉定区博乐路222号	201800
浦东新区中医医院	3	202	280	220	71	0	69	上海市浦东新区川沙南桥路399号	201200

江苏省地、市级中医医院情况

医院名称	所有制	床位数(张)	职工总人数	卫生技术人数	中医药人数	西学中人数	西医药人数	地址	邮政编码
南京市玄武中医医院	3	34	91	73	23	0	25	江苏省南京市玄武区	210018
南京市中医院	1	400	709	535	240	6	62	江苏省南京市金陵路1号	210001
南京市秦淮中医院	3	30	72	58	20	0	17	江苏省南京市秦淮区中华路	210006
南京市建邺区中医院	3	64	207	160	41	0	49	江苏省南京市建邺区莫愁路	210004
南京市鼓楼区中医院	3	40	133	113	36	0	39	江苏省南京市鼓楼区中山北路	210003
南京市下关区中医院	3	40	114	94	33	0	23	江苏省南京市下关区热河路	210011
南京市雨花台区中西医结合医院	1	31	76	61	12	0	22	江苏省南京市雨花台区河北大街	210012
无锡市中医医院	1	240	355	270	137	4	12	江苏省无锡市后西溪33号	214001
江阴市中医院	1	215	391	319	114	0	87	江苏省江阴市人民中路140号	214400
宜兴市中医院	1	115	285	227	58	1	74	江苏省宜兴市宜城镇解放东路	214200
徐州市中医院	1	250	403	296	145	1	37	江苏省徐州市石磊巷1号	221009
邳州市中医院	1	130	218	164	58	0	39	江苏省邳州市运河镇	221300
新沂市中医院	1	120	188	149	45	0	46	江苏省新沂市钟吾路80号	221400
常州市中医院	1	310	495	376	176	7	57	江苏省常州市和平南路156号	213003
苏州市中医医院	1	310	557	406	183	3	27	江苏省苏州市景德路314号	215003
太仓市中医院	1	150	286	212	50	0	70	江苏省太仓市人民北路	215400
常熟市中医院	1	201	304	224	87	0	51	江苏省常熟市北门大街41号	215500

续表

医院名称	所有制	床位数(张)	职工总人数	卫生技术人数	中医药人数	西学中人数	西医药人数	地址	邮政编码
张家港市中医院	1	200	324	257	74	1	[illegible]	江苏省张家港市杨舍镇康乐路	215600
吴江市中医院	3	110	96	79	30	0	16	江苏省吴江市平望镇通远路	215221
昆山市红十字中医医院	1	200	295	230	78	0	71	江苏省昆山市朝阳路141号	215300
南通市中医院	1	159	369	267	120	2	56	江苏省南通市建设路41号	226001
南通市中西医结合医院	3	100	164	137	12	0	74	江苏省南通市	226300
如皋市中医院	1	124	242	191	68	0	60	江苏省如皋市如城镇闸桥西路29号	226500
通州市中医院	1	200	333	234	74	0	53	江苏省通州市金沙镇建设路6号	226300
海门市中医院	1	159	218	172	53	0	52	江苏省海门市海门镇	226100
启东市中医院	1	100	134	112	42	0	31	江苏省启东市汇龙镇环城北路	226200
连云港市中医院	1	91	211	170	70	0	31	江苏省连云港市新浦南极路	222004
淮阴市中医医院	1	100	153	117	47	0	18	江苏省淮阴市和平路 3 号	223001
宿迁市中医院	1	123	298	232	42	0	93	江苏省宿迁市	223800
淮安市中医院	1	60	149	107	29	0	27	江苏省淮安市淮城镇南门外	223200
盐城市中医院	1	256	385	305	121	1	62	江苏省盐城市人民中路53号	224002
东台市中医院	3	200	281	218	89	0	66	江苏省东台市东台镇老坝	224200
扬州市中医院	1	180	242	200	84	2	41	江苏省扬州市石塔西路91号	225002
泰州市中医院	1	197	296	240	94	1	52	江苏省泰州市邑庙街24号	225300
仪征市中医院	1	40	107	85	35	0	18	江苏省仪征市真州镇大庆路	211400
兴化市中医院	1	145	295	231	79	0	89	江苏省兴化市昭阳镇健康街75号	225700
高邮市中医院	1	140	254	199	64	0	52	江苏省高邮市海潮路	225600
靖江市中医院	1	152	262	203	82	0	41	江苏省靖江市人民南路102号	214500
泰兴市中医院	1	84	180	145	47	0	47	江苏省泰兴市大庆东路	225400
江都市中医院	1	80	114	96	32	0	27	江苏省江都市镇北回春路	225200
姜堰市中医院	1	224	329	269	92	0	44	江苏省姜堰市	
镇江市中医医院	1	150	311	223	82	1	52	江苏省镇江市运河路105号	212002
丹阳市中医医院	1	87	182	131	44	0	47	江苏省丹阳市乔家巷	212300
扬中市中医医院	1	40	92	74	21	0	23	江苏省杨中市杨子河南路	212200

浙江省地、市级中医医院情况

医院名称	所有制	床位数(张)	职工总人数	卫生技术人数	中医药人数	西学中人数	西医药人数	地址	邮政编码
萧山市中医医院	1	64	251	180	54	1	47	浙江省萧山市城厢镇体育路52号	311200
萧山市中医骨伤科医院	1	100	75	66	12	1	24	浙江省萧山市	311200
富阳市中医医院	1	100	210	176	48	23	33	浙江省富阳市富阳镇	311400
富阳市中医骨伤科医院	1	180	205	143	55	1	30	浙江省富阳市富阳镇城西	311400
余杭市中医医院	1	186	275	209	53	3	50	浙江省余杭市塘栖镇北小河	311106
建德市中医医院	1	120	154	122	41	1	41	浙江省建德市白沙镇沧滩路4号	311600
杭州上城区中医医院	1	100	139	116	30	0	38	浙江省杭州市河坊街413号	310002
杭州下城区中医医院	1	60	100	86	23	0	22	浙江省杭州市杭建国北路777号	310004
杭州市江干区中医医院	1	60	84	75	21	0	29	浙江省杭州市江干区统一码头98号	310008
杭州拱墅区中医医院	1	42	70	60	16	0	26	浙江省杭州市拱墅区	310006
杭州市中医医院	1	400	779	627	181	5	159	浙江省杭州市环城西路59号	310006
杭州西湖区中医医院	1	26	59	49	15	1	11	浙江省杭州市西湖区祥符北街	310013
宁波市中医医院	1	250	314	249	130	0	31	浙江省宁波市孝闻巷64号	315010
宁波市镇海区中医院	1	30	91	78	25	1	31	浙江省宁波市镇海区	315200
余姚市中医医院	1	130	190	151	65	1	34	浙江省余姚市人民东路179号	315400
奉化市中医医院	1	111	235	180	46	1	66	浙江省奉化市大桥镇广平路34号	315500
温州市中医院	1	180	234	189	80	0	33	浙江省温州市大士门27号	325000
温州市康复医院	3	185	269	205	42	0	63	浙江省温州市荷花路	325000
温州市中西医结合医院	1	270	382	304	71	1	114	浙江省温州市上岸街14号	325003
温州市华侨伤骨科医院	5	30	31	21	8	0	2	浙江省温州市	325000
瑞安市中医院	1	150	163	138	49	0	25	浙江省瑞安市长春路5号	325200
嘉兴市中医院	1	200	303	241	77	0	64	浙江省嘉兴市中山西路293号	314001
海宁市中医院	1	142	218	181	60	0	53	浙江省海宁市硖石镇干河街	314400
平湖市中医医院	1	60	121	98	36	0	24	浙江省平湖市大南门外	314200
桐乡市中医医院	1	80	152	130	31	0	49	浙江省桐乡市梧桐镇振兴路	314500
湖州市中医院	1	200	305	231	97	1	51	浙江省湖州市南街82号	313000
绍兴市中医院	1	180	264	202	73	1	52	浙江省绍兴市上大路179号	312000
上虞市中医院	1	30	81	64	26	0	12	浙江省上虞市百官镇新建路42号	312300

续表

医院名称	所有制	床位数(张)	职工总人数	卫生技术人数	中医药人数	西学中人数	西医药人数	地址	邮政编码
诸暨市中医院	1	168	250	201	58	0	52	浙江省诸暨市城关镇暨阳路	311800
金华市中医院	1	400	546	400	131	8	75	浙江省金华市双溪西路71号	321017
兰溪市中医院	1	150	247	205	56	0	63	浙江省兰溪市中山路82号	321100
东阳市中医院	1	150	188	159	59	0	45	浙江省东阳市吴宁东路14号	322100
义乌市中医医院	1	160	296	241	77	0	77	浙江省义乌市城中中路15号	322000
永康市中医院	1	80	120	99	46	0	17	浙江省永康市尚丽镇南宛路65号	321300
衢州市中医院	1	100	218	152	50	0	52	浙江省衢州市荷花东区	324002
江山市中医院	1	60	80	63	36	0	9	浙江省江山市江滨路38号	324100
舟山市定海区中医院	1	71	135	117	54	0	19	浙江省舟山市定海区西大街	316000
舟山市普陀区中医院	1	60	151	122	50	0	36	浙江省舟山市沈家门滨港路1号	316100
椒江市中医院	1	186	296	227	82	0	56	浙江省椒江市中山支路	317700
临海市中医院	1	150	251	214	63	0	40	浙江省临海市回浦路123号	317000
黄岩市中医院	1	150	279	239	66	1	74	浙江省黄岩市青年西路72号	317400
温岭市中医院	1	97	192	148	37	3	51	浙江省温岭市城关镇太平北路11号	317500
丽水市中医院	1	150	204	164	51	0	38	浙江省丽水市大众街229号	323000
龙泉市中医院	1	30	113	97	28	0	38	浙江省龙泉市龙渊镇贤良坊4号	323700

安徽省地、市级中医医院情况

医院名称	所有制	床位数(张)	职工总人数	卫生技术人数	中医药人数	西学中人数	西医药人数	地址	邮政编码
合肥市东市痔瘘医院	3	30	25	20	4	0	6	安徽省合肥市蚌埠路487号	230011
合肥市东市区中医院	3	30	23	18	14	0	1	安徽省合肥市滁州路9号	230011
合肥市中医推拿医院	1	60	35	30	19	0	4	安徽省合肥市寿春路27号	230001
合肥市中医医院	1	85	56	45	23	0	4	安徽省合肥市阜阳北路	230041
芜湖市中医医院	1	300	411	333	166	1	38	安徽省芜湖市九华山路188号	241000
蚌埠市中医院	1	150	188	126	61	0	19	安徽省蚌埠市朝阳路大庆路135号	233010
淮南市中医院	1	71	150	113	52	0	14	安徽省淮南市田家庵	232007
马鞍山市中医院	1	150	258	155	43	0	21	安徽省马鞍山市全家塘	243021

续表

医院名称	所有制	床位数(张)	职工总人数	卫生技术人数	中医药人数	西学中人数	西医药人数	地址	邮政编码
淮北市中医医院	1	40	73	59	45	0	2	安徽省淮北市相山淮海路150号	235000
铜陵市中医院	1	31	98	80	26	0	28	安徽省铜陵市长江东路17号	244000
安庆市中医医院	1	100	296	234	92	0	55	安徽省安庆市龙山路67号	246004
黄山市中医院	1	91	152	130	60	0	30	安徽省黄山市三马路	245000
黄山市黄山区中医医院	1	35	36	33	12	0	10	安徽省黄山市黄山区	245000
阜阳市第一中医院	1	100	123	101	46	0	11	安徽省阜阳市	236005
阜阳市中医院	1	60	131	117	35	0	35	安徽省阜阳市人民西路	236005
亳州市华佗中医院	1	100	119	101	49	0	8	安徽省亳州市环城东路124号	236801
界首市中医院	1	80	97	90	19	0	30	安徽省界首市中州路	236500
宿县地区中医院	1	80	116	94	37	0	19	安徽省宿州市西昌北路	234000
宿州市中医院	1	100	105	97	29	0	27	安徽省宿州市	234000
滁州市中医院	1	40	92	82	25	0	38	安徽省滁州市	239001
六安地区中医院	1	186	243	188	61	0	41	安徽省六安市人民路	237006
巢湖市中医院	1	0	35	24	12	0	1	安徽省巢湖市朝阳门内	238000
贵池市中医院	1	30	105	84	25	0	28	安徽省贵池市和平路120号	247100
安徽省芜湖中医学校	1	60	220	133	101	0	16	安徽省芜湖市邢家山1号	241001

福建省地、市级中医医院情况

医院名称	所有制	床位数(张)	职工总人数	卫生技术人数	中医药人数	西学中人数	西医药人数	地址	邮政编码
福州市中医院	1	200	247	186	94	8	17	福建省福州市古东新路102号	350001
福州市台江区中医院	3	28	24	22	14	0	0	福建省福州市中选路164号	350009
福州市中西医结合医院	1	528	711	586	53	6	239	福建省福州市上藤路47号	350007
福州市仓山区中医院	3	0	48	42	18	2	8	福建省福州市观井路141号	350007
福州市林如高正骨医院	1	70	66	44	25	0	0	福建省福州市福湾路斗门	350007
福州市福清市中医院	1	0	29	25	11	1	7	福建省福州市福清市	350300
福州市鼓楼区中医院	3	0	42	38	22	0	2	福建省福州市鼓楼区	350001
厦门市中医院	1	300	418	317	120	3	42	福建省厦门市镇海路12号	361001

续表

医院名称	所有制	床位数(张)	职工总人数	卫生技术人数	中医药人数	西学中人数	西医药人数	地址	邮政编码
厦门市思明区中医骨科医院	3	30	39	30	13	0	4	福建省厦门市思明区金新河47号	361001
漳州市中医院	1	315	456	362	136	4	32	福建省漳州市新浦路	363000
漳州市芗城区中医院	1	150	221	183	66	1	36	福建省漳州市芗城区解放路	363000
南平市中医院	1	205	279	225	91	3	33	福建省南平市紫云岗21号	353000
邵武市中医院	1	100	104	78	36	1	8	福建省邵武市五一九路	354000
武夷山市中医院	1	40	41	34	9	1	6	福建省武夷山市温岭街51号	
建瓯市中医院	1	25	75	59	20	0	4	福建省南平地区建瓯市中山路	353100
龙岩市中医院	1	60	81	67	24	1	11	福建省龙岩市解放路10号	364000
漳平市中医院	1	60	44	37	13	0	8	福建省漳平市青城镇平等巷36号	364400
泉州市中医院	1	300	389	325	145	4	44	福建省泉州市东大路向阳新村	362000
泉州市中医外科医院	3	19	52	47	14	0	13	福建省泉州市	362000
泉州市正骨医院	3	67	81	65	34	0	6	福建省泉州市中山中路217号	362000
晋江市中医院	1	60	65	51	24	0	3	福建省泉州市晋江市青阳新大街	362200
南安市中医院	1	50	53	45	20	1	6	福建省泉州市南安市溪美镇新华路111号	362300
三明市中医院	1	100	124	105	54	1	11	福建省三明市崇荣路	365001
三明市永安市中医院	1	20	34	30	18	0	5	福建省三明市永安市	365000
宁德地区中医院	1	150	176	151	59	0	18	福建省宁德地区东湖路15号	352101
宁德地区福安市中医院	1	100	60	51	18	0	13	福建省宁德地区福安市	355000

江西省地、市级中医医院情况

医院名称	所有制	床位数(张)	职工总人数	卫生技术人数	中医药人数	西学中人数	西医药人数	地址	邮政编码
南昌市洪都中医院	1	193	245	177	71	0	10	江西省南昌市民德路246号	330008

续表

医院名称	所有制	床位数(张)	职工总人数	卫生技术人数	中医药人数	西学中人数	西医药人数	地址	邮政编码
南昌市湾里中医院	1	30	50	43	18	0	7	江西省南昌市湾里区磨北路	330004
南昌市中西医结合医院	1	418	566	439	42	1	167	江西省南昌市八一大道8号	330003
南昌市按摩医院	2	200	140	100	55	0	12	江西省南昌市永外正街	330006
南昌市第三按摩医院	4	50	68	33	20	0	5	江西省南昌市老贡院巷1号	330003
南昌市第二按摩医院	4	30	52	38	3	0	6	江西省南昌市子固路	330008
景德镇市中医院	1	180	282	231	138	2	14	江西省景德镇大月山	333000
乐平市中医院	1	60	116	92	38	0	18	江西省乐平市乐平镇	333300
萍乡市中医院	1	150	242	206	113	0	19	江西省萍乡市城关区楚萍西路	337000
萍乡市上栗区中医院	1	45	84	79	51	0	8	江西省萍乡市上栗区	337009
萍乡市芦溪区中医院	1	50	68	64	32	0	12	江西省萍乡市芦溪区	337053
萍乡市湘东区中医院	1	55	121	113	46	0	30	江西省萍乡市湘东区	337016
九江市中医医院	1	100	141	113	49	1	18	江西省九江市滨湖路6号	332000
瑞昌市中医医院	1	68	66	47	21	0	13	江西省瑞昌市赤乌中路109号	332200
庐山区中医骨伤科医院	1	10	4	3	0	1	0	江西省九江市庐山区	332100
新余市中医院	1	150	241	191	82	0	36	江西省新余市建设东路	336500
鹰潭市中医院	1	157	192	166	55	1	28	江西省鹰潭市胜利东路45号	335000
赣州市中医院	1	285	219	168	83	0	27	江西省赣州市西津路42号	341000
瑞金市中医院	1	100	112	86	41	0	7	江西省瑞金市象湖镇	342500
赣州地区中西医结合医院	1	100	155	105	13	0	44	江西省赣州市水东	341001
赣州市按摩医院	4	30	44	23	3	0	3	江西省赣州市东桥路	341000
丰城市中医院	1	170	243	200	73	2	56	江西省丰城市东方红大街	331100
樟树市中医院	1	100	175	149	81	0	15	江西省樟树市樟树镇	331200
宜春市中医院	1	150	236	180	75	1	29	江西省宜春市中山中路243号	336000
上饶市中医院	1	120	199	160	64	1	37	江西省上饶市东门路61号	334000
德兴市中医院	1	50	65	49	20	0	10	江西省德兴市银城镇	334200
吉安市人民中医院	1	119	160	131	63	0	20	江西省吉安市中山东路37号	343000
吉安地区按摩医院	2	30	15	9	8	0	1	江西省吉安市	343000
井岗山市中医院	1	30	40	31	15	0	5	江西省井岗山市红军南路	343600

续表

医院名称	所有制	床位数(张)	职工总人数	卫生技术人数	中医药人数	西学中人数	西医药人数	地址	邮政编码
抚州市中医院	1	100	163	132	68	0	12	江西省抚州市大公路142号	344000

山东省地、市级中医医院情况

医院名称	所有制	床位数(张)	职工总人数	卫生技术人数	中医药人数	西学中人数	西医药人数	地址	邮政编码
章丘市中医医院	1	113	209	171	51	0	32	山东省章丘市	250200
济南市中医医院	1	255	501	372	218	0	24	山东省济南市麟趾巷42号	250012
济南市民族医院	1	50	102	76	12	0	24	山东省济南市	250021
济南市历城区中医医院	1	100	136	116	26	0	42	山东省济南市历城区	250100
青岛市中西医结合医院	1	360	571	410	32	5	168	山东省青岛市嘉祥路3号	266002
青岛市中医院	1	305	428	330	165	9	11	山东省青岛市城阳路5号	266012
青岛市四方区中医院	3	70	125	103	34	0	29	山东省青岛市鞍山路6号	266033
青岛市李沧区中医院	1	82	126	93	32	0	21	山东省青岛市	
青岛市黄岛区中医院	1	53	116	95	19	0	40	山东省青岛市黄岛区灵山岛街4号	266500
胶州市中医院	1	100	166	124	42	0	22	山东省胶州市广州北路35号	266300
胶南市中医院	1	120	247	199	35	0	84	山东省胶南市悬泉街8号	266400
即墨市中医院	1	80	153	116	30	0	29	山东省即墨市兰岙路171号	266200
平度市中医院	1	50	151	133	42	1	48	山东省平度市	266700
莱西市中医医院	3	60	130	106	24	0	41	山东省莱西市文化路11号	266600
淄博市鲁中中医院	1	30	27	25	20	0	1	山东省淄博市	255200
淄博市中医院	1	300	396	305	164	0	10	山东省淄博市周村区新建东路	255300
淄博市淄川区中医院	1	145	173	150	61	1	19	山东省淄博市淄川区淄城三路	255100
淄博市临淄区中医院	1	110	131	111	40	1	23	山东省淄博市临淄区南二路23号	255400
淄博市博山区中医院	1	151	200	154	37	11	54	山东省淄博市博山区镇东村南街	255200
淄博市张店区中医院	1	125	146	117	45	0	29	山东省淄博市张店区健康街51号	255035
枣庄市中医医院	1	248	382	279	74	0	75	山东省枣庄市公胜街10号	277147
枣庄市峄城区中医医院	1	100	140	109	35	0	22	山东省枣庄市峄城区自由街71号	277300
枣庄市山亭区中医院	1	105	125	108	15	0	44	山东省枣庄市山亭镇	277200
枣庄市台儿庄区中医医院	1	80	115	100	8	0	30	山东省枣庄市台儿庄区华兴路	277400

续表

医院名称	所有制	床位数(张)	职工总人数	卫生技术人数	中医药人数	西学中人数	西医药人数	地址	邮政编码
滕州市中医院	1	216	302	263	75	0	67	山东省滕州市善国中路52号	277500
枣庄市薛城区中医医院	1	60	125	106	14	0	43	山东省枣庄市薛城区新华街41号	277000
枣庄市河口区中医院	1	40	49	43	3	0	10	山东省枣庄市河口区	277000
烟台市中医医院	1	200	278	215	102	1	37	山东省烟台市幸福路39号	264000
龙口市中医医院	1	80	80	68	28	0	24	山东省龙口市黄城中心街65号	265701
莱阳市中医医院	1	141	213	182	58	1	48	山东省莱阳市五龙北路44号	265200
蓬莱市中医院	1	45	56	50	15	0	25	山东省蓬莱市钟楼东路	265600
招远市中医院	1	120	245	201	61	0	44	山东省招远市河东路44号	265400
莱州市中医院	1	150	162	125	39	9	26	山东省莱州市文化东路92号	261400
潍坊市中医院	1	300	535	441	163	0	60	山东省潍坊市工农路46号	261041
青州市中医院	1	57	111	89	27	0	28	山东省青州市玲珑路	262500
诸城市中医院	1	200	226	189	64	0	52	山东省诸城市东关大街69号	262200
安丘市中医院	1	40	110	91	43	0	19	山东省安丘市	262100
寿光市中医院	1	120	139	116	33	0	34	山东省寿光市工业北街	262700
昌邑市中医院	1	150	134	117	28	0	25	山东省昌邑市	261300
高密市中医院	1	90	100	80	24	0	20	山东省高密市县城	261500
济宁市中医院	1	200	322	258	79	0	54	山东省济宁市环城北路	272137
济宁市中区正骨医院	1	50	143	107	27	13	25	山东省济宁市任城路	272107
济宁市任城区中医院	1	100	133	110	23	0	29	山东省济宁市任城区	272107
曲阜市中医院	1	100	127	78	26	0	23	山东省曲阜市	273100
兖州市中医院	1	120	94	62	19	0	10	山东省兖州市东桥北路	272000
邹城市叔和中医院	1	150	158	136	37	0	41	山东省邹城市	273500
泰安市中医医院	1	180	324	248	93	0	37	山东省泰安市迎暄大街	271000
泰安市中医二院	1	200	208	175	83	0	15	山东省泰安市灵山大街	271000
肥城市中医院	1	202	293	235	95	2	30	山东省肥城市	271600
滨州地区中医院	1	132	189	157	79	2	12	山东省滨州市渤海九路532号	256613
德州地区中医院	1	180	212	175	77	0	25	山东省德州市东方红路47号	253013
德州市中医院	1	150	303	245	74	3	78	山东省德州市马市街8号	253010

续表

医院名称	所有制	床位数(张)	职工总人数	卫生技术人数	中医药人数	西学中人数	西医药人数	地址	邮政编码
聊城地区中医院	1	300	384	294	110	1	48	山东省聊城市文化路	252000
临清市中医院	1	60	20	17	14	0	3	山东省临清市	252600
聊城市中医院	1	73	72	67	13	0	29	山东省聊城市	252035
临沂市中医院	1	10	36	28	5	0	9	山东省临沂市解放路56号	276002
临沂地区中医医院	1	405	657	587	170	0	155	山东省临沂市解放路中段	276002
菏泽地区中医医院	1	163	336	247	73	0	66	山东省菏泽市丹阳路	274035
菏泽市中医医院	1	60	152	139	53	0	40	山东省菏泽市曹州路21号	274000
威海市中医院	1	66	140	105	33	0	29	山东省威海市青岛北路	264200
文登市整骨医院	1	434	385	300	98	0	65	山东省文登市峰山路	264400
乳山市中医院	1	110	253	210	69	0	35	山东省乳山市新华街47号	264500
荣成市中医医院	1	116	211	167	46	2	50	山东省荣成市	264300
莱芜市中医院	1	100	255	212	59	0	41	山东省莱芜市莱城	271100

河南省地、市级中医医院情况

医院名称	所有制	床位数(张)	职工总人数	卫生技术人数	中医药人数	西学中人数	西医药人数	地址	邮政编码
郑州市中医院	1	402	564	468	151	0	108	河南省郑州市友爱路	450007
郑州市第二按摩医院	2	30	81	66	46	0	6	河南省郑州市伊河路146号	450007
郑州市中原区中医院	3	40	20	16	10	0	4	河南省郑州市中原区计划路1号	450007
郑州市第二中医院	3	100	139	124	57	2	22	河南省郑州市铭功路41号	450000
郑州市颈肩腰腿痛中医院	3	120	75	47	15	0	21	河南省郑州市安全街39号	450052
郑州市管城区中医院	3	113	62	45	21	0	13	河南省郑州市管城区城东路60号	450004
郑州市向阳肛肠医院	3	120	23	17	6	0	3	河南省郑州市	450007
郑州市第一按摩医院	2	100	92	71	0	0	1	河南省郑州市伊河路146号	450007
巩义市中医院	1	170	173	130	55	0	22	河南省巩义市新华路	451200
开封市第一中医院	1	266	334	251	133	2	18	河南省开封市财政厅东街54号	475001
开封市按摩医院	2	30	30	21	21	0	0	河南省开封市	475001
开封市第二中医院	1	105	153	114	54	1	13	河南省开封市西郊解放路	475004

续表

医院名称	所有制	床位数(张)	职工总人数	卫生技术人数	中医药人数	西学中人数	西医药人数	地址	邮政编码
开封市中西医结合医院	1	227	370	288	43	3	120	河南省开封市南关五福路	475003
洛阳市中医院	1	250	378	284	126	5	44	河南省洛阳市玻璃厂南路34号	471000
洛阳市按摩医院	2	100	51	37	27	0	5	河南省洛阳市	471002
洛阳市第二中医院	1	200	309	236	116	1	23	河南省洛阳市南昌路	471003
河南省盲人按摩学校附属医院	2	130	64	57	32	0	7	河南省洛阳市青岛路南段	471003
洛阳市郊区骨伤科医院	3	140	58	41	15	0	13	河南省洛阳市龙门路中段关林街	471023
平顶山市中医医院	1	230	375	300	115	1	31	河南省平顶山市中兴路北段	467000
平顶山市民政按摩医院	2	105	34	27	16	0	5	河南省平顶山市劳动路中段西36号	467000
平顶山市舞钢市中医医院	1	20	53	45	17	0	10	河南省舞钢市温州路西侧	462500
汝州市中医院	1	150	133	105	58	1	3	河南省汝州市地母庙街48号	467500
安阳市按摩医院	2	0	76	53	41	0	4	河南省安阳市解放路中段	455000
安阳市中医院	1	250	411	344	204	1	29	河南省安阳市解放路中段	455000
安阳市脉管炎医院	1	100	107	72	33	0	13	河南省安阳市轻工路10号	455000
林州市中医院	1	60	68	60	25	0	17	河南省林州市	456550
鹤壁市中医院	1	100	143	114	52	0	21	河南省鹤壁市汤河街13号	456650
鹤壁市按摩医院	3	50	40	33	5	0	10	河南省鹤壁市春雷路中段	456650
新乡市中医院	1	200	255	200	107	2	29	河南省新乡市向阳路1号	453003
新乡市按摩医院	2	66	55	38	31	0	0	河南省新乡市陵园胡同1号	453002
卫辉市中医院	1	80	103	86	31	0	18	河南省卫辉市南站	453100
辉县市中医院	1	115	156	138	49	0	22	河南省辉县市西环路南段	453600
焦作市中医院	1	210	340	275	113	0	59	河南省焦作市解放西路	454150
焦作市按摩医院	2	0	30	20	2	0	18	河南省焦作市	454150
济源市中医院	1	100	178	160	48	0	41	河南省济源市双桥区东留村	454650
沁阳市中医院	1	70	172	145	40	0	47	河南省沁阳市建设南路81号	454550
濮阳市中医医院	1	50	74	62	36	0	10	河南省濮阳市胜利东路	457003
许昌市中医院	1	286	307	243	88	1	35	河南省许昌市前进路13号	461000
许昌市按摩医院	2	30	55	42	25	0	4	河南省许昌市西关大街72号	461000

续表

医院名称	所有制	床位数(张)	职工总人数	卫生技术人数	中医药人数	西学中人数	西医药人数	地址	邮政编码
长葛市中医院	1	100	163	148	39	0	47	河南省长葛市建设路	461500
禹州市中医院	1	150	183	154	67	0	31	河南省禹州市东环路	452570
漯河市中医院	1	168	148	119	52	0	18	河南省漯河市交通路86号	462000
三门峡市中医院	1	110	154	133	42	0	43	河南省三门峡市黄河路中段	472000
商丘地区中医院	1	200	318	241	81	1	67	河南省商丘市民主东路70号	476000
商丘市中医院	1	70	74	60	29	2	4	河南省商丘市中山西一街	476100
商丘市按摩医院	2	30	34	24	16	0	3	河南省商丘市	476000
周口地区中医院	1	300	429	293	116	0	58	河南省周口市七一路西段	466000
周口市中医院	1	40	39	36	14	0	5	河南省周口市周商路	466002
驻马店地区中医院	1	180	279	224	98	2	35	河南省驻马店市解放路西段	463000
驻马店市中医院	3	201	353	292	125	0	55	河南省驻马店市解放路大道东路	463000
南阳地区中医院	1	120	246	212	84	3	25	河南省南阳市七一路	473060
南阳张仲景医院	1	100	196	171	95	4	23	河南省南阳市医圣祠街8号	473008
南阳市按摩医院	2	0	24	12	11	0	0	河南省南阳市	473060
南阳市中医外科医院	3	50	92	79	23	0	30	河南省南阳市新生街96号	473054
南阳市中医骨伤科医院	3	100	112	100	30	1	22	河南省南阳市解放路102号	473054
邓州市中医院	1	200	272	228	90	4	16	河南省邓州市新华街65号	474150
邓州市按摩医院	2	75	57	37	19	0	6	河南省邓州市新华中路	474150
信阳地区中医院	1	203	237	181	88	0	25	河南省信阳市解放路84号	464000
信阳市第二人民医院	1	50	56	52	5	0	33	河南省信阳市新华东路	464000
信阳市中医院	1	140	133	118	38	1	38	河南省信阳市民权路	464000
信阳市肛肠医院	3	80	56	53	8	1	26	河南省信阳市	464000
信阳市按摩医院	2	30	21	16	12	0	2	河南省信阳市	464000

湖北省地、市级中医医院情况

医院名称	所有制	床位数(张)	职工总人数	卫生技术人数	中医药人数	西学中人数	西医药人数	地址	邮政编码
武汉市中医院	1	300	616	454	263	1	5	湖北省武汉市汉口黎黄陂路	430014
黄石市中医医院	1	354	487	381	183	0	36	湖北省黄石市广场路4号	435000
沙市市中医院	1	303	537	390	177	7	17	湖北省沙市市江津东路	434000

续表

医院名称	所有制	床位数(张)	职工总人数	卫生技术人数	中医药人数	西学中人数	西医药人数	地址	邮政编码
宜昌市中医医院	1	167	262	195	74	8	20	湖北省宜昌市胜利三路1号	443003
宜昌市康复医院	1	20	8	6	4	0	2	湖北省宜昌市	443000
枝城市中医医院	1	107	138	105	45	0	10	湖北省枝城市	443300
当阳市中医医院	1	100	115	82	31	0	11	湖北省当阳市长阪路132号	444100
襄樊市中医医院	1	422	556	379	89	0	51	湖北省襄樊市长征路112号	441000
襄樊市康复医院	2	60	78	45	5	0	5	湖北省襄樊市	441000
随州市中医医院	1	100	236	185	84	0	27	湖北省随州市沿河大道157号	441300
随州市按摩医院	4	15	19	16	7	0	1	湖北省随州市	441300
老河口市中医医院	1	120	224	188	92	1	23	湖北省老河口市胜利路33号	441800
枣阳市中医院	1	30	93	76	21	0	34	湖北省枣阳市车站路14号	441200
鄂州市中医医院	1	150	233	197	69	0	34	湖北省鄂州市滨湖北路	436000
荆门市中医院	1	50	103	78	33	1	13	湖北省荆门市象山三路	434501
麻城市中医医院	1	80	192	147	61	0	27	湖北省麻城市陵园路	431600
武穴市中医医院	1	120	228	190	49	1	41	湖北省武穴市武穴镇车站路68号	436400
黄州市中医医院	1	60	128	114	43	0	16	湖北省黄州市车门路22号	436100
孝感市中医院	1	150	233	174	63	1	23	湖北省孝感市槐荫大道	432100
应城市中医院	1	120	176	140	56	0	24	湖北省应城市大治路2号	432400
安陆市中医院	1	90	173	146	53	1	20	湖北省安陆市河西小区	432600
广水市中医院	1	95	181	116	44	0	20	湖北省广水市	432700
咸宁地区中医院	1	50	74	57	32	2	9	湖北省咸宁市永安办事处	437000
蒲圻市中医院	1	54	116	102	33	4	17	湖北省蒲圻市沿河大道	437302
咸宁市中医院	1	30	74	62	30	0	8	湖北省咸宁市永安办事处	437000
仙桃市中医院	1	256	451	338	157	0	34	湖北省荆州地区仙桃市解放东路	433000
石首市中医医院	1	80	134	113	37	0	29	湖北省荆州地区石首市中山路	434400
洪湖市中医院	1	159	341	248	97	0	39	湖北省荆州地区洪湖市人民路	433200
天门市中医院	1	100	252	189	74	0	27	湖北省荆州地区天门市陆羽一路	431700
潜江市中医院	1	50	123	99	44	0	21	湖北省荆州潜江市园林镇	433100
钟祥市中医院	1	130	226	183	71	0	18	湖北省荆州钟祥县郢中镇	431900

续表

医院名称	所有制	床位数(张)	职工总人数	卫生技术人数	中医药人数	西学中人数	西医药人数	地址	邮政编码
郧阳地区中医医院	1	46	161	118	44	0	24	湖北省十堰市顾家岗武当路36号	442012
丹江口市中医院	1	20	65	53	17	0	14	湖北省郧阳丹江口市丹工路	441900
利川市民族中医院	1	100	145	122	37	1	27	湖北省鄂西土家族苗族自治州利川市都亭镇	445400
恩施市中医院	1	80	151	132	51	0	28	湖北省恩施市中山路37号	445400
恩施土家族苗族自治州民族医院	1	120	191	134	55	3	19	湖北省恩施市航空路29号	445000

湖南省地、市级中医医院情况

医院名称	所有制	床位数(张)	职工总人数	卫生技术人数	中医药人数	西学中人数	西医药人数	地址	邮政编码
长沙市中医院	1	268	388	291	122	0	34	湖南省长沙市书院路口1号	410002
长沙市郊区中医院	1	200	147	118	43	0	21	湖南省长沙市	410001
浏阳市中医院	1	234	296	235	100	0	23	湖南省浏阳市城关北正路	410300
株洲市北区中医痔瘘医院	1	65	39	33	16	0	5	湖南省株洲市湘天桥	412004
株洲市中医院	1	343	490	376	140	2	44	湖南省株州市人民中路50号	412000
株洲市南区中医伤科医院	1	205	211	157	72	0	25	湖南省株洲市建设路	412000
醴陵市中医院	1	251	247	202	101	1	32	湖南省醴陵市解放路	412200
湘乡市中医院	1	75	156	124	49	0	18	湖南省湘乡市三眼井21号	411400
湘潭市雨湖区医院	1	30	48	43	15	0	17	湖南省湘潭市雨湖区	411100
湘潭市中医院	1	253	338	261	125	0	26	湖南省湘潭市人民路76号	411100
湘潭市岳塘中医院	1	25	54	46	19	0	15	湖南省湘潭市	411100
湘潭市郊区人民医院	1	44	84	77	22	0	29	湖南省湘潭市	411100
韶山市中医院	1	100	73	56	23	0	9	湖南省韶山市竹鸡七段	411300
衡阳市中医医院	1	300	455	380	178	10	34	湖南省衡阳市丞相北路9号	421000
衡阳市中西医结合医院	1	318	373	288	30	14	98	湖南省衡阳市湖北路102号	421002
衡阳市中医专科医院	1	42	79	62	15	0	25	湖南省衡阳市前进里	421002
衡阳市城南中医院	1	120	96	82	17	0	26	湖南省衡阳市先锋路38号	412001
耒阳市中医院	1	164	255	214	81	0	47	湖南省耒阳市大桥路	421800
邵阳市第一中医院	1	260	278	210	98	0	23	湖南省邵阳市东风路103号	422000

续表

医院名称	所有制	床位数(张)	职工总人数	卫生技术人数	中医药人数	西学中人数	西医药人数	地址	邮政编码
邵阳市第二中医院	1	170	184	142	60	0	24	湖南省邵阳市宝庆西路2号	422000
岳阳市中医院	1	106	171	139	62	0	25	湖南省岳阳市洞庭北路	414000
岳阳市北区中医院	1	30	35	31	15	0	7	湖南省岳阳市北区云溪镇	414009
临湘市中医院	1	79	114	98	39	0	19	湖南省临湘市长安镇西正街32号	414300
汨罗市中医院	1	90	114	97	46	0	17	湖南省汨罗市城关	414400
常德市中医院	1	170	292	239	110	0	48	湖南省常德市人民西街	415000
常德市第二中医院	1	127	177	152	59	0	34	湖南省常德市朝阳路	415000
津市市中医院	1	150	197	161	82	0	20	湖南省津市市沮津路	415400
益阳市中医院	1	159	259	200	83	0	34	湖南省益阳市五一东路	413001
沅江市中医院	1	120	183	153	75	0	25	湖南省沅江市	413100
娄底市中医医院	1	100	139	114	25	0	47	湖南省娄底市东平西路	417000
冷水江市中医医院	1	180	190	160	69	0	26	湖南省冷水江市广场路	417500
涟源市中医医院	1	110	149	134	53	0	25	湖南省涟源市兰田镇青年路	417100
郴州市中医院	1	174	254	197	100	0	25	湖南省郴州市燕泉路	423000
资兴市中医医院	1	140	173	134	29	0	44	湖南省资兴市鲤鱼江镇	423401
永州市中医医院	1	134	207	163	51	0	27	湖南省永州市钟楼街	425000
冷水滩市中医院	1	160	259	220	86	0	49	湖南省冷水滩市	425100
怀化市中医院	1	281	300	231	65	0	52	湖南省怀化市迎丰西路	418000
洪江市中医院	1	190	179	138	31	0	31	湖南省怀化地区洪江市南岳路	418200
湘西土家族苗族自治州民族中医院	1	170	193	160	80	1	13	湖南省湘西土家族自治州吉首市马坡岭	416000
张家界中医院	1	188	186	161	58	0	28	湖南省大庸市回龙路	416600

广东省地、市级中医医院情况

医院名称	所有制	床位数(张)	职工总人数	卫生技术人数	中医药人数	西学中人数	西医药人数	地址	邮政编码
佛山市中医院	1	874	814	653	209	1	137	广东省佛山市新仁路	528000
三水市中医院	1	60	187	142	57	1	32	广东省三水市西南镇人民一路46号	528100
高明市中医院	1	32	85	73	25	0	22	广东省高明市文化路65号	528500

续表

医院名称	所有制	床位数(张)	职工总人数	卫生技术人数	中医药人数	西学中人数	西医药人数	地址	邮政编码
顺德市中医院	1	400	696	555	96	1	203	广东省顺德市顺峰山	528333
南海市中医院	1	150	129	110	31	0	29	广东省南海市桂城南南路5号	528200
东莞市中医院	1	300	382	324	110	1	71	广东省东莞市东城街	511700
韶关市中医院	1	200	334	284	115	0	28	广东省韶关市武江南路61号	512026
乐昌市中医院	1	60	128	98	23	0	30	广东省乐昌市乐城镇人民路46号	512200
湛江市第一中医医院	1	160	217	169	58	0	39	广东省湛江市海滨七路24号	524043
湛江市赤坎区中医院	1	60	105	85	45	0	13	广东省湛江市赤坎区中山二路67号	524035
湛江市第二中医医院	1	152	206	169	63	0	40	广东省湛江市霞山区解放西路	524013
湛江市霞山骨伤科医院	1	72	118	93	23	0	19	广东省湛江市洪尾路	524003
吴川市中医院	1	70	146	131	46	0	34	广东省吴川市梅箓镇解放北路	5[illegible]0[illegible]
雷州市中医医院	1	195	322	252	83	0	68	广东省雷州市	524200
惠州市中医医院	1	140	275	219	50	2	59	广东省惠州市下角万寿山	51[illegible]01
珠海市中医院	1	204	258	217	85	0	44	广东省珠海市吉大景东路	519015
中山市中医院	1	362	468	376	125	2	81	广东省中山市孙文中路	528400
中山市郭门照骨科医院	5	22	22	15	6	0	2	广东省中山市	528400
梅州市中医院	1	159	257	207	93	0	36	广东省梅州市梅松路	514011
肇庆市中医院	1	133	215	152	56	0	31	广东省肇庆市端州六路20号	526020
肇庆华佗医院	1	120	214	159	61	0	34	广东省肇庆市和平路	526060
高要市中医院	1	60	122	106	28	0	36	广东省高要市南金路33号	526100
四会市中医院	1	19	127	102	33	0	31	广东省四会市四会镇曙光路12号	526200
云浮市中医院	1	74	151	115	30	0	32	广东省云 浮市环城路	527300
罗定市中医院	1	102	160	132	45	1	29	广东省罗定市罗城镇戏院路	527200
广州市东山区骨伤科医院	3	38	56	47	12	0	15	广东省东山区 中山四路73号	510155
广州市中医医院	1	426	757	557	198	0	111	广东省广州市珠玑路16号	510130
广州市荔湾区中西医结合医院	3	50	191	153	42	0	66	广东省广州市荔湾区	510170
广州市荔湾区中医医院	3	60	182	152	52	0	39	广东省广州市中山八路周门西街	510176
广州市荔湾区康宁医院	3	28	71	58	14	0	19	广州市荔湾区	510160
广州市越秀区正骨医院	1	200	164	131	53	0	18	广州市越秀区东风中路449号	510045

续表

医院名称	所有制	床位数(张)	职工总人数	卫生技术人数	中医药人数	西学中人数	西医药人数	地址	邮政编码
广州市越秀区中医医院	1	60	105	86	29	0	21	广州市越秀区海珠中路183号	510120
广州市越秀区正骨医院分院	3	23	55	46	18	0	14	广州市越秀区	510030
广州市越秀区中医杂病医院	3	38	103	88	33	0	26	广东省越秀区天成路晏公街10号	510120
广州市海珠区中医医院	1	60	131	97	38	0	25	广州市海珠区南华东路638号	510220
广州市海珠区中医杂病医院	1	30	131	99	29	0	40	广州市海珠区南华中路286号	510220
广州市海珠区石溪中医医院	3	92	115	89	26	0	28	广州市海珠区工业大道南498号	510288
广州市芳村区中医院	1	27	153	128	42	0	46	广州市芳村区山村路1号	510360
广州市黄埔区中医医院	1	100	193	164	47	0	54	广东省广州市黄埔区蟹山路3号	510700
花都市中医医院	1	60	134	110	35	0	32	广东省花都市新华镇福宁路	510800
从化市中医医院	1	70	108	92	33	0	15	广东省从化市街口镇镇南北路	510900
增城市中医医院	1	65	195	165	61	0	37	广东省增城市荔城镇和平路	511300
番禺市中医医院	1	100	242	210	77	1	57	广东省番禺市桥镇桥东路62号	511400
河源市中医院	1	76	194	160	55	0	41	广东省河源市源城区学生路	517000
连州市中医院	1	80	125	94	22	1	18	广东省连州市连州镇东岳路	513402
清远市中医院	1	230	332	267	96	0	47	广东省清远市城镇牛皇庙	511500
英德市中医院	1	100	127	106	40	0	18	广东省英德市英城镇利民路	513000
阳江市中医院	1	135	249	208	96	0	26	广东省阳江市江城区漠阳街	529500
江门市中医院	1	250	509	391	181	0	66	广东省江门市跃进路62号	529051
新会市中医院	1	260	417	332	130	0	43	广东省新会市会城镇惠民东路49号	529100
恩平市中医医院	1	64	165	138	51	0	28	广东省恩平市恩城镇南堤路29号	529400
开平市中医院	1	120	270	235	86	0	57	广东省开平市三埠镇	529300
鹤山市中医院	1	60	124	106	50	0	19	广东省鹤山市沙坪镇人民路24号	529700
台山市中医院	1	170	295	245	74	0	70	广东省台山市台城镇台西路	529200
深圳市中医院	1	260	513	392	134	0	83	广东省深圳市福华路2号	518033
深圳市骨伤科中心	1	48	13	4	2	0	0	广东省深圳市	518020
深圳市平乐骨伤科医院	2	100	12	10	6	0	3	广东省深圳市	518020

续表

医院名称	所有制	床位数(张)	职工总人数	卫生技术人数	中医药人数	西学中人数	西医药人数	地址	邮政编码
深圳市宝安区中医院	1	40	117	97	39	0	16	广东省深圳市宝安区	518101
深圳市罗湖区中医院	1	30	186	148	54	0	45	广东省深圳市罗湖乐园路11号	518001
茂名市中医医院	1	203	342	259	84	0	63	广东省茂名市油城五路	525000
茂名市茂南区骨伤科医院	1	20	50	47	14	0	20	广东省茂名市	525000
高州市中医院	1	120	176	147	48	0	22	广东省高州市城府前路	525200
化州市中医院	1	135	196	165	68	0	23	广东省化州市化州镇中山路	525100
汕头市中医医院	1	176	218	166	61	0	36	广东省汕头市新兴路10号	515037
汕头市金园区中医医院	1	62	130	96	33	0	29	广东省汕头市金园区公园路41号	515031
汕头市升平区中医医院	1	0	33	28	15	1	9	广东省汕头市升平区至平路23号	515011
澄海市中医医院	1	18	94	83	49	0	16	广东省澄海市澄城镇中山路	515800
潮阳市中医医院	1	200	277	235	94	1	51	广东省潮阳市棉城镇中华路	515100
潮州市第一中医医院	1	60	249	209	156	1	23	广东省潮州市西马路122号	515600
揭阳市中医院	1	30	121	92	48	0	21	广东省揭阳市榕城镇新兴东路	515500
普宁市中医院	1	60	126	109	63	0	15	广东省普宁市流沙镇流沙大道	515300

广西壮族自治区地、市级中医医院情况

医院名称	所有制	床位数(张)	职工总人数	卫生技术人数	中医药人数	西学中人数	西医药人数	地址	邮政编码
南宁市中医院	1	161	293	239	84	0	49	广西壮族自治区南宁市新华街	530012
柳州市中医院	1	400	453	340	159	1	18	广西壮族自治区柳州市解放路32号	545001
柳州市民族中医院	1	92	227	189	83	0	32	广西壮族自治区柳州市罗池路1号	545001
柳州市交通骨伤科医院	4	50	20	15	7	0	0	广西壮族自治区柳州市	545001
桂林市中医医院	1	400	448	332	153	0	47	广西壮族自治区桂林市临桂路4号	541002
桂林市中西医结合肛肠医院	1	133	213	177	17	8	75	广西壮族自治区桂林市崇信路	541002
梧州市中医院	1	178	393	249	106	4	43	广西壮族自治区梧州市埠民路4号	543000
北海市中医院	1	273	423	309	114	6	61	广西壮族自治区北海市中山西路83号	536000

续表

医院名称	所有制	床位数(张)	职工总人数	卫生技术人数	中医药人数	西学中人数	西医药人数	地　址	邮政编码
百色市中医院	1	50	87	69	27	0	22	广西壮族自治区百色市爱新街	533000
玉林地区中医医院	1	231	384	290	112	5	28	广西壮族自治区玉林市县西路174号	537000
贵港市中医医院	1	50	154	113	39	0	28	广西壮族自治区贵港市南山路	537100
桂平市中医院	1	196	303	252	80	4	62	广西壮族自治区桂平市城南街	537200
北流市中医院	1	50	142	125	71	0	16	广西壮族自治区北流市环南街	537400
北流市中医骨科医院	1	50	70	61	11	0	32	广西壮族自治区北流市玉北路	537400
河池地区中医院	1	202	214	172	49	1	24	广西壮族自治区河池市新建路69号	547000
宜州市中医院	1	100	102	85	32	0	24	广西壮族自治区宜州市庆远镇	546300
钦州市中医医院	1	116	176	151	57	1	33	广西壮族自治区钦州市二马路	535000

海南省地、市级中医医院情况

医院名称	所有制	床位数(张)	职工总人数	卫生技术人数	中医药人数	西学中人数	西医药人数	地　址	邮政编码
三亚市中医院	1	30	76	48	13	0	13	海南省三亚市	572000
通什市中医院	1	30	66	41	16	0	5	海南省通什市海榆北路	572200
海口市中医院	1	96	191	165	70	1	28	海南省海口市文明东路	570003

四川省地、市级中医医院情况

医院名称	所有制	床位数(张)	职工总人数	卫生技术人数	中医药人数	西学中人数	西医药人数	地　址	邮政编码
成都市中医医院	1	268	447	340	175	0	22	四川省成都市红星中路一段44号	610017
成都市中西医结合医院	1	531	1150	859	172	11	289	四川省成都市春熙东段2号	610016
成都针灸按摩专科医院	3	80	67	54	35	0	9	四川省成都市城守东大街	610016
成都痔瘘专科医院	3	138	120	101	45	0	25	四川省成都市大墙东街50号	610015
成都骨科医院	3	186	204	177	91	0	50	四川省成都市下东大街6号	610016
成都青羊区中医医院	3	100	77	60	30	0	14	四川省成都市青羊区白丝街26号	610072
成都第一骨科医院	3	251	195	159	85	0	26	四川省成都市东门街54号	610031

续表

医院名称	所有制	床位数(张)	职工总人数	卫生技术人数	中医药人数	西学中人数	西医药人数	地址	邮政编码
成都市金牛区中医院	1	100	107	88	35	0	20	四川省成都市金牛区天回镇街136号	610083
成都金牛区针灸按摩医院	3	60	74	63	27	0	22	四川省成都市金牛区	610036
成都市武侯区中医医院	1	70	99	88	36	0	12	四川省成都市武侯区浆洗下街37号	610041
成都市成华区中医医院	1	60	74	66	30	0	22	四川省成都市成华区建设路48号	610051
成都市龙泉驿区中医医院	1	60	102	84	31	0	24	四川省成都市龙泉镇龙洛路口	610100
成都青白江区中医医院	1	60	67	59	19	2	13	四川省成都市青白江区城厢镇	610306
彭州市中医医院	1	120	232	187	82	0	36	四川省彭州市迎宾路	611930
崇州市中医医院	1	102	166	143	55	0	39	四川省崇州市中南街	611230
邛崃市中医院	1	80	196	167	67	0	43	四川省邛崃市	611530
都江堰市中医院	1	85	151	123	63	1	18	四川省都江堰市建设路35号	611830
都江堰市中医骨科医院	2	30	18	14	5	1	3	四川省都江堰市	611830
重庆市中医研究所附院	1	302	362	272	120	0	22	四川省重庆市北区路1号	630013
重庆市中医院	1	200	280	216	118	7	5	四川省重庆市民族路88号	630011
重庆市市中区中医医院	1	100	130	92	40	0	27	四川省重庆市中山西路12号	630015
重庆市中西医结合医院	1	502	599	446	22	10	197	四川省重庆市道门口40号	630011
重庆市市中区中医痔科医院	1	65	99	79	26	0	30	四川省重庆市解放西路21号	630012
重庆市中医骨科医院	1	200	198	159	88	2	19	四川省重庆市新华路489号	630010
重庆市大渡口区中医院	1	30	50	42	19	0	10	四川省重庆市大渡口区马王街74号	630080
重庆市江北区中医院	1	205	232	179	79	3	32	四川省重庆市江北区建东一村	630020
重庆市沙坪坝区中医院	1	150	159	135	54	0	37	四川省重庆市沙坪坝区	630030
重庆市九龙坡区第一中医院	1	100	104	80	32	2	16	四川省重庆市九龙坡区	630054
重庆市九龙坡区第二中医院	1	200	153	124	53	1	38	四川省重庆市九龙坡区西郊路	630051
重庆市南岸区第一中医院	1	80	118	104	41	0	31	四川省重庆市南岸区南坪新街	630060
重庆市南岸区二中医院	1	60	93	76	42	1	12	四川省重庆市南岸区	630064
重庆市北碚区中医院	1	150	169	128	65	0	19	四川省重庆市碚峡路93号	630700
重庆市万盛区中医院	1	108	118	94	34	0	18	四川省重庆市万盛区	630800
江津市中医院	1	100	184	171	71	0	51	四川省江津市几江镇四牌坊街	632260
合川市中医院	1	100	156	133	50	1	33	四川省合川市申明亭街11号	631520

续表

医院名称	所有制	床位数(张)	职工总人数	卫生技术人数	中医药人数	西学中人数	西医药人数	地址	邮政编码
永川市中医院	1	130	190	175	66	0	28	四川省永川市	632160
自贡市自流井区中医医院	1	210	306	244	88	4	67	四川省自贡市自流井区大街20号	643000
自贡市贡井区中医院	1	120	226	179	68	0	50	四川省自贡市贡井区广场路29号	643200
自贡市中医医院	1	334	502	370	116	10	72	四川省自贡市马冲口街56号	643100
攀枝花市中医院	1	130	178	134	48	0	26	四川省攀枝花市炳草岗	617000
泸州市中医医院	1	180	219	161	62	0	30	四川省泸州市慈善路81号	646000
德阳市市中区中医院	1	140	214	185	81	0	42	四川省德阳市北街62号	618000
广汉市中医院	1	87	119	106	50	0	22	四川省广汉市西城路中段	618300
绵阳市中医医院	1	215	256	195	68	0	44	四川省绵阳市涪成路	621000
绵阳市肛肠医院	1	152	82	72	17	0	29	四川省绵阳市南江路	621000
江油市中医医院	1	219	272	221	69	0	64	四川省江油市东大街	621700
广元市中医医院	1	220	283	226	80	0	50	四川省广元市建设路	628000
广元市市中区中医医院	1	50	57	53	22	0	18	四川省广元市市中区	628001
遂宁市中医院	1	200	217	183	73	7	33	四川省遂宁市和平路83号	627000
内江市中医医院	1	250	254	196	91	0	31	四川省内江市河西村42号	641000
内江市第二中医医院	1	30	54	47	21	0	10	四川省内江市团结街140号	641000
资阳市中医医院	1	100	198	154	65	0	34	四川省资阳市建设南路38号	641300
简阳市中医医院	1	110	254	201	73	0	57	四川省简阳市简城南街23号	641400
乐山市中医院	1	177	137	105	30	0	32	四川省乐山市柏杨路81号	614000
乐山市第二中医院	1	112	219	178	103	0	35	四川省乐山市嘉定南路291号	614000
东山市五通桥中医院	1	100	94	83	33	0	23	四川省乐山市竹根镇跃进路	614800
峨眉山市中医院	1	138	175	151	53	0	40	四川省峨眉山市绥山镇东外街	614200
万县市第二中医医院	1	150	295	252	102	0	65	四川省万县市	634000
万县市第三中医医院	1	120	75	64	28	0	12	四川省万县市沙河路104号	634000
万县市五桥区中医医院	1	0	5	4	2	0	0	四川省万县市五桥区	634000
涪陵市中医医院	1	73	176	145	58	2	27	四川省涪陵市广场路	648000
南川市中医医院	1	70	126	100	43	0	15	四川省南川市城西路	648400
宜宾市中医专科医院	1	210	243	208	68	0	71	四川省宜宾市将军街	644000

续表

医院名称	所有制	床位数(张)	职工总人数	卫生技术人数	中医药人数	西学中人数	西医药人数	地址	邮政编码
宜宾市中医院	1	70	151	130	70	0	14	四川省宜宾市中山街	644000
阆中市中医医院	1	120	186	145	50	0	27	四川省阆中市三陈街	637400
南充市中医医院	3	100	183	149	80	0	25	四川省南充市大南街18号	637000
南充市二中医医院	1	80	109	89	38	0	21	四川省南充市	637000
南充市三中医医院	1	30	69	56	28	0	15	四川省南充市	637000
达县市中医院	1	120	176	150	55	0	44	四川省达县市文华街2号	625000
达县地区中西医结合医院	1	245	373	296	43	3	117	四川省达县市大西街29号	625000
万源市中医院	1	60	50	44	17	0	13	四川省万源市河街南路	636350
雅安市市中医院	1	70	156	146	78	0	38	四川省雅安市桃花巷25号	625000
阿坝州藏医院(筹建)	1	0	14	8	1	0	7	四川省阿坝县阿坝镇	624000
甘孜藏族自治州藏医院	1	50	56	34	23	0	7	四川省甘孜藏族自治州甘孜县	626700
凉山州中医医院	1	120	143	103	16	0	32	四川省凉山彝族自治州	615000
西昌市第二中医院	1	50	77	70	33	0	14	四川省西昌市	615000
西昌市第一中医院	1	48	128	111	59	0	19	四川省西昌市胜利路	615000
华蓥市中医医院	1	76	87	73	18	0	27	四川省华蓥市滨河路32号	638650
巴中市中医院	1	100	145	124	54	0	23	四川省巴中市新市街7号	635500

贵州省地、市级中医医院情况

医院名称	所有制	床位数(张)	职工总人数	卫生技术人数	中医药人数	西学中人数	西医药人数	地址	邮政编码
贵阳市花溪区中医院	1	24	43	35	4	1	12	贵州省贵阳市花溪区花 溪镇	550025
盘县特区中医院	1	70	70	53	12	0	20	贵州省盘县特区	561600
水城县中医院	1	25	56	51	19	0	12	贵州省水城县向阳北路	553001
遵义市中医院	1	250	247	191	84	2	14	贵州省遵义市凤凰南路	563000
赤水市中医院	1	40	52	49	23	0	16	贵州省赤水市 东正街	564700
铜仁市中医医院	1	160	168	147	36	0	42	贵州省铜仁市	554300
铜仁侨光肛肠综合医院	3	15	14	12	0	0	7	贵州省铜仁市	554300
铜仁市城关中草药医院	3	0	11	10	6	0	2	贵州省铜仁市	554300
黔西南州中医医院	1	226	279	220	49	2	45	贵州省兴义市湖南街	562400

续表

医院名称	所有制	床位数(张)	职工总人数	卫生技术人数	中医药人数	西学中人数	西医药人数	地址	邮政编码
安顺市第一中医医院	3	40	90	78	36	0	4	贵州省安顺市中华东路	561000
安顺市第二中医医院	3	78	81	72	26	1	21	贵州省安顺市中华西路	561000
安顺市中西医结合医院	3	120	81	70	39	0	11	贵州省安顺市塔山东路	561000
黔南布依族苗族自治州中医医院	1	202	296	226	79	1	44	贵州省都匀市剑江中路	558003
毕节地区中医院	1	320	246	191	78	3	19	贵州省毕节县清华南路	551700
黔东南州中医医院	1	100	148	107	50	0	16	贵州省凯里市华联路	556000

云南省地、市级中医医院情况

医院名称	所有制	床位数(张)	职工总人数	卫生技术人数	中医药人数	西学中人数	西医药人数	地址	邮政编码
昆明市五华区中医医院	1	70	66	51	17	0	11	云南省昆明市崇仁街52号	650032
昆明市中医医院	1	412	672	524	182	4	117	云南省昆明市东风东路	650011
昆明市盘龙区中医医院	1	199	230	189	63	1	45	云南省昆明市北京路179号	650011
昆明市西山区中医医院	1	35	38	31	9	0	16	云南省昆明市西郊黑林铺镇前马街	650106
东川市中医院	1	60	98	80	32	0	13	云南省东川市古铜路	654100
昭通地区中医院	1	170	178	128	42	0	24	云南省昭通市南顺城街8号	657000
昭通市中医院	1	20	74	45	23	0	7	云南省昭通市云兴街8号	657000
曲靖地区中医医院	1	40	80	60	34	0	5	云南省曲靖市交通路19号	655000
宣威县中医院	1	40	76	57	19	0	12	云南省曲靖地区宣威县	655400
楚雄彝族自治州中医院	1	187	260	205	82	3	37	云南省楚雄市鹿城西路74号	675000
玉溪地区中医院	1	250	348	262	93	0	46	云南省玉溪市红塔路	653100
个旧市中医院	1	100	153	120	51	0	21	云南省红河哈尼族彝族自治州个旧市人民路	661400
开远市中医院	1	36	94	77	23	0	24	云南省红河哈尼族彝族自治州开远市人民南路	661000
文山壮族苗族自治州中医院	1	96	138	119	56	0	27	云南省文山县河滨路	663000
思茅地区中医院	1	150	191	146	40	0	35	云南省思茅县南正街21号	665000
大理市第一中医院	3	74	112	90	27	0	15	云南省大理市正阳街	671000
大理市第二中医院	3	40	64	60	22	0	16	云南省大理市新民路52号	671000
保山地区中医院	1	120	128	106	44	0	13	云南省保山市永昌镇仁寿门街13号	678000

续表

医院名称	所有制	床位数(张)	职工总人数	卫生技术人数	中医药人数	西学中人数	西医药人数	地址	邮政编码
德宏州中医医院	1	24	66	50	29	0	6	云南省潞西县芒市友谊路	678400
怒江傈僳族自治州中医医院	1	40	50	39	16	0	10	云南省六库县泸水县文库镇	673100
迪庆藏族自治州藏医院	1	30	17	11	11	0	0	云南省中甸县中心镇和平路	674400
保山市中医院	1	77	62	56	2	0	14	云南省保山市	678000
昆明市五华区骨伤医院	1	29	18	15	7	0	2	云南省昆明市	650032
楚雄市中医院	1	22	29	23	12	0	5	云南省楚雄市中长街71号	675000

西藏自治区地、市级藏医医院情况

医院名称	所有制	床位数(张)	职工总人数	卫生技术人数	藏医药人数	西学藏人数	藏医药人数	地址	邮政编码
昌都地区藏医院	1	50	84	51	30	0	4	西藏自治区昌都地区昌都镇	854000
山南地区藏医院	1	60	108	76	46	0	5	西藏自治区山南地区泽当镇	856000
日喀则地区藏医院	1	40	126	85	53	2	5	西藏自治区日喀则市解放中路3号	875000
那曲地区藏医院	1	56	113	86	64	0	2	西藏自治区那曲池地区那曲镇	852000
阿里地区藏医院	1	30	34	25	18	0	4	西藏自治区狮泉河	859000
林芝地区藏医院	1	0	26	17	15	0	2	西藏自治区林芝地区中大街71号	850400

陕西省地、市级中医医院情况

医院名称	所有制	床位数(张)	职工总人数	卫生技术人数	中医药人数	西学中人数	西医药人数	地址	邮政编码
商洛地区中医医院	1	153	96	85	31	0	23	陕西省商州市西关	726000
延安市中医医院	1	130	146	116	41	0	29	陕西省延安市中心街	716000
延安市痔瘘医院	3	0	2	2	1	0	1	陕西省延安市	716000
汉中市中医医院	1	166	265	221	95	1	34	陕西省汉中市北大街	723000
榆林地区中医医院	1	160	340	254	96	1	64	陕西省榆林市南部	719000
榆林市中医医院	1	30	95	82	47	0	15	陕西省榆林市北大街	719000
榆林市痔瘘医院	1	40	38	24	7	2	8	陕西省榆林市	719000
安康地区中医医院	1	300	366	302	89	7	70	陕西省安康市新城巴山东路	725000
安康市中医医院	1	70	138	122	45	0	33	陕西省安康市西大街28号	725000
宝鸡市中医医院	1	343	510	404	105	1	115	陕西省宝鸡市宝福路43号	721001
渭南市中医医院	1	28	80	71	30	0	20	陕西省渭南市老城街47号	714000

续表

医院名称	所有制	床位数(张)	职工总人数	卫生技术人数	中医药人数	西学中人数	西医药人数	地址	邮政编码
渭南市双王骨科医院	1	30	28	26	3	0	10	陕西省渭南市	714000
韩城市中医医院	1	70	96	82	29	0	9	陕西省韩城市金城区	715400
华阴市中医医院	1	35	59	48	18	0	12	陕西省渭南华阴市	714200
铜川市中医医院	3	145	219	177	68	0	31	陕西省铜川市红旗街	727000
铜川郊区中医医院	1	20	34	22	7	0	8	陕西省铜川市	727007
西安市新城区中医医院	1	110	161	129	67	0	16	陕西省西安市新城区案板街	710004
西安市中医医院	1	505	588	489	216	11	42	陕西省西安市东大街183号	710001
西安市碑林区中医医院	1	80	48	37	23	1	3	陕西省西安市碑林区南院门10号	710002
西安市莲湖区中医医院	1	40	60	50	20	0	7	陕西省西安市莲湖区	710077
西安市灞桥区中医医院	1	60	87	66	30	0	17	陕西省西安市灞桥区	710038
西安市未央区中医医院	1	60	62	46	15	0	15	陕西省西安市未央区太华北路	710015
西安市雁塔区中医医院	1	110	78	67	26	1	19	陕西省西安市雁塔区长安路中段	710061
西安市阎良区中医医院	1	30	30	24	13	0	4	陕西省西安市阎良前进路	710089
兴平市中医医院	1	20	45	36	12	0	13	陕西省兴平市	713100

甘肃省地、市级中医医院情况

医院名称	所有制	床位数(张)	职工总人数	卫生技术人数	中医药人数	西学中人数	西医药人数	地址	邮政编码
平凉市中医医院	1	100	157	129	39	0	22	甘肃省平凉市三天门	744000
平凉市中医骨伤医院	3	50	41	27	9	2	8	甘肃省平凉市过店街	744000
金昌市中医医院	1	30	43	33	12	0	8	甘肃省金昌市延安路	737100
临夏回族自治州中医医院	1	100	117	96	52	0	6	甘肃省临夏市红园路	731100
白银市白银区中医医院	1	30	65	57	28	1	9	甘肃省白银市白银区人民南路	730900
庆阳地区中医医院	1	250	302	229	79	9	38	甘肃省西峰市炮台巷22号	745000
张掖市中医医院	1	60	95	70	41	0	9	甘肃省张掖市东街	734000
兰州中医骨伤科医院	1	60	110	92	39	1	23	甘肃省兰州市大雁滩16号	730000
兰州中医康复医院	1	100	82	66	27	0	12	甘肃省兰州市华林坪14号	730050
兰州市西固区中医院	1	80	85	69	17	1	15	甘肃省兰州市西固区西固中街61号	730060
天水市中医医院	1	180	194	169	91	3	20	甘肃省天水市环城西路	741000

续表

医院名称	所有制	床位数(张)	职工总人数	卫生技术人数	中医药人数	西学中人数	西医药人数	地址	邮政编码
天水市北道区中医院	1	64	124	114	61	2	14	甘肃省天水市渭滨南路29号	741020
玉门市中医院	1	0	29	23	19	0	0	甘肃省玉门市北坪商场东马路西侧	735200
酒泉市中医院	1	100	116	98	40	1	17	甘肃省酒泉市北大街	735000
敦煌市中医院	1	50	83	74	31	0	14	甘肃省敦煌市南大街	736200
武威地区中医医院	1	150	127	102	36	1	23	甘肃省武威市东关街复兴南路	733000
武威市中医医院	1	100	101	84	38	0	10	甘肃省武威市西大街67号	733000

青海省地、市级中医医院情况

医院名称	所有制	床位数(张)	职工总人数	卫生技术人数	中医药人数	西学中人数	西医药人数	地址	邮政编码
西宁市中医院	1	0	54	47	38	0	2	青海省西宁市长江路338号	810000
西宁市城北区中医院	1	38	58	51	20	0	16	青海省西宁市城北区柴达木路	810017
黄南藏族自治州藏医院	1	50	61	46	28	0	5	青海省黄南藏族自治州同仁县解放路3号	811300
海南藏族自治州藏医院	1	81	76	56	34	1	5	青海省海南藏族自治州共和县团结南路33号	813000
果洛藏族自治州藏医院	1	15	24	15	9	0	2	青海省果洛藏族自治州玛沁县大武	814000
玉树藏族自治州藏医院	1	65	97	83	45	0	15	青海省玉树州结古镇	815000
海西自治州蒙藏医院	1	30	52	42	23	1	5	青海省海西自治州德令哈市	817000

宁夏回族自治区地、市级中医医院情况

医院名称	所有制	床位数(张)	职工总人数	卫生技术人数	中医药人数	西学中人数	西医药人数	地址	邮政编码
银川市中医医院	1	189	290	228	121	4	16	宁夏回族自治区银川市解放西街153号	750001
石嘴山市中医医院	1	40	99	70	23	1	21	宁夏回族自治区石嘴山市北街69号	753200
青铜峡市中医医院	1	40	71	54	28	0	2	宁夏回族自治区银南地区青铜峡市北大路	751600
吴忠市中医医院	1	75	146	121	32	2	30	宁夏回族自治区银南地区吴忠市朝阳东路	751100
固原地区中医医院	1	50	91	79	25	7	18	宁夏回族自治区固原县城西关路	756000

新疆维吾尔自治区地、市级中医医院情况

医院名称	所有制	床位数(张)	职工总人数	卫生技术人数	中医药人数	西学中人数	西医药人数	地址	邮政编码
塔城地区民族中医院	1	50	65	46	22	0	10	新疆维吾尔自治区塔城地区塔城市文化路	834700
乌鲁木齐市第二中医医院	3	104	181	147	92	1	11	新疆维吾尔自治区乌鲁木齐市解放南路278号	830001
乌鲁木齐市中医医院	3	300	456	333	108	15	54	新疆维吾尔自治区乌鲁木齐市友好南路60号	830000
新疆医学院西域国医堂联合医院	1	30	36	32	6	0	21	新疆维吾尔自治区乌鲁木齐市鲤鱼山路	830000
新疆中医学院直属医院	1	60	65	54	24	0	11	新疆维吾尔自治区乌鲁木齐市黄河路51号	830000
昌吉州中医院	1	156	202	160	42	1	29	新疆维吾尔自治区昌吉市建国西路	831100
巴音郭楞州蒙医医院	1	100	62	43	23	0	4	新疆维吾尔自治区库尔勒市人民东路	841000
巴州库尔勒市中医民族医院	1	30	37	25	12	0	5	新疆维吾尔自治区库尔勒市团结南路	841000
喀什地区维吾尔医医院	1	154	237	162	91	1	0	新疆维吾尔自治区喀什市色满路	844000
伊犁州中医医院	1	70	112	91	49	1	5	新疆维吾尔自治区伊犁州伊宁市	835000
伊宁市维吾尔医院	1	22	51	39	24	0	0	新疆维吾尔自治区伊宁市红星街3号	835000
克孜勒苏州阿图什维吾尔骨科医院	1	50	81	57	18	0	10	新疆维吾尔自治区阿图什市幸福路	845350
哈密地区中医医院	1	90	173	140	70	1	22	新疆维吾尔自治区哈密市中山南路	839000
博尔塔拉州蒙医院	1	40	56	44	26	0	3	新疆维吾尔自治区博乐市青得里大街	833400
石河子中医医院	2	60	106	74	36	0	18	新疆维吾尔自治区石河子市北一路	832000
吐鲁番地区民族医院	1	81	101	73	46	1	0	新疆维吾尔自治区吐鲁番市新城路	838000
和田地区维吾尔医院	1	150	135	102	68	0	2	新疆维吾尔自治区和田市努尔巴格西路	848000
阿勒泰地区哈医医院	1	82	96	69	6	0	25	新疆维吾尔自治区阿勒泰市公园路	836500
阿勒泰福海县中医院	1	31	48	37	8	0	9	新疆维吾尔自治区阿勒泰市福海县	836400

* 所有制填写"1"表示全民所有制性质的卫生部门机构
所有制填写"2"表示全民所有制性质的工业及其他部门所属卫生机构
所有制填写"3"表示集体所有制性质的卫生部门机构
所有制填写"4"表示集体所有制性质的工业及其他部门所属卫生机构
所有制填写"5"表示私人开业的机构
所有制填写"6"表示合资、合营的工业或企业办的卫生机构

（三）全国县级中医医院情况

北京市 县级中医医院情况

所有制	医院数（个）	床位数（张）	人员数（人）	其中		
				中医药人数	西学中人数	西医药人数
全民	8	773	1 353	388	4	268
集体	—	—	—	—	—	—
合计	8	773	1 353	388	4	268

天津市 县级中医医院情况

所有制	医院数（个）	床位数（张）	人员数（人）	其中		
				中医药人数	西学中人数	西医药人数
全民	4	360	618	147	—	171
集体	—	—	—	—	—	—
合计	4	360	618	147	—	171

河北省 县级中医医院情况

所有制	医院数（个）	床位数（张）	人员数（人）	其中		
				中医药人数	西学中人数	西医药人数
全民	91	5 703	8 016	2 308	34	1 555
集体	1	80	100	30	—	25
合计	92	5 783	8 116	2 338	34	1 580

山西省 县级中医医院情况

所有制	医院数（个）	床位数（张）	人员数（人）	其中		
				中医药人数	西学中人数	西医药人数
全民	73	3 271	4 170	1 273	29	869
集体	19	1 292	974	312	6	215
合计	92	4 563	5 144	1 585	35	1 084

内蒙古自治区 县级中医医院情况

所有制	医院数（个）	床位数（张）	人员数（人）	其中		
				中医药人数	西学中人数	西医药人数
全民	52	1 849	3 141	1 254	4	428
集体	7	187	310	114	—	44
合计	59	2 036	3 451	1 368	4	472

辽宁省 县级中医医院情况

所有制	医院数（个）	床位数（张）	人员数（人）	其中		
				中医药人数	西学中人数	西医药人数
全民	29	2 890	3 669	1 023	1	618
集体	—	—	—	—	—	—
合计	29	2 890	3 669	1 023	1	618

吉林省 县级中医医院情况

所有制	医院数（个）	床位数（张）	人员数（人）	其中		
				中医药人数	西学中人数	西医药人数
全民	19	1 550	3 144	828	14	571
集体	2	180	454	137	—	56
合计	21	1 730	3 598	965	14	627

黑龙江省 县级中医医院情况

所有制	医院数（个）	床位数（张）	人员数（人）	其中		
				中医药人数	西学中人数	西医药人数
全民	48	3 447	6 507	1 811	6	990
集体	—	—	—	—	—	—
合计	48	3 447	6 507	1 811	6	990

上海市 县级中医医院情况

所有制	医院数（个）	床位数（张）	人员数（人）	其中		
				中医药人数	西学中人数	西医药人数
全民	2	88	337	91	1	72
集体	2	235	449	131	1	104
合计	4	323	786	222	2	176

江苏省 县级中医医院情况

所有制	医院数（个）	床位数（张）	人员数（人）	其中		
				中医药人数	西学中人数	西医药人数
全民	32	3 007	5 214	1 055	4	1 194
集体	5	620	1 047	262	—	239
合计	37	3 627	6 261	1 317	4	1 433

浙江省 县级中医医院情况

所有制	医院数（个）	床位数（张）	人员数（人）	其中		
				中医药人数	西学中人数	西医药人数
全民	32	2 303	3 406	899	8	804
集体	—	—	—	—	—	—
合计	32	2 303	3 406	899	8	804

安徽省 县级中医医院情况

所有制	医院数（个）	床位数（张）	人员数（人）	其中		
				中医药人数	西学中人数	西医药人数
全民	53	3 862	4 488	1 275	3	916
集体	1	100	125	37	—	29
合计	54	3 962	4 613	1 312	3	945

福建省 县级中医医院情况

所有制	医院数（个）	床位数（张）	人员数（人）	其中		
				中医药人数	西学中人数	西医药人数
全民	49	3 090	3 423	1 230	11	408
集体	1	16	25	6	—	8
合计	50	3 106	3 448	1 236	11	416

江西省 县级中医医院情况

所有制	医院数（个）	床位数（张）	人员数（人）	其中		
				中医药人数	西学中人数	西医药人数
全民	73	4 004	6 220	2 139	4	981
集体	1	30	20	4	—	2
合计	74	4 034	6 240	2 143	4	983

山东省 县级中医医院情况

所有制	医院数（个）	床位数（张）	人员数（人）	其中		
				中医药人数	西学中人数	西医药人数
全民	63	4 327	6 941	1 686	26	1 623
集体	—	—	—	—	—	—
合计	63	4 327	6 941	1 686	26	1 623

河南省 县级中医医院情况

所有制	医院数（个）	床位数（张）	人员数（人）	其中		
				中医药人数	西学中人数	西医药人数
全民	92	6 819	10 102	3 070	54	1 765
集体	—	—	—	—	—	—
合计	92	6 819	10 102	3 070	54	1 765

湖北省 县级中医医院情况

所有制	医院数(个)	床位数(张)	人员数(人)	其中		
				中医药人数	西学中人数	西医药人数
全民	46	3 719	6 461	2 078	10	832
集体	—	—	—	—	—	—
合计	46	3 719	6 461	2 078	10	832

湖南省 县级中医医院情况

所有制	医院数(个)	床位数(张)	人员数(人)	其中		
				中医药人数	西学中人数	西医药人数
全民	74	8 564	10 568	3 138	6	1 578
集体	—	—	—	—	—	—
合计	74	8 564	10 568	3 138	6	1 578

广东省 县级中医医院情况

所有制	医院数(个)	床位数(张)	人员数(人)	其中		
				中医药人数	西学中人数	西医药人数
全民	39	2 376	4 517	1 286	2	836
集体	1	90	56	9	—	17
合计	40	2 466	4 573	1 295	2	853

广西壮族自治区 县级中医医院情况

所有制	医院数(个)	床位数(张)	人员数(人)	其中		
				中医药人数	西学中人数	西医药人数
全民	56	3 088	4 567	1 141	21	910
集体	—	—	—	—	—	—
合计	56	3 088	4 567	1 141	21	910

海南省 县级中医医院情况

所有制	医院数(个)	床位数(张)	人员数(人)	其中		
				中医药人数	西学中人数	西医药人数
全民	13	365	657	151	—	138
集体	—	—	—	—	—	—
合计	13	365	657	151	—	138

四川省 县级中医医院情况

所有制	医院数(个)	床位数(张)	人员数(人)	其中		
				中医药人数	西学中人数	西医药人数
全民	113	8 307	11 378	3 691	23	2 206
集体	11	569	648	232	2	137
合计	124	8 876	12 026	3 923	25	2 343

贵州省 县级中医医院情况

所有制	医院数(个)	床位数(张)	人员数(人)	其中		
				中医药人数	西学中人数	西医药人数
全民	48	1 752	2 305	722	2	459
集体	1	50	61	23	—	—
合计	49	1 802	2 366	745	2	459

云南省 县级中医医院情况

所有制	医院数(个)	床位数(张)	人员数(人)	其中		
				中医药人数	西学中人数	西医药人数
全民	58	2 277	2 866	870	14	585
集体	7	303	359	116	—	60
合计	65	2 580	3 225	986	14	645

西藏自治区 县级中医医院情况

所有制	医院数(个)	床位数(张)	人员数(人)	其中		
				中医药人数	西学中人数	西医药人数
全民	6	47	74	56	—	—
集体	—	—	—	—	—	—
合计	6	47	74	56	—	—

陕西省 县级中医医院情况

所有制	医院数(个)	床位数(张)	人员数(人)	其中		
				中医药人数	西学中人数	西医药人数
全民	78	3 856	5 588	1 758	24	1 046
集体	—	—	—	—	—	—
合计	78	3 856	5 588	1 758	24	1 046

甘肃省 县级中医医院情况

所有制	医院数(个)	床位数(张)	人员数(人)	其中		
				中医药人数	西学中人数	西医药人数
全民	54	2 032	2 762	962	37	466
集体	—	—	—	—	—	—
合计	54	2 032	2 762	962	37	466

青海省 县级中医医院情况

所有制	医院数(个)	床位数(张)	人员数(人)	其中		
				中医药人数	西学中人数	西医药人数
全民	29	828	916	284	4	193
集体	—	—	—	—	—	—
合计	29	828	916	284	4	193

宁夏回族自治区 县级中医医院情况

所有制	医院数(个)	床位数(张)	人员数(人)	其中		
				中医药人数	西学中人数	西医药人数
全民	7	269	568	176	1	113
集体	—	—	—	—	—	—
合计	7	269	568	176	1	113

新疆维吾尔自治区 县级中医医院情况

所有制	医院数(个)	床位数(张)	人员数(人)	其中		
				中医药人数	西学中人数	西医药人数
全民	25	867	985	321	—	78
集体	6	180	393	85	1	65
合计	31	1 047	1 378	406	1	143

【中医药院校】

北京中医药大学

地址：北京市和平街北口 电话：4225566 邮政编码：100029

校长：龙致贤

职工1400人。医药专任教师355人，其中教授40人、副教授59人、讲师206人、助教46人、教员4人。

专业全称	年制	1994年毕业生数	1994年招生数	在校学生数
中医学	7	—	20	80
中医学	5	116	126	586
基础医学	5	28	—	26
中医养生康复学	5	31	20	72
中药学	4	45	46	196
中药制药	4	27	39	131
针灸学	5	40	44	199
卫生事业管理	5	—	30	114
中医护理	3	29	30	88

在校硕士研究生92人，1994年招硕士研究生41人、毕业23人；在校博士研究生69人，1994年招博士研究生30人、毕业10人。

北京针灸骨伤学院

地址：北京市朝阳区望京中环南路6号 电话：4377131 邮政编码：100015

院长：傅世垣

职工307人。医药专任教师99人，其中教授11人、副教授25人、讲师35人、助教20人、教员8人。

专业全称	年制	1994年毕业生数	1994年招生数	在院学生数
针灸学	5	36	31	144
中医骨伤科学	5	31	26	217
中医学	5	—	23	56
针灸学	3	—	—	46
中医骨伤科学	3	—	—	95
中医学	3	—	—	31

北京联合大学中医药学院

地址：北京市东城区和平里花园街22号

电话：4214072　邮政编码：100007

专业全称	年制	1994年毕业生数	1994年招生数	在院学生数
中医学	5	35	56	312
中医学	3	—	29	55

北京市中医学校

地址：北京市通县梨园乡　电话：9545931　邮政编码：101101

校长：李进贵

职工84人。专任教师48人，其中高级讲师1人、讲师16人、助理讲师24人、教员7人。

专业全称	年制	1994年毕业生数	1994年招生数	在校学生数
针灸推拿	4	40	—	75
中医医疗	4	—	—	30
社区医学	4	—	—	30
中医护理	3	40	40	120
护理	3	—	40	120
社区医学	3	—	20	45

北京针灸骨伤学院附属中医药学校

地址：北京市朝阳区望京中环南路6号　电话：4361199　邮政编码：100015

校长：申曼莉

职工33人。专任教师15人，其中高级讲师4人、讲师5人、助理讲师4人、教员2人。

专业全称	年制	1994年毕业生数	1994年招生数	在校学生数
中医护理	4	—	39	79
中医护理	3	—	—	34
中药	3	—	—	39

天津中医学院

地址：天津市南开区玉泉路88号　电话：7 373427　邮政编码：300193

院长．戴锡孟

职工655人。医药专任教师187人，其中教授10人、副教授65人、讲师80人、助教31人、教员1人。

专业全称	年制	1994年毕业生数	1994年招生数	在院学生数
中医学	5	35	54	237
针灸学	5	30	30	150
中药学	4	28	30	119
中医学	3	31	64	129

在院硕士研究生26人，1994年招硕士研究生10人、毕业2人；在院博士研究生4人、毕业1人。

天津中医学院中专班

地址：天津市南开区玉泉路88号　电话：7373427　邮政编码：300193

专业全称	年制	1994年毕业生数	1994年招生数	在院学生数
中医护理	3	—	32	63
中药	3	—	32	56

天津市中医学校

地址：天津市静海县　电话：8942599　邮政编码：301600

校长：王松泰

职工95人。专任教师61人，其中讲师9人、助理讲师52人。

专业全称	年制	1994年毕业生数	1994年招生数	在校学生数
中医医疗	4	37	50	175
中医类新专业	3	40	29	69
中药	3	—	—	72
护理	3	—	—	50
社区医学	3	—	122	321

天津市中药学校

地址：天津市北辰区刘家房子　电话：6372461　邮政编码：300400

校长：阎建民

职工88人。专任教师49人，其中高级讲师3人、讲师15人、助理讲师31人。

专业全称	年制	1994年毕业生数	1994年招生数	在校学生数
中药制药工艺	4	—	—	127
中药	4	—	129	171
药剂类新专业	4	43	—	43

河北中医学院

地址：河北省石家庄市新石南路24号　邮政编码：050091

院长：宗全和

职工478人。医药专任教师187人，其中教授11人、副教授69人、讲师57人、助教35人、教员15人。

专业全称	年制	1994年毕业生数	1994年招生数	在院学生数
中医学	5	172	130	739
针灸学	5	59	50	269
中药学	3	—	47	136
中医学类专业	3	—	263	678

张家口医学院中医系

地址：河北省张家口市长青路14号　电话：2013571　邮政编码：075029

主任：任祺瑞

中医药教师共27人。其中教授1人、副教授4人、讲师12人、助教8人、教员2人。

专业全称	年制	1994年毕业生数	1994年招生数	在系学生数
中医学	5	44	40	197
中医学类专业	3	—	40	91

邯郸医学高等专科学校

地址：河北省邯郸市丛台路甲42号　电话：314817　邮政编码：056002

专业全称	年制	1994年毕业生数	1994年招生数	在校学生数
针灸学	3	—	40	80

承德医学院中医学系

地址：河北省承德市翠桥路　电话：2024592转208　邮政编码：067000

主任：张华珠

中医药教师共18人。其中教授1人、副教授4人、讲师10人、助教3人。

专业全称	年制	1994年毕业生数	1994年招生数	在系学生数
中医学	5	39	38	196

河北医学院

地址：河北省石家庄市长安西路　邮政编码：050017

专业全称	年制	1994年毕业生数	1994年招生数	在院学生数
中医学	3	—	—	51

邢台地区卫生学校

地址：河北省邢台市钢铁路83号　邮政编码：054056

专业全称	年制	1994年毕业生数	1994年招生数	在校学生数
针灸推拿	3	40	—	39

承德地区卫生学校

地址：河北省承德市下二道河子　邮政编码：067000

专业全称	年制	1994年毕业生数	1994年招生数	在校学生数
中医医疗	4	—	—	97

廊坊市卫生学校

地址：河北省廊坊市建国道　邮政编码：102800

专业全称	年制	1994年毕业生数	1994年招生数	在校学生数
中医医疗	4	—	—	56

衡水地区卫生学校

地址：河北省衡水市人民路63号　邮政编码：053000

专业全称	年制	1994年毕业生数	1994年招生数	在校学生数
中医医疗	4	—	—	50

山西中医学院

地址：山西省太原市晋祠路19号　电话：6064597　邮政编码：030024

职工277人。医药专任教师92人，其中教授12人、副教授22人、讲师42人、助教8人、教员8人。

专业全称	年制	1994年毕业生数	1994年招生数	在院学生数
中医学	5	81	81	405
针灸学	5	—	39	198
中医学	3	38	40	98
中医骨伤科学	3	—	41	41
针灸学	3	—	—	109

大同医学专科学校中医系

地址：山西省大同市医卫街4号　电话：524600　邮政编码：037008

主任：王鸿源

中医药教师共28人。其中副教授9人、讲师15人、助教4人。

专业全称	年制	1994年毕业生数	1994年招生数	在系学生数
中医学	3	40	37	124
针灸推拿	3	—	40	119

山西省中药材学校

地址：山西省太原市北营民航南路19号　电话：7074796　邮政编码：030031

校长：高汝年

职工241人。专任教师96人，其中高级讲师9人、讲师29人、助理讲师41人、教员17人。

专业全称	年制	1994年毕业生数	1994年招生数	在校学生数
中药制药工艺	4	50	50	203
药物制剂工艺	4	50	50	210
药用动植物生产	3	—	—	35
中药	2	—	50	50
中药商品经营	4	88	50	108
中药商品经营	2	50	—	50

山西省盲人中级卫生学校

地址：山西省太原市王村南街6号　邮政编码：030012

专业全称	年制	1994年毕业生数	1994年招生数	在校学生数
中医类新专业	4	20	30	103

山西省中医学校

地址：山西省太原市双塔东街14号　电话：2024224　邮政编码：030012

校长：刘庆俊

职工66人。专任教师47人，其中高级讲师13人、讲师20人、助理讲师7人。

专业全称	年制	1994年毕业生数	1994年招生数	在校学生数
护理	3	120	136	301
病案管理	3	—	33	73
中医医疗	3	80	—	93
中医类新专业	4	—	36	36

忻州地区卫生学校

地址：山西省忻州市健康西路7号　邮政编码：034000

专业全称	年制	1994年毕业生数	1994年招生数	在校学生数
中医医疗	3	38	—	104

晋中地区卫生学校

地址：山西省太谷县　邮政编码：030800

专业全称	年制	1994年毕业生数	1994年招生数	在校学生数
针灸推拿	3	—	—	42

内蒙古蒙医学院

地址：内蒙古自治区通辽市霍林大街　电话：233560　邮政编码：028041

院长：黄树楷

职工483人。医药专任教师136人，其中教授9人、副教授22人、讲师64人、助教39人、教员2人。

专业全称	年制	1994年毕业生数	1994年招生数	在院学生数
蒙医学	5	51	30	195
蒙医学	3	29	47	98
临床医学	5	40	54	234
临床医学	3	77	121	392
药学类专业	3	31	38	96
护理学	3	—	30	50

内蒙古医学院

地址：内蒙古自治区呼和浩特市锡林南路　邮政编码：010020

专业全称	年制	1994年毕业生数	1994年招生数	在院学生数
中医学	3	60	60	222

呼伦贝尔蒙医学校

地址：内蒙古自治区海拉尔市学府路　电话：223465　邮政编码：021008

校长：康恒亮

职工141人。专任教师70人，其中高级讲师2人、讲师18人、助理讲师49人、教员1人。

专业全称	年制	1994年毕业生数	1994年招生数	在校学生数
护理	3	81	80	342
蒙药	3	—	40	81
蒙医医疗	3	37	—	40

呼和浩特市卫生学校

地址：内蒙古自治区呼和浩特市光明路　邮政编码：010050

专业全称	年制	1994年毕业生数	1994年招生数	在校学生数
中医类新专业	3	—	—	62

哲里木盟卫生学校

地址：内蒙古自治区通辽市霍林河大街西段　邮政编码：028006

专业全称	年制	1994年毕业生数	1994年招生数	在校学生数
蒙医医疗	3	—	—	79
蒙医医疗	4	—	40	40

赤峰卫生学校

地址：内蒙古自治区赤峰市红山区长青路11号　邮政编码：024001

专业全称	年制	1994年毕业生数	1994年招生数	在校学生数
中医护理	3	41	—	112

伊克昭盟卫生学校

地址：内蒙古自治区东胜市幸福南街　邮政编码：017000

专业全称	年制	1994年毕业生数	1994年招生数	在校学生数
蒙医医疗	3	38	—	82

辽宁中医学院

地址：辽宁省沈阳市崇山东路79号　电话：6841637　邮政编码：110032

院长：刘忠德

职工853人。医药专任教师243人，其中教授43人、副教授61人、讲师111人、助教28人。

专业全称	年制	1994年毕业生数	1994年招生数	在院学生数
中医学	5	114	90	586
中医骨伤科学	5	30	30	156
中药学	4	60	60	237
针灸学	5	38	30	151
中药学	3	—	30	30
针灸学	3	—	30	103
中医骨伤科学	3	—	30	60

在院硕士研究生55人，1994年招硕士研究生21人、毕业15人；在院博士研究生6人，1994年招博士研究生3人、毕业2人。

阜新高等医学专科学校

地址：辽宁省阜新市　邮政编码：123000

专业全称	年制	1994年毕业生数	1994年招生数	在校学生数
蒙医学	3	—	25	25

大连大学

地址：辽宁省大连市三元街142号　邮政编码：116012

专业全称	年制	1994年毕业生数	1994年招生数	在校学生数
中医学	3	—	—	40

辽宁中医学院附属卫生学校

地址：辽宁省沈阳市皇姑区崇山东路79号　电话：6847036　邮政编码：110032

校长：杨永广

专业全称	年制	1994年毕业生数	1994年招生数	在校学生数
护理	3	—	50	95
中药	3	—	—	50
针灸推拿	3	—	—	35

沈阳市中医药学校

地址：辽宁省新民市铁北　电话：7853490　邮政编码：110300

校长：王立坤

职工146人。专任教师57人，其中高级讲师7人、讲师17人、助理讲师33人。

专业全称	年制	1994年毕业生数	1994年招生数	在校学生数
社区医学	4	—	—	189
中医医疗	4	45	—	206
中医护理	3	—	—	94
中药	3	44	50	108

辽阳中医药学校

地址：辽宁省辽阳市文圣区北哨街30号　电话：333668　邮政编码：111000

校长：李欣彤

职工153人。专任教师83人，其中高级讲师17人、讲师23人、助理讲师35人、教员8人。

专业全称	年制	1994年毕业生数	1994年招生数	在校学生数
中医医疗	3	—	100	150
中医骨伤	4	—	50	50
针灸推拿	4	80	—	180
针灸推拿	3	—	97	144
中药	3	80	50	185

辽阳市卫生学校

地址：辽宁省辽阳市

专业全称	年制	1994年毕业生数	1994年招生数	在校学生数
针灸推拿	4	100	—	200
针灸推拿	3	—	100	150
中医医疗	3	—	100	150
中医骨伤	4	—	100	150

朝阳市卫生学校

地址：辽宁省朝阳市朝阳大街2段4号　邮政编码：122000

专业全称	年制	1994年毕业生数	1994年招生数	在校学生数
中医医疗	4	—	—	40

阜新市卫生学校

地址：辽宁省阜新市海洲区矿工路　邮政编码：123000

专业全称	年制	1994年毕业生数	1994年招生数	在校学生数
蒙医医疗	4	—	—	29
中医医疗	4	—	—	48

长春中医学院

地址：吉林省长春市工农大路15号　邮政编码：130021

院长：邓明鲁

职工640人。医药专任教师176人，其中教授6人、副教授46人、讲师77人、助教47人。

专业全称	年制	1994年毕业生数	1994年招生数	在院学生数
中医学	5	144	80	434
中药学	4	43	80	282
针灸学	5	32	40	189
中医学	3	109	80	295
中医骨伤科学	3	42	40	120
针灸推拿	3	—	80	146

在院硕士研究生54人，1994年招硕士研究生19人、毕业17人。

长春大学

地址：吉林省长春市　邮政编码：130051

专业全称	年制	1994年毕业生数	1994年招生数	在校学生数
推拿学	3	11	27	56

长春医学高等专科学校

地址：吉林省长春市　邮政编码：130031

专业全称	年制	1994年毕业生数	1994年招生数	在校学生数
针灸推拿	3	—	37	37

长春中医学院附属卫生学校

地址：吉林省长春市工农大路14号　电话：5652963　邮政编码：130021

职工27人。专任教师20人，其中讲师6人、助理讲师8人、教员6人。

专业全称	年制	1994年毕业生数	1994年招生数	在校学生数
中医护理	3	50	55	165
针灸推拿	3	48	—	91
中药	3	—	55	107

浑江市中医药学校

地址：吉林省浑江市靖宇西二胡同13号　电话：223841转0439　邮政编码：134300

校长：房日盛

职工121人。专任教师70人，其中高级讲师3人、讲师21人、助理讲师33人、教员13人。

专业全称	年制	1994年毕业生数	1994年招生数	在校学生数
中药	3	40	70	190
中医医疗	3	—	70	126
中医护理	3	—	55	55

长春市第二中等专业卫生学校

地址：吉林省长春市

专业全称	年制	1994年毕业生数	1994年招生数	在校学生数
中医护理	3	45	90	231

黑龙江中医学院

地址：黑龙江省哈尔滨市动力区　电话：2620652　邮政编码：150041

院长：栗德林

职工 863 人。医药专任教师 295 人，其中教授 39 人、副教授 109 人、讲师 117 人、助教 25 人、教员 5 人。

专业全称	年制	1994年毕业生数	1994年招生数	在院学生数
针灸学	5	70	39	170
中医学类专业	5	93	97	395
中医骨伤科学	5	40	64	218
中医学类专业	3	67	166	408
中药学	4	61	90	225
针灸推拿	3	32	15	15
中药资源	4	—	—	98
中药学	3	—	55	55
针灸学	3	12	24	24

在院硕士研究生 99 人，1994年招硕士研究生 37 人、毕业 27 人；在院博士研究生24人，1994 年招博士研究生 9 人、毕业 5 人。

黑龙江省中医药学校

地址：黑龙江省佳木斯市前进区光华路南端　电话：247173　邮政编码：154007

校长：崔天东

职工 214 人。专任教师117 人，其中高级讲师 16 人、讲师 69 人、助理讲师 32 人。

专业全称	年制	1994年毕业生数	1994年招生数	在校学生数
社区医学	4	—	—	189
中医医疗	4	45	—	206
中医护理	3	—	—	94
中药	3	44	50	108

黑河地区卫生学校

地址：黑龙江省黑河市南门外　邮政编码：164301

专业全称	年制	1994年毕业生数	1994年招生数	在校学生数
中医护理	3	80	—	160

上海中医药大学

地址：上海市零陵路530号　电话：64174600　邮政编码：200032

校长：施　杞

职工 1028 人。医药专任教师 229 人，其中教授 17 人、副教授 72 人、讲师92人、助教 39 人。

专业全称	年制	1994年毕业生数	1994年招生数	在校学生数
中医学	5	97	79	376
针灸学	5	44	28	149
推拿学	5	36	28	124
中药学	4	15	30	94
中医学类专业	5	—	25	100
中医学	7	—	25	100
中医学	3	48	41	159
中医学	4	—	6	38

在校硕士研究生 132 人，1994 年招硕士研究生 69 人、毕业 18 人；在校博士研究生 39 人，1994 年招博士研究生 17 人、毕业 8 人。

上海市中医学校

地址：上海市大统路 993 号 电话：56902733 邮政编码：200070

校长：高正兴

职工 84 人。专任教师 44 人，其中高级讲师 7 人、讲师 30 人、助理讲师 6 人、教员 1 人。

专业全称	年制	1994年毕业生数	1994年招生数	在校学生数
中医医疗	4	22	—	82
中医医疗	3	22	—	43
针灸推拿	4	—	78	180

南京中医药大学

地址：江苏省南京市汉中路 282 号 电话：6641462 邮政编码：210029

校长：陈子德

职工 923 人。医药专任教师 278 人，其中教授 23 人、副教授 90 人、讲师 139 人、助教 26 人。

专业全称	年制	1994年毕业人数	1994年招生人数	在校学生数
中医学	5	123	71	550
中药学	4	30	31	119
针灸学	5	38	—	159
针灸推拿	5	—	50	50
中医外科学	5	29	32	92
中医养生康复学	5	30	—	95
药学类专业	4	30	—	59
中药药理学	5	—	30	116
中医学类专业	3	—	81	169
中医外科学	3	—	—	30
药学类专业	3	—	60	98
推拿学	3	30	—	132
药学	5	—	30	57

在校硕士研究生 42 人，1994年招硕士研究生 17 人、毕业 15人；在校博士研究生21 人，1994 年招博士研究生 9 人、毕业 7 人。

江苏省中医学校

地址：江苏省南京市汉中路 155 号 电话：6610819 邮政编码：210009

校长：丁冠明

职工 30 人。专任教师 12 人，其中高级讲师 1 人、讲师 7 人、助理讲师 4 人。

专业全称	年制	1994年毕业生数	1994年招生数	在校学生数
中医护理	3	68	70	223

江苏省中药学校

地址：江苏省镇江市东门外京观山 电话：422151 邮政编码：212000

校长：陈敬启

职工 124 人。专任教师 59 人，其中高级讲师 3 人、讲师 10 人、助理讲师 42 人、教员 4 人。

专业全称	年制	1994年毕业生数	1994年招生数	在校学生数
中药	4	45	48	222
药物制剂工艺	4	47	48	224
药物分析检验	4	44	45	183
微生物制药工艺	4	45	—	133
中药商品经营	4	—	91	91

宜兴职工中等专业学校

地址：江苏省宜兴市 邮政编码：214200

专业全称	年制	1994年毕业生数	1994年招生数	在校学生数
中医医疗	3	—	—	40

连云港中药学校

地址：江苏省连云港市新浦区海连东路 电话：5411493 邮政编码：222001

校长：王学明

职工 107 人。专任教师 46 人，其中高级讲师 7 人、讲师 22 人、助理讲师 14 人、教员 3 人。

专业全称	年制	1994年毕业生数	1994年招生数	在校学生数
中药	3	102	100	362
护理	3	48	81	255
医疗保健类新专业	4	79	—	158

海安针灸推拿学校

地址：江苏省海安县城新桥东路12号 电话：833706 邮政编码：226000

校长：黄玉富

职工 70 人。专任教师 32 人，其中高级讲师 5 人、讲师 15 人、助理讲师 8 人、教员 4 人。

专业全称	年制	1994年毕业生数	1994年招生数	在校学生数
中医医疗	3	—	—	21
中医骨伤	4	—	[illegible]	40
针灸推拿	3	79	79	268

南通卫生学校

地址：江苏省南通市启秀路 9 号 邮政编码：226001

专业全称	年制	1994年毕业生数	1994年招生数	在校学生数
中医护理	3	50	40	125
针灸推拿	3	79	—	84

盐城卫生学校

地址：江苏省盐城市建军西路 152 号 邮政编码：224001

专业全称	年制	1994年毕业生数	1994年招生数	在校学生数
中医医疗	4	78	39	286

苏州第二卫生学校

地址：江苏省吴县木渎镇 邮政编码：215101

专业全称	年制	1994年毕业生数	1994年招生数	在校学生数
中医医疗	4	40	40	150

南京市中等专业学校

地址：江苏省南京市长虹路 邮政编码：210017

专业全称	年制	1994年毕业生数	1994年招生数	在校学生数
中医类新专业	3	—	13	60

浙江中医学院

地址：浙江省杭州市庆春路 电话：7071914 邮政编码：310009

院长：葛琳仪

职工 503 人。医药专任教师 160 人，其中教授 10 人、副教授 55 人、讲师 87 人、助教 8 人。

专业全称	年制	1994年毕业生数	1994年招生数	在院学生数
中医学	5	86	73	362
中医骨伤科学	5	—	36	144
中医学类专业	3	49	104	286
中药学	5	—	30	30
中药学	3	30	37	126
针灸学	5	28	62	200
针灸推拿	3	28	29	107
中医骨伤科学	3	—	36	35

在院硕士研究生 34 人，1994年招硕士研究生 14 人、毕业 5 人。

金华卫生学校

地址：浙江省金华市人民东路42号 邮政编码：321000

专业全称	年制	1994年毕业生数	1994年招生数	在校学生数
中医医疗	4	30	—	—

丽水卫生学校

地址：浙江省丽水市凤凰山33号　邮政编码：323000

专业全称	年制	1994年毕业生数	1994年招生数	在校学生数
中医医疗	4	—	38	38

台州卫生学校

地址：浙江省临海市望天台35号　邮政编码：317000

专业全称	年制	1994年毕业生数	1994年招生数	在校学生数
针灸推拿	3	41	—	—

安徽中医学院

地址：安徽省合肥市梅山路24号　邮政编码：230038

院长：高尔鑫

职工598人。医药专任教师264人，其中教授23人、副教授70人、讲师118人、助教32人、教员21人。

专业全称	年制	1994年毕业生数	1994年招生数	在院学生数
中医学	5	65	90	445
针灸学	5	30	30	166
中药学	4	32	60	180
药学	4	31	60	181
药学	3	24	—	97
中医护理	3	19	30	89
推拿学	3	—	—	28
中医学	3	41	—	73
中医学类专业	3	—	120	267
中药学	3	—	—	73
药学类专业	3	—	50	50
中医骨伤科学	3	—	30	30

在院硕士研究生28人，1994年招硕士研究生11人、毕业7人。

芜湖中医学校

地址：安徽省芜湖市九华山路邢家山7号　电话：334472　邮政编码：241000

校长：吴恒亚

职工152人。专任教师88人，其中高级讲师30人、讲师39人、助理讲师16人、教员3人。

专业全称	年制	1994年毕业生数	1994年招生数	在校学生数
中药	3	40	50	210
中医医疗	3	42	49	260
针灸推拿	3	40	47	87
中医护理	3	39	50	139

福建中医学院

地址：福建省福州市五四路282号　电话：7840746　邮政编码：350003

院长：杜建

职工615人。医药专任教师186人，其中教授15人、副教授44人、讲师81人、助教42人、教员4人。

专业全称	年制	1994年毕业生数	1994年招生数	在院学生数
中医学	5	109	128	514
中医骨伤科学	5	21	—	111
针灸学	5	31	—	111
推拿学	3	21	20	50
中药学	4	—	22	86
中药学	3	27	29	59
临床医学	3	43	56	178
中医外科学	3	24	—	23
中医学	7	—	—	45

在院硕士研究生41人，1994年招硕士研究生24人、毕业2人。

三明卫生学校

地址：福建省三明市绿岩新村39幢　邮

政编码：365000

专业全称	年制	1994年毕业生数	1994年招生数	在校学生数
中医医疗	3	—	—	48

泉州卫生学校

地址：福建省泉州市县后街50号　邮政编码：362000

专业全称	年制	1994年毕业生数	1994年招生数	在校学生数
中医医疗	4	—	56	222
中医骨伤	4	—	53	188
中医护理	3	174	99	557

江西中医学院

地址：江西省南昌市阳明路20号　电话：6224015　邮政编码：330006

院长：杨扶国

职工726人。医药专任教师322人，其中教授17人、副教授92人、讲师156人、助教50人、教员7人。

专业全称	年制	1994年毕业生数	1994年招生数	在院学生数
中医学	5	68	36	284
中医学	3	—	78	213
针灸学	5	40	—	113
针灸推拿	3	—	35	35
中医骨伤科学	5	40	34	205
中药学	4	40	30	128
药　学	4	52	39	201
药学类专业	4	30	—	62
药学类专业	3	—	48	93

在院硕士研究生40人，1994年招硕士研究生16人、毕业10人。

井冈山医学专科学校

地址：江西省吉安市吉福路23号　电话：224771　邮政编码：343000

专业全称	年制	1994年毕业生数	1994年招生数	在校学生数
中医学	3	49	50	159

抚州中医学校

地址：江西省抚州市赣东大道137号　电话：223280　邮政编码：344000

校长：傅淑清

职工100人。专任教师72人，其中高级讲师9人、讲师40人、助理讲师23人。

专业全称	年制	1994年毕业生数	1994年招生数	在校学生数
中医医疗	4	51	97	292
中药	3	52	55	166
护理	3	101	195	464

山东中医学院

地址：山东省济南市经十路23号　电话：2966910　邮政编码：250014

院长：邹积隆

职工895人。医药专任教师269人，其中教授42人、副教授100人、讲师96人、助教31人。

专业全称	年制	1994年毕业人数	1994年招生数	在院学生数
中医学	5	89	278	827
中医学	3	45	100	903
中医学	8	49	—	48
中医文献学	5	—	21	81
针灸学	5	42	40	188
针灸推拿	3	28	30	61
中医骨伤科学	5	40	40	149
中医外科学	5	—	—	40
中药学	4	57	50	179
中药学	3	26	—	30
药学类专业	3	—	40	92

在院硕士研究生80人，1994年招硕士研究生38人、毕业17人；在院博士研究生1

人，1994 招博士研究生 6 人、毕业 2 人。

曲阜中医学校

地址：山东省曲阜市归德北路　电话：412330　邮政编码：273100

校长：贾延玉

职工 56 人。医药专任教师 30 人，其中讲师 2 人、助理讲师 26 人、教员 2 人。

专业全称	年制	1994年毕业人数	1994年招生数	在校学生数
中医医疗	3	—	64	325
中医医疗	4	—	64	64
针灸推拿	3	55	62	223
中医护理	3	60	60	287
中药	3	—	122	158

山东省中医药学校

地址：山东省莱阳市文化路 2 号　电话：212054　邮政编码：265200

校长：陈光举

职工 214 人。专任教师 117 人，其中高级讲师 21 人、讲师 65 人、助理讲师 30 人、教员 1 人。

专业全称	年　制	1994年毕业生数	1994年招生数	在校学生数
中医护理	3	120	225	425
中药	3	165	192	514
中医医疗	4	86	184	541
针灸推拿	3	38	88	287
中医康复	3	—	88	88

山东省中医护士学校

地址：山东省泰安市向阳小区　电话：229719　邮政编码：271000

校长：尹延河

职工 31 人。医药专任教师 11 人，其中高级讲师 1 人、讲师 3 人、助理讲师 3 人、教员 4 人。

专业全称	年　制	1994年毕业人数	1994年招生数	在校学生数
中医护理	3	—	248	408

济南卫生学校

地址：山东省济南市花园路 118 号　邮政编码：250013

专业全称	年　制	1994年毕业生数	1994年招生数	在校学生数
中医护理	3	38	—	—

青岛卫生学校

地址：山东省青岛市京口路90号　邮政编码：266100

专业全称	年　制	1994年毕业生数	1994年招生数	在校学生数
中医医疗	3	—	—	40

枣庄第二卫生学校

地址：山东省滕州市北关街 5 号　邮政编码：277500

专业全称	年　制	1994年毕业生数	1994年招生数	在校学生数
中医医疗	4	—	74	74

聊城卫生学校

地址：山东省聊城市东昌西路　邮政编码：252060

专业全称	年　制	1994年毕业生数	1994年招生数	在校学生数
中医护理	3	—	90	140
中医类新专业	3	—	—	50

河南中医学院

地址：河南省郑州市金水路东段　电话：5956348　邮政编码：450003

院长：尚炽昌

职工948人。医药专任教师363人，其中教授18人、副教授116人、讲师183人、助教36人、教员10人。

专业全称	年制	1994年毕业人数	1994年招生数	在院学生数
中医学	5	112	129	704
中药学	4	80	51	273
针灸学	5	47	49	259
中医骨伤科学	5	55	55	274
中医五官科学	5	46	36	36
中医学	3	33	57	210
针灸学	3	—	47	85
药学类专业	4	—	34	34
中药学	3	—	—	24
护理学类专业	3	—	20	28
基础医学专业	3	—	41	41

在院硕士研究生46人，1994年招硕士研究生19人、毕业13人。

南阳理工学院

地址：河南省南阳市卧龙路131号　电话：334809　邮政编码：473061

专业全称	年制	1994年毕业生数	1994年招生数	在院学生数
中医学	3	69	65	251

南阳中医药学校

地址：河南省南阳市卧龙路131号　电话：332497转0377　邮政编码：473061

校长：孙仁民

职工176人。专任教师60人，其中高级讲师8人、讲师28人、助理讲师23人、教员1人。

专业全称	年制	1994年毕业生数	1994年招生数	在校学生数
中医医疗	4	62	40	120
中医护理	3	49	40	164
中药	3	94	40	129
针灸推拿	3	—	40	40

焦作市中医中药学校

地址：河南省焦作市学生路一巷　电话：2924225　邮政编码：454150

校长：王以胜

职工121人。医药专任教师56人，其中高级讲师10人、讲师31人、助理讲师14人、教员1人。

专业全称	年制	1994年毕业人数	1994年招生数	在校学生数
中医医疗	3	46	40	125
中医医疗	4	—	130	260
中医护理	3	80	40	165
中医康复	3	—	40	80
中医新专业	3	—	40	80
中药	3	48	40	40

安阳市中医药学校

地址：河南省安阳市彰德路5号　电话：426467　邮政编码：455000

校长：李聪民

职工120人。医药专任教师70人，其中高级讲师11人、讲师32人、助理讲师24人、教员3人。

专业全称	年制	1994年毕业生数	1994年招生数	在校学生数
中医医疗	4	83	80	354
中药	4	—	40	90
中医护理	4	—	40	80
中医医疗	4	—	—	40

河南省盲人按摩学校

地址：河南省洛阳市涧西区青岛路29号　邮政编码：471003

专业全称	年制	1994年毕业生数	1994年招生数	在校学生数
针灸推拿	3	80	72	272

开封市卫生学校

地址：河南省开封市滨河路　邮政编

码：475003

专业全称	年制	1994年毕业生数	1994年招生数	在校学生数
中医类新专业	4			95

洛阳市卫生学校

地址：河南省洛阳市邙岭南路　邮政编码：471001

专业全称	年制	1994年毕业生数	1994年招生数	在校学生数
中医骨伤	3	—	—	40
维医医疗	2	38	—	

湖北中医学院

地址：湖北省武汉市武昌云架桥110号　电话：8741051　邮政编码：430061

院长：张六通

职工819人。医药专任教师202人，其中教授16人、副教授89人、讲师70人、助教12人、教员15人。

专业全称	年制	1994年毕业生数	1994年招生数	在院学生数
中医五官科学	3	—	—	107
针灸学	5	40	39	240
护理学	3	39	35	65
中医学	7	—	—	33
中医学	5	107	113	541
中医学	3	2	77	132
中药学	4	56	43	170
中药学	3	—	—	47
中医骨伤科学	5	48	48	242
卫生事业管理	3	—	45	45

在院硕士研究生120人，1994年招硕士研究生47人、毕业19人。

恩施医学高等专科学校

地址：湖北省恩施市午阳大街四巷61号　邮政编码：445000

专业全称	年制	1994年毕业生数	1994年招生数	在校学生数
中医学	3	—	4	4

宜昌医学高等专科学校

地址：湖北省宜昌市夷陵路159号　邮政编码：443003

专业全称	年制	1994年毕业生数	1994年招生数	在校学生数
中医学	3	1	—	1

沙市市中医院附属中医学校

地址：湖北省沙市市三板桥　电话：213091　邮政编码：434000

校长：蓝宾槛

职工40人。专任教师23人，其中高级讲师4人、讲师13人、助理讲师5人、教员1人。

专业全称	年制	1994年毕业生数	1994年招生数	在校学生数
护理	3	90	150	362
中医类新专业	3	—	39	72

同济医科大学附设卫生学校

地址：湖北省武汉市汉口解放大道　邮政编码：430030

专业全称	年制	1994年毕业生数	1994年招生数	在校学生数
中医康复	3	—	10	10

黄冈地区卫生学校

地址：湖北省黄州市体育路马家巷6号　邮政编码：436100

专业全称	年制	1994年毕业生数	1994年招生数	在校学生数
针灸推拿	3	—	—	37
中医骨伤	3	52	—	—

孝感市卫生学校

地址：湖北省孝感市大东门　邮政编码：432100

专业全称	年制	1994年毕业生数	1994年招生数	在校学生数
中医骨伤	3	—	12	12

武汉市盲人学校中专班

地址：湖北省武汉市武昌

专业全称	年制	1994年毕业生数	1994年招生数	在校学生数
针灸推拿	3	10	12	38

咸宁地区崇阳卫生学校

地址：湖北省崇阳县　邮政编码：437500

专业全称	年制	1994年毕业生数	1994年招生数	在校学生数
中医医疗	4	44	65	65

荆州地区卫生学校

地址：湖北省江陵县紫金山巷16号　邮政编码：434100

专业全称	年级	1994年毕业生数	1994年招生数	在校学生数
中医类新专业	3	—	40	119

荆州地区公安卫生学校

地址：湖北省公安县　邮政编码：434300

专业全称	年制	1994年毕业生数	1994年招生数	在校学生数
中医类新专业	4	74	165	551
中医骨伤	3	—	69	69
中医医疗	3	—	79	140

武汉市新洲卫生学校

地址：湖北省新洲县　邮政编码：431400

专业全称	年制	1994年毕业生数	1994年招生数	在校学生数
针灸推拿	3	—	53	53

郧阳地区卫生学校

地址：湖北省十堰市人民路15号　邮政编码：442000

专业全称	年制	1994年毕业生数	1994年招生数	在校学生数
中医类新专业	4	74	108	531
中医类新专业	3	40		31

郧阳地区郧县卫生学校

地址：湖北省郧县　邮政编码：442500

专业全称	年制	1994年毕业生数	1994年招生数	在校学生数
中医医疗	4	—	—	71

鄂西土家族苗族自治州卫生学校

地址：湖北省恩施市午阳大街四巷61号　邮政编码：445000

专业全称	年制	1994年毕业生数	1994年招生数	在校学生数
中医医疗	4	—	—	58
中医骨伤	4	—	63	63

湖南中医学院

地址：湖南省长沙市韶山路102号　电话：5544613　邮政编码：410007

院长：陈大舜

职工858人。医药专任教师242人，其中教授19人、副教授88人、讲师107人、助教13人、教员15人。

在院硕士研究生46人，1994年招硕士研究生16人、毕业11人；在院博士研究生5人，1994招博士研究生2人、毕业1人。

专业全称	年制	1994年毕业生数	1994年招生数	在院学生数
中医学	5	94	80	472
针灸学	5	25	26	144
中医五官科学	5	—	32	124
中医骨伤科学	5	—	68	122
中医学类专业	5	—	71	129
中药学	4	60	48	197
药学类专业	4	—	39	138
药学	4	—	46	84
中医学	3	102	39	250
中医骨伤科学	3	66	—	57
中药学	3	29	—	69
针灸推拿	3	—	50	80
中医护理	3	28	49	113
医学影像学	3	—	49	49

湖南省中医药学校

地址：湖南省株州市南区高家坳　电话：212564　邮政编码：412002

校长：王振平

职工 169 人。医药专任教师 82 人，其中高级讲师 16 人、讲师 41 人、助理讲师 23 人、教员 2 人。

专业全称	年制	1994年毕业生数	1994年招生数	在校学生数
中医医疗	4	—	113	237
中医骨伤	4	—	51	51
针灸推拿	4	—	—	120
中医护士	3	40	50	132
中药	3	86	61	233

益阳地区卫生学校

地址：湖南省益阳市桃花仓　邮政编码：413000

专业全称	年制	1994年毕业生数	1994年招生数	在校学生数
中医医疗	4	—	55	55

常德市卫生学校

地址：湖南省常德市人民中路东湖巷　邮政编码：415000

专业全称	年制	1994年毕业生数	1994年招生数	在校学生数
中医医疗	4	—	—	49

邵阳市卫生学校

地址：湖南省邵阳市宝庆西路 44 号　邮政编码：422000

专业全称	年制	1994年毕业生数	1994年招生数	在校学生数
中医医疗	4	—	54	54
中医护理	3	40	—	39

郴州医学专科学校中专部

地址：湖南省郴州市人民西路 25 号　邮政编码：423000

专业全称	年制	1994年毕业生数	1994年招生数	在校学生数
中医医疗	4	—	—	128

零陵地区卫生学校

地址：湖南省永州市东门巷　邮政编码：425000

专业全称	年制	1994年毕业生数	1994年招生数	在校学生数
中医医疗	4	—	59	111

吉首卫生学校

地址：湖南省吉首市荣昌路 19 号　邮政编码：416000

专业全称	年制	1994年毕业生数	1994年招生数	在校学生数
针灸推拿	4	—	50	201

广州中医药大学

地址：广东省广州市机场路 10 号　电话：6591233　邮政编码：510407

校长：李任先

职工 961 人。医药专任教师 237 人，其中教授 37 人、副教授 92 人、讲师 71 人、助教 37 人。

专业全称	年制	1994年毕业生数	1994年招生数	在校学生数
中医学	7	80	—	20
中医学	5	755	148	151
中医学	3	196	37	—
中医骨伤科学	5	171	36	40
中医五官科学	5	100	30	20
针灸学	5	175	32	28
中药学	4	153	38	39
中药学	3	34	—	—

在院硕士研究生 78 人，1994 年招硕士研究生 44 人、毕业 14 人；在院博士研究生 16 人，1994 招博士研究生 8 人、毕业 5 人。

广州中医药大学附属中医学校

地址：广东省广州市三元里机场路 10 号 电话：6591233 邮政编码：510407

校长：谢华民

职工 19 人。专任教师 17 人，其中高级讲师 1 人、讲师 12 人、助理讲师 3 人、教员 1 人。

专业全称	年制	1994年毕业生数	1994年招生数	在校学生数
中药	3	—	50	89
护理	3	30	49	128

新兴中药学校

地址：广东省新兴县城镇南外果园路 电话：884172 邮政编码：527400

专业全称	年制	1994年毕业生数	1994年招生数	在校学生数
中药	3	98	162	403
护理	3	44	220	439
药剂	3	—	45	45

校长：梁达达

职工 79 人。专任教师 47 人，其中讲师 15 人、助理讲师 24 人、教员 8 人。

湛江中医学校

地址：广东省湛江市霞山文明东路 4 号 电话：2284927 邮政编码：524003

校长：柯万宪

职工 74 人。专任教师 48 人，其中高级讲师 6 人、讲师 28 人、助理讲师 12 人、教员 2 人。

专业全称	年制	1994年毕业生数	1994年招生数	在校学生数
中医医疗	3	—	52	153
中医骨伤	3	49	54	154
中医护理	3	51	46	146

江门中医药学校

地址：广东省江门市龙湾路 4 号 电话：3526345 邮政编码：529000

校长：吴泽民

职工 46 人。专任教师 22 人，其中高级讲师 1 人、讲师 8 人、助理讲师 13 人。

专业全称	年制	1994年毕业生数	1994年招生数	在校学生数
中医护理	3	—	43	43

韶关市卫生学校

地址：广东省韶关市新华南路 邮政编码：512026

专业全称	年制	1994年毕业生数	1994年招生数	在校学生数
中医护理	3	—	—	58
中医医疗	4	50		

广西中医学院

地址：广西壮族自治区南宁市明秀东路 21 号 电话：334562 邮政编码：530001

院长：韦贵康

职工 608 人。医药专任教师 162 人，其中教授 15 人、副教授 58 人、讲师 69 人、助教 20 人。

专业全称	年制	1994年毕业生数	1994年招生数	在院学生数
中医学	5	140	175	727
中医学	3	128	109	369
中药学	4	57	77	239
中药学	3	49	37	73

在院硕士研究生 10 人，1994 年招硕士研究生 3 人、毕业 1 人。

广西中医学院附设护士学校

地址：广西壮族自治区南宁市建政南路 1 号　电话：566506　邮政编码：530023

校长：潘忠慧

职工 46 人。专任教师 28 人，其中高级讲师 4 人、讲师 17 人、助理讲师 7 人。

专业全称	年制	1994年毕业生数	1994年招生数	在校学生数
护理	3	43	53	144
中医护理	3	45	108	205
中医医疗	3	—	—	43
中医医疗	4	—	—	52

桂林市中医学校

地址：广西壮族自治区桂林市崇信路 8 号　电话：222362　邮政编码：541002

校长：司徒沿彪

职工 53 人。专任教师 32 人，其中高级讲师 6 人、讲师 17 人、助理讲师 9 人。

专业全称	年制	1994年毕业生数	1994年招生数	在校学生数
中医护理	3	43	45	133

广西药科学校

地址：广西壮族自治区南宁市邕宾路 1～2 号　邮政编码：530023

专业全称	年制	1994年毕业生数	1994年招生数	在校学生数
中医类新专业	3	50	—	—

海南省第二卫生学校

地址：海南省通什市爱民路　邮政编码：572200

专业全称	年制	1994年毕业生数	1994年招生数	在校学生数
针灸推拿	3	—	—	50

海南省农垦卫生学校

地址：海南省海口市草坡　邮政编码：570001

专业全称	年制	1994年毕业生数	1994年招生数	在校学生数
针灸推拿	3	—	—	94

成都中医药大学

地址：四川省成都市十二桥街 15 号　电话：7768611　邮政编码：610075

院长：李明富

职工 965 人。医药专任教师 241 人，其中教授 24 人、副教授 84 人、讲师 118 人、

专业全称	年制	1994年毕业人数	1994年招生数	在校学生数
中医学	5	120	74	457
中医学	3	71	118	421
中医五官科学	5	40	35	155
针灸学	5	58	43	265
推拿学	3	—	67	67
藏医学	3	—	29	29
中医骨伤科学	5	40	—	160
中药学	4	63	38	227
中药学	2	—	84	197
中药药理学	5	—	32	319
药学类专业	4	—	36	80
卫生事业管理	2	—	34	34
推拿学	2	—	—	35
中医护理	3	—	26	47

助教 13 人、教员 2 人。

在院硕士研究生 82 人，1994 年招硕士研究生 34 人、毕业 12 人；在院博士研究生 28 人，1994 招博士研究生 11 人、毕业 5 人。

泸州医学院

地址：四川省泸州市忠山　邮政编码：646000

专业全称	年制	1994年毕业生数	1994年招生数	在院学生数
中医学	5	—	1	2

成都中医药大学附属医院针灸学校

地址：四川省成都市新罗路 41 号　电话：7769902 转 535　邮政编码：610072

校长：陈中熊

职工 51 人。专任教师 28 人，其中高级讲师 9 人、讲师 14 人、助理讲师 5 人。

专业全称	年制	1994年毕业生数	1994年招生数	在校学生数
针灸推拿	3	51	120	197
中医护理	3	40	74	155
中医康复	3	—	—	29

成都中医学校

地址：四川省成都市红星中路 44 号　电话：6628208　邮政编码：610017

校长：郑旭东

职工 116 人。专任教师 62 人，其中高级讲师 7 人、讲师 41 人、助理讲师 14 人。

专业全称	年制	1994年毕业生数	1994年招生数	在校学生数
中医医疗	2	40	—	—
中医骨伤	2	—	40	110
中药	3	38	40	78
中医护理	3	—	40	78
中医类新专业	4	—	40	90

重庆中医学校

地址：四川省重庆市杨家坪西郊支路18号　电话：8822183　邮政编码：630050

校长：黄吉庆

职工 198 人。医药专任教师 64 人，其中高级讲师 11 人、讲师 32 人、助理讲师 21 人。

专业全称	年制	1994年毕业生数	1994年招生数	在校学生数
中药	3	76	80	237
中医护理	3	—	40	163
中医骨伤	4	—	40	177
中医医疗	3	—	40	109

绵阳中医学校

地址：四川省绵阳市绵州南路 380 号　电话：223053　邮政编码：621000

校长：胡道铭

职工 132 人。专任教师 74 人，其中高级讲师 9 人、讲师 27 人、助理讲师 31 人、教员 7 人。

专业全称	年制	1994年毕业生数	1994年招生数	在校学生数
中医医疗	4	—	—	117
中医护理	3	40	110	257
中药	3	40	51	116
中药类新专业	3	—	119	275

四川省中药学校

地址：四川省峨眉山市马路桥　邮政编码：614201

专业全称	年制	1994年毕业生数	1994年招生数	在校学生数
化学制药工艺	4	—	40	40
中药制药工艺	4	76	80	316
中药	4	41	271	856

万县中医学校

地址：四川省万县市乌龙池12号　电话：223135　邮政编码：634000

校长：余甘霖

职工116人。医药专任教师67人，其中高级讲师12人、讲师34人、助理讲师9人、教员12人。

专业全称	年制	1994年毕业生数	1994年招生数	在校学生数
中医护理	3	40	122	241
中医医疗	4	39	—	120
中医骨伤	4	—	40	40
药剂	3	—	40	40
中医医疗	3	30	131	285
中医骨伤	3	—	87	87

内江中医学校

地址：四川省内江市东兴镇　电话：223713　邮政编码：641003

校长：吴自强

职工63人。医药专任教师35人，其中高级讲师1人、讲师8人、助理讲师24人、教员2人。

专业全称	年制	1994年毕业生数	1994年招生数	在校学生数
中医医疗	4	—	—	38
中医护理	3	—	36	116
中医医疗	3	—	84	207
药剂	3	30	—	—

达县中医学校

地址：四川省达县市张家湾79号　电话：225164　邮政编码：635000

专业全称	年制	1994年毕业生数	1994年招生数	在校学生数
中医医疗	4	40	40	85
中医护理	3	—	65	106
中药	3	—	102	102
针灸推拿	3	40	—	85
中医医疗	3	—	53	122

校长：徐安金

职工90人。医药专任教师59人，其中高级讲师7人、讲师28人、助理讲师21人、教员3人。

涪陵地区卫生学校

地址：四川省涪陵市乌江路2号　邮政编码：648000

专业全称	年制	1994年毕业生数	1994年招生数	在校学生数
中医医疗	4	40	—	

阿坝州卫生学校

地址：四川省马尔康县马江上街　邮政编码：624000

专业全称	年制	1994年毕业生数	1994年招生数	在校学生数
藏医医疗	4	—	—	30

甘孜藏族自治州卫生学校

地址：四川省康定县姑城区　邮政编码：626000

专业全称	年制	1994年毕业生数	1994年招生数	在校学生数
藏医医疗	4	—	—	20

四川省藏文学校

地址：四川省道孚县解放新街93号　邮政编码：626400

专业全称	年制	1994年毕业生数	1994年招生数	在校学生数
藏医医疗	4	32	40	137

贵阳中医学院

地址：贵州省贵阳市市东路1号　电话：5815003　邮政编码：550002

院长：朱凤堂

职工711人。医药专任教师241人，其中教授18人、副教授58人、讲师129人、助教 29 人、教员 7 人。

专业全称	年制	1994年毕业生数	1994年招生数	在院学生数
中医学	5	107	120	585
中医学	3	—	60	159
针灸学	5	—	40	179
中医骨伤科学	5	—	40	160
中药学	4	40	80	201
中药学	2	—	—	132

在院硕士研究生 7 人，1994 年招硕士研究生 4 人、毕业 1 人。

遵义医学院

地址：贵州省遵义市外环路　邮政编码：563003

专业全称	年制	1994年毕业生数	1994年招生数	在院学生数
中医五官科学	3	—	21	34

遵义中医学校

地址：贵州省遵义县南白镇　电话：222521　邮政编码：563100

校长：赵固民

职工 54 人。专任教师 33 人，其中高级讲师 3 人、讲师 16 人、助理讲师 14 人。

专业全称	年制	1994年毕业生数	1994年招生数	在校学生数
中医医疗	3	45	—	55
中医类新专业	3	—	110	231
中医护理	3	135	108	419

贵阳中医学院附属第一医院护士学校

地址：贵州省贵阳市省卫生厅　邮政编码：550001

专业全称	年制	1994年毕业生数	1994年招生数	在校学生数
护理	3	—	—	39

铜仁卫生学校

地址：贵州省铜仁市城关锦江路 25 号

邮政编码：554300

专业全称	年制	1994年毕业生数	1994年招生数	在校学生数
中医医疗	3	—	38	78

毕节卫生学校

地址：贵州省毕节市惠泉路　邮政编码：551700

专业全称	年制	1994年毕业生数	1994年招生数	在校学生数
中医医疗	3	—	40	40

毕节第二卫生学校

地址：贵州省毕节市翠屏路　邮政编码：551700

专业全称	年制	1994年毕业生数	1994年招生数	在校学生数
中医类新专业	3	—	50	50

云南中医学院

地址：云南省昆明市白塔路 6 号　电话：3164972　邮政编码：650011

院长：肖瑞崇

职工 539 人。医药专任教师 152 人，其中教授 6 人、副教授 58 人、讲师 77 人、助教 7 人、教员 4 人。

专业全称	年制	1994年毕业人数	1994年招生数	在院学生数
中医学	5	54	111	367
针灸推拿	3	58	74	203
中药学	4	37	40	150
管理类专业	3	39	36	112
药学类专业	3	—	3	9

在院硕士研究生 6 人，1994 年招硕士研究生 1 人、毕业 0 人。

云南省卫生学校

地址：云南省昆明市平政街 39 号　邮

政编码：650031

专业全称	年制	1994年毕业生数	1994年招生数	在校学生数
中医医疗	4	—	50	50

昆明市卫生学校

地址：云南省昆明市平政街66号 邮政编码：650031

专业全称	年制	1994年毕业生数	1994年招生数	在校学生数
中医护理	3	—	—	99

玉溪卫生学校

地址：云南省玉溪市文化路 邮政编码：653100

专业全称	年制	1994年毕业生数	1994年招生数	在校学生数
中医护理	3	—	—	50

迪庆藏族自治州卫生学校

地址：云南省中甸县城文化路 邮政编码：674400

专业全称	年制	1994年毕业生数	1994年招生数	在校学生数
藏医医疗	4	—	40	40

药王山藏医学院

地址：西藏自治区拉萨市团结新村后 邮政编码：850000

专业全称	年制	1994年毕业生数	1994年招生数	在院学生数
藏医学	5	28	32	148
藏医学	3	—	23	23

院长：强巴赤列

职工125人。医药专任教师54人，其中教授3人、副教授4人、讲师19人、助教21人、教员7人。

西藏自治区藏医学校

地址：西藏自治区拉萨市 邮政编码：850000

专业全称	年制	1994年毕业生数	1994年招生数	在校学生数
藏医医疗	4	70	—	52

陕西中医学院

地址：陕西省咸阳市渭阳路1号 电话：212766 邮政编码：712083

院长：杜雨茂

职工667人。医药专任教师202人，其中教授8人、副教授38人、讲师90人、助教55人、教员11人。

专业全称	年制	1994年毕业生数	1994年招生数	在院学生数
中医学	5	68	97	20
中医骨伤科学	5	33	32	151
中医学	3	60	—	—
学校医学	3	40	31	40
中医学类专业	3	—	69	20
针灸学	5	35	32	28
中药学	4	30	31	39
中药学	3	—	30	30

在院硕士研究生61人，1994年招硕士研究生21人、毕业10人。

渭阳地区中医学校

地址：陕西省渭阳市杜桥 电话：212915 邮政编码：714000

专业全称	年制	1994年毕业生数	1994年招生数	在校学生数
中医医疗	4	40	50	231
中药	3	40	50	138
社区医学	4	—	106	218
中医护理	3	40	50	136

校长：李玉柯

职工 196 人。医药专任教师 80 人，其中高级讲师 21 人、讲师 32 人、助理讲师 23 人、教员 4 人。

陕西自强中等专业学校

地址：陕西省宝鸡市十里铺　邮政编码：721004

专业全称	年制	1994年毕业生数	1994年招生数	在校学生数
针灸推拿	4	—	95	208

宝鸡市中医学校

地址：陕西省宝鸡市十里铺大庆路 1 号　电话：414852　邮政编码：721004

校长：刘少明

职工 110 人。医药专任教师 64 人，其中高级讲师 6 人、讲师 28 人、助理讲师 29 人、教员 1 人。

专业全称	年制	1994年毕业生数	1994年招生数	在校学生数
中医医疗	4	40	30	150
中药	3	40	90	169
中医护理	3	41	50	130
针灸推拿	4	40	30	149

甘肃中医学院

地址：甘肃省兰州市定西东路 35 号　电话：8824329　邮政编码：730000

专业全称	年制	1994年毕业生数	1994年招生数	在院学生数
中医学	5	102	115	527
中药学	4	--	45	130
针灸学	5	—	40	100
中药学	3	45	—	—
针灸学	3	56	40	114
藏医学	3	30	35	87
中医学类专业	3	—	50	137
营养与食品卫生	2	—	40	80
外国语言文学类	2	—	45	85

职工 394 人。医药专任教师 146 人，其中教授 7 人、副教授 42 人、讲师 60 人、助教 22 人、教员 15 人。

在院硕士研究生 6 人，1994 年招硕士研究生 2 人。

甘肃中医学校

地址：甘肃省兰州市七里河区安西路 165 号　电话：2334190　邮政编码：730050

校长：伊达伟

职工 123 人。医药专任教师 69 人，其中高级讲师 7 人、讲师 36 人、助理讲师 26 人。

专业全称	年制	1994年毕业生数	1994年招生数	在校学生数
中医医疗	3	79	150	449
针灸推拿	3	40	—	50
中医护理	3	40	158	158
中药	3	40	50	50

甘肃中医学院中专班

地址：甘肃省兰州市定西东路 35 号　电话：8824329　邮政编码：730000

专业全称	年制	1994年毕业生数	1994年招生数	在院学生数
中医护理	3	50	50	158

甘南藏族自治州卫生学校

地址：甘肃省甘南藏族自治州人民街　邮政编码：747000

专业全称	年制	1994年毕业生数	1994年招生数	在校学生数
藏医医疗	4	—	40	80

定西地区卫生学校

地址：甘肃省定西县大冈巷　邮政编码：743000

专业全称	年制	1994年毕业生数	1994年招生数	在校学生数
中医医疗	3	40	—	40

天水地区卫生学校

地址：甘肃省天水市建设路　邮政编码：741000

专业全称	年制	1994年毕业生数	1994年招生数	在校学生数
中医医疗	4	32	40	40

平凉地区卫生学校

地址：甘肃省平凉市盘旋东路　邮政编码：744000

专业全称	年制	1994年毕业生数	1994年招生数	在校学生数
中医医疗	4	—	—	40

庆阳地区卫生学校

地址：甘肃省西峰市北大街　邮政编码：745000

专业全称	年制	1994年毕业生数	1994年招生数	在校学生数
中医医疗	4	—	40	40

青海医学院

地址：青海省西宁市昆仑路84号　邮政编码：810001

专业全称	年制	1994年毕业生数	1994年招生数	在院学生数
中医	5	29	29	149

海南州卫生学校

地址：青海省共和县绿州北路34号　邮政编码：813000

专业全称	年制	1994年毕业生数	1994年招生数	在校学生数
藏医医疗	3	—	—	29

宁夏医学院

地址：宁夏回族自治区银川市新市区　邮政编码：750001

专业全称	年制	1994年毕业生数	1994年招生数	在院学生数
中医	5	—	—	14

宁夏卫生学校

地址：宁夏回族自治区银川市新市区纬五路　邮政编码：750021

专业全称	年制	1994年毕业生数	1994年招生数	在校学生数
中医医疗	4	—	—	90

新疆中医学院

地址：新疆维吾尔自治区乌鲁木齐市新医学路10号　电话：413394　邮政编码：830000

院长：张绚邦

职工162人。医药专任教师117人，其中教授10人、副教授28人、讲师61人、助教18人。

专业全称	年制	1994年毕业生数	1994年招生数	在院学生数
中医学	5	34	46	207
针灸学	5	41	46	169
中医学	3	—	9	82
护理学专业	3	—	—	28
中药学	3	40	40	40

新疆维吾尔医专科学校

地址：新疆维吾尔自治区和田市奴尔瓦克西路　电话：23236　邮政编码：848000

职工125人。医药专任教师72人，其中教授2人、副教授5人、讲师14人、助教48人、教员3人。

专业全称	年制	1994年毕业生数	1994年招生数	在校学生数
维医学	4	80	60	259

4人、助理研究员2人。

下属研究室：免疫研究室、病理研究室、微量元素研究室、生化研究室、生理研究室、临床研究室。

在所硕士研究生3人，1994年招生2人。

北京市中医研究所

地址：北京市东城区美术馆后街2号 邮政编码：100010 电话：4011391

所长：危北海

职工65人。科研人员37人，中医2人，其中副研究员1人、助理研究员1人；中西医结合2人，均为研究员；西医1人，为副研究员；中药4人。

天津市中医药研究院

地址：天津市和平区多伦道179号 邮政编码：300020

职工101人。科研人员46人，中医39人，其中研究员2人、副研究员4人、助理研究员5人；中药6人。

天津中医研究所

地址：天津市南开区西湖村 邮政编码：300073

职工50人。科研人员45人，中医30人，其中研究员2人、副研究员4人、助理研究员16人；西医7人，其中副研究员5人、助理研究员2人；中药2人。

河北省中医药研究所

地址：河北省石家庄市建华南大街36号 邮政编码：050031 电话：5052547

所长：李 浩

职工76人。科研人员中，中医34人，其中研究员3人、副研究员9人、助理研究员17人、研究实习员5人；西医1人，为助理研究员。

下属研究室：男科研究室、胃肠病研究室、肾病研究室、糖尿病研究室、心肌炎研究室

附属机构：河北省中医药研究所附属医院、药厂。

张家口市中医研究院

地址：河北省张家口市东河沿街 邮政编码：075000

职工24人。科研人员22人，中医9人，其中副研究员1人、助理研究员4人；西医10人，其中副研究员1人；中药1人；西药1人。

山西省中医研究所

地址：山西省太原市并州西街14号 邮政编码：030012 电话：2023577

所长：曹家骥

职工108人。科研人员71人，中医25人，其中研究员2人、副研究员12人、助理研究员10人；中西医结合14人，其中研究员6人、副研究员7人、助理研究员1人；中药7人；西医7人，其中研究员1人、助理研究员6人；西药2人。

山西省针灸研究所

地址：山西省太原市并州北路 邮政编码：030012 电话：2023237

所长：吕景山

职工63人。科研人员43人，中医25人，其中副研究员4人、助理研究员3人；西医3人，其中副研究员1人；中西医结合2人，其中研究员1人、副研究员1人；中药5人。

太原市中医研究所

地址：山西省太原市坝陵桥南街 邮政编码：030009

职工26人。科研人员17人，中医9人，其中研究员4人、副研究员1人；中药5人；西医2人；中西医结合6人，其中副研究员3人、助理研究员3人。

大同市中医研究所

地址：山西省大同市 邮政编码：037004

职工18人。科研人员14人，中医9人，其中副研究员2人、助理研究员4人；中药2人；西医2人，其中助理研究员1人。

内蒙古自治区中蒙医研究所

地址：内蒙古自治区呼和浩特市健康街1号　邮政编码：010020

职工60人。科研人员41人，中医22人，研究员2人、副研究员3人、助理研究员17人；中西医结合1人，为研究员；中药4人；西医2人，其中助理研究员1人；西药11人。

哲里木盟蒙医药研究所

地址：内蒙古自治区通辽市　邮政编码：028006

职工90人。科研人员64人，中医28人，其中副研究员5人、助理研究员6人；中西医结合1人；中药7人；西医8人，其中助理研究员3人；西药2人。

包头市中蒙医研究所

地址：内蒙古自治区包头市　邮政编码：014040

职工4人。科研人员中，中医2人，均为副研究员；西药1人。

阿拉善盟蒙古民族医药研究所

地址：内蒙古自治区阿拉善左旗巴彦浩特镇土尔扈特南路邮政编码：750306

职工49人。科研人员35人，中医12人，其中副研究员2人、助理研究员3人；中药10人。

锡林郭勒盟蒙医研究所

地址：内蒙古自治区锡林浩特市　邮政编码：026003

职工175人。科研人员132人，中医40人，其中副研究员2人、助理研究员18人；中西医结合1人，为助理研究员；中药11人；西医14人，其中副研究员1人、助理研究员2人；西药10人。

伊克昭盟蒙医研究所

地址：内蒙古自治区东胜市　邮政编码：017000

职工127人。科研人员84人，中医27人，其中助理研究员13人；中药16人；西医2人；西药5人。

辽宁省中医研究院

地址：辽宁省沈阳市皇姑区黄河北大街60号　邮政编码：110031　电话：6807923

院长：陆云平

职工669人。科研人员中，中医22人，其中研究员2人、副研究员2人、助理研究员9人、研究实习员9人；中西医结合7人，其中研究员3人、副研究员4人；中药21人，其中研究员1人、副研究员1人、助理研究员13人、研究实习员6人；西医23人，其中研究员1人、助理研究员9人、研究实习员13人。

下属研究所：急腹症研究所，医史文献研究所，中药研究所。

在院硕士研究生20人。

附属机构：辽宁省中医研究院附属医院。

辽阳市中医中药研究所

地址：辽宁省辽阳市　邮政编码：111000

职工10人。科研人员中，中医7人，其中副研究员1人、助理研究员5人；西医1人，为助理研究员。

沈阳市中医研究所

地址：辽宁省沈阳市和平区三好街33号　邮政编码：110003

职工125人。科研人员113人、其中中医50人、中药5人。

本溪市中医研究所

地址：辽宁省本溪市　邮政编码：117000

职工25人。科研人员23人，中医7人，其中副研究员1人，助理研究员4人；中药3人。

铁岭市中医研究所

地址：辽宁省铁岭市　邮政编码：112000

职工13人。科研人员8人，中医5人，其中副研究员1人、助理研究员4人；中西医结合1人，为助理研究员。

吉林省中医中药研究院

地址：吉林省长春市工农大路17号　邮政编码：130021

院长：王　阁

职工550人。科研人员398人，中医119人，其中研究员6人、副研究员19人、助理研究员39人；中西医结合5人，其中研究员1人、副研究员4人；西医32人，其中副研究员7人、助理研究员17人；中药85人；西药42人。

长春中医学院中医研究所

地址：吉林省长春市工农大路39号　邮政编码：130021　电话：5955911

所长：南　征

职工30人。科研人员中，中医9人，其中研究员2人、副研究员2人、助理研究员5人；中西医结合7人，其中研究员1人、副研究员2人、助理研究员4人；中药10人，其中研究员2人、副研究员2人、助理研究员3人、研究实习员3人；西医1人，为研究员。

下属研究室：药理研究室，临床研究室，中成药研究室，生化免疫研究室，植化质控研究室，中医古籍研究室。

在所硕士研究生2人，1994年招生1人、毕业1人。

附属机构：中药饮片加工厂。

延边民族医药研究所

地址：吉林省延吉市河南街7号　邮政编码：133001

职工18人。科研人员12人，中医9人，其中副研究员4人；中药3人。

黑龙江省中医研究院

地址：黑龙江省哈尔滨市三辅街142号　邮政编码：150036　电话：5053086

职工569人。科研人员480人，中医206人，其中研究员14人、副研究员39人、助理研究员91人；中药83人。

上海市气功研究所

地址：上海市宛平南路650号　邮政编码：200030　电话：64394141

副所长：黄　健

职工75人。科研人员中，中医31人，其中研究员3人、副研究员4人、助理研究员17人、研究实习员7人；中西医结合10人，其中研究员1人、副研究员2人、助理研究员5人、研究实习员2人；西医11人，其中助理研究员6人、研究实习员5人。

下属研究室：气功原理研究室，气功效应研究室，情报文献研究室，中心实验室，气功门诊部。

在所硕士研究生2人。

上海中医药大学中医文献研究所

地址：上海市宛平南路650号　邮政编码：200030　电话：64381576

所长：朱大年(兼)　常务副所长：张玉萍

职工39人。科研人员中，中医26人，其中研究员1人、副研究员6人、助理研究员13人；中药4人，其中助理研究员4人；西医1人，为助理研究员。

下属研究室：现代文献研究室，古籍研究室，上海地区中医学术研究室，医史研究室。

附属机构：《中国中医药年鉴》编辑部。

上海市针灸经络研究所

地址：上海市宛平南路650号　邮政编码：200030　电话：64395972

所长：陈汉平

职工110人。科研人员中，中医78人，其中研究员3人、副研究员10人、助理研究员27人、研究实习员38人；中西医结合6人，其中研究员3人、副研究员3人；中药1人，为助理研究员。

下属研究室：生化室，生理室，免疫室，文献情报室，仪器研制室，临床研究室。

在所硕士研究生4人，1994年招生4人、毕业1人；在所博士研究生2人，1994年招生2人。

附属机构：上海针灸杂志社。

江苏省中医药研究所

地址：江苏省南京市迈皋桥十字街100号 邮政编码：210028 电话：5502829

所长：韩志忠

职工285人。科研人员中，中医51人，其中副研究员7人、助理研究员13人、研究实习员31人；中西医结合21人，其中研究员8人、副研究员6人、助理研究员7人；中药26人，其中研究员4人、助理研究员6人、研究实习员16人；西医63人，其中研究员3人、副研究员3人、助理研究员25人、研究实习员32人。

下属研究室：药理室，药物室，生理室，病理室，情报资料室。

连云港市蜜蜂医疗研究所

地址：江苏省连云港市云山路 邮政编码：222001

职工24人。科研人员14人中，中医4人，其中副研究员1人、助理研究员1人；西医3人，均为助理研究员；中药2人；西药1人。

浙江省中医药研究院

地址：浙江省杭州市天目山路26号 邮政编码：310007 电话：8082214

院长：沈汉澄

职工320人。科研人员中，中医49人，其中研究员7人、副研究员8人、助理研究员29人、研究实习员3人；中药21人，其中研究员3人、副研究员3人、助理研究员9人、研究实习员4人。

下属研究所：中医临床研究所，中药研究所，文献信息研究所，基础研究室，针灸气功研究室。

附属机构：浙江中医杂志社，浙江省中医药研究院门诊部，附属医院，药厂。

黄山市新安医学研究中心

地址：安徽省黄山市 邮政编码：245000

职工32人。科研人员19人，中医12人，其中副研究员2人、助理研究员5人；中药1人；西医2人。

临泉县中医药科学研究所

地址：安徽省临泉县 邮政编码：236400

职工19人。科研人员18人，中医3人；中药2人；西药4人；西医8人，其中副研究员3人、助理研究员3人。

福建省中医药研究所

地址：福建省福州市五四北路 邮政编码：350003

职工141人。科研人员107人，中医30人，其中副研究员4人、助理研究员15人；中西医结合5人，其中研究员3人、副研究员2人；西医18人，其中研究员1人、副研究员9人、助理研究员6人；中药14人；西药14人。

江西省中医药研究所

地址：江西省南昌市文教路101号 邮政编码：330006 电话：8331921

所长：江长波

职工129人。科研人员中，中医39人，其中副研究员11人、助理研究员20人、研究实习员8人；中西医结合5人，其中研究员3人、副研究员2人；中药11人，其中副研究员1人、助理研究员5人、研究实习员5人；西医12人，其中副研究员2人、助理研究员3人、研究实习员7人。

下属研究室：临床研究室，中药研究一、二室，中心实验室，信息培训部。

附属机构：江西省中医药研究所附属医院

山东省中医药研究所

地址：山东省济南市燕子山西路7号 邮政编码：250014 电话：2968470

职工117人。科研人员73人，中医17人，其中副研究员3人、助理研究员9人；中西结合4人，其中研究员3人、助理研究员1人；西医5人，其中研究员1人、副研究员2人、助理研究员2人；中药24人；西药18人。

济宁市中医研究所

地址：山东省济宁市于大街3号　邮政编码：272103

职工32人。科研人员24人，中医11人，其中副研究员3人、助理研究员1人；中药9人。

河南省中医药研究院

地址：河南省郑州市城北路7号　邮政编码：450004　电话：6222590

院长：邱保国

职工251人。科研人员中，中医77人，其中研究员3人、副研究员10人、助理研究员51人、研究实习员13人；中西医结合8人，其中研究员3人、副研究员4人、助理研究员1人；中药22人，其中研究员2人、助理研究员13人、研究实习员7人。

下属研究所：中药研究所、针灸经络研究所。

附属机构：河南省中医药研究院附属医院、河南省高血压病治疗中心、河南省癫痫病治疗中心、河南省信息情报研究检索中心、河南省奥林特药厂、《中医研究》杂志社。

湖北省中医药研究院

地址：湖北省武汉市武昌区珞瑜路232号　邮政编码：430074　电话：7801404

院长：李同生

职工253人。科研人员139人，中医52人，其中副研究员4人、助理研究员17人；中西医结合4人，其中研究员1人、副研究员2人；中药24人；西医12人，其中研究员1人、副研究员4人、助理研究员5人；西药14人。

湖南省中医药研究院

地址：湖南省长沙市麓山路167号　邮政编码：410006　电话：8883627

院长：刘祖贻

职工584人。科研人员338人，中医56人，其中研究员3人、副研究员12人、助理研究员39人；中西医结合7人，其中副研究员1人、助理研究员6人；中药33人；西医2人，其中副研究员1人、助理研究员1人；西药6人。

湖南省中医药研究院中医基础研究所

地址：湖南省长沙市麓山路167号　邮政编码：410006　电话：8854259

所长：李肇夷

职工45人。科研人员中，中医21人，其中研究员1人、副研究员12人、助理研究员5人、研究实习员3人；中西医结合3人，其中研究员1人、副研究员1人、助理研究员1人；中药14人，其中研究员2人、副研究员2人、助理研究员7人、研究实习员3人。

下属研究室：临床理论研究室、基础理论研究室、技术开发研究室、医药研究设计室、食疗研究室。

附属机构：专家门诊部、东方药膳酒家、《湖南中医杂志》编辑部。

广东省中医研究所

地址：广东省广州市淘金路159号

职工89人。科研人员68人，中医27人，其中研究员1人、副研究员2人、助理研究员19人；中药16人；西医1人。

南宁市针灸研究所

地址：广西壮族自治区南宁市共和路　邮政编码：530012

职工129人。科研人员108人，中医27人，其中副研究员1人、助理研究员19人；中西医结合4人，其中研究员1人、副研究员1人、助理研究员1人；中药4人；西医27人，其中副研究员4人、助理研究员16人；西药3人。

广西民族医药研究所

地址：广西壮族自治区南宁市明秀路　邮政编码：530001

职工157人。科研人员98人，中医44人，其中副研究员5人、助理研究员22人；中药12人；西医14人，其中副研究员4人、助理研究员8人；西药7人。

广西中医药研究所

地址：广西壮族自治区南宁市古城路20号　邮政编码：530022　电话：5863514

所长：冯仲异

职工 164 人。科研人员中，中医 8 人，其中副研究员 3 人、助理研究员 5 人；中西医结合 89 人，其中研究员 3 人、副研究员10人、助理研究员 35 人、研究实习员 41 人；中药 27 人，其中研究员 4 人、副研究员 4 人、助理研究员 15 人、研究实习员 4 人；西医 4 人，其中副研究员 2 人、助理研究员 1 人、研究实习员 1 人。

附属机构：广西中医药研究所制药厂。

成都中医药大学中药研究所

地址：四川省成都市十二桥路37号　邮政编码：610075　电话：7769241转318

所长：王一涛

职工 104 人。科研人员中，中药 104 人，其中研究员 14 人、副研究员 27 人、助理研究员 46 人、研究实习员 17 人。

下属研究室：中药药性研究室、中药品质研究室、中药药理研究室、中药炮制制剂研究室、中药成分研究室、中药管理研究室。

在所硕士研究生 28 人，1994 年招生 10 人，毕业 5 人；在所博士研究生 6 人，1994 年招生 2 人、毕业 2 人。

成都中医药大学中医古籍文献研究所

地址：四川省成都市十二桥路15号　邮政编码：610075　电话：7769241转408

所长：黄英志

职工 13 人。科研人员中，中医 11 人，其中研究员 2 人，副研究员 4 人，助理研究员 5 人；中药 1 人，为助理研究员。

在所硕士研究生 1 人，1994 年招生1人、毕业 1 人。

四川省中药研究所

地址：四川省重庆市南岸黄桷垭南山路34号　邮政编码：630065　电话：2871615

所长：黄衡

职工 370 人。科研人员中，中医 2 人，其中助理研究员 1 人、研究实习员 1 人；中西医结合 2 人，均为副研究员；中药 227 人，其中研究员 11 人，副研究员 38 人、助理研究员 100 人、研究实习员 71 人；西医 1 人，为助理研究员。

下属研究室：中药生药研究室、中药药理研究室、中药化学研究室、中药制剂研究室、中药综合开发应用研究室、图书情报研究室、实验动物研究室、中药栽培研究室。

附属机构：中药药理与临床门诊部、四川省中药研究所制药厂、天然保健制品厂、《中药药理与临床》编辑部。

重庆市中医研究所

地址：四川省重庆市渝中区北区路1号　邮政编码：630013　电话：3863369

所长：冯涤尘

职工 479 人。科研人员中，中医110人，其中研究员 7 人、副研究员 10 人、助理研究员 44 人、研究实习员 49 人；中西医结合12人，其中研究员 4 人、副研究员 7 人、助理研究员 1 人；中药 69 人，其中研究员 2 人、副研究员 8 人、助理研究员 13 人、研究实习员 46 人；西医 180 人，其中副研究员 6 人、助理研究员 37 人、研究实习员 137 人。

下属研究室：中药研究室、药理病理室、中心实验室。

贵州省中医研究所

地址：贵州省贵阳市市东路 1 号　邮政编码：550002

职工 97 人。科研人员 60 人，中医9人，其中研究员 1 人、副研究员 1 人、助理研究员 4 人；中西医结合 2 人，均为副研究员；中药 9 人；西医 1 人；西药 2 人。

贵州省黔东南州民族医药研究所

地址：贵州省凯里市金井路 4 号　邮政编码：556000

职工 12 人。科研人员 10 人，中医 3 人；中药 1 人；西医 1 人，为副研究员；西药 2

人。

贵阳中医学院微量元素研究所

地址：贵州省贵阳市市东路1号　邮政编码：550002　电话：5815003

所长：张俊巍

职工18人。科研人员中，中医7人，其中副研究员1人、助理研究员2人、研究实习员4人；中西医结合1人，为助理研究员；中药9人，其中副研究员1人、助理研究员4人、研究实习员4人；西医1人，为助理研究员。

云南省中医中药研究所

地址：云南省昆明市莲花池　邮政编码：650223　电话：5151957

所长：蒋家雄

职工82人。科研人员中，中医39人，其中副主任医师6人、主治医师24人、中医师9人；中西医结合2人，其中主任医师1人、副主任医师1人；中药5人，其中研究员3人、主管药师2人；西医5人，其中副主任医师1人、主治医师3人、住院医师1人。

下属研究室：耳针研究室、药化室、剂型研究室、药理室、民族医药研究室、艾滋病研究室、检验中心。

在所硕士研究生2人。

附属机构：云南省中医中药研究所附属医院、《云南中医杂志》编辑部。

思茅地区民族传统医药研究所

地址：云南省思茅县　邮政编码：665000

职工22人。科研人员15人，中医2人，其中助理研究员1人；中药4人；西医4人，其中助理研究员3人；西药1人。

西双版纳州景洪县傣医傣药研究所

地址：云南省景洪县民族南路8号　邮政编码：666100

职工13人。科研人员9人，中医6人，其中助理研究员1人；西医2人；西药1人。

陕西省中医药研究院

地址：陕西省西安市西华门大街20号　邮政编码：710003　电话：7213310

院长：王建良

职工303人。科研人员中，中医138人，其中副研究员23人、助理研究员46人、研究实习员69人。

下属研究所（室）：文献医史研究所、中医基础研究一室、中医基础研究二室、中药药理研究室、中药化学成分研究室、中药剂型生药研究室、中心仪器室、实验动物研究室。

附属机构：陕西省中医药研究院附属医院、附属肛肠医院、科研实验药厂、图书情报馆、《陕西中医》、《陕西医学》编辑部。

榆林地区中医研究所

地址：陕西省榆林市南郊　邮政编码：719000

职工46人。科研人员33人，中医18人，其中助理研究员5人；中西医结合1人，为副研究员；中药4人；西医6人，其中助理研究员1人。

甘南州藏医医药研究所

地址：甘肃省夏河县　邮政编码：747000

职工78人。科研人员53人，中医43人，其中副研究员1人、助理研究员4人；中药3人；西医2人。

新疆维吾尔自治区中医研究所

地址：新疆维吾尔自治区乌鲁木齐市解放北路29号　邮政编码：830002

职工119人。科研人员95人，中医28人，其中研究员1人、副研究员4人、助理研究员7人；中西医结合8人，其中研究员2人、副研究员4人、助理研究员1人；中药18人；西医3人，其中副研究员1人、助理研究员2人；西药2人。

【中医药学术团体】

中国中医药学会

地址：北京市和平里东街樱花路甲4号

电话：4218311　邮政编码：100013

会长：崔月犁　副会长：胡熙明　施奠邦　刘志明　高辉远　王绵之　王永炎　李顺成　陈彤云　张镜人　王一章　副秘书长：李惠治

下设内科学会，妇科学会，眼科学会，外科学会，肛肠学会，骨伤科学会，医学气功学会，中药学会，耳鼻喉科学会，儿科学会，推拿学会，老年病学会，中医理论研究整理研究会，医古文研究会。

中国中西医结合学会

地址：北京市东直门内北新仓18号　电话：4010688　邮政编码：100700

理事长：吴咸中　副理事长：田景福　唐由之　陈可冀　沈自尹　廖家桢　秘书长：董文成　副秘书长：危北海　穆大伟

下设学术、组织、科普与宣传、编辑、咨询、国际学术交流与联络、教育等工作委员会，设急腹症、活血化瘀、虚证与老年医学、骨伤科、妇产科、儿科、急救医学、呼吸疾病、微循环、精神疾病、中药、肝病、四诊研究、周围血管疾病、眼科、管理、基础理论研究、消化系统疾病、医学影像学、疮疡、中医英语、肾病、农村基层、大肠肛门、肿瘤等专业委员会。

中国针灸学会

地址：北京市东直门内北新仓18号　电话：4014414 转 3063 或 3065　邮政编码：100700

会长：胡熙明　副会长：王雪苔　陈绍武　陈佑邦　陈汉平　贺普仁　曹小定　程莘农　秘书长：李维衡　副秘书长：古　励　田从豁

下设针刺麻醉分会，经络分会，实验针灸分会，针灸临床分会，针法灸法分会，腧穴分会，针灸文献专业委员会，针灸器材专业委员会，耳穴诊治专业委员会。

中国中医药学会内科分会

地址：北京市和平街北口北京中医药大学内　电话：4225566转　邮政编码：100029

主任委员：王永炎　副主任委员：焦树德　张镜人　路志正　巫君玉　杨明均　秘书长：晁恩祥　副秘书长：任占利

下设肝病、心病、脾胃病、肺系病、肾病、血液病、脑、热病、疑难病、痹症、中风、辨证论治与检测等专业学会（组）。

中国中医药学会外科学会

地址：北京市广安门北线阁广安门医院内　电话：3013311　邮政编码：100053

主任委员：朱仁康　副主任委员：陈彤云　顾乃强　施汉章　秘书长：王　沛

下设疮疡专题学组，胶原病专题学组，肿瘤专题学组，牛皮癣专题学组，乳腺病专题学组，皮肤癌专题学组。

中国中医药学会骨伤科学会

地址：上海市北京西路162 3号　电话：2565939转　邮政编码：200040

理事长：施　杞　副理事长：李国衡　李同生　郭维淮　孙树椿　武春发　张安桢　刘柏龄　岑泽波　秘书长：石印玉　副秘书长：朱云龙　韦以宗

中国中医药学会妇科专业委员会

地址：天津市南开区玉泉路88号　邮政编码：300193

主任委员：戴锡孟　副主任委员：罗元恺　蔡小荪　副秘书长：吴高媛　吴炳岳

下设华北片、东北片、西北片、西南片、中南片等5个学术组。

中国中医药学会儿科专业委员会

地址：山东省济南市省卫生厅内　电话：2952660转　邮政编码：250011

会长：张奇文　副会长：马新云　王烈　王静安　刘弼臣　朱锦善　汪受传　俞景茂　秘书长：朱锦善　副秘书长：谭剑业　马安宁

中国中医药学会肛肠学会

地址：江苏省南京市金陵路1号　邮政编码：210001

会长：丁泽民　副会长：史兆岐　李润庭　金　虎　尹伯钧　秘书长：史兆岐　副秘书长：张树义

中国中医药学会医古文研究会

地址：北京市和平街北口北京中医药大学内　电话：4225566转2660　邮政编码：100029

主任委员：钱超尘　副主任委员：刘振民　段逸山　刘　健　陈增英　秘书长：钱超尘　秘书：王玉麟

中国中医药学会医学气功学会

地址：北京市和平街北口北京中医药大学内　电话：4225566转2789　邮政编码：100029

会长：龙致贤　副会长：杜洛尹　王莒生　杨秦飞　陈文伯　熊增祥　云曙碧　陈翼　李仲愚　韩锡瓒　秘书长：杜洛伊　副秘书长：范秀兰　崔述生　万苏建　王丽明　谢阳谷

下设秘书处，学术部，培训部，国际交流委员会，组织部。

北京市中医药学会

地址：北京市东单三条甲7号　电话：5223477　邮政编码：100005

理事长：方和谦　副理事长：佘　靖　巫君玉　路志正　李乾构　杨　光　秘书长：李惠治　常务副秘书长：杜　文

下设内科、妇科、儿科、基础理论、正骨按摩、肛肠、皮外五官眼科、气功、医院管理、糖尿病、男科、中药药材资源与鉴定、中药药理与中成药、中药化学、中药炮制、中药制剂、中药调剂、中药药事管理等学会。

北京市中西医结合学会

地址：北京市东单三条甲7号　电话：5256418　邮政编码：100005

理事长：高寿征　副理事长：危北海　王宝恩　谢竹藩　廖家祯　陈可冀　秘书长：贾葆鹏　副秘书长：马必生　王莒生

下设内科、外科、妇产科、儿科、皮肤科、基础理论、中药、活血化瘀、骨伤科、肿瘤、肥胖、耳鼻喉科、周围血管病、精神病等专业学会（组）。

天津市中医药学会

地址：天津市河西区佟楼佟卫里14号　电话：3317746　邮政编码：300074

会长：何世英　副会长：王一章　王士相　戴锡孟　赵恩俭　郧大正

下设内科、基础理论、妇科、骨伤科、儿科、综合学科等分会。

天津市中西医结合学会

地址：天津市河西区佟楼佟卫里14号　电话：3317746　邮政编码：300074

理事长：吴咸中　副理事长：王今达　赵藕善　丁素先　原希偃　李景德　秘书长：原希偃　副秘书长：李继敏　许树林

天津市针灸学会

地址：天津市河西区佟楼佟卫里14号　电话：3317875　邮政编码：300074

理事长：石学敏　副理事长：李宜中　秘书长：郧大正　副秘书长：韩祥虚

下设基础理论、临床等学会。

河北省中医药学会

地址：河北省石家庄市富强大街19号　电话：6014762　邮政编码：050011

会长：郑英州　副会长：于鸿玲　王国三　李彩瑞　李彬之　宗全和　郑兆华　秘书长：赵玉庸　副秘书长：武　智　郭连树　刘仲喜

下设内科、妇儿科、外骨科、医学气功、推拿按摩、肛肠科、眼科、老年病、肾病、中医院管理等专业委员会，设基础理论、张锡纯学术思想、青年中医、张仲景学术思想等研究会。

河北省中西医结合学会

地址：河北省石家庄市富强大街19号　电话：6014762　邮政编码：050011

理事长：傅大为　副理事长：陈巽昭

李彩华　毕庚年　民纪育　李　恩　秘书长：李　恩　副秘书长：董淑萍　赵元璋　叶增茂

下设肿瘤、肝病、急腹症、皮肤、血液、心血管、呼吸、耳鼻喉、活血化瘀、微循环、骨伤科、风湿、肾病、内分泌、妇科、儿科、周围血管病、眼科、农村基层、疮疡、口腔、老年虚证、神经精神、肛肠等专业委员会。

河北省针灸学会

地址：河北省石家庄市富强大街19号　电话：6014762　邮政编码：050011

理事长：郑兆华　副理事长：高玉椿　李彩瑞　袁德霞　程连瑚　江鸿祺　秘书长：赵云生　副秘书长：陈敬平　宋国英　韩华明　武　智

下设单穴、临床、腧穴、灸法、实验等专业委员会。

山西省中医药学会

地址：山西省太原市并州西街14号　电话：4041504　邮政编码：030012

会长：赵震寰　副会长：齐炳义　蒋天佑　金振堂　徐生旺　曹家骥　秘书长：齐炳义　副秘书长：赵尚华　马宁启　党广田

下设内科、外科、妇科、儿科、基础理论、肛肠科、推拿按摩、外治法、五官科等专业委员会(组)。

山西省中西医结合学会

地址：山西省太原市并州西街12号　电话：2023284　邮政编码：030012

理事长：朱跃文　副理事长：王裕颐　秘书长：张才　副秘书长：李静萍

下设肾脏病、儿科、皮肤科、耳鼻喉科、眼科、急腹症、骨伤科、心血管、肛肠、医学美容、活血化瘀、风湿类疾病等专业委员会。

内蒙古自治区中医药学会

地址：内蒙古自治区呼和浩特市区卫生厅内　电话：23201转301　邮政编码：010020

会长：苏　力　副会长：孔庆洪　苏根元　伊光瑞　李树森　党　铎　夏振义　斯玉琴　秘书长：赛喜娅　副秘书长：朱宗元

下设内科、妇科、儿科、肛肠、医学气功等专业委员会。

辽宁省中医药学会

地址：辽宁省沈阳市皇姑区黄河大街七段6号　邮政编码：110031

会长：王镇藩　副会长：史常永　刘忠德　秘书长：史常永　副秘书长：于景宏　陈玉琦　张　信

下设内科、外科、骨伤科、针灸、肛肠、妇产科、辨证施护、仲景学说、推拿、中医基础、古典医籍、人体科学、医院管理等专业委员会(学组)。

辽宁省中西医结合学会

地址：辽宁省沈阳市皇姑区黄河大街七段6号　邮政编码：110031

理事长：王镇藩　副理事长：朱俊贵　秘书长：薛万达

下设肿瘤、老年病与虚证、急腹症、软组织骨伤科、气功、眼科、血证等专业委员会。

辽宁省针灸学会

地址：辽宁省沈阳市崇山东路79号　电话：6842567　邮政编码：110032

会长：马瑞林　副会长：王耀斌　徐斌　副秘书长：崔述贵　张　信

下设临床治疗、针灸灸法、经络腧穴、实验针灸、针灸器械等研究会。

吉林省中医学会

地址：吉林省长春市建政路9号　电话：8925126　邮政编码：130061

理事长：苗洪范　副理事长：任继学　王耀廷　王庆文　南　征　秘书长：王庆文　副秘书长：井枫林　夏德林

下设内科、外科、妇科、儿科、五官科、肛肠科、老年医学、骨伤科、男性病、仲景学说、医史医古文、气功推拿等分科学会。

吉林省中西医结合学会

地址：吉林省长春市建政路9号　电话：8925126　邮政编码：130061

理事长：刘庆欣　副理事长：谭家兴　苗洪范　王保义　吴胜东　秘书长：谭家兴　副秘书长：何　莉

下设肝病、急腹症、老年医学、活血化瘀、软组织损伤、中青年医师学术研究、精神医学等专业委员会(组)。

黑龙江省中医药学会

地址：黑龙江省哈尔滨市南岗区　邮政编码：150009

会长：张金良　副会长：张　琪　粟德林　赵　京　秘书长：赵　京　副秘书长：李国清　王克勤

下设内科、妇科、儿科、外科、肛肠科、骨伤科、基础理论、医院管理、医学气功、中药、肿瘤、护理等专业委员会。

黑龙江省中西医结合医药学会

地址：黑龙江省哈尔滨市南岗区　电话：3628864　邮政编码：150001

理事长：张　政　副理事长：张亭栋　姜　涛　黄炳山　杨书兴　韩志杰　索天仁　芦　芳　刘永铭　张凤山　秘书长：杨书兴　副秘书长：韩志杰

下设活血化瘀、儿科、妇科、急腹症、血液病、周围血管病、呼吸疾病、消化系疾病、心血管病、神经内科、眼科、肾病、泌尿、男性科、骨伤、药学、风湿病、职业病、肿瘤、大肠肛门病、影像、皮肤疮疡、检验、护理、农村基层等专业委员会。

黑龙江省针灸学会

地址：黑龙江省哈尔滨市香坊区三辅街142号　电话：5653086　邮政编码：150036

会长：张　缙　副会长：于致顺　于跃才　王凤代　孙恩泽　刘家茵　张一民　郑艺钟　秘书长：裴廷辅　副秘书长：李育勤　李夏峰　李凤兰

下设针灸临床、针灸灸法、经络与腧穴等专业委员会。

上海市中医药学会

地址：上海市北京西路1623号　电话：62532271　邮政编码：200040

会长：张镜人　副会长：施　杞　沈惠民　钱永益　陆德铭　朱承伟　柯雪帆　秘书长：邬尧清　副秘书长：许锦柏

下设内科、外科、妇科、儿科、骨伤科、推拿科、气功、眼科、喉科、肛肠、肾病、老年病、风湿病、男性病、性医学、脑病、肝病、脾胃病、中药等专业委员会。

上海市中西医结合学会

地址：上海市北京西路1623号　电话：62565939转17　邮政编码：200040

理事长：沈自尹　副理事长：施　杞　赵伟康　陈梅芳　秘书长：蒋　槐　副秘书长：周冶萍

下设虚证与老年病、妇产科、皮肤科、肿瘤、急腹症、骨伤科等专业委员会。

上海市针灸学会

地址：上海市北京西路1623号　电话：62565939转33　邮政编码：200040

理事长：陈汉平　副理事长：方幼安　陈作霖　曹小定　许国光　秘书长：方松春　副秘书长：林树才

下设针灸临床、针灸文献、针灸针麻、针灸耳针、针灸器材等研究分会。

江苏省中医学会

地址：江苏省南京市汉中路282号　电话：6510525　邮政编码：210029

会长：张华强　副会长：周仲瑛　徐景藩　孙　浩　张锦清　秘书长：张锦清　副秘书长：成建山

下设内科、外科、妇科、儿科、骨伤科、眼科、耳鼻咽喉科、推拿科、皮肤科、肛肠科、男性病学、急症、血证、老年医学、养生康复、中药、中医护理、营养学、中医诊断客观化、痛证、性医学、传染病等专业委员会，设医古文、中医医史、内经、仲景学说、温病、心系疾病、肺系疾病、脾胃病、肾病、肿瘤、痹症、医疗美容、医学气功、时间医学、外治法、中医多学科、局部解剖、检测、青年中医、中医医院管理、医院中药房管理、中医药高等教育等研究会。

江苏省中西医结合学会

地址：江苏省南京市湖南路8号 邮政编码：210009

理事长：陈 萍 副理事长：顾亚夫 陈 廉 徐长桂 任光荣 秘书长：陈德华 副秘书长：丁冠明 黄秀珍

下设骨伤科、急腹症、皮肤科、肝病、中药、肾病免疫、肿瘤、乳房病、微循环、周围血管病等专业委员会(学组)。

浙江省中医学会

地址：浙江省杭州市光复路8号 电话：7073313 邮政编码：310002

会长：何 任 副会长：王绪鳌 杨继荪 盛循卿 于诗俊 葛琳仪 王锡贞 秘书长：张泳泉 副秘书长：朱鹏飞 吴康健 黄光华 陈春圃

下设医史、外科、推拿、骨伤科、内科、妇科、儿科、肛肠、眼科、中药、基础理论、景岳学说、中医院管理、医学气功、医古文、肿瘤、蛇伤、耳鼻喉科等分会，设老年病学、肾病、男性病学等专业委员会。

浙江省中西医结合学会

地址：浙江省杭州市天目山路26号 电话：8082214 邮政编码：310007

理事长：陈晓非 副理事长：于诗俊 王泽时 王坤根 王 曼 王锦云 沈汉澄 沈庆堂 周朗生 宫云志 洪用森 樊良卿 秘书长：樊良卿 副秘书长：钟达锦 章剑今 蒋明洁

下设微循环与莨菪类药物研究、急腹症、内科肾脏病、肛肠外科、皮肤科、妇产科、儿科、活血化瘀、眼科、精神疾病、消化、骨伤科、影像、药物、肿瘤、肝病、农村基层等专业委员会。

浙江省针灸学会

地址：浙江省杭州市光复路8号 电话：6951620 7018124 邮政编码：310002

会长：王绪鳌 副会长：高镇五 王坤根 李栋森 阮少南 许文波 秘书长：王坤根 副秘书长：吴士高 王樟连

下设临床、手法、头穴、耳穴、文献、器材、实验针灸、经络腧穴、小针刀等专业委员会。

安徽省中医药学会

地址：安徽省合肥市梅山路 邮政编码：230031

副会长：孟德海 陈可望 高光监 秘书长：孟德海 副秘书长：夏晋和

下设内科、儿科、妇科、骨伤科、气功、老年医学、肾病、中药、肛肠、推拿等专业委员会。

安徽省中西医结合学会

地址：安徽省合肥市梅山路 邮政编码：230031

理事长：孙弼纲 副理事长：金乃时 贺承钧 秘书长：原存信 副秘书长：徐国榕

下设活血化瘀、软组织疼痛等专业委员会。

福建省中医药学会

地址：福建省福州市古屏路61号 电话：7853026转448 邮政编码：350003

会长：黄春源 副会长：俞长荣 蔡友敬 肖 熙 秘书长：王宜万 副秘书长：林 颖 肖钦朗 叶威礼

下设内科、妇科、儿科、外科、推拿、肛肠、骨伤、五官科、护理、男科等专业委员会，设理论整理、脾胃学说、青年学术、陈修园学说、心理学、林如高学术、中医院管理、医学气功、草药等研究会。

福建省中西医结合学会

地址：福建省福州市古屏路61号 电话：7853026转448 邮政编码：350003

理事长：黄春源 副理事长：林求诚

庄子长　张安桢　叶孝礼　秘书长：林　颖　余育元　副秘书长：肖钦朗　林祥慎　赵竞成

下设肝病、耳鼻咽喉科、急腹症、肾病、蛇伤、精神科、活血化瘀、虚证、微循环、急救医学、肿瘤、儿科等专业委员会。

福建省针灸学会

地址：福建省福州市古屏路61号　电话：7853026转448　邮政编码：350003

会长：蔺云桂　副会长：梁栋富　黄建章　陈以敬　秘书长：梁栋富　副秘书长：肖钦朗　吴炳煌　吴泳仁

江西省中医药学会

地址：江西省南昌市八一大道江西中医学院附院内　邮政编码：330006

会长：王鱼门　副会长：杨扶国　洪广祥　皮持衡　陈瑞春　秘书长：陈瑞春　副秘书长：肖　河　胡小江　邹金生

下设内科、外科、骨伤科、推拿按摩、妇科、儿科、五官科、肛肠科、老年病、医学气功、中医院管理等专业委员会。

江西省中西医结合学会

地址：江西省南昌市文教路101号　电话：8331921　邮政编码：330006

理事长：周　标　副理事长：徐炽度　余鹤龄　汤益明　龚琼模　秘书长：汤益明　副秘书长：李国贤　李敬国

下设妇产科、活血化瘀、眼科、急腹症、骨伤科、急救医学、皮肤性病、耳鼻喉科等专业委员会(学组)。

江西省针灸学会

地址：江西省南昌市阳明路江西中医学院内　电话：6224015转272

会长：魏　稼　副会长：黄延龄　宗瑞麟　秘书长：黄延龄　会员525人。

下设针灸临床、经络腧穴等研究会(组)。

山东省中医药学会

地址：山东省济南市青年东路1号　邮政编码：250011

会长：向　克　副会长：张灿玾　吕同杰　蔡剑前　秘书长：蔡剑前　副秘书长：张吉人　卢尚岑

下设内科、外科、儿科、针灸、推拿、五官科、肛肠科、气功等学会，设中医基础理论、中医多学科等研究会。

山东省中西医结合学会

地址：山东省济南市青年东路1号　邮政编码：250011

理事长：张奇文　副理事长：邹积隆　王荣江　陈光忠　田　文　王继寅　秘书长：王继寅　副秘书长：俞昌正　顾振东　田代华

河南省中医药学会

地址：河南省郑州市纬五路东段　邮政编码：450003

会长：张　磊　副会长：李振华　郭维淮　乔保钧　韩俊钦　秘书长：韩俊钦　副秘书长：周世印　李纪源

下设外科、妇科、儿科、骨伤科、推拿科、气功、肛肠科、眼科、内科、中药、中医肿瘤、中医男性病等学会(组)，设医古文、中医理论、仲景学说等研究会。

河南省中西医结合学会

地址：河南省郑州市纬五路东段　邮政编码：450003

理事长：韩俊钦　副理事长：李晏龄　于真玲　邵梦扬　秘书长：宁　选　副秘书长：邱保国　李　忠

下设虚证与老年病、活血化瘀、急腹症、骨伤科、眼科、妇科、儿科、肿瘤等专业委员会。

河南省针灸学会

地址：河南省郑州市纬五路东段　邮政编码：450003

会长：毕福高　副会长：王宗学　孙六合　秘书长：王宗学

湖北省中医药学会

地址：湖北省武汉市武昌东湖路27号

电话：7821592　邮政编码：430071

会长：李今庸　副会长：李同生　章真如　孙国杰　艾利民　秘书长：梅国强　副秘书长：涂晋文

下设内科、皮外科、妇科、儿科、中药、按摩、骨伤科、肛肠等学会，设中青年学术研究会及肾病、肺系等专业委员会。

湖北省中西医结合学会

地址：湖北省武汉市武昌东湖路27号　电话：7821592　邮政编码：430071

理事长：李鸣真　副理事长：余青萍　贺昌木　舒达夫　秘书长：胡思吉　副秘书长：李国成　汪早立

下设骨伤科、肾病、呼吸病、肝病、心脑血管疾病、血液病、风湿病、颈肩腰腿病、皮肤病等专业委员会。

湖北省针灸学会

地址：湖北省武昌市武昌东湖路27号　电话：7821592　邮政编码：430071

会长：孙国杰　副会长：高国巡　张家声　秘书长：罗济民　副秘书长：梁富煌

湖南省中医药学会

地址：湖南省长沙市北站路16号　电话：4471577转　邮政编码：410008

代理事长：周绍明　副理事长：肖佐桃　欧阳锜　刘祖贻　王奇成　谭新华　贺执茂　李芳　常务副秘书长：龙俊杰　副秘书长：朱佑武

下设内科、外科、妇科、儿科、眼科、耳鼻喉科、肛肠科、医学气功、中药、针灸、中医科研管理、中医医院管理、骨伤科、推拿、民间医学等专业委员会，设长沙马王堆医书、民族医药、草医药等研究会。

湖南省中西医结合学会

地址：湖南省长沙市北站路16号　电话：4471577　邮政编码：410008

代理事长：杨蕴祥　副理事长：孙材江　温耀繁　刘伟仕　张璧姿　秘书长：杨蕴祥　副秘书长：欧阳泽生　何锐　张自强　张盛光

下设骨伤科、急腹症、皮肤科、儿科、活血化瘀、耳鼻喉科、虚证与老年病、急救医药、心血管疾病、精神疾病、性医学等专业委员会。

湖南省针灸学会

地址：湖南省长沙市韶山路107号　电话：5556660转302　邮政编码：410007

会长：谢国荣　副会长：詹永康　吴友善　秘书长：严洁　副秘书长：顾星

广东省中医药学会

地址：广东省广州市恒福路64号302室　电话：7760641　邮政编码：510060

理事长：张孝娟　副理事长：冯新送　丘和明　岑泽波　李锦开　李益民　秘书长：邝日健　副秘书长：黄宪章　张荣

下设内科、外科、骨科、妇科、儿科、五官科、按摩推拿、中药、针灸、肛肠科、气功、护理、名老中医等专业委员会。

广东省中西医结合学会

地址：广东省广州市先烈南路17号　电话：7766275　邮政编码：510060

理事长：欧明　副理事长、王建华　李委　周国雄　梁湛聪　秘书长：李委　副秘书长：张礼康　罗曰永　朱伯威　刘义海　余少琼　崔魏

广东省针灸学会

地址：广东省广州市大德路省中医院内　电话：8887233　邮政编码：510120

会长：陈全新　副会长：靳瑞欧．阳群梁庆临　秘书长：郑心仪

下设临床实验、经络、针灸灸法等研究会，设医疗仪器、耳针、针麻等学组。

广西中医药学会

地址：广西壮族自治区南宁市桃源路35号　邮政编码：530021

会长：王荣慈　副会长：韦贵康　黄瑾明　黄汉儒　曾昭明　徐富业　秘书长：黄瑾明　副秘书长：邓家刚　万福喜

下设内科、外科、骨科、妇科、儿科、推拿科、青年中医药、中医医史、肛肠、中医基础医古文、医学气功等专业委员会。

广西中西医结合学会

地址：广西壮族自治区南宁市桃源路35号　邮政编码：530021

理事长：蓝芳馨　副理事长：黄祥续　谭家祥　伍仕琨　李焕然　秘书长：朱少廷　副秘书长：齐幼龄　郭惠琴　曾宝光　黄　蔚

下设内科、儿科、骨伤科、蛇伤科、妇产科、精神病、农村基层等分会(学组)。

广西针灸学会

地址：广西壮族自治区南宁市桃源路35号　邮政编码：530021

会长：蓝芳馨　副会长：王登旗　黄荣活　秘书长：肖继芳　副秘书长：陈　士王　诚　谢感共

下设针灸耳穴研究会。

海南省中医药学会

地址：海南省海口市海府路42号　邮政编码：570003

会长：陆　清　副会长：华良才　梁觉民　许声宏　秘书长：林天东　副秘书长：黄　轩　陈先家

下设内科、中药、急症、骨伤科、妇科等专业委员会。

海南省中西医结合学会

地址：海南省海口市海府路42号　邮政编码：570003

理事长：林志诚　副会长：郑健超　符世汉　许声宏　叶炯阳　李运珊　秘书长：钟心异　副秘书长：杜锡麟

下设内科、骨伤科、急腹症、儿科、肾病、眼科、妇科、肛肠科、急救医学、管理、虚证与老年病、农村基层等专业委员会。

海南省针灸学会

地址：海南省海口市海府路42号　邮政编码：570003

会长：黄兴义　副会长：王松荣　辜孔进　秘书长：王松荣　副秘书长：黄　轩

四川省中医学会

地址：四川省成都市上汪家拐街34号　电话：6636576　邮政编码：610041

会长：邓明仲　副会长：杨明均　李明富　郁文俊　马友度　秘书长：向方远　副秘书长：尹　重

下设内科、外科、妇科、儿科、痔瘘、骨伤科、眼科、温病、仲景学说、医史文献、男科、中医基础理论、中药、糖尿病、医院管理、食疗、中医继续教育等专业委员会及青年中医研究会。

四川省中西医结合学会

地址：四川省成都市文庙西街80号　电话：6636576　邮政编码：610041

理事长：郝怀仁　副理事长：吴康衡　陈伯煊　姚邦垣　文长青　陈文彬　秘书长：吴康衡　副秘书长：李成林　陈学忠　公照明

下设虚证与老年医学、活血化瘀、血液病、皮肤性病、眼科、骨伤科、医学影像、管理、农村基层、肾病、肿瘤、儿科、呼吸病等专业委员会。

贵州省中医药学会

地址：贵州省贵阳市市北路55号　邮政编码：550002

理事长：王祖雄　副理事长：赵　松　贺志光　邱德文　秘书长：张厚权　副秘书长：刘丽华　徐学义　缪美淑　吴光炯　杨题森

下设内科、外科、肛肠、妇科、推拿、男性不育、仲景学说等专业委员会。

贵州省中西医结合学会

地址：贵州省贵阳市市东路1号省中医研究所内　邮政编码：550002

理事长：陆鸿滨　副理事长：周延龄　孙　洽　孙成榆　沈冯君　张凤群　杨勤槐　秘书长：李志伟　副秘书长：吴家驹　黄茂泉

下设呼吸病、血液病、肾病、心血管、消化病、活血化瘀、软组织、妇科、老年病、针灸、传染病、肿瘤、骨伤科、皮肤病等学组。

贵州省民族民间医药研究会

地址：贵州省贵阳市市东路1号 电话：5812416 邮政编码：550002

理事长：赵 松 副理事长：陆科闵 罗廷华 张厚权 杨济中 秘书长：李志伟 副秘书长：余俊生 袁正谦 缪美淑

下设医学美容分会。

云南省中医学会

地址：云南省昆明市光华街104号 电话：3613387 邮政编码：650021

会长：詹文涛 副会长：魏述征 杨荣辉 苏 涟 吴生元 张 震 姚克敏 戴慧芬 向·初称江楚 康朗伦 秘书长：杨万泽 副秘书长：赵天敏 金鸿猷 杜乐年

下设内科、外科、妇科、儿科、急症、眼科、肛肠、中药、推拿、骨伤科等学会。

云南省中西医结合学会

地址：云南省昆明市光华街104号 电话：3613387 邮政编码：650021

理事长：詹文涛 副理事长：苏 涟 张 震 施路华 赵和武 陶志鹏 郭永章 蒋家雄 陆家龙 秘书长：赵天敏 副秘书长：马碧辉 洪秀明

下设虚证与老年病、急腹症、儿科、妇产科、眼科、耳鼻喉科、活血化瘀、风湿类疾病、大肠肛门病、皮肤病及性病、微循环等专业委员会。

云南省针灸学会

地址：云南省昆明市光华街104号 电话：3613387 邮政编码：650021

会长：詹文涛 副会长：张沛霖 况 铣 杨柏如 魏书均 管遵信 周幼民 秘书长：孙培毅 副秘书长：欧阳应颐 黄乐生

陕西省中医药学会

地址：陕西省西安市西华门20号 电话：7210470转358 邮政编码：710003

会长：卢希谦 副会长：杨世兴 赵建础 张学文 白武刚 杜雨茂 韩荣升 傅贞亮 午雪峤 黄保中 郑志文 秘书长：郑志文 副秘书长：王学礼 刘绍国 张德兴

下设内科、外科、儿科、中药、中医基础理论、妇科、肛肠、气功、肿瘤、青年中医、文献医史、骨伤科、眼科、男性病、护理、急症、职工医院科技工作者联合会、肝病、肾病、中风、心脑血管病等专业委员会(学组)。

陕西省中西医结合学会

地址：陕西省西安市西华门20号 电话：7210470转386 邮政编码：710003

理事长：卢希谦 副理事长：杨世兴 赵建础 施文海 王志义 白武刚 马 援 杨 俊 郑志文 韩荣升 刘建民 王建良 赵国欣 秘书长：王学礼 副秘书长：杨文儒 张德兴 吴建波

下设内科、骨伤科、眼科、急腹症、男性病、肝病、中风、肾病、心周围血管病等专业委员会(学组)。

陕西省针灸学会

地址：陕西省西安市西华门20号 电话：7210470转358 邮政编码：710003

会长：杨世兴 副会长：赵建础 章逢润 郑志文 陈克勤 殷克敬 王学礼 刘绍国 秘书长：刘绍国 副秘书长：张德兴

下设针灸临床、基础研究、腧穴、针刺麻醉与实验针灸等专业委员会。

甘肃省中医药学会

地址：甘肃省兰州市畅家巷63号 邮政编码：730030

会长：石国璧 副会长：贾 斌 华占福 旦 巴 杨守义 秘书长：翟衍庆 副秘书长：赵文鼎 张正昭 叶盛德 滕贵明

下设内科、妇科、儿科、肛肠、外科、骨伤科、医古文、民族医等学会，设真气运行、中医基础理论等研究会。

甘肃省中西医结合学会

地址：甘肃省兰州市畅家巷63号 邮政编码：730030

理事长：石国璧 副理事长：刘宝厚 裴正学 夏永潮 王 镜 秘书长：裴正学 副秘书长：陈建中 崔笑梅 张宪平

下设呼吸、儿科、急腹症、精神病等专业委员会。

甘肃省针灸学会

地址：甘肃省兰州市七里河王家堡20号 邮政编码：730050

会长：石国璧 副会长：金安德 梁水源 张忠权 周 汶 秘书长：刘 福 林佩冲 副秘书长：刘履坦 马明非 马坤范

下设实验针灸、临床针灸、针灸文献、经络、腧穴、针法灸法、针麻等专业研究会。

青海省中医药学会

地址：青海省西宁市北大街84号 邮政编码：810000

理事长：张 翼 副理事长：胡国栋 才 让 童增华 秘书长：曹正逵 副秘书长：汪辉东

下设内科、骨伤科、外科、儿科、妇科、基础理论、气功、肛肠、小针刀、个体中医等分会。

青海省中西医结合学会

地址：青海省西宁市北大街84号 邮政编码：810000

理事长：秦德奎 副理事长：才 让 李树毅 贺 捷 袁培秀 秘书长：沙成金 副秘书长：丁椿年 毛来法

下设骨伤科外固定、内科、外科、儿科等分会(组)。

青海省针灸学会

地址：青海省西宁市七一路222号 邮政编码：810000

会长：秦德奎 副会长：李景荣 耿显才 让 秘书长：黄淑贞 副秘书长：马崇乾 文绍敦

宁夏中医药学会

地址：宁夏回族自治区银川市民族北街150号 电话：623515 邮政编码：750001

理事长：蒋厚文 副理事长：王又恩 张衡达 常 清 芦化平 秘书长：杨占元 副秘书长：陈已川 赵自强

下设内科、外科、妇科、肛肠科、回族医学、中药等分会。

宁夏中西医结合学会

地址：宁夏回族自治区银川市南郊宁夏医学院内 邮政编码：750004

理事长：黄辉钊 副理事长：王又恩 邹光珍 李玉幸 蔡鼎华 马浩良 秘书长：文武需 副秘书长：傅静芬 魏守法

宁夏针灸学会

地址：宁夏回族自治区银川市民族北街150号 电话：623515 邮政编码：750001

会长：徐彦振 副会长：王又恩 李遇春 戴玉勤 蔡鼎华 刘润茂 秘书长：王湃 副秘书长：王宇国 傅晨旭

下设临床针灸、经络腧穴、实验针灸等学组。

新疆维吾尔自治区中医药学会

地址：新疆维吾尔自治区乌鲁木齐市龙泉街66号 电话：2843035 邮政编码：830001

会长：张绚邦 副会长：刘昌寿 金洪元 乐德行 沈宝藩 李兴培 王多让 秘书长：牟全胜 副秘书长：王 杰 张永平 周铭心 龚 昊

下设中医基础理论、内科、妇科、儿科外科、推拿、肛肠、中药等专业委员会，设医学气功、青年中医药等研究会。

新疆中西医结合学会

地址：新疆维吾尔自治区乌鲁木齐市龙泉街66号 电话：2824230 邮政编码：830001

会长：买买提明·沙比尔　副理事长：赵　琨　杨文光　火树华　陈兰青　苗延昇　秘书长：火树华　副秘书长：洪秀芳　张震环　李全智

下设急腹症、老年病与虚证、活血化瘀等专业委员会。

新疆维吾尔自治区针灸学会

地址：新疆维吾尔自治区乌鲁木齐市龙泉街66号　电话：2824230　邮政编码：830001

会长：买买提明·沙比尔　副会长：洪圣达　申旭德　赵　光　秘书长：洪圣达

【中医药期刊杂志一览表】

名称	创刊年月	出刊周期	字数(万)	发行数(册)		编委会		主编或副主编	编辑部			地址	邮政编码	电话
				国内	国外	主任	委员人数		主任	职工总数	编辑人数			
中国医药学报	1986. 7	双月	12	15200	340	胡熙明	46	董建华	李致重	7	5	北京市和平里东街樱花路甲4号	100029	4216050
北京中医	1982. 3	双月	12	55800	1620	佘　靖	43	佘　靖	刘殿永	5	4	北京市东单三条甲7号	100005	5251589
中华医史杂志	1947. 3	季刊	11	3000	120	程之范	18		朱建平	4	3	北京市东直门内中国中医研究院	100700	4014411-3239
光明中医	1985. 5	双月	8	7000		方药中	48	方药中	刘　平	5	3	北京市海淀区平台村9号	100036	8210131
国外医学中医中药分册	1978. 11	双月	10	15000	300		30	陈贵廷	张志军	7	6	北京市东直门内北新仓18号	100700	4014411-3225
中医教育	1982. 9	双月	8	3000	50	李安邦	30	刘振民		2	4	北京市北三环东路11号	100029	4220890
中国中西医结合杂志	1981. 7	月刊	13	30000	300	陈可冀	82	陈可冀	黄晓愚	12	10	北京市海淀区西苑操场1号	100091	2642194
中国中药杂志	1955. 7	月刊	10	13000	200		53	林育华	林育华	9	7	北京市东直门内北新仓18号	100700	4045830
中国中医眼科杂志	1991. 11	季刊	12	3600			42	唐由之		2	1	北京市宣武区北线阁5号	100053	3013311-603
中国针灸	1981	双月	10	40000	500			魏明峰	刘纬宏	8	5	北京市东直门内中国中医研究院针灸所	100700	4014411-2946
中医药管理杂志	1991. 2	双月	10	2000				朱　杰	许志仁	5	4	北京市东城区北新仓18号	100700	
中医杂志	1955. 1	月刊	10	83000	1000	胡熙明	56		宋祖憝	24	15	北京市东直门内北新仓18号	100700	4014411-584

续表

名称	创刊年月	出刊周期	字数(万)	发行数(册)		编委会		主编或副主编	编辑部			地址	邮政编码	电话
				国内	国外	主任	委员人数		主任	职工总数	编辑人数			
针刺研究	1976.10	季刊	12	2000	100	黎春元	19	陆卓珊	王少荣	7	4	北京市东直门内北新仓18号	100700	4014411-2925
中国中医药信息杂志	1994.6	月刊	7	1000				薛清录		4	3	北京市东直门内北新仓18号中国中医研究院信息研究所	100700	4014411-3278
中国骨伤	1987.10	双月	8	12000	100	尚天裕	34	尚天裕	单文钵	5	5	北京市东直门内北新仓18号中国中医研究院内	100700	4014411-2693
北京中医药大学学报	1959.10	双月	11	4000	170		30	王永炎	靳　琦	5	4	北京市北三环东路11号	100029	4225566-2380
中华气功		双月						高鹤亭				北京市和平街北口北京中医药大学内	100029	4225566-2703
东方气功	1986.2	双月	7	40000	200	徐一星	11	徐一星	郑有信	3	6	北京市东城区宽街炒豆胡同9号	100009	4014599
天津中医学院学报	1982.12	季刊		3000	30	戴锡孟	25	郭霭春	徐又芳	5	3	天津市南开区西湖村玉泉路天津中医学院内	300193	7373737-16
天津中医	1984.10	双月	8	5000	90	赵藕善	32	郭霭春	徐又芳	5	3	天津市南开区玉泉路88号天津中医学院内	300193	7373737-16
中草药	1970.1	月刊	9	11000	200	沈家祥	36	赵国强		7	5	天津市南开区鞍山西道308号	300193	7381320-72
河北中医	1979.10	双月	10	5160	26	夏锦堂	54	夏锦堂	史定文	5	5	河北省石家庄市青园街62号	050021	6012687
中国气功	1986.1	双月	7	60000	300	刘静平	6	刘静平		11	5	河北省北戴河海滨东经路98号气功康复医院内	066100	4041257

续表

名称	创刊年月	出刊周期	字数(万)	发行数（册）		编委会		主编或副主编	编辑部			地址	邮政编码	电话
				国内	国外	主任	委员人数		主任	职工总数	编辑人数			
山西中医	1985．1	双月	9	5000	100	孙建成	45		崔天悦	3	2	山西省太原市东华门23号	030013	3071551-2221
中医药研究	1984．11	双月	10	7500	230	范其云	37	王仲举	白玉金	8	5	山西省太原市柳巷南路东校尉营1号	030002	4032852
实用中西医结合杂志	1988	双月						翁维良				山西省长治市延安路46号	046000	
中医外治杂志	1992．11	双月	7					朱连学	任守凤			山西省晋城市南大街周元巷13号	048000	
内蒙古中医药	1982．7	季刊	8	3150		苏　力	55	孔庆洪	成贵珈	4	3	内蒙古自治区呼和浩特市健康路	010020	627722-265
实用中医内科杂志	1987．3	季刊	8	1340				李玉奇	姚玉洁	3	2	辽宁省沈阳市皇姑区黄河北大街60号	110031	6843185
中医函授通讯	1982．9	双月	10	21000	760	刘忠德	31	杨连生	杨连生	4	4	辽宁省沈阳市皇姑区崇山东路79号	110032	6842567-458
辽宁中医杂志	1958．10	月刊	8	5200	200	刘忠德	41	高德林	高德林	9	8	辽宁省沈阳市皇姑区崇山东路79号	110032	6842567-412
长春中医学院学报	1984	季刊	11	1000		邓明鲁	50	高光震	高光震	10	7	吉林省长春市工农大路39号	130021	5955911-516
吉林中医药	1979	双月	8	3000	100	邓明鲁	50	高光震	高光震	10	7	吉林省长春市工农大路39号	130021	5953374
黑龙江中医药	1958．1	双月	8	3947	62	张　政	19	张　琪	孙恩泽	8	6	黑龙江省哈尔滨市香坊区三辅街142号	150036	5653086-3083
中医药学报	1971．1	双月	10	8600	470	栗德林	37	王永庆	王永庆	11	9	黑龙江省哈尔滨市和平路24号	150040	2110801-337

续表

名称	创刊年月	出刊周期	字数(万)	发行数(册)		编委会		主编或副主编	编辑部			地址	邮政编码	电话
				国内	国外	主任	委员人数		主任	职工总数	编辑人数			
中医药信息	1984.1	双月	9	10200	200	栗德林	37	王永庆	王永庆	12	9	黑龙江省哈尔滨市和平路24号	150040	2110801-337
针灸临床杂志	1985.1	双月	8	8800	108	程宝书	28	程宝书		2	4	黑龙江省哈尔滨市和平路24号	150040	2111166
中国中医药科技	1994.1	双月	9	5000	100	于生龙	50	张瑞祥	王克勤	4	4	黑龙江省哈尔滨市香坊区三辅街142号	150036	5653086
上海针灸杂志	1982	双月	8	12000	285	陈汉平	27		黄琴峰	4	3	上海市宛平南路650号	200030	64382181
上海中医药大学上海市中医药研究院学报	1960	半年	12	1000		陆德铭	39	施杞	王若水		8	上海市零陵路530号	200032	64382934
上海中医药杂志	1955.6	月刊	8	20000	800	陆德铭	54	王若水	王若水	8	8	上海市零陵路530号	200032	64382934
中医文献杂志	1983.12	季刊	7	1200		励正康	22	张仁	张仁	3	2	上海市瑞金二路156号	200020	64371505
中成药	1978.8	月刊	8	10000	300	李军	66	张元珍	杜晨捷	5	5	上海市人民路324号	200032	63203220
医古文知识	1984.3	季刊	7	6000	287	裘沛然	9	王若水	王若水		8	上海市零陵路530号	200002	64382934
江苏中医	1956.10	月刊	8	50000	1200	张继泽	65	张华强	黄亚博	10	7	江苏省南京市汉中路282号	210029	6617285
南京中医学院学报	1959.6	双月	11	1500		周仲瑛	36	周仲瑛	范欣生	5	4	江苏省南京市汉中路282号	210029	6619123-329
中西医结合眼科杂志	1981.3	季刊	10	2000	10	姚芳蔚	33	姚芳蔚	郑俊海	6	3	浙江省温洲市医学院西路82号	325003	8334941-3060

续表

名称	创刊年月	出刊周期	字数(万)	发行数(册)		编委会		主编或副主编	编辑部			地址	邮政编码	电话
				国内	国外	主任	委员人数		主任	职工总数	编辑人数			
浙江中医学院学报	1977. 2	双月	10	3000	100	朱鹏飞	21	朱鹏飞	高秋松	6	6	浙江省杭州市庆春路老浙大内	310009	7046914-240
浙江中医杂志	1956. 12	月刊	8	25000	500	樊良卿	46	陆 拯		8	6	浙江省杭州市天目山路26号	310007	8082214
气功杂志	1980. 12	月刊	4	400000	1200	樊良卿	36	陆 拯		7	5	浙江省杭州市天目山路26号	310007	8082214
安徽中医学院学报	1981. 12	季刊	10	3000		高尔鑫	17	刘中本	马宗华	4	3	安徽省合肥市梅山路	230038	2821006-236
安徽省中医临床杂志	1994. 3	季刊	12	4000		陆亚一	79	邓大学		6	3	安徽省合肥市六安路205号	230061	2649892
基层中药杂志	1987. 1	季刊	7	3500		邓大学	20	尚志钧	刘晓龙	4	3	安徽省芜湖市邢家山7号	241000	3834472
福建中医药	1956. 7	双月	11	33000	1192	俞长荣	53	俞长荣	叶挺兴	5	4	福建省福州市五四路282号	350003	7841296
福建中医学院学报	1991. 11	季刊	10	7850	128	杜 建	31	杜 建	叶挺兴	3	3	福建省福州市五四路282号	350003	7841296
江西中医药	1951. 4	双月	10	4000	100	洪广祥	35	洪广祥	匡亦璜	5	4	江西省南昌市阳明路20号	330006	6223131-260
江西中医学院学报	1988. 10	季刊	7	500		杨扶国	50	杨扶国	匡亦璜	5	4	江西省南昌市阳明路20号	330006	6224015-260
山东中医杂志	1981. 10	月刊	11	12000	100	邹积隆	29	丛 林	丛 林	12	8	山东省济南市经十路53号	250014	2966910-359
山东中医学院学报	1977. 2	双月	12	3000	200	邹积隆	17	丛 林	丛 林	12	8	山东省济南市经十路53号	250014	2966910-359

续表

名称	创刊年月	出刊周期	字数(万)	发行数(册)		编委会		主编或副主编	编辑部			地址	邮政编码	电话
				国内	国外	主任	委员人数		主任	职工总数	编辑人数			
河南中医	1976.6	双月	8	11000	310	李振华	34	李振华	李僖如	7	5	河南省郑州市金水大道东段河南中医学院内	450003	556695-526
国医论坛	1986.2	双月	9	5000	20		9	吴林鹏	党兰玉	7	6	河南省南阳市卧龙路131号	473061	334809
中医正骨	1989.12	季刊	9	12000	100	郭维淮	41	郭维淮	高子范	2	1	河南省洛阳市启明南路1号	471002	
中医研究	1988.3	季刊	10	5000	100	邱保国	36	邱保国	张国泰	5	5	河南省郑州市城北路7号	450004	6222705
河南中医药学刊	1986	双月	7					尚炽昌				河南省郑州市金水路东段河南中医学院内	450003	
湖北中医杂志	1979.3	双月	8	7000	100		8	张六通	左覃鑫	8	6	湖北省武汉市武昌区云架桥110号湖北中医学院内	430061	8875694
中西医结合肝病杂志	1991	季刊	10	6000	20	王伯祥	88	王伯祥	杨勤建	7	4	湖北省武汉市武昌区云架桥110号湖北中医学院内	430061	8841034-233
中国中医骨伤科	1993.2	双月	10	5500	30	施杞	52	李同生	汤耿民	7	5	湖北省武汉市洪山区珞瑜路232号湖北省中医药研究院	430074	7801404-241
时珍国药研究	1990.10	季刊	7	4000	100	张世臣	15	邓来送	朱保华	5	3	湖北省黄石市天津路169号	435000	235308
大众中医药	1985.1	双月	7	20000	500	柳菊兴	70	杨有信	杨有信	6	5	湖北省黄石市天津路169号	435000	224836
湖南中医杂志	1985.5	双月	9	45240	360	欧阳绮	50	欧阳绮	朱德湘	6	6	湖南省长沙市麓山路167号	410006	8882852-234

续表

名称	创刊年月	出刊周期	字数(万)	发行数(册)		编委会		主编或副主编	编辑部			地址	邮政编码	电话
				国内	国外	主任	委员人数		主任	职工总数	编辑人数			
湖南中医学院学报	1979.7	季刊	8	2000		陈大舜	46	陈大舜	谭兴贵	5	5	湖南省长沙市韶山路107号	410007	5556660-445
中医药时代	1991.9	季刊	15	10000		刘祖贻	50	刘祖贻	何清湖	5	4	湖南省长沙市麓山路167号	410006	82852-219
新中医	1969.8	月刊	11	68000	1000	李任先	20	李任先	曾德环	14	7	广东省广州市三元里机场路	510407	6591233-2485
广州中医学院学报	1984.9	季刊	10	2000	100	李国桥	30	欧 明		4	3	广东省广州市三元里机场路	510407	6591233-2268
中药新药及临床药理	1990.6	季刊	8	4000		李任先	67	欧 明	王宁生	7	2	广东省广州市三元里机场路	510407	661233-2483
中药材	1978.1	月刊	10	10000	300	李 军	97	杨松华	元四辉	8	5	广东省广州市东山区竹丝岗四马路2号	510080	7665465
气功与科学	1982.8	月刊	6	200000	5000	杨小斌	9	杨小斌		8	4	广东省广州市邮政信箱343号	510030	6578600
按摩与导引	1985.4	双月	6	24000	100	尤润珠	21	卓大宏	惠广喜	7	3	广东省韶关市武江南路61号	512026	880395
中国民间疗法杂志	1994.8	双月	6	9100	23	王雪苔	15	肖德馨	杨 钢	6	3	广东省韶关市武江南路98号	512026	8760345
广西中医药	1965.3	双月	7	5000		韦贵康	71	韦贵康	刘 坚	5	4	广西壮族自治区南宁市明秀东路21号	530001	332101-252
蛇志	1989.1	季刊	8	24000	100	覃公平	86	李其斌	卫 华	8	4	广西壮族自治区南宁市滨湖路3-1号	530012	2805121
四川中医	1982.10	月刊	9	15000	150	邓明仲	79	方连举	方连举	7	6	四川省成都市文庙西街80号省卫生厅内	610041	6636595

续表

名称	创刊年月	出刊周期	字数(万)	发行数(册)		编委会		主编或副主编	编辑部			地址	邮政编码	电话
				国内	国外	主任	委员人数		主任	职工总数	编辑人数			
中药药理与临床	1985．10	双月	12	2000		王建华	35	黄衡	邓文龙	5	3	四川省重庆市黄角垭四川省中药研究所	630065	2871615-286
成都中医学院学报	1958．9	季刊	10	3000	100	黄英志	35	黄英志	陈钢	5	3	四川省成都市十二桥路37号	610075	7769241-356
实用中医药杂志	1985．6	双月	7	45000	150	吴昌培	45	陶克文	杨昶	10	6	四川省重庆市渝中区山城巷82号	630010	3846413
中国中医急症	1992．10	双月	8	6100	30		31	陈佑邦	江洪	5	4	四川省重庆市北区路1号重庆市中医研究所内	630013	3871390
贵阳中医学院学报	1979．7	季刊	11	4000		王祖雄	31	邱德文	吴元黔	6	4	贵州省贵阳市市东路1号	550002	5813971-224
云南中医杂志	1980．2	双月	7	4500	220		57	张震	杨健武	4	4	云南省昆明市校场东路	650223	5154494
云南中医学院学报	1978．3	季刊	7	1500		管鹏声	25	马逢升	马逢升		4	云南省昆明市白塔路6号云南中医学院内	650011	7175256
中国民族民间医药杂志	1990．10	双月	8	3000		曾育麟	70	关祥祖	吴世东	6	4	云南省昆明市白塔路6号云南中医学院内	650011	3187798
陕西中医	1980．2	月刊	8			李经纶	42	杨世兴	黄洁	7	6	陕西省咸阳市渭阳中路1号陕西中医学院内	712083	212766-362
陕西中医学院学报	1978．1	季刊	10	3500	40	张学文	48	王友和	王友和	4	4	陕西省咸阳市渭阳中路1号陕西中医学院内	712083	212671-2155

续表

名称	创刊年月	出刊周期	字数(万)	发行数(册)		编委会		主编或副主编	编辑部			地址	邮政编码	电话
				国内	国外	主任	委员人数		主任	职工总数	编辑人数			
陕西中医函授	1981.9	双月	10					王景洪	王景洪			陕西省咸阳市渭阳中路1号陕西中医学院内	712083	212766转
现代中医	1987.9	季刊	8	2000		任惠民	55	刘茂甫	杨晓峰	5	4	陕西省西安市小寨健康路1号西安医科大学一附院内	710061	5263732-226
气功与体育	1985.4	双月	9	100000	1000	郭周礼	5	郭周礼	刘　健	6	4	陕西省西安市小寨西路24号	710061	5255676
甘肃中医学院学报	1984.7	季刊	15	1000	35			宁　越	江葳葳	3	3	甘肃省兰州市定西东路35号	730000	8827121-687
甘肃中医	1988.5	双月	10	3000	20	石国璧	18	王自立		4	4	甘肃省兰州市七里河区安西路168号	730050	2337364
新疆中医药	1981.1	季刊	9	3000		张绚邦	30	张绚邦	牟全胜	2	4	新疆维吾尔自治区乌鲁木齐市龙泉街66号	830001	2843035

索　引

(京)新登字025号

图书在版编目(CIP)数据

中国中医药年鉴/《中国中医药年鉴》编委会编.-北京：中国中医药出版社，1995.12
ISBN 7-80089-461-4

Ⅰ. 中… Ⅱ. 中… Ⅲ. 中国医药学-年鉴 Ⅳ. R2-54

中国版本图书馆CIP数据核字(95)第14675号

中国中医药出版社出版

发行者：中国中医药出版社
(北京市朝阳区东兴路七号 电话：4160882 邮码：100027)

印刷者：迁安县印刷厂印刷
经销者：新华书店总店北京发行所
开 本：787×1092毫米 16开
字 数：1100千字
印 张：43
版 次：1995年12月第1版
印 次：1995年12月第1次印刷
册 数：1500
书 号：ISBN7-80089-461-4/R·462
定 价：78.00元